ISBN 978-3-582-28171-5 Best.-Nr. 3135

Die technischen und grafischen Zeichnungen wurden nach Vorlagen ausgeführt von Grafische Produktionen Neumann, 97222 Rimpar.
Die Normblattangaben werden wiedergegeben mit Erlaubnis des DIN Deutsches Institut für Normung e.V. Maßgebend für das Anwenden der Norm ist deren Fassung mit dem neuesten Ausgabedatum, die bei der DIN Media GmbH, Burggrafenstraße 6, 10787 Berlin, erhältlich ist.

Verlag Handwerk und Technik GmbH,
Lademannbogen 135, 22339 Hamburg; Postfach 63 05 00, 22331 Hamburg – 2025
E-Mail: info@handwerk-technik.de – Internet: www.handwerk-technik.de

Herstellung: Hildegard Graf, 82110 Germering
Layout: tiff.any GmbH, 10999 Berlin; PER MEDIEN & MARKETING GmbH, 38102 Braunschweig
Satz: PER MEDIEN & MARKETING GmbH, 38102 Braunschweig
Umschlagmotiv: großes Bild nach Vorlage ausgeführt von: as-illustration, 97222 Rimpar; Bilder rechts (1–3) Henry Montaldo-Ventsam, Hamburg
Druck und Bindung: Firmengruppe Appl, aprinta druck GmbH, 86650 Wemding

Dieses Buch wendet sich an **Anlagenmechaniker und Anlagenmechanikerinnen SHK** im ersten Ausbildungsjahr und beinhaltet daher die **Lernfelder 1 bis 4**.

Sehr großer Wert wurde auf eine **fachgerechte Visualisierung** in Form von Fotos, mehrfarbigen dreidimensionalen Abbildungen, Schaltplänen und methodisch durchdachter Textgestaltung gelegt.

Das Anliegen von Autoren und Verlag ist es, Schülern und Lehrern ein **Unterrichts- und Nachschlagewerk** zu bieten, das als **Leitmedium für einen Lernfeldunterricht** dient. Es bleibt jedoch genügend Freiraum für eine dem jeweiligen Unterricht und damit dem regionalen Umfeld angemessene Auswahl der Lernsituationen.

Inhalte, die Bestandteil aller Lernfelder sind, wurden in einem **Lernfeldübergreifenden Teil** des Buches zusammengefasst. Bei Bedarf können diese Inhalte nachgeschlagen oder in eine fachsystematische Unterrichtssequenz einbezogen werden.

Das **Farb-Leitsystem** ermöglicht eine rasche Orientierung innerhalb des Buches. Zahlreiche Querverweise teilen mit, wo im Buch weitere Informationen zu den dargestellten Themen zu finden sind.

I

Im Teil I lernen die Auszubildenden die geschichtliche Entwicklung ihres Berufes bis hin zu seiner heutigen Struktur, das duale Ausbildungssystem, die Arbeitssicherheit und den Unfallschutz sowie Methoden der Arbeitsorganisation und der Präsentationstechniken kennen.

II

Teil II ist nach Lernfeldern gegliedert:

Lernfeld 1:
Bauelemente mit handgeführten Werkzeugen fertigen

Lernfeld 2:
Bauelemente mit Maschinen fertigen

Lernfeld 3:
Baugruppen herstellen und montieren

Lernfeld 4:
Technische Systeme instand halten

III

Teil III liefert die **Lernfeldübergreifenden Inhalte** und gliedert sich in:
- Werkstofftechnik
- Technische Kommunikation
- Technische Berechnungen

Das **technische Englisch** wird im Buch in mehrfacher Hinsicht umgesetzt:
- Gängige oder wichtige Fachbegriffe sind im deutschen Text in blauer Schrift integriert.
- An geeigneten Stellen sind Fachinhalte und Übungen in englischer Sprache dargestellt.

In Kundenaufträgen eingebundene Lernsituationen wurden, wo sinnvoll, am Ende der einzelnen Lernfelder angefügt. Die vorgeschlagenen Lernsituationen können je nach Unterrichtssituation direkt den Unterricht strukturieren, sie können Anregungen geben, eigene Lernsituationen zu entwickeln oder sie können auch dazu dienen, das erlernte Wissen zur Lösung des gestellten Kundenauftrags anzuwenden.

Für die Bereitstellung von Manuskriptteilen und Abbildungen sei vielmals gedankt den Autoren von „Metallhandwerkliche Grundkenntnisse" HT 3200:
Christof Braun, Manfred Einloft, Reiner Haffer, Hans Meier, Rainer Möller, Gunter Offterdinger, Siegfried Pietrass, Klaus-Dieter Schumacher, Jochen Timm, Erich Zeh.
Für Anregungen und kritische Hinweise sei bereits im Voraus herzlich gedankt.

Autoren und Verlag

Lernfeld 2: Bauelemente mit Maschinen fertigen

III Lernfeldübergreifende Inhalte

Lernfeld 2b: Bearbeiten von Kundenaufträgen

Lernfeld 2b

1 Geschichtliche Entwicklung des SHK-Handwerks

Hoch entwickelte Techniken zur **Wasserversorgung**, zur **Wasserentsorgung** und zur **Beheizung** gab es schon in der Antike. So waren z. B. in allen wohlhabenden römischen Privathäusern und in jeder Therme (antike öffentliche Badeanlage) Latrinen mit Wasserspülung (Bild 1) und Hypokaustenheizungen (Warmluftheizungen zur Erwärmung der Fußböden und Wände) (Bild 2) selbstverständlich. Trinkwasser wurde über größere Entfernungen mit Hilfe von Aquädukten (Bild 3), Kanälen und Rohrleitungen aus Ton (Bild 4) oder Holz in die Städte geleitet und das Abwasser über Rohrleitungen und Kanäle entsorgt (Bild 5).

Die Geschichte der Heizungs- und Lüftungstechnik begann vor ca. 3200 Jahren mit einer Warmluftheizung in Anatolien. Nachdem sie in Vergessenheit geraten war, entdeckten die Römer sie wieder und entwickelten die Hypokaustenheizungen. Im 13. Jahrhundert wurden die ersten Steinofen-Luftheizungen in Schlossanlagen (z. B. Schloss Rochlitz in Sachsen) eingerichtet. Später wurden dann im 19. Jahrhundert die ersten gemauerten Öfen gebaut und mit Einführung der Luftbefeuchtung durch beheizte Wasserbäder begann um 1900 die **Klimatechnik**.

Chronologie:
- Um 2500 v. Chr. erste Kanalisationen in Städten der Harappa-Kultur am Indus.
- Um 1800 v. Chr. erstes privates Badezimmer im Palast von Mari in Mesopotamien.
- Um 1500 v. Chr. erste Latrinen im Palast von Knossos auf Kreta.
- Um 1200 v. Chr. erste Warmluftheizung im Palast des Königs Arzawa in Anatolien.
- Um 700 v. Chr. erstes Aquädukt und Kanäle zur Wasserversorgung des assyrischen Königs Sanherib.
- Um 522 v. Chr. 1 km lange Wasserleitung durch den Berg Kastro bei Samos.
- 305 v. Chr. erste Wasserleitung Roms, die 16 km lange Appia.
- Um 100 v. Chr. erste Hypokaustenheizung in Rom.
- Um 1300 n. Chr. erste Steinofenluftheizungen.
- Um 1800 n. Chr. erste gemauerte Öfen.
- Um 1900 n. Chr. Beginn der Klimatechnik.

1 Römische Latrine mit Wasserspülung

2 Römische Hypokaustenheizung

3 Aquädukt zur Versorgung mit Wasser

4 Rohrleitung aus Ton in einer antiken Ruinenstadt in der Türkei

5 Größter Abwasserkanal „Cloaca Maxima" aus der Antike in Rom

2 Der Anlagenmechaniker SHK heute

Berufsbild SHK

Um wirtschaftlich erfolgreich zu sein, muss der Anlagenmechaniker SHK (plant mechanic for sanitation, heating and air conditioning systems)[1] vielen Ansprüchen gerecht werden. Sein Alltag wird bestimmt durch Zeitdruck und hohe Anforderungen an die Qualität seiner Arbeit. Er muss sich dem immer schneller werdenden technologischen Fortschritt anpassen und dem Kunden ein zuverlässiger Partner sein. Die geforderten beruflichen Qualifikationen sind umfangreich und anspruchsvoll.

2.1 Tätigkeiten im SHK-Handwerk

Das Aufgabengebiet (field of activity) eines SHK-Handwerkers ist sehr vielfältig und er ist an vielen unterschiedlichen Einsatzorten (z.B. auf Neubaustellen, in Wohnungen, Bürogebäuden, Werkstätten und Betrieben) tätig. Üblicherweise arbeitet er in den vier Einsatzgebieten: Heizungstechnik, Lüftungs- und Klimatechnik, Erneuerbare Energien/Umwelttechnik und Sanitärtechnik. Im Rahmen der beruflichen Erstausbildung beziehen sich diese Handlungsfelder hauptsächlich auf die versorgungstechnische Ausrüstung von 1 und 2-Familienhäusern.

Tätigkeiten im SHK-Handwerk

Sanitärtechnik
- Einbau von Abwasserentsorgungsanlagen
- Einbau von Trinkwasserversorgungsanlagen (1)
- Einbau von Regenwassernutzungsanlagen (8)
- Einbau von Dachentwässerungsanlagen
- Einbau von sanitären Anlagen (z.B. Bäder, Küchen, Schwimmbäder (7)
- Inspektion, Wartung, Verbesserung und Instandsetzung
- Inbetriebnahmen, Demontagen

Erneuerbare Energien/Umwelttechnik
- Einbau von Blockheizkraftwerken (6)
- Einbau Hackschnitzel-, Holzpellets- und Stückholzkesselanlagen
- Einbau von Wärmepumpenanlagen
- Einbau von Regenwassernutzungsanlagen (8)
- Einbau von Solaranlagen (5)
- Kundenberatung und Betreuung
- Inspektion, Wartung, Verbesserung und Instandsetzung
- Inbetriebnahmen, Demontagen

Heizungstechnik
- Einbau von Gas- und Ölheizungsanlagen
- Einbau von Brennstoffzellenanlagen
- Einbau Hackschnitzel-, Holzpellets- und Stückholzkesselanlagen
- Einbau von Blockheizkraftwerken (6)
- Einbau von Trinkwarmwasseranlagen
- Kundenberatung und Betreuung
- Inspektion, Wartung, Verbesserung und Instandsetzung (2)
- Inbetriebnahmen, Demontagen

Lüftungs- und Klimatechnik
- Einbau von Entlüftungsanlagen
- Einbau von Klima- und Teilklimaanlagen (3)
- Einbau von Warmluftanlagen
- Einbau von kontrollierten Wohnraumlüftungsanlagen (4)
- Kundenberatung und Betreuung
- Inspektion, Wartung, Verbesserung und Instandsetzung
- Inbetriebnahmen, Demontagen

z.B. Montage von Trinkwarmwasser-Leitungen (1)

z.B. Wartung von Heizungsanlagen (2)

z.B. Einbau von Lüftungsgeräten (3)

z.B. Montage von kontrollierten Wohnraumlüftungen (4)

z.B. Montage von Solarkollektoren (5)

z.B. Montage von Blockheizkraftwerken (6)

z.B. Montage von Sanitärobjekten (7)

z.B. Pressverbindung bei Edelstahlrohren (8)

[1] In englischsprachigen Ländern z.B. plumber, gas and water fitter

2.2 Berufliche Qualifikationen[1]

Anlagenmechaniker/-innen für Sanitär-, Heizungs- und Klimatechnik:

- planen und steuern Arbeitsabläufe, kontrollieren und beurteilen Arbeitsergebnisse und wenden Qualitätsmanagementsysteme an,
- montieren und demontieren Rohrleitungen, Kanäle (ducts) und Komponenten von Ver- und Entsorgungsanlagen, transportieren und sichern sie,
- installieren und prüfen elektrische Baugruppen und Komponenten,
- installieren Regel-, Steuer- Sicherheits- und Überwachungseinrichtungen stellen sie auf die Sollwerte ein und prüfen sie,
- prüfen die Funktionen von versorgungstechnischen Anlagen und Systemen (supply plants and systems), stellen sie ein, optimieren und warten sie,
- nehmen versorgungstechnische Anlagen und Systeme in Betrieb,
- installieren Gebäudemanagementsysteme (building management systems) und beraten hierüber die Kunden,
- führen Hygienemaßnahmen (hygiene measures) durch und klären die Kunden über Hygienerisiken auf,
- übergeben versorgungstechnische Anlagen und Systeme an die Kunden (customer) und weisen diese in die Bedienung der Anlagen ein,
- führen die Inspektion, Wartung (maintenance) und Instandsetzung (repair work) versorgungstechnischer Anlagen und Systeme durch,
- beraten und betreuen Kunden in Bezug auf Produkte und Dienstleistungen des Betriebes unter Beachtung ökologischer und ökonomischer Aspekte,
- arbeiten auch mit englischsprachigen Unterlagen und wenden auch englische Fachausdrücke (technical terms) an.

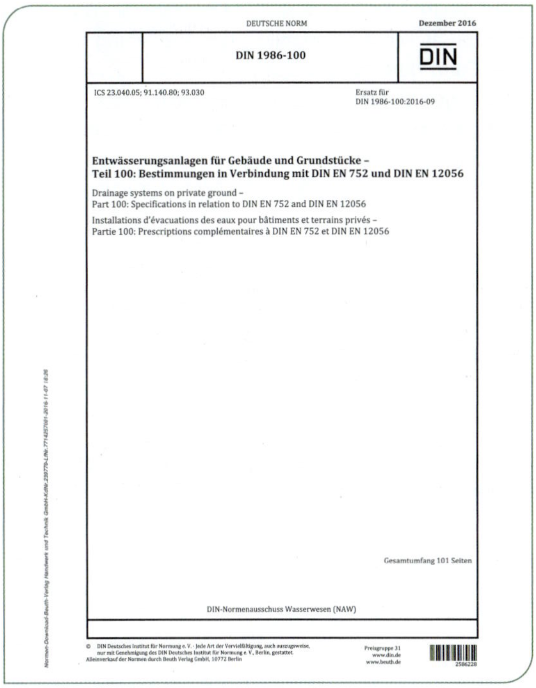
DEUTSCHE NORM — Dezember 2016

DIN 1986-100 — DIN

ICS 23.040.05; 91.140.80; 93.030

Ersatz für DIN 1986-100:2016-09

Entwässerungsanlagen für Gebäude und Grundstücke – Teil 100: Bestimmungen in Verbindung mit DIN EN 752 und DIN EN 12056

Drainage systems on private ground – Part 100: Specifications in relation to DIN EN 752 and DIN EN 12056

Installations d'évacuations des eaux pour bâtiments et terrains privés – Partie 100: Prescriptions complémentaires à DIN EN 752 et DIN EN 12056

Gesamtumfang 101 Seiten

DIN-Normenausschuss Wasserwesen (NAW)

© DIN Deutsches Institut für Normung e. V. · Jede Art der Vervielfältigung, auch auszugsweise, nur mit Genehmigung des DIN Deutsches Institut für Normung e. V., Berlin, gestattet. Alleinverkauf der Normen durch Beuth Verlag GmbH, 10772 Berlin

Preisgruppe 31 www.din.de www.beuth.de

2586228

1 DIN 1986-100

2.3 Gesetze, Verordnungen und Regelwerke im SHK-Handwerk

Die Gesetze (rules) und Regelwerke (codes of practice) im SHK-Handwerk sollen sicherstellen, dass bei Installationsarbeiten z. B.:

- nach den allgemeinen anerkannten Regeln der Technik gearbeitet wird,
- der Umweltschutz berücksichtigt wird,
- energieeinsparende Maßnahmen bedacht werden,
- die fertig gestellten Anlagen kein Sicherheitsrisiko darstellen.

Da die Gesetze, Verordnungen (decrees) und Regelwerke sehr zahlreich sind, kann an dieser Stelle nur eine kleine Auswahl gegeben werden:

- Gebäudeenergiegesetz (GEG),
- Bundesimmissionsschutzverordnung (1. BimSchV.),
- Feuerwehrgesetze für den abwehrenden Brandschutz,
- Landesbauordnungen,
- Landes-Feuerungsverordnung,
- TRbF (Technische Regel für brennbare Flüssigkeiten),
- TRF (Technische Regel Flüssiggas),
- TRG (Technische Regel Druckgase),
- TRD (Technische Regel für Dampfkessel),
- DVGW-TRGI (Deutscher Verein des Gas- und Wasserfaches-Technische Regel für Gasinstallationen) (Bild 2),
- DIN- Normen für z. B. Heizung, Abwasser, Solar (Bild 1),
- Verordnung über Heizkostenabrechnung,
- Vergabe- und Vertragsordnung für Bauleistungen (VOB).

2 DVGW-TRGI

Einführung in den Beruf

[1] aus BiBB – Bundesinstitut für Berufsbildung

3 Duales System und Prüfungen

Duale Ausbildung – Wichtige Infos | Duale Berufsausbildung | Berufsausbildung in Deutschland

3.1 Duale Ausbildung

Unter dualer Ausbildung (dual education) versteht man die parallele Ausbildung in Ausbildungsbetrieb (training centre) und Berufsschule (vocational school). Die Ausbildung ist nach der Handwerksordnung (HwO) und dem Berufsbildungsgesetz (BBiG) bundesweit geregelt. In der Regel dauert die normale Ausbildungszeit (period of training) 3½ Jahre. Bei besonders guten Leistungen und einem Notendurchschnitt von z. B. besser als 2,5, kann mit Zustimmung des Ausbildungsbetriebes die Ausbildungszeit verkürzt werden (z. B. ½ Jahr).Um eine Ausbildung beginnen zu können, ist es notwendig, dass ein Ausbildungsvertrag mit einem Betrieb abgeschlossen wird. Der Betrieb ist vertraglich für die gesamte Ausbildung verantwortlich. Die Aufteilung zwischen der Zeit, die der Auszubildende im Betrieb und der Zeit, die er in der Berufsschule verbringt, schwankt stark von Bundesland zu Bundesland. Häufig beträgt das Verhältnis ⅔ zu ⅓ (Bild 1).

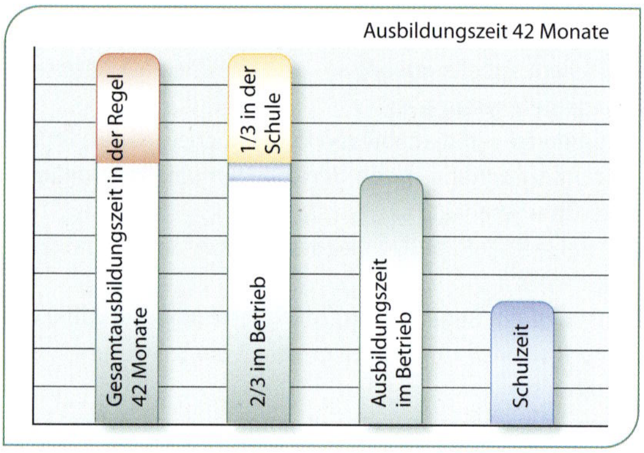

1 Zeitliche Anteile der Ausbildung in Betrieb und Berufsschule

Die **fachpraktischen Ausbildungsziele** werden den Auszubildenden (trainees; apprentices) überwiegend in den **Betrieben** vermittelt, den **theoretischen Teil** übernimmt die **Berufsschule**. Da durch die zunehmende Spezialisierung der Betriebe nicht jeder Betrieb in der Lage ist, alle notwendigen fachpraktischen Ausbildungsziele (training goals) zu vermitteln, wird die betriebliche Ausbildung durch **überbetriebliche Lehrgänge** in eigenen Werkstätten der **Handwerkskammern** und **Innungen** ergänzt.
Grundlage für die Ausbildung im Betrieb ist eine bundesweit geltende **Ausbildungsverordnung** (Bild 2), die von den Bundesministerien für Wirtschaft und Arbeit sowie Bildung und Forschung und den Tarifpartnern erarbeitet und vom Bundesministerium für Wirtschaft in Kraft gesetzt wird. Innerhalb der Bundesländer sind die Handwerkskammern (und in deren Auftrag ggf. die Innungen) zuständig. Sie kontrollieren die Umsetzung der Ausbildungsverordnungen und organisieren die Prüfungen.
Grundlage für die **Ausbildung in der Schule** sind die jeweiligen **Lehrpläne** (curriculum) der **Bundesländer**, die auf bundeseinheitlichen Rahmenlehrplänen basieren. Die Schulaufsichtsbehörden der Bundesländer kontrollieren die Einhaltung der Lehrpläne.

3.2 Schulische Ausbildung

Durch das im Jahr 2005 novellierte Berufsbildungsgesetz ist es grundsätzlich auch möglich, die Ausbildung in schulischer Form durchzuführen und mit einer Prüfung bei der zuständigen Handwerkskammer abzuschließen. Die fachpraktische Ausbildung muss durch Lernortkooperationen gewährleistet werden.
Teile der Ausbildung können auch im Ausland absolviert werden.

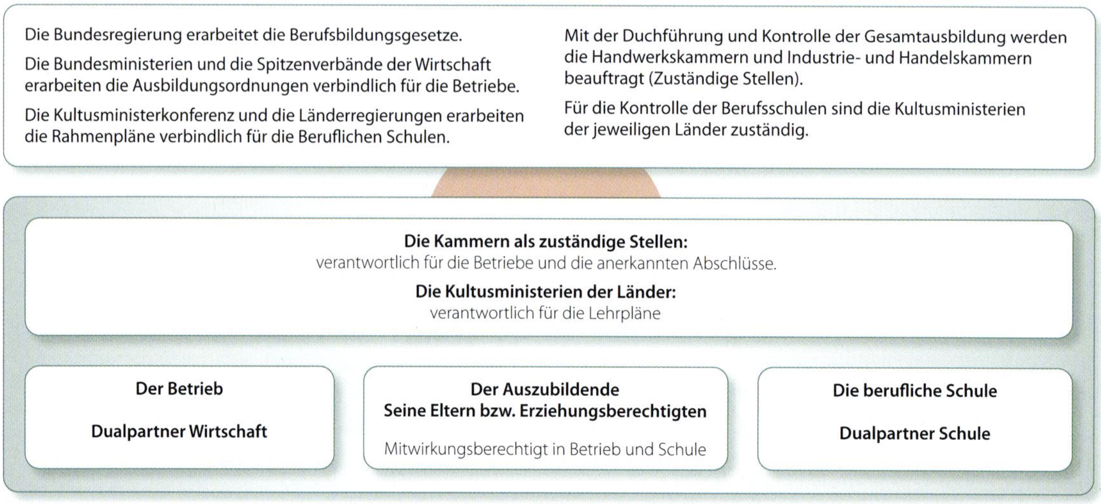

2 Ausbildungsordnungen der dualen Berufsausbildung in Deutschland

3.3 Prüfungen

Nach der neuen Ausbildungsverordnung zum Anlagenmechaniker für Sanitär-, Heizungs- und Klimatechnik vom 01.08.2016 müssen die Auszubildenden eine Abschluss- oder Gesellenprüfung (final apprenticeship exam) bestehen, die aus **zwei Teilen** besteht.
Der erste Teil soll vor Beendigung des 2. Lehrjahres durchgeführt werden, Teil zwei am Ende der Ausbildung. Neu ist, dass Teil 1 **30 % der Endnote** (final mark) ausmacht. Um zur Abschluss- oder Gesellenprüfung zugelassen zu werden, muss ein schriftlicher Ausbildungsnachweis geführt und nachgewiesen werden.

3.3.1 Teil 1

Teil 1 der Prüfung erstreckt sich auf die im Ausbildungsrahmenplan genannten Fertigkeiten, Kenntnisse und Fähigkeiten der ersten drei Ausbildungshalbjahre im Prüfungsbereich **Versorgungstechnik** sowie auf den in der Berufsschule vermittelten Lehrstoff, soweit er den im Ausbildungsrahmenplan genannten Fertigkeiten, Kenntnisse und Fähigkeiten entspricht. Die Prüfung umfasst eine **Arbeitsaufgabe**, der das Anfertigen und Prüfen eine Bauteils oder einer Baugruppe nach Unterlagen zugrunde liegt.
Während der Arbeitsaufgabe soll mit dem Prüfling ein **zehnminütiges Fachgespräch** geführt werden, das sich auf die Arbeitsaufgabe bezieht. Weiterhin soll er in nicht mehr als **60 Minuten** weitere Aufgaben, die sich auf die Arbeitsaufgabe beziehen, schriftlich beantworten. Die gesamte Prüfungszeit beträgt **sieben Stunden**.

3.3.2 Teil 2

Auch Teil 2 der Prüfung erstreckt sich auf die im Ausbildungsrahmenplan genannten Fertigkeiten, Kenntnisse und Fähigkeiten sowie auf den in der Berufsschule vermittelten Lehrstoff, soweit er den im Ausbildungsrahmenplan genannten Fertigkeiten, Kenntnisse und Fähigkeiten entspricht. Die Prüfung, die zum Ende der Ausbildung erfolgt und 70 % der Endnote ausmacht, umfasst die Bereiche **Kundenauftrag** (custom order), **Arbeitsplanung, Systemanalyse und Instandhaltung sowie Wirtschafts- und Sozialkunde**. Im Prüfungsbereich Kundenauftrag sollen die Prüflinge eine Arbeitsaufgabe in **15 Stunden** durchführen und dokumentieren. Das dazugehörige Fachgespräch dauert max. **20 min**. Bei der Aufgabenstellung muss das hauptsächliche Einsatzgebiet, indem der Prüfling ausgebildet wurde, berücksichtigt werden. Für den Prüfungsbereich Arbeitsplanung sind **150 min**, für Systemanalyse und Instandhaltung **90 min** und für WiSo **60 min** Prüfungszeit vorgesehen. In einem der Prüfungsbereiche Arbeitsplanung, Systemanalyse und Instandhaltung oder Wirtschafts- und Sozialkunde kann die Prüfung durch eine mündliche Prüfung (oral examination) von max. **15 min** ergänzt werden, wenn diese für das Bestehen (passing) der Prüfung den Ausschlag geben kann. Laut Berufsbildungsgesetz können nicht bestandene Prüfungen zweimal wiederholt werden.

ÜBUNGEN

1. Wann wurden die ersten Techniken zur Wasserver- und Wasserentsorgung und zur Beheizung entwickelt?
2. Warum muss der Anlagenmechaniker SHK vielen Ansprüchen gerecht werden?
3. Nennen Sie mind. 5 Einsatzorte, an denen ein SHK-Handwerker tätig ist.
4. In welchen Einsatzgebieten arbeitet der SHK-Handwerker üblicherweise?
5. Was sollen die Gesetze und Regelwerke im SHK-Handwerk sicherstellen?
6. Nennen Sie mind. 5 wichtige Gesetzesverordnungen oder Regelwerke im SHK-Handwerk.
7. Erklären Sie das Prinzip der dualen Ausbildung.
8. Welche Ordnung und welches Gesetz regeln die Ausbildung im Handwerk?
9. Wie lange dauert die normale Ausbildungszeit?
10. Bei welchem Notendurchschnitt kann mit Zustimmung des Ausbildungsbetriebes die Ausbildungszeit verkürzt werden?
11. Wer ist vertraglich für die gesamte Ausbildung verantwortlich?
12. Warum wird die betriebliche Ausbildung durch überbetriebliche Lehrgänge in eigenen Werkstätten der Handwerkskammern und Innungen ergänzt?
13. Was ist die rechtliche Grundlage für die Ausbildung im Betrieb?
14. Was ist die rechtliche Grundlage für die Ausbildung in der Schule?
15. a) Wann wird Teil 1 der Gesellenprüfung durchgeführt? und
    b) Was ist ihr Inhalt?
16. a) Welche Bereiche umfasst Teil 2 derAbschlussprüfung? und
    b) Was ist deren Inhalt?

4 Englisch im Beruf

Durch die sich immer weiter vergrößernde EU (European Union), die Freigabe des Arbeitsmarktes und die damit zusammenhängende Globalisierung wird der Handwerker (craftsman) jetzt und in Zukunft auf der Baustelle und im Betrieb mit ganz unterschiedlichen Nationalitäten zusammentreffen. Um sich leichter verständigen zu können und um z.B. Installationsanweisungen, Reparaturangaben usw. verstehen zu können, werden Grundkenntnisse (basic knowledge) der englischen Sprache und englischer Fachbegriffe immer bedeutsamer. Da in der Schule nur wenig Zeit zur Verfügung steht, die englischen Sprachkenntnisse zu fördern und zu verbessern, muss jeder Handwerker auch durch Eigeninitiative versuchen, seine Englischkenntnisse zu verbessern.

4.1 Ausbildungsprofil in englischer und deutscher Sprache[1)]

Das Ausbildungsprofil dient zur Förderung der internationalen Mobilität sowie zur Information der an der Berufsbildung Beteiligten. Das Ausbildungsprofil erscheint in deutscher, englischer und französischer Sprache und soll dem Auszubildenden von der zuständigen Stelle zusammen mit dem Gesellen- bzw. Facharbeiterbrief ausgehändigt werden.

Ausbildungsprofil

1. Berufsbezeichnung

Anlagenmechaniker/in für Sanitär-, Heizungs- und Klimatechnik

2. Ausbildungsdauer

3½ Jahre

Die Ausbildung findet an den Lernorten Betrieb und Berufsschule statt.

3. Arbeitsgebiet:

Anlagenmechaniker/-innen für Sanitär-, Heizungs- und Klimatechnik arbeiten in der Montage und Instandhaltung von komplexen Anlagen und Systemen in der Versorgungstechnik.

Anlagenmechaniker/-innen für Sanitär-, Heizungs- und Klimatechnik sind im Handwerk und in der Industrie an unterschiedlichen Einsatzorten tätig, vornehmlich auf Baustellen, in Wohn- und Betriebsgebäuden sowie in Werkstätten. Ein weiterer Schwerpunkt ist der Dienstleistungsbereich beim Kunden. Sie führen ihre Arbeit unter Beachtung der einschlägigen Vorschriften und Sicherheitsbestimmungen selbständig nach Unterlagen und Anweisungen aus. Dabei arbeiten sie häufig im Team. Sie stimmen ihre Arbeit mit vor- und nachgelagerten Gewerken ab.

4. Berufliche Qualifikationen

Anlagenmechaniker/-innen für Sanitär-, Heizungs- und Klimatechnik

- planen und steuern Arbeitsabläufe, kontrollieren und beurteilen Arbeitsergebnisse und wenden Qualitätsmanagementsysteme an,
- montieren und demontieren Rohrleitungen, Kanäle und Komponenten von Ver- und Entsorgungsanlagen, transportieren und sichern sie
- installieren und prüfen elektrische Baugruppen und Komponenten,
- installieren Regel-, Steuer- Sicherheits- und Überwachungseinrichtungen stellen sie auf die Sollwerte ein und prüfen sie,
- prüfen die Funktionen von versorgungstechnischen Anlagen und Systemen , stellen sie ein, optimieren und warten sie
- nehmen versorgungstechnische Anlagen und Systeme in Betrieb,
- übergeben versorgungstechnische Anlagen und Systeme an die Kunden und weisen diese in die Bedienung der Anlagen ein,
- führen die Inspektion, Wartung und Instandsetzung versorgungstechnischer Anlagen und Systeme durch
- beraten und betreuen Kunden in Bezug auf Produkte und Dienstleistungen des Betriebes unter Beachtung ökologischer und ökonomischer Aspekte
- arbeiten auch mit englischsprachigen Unterlagen und wenden auch englische Fachausdrücke an.

Training profile

1. Designation of occupation

Plant mechanic for sanitation, heating and air conditioning systems (m/f)

2. Duration of traineeship

3½ years

The venues for training are the company and part time vocational school (Berufsschule).

3. Field of activity

Plant mechanics for sanitation, heating and air conditioning systems assemble and maintain complex supply technology plants and systems.

Plant mechanics for sanitation, heating and air conditioning systems work in small-scale or industrial enterprises in different areas of operation, predominantly on construction sites, in residential and commercial buildings, and in workshops. Another important area is the customer service sector. They carry out their tasks independently, observing the relevant specifications and safety regulations, in accordance with documentation and other instructions. They frequently work as part of a team, and coordinate their work with the trades operating before and after them in the process chain.

1) aus BiBB Seite 14, 15

4. Occupational skills

Plant mechanics for sanitation, heating and air conditioning systems:

- plan and control working procedures, check and evaluate work results and apply quality management systems,
- assemble and dismantle conduits, ducts and disposal and supply facility components, and transport and secure them,
- install and check electrical subassemblies and components,
- install regulating, controlling, safety and monitoring devices, set them to the nominal values and check them,
- check the functions of supply technology plants ands and regulate, optimise and maintain them,
- commission supply technology plants and systems,
- hand over supply technology plants and systems to customers, and provide an introduction to using the plants,
- carry out inspection, maintenance and repair work for supply technology plants and systems,
- provide advice and support for customers with regard to company products and services, taking environmental and economic aspects into account,
- also work with English language documentation and use English technical terms.

Exercises

1 a) Ordnen Sie den Zahlen der Abbildung 1 die deutschen Fachbegriffe zu.

b) Ordnen Sie anschließend die englischen Fachbegriffe den deutschen Fachbegriffen mit Hilfe z. B. Ihrer Fachbücher, Tabellenbücher, Wörterbücher oder des Internets zu.

Deutsch:
Abluftgitter (Öffnung), Abluftleitung, Abwasserkanal, Abwasserleitung, Außenluftansaugung, Badewanne, Dach, Dachrinne, Fenster, Filter, Fortluftleitung, Fußbodenheizung, Gasherd, Gasleitung, Gaszähler, Haube, Heizkessel, Heizkörper, Heizungsrücklauf, Heizungsvorlauf, Lüftungsgerät, Mischbatterie, Regenfallrohr, Schornstein, Siphon, Solarkollektor, Solarkreisrücklauf, Solarkreisvorlauf, Speicher, Spiegel, Spüle, Trinkkaltwasserleitung, Trinkwarmwasserleitung, Tür, Wärmetauscher, Warmluftaustritt, Waschbecken, Zisterne, Zuluftleitung

Englisch:
Gutter, rainwater pipe, roof, chimney, window, mirror, radiator, washbasin, mixer (blender), gas-meter, solar collector, gas-fired boiler, heat exchanger, storage tank, central heating water flow pipe, filter, central heating water return pipe, cold-water flow pipe, gas pipe, trap, waste pipe, bath, sink, gas cooker, door, warm-air outlet, exhaust-air duct, storage cistern, fresh-air duct, duct cover (hood), exhaust-air inlet, floor heating, solar flow pipe, solar return pipe, venting appliance, sewer, hot-water flow pipe

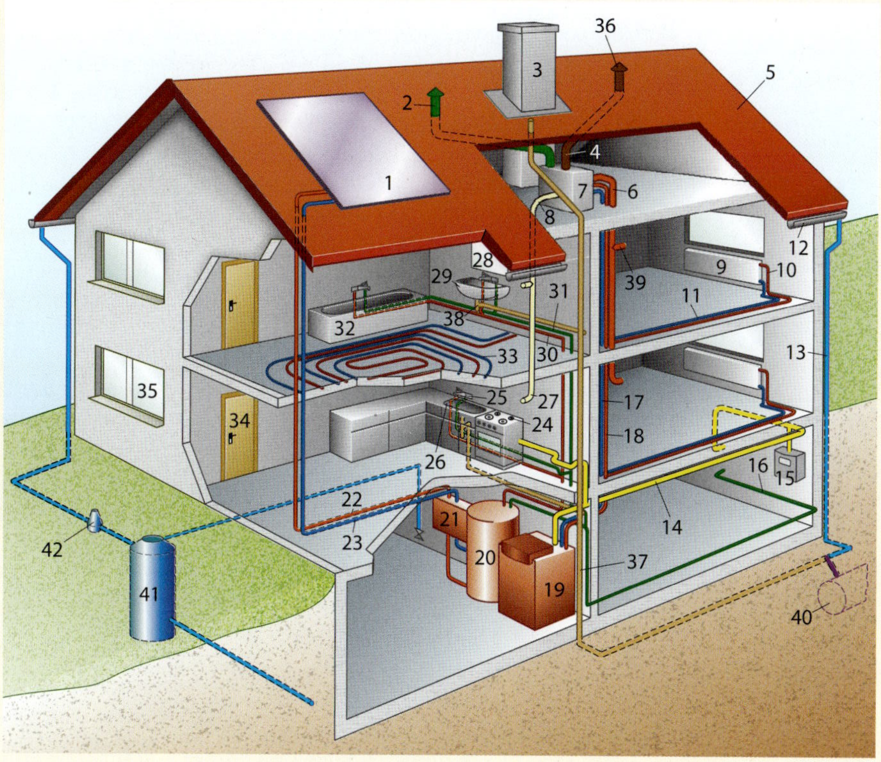

1 Sanitär-, Heizungs- und Klimatechnik im Einfamilienhaus

Exercises

2) Übernehmen Sie das folgende Schwedenrätsel in Ihr Heft und lösen sie es, indem Sie die deutschen Bezeichnungen für die folgenden englischen Begriffe eintragen.

Waagerecht:
2 solar collector, 3 sewer, 5 chimney, 6 floor drain, 7 gas meter, 8 gutter, 9 storage cistern, 10 oil tank, 11 gas cooker, 12 mirror
Senkrecht:
1 waste pipe, 4 oil-fired burner, 6 bath, 13 sink, 15 exhaust air, 16 duct cover, 17 roof

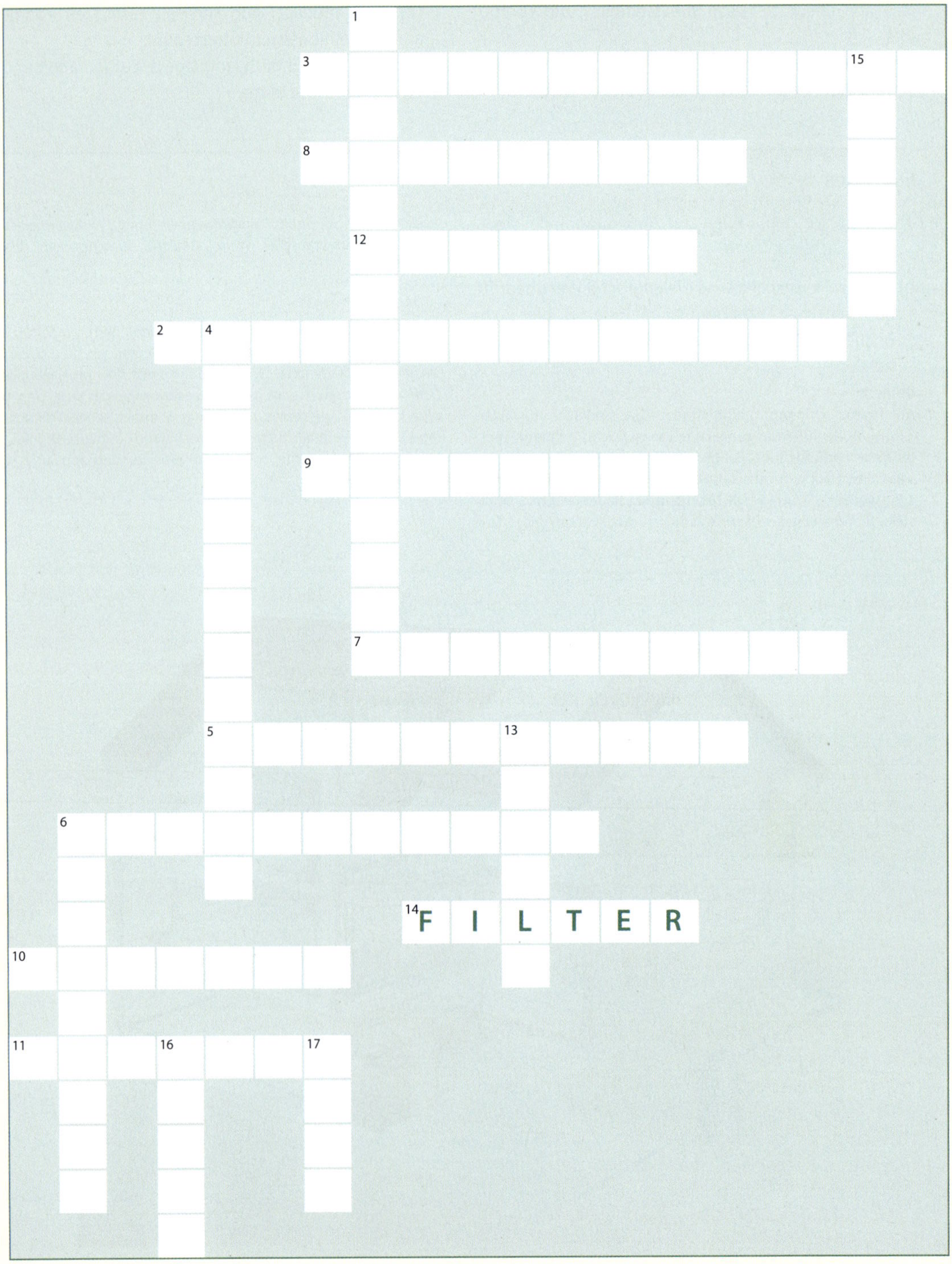

5 Arbeitssicherheit und Unfallschutz

Arbeitssicherheit einfach erklärt

5.1 Gefahren im Beruf

Arbeitsschutz Grundlagen

In Deutschland ereigneten sich im Jahr 2022 ca. 720 000 meldepflichtige **Arbeitsunfälle** (industrial accidents) in der gewerblichen Wirtschaft.
Die Zahl der schweren Unfälle mit bleibenden gesundheitlichen Beeinträchtigungen, die zu Unfallrenten führten, betrug ca. 10 000. Fast 400 Arbeitsunfälle endeten in diesem Zeitraum tödlich.
Die Zahl der Arbeitsunfälle ist zwar in den letzten Jahren kontinuierlich gesunken, besonders erfreulich ist dabei der Rückgang der schweren und tödlichen (fatal) Arbeitsunfälle (Bild 1). Für die Betroffenen sind die physischen, psychischen und finanziellen Belastungen allerdings dadurch nicht geringer geworden.

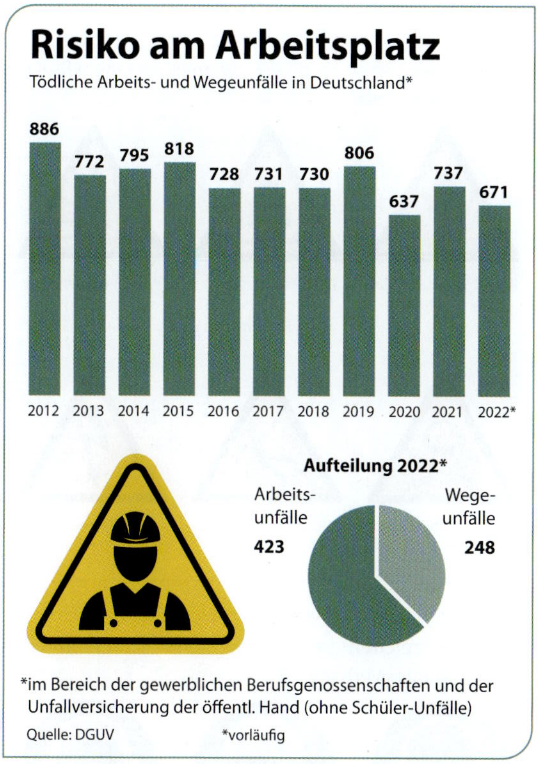

1 *Tödliche Arbeits- und Wegeunfälle in der gewerblichen Wirtschaft*

Aber nicht nur Arbeitsunfälle verursachen gesundheitliche Schäden (damages to one's health). Länger anhaltende Belastungen am Arbeitsplatz z. B. durch Staub, Dämpfe, Lärm, Aufenthalt in unbeheizten Rohbauten während der kalten Jahreszeit sowie Heben und Tragen schwerer Lasten können Erkrankungen auslösen, die als **Berufskrankheiten** (occupational diseases) anerkannt werden können (Bild 2).
Nach einer Information der Deutschen Gesetzlichen Unfallversicherung (DGUV) treten bei den Beschäftigten des SHK-Handwerks am häufigsten folgende berufsbedingte Krankheiten auf: Muskel- und Skeletterkrankungen, insbesondere Erkrankungen der Lendenwirbelsäule und Funktionseinschränkungen der Kniegelenke (Gonarthrose, Meniskusschäden), Lärmschwerhörigkeit, Asbeststaublungenerkrankung (Asbestose) und Hautkrebs. Damit sich der rückläufige Trend der Arbeitsunfälle und Berufskrankheiten weiter fortsetzt, müssen sich alle Beschäftigten der Gefahren ihres Berufes bewusst sein, die entsprechenden Sicherheitsvorschriften (safety regulations) beachten und die notwendigen Sicherheitsmaßnahmen (safety measures) ergreifen.

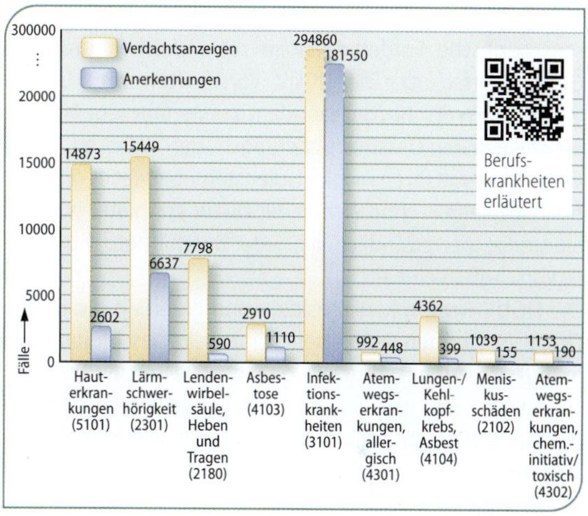

2 *Berufskrankheiten*

5.2 Sicherheitsvorschriften

5.2.1 Gesetze und Verordnungen

Wegen der großen Bedeutung der Arbeitssicherheit sind Maßnahmen zur Vermeidung von Gefährdungen am Arbeitsplatz (workplace) in zahlreichen Gesetzen und Verordnungen festgelegt, von denen hier nur eine kleine Auswahl angesprochen wird.
Das **Arbeitsschutzgesetz (ArbSchG)** zum Beispiel verpflichtet den Arbeitgeber, die Gesundheitsgefahren (health hazards) am Arbeitsplatz oder bei einer Tätigkeit zu beurteilen, erforderliche Maßnahmen für die Sicherheit und den Gesundheitsschutz (health protection) der Beschäftigten zu treffen und verbesserte Arbeitsbedingungen zu schaffen. Im **Arbeitszeitgesetz (ArbZG)** sind die höchstzulässige tägliche Arbeitszeit sowie die erforderlichen Pausen geregelt. Durch das **Jugendarbeitsschutzgesetz (JarbSchG)** sollen Beschäftigte unter 18 Jahren vor Überbeanspruchung, Überforderung und Gefahren am Arbeitsplatz geschützt werden. Die **Baustellenverordnung** dient der Verbesserung von Sicherheit (safety) und Gesundheitsschutz der Beschäftigten auf Baustellen (building sites). Da Arbeiten auf der Baustelle von Beschäftigten verschiedener Firmen häufig gleichzeitig

ausgeführt werden, sind die Unfall- und Gesundheitsrisiken dort hoch und besondere Schutzmaßnahmen und deren Koordinierung dringend erforderlich. Nach § 3 Baustellenverordnung ist deshalb für Baustellen, auf denen Beschäftigte (employees) mehrerer Arbeitgeber tätig sind, ein Koordinator zu bestellen. Das kann z. B. bei kleinen Bauten der Bauherr selbst oder ein Architekt sein.

5.2.2 Deutsche Gesetzliche Unfallversicherung (DGUV) – Vorschriften, Regeln und Informationen

Die **DGUV Vorschriften** benennen Schutzziele für Sicherheit und Gesundheit bei der Arbeit sowie branchen- oder verfahrensspezifische Forderungen an die Sicherheit und den Gesundheitsschutz. Die DGUV Vorschriften sind **Unfallverhütungsvorschriften** (accident prevention regulations), welche von den Unfallversicherungsträgern erlassen, deren Einhaltung von ihren Aufsichtsdiensten überwacht und von den einzelnen Fachbereichen der DGUV erarbeitet werden. Sie sind rechtsverbindlich, d.h. jeder Beschäftigte muss diese Vorschriften einhalten.

Die **DGUV Regeln** konkretisieren und erläutern die in den DGUV Vorschriften definierten Schutzziele, beschreiben den Stand des Arbeitsschutzes, geben Hilfestellung bei der Umsetzung der verschiedenen Arbeitsschutzvorschriften (health and safety regulations) und Unfallverhütungsvorschriften.

Die **DGUV Informationen** enthalten Hinweise und Empfehlungen, welche die praktische Anwendung von Vorschriften und Regeln zu einem bestimmten Sachgebiet oder Sachverhalt erleichtern sollen. Sie stellen z.B. für bestimmte Branchen und Tätigkeiten konkrete Maßnahmen im Bereich Sicherheit und Gesundheit vor.

5.3 Sicherheitsmaßnahmen

5.3.1 Sicherheitskennzeichen (Verbots-, Gebots-, Warn-, Rettungs- und Brandschutzzeichen)

Entscheidend für die Sicherheits- und Gesundheitsschutzkennzeichnung ist die Technische Regel für Arbeitsstätten (Arbeitsstättenregel) ASR A1.3. Sie enthält die Sicherheitszeichen (safety sign) der DIN EN ISO 7010. In dieser Norm nicht enthaltene Sicherheitszeichen beinhaltet DIN 4844.

Die Sicherheitszeichen müssen deutlich erkennbar angebracht werden und aus Werkstoffen bestehen, die gegen die Umgebungseinflüsse am Anbringungsort resistent sind. Die Sicherheitszeichen werden in folgende Gruppen eingeteilt:

a) **Verbotszeichen** (prohibition sign) untersagen ein Verhalten (behaviour), durch das eine Gefahr (danger) entstehen kann.

P002 Rauchen verboten
P003 Feuer, offenes Licht und Rauchen verboten
P011 Mit Wasser löschen verboten

P005 Kein Trinkwasser
Zutritt für Unbefugte verboten
P010 Berühren verboten

b) **Warnzeichen** (warning sign) warnen vor einem Risiko oder einer Gefahr.

W001 Warnung vor einer Gefahrstelle
W021 Warnung vor feuergefährlichen Stoffen
W002 Warnung vor explosionsgefährlichen Stoffen

W016 Warnung vor giftigen Stoffen
W008 Warnung vor Absturzgefahr
W012 Warnung vor elektrischer Spannung

c) **Gebotszeichen** (mandatory signs) schreiben ein bestimmtes Verhalten vor.

M004 Augenschutz beachten
M014 Kopfschutz benutzen
M003 Gehörschutz benutzen

M008 Fußschutz benutzen
M009 Handschutz benutzen
M010 Schutzkleidung benutzen

d) **Rettungszeichen** (rescue signs) kennzeichnen den Rettungsweg oder Notausgang (emergency exit), den Weg zu einer Erste-Hilfe-Einrichtung oder diese Einrichtung selbst.

E001 Notausgang (links)

E004 Notruftelefon

E003 Erste Hilfe

E013 Krankentrage

E009 Arzt

Notausstieg

e) **Brandschutzzeichen** (fire protection signs) kennzeichnen die Standorte von Feuermelde- und Feuerlöscheinrichtungen.

F002 Löschschlauch

F003 Feuerleiter

F001 Feuerlöscher

F006 Brandmelde-telefon

F005 Brandmelder

F004 Mittel und Geräte zur Brandbekämpfung

5.3.2 Persönliche Schutzausrüstung (PSA)

Lassen sich Unfall- und Gesundheitsgefahren durch technische oder organisatorische Maßnahmen nicht beseitigen, muss der Unternehmer geeignete persönliche Schutzausrüstungen (safety equipment) zur Verfügung stellen und diese in ordnungsgemäßem Zustand halten. Der Arbeitnehmer ist verpflichtet, diese zu benutzen.

Die prozentuale Verteilung der Arbeitsunfälle (industrial accidents) nach verletzten Körperteilen zeigt, wie dringend notwendig eine persönliche (personal) Schutzausrüstung ist (Bild 1).

Sie soll vor den Gefahren schützen, welche zwangsläufig mit der Ausübung der beruflichen Tätigkeiten verbunden sind. Je nach Art der Gefährdung sind das z. B. Schutzkleidung, Schutzbrille bzw. Schutzschirm, Schutzhandschuhe, Sicherheitsschuhe, Atem- oder Gehörschutz (Bild 2).

MERKE

Die persönlichen Schutzausrüstungen schützen nur, wenn sie auch benutzt werden.

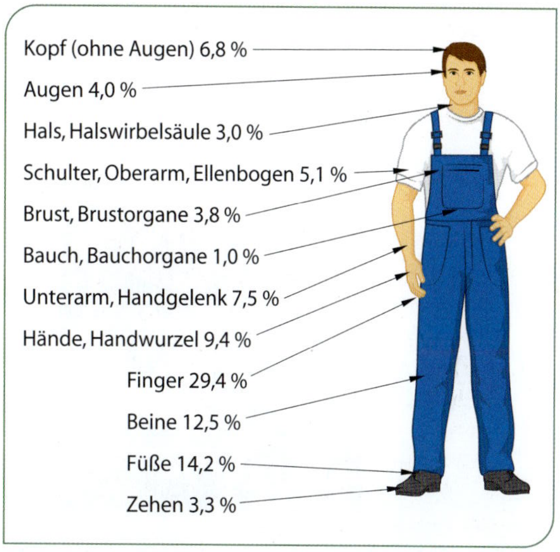

1 Prozentuale Verteilung der Arbeitsunfälle nach verletzten Körperteilen

2 Persönliche Schutzausrüstung

Persönliche Schutzausrüstung PSA

Profi-Schutz-ausrüstung

Persönliche Schutzausrüstung – Übersicht

Gefährdete Körperteile	Schutzausrüstung	Anwendung/Einsatz
Körper, Arme, Beine	• Schutzkleidung/Arbeitskleidung • Besondere Schutzkleidung wie z. B. Schweißerschutzanzug, Schweißerschürzen	Bei allen beruflichen Tätigkeiten. Bei besonderen Gefährdungen wie z. B. beim Brennschneiden und Schweißen.
Kopf	• Haarnetz bei langen Haaren • Schutzhelm 	Bei Arbeiten an Maschinen mit rotierenden Werkzeugen (rotating instruments) wie z. B. beim Bohren. Bei Gefährdungen durch herabfallende, umfallende, pendelnde oder wegfliegende Gegenstände, z. B. auf Baustellen, bei Arbeiten unter Gerüsten, Leitern, Hebevorrichtungen (Kränen), mit Bolzensetzwerkzeugen, beim Schleifen und Trennen mit dem Winkelschleifer.
Hände	• Hautschutzmittel, z. B. Schutzcremes, Salben, Pasten • Textil-, Kunststoff-, Gummi- und Lederhandschuhe 	Bei Arbeiten mit Stoffen, welche die Haut reizen bzw. austrocknen, z. B. Kühlschmiermittel, Reinigungsmittel (cleaning agents). Bei Arbeiten mit Säuren, Laugen, Lösemitteln, Klebstoffen, scharfkantigen oder rauen Werkstücken. Bei thermischen Gefährdungen durch heiße und kalte Materialien, Strahlungswärme, offene Flammen, z. B. beim Schweißen (welding), Warmbiegen.
Füße, Zehen	• Sicherheitsschuhe 	Bei Gefährdungen durch Einklemmen, umfallende oder herabfallende Gegenstände, Treten auf spitze oder schneidende Gegenstände, in heiße oder ätzende Flüssigkeiten. Für das Arbeiten auf Baustellen sind Sicherheitsschuhe (safety boots) mit einer Stahlkappe zum Schutz gegen Zehenverletzungen und einer durchtrittssicheren Sohle z. B. zum Schutz gegen das Eindringen hervorstehender Nägel zu verwenden
Augen, Gesicht	• Gestellbrillen mit Seitenschutz und bruchsicherem Glas (hell und dunkel) • Handschutzschild 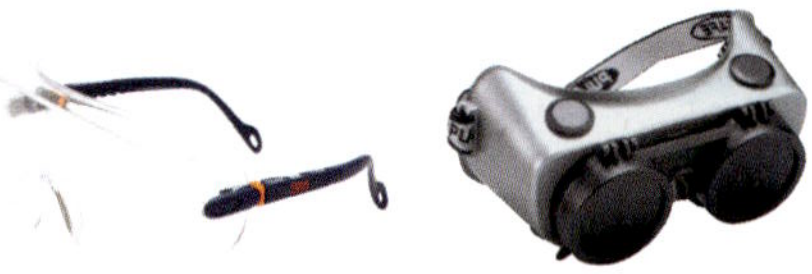	Bei Gefährdungen durch wegfliegende Teilchen und Staub wie z. B. bei Schleif- und Trennarbeiten sowie Arbeiten mit der Handbohrmaschine (hand drill) in Augenhöhe und über Kopf, Flüssigkeitsspritzer oder Dämpfe chemischer Substanzen, z. B. beim Kleben, Schweißfunken, Schweißspritzer, ultraviolette oder infrarote Strahlung, z. B. beim Löten, Gas- und Lichtbogenschweißen.

Gefährdete Körperteile	Schutzausrüstung	Anwendung/Einsatz
Gehör	• Gehörschutzstöpsel • Kapselgehörschützer 	Gemäß DGUV Regel 112-194 „Benutzung von Gehörschutz" ist ab 85 dB(A) das Tragen von Gehörschutz (ear protection) verpflichtend. Gehörschutz ist somit erforderlich z. B. bei Arbeiten mit Bolzensetzgeräten, Winkelschleifern, Schlagbohrmaschinen (percussion drills), Bohrhämmern, Presslufthämmern (pneumatic hammers).
Atemwege	• Mundschutz (face mask), Atemschutzmasken mit entsprechendem Filter 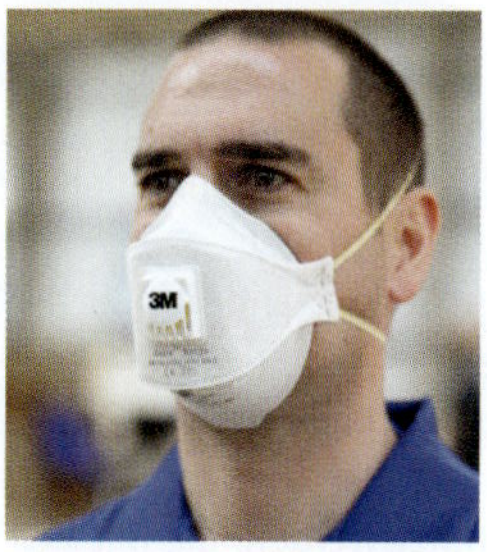	Bei Entstehung bzw. Freisetzung von: • gesundheitsschädigenden Staubkonzentrationen wie z. B. beim Bohren, Fräsen, Schleifen und Sägen, beim Verlegen von Dämmmaterial oder bei der Kesselreinigung, • gesundheitsschädigenden (noxious) chemischen Dämpfen und Gasen wie z. B. beim Kleben, Löten und Schweißen.

5.3.3 Werkzeuge und Maschinen

In den meisten Fällen werden Unfälle nicht durch Fehler der Werkzeuge und Maschinen, sondern durch das Fehlverhalten (misdemeanour) ihrer Benutzer verursacht. Es ist deshalb wichtig, den richtigen Umgang mit Werkzeugen und Maschinen zu lernen, um sich wirksam vor Gefahren zu schützen. Grundsätzlich dürfen nur Maschinen und Werkzeuge benutzt werden, die sich in einwandfreiem (faultless) Zustand befinden.

Durch nachfolgend genannte Maßnahmen (measures) können Unfälle mit Maschinen und Werkzeugen vermieden werden:

- Maschinen und Werkzeuge sind vor Benutzung auf sichtbare (visible) Schäden zu prüfen. Elektrische Bauteile sind besonders sorgfältig zu überprüfen.
- Maschinen dürfen nur von fachkundigen Personen benutzt werden.
- Bei Arbeiten mit Maschinen ist auf die richtige Arbeitskleidung und die notwendige Sicherheitsausrüstung zu achten (siehe 5.3.2).
- Die Schutzvorrichtungen oder Abdeckungen der bewegten (moving) Teile dürfen nicht abgenommen oder deren Wirksamkeit gemindert werden.
- Das Ein-, Aus- und Umspannen sowie das Prüfen und Messen des Werkstücks darf nur bei Stillstand (standstill) der Maschine erfolgen.
- Die Montage bzw. Demontage des Werkzeugs darf nur bei ausgeschalteter (powered off) Maschine und gezogenem Netzstecker erfolgen.
- Handgeführte Maschinen dürfen nur nach Stillstand der rotierenden (rotating) Teile abgelegt werden.
- Reparatur- und Wartungsarbeiten dürfen nur an ausgeschalteten und gegen Wiedereinschalten gesicherten Maschinen ausgeführt werden.
- Elektrisch betriebene Maschinen sind bei Störungen (faults) sofort abzuschalten (Stecker ziehen).
- Reparaturen an elektrischen Teilen dürfen nur von einer Elektrofachkraft ausgeführt werden.

MERKE

Provisorische Instandsetzungen durch den Laien sind lebensgefährlich.

- In feuchtigkeitsgefährdenden Bereichen sind elektrisch angetriebene Maschinen mit ausreichender Feuchtigkeitsschutzart (IP-Schutzart) zu verwenden.

5.3.4 Arbeitsplatzgestaltung

Genauso wichtig wie der richtige Umgang (handling) mit Maschinen und Werkzeugen ist ein aufgeräumter Arbeitsplatz. Herumliegende Werkzeuge, Maschinen und Arbeitsmaterialien können Stürze verursachen, die schwere Verletzungen, z. B. bei einem Sturz in eine laufende Säge, zur Folge haben können. Außerdem geht durch die ständige Suche nach dem benötigten Material oder Werkzeugen wertvolle Arbeitszeit verloren.
Ein ordentlich aufgeräumter Arbeitsplatz spart Zeit, vermindert das Risiko, dass Werkzeuge und Maschinen beschädigt werden und verringert Unfallgefahren.

MERKE

Ordnung am Arbeitsplatz erhöht die Wirtschaftlichkeit und die Sicherheit.

5.3.5 Leitern

Bei den Ursachen für Leiterunfälle spielt das Versagen von Leiterbauteilen eine untergeordnete Rolle. Die Hauptunfallgefahr geht vielmehr von der unsachgemäßen bzw. fehlerhaften Benutzung einer Leiter (ladder) aus. Häufige Unfallursachen sind das Ab- bzw. Wegrutschen des Leiterfußes oder Leiterkopfes, Um- oder Wegkippen der Leiter, Verlust des Gleichgewichtes durch z. B. seitliches Herauslehnen, Abrutschen von den Leitersprossen, Mitnahme von sperrigem Material sowie Verwendung einer ungeeigneten Leiter.
Unfälle mit Leitern können vermieden werden, wenn man folgende Punkte bei deren Benutzung beachtet (Bild 1):

- Leitern vor Benutzung auf Verschleiß (wearout), Verformung, fehlende Bauteile prüfen.
- Schadhafte Leitern, z. B. fehlende oder angebrochene Sprossen (staves), geflickte Holmen oder Wangen nicht benutzen, einer weiteren Benutzung sofort zuverlässig entziehen und nur durch eine Fachfirma (Hersteller oder autorisierte Firma) instandsetzen lassen.
- Leitern auf einem tragfähigen, ebenen Untergrund aufstellen, Leiterfüße gegen Einsinken und Wegrutschen sichern.
- Anlegeleitern (Bild 2a) nur an sichere Stützpunkte und im richtigen Winkel (angle) anlehnen.

1 Piktogramme als Betriebsanleitung (Aufkleber an Leitern)

Dieser beträgt bei Sprossenanlegeleitern 65° bis 75° und bei Stufenanlageleitern 60° bis 70°.

- Anlegeleitern, die zum Übersteigen auf ein Gebäudeteil benutzt werden, müssen mindestens 1 m über die Austrittsstelle hinausragen, wenn keine andere gleichwertige Haltemöglichkeit vorhanden ist.
- Anlegeleitern gegen Abrutschen (slipping off) z. B. durch Stahlspitzen oder Gummifüße, gegen Umfallen oder Umkanten z. B. durch Anbinden des Leiterkopfes sowie gegen übermäßiges Durchbiegen oder Schwanken z. B. durch Absteifen sichern.
- Stehleitern, auch Staffeleien genannt (Bild 2b), nur benutzen, wenn an den Schenkeln Spreizsicherungen wie z. B. Ketten, Gurte, Gelenke fest angebracht sind.
- Stehleitern nicht zusammengeklappt (folded up) als Anlegeleiter verwenden, da die Holme an den Scharnierbefestigungen überbeansprucht werden.
- Stehleitern nicht zum Übersteigen auf hoch gelegene Arbeitsplätze benutzen.

Leitern dürfen als Arbeitsplatz nicht verwendet werden, wenn:

- bei einer Standplatzhöhe > 2 m die Arbeitsdauer (working hours) mehr als 2 Stunden beträgt,
- das Gewicht des mitzuführenden Werkzeugs und Materials 10 kg überschreitet,
- mitgeführte Gegenstände größer als 1 m² sind,
- Stoffe oder Geräte wie z. B. Säuren, Winkelschleifer, benutzt werden, von denen für den Beschäftigten zusätzlich Gefahren ausgehen,
- Geräte benutzt werden, die mit beiden Händen bedient werden müssen,
- Arbeiten ausgeführt werden, die einen großen Kraftaufwand erfordern wie z. B. Arbeiten mit Drehmomentschlüsseln bei Verschraubungsarbeiten.

2 Leitern

5.3.6 Gerüste

Bei Arbeiten von längerer Dauer auf einer über die Reichweite eines Beschäftigten hinausgehenden Höhe sind stets Gerüste (scaffolding) zu verwenden.
Gerüste müssen einen ausreichend tragfähigen Boden besitzen, kippsicher aufgestellt und gegen seitliches Verschieben ausreichend verstrebt sein. Befindet sich der Gerüstboden mehr als 2 m über dem Fußboden (floor), ist ein dreiteiliger Seitenschutz, bestehend aus Geländerholm, Zwischenholm und Bordbrett, anzubringen (Bild 1). Durch den Zwischenholm können Personen auch in gebückter Haltung nicht abstürzen. Das Bordbrett verhindert, dass z. B. Werkzeuge und Materialien hinabfallen und Personen, die sich darunter aufhalten, verletzen.
Für kleinere Arbeiten, bei denen z. B. größere Kräfte durch Verwendung von handbetätigten Maschinen bzw. Werkzeugen aufgewendet werden müssen, empfiehlt sich der Einsatz von **Kleingerüsten** (Bild 2).
Kleingerüste bestehen im Wesentlichen aus zwei Vertikalrahmen, einem Gerüstboden und Verstrebungen; sie lassen sich einfach und schnell montieren. Bei manchen Ausführungen kommen als Vertikalrahmen zweiteilige Leiter oder Stehleiter zum Einsatz.
Kleingerüste dürfen nur entsprechend der Aufbau- und Verwendungsanleitung der Herstellfirma eingesetzt werden.

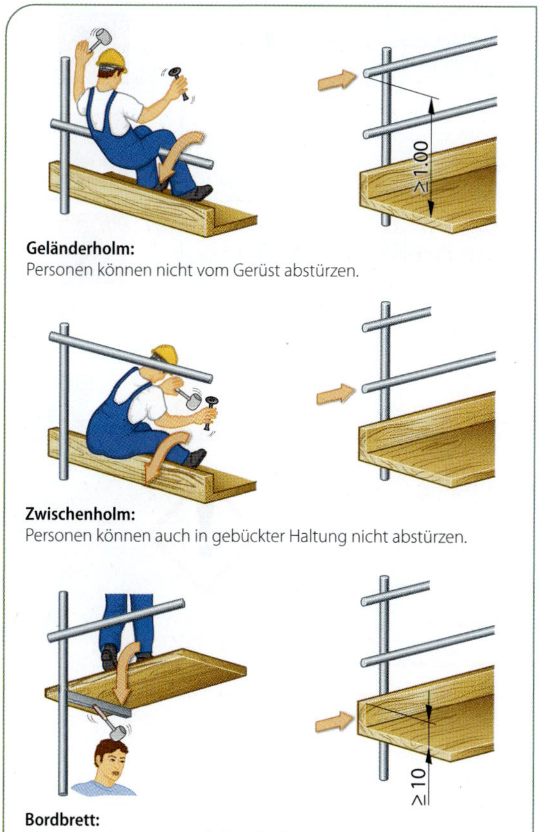

Geländerholm:
Personen können nicht vom Gerüst abstürzen.
Zwischenholm:
Personen können auch in gebückter Haltung nicht abstürzen.
Bordbrett:
Gegenstände können nicht herabfallen und unten Personen treffen.

1 Gerüst

2 Kleingerüst aus zweiteiliger Leiter

5.3.7 Absturzsicherungen

Absturzsicherungen (Bild 3) bestehen aus Geländerholm, Zwischenholm und Bordbrett und sind erforderlich:

- an frei liegenden Treppenläufen, Treppenabsätzen und Wandöffnungen bei mehr als 1 m Absturzhöhe,
- bei Arbeiten an und auf Dächern, wenn die Absturzhöhe mehr als 3 m beträgt,
- an allen übrigen Arbeitsplätzen und Verkehrswegen bei mehr als 2 m Absturzhöhe,
- an Öffnungen in Böden, Decken und Dachflächen sowie Vertiefungen im Arbeits- und Verkehrsbereich, sofern sie nicht durch begehbare und unverschiebbar angebrachte Abdeckungen versehen sind.

3 Absturzsicherung

Bei Arbeiten auf Dächern (roofs) können als Sicherheitsmaßnahmen gegen das Abstürzen von Beschäftigten und gegen das Herabfallen von Materialien und Werkzeugen **Auffangeinrichtungen** wie z. B. **Fanggerüste** oder **Fangnetze** verwendet werden. Ist eine Auffangeinrichtung aus arbeitstechnischen Gründen (reasons) nicht möglich wie z. B. bei Arbeiten an der Absturzkante oder wenn der Aufwand an Material, Zeit und Geld dafür wesentlich höher ist als der für die durchzuführende Arbeit, müssen sich die Beschäftigten durch **Anseilen (Auffanggurt)** gegen Abstürzen (falls) sichern (Bild 1).

1 Sichern gegen Absturz durch Anlegen eines Auffanggurts

Dächer ohne tragfähige Dachhaut wie z. B. Welldächer aus Faserzement sowie Lichtkuppeln sind nur über entsprechende Laufstege (walkways) zu begehen. Bei Absturzhöhen ins Gebäudeinnere ab 5 m sind Auffangnetze anzubringen.

5.3.8 Gefahrstoffe

Gefahrstoffe erkennen

Stoffe, die z. B. giftig, ätzend, leicht entzündlich, brandfördernd, explosionsgefährlich, gesundheitsschädlich oder umweltgefährlich sind, werden als Gefahrstoffe (hazardous material) bezeichnet und müssen gekennzeichnet werden. Die Kennzeichnung muss folgende Angaben enthalten:

- Stoffbezeichnung,
- Gefahrsymbol (Bild 2), Gefahrbezeichnungen,
- Gefahrhinweise,
- Sicherheitsratschläge,
- Hersteller, Einführer, Lieferant.

Werden Inhalte von einem Originalbehälter für den innerbetrieblichen Verbrauch in kleinere Behältnisse (container) umgefüllt, müssen diese wie die Originale gekennzeichnet werden. Es dürfen allerdings keine Behälter verwendet werden, die üblicherweise Lebensmittel (food) oder Getränke (beverages) enthalten wie z. B. Getränkeflaschen.

Vor Verwendung eines Gefahrstoffes ist es unbedingt erforderlich, sich anhand der Betriebsanweisung (Bild 3), Produktinformation, Sicherheitsdatenblatt über die Gefahren und Schutzmaßnahmen (protective measures) zu informieren. Stehen diese Informationsmittel nicht zur Verfügung, kann der Chef bzw. Meister, der Sicherheitsbeauftragte oder ein im Umgang mit Gefahrstoffen erfahrener Firmenangehöriger weiterhelfen. Während der Ausführung von Arbeiten mit Gefahrstoffen darf nicht gegessen, getrunken oder geraucht werden.

Eigenschaft des Stoffes	neu (ab 2008)	alt (erlaubt bis 2017)
giftig		
gesundheits-schädigend		
gesundheits-gefährdend		
ätzend		
hochentzündlich		

2 Gefahrensymbole

Betriebsanweisung Nr.
Gemäß §14 Gefahrstoffverordnung | Betrieb:
Baustelle / Tätigkeit: Druckdatum: 08.07.2024

Betriebsanweisung erstellen

Verlegewerkstoffe, lösemittelhaltig
GISCODE: D3

Signalwort: Achtung

Gefahren für Mensch und Umwelt

Einatmen oder Aufnahme durch die Haut kann zu Gesundheitsschäden führen. Kann die Atemwege, Augen, Haut reizen. Vorübergehende Beschwerden (Kopfschmerzen, Schwindel, Übelkeit, Konzentrationsstörungen) möglich. Kann Rausch, Augenschaden, Herzrhythmusstörung, Nervenschaden verursachen. Bei bestehender Sensibilisierung gegenüber Konservierungsmitteln kann das Produkt allergische Reaktionen auslösen. Das Produkt ist entzündbar. Eindringen in Boden, Gewässer und Kanalisation vermeiden!

Schutzmaßnahmen und Verhaltensregeln

3 Betriebsanweisung aus BG Bau

Hautkontakt kann durch Tragen von Schutzausrüstung wie z. B. Schutzhandschuhe (gauntlets), Schutzbrille (safety goggles) und Auftragen von Schutzsalben vermieden werden (vgl. Kap. 5.3.2).
Nach der Arbeit und vor Pausen ist die Haut gründlich zu reinigen. Am Arbeitsende ist es zweckmäßig, nach der Reinigung ein Hautpflegemittel (skin care) aufzutragen.

5.3.9 Arbeitsplatzgrenzwerte (AGW)

Ein wichtiges Instrument zum Schutz der Beschäftigten vor Gesundheitsschäden stellen die Arbeitsplatzgrenzwerte (Bild 1) (limit value at the workplace) (AGW) dar. Sie geben an, bei welcher Konzentration eines Stoffes in der Luft am Arbeitsplatz eine akute oder chronische Schädigung der Gesundheit der Beschäftigten nicht zu erwarten ist. Arbeitsplatzgrenzwerte sind Mittelwerte (mean values), bei deren Festlegung von einer Arbeitszeit von 8 Stunden an 5 Tagen pro Woche ausgegangen wird. Für Stoffe, die bei einer Abweichung vom Mittelwert nach oben Gesundheitsschäden verursachen können, sind Kurzzeitwerte festgelegt. Sie beschränken die Konzentrationsschwankungen nach oben, sowie ihre Dauer und Häufigkeit.
Die Arbeitsplatzgrenzwerte werden in mg/m³ und ml/m³ (ppm) angegeben.
In Deutschland wurden die Arbeitsplatzgrenzwerte mit der Neufassung der Gefahrstoffverordnung (GefStoffV) eingeführt. Sie ersetzen die Maximalen (maximum) Arbeitsplatzkonzentrationswerte (MAK-Werte) und die Technischen Richtkonzentrationswerte (TRK-Werte).

Stoffbezeichnung	Arbeitsplatzgrenzwert	
	ml/m³ (ppm)	mg/m³
Aceton	500	1200
Butanon	200	600
Cyclohexanon	20	80
Fluor	1	1,6
Kohlenstoffdioxid	5000	9100
Kohlenstoffmonoxid	30	35
Methanol	13	100
Salpetersäure	1	2,6
Tetrahydrofuran	50	150

1 Arbeitsplatzgrenzwerte-Auswahl

5.3.10 Arbeiten in engen Räumen

Bei Arbeiten in engen (narrow) Räumen (Räume ohne natürlichen Luftabzug mit einem Volumen unter 100 m³ oder einer Länge, einer Breite oder einer Höhe von weniger als 2 m) wie z. B. in Behältern, Schächten und fensterlosen Bauwerken, sind folgende Vorkehrungen zu treffen:

- Vor Arbeitsbeginn prüfen, ob eine Gefährdung durch Gase und/oder elektrischen Strom (electric current) besteht,
- Räume gasfrei machen,
- Verantwortlichen Aufsichtsführenden (proctor) benennen, Sicherheitsmaßnahmen festlegen und diese während der Arbeit durch den Aufsichtsführenden überwachen,
- Zuverlässigen Sicherheitsposten aufstellen, der mit den Beschäftigten in Kontakt steht (Sichtverbindung, Sprechverbindung, Signalleine),
- Für genügend große Zugangs- bzw. Einstiegöffnungen sorgen, um bei Gefahr den engen Raum schnell verlassen und Verunglückte retten zu können,
- Geeignete Ausrüstung zur Rettung bereithalten und Fluchtwege (escape route) freihalten,
- Räume ausreichend be- und entlüften,
- Umgebungsluft unabhängige Atemschutzgeräte benutzen, falls ein Be- und Entlüften nicht möglich ist.

Bei der Durchführung von Gasschweiß-, Brennschneid- und Hartlötarbeiten in engen Räumen:

- müssen Gas- und Sauerstoffflaschen außerhalb aufgestellt werden,
- müssen Brenner und Schläuche bei längeren Arbeitsunterbrechungen aus diesen Räumen entfernt werden,
- ist schwer entflammbare (flame-resistant) Schutzkleidung zu tragen.

Besteht in einem metallischen Behälter eine erhöhte elektrische Gefährdung, dürfen elektrische Betriebsmittel nur mit der **Schutzkleinspannung** (protective extra low voltage) (bis max. 50 Volt Wechselspannung bzw. max.120 V Gleichspannung) und/oder **Schutztrennung** (galvanische Trennung vom Netz) betrieben werden. Sicherheitstransformatoren müssen außerhalb des Behälters aufgestellt werden. Elektrische Geräte und Handleuchten für Kleinspannung müssen Spezialsteckvorrichtungen besitzen, die nicht in Steckdosen (socket) höherer Spannung passen.

Bei Elektro- und Schutzgasschweißarbeiten in solchen Behältern:

- ist eine für derartige Arbeiten geeignete und besonders gekennzeichnete Schweißstromquelle (Symbol S) zu benutzen, die außerhalb des Behälters aufzustellen ist,
- ist schwer entflammbare Schutzkleidung zu tragen,
- sind isolierende (insulating) Zwischenlagen wie z. B. Gummimatten zu benutzen.

5.3.11 Brandschutz auf der Baustelle

Bei Schweiß-, Löt- oder anderen Arbeiten mit offener Flamme (flame), bei Trenn- und Schleifarbeiten mit Funkenbildung und bei Arbeiten mit leicht entzündlichen Stoffen ist die Entstehung bzw. Ausbreitung eines Brandes durch folgende Maßnahmen zu verhindern:

- Löschgeräte wie z. B. Handfeuerlöscher, Eimer (bucket) mit Wasser und Löschdecken neben der Arbeitsstelle bereit stellen.
- Bewegliche brennbare Gegenstände bei Boden- und Wanddurchbrüchen auch aus den Nachbarräumen entfernen.

- Brennbare (inflammable) Gegenstände, die nicht entfernt werden können, beispielsweise mit Glasfasermatten abdecken.
- Öffnungen, Fugen, Ritzen, Rohrdurchführungen in gefährdeten Bereichen z. B. mit Steinwolle abdichten.
- Brandwache mit Feuerlöscher (fire extinguisher) aufstellen, wenn in der Nähe brennbarer Gegenstände geschweißt wird, auch wenn diese abgedeckt werden.
- Arbeiten mit erforderlicher Vorsicht ausführen und mindestens zwei Stunden vor Arbeitsschluss beenden, damit während der restlichen Arbeitszeit die Baustelle beaufsichtigt bleibt.
- Nach Abschluss der Arbeiten Arbeitsplatz und Umgebung nach Brandnestern absuchen und auf Übertemperaturen abtasten.
- Alarmmöglichkeiten zur Feuerwehr (fire brigade) klären bzw. nötigenfalls schaffen; im Schadensfall Feuerwehr unverzüglich alarmieren.

Lassen sich die erforderlichen Brandschutzmaßnahmen (fire prevention measures) nicht durchführen, sind Arbeitsverfahren zu wählen, von denen keine Brandgefahr ausgeht wie z. B. Pressen und Verschrauben statt Löten und Schweißen, Sägen statt Brennschneiden.

5.3.12 Transport von Gasflaschen und Rohren mit Kraftfahrzeugen

- Grundsätzlich sind bei Transport von Gütern mit Kraftfahrzeugen die entsprechenden Bestimmungen der Straßenverkehrordnung zu beachten.
- Bei Transport von Gasflaschen sind die Kleinmengengrenzen der Gefahrgutverordnung – Straße und Eisenbahn (GGVSE) zu berücksichtigen.
- Gasflaschen (gas cylinder) und Rohre (pipes) sind beim Transport auf bzw. in Fahrzeugen gegen Verrutschen, Abrollen, Umfallen und Herabfallen zu sichern wie z. B. durch spannbare Gurte (girths), die an genügend stabilen Fahrzeugteilen befestigt werden oder durch fest an der Wagenwand angebrachte Gestelle mit lösbaren Bügeln oder Ketten (Bild 1).
- Gasflaschen dürfen nur mit geschlossenen Ventilen und aufgeschraubten Schutzkappen transportiert werden.
- Gasflaschen, bei denen kein Ventilschutz angebracht ist und bei denen auch keine Schutzkappe (protection cap) aufgeschraubt werden kann, sind in Flaschenkoffern oder -kästen zu befördern.

1 *Flaschensicherung durch Gestell mit lösbarem Bügel und Ketten*

- Fahrzeuge mit gefüllten Gasflaschen dürfen nicht unbeaufsichtigt abgestellt werden.
- In geschlossenen Kraftfahrzeugen wie Werkstattwagen und Kundendienstfahrzeugen dürfen Gasflaschen nur transportiert werden, wenn diese Fahrzeuge mindestens zwei Lüftungsöffnungen mit jeweils 100 cm^2 Mindestquerschnitt besitzen.
- In Ausnahmefällen dürfen Gasflaschen bei kurzen Transportwegen auch in Firmenkombis und Kofferräumen von Personenkraftwagen transportiert werden, wenn geöffnete Fenster oder ein geöffneter Kofferraumdeckel zur Lüftung verwendet und die Fahrzeuge unverzüglich nach der Fahrt entladen werden.
- Zur Gasentnahme sind die Gasflaschen aus dem Fahrzeug zu entfernen. Nur in besonders dafür eingerichteten Werkstattwagen dürfen Gasflaschen im Fahrzeug (vehicle) verbleiben.

5.4 Erste-Hilfe-Maßnahmen

Trotz aller Sicherheitsmaßnahmen lassen sich Arbeitsunfälle nicht verhindern, wie die entsprechenden Statistiken belegen. Bei jeder Verletzung kommt es darauf an, dass sie schnell und fachgerecht versorgt wird. Bei schweren Unfällen können rechtzeitig und richtig durchgeführte Erste-Hilfe-Maßnahmen (first aid) das Leben des Verletzten retten.
Die optimale Versorgung erfordert ein koordiniertes Handeln der an der Rettung beteiligten Personen und Institutionen. Die einzelnen Schritte der Hilfe müssen wie Glieder einer Kette **(Rettungskette)** ineinander greifen (Bild 2).

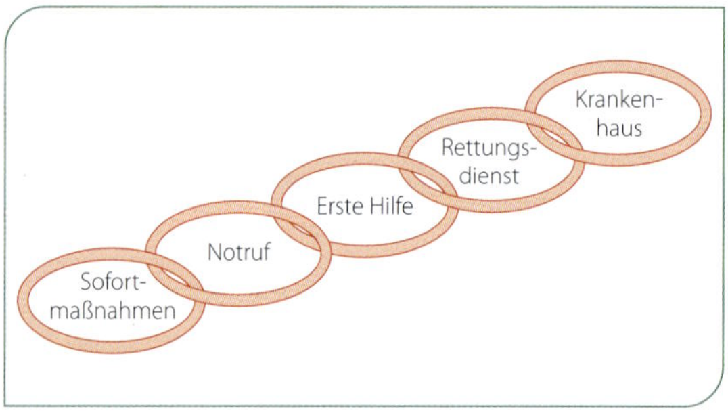

2 *Rettungskette*

Jede Kette ist aber nur so stark wie ihr schwächstes Glied. Eine Ausbildung und wiederholte Fortbildung in Erster Hilfe trägt zur Stärkung der ersten drei Glieder bei.
In jedem Betrieb und auf jeder Baustelle muss bis maximal 20 Beschäftigten mindestens ein Ersthelfer vorhanden sein; bei mehr als 20 Beschäftigten müssen zehn Prozent davon als Ersthelfer ausgebildet sein.
Ersthelfer müssen den Beschäftigten bekannt sein und die Beschäftigten müssen über den Aufenthaltsort der Ersthelfer informiert sein. Erste-Hilfe-Material wie z. B. Verbandskasten (first aid box) ist im Betrieb oder auf der Baustelle an leicht zugänglicher Stelle und geschützt vor schädigenden Einflüssen (Nässe, hohe Temperaturen) bereitzuhalten.

Das Erste-Hilfe-Material muss nicht nur nach Verbrauch ergänzt und bei Unbrauchbarkeit (z.B. Verschmutzung, Beschädigung) sowie nach Ablauf des Verfalldatums (z.B. steriles Verbandmaterial) erneuert werden, sondern auch den anerkannten technischen, medizinischen und hygienischen Regeln entsprechen, d.h. Material, das diesen Vorgaben nicht entspricht, muss ersetzt werden. Grüne Tafeln der DGUV mit Anleitungen zur Ersten Hilfe (Bild 1) müssen im Betrieb ausgehängt sein. Organisation und Koordination der Ersten Hilfe kann durch Anbringen dieser Tafeln (plate) in Firmenfahrzeugen und Montageschränken bzw. -kisten unterstützt werden, zumal dort Ersthelfer/Betriebssanitäter, Ärzte für Erste Hilfe, Rettungsdienste und Krankenhäuser (hospitals) sowie deren Rufnummern eingetragen werden.
Jede Erste-Hilfe-Leistung ist mit den erforderlichen Daten wie z.B. Name des Verletzten, Unfallort, Art der Verletzungen zu dokumentieren und der Berufsgenossenschaft (employer's liability insurance association) zu melden.

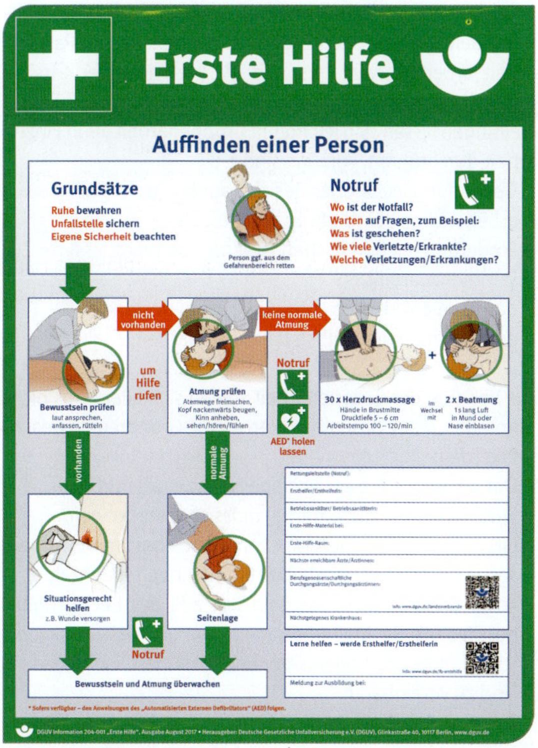

1 Anleitung für Erste Hilfe

ÜBUNGEN

1) Welche Berufskrankheiten treten bei Anlagenmechanikern SHK häufig auf?

2) Nennen Sie zwei Gesetze und eine Verordnung, in denen Sicherheitsvorschriften festgelegt sind.

3) Was sind
a) DGUV Vorschriften
b) DGUV Regeln
c) DGUV Informationen?

4) Geben Sie für folgende Tätigkeiten mindestens je zwei geeignete Schutzausrüstungen an:
a) Schweißen b) Kleben
c) Trennarbeiten mit Winkelschleifer

5) Informieren Sie sich im Internet über DGUV Vorschriften zum Thema Augenschutz und leiten Sie daraus Maßnahmen an Ihrem Arbeitsplatz ab.

6) Der richtige Umgang mit Maschinen und Werkzeugen schützt vor Unfällen. Zählen Sie fünf Unfallverhütungsmaßnahmen beim Umgang mit Maschinen und Werkzeugen auf.

7) Welche Vorteile hat ein aufgeräumter Arbeitsplatz?

8) Nennen Sie fünf Maßnahmen, um Unfälle mit Leitern zu vermeiden.

9) Geben Sie vier Tätigkeiten an, die nicht auf einer Leiter ausgeführt werden dürfen.

10) Erläutern Sie mindestens vier wesentliche Anforderungen, die Gerüste erfüllen müssen.

11) Beschreiben Sie Sicherheitsmaßnahmen bei Arbeiten auf Dächern.

12) Welche Stoffe werden als Gefahrstoffe eingeordnet?

13) Was müssen Sie beachten, wenn Sie flüssige Inhalte aus Originalbehältern für den innerbetrieblichen Verbrauch in kleinere Behältnisse umfüllen?

14) Nennen Sie drei Schutzmaßnahmen im Umgang mit Gefahrstoffen.

15) Erklären Sie den Begriff Arbeitsplatzgrenzwert.

16) Schildern Sie drei Vorkehrungen, die Sie bei Arbeiten in engen Räumen treffen müssen.

17) Sie müssen in einem älteren Gebäude Lötarbeiten durchführen. Schildern Sie vier Maßnahmen, die Sie ergreifen, um die Entstehung bzw. Ausbreitung eines Brandes zu verhindern.

18) Unter welchen Bedingungen dürfen Gasflaschen in geschlossenen Kastenwagen transportiert werden?

19) Unter welchen Voraussetzungen ist eine optimale Versorgung eines auf der Baustelle Verunglückten möglich?

6 Arbeitsorganisation, Arbeitsmethoden und Präsentationstechniken

Der Auszubildende (trainee; apprentice) im SHK-Handwerk muss im Betrieb und in der Schule Arbeitsaufträge:
- organisieren,
- planen,
- durchführen,
- und auswerten.

Hierzu ist die passenden Methode (method) auszuwählen und die Ergebnisse sind zu präsentieren. Im Betrieb erfolgt die Planung (planning) eines Auftrags meist durch den Meister, in der Schule plant der Auszubildende selbstständig.
Dazu muss er nicht nur fachlich gut qualifiziert sein, sondern auch mit Kollegen oder Mitschülern zusammenarbeiten, Informationen (information) verarbeiten, kreativ und effizient[1] sein.

6.1 Arbeitsorganisation

Arbeitsaufträge in Betrieben des SHK-Handwerks ergeben sich in der Regel aus Kundenaufträgen. In der Schule werden Kundenaufträge theoretisch bearbeitet, aber meist nicht praktisch durchgeführt.
Um ein möglichst gutes wirtschaftliches Ergebnis (result) im Betrieb zu erzielen oder den Auftrag in der Schule effizient durchzuführen, ist es notwendig, den Arbeitsauftrag gründlich vorzubereiten, ihn zu organisieren. Dazu ist es z. B. notwendig:
- Einen Zeitplan (timetable) zu erstellen (z. B. Fertigstellung in 4 Wochen).
- Die Mitarbeiter oder die Schüler einzuteilen (z. B. Montagegruppe Albers/Dommel, Gruppenarbeit mit jeweils vier Schülern).
- Die inhaltliche Planung durchzuführen (z. B. Erneuerung eines Trinkwasserverteilers).
- Das Material (material) und die Werkzeuge (tools) bereitzustellen (z. B. Verbundrohre, Werkzeugkiste, Arbeitsblätter).
- Einen Arbeitsplan (work schedule) aufzustellen (z. B. in welcher Reihenfolge die Arbeiten zu erledigen sind).
- Absprachen zu treffen und Prioritäten zu setzen (z. B. mit anderen Gewerken; was zuerst zu erledigen ist).

6.2 Arbeitsmethoden[2]

Um eine neue Aufgabe (einen neuen Auftrag) (task; order) kompetent selbstständig, mit Partner oder in einer Gruppe bearbeiten zu können und um zügig zu Problemlösungen und Lösungsansätzen zu kommen, ist es nützlich, verschiedene Methoden zu kennen wie z. B.:
- Schülerreferat,
- Brainstorming,
- Methode 635,
- Metaplanmethode,
- Mind Map,
- Lernzirkel,
- Gruppenpuzzle.

6.2.1 Einzel, Partner- oder Gruppenarbeit

Grundsätzlich können Arbeitsaufträge in Einzel- oder Gruppenarbeit (group work) ausgeführt werden. Bei der Partnerarbeit arbeiten zwei Personen (Partner) in einer Gruppe (group) zusammen. Größere Aufträge und komplexe Fragestellungen lassen sich leichter in Gruppenarbeit als in Einzelarbeit durchführen. Vorzüge sind z. B.:
- Gewinnung vielfältiger Gesichtspunkte (points of views),
- arbeitsteilige Bearbeitung von Aufgaben,
- Förderung der Bereitschaft (willingness, readiness) zur Zusammenzuarbeit,
- das soziale Verhalten (behaviour) wird gestärkt,
- ermöglicht aktive, selbstständige Mitarbeit.

Die Vorzüge der Gruppenarbeit stellen sich allerdings nicht automatisch ein, deshalb sollten einige Grundregeln beachtet werden:
- Der Inhalt des Arbeitsauftrages muss eindeutig sein.
- Ein Zeitrahmen (time frame) muss abgesteckt werden.
- Ein oder zwei Gruppensprecher müssen bestimmt werden.
- Jedes Gruppenmitglied übernimmt einen Teilauftrag.
- Feste Kommunikationsregeln wie z. B. das Recht (right), dass jeder seine Meinung sagen kann und dass Kritik (criticism) jederzeit zugelassen und geäußert werden darf, sind zu vereinbaren.
- Arbeitsergebnisse werden schriftlich (written) festgehalten.
- Präsentation der Arbeitsergebnisse durch ein Mitglied (member) oder mehrere Mitglieder der Gruppe.

6.2.2 Schülerreferat

Ein Referat (presentation) ist ein Vortrag über ein bestimmtes Thema. Es handelt sich in der Regel nicht um neue Ideen, sondern um schon bekannte Tatsachen. Die Vortragsdauer sollte 10…20 Minuten nicht überschreiten.
Das Referat soll möglichst frei, mit Blickkontakt zum Publikum vorgetragen werden. Gedanken (thoughts) sollen geordnet, abwechselungsreich und verständlich ohne Dialekt

[1] effizient = leistungsfähig
[2] Methode = Art und Weise eines Vorgehens

(dialect) vorgetragen werden. Durch z. B. Folien, Tafelanschrieb oder Laptop mit Beamer kann ein Vortrag interessanter gestaltet werden. Zwischenfragen sollten zugelassen werden, da es ein Zeichen dafür ist, dass das Publikum interessiert zuhört. Um dem Publikum das Zuhören zu erleichtern, können Thesenpapiere oder Handreichungen (handouts) mit den wichtigsten Erkenntnissen und Aussagen und einer Literaturliste ausgegeben werden.

6.2.3 Brainstorming

Das Brainstorming ist die bekannteste und am häufigsten eingesetzte Methode, um Kreativität (creativity) anzuregen und innerhalb einer relativ kurzen Zeit (10 … 15 Minuten) viele Ideen zur Lösung eines relativ exakt formulierten Problems (problem) zu finden. Eine Sitzung (session) dauert üblicherweise 20 … 60 Minuten und die optimale Gruppengröße sollte 4 … 10 Teilnehmer nicht überschreiten. Das Verfahren (procedure) wurde schon in den 30er Jahren von dem amerikanischen Werbefachmann Alex F. Osborn entwickelt.

Es wird in zwei Phasen unterteilt:
- Sammlung (collection) von Begriffen und Ideen zur Lösung eines Problems (Bild 1).
- Beurteilung und Analyse der gefundenen Begriffe und Ideen.

Um die Effizienz einer Sitzung nicht zu gefährden, sollten einige Regeln eingehalten werden:
- Jeder sollte möglichst viele Begriffe (terms) sammeln, Quantität geht vor Qualität.
- Die eigenen oder fremde Begriffe sollten nicht gewertet oder kritisiert werden.
- Jeder Gedanke darf geäußert werden, auch außergewöhnliche Einfälle.
- Gedanken anderer dürfen aufgegriffen und weiterentwickelt werden.
- Begriffe und Ideen sollten stichwortartig auf Karten (cards) festgehalten werden, um sie z. B. an einer Pinnwand zu befestigen.
- Begriffe und Ideen werden geordnet.
- Alle Ideen werden auf ihre Durchführbarkeit hin bewertet und analysiert.

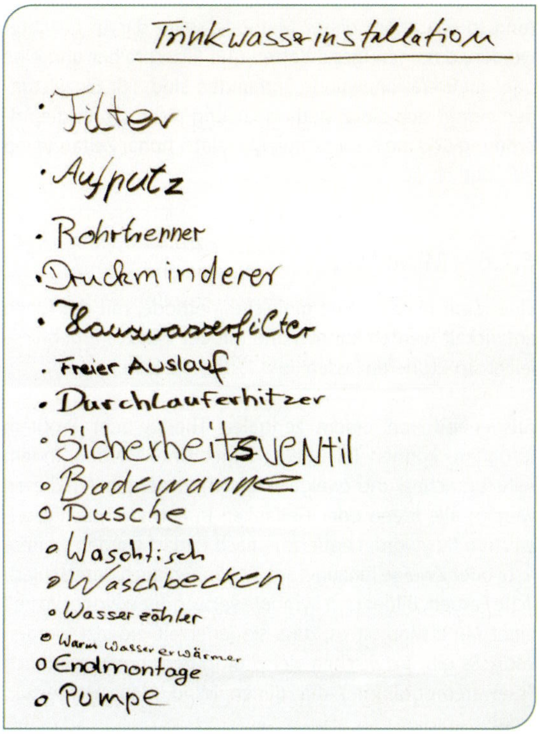

1 Sammlung von Begriffen

Die Effizienz der Methode kann durch einen geübten Moderator (Gesprächsleiter) deutlich gebessert werden und als ein sehr nützliches Hilfsmittel (resources) haben sich sog. Moderatorenkoffer (Bild 2) erwiesen.

2 Moderatorenkoffer

6.2.4 Methode 635

Diese Methode, auch Brainwriting genannt, baut auf der Idee des Brainstormings auf. Der Name dieser Methode beruht auf dem folgenden Prinzip:

- 6 Teilnehmer,
- drei Ideen,
- fünf mal weiterentwickelt.

Jeder Teilnehmer erhält ein Blatt mit drei Spalten und 6 Zeilen und trägt in die erste Zeile seine drei Ideen ein. Dann reichen alle Teilnehmer das Blatt (sheet) gleichzeitig dem Nachbarn im Uhrzeigersinn weiter. Dieser liest die drei Ideen, übernimmt sie oder entwickelt sie weiter oder trägt drei neue Ideen ein.

Ideen/Vorschläge für das Entsorgungskonzept einer Badsanierung

Teilnehmer	1	2	3
1	Trennung der Altmaterialien	Verkauf der Buntmetalle	Planung der Abbrucharbeiten
2	Verkauf der Buntmetalle z. B. für karitative Zwecke	Trennung in Kupfer, Messing und Blei	Terminabsprachen
3	Bereitstellung der Sammelbehälter durch Fremdfirma	Transport des Bauschutts mit dem Firmenwagen	Entsorgungsstellen für Problemstoffe herausfinden
4	Planung der Tätigkeiten, die vor den Abbrucharbeiten erfolgen müssen	Schutzvorkehrungen gegen Staubanfall und problematische Baustoffe vorsehen	Lärmschutzmaßnahmen planen
5			
6			

Das Blatt wird solange weitergereicht bis jeder Teilnehmer jedes Blatt bearbeitet hat. Auf diese Weise können 6 Teilnehmer $6 \times 3 \times 6 = 108$ Lösungsvorschläge erarbeiten.
Während der Durchführung sollten die Teilnehmer (participants) nicht miteinander sprechen. Die Zahl der Teilnehmer oder die üblicherweise vorgegebene Zeit von 5 Minuten bis zur Weitergabe des Blattes kann variiert werden. Zur Auswertung sollten die Vorschläge (proposals) diskutiert und auf ihre Brauchbarkeit hin untersucht werden.

6.2.5 Metaplanmethode (Kartenabfrage)

1 Metaplan Trinkwasserinstallation

Die Metaplanmethode ist ein Visualisierungsverfahren, mit dem man zu einem bestimmten Unterrichtsthema das Wissen einer Klasse sichtbar (visible) machen kann. Dazu erhalten alle Schüler (pupils) eine bestimmte Anzahl von Karten und schreiben ihre Antworten (answers), die häufig in Einzel- oder Kleingruppenarbeit vorbereitet werden, gut lesbar auf die Karten. Anschließend werden die Karten eingesammelt, vorgelesen und nach Oberbegriffen (generic names) geordnet (geclustert) und an eine Pinnwand (Bild 1) gesteckt. Dies dient dann als Grundlage für eine Diskussion und die weitere Vorgehensweise. Vorteile (advantages) dieser Methode sind, dass die Karten leicht nach Oberbegriffen strukturiert und umgehängt werden können oder Doppelnennungen abgehängt werden können. Bei der Vorbereitung (preparation) dieser Methode sollte darauf geachtet werden, dass genügend Karten und Filzschreiber und eine oder mehrere Pinnwände vorhanden sind. Für Einzelstunden eignet sich diese Methode häufig nicht, da für die Anordnung und die Auswertung ein relativ hoher Zeitaufwand erforderlich ist.

6.2.6 Mind Map

Eine Mind Map ist eine grafische Methode, mit der Ideen entwickelt werden können und mit der sich die Ergebnisse leicht strukturieren lassen (Bild 1, nächste Seite).

Ausgehend von einem zentralen Thema oder Problem (problem) können Teilaspekte zugeordnet werden, indem Äste (branches) und Zweige eingerichtet werden. Auf diesen werden alle Ideen oder Gedanken in Form von Schlüsselwörtern (keywords) notiert. Je nach Bedarf werden weitere Äste oder Zweige hinzugefügt. Es können auch unterschiedliche Farben, Bilder und Symbole verwendet werden. Vorteil einer Mind Map ist es, dass sie jederzeit ergänzt werden kann. Es gibt inzwischen viele Computerprogramme (auch Freewareprogramme) mit denen Mind Maps dargestellt werden können.

1 Mind Map

6.2.7 Lernzirkel/Stationenlernen

Die Grundidee eines Lernzirkels (des Stationenlernens) ist es, ein Unterrichtsthema in einzelne Einheiten aufzuteilen, die dann von den Schülern an verschiedenen (different) Stationen selbstständig bearbeitet werden (Bild 2).

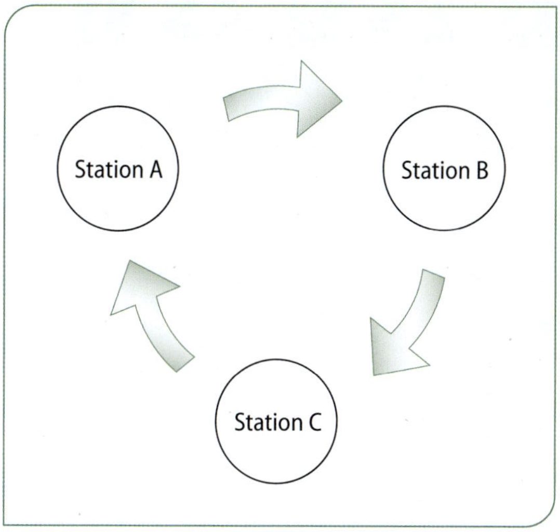

2 Stationen lernen

Dazu werden zu jeder Einheit ausgearbeitete Materialien bereitgestellt, die die unterschiedlichen Lernvoraussetzungen der Schüler im Hinblick auf z. B. Interessen, Leistungsvermögen sowie Lerntypus (Hören, Sehen, Lesen und Aktivität) am besten berücksichtigen. Es kann zwischen Wahl- und Pflichtstationen unterschieden werden. Falls die Stationen aufeinander aufbauen, muss eine bestimmte Reihenfolge eingehalten werden. Die Bearbeitung der Stationen findet häufig in Kleingruppen statt, sie können aber auch in Einzel- oder Partnerarbeit bearbeitet werden. Als Ergebnissicherung wird die Arbeit an jeder Station auf z. B. Laufzetteln dokumentiert.

Lernstationen können ganz unterschiedlichen Zielen (targets) dienen und eignen sich besonders:

- zur Vertiefung von bereits behandelten Themen,
- zur Wiederholung von Themen,
- zum selbstständigen Erarbeiten von Präsentationen und
- zur Informationsbeschaffung aus Katalogen (catalogues) und anderen Medien.

Das Stationenlernen beinhaltet einen hohen Planungsaufwand für den Lehrer (teacher). Eine besonders zeitökonomische Aufbereitung eines Lernzirkels wäre es z. B., das Kapitel (chapter) eines Schulbuches (z. B. Grundlagen der Elektrotechnik) zum Inhalt des Lernzirkels zu machen. Wichtig ist es, klare Organisationsregeln und die Gesamtdauer der Bearbeitung festzulegen.

6.2.8 Gruppenpuzzle

Das Gruppenpuzzle wurde von Sozialpsychologen und Lehrerbildnern entwickelt, hieß ursprünglich Jigsaw-Methode (Laubsäge-Technik) und ist eine Form der Gruppenarbeit. Laubsäge-Technik heißt diese Methode deshalb, weil ein größeres Thema (topic), z. B. **Warten technischer Systeme**, in mehrere Teile zerschnitten wird und an mehrere Gruppen verteilt wird. Diese bearbeiten die Teile und setzen sie dann wieder zusammen. Das **grundlegende** Prinzip eines jeden Gruppenpuzzles ist die Bearbeitung der Teilaufgaben in **Stammgruppen** und in themengleichen **Expertengruppen**. Das Thema (z. B. Warten technischer Systeme) wird z. B. in 5 Teile aufgeteilt und die Klasse ebenfalls in 5 Gruppen. Jeder Schüler bearbeitet jetzt eines der 5 Teile. Nach der Bearbeitung treffen sich alle Schüler, die das Gleiche bearbeitet haben, in jeweils einer Expertengruppe (experts) und diskutieren alle Inhalte (contents), die sie nicht verstanden haben. Dann dokumentieren sie die Ergebnisse der Expertenarbeit und erarbeiten z. B. verschiedene Präsentationsformen. Wenn die Expertengruppe ihre Arbeit abgeschlossen hat, kehren die Schüler wieder in die Stammgruppen zurück und vermitteln diesen ihr Wissen (knowledge).

Eine Klasse mit 25 Schülern kann z. B. nach folgendem Schema eingeteilt werden (Bild 1, nächste Seite):

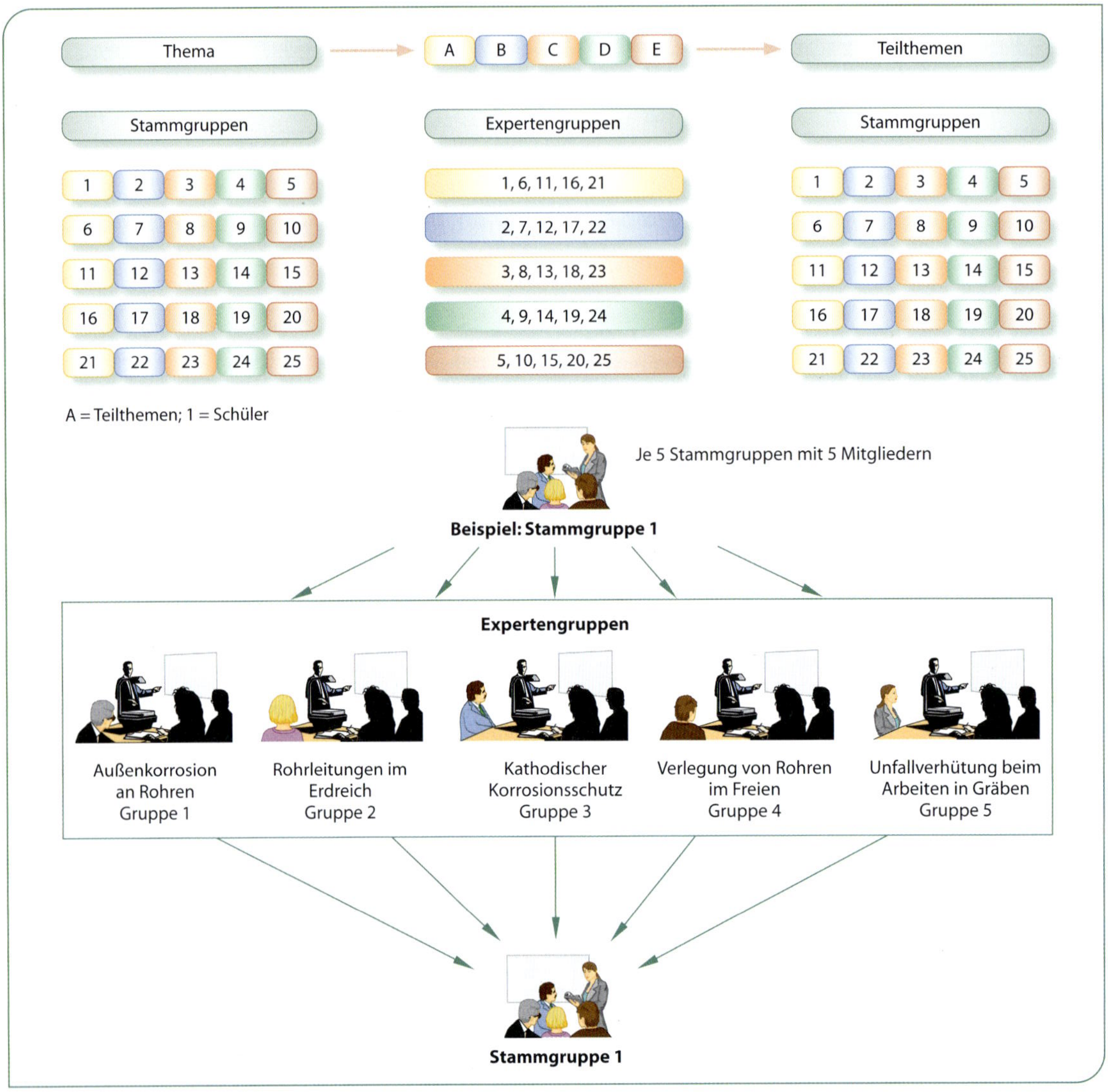

1 Gruppenpuzzle – Einteilung der Gruppen

6.3 Präsentationen

Ob in der Schule oder im Betrieb, sehr häufig müssen Ideen, Produkte oder Arbeitsergebnisse präsentiert werden. Das kann eine Einweisung (briefing) nach der Fertigstellung eines Kundenauftrages (z. B. einer Badinstallation) sein, die Vorstellung eines neuen Produktes (product) für eine Kundenberatung oder das Präsentieren der Arbeitsergebnisse in der Klasse (class) nach der Bearbeitung eines bestimmten Kapitels in einem Schulbuch (z. B. Korrosion). Daneben gibt es weitere Präsentationsformen wie z. B.:

- Präsentation der eigenen Person,
- Ausstellungen (exhibitions) und Messen,
- Informationsveranstaltungen,
- Referate und
- Dokumentationen.

Das Ziel einer Präsentation (presentation) ist immer das Vermitteln von Informationen und Inhalten. Zu unterscheiden ist zwischen sachlichen Zielen (z. B. Informationen geben, Problembewusstsein wecken) und persönlichen Zielen (z. B.

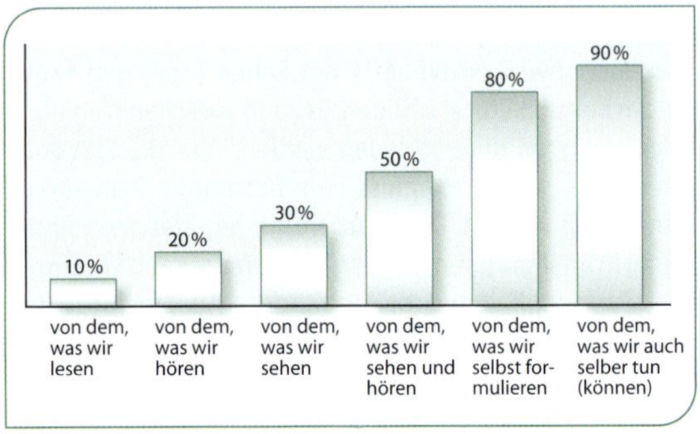

2 Behaltensrate nach Sinnesorganen

Akzeptanz erzielen, sich profilieren). Wie schwierig es ist, aufmerksam und konzentriert einer Präsentation über einen längeren Zeitraum zu folgen, wissen die meisten aus eigener Erfahrung (experience). Es ist deshalb wichtig, die zu vermittelnden Inhalte interessant, anschaulich und leicht verständlich zu präsentieren. Dabei ist zu beachten, dass der persönliche Eindruck des Präsentierenden wichtig ist, denn der erste Eindruck von einem Menschen ist häufig prägend für die Zukunft. Damit die Präsentation auch teilnehmerorientiert verläuft, sollte man sich ein Bild von seiner Zielgruppe (Mitschüler, Kunden oder Kollegen) machen. Durch die Auswahl (selection) geeigneter Präsentationsmedien und die Art und Weise des Vortrags kann die Behaltens- und Lernrate der Zielgruppe beträchtlich erhöht werden. Untersuchungen haben ergeben, dass Menschen Informationen ganz unterschiedlich aufnehmen und lernen (Bild 2, vorherige Seite). Es ist deshalb wichtig, möglichst viele Sinnesorgane (sense organs) anzusprechen und Informationen in Bilder und Diagramme umzusetzen, die leichter behalten werden als nur Worte oder Zahlen (Bild 1).

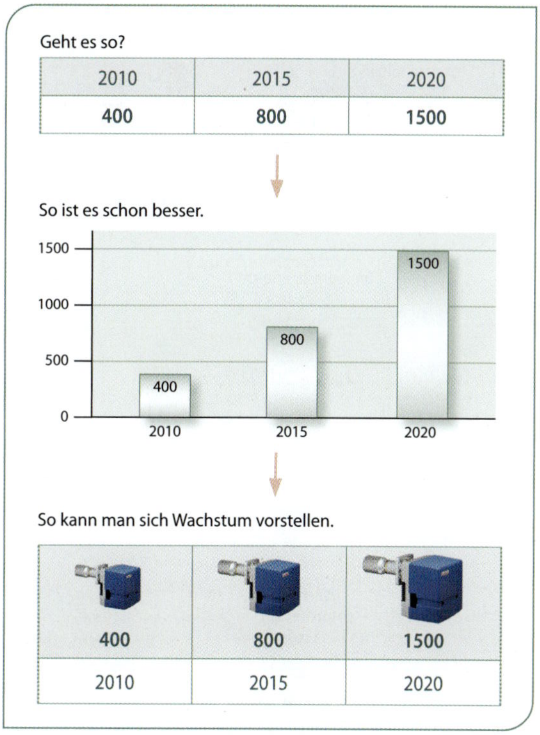

1 Verkaufszahlen Ölbrenner (geschätzt)

6.3.1 Grafische Darstellungen

Grafische Darstellungen sind in Bilder umgesetzte Informationen in optisch ansprechender Weise. So lassen sich Zahlen und Größenverhältnisse viel anschaulicher mittels **Diagramm** (chart, graph) und Beziehungen, Hierarchien oder Abläufe mittels **Organigramm** (organization chart) oder **Flussdiagramm** (flowchart) darstellen. Die wichtigsten Diagrammtypen sind:

Säulendiagramm/Balkendiagramm

In Säulendiagrammen (bar charts) werden hauptsächlich Größenverhältnisse (z. B. Verkaufszahlen) durch die unterschiedlichen Höhen der Säulen dargestellt (Bild 2).
Die Säulen sollten an der Basis gleich breit und der Abstand zwischen den Säulen nicht zu groß sein, damit die Vergleichbarkeit nicht eingeschränkt wird. Werden die Säulen nicht nebeneinander auf der X-Achse angeordnet, sondern auf der Y-Achse, werden Säulendiagramme als **Balkendiagramme** bezeichnet.

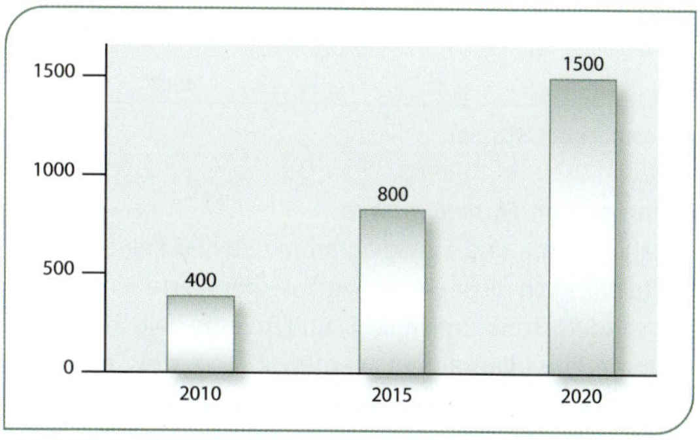

2 Verkaufszahlen Ölbrenner

Kreisdiagramm/Tortendiagramm

Mit Kreisdiagrammen (pie charts) können die Anteile einzelner Werte am Gesamtwert sehr gut dargestellt werden (Bild 3). Der gesamte Kreis entspricht dabei einem 100 %-Anteil. Zur besseren Unterscheidung können die einzelnen Sektoren z. B. farbig angelegt werden.

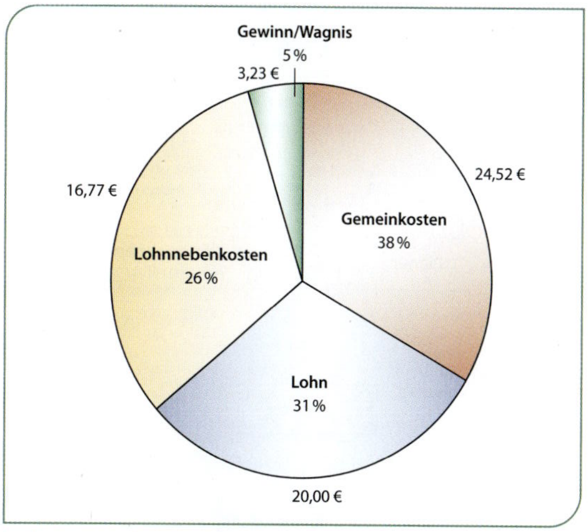

3 Kosten einer Handwerkerstunde

Kurvendiagramm/Flächendiagramm

Kurvendiagramme (line graphs) eignen sich insbesondere, um den Zusammenhang zweier Größen darzustellen. Dabei ist es wichtig, jede Achse eindeutig zu bezeichnen. Eine Linie ergibt sich aus der Verbindung verschiedener Einzelpunkte (Bild 1, nächste Seite). Wird die Fläche unter der Linie besonders gekennzeichnet, z. B. farbig, wird das Kurvendiagramm auch **Flächendiagramm** genannt.

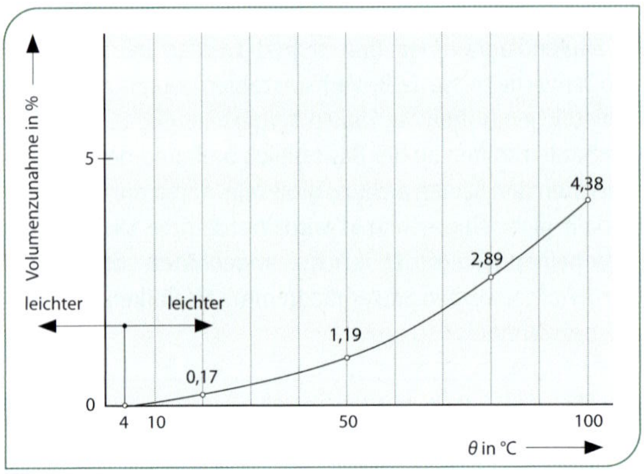

1 Anomalie des Wassers

Organigramm/Flussdiagramm
Organigramme und Flussdiagramme stellen keine Zahlenwerte dar, auch nicht die Verhältnisse der Werte untereinander, sondern Strukturen (Bild 2) und Abläufe (Bild 3). Organigramme/Flussdiagramme werden z. B. mittels einzelner Rechtecke und Parallelogramme dargestellt, die beschriftet werden. Die Beziehungen der Rechtecke und Parallelogramme untereinander werden mit Pfeilen gekennzeichnet. Besonders bei komplizierten Zusammenhängen sind Organigramme und Flussdiagramme der reinen Textdarstellung überlegen. Mehrere Seiten Text können oft durch ein Diagramm ersetzt werden.

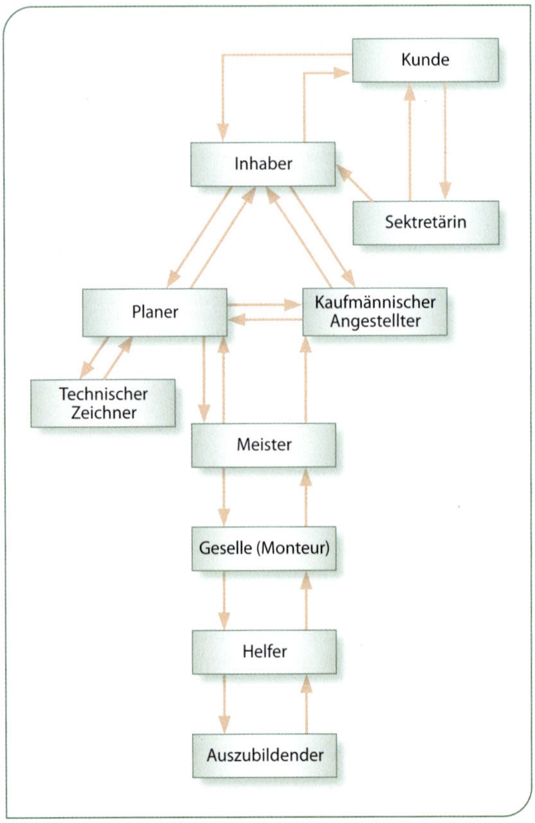

2 Kommunikationswege Kundenauftrag

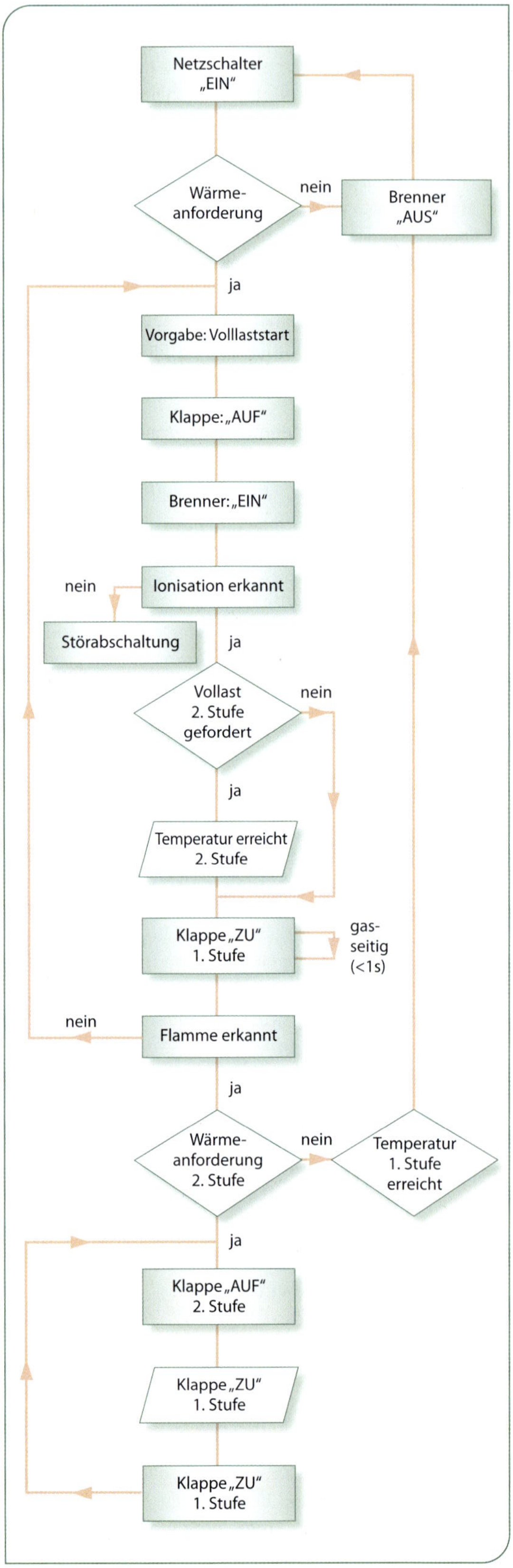

3 Funktionsablauf

6.3.2 Medien

Die richtige Auswahl und der gekonnte Umgang mit den unterschiedlichen Präsentationsmedien tragen zu einer erfolgreichen Präsentation bei. Alle Informationen müssen nachvollziehbar und dem Thema angemessen sein. Auswahlkriterien für geeignete Präsentationsmedien sind z. B.:

- Art der Visualisierung (z. B. handschriftlich, Computergrafik oder Bilder),
- welche Medien sind vorhanden (z. B. Wandtafel, Flipchart oder Tageslichtprojektor),
- womit arbeitet man am liebsten (z. B. Beamer),
- welche Zeit steht zur Verfügung,
- kann das Medium vorbereitet werden oder erfolgt die Bearbeitung spontan (z. B. Transparentfolie).

6.3.2.1 Wandtafel, Whiteboard und digitales Whiteboard

Die Wandtafel (blackboard) ist das **klassische** Medium, das jedem aus der Schulzeit bekannt ist. Sie wird heute weitgehend durch Whitboards oder digitale Whiteboards ersetzt. Ein moderneres Modell der klassischen Tafel ist das **Whiteboard** (whiteboard). Es ist eine Kunststofftafel, entweder auf einem Gestell angebracht oder an der Wand befestigt. Auf diese Kunststofftafeln wird mit speziellen Filzschreibern geschrieben und nicht mit Kreide. Sie erzeugen keinen Staub und der Anschrieb lässt sich dank einer besonderen Kunststoffbeschichtung leicht mit einem trockenen Schwamm (sponge) entfernen. Sie lassen sich deshalb auch gut in Räumen verwenden, in denen kein Staub erzeugt werden darf (z. B. Computerräume). Digitale Whiteboards vermitteln nicht nur Fachwissen mittels z. B. Laptop oder Tablet (Bilder 1+3), sondern können auch die Medienkompetenz von Lehrern und Schülern fördern. Sie ermöglichen den Einsatz unterschiedlichster Medien und Funktionen (z.B. Videos, unterschiedliche Farben und Simulationen). Außerdem erleichtern sie die Ergebnissicherung für den Lehrer als auch für die Schüler, denen eine Sicherung des Tafelbildes zugeschickt werden kann.

1 digitales Whiteboard

6.3.2.2 Tageslichtprojektor

Auch der Tageslichtprojektor (overhead projector) ist wie die Wandtafeln inzwischen ein klassisches Medium und gehört zur Standardausstattung von z. B. Schulen. Der Tageslichtprojektor (Bild 2) vergrößert die auf transparente Folien (overhead transparencies) geschriebenen Texte oder Zeichnungen und projiziert sie mit Hilfe von optischen Linsen auf eine gut sichtbare Fläche. Die Folien können mit wasserfesten (waterproof) und wasserlöslichen (water soluble) Stiften beschrieben werden. Vorbereitete Folien sollten mit wasserfesten Stiften beschrieben werden, damit nicht aus Versehen Teile der Texte oder Zeichnungen (drawings) gelöscht werden. Für die Entwurfsphase eignen sich wasserlösliche Stifte. Falls Folien kopiert werden, muss darauf geachtet werden, dass die Folien hitzebeständig (heat-resistant) sind.

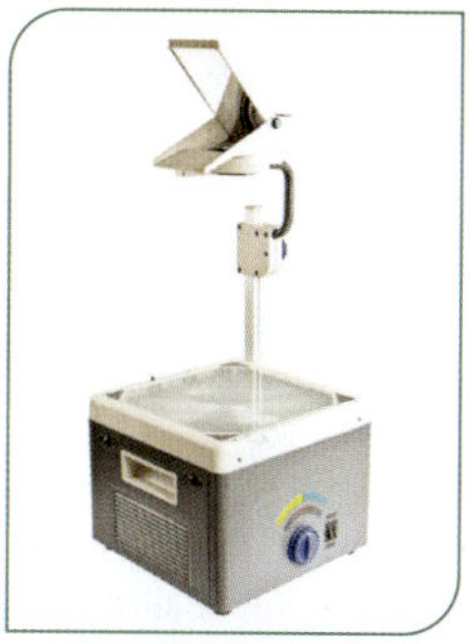

2 Tageslichtprojektor

6.3.2.3 Beamer, Laptop und Tablet

Beamer, Laptop und Tablet (Bild 3) lassen sich leicht transportieren und eignen sich besonders für mit Hilfe von entsprechender Software (z. B. PowerPoint) vorab erstellter Informationen. Man muss sich mit der Bedienung der Geräte vertraut machen und einen Probedurchlauf durchführen, denn nichts ist peinlicher, als wenn die Präsentation wegen fehlerhafter (flawy) Bedienung scheitert. Die ganze Präsentation sollte nicht mit Beamer, Laptop oder Tablet gestaltet

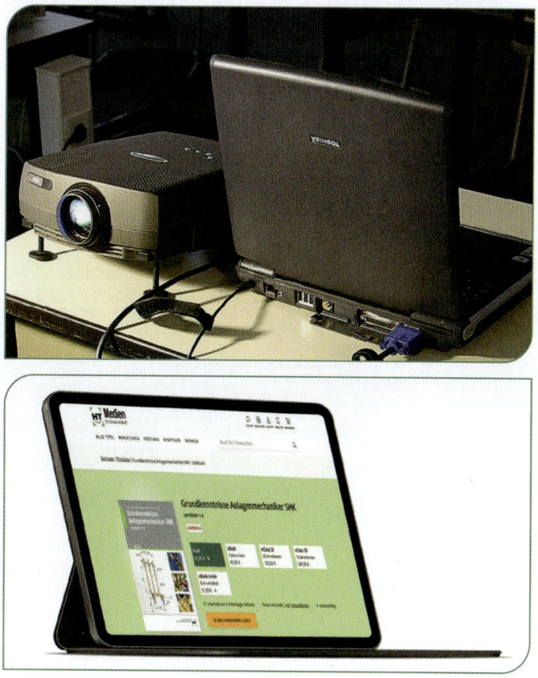

3 Beamer, Laptop und Tablet

werden, die Beschränkung auf das Wesentliche ist wichtig und die Ausführungen sollten durch z. B. Folien ergänzt werden. Die Zuhörer (listeners) sollten direkt angesprochen werden.
Dann steht das gesprochene Wort im Vordergrund, die Fachkompetenz ist wichtig und nicht so sehr die Beherrschung (control) der Software. Wenn Beamer, Laptop oder Tablet während des Vortrags nicht gebraucht werden, schaltet man sie aus.

6.3.2.4 Cloud und Online-Portale

In Clouds und auf Portalen befinden sich viele verschiedene Informationen zu allen Wissensbereichen z. B. in Form von Videoclips. Diese dienen als Unterstützung (support) einer Präsentation und sollten nicht der alleinige Inhalt sein. (vgl. Kap. 6.3.2.3).

6.4 Informationsquellen

Vor noch nicht allzu langer Zeit wurden notwendige oder fehlende Informationen für z. B. die Erstellung eines Referates hauptsächlich aus Fachbüchern, Zeitschriften und Katalogen entnommen. Heutzutage ist die Beschaffung von Informationen über das **Internet** viel einfacher geworden.

6.4.1 Internet

Das Internet ist ein weltweit öffentlich zugängliches Netzwerk (network) miteinander verbundener Rechnernetzwerke, mit dem Ziel, einzelne Computer miteinander zu verbinden und Daten (z. B. E-Mails und Dokumente) auszutauschen. Der Datenaustausch erfolgt mittels eines standardisierten Internetprotokolls (IP). Das Internet wird fälschlicherweise häufig auf das World Wide Web (WWW) reduziert.

6.4.2 World Wide Web

Im Gegensatz zum Internet besteht das World Wide Web **nicht** aus miteinander verbundenen Rechnernetzwerken, sondern aus einer großen Anzahl von miteinander verbundenen **Hypertexten**. Hypertexte sind über Hyperlinks verbundene **Netze** von Texten, Textteilen, Bildern und Dateneinheiten, in denen sich die Benutzer (Internetsurfer) frei bewegen können. **Hyperlinks** sind Stellen auf einem Computerbildschirm, die, wenn sie mit der Maus angeklickt werden, weitere Informationen aufrufen. Das WWW wurde ursprünglich entwickelt, um den Austausch wissenschaftlicher Arbeiten zu erleichtern und basiert auf drei Kernstandards:

- der Dokumentenbeschreibungssprache HTML,
- dem Protokoll **HTTP**, mit dem Informationen vom Server angefordert werden können und
- der Adressierungsart **URL**, mit der eine Webseite eindeutig bezeichnet wird.

Um einen Hypertext lesen zu können, benötigt man einen **Webbrowser**, der die entsprechende Seite auf dem Bildschirm darstellt (Bild 1).

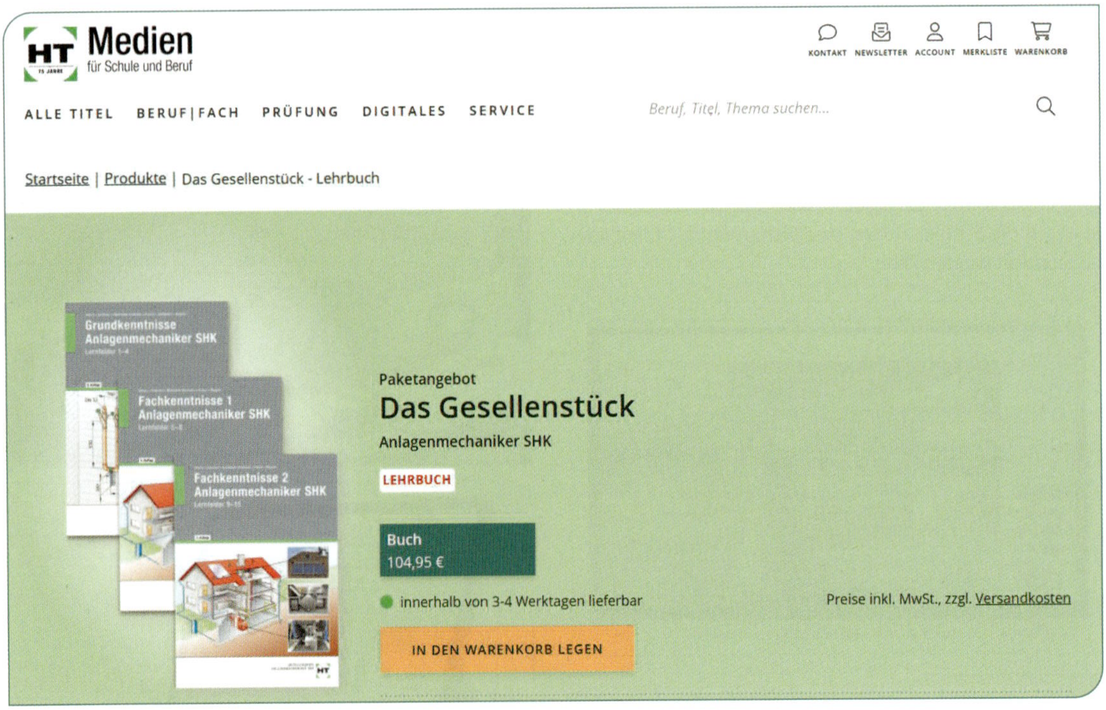

1 Webseite/Internetseite

6.4.3 Suchmaschinen

Suchmaschinen (search engines) sind Programme, die im Internet (z. B. dem World Wide Web) gespeicherte Dokumente auffinden, die dann mittels eines Browsers auf einem Computerbildschirm dargestellt und gelesen werden können. Häufig genutzte Suchmaschinen sind z. B. Google und Bing (Bild 1).

Um an die gesuchten Informationen zu kommen, muss entweder eine konkrete Internetadresse (z. B. www.handwerk-technik.de) oder ein Schlüsselbegriff in die Suchmaschine eingeben bzw. per Spracheingabe eingesprochen werden. Der oder die Schlüsselbegriffe sollten immer sehr eng gefasst sein, um nicht den Überblick über die sonst zu erwartende Flut von Informationen zu verlieren. Es gibt spezielle Suchtechniken, um die Suche einzugrenzen, z. B.:

- Eingabe von Schlüsselbegriffen mit jeweils einem Pluszeichen (+) ohne Leertaste (z. B. +Bohrer+Metall). Man erhält nun nur Informationen zum Thema Bohrer (drill), die gleichzeitig auch das Stichwort Metall enthalten oder ausschließen (Bohrer+Metall, Bohrer ohne Metall und Bohrer oder Metall). Dies wird auch **And-, Or-, Not-Abfrage** genannt.
- Gänsefüßchensuche, mit der bestimmte Wortfolgen gesucht werden können (z. B. **„Korrosion und Schäden"**, Bild 2) oder die Sternchensuche, bei der ein Begriff eingeben wird und ein Sternchen (*) ohne Leertaste (spacebar) dahinter gesetzt wird. Jetzt erhält man Wortzusammensetzungen mit z. B. **Lüftung***.

1 Suchmaschine Bing

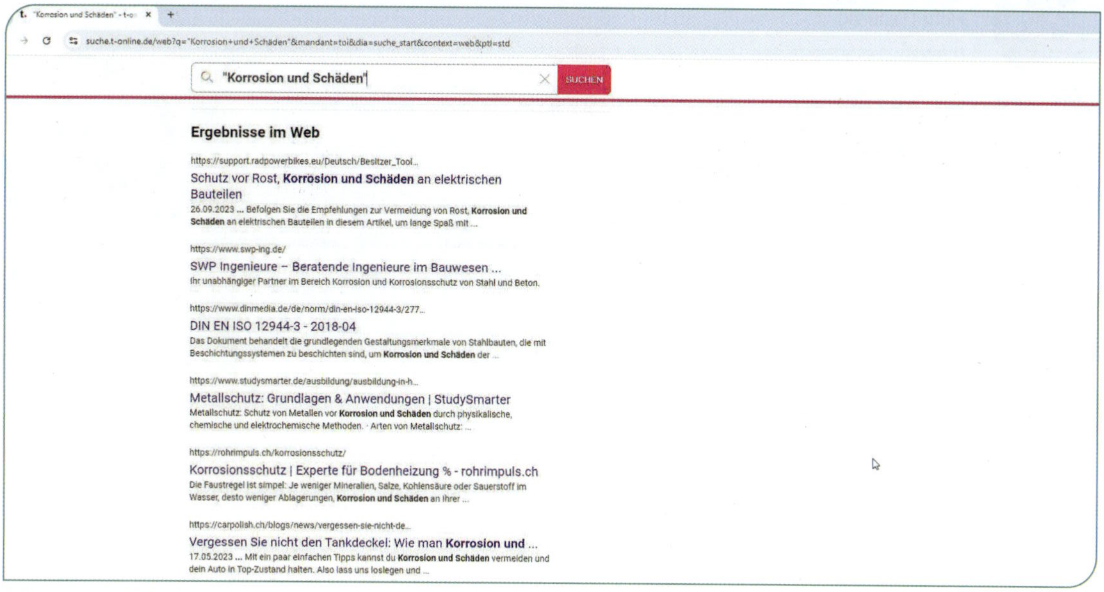

2 Korrosion und Schäden

Alle Suchmaschinen bieten ein Menü mit einer erweiterten Suche an (Bild 1).

Kostengünstige und leicht zugängliche Informationsquellen sind **Online-Lexika**, die leicht mit einer Suchmaschine gefunden werden können. Es handelt sich hierbei um Nachschlagewerke, die über Links mit vielen weiteren Informationsquellen verbunden sind. Als Beispiel soll das **Wikipedia**-Lexikon (www.wikipedia.de) genannt werden (Bild 2), das vom Benutzer weiter entwickelt und verbessert werden kann, indem er eigene Beiträge liefert oder vorhandene Artikel (articles) redigiert (bearbeitet). Änderungen werden allerdings erst nach einer redaktionellen Überprüfung übernommen.

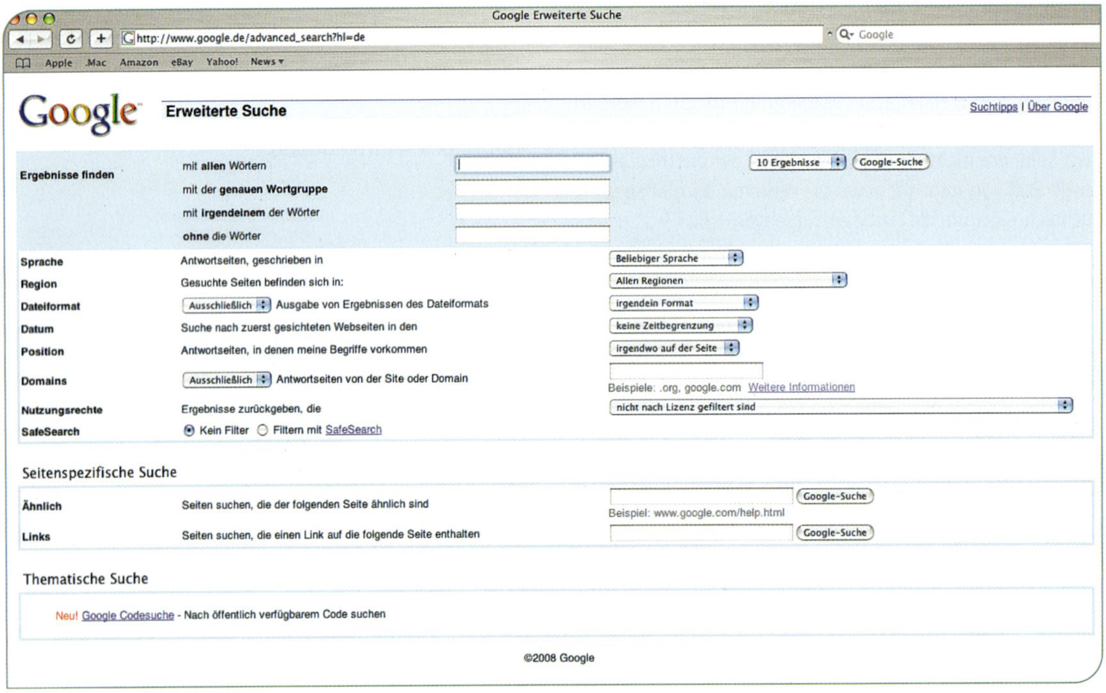

1 *Eingabemaske der Google-Suchmaschine*

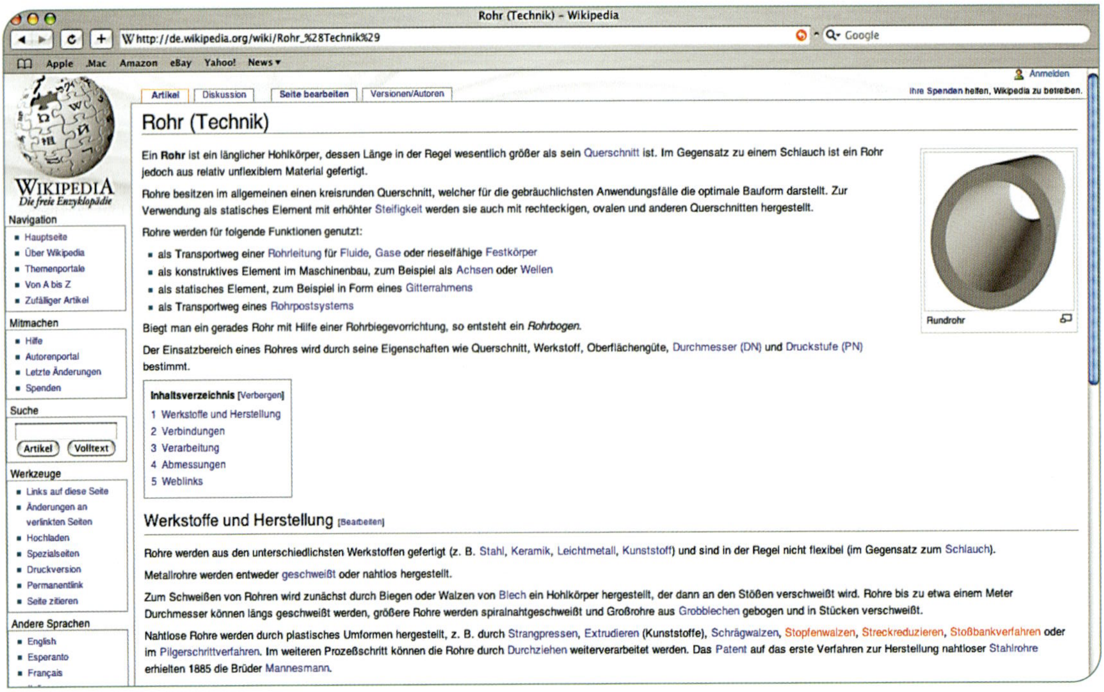

2 *Screenshot wikipedia*

ÜBUNGEN

1) Nennen Sie fünf Möglichkeiten einen Auftrag gründlich vorzubereiten.
2) Warum lassen sich größere Aufträge leichter in Gruppenarbeit durchführen?
3) Welche Grundregeln sollen bei einer Gruppenarbeit beachtet werden?
4) Wozu ist das Brainstorming gut geeignet?
5) Wie kann die Effizienz einer Brainstormingsitzung erhöht werden?
6) Entwickeln Sie Ideen und Vorschläge für eine Betriebsfeier mit der Methode 635.
7) Beschreiben Sie den Aufbau einer Mind Map.
8) Entwickeln Sie eine Mind Map zum Thema Grundlagen der Elektrotechnik.
9) Was ist die Grundidee eine Lernzirkels?
10) Was ist das grundlegende Prinzip eines Gruppenpuzzles?
11) Nennen Sie unterschiedliche Präsentationsformen.
12) Was sollte immer das Ziel einer Präsentation sein?
13) Warum ist es wichtig, bei einer Präsentation möglichst viele Sinnesorgane anzusprechen?
14) Stellen Sie mittels eines Organigramms die Hierarchie in Ihrem Betrieb dar.
15) Wodurch unterscheidet sich das Internet vom World Wide Web?
16) Welche Suchmaschinen kennen und nutzen Sie?
17) Recherchieren Sie im WWW mit einer And-, Or-, Not-Abfrage nach den beiden Begriffen Zusammensetzung und Stundenverrechnungssatz.
18) Was sind die Vorzüge eines Online-Lexikons?

7 Kostenrechnung und Zuschlagskalkulation

Kosten- und Leistungsrechnung

Um heute erfolgreich einen Betrieb zu führen, muss der Unternehmer unbedingt den Überblick über die **Kostensituation** seines Betriebs behalten. Er muss seine **Selbstkosten** (primary costs) kennen und kalkulieren können, um ein angemessenes Angebot für z.B. die Installation einer Ölheizungsanlage abgeben zu können.

Die genaue **Kostenrechnung** (cost accounting), die Bestandteil des betrieblichen Rechnungswesens ist (Bild 1), gehört zu den wichtigsten Voraussetzungen einer wirtschaftlichen Betriebsführung. Das Überleben eines Unternehmens hängt entscheidend davon ab, ob die erzielten Preise auch die Kosten decken und darüber hinaus noch einen Gewinn (profit) abwerfen.

Ohne **Buchhaltung** (accounting) ist eine genaue Kostenrechnung nicht möglich. Die Buchhaltung liefert die Zahlen für die Kostenrechnung.

Kosten sind diejenigen Aufwendungen des Betriebs, die z.B. zur Ausführung eines Auftrags (Installation einer Ölheizungsanlage) angefallen sind.

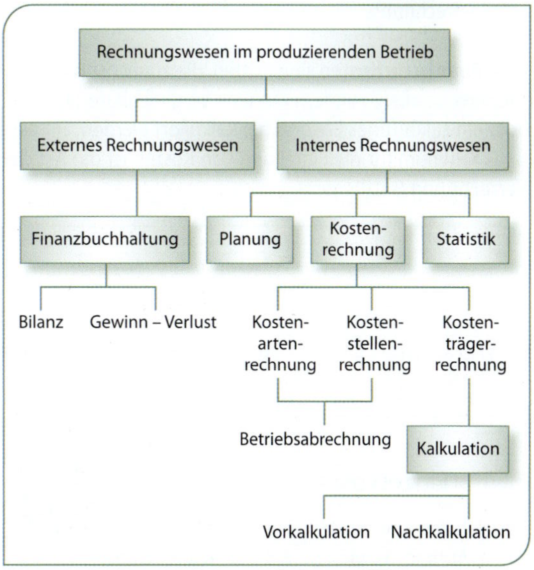

1 Rechnungswesen in produzierenden Betrieben

MERKE

Der Modus (die Art und Weise) der Kostenrechnung unterliegt keinerlei gesetzlichen Bestimmungen und kann dem jeweiligen Unternehmen angepasst werden. Die Kostenrechnung muss jedoch den Regeln einer steuerlichen Überprüfung gerecht werden.

7.1 Kostenartenrechnung

Kostenarten-
rechnung

Die Kostenartenrechnung beschäftigt sich mit der Frage, **welche Kosten** angefallen sind. Die Aufgabe der Kostenartenrechnung ist es, die in einem Betrieb entstehenden Kosten **zu erfassen** und anzugeben, wie sie **weiter zu verrechnen** sind. Die Kostenartenrechnung ist deshalb die **Grundlage** (basis) der gesamten Kostenrechnung und liefert außerdem erste Anhaltspunkte für eine Kostenkontrolle. Die Kostenentstehung ist der **Hauptgliederungspunkt** für die Kostenarten. Im Wesentlichen lassen sich unterscheiden:

- **Materialkosten** (material costs) (z. B. Hilfs- und Betriebsstoffe, Fremdbauteile),
- **Personalkosten** (personnel expenses) (z. B. Löhne, Gehälter, Sozialabgaben, Stellenanzeigen),
- **Betriebsmittelkosten** (z. B. Abschreibungen, Zinsen),
- **Dienstleistungskosten** (z. B. Transport-, Werbe-, Versicherungskosten, Internetgebühren, Beratungskosten),
- **Kosten für öffentliche Abgaben** (z. B. Beiträge, Gebühren, Grund- und Kfz-Steuer),
- **Kalkulatorische Kosten** (z. B. kalkulatorische Abschreibungen, Unternehmerlohn, kalkulatorische Zinsen, kalkulatorische Wagnisse).

Die Kostenrechnung erfolgt auf **drei** verschiedenen Ebenen (levels), die sich untereinander ergänzen. Das sind die Kostenartenrechnung, die Kostenstellenrechnung und die Kostenträgerrechnung.

Kalkulatorische Kosten sind Kosten, die zunächst **nicht tatsächlich** anfallen, sondern auf eine vergleichbare Situation oder ein zukünftiges Ereignis hin kalkuliert werden. Ein weiteres Kriterium für die Einteilung von Kosten ist die **Art der Verrechnung** (settlement).

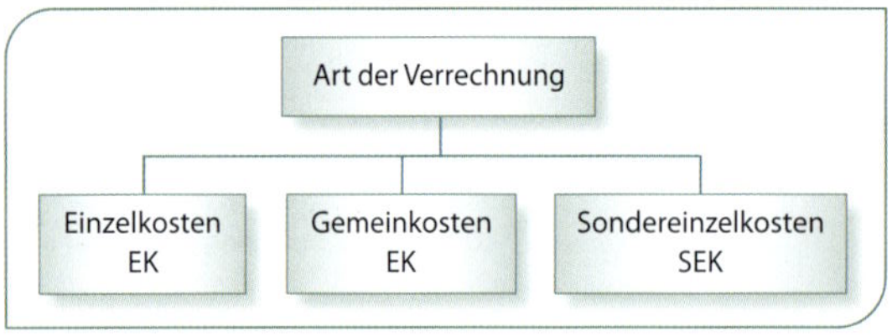

7.1.1 Einzelkosten

Einzel- und
Gemeinkosten

Einzelkosten sind Kosten, die **unmittelbar** für einen Auftrag (contract) (z. B. die Installation eines Brennwertkessels) angefallen sind und direkt auf den Kostenträger (Auftrag) verrechnet werden können (z. B. die Fertigungslöhne und das Fertigungsmaterial).

7.1.2 Gemeinkosten

Gemeinkosten (overheads) sind Kosten, die sich **nicht direkt** auf einen Kostenträger (Auftrag) verrechnen lassen, weil sie für mehrere oder alle Kostenträger **gemeinsam** anfallen (z. B. Gehälter leitender Angestellter, Gehälter (salary) des kaufmännischen Personals, ferner Hilfsstoffe wie Schrauben und Nägel oder Betriebsstoffe wie Benzin und Schmierstoffe).

7.1.3 Sondereinzelkosten

Neben den typischen Einzelkosten (itemized costs) (Fertigungsmaterial und Fertigungslöhne) fallen manchmal auch **Sondereinzelkosten** für bestimmte Aufträge an (z. B. Modellkosten, Sonderwerkzeuge, Versicherungen, Verpackungs- und Versuchskosten). Sondereinzelkosten lassen sich direkt verrechnen.

	Materialeinzelkosten	…
+	Materialgemeinkosten (in %)	…
=	Materialkosten	Σ
	Fertigungseinzelkosten	…
+	Fertigungsgemeinkosten (in %)	…
=	Fertigungskosten	Σ
	Herstellkosten	Σ
+	Verwaltungsgemeinkosten (in %)	…
+	Vertriebsgemeinkosten (in %)	…
=	Selbstkosten	Σ

1 Zusammenhänge der einzelnen Kosten

7.2 Kostenstellenrechnung

Die Kostenstellenrechnung beschäftigt sich mit der Frage, in **welchen Betriebsteilen** (departments) die Kosten anfallen. Ihre Aufgabe ist es, die **Gemeinkosten** (vgl. Kap. 7.1.2), die nicht ohne weiteres nur einem Auftrag (Kostenträgern) direkt zugeordnet werden können, **anteilig und verursachungsgerecht** auf die Stellen in einem Betrieb zu verteilen, bei denen sie angefallen sind. Die Kostenstellen eines **größeren Betriebes** der SHK-Branche werden üblicherweise aufgeteilt in Fertigungskostenstelle, Materialkostenstelle, Verwaltungskostenstelle und Vertriebskostenstelle.

Kleinere Handwerksbetriebe kommen meist mit Fertigungs- und Materialkostenstellen aus. Die Kostenstellenrechnung kann **kontenmäßig** (d. h. jede Kostenstelle wird wie ein Konto (account) geführt) oder **tabellarisch** (in statistisch aufbereiteter Form) durchgeführt werden.

7.2.1 Verteilung der Gemeinkosten

Die Verteilung der Gemeinkosten ist eines der Hauptprobleme der Kostenstellenrechnung, da die Gemeinkosten nur indirekt verteilt werden können und zu diesem Zweck **Schlüssel** (schemes) festzulegen sind, die möglichst kostenverursachungsgerecht sind.

Grundsätzlich kann zwischen **Mengenschlüsseln** und **Wertschlüsseln** unterschieden werden (Bild 1, nächste Seite).

Kostenart	Verteilungsgrundlage
• Heizkosten	• beheizte Raumfläche (in m²)
• Stromverbrauch	• installierte Geräte
• freiwillige soziale Leistungen	• Verhältnis Lohn-/Gehaltssumme in €
• Internet-Anschlüsse	• Anzahl der Computer

1 Beispiel zur Verteilung der Gemeinkosten

7.2.2 Ermittlung von Kalkulationszuschlagssätzen

Nachdem alle Gemeinkosten auf die Kostenstellen verrechnet worden sind, müssen **Kalkulationszuschlagssätze** (calculation extra charges) je Kostenstelle ermittelt werden, um die verrechneten Gemeinkosten den jeweiligen Kostenträgern (z. B. einzelne Aufträge) zurechnen zu können.
Grundsätzlich werden Kalkulationszuschlagssätze folgendermaßen berechnet:

$$\text{Kalkulationszuschlagsatz} = \frac{\text{Gemeinkostensumme}}{\text{Bezugsgröße}}$$

Bezugsgröße für die Verrechnung der Materialgemeinkosten sind in der Regel die **Materialeinzelkosten**:

$$\text{Zuschlagssatz Materialgemeinkosten} = \frac{\text{Materialgemeinkosten} \times 100\,\%}{\text{Materialeinzelkosten}}$$

$$\text{z. B.: } \frac{1.500\,€ \times 100\,\%}{13.500\,€} = 11{,}1\,\%$$

Bezugsgröße für die Verrechnung der Fertigungsgemeinkosten sind in der Regel die **Fertigungslöhne**:

$$\text{Zuschlagssatz Fertigungsgemeinkosten} = \frac{\text{Fertigungsgemeinkosten} \times 100\,\%}{\text{Fertigungslöhne}}$$

$$\text{z. B.: } \frac{3.000\,€ \times 100\,\%}{5.500\,€} = 54{,}5\,\%$$

Für die Verrechnung der Verwaltungs- und Vertriebsgemeinkosten werden üblicherweise die **Herstellkosten** (production costs) als **Bezugsgröße** zugrunde gelegt:

$$\text{Zuschlagssatz Verwaltungsgemeinkosten} = \frac{\text{Verwaltungsgemeinkosten} \times 100\,\%}{\text{Herstellkosten}}$$

$$\text{Zuschlagssatz Vertriebsgemeinkosten} = \frac{\text{Vertriebsgemeinkosten} \times 100\,\%}{\text{Herstellkosten}}$$

Die Herstellkosten errechnen sich wie folgt:

	Materialeinzelkosten
+	Materialgemeinkosten
=	Materialkosten
+	Fertigungslöhne
+	Fertigungsgemeinkosten
+	Sondereinzelkosten der Fertigung
=	Fertigungskosten
=	Herstellkosten

7.3 Kostenträgerrechnung

Kostenträgerrechnung

Die Kostenträgerrechnung ist die letzte Stufe (step) der Kostenrechnung. Hier werden die in den **Kostenarten** und **Kostenstellen** anfallenden Kosten verrechnet und dem jeweils verursachenden **Kostenträger zugeordnet**.
Unter Kostenträger versteht man die **Leistung**, die Kosten verursacht hat und somit die Kosten trägt. Dies können einzelne Produkte (products) oder ein ganzer Auftrag eines Kunden sein (z. B. die Lieferung (delivery) und Montage (installation) einer Zentralheizungsanlage).
Die Hauptaufgabe der Kostenträgerrechnung ist die **Preiskalkulation** (calculation), die die Ermittlung der **Selbstkosten**, die Ermittlung von **Angebotspreisen** (offer prices) und die Ermittlung von **Preisuntergrenzen** beinhaltet. Die Kostenträgerrechnung lässt sich in die Kostenträgerstückrechnung und die Kostenträgerzeitrechnung aufteilen (Bild 2).

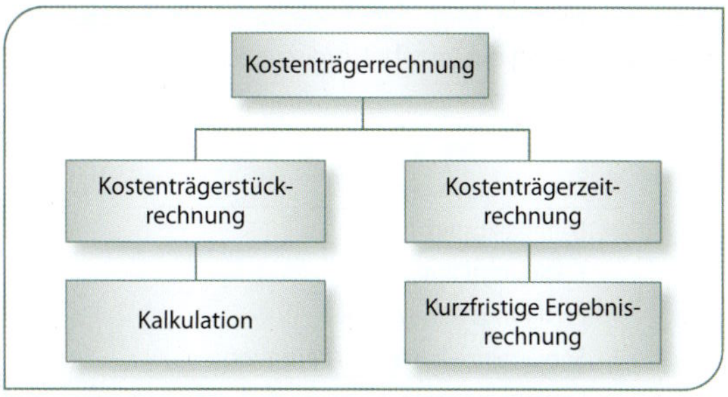

2 Teilgebiete der Kostenträgerrechnung

Die einzelnen Kalkulationsarten werden je nach dem **Zeitpunkt** (time), zu dem sie durchgeführt werden, unterschieden (Bild 3).

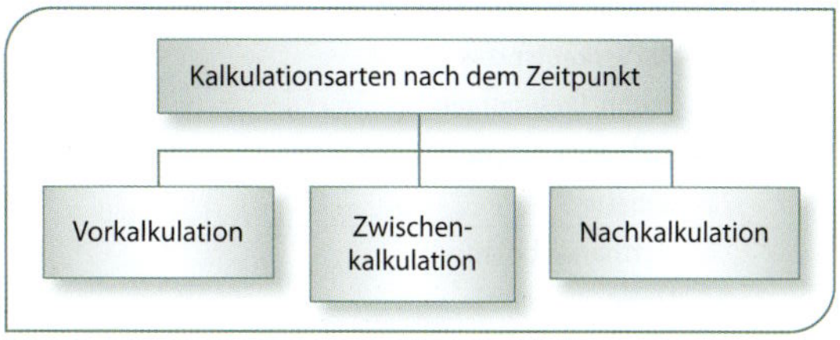

3 Kalkulationsarten

7.3.1 Vorkalkulation

Kalkulatorische Kosten

Die Vorkalkulation (preliminary costing) wird vor der Auftragserteilung mithilfe von **geschätzten Werten** oder **Erfahrungswerten** (figures based on experience) durchgeführt. Sie dient vor allem der Bestimmung des **Angebotspreises** (non-binding offer) und ist die Grundlage für Preisverhandlungen.

7.3.2 Zwischenkalkulation

Für Aufträge, deren Fertigstellung einen **längeren** Zeitraum in Anspruch nimmt, werden aus Gründen der **Kostenkontrolle** zwischendurch die Istkosten (actual costs) für bereits **fertiggestellte** Anlagenteile ermittelt.

7.3.3 Nachkalkulation

Die Nachkalkulation (post calculation) wird durchgeführt, um zu ermitteln, ob die angefallenen **Istkosten** von der Vorkalkulation **abweichen** und welche **Gewinne** erzielt worden sind. Die Nachkalkulation stellt Daten zur Verfügung, die für künftige Vorkalkulationen genutzt werden können.

7.3.4 Zuschlagskalkulation

Die rechnerische Umsetzung einer Kalkulation nennt man Kalkulationsform oder Kalkulationsverfahren. In der SHK-Branche wird vor allem die differenzierte **Zuschlagskalkulation** (cost accounting) angewendet. Bei der Zuschlagskalkulation werden den einzelnen Kostenträgern (Aufträgen) die Gemeinkosten meist über **prozentuale Zuschläge** und die Einzelkosten **direkt** angerechnet. Nach dem folgenden **Kalkulationsschema** werden häufig die Angebotspreise ermittelt:

	Materialeinzelkosten
+	Materialgemeinkosten
=	Materialkosten
+	Fertigungslöhne
+	Fertigungsgemeinkosten
+	Sondereinzelkosten der Fertigung
=	Fertigungskosten
=	**Herstellkosten**
+	Verwaltungsgemeinkosten
+	Sondereinzelkosten des Vertriebs
=	**Selbstkosten**
+	Gewinnzuschlag
=	**Barverkaufspreis**
+	Skonti, Provisionen
=	**Zielverkaufspreis**
+	Rabatte
=	**Nettoangebotspreis**
+	Mehrwertsteuer
=	**Bruttoangebotspreis**

7.3.4.1 Materialkosten

Unter **Materialeinzelkosten** sind all die Kosten zu verstehen, die direkt einer installierten Anlage zuzuordnen sind (z.B. Geräte, Armaturen, Rohre, Formstücke, Verbindungs- und Befestigungsmaterialien). **Materialgemeinkosten** (indirect material costs) entstehen z.B. durch die Materialbestellung, den Materialeinkauf, die Lagerhaltung und durch die Instandhaltung, die Versicherungen, Abschreibungen und Energiekosten im Zusammenhang mit Lagergebäuden. Die **Preise** der Materialien können dem Internet oder Katalogen und Preislisten (price lists) von Großhändlern entnommen werden.

Das **insgesamt** benötigte Material wird dem Leistungsverzeichnis (bill of quantities) entnommen (Bild 1).

Position	Menge ME	Bezeichnung	Einzelpreis in €	Gesamt in €
Titel 3 Rohrleitungen mit Zubehör				
03.04	30,00 lfm	Kupfer-Qualitätsrohr geschützt gegen Lochkorrosion mit DVGW-Prüfzeichen Nennweite: 18 mm Abgerechnet nach tatsächlichem Verbrauch	9,00	270,00
03.05.	20,00 lfm	Kupfer-Qualitätsrohr geschützt gegen Lochkorrosion mit DVGW-Prüfzeichen Nennweite: 28 mm Abgerechnet nach tatsächlichem Verbrauch	12,50	250,00
03.06.	30,00 lfm	Isolierschlauch aus Gittergewebe zur thermischen Dämmung in reißfester Folie Artikelbezeichnung: VS 13–18	3,25	97,50
03.07.	12,00 lfm	Wärmedämmung nach DIN und Vorschrift mit Alumatten und Isogenopak-Folie Nennweite Rohr: Ø 18 mm Dämmstärke: 20 mm	5,46	65,52

1 Auszug aus einem Leistungsverzeichnis (LV)

Position	Menge ME	Bezeichnung	Einzelpreis in €	Gesamt in €
03.08.	20,00 lfm	Wärmedämmung nach DIN und Vorschrift mit Alumatten und Isogenopak-Folie Nennweite Rohr: Ø 28 mm Dämmstärke: 30 mm	6,71	134,20
03.08.	1,00	Pauschal Heizungs-Zubehör bestehend aus: Kleinteilen, Form- und Verbindungsteilen, Dichtungs- und Befestigungsmaterial etc.	290,00	290,00

1 Auszug aus einem Leistungsverzeichnis (LV) (Fortsetzung)

7.3.4.2 Fertigungskosten

Die Fertigungskosten einer installierten Anlage setzen sich aus den **Fertigungslöhnen** und den **Fertigungsgemeinkosten** (indirect factory production costs) zusammen; in besonderen Fällen kommen noch die Sondereinzelkosten der Fertigung hinzu (vgl. Kap. 7.1.3). Aus der insgesamt für die Montage einer Anlage benötigten **Zeit** und den **Stundenlöhnen** (hourly wages) für Monteure, Helfer und Auszubildende ergeben sich die **Fertigungslöhne.** Aus Kalkulationsunterlagen können Richtzeiten für bestimmte Bauteile entnommen werden (Bild 2). Durch Überstundenzuschläge, Auslösungen und Fahrgeld können sich die Fertigungslöhne noch erhöhen. Die **Fertigungsgemeinkosten** ergeben sich z. B. aus vermögenswirksamen Leistungen, Urlaubs- und Weihnachtsgeld, Leistungszulagen, Lohnfortzahlung im Krankheitsfall und Arbeitgeberanteilen bei den Sozialversicherungen (Kranken-, Pflege-, Renten- und Arbeitslosenversicherung).

Arbeitszeit in Minuten (für einen Vollgesellen)		
kW Zeit	… 25 200…300	… 50 300…500
Kombitherme Zeit	… 24 kW 200…300	

2 Auszug aus Kalkulationsunterlagen für Heizungsarbeiten

7.3.4.3 Vertriebsgemeinkosten

Zu den Vertriebsgemeinkosten (sales overhead expenses) zählen insbesondere die **Gehälter** der im Vertrieb beschäftigten Mitarbeiter, Verpackungsmaterialien, Fahrzeug- und Werbekosten.

7.3.4.4 Verwaltungsgemeinkosten

Die Verwaltungsgemeinkosten (administrative overhead expenses) entstehen z. B. durch die Buchhaltung, die Angebotserstellung, Steuern, Versicherungen und Fahrzeugkosten.

7.3.4.5 Ermittlung der produktiven Arbeitsstunden

Ermittlung der tatsächlichen Arbeitstage	**2023**
Werk- und Feiertage (Baden-Württemberg)	260 Tage
– Feiertage	11 Tage
– Urlaubstage	30 Tage
– Krankheitstage	14 Tage
Tatsächliche Arbeitstage (Anwesenheitstage)	205 Tage
Ermittlung der produktiven Arbeitsstunden	
Anwesenheitsstunden (205 Tage • 7,5 Std.)	1537,5 Std.
– Unproduktive Stunden (0,5 Std. pro Arbeitstag)	102,5 Std.
Produktive Arbeitsstunden pro Monteur und Jahr	1435,0 Std.

BEISPIELRECHNUNGEN

Berechnen Sie den Bruttoangebotspreis für eine kleine Heizungsanlage mithilfe der nachfolgenden Angaben:

Materialeinzelkosten: 1.850,00 €;
30 % Materialgemeinkostenzuschlag auf Materialeinzelkosten;
Fertigungslöhne: 500,00 €;
170 % Fertigungsgemeinkostenzuschlag auf Fertigungslöhne;
40 % Verwaltungs- und Vertriebsgemeinkostenzuschlag auf Herstellkosten;
4 % Gewinnzuschlag auf Selbstkosten;
3 % Skonto auf Barverkaufspreis und
19 % Mehrwertsteuer.

Lösung:

	Materialeinzelkosten	1.850,00 €
+	Materialgemeinkosten	555,00 €
=	Materialkosten	2.405,00 €
+	Fertigungslöhne	500,00 €
+	Fertigungsgemeinkosten	850,00 €
=	Fertigungskosten	1.350,00 €
=	**Herstellkosten**	3.755,00 €
+	Verwaltungsgemeinkosten	
+	Vertriebsgemeinkosten	1.502,00 €
=	**Selbstkosten**	5.257,00 €
+	Gewinnzuschlag	210,28 €
=	**Barverkaufspreis**	5.467,28 €
+	Skonti, Provisionen	164,02 €
=	**Nettoangebotspreis**	5.631,30 €
+	Mehrwertsteuer	1.069,95 €
=	**Bruttoangebotspreis**	6.701,25 €

7.3.4.6 Berechnung einer Handwerkerstunde

Da viele Kunden nicht wissen, wie sich die Stundenverrechnungssätze (hourly wages) im Handwerk zusammensetzen, sollten alle Mitarbeiter eines Handwerksbetriebes darüber Bescheid wissen und den Kunden gegebenenfalls aufklären können. Nachfolgend eine Berechnung (calculation) der Handwerkskammer Freiburg.

Wie aus dem Beispiel rechts zu ersehen ist, setzt sich der Stundenverrechnungssatz aus den drei Hauptposten:

- Lohn (wages),
- Lohnnebenkosten (additional labour costs) und
- Gemeinkosten zusammen (vgl. Kap. 7.1.2, S. 32).

und nur ein kleiner Anteil ist Gewinn. In diesem Beispiel **3,23 €** von 76,77 €.

Handwerker – Stundenlohn

Was kostet eine Handwerkerstunde?

Beispiel:

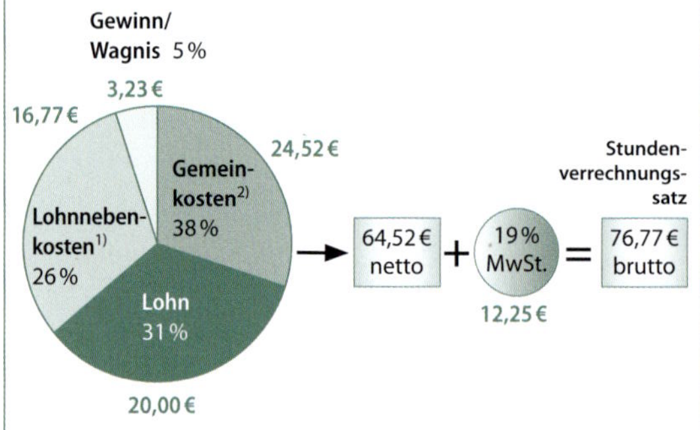

1) **Lohnnebenkosten** (betrieblich, tariflich, gesetzlich und bezahlte direkt verrechnete Stunden), u. a.:
- Arbeitgeberbeiträge zur Sozialversicherung
- Weihnachtsgeld
- bezahlte Urlaubs-, Krankheits-, Feiertage

2) **Gemeinkosten** u. a.:
- Miete/Raumkosten
- Steuern, Versicherungen
- Kfz-Kosten
- Zinsen
- Abschreibungen

1 Stundenverrechnungssatz HWK Region Stuttgart, Stand März 2023

ÜBUNGEN

1) Für eine Reparatur benötigt ein Heizungsmonteur 3,5 h bei einem Stundenlohn von 20,00 €. Die Materialkosten betragen 375,50 €. Berechnen Sie die Gesamtkosten der Reparatur einschließlich Mehrwertsteuer in Höhe von 19 %.

2) Für eine Installation wurden 3,5 m Stahlrohr nach DIN EN 10255 zu 8,50 €/m und 7 m Kupferrohr mit DVGW-Prüfzeichen zu 12,85 €/m benötigt. Die Arbeitszeit betrug 5 h zu einem Stundenlohn von 13,65 €. Hinzu kommen 8 % Rohrverschnitt sowie Dichtungs- und Befestigungsmaterial. Berechnen Sie die Gesamtkosten einschließlich 19 % Mehrwertsteuer.

3) Ein Handwerksbetrieb hatte im letzten Jahr 975.000,00 € Materialkosten. Die Materialgemeinkosten betrugen 325.000,00 €. Ermitteln Sie den Materialgemeinkostenzuschlag in %.

4) Wie hoch muss der Fertigungsgemeinkostenzuschlag in % sein, wenn ein Handwerksbetrieb Lohnkosten in Höhe von 83.300,00 € und Fertigungsgemeinkosten in Höhe von 180.000 € im letzten Jahr hatte?

5) Ermitteln Sie mit Hilfe eines Kalenders, eines gültigen Tarifvertrags und Erfahrungswerten aus dem Handwerk (vgl. auch Kap. 7.3.4.5) die produktiven Arbeitsstunden für das vergangene Jahr.

6) Wie hoch sind die Herstellkosten einer Heizungsreparatur, wenn das Material 563,50 € kostet, die Materialgemeinkosten 30 % betragen und die Arbeitszeit 4,5 h bei einem Stundenlohn von 20,00 € beträgt. Auf die Lohnkosten muss noch ein Fertigungsgemeinkostenzuschlag von 170 % aufgeschlagen werden.

7) Ein Arbeiter benötigt für eine Reparatur 7 ¾ h bei einem Stundenlohn von 20,00 €. Ein anderer Arbeiter benötigt für die gleiche Reparatur nur 6 ¼ h bei einem Stundenlohn von 13,65 €.

a) Wie viel erhält jeder Arbeiter für die Arbeit ausbezahlt?
b) Um wie viel Prozent unterscheiden sich die Löhne der Arbeiter?
c) Für die Gemeinkosten muss ein Aufschlag von 95 % erhoben werden. Ermitteln Sie die Kosten einschließlich Mehrwertsteuer.

8) Für einen Kunden ist ein Angebot für den Austausch eines Gasheizkessels einschließlich der damit verbundenen Installationsarbeiten an den Gas-, Abgas- und Heizwasserleitungen zu erstellen. Die nachstehende Preisliste enthält die benötigten Materialien und deren Listenpreise. Für das Material erhält der Unternehmer einen Rabatt von 25 %. Der Gasheizkessel wird zum Listenpreis angeboten; die übrigen Materialien werden mit dem angegebenen Gemeinkostensatz angeboten.

ÜBUNGEN

Pos.	Menge	Bezeichnung	Listeneinzelpreis in €
01	1	Gasheizkessel, 18kW Nennleistung	1.800,00
02	1	Abgasrohr und Bogen DN 150	155,00
03	3,5 m	Stahlrohr EN 10255	8,50
04	1	Form- und Verbindungsstücke, Dichtmaterial und Kleinteile – pauschal	137,00
08	23 m	Kupferrohr mit DVGW-Prüfzeichen	5,00
09	1	Pauschale (netto) für Kleinteile, Form- und Verbindungsteile, Dichtungs- und Befestigungsmaterial	231,00

Als Lohnkosten werden für die Montage 24 Monteurstunden veranschlagt.
Material: Auf das Material wird ein Gemeinkostenzuschlag von 30 % und ein Gewinn von 3 % erhoben.
Lohn: Der Bruttostundenlohn eines Monteurs beträgt 15,25 €/h.
Der Lohngemeinkostenzuschlag beträgt 170 %.
Die Lohnnebenkosten betragen 4,25 €/h.
Es wird ein Gewinnzuschlag von 4 % erhoben (außer auf die Lohnnebenkosten).

Wie hoch ist der Angebotspreis einschließlich 19 % Mehrwertsteuer?

9 Für ein Einfamilienhaus mit 4 Personen soll eine Standardsolaranlage mit bivalentem Speicher für die Trinkwassererwärmung installiert werden. Die Kollektoren werden über der Dachhaut montiert (Bild 1). Die erforderlichen Materialien wurden nach Herstellerangaben ermittelt und die Arbeitszeit wurde nach Gruppenminuten geschätzt. Für die Ausarbeitung eines Angebots stehen folgende Daten zur Verfügung:

Material:

Pos.	Menge	Bezeichnung	Listeneinzelpreis in €
01	2	Kollektor einschließlich Dachmontagesatz	1.300,00
02	1	Solarspeicher mit Wärmeübertragern und Dämmung	950,00
03	1	Solarkreislauf einschließlich Rohre, Armaturen und Pumpen	505,00
04	1	Nachheizung vom Speicher zum Kessel mit Rohr und Pumpe	273,00
05	1	Trinkwasseranschluss, komplett mit Rohren	320,00
06	1	Regelung	208,00
07	1	Blitzschutz und Erdung	88,00

Arbeitszeit: (bezogen auf Gruppenminuten)

Anlieferung, Anfahrt und Baustelleneinrichtung	240 min
Montage Solaranlage	3000 min
Regelung, Blitzschutz und Erdung	320 min
Inbetriebnahme und Einweisung	180 min
Die Montagegruppe besteht aus:	
1 Monteur mit einem Lohn von	20,00 €/h
1 Azubi mit einem Lohn von	8,50 €/h
Materialeinkauf:	
Rabatt auf Material	30 %
Verrechnungssätze:	
Materialzuschlag	25 %
Gewinnzuschlag auf Material	4 %
Lohnzuschlagsatz	155 %
Gewinnzuschlag auf Lohn	5 %

a) Welche Materialkosten werden verrechnet?
b) Welche Lohnkosten werden verrechnet?
c) Wie hoch ist der kalkulierte Gewinn?
d) Wie hoch ist der Angebotspreis einschließlich 19 % Mehrwertsteuer?

10 Aus welchen drei Hauptposten setzt sich der Stundenverrechnungssatz einer Handwerkerstunde zusammen?

11 Wie hoch ist der Prozentsatz des Stundenlohns eines Mitarbeiters?

1 Kollektormontage

8 Health and safety at work

Safety signs are designed to help people and to prevent personal injuries and illnesses in workshops, on building sites or at other workplaces. There are prohibition signs, warning signs, mandatory signs, rescue signs and fire protection signs.

8.1 Some English safety signs

 Stretcher point	 Medical point	 First aid	 Emergency exit	 Caution	 Poison
 Strictly no admittance	 No smoking	 Protective footwear must be worn	 Head protection must be worn	 Fire extinguisher	 Fire hose reel

Exercises

1) Translate the text of chapter ***7 Health and safety at work.*** Use your reference book, the internet or a dictionary. Before you look up a word try to guess the word first, then check it.

2) Have a look at pages 10 and 11. Match the English terms for the safety signs with the appropriate German expressions and write the results into your vocabulary book.

3) Which of the above signs can you find in your company?

8.2 Percentage of work accidents

Exercises

1) Which English expression goes with which German expression? Use arrows to indicate. Use your reference book, the internet or a dictionary. Before you look up a word try to guess the word first, then check it.

legs
shoulder, upper arm, elbow
eyes
feet
chest, chest organs
hands
finger
neck, cervical vertebrae
head (without eyes)
toes
forearm, wrist
abdomen, abdominal organs

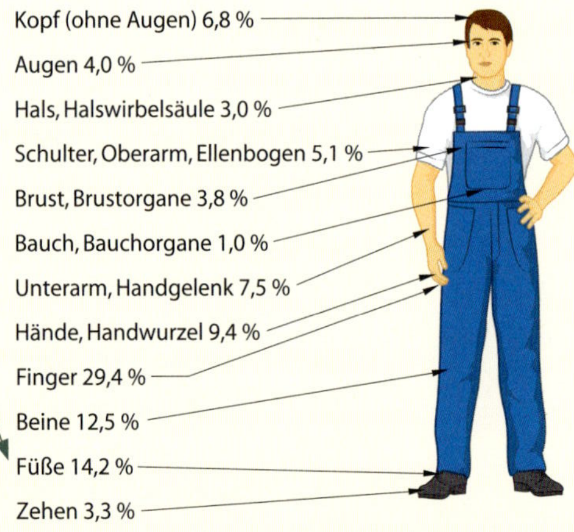

Lernfeld 1:

Bauelemente mit handgeführten Werkzeugen fertigen

1 Grundlagen und Verfahren des zerteilenden und spanenden Trennens

1.1 Der Keil als Grundform der Werkzeugschneide

Schon vor Jahrtausenden haben die Menschen beim Gebrauch von Werkzeugen (tools) erkannt, dass man mit harten, keilförmigen Gegenständen leicht in andere Teile oder Körper eindringen konnte und man benutzte den sogenannten „Faustkeil", um Holz, Gestein, Tierteile usw. zu spalten bzw. zu zerteilen oder abzuschälen bzw. auszuhöhlen.
Bei den im SHK-Bereich üblichen Trennverfahren besitzen die Trennwerkzeuge (separating tools) alle eine keilförmige Werkzeugschneide (Bild 1).
Es besteht bei diesen zerteilenden und spanenden Trennverfahren (dividing and cutting methods) ein Zusammenhang zwischen folgenden Größen:

- Keilwinkel β,
- Kraftaufwand,
- Stabilität des Keils und seiner Schneide,
- Werkstoff des Werkstücks,
- Werkstoff des Werkzeuges.

Dieser Zusammenhang wird mit Hilfe eines zerteilenden Flachmeißels (flat chisel) in Bild 2 dargestellt.

1.1.1 Keilwinkel und Kraftaufwand

Mit dem Hammer wird in den beiden Flachmeißeln eine gleich große, senkrecht nach unten wirkende Zerteilkraft F erzeugt. In der Darstellung wird diese auf der Wirkungslinie zur Meißelspitze hin verschoben und in zwei rechtwinklig zu den Keilflächen verlaufende Druck- bzw. Trennkräfte zerlegt (Bild 2).
Mit einem Kräftemaßstab (z. B. 1 cm = 10 N) kann man die Größe dieser Trennkräfte (separating forces) leicht ermitteln. Wie man aus Bild 2 erkennen kann, erhält man mit einem kleinen Keilwinkel (wedge angle) große Trennkräfte, mit einem großen Keilwinkel kleinere Trennkräfte. Dies bedeutet aber auch, dass man bei gleichem Werkstoff mit einem kleinen Keilwinkel einen geringeren Kraftaufwand (expenditure of forces) für den Trennvorgang benötigt.

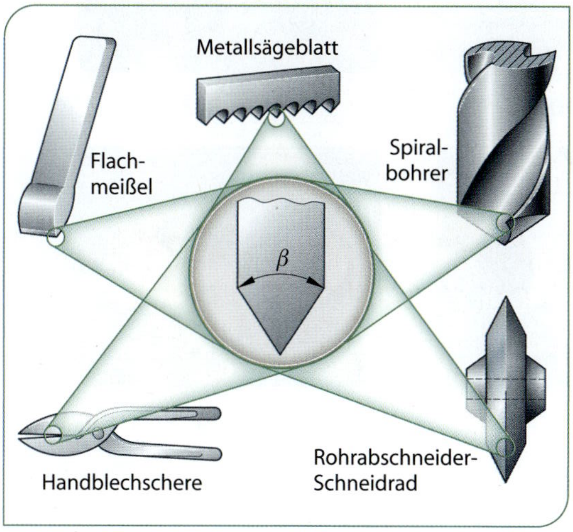

1 Die Keilform als Werkzeugschneide

MERKE

Je kleiner der Keilwinkel, desto geringer ist der Kraftaufwand beim Trennen.

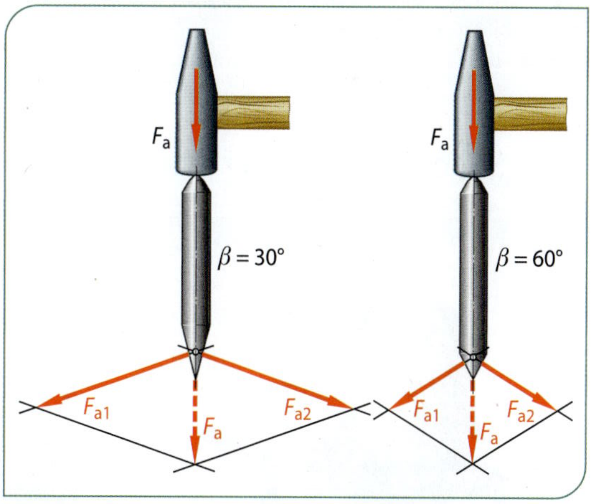

2 Kräftezerlegung an keilförmigen Werkzeugschneiden und Kräfteverhältnis (Trennkräfte) bei unterschiedlichen Keilwinkeln

1.1.2 Keilwinkel und Schneidenstabilität

Die an der Meißelschneide wirkenden Trennkräfte erzeugen im Werkstück gleich große Gegenkräfte.
Diese Gegenkräfte beanspruchen den Schneidkeil, der hierdurch abgenutzt bzw. stumpf wird oder bei großem Kraftaufwand sogar brechen kann.
Aus der praktischen Erfahrung – beispielsweise beim Herstellen eines Innenwanddurchbruchs mit dem Flachmeißel – lässt sich leicht erkennen, dass Schneiden (cutting edges) mit einem großen Keilwinkel eine höhere Stabilität (stability) besitzen als Werkzeugschneiden mit einem kleinen Keilwinkel.

MERKE

Je größer der Keilwinkel, desto größer ist die Schneidenstabilität.

Da ein kleiner Keilwinkel einen geringen Kraftaufwand erfordert und ein großer Keilwinkel eine höhere Schneidenstabilität gewährleistet, muss bei der Wahl des Keilwinkels immer ein Kompromiss zwischen diesen beiden wichtigen technologischen Zusammenhängen gefunden werden. Denn aus ökonomischen Gründen soll ein Trennwerkzeug möglichst lange seine Form behalten und funktionsfähig bleiben, ohne dass es nachgeschliffen bzw. ausgewechselt werden muss.
Die Zeit zwischen zwei Anschliffen wird als **Standzeit** (edge life) bezeichnet. Obwohl hohe Standzeiten in vielen Fällen wirtschaftlich vorteilhaft sind, kann es manchmal kostengünstiger sein, wenn die Standzeit kürzer, dafür aber die Bearbeitungs- bzw. Zerspanungsgeschwindigkeit (operating speed) mit dem Trennwerkzeug höher ist, da sich hierdurch der Arbeitsvorgang wesentlich verkürzt. In solchen Fällen spielen die Kosten für die ausführende Fachkraft eine größere Rolle als die Werkzeugkosten.

MERKE

Der Keilwinkel sollte so klein wie möglich und die Schneidenstabilität so groß wie nötig sein.

1.1.3 Werkzeugeinsatz

Darüber hinaus wird die Größe des Keilwinkels erheblich von den verschiedenen Eigenschaften des zu trennenden Werkstoffs wie z. B. Festigkeit und Härte (tenacity and hardness) bestimmt. Härtere und/oder festere Werkstoffe wie z. B. Stahl oder Beton setzen dem eindringenden Werkzeugkeil einen höheren Widerstand (resistance) entgegen als weichere Werkstoffe wie Aluminium, Kupfer oder Mauerwerk. Hieraus ergibt sich, dass weiche Werkstoffe mit einem kleineren Keilwinkel getrennt werden können und zum Trennen von härteren Werkstoffen ein größerer Keilwinkel benötigt wird. Erfahrungswerte für die Größe des Keilwinkels bei verschiedenen Werkstoffen können aus Bild 1 entnommen werden.

Werkstoff	Keilwinkel β
weiche Al-Legierungen, Aluminium	35° bis 40°
Cu-Sn-Legierungen, Kupfer	50° bis 60°
Grauguss, Stahlguss, Baustahl	65° bis 70°
Hartbronze, Hartmessing, Hartguss, hochfester Stahl	75° bis 85°

1 Werkstoffe und zugeordnete Keilwinkelgröße

1.2 Spanende Trennverfahren mit handgeführten Werkzeugen

1.2.1 Sägen

1.2.2 Bohren

1.2.3 Senken

1.2.4 Gewindeschneiden

1.2.5 Trennschleifen

1.2.6 Entgraten

Wie im Folgenden dargestellt, werden handgeführte Werkzeuge zwar auch noch mit Strom angetrieben, doch z. B. auf den Baustellen werden immer mehr Werkzeuge mit Akku-Antrieb benutzt.

1.2.1 Sägen

Im SHK-Bereich werden sowohl in der Werkstatt als auch auf der Baustelle die verschiedensten Halbzeuge und Bauteile mit der Säge (saw) bearbeitet. Oft handelt es sich hierbei um ein Absägen von z.B. Profilstäben, Gewindestäben oder vor allem von Rohren (Bild 1). Darüber hinaus können mit der Säge auch Einkerbungen, Nuten, Ausklinkungen oder Ausschnitte hergestellt werden.
Bei diesen sehr unterschiedlichen Einsatzbereichen werden häufig handgeführte Sägen, aber auch stationäre Sägemaschinen eingesetzt.

1.2.1.1 Sägeblatt

Der wichtigste Teil einer Säge ist das Sägeblatt (saw blade). Auf ihm sind hintereinander viele kleine Schneidkeile angeordnet. Jeder einzelne Keil wirkt wie ein kleiner Meißel, der beim Arbeitshub – meist der Vorwärtshub – kleine Späne (chips) abhebt (Bild 2a). Während des Zerspanungsvorgangs nehmen die Zahnlücken die abgetrennten Späne auf und transportieren sie aus dem Sägespalt.

Werkzeugwinkel und Zahnform

Bei allen Trennverfahren – so auch beim Sägen – wird der Zerspanungsvorgang von folgenden drei Werkzeugwinkeln (Bild 2b) wesentlich beeinflusst:
- Spanwinkel γ (gamma),
- Keilwinkel β (beta),
- Freiwinkel α (alpha).

MERKE

Die Summe aus Freiwinkel, Keilwinkel und Spanwinkel beträgt immer 90°. $\alpha + \beta + \gamma = 90°$

Für eine gute Schneidenstabilität sorgt bei den Sägeblättern ein größtmöglicher **Keilwinkel** (wedge angle) von ca. 50°. Damit die Späne leicht aus dem Sägespalt heraustransportiert werden können, muss ein ausreichend großer Spanraum vorhanden sein (Bild 3). Sägeblätter haben deshalb einen relativ großen **Freiwinkel** (clearence angle), der bei Handsägeblättern ca. 38° und bei Maschinensägeblättern ca. 30° beträgt.
Fasst man den Keilwinkel und den Freiwinkel zusammen, so ergibt sich bei Handsägeblättern ein **Spanwinkel** (rake angle) von ca. 2° und bei Maschinensägeblättern ein Spanwinkel von ca. 10°.

Zahnteilung

Neben der oben beschriebenen Schneidengeometrie werden die Sägeblätter mit Hilfe der Zahnteilung[1] (spacing) an den jeweiligen zu bearbeiteten Werkstoff und an die unterschiedlichen Einsatzsituationen angepasst.
Als **Zahnteilung *t*** bezeichnet man den Abstand von einer Keilspitze zur anderen (Bild 4). Dieser Abstand lässt sich mit Hilfe der Zähnezahl je Längeneinheit ermitteln.

1 Ablängen eines Rohres mit der Handbügelsäge

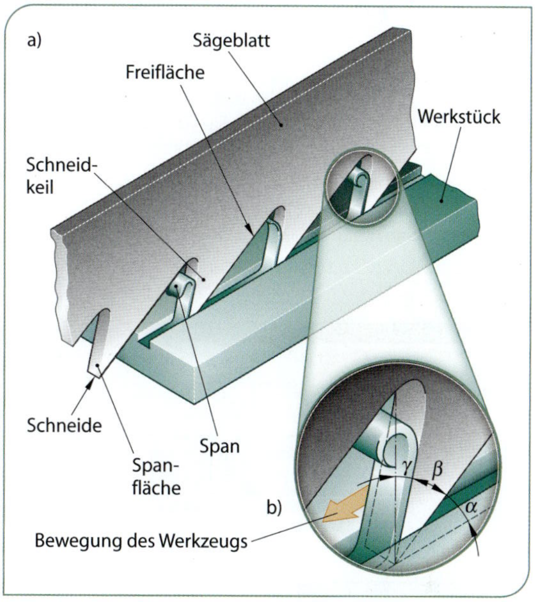

2 Sägeblatt und Hauptwinkel an der Werkzeugschneide

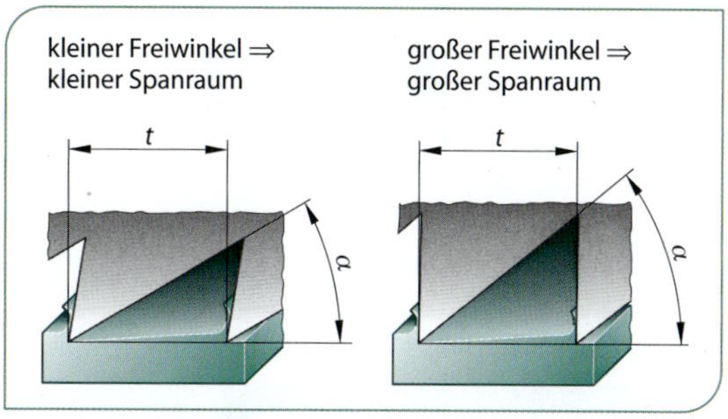

3 Freiwinkel und Spanraum

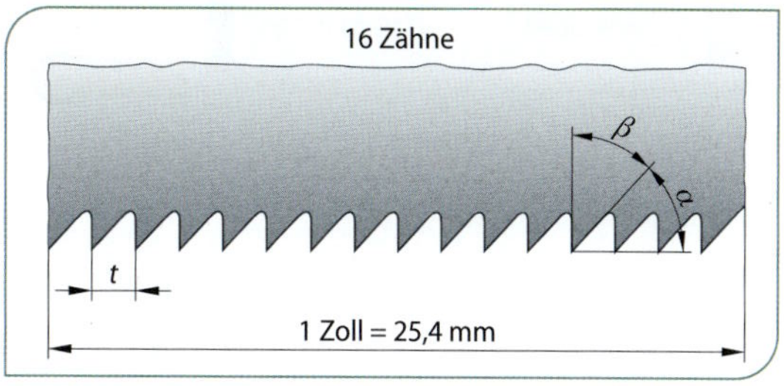

4 Zähnezahl und Zahnteilung[1]

[1] Wird in den Sägeblattnormen auch Steigung genannt.

Die Zahnteilung wird immer in mm angegeben; dagegen wird die Zähnezahl auf 1 inch (1 Zoll) = 25,4 mm Sägeblattlänge bezogen.

MERKE

Die Zähnezahl gibt an, wie viele Zähne sich auf einer Sägeblattlänge von 1 inch = 25,4 mm befinden.

Zähnezahl	Zahnteilung	Werkstoff
14 bis 16	grob	weich z.B. Kupfer, Aluminium, Kunststoff
22 bis 24	mittel	mittel z.B. Baustahl, Messing
25 bis 32	fein	hart z.B. Hartguss

1 Zahnteilung und Werkstoff

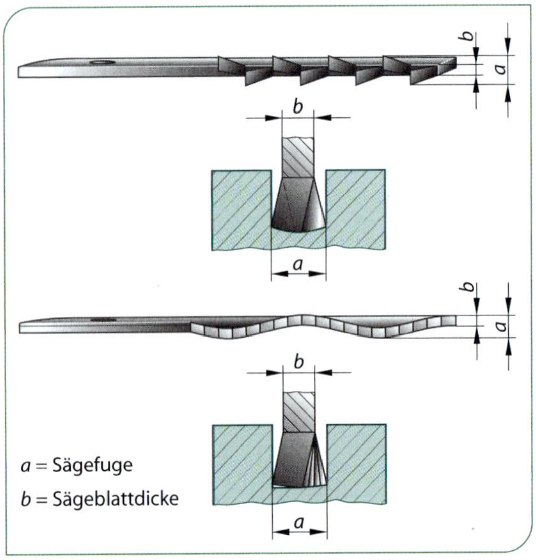

2 Freischnitt bei Sägeblättern

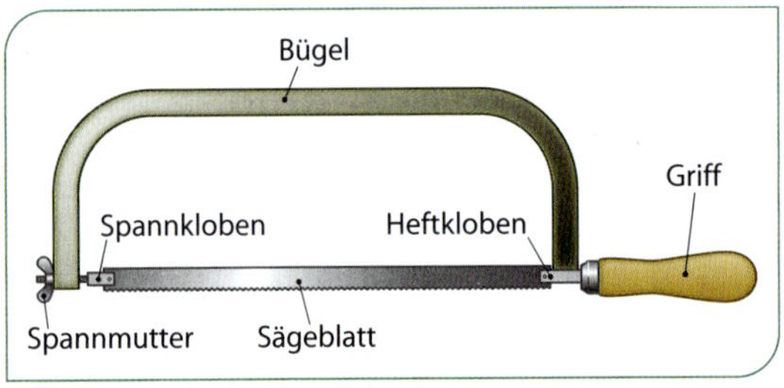

3 Bügelsäge mit Einzelbezeichnungen

Sind wenige Zähne wie z.B. 16 auf einer Länge von 1 inch angeordnet, so handelt es sich um eine grobe Zahnteilung (rough spacing) und der Abstand *t* ist relativ groß (25,4 mm: 16 = 1,58 mm). Dieses grobe Sägeblatt ist für weiche Werkstoffe wie z.B. Kupfer sowie für dickwandige Teile und lange Schnittfugen geeignet. Feine Sägeblätter mit 25 bis 32 Zähne pro inch haben eine kleinere Zahnteilung und werden zum Trennen von harten Werkstoffen und dünnwandigen Werkstücken wie z.B. Rohre oder Bleche verwendet (Bild 1).
Durch Schränken der Sägezähne oder Wellen des Sägeblattes entsteht eine Sägefuge (saw notch), die breiter ist als das Sägeblatt (Bild 2).
Der hierdurch erzeugte **Freischnitt** verringert die seitliche Reibung zwischen Sägeblatt und Sägefuge und verhindert das Festklemmen des Sägeblattes.

1.2.1.2 Handgeführte Sägen

Wenn der Einsatz von stationären Sägemaschinen nicht möglich ist oder es sich wirtschaftlich nicht lohnt, eine elektrisch betriebene Säge (electric saw) einzusetzen, werden handgeführte Sägen (hand held saws) zum Trennen verwendet.

Handsägearten

Um die sehr unterschiedlichen Montage- und Reparaturarbeiten im SHK-Bereich durchführen zu können, werden außer Handbügelsägen noch andere Handsägen benutzt. Darüber hinaus ist zu beachten, dass neben Stahl und Kupfer auch zunehmend Kunststoffe und Baustoffplatten getrennt bzw. gesägt werden müssen (Bild 1, Seite 44).
Eine Auswahl der verschiedenen Handsägearten und deren Einsatzbereiche werden im Folgenden dargestellt.

Bügelsäge

Die „klassische" Bügelsäge (hacksaw) (Bild 3 und Bild 1, Seite 41) besteht aus einem Bügel, einem Spannkloben mit Flügelmutter zum Festspannen des Sägeblatts und einem Heftkloben mit Griff.

Puksäge

Wie im Bild 4a dargestellt, handelt es sich um eine kleine Handsäge mit einem ca. 150 mm langen, genormten und auswechselbaren Sägeblatt. Bei der einfachsten Art bestehen der Sägebügel **und** der Handgriff aus einem ca. 5 mm dicken Stahldraht.
An schwer zugänglichen Stellen werden Puksägen (junior hacksaws) mit oder ohne verstellbarem Holz- bzw. Kunststoffgriff verwendet. Eine weitere Ausführung besitzt einen stabileren Bügel und einen festen Kunststoffgriff (Bild 4b). Nur bei dieser Art wird das Sägeblatt mit einer Spannmutter gespannt.
Bei der anderen Puksägen erfolgt die Sägeblattspannung nur durch die Rückfederung des Bügels. Verwendet werden Puksägen häufig zum Trennen von z.B. Kupferrohren in bestehenden Anlagen.

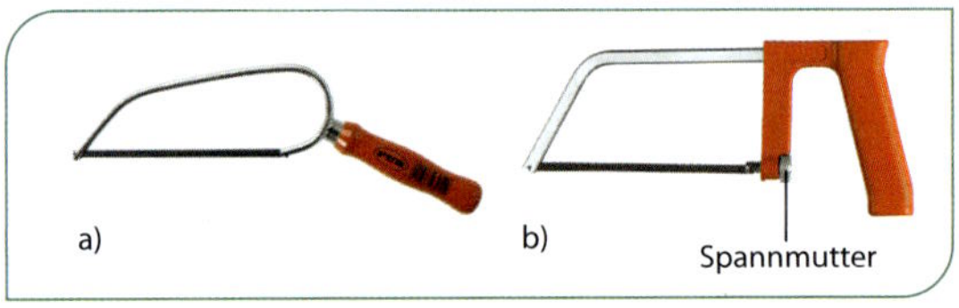

4 Puksägen

Kleinsäge und Universal-Stichsäge

Bei der Kleinsäge (Bild 1 a) handelt es sich um eine spezielle Halterung eines Sägeblattes. Hiermit können Rohrleitungen z. B. in Wandschlitzen oder an sehr engen, unzugänglichen Stellen getrennt werden.

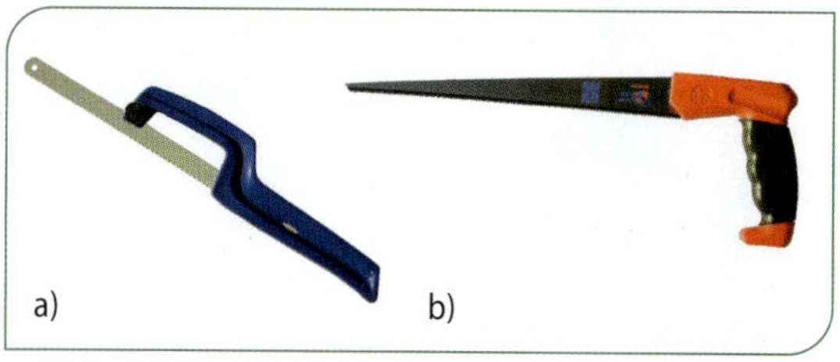

1 a) Kleinsäge und b) Universalstichsäge

Mit Universalstichsägen (Bild 1 b) (sabre saw) kann man Rohre an Wand und Decken bündig absägen und verschiedene Öffnungen in z. B. Baustoffplatten herstellen.

Gehrungssäge

Mit dieser Säge werden im SHK-Bereich vor allem Kunststoffrohre wie z. B. PE-Rohre für Abwasserleitungen getrennt (Bild 2). Die Gehrungssäge (mitre-box saw) besitzt einen stabilen Anschlagwinkel (shifting square) und meist eine spezielle Spannvorrichtung, sodass man auch bei größeren Rohrdurchmessern sowohl winkelgerechte als auch maßgerechte Gehrungsschnitte (mitre cuts) herstellen kann.

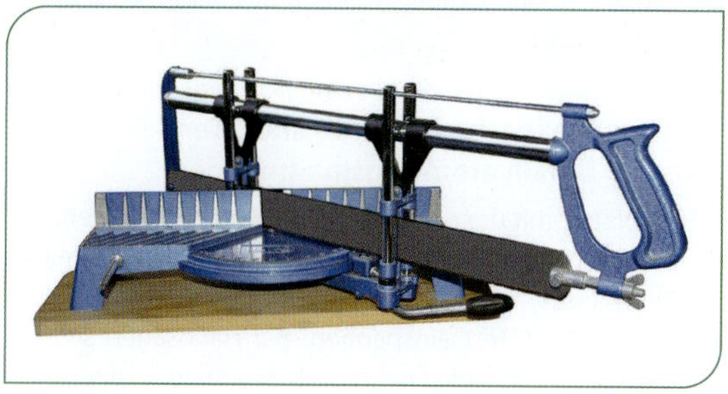

2 Gehrungssäge

1.2.1.3 Elektrisch betriebene Handsägen

Wenn es die Einsatzbedingungen ermöglichen, werden heute, vor allem aus ökonomischen Gründen, meistens elektrisch betriebene Handsägen (electric driven saws) verwendet. Da das Sägeblatt bei diesen Sägen mit Hilfe eines Elektromotors angetrieben wird, ist auch der Kraftaufwand für den Monteur wesentlich geringer.

Wegen ihrer universellen Anwendungsmöglichkeiten wird die **Elektro-Rohrsäge** (electric tube saw) (auch Tiger- oder Säbelsäge genannt) vor allem auf den Baustellen sehr häufig verwendet (Bild 4).

Zusätzlich zu dem hin- und hergehenden Sägehub wird bei einigen Herstellern dieser Säge das Sägeblatt beim Vorwärtshub leicht angehoben, sodass ein „Orbitalhub" entsteht (Bild 3). Durch diesen Orbitalhub wird sowohl ein gleichmäßigerer Sägevorschub als auch ein wesentlich besserer Späneauswurf erreicht.

Dies ist vor allem bei hohen Belastungen wie z. B. beim Sägen von dickwandigen Stahlrohren sehr vorteilhaft, da die Standzeit des Sägeblattes hierdurch verlängert wird. Mit Hilfe einer speziellen, prismatischen Spannvorrichtung wird bei dieser Elektrohandsäge auch ein rechtwinkliger Sägeschnitt gewährleistet (Bild 4). Die **Stichsäge** (keyhole saw) (Bild 5) wird im SHK-Handwerk sowohl zum Trennen von Baustoffplatten und Küchenarbeitsplatten als auch von Blechen aus unterschiedlichen Werkstoffen und Blechdicken verwendet.

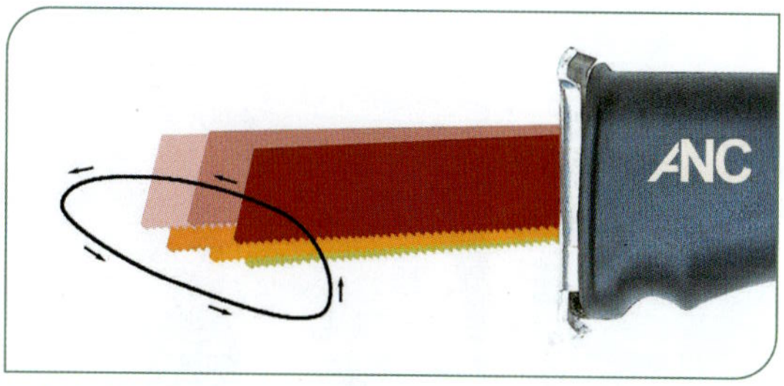

3 Orbitalhub

4 Elektrische Rohrsäge

5 Stichsäge

Hierbei eignet sich diese Elektrohandsäge besonders zum Herstellen von Aussparungen (notches) und Ausschnitten (Bild 1), aber auch zum Schneiden verschiedener Außenkonturen (external contours).

1 Anwendungsbeispiel für Sägearbeiten im SHK-Bereich

Da mit der Stichsäge und mit der Elektro-Rohrsäge sehr unterschiedliche Materialien getrennt werden können und für beide Elektrohandsägen ein großes Sortiment (assortment) von Sägeblättern vorhanden ist, sollten die jeweils verwendeten Sägeblätter sorgfältig ausgewählt und die Herstellerangaben hierzu genau beachtet werden.

Bei der **Lochsäge** (circular band saw) (Bild 2) ist das Sägeblatt nicht linear sondern kreisförmig. Es handelt sich hierbei um einen Sägenaufsatz, der mit Hilfe eines Mitnehmers in die Handbohrmaschine oder in einen Bohrschrauber eingespannt wird.

Da die Sägenaufsätze mit unterschiedlichen Durchmessern angeboten werden, kann man mit der Lochsäge verschiedene kreisrunde Aussparungen herstellen. So können größere Öffnungen ohne großen Kraftaufwand und mit ausreichender Maßhaltigkeit beispielsweise in Gips- bzw. Baustoffplatten zur Verkleidung der Vorwandinstallation oder ins Mauerwerk zur Herstellung einer Unterputz-Steckdose gesägt werden.

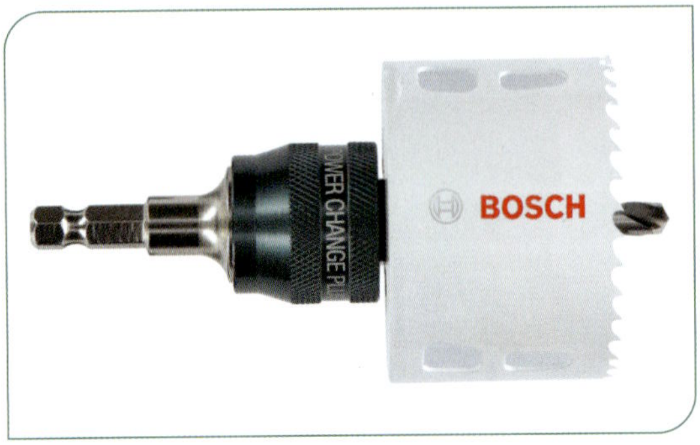

2 Lochsäge (Sägekranz)

3 Kreissägemaschine

Mit der **Kreissägemaschine** (circular sawing machine) (Bild 3) können sowohl in der Werkstatt als auch auf der Baustelle die verschiedenen Halbzeuge bzw. Werkstücke in sehr kurzer Zeit abgelängt werden. Das schnell laufende Sägeblatt führt eine kreisförmige Schnittbewegung durch. Um eine optimale Arbeitshöhe zu erreichen, steht diese Säge in der Werkstatt meist auf der Werkbank (workbench) oder auf einem speziellen Untergestell (stand). Auf der Baustelle kann man die Kreissäge beispielsweise auf eine zusammenklappbare Werkbank stellen. Eine Spannvorrichtung sorgt auch bei dieser Säge für einen rechtwinkligen Sägeschnitt, doch bei längeren Teilen sollte auch hier eine zusätzliche Materialstütze verwendet werden. Der Vorschub erfolgt manuell durch ein Herunterschwenken des Bedienungshebels (operating lever), sodass der Bediener dieser Maschine die Schnittleistung und damit die Größe der Gratbildung während des Sägevorgangs bestimmen kann.

1.2.1.4 Praktische Hinweise und Unfallverhütungsmaßnahmen

- Sägeblätter mit der richtigen Zahnteilung auswählen.
- Das Sägeblatt muss stramm eingespannt sein, damit es nicht federt.
- Das Werkstück fest einspannen. Bei Handsägen soll die Schnittstelle möglichst nahe am Schraubstock sein.
- Beim Trennen von Rohren können Spannbacken mit prismatischen oder runden Aussparungen ein sicheres Spannen gewährleisten.
- Beim Handsägen erleichtert eine leichte Einkerbung mit der Feile das Ansägen und verhindert Oberflächenbeschädigungen durch Abrutschen.
- Die Sägezähne müssen in Schnittrichtung zeigen.
- Nur in Schnittrichtung sollte ein leichter Druck auf die Säge ausgeübt werden.
- Am Ende der Sägearbeit bzw. beim Durchsägen des Werkstücks sollte der Schnittdruck verringert werden, da hierbei leicht Verletzungen entstehen.
- Die Sägespäne sind nicht mit den Fingern, sondern mit einem Handfeger zu beseitigen.
- Nicht in die laufende Maschine greifen.
- Schutzbrille tragen.
- Nach dem Sägen ist der scharfe Grat (burr) an den Trennstellen z. B. mit einer Feile zu entfernen (vgl. Kap. 1.2.6).

1.2.2 Bohren

Bohren (drilling) ist ein spanendes Trennverfahren mit kreisförmiger Schnittbewegung, mit dessen Hilfe kreisförmige Löcher bzw. Bohrungen (bore holes) hergestellt werden. Hierbei unterscheidet man das Bohren von Durchgangslöchern (clearances holes) und von Sacklöchern (blind holes/pocket holes), das Vorbohren, das Aufbohren sowie das Kernbohren (Bild 3). In allen Fällen ist es für die Auswahl des Bohrers und/oder der Bohrmaschine wichtig, ob man in Metalle oder in Mauerwerk bzw. Beton bohren muss (Bilder 1 und 2).

1 Bohren in Beton bzw. Mauerwerk

2 Bohren in Metall

Verfahren	Beschreibung	Werkzeug	Bild
Bohren (drilling)	Bohren ins Volle. Herstellung von Durchgangs- und Sacklöchern.	Spiralbohrer ohne und mit Hartmetalleinsatz.	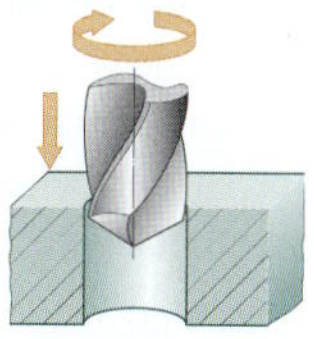
Vorbohren (pilot-drilling)	Herstellen von Bohrungen, die anschließend aufgebohrt werden.	Spiralbohrer mit kleinerem Durchmesser als die Hauptbohrung.	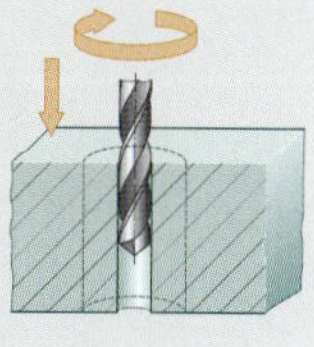
Aufbohren (bore)	Vergrößern von vorgebohrten oder vorgegossenen Löchern.	Spiralbohrer ohne und mit Hartmetalleinsatz.	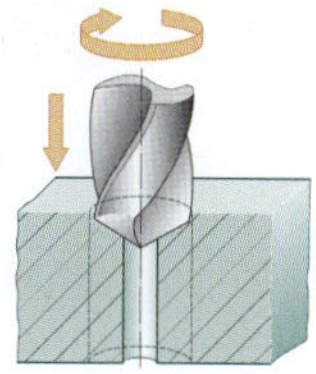
Kernbohren (core drilling)	Bohrungen in Mauerwerk bzw. Beton mit großen Durchmessern.	Kernbohrer mit Hartmetall- oder Diamantbohrkronen.	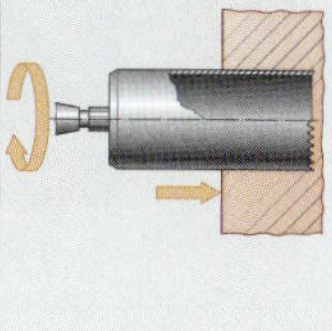

3 Bohrverfahren

1.2.2.1 Bohrvorgang

Der Bohrer führt beim Bohren eine kreisförmige Schnittbewegung (cutting motion) und gleichzeitig eine geradlinige axiale Vorschubbewegung (feed motion) aus (Bild 4). Hierdurch entsteht eine wendelförmige Wirkbewegung[1], die eine fortlaufende, schichtartige Spanabnahme gewährleistet (Bild 5). Vor dem Bohren sollte der Bohrungsmittelpunkt angerissen und gekörnt werden, damit sich der Bohrer beim Anbohren schneller zentrieren kann und nicht verläuft. Die Wärme, die beim Bohrvorgang entsteht, muss durch den Bohrer, das Werkstück, die Späne, die Umgebungsluft und das eventuell verwendete Kühlmittel abgeführt werden.

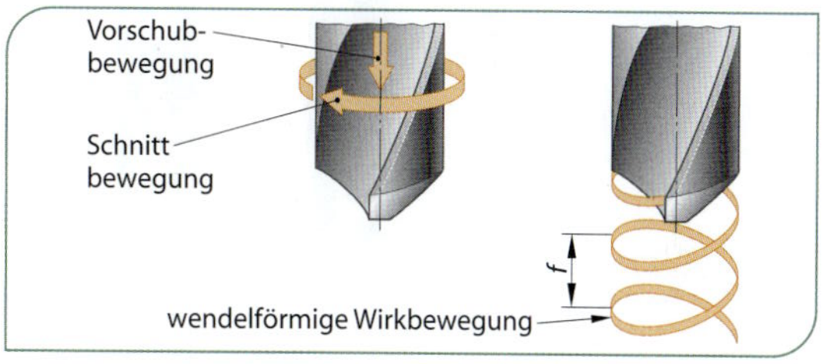

4 Arbeitsbewegungen beim Bohren

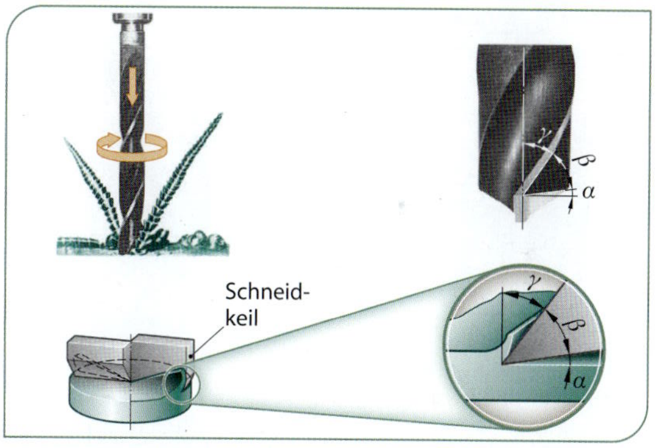

5 Spanbildung beim Bohren

1.2.2.2 Aufbau des Spiralbohrers

Der am häufigsten verwendete Bohrer ist der oben beschriebene Wendelbohrer, der in der Praxis meistens Spiralbohrer (twist drill) genannt wird (Bild 4 und 5). Er besitzt zwei wendelförmige **Spannuten (7)** (drill flutes) (Bild 3, nächste Seite), in denen einerseits die Späne aus dem Bohrloch geführt werden und andererseits das Kühlmittel zu den Schneiden fließen kann. Der Durchmesser der Bohrung wird durch den Bohrerdurchmesser bestimmt. Mit Hilfe der beiden wendelförmigen **Führungsfasen (1)** (twist drill heels) wird der Bohrer seitlich im Bohrloch geführt. Diese Führungsfasen müssen möglichst schmal sein, damit die Reibfläche und somit die Reibung an der Bohrlochwandung nicht zu groß wird. Die Fasenkante bildet die **Nebenschneide (5)** (minor cutting edge) des Bohrers. Beim Bohren glätten die beiden Nebenschneiden die zylinderförmige Fläche des Bohrloches. Durch den Anschliff des Spiralbohrers entstehen die **Hauptschneiden (4)** (major cutting edges).

[1] Der Spiralbohrer wird manchmal auch Wendelbohrer genannt.

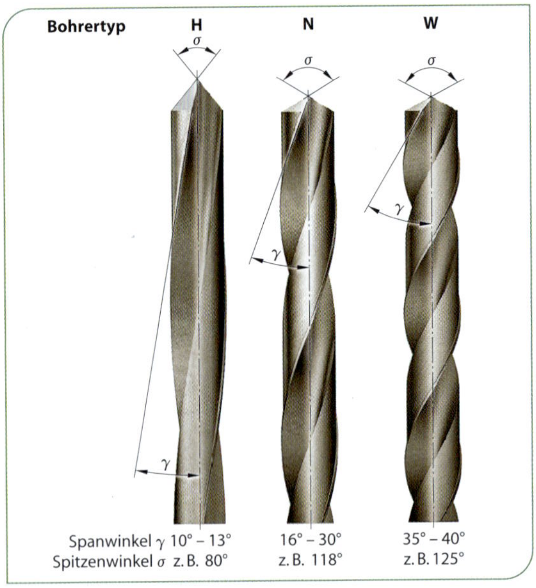

1 Spiralbohrertypen

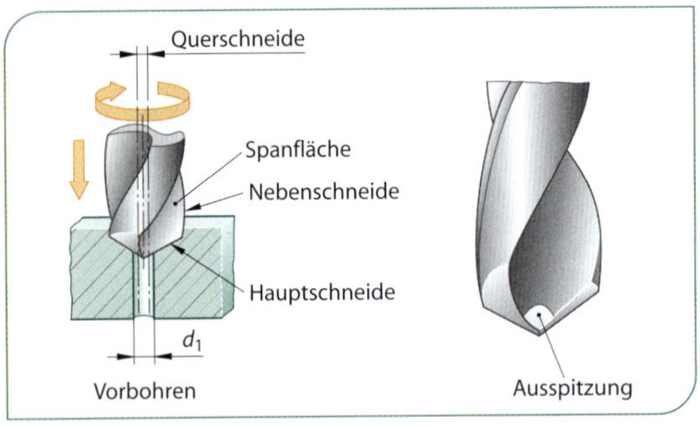

2 Vorbohren und Ausspitzen

An diesen beiden Schneiden erfolgt die eigentliche Spanabnahme beim Bohren und sie sorgen für die Zentrierung des Bohrers. Das Hinterschleifen der **Freiflächen (2)** (flanks) sorgt für ein gutes Eindringen des Bohrers in den Werkstoff.

Winkel am Bohrer

Wie aus Bild 3 c zu erkennen ist, entsteht durch das oben erwähnte Hinterschleifen der Hauptschneide der **Freiwinkel** α (clearance angle). Er beträgt ca. 7°. Der **Spanwinkel** γ (rake / chip angle) befindet sich zwischen der Mittelachse des Bohrers und der Nebenschneide. Er wird durch die Steigung der Wendelnut festgelegt.

Der **Keilwinkel** β (wedge angle) lässt sich über die Winkelsumme am Keil berechnen: $\beta = 90° - \alpha - \gamma$

Bohrertypen

Da Werkstoffe mit unterschiedlicher Festigkeit und Härte gebohrt werden, müssen hierfür auch unterschiedliche Spiralbohrertypen (types of twist drills) verwendet werden (Bild 1). Die Bohrertypen unterscheiden sich in der Steigung der Spannut bzw. in der Größe des Spanwinkels. Bei festgelegtem Freiwinkel von 7° und verschiedenen Spanwinkeln ergeben sich für die einzelnen Bohrertypen folgende Keilwinkel:

Bohrertyp H mit einem Spanwinkel von 11°
$\beta = 90° - \alpha - \gamma$
$\beta = 90° - 7° - 11° = 72°$
Verwendung: harte Werkstoffe wie z. B. gehärtete Stähle.

Bohrertyp N mit einem Spanwinkel von 18°
$\beta = 90° - \alpha - \gamma$
$\beta = 90° - 7 - 18 = 65°$
Verwendung: Werkstoffe mit mittlerer Härte wie z.B. Stahl, Stahlguss und Gusseisen.

Bohrertyp W mit einem Spanwinkel von 30°
$\beta = 90° - \alpha - \gamma$
$\beta = 90° - 7° - 30° = 53°$
Verwendung: Weiche und zähe Werkstoffe wie z. B: Aluminium, Aluminiumlegierungen, Kupfer und Kupferlegierungen.

MERKE
Defekte Bohrer können zu ungenauen Bohrungen führen und sind deshalb auszutauschen.

Vorschubkraft und Querschneide

Die Vorschubkraft (feed force) wird bei den Tisch- und Säulenbohrmaschinen mit Hilfe eines Hebels und bei handgeführten Bohrmaschinen durch Druck auf die Bohrmaschine jeweils manuell aufgebracht. Wie man aus Bild 3 erkennen kann, entsteht durch das Anschleifen der Bohrerspitze eine **Querschneide (6)** (chisel edge). Während des Bohrvorgangs hat diese Querschneide keine schneidende sondern „nur" eine schabende Wirkung, d. h., sie drückt und quetscht den Werkstoff. Der Bohrer dringt an dieser Stelle schlecht in den Werkstoff ein und benötigt hierbei einen großen Teil der zum Bohren erforderlichen Vorschubkraft. Ab einem Bohrungsdurchmesser von ca. 10 mm wird deshalb vorgebohrt oder die Querschneide wird durch gezieltes Wegschleifen ausgespitzt (Bild 2). Wie groß der Durchmesser der Vorbohrung sein muss, ist dem Tabellenbuch zu entnehmen.

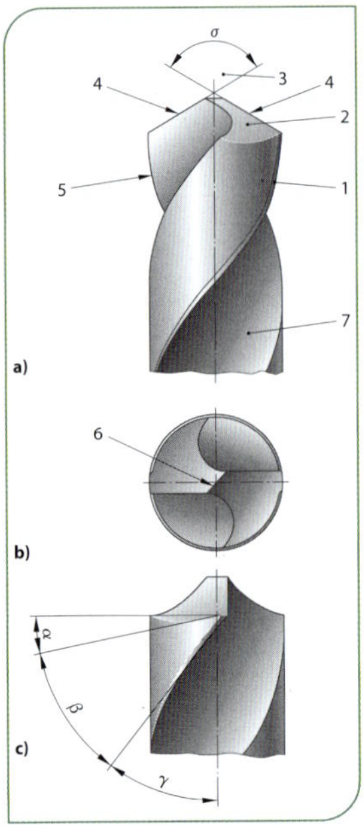

3 Winkel, Schneiden und Flächen am Spiralbohrer

Werkstoff des Bohrers

Neben den im Handel noch erhältlichen einfachen Spiralbohrern aus Werkzeugstahl (tool steel) wie z. B. Chrom-Vanadiumstahl werden in den Fachbetrieben ausschließlich Bohrer aus **Hochleistungs-Schnellarbeitsstahl** (HSS; engl. high speed steel) verwendet. Es handelt sich hierbei um einen legierten Stahl mit z. B. hohen Molybdän und Kobaltanteilen. Diese Legierungsbestandteile erhöhen u.a. die Warmhärte, sodass der Bohrer auch bei höheren Temperaturen (bis ca. 600 °C) seine Schneidfähigkeit beibehält und große Standzeiten (endurances) erreicht werden. Der HSS-Spiralbohrer wird für Metalle **ohne** und für Mauerwerk bzw. Beton **mit** einer Hartmetallschneide verwendet. Bohrer mit **Hartmetallschneide** werden als **HM-Bohrer** (sintered carbide drill) bezeichnet. Darüber hinaus werden heute Bohrer mit einer Beschichtung (coating) z.B. aus Titannitrid eingesetzt, deren Härte und Verschleißfestigkeit um ein Vielfaches höher ist, als die von HSS-Bohrern (Bild 1).

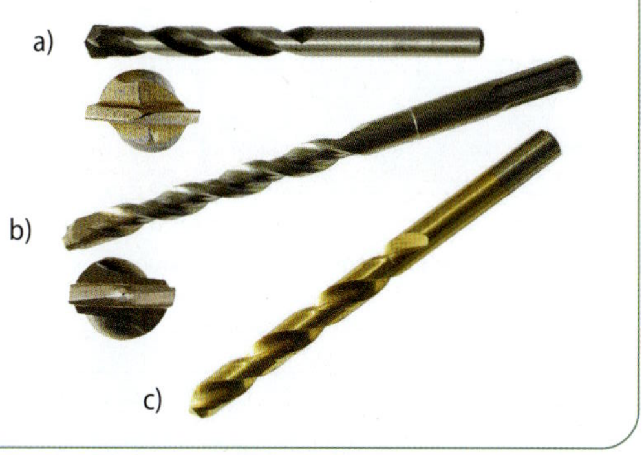

1 Bohrer
a) mit Hartmetallschneide zum Bohren von Stein und Fliesen, für Schlagbohrmaschine
b) mit Hartmetallschneide zum Bohren von Beton, für Bohrhammer
c) HSS mit Titanbeschichtung zum Bohren von Stahl, für Ständerbohrmaschine

1.2.2.3 Bohren von Feinblechen, Holz, Kunststoff und Keramik

Zum Bohren von Blechen werden:
- **Spiralbohrer mit Zentrumsanschliff** (Bild 2a) und
- **Schälbohrer** verwendet. (Bild 2b)

Wie aus Bild 2a zu erkennen ist, handelt es sich hier um einen Spiralbohrer, dessen Spitze in besonderer Weise angeschliffen ist. Durch diesen Anschliff wird die Querschneide verkleinert, die Hauptschneide vergrößert und die Spitze des Bohrers deutlich hervorgehoben. Hierdurch dringt der Bohrer bei gleicher Vorschubkraft langsamer in den Werkstoff ein, der Bohrer verläuft nicht so schnell und die Gratbildung ist deutlich geringer. Der Schälbohrer dringt, bedingt durch seine konische Form und Schneidengeometrie, langsam in das vorgebohrte Blech ein und erzeugt somit einen sehr geringen Grat.

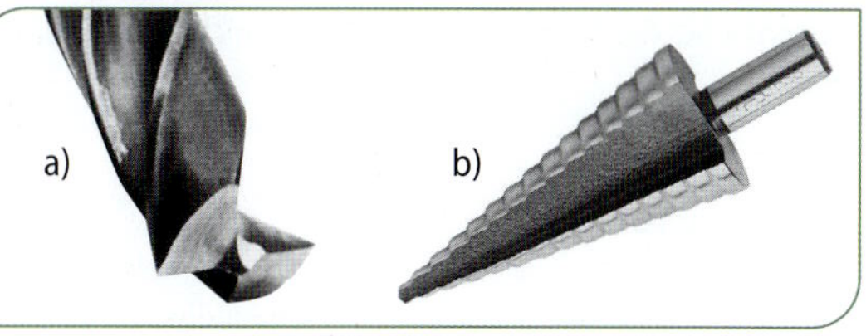

2 Blechbohrer

Zum Bohren von Holz- und Kunststoffplatten werden Bohrer mit einem gegenüber Blechbohrern andersartigen Zentrumsanschliff verwendet (Bild 3). Durch diesen Anschliff erhalten sie in der Mitte eine schmale Spitze zur Zentrierung und die beiden äußeren Schneidenecken werden hervorgehoben. Diese beteiligen sich nach dem Eindringen der Zentrumsspitze sofort am Zerspannungsvorgang und der Rand des Lochs wird als erstes geschnitten. Die Fasern z.B. des Holzes werden hierdurch außen sauber abgeschnitten, am Bohrloch entsteht ein relativ glatter Rand und es bildet sich nur ein geringer Grat.
Zum Bohren besonders harter und spröder Fliesenkeramik wie z.B. Feinsteinzeug werden Glasbohrer (Bild 4) verwendet.

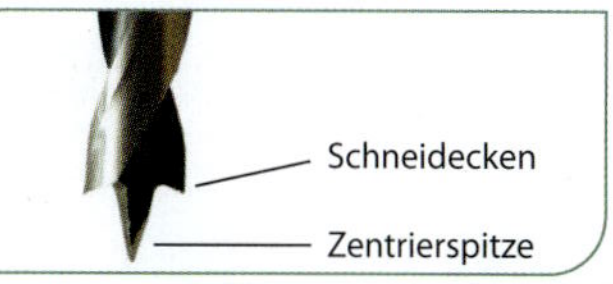

3 Spitze eines Holz- und Kunststoffbohrers

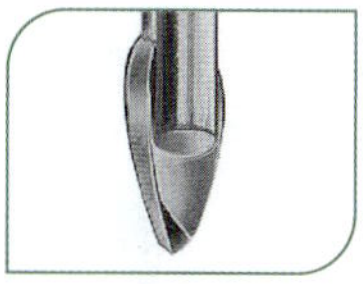

4 Glasbohrer

1.2.2.4 Bohrmaschinen

Bohrmaschinen werden in handgeführte Bohrmaschinen und stationäre Bohrmaschinen unterteilt. Im SHK-Bereich werden folgende handgeführte Bohrmaschinen eingesetzt:
- Standardbohrmaschine,
- Schlagbohrmaschine,
- Bohrhammer und Meißelhammer,
- Kernbohrmaschine,
- Akkubohrmaschine.

Standardbohrmaschine (standard hand drill/ portable drilling machine)

Bei der Standardbohrmaschine führt der Bohrer ausschließlich eine drehende Bewegung aus. Da die Lagerung der Antriebswelle genauer ausgeführt ist als die einer Schlagbohrmaschine verfügt diese Bohrmaschine über eine hohe Rundlaufgenauigkeit. Mit einer Umschalteinrichtung für Links-/Rechtslauf kann diese Maschine auch auf Linklauf eingestellt werden und ist somit bei niedriger Drehzahl bedingt auch als Schrauber einsetzbar.

Schlagbohrmaschine

Die Schlagbohrmaschine (impact drilling machine) (Bild 1, nächste Seite) besitzt ein Rastenschlagwerk, dass aus einer feststehenden und aus einer drehenden Rastenscheibe besteht. Bei eingeschaltetem Schlagwerk wird hiermit zusätzlich zu der drehenden Bewegung, eine axiale, schlagende Bewegung erzeugt. Diese wird durch das schnelle Abheben und Zurückprallen der drehenden Rastenscheibe an der Bohrspindel verursacht und wird bei zunehmendem Anpressdruck des Bedieners verstärkt (Bild 2, nächste Seite). Da Schlagbohrmaschinen im Gegensatz zu Bohrhämmern eine geringe Einzelschlagstärke besitzen, benötigen sie eine hohe Schlagfrequenz (impact frequency), die durch höhere Drehzahlen erreicht wird. Zusätzlich ist ein **höherer Kraftaufwand** für die Vorschubbewegung beim Bohren erforderlich.

1 Schlagbohrmaschine

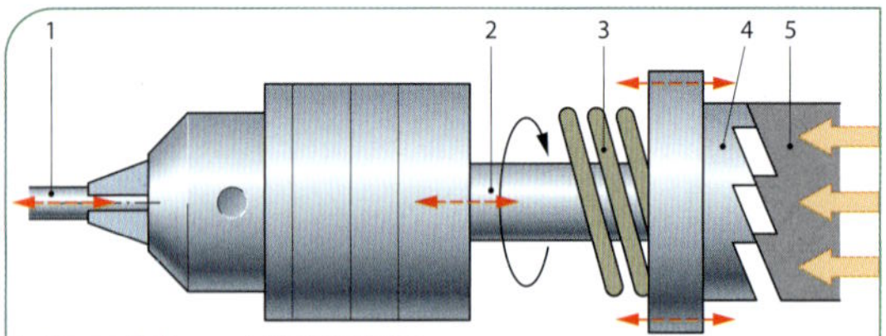

1. Bohrerschaft
2. Bohrspindel (axial beweglich)
3. Andruckfeder
4. Rastenscheibe (mit Bohrspindel fest verbunden)
5. Feststehende Rastenscheibe im Bohrmaschinengehäuse (überträgt den Anpressdruck)

2 Rastenschlagwerk

Bei Schlagbetrieb ist der Bediener deshalb neben starken Vibrationen auch noch unangenehmen Geräuschen ausgesetzt. Zum Bohren in Beton oder Hartgestein sind Schlagbohrmaschinen ungeeignet und sollten hierfür nicht verwendet werden.

Bei nicht eingeschaltetem Schlagbetrieb können ähnliche Bohrarbeiten wie mit der Standardbohrmaschine durchgeführt werden. Eine Umstellung auf Links/Rechtslauf (left/right handed rotation) ist ebenso vorhanden, sodass Schlagbohrmaschinen aushilfsweise auch als Schrauber eingesetzt werden können.
Der wechselnde Arbeitseinsatz mit/ohne Schlagbetrieb und die verschiedenen Materialien, in die auf der Baustelle gebohrt werden müssen, erfordern den Einsatz einer solchen universell einsetzbaren Bohrmaschine.

Bohrhammer

Der Bohrhammer (percussion/hammer drill) hat im Gegensatz zur Schlagbohrmaschine ein separates pneumatisches Schlagwerk (Bild 3).
Beim pneumatischen Schlagwerk bewegen sich ein Kolben und ein Schläger in einem Führungsrohr hin und her. Erzeugt wird die axiale Bewegung des Kolbens mithilfe eines Kurbeltriebes (vgl. Bild 2, S. 97).
In der Vorwärtsbewegung des Kolbens wird das Luftpolster zwischen dem Kolben und dem Schläger stark verdichtet und treibt den Schläger auf den Stößel und somit auf das Schlag- oder Bohrwerkzeug (Bild 4). Durch den Aufprall des Werkzeugs auf die Bearbeitungsfläche werden Stößel und Schläger mit Wucht zurück in Richtung Kolben getrieben.

3 Bohrhammer

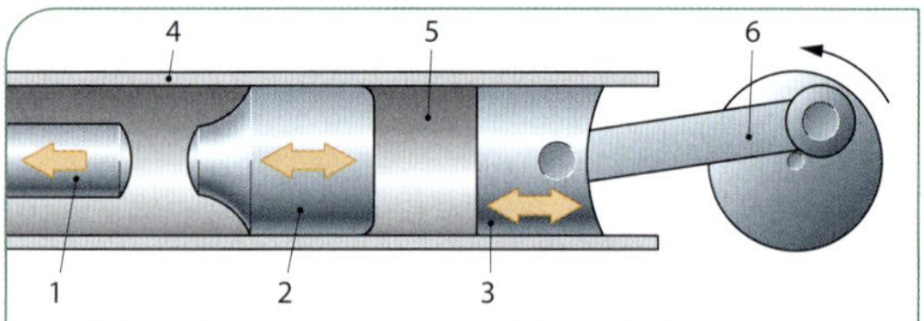

1. Stößel zum Bohrer mit Längsnut (siehe S. 49, Bild 3)
2. Flugkolben (Schläger)
3. Kolbenzylinder
4. Schlagwerkrohr
5. Kompressionsraum
6. Kurbeltrieb

4 Kompressionschlagwerk

Diese Rückprallenergie verstärkt die nun wieder einsetzende Verdichtung durch den Kolben. Hierdurch wird zusätzlich zur Drehbewegung eine Schlagbewegung des Werkzeugs erzielt.

Während sich bei der Schlagbohrmaschine der Bohrer zusammen mit dem Spannfutter axial bewegt, bewegt sich beim Bohrhammer nur der Bohrer entlang der Drehachse in einer 1 ... 2 cm langen Nut im Schaft des Bohrers (vgl. Bild 3, nächste Seite).
Durch die Besonderheit dieses Schlagwerks wird eine gleich bleibende Schlagstärke erzeugt und die Schlagleistung bzw. der Arbeitsfortschritt ist **nicht vom Kraftaufwand** des Bedieners abhängig. Ebenso sind die auf ihn einwirkenden Vibrationen hierdurch auch geringer und der Geräuschpegel ist niedriger, da die Drehzahl kleiner ist. Bohrhämmer werden immer dann eingesetzt, wenn überwiegend in Beton oder Hartgestein gebohrt werden muss.
Einige Bohrhämmer sind umstellbar auf reinen Meißelbetrieb und/oder können auch ohne Schlag bohren.

PRAXISHINWEIS

Muss in Fliesen gebohrt werden, sollte der Anbohrpunkt entweder ganz leicht angekörnt und/oder mit einem Kreppband abgeklebt werden, damit der Bohrer nicht abrutscht und die Oberfläche der Fliesen nicht beschädigt wird.

Schlaghämmer

Schlaghämmer oder Meißelhämmer haben keinen Drehbetrieb und sind deshalb nur zum Abmeißeln von Fliesen, zur Herstellung von Wanddurchbrüchen u. a. m. geeignet.

Akkubohrmaschinen (cordless drills)

Vor allem für Standard-Bohrmaschinen aber auch für Schlagbohrmaschinen oder Bohrhämmer werden heute Maschinen mit Akku-Antrieb benutzt (Bild 1). Ihr Vorteil ist u.a. der netzunabhängige und kabellose Betrieb. Des Weiteren ist die Unfallgefahr besonders beim Arbeiten auf Leitern (Bild 1, S. 45) und Gerüsten (Bild 1) erheblich geringer.

1 *Akkubohrhammer*

Kernbohrmaschine

Für Bohrungen mit großen Durchmessern ab ca. 30 mm verwendet man in Beton, Mauerwerk oder Kunst- und Natursteine meist Kernbohrmaschinen (core drilling machines) (Bild 2). Der Antrieb erfolgt bis ca. 200 mm Bohrerdurchmesser über eine Bohrmaschine mit geringer Drehzahl und hoher Leistung. Der Bohrer hat die Form eines kurzen, an einem Ende verschlossenen Stahlzylinders, weshalb dieses Verfahren auch Hohlbohren genannt wird (vgl. Bild 3, S. 45). Das andere Ende des Bohrers hat die Form einer Krone, deren hervorstehende Segmente meist aus Industrie-Diamanten, manchmal auch aus Hartmetall bestehen. Mit dieser Krone wird der Bohrvorgang durchgeführt. Hierbei wird **nicht** das gesamte Gesteinsmaterial in der Bohrung zerstört, sondern nur kreisförmig herausgetrennt und nach dem Bohren als **Kern** (core) aus dem Bohrer entfernt. Da die Bohrkronen (bore-crowns) – wie diese Bohrer auch genannt werden – auf der Bohreraufnahmeseite geschlossen sind, ergibt sich die maximale Bohrtiefe (drilling depth) aus der Länge des Bohrers (Bild 2). Die Kernbohrmaschine kann sowohl ohne oder bei größeren Bohrungsdurchmessern mit einer ständerförmigen Haltevorrichtung verwendet werden.

Zur Kontrolle der Rechtwinkligkeit ist meist eine Libelle (Richtwaage) (bubble level) eingebaut. (vgl. Kap. 3.5.2) Darüber hinaus kann mit Kernbohrmaschinen je nach zu bohrendem Material trocken oder mit Hilfe einer Wasserzuführung nass gebohrt werden.

2 *Kernbohrmaschine mit Bohrkrone*

PRAXISHINWEIS

Da mit den Diamant-Bohrkronen auch Bohrungen in bewerten Beton (Stahlbeton) hergestellt werden können, sollte vor Beginn der Bohrarbeiten Kontakt zu dem verantwortlichen Tragwerksplaner (Statiker) aufgenommen werden, damit verhindert wird, dass statisch erforderliche tragende Bewehrungen durchtrennt werden.

Bohreraufnahme

Bohrer haben entweder einen zylindrischen oder einen kegeligen Schaft. Da letztere fast ausschließlich für größere Bohrungen (> 12 mm) in Metalle verwendet werden, soll hierauf nicht weiter eingegangen werden (vgl. Seite 109). In der Tabelle (Bild 3) sind die üblichen Bohreraufnahmen dargestellt.

Bezeichnung	Anwendung	Vor- und Nachteile
Zahnkranzbohrfutter (key type drill chuck) 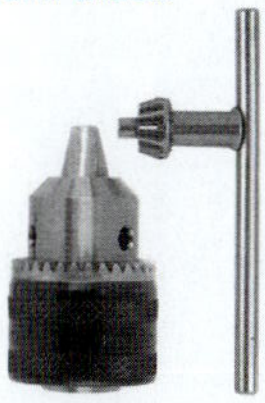	Standardbohrmaschine und Schlagbohrmaschine	Sehr fester Sitz des Bohrers durch dreifache Übersetzung. Da der Bohrer mit einem speziellen Bohrfutterschlüssel (chuck key) fest gespannt und gelöst werden muss, dauert der Bohrerwechsel im Vergleich zum Schnellspannbohrfutter sehr lange.
Schnellspannbohrfutter (quick-catch chuck) 	Standardbohrmaschine Schlagbohrmaschine	Da kein zusätzlicher Schlüssel zum Spannen bzw. Lösen benötigt und nur die Handkraft eingesetzt wird, ist ein schneller Bohrerwechselmöglich. Der Bohrersitz bzw. die Spannkraft ist gut.
Bohreraufnahme für Bohrer mit Längsnut wie z. B. SDS-System (longitudinal slot-drill chuck) 	Bohrhammer Schlag- oder Meißelhammer Kombihammer (Bohr/Meißelhammer)	Sehr schneller Bohrerwechsel, da die Werkzeugaufnahme nur kurz zurückgeschoben und der Bohrer entnommen bzw. eingesetzt wird. Sehr fester Sitz des Bohrers. Nur Bohrer mit Längsnuten können verwendet werden.

3 *Bohreraufnahmen*

PRAXISHINWEIS

Da die Bohrerspitze nach dem Bohren heiß sein kann, sollte der Bohrer nicht mit bloßen Händen angefasst werden.

1.2.2.5 UVV beim Bohren

- In bestimmten Arbeitssituationen sollte der Arbeiter persönliche Schutzausrüstung tragen (vgl. Seite 12).
- Muss eine Nasskernbohrung durchgeführt werden, ist eine zusätzliche Schutzkleidung notwendig.
- Bei stationären Bohrmaschinen dürfen beim Bohren keine Handschuhe getragen werden.
- Da in der Nähe von bewegten Teilen gearbeitet wird, ist eng anliegende Kleidung zu tragen und lange Haare sind durch Mütze oder Haarnetz zu schützen.
- Das Werkstück und das Werkzeug sind sicher einzuspannen.
- Vor dem Bohren in Wände, Decken und Fußböden ist mit einem Wandscanner zu prüfen, ob sich im Bohrbereich Rohr- und/oder Elektro- bzw. andere Leitungen, UP-Objekte u. a. m. befinden (Bild 1).

1 Prüfen mit dem Wandscanner

- Beim Bohren mit einer elektrischen, handgeführten Bohrmaschine ist darauf zu achten, dass die Kabelführung sowohl für den Bediener als auch für die anderen Mitarbeiter nicht zu einer Gefährdung wird.
- Bohrspäne nicht mit der Hand, sondern z. B. mit einem Besen, Pinsel oder Spanhaken entfernen.
- Beim Umgang und vor allem beim Bohren von Feinblechen sind unbedingt Handschuhe zu tragen. Besonders bei kleineren Blechen ist es besser das Werkstück mit einem Spannkloben, einer Schraubzwinge oder einer Gripzange festzuhalten.
- Weitere allgemeine UVV vgl. Teil 1, Kap. 5.

1.2.2.6 Berechnungen zum Bohren

Die Schnittgeschwindigkeit (cutting speed) beim Bohren hängt:

- vom Werkstoff in den gebohrt wird und
- vom Werkstoff des Bohrers ab.

Da die Schnittgeschwindigkeit nicht eingestellt werden kann, ist es erforderlich die notwendige Drehzahl pro Minute (revolutions per minute: r. p. m.) einzustellen.

Schnittgeschwindigkeit und Umdrehungsfrequenz (Drehzahl)

Die Geschwindigkeit am Bohrerumfang bezeichnet man als Schnittgeschwindigkeit eines Bohrers. Wie für die „allgemeine" Geschwindigkeit gilt auch für die Schnittgeschwindigkeit v_c

Schnittgeschwindigkeit = Weg /Zeit

$$v_c = \frac{s}{t}$$

Der zurückgelegte Weg s entspricht dem Umfang des Bohrers und beträgt:

$s = \text{Bohrerdurchmesser} \cdot \pi$

$s = d \cdot \pi$

Bei einer Anzahl N von z. B. 10 Umdrehungen beträgt der Weg s

$s = d \cdot \pi \cdot N$

$s = d \cdot \pi \cdot 10$

Hieraus ergibt sich für die Schnittgeschwindigkeit v_c

$$v_c = \frac{s}{t}$$

$$v_c = \frac{d \cdot \pi \cdot N}{t}$$

Für die Umdrehungsfrequenz (Drehzahl) gilt:

Umdrehungsfrequenz = Anzahl der Umdrehungen/Zeit

$$n = \frac{N}{t}$$

Für die Schnittgeschwindigkeit ergibt sich:

$$\boxed{v_c = d \cdot \pi \cdot n}$$

v_c in m/min
d in mm
n in 1/min oder min^{-1}

Zur Berechnung der an der Bohrmaschine einzustellenden Drehzahl muss die Formel umgestellt und die Einheiten müssen berücksichtigt werden.

Beispiel: Zur Herstellung einer Konsole sollen mit einem HSS-Spiralbohrer in einen unlegierten Flachstahl (Zugfestigkeit R_m = 500 N/mm^2) zwei Bohrungen mit einem Durchmesser von 10 mm gebohrt werden. Welche Drehzahl muss an der Bohrmaschine eingestellt werden?

Geg.: d = 10 mm; bei o. g. Werkstoff des Werkstücks und des Werkzeugs aus Tabellenbuch v_c = 30 m/min

Ges.: n = ? 1/min

$v_c = d \cdot \pi \cdot n$

$$n = \frac{v_c}{d \cdot \pi}$$

$$n = \frac{30\,\text{m} \cdot 1000\,\text{mm}}{\text{min} \cdot 10\,\text{mm} \cdot 1\,\text{m} \cdot \pi}$$

$$n = 954{,}9\,\frac{1}{\text{min}} = 955\,\frac{1}{\text{min}}$$

<u>Eingestellt: 900 1/min</u>

Die einzustellende Drehzahl beim Bohren lässt sich auch mit Hilfe eines Nomogramms bzw. Drehzahlfrequenzdiagramms hinreichend genau und wesentlich schneller ermitteln (Bild 1, nächste Seite).

Zur Lösung der Beispielaufgabe sind folgende Lösungsschritte erforderlich:

- Schnittgeschwindigkeit 30 m/min auf der senkrechten Achse suchen und eine waagerechte Linie ziehen bzw. Lineal anlegen.
- Durchmesser 10 mm suchen und senkrecht nach oben gehen bis die waagerechte Linie geschnitten wird.
- Mit Hilfe des Schnittpunkts kann die Drehfrequenz bestimmt werden (Hinweis: Bei einem Ergebnis, das zwischen zwei vorhandenen Drehzahlen liegt, ist die nächst kleinere Drehzahl zu wählen).

Lösung: Drehzahl zwischen 1000 und 800 1/min
Gewählt: 900 1/min

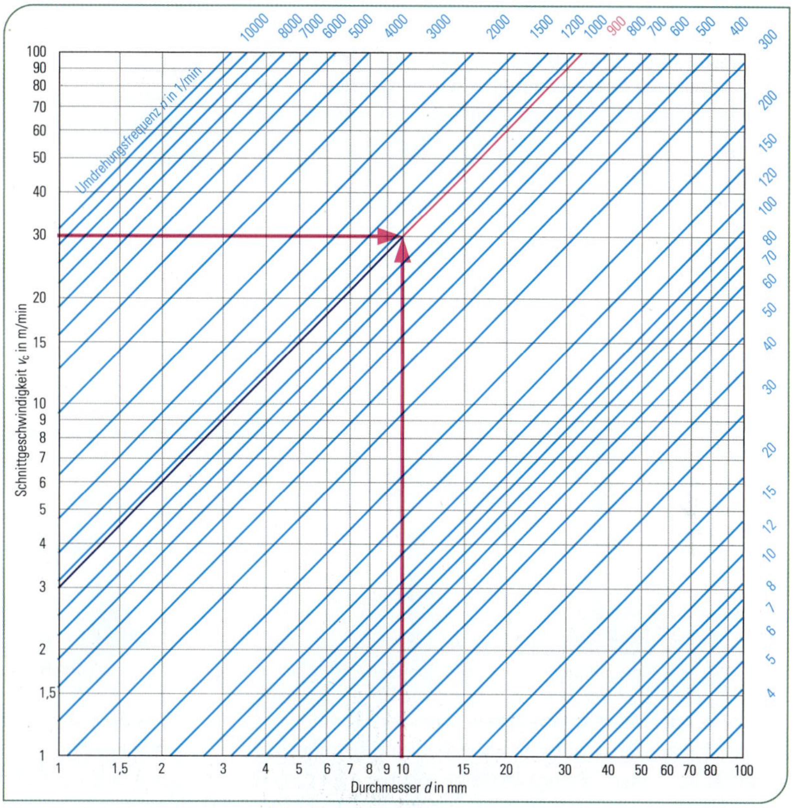

1 Nomogramm

1.2.3 Senken

Senker (counter sinks/counter bores) werden entweder zum Entgraten scharfer Kanten an Bohrungen und/oder zum Versenken von Schraubenköpfen verwendet. Man unterscheidet Kegelsenker (Bild 2) und Flachsenker. Auf letztere soll hier nicht weiter eingegangen werden.

Die Werkzeugbewegungen sind beim Senken (countersinking) die gleichen wie beim Bohren. Allerdings soll die Schnittgeschwindigkeit beim Senken nur ca. halb so groß sein, damit eine glatte Oberfläche an der kegeligen Einsenkung entsteht. Im Vergleich zum Spiralbohrer haben Entgratungssenker mehrere Schneiden (ungerade Zahl) und die Freifläche ist größer. Hierdurch wird das Werkzeug besser geführt, ein Rattern verhindert und die Oberfläche zusätzlich geglättet. Zum Entgraten (burring) verwendet man Kegelsenker mit einem Spitzenwinkel von 60°. Sowohl für dünne Bleche als auch für lang spanende Werkstoffe wie z. B. Kunststoffe oder Aluminiumlegierungen verwendet man Querlochsenker (Bild 3), da sie einen absolut ratterfreien Schnitt haben.

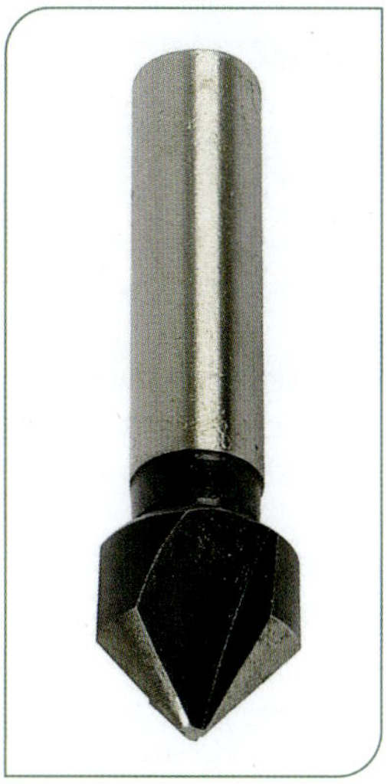

2 Kegelsenker

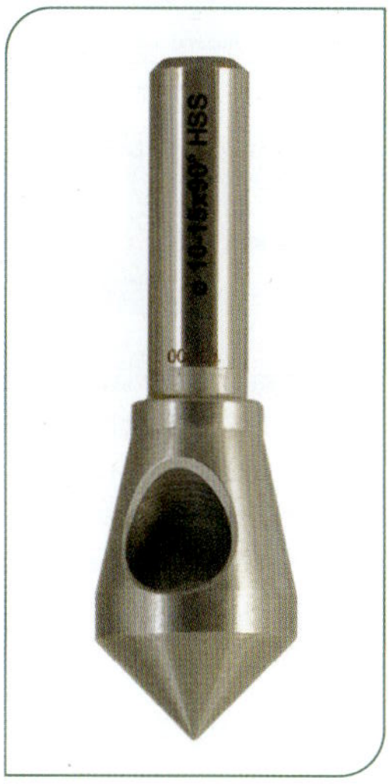

3 Querlochsenker

ÜBUNGEN

1. In einen gleichschenkligen Winkelstahl DIN EN 10056 aus unlegiertem Stahl (Zugfestigkeit $R_m = 450\,N/mm^2$) sollen vier 8 mm große Löcher mit einem Spiralbohrer aus HSS – Stahl gebohrt werden.
   a) Berechnen Sie die notwendige Drehzahl *n*.
   b) Ermitteln Sie die notwendige Drehzahl *n* mit Hilfe des Nomogramms.

2. Zur Herstellung eines Blindflansches aus nichtrostendem Stahl müssen 8 Bohrungen mit einem Durchmesser von 17 mm mit einem HSS-Spiralbohrer gebohrt werden.
   a) Berechnen Sie die notwendige Drehzahl *n*.
   b) Ermitteln Sie die notwendige Drehzahl *n* mit Hilfe des Nomogramms.

1.2.4 Das Gewindeschneiden

Gewinde (threads) werden in der Serien- und Massenfertigung maschinell bzw. vollautomatisch hergestellt. In der Einzelfertigung und auf der Baustelle werden Gewinde mit handgeführten Maschinen oder von Hand geschnitten. Stationäre Gewindeschneidmaschinen werden meist in der Werkstatt zur Vorfertigung von Rohrleitungsteilen verwendet.

1.2.4.1 Gewindearten

Die Gewindearten können eingeteilt werden nach:

- der Lage (Bild 1),
- der Verwendung (Bild 2),
- der Gangrichtung (Bild 3),
- dem Gewindeprofil (Bild 4).

Lage

Innengewinde (internal thread) — Außengewinde (external thread)

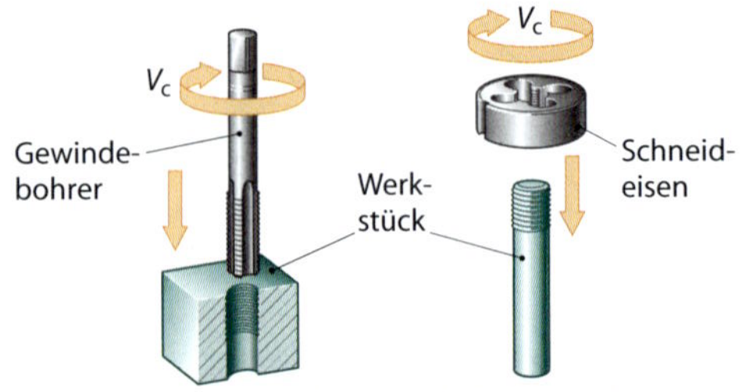

Innen- oder Muttergewinde nennt man ein Gewinde, das sich an der Innenwand einer Bohrung befindet. Als Außen- oder Bolzengewinde bezeichnet man das Gewinde, das in die Mantelfläche eines Zylinders geschnitten wird.

1 Innen- und Außengewinde

Verwendung

Bewegungsgewinde (motion thread) — Befestigungsgewinde (fastening thread)

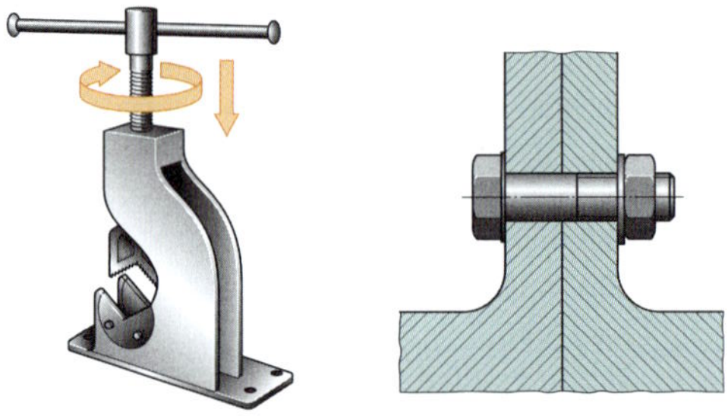

Mit Hilfe eines Bewegungsgewindes wird eine drehende Bewegung in eine geradlinige Bewegung umgewandelt, z. B. Schraubstock oder Ventilspindel.
Das Befestigungsgewinde z.B. an der Schraube und in der Mutter hat die Aufgabe, die beiden Bauteile fest miteinander zu verspannen.

2 Bewegungs- und Befestigungsgewinde

Gangrichtung

Rechtsgewinde (right hand thread) — Linksgewinde (left hand thread)

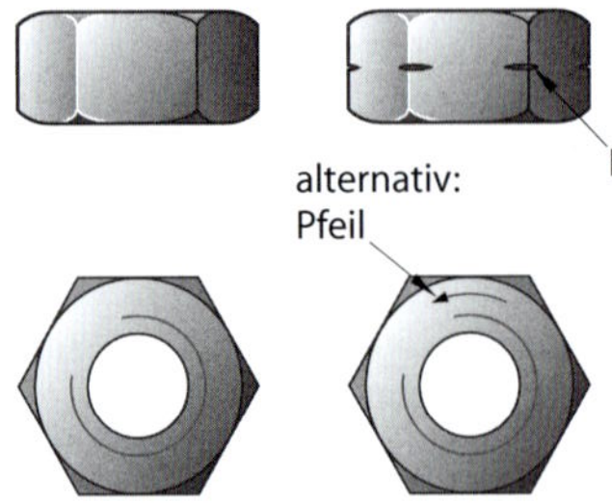

Rechtsgängige Gewinde werden wesentlich häufiger verwendet als linksgängige. Beim Einschrauben werden sie im Uhrzeigersinn – also rechtsherum gedreht. Linksgängige Gewinde werden durch Linksdrehung eingeschraubt. Eine linksgängige Mutter hat entweder eine Einkerbung am Umfang oder ein großes L auf einer Auflagenseite. Normgerecht bezeichnet wird dieses Gewinde durch Anhängen der Buchstaben LH (Left Hand).

3 Rechts- und Linksgewinde

Gewindeprofil

Metrisches ISO-Gewinde (metric ISO thread) — Whitworth-Gewinde (whithworth thread)

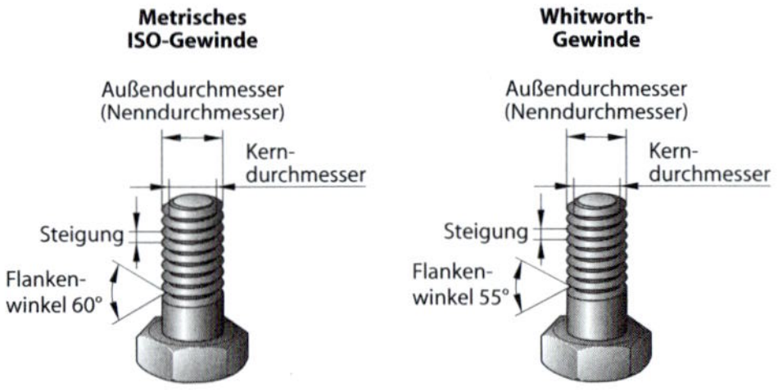

Das metrische ISO-Gewinde hat einen Flankenwinkel von 60°. Bezeichnet wird dieses Gewinde mit dem Kurzzeichen M und dem Nenndurchmesser in mm, z. B. Gewindestab **M8**.
Das Whitworth-Gewinde hat einen Flankenwinkel von 55° und die Gewindemaße werden in Inch (Zoll) angegeben.

4 Metrisches- und Whitworthgewinde

Zusätzlich zu den vorher beschriebenen Gewindearten gibt es das **Whitworth-Rohrgewinde** (whithworth pipe thread). Dieses Gewinde hat im SHK-Bereich die größte Bedeutung.

Rohrgewinde

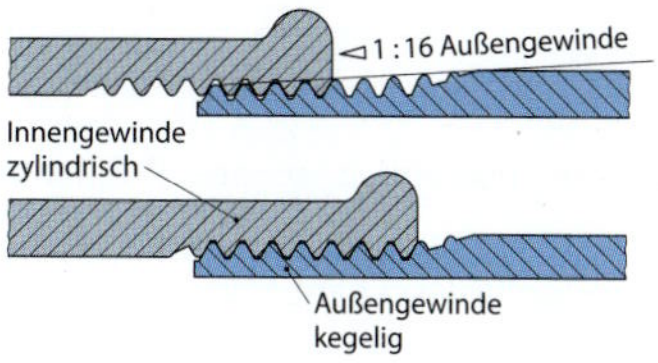

Durch das kegelige Außengewinde z. B. R 3/4 – und das zylindrische Innengewinde Rp 3/4 entsteht bei der Montage eine metallische Pressung, die eine Dichtheit herstellt.
vgl. auch Kap. 1.2.4.3.2

Befestigungsgewinde

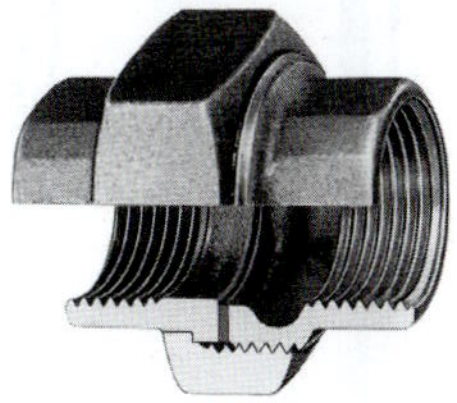

Bei diesem Rohrgewinde z. B. G 3/4 sind das Außengewinde und das Innengewinde zylindrisch. Sie bilden eine **nicht** im Gewinde dichtende Verbindung.

1.2.4.2 Schneiden von Innengewinde

Innengewinde (female threads) werden mit Hilfe von Gewindebohrern (screw taps/tap drills) in Bohrungen geschnitten. Der Gewindebohrer sieht aus wie eine gehärtete Schraube, die an einem Ende konisch angeschliffen ist und am anderen Ende ein Vierkant zum Aufsetzten des Windeisens (tap wrench) besitzt (Bild 1). Man unterscheidet drei verschiedene Windeisen. Am häufigsten verwendet man das mit einer verstellbaren Spanneinrichtung versehene Windeisen (Bild 1b), mit dem man z. B. Gewindebohrer von M4 bis M12 einspannen kann. Zur schnellen Aufnahme von Gewindebohrern verwendet man das Kugelwindeisen (Bild 1a). Es besitzt unterschiedlich große feststehende Vierkantlöcher, in die verschiedenen Gewindebohrer z. B. M4 bis M10 eingesteckt werden können. Das Windeisen mit Ratsche bzw. Knarre (Bild 1c) ist besonders gut geeignet, wenn Innengewinde an schwerzugänglichen Stellen geschnitten werden müssen.

Ebenso wie beim Bohren führt der Gewindebohrer beim Schneiden eines Innengewindes eine kreisförmige Schnittbewegung und gleichzeitig eine axiale Vorschubbewegung aus. Der Vorschub bei einer Umdrehung entspricht hierbei der Gewindesteigung (thread pitch).

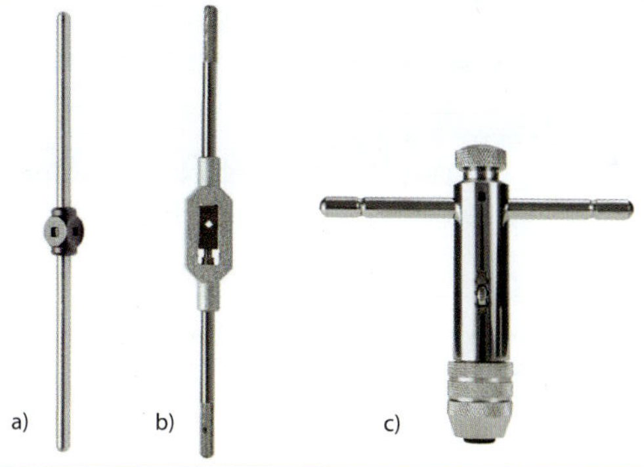

1 Arten von Windeisen

Arbeitsschritte beim Gewindebohren

Innengewinde werden in drei Arbeitsschritten (Bild 2) hergestellt:

- Bohren des Kernlochs,
- Ansenken und
- Gewindebohren.

Nach dem Ankörnen (marking) wird mit Hilfe eines Spiralbohrers die Kernlochbohrung (core hole) gebohrt. Den Durchmesser des jeweiligen Kernlochs entnimmt man aus Gewindetabellen eines Tabellenbuchs.

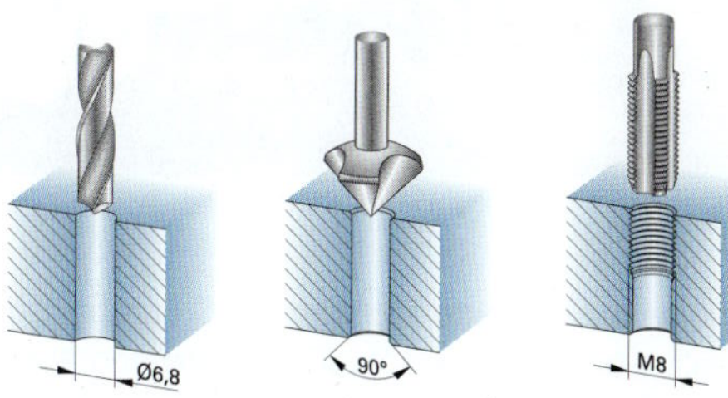

2 Arbeitsschritte beim Gewindebohren

Die Kernlochbohrung ist anschließend auf beiden Seiten mit einem 90°-Kegelsenker bis auf den Außendurchmesser des Gewindes anzusenken. Hierdurch werden Gewindebohrer beim Ansetzen besser geführt und die äußeren Gewindegänge werden nicht herausgedrückt. Beim Gewindebohren von Hand (manual thread cutting) werden meist Gewindebohrersätze verwendet (Bild 1, nächste Seite). Sie bestehen aus drei verschiedenen Gewindebohrern: Dem Vorschneider (ein Ring), dem Mittelschneider (zwei Ringe) und dem Fertigschneider (drei Ringe oder keiner). Die Zerspanarbeit und die Spanabfuhr werden somit auf drei Gewindebohrer aufgeteilt.

1 Handgewindebohrersatz

1.2.4.3 Schneiden von Außengewinde

Das Herstellen eines Außengewindes (male thread) bezeichnet man als Gewindeschneiden (threading). Bei handgefertigtem Außengewinde wird das vollständige Gewinde fast immer in einem Arbeitsgang hergestellt. Hierbei wird eine fortlaufende Rille außen in ein Rohr oder in einen zylindrischen Bolzen bzw. Rundstahl (bolt/rod) geschnitten (Bild 2).

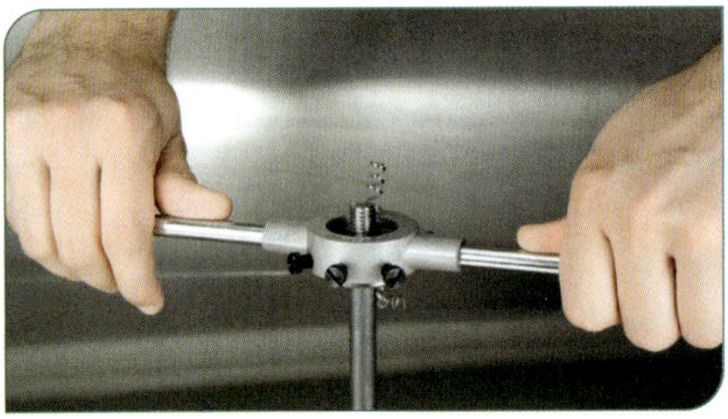

2 Schneidvorgang mit Schneideisen

Das Werkzeug führt eine kreisförmige Schnittbewegung und gleichzeitig eine axiale Vorschubbewegung aus. Der Vorschub bei einer Umdrehung entspricht ebenso wie beim Gewindebohren der Gewindesteigung.

1.2.4.3.1 Metrisches Außengewinde

Außengewinde wie z. B. das metrische ISO-Gewinde nach DIN 13 lassen sich von Hand bis ca. M16 mit einem Schneideisen herstellen. Für jede Gewindegröße (thread size) gibt es ein eigenes Schneideisen (die), das in einem Schneideisenhalter (die holder) befestigt wird (Bild 3).

3 Schneideisen mit Schneideisenhalter

Da die ersten beiden Gewindegänge des Schneideisens kegelförmig ausgeführt sind, wird durch sie der größte Teil der Spanabnahme übernommen. Die anderen Gewindegänge im zylindrischen Teil führen das Werkzeug und glätten das Gewinde.

Arbeitshinweise:
- Außendurchmesser des Bolzens bzw. des Rundstahles messen.
- 45°-Fase bis zum Kerndurchmesser anbringen.
- Schneideisen mit entsprechender Gewindegröße in Schneideisenhalter fest einspannen.
- Schneideisen unter leichtem Druck und im rechten Winkel ansetzen.
- Schneidöl benutzen.
- Schneideisenhalter mehrmals zurückdrehen, damit die Späne leichter abbrechen und das Schneidöl nachfließen kann.
- Spanreste nach Beendigung der Schneidarbeit entfernen.
- Mit Hilfe einer entsprechenden Mutter prüfen, ob das Gewinde fachgerecht geschnitten ist.

1.2.4.3.2 Whitworth-Rohrgewinde

Mit Hilfe des Whitworth-Rohrgewindes lassen sich Rohre aus unlegiertem Stahl mit Eignung zum Schweißen und Gewindeschneiden nach DIN EN 10255 dauerhaft dicht verbinden. Bei dieser besonderen Gewindeverbindung ist das **Außengewinde am Rohr kegelig** und das **Innengewinde** im Fitting bzw. in der Armatur **zylindrisch** (Bild 4). Das Whitworth-Rohrgewinde kann hergestellt werden:
- von Hand,
- mit handgeführten Maschinen und
- mit Gewindeschneidmaschinen (vgl. S. 111).

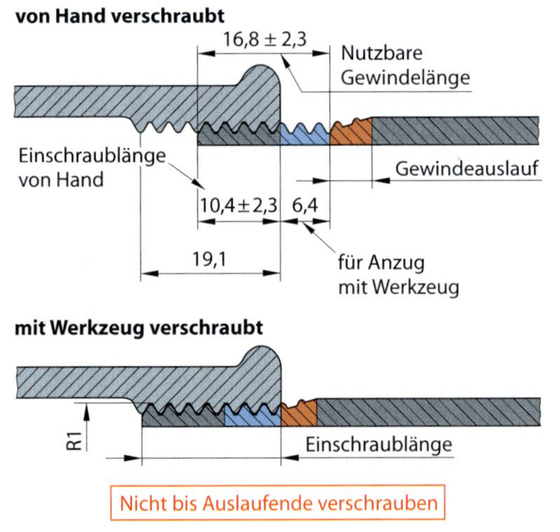

4 Zylindrisch-kegelige Gewinderohrverbindung nach DIN EN 10226-1 mit metallischer Pressdichtung, Maße für R1

Von Hand wird das kegelige Außengewinde meist mit einer Handgewindeschneidkluppe (hand held die) geschnitten. Es handelt sich hierbei um einen Ratschenhebel (ratchet lever), in den die unterschiedlichen Gewindeschneidköpfe mit den verschiedenen Gewindegrößen (different sized drop die heads) z. B. von R ¾ bis R 1¼ eingesetzt werden können (Bilder 1 und 4). Man verwendet für das Schneiden des kegeligen Rohr-Außengewindes einen Schneidkopf ohne Endschalter bzw. Automatik. Nur bei der Gewindeschneidmaschine wird der Schneidvorgang durch einen Endschalter abgebrochen (beendet) (vgl. S. 112, Bild 2).
Nachteilig ist beim Gewindeschneiden ohne Automatik, dass sich die Schneidbacken nicht öffnen lassen und deshalb der Schneidkopf nach Beendigung des Schneidvorganges über das geschnittene Gewinde zurückgedreht werden muss. Allerdings werden heute von einigen Herstellern handgeführte Gewindeschneidmaschinen mit einem 4-fach schnelleren Rücklauf angeboten (Bild 3). Beide Schneidköpfe haben auf der einen Seite eine präzise Rohrführung, wodurch eine gute Zentrierung (centring) des Rohres gewährleistet wird. Dadurch verringert sich die Gefahr, dass das Gewinde „schief" aufgeschnitten wird. Gleichzeitig sorgen große „Spänefenster" für eine gute Spanabfuhr (Bild 5). Die beiden Schneidkopfarten passen sowohl in die Handgewindeschneidkluppe als auch in die handgeführte Gewindeschneidmaschine (electric die) (Bilder 1, 2 und 3).

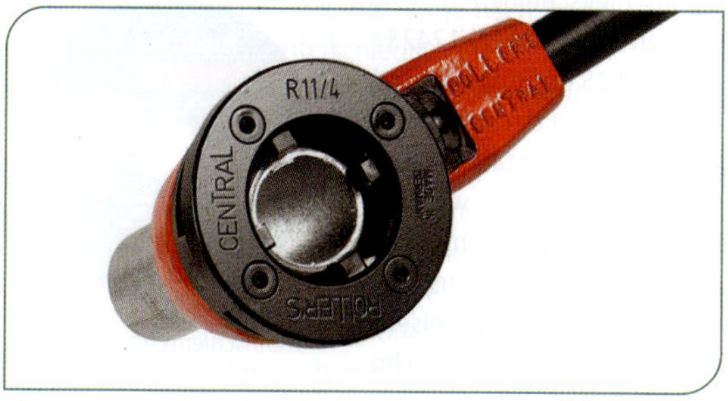

1 Handkluppe mit Ratschenhebel

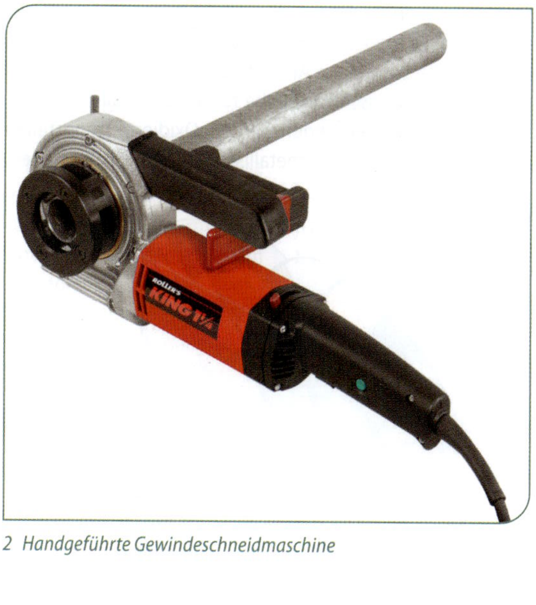

2 Handgeführte Gewindeschneidmaschine

3 Handgeführte Gewindeschneidmaschine mit Akk

4 Metallkoffer mit Gewindeschneidköpfen

5 Schneidkopf ohne Automatik

PRAXISHINWEIS

Beim Schneiden eines Whitworth-Rohrgewindes ist zu prüfen, ob die vorgegebene nutzbare Gewindelänge (vgl. Lernfeld 3, Kap. 3.2.2.6) eingehalten wurde. Die zum Kühlen (cooling) und Schmieren (lubricate) verwendeten Gewindeschneidmittel können auf Mineralölbasis oder mineralölfrei hergestellt sein. Für Gewinderohre in der Trinkwasserinstallation (drinking water installation) dürfen hierfür allerdings nur zugelassene Gewindeschneidmittel (threading agent) verwendet werden. Diese müssen dem DVGW-Arbeitsblatt W 521 entsprechen. Es regelt die Anforderungen und Prüfungen von Gewindeschneidmitteln für die Trinkwasser-Installation und schreibt u. a. folgende Eigenschaften vor:

- Wasserlöslichkeit,
- gesundheitliche Unbedenklichkeit,
- mineralölfrei,
- keine Korrosivität gegenüber Rohrleitungen und Schneidwerkzeugen und
- rote Einfärbung.

Die Schneidmittelbehälter müssen an einer gut sichtbaren Stelle dauerhaft mit dem DVGW-Prüfzeichen und mit einer Registernummer gekennzeichnet sein (LF 4, Kap. 1.8).

ÜBUNGEN

1. Beschreiben Sie den Zusammenhang zwischen der Größe des Keilwinkels und dem Kraftaufwand.
2. Welche Abhängigkeit besteht zwischen der Schneidenstabilität und dem Keilwinkel?
3. Was versteht man unter der Standzeit bei Werkzeugen?
4. Stellen Sie den Zusammenhang zwischen dem zu trennenden Werkstoff und der zu wählenden Größe des Keilwinkels dar. Geben Sie je ein Beispiel an.
5. Skizzieren Sie eine keilförmige Werkzeugschneide und zeichnen Sie die drei Hauptwinkel ein.

Sägen

6. Warum sollten Sägeblätter einen großen Freiwinkel besitzen?
7. Beschreiben Sie den Zusammenhang zwischen Zähnezahl, Zahnteilung und dem zutrennenden Werkstoff.
8. Wie wird der Freischnitt beim Sägen erreicht und welche Wirkung erzeugt er?
9. Welche zwei Vorteile besitzt die Gehrungssäge gegenüber den anderen Handsägen?
10. Welche Besonderheit besitzt die Lochsäge?
11. Warum sollte beim Handsägen die Schnittstelle möglichst nahe am Schraubstock sein?
12. Nennen Sie drei Unfallverhütungsmaßnahmen beim Sägen.

Bohren und Senken

13. Nennen Sie die beiden Bewegungen, die der Bohrer beim Trennvorgang gleichzeitig ausführt.
14. Man unterscheidet die Bohrertypen H, N, W. Nennen Sie für jeden Bohrertyp zwei Werkstoffe, die damit gebohrt werden können.
15. Weshalb wird bei Bohrungen ab ca. 10 mm vorgebohrt?
16. Es gibt HSS- Bohrer ohne und HSS- Bohrer mit HM-Schneide. Wofür stehen die beiden Abkürzungen und nennen Sie je ein Anwendungsbeispiel.
17. Nennen sie zwei Bohrer zum Bohren von Feinblechen und beschreiben Sie deren Besonderheiten.
18. Nennen Sie vier handgeführte Bohrmaschinen.
19. Weshalb haben Standardbohrmaschinen eine hohe Rundlaufgenaugigkeit?
20. Erläutern Sie wie bei der Schlagbohrmaschine zusätzlich zur Drehbewegung eine axiale, schlagende Bewegung erzeugt wird.
21. Beschreiben Sie wie beim Bohrhammer die axiale Schlagbewegung erzeugt wird.
22. Warum ist die Schlagstärke beim Bohrhammer unabhängig vom Kraftaufwand bzw. Anpressdruck des Bedieners?
23. Spiralbohrer können in unterschiedliche Bohreraufnahmen eingespannt werden. Nennen Sie drei Arten für Bohrer mit zylindrischem Schaft.
24. Was versteht man unter einer Kernbohrung?
25. Woraufhin soll die Bohrstelle vor dem Bohren in Wände, Decken und Fußböden untersucht werden?
26. Nennen Sie vier Maßnahmen, die Unfälle beim Bohren verhindern sollen.
27. Wovon hängt die Schnittgeschwindigkeit beim Bohren ab?
28. Wie kann man die einzustellende Drehzahl beim Bohren ermitteln?
29. Warum werden Bohrungen gesenkt?
30. Vergleichen Sie die Schnittgeschwindigkeiten beim Bohren und Senken.

Gewindeschneiden

31. Welche Arten der Gewindeeinteilung gibt es?
32. Geben Sie die Arbeitsschnitte zur Herstellung eines Innengewindes an.
33. Geben Sie die Arbeitsschnitte zur Herstellung eines metrischen Außengewindes an.
34. Welche Besonderheit besitzt das Außengewinde beim Whitworth-Rohrgewinde.
35. Nennen Sie die drei Arten, wie das Whitworth-Rohrgewinde hergestellt werden kann.
36. Ermitteln Sie die nutzbare Gewindelänge eines Whitworth-Rohrgewindes mit der Größe R 1.
37. Welche Eigenschaften muss das Gewindeschneidmittel für Rohre in der Trinkwasserinstallation besitzen?
38. Wie müssen Schneidstoffbehälter gekennzeichnet sein?

Entgraten, Anfasen und Schälen von Rohren

39. Nennen Sie vier Gründe, warum der an den Trennstellen entstandene Grat entfernt werden muss.
40. Nennen Sie drei Werkzeuge zum Entgraten von Rohren.
41. Was versteht man unter einer Fase an Rohren?

1.3 Zerteilende Trennverfahren

Wird ein Blech mit der Handschere auf die richtige Größe geschnitten oder ein Rohr mit dem Rohrabschneider abgelängt (getrennt), so bilden sich bei beiden Trennvorgängen keine Späne. Deshalb werden diese Trennverfahren auch als spanlose Trennverfahren bezeichnet (Bilder 1 und 2).

MERKE

Beim Zerteilen wird der Werkstoff ohne Spanbildung getrennt.

1 Scherschneiden

2 Rohrabschneiden

1.3.1 Scherschneiden

Scheren (shears) haben zwei keilförmige Schneiden (cutting edges), die sich während des Schneidvorgangs aneinander vorbei bewegen (Bild 3).

Die verschiedenen Scheren unterscheiden sich einerseits in Größe und Form, andererseits wird unterschieden, ob die Scherkraft (shearing force) maschinell oder von Hand aufgebracht wird.

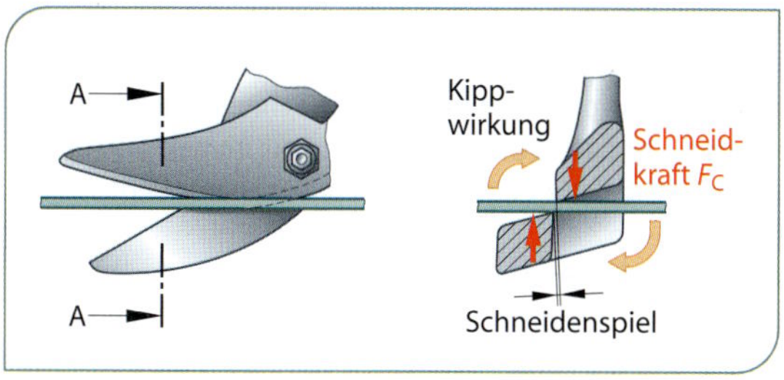

3 Schneidkraft und Kippwirkung an der Blechschere

Scherschneidvorgang

Betrachtet man die in Bild 4 abgebildete Scherfläche (shear plane), so kann man drei verschiedene Zonen erkennen. Sie entsprechen den drei Abschnitten des Schervorgangs (shearing process).

Stauchen (upsetting): Das Blech wird durch den Druck der beiden Schermesser (shearing-blades) an der Ober- und Unterseite zusammengedrückt und eingekerbt.

Schneiden (cutting): Die Schneiden dringen weiter in den Werkstoff ein und ein Teil des Werkstoffs wird geschnitten und es entsteht eine glatte Scherfläche.

Trennen (separating): Bei weiterem Eindringen der Schneidkeile (wedges) bilden sich Risse in der Scherzone und die Werkstoffteilchen werden gegeneinander verschoben. Der Werkstoff gleitet an den Freiflächen der Schneidkeile vorbei, bis die Schnittstelle auseinanderbricht.

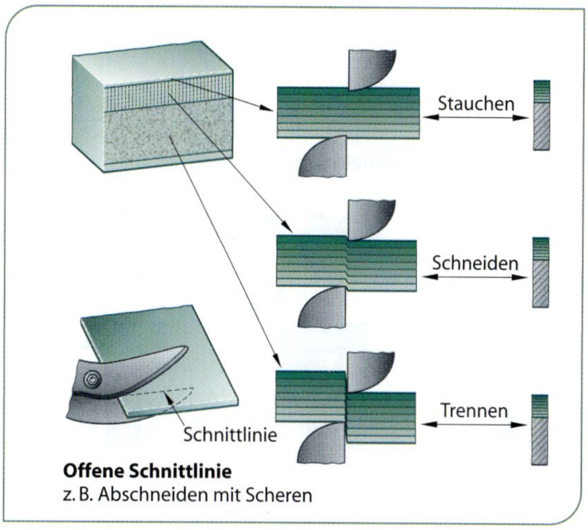

4 Scherfläche und Scherschneidvorgang

Schervorgang und Werkstoff

Der Schervorgang und damit die Beschaffenheit der Schnittfläche sind abhängig von den Eigenschaften des zu zerteilenden Werkstoffs. Folgende Zusammenhänge bestehen zwischen Werkstoffeigenschaft (material property) und Scherbarkeit:

- Weiche Werkstoffe können gut mit der Schere geschnitten werden. Stauchen und Schneiden haben einen großen Anteil am Schervorgang. Die Scherkräfte sind gering und es bildet sich eine glatte Schnittfläche.
- Harte und spröde Werkstoffe können schlecht mit der Schere geschnitten werden. Der Anteil von Stauchen und Schneiden ist klein und der Werkstoff bricht an der Schnittstelle. Die Scherkräfte sind größer und es bildet sich eine raue Schnittfläche.

Handhebelschere

Hebelscheren sind meist auf einem Untergestell (stand) stationär in der Werkstatt aufgestellt. Leichte Bauarten können auch auf die Baustelle (building site) mitgenommen und z. B. die Rollenschere (Bild 2) in einen Schraubstock (vice) eingespannt werden. Handhebelscheren haben ein feststehendes, gerades Untermesser (lower blade) und ein bewegliches, leicht gekrümmtes Obermesser (upper blade) (Bild 1). Obwohl die beiden Schermesser relativ kurz sind, werden mit diesen Scheren ohne großen Kraftaufwand häufig lange gerade Schnitte (straight cuts) durchgeführt, da das Blech während des Trennens nachgeschoben und in mehreren Scherschritten getrennt wird. Das Kippen bzw. Verkanten des Blechs wird durch einen auf die Blechstärke einstellbaren Niederhalter (adjustable stop) verhindert. Wird nicht mit der Hebelschere gearbeitet, muss der Betätigungshebel entweder wie in Bild 1 mit einer Haltefeder oder durch einen Sicherungshebel (safety catch) gegen unbeabsichtigtes Herunterfallen gesichert werden.

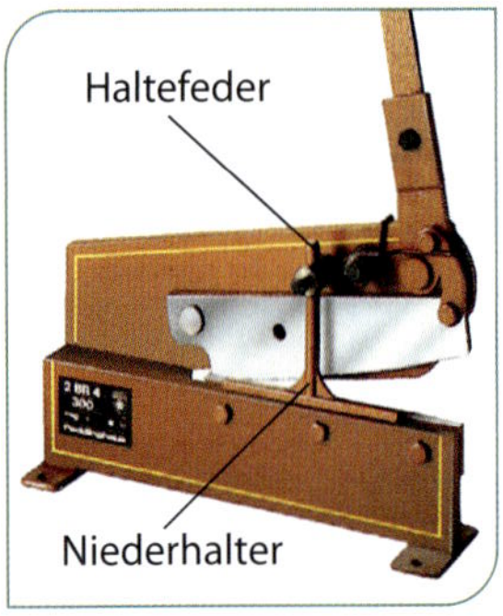

1 Einfache Hebelschere

Rollenblechschere

Die wichtigsten Teile der Rollenblechschere sind die beiden kreisförmigen Schermesser (circular shearing-blades), die auch als Rollenmesser bezeichnet werden (Bild 2).

2 Rollenblechschere

Durch die Form dieser Messer entsteht beim Schneiden nur eine kurze, fast punktförmige Schnittstelle. Hierdurch können mit der Rollenblechschere sowohl gerade Längsschnitte (longitudinal cuts) als auch verschiedene Kurvenschnitte (curved cuts) ausgeführt werden. Darüber hinaus bewirkt die Kreisform der Messer im Gegensatz zu der Hebelschere einen kontinuierlichen Schervorgang (continuous shearing process). Da das obere und das untere Rollenmesser gegeneinander laufen und das obere Messer eine Rändelung (reeding) besitzt, wird das Blech ohne zusätzliches Nachschieben gleichmäßig in die Schere hineingezogen. Der Betätigungshebel (operating lever) kann während des Trennens mit Hilfe einer Rastscheibe (locking disc) umgesetzt und in eine ergonomisch günstige Position gebracht werden. Die leicht zu transportierende Rollenblechschere wird meist in einen Schraubstock eingespannt und ist deshalb sowohl in der Werkstatt als auch besonders auf der Baustelle einsetzbar.

Folgende Blechdicken können mit dieser Blechschere bearbeitet werden:

- nichtrostendes Stahlblech bis 1,2 mm und
- Stahl- und Aluminiumbleche bis ca. 1,6 mm.

Handgeführte Maschinenblechschere

Der Trennvorgang findet bei dieser Maschinenblechschere zwischen einem feststehenden Untermesser und einem auf und ab schwingenden Obermesser statt. Das Obermesser ist leicht austauschbar, drehbar und kann von vier Seiten genutzt werden (Bild 3). Durch die sehr hohe Hubzahl des oberen Messers von bis zu 4100 1/min, kann eine hohe Arbeitsgeschwindigkeit von 8 bis 12 m/min erreicht werden. Der Vorschub wird vom Bediener durch einen leichten Druck nach vorn erzeugt. Sowohl lange gerade Schnitte als auch Kurven bzw. größere Radien können mit solchen Maschinenblechscheren leicht geschnitten werden. So lassen sich z. B. bei Stahlblechen Dicken bis ca. 2,5 mm und bei Aluminiumblechen Dicken bis ca. 4,5 mm spanlos trennen. Da sich die beiden getrennten Bleche an der Schnittkante leicht verformen, kann gegebenenfalls eine Nachbearbeitung notwendig sein. Seit einiger Zeit werden diese Maschinenblechscheren auch mit leistungsstarken Li-Ionen Akkus angeboten und können auch dann eingesetzt werden, wenn kein Netzstrom vorhanden ist. Hochwertige Geräte verfügen meist über mindestens zwei Akkus, damit wird ein kontinuierliches Arbeiten ermöglicht.

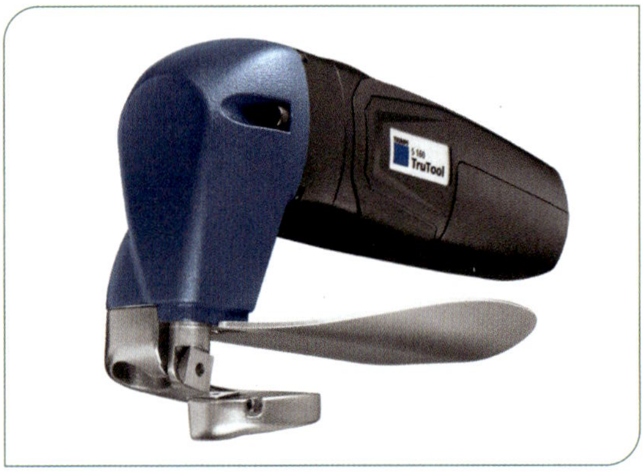

3 Handgeführte Maschinenblechschere

PRAXISHINWEIS

Scharfkantige Bleche nur mit Handschuhen tragen. Den entstandenen Grat nach dem Scheren sofort z. B. mit der Feile entfernen.

1.3.2 Rohrabschneiden

1.3.2.1 Rohrabschneider

1 Ablängen mit einem Rohrabschneider mit Führungsrahmen

Rohrabschneider (pipe cutter) sind einschneidige Keilschneidwerkzeuge. Das Rundmesser (Schneidrad) (revolving blade/cutting wheel) zerteilt den Rohrwerkstoff durch das Einschneiden der keilförmigen Schneide bei drehender Bewegung um die Rohrachse (tubular axle) und stetiges Nachstellen der Schneidkraft (Bild 2).

Nach erfolgter Trennung hat sich vor allem bei Metallrohren im Inneren des Rohrs ein Schneidgrat gebildet, der eine Querschnittsverengung (reduction of area) bewirkt und bei strömenden Medien Druckverluste verursacht. Dieser Schneidgrat muss mit einem Entgrater oder mehrschneidigen Rohrfräser (tube burr) entfernt werden. Rohrabschneider eignen sich für kleine und große Rohrnennweiten. Das Trennen vor allem von Rohren mit großer Nennweite, z.B. gusseisernes Hausabflussrohr (SML) (Bild 1), ist im Vergleich zum Handsägen kraftsparender.

Für die verschiedenen Rohrwerkstoffe sind die Rohrabschneider mit speziellen Schneidrädern ausgestattet (Bild 2). Diese sind aufgrund der unterschiedlichen Keilwinkel nur für den jeweiligen Werkstoff geeignet.

MERKE

Das Schneidrad muss für den jeweiligen zu trennenden Werkstoff geeignet sein.
Aus Korrosionsschutzgründen darf das Schneidrad z.B. für Rohre aus unlegierten Stahl anschließend **nicht zum Trennen** von Rohren aus nichtrostenden Stahl verwendet werden.

Im Bild 1 hat der Rohrabschneider ein Schneidrad und zwei Führungsräder (guiding wheels). Am oberen Ende des Hebels kann das Schneidrad entsprechend enger gestellt werden. Da der lange Hebel ein rundum Schneiden nicht zulässt, muss das gusseiserene Rohr nach Bedarf gedreht werden.

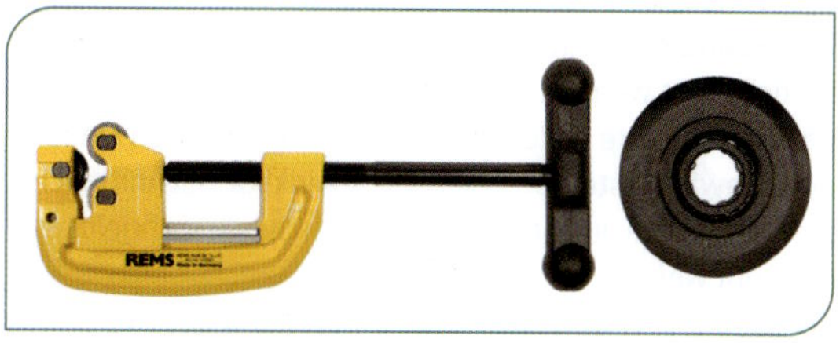

2 Rohrabschneider und Schneidrad

1.3.2.2 Rohrschere

Rohrscheren (pipe shears) eignen sich für das saubere und schnelle Trennen von Kunststoffrohren (plastic pipes) mit kleinen und mittleren Außendurchmessern (z.B. bis 63 mm). Mit Hilfe einer Hebel- und Ratschenmechanik (lever and ratchet mechanism) wird eine gehärtete Stahlklinge (steel-blade) schrittweise durch die Rohrwand (tube wall) getrieben. Es entsteht ein rechtwinkliger, fast gratfreier Schnitt (Bild 3).

3 Rohrschere

1.3.2.3 Schneidring

Der Schneidring (cutting ring) (Bild 4) ermöglicht das schnelle und einfache Trennen von Steinzeugrohren (stoneware pipes) bis DN 150.

Der Schneidring wird über das Rohr in die gewünschte Position geschoben und durch Hammerschläge (hammer strokes) auf den Spannkeil (clamping wedge) wird ein glatter Schnitt erzielt.

Mit einem Schleifstein (grindstone) oder einer Steinzeugscherbe wird die Kante entgratet.

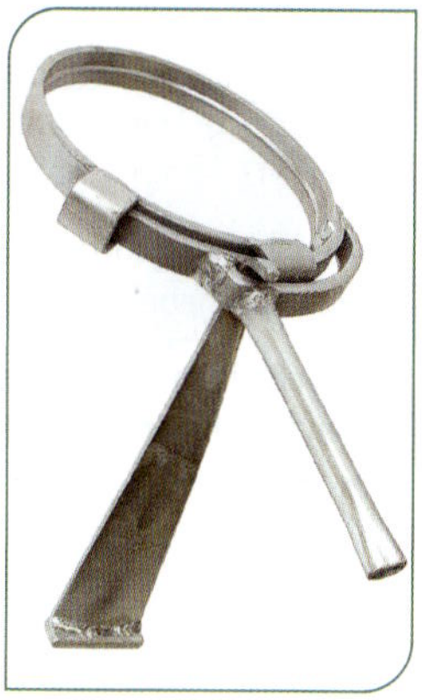

4 Schneidring

BEISPIELRECHNUNGEN

Ein Kupferrohr DIN EN 1057 18 × 1 soll mit einem Radius von 70 mm um 90° gebogen werden.

Berechnen Sie die Biegelänge l_{B90}
a) mithilfe der genauen Formel und
b) mithilfe der Faustformel

geg.: $R = 70\,mm$
ges.: l_{B90} in mm

Lösung:

a) $l_{B90°} = \frac{R \cdot \pi}{2}$

$l_{B90°} = \frac{70\,mm \cdot \pi}{2}$

$l_{B90°} = 110\,mm$

b) $l_{B90°} = R \cdot 1{,}5$

$l_{B90°} = 70\,mm \cdot 1{,}5$

$l_{B90°} = 105\,mm$

Rohrart	Mindestbiege-radius R in mm	Biegeverfahren
unlegierte Stahlrohre	$R \geq 3 \cdot d_a$	kalt gebogen mit geeignetem Biegegerät, warm gebogen mit Sandfüllung
Präzisions-stahlrohre	$R \geq 3{,}5 \cdot d_a$	kalt gebogen mit geeignetem Biegegerät
Kupferrohre (R 220) weich	$R \geq 6 \ldots 8 \cdot d_a$	freihand kalt gebogen
Kupferrohre (R 250) halbhart	$R \geq 4 \ldots 5 \cdot d_a$	kalt gebogen mit geeignetem Biegegerät
PE-X-Rohre PB-Rohre	$R \geq 5 \cdot d_a$	kalt gebogen mit geeignetem Biegegerät, ab d_a = 40 mm warm, biegen mit Heißluft-gerät
PE-Rohre PP-Rohre	$R \geq 8 \cdot d_a$	kalt gebogen mit geeignetem Biegegerät, ab d_a = 40 mm warm, biegen mit Heißluft-gerät

1 Richtwerte für Mindestbiegeradien

Bei der Berechnung der **gestreckten Rohrlänge** muss beim Stichmaß l_1 und bei der Biegeschenkellänge l_2 jeweils der Biegeradius R **abgezogen** werden, da dieser Bereich bereits in der ermittelten Biegelänge enthalten ist. Die gestreckte Rohrlänge ist somit:

$l = (l_1 - R) + (l_2 - R) + l_{B90°}$

$$l = (l_1 + l_2 - 2 \cdot R + \frac{R \cdot \alpha}{2}$$

l: gestreckte Rohrlänge in mm
l_1: Stichmaß in mm
l_2: Biegeschenkellänge in mm
R: Biegeradius in mm

Bei **180°-Bögen** ist die Biegelänge

$$l_{B180°} = R \cdot \pi$$

$l_{B180°}$: Biegelänge eines 180°-Bogens in mm
R: Biegeradius in mm

und bei Richtungsänderungen mit Bögen mit **beliebigem Biegewinkel** wird die Biegelänge mit der Formel

$$l_B = \frac{d \cdot \pi \cdot \alpha}{360°}$$

$$l_B = \frac{2 \cdot R \cdot \pi \cdot \alpha}{360°}$$

l_B: Biegelänge eines Bogens in mm mit beliebigem Biegewinkel
d: Biegedurchmesser ($2 \cdot R$) in mm
R: Biegeradius in mm
α: Biegewinkel in °

ermittelt.

Auch hier wird ausgehend vom Stichmaß die ermittelte Biegelänge unter Berücksichtigung der entsprechenden Teilstrecken auf dem geraden Rohr angezeichnet (Bild 2).

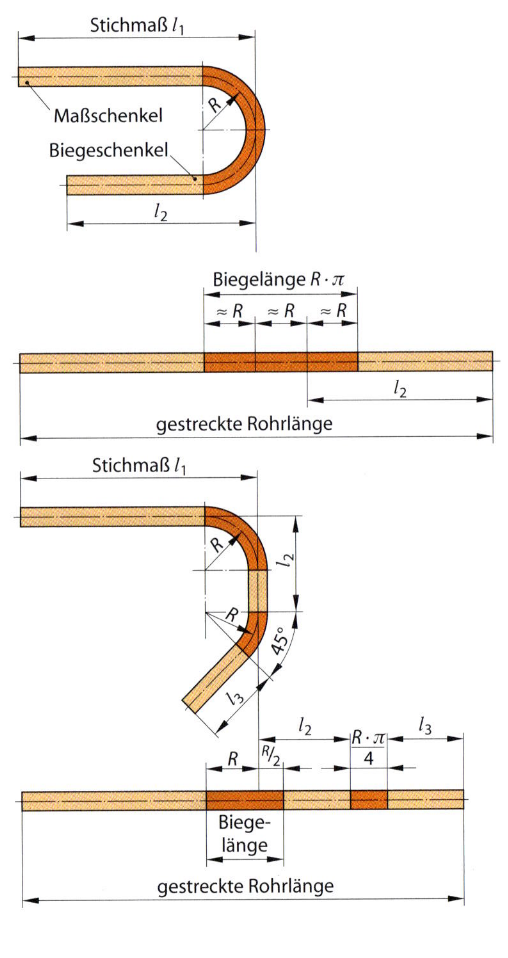

2 Rohre mit Richtungsänderungen

BEISPIELRECHNUNGEN

Ermitteln Sie für das halbharte Kupferrohr DIN EN 1057 22 × 1,0 die gestreckte Rohrlänge in mm.

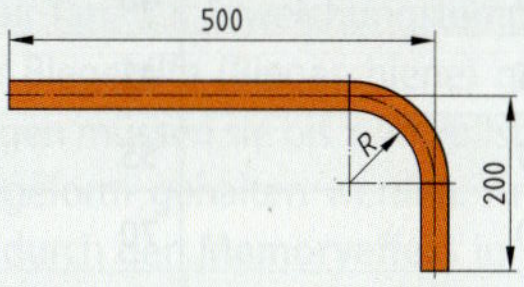

geg.: R = 77 mm (Tab. Bild 1, Seite 72);
$l_1 = 500$ mm; $l_2 = 200$ mm

ges.: l in mm

Lösung:

$l = l_1 + l_2 - 2 \cdot R + \frac{R \cdot \pi}{2}$

$l = 500\,\text{mm} + 200\,\text{mm} - 2 \cdot 77\,\text{mm} + \frac{77\,\text{mm} \cdot \pi}{2}$

$l = 700\,\text{mm} - 154\,\text{mm} + 121\,\text{mm}$

$\underline{\underline{l = 667\,\text{mm}}}$

Die gestreckte Rohrlänge beim Rohrteil mit dem **180°-Bogen** erhält man mit der Formel:

$l = (l_1 - R) + (l_2 - R) + l_{B\,180°}$

$$l = (l_1 + l_2 - 2 \cdot R + R \cdot \pi$$

l: gestreckte Rohrlänge in mm
l_1: Stichmaß in mm
l_2: Biegeschenkellänge in mm
R: Biegeradius in mm

Die gestreckte Länge einer Rohrstrecke mit mehreren Richtungsänderungen setzt sich aus den geraden Rohrstrecken und den Biegelängen der Bögen zusammen (Bild 1).

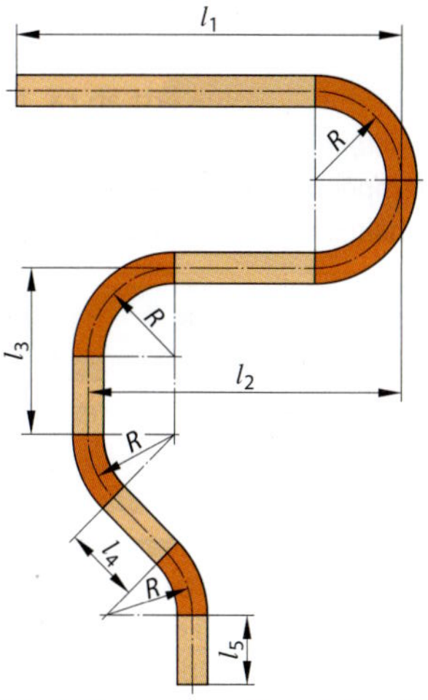

1 Rohrstrecke mit drei 90°-Bögen und zwei 45°-Bögen

Hierbei lassen sich die Biegelängen der 30°-, 45°-, 90°- oder 180°-Bögen zur Vereinfachung zu Vollkreisen mit 360° zusammenfassen.

BEISPIELRECHNUNGEN

Ermitteln Sie für das in Bild 1 dargestellte nahtlose Stahlrohr DIN EN 10220 – 33,7 × 2,6 die gestreckte Länge bei folgenden Vorgaben:
$l_1 = 950$ mm; $l_2 = 700$ mm; $l_3 = 360$ mm;
$l_4 = 250$ mm; $l_5 = 140$ mm.

geg.: $d_a = 33{,}7$ mm;
$l_1 = 950$ mm; $l_2 = 700$ mm; $l_3 = 360$ mm;
$l_4 = 250$ mm; $l_5 = 140$ mm.

ges.: l in mm

Lösung:

$l = l_1 + l_2 + l_3 + l_4 + l_5 - 4 \cdot R + 2 \cdot R \cdot \pi$

$R = 3 \cdot d_a$ (vgl. vorherige Seite, Tab. Bild 1)

$R = 3 \cdot 33{,}7\,\text{mm}$

$R = 101\,\text{mm}$

$l = 950\,\text{mm} + 700\,\text{mm} + 360\,\text{mm} + 250\,\text{mm} + 140\,\text{mm} - 4 \cdot 101\,\text{mm} + 2 \cdot 101\,\text{mm} \cdot \pi$

$l = 2400\,\text{mm} - 404\,\text{mm} + 634{,}6\,\text{mm}$

$\underline{\underline{l \approx 2631\,\text{mm}}}$

Bei einer Rohrstrecke mit z. B. drei 90°-Bögen und zwei 45°-Bögen beträgt die Summe aller Biegewinkel
$3 \cdot 90° + 2 \cdot 5° = 4 \cdot 90° = 360°$.

Die **gestreckte Länge aller Bögen** ergibt sich somit aus der Formel für die Biegelänge eines Vollkreises mit 360°:
$l_{B\,360°} = d \cdot \pi = 2 \cdot R \cdot \pi$

Die **gestreckte Länge der Rohrstrecke mit insgesamt vier 90°-Bögen** beträgt somit:
$l = (l_1 - R) + (l_2 - 2 \cdot R) + (l_3 - R) + l_4 + l_5 + l_{B\,360°}$
$l = l_1 + l_2 + l_3 + l_4 + l_5 - 4 \cdot R + 2 \cdot R \cdot \pi$

2.2.1.2 Biegen von Stahlrohren

Nahtlose und geschweißte unlegierte Stahlrohre werden üblicherweise mit einem Mindestbiegeradius (minimum bend radius) von $R = 3 \cdot d_a$ gebogen.

Bei größeren Nennweiten erhöhen sich die Mindestbiegeradien auf $R = 4 \ldots 5 \cdot d_a$. Diese **Richtwerte** (reference values) gelten sowohl für das Kaltbiegen mit Biegevorrichtungen, Handbiegegeräten und Biegemaschinen, als auch für das Warmbiegen von Hand.

Für die folgenden Stahlrohrarten sind bestimmte Vorgaben zu beachten:

- Rohre aus unlegiertem Stahl mit Eignung zum Schweißen und Gewindeschneiden nach DIN EN 10255 (bisher mittelschwere und schwere **Gewinderohre** nach DIN 2440 und 2441) werden mit Mindestbiegeradien nach Tabelle 1 kalt mit Biegewerkzeug oder von Hand warm gebogen.

d_a	17,2	21,3	26,9	33,7	42,4	48,3	60,3
Biegeradius	50	65	85	100	150	170	220

Tabelle 1 Mindestbiegeradien für Rohre aus unlegiertem Stahl

Die Fase entsteht durch Feilen nach dem Herausbrechen des eingeschnittenen Abschnittes, der Radius entsteht durch eine Bohrung, die vor dem Heraustrennen an der Spitze der Aussparung gebohrt wird. Die Abmessungen für Fase bzw. Bohrung lassen sich mit Hilfe der angegebenen Formeln ermitteln.

BEISPIELRECHNUNGEN

Bei einem gleichschenkligen Winkelstahl 60 × 60 × 6 ist die Schenkeldicke $t = 6$ mm.

Für eine 90°-Biegung muss die Fase
$a = 0{,}5 \cdot 6\,\text{mm} = 3\,\text{mm}$

und der Bohrungsdurchmesser
$d = 90 \cdot 6\,\text{mm} \cdot 0{,}01 = 5{,}4\,\text{mm}$ sein.

2.3.2 Kanten von Blechen

Beim Kanten (edging) werden Feinbleche längs einer geraden Linie mit **kleinem** Biegeradius um 90° oder mehr gebogen. Da bei kleinen Biegeradien der Werkstoff im Umformbereich durch die Streckung und Stauchung besonders beansprucht wird, müssen Mindestbiegeradien (minimum bend radii) unbedingt eingehalten und, wenn möglich, die Walzrichtung des Blechs beachtet werden (vgl. Kap. 2.1.1, Seite 65).
Die Mindestbiegeradien z. B. für Stahlbleche sind nach DIN 6935 festgelegt (Tabelle 1).

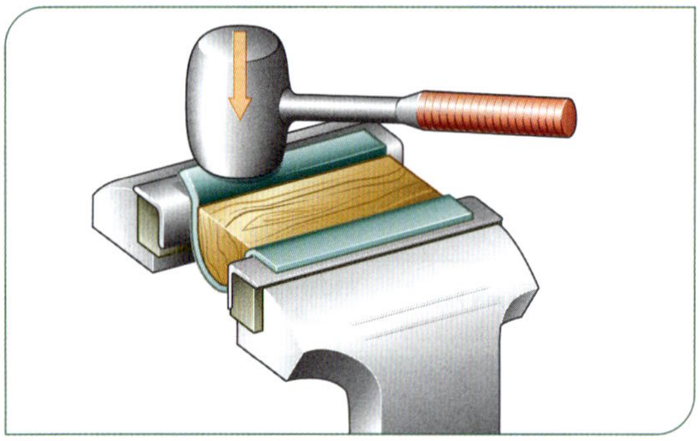

1 Kanten eines gerundeten Kupferblechs

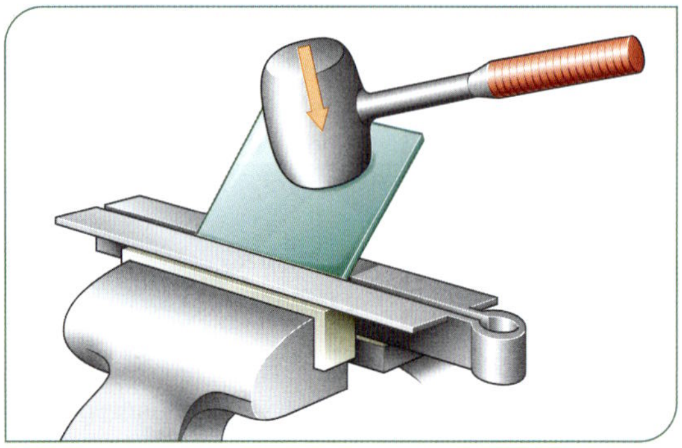

2 Kanten eines Bleches mit einer Blechkluppe

Mindestzugfestigkeit R_m in N/mm²	Kleinster Biegeradius[1] R in mm für Blechdickenbereich t in mm				
	0,3…0,6	0,8…1,0	1,1…1,5	1,6…2,5	2,6…3,0
bis 390	0,6	1	1,6	2,5	3
bis 490	0,8	1,2	2	3	4
bis 640	1,0	1,6	2,5	4	5

[1] Die Werte gelten für Biegearbeiten quer zur Walzrichtung. Für Biegewinkel α > 120° ist der Wert der nächsthöheren Blechdicke zu wählen.

Tabelle 1 Mindestbiegeradien für das Kaltbiegen von Stahlblechen

Das Kanten bzw. Biegen kleiner Blechzuschnitte (blank sheet metal) erfolgt von Hand mit einem Holz- oder Kunststoffhammer (mallet or plastic hammer) im Schraubstock (Bild 1). Das Kanten mit einem Bankhammer aus Stahl würde bei dünnen oder empfindlichen Blechen (z. B. Kupferblech) unerwünschte Werkstoffbeschädigungen hinterlassen. Als Biegehilfe können auch Blechkluppen oder Biegeschienen verwendet werden (Bild 2).
Beim Kanten bzw. Biegen mit handgeführten Schwenkbiegemaschinen (svivel bending machines) wird das Blech zwischen Ober- und Unterwange eingespannt und das freie Ende durch die schwenkbare Biegewange verformt (Bild 3). Der Biegeradius wird durch das Profil der auswechselbaren Biegeschiene (exchangeable bending rail) festgelegt (Bild 4).

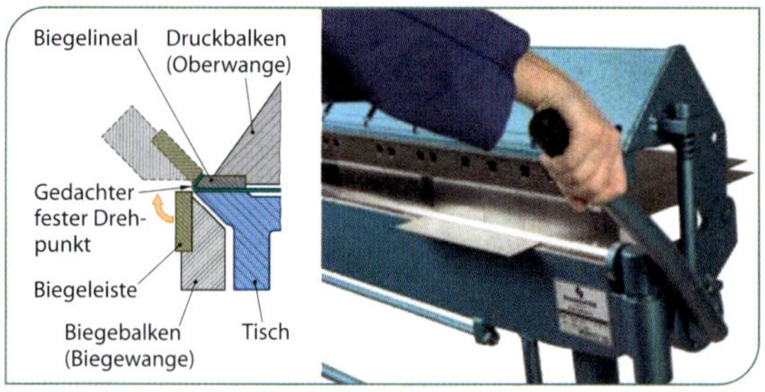

3 Kanten mit einer manuellen Schwenkbiegemaschine

4 Biegeprofil (a) und Biegeschiene (b)

Kleine mobile Schwenkbiegemaschinen haben Arbeitsbreiten von z. B. 305 mm, 610 mm oder 1020 mm und können entweder auf Werkbänken vorübergehend fixiert oder mit einem beweglichen Gestell ausgerüstet werden (Bilder 1 und 2, nächste Seite).

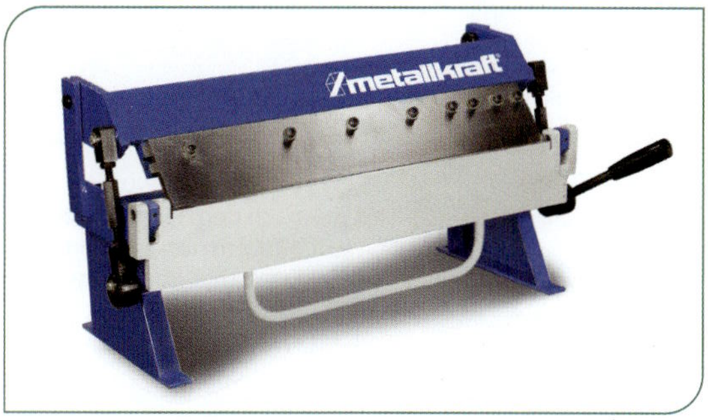

1 Mobile Schwenkbiegemaschine

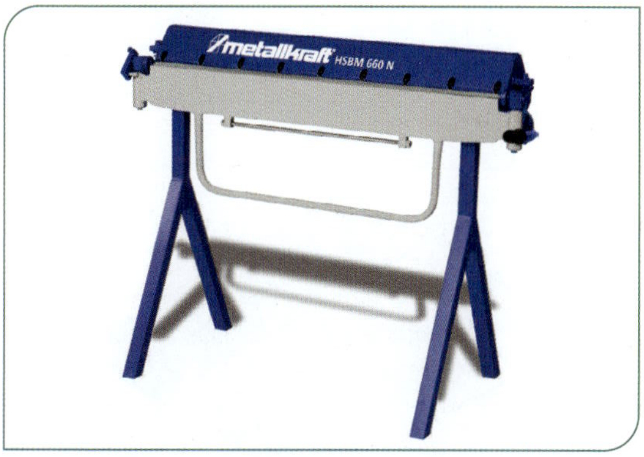

2 Schwenkbiegemaschine mit Gestell

Je nach Ausführung und Zubehör können mit Blechstärken bis 2 mm verschiedene Biegearbeiten ausgeführt werden (Bild 3).

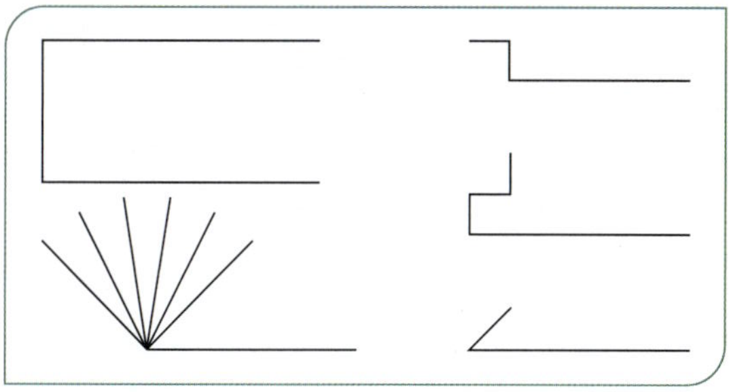

3 Biegebeispiele

2.3.3 Runden von Blechen

Beim Runden von Hand (hand rounding) werden kleinere Blechzuschnitte mit großem Rundungsradius gebogen. Das Feinblech wird hierbei von Hand oder mit einem Kunststoffhammer und mit Hilfe einer formgebenden Unterlage (z. B. Rundstahl, Rundhorn oder Sperrhaken) verformt (Bild 4).

An Rundungsmaschinen (rounding machines) können aus rechteckigen Blechtafeln zylindrische Blechkonstruktionen (cylindrical steel sheet works) mit **unterschiedlichen** Durchmessern (large diameters) wie z. B. Lüftungsrohre hergestellt werden.

Bei einer 3-Walzen Rundmaschine wird das Blech durch zwei Walzen (rollers) transportiert und durch eine verstellbare

4 Runden am Rundhorn

Biegewalze (bending roller) gerundet (Bilder 5 und 6). Das Blech muss mehrmals durch die Walzen geführt werden, bis es seine erwünschte Rundung erlangt. Kleine Rundmaschinen arbeiten mit Handantrieb (hand driven), größere mit Elektroantrieb (electric driven) (vgl. LF 2, Kap. 3.2).

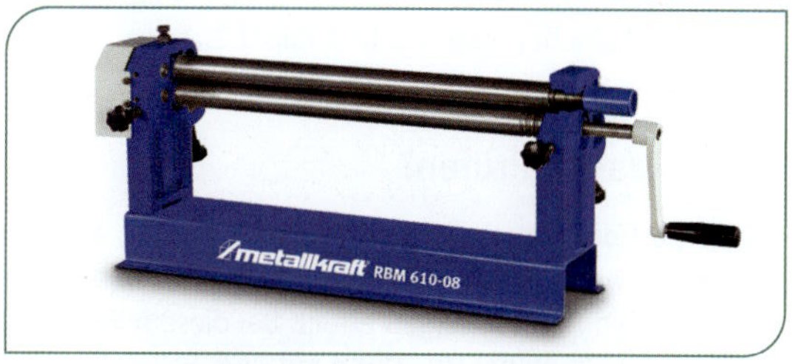

5 Manuelle 3-Walzen-Rundbiegemaschine

Rundbiegemaschine

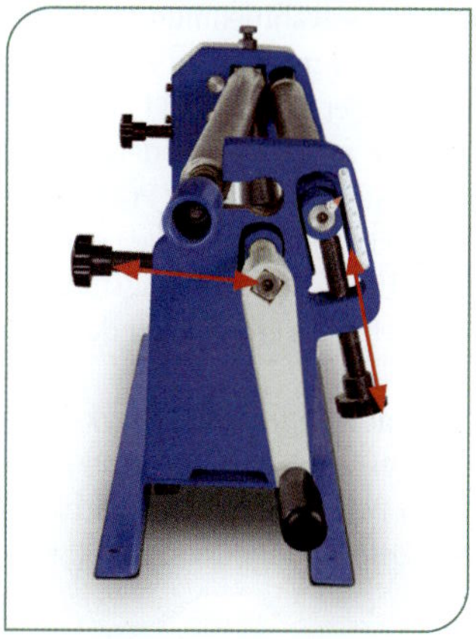

6 Manuelle 3-Walzen-Rundbiegemaschine

ÜBUNGEN

1. Beschreiben Sie den Vorgang des „Ausklinkens" am Beispiel eines Winkelstahls, der um 90° gebogen werden soll.
2. Weshalb müssen beim Kanten von Stahlblechen die Mindestbiegeradien unbedingt eingehalten werden?
3. Weshalb wird beim Kanten von Kupferblech ein Holz- oder Kunststoffhammer verwendet?
4. Wodurch unterscheiden sich das Runden und das Kanten von Blechen?

3 Prüftechnik

3.1 Grundlagen der Prüftechnik

3.1.1 Zweck des Prüfens

Der Anlagenmechaniker SHK muss im Rahmen seiner beruflichen Tätigkeiten Kenntnisse über unterschiedliche Formen des Prüfens haben und anwenden.

Die Verlegung von Leitungen, Montage von Sanitärausstattungsgegenständen, Installation von Geräten oder der Einbau von Armaturen erfolgt nach bestimmten Vorgaben. Diese werden in Form von technischen Zeichnungen, Normen oder anderen Vorschriften vorgegeben. Der **Istzustand** (actual condition) muss dem **Sollzustand** (nominal condition) entsprechen. Oft werden hierfür Prüfprotokolle oder Prüfpläne erstellt und die Prüfergebnisse mit Hilfe allgemeiner oder vorgegebener Qualitätskriterien bewertet (vgl. LF 4, Kap. 1.2.1).

3.1.2 Was ist Prüfen?

Prüfen (testing) ist eine Kontrolltätigkeit (check), bei der festgestellt wird, ob der Prüfgegenstand (test object) die vorgegebenen Anforderungen erfüllt. Bei diesem Vergleich wird festgestellt, ob der Istzustand mit dem Sollzustand innerhalb der zulässigen Toleranzen übereinstimmt (Bild 1).

Prüfen kann subjektiv durch Sinneswahrnehmung (z.B. Anschauen) (Bild 2) oder objektiv mit geeigneten Prüfmitteln erfolgen. **Subjektives Prüfen** (subjective testing) führt meist nur zu einer ungefähren Angabe z.B. „gerade“ oder „schief“. **Objektives Prüfen** (objective testing) erfolgt mit Prüfmitteln (testing instruments) wie z.B. mit Messgeräten und Lehren.

Beim Messen wird z.B. mit der Hilfe eines Stahlmaßstabs die Länge des Werkstücks festgestellt. Das Ergebnis ist das Maß mit Zahlenwert und Einheit (Bild 3).

Beim Lehren wird der zu prüfende Gegenstand (Werkstück) mit einer Lehre (master gauge) verglichen, die eine Form (Flachwinkel) oder ein Maß (z.B. Befestigungs- und Anschlussschablone für Durchflusswassererwärmer) darstellt (Bild 4 und 1, nächste Seite).

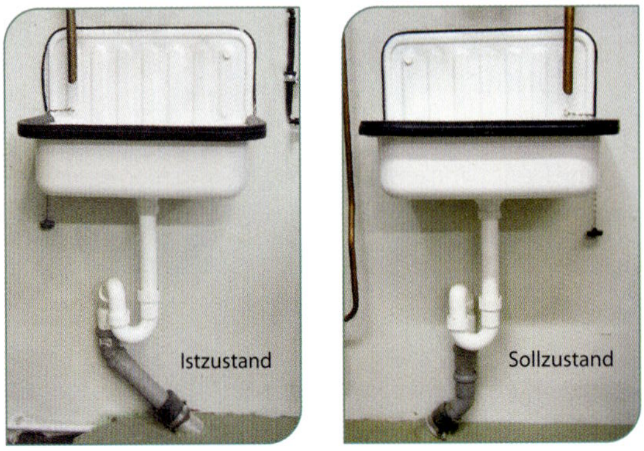

1 Die Installation der Abflussleitung (links) entspricht nicht dem geforderten Sollzustand (rechts)

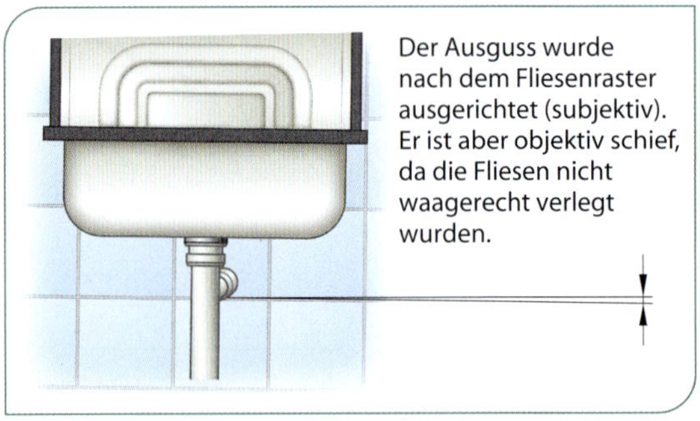

2 Unterschiedliche Ergebnisse durch subjektives und objektives Prüfen

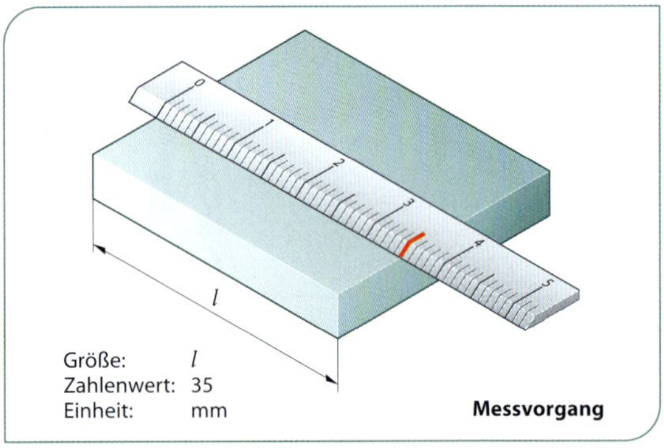

3 Messvorgang

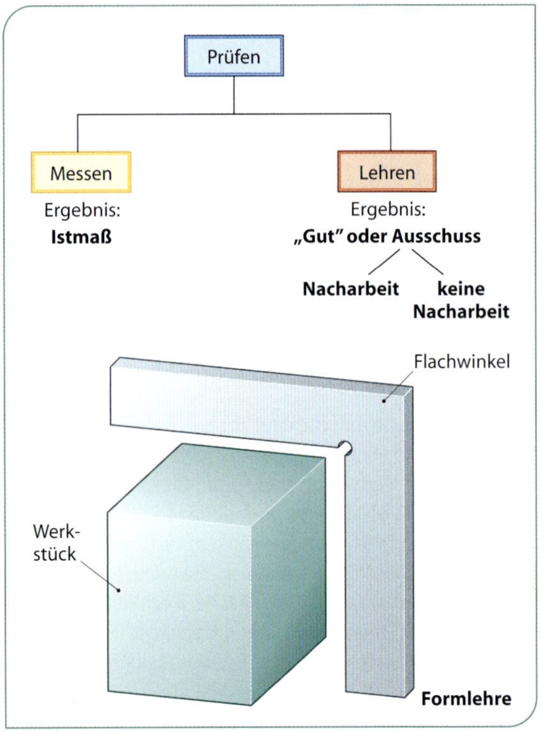

4 Formlehre

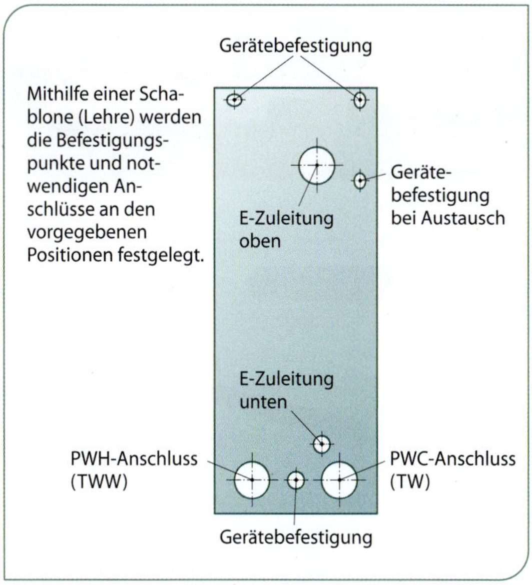

1 Maßlehre (-schablone) für Elektro-Durchflusswassererwärmer

Häufig ausgeführte Prüftätigkeiten des Anlagenmechanikers SHK sind Prüfen von:

- Längen (lengths),
- senkrechten Lagen (vertical positions),
- waagerechten Lagen (horizontal positions),
- Gefällen (inclines),
- Winkeln (angles),
- Drücken (pressures),
- Temperaturen (temperatures),
- elektrischen Größen (Spannung / voltage, Stromstärke / amperage, Widerstand / resistance).

Ein Längenmaß wird z. B. durch direktes Ablesen an einem geeigneten Prüfmittel erfasst (Bild 2). Bei sachgerechter Ausführung bleibt der Wert (value) in den geforderten Ablesetoleranzen. Manchmal muss beim Prüfen aber auch ein Hilfsmittel zwischengeschaltet werden, wenn z. B. an unzugänglichen Stellen nicht direkt abgelesen werden kann. Danach kann dann mit Hilfe eines geeigneten Prüfmittels direkt abgelesen werden (Bild 3). Übertragungsfehler (transcription error) außerhalb der zugelassenen Toleranz (allowance) sind dabei allerdings häufiger zu erwarten.

3.1.3 Prüftoleranzen

Die Größe der Toleranz hängt von den Genauigkeitsanforderungen an die fertige Arbeit ab. Die wiederum bestimmt die Art des einzusetzenden Prüfmittels.

Wird z. B. mit einem Bandmaß (measuring tape) die Länge einer Regenwasserfallleitung (rainwater downpipe) von der Regenrinne (gutter) des Daches bis zum Anschluss an das im Erdboden befindliche Standrohr (standpipe) geprüft (z. B. 3 m), ist der sehr grobe Genauigkeitsgrad „v" zulässig. Beim Prüfen des Achsabstandes (centre distance) für die Anschlüsse einer Zweigriffarmatur (Bild 4) ist hingegen der mittlere Genauigkeitsgrad (accuracy level) „m" einzuhalten (s. Tabelle, Bild 5).

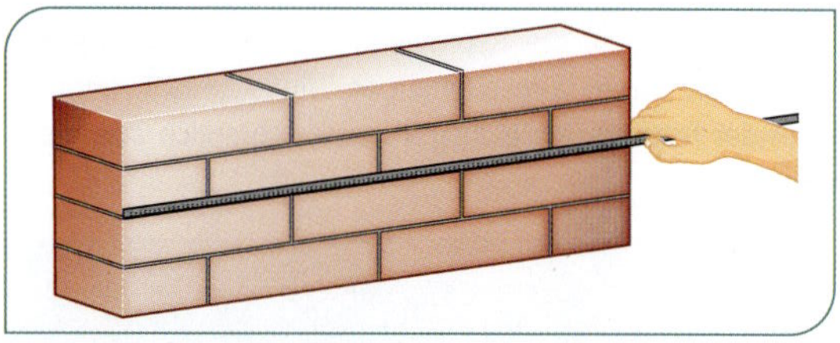

2 Prüfen durch direktes Ablesen am Prüfmittel

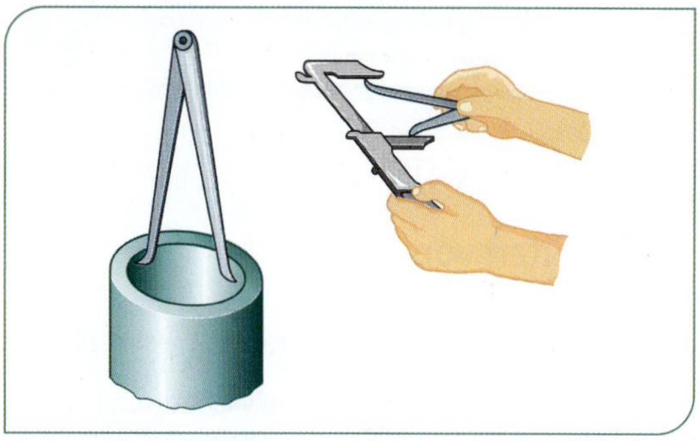

3 Indirektes Ablesen des Messergebnisses

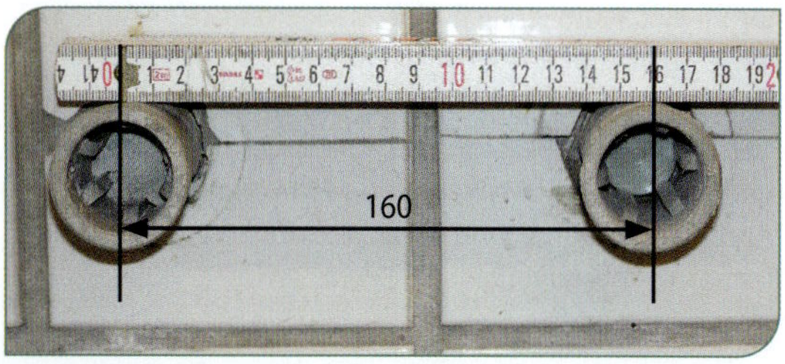

4 Prüfen des Achsabstands (geforderter Genauigkeitsgrad m)

Genauigkeitsgrad	Nennbereich in mm						
	0,5 bis 3	> 3 bis 6	> 6 bis 30	> 30 bis 120	> 120 bis 1000	>1000 bis 2000	> 2000 bis 4000
	Abmaße für Längenmaße in mm						
f (fein)	± 0,05	± 0,05	± 0,1	± 0,15	± 0,03	± 0,5	± 0,8
m (mittel)	± 0,1	± 0,1	± 0,2	± 0,3	**± 0,8**	± 1,2	± 2
c (grob)	± 0,2	± 0,3	± 0,5	± 0,8	± 2	± 3	± 4
v (sehr grob)	–	± 0,5	± 1	± 1,5	± 3	± 6	**± 8**

5 Allgemeintoleranzen DIN ISO 2768

3.1.4 Bewerten von Prüfergebnissen

Grundsätzlich muss darauf geachtet werden, dass beim Prüfen das jeweils am besten geeignete Prüfmittel verwendet wird. Vor dem Prüfen sollte außerdem sichergestellt werden, dass das Prüfmittel unbeschädigt bzw. funktionsfähig ist.
Bei Messvorgängen erfolgt die Bewertung des Messergebnisses durch den Vergleich des Istwertes mit dem geforderten Sollwert unter Berücksichtigung der vorgegebenen Toleranz.
Im Gegensatz dazu erfolgt beim Lehren die Bewertung des Prüfergebnisses in Abhängigkeit der persönlichen (subjektiven) Betrachtung bzw. Einschätzung des Prüfenden. Hierbei spielen seine Erfahrung und die Sorgfalt im Umgang mit solchen Prüfvorgängen eine große Rolle (vgl. S. 80, Bilder 1 und 2). Wird z. B. die Rechtwinkligkeit eines gebogenen Rohres mit einem langschenkligen Winkel (Bild 1) geprüft, kann der festgestellte Lichtspalt unterschiedlich ausgelegt werden.

1 Langschenklige Blechwinkel (Federwinkel)

3.2 Prüfen von Längen

3.2.1 Nicht anzeigende Längenmessmittel

Nicht anzeigende Messmittel sind Maßverkörperungen (material measure). Sie haben nur eine Skale. Wird mit einem geeigneten Längenmessmittel ein Wert abgelesen, kann er nur im Gedächtnis durch eine Markierung oder Aufschreiben festgehalten werden.
Übliche Längenmessmittel sind Stahlmaßstab (graduated steel ruler) bis 500 mm (Bild 2), Gliedermaßstab (folding rule) bis 2 m und Rollbandmaß bis 25 m (Bild 3).
Die Messgenauigkeit (metering precision) dieser Messmittel betragt +/– 1,0 mm oder +/– 0,5 mm.

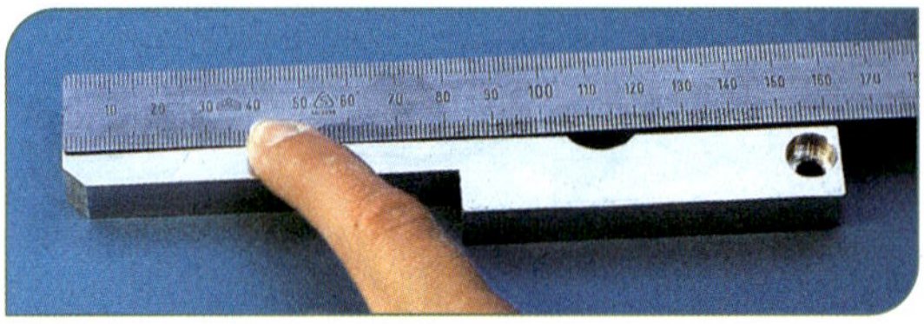
2 Stahlmaßstab

3 Gliedermaßstab, Rollbandmaß

3.2.2 Anzeigende Längenmessmittel

Anzeigende Messmittel (indicating measuring devices) wie z. B. der im SHK-Handwerk eher selten angewandte Messschieber (calliper), haben dagegen zwei Skalen. Die Skale auf dem beweglichen Messschenkel (Nonius (vernier)) ist gegen die Hauptskale (main scale) auf der Schiene verschiebbar (Bild 5).
Der Messwert wird direkt angezeigt und kann bei nicht Verstellung des beweglichen Messschenkels auch später noch abgelesen werden.
Die Messgenauigkeit beträgt beim 10-ner Nonius +/– 0,1 mm (Bild 4).

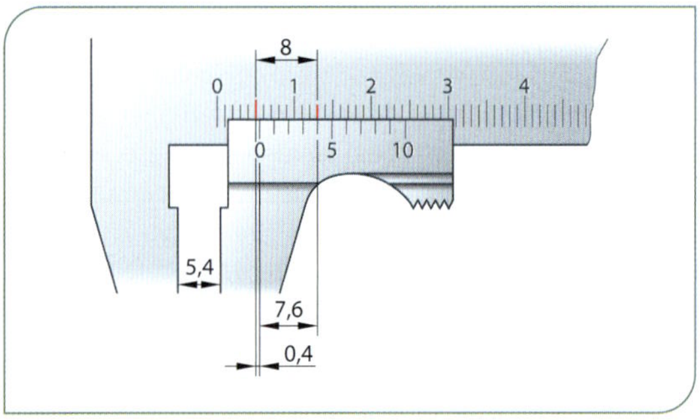

4 Funktionen des 1/10 mm-Nonius

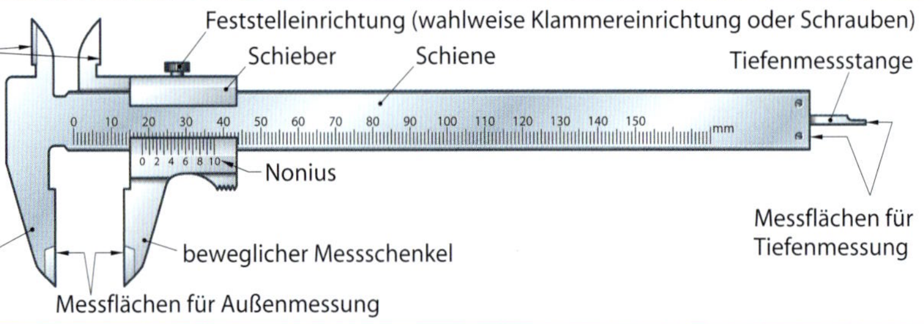

5 Messschieber, anzeigendes Längenmessmittel

Das **elektronische Ultraschallmessgerät** (anzeigendes Messgerät) erfasst einfach und zeitsparend Distanzen (distances) mit einer Toleranz von 0,5 %.

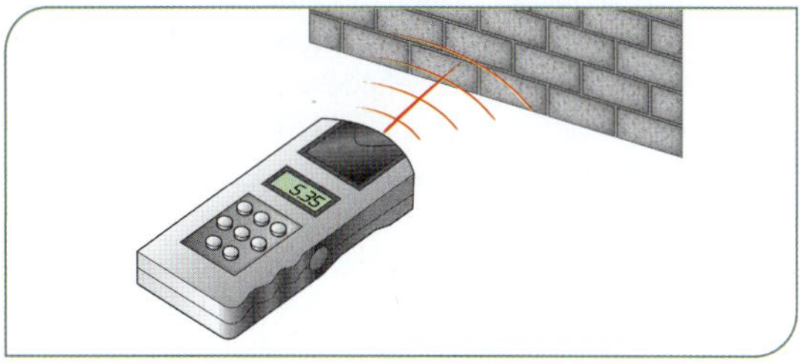

1 Ultraschall-Entfernungsmessung

Vor allem geeignet für die Erfassung von Längen zwischen zwei festen Messpunkten (z. B. Türzarge), aber auch von größeren Entfernungen (bis zu 20 m). Schnelle Bestimmung von Raummaßen (Fläche und Volumen) für Materialmengenschätzungen und Baudurchführungen.

3.3 Prüfen von Winkeln

Der Anlagenmechaniker SHK prüft häufig Installationen auf **Rechtwinkligkeit** (perpendicularity). Dafür werden 90°-Flach- oder Anschlagwinkel (try square, back square) eingesetzt. Für manche Arbeiten kommen zusätzlich auch noch der 45°- und 135°-Winkel zum Einsatz.

Dies sind Lehren, mit denen nur der jeweilige Winkel geprüft werden kann (Bilder 2 bis 4).

Der Vorteil eines Anschlagwinkels liegt darin, das bei fachgerechter Handhabung der jeweilige Winkel (z. B. 90°/45°) immer zu der entsprechenden Anlageseite gewährleistet ist.

Die Winkligkeit (angularity) der beiden Ebenen wird mit Hilfe der Lichtspaltmethode geprüft. Hierbei wird die zu prüfende Fläche mit dem aufgelegten Schenkel (blade) des Flach- oder Anschlagwinkels gegen das Licht gehalten und durch Hindurchschauen die Gleichmäßigkeit (constancy) des Lichtspaltes über die gesamte Fläche (surface) geprüft.

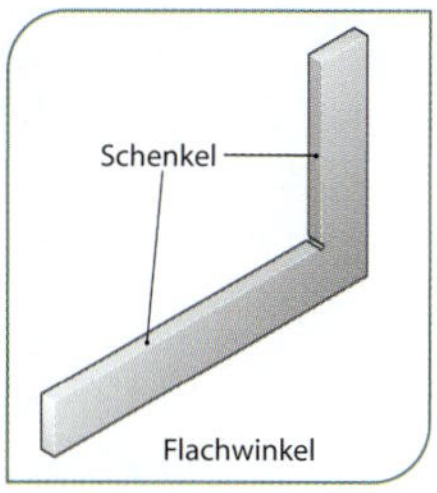

2 Flachwinkel

3 90°-Anschlagwinkel

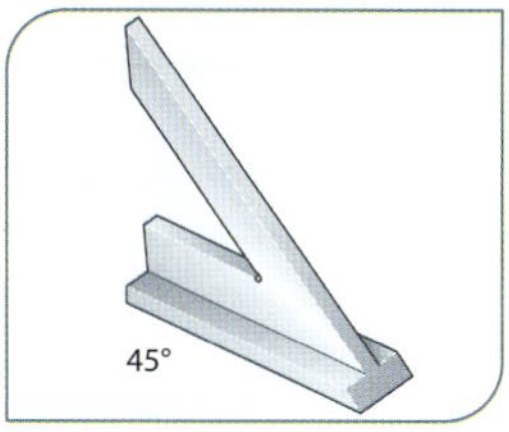

4 45°-Anschlagwinkel

So kann auch die Ebenheit (evenness) von Flächen geprüft werden. Soll die Genauigkeit (accuracy) noch erhöht werden, wird der Schenkel nach vorn gekippt, sodass nur noch die Kante aufliegt.

Sonderformen (spezial forms) wie z. B. der Flanschenwinkel prüfen die Rechtwinkligkeit der Flanschenfläche zum Rohr (Bild 5).

Zum Prüfen anderer Winkel werden Winkelschmiegen als Hilfsmittel und/oder Winkelmessgeräte (angle gauges) verwendet (Bilder 6 und 7).

5 Flanschenwinkel im Einsatz

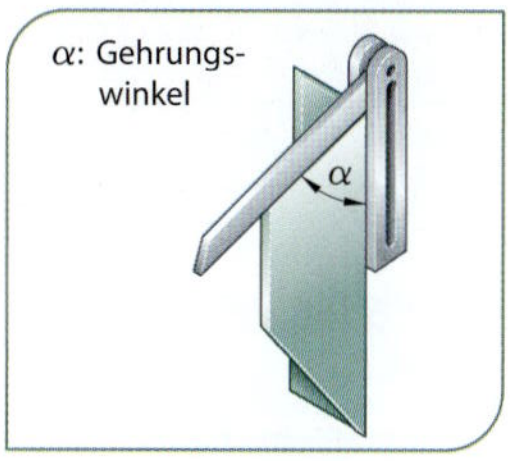

6 Winkelschmiege ohne Skale

7 Winkelmessgerät mit Skale

3.4 Prüfen von Formen

Beim Kalibrieren (calibrating) von weichen oder halbharten Kupferrohren wird die kreisrunde Form geprüft. Die Besonderheit dieser Prüfung ist das gleichzeitige kreisrunde Formen des Rohres.

Hier wird nach dem Ablängen (shortening) und Entgraten (burring) mit Hilfe eines **Kalibrierdorns** und **-rings** (Lehre) der unrunde Querschnitt (cross section) wieder auf seinen ursprünglichen gleichmäßigen Durchmesser (diameter) gebracht. Der Kalibrierdorn bzw. -ring (calibration mandrel/ring) ist also nicht nur ein Prüfmittel, sondern auch ein Formwerkzeug (moulding tool) (Bild 8).

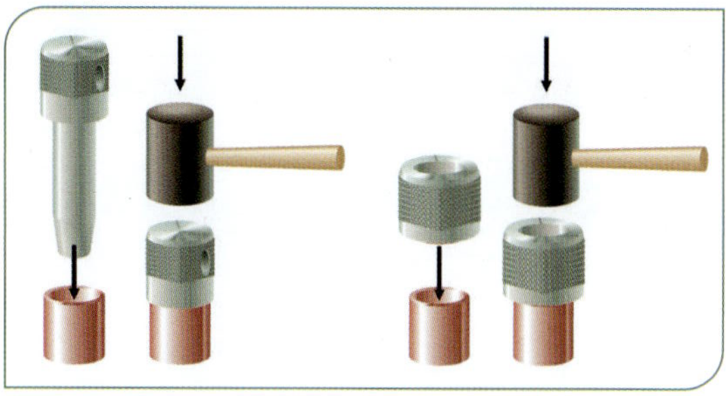

8 Kalibrierdorn in das Rohrende treiben — *Kalibrierring auf das Rohrende treiben*

3.5 Prüfen von Richtungen und Lagen

3.5.1 Allgemeines

Das Prüfen von Richtungen (directions) geschieht mit Richtungsprüfmitteln. Die Installationen können **waagerecht** (horizontal), **senkrecht** (vertikal) oder mit einem **Gefälle** I (Inklination) erfolgen. Gefälle werden auch als Neigung oder Steigung bezeichnet.
Das Prüfen von Lagen ist die Übertragung (transfer) von Höhenpunkten (geodetic points) über größere Entfernungen (z. B. von Wand zu Wand).

3.5.2 Richt- und Schlauchwaagen

Bei Installationsarbeiten kommen folgende Richtungsprüfgeräte zum Einsatz:

- Die **Richt- oder Wasserwaage** (spirit level), um Sanitärausstattungsgegenstände, Armaturen und Heizungs- bzw. Wasserleitungen waagerecht oder senkrecht zu installieren (Bild 1).

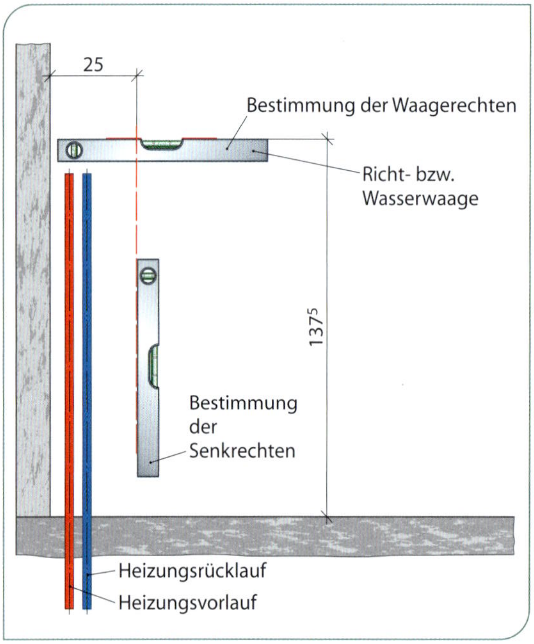

1 Messen der Waage- und Senkrechten

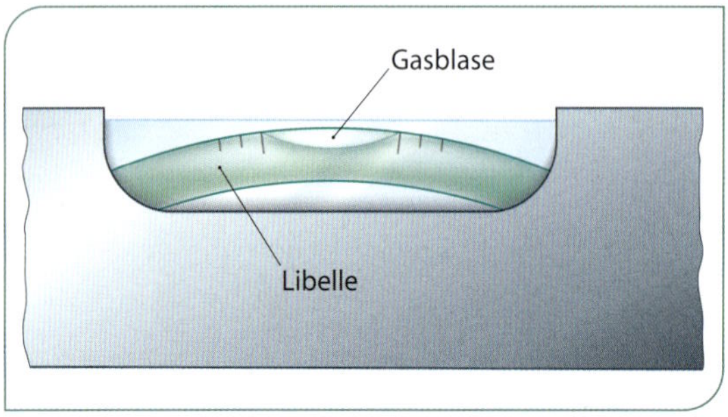

2 Libelle

Sie besitzt zwei leicht gekrümmte Glasröhrchen (Libelle (bubble level)) für horizontales und vertikales Ablesen. Diese sind nicht vollständig mit Flüssigkeit gefüllt. Die vorhandenen Gasblasen wandern immer an den höchsten Punkt, da sie gegenüber der Flüssigkeit eine niedrigere Dichte (density) besitzen. Befindet sich die Blase zwischen den beiden mittleren Strichen, ist das Bauteil (component) richtig ausgerichtet (Bild 2).

- Die **Gefällewasserwaage**, um Abwasserleitungen (sewer pipes) mit dem richtigen Gefälle zu verlegen. Diese ist in der Regel 1 m (100 cm) lang, da sich dann das Gefälle in Prozent (von Hundert) leicht ablesen lässt. Am Ende befindet sich ein Verstellstift mit Millimetereinteilung zur Gefälleeinstellung (Bild 3).

3 Gefällewasserwaage 1 m lang

BEISPIELRECHNUNGEN

Im Bild 3 wird das Gefälle einer Abwasserleitung geprüft. Es soll 2 % betragen. Um wie viele Millimeter muss der Verstellstift hinaus geschoben werden?

Gegeben: $I = 2\,\%;\ l = 100\,\text{cm}$
Gesucht: $h = ?$
Lösung: $h = I \cdot l$

$$h = \frac{2\,\%}{100\,\%} \cdot 100\,\text{cm}$$

$$\underline{\underline{h = 2\,\text{cm}}}$$

Beim Verhältnisgefälle wird immer angegeben, auf welche Länge (z. B. 50 cm) sich die Höhe um 1 (z. B. 1 cm) verändert.
$I = 1{:}50$ entspricht z. B. 2 cm/100 cm
d. h., auf einer Länge von 100 *cm* verändert sich die Höhe um 2 cm.

- Die **Schlauchwasserwaage**, um Höhenpunkte bzw. Lagen über größere Entfernungen (distances) zu übertragen. Sie besteht aus einem vollständig mit Wasser gefüllten Schlauch (flexible tube), mit zwei an den Enden angebrachten offenen transparenten Röhrchen zum Ablesen des Wasserstandes (Bild 1, nächste Seite).

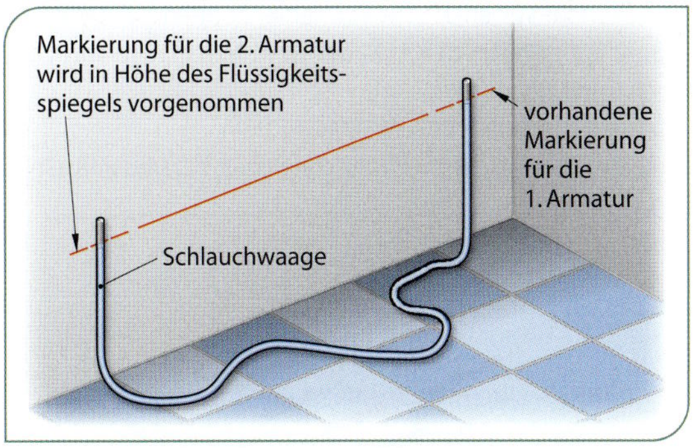

1 Schlauchwasserwaage

Es wird das Prinzip der kommunizierenden Gefäße genutzt. Da auf allen Flüssigkeitsspiegeln der gleiche Luftdruck (air pressure) lastet, sind sie immer auf der gleichen Höhe (Bild 2).

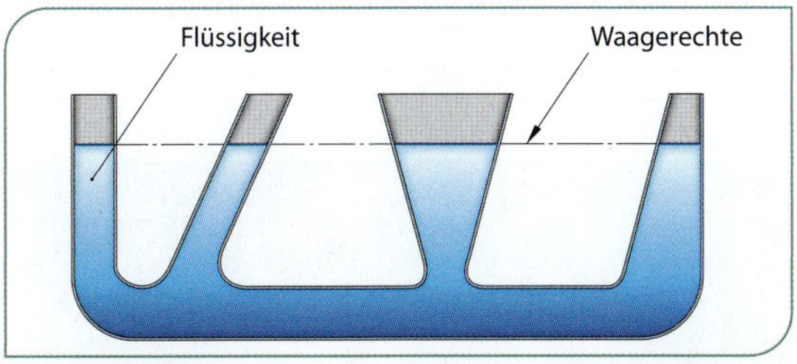

2 Die Flüssigkeitsspiegel liegen auf einer gemeinsamen Waagerechten

3.5.3 Weitere Richtungsprüfgeräte

Das **Lot** (plumb bob) ist eine dünne Schnur mit einem kegeligen Gewicht, das aufgrund der Erdanziehungskraft mit seiner Spitze senkrecht zum Erdmittelpunkt (geocentre) zeigt. Mit ihm werden größere senkrechte Längen gerichtet wie z. B. die Rohrschellen (pipe clips) einer Regenfallleitung (Bild 3).

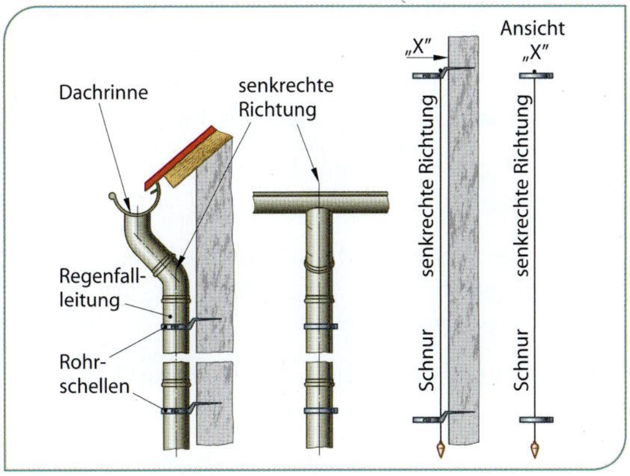

3 Einsatz eines Lotes an der Regenfallleitung

Der **Laser** wird drehbar auf einem Gestell (rack, stand) im Raum aufgestellt oder mit einer Aufnahmehülse an der Wand befestigt. Er ist selbst nivellierend, d.h., die vertikale und horizontale Laserlinie stellt sich selbst ohne flimmern genau ein (Genauigkeit bis zu 0,06°).

Ein Laser projiziert bei der Aufstellung im Raum eine horizontale Laserlinie im Kreis von 360° an die Wände oder bei der Befestigung (fixing) an der Wand eine vertikale und horizontale Linie an dieser ausgewählten Wand (wall) (Bild 4).

4 Laser im Einsatz

3.6 Prüfen von Druck, Temperatur und elektrischen Größen

Der Anlagenmechaniker SHK muss im Rahmen bestimmter beruflicher Tätigkeiten Drücke, Temperaturen und elektrische Größen prüfen.

- Bei der Inbetriebnahme (starting up) einer Heizungsanlage (heating system) muss z. B. der **Anlagendruck** mit Hilfe eines **Manometers** geprüft werden (Bild 6).
- Das Prüfen der **Raumtemperatur** (room temperature) mit einem **Temperaturmessgerät** ist für die Einstellung (adjustment) des erforderlichen Heizungskomforts von Bedeutung (Bild 5).
- **Elektrische Größen** (Spannung, Widerstand, Stromstärke) muss er mit dem **Vielfachmessgerät** (multimeter) prüfen können.
  Sollte z. B. eine Umwälzpumpe (circulation pump) nicht in Betrieb gehen, kann nach einer erfolglosen Sichtkontrolle (visual check) der vorhandene Fehler durch Messung eingegrenzt werden (vgl. Lernfeld 4, Kap. 3.9).

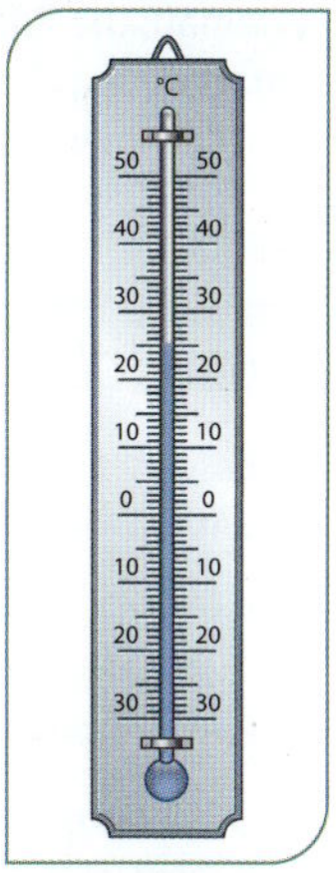

5 Temperaturmessgerät

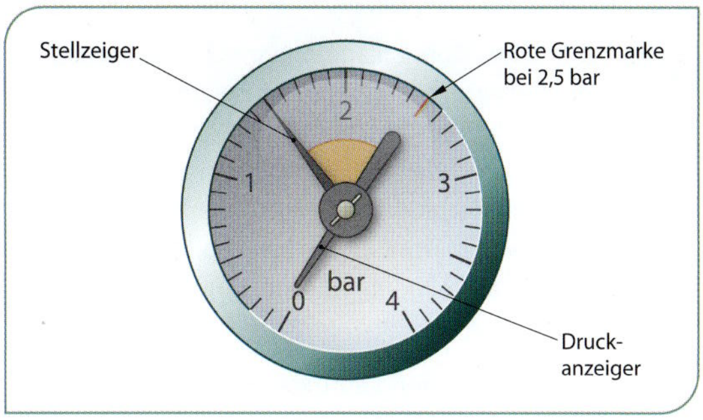

6 Manometer

3.7 Prüffehler

Prüffehler können zufällig oder systematisch vorkommen. Die häufigsten **zufälligen Prüffehler** ergeben sich durch unsachgemäße Handhabung des Prüfmittels oder Ablesefehler.

Unsachgemäße Handhabung kann z. B. das Verkanten (cant) des zu prüfenden Werkstückes bzw. nicht paralleles Anlegen des Prüfmittels (Bild 1) oder Luftblasen beim Auffüllen der Schlauchwasserwaage mit Wasser sein.

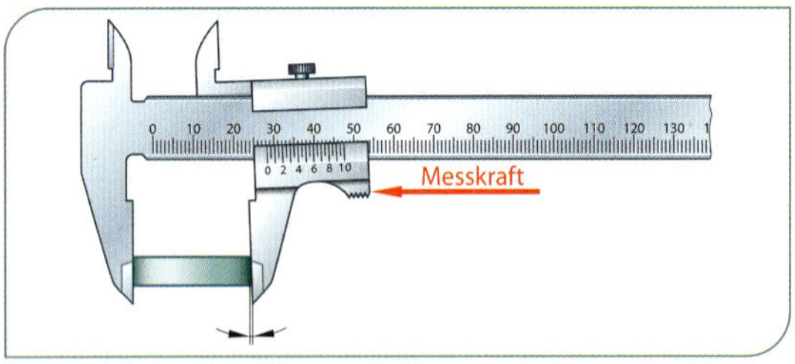

1 Ablesefehler durch Kippen

Ablesefehler entstehen häufig durch die Parallaxe (parallax), d. h., wenn der Blick beim Ablesen der Messwerte schräg auf die Skala (scale) gerichtet ist, können fehlerhafte Werte ermittelt werden. Je kleiner das Maß t, desto geringer ist die Gefahr, dass der Messfehler ΔX eintritt (Bild 2). Bei dünnen Stahlbandmaßen oder angeschrägten Skalen entsteht dieser Fehler (error) nicht (Bild 3).

Systematische Prüffehler sind auf eine nicht bemerkte Beeinträchtigung des Prüfmittels zurück zu führen und treten deshalb immer wieder bei seiner Benutzung auf.

Ursachen für systematische Prüffehler können z. B. sein:
- Beschädigungen der Auflage- bzw. Messfläche von Lehren und Messmitteln,
- fehlerhafte Skalierung bei Messmitteln,
- elektronische oder mechanische Fehler bei Messmitteln.

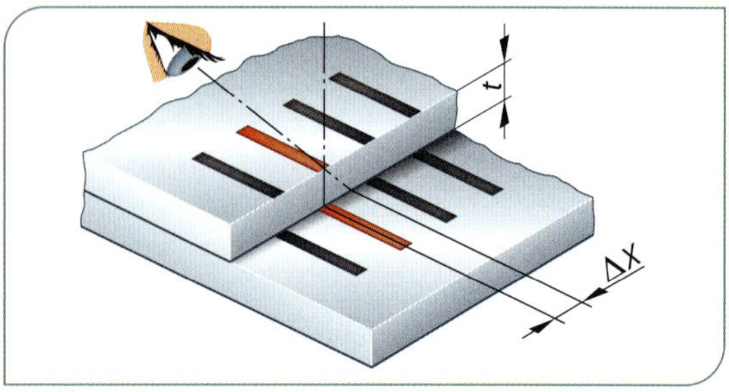

2 Ablesefehler durch Parallaxe

Parallaxefehler entstehen nicht, wenn der Messwert rechtwinklig zur Skalierung abgelesen wird oder der Nonius und die Hauptskale beim Messschieber in einer Ebene liegen (Bild 3).

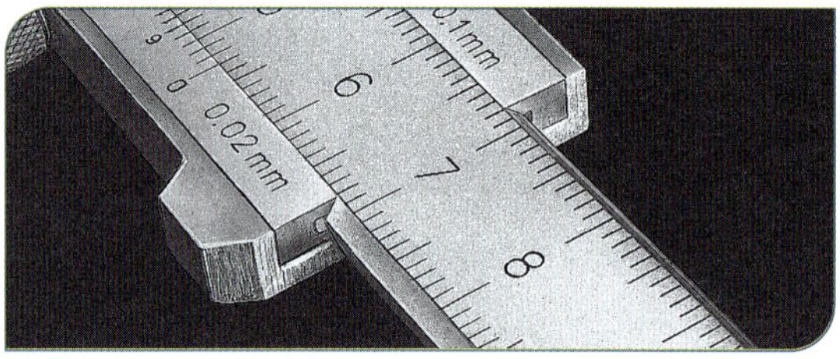

3 Messschieber mit parallaxefreier Ablesung

ÜBUNGEN

1) Beschreiben Sie in kurzen Sätzen, was unter dem Begriff „Prüfen" zu verstehen ist und welchem Zweck es dient.
2) Nennen Sie fünf unterschiedlichen Prüfarbeiten, die vom Anlagenmechaniker SHK hauptsächlich durchgeführt werden.
3) Ordnen Sie jeder dieser fünf Prüfarbeiten ein geeignetes Prüfmittel zu (mit engl. Bezeichnungen).
4) Beschreiben Sie den Unterschied zwischen Messen und Lehren anhand eines geeigneten Beispiels.
5) Im Keller einer Wohnanlage müssen 3 Fallleitungen an die Sammelleitung angeschlossen werden. Die Länge der Sammelleitungsabschnitte zwischen den Fallleitungen beträgt jeweils 3,80 m. Da die Fallleitungen bereits installiert wurden, ist eine Maßabweichung der Anschlüsse von maximal 3 mm zulässig. Welcher Genauigkeitsgrad der Allgemeintoleranz muss eingehalten werden?
6) Nennen Sie zwei häufig auftretende Prüffehler und beschreiben Sie deren Vermeidung.
7) Erklären Sie den Unterschied zwischen dem Prüfen mit einem anzeigenden und einem nicht anzeigenden Längenmessmittel?
8) Worin besteht der Vorteil beim Prüfen mit dem Anschlagwinkel im Vergleich zu einem Flachwinkel?
9) Was ist die Lichtspaltmethode (Beschreibung dieser Prüftechnik)?
10) Nach welchem Prinzip funktioniert die Schlauchwasserwaage (Beschreibung dieser Prüftechnik) und für welchen Zweck wird sie eingesetzt?
11) Warum ist die Gefällewasserwaage 1 m lang?
12) Die Länge einer Abwassergrundleitung beträgt 12,80 m. Zwischen der Hauseinführung in der Kellerwand und dem Anschluss an den öffentlichen Straßenkanal besteht eine Höhendifferenz von 32 cm. Mit welchem Prozentgefälle muss die Abwassergrundleitung verlegt werden?

4 Manufacturing of components

4.1 Common hand and machine tools for drilling, sawing and cutting

A. Below are a few common tools you may work with on building sites or in workshops.

1

2

7

8

3
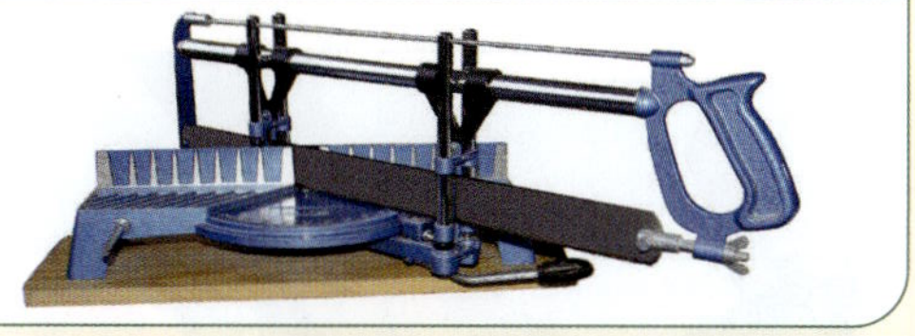

9
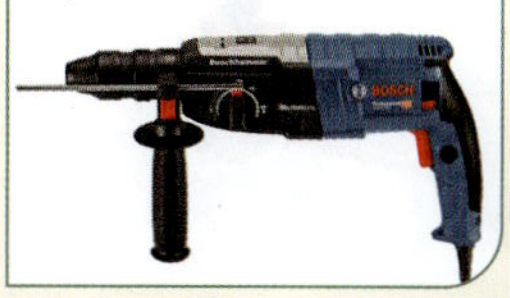

10

4

5

11
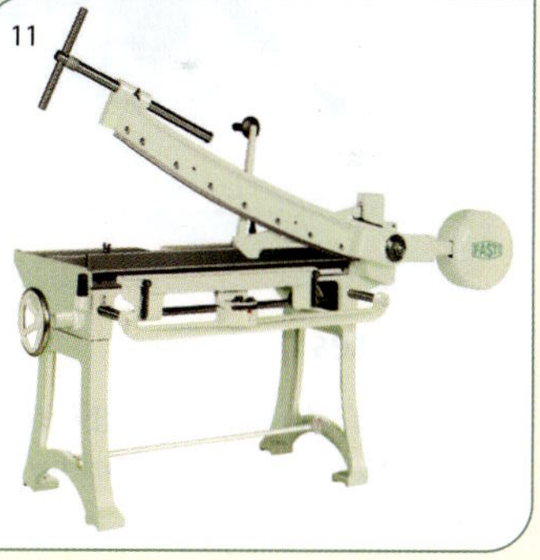

6

12

Here are the names of the tools in alphabetical order.
Circular sawing machine • gate shears • impact drilling machine • keyhole saw • mitre-box saw • percussion/hammer drill • pipe cutter • power hacksaw • right angle grinder • snips • stationary drilling machine/pillar drill • threading machine

EXERCISES

1) Match the English names of the tools above with the correct numbers of the pictures.

2) Find the appropriate German translations and write the results into your vocabulary book. Use your reference book, the internet or a dictionary. Before you look up a word try to guess the word first, then check it.

3) Which of the above tools do you have in your company and what are they used for?

4.4 Tools

At work you need different tools to form or shape tubes, metal sheets and other semi-finished products. Tools are also needed to install, assemble or dismantle sanitation, heating or air conditioning components and objects.
We distinguish between hand tools, measuring and testing tools, manual power tools und machine tools.

Hand tools and measuring tools are guided and operated by hand without external energy sources whereas manual power tools and machine tools usually use electricity for the drive. Another important difference is the fact that you can move hand-held tools easily from place to place – they are portable tools. Machine tools are non-portable tools because they are fixed to the floor or mounted on stands or workbenches in a workshop.

Hand tools

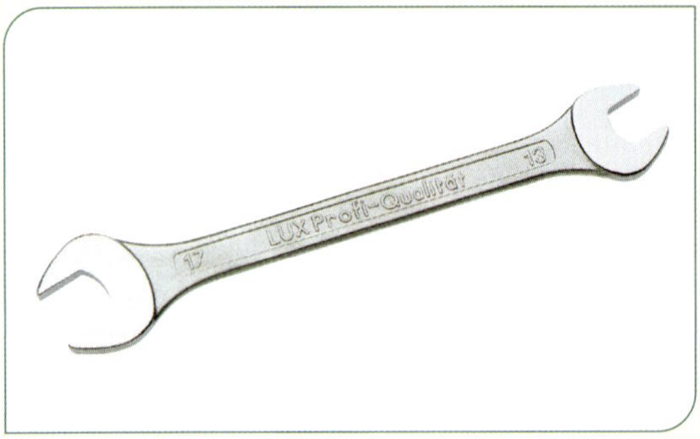

1 *Open ended spanner*

Manual power tools

3 *Electric die (thread cutter)*

Measuring and testing tools

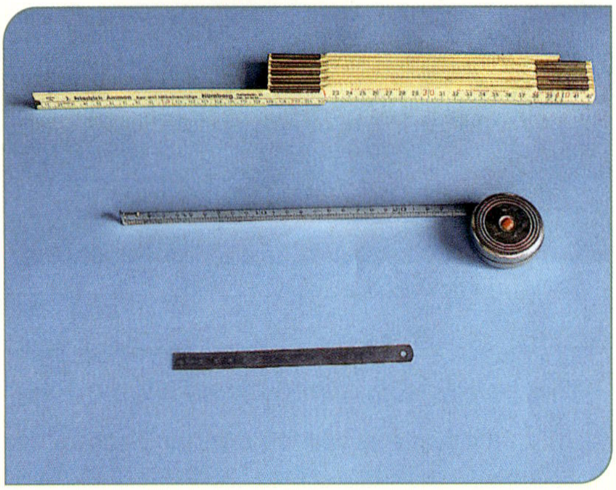

2 *Folding rule, roll tape measure, standard steel rule*

Machine tools

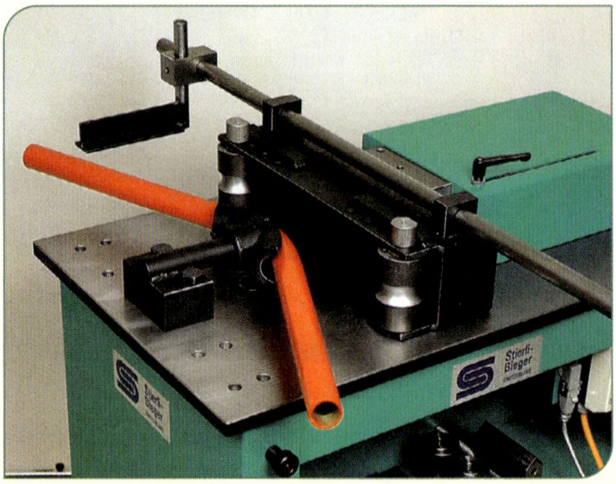

4 *Bending machine*

Exercises

Use your reference book, the internet or a dictionary. Before you look up a word try to guess the word first, then check it.

1) Make a list of the following tools and translate the names into German:
ring spanner, back square, waterpump pliers, column drilling machine, vernier callipers, ratchet, hacksaw, bench grinder, screwdriver, electric hand drill, spirit/bubble level, universal pliers, angle gauge, electric compressing pliers, flat file, power hacksaw, adjustable spanner, plumb-line, threading machine, electric tube bender.

2) Assign the tools from exercise 1 to a table with the four tool groups.

3) Complete the table from exercise 2 with other tools you use.

4) Explain the difference between portable and non-portable tools.

5) Translate the passage about tools into German.

5 Lernsituationen – Projektaufgaben

5.1 Fertigen von Bauelementen mit handgeführten Werkzeugen

■ **Kundenauftrag**
Die Firma WALDOMACK erhält den Auftrag, in einem Zweifamilienhaus im Rahmen einer Modernisierung und Erweiterung wegen der Vermietung eines Teils des Hauses die Trinkwasserverteilung zu erweitern. Die bestehende Trinkwasserleitung DN32 soll durch zwei zusätzliche absperrbare Steigleitungen ergänzt werden. Der neue Trinkwasserverteiler soll mit Hilfe von zwei Konsolen befestigt werden (Bild 1).
■ Ihr Ausbilder erläutert Ihnen mit Hilfe einer Skizze das Aussehen der fertiggestellten Konsole und erteilt Ihnen den Auftrag, diese beiden Konsolen aus gleichschenkeligem Winkelstahl herzustellen. Die erforderlichen Schweißarbeiten an den Konsolen werden im Anschluss an Ihre Arbeit von einem Gesellen durchgeführt.

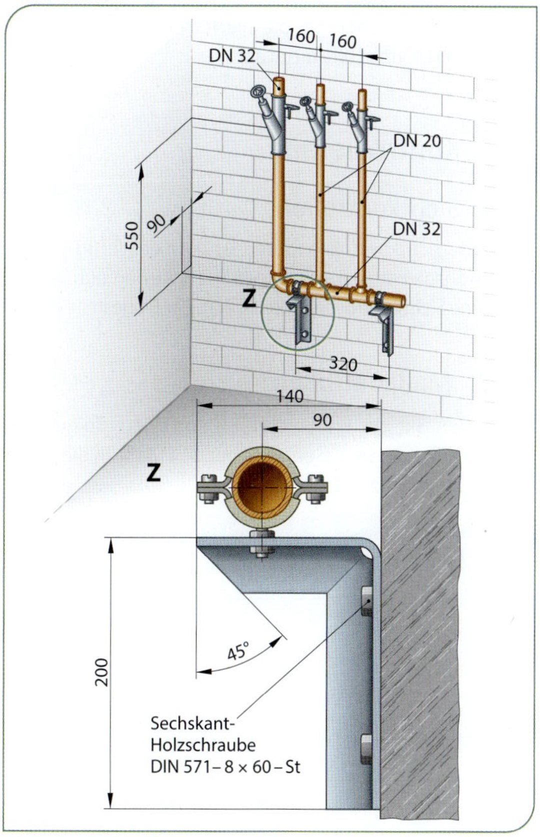

1 Konsole für Trinkwasserverteiler

Bevor Sie mit der eigentlichen Fertigung beginnen können, müssen Sie verschiedene **Informationen** einholen, **Planungen** durchführen bzw. Ihre Arbeitsschritte überlegen und **Entscheidungen** treffen, wie Sie bei der Erledigung Ihres Auftrages vorgehen wollen.

2 Überlegungen zum Arbeitsauftrag

Fühlen Sie sich auch so wie Ihr Kollege in Bild 2 und gehen Ihnen ähnliche Gedanken durch den Kopf, nachdem Sie den Arbeitsauftrag noch einmal gelesen haben?
Der Arbeitsablauf muss zunächst gedanklich durchgeführt werden und die einzelnen Arbeitsschritte sollten in eine fachlich begründete sinnvolle Reihenfolge gebracht werden. Hierbei kann das nebenstehend gezeigte **„Prinzip der vollständigen Handlung"** eine wichtige Hilfe sein (Bild 3).
Hiernach sollten Sie Ihren Arbeitsauftrag in folgenden Schritten durchführen: **Informieren**, **Planen** und **Entscheiden**, **Ausführen**, **Kontrollieren** und **Bewerten**.

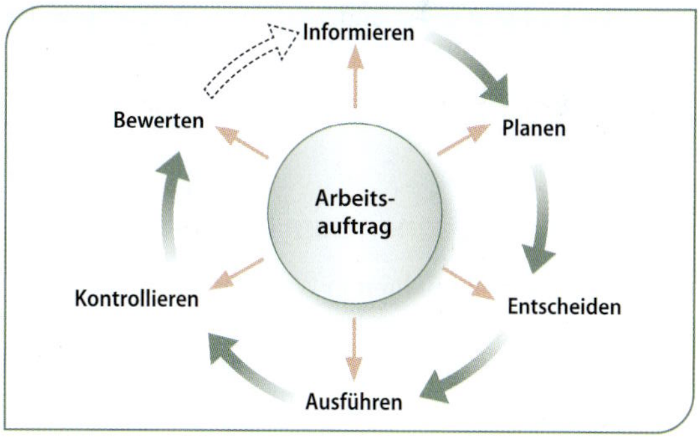

3 Prinzip der vollständigen Handlung

5.2 Informationen

5.2.1 Informationen zum Auftrag

1. Wie lautet Ihr Auftrag?
2. Entnehmen Sie der isometrischen Montageskizze und der vergrößerten Einzelheit Z (Bild 1) folgende Maße der Konsole:
   a) Länge des Befestigungsschenkels,
   b) Länge des Auflageschenkels,
   c) Abstandsmaß für die Bohrungen zur Befestigung der Rohrschelle,
   d) Winkel der Abschrägung des Auflageschenkels.
3. Mit welcher Anordnung zueinander sollen die beiden Konsolen an der Wand befestigt werden?

4. Welche handwerklichen Arbeiten sind bei der Durchführung des Arbeitsauftrages von Ihnen durchzuführen?

5.2.2 Informationen zum Winkelstahl

1. Überlegen Sie, welches Maß noch benötigt wird, damit Sie den gleichschenkligen Winkel nach DIN EN 10056 bestellen oder aus dem Materiallager entnehmen können.
2. Die Schenkelbreite des Winkelstahls soll etwa dem Innendurchmesser des zu befestigenden Rohres entsprechen. Ermitteln Sie mit Hilfe Ihres Tabellenbuches die jeweils benötigte Schenkelbreite, wenn:
   a) ein mittelschweres Gewinderohr DIN EN 10255- DN 32,
   b) ein entsprechendes Kupferrohr DIN EN 1057 mit etwa gleichem Innendurchmesser befestigt werden soll.
3. Durch welche Angaben in der Bezeichnung wird ersichtlich, ob es sich um einen gleichschenkligen oder ungleichschenkligen Winkelstahl handelt?

5.2.3 Informationen zum Ablängen, Ausklinken und zur Herstellung der 45°-Schräge

1. Welche Trennvorgänge sind zur Herstellung der Konsole erforderlich?
2. Welche handgeführten Werkzeuge sind für diese Trennvorgänge erforderlich?
3. Welche Stellen müssen angerissen und möglicherweise gekennzeichnet werden?
4. Welche Prüfmittel und Anreißwerkzeuge werden hierfür benötigt?

5.2.4 Informationen zum Bohren

1. Weshalb soll beim Bohren in Werkstücken aus unlegiertem Stahl mit einer elektrischen Handbohrmaschine der Bohrungsdurchmesser maximal 10 mm betragen?
2. Weshalb wird bei Bohrungen ab 10 mm vorgebohrt?

5.3 Planen und Entscheiden

5.3.1 Planen und Entscheiden zum Trennen

5.3.1.1 Planen und Entscheiden zum Sägen

1. Nennen Sie drei handgeführte Werkzeuge, mit denen die beiden geraden Winkelstähle abgelängt werden können.
2. Wie und weshalb müssen die Winkelenden und die 45°-Schrägen nachgearbeitet werden.

5.3.1.2 Planen und Entscheiden zum Bohren

1. Würden Sie bei der Herstellung der Durchgangsbohrungen vorbohren?
2. Mit welchem Werkzeug werden die Bohrungen entgratet?

5.4 Ausführung

5.4.1 Herstellung der beiden Konsolen

1. Beschreiben Sie alle Arbeitsschritte zur Herstellung der beiden Konsolen in fachlich und wirtschaftlich sinnvoller Reihenfolge. Geben Sie die hierfür notwendigen Werkzeuge, Prüf- und Hilfsmittel an.

5.5 Kontrollieren

5.5.1 Sichtkontrollen

1. Welche Sichtkontrollen führen Sie nach der Fertigstellung der Konsolen an den jeweiligen Trennflächen durch?
2. Welche Sichtkontrollen führen Sie an der Biegestelle durch?

5.5.2 Maßkontrollen

1. Erstellen Sie ein Prüfprotokoll (Bild 1) nach folgendem Muster. Tragen Sie die entsprechenden Maße in die jeweiligen Spalten bzw. Zeilen ein.

Benennung der Messstelle	Nennmaß in mm oder °	Toleranzklasse c DIN ISO 2768	Toleranz	Kleinstmaß in mm	Größtmaß in mm	Istmaß in mm	Innerhalb der Toleranz ja/nein	Nacharbeit ja/nein
1. 45°-Schräge								
2. Mittenabstand der Befestigungsbohrungen								
3. Bohrungsdurchmesser								

1 Prüfprotokoll

5.6 Bewerten

1. Bewerten Sie den Schwierigkeitsgrad Ihres Auftrages.
2. Wo sind bei der Bearbeitung eventuell Schwierigkeiten aufgetreten?
3. Was würden Sie anders machen.

Lernfeld 2:

Bauelemente mit Maschinen fertigen

1 Fertigen von Bauelementen mit Werkzeugmaschinen

1.1 Grundlagen

Die zur Herstellung und Bearbeitung von Halbzeugen, Bauelementen oder Fertigteilen verwendeten Maschinen werden nach den Fertigungsverfahren eingeteilt in Maschinen zum:
- Urformen (primary forming),
- Umformen,
- Trennen (separation),
- Fügen (joining),
- Beschichten (coating),
- Ändern der Stoffeigenschaften.

Die Maschinen zum Umformen, Trennen und Fügen bezeichnet man als **Werkzeugmaschinen** (machine tool). Sie werden stationär (fixed) oder teilstationär aufgestellt. Üblicherweise werden stationäre Werkzeugmaschinen in Werkstätten oder Fertigungshallen dauerhaft am Standort fest mit dem Boden verbunden. Teilstationäre können an verschiedenen Standorten, also auch auf Baustellen, vorübergehend aber auch für längere Zeiträume (z. B. 1–2 Jahre), aufgestellt werden. Einige Werkzeugmaschinen werden hierfür mit einem fahrbaren Unterbau oder Gestell ausgestattet und müssen am Aufstellort standsicher (stable) positioniert werden (vgl. Bild 2, S. 100). In der SHK-Branche werden neben den Handwerkzeugen und handgeführten Elektrowerkzeugen auch Werkzeugmaschinen zur Abwicklung von Kundenaufträgen eingesetzt (Bild 1). So können z. B. bei Arbeitsaufträgen für Ein- und Zweifamilienhaussiedlungen, Reihenhaussiedlungen, Mehrfamilienhäusern, Bürogebäuden, Hotels und Hochhäusern viele Bauelemente mithilfe der Werkzeugmaschinen in der benötigten Stückzahl wirtschaftlich vorgefertigt werden.

1.2 Arbeitsweise von Werkzeugmaschinen

Die Arbeitsweise bei den Werkzeugmaschinen lässt sich vereinfacht in drei Phasen aufteilen (Bild 2):
- **Inbetriebnahme** (putting into operation): Hauptschalter einschalten, Funktionsfähigkeit und Sicherheit der Maschine überprüfen, Halbzeug bzw. Werkstück sicher einspannen, Arbeitsdaten an der Maschine einstellen.
- **Bearbeitung** (treatment; processing): Werkzeugantrieb und zusätzliche Nebenantriebe einschalten, Fertigungsarbeit ausführen, Werkzeugantrieb und zusätzliche Nebenantriebe abschalten.
- **Beendigung** (termination): Halbzeug bzw. Werkstück ausspannen, bei Bedarf reinigen und kontrollieren, Hauptschalter abschalten.

Jede Werkzeugmaschine hat zur Vorbereitung, Durchführung und Beendigung des Bearbeitungsvorgangs eine besondere Anordnung von Einrichtungen und Baugruppen, die in ihrer Funktion miteinander in Beziehung stehen. Durch ihre Formen, Abmessungen und Bewegungsachsen bzw. -ebenen bestimmen sie den Aufbau, den Raumbedarf und die Masse der Maschine.

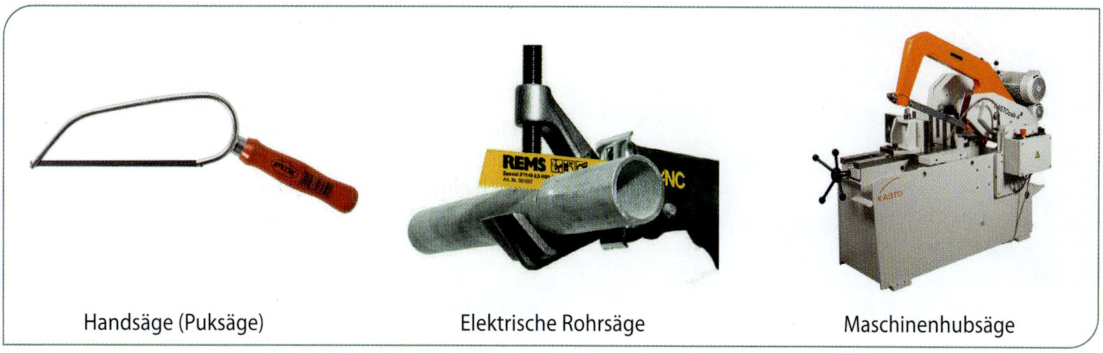

1 Unterschiedliche Sägewerkzeuge

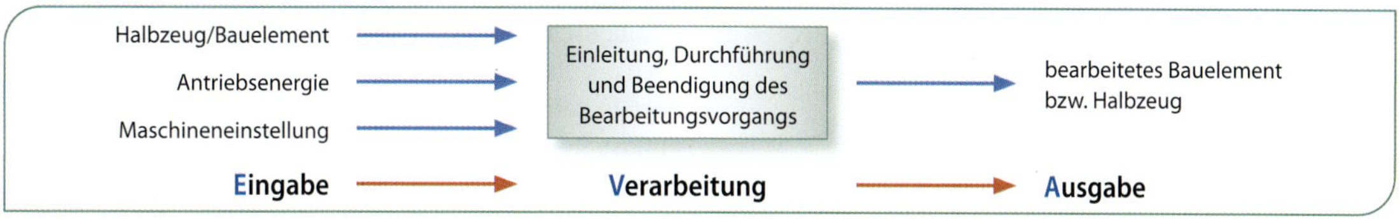

2 Arbeitsphasen bei einer Werkzeugmaschine

1.3 Allgemeiner Aufbau von Werkzeugmaschinen

Der grundsätzliche (fundamental) Aufbau (set up) und die unterschiedlichen Anordnungen der Einrichtungen und Baugruppen werden am Beispiel von **vier spanenden** und **zwei umformenden Werkzeugmaschinen** in der schematischen Übersicht sichtbar (Bild 2, S. 96). Die ausgewählten Werkzeugmaschinen werden auch als **Einzweckmaschinen** bezeichnet, da sie nur eine Bearbeitungsaufgabe erfüllen können, wie z. B. die Hubsägemaschine (power hacksaw), die Gewindeschneidmaschine (threading machine) oder die Rohrbiegemaschine (bending machine). Bei der Säulenbohrmaschine (drilling machine) gilt diese Einstufung (classification) mit Einschränkung, denn neben dem Bohren und Senken (countersinking) können bei einer entsprechenden Ausstattung auch andere Arbeiten ausgeführt werden (vgl. Kap. 2.2).

1.3.1 Maschinenfundament

Maschinenfundamente (machine foundations) bzw. Grundplatten (foundation plates) oder Fußplatten (base plates) haben die Aufgabe, das Maschinengestell (machine frame) aufzunehmen und einen sicheren Stand zu gewährleisten. Sie bestehen aus einem Gusseisenkörper oder einer geschweißten Stahlkonstruktion und werden durch Befestigungsschrauben am Aufstellungsort mit dem Untergrund (Fußboden) verbunden. Um die Übertragung von Erschütterungen (vibrations) und Schwingungen von der Maschine auf den Untergrund zu mindern, werden Dämpfungs- und Schwingungsisolierungsplatten oder Maschinenfüße verwendet (Bild 1). Einige der dargestellten Werkzeugmaschinen benötigen kein Maschinenfundament oder dieses bildet mit dem Maschinengestell eine Einheit (Bild 2, S. 96).

1 Dämpfungs- und Schwingungsisolierungselemente

1.3.2 Maschinengestell

Das Maschinengestell ist das tragende Gerüst einer Werkzeugmaschine. Es hat die Aufgabe, die Antriebseinrichtungen (drive units), die Werkzeugaufnahme (tool holding fixture) und Werkzeugführung, die Werkstückaufnahme und Werkstückführung, die Ver- und Entsorgungseinrichtungen sowie die Bedienungs-, Steuerungs- und Sicherheitseinrichtungen aufzunehmen. Die Gestaltung, die Größe und die Masse der Maschinengestelle sind abhängig von:

- der Richtung der Arbeitsbewegungen (z. B. senkrecht bei der Säulenbohrmaschine und waagerecht bei der Hub- oder Bandsäge),
- den auftretenden statischen und dynamischen Belastungen beim Spannen und Bearbeiten des Werkstücks,
- dem Platzbedarf für die Antriebseinrichtungen, Ver- und Entsorgungseinrichtungen und Einspannvorrichtungen für Werkzeug und Werkstück,
- der ergonomischen Gestaltung und Anordnung der Bedienungs-, Steuerungs- und Sicherheitseinrichtungen,
- der guten Zugänglichkeit bei Inspektions-, Wartungs-, Reparatur- und Erweiterungsarbeiten.

Durch jahrzehntelange Erfahrungen (experience), Verbesserungen und Innovationen können für die verschiedenen Bedarfe geeignete Kombinationen zwischen der Bauweise und Masse der Maschinengestelle und der erforderlichen Verwindungssteifheit für einen ruhigen Bearbeitungslauf und einer hohen Fertigungsgenauigkeit angeboten werden.

1.3.3 Antriebe

Der **Hauptantrieb** (main drive) liefert die für die Bearbeitung des Werkstücks erforderliche Bewegung und Kraft an das Fertigungswerkzeug. Er besteht in der Regel aus:

- dem **Antriebsmotor** (drive motor), der die Werkzeugmaschine mit der erforderlichen Energie für den Bearbeitungsvorgang versorgt und
- dem **Antriebsstrang** (power train), der die Bearbeitungsenergie zum Werkzeug weiterleitet (siehe z. B. Sägeblatt, Bild 2, S. 97 oder Bohrer, Bild 4, S. 108).

Als **Antriebsmotoren** werden meist Elektromotoren (230 V / 400 V) eingesetzt. Diese werden entweder am Gestell angebracht oder gemeinsam mit dem Antriebsstrang als Baugruppe im Gestell untergebracht.
Für den Antriebsstrang werden häufig folgende Baugruppen verwendet:

- **Riemenantriebe mit Stufenscheiben** (Riemengetriebe, vgl. S. 106–108),
- **stufenlose Riemenantriebe** mit verstellbaren Riemenscheiben (vgl. S. 106 und 108),
- **Zahnradgetriebe** oder **Schneckenradgetriebe** (vgl. S. 101).

Bei der Doppelschleifmaschine (disk grinder) hingegen liegt ein Direktantrieb vor. Hier werden die Schleifscheiben direkt vom Rotor des E-Motors angetrieben (vgl. S. 113). Zur Sicherstellung einer definierten und gleichmäßigen Vorschubgeschwindigkeit (v_c) können Werkzeugmaschinen auch mit einem **Vorschubantrieb** (feed drive) versehen werden. Je nach Werkstoff wird der ermittelte Wert am Bedienungspaneel eingestellt und zugeschaltet (vgl. Bilder 1 und 2, S. 105).

Nebenantriebe (auxiliary drive) werden für folgende Aufgaben benötigt:
- zur Erzeugung von Hydraulikdruck für Bearbeitungseinrichtungen bei z. B. Hub- und Bandsägen oder bei Biegemaschinen (vgl. S. 114),
- zum Antrieb von Kühlschmierstoffpumpen (vgl. S. 99, S. 104 und S. 109),
- zur Staubabsaugung bei Schleifmaschinen (vgl. S. 113).

1.3.4 Werkstückaufnahme

Um mit einer Werkzeugmaschine ein Werkstück zu bearbeiten, muss es sicher gelagert und gespannt werden. Hierfür gibt es unterschiedlich gestaltete Maschinentische bzw. Spanntische (clamping table) oder Auflageflächen und Spannmittel bzw. Spannvorrichtungen (mounting devices).

Maschinentische bzw. Spanntische können in der Höhe und waagerecht verstellbar sowie drehbar mit dem Gestell verbunden sein (vgl. S. 98, S. 104 und 105). Sie müssen die Masse des Werkstücks oder Bauteils, der Spannmittel und -vorrichtungen tragen und die Spann- und Bearbeitungsbelastungen aufnehmen können.

Spannmittel bzw. Spannvorrichtungen haben die Aufgabe, das Werkstück in der erwünschten Position mit der erforderlichen Kraft ohne Beschädigungen zu halten. Außerdem sollten die Ein- und Ausspannvorgänge des Werkstücks unkompliziert sein und möglichst wenig Zeit beanspruchen.
Bei häufig wiederkehrenden Bearbeitungsvorgängen eignen sich Schnellspannvorrichtungen (quick gripping de vices), mit denen schnelle und genaue Positionierungen der Werkstücke erreicht werden können. Bei Einzelanfertigungen oder geringen Stückzahlen werden üblicherweise manuell betätigte Spannmittel verwendet (Bild 1).

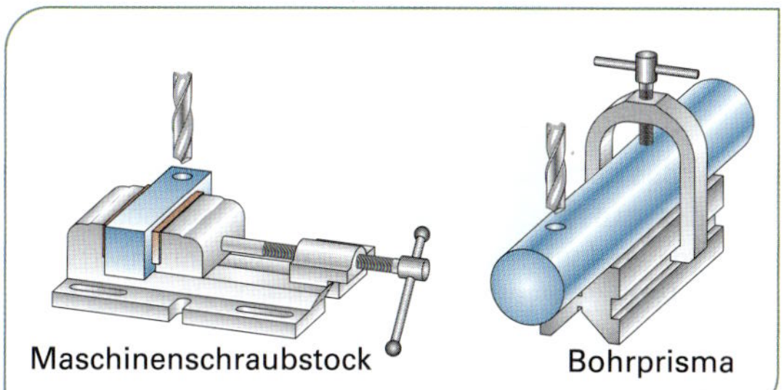

1 Spannmittel

Bei höheren Stückzahlen sind pneumatische, hydraulische oder magnetische Spannmittel oder Spannvorrichtungen zeitsparender und somit wirtschaftlicher.
Bei der abgebildeten Rohrbiegemaschine, der Doppelschleifmaschine und der Rundbiegemaschine (rounding machine) sind einige Besonderheiten zu beachten:
- Bei der Rohrbiegemaschine wird das Rohr mithilfe der Spannvorrichtung während der Umformbewegung zu z. B. einem 90° Bogen auch geführt (vgl. S. 114).
- Bei der Doppelschleifmaschine gibt es kein Spannmittel, sondern nur eine Auflage. Das Werkstück wird also von Hand gehalten und geführt (vgl. S. 113).
- Bei der Dreiwalzen-Rundbiegemaschine wird das Blech von den Walzen gehalten und geführt (vgl. S. 116).

1.3.5 Werkzeugaufnahme und Werkzeugführung

Bei der Bearbeitung eines Werkstücks mit einer Werkzeugmaschine befinden sich Werkzeug und Werkstück in einer bestimmten Position zueinander. Um eine fehlerfreie Bearbeitung zu gewährleisten, muss das fest eingespannte oder beweglich gelagerte Werkzeug in der festgelegten Bearbeitungsachse oder -ebene zum Werkstück sicher und präzise geführt werden.
Diese Führung ist z. B. bei der Bohrspindel einer Säulenbohrmaschine (pillar drilling machine) senkrecht und die Walzenlagerung (roller bearing) bei der Rundbiegemaschine waagerecht.
Die Werkzeugaufnahmen, Führungen und Lagerungen müssen der Größe, Masse, Umdrehungsfrequenz (rotational frequency) oder Hubbewegung (reciprocation motion) und Belastungen des Werkzeugs entsprechend gestaltet und dimensioniert sein.
Außerdem sollten die Vorgänge beim Ein- und Ausspannen des Werkzeugs oder bei einem Wechsel (z. B. Gewindeschneidbacken oder Bohrfutter) unkompliziert sein und möglichst wenig Zeit beanspruchen (Bilder 2a und 2b).

2 a) Schließ-, Öffnungshebel und Klemmhebel

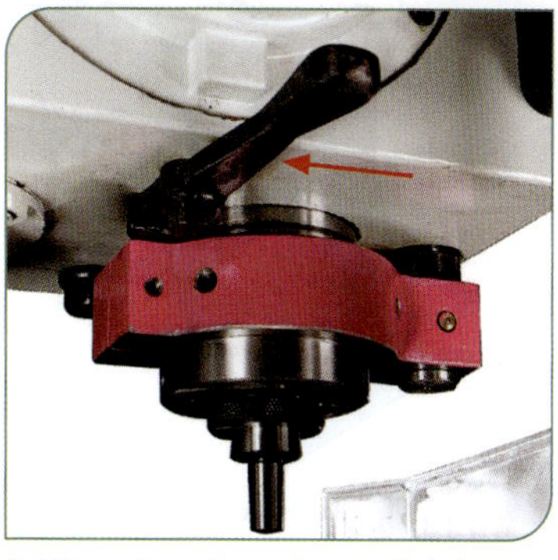

2 b) Integrierter Austreiber zum Bohrfutterwechsel

Da bei diesem Leerhub der Sägebügel mit dem Sägeblatt durch die Steuerung leicht angehoben wird, werden die Sägezähne geschont.
Dies erhöht zwar die Standzeit der Sägeblätter, doch werden hierdurch die Schnittzeiten länger und die Schnittleistungen geringer.
Der Vorschub (feed motion) für die Schnittbewegung erfolgt hydraulisch oder mechanisch und wird in Abhängigkeit des Werkstoffes zu Beginn des Trennvorgangs eingestellt.

2.1.1.3 Werkzeugaufnahme

Das Sägeblatt wird wie bei der Handbügelsäge (vgl. S. 42, Bild 3) auf der einen Seite des Sägebügels in einer feststehenden Halterung (mounting) und auf der anderen Seite in einer verstellbaren Spanneinrichtung mit Sicherung am Bügel eingespannt.
Die Sägeblätter für die Hubsägemaschine sind nach DIN ISO 2336-2 genormt.

Beispiel für die Bezeichnung eines Sägeblattes mit einer Länge = 300 mm, Breite = 25 mm, Dicke = 1,25 mm und einer Zähnezahl von 10 Zähne auf 25 mm Sägeblattlänge. (vgl. S. 41, Bild 4).

Sägeblatt DIN ISO 2336-2 – 300 x 25 x 1,25 x 10

MERKE

Um Fremdrostbildung bei Werkstücken aus nichtrostendem Stahl zu verhindern, dürfen keine Sägeblätter verwendet werden, mit denen unlegierte Stahlwerkstücke getrennt wurden.
Die Korrosionsgefahr des nichtrostenden Stahls entsteht durch eine Übertragung von Partikeln unlegierten Stahls, die bei jedem Sägevorgang an den Sägezähnen und am Sägeblatt haften bleiben.

2.1.1.4 Werkstückaufnahme

Bei der Hubsäge wird das Werkstück in einer auf dem Gestell angebrachten Spannvorrichtung eingespannt (Bild 1). Der Aufbau der Spannvorrichtung ist mit dem eines Maschinenschraubstocks (machine vice) vergleichbar. Die über das Handrad oder einen Handknebel vom Bediener erzeugte Spannkraft (tension force) wird über die Gewindespindel (threaded spindle) auf die Spannbacken des Schraubstockes übertragen.

Die parallelen Spannbacken lassen sich zwischen 0 – 45° verstellen (Bild 2). Dadurch kann das Werkstück nicht nur rechtwinklig geschnitten werden, sondern es können auch z. B. Gehrungsschnitte (mitre cuttings) von 45° hergestellt werden.

1 Spanneinrichtung

2 Schraubstock mit verstellbaren Spannbacken

2.1.1.5 Maschinendaten

Die wichtigsten Einstellwerte beim Sägen sind der **Vorschub** (feed rate) und die **Schnittgeschwindigkeit** (cutting speed).
Die Auswahl dieser Werte erfolgt mithilfe der Angaben des Sägemaschinenherstellers, des Sägeblattlieferanten oder eines Tabellenbuchs. Die empfohlenen Werte sind abhängig vom zu bearbeitenden Werkstoff und vom verwendeten Sägeblatt (vgl. Tabelle 1, S. 42).
Der Vorschub wird meist hydraulisch ausgeführt und kann direkt an der Maschine eingestellt werden. Im Gegensatz dazu kann die Schnittgeschwindigkeit nicht direkt, sondern nur über die Drehzahl des Antriebs eingestellt werden. Deshalb ist es erforderlich, die Drehzahl bzw. die Anzahl der Sägebügelhübe pro min $\left(\frac{1}{min}\right)$ zu berechnen.

Beispielaufgabe: Für die Gasleitung eines dreistöckigen Wohnhauses mit 8 Eigentumswohnungen sollen von einer Gewinderohrstange DIN EN 10255 – 33,7 x 3,2 Option 8 – S195 T Rohrstücke mit einer Länge von 450 mm abgesägt werden.

An der Hubsäge können folgende Drehzahlen/Umdrehungsfrequenzen eingestellt werden $n_1 = 25 \frac{1}{min}$; $n_2 = 35 \frac{1}{min}$; $n_3 = 50 \frac{1}{min}$. Wie groß muss die Drehzahl sein, wenn in den Herstellerunterlagen eine Schnittgeschwindigkeit von $25 \frac{m}{min}$ empfohlen wird?

Da sich beim Kurbeltrieb (crank drive) die Geschwindigkeit in der Hubbewegung stetig ändert, wird die Drehzahl mithilfe der mittleren Geschwindigkeit v_m berechnet.
Wie man aus Bild 2 Seite 97 erkennt, ist **die mittlere Geschwindigkeit der Hubbewegung gleich der Geschwindigkeit der Drehbewegung.**

$$v_m = \frac{s}{t} = d \cdot \pi \cdot n$$

Eine Umdrehung des Exzenterbolzens (eccentric bolt) entspricht zwei Hublängen des Sägeblattes (Vor- und Rückhub).

$$d \cdot \pi = 2 \cdot s$$

Damit ist eine Umdrehung des Exzenterbolzens gleich zwei Hublängen des Sägeblattes.
n Umdrehung des Exzenterbolzens $= n \cdot 2$ Hublängen des Sägeblattes
Durch Umstellung der Schnittgeschwindigkeitsformel lässt sich die erforderliche Drehzahl ermitteln.

$$v_m = 2 \cdot s \cdot n$$

s: Weg des Exzenterbolzens bei einer Umdrehung = Hublänge des Sägeblattes in mm
n: Drehzahl der Kurbelscheibe = Anzahl der Doppelhübe je Minute in 1/min

Lösung:
Geg.: $s = 180$ mm; $v_c = v_m = 25$ m/min

$$v_m = 2 \cdot s \cdot n$$

$$n = \frac{v_m}{2 \cdot s}$$

$$n = \frac{25 \frac{m}{min}}{2 \cdot 180\ mm}$$

$$n = \frac{25 \frac{m}{min} \cdot \frac{1000\ mm}{1\ m}}{2 \cdot 180\ mm}$$

$$n = 69{,}4 \frac{1}{min} \approx 70 \frac{1}{min}$$

2.1.1.6 Kühlung/Schmierung

Während des Zerspanungsvorganges werden die Zähne des Sägeblattes zunehmend erwärmt. Dies wird durch eine kontinuierliche Kühlung des Sägeblattes an der Schnittstelle wesentlich gemindert.
Die im Kühlmittel (coolant) enthaltenen Schmierstoffe (lubricants) reduzieren die Reibung zwischen Werkstoff und Sägeblatt, sodass diese weniger beansprucht wird und seine Standzeit sich dadurch verlängert.
Deshalb besitzen Sägemaschinen und andere Werkzeugmaschinen eine Kühlschmierstoffanlage (lubricant system).

Diese Kühlschmieranlage besteht aus dem:
- Kühlschmierbehälter (lubricant tank),
- Elektromotor mit Pumpe,
- Sieb bzw. Schmierstofffilter,
- Ein- und Ausschalter,
- Dosierventil (metering valve),
- den Vor- und Rücklaufleitungen.

Die von einem Elektromotor angetriebene Pumpe befördert das Kühlschmiermittel durch die Leitungen bis zum Sägeblatt (Bild 1).
Da beim Zerspanen von verschiedenen Werkstoffen unterschiedliche Wärme entsteht, müssen auch unterschiedliche Mengen an Kühlschmierstoff zugeführt werden.

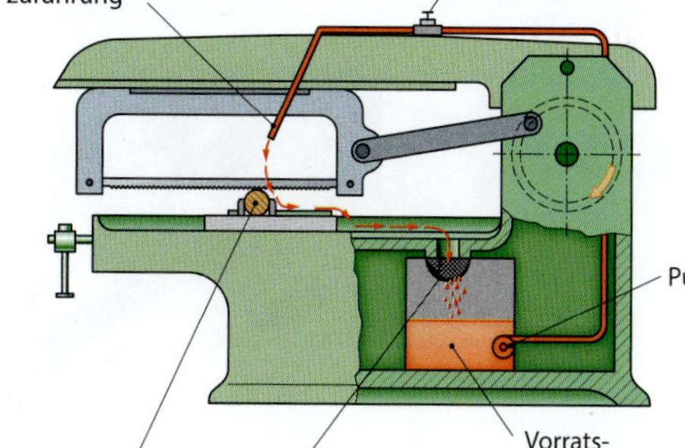

1 Kühlschmierstoffanlage

Dies wird meist mithilfe eines in der Leitung montierten Dosierventils eingestellt. Im Gestell der Hubsäge befindet sich eine Auffangwanne, die so konstruiert ist, dass der Kühlschmierstoff zurück in den Kühlschmiermittelbehälter fließt (vgl. Bild 1, nächste Seite).
Hierbei werden durch verschiedene Siebe und Filter die mitfließenden Späne (chips) und Schmutzpartikel (dirt particles) zurückgehalten, damit sie nicht in den Auffangbehälter fließen und in die Pumpe gelangen.

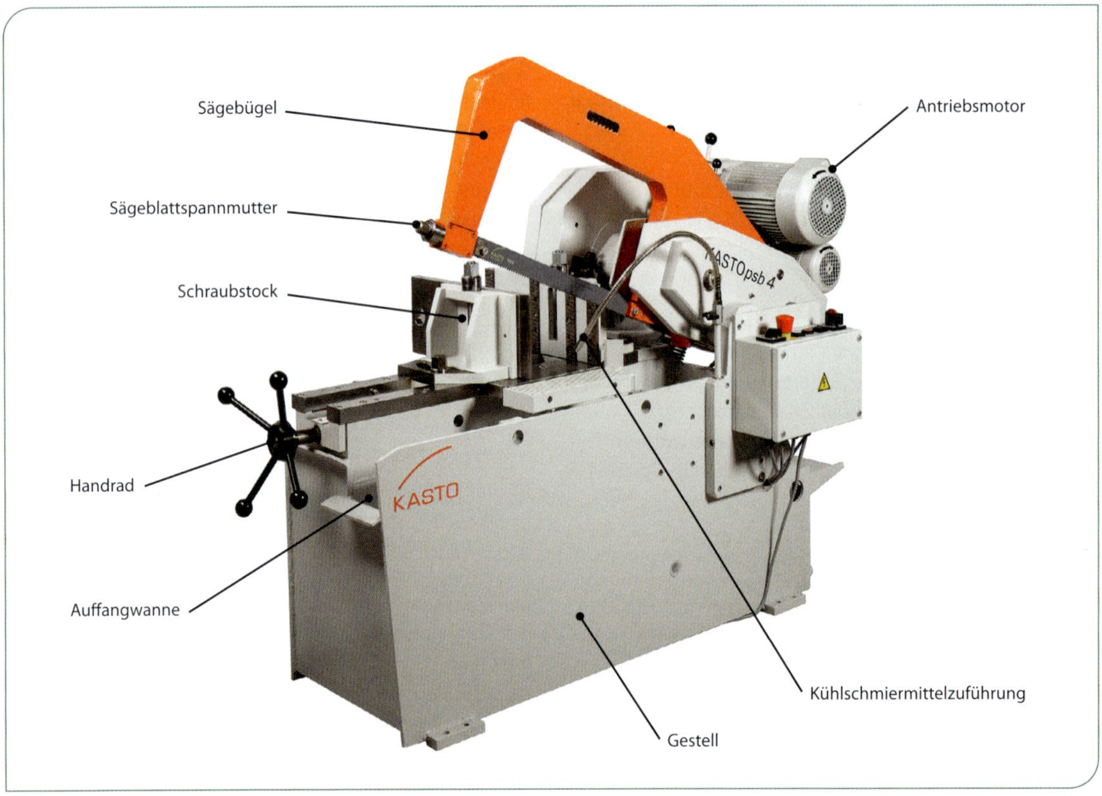

1 Maschinenhubsäge

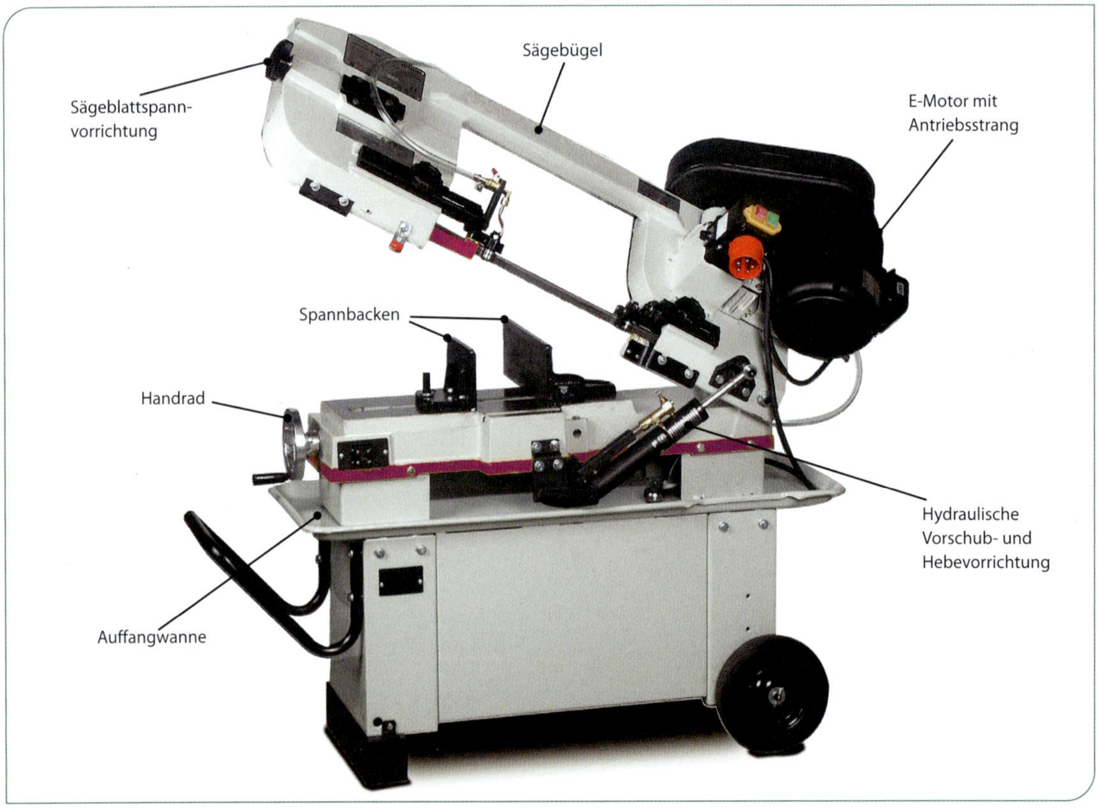

2 Bandsägemaschine

2.1.2 Bandsägemaschinen

Seit einigen Jahren werden Bandsägen nicht nur zum Trennen von Kunststoff und Holz, sondern auch zunehmend zum Trennen von Metallen verwendet. Halbzeuge, wie z. B. Stahl- und Gussrohre oder Stahlprofile, werden mithilfe eines Sägebandes (band saw blade) abgelängt. Im Schnittbereich erfolgt der Sägevorgang kontinuierlich mit einer geradlinigen Bewegung.

2.1.2.1 Gestell

Das Gestell der Bandsäge wird entweder als stationäre Maschine mit vier Schrauben am Werkstattboden befestigt, oder zunehmend auch mit zwei Rädern (wheels) und einem Auflageprofil versehen, um sie so innerhalb der Werkstatt versetzen zu können (Bild 2, vorherige Seite und Bild 3, S. 103). Kleinere Ausführungen können auch auf Baustellen eingesetzt werden. Im oberen Bereich des Gestells befindet sich eine über das Gestell hinausragende Auffangwanne. Diese verhindert, dass die Sägespäne auf den Werkstattboden gelangen. Sie sorgt außerdem dafür, dass das Kühlschmiermittel aufgefangen und zurück in den Tank geleitet wird (vgl. Kap. 7.2 Umgang mit Kühlmitteln).

2.1.2.2 Werkzeugantrieb

Die Bandsägemaschine wird ebenso wie die anderen Sägemaschinen durch einen 230 V oder 400 V Elektromotor angetrieben. Der Antriebsstrang, der die Energie des Motors über eine Antriebsscheibe oder ein Antriebsrad (drive wheel) an das Sägeband führt, kann allerdings unterschiedlich ausgeführt sein:

- Die Antriebswelle des einstufigen oder stufenlos einstellbaren Elektromotors wirkt direkt auf die Antriebsscheibe bzw. das Antriebsrad des Sägebandes (Bild 3).
- Die Antriebwelle des Motors und die Antriebswelle der Antriebsscheibe bzw. des Antriebsrads sind über ein Schaltgetriebe oder einen mehrstufigen Riemenantrieb verbunden (Bild 2, S. 100 und Bild 1, S. 97).
- Die Antriebswelle des mehrstufigen oder stufenlos einstellbaren Elektromotors und die Antriebswelle der Antriebsscheibe bzw. des Antriebsrads sind über ein Schneckengetriebe verbunden (Bilder 1 und 2).

Das **Schneckengetriebe** (worm gear pair) besteht aus einer mit Schraubengängen versehenen Schneckenwelle (worm shaft) (Schnecke) und einem Schneckenrad (worm gear). Der Elektromotor und die Schneckenwelle sind rechtwinklig zum Schneckenrad angeordnet. Mit dieser kompakten Anordnung lassen sich die höheren Drehzahlen des Elektromotors raumsparend auf eine gewünschte niedrigere Drehzahlen reduzieren. Wie im Bild 2 zu sehen ist, wird die Drehbewegung des Motors zunächst auf die Schnecke übertragen. Diese greift in kämmender Weise in das Schneckenrad und leitet so die Drehbewegung und das Drehmoment in einem Winkel von 90° weiter. Von hier aus setzt sich der Antriebsstrang über die Antriebsscheibe zum Sägeband fort. Die Haftreibungskräfte zwischen Sägeband und Antriebsscheibe müssen so hoch sein, dass eine störungsfreie Kraftübertragung (power transmission) gewährleistet ist.

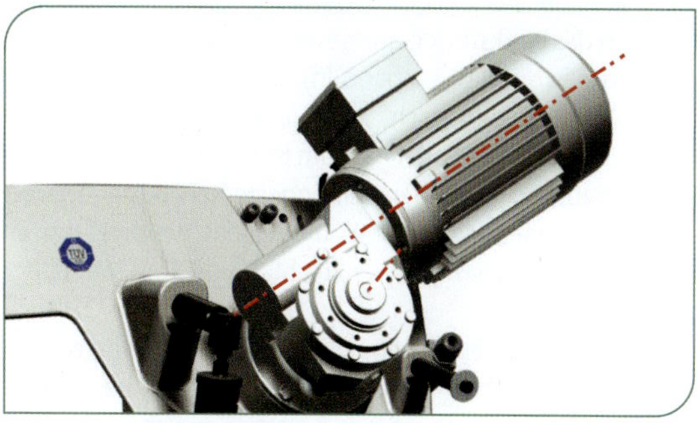

1 Antriebsmotor mit rechtwinklig angeordnetem Getriebe

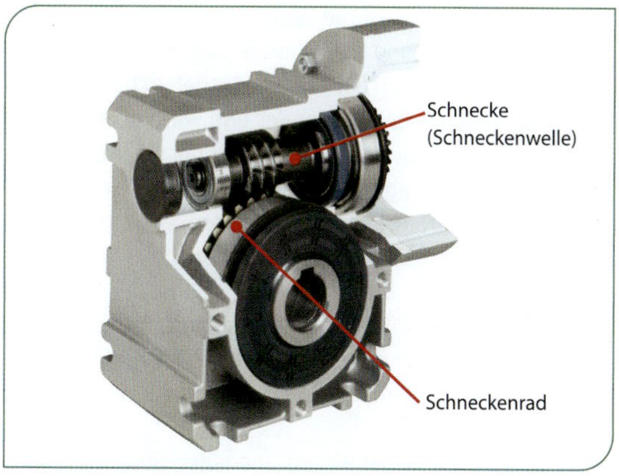

2 Schneckengetriebe

2.1.2.3 Werkzeugaufnahme und Werkzeugführung

Das Sägeband läuft in einem senkrechten oder schräggestellten Bügel über zwei Scheiben (Bild 3).

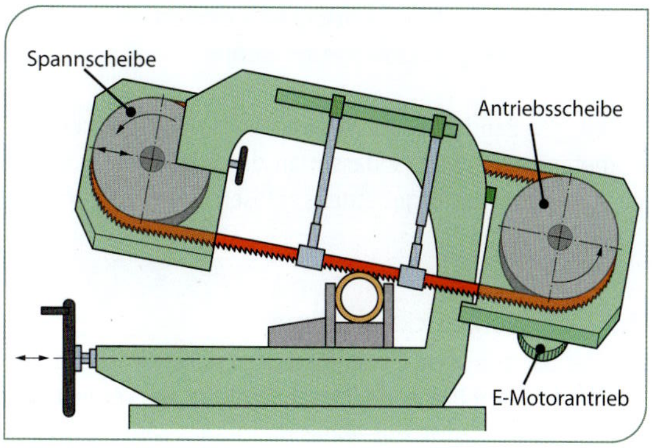

3 Sägebandführung

Im Schnittbereich wird das Band durch zwei Führungsrollen (contact rollers) oder einen Führungskopf (guide head) in eine senkrechte Stellung zum Werkstück gebracht und gestützt.
Je nach Durchmesser bzw. Profilquerschnitt des Werkstückes können bei einigen Maschinen die Führungsrollen nahe an das Werkstück herangestellt werden (Bild 1).
So wird das dünne Sägeband im Schnittbereich stabil geführt und es kommt nicht zum Flattern (chattering), Festklemmen (clamping) oder gar zum Bruch. Die meisten Bandsägen haben heute einen schräggestellten Bügel. Hierbei muss das Sägeband weniger umgelenkt werden, um im Zerspanungsbereich eine senkrechte Lage zum Werkstück zu erlangen.
Mit Hilfe der rechten Scheibe (Antriebsscheibe) wird das Sägeband angetrieben und mit der linken Scheibe (Spannscheibe) wird es gespannt (Bild 3, vorherige Seite).
Die Sägebandspannung ist für einen reibungslosen Sägevorgang sehr wichtig. Ist die Spannung (tension) zu gering, ist die Bewegungs- und Kraftübertragung nicht gewährleistet. Das Sägeband kann flattern, die Antriebsscheibe rutscht an der Oberfläche des Sägebandes und wird nicht oder ungleichmäßig bewegt. Ist die Spannung des Sägebandes zu hoch, werden die Lager der beiden Scheiben zu stark beansprucht. Weiterhin kann es zu einem Spannungsbruch (stress rupture) des Sägebandes kommen.

Die vom Hersteller angegebene Sägebandspannung muss also möglichst genau eingehalten werden. Erzeugt wird die Spannung des Sägebandes mithilfe einer Spannvorrichtung.

Diese besteht im Wesentlichen aus einer Gewindespindel und z. B. einer meist längeren Spannmutter (Bild 2) oder einem Handrad bzw. Handknebel (Bild 3).

Um die vom Hersteller vorgegebene Sägebandspannung möglichst genau einzuhalten, sollte die Spannmutter mit einem Drehmomentschlüssel (dynamometric key) angezogen werden (vgl. S. 177, Bild 1). Das geforderte Drehmoment kann am Drehmomentschlüssel eingestellt, durch die Handkraft erzeugt und abgelesen werden.

Bei einigen Bandsägen ist im Bereich des Handrades ein Manometer angebracht, sodass man die Sägebandspannung auch während des Sägebetriebs ablesen und genau kontrollieren kann (Bild 4).

2.1.2.4 Werkstückaufnahme

Bei der Bandsäge ist der Aufbau der Spannvorrichtung für das Werkstück mit dem der Maschinenhubsäge vergleichbar (vgl. Kap. 2.1.1.4). Mit Hilfe eines Handrades wird die Spannbacke (vgl. Bild 2, S. 100) über eine Gewindespindel verstellt und mit der erforderlichen Spannkraft versehen. Daneben gibt es Schnellspannschraubstöcke (quick acting screw vises) die mit einer Schnellspannvorrichtung versehen sind.

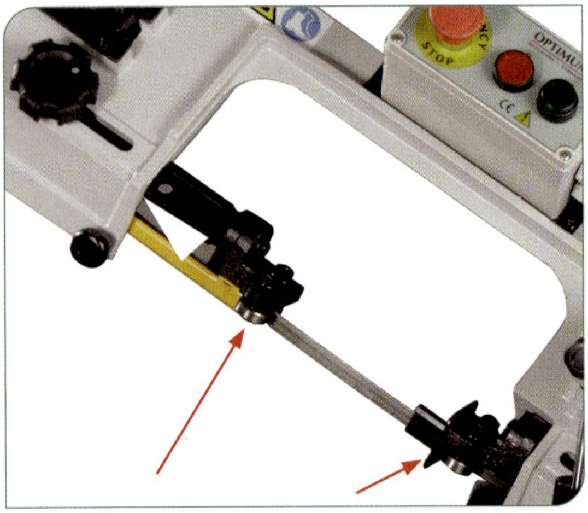

1 Sägebandführung über Führungsrollen

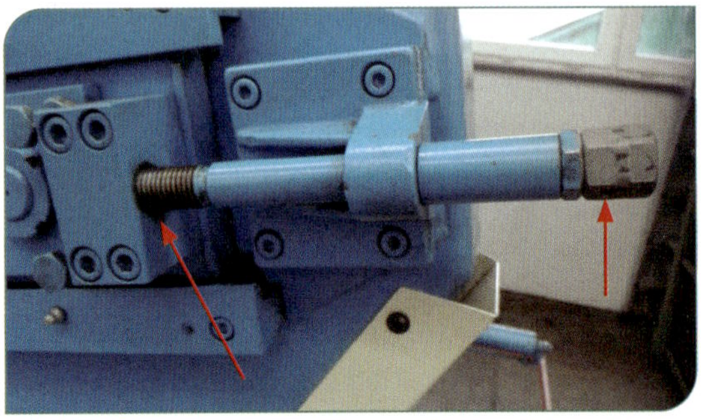

2 Sägeband-Spannvorrichtung mit Spannmutter

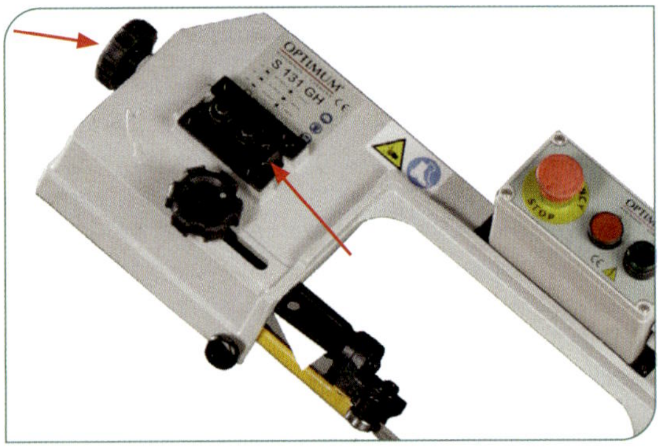

3 Sägeband-Spannvorrichtung mit Handrad

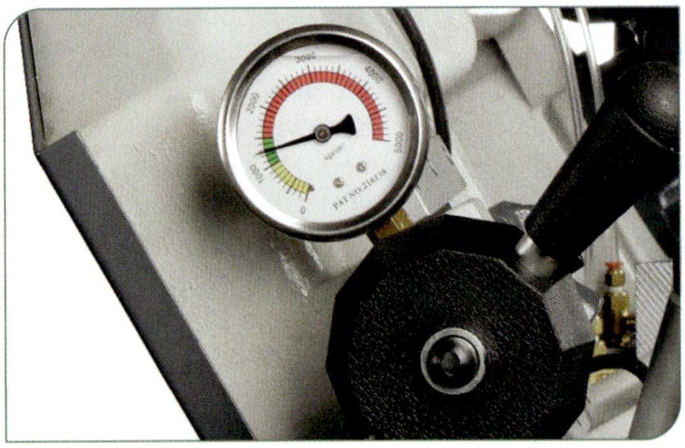

4 Manometer zur Kontrolle der Sägebandspannung

Hierbei wird zunächst die eine Spannbacke mit dem Handrad an das Werkstück geführt und das Werkstück wird dann durch Bedienen des Schnellspannhebels (quick-release lever) fest eingespannt (Bild 1). Vorteilhaft ist dies, wenn z. B. mehrere Rohre mit gleichem Durchmesser gesägt werden müssen.
Die parallelen Spannbacken lassen sich durch Lösen der Feststellschrauben zwischen 0°–45° verstellen. Dadurch können die Werkstücke nicht nur rechtwinklig, sondern auch in verschiedenen Winkeln getrennt werden.

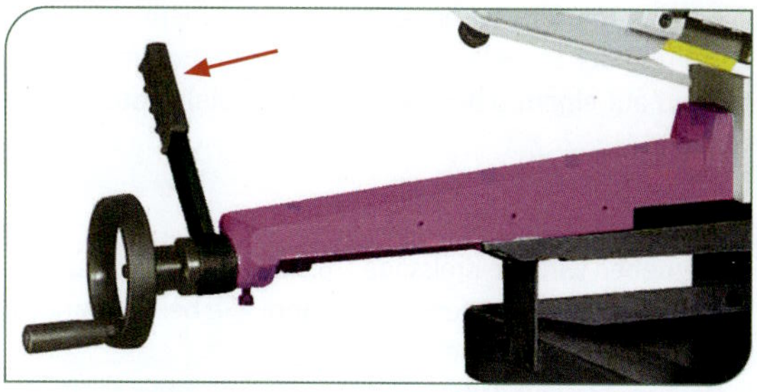

1 Schraubstock mit Handrad und Schnellspanner

2.1.2.5 Kühlung und Schmierung

Beim Sägen mit der Bandsäge ist es besonders wichtig, dass während des Sägevorganges das Sägeband gut gekühlt und geschmiert wird. Die hohen Schnittleistungen und der kontinuierliche Sägevorgang erfordern eine lückenlose (continuous) und passend dosierte Kühlung bzw. Schmierung des Sägebandes an der Schnittstelle.
Wie in Bild 2 zu sehen, kann der Kühlschmierstoff auch unmittelbar an den Rollen der Sägebandführung zugeführt werden. Mit Hilfe eines an der Halterung des Kühlmittelschlauchs (coolant hose) angebrachten Dosierventils kann die erforderliche Durchflussmenge eingestellt werden.
Die Kühlmitteleinrichtung ist im Unterbau (foundation) des Gestells unterhalb der Auffangwanne integriert und besteht aus einem Kunststoffbehälter (plastic container) mit getrennten Böden, der Förderpumpe und den Vor- und Rücklaufschläuchen (Bild 3).
Der Kühlschmierstoffbehälter, die Pumpe und die Schläuche können zusammen leicht aus dem Gestell herausgezogen werden. Hierdurch kann das Kühlschmiermittel problemlos nachgefüllt und der Behälter und die Pumpe gereinigt werden. Die Vorschriften beim Umgang mit Kühlschmierstoffen sind zu beachten (vgl. Kap. 7.2).

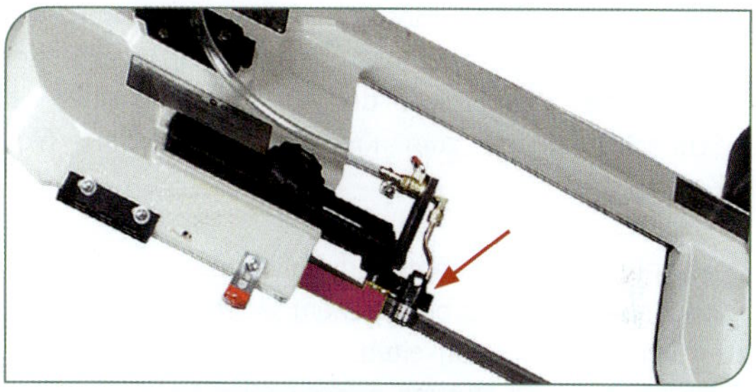

2 Kühlung an der Sägebandführung

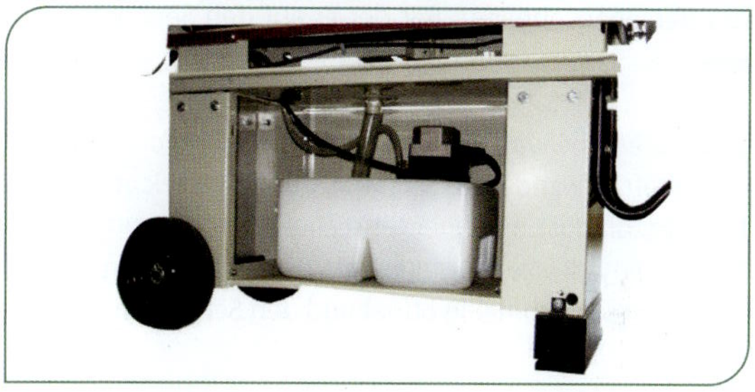

3 Kühlschmierstoffanlage im Gestell

2.1.3 Kreissägemaschine

Im Vergleich zur Maschinenhubsäge und zur Bandsäge ist die Kreissägemaschine im Aufbau kompakter (compacter) und hat mit ihren Abmessungen einen geringeren Platzbedarf. Da sie außerdem relativ kostengünstig (cost-effective) und dennoch vielfällig einsetzbar ist, wird sie auch im SHK-Bereich häufig eingesetzt.

Gestell

Kreissägemaschinen stehen nicht nur, wie in Bild 4 dargestellt, auf einem Maschinenunterbau auf dem Werkstattboden, sondern werden auch oft mit dem Gestellsockel auf Werkbänken befestigt.

4 Kreissägemaschine mit Maschinenunterbau

Die Halterung für den beweglichen Maschinenkopf (Sägekopf) und der Schnellspannschraubstock mit dem Drehteller sind auf einem schwenkbaren (slewable) Gestell befestigt (Bild 1).

Werkzeugantrieb

Angetrieben wird die Kreissäge z. B. von einem zweistufigen Elektromotor. Der Antriebsstrang kann, wie bei der Bandsäge, auf zwei Arten ausgeführt sein:

- Das Sägeblatt wird über die Antriebswelle (drive shaft) des Elektromotors in einer Achsebene direkt angetrieben.
- Die Antriebswelle des Motors und die Antriebswelle des Sägeblattes sind rechtwinklig (rectangular) zueinander angeordnet. Hierbei wird der Antriebsstrang über ein Schneckengetriebe zum Kreissägeblatt geführt (vgl. Kap. 2.1.2.2).

Der zweistufige Elektromotor ermöglicht mit den zwei verschiedenen Drehzahlen bei gleichem Sägeblattdurchmesser zwei Schnittgeschwindigkeiten.
Die Schnittleistung (cutting performance) kann allerdings sehr unterschiedlich sein, da sie auch von der Kraft (power) des Bedieners abhängt, mit der er auf den Senkhebel einwirkt.

Durch die Hebelwirkung (leverage) können schon bei geringem Kraftaufwand gute Schnittleistungen erreicht werden. Das Sägeblatt ist mit einer umschließenden Schutzvorrichtung (safety device) versehen, die sich beim Absenken des Sägekopfes gleichmäßig öffnet und den Schnittbereich freigibt.

Werkzeugaufnahme und Sägeblattbezeichnung

Bei der Kreissäge führt das Sägeblatt eine kontinuierliche kreisförmige Schnittbewegung aus. Die im Vergleich zu den Hub- und Bandsägeblätter breiteren (wider) Kreissägeblätter sind stabiler und können höhere Schnittleistungen erreichen. Allerdings sind die Schnittverluste wegen der größeren Schnittbreite entsprechend höher.

Die Metallkreissägeblätter (circular metal saw blades) sind nach DIN 1838 genormt.

Beispiel für die Bezeichnung eines Metallkreissägeblattes aus Hochleistungs-Schnellarbeitsstahl (HSS) mit einem Durchmesser von $d = 160\,mm$, einer Breite von $b = 3\,mm$, der Zahnform B und dem Werkzeugtyp N nach DIN 1840:

Kreissägeblatt 160 x 3 BN DIN 1838 – HSS

Werkstückaufnahme

Für die Werkzeugaufnahme werden Schraubstöcke in unterschiedlichen Ausführungen angeboten:

- ein- oder beidseitig um 45° schwenkbar,
- mit oder ohne Schnellspannvorrichtung,
- mit einzeln einstellbaren Spannbacken (clamping jaws),
- mit Prismenspannbacken für Rohre und eckige Profile,
- mit Längenanschlag.

Kühlung und Schmierung

Wie im Bild 2 zu sehen, sind die Hauptbauteile der Kühlschmieranlage im Maschinenunterbau der Kreissäge leicht zugänglich untergebracht.
Der Kühlschmiermittelbehälter (cooling lubricant tank) mit aufgesetztem Elektromotor und eingebauter Pumpe kann herausgezogen werden, um erforderlichen Inspektions- und Wartungsarbeiten auszuführen (z. B. Kühlschmiermittelwechsel, Behälterreinigung, Inspektion der Pumpe). Die besonderen Hygienemaßnahmen (hygiene measures) beim Umgang mit Kühlschmierstoffe sind hierbei zu beachten (vgl. Kap. 7.2).

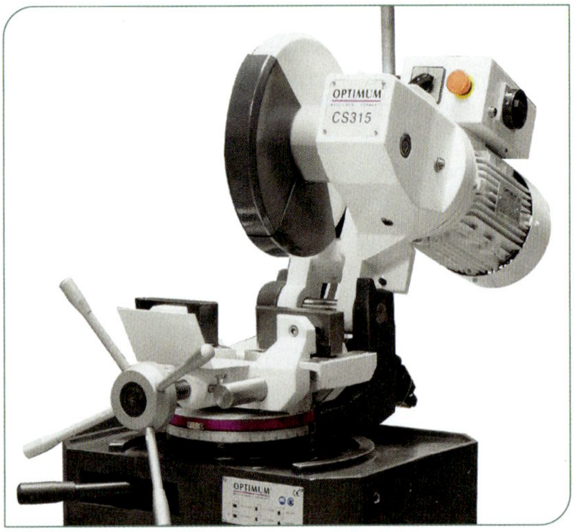

1 Maschinenkopf und Drehteller mit Schraubstock

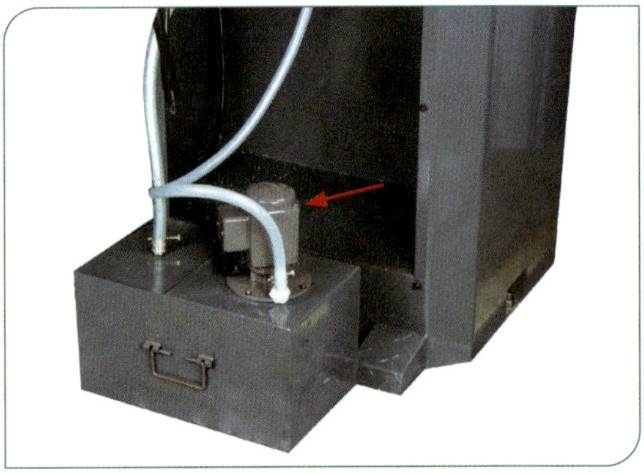

2 Kühlschmiermittelbehälter mit Pumpenmotor

2.2 Stationäre Bohrmaschinen

In sehr vielen industriellen und handwerklichen Metallbetrieben (metal companies) werden in den Werkstätten kleinere, mittlere oder größere stationäre Bohrmaschinen sowohl für die Einzelteil- oder Kleinserienfertigung als auch bei der Massenfertigung eingesetzt. Aber auch in den Lehrwerkstätten der Ausbildungsbetriebe, der Berufsschulen, der Universitäten und Technischen Hochschulen, der Forschung und der Umschulungszentren werden Bohrmaschinen genutzt.

Am bekanntesten sind die **Tisch- und Standbohrmaschinen**, die zur Gruppe der Einspindelbohrmaschinen gehören. Daneben gibt es Mehrspindelbohrmaschinen (multi-spindle drilling machines), bei denen aufeinanderfolgend mehrere Bohr-, Senk-, Reib- oder Gewindeschneidarbeiten erfolgen. Bei den Tisch- und Standbohrmaschinen haben die Gestelle die typische C-Bauweise, d. h. das Gestell steht auf einer massiven Grundplatte (Fußplatte), auf der der kastenförmige (box-type) Ständer oder die kreisrunde Säule mit dem Spanntisch bzw. Bohrtisch und dem oberen Aufbau für den Antrieb, die Werkzeugführung und die Steuerung befestigt ist (Bild 1 und Bild 2 sowie Bild 1, S. 110).

2.2.1 Stationäre Tischbohrmaschinen

Wie aus der Bezeichnung hervorgeht, werden die Tischbohrmaschinen nicht auf dem Fußboden befestigt, sondern auf einem Werktisch bzw. einer Werkbank (workbench), auf einem Werkzeugschrank oder auf einem Rahmenunterbau aufgestellt.

Je nach Ausführung kann das in einem Maschinenschraubstock eingespannte Werkstück auf der Fußplatte oder auf dem verstellbaren (adjustable) Zwischentisch gesetzt und befestigt werden (Bild 2). Das Werkstück kann aber auch mithilfe von unterschiedlichen Spannmittel direkt mit den T-Nuten in der Fußplatte oder dem Zwischentisch befestigt werden (Bild 3).

Die Zwischentische sind in der Höhe über einen Zahnstangenantrieb mit Handkurbel (crank handle) verstellbar. Sie sind an der Säule drehbar (pivotable) angebracht und können herstellerabhängig auch bis zu 45° geneigt werden (Bild 4). Bei den einfachen Ausführungen wird die Bohrspindel über einen Elektromotor (230V Netz oder Drehstrom) und einen mehrstufigen Riemenantrieb angetrieben.
Es gibt aber auch Tischbohrmaschinen mit stufenlos verstellbaren Riemenantrieben oder stufenlos einstellbarer Drehzahlregelung. Die Bohrleistung (drilling capacity) bei Stahl geht bis zu einen Durchmesser von max. 13 mm.

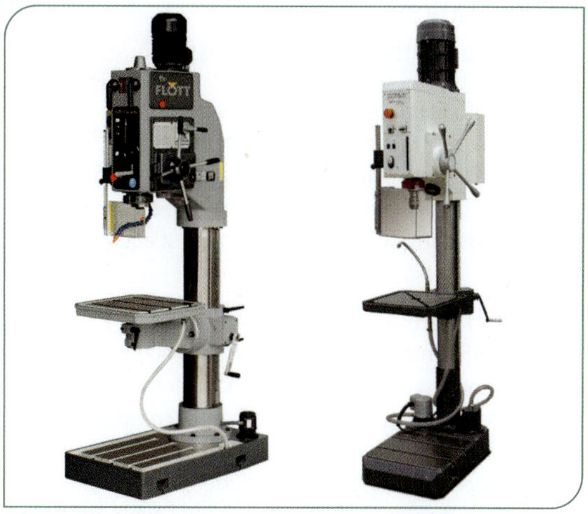

1 Ständerbohrmaschine und Säulenbohrmaschine

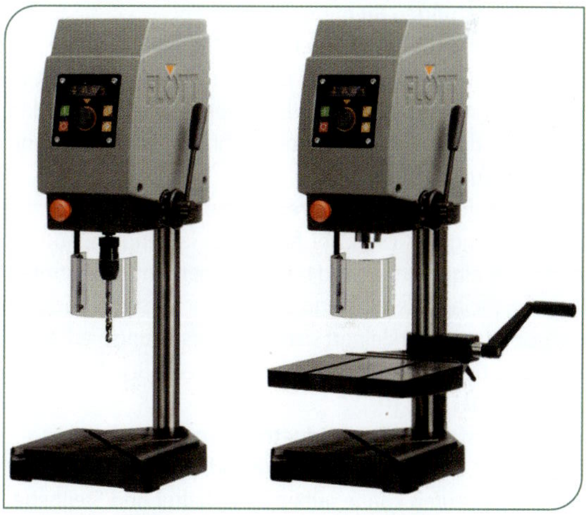

2 Tischbohrmaschine ohne und mit Zwischentisch

3 Niederhalter mit T-Fuß für Tischnuten

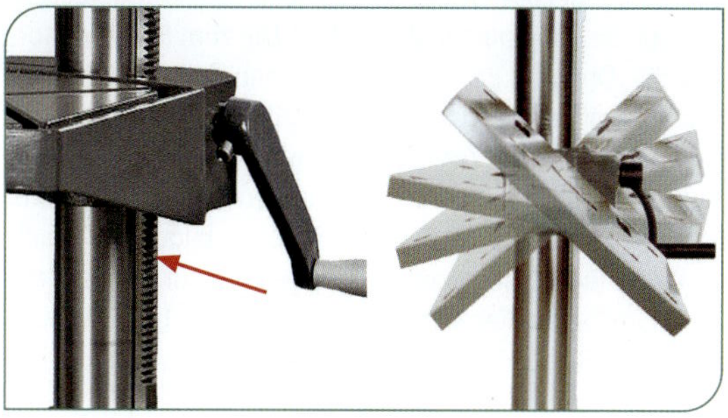
4 Höhenverstellbare und neigbare Zwischentische

2.2.2 Stationäre Säulenbohrmaschinen

Säulen-bohrmaschine

Im Grundaufbau unterscheiden sich Tischbohrmaschinen und stationäre Säulenbohrmaschinen kaum. Letztere sind die größere Ausführung mit höheren Bohr- und Gewindeschneidleistungen sowie einer breiteren Ausstattungsauswahl (selection of equipment).

2.2.2.1 Hauptantrieb und Antriebsstrang

Für den Hauptantrieb werden 230 V oder 400 V Drehstrom Elektromotoren verwendet. Bei Elektromotoren mit zwei Schaltstufen oder stufenlos einstellbarer (continuously adjustable) Drehzahlregelung (speed control) kann die Umdrehungsfrequenz bedarfsgerecht verändert werden (Bild 1).
Die Übertragung von Drehbewegung und Drehmoment auf die Bohrspindel erfolgt über:

- **einen einstufigen Riementrieb** (Bild 1);
- **einen mehrstufigen Riementrieb** (Bild 2);

Der Wechsel des Riemens bei den Riemenscheibenpaarungen muss im Stillstand (standstill) vorgenommen werden und kann durch eine Keilriemen-Schnellspanneinrichtung beschleunigt werden.

- **einen stufenlos verstellbaren Riementrieb** (Bild 3);

Die Änderung der Drehzahl findet bei laufendem Antrieb statt. Über einen Hebel wird bei den kegelförmig geformten Riemenscheiben der Abstand zueinander verstellt. Dadurch vergrößert oder verkleinert sich das Übersetzungsverhältnis zur Antriebsscheibe der Bohrspindel (siehe Bild 1, nächste Seite und Bild 2, S. 108).

- **ein mehrstufiges Zahnradgetriebe** (gear drive);

Bei einem z. B. 9-stufigen Getriebe und einem Elektromotor mit 2 Schaltstufen können über Stellschalter und Stellhebel 18 Drehzahlen eingestellt werden.

- **eine Kombination aus 3-stufigem Zahnradgetriebe und Riementrieb;**

Hier kann bei einem Elektromotor mit stufenlos einstellbarer elektronischer Drehzahlregelung in jeder Getriebestellung ein größerer Drehzahlbereich abgedeckt werden (z. B. 850 – 1250 Umdrehungen pro Minute).

2.2.2.2 Drehzahländerung bei Riementrieben

Beim Riementrieb (belt drive) wird die Drehzahl des Elektromotors über Keilriemen, Keilrippenriemen oder Zahnriemen und den angepassten Riemenscheiben (pulleys) geräuscharm auf die Bohrspindel übertragen. Die zum Bohren erforderliche Drehzahl lässt sich berechnen oder am Nomogramm ermitteln (vgl. LF 1, Kap. 1.2.2.6). Die Riemenscheiben haben die gleiche Zusatzbezeichnung und sind auf das jeweilige Profil der genannten Riemen abgestimmt (z. B. Keilrippenscheibe, Bild 4). Eine Ausnahme bilden die kegelförmigen Riemenscheiben des Vorgeleges für den stufenlos verstellbaren Riementrieb (Bild 3 und Bild 1, S. 107 sowie Bild 2, S. 108).

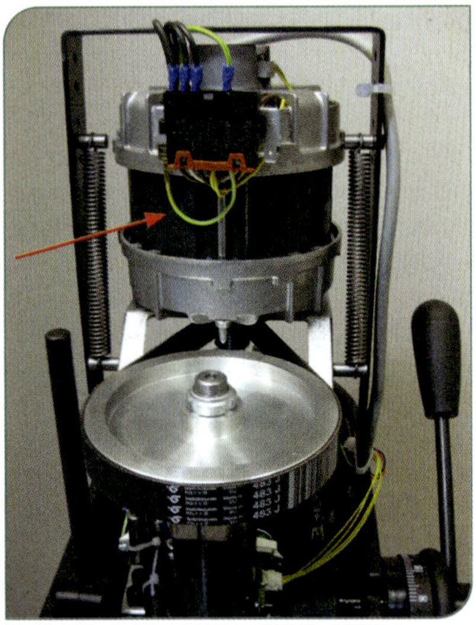

1 Elektromotor mit elektronischer Drehzahlregelung

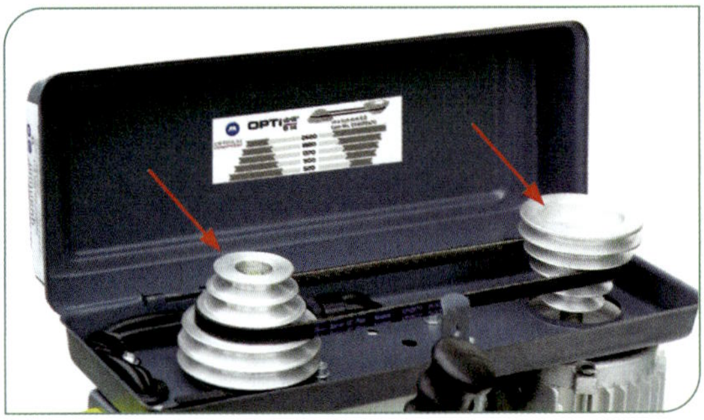

2 Fünfstufiger Riementrieb

3 Stufenlos einstellbarer Riementrieb

4 Keilrippenriemen und Keilrippenscheibe

1 Kegelförmige Riemenscheiben des Vorgeleges

Bei Riemenscheiben mit gleichen Durchmessern d_1 und d_2 sind Riemengeschwindigkeit v_R und Drehzahl (Umdrehungsfrequenz) n bei beiden Riemenscheiben gleich.

Verändert sich der Durchmesser bei einer der beiden Riemenscheiben, so muss sich bei gleichbleibender Riemengeschwindigkeit die Drehzahl bei der anderen Riemenscheibe in einem bestimmten Verhältnis verändern. Dies gilt nur solange der Riemen keinen Schlupf (slip) hat, d.h. nicht rutscht.

Die Drehrichtung und Ausgangsdrehzahl wird von der treibenden Riemenscheibe des Elektromotors bestimmt. Die Riemengeschwindigkeit v_R ergibt sich aus dem Umfang der treibenden Riemenscheibe.
$d_1 \cdot \pi$ multipliziert mit ihrer Drehzahl n_1 (Bild 2)

$$v_{R1} = \frac{d_1 \cdot \pi \cdot n_1}{1000} = \frac{d_2 \cdot \pi \cdot n_2}{1000} = v_{R2}$$

v_{R1}, v_{R2} = Vor- und Rücklaufgeschwindigkeit des Riemens

d_1, n_1 = Durchmesser und Drehzahl der treibenden Riemenscheibe 1

d_2, n_2 = Durchmesser und Drehzahl der angetriebenen Riemenscheibe 2

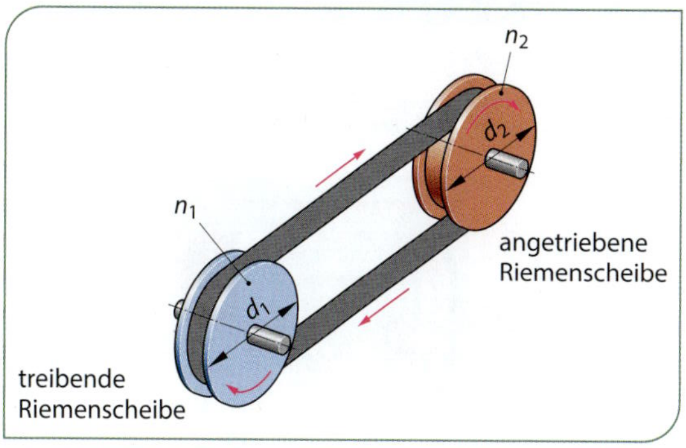

2 Riemenscheiben mit gleichen Durchmessern

Daraus lassen sich folgende Gleichungen ableiten:

$$v_{R1} = v_{R2}$$

$$d_1 \cdot \pi \cdot n_1 = d_2 \cdot \pi \cdot n_2$$

$$d_1 \cdot n_1 = d_2 \cdot n_2$$

$$\frac{d_1}{d_2} = \frac{n_2}{n_1}$$

Die Endgleichung (last equation) besagt, dass bei unterschiedlichen Durchmessern der Riemenscheiben, sich die Drehzahlen der beiden Riemenscheiben bei gleichbleibender Riemengeschwindigkeit umgekehrt proportional verhalten.

Ist der Durchmesser d_2 der angetriebenen Riemenscheibe kleiner als der Durchmesser d_1 der treibenden Riemenscheibe, so ist die Drehzahl n_2 der angetriebenen Riemenscheibe bei gleichbleibender Riemengeschwindigkeit proportional größer als die Drehzahl n_1 der treibenden Riemenscheibe (Bild 3).

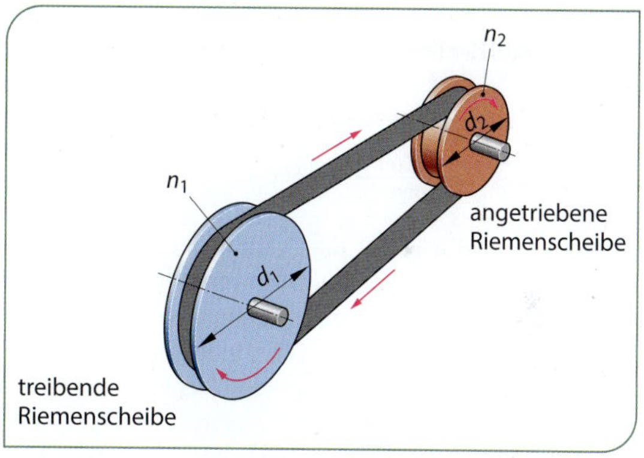

3 Zunahme der Spindeldrehzahl bei kleinerem Durchmesser

Ist der Durchmesser d_2 der angetriebenen Riemenscheibe größer als der Durchmesser d_1 der treibenden (driving) Riemenscheibe, so ist die Drehzahl n_2 der angetriebenen Riemenscheibe bei gleichbleibender Riemengeschwindigkeit proportional kleiner als die Drehzahl n_1 der treibenden Riemenscheibe (Bild 4).

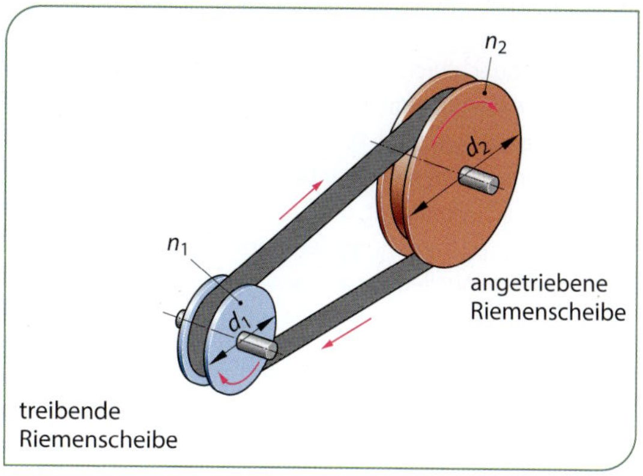

4 Verringerung der Spindeldrehzahl bei größerem Durchmesser

Mit einer Kombination verschiedener Riemenscheibendurchmesser auf der Antriebsseite und auf der Bohrspindelseite können durch das Umsetzen der Riemen z. B. 5 oder 9 unterschiedliche Spindeldrehzahlen eingestellt werden (siehe Bild 2, S. 106 und Bild 1).

In der Regel werden an der Bohrmaschine die einstellbaren Drehzahlen und die entsprechenden Riemenstellungen auf einer Informationstafel (information board) angezeigt (Bild 1). Sollten diese Informationen fehlen, können die Drehzahlen mithilfe der gemessenen Scheibendurchmesser und der Drehzahlangabe auf dem Typenschild des Elektromotors annähernd berechnet werden.

Beispiel

Geg.: Riemenscheibendurchmesser an der Antriebswelle des Elektromotors $\boldsymbol{d_1 = 60\,mm}$

Riemenscheibendurchmesser an der Bohrspindel $\boldsymbol{d_2 = 150\,mm}$

Drehzahl des Elektromotors $n_1 = 1\,650$ 1/min

Ges.: Drehzahl der Bohrspindel $n_2 = ?$ 1/min

$$\frac{d_1}{d_2} = \frac{n_2}{n_1}$$

$$n_2 = \frac{d_1 \cdot n_1}{d_2} = \frac{60\,\text{mm} \cdot 1650\,\text{1/min}}{150\,\text{mm}} = 660\ \text{1/min}$$

Wesentlich praktischer ist die Drehzahländerung mithilfe eines Vorgeleges bzw. kontinuierlich verstellbaren Riementriebs (**CVT** continuously variable transmission). Bei dieser mechanischen Einrichtung kann über einen Hebel der axiale Abstand zwischen zwei kegelförmigen Riemenscheiben innerhalb eines bestimmten Bereichs verstellt werden (Bilder 2 und 3). Die Verstellung erfolgt bei laufendem Antrieb und verändert am Vorgelege den wirksamen Durchmesser des umlaufenden Treibriemens.

2.2.2.3 Werkzeugführung und Werkzeugaufnahme

Die über den Antriebsstrang betriebene Bohrspindel (Pinole) (drill spindle) überträgt die Arbeitsbewegungen (Drehbewegung, Drehmoment und Vorschub) auf den Bohrer.
Sie lässt sich von Hand über einen Vorschubhebel bzw. ein Drehkreuz oder durch einen zuschaltbaren mechanischen Vorschub senkrecht zum eingespannten Werkstück auf dem Bohrtisch absenken (Bild 4).
Mit dem einstellbaren mechanischen Vorschub lässt sich die Vorschubgeschwindigkeit, d. h. das Eindringen in den Werkstoff in mm pro Umdrehung, wesentlich genauer einhalten als mit dem manuellen Vorschub.

1 Neun Spindeldrehzahlen durch zweifache Scheibenkombination

2 Vorgelege mit verstellbaren Keilriemenscheiben

3 Änderung der Drehzahl am Stellhebel

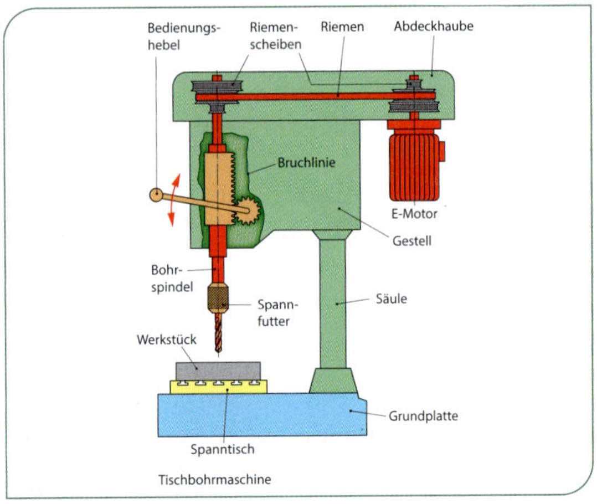

4 Manueller Vorschub

Der Vorschub ist abhängig vom Werkstoff, von seiner Festigkeit bzw. Härte, vom Bohrungsdurchmesser und vom Werkstoff des Bohrers (HSS oder Hartmetall). Die Richtwerte für Vorschübe können aus einer an der Bohrmaschine angebrachten Tafel oder aus Tabellenbüchern entnommen werden. Für z. B. unlegierte und legierte Stähle gelten die Vorschubreihen 03, 05, und 06 (Bild 1).

	Bohrungsdurchmesser *d* in mm									
	2,5	3,5	5	7	10	12	18	25	35	50
02	0,01	0,02	0,02	0,04	0,05	0,06	0,08	0,10	0,12	0,15
03	0,01	0,03	0,04	0,05	0,07	0,08	0,10	0,12	0,15	0,19
05	0,03	0,04	0,06	0,08	0,09	0,10	0,13	0,16	0,19	0,24
06	0,03	0,05	0,08	0,09	0,11	0,12	0,17	0,20	0,23	0,30

1 Richtwerte für unlegierte und legierte Stähle

Bohrer bis 13 mm Durchmesser können in einem Schnellspannfutter eingespannt werden (siehe S. 49). Bohrer mit größeren Durchmessern haben einen Kegelschaft (Morsekegel) (Morse taper) mit Austreiblappen und werden mit einem kurzen Ruck in die Kegelhülse der Bohrspindel eingesteckt.

Dadurch wird der Bohrer zentriert und eine feste Klemmwirkung erzielt. Die Lösung des Bohrers aus der Kegelhülse erfolgt mithilfe des Austreibers (Bild 2a).

Das Schneiden von Innengewinde an der Bohrmaschine kann mit einem Gewindeschneidapparat (tapping jig) erfolgen (Bild 2b).

Dieser ist auch mit einem Morsekegel versehen und kann wie beschrieben in die Kegelhülse eingeklemmt und wieder gelöst werden. Nachdem das Innengewinde in einem Durchgang geschnitten wird, erfolgt der Rücklauf durch eine interne Umschaltung automatisch.

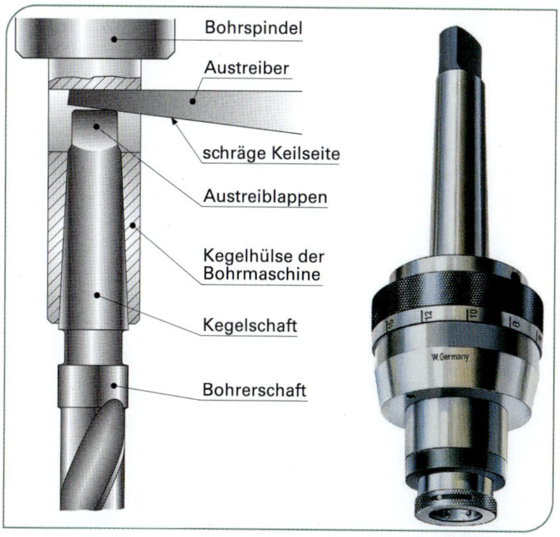

2 a) Bohrer mit Morsekegel b) Gewindeschneidapparat

2.2.2.4 Werkstückaufnahme

Wie bei den Tischbohrmaschinen, können bei den stationären Säulen- und Standbohrmaschinen die Werkstücke oder Bauteile entweder auf dem Bohrtisch oder auf der Fußplatte eingespannt bzw. befestigt werden (vgl. Kap. 2.2.1).

Die Spannvorrichtungen bzw. Spannmittel müssen einerseits die beim Bohren oder Gewindeschneiden auftretenden Kräfte standhalten und einen sicheren Halt gewährleisten, andererseits aber möglichst zügige und unkomplizierte Ein- und Ausspannvorgänge ermöglichen.

2.2.2.5 Kühlung und Schmierung

Auch beim Bohren und Gewindescheiden muss zur Erhöhung der Bohrerstandzeiten (drill lives) und zur Sicherstellung einer hohen Oberflächengüte bei Bohrungen und Gewinde gut gekühlt und geschmiert werden. Besonders beim Bohren mit hohen Schnittleistungen soll der Kühlschmierstoff kontinuierlich zugeführt werden.

Die Förderpumpe und der Spänefilter (chip filtration) sind auf der Fußplatte montiert und der Kühlschmierstoffspeicher in der Fußplatte integriert. Von der Förderpumpe führt ein Schlauch den Kühlschmierstoff zum Bohrtisch und über einen Rücklaufschlauch fließt er zurück zum Spänefilter (Bild 3).

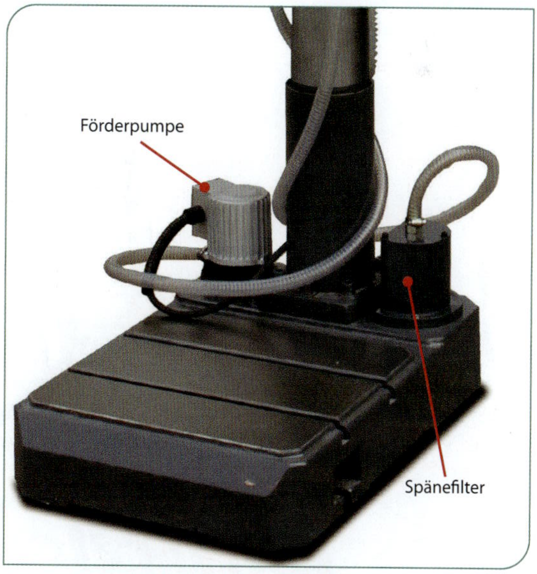

3 Fußplatte mit Förderpumpe und Spänefilter

2 Gewindeschneidmaschine mit auf klappbarem Fahrgestell

Legende

1 Spann- und Zentrierfutter
2 Führungsstange
3 Drehkreuz
4 Klapp- und fahrbarer Unterbau
5 Sicherheits-Fußschalter
6 Rohrschneider
7 Gewindeschneidkopf
8 Führungsschlitten
9 Gestell

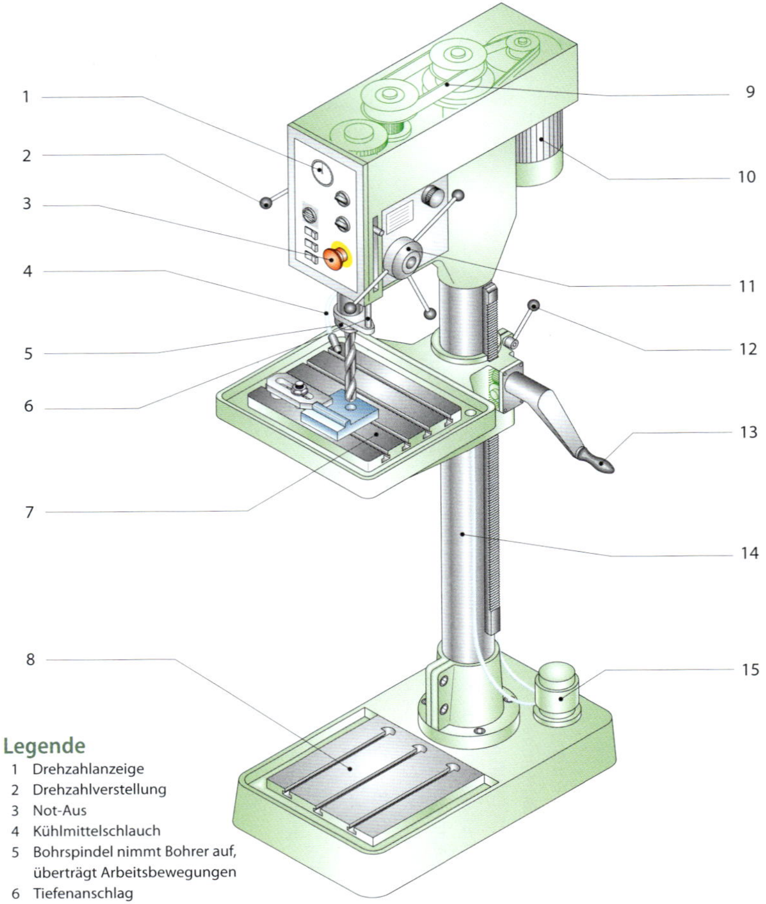

1 Aufbau einer Säulenbohrmaschine

Legende

1 Drehzahlanzeige
2 Drehzahlverstellung
3 Not-Aus
4 Kühlmittelschlauch
5 Bohrspindel nimmt Bohrer auf, überträgt Arbeitsbewegungen
6 Tiefenanschlag
7 Bohrtisch, zur Werkstückaufnahme kleiner Werkstücke mit einem Maschinenschraubstock, größere direkt auf den Bohrtisch
8 Fußplatte, nimmt die Säule auf, dient auch zur Aufspannung großer Werkstücke
9 Riemengetriebe zur stufenlosen Drehzahlverstellung
10 Elektromotor
11 Vorschubbetätigung manuell oder automatisch über das Zahnradgetriebe
12 Feststellhebel
13 Kurbel für Tischverstellung
14 Säule mit Zahnstange führt und hält Bohrtisch
15 Kühlmittelpumpe fördert Kühlschmiermittel über den Kühlmittelschlauch zur Bohrstelle

2.3 Gewindeschneidmaschine

Im SHK- Bereich und im Rohrleitungsbau wird die Gewindeschneidmaschine (threading machine) sowohl in der Werkstatt als stationäre Werkzeugmaschine als auch auf der Baustelle als mobile Werkzeugmaschine häufig eingesetzt (Bild 2, vorherige Seite). Müssen für einen Kundenauftrag eine größere Stückzahl von Rohrleitungen mit einem Rohraußengewinde (external thread) nach DIN EN 10226-1 versehen werden[1)], ist der Einsatz einer Gewindeschneidmaschine aus wirtschaftlichen Gründen vorteilhaft (vgl. Kap. 5.1.4 und Kap. 8.1.2). Mit dieser Fertigungsmaschine können nicht nur die Außengewinde präzise und zeitsparend geschnitten, sondern auch die benötigten Rohrlängen auf Maß getrennt und innen entgratet werden.

2.3.1 Gestell

Stationäre Gewindeschneidmaschinen werden in den Werkstätten auf einem stabilen Unterbau oder auf die Werkbank gestellt. Damit auch bei einer nicht stationären Verwendung der Gewindeschneidmaschine eine angemessene ergonomische (ergonomic) Arbeitshöhe erreicht wird, stehen sie oft auf einem fahrbaren (mobile) Unterbau. Ist z. B. in der SHK-Werkstatt wenig Platz vorhanden, kann die Maschine bei Gebrauch aus dem Abstellbereich herausgefahren und nach Herstellung der Gewinde in diesen Bereich zurückgestellt werden. Der fahrbare Unterbau kann auch leicht zusammengeklappt und bei Bedarf transportiert werden (Bild 2, vorherige Seite).

2.3.2 Antrieb

Bei der Gewindeschneidmaschine wird nicht wie bei anderen spanenden Werkzeugmaschinen (z. B. Bohr- oder Maschinenhubsäge) die Schnittbewegung vom Werkzeug sondern vom Werkstück (workpiece) ausgeführt. Das im Spann- und Zentrierfutter befindliche Rohr dreht sich (Bilder 2 und 3), während der Gewindeschneidkopf fest auf einem Führungsschlitten montiert ist (Bild 1, diese Seite, und Bild 2, vorherige Seite). Angetrieben werden Gewindeschneidmaschinen meist durch einen 230 V Motor oder, bei größeren Rohrnennweiten, durch einen 400 V Motor. Die Übertragung der Drehbewegung und des Drehmoments auf das Zentrierfutter (concentric chuck) erfolgt fast ausschließlich über ein mehrstufiges Zahnradgetriebe. Das Zahnrad am Getriebeausgang greift in einen Zahnkranz, der am Zentrierfutter angebracht ist. Dadurch wird die Drehbewegung auf das eingespannte Rohr übertragen.

2.3.3 Werkstückaufnahme und Werkstückführung

Das zu bearbeitende Rohr wird durch ein Spannfutter und ein Zentrierfutter mittig ausgerichtet und fest eingespannt (Bilder 2 und 3). Beide haben jeweils drei Spannbacken und sind durch eine Hohlwelle (hollow shaft) drehbar miteinander verbunden. Nachdem das Rohr bis zum Anschlag in die Hohlwelle eingeführt wird, müssen nacheinander Spann- und Zentrierfutter per Hand gedreht werden, damit die Spannbacken am Rohr fest anliegen. Somit kann es während des Schneidvorganges nicht verrutschen. Der Endschalter ragt ca. 200 mm aus dem Spannfutter heraus (siehe S. 112, Bild 2). Bis zu einer Länge von 2 m werden die Rohre durch Spann- und Zentrierfutter in axialer Richtung optimal fixiert. Ab einer Rohrlänge ≥ 2 m sollte ein höhenverstellbarer Ständer mit einer geeigneten Rohrführung als Auflage verwendet werden.

1 Gewindeschneidkopf fest, Rohrschneider und Entgrater seitlich weggeklappt

2 Zentrierfutter

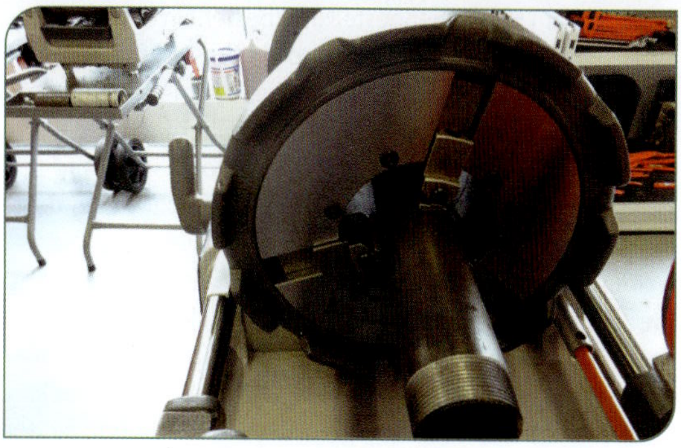

3 Spannfutter

[1)] Alte Bezeichnung: Whitworth-Rohrgewinde

2.3.4 Werkzeug und Werkzeugführung

Der Gewindeschneidkopf (die head) der Gewindeschneidmaschine mit den eingesetzten 4, 5 oder 6 auswechselbaren Schneidbacken (pipe dies) (Bild 2b) ist auf einem Führungsschlitten fest eingespannt (Bild 1, S. 111 und Bild 2, S. 110). Durch die Betätigung eines am Gewindeschneidkopf angebrachten Einstellhebels können durch Verschiebung der Schneidbacken mit einem Gewindeschneidkopf mehrere Gewindegrößen von z. B. R1/2 bis R 2 oder R 2 1/2 bis R 4 hergestellt werden (Bild 2a). Damit der Gewindeschneidkopf zentrisch, sicher und ohne großen Kraftaufwand zum Rohrende hin bzw. vom Rohrende weg bewegt werden kann, wird der Führungsschlitten durch zwei Führungsstangen (motion rods) beidseitig geführt. (Bild 2, S. 110 und Bild 3) Durch die präzisen Führungsstangen und der Führungsbuchsen bzw. -lager am Führungsschlitten, wird eine sehr genaue und leichtgängige Bewegung des Gewindeschneidkopfes erreicht. Hierdurch wird auch bei größeren Rohrnennweiten eine hohe Gewindequalität gewährleistet.

2.3.5 Schnittbewegung und Vorschub

Wie im Kap. 2.3.2 beschrieben führt das Rohr die drehende Schnittbewegung aus. Die waagerechte (horizontal) Vorschubbewegung des Führungsschlittens mit dem Gewindeschneidkopf erfolgt über ein Drehkreuz (Bild 2, S. 110) und ein Zahnstangengetriebe. Durch die Betätigung des Drehkreuzes wirkt ein Zahnrad auf eine Zahnreihe (Zahnstange), die an der Unterseite der einen Führungsstange eingearbeitet ist (Bild 3). Damit wird der Schneidkopf in die gewünschte Richtung gelenkt. Um den Schneidvorgang einzuleiten, wird der Gewindeschneidkopf zum drehenden Rohrende bewegt und leicht angedrückt. Sind ein bis zwei Gewindegänge (threads) geschnitten, wird der Schneidkopf durch die Drehbewegung des Rohres und durch die Gewindesteigung weiter auf das Rohr gezogen. Diese selbsttätige (automatic) geradlinige Vorschubbewegung wird solange fortgesetzt, bis der Endschalter den Motor ausschaltet (Bild 2a und Bild 1, vorherige Seite).

2.3.6 Kühlung und Schmierung

Die Kühlschmiermitteleinrichtung (coolant apparatus) befindet sich im Maschinengestell und besteht in der Regel aus einer herausnehmbaren (removable) Kunststoffwanne mit Abdeckung, einer Zahnradpumpe (gear pump) mit einstellbarer Fördermenge, unterschiedlichen Filtern und den Vor- und Rücklaufschläuchen. Aus der Kunststoffwanne wird das Kühlschmiermittel entnommen und fließt auch wieder dorthin zurück. Mit Hilfe von verschiedenen Sieben (strainers) werden die mitgeführten Späne aus der Flüssigkeit entfernt. Die Gewindeschneidmaschine sollte mit leichtem Gefälle (incline) zum Gewindeschneidkopf hin aufgestellt bzw. ausgerichtet werden, damit das Kühlschmiermittel (cooling lubricant) nicht über das Rohr entweichen kann und so der Verbrauch verringert wird. Zwar ist die eigentliche Bearbeitungszeit beim Gewindeschneiden, außer bei Langgewinden (long threads), relativ kurz, doch während des Gewindeschneidens steigt die Wärmebelastung (heat load) durch die hohe Schnittleistung der Schneidbacken. Deshalb haben die meisten Gewindeschneidmaschinen eine in den Gewindeschneidkopf integrierte Kühlschmiermittelzufuhr (coolant feed). Hierdurch wird das Kühlschmiermittel unmittelbar an die Zerspanungsstelle geführt. Die Schneidbacken werden während der Zerspanung gut geschmiert und gekühlt und ihre Standzeit (life) dadurch erhöht.

1 Führungsschlitten mit seitlich weggeklappten Gewindeschneidkopf und Innenentgrater

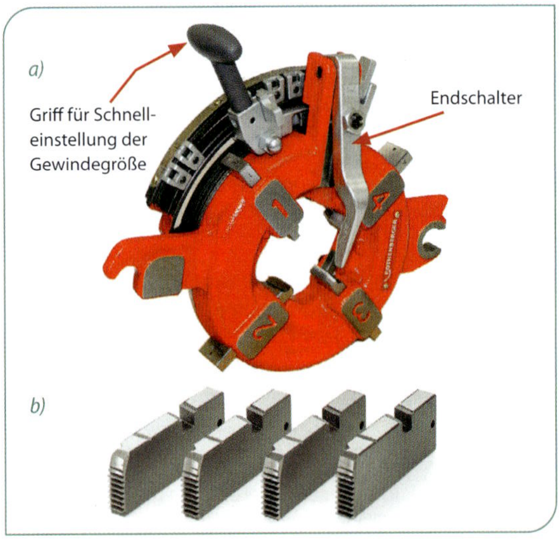

2 a) Gewindeschneidkopf und b) Gewindeschneidbacken

3 Führungsstange mit Zahnreihe

2.4 Stationäre Doppelschleifmaschinen

In den metallverarbeitenden Industrie- und Handwerksbetrieben, den überbetrieblichen Ausbildungs- und Umschulungszentren oder den Werkstätten der Berufsschulen und technischen Hochschulen werden Doppelschleifmaschinen (disk grinders) zur Bearbeitung von Werkstücken und Werkzeugen eingesetzt. So werden an diesen Maschinen z. B.:

- scharfkantige Stab-, Form- oder Hohlprofile entgratet,
- eckige Konturen bei Werkstücken durch Freiformschleifen abgerundet oder mit einer Fase (chamfer) versehen,
- winkelige Gehrungen nach dem Sägen passgenau auf Maß geschliffen,
- die Schneiden von Flach- oder Kreuzmeißel geschärft,
- die Spitzen eines Körners (center punch) oder einer Reißnadel angespitzt.

Ähnlich wie bei den Bohrmaschinen gibt es auch bei den Doppelschleifmaschinen zwei Ausführungen:

- Die kleineren und leichteren Ausführungen werden entweder auf einer Werkbank, einem Werktisch oder einem Werkzeugschrank befestigt und können bei Bedarf ohne großen Aufwand umgesetzt werden.
- Die größeren und schweren Ausführungen werden auf einem stabilen Unterbau bzw. Maschinenständer montiert, der fest mit dem Fußboden verbunden ist.

2.4.1 Gestell, Werkzeug- und Werkstückaufnahme

Bei den Doppelschleifmaschinen bilden der Antrieb und die Werkzeugaufnahme eine im Gehäuse integrierte (Bild 1) oder auf dem Gestell gesetzte Baugruppe (Bild 3). Auf beiden Seiten des elektrischen Motors (230 V oder 400 V) befinden sich die Befestigungsflansche (mounting flanges) für die Aufnahme der Schleifscheiben (Bild 2). Meist werden unterschiedliche Schleifscheiben eingesetzt, z. B.:

- mit grober Körnung (coarse) zum Schruppschleifen und feiner Körnung zum Feinschleifen von Stahl und Gusseisen,
- mit unterschiedlichen Schleifmittel und Bindung für nichtrostenden Stahl oder für Nichteisenmetalle.

Zum Schutz vor Funkenflug wird der überwiegende Teil der Schleifscheibe durch eine Schutzhaube (safety hood) abgedeckt. Bei einigen Schleifmaschinen kann der Öffnungsbereich der Schutzhaube innerhalb eines vorgegebenen Bereichs verstellt werden. Zusätzlich sind an den Schutzhauben Augenschutzscheiben aus bruchsicherem Werkstoff angebracht (Bilder 1 und 3).

Im Gegensatz zu den vorausgehend dargestellten Werkzeugmaschinen, werden bei der Doppelschleifmaschine keine Spannvorrichtungen oder Spannmittel zur Aufnahme der Rohlinge oder Werkstücke verwendet. Diese werden hier von Hand mithilfe der Werkstückauflagen in die erwünschte Bearbeitungsposition gebracht und beim Schleifvorgang geführt. Die an den Schutzhauben befestigten Werkstückauflagen können mit oder ohne Werkzeug verstellt werden (Bilder 1 und 3).

2.4.2 Absaugvorrichtung

Der Schleifstaub (swarf) ist ein Abfallgemisch aus Werkstücks- und Schleifsteinpartikel, der beim Schleifen entsteht und besonders bei längeren Bearbeitungszeiten die Atemluft somit die Gesundheit belastet. Aufgewirbelte, in der Luft schwebende Aluminium- und Magnesiumstäube können sogar Staubexplosionen verursachen. Deshalb werden vor allem größere Schleifmaschinen mit einer Schleifstaubabsaugung (swarf suction) ausgestattet. Über ein im Ständer befindlichen Sauggebläse wird die Luft mit dem Schleifstaub aus den Schutzhauben abgezogen und durch Vorabscheidefilter, Feinstaubfilter und gegebenenfalls einen Nassabscheider gereinigt (Bild 3).

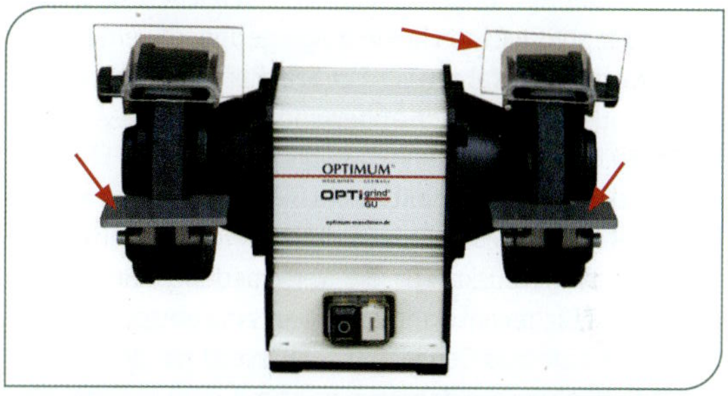

1 Doppelschleifmaschine

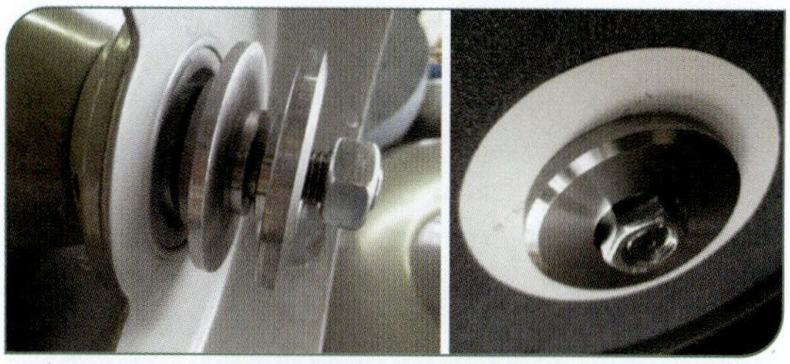

2 Antriebswelle mit Schleifscheibenbefestigung

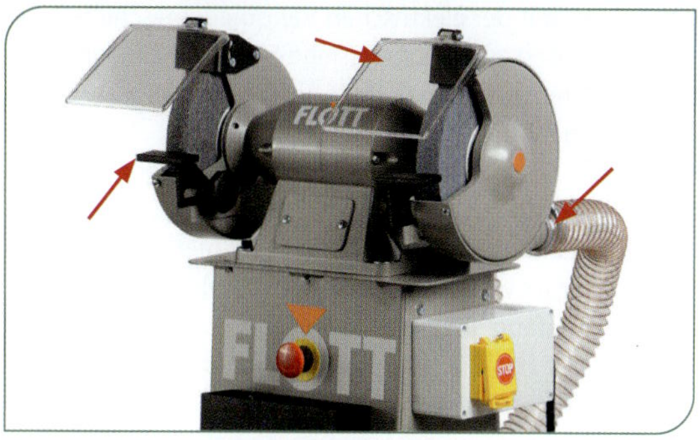

3 Doppelschleifmaschine auf Maschinenständer mit Schleifstaubabsaugung

3 Umformende Werkzeugmaschinen

3.1 Stationäre Rohrbiegemaschinen

3.1.1 Einteilung nach den Biegeverfahren

Mit stationären oder teilstationären Rohrbiegemaschinen können Rohre im kalten Zustand nach dem:
- Pressbiegeverfahren (press bending),
- 3-Rollenbiegeverfahren,
- Rotationszugbiegeverfahren (rotary draw bending) ohne Dorn (mandrel),
- Rotationszugbiegeverfahren mit Dorn gebogen werden.

Je nach Größe und Ausstattung der Biegemaschinen können unterschiedliche Rohrdurchmesser, Wanddicken und Rohrwerkstoffe maß- und formgenau gebogen werden. Durch einfache Voreinstellungen lassen sich serienmäßige Rohrbiegearbeiten wirtschaftlich fertigen. Bei komplexeren Rohrbiegearbeiten können durch menügeführte Biegeprogramme mehrere Bögen mit unterschiedlichen Biegewinkeln in der erwünschten Reihenfolge gebogen werden.

Das **Pressbiegeverfahren** wird im SHK Bereich bei den mobilen Hydraulik-Rohrbiegern angewendet (vgl. S. 74). Auch bei stationären elektrohydraulischen Biegemaschinen wird das meist dickwandige Rohr mit einem Biegesegment bzw. einer Biegematrize als Presswerkzeug gegen zwei zylinderförmige Gegenhalter gedrückt. Für die verschiedenen Rohrdurchmesser und Biegewinkel müssen jeweils die entsprechenden Biegesegmente und Gegenhalter eingesetzt werden (Bild 1).

Das **3-Rollenbiegeverfahren** beruht auf dem Pressbiegen. Anstelle der Biegesegmente und zylindrischen Gegenhalter, werden hier als Presswerkzeug und Gegenhalter Werkzeugrollen mit unterschiedlichen Durchmessern verwendet. Auch hier müssen für die verschiedenen Rohrdurchmesser die passenden Werkzeugrollen verwendet werden. Zusätzlich zum Pressbiegen, kann das Rohr durch die Drehbewegung der drei Rollen zu einem Ringrohr und darüber hinaus mit einer Hubrolle (lifting roll) zu einer Wendel (helix) gewalzt werden (Bild 2).

Bei der Betrachtung der **Rotationszugbiegemaschine ohne Dorn** in Bild 3 und des Biegewerkzeugs in Bild 4a ist die Ähnlichkeit mit der elektrischen Handbiegemaschine (Elektro-Rohrbieger) zu erkennen (siehe S. 74). Bei beiden Rohrbiegemaschinen wird das Rohr nach dem gleichen Biegeverfahren gebogen:
- Das Rohr ist am vorderen Ende am Mitnehmer bzw. an einer Spannbacke befestigt. Dadurch wird es zwischen dem passenden Biegesegment (bending former) und dem Gegenhalter (bzw. Gleitschuh (guide shoe) oder Gleitschiene) am Umfang geführt (Bild 4a).
- Beim Start des Biegevorgangs dreht sich das Biegesegment mit einstellbarer Geschwindigkeit und zieht das am Mitnehmer bzw. an der Spannbacke befestigte Rohrende in den Bogen (Bild 4b).

1 *Pressbiegemaschine mit Biegesegment und Gegenhalter*

2 *Dreirollenbiegemaschine*

3 *Rotationsbiegemaschine ohne Dorn*

4 *a) Rohr zwischen Biegesegment und Gleitstück*
b) Rohrende wird vom Mitnehmer in den Bogen gezogen

- Gleichzeitig verhindert das Gleitstück eine ausweichende Bewegung des Rohres und stützt es eng am vorbeidrehenden Biegesegment.
- Je nach Voreinstellung (90° oder 180°) wird der Biegevorgang durch die drehende Zugbewegung des Biegesegments solange fortgesetzt, bis der erwünschte Biegewinkel erreicht wird (Bild 1). Zum Ausgleich der Rückfederung (vgl. LF 1, Kap. 2.1.4) wird von der Maschinensteuerung eine vom Rohrwerkstoff, Rohrdurchmesser und Biegewinkel abhängige geringfügige Überbiegung automatisch vorgenommen.

Beim **Rotationszugbiegeverfahren mit Dorn,** auch **Dornbiegen** oder **Ziehbiegen** genannt, kommen zu den schon genannten Elementen Biegesegment, Mitnehmer bzw. Spannbacke und Gleitschiene (sliding rail) noch zwei weitere hinzu: der Biegedorn und der Faltenglätter (wiper die). Der Biegedorn befindet sich im Rohr und soll das Rohr von Innen beim Biegen mit kleinen Biegeradien stützen und Veränderungen am Rohrquerschnitt verhindern.

Der Faltenglätter befindet sich gegenüber dem Gegenhalter bzw. der Gleitschiene. Dieser soll auf der Innenseite des Rohrbogens eine Faltenbildung durch Stauchung (upsetting) verhindern (Bild 2a). Die Stopfen-, Löffel- und Kugeldorne sind an der Spitze bezeichnungsgemäß geformt. Der Gliederdorn hat 2–3 bewegliche kugelförmige Glieder, die in den Bogenbereich hineinragen (Bild 2b). Die Bewegungen des Dorns und seine Schmierung im Rohr werden automatisch gesteuert.

3.1.2 Aufbau von Rotationszugbiegemaschinen ohne Dorn

Die Rotationszugbiegemaschine besteht aus einem Gestell und einem Unterbau mit Sockel. Über den Sockel kann die Biegemaschine entweder fest mit dem Fußboden verbunden werden oder mithilfe der angebrachten Räder an verschiedene Stellen aufgestellt werden (Bilder 3a und 3b). Im oberen Bereich der Rohrbiegemaschine befinden sich die Biege- und Einspannvorrichtungen sowie die Einstell- und Steuerungseinrichtungen.

Die Biegeeinheit hat entweder einen elektromotorischen Antrieb mit einem Getriebe oder einen elektrohydraulischen Antrieb. Das Biegesegment gibt den Radius der Biegung vor. Es ist zur Aufnahme und Führung des Rohres beim Biegevorgang genau auf den Außendurchmesser des Rohres abgestimmt. Auch der Gegenhalter (tailstock) bzw. die Gleitschiene muss zur äußeren Stützung und Führung dem Rohraußendurchmesser angepasst sein. Je nach Durchmesser des Biegesegmentes muss der Abstand zwischen der Antriebswelle und dem Spannstock mit dem Gegenhalter über einen Spindelantrieb von Hand verändert werden (Bild 4).

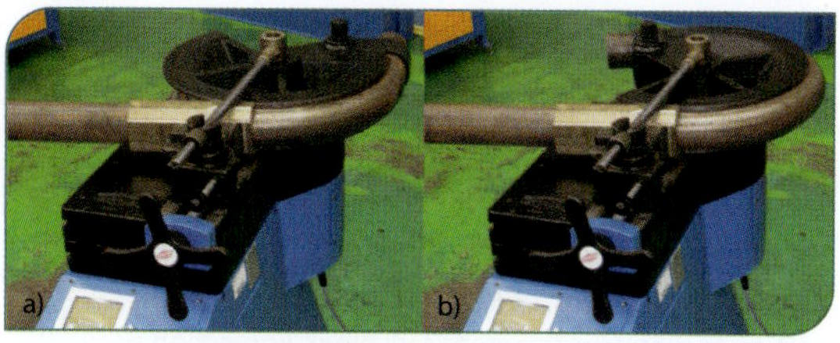

1 a) Rohr mit 90° und b) Rohr mit 180° Bogen

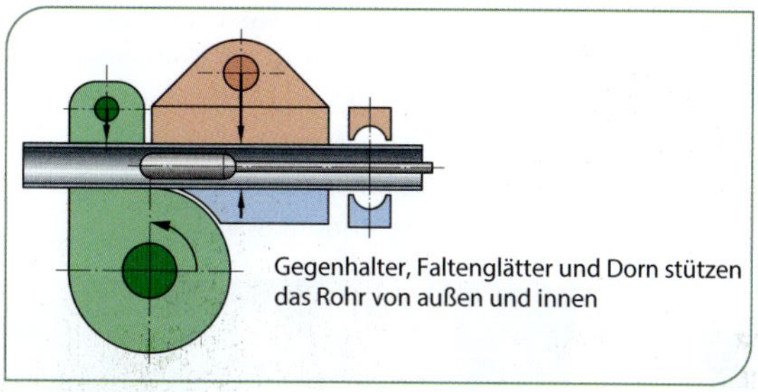

2 a) Ziehbiegen mit Biegedorn

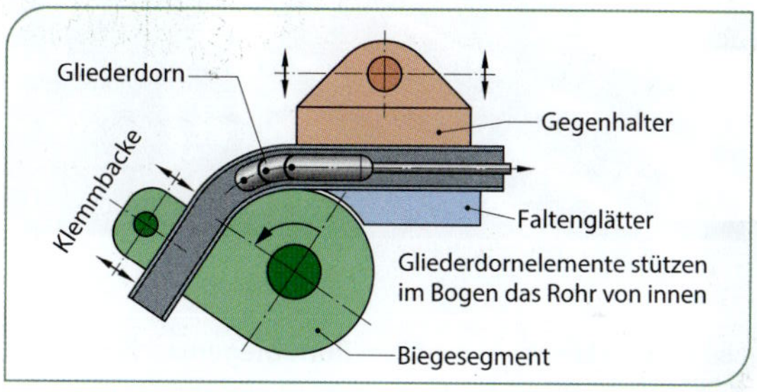

2 b) Ziehbiegen mit Gliederdorn

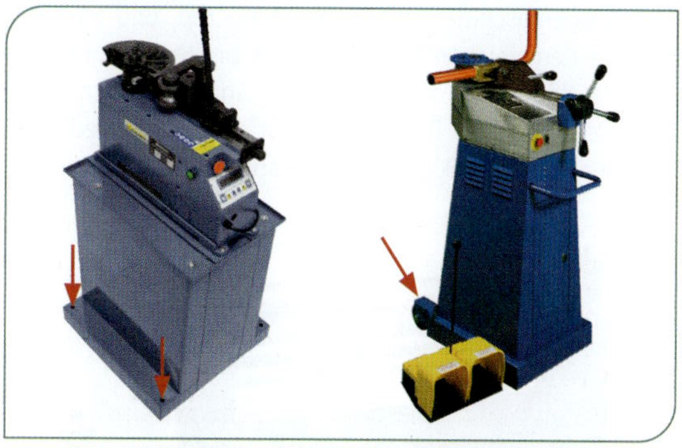
3 a) Stationäre Rohrbiegemaschine mit Unterbau und Sockel
b) Teilstationäre Rohrbiegemaschine mit Fußsteuerung

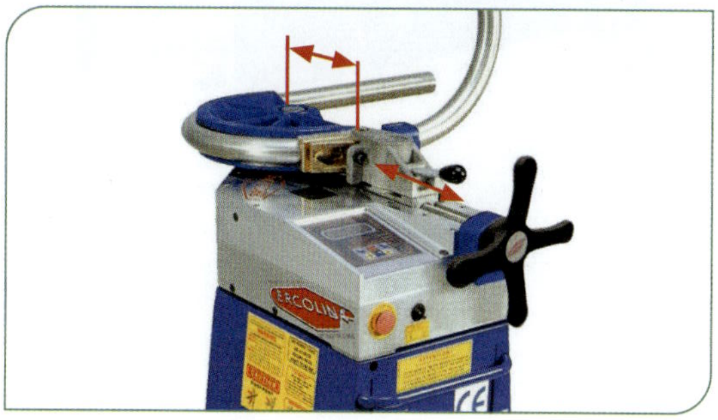
4 Werkzeug- und Werkstückaufnahme

3.2 Stationäre Rundbiegemaschinen

Mit Rundbiegemaschinen (rounding machines) bzw. Walzrundmaschinen (sheet metal bending rolls) lassen sich quadratische oder rechteckige Blechtafeln an den Enden anbiegen (einrollen) und zu halbrunden oder zylindrischen Körpern kalt oder warm umformen. Mit einer konischen (conic) Biegeeinrichtung können auch kegelförmige (cone shaped) Blechkonstruktionen hergestellt werden. Durch einen mehrstufigen Bewegungsablauf der drehenden Walzen entstehen schrittweise Hohlkörper (hollow parts) aus z. B. Weißblech, Kupferblech, Messing, unlegiertem oder nichtrostendem Stahlblech. Im SHK-Bereich werden solche Formteile ausschließlich kalt verformt (Bild 1).

Blech Rundbiegemaschine

1 Handbetriebene Rundbiegemaschine

Neben den kleineren **mobilen Rundbiegemaschinen** (vgl. Kap. 2.3.3, S. 79) gibt es für kleinere Werkstätten verschiedene stationäre, hand- oder elektromotorisch betriebene Rundbiegemaschinen mit 3 oder 4 Walzen (Bild 1 und 2). Weitere Kennzeichen sind die Arbeitsbreite (useful width) der Maschinen, die von der Walzenlänge bestimmt wird, und die maximalen Blechstärken für die unterschiedlichen Blechwerkstoffe (z. B. unlegierter Stahl 1 mm bis 3 mm).

2 Elektromotorisch betriebene Rundbiegemaschine

Das Rundbiegen bzw. -walzen erfolgt stets nach der gleichen Methode: Das Blech wird mehrfach zwischen drei oder vier Walzen geführt und je nach Stellung der zustellbaren Walzen zu der erwünschten Form gebogen. Die Anzahl der Walzdurchgänge ist abhängig von der Rückfederung (springback) des Blechwerkstoffes und seiner zunehmenden Kaltverfestigung (strain hardening) durch die Kaltverformung (vgl. Kap. 2.1.5, S. 67).

Motorische Rundbiegemaschine

3.2.1 Dreiwalzen-Rundbiegemaschine mit symmetrischen Walzen

Die Mittelpunkte der Oberwalze (top roll) und der parallelen Unterwalzen (bottom rolls) bilden ein Dreieck (Bild 3). Alle drei Walzen drehen in beide Richtungen. Das Blech wird zwischen der Oberwalze und den beiden Unterwalzen geführt.

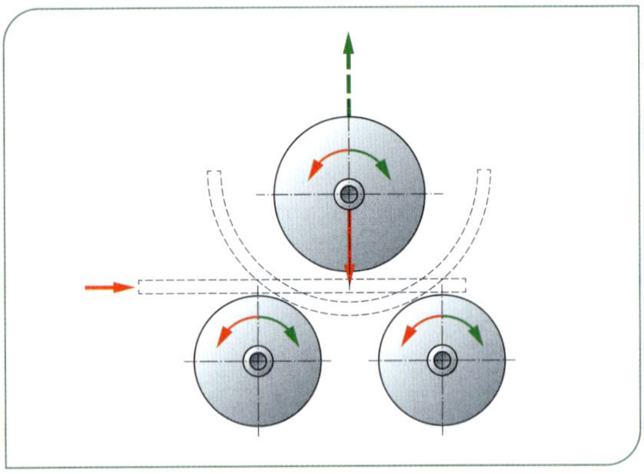

3 Drei Walzen, symmetrisch

Durch die Zustellung (feed motion) der Oberwalze wird der Abstand zu den Unterwalzen verkürzt und somit der Biegeradius verkleinert. Bei jedem Durchgang wird das Blech stärker verformt. Der Durchmesser der Oberwalze und die maximale Zustellung bestimmen den kleinsten Biegeradius. Da die unteren Walzen sich nicht verstellen lassen, können die Blechenden nicht vorab gebogen werden.

3.2.2 Dreiwalzen-Rundbiegemaschine mit asymmetrischen Walzen

Hier liegen die Mittelpunkte (centre) der Oberwalze und der darunterliegenden senkrecht verstellbaren Unterwalze (Klemmwalze) übereinander (Bild 1, nächste Seite). Durch das Herausschwenken der Oberwalze lassen sich die fertigen Blechformteile herausziehen. Mit der Unterwalze wird das Blech eingeklemmt und beim Drehen schieben bzw. ziehen beide Walzen es an der zustellbaren Druckwalze (press roller) (Hinterwalze) vorbei. Je näher die Druckwalze in Richtung der Ober- und Unterwalze zugestellt wird, desto enger wird der Biegeradius. Bei dieser Walzenanordnung ist das vorherige Anbiegen der beiden Blechenden möglich.

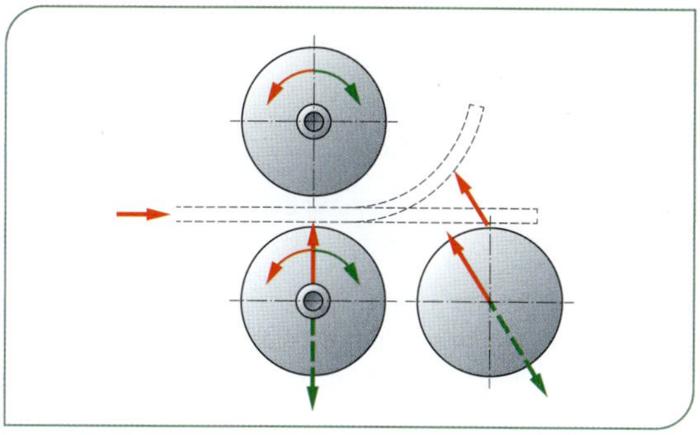

1 *Drei Walzen, asymmetrisch*

3.2.3 Manuelle und elektromotorisch betriebene asymmetrische Dreiwalzen-Rundbiegemaschinen

Gestell

Je nach Größe, Betriebsart und Ausstattung werden die Gestelle als Gusseisenkonstruktion oder Stahlschweißkonstruktion hergestellt. Bei den handbetriebenen Rundbiegemaschinen besteht das Gestell aus zwei parallelen Ständern aus Gusseisen, die z. B. mit Ankerstangen (anchor rods) verbunden sind und im oberen Bereich die beiden Walzenaufnahmen mit den drei Walzen tragen (Bild 2a). Auf der einen Seite des Gestells befinden sich die Handkurbel für den Antrieb der Unterwalze sowie die Handräder und Hebel für die Zustellung der Unterwalze und der Druckwalze. Durch die schrägstellbare (tilting) Druckwalze lassen sich auch konische Blechkörper rundbiegen. Bei größeren Rundbiegemaschinen ist sie motorisch zustellbar.

Am gegenüberliegenden Ständer ist der Getriebekasten (gear case) an der Walzenaufnahme befestigt. Mit dem Getriebe wird der Gleichlauf der Biegewalzen sichergestellt.

Bei den größeren und motorisch betriebenen Rundbiegemaschinen bilden die Gestelle mit der Stahlverkleidung (steel casing) eine stabile geschlossene Einheit (Bild 2b). Der Elektromotor und das Getriebe sind auf der einen Seite des Gestells mit der Walzenaufnahme verbunden. Auf der anderen Seite sind Stromkasten, Zustellhebel und Zustellhandrad angebracht. Bei einigen Ausführungen ist das Gestell mit einer umlaufenden Notausleine und einem mobilen Fußumschalter (foot actuated throw-over switch) für Vor- und Rückwärtsantrieb und Notausschalter ausgestattet.

Walzen

Die geschliffenen Walzen werden aus hochwertigem Qualitätsstahl (high-grade steel) hergestellt und eignen sich zum Rundbiegen von Blechen aus unlegiertem Stahl, Kupfer, Messing oder Aluminium.

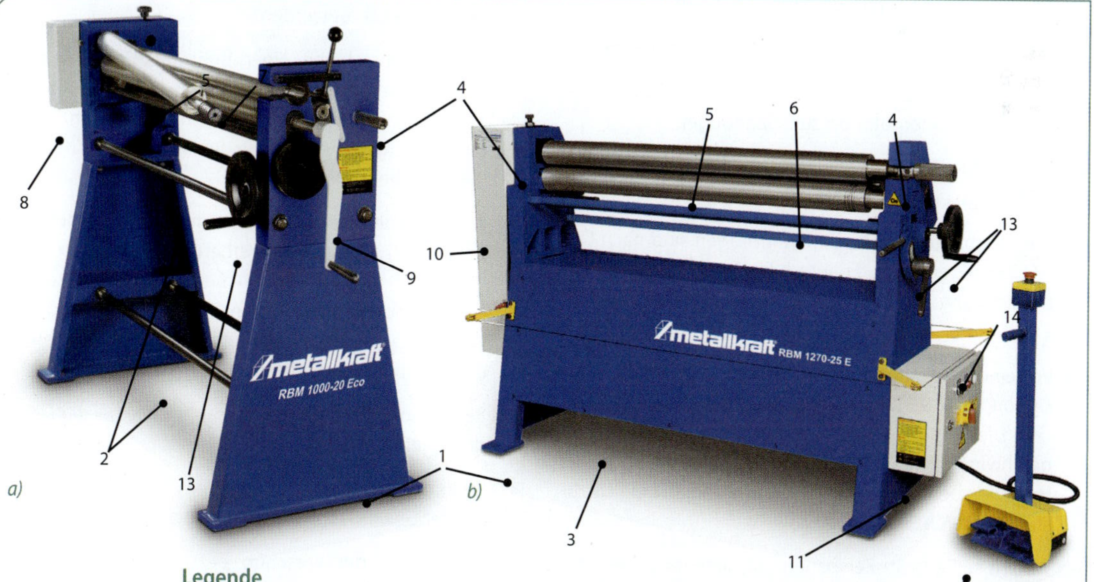

Legende

1 Gestell
2 Ankerstangen
3 Stahlverkleidung
4 Walzenaufnahme mit Walzenlager
5 Schwenkbare Oberwalze
6 Unterwalze
7 Schrägstellbare Hinter- bzw. Seitenwalze
8 Getriebekasten
9 Handkurbel für den Walzenantrieb
10 Elektromotorischer Antrieb und Getriebe
11 Elektrischer Schaltkasten
12 Mobiler Fußschalter mit Notaus
13 Manuelle Zustelleinrichtungen
14 Sicherheitseinrichtung mit Notausleine

2 *a) Manuelle und b) motorisch betriebene Dreiwalzen-Rundbiegemaschine*

ÜBUNGEN

1. Erläutern Sie die wesentlichen Unterschiede zwischen der stationären und der teilstationären Aufstellung von Werkzeugmaschinen.
2. Nennen Sie jeweils drei typische Tätigkeiten bei der Inbetriebnahme, der Bearbeitungsphase und der Beendigungsphase einer Bohrmaschine.
3. Erläutern sie den Unterschied zwischen Einzweck- und Mehrzweck-Werkzeugmaschinen.
4. Nennen Sie drei für die Werkstückbearbeitung wichtige Baugruppen bei Werkzeugmaschinen und umschreiben Sie deren Funktion bzw. Aufgabe.
5. Beschreiben sie die unterschiedlichen Funktionen beim elektrischen Hauptschalter, Betriebsschalter und Notausschalter.

Sägemaschinen

6. Welche stationäre Sägemaschinen werden in SHK-Werkstätten zur Fertigung von Bauelementen eingesetzt?
7. Erläutern Sie drei unterschiedliche Schnittbewegungen der Sägeblätter bei stationären Sägemaschinen?
8. Nennen Sie zwei Möglichkeiten, wie die Schwingungen bei der Hubsäge gedämpft werden können.
9. Nennen Sie die wichtigsten Bauteile eines Kurbeltriebes.
10. Beschreiben Sie den Bewegungsablauf eines Kurbeltriebes vom Antriebmotor bis zum Sägebügel.
11. Nennen Sie die sechs Hauptbauteile der Kühlschmierstoffanlage einer Hubsäge.
12. Die Sägeblätter für Maschinenhubsägen sind nach DIN ISO 2336-2 genormt. Erläutern Sie folgende Sägeblattbezeichnung: Sägeblatt DIN ISO 2336-2 – 300 x 25 x 1,25 x 10
13. Von einer Gewinderohrstange DIN EN 10255 – 42,4 x 3,2 Option 8 – S195 T sollen 10 Rohrstücke abgelängt werden. Die vom Sägeblatthersteller empfohlene Schnittgeschwindigkeit beträgt $V_m = 35$ m/min und die Hublänge beträgt $s = 200$ mm. Wie groß muss die einzustellende Drehzahl sein?
14. Warum sollte beim Zerspanen mit Sägemaschinen das Sägeblatt nicht nur gekühlt, sondern auch geschmiert werden?
15. Nennen Sie die beiden Hauptbauteile eines Schneckengetriebes.
16. Beschreiben Sie die Funktionsweise eines von einem E-Motor angetriebenen Schneckengetriebes.
17. Warum ist die Sägebandspannung für einen reibungslosen Sägevorgang bei der Bandsäge besonders wichtig?
18. Wie kann die erforderliche Sägebandspannung erzeugt und kontrolliert werden?
19. Wovon ist die Schnittleistung bei der Kreissägemaschine mit einem zweistufigen Elektromotor abhängig?
20. Die Metallkreissägeblätter sind nach DIN 1838 genormt. Erläutern Sie folgende Sägeblattbezeichnung: Kreissägeblatt 200 x 3 BN DIN 1838 – HSS

Bohrmaschinen

21. Nennen Sie jeweils zwei Bauarten bei Tisch- und Standbohrmaschinen.
22. Beschreiben Sie die C-Bauweise einer Bohrmaschine.
23. Nennen Sie drei Befestigungsmöglichkeiten für Werkstücke bei Tischbohrmaschinen.
24. Wie viele Drehzahlen lassen sich mit einem 6-stufigen Getriebe und einem Elektromotor mit zwei Schaltstufen einstellen?
25. Vergleichen Sie den Drehzahlwechsel bei einem mehrstufigen Riementrieb und einem stufenlos verstellbaren Riementrieb.
26. Worauf muss beim Austausch eines verschlissenen Keilriemens geachtet werden?
27. Die Antriebsscheibe einer Bohrmaschine mit einem Durchmesser von 50 mm wird von einem E-Motor mit 1750 1/min angetrieben. Ermitteln Sie die Drehzahl und die Schnittgeschwindigkeit der Bohrspindel mit einer Riemenscheibe von 125 mm.
28. Welche Arbeitsbewegungen werden von der Bohrspindel (Pinole) auf den Bohrer übertragen.

Gewindeschneidmaschinen

29. Welche spanende Bearbeitungsverfahren können mit der Gewindeschneidmaschine ausgeführt werden?
30. Beschreiben Sie die Werkstückaufnahme bei der Gewindeschneidmaschine.
31. Erläutern Sie von welchem Bauteil die Schnittbewegung bei der Gewindeschneidmaschine ausgeführt wird.
32. Wie erfolgt der Vorschub bei der Gewindeschneidmaschine?
33. Wodurch lassen sich ohne Werkzeugwechsel verschiedene Rohrgewindegrößen schneiden?
34. Erläutern Sie den Gewindeschneidvorgang, nachdem das Werkstück fest eingespannt ist.
35. Beschreiben Sie wie der Gewindeschneidkopf mithilfe des Zahnstangengetriebes an das eingespannte Rohr herangeführt wird.

ÜBUNGEN

Schleifmaschinen

36) Nennen Sie vier unterschiedliche Schleifarbeiten, die an einer Doppelschleifmaschine ausgeführt werden können.

37) Welche Vorteile hat die Verwendung von zwei unterschiedlichen Schleifscheiben bei einer Doppelschleifmaschine?

38) Wodurch unterscheiden sich die Antriebe bei einer Säulenbohrmaschine und einer Doppelschleifmaschine?

39) Wodurch unterscheiden sich die Werkzeugaufnahmen bei einer Säulenbohrmaschine und einer Doppelschleifmaschine?

40) In welchen Fällen sollte eine Doppelschleifmaschine mit Schleifstaubabsaugung verwendet werden?

Rohrbiegemaschinen

41) Nennen Sie zwei stationäre und zwei handgeführte Rohrbiegemaschinen, die nach dem gleichen Biegeverfahren arbeiten.

42) Benennen Sie die unterschiedlichen Umformwerkzeuge bei der stationären Pressbiegemaschine und der Dreirollenbiegemaschine.

43) Welche Rohrbiegearbeiten können mit einer Dreirollenbiegemaschine ausgeführt werden?

44) Erläutern Sie das Zusammenwirken von Biegesegment, Mitnehmer und Gleitstück beim Rohrbiegen mit einer Rotationszugbiegemaschine ohne Dorn.

45) Beschreiben Sie die Aufgaben des Biegedorns und Faltenglätters beim Rotationszugbiegen mit Dorn.

Rundbiegemaschinen

46) Wodurch unterscheiden sich im Allgemeinen die Umformvorgänge beim Rundbiegen von Rohren und Rundbiegen von Blechen?

47) Weshalb werden bei Rundbiegemaschinen keine Spannmittel benötigt?

48) Wie werden Rundgewalzte Blechzylinder aus einer Dreiwalzen-Rundbiegemaschine heraus genommen?

49) Erläutern Sie die unterschiedlichen Funktionen der Walzen bei symmetrischen und unsymmetrischen Dreiwalzen-Rundbiegemaschinen

4 Manufacturing of components

Exercises

1) Match the following terms with the numbers of the marked parts in picture 1:
pillar (or column), geared drill head, base, electric motor, drill chuck, table, spindle.

2) Translate the terms of the marked parts into German.

3) Complete the listed sentences with the appropriate missing parts:

A) Different types of pillar drills can be …..
B) The power transmission from the electric motor …..
C) Some pillar drills are equipped …..
D) You can lower the spindle and chuck …..
E) Machine tool operators must be able….
a) … by turning the control lever.
b) … mounted on a workbench or bolted to the floor.
c) … to set up and fix workpieces with clamping devices.
d) … to the spindle is effected by a multi-stage gear.
e) … with a CVT (see page 108).

4) a) Name 3 drive units for machine tools.
b) Put on a list with 5 different components of a main drive.

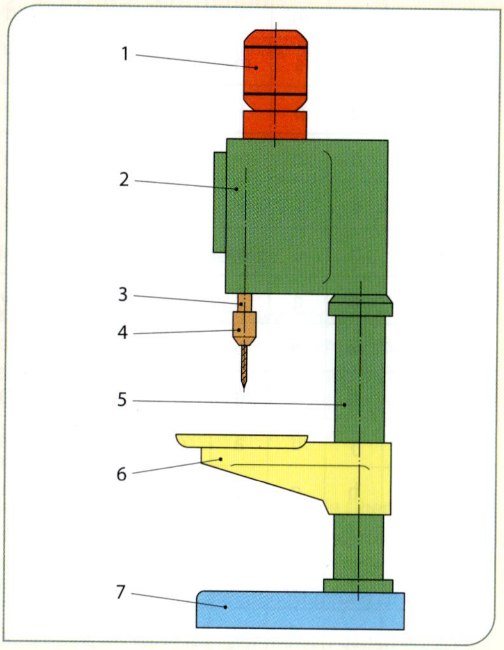

1 *Pillar (or column) drill*

5.1.3 Herstellungszeiten / Fertigungskosten

Die Herstellungszeiten und die Fertigungskosten stehen in direktem Zusammenhang (correlation). Je länger es dauert bis ein Bauelement (eine Anlage) gefertigt bzw. fertiggestellt ist, desto größer werden die Fertigungskosten (vgl. Kap. 7.3.4.2, S. 35). Die Fertigungskosten sollten immer in einem angemessenen Verhältnis zum Ertrag stehen.
Wenn Maschinen zur Fertigung von Bauelementen genutzt werden, müssen Sondereinzelkosten (extra itemized costs) der Fertigung (z. B. **Maschinenstundensatz)** zu den Fertigungskosten hinzugefügt werden.
Maschinen können die Herstellungszeiten von Bauelementen, Baugruppen sowie ganzen Anlagen erheblich verkürzen, die fixen und die variablen Kosten sind aber oft so hoch, dass kleinere und mittlere Betriebe größere Maschinen nicht kostendeckend (cost-covering) einsetzen können.

Maschinenname	Gewindeschneidemaschine	Einheit	pro Jahr
Maschinenstunden pro Jahr	250		
Fixe Kosten pro Jahr		**Variable Kosten pro Jahr**	
kalk. Abschreibungen	1.500,00 €	Instandsetzung und Reparatur	– €
Wiederbeschaffungskosten	9.000,00 €	Energie	400,00 €
Nutzungsjahre	6	sonstige variable Kosten	250,00 €
kalk. Zinsen	337,50 €		
Zinssatz %	7,50 %		
Instandsetzung und Reparatur	233,33 €		
Platzkosten	– €		
Energie	– €		
sonstige fixe Kosten	500,00 €		

Maschinenname: Gewindeschneidemaschine			
Maschienstunden pro Jahr: 250			
Fixe Kosten	pro Jahr	**Variable Kosten**	pro Jahr
kalk. Abschreibungen	1.500,00 €	Instandsetzung und Reparatur	– €
kalk. Zinsen	337,50 €	Energie	400,00 €
Instandsetzung und Reparatur	233,33 €	sonstige variable Kosten	250,00 €
Platzkosten	– €		– €
Energie	– €		– €
sonstige fixe Kosten	500,00 €		– €
	– €		– €
	– €		– €
	– €		– €
	– €		– €
Summe	2.570,83 €	Summe	650,00 €
Kosten je Stunde	10,28 €		2,60 €
Maschinenstundensatz	12,88 €/h		

1 Beispiel eines Maschinenstundensatzes

5.1.4 Fertigungsverfahren

Eines der Fertigungsverfahren ist das Trennen. Dies kann z. B. mit einer Hubsäge, einem Trennschleifer oder einer Kreissäge erfolgen.
Kriterien für die Auswahl eines bestimmten Fertigungsverfahrens sind:

- welcher Werkstoff muss getrennt werden,
- welche Trennwerkzeuge (parting-off tools) stehen zur Verfügung,
- wie kann Maßgenauigkeit (dimensional accuracy) und Oberflächengüte der Trennflächen sichergestellt werden,
- welche Fertigungsmaschinen sind im Betrieb vorhanden,
- in welcher Zeit sind die Fertigungsmaschinen verfügbar.

Auswahlbeispiel

Eine Siedlung (built-up area) mit 20 Ein- und Zweifamilienhäusern, die alle mit Gaszentralheizungen ausgestattet sind, soll an das Gasversorgungsnetz angeschlossen werden. Alle Anschlüsse werden mit Gewinderohren ausgeführt. Es sind etwa 400 Gewinde zu schneiden. Welche **Überlegungen** (consideration) sind notwendig, um unter Berücksichtigung von Funktions- und Qualitätsvorgaben, Fertigungsverfahren und wirtschaftlicher Gesichtspunkten (Herstellungszeit und Fertigungskosten), das passende Fertigungsverfahren auszuwählen?

Überlegungen

Mit welcher Fertigungsmaschine können die 400 Gewinde nach folgenden Fertigungsparametern:

- Maßgenauigkeit und Oberflächengüte,
- vertretbare Rüst- und Bearbeitungszeiten,
- Personaleinsatz und
- wettbewerbsfähige Kosten gefertigt werden?

In diesem einfachen Beispiel ist klar, dass nur mehrere Handgewindeschneidkluppen, zwei oder drei handgeführte elektrische Gewindeschneidmaschinen gleichzeitig oder eine leistungsfähige stationäre Gewindeschneidmaschine verwendet werden können.
Entscheidend (deciding) für die Auswahl in diesem Beispiel sind die **Herstellungszeiten** für die Gewinde und die damit zusammenhängenden **Herstellungskosten**. Gegenüber den Handgewindeschneidkluppen kann mit handgeführten elektrischen Gewindeschneidmaschinen oder einer leistungsfähigen stationären Gewindeschneidmaschine eine Zeitersparnis von bis zu 50 % erreicht werden (vgl. S. 55, Kap. 1.2.4.3.2).
In den meisten kleineren und mittleren Betrieben werden handgeführte elektrische Gewindeschneidmaschinen vorhanden sein. Leistungsfähige stationäre Gewindeschneidmaschinen hingegen nicht, da die hohen Anschaffungspreise (capital costs) der Maschinen die Fertigungskosten in die Höhe treiben können (vgl. Kap. 7.3.4.2, S. 35).

Erkenntnis

Ausgewählt werden handgeführte elektrische Gewindeschneidmaschinen.

ÜBUNGEN

1) Nennen Sie mindestens vier Anforderungen nach denen Fertigungsverfahren ausgewählt werden?
2) Welche zusätzlichen Funktionen von Bauelementen kennen Sie neben den in Kap. 5.1.1 genannten?
3) Wie beeinflussen Qualitätsvorgaben die Auswahl von Fertigungsmaschinen?
4) Warum stehen Herstellungszeiten und Fertigungskosten in direktem Zusammenhang?
5) Erläutern Sie den Maschinenstundensatz.
6) Warum können größere Fertigungsmaschinen von kleineren und mittleren Betrieben oft nicht kostendeckend eingesetzt werden?

6 Vorbereitung der Werkzeugmaschinen und Werkzeuge

Das **Vorbereiten** von Werkzeugmaschinen und der jeweils notwendigen Werkzeuge und Messmittel unter **Berücksichtigung** der Werkstoffe und Form (design) der herzustellenden Bauelemente, wird auch als **Rüsten** bezeichnet. Viele Vorbereitungsschritte sind bei allen Maschinen gleich, andere unterscheiden sich. Unterteilen kann man die **Vorbereitungsschritte** in:

- Funktionskontrollen (operational check),
- Maschineneinstellungen und
- Sicherheitskontrollen (safety check).

6.1 Funktionskontrollen

Zur Funktionskontrolle gehören einige immer wiederkehrende Schritte z. B.:

- die Überprüfung des Hauptschalters (Ein-Ausschalter) und der Stromversorgung,
- die Betätigung des Not-Ausschalters (emergency button),
- die Überprüfung der notwendigen Werkzeuge auf Beschädigung; haben sie nicht die richtigen Maße, müssen sie ausgewechselt werden,
- die Überprüfung der Werkstückeinspannvorrichtungen und ihrer Verstellmöglichkeiten,
- das sichere Einspannen der Werkstücke nach Bearbeitungsvorgaben,
- das Durchführen eines kurzen Probelaufs (test run) ohne Werkzeugeingriff,
- die Überprüfung von Kühlschmierstoffpumpe und Schmierstoffzufuhr.

6.2 Maschineneinstellungen

Grundsätzlich müssen die Maschinen immer in vorgeschriebener Weise nach Betriebsanleitung und abhängig von den Werkstück- und Rohteildaten eingestellt werden (Bild 1, nächste Seite). Weiterhin sind der passende Abstand (distance) Werkzeug – Werkstück (keine Berührung beim Anfahren) und die Kühlschmierstoffmenge einzustellen.

6.3 Sicherheitskontrollen

Sicherheitskontrollen gewährleisten (guarantee), dass von den Werkzeugmaschinen keine unmittelbaren Gefahren für den Benutzer ausgehen und sie sich in einem einwandfreien Zustand befinden. Um das sicherzustellen sollte man z. B.:

- den Notausschalter betätigen,
- die elektrischen Anschlüsse und Kabel überprüfen,
- die notwendigen Schutzvorkehrungen (z. B. Sicherheitsabstände, Abdeckungen, Schutzgitter, Lärmschutz) auf Wirksamkeit überprüfen,
- überprüfen ob Schutzbrillen (protective goggles) vorhanden sind,
- überprüfen ob Auflagen (rests) für überlange Werkstücke vorhanden sind,
- überprüfen ob Gefahrhinweise (hazard warnings) vorhanden sind.

ÜBUNGEN

1) In welche einzelnen Schritte kann das Vorbereiten (Rüsten) einer Maschine unterteilt werden?
2) a) Erklären Sie den Begriff Funktionskontrolle.
   b) Nennen Sie mindestens fünf immer wiederkehrende Kontrollmaßnahmen.
3) Warum müssen Maschinen immer nach Betriebsanleitung eingestellt werden?
4) Warum ist die Einstellung einer Maschine immer auch von den Werkstück- und Rohteildaten abhängig?
5) Was gewährleisten die Sicherheitskontrollen von Werkzeugmaschinen?
6) Nennen Sie mindestens fünf unterschiedliche Kontrollmaßnahmen.

Darüber hinaus sollte der kreisrunde (circular) Rohrquerschnitt über die gesamte Biegelänge und an den beiden Übergängen zu den geraden Rohrschenkeln gleichbleibend sein. Diese besonders anspruchsvolle Forderung lässt sich mit einer kalibrierten Kugel überprüfen, ist jedoch im SHK Bereich nicht üblich.
Durch das genaue Betrachten und Betasten des Rohrbogens können Unregelmäßigkeiten (irregularities) ausfindig gemacht werden. Druckstellen und Riefen, eine ungleichmäßige Rundung oder gar Verwerfungen sind Merkmale einer nicht fachgerecht durchgeführten Biegearbeit (Bilder 1 und 2).

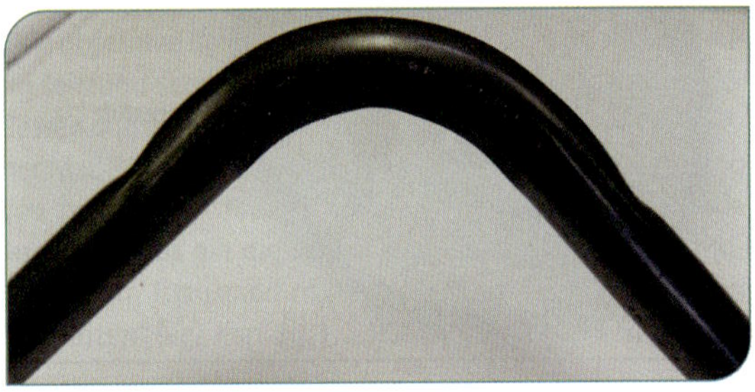

1 Einschnürungen durch falsches Biegesegment

2 Verwerfungen (Faltenbildung) durch zu engen Biegeradius

MERKE

Vor der Biegearbeit müssen Biegesegment, Klemmstück, Gleitstück und Faltenglätter auf Funktionsfähigkeit und Schäden kontrolliert werden. Außerdem müssen die passenden Biegesegmente verwendet und die Herstellerangaben genau eingehalten werden. Dies ist notwendig, um Querschnittsveränderungen und fehlerhafte Biegeradien beim Rohrbogen zu vermeiden.

ÜBUNGEN

1. Nennen Sie drei Bezeichnungen für die subjektive Bewertung einer besonders guten Arbeitsauftragsausführung oder Werkstückbearbeitung.
2. Welche Regel sollte einer subjektiven wie auch einer objektiven Bewertung immer zugrunde liegen?
3. Durch welche zwei Maßnahmen kann sichergestellt werden, dass die Stirnseiten von z. B. zwei gesägten SML-Rohren beidseitig und vollumfänglich am Mittelsteg der Dichtungsmanschette des Spannverbinders anliegen?
4. Wodurch gewährleisten ortsfeste Werkstattsägen besonders gut die Rechtwinkligkeit zwischen Rohrstirnseite und Rohrumfang beim Sägen von z. B. SML-Rohren?
5. Nennen Sie drei Gründe, die zu mangelhaften Arbeitsergebnissen beim Sägen von z. B. SML-Rohren führen können.
6. In welchen Betrieben sind hauptsächlich teilstationäre oder mobile Gewindschneidmaschinen für die Herstellung von Gewindrohrverbindungen anzutreffen?
7. Warum muss nach dem Schneidvorgang die Oberfläche der Gewindeflanken möglichst glatt und unbeschädigt sein?
8. Was sind häufige Ursachen von fehlerhaften Rohrgewinden?
9. Womit kann die Qualität von Rohrgewinden genauer und objektiver als durch Sichtprüfung beurteilt werden?
10. Nennen Sie zwei Bedingungen, die eingehalten werden müssen, um die Maßhaltigkeit und Formung im Biegebereich eines Rohres zu gewährleisten.
11. Nennen Sie zwei Prüfmittel, mit denen die Einhaltung des 90°-Winkels und des Rohrquerschnitts einer Rohrbiegung objektiv bewertet werden können.
12. Nennen Sie vier Mängel im Biegebereich, die bereits durch Betrachten und Abtasten subjektiv festgestellt werden können.
13. Nennen Sie vier Teile einer Biegemaschine, die vor der Biegearbeit kontrolliert werden müssen, um Querschnittsveränderungen und fehlerhafte Biegeradien beim Rohrbogen zu vermeiden.

9 Dokumentation der Auftragsdurchführung

Firma H. WALDOMACK soll in einer Wohnanlage, bestehend aus 8 baugleichen Reihenhäusern (terraced houses), die Gasanlagen (gas fittings) für insgesamt 16 Gas-Kombi-Wasserheizer erstellen. Diese befinden sich jeweils im Erd- und Obergeschoss von in sich abgeschlossenen Wohnungen und deren Gasverbrauch soll separat erfasst und abgerechnet werden können. Hierfür sollen im Keller, ausgehend von der Hauseinführungskombination (house connection combination), die Verteilungsleitung mit der lösbaren Verbindung und dem Gasdruckregler (gas pressure regulator) sowie zwei Einrohr-Gaszähler mit den Anschlussfittings für die Verbrauchsleitung verlegt werden.

Aus wirtschaftlichen Erwägungen entschließt sich der Chef, die Rohrleitungen in der Werkstatt fertigen und die benötigten Formstücke (Fittings) sowie das Befestigungsmaterial zusammenstellen zu lassen. Diesen Auftrag bekommt der Auszubildende, dazu erhält er eine isometrische Montageskizze (assembly sketch) (Bild 1).

Der Meister beauftragt Sie nun zunächst mit der Fertigung der benötigten Rohrabschnitte aus Gewinderohr.

Bevor Sie Ihren Arbeitsauftrag **ausführen** können, müssen Sie:

a) die wesentlichen Tätigkeiten im Rahmen Ihres Auftrages erfassen und sich über mögliche DIN- oder EN-Normen, Vorschriften der Gasversorgungsunternehmen (GVU), branchenspezifische Richtlinien und Bearbeitungsmethoden oder Herstellervorgaben (manufacturer's specifications) **informieren,**

b) Ihre Vorgehensweise unter Beachtung der Sicherheitsvorschriften, der fachlichen Reihenfolge und des wirtschaftlichen Material-, Werkzeug- und Maschineneinsatzes **planen** und **Entscheidungen** (decisions) **treffen,**

c) sich über Art und Zeitpunkt der notwendigen **Kontrollen** im Klaren sein,

d) sich vom Meister die **Bewertungskriterien** darlegen lassen.

(siehe auch Bild 1, nächste Seite).

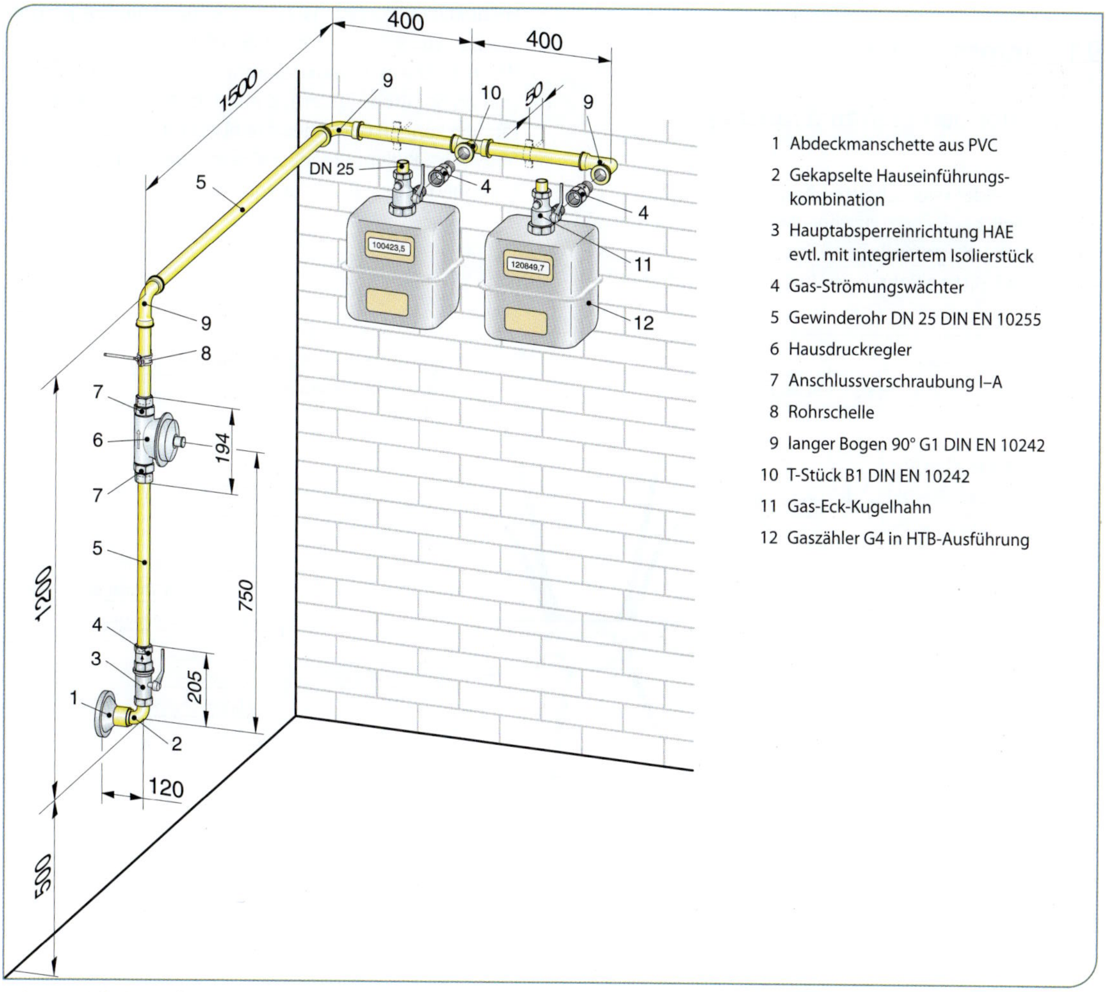

1 Isometrische Darstellung Arbeitsauftrag

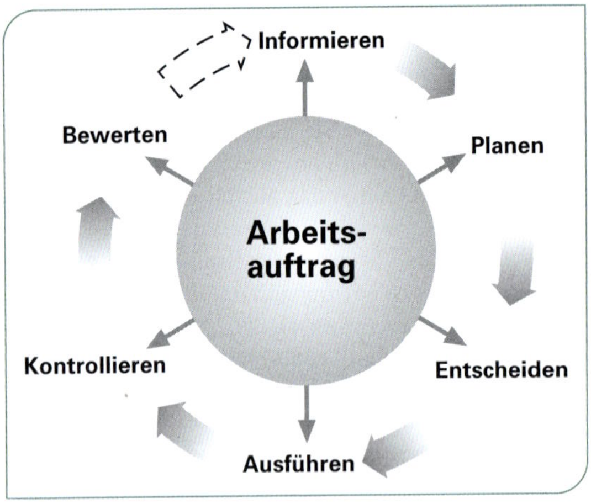

1 Prinzip der vollständigen Handlung

Eine gute Hilfe bei der Bearbeitung eines Auftrages kann die Mindmap (Gedankenlandkarte) sein. Sie visualisiert die Ideen und Beiträge der mit dem Auftrag Beschäftigten während der Startphase und ordnet die Abläufe (Bild 2).

9.1 Informationen

9.1.1 Informationen zum Auftrag

Ich soll:
- fünf Gewinderohrabschnitte (threaded pipe sections) unterschiedlicher Länge zuschneiden und die Rohrenden mit einem Rohrgewinde versehen,
- die erforderlichen Rohrabschnittslängen ermitteln,
- das vorgesehene Gewinderohr in der entsprechenden Rohlänge besorgen und die Rohrabschnittslängen zuschneiden und entgraten,
- an den Rohrenden das Rohrgewinde aufschneiden und kontrollieren,
- Rohrabschnitte für den Transport zum Kunden bereitstellen.

9.1.2 Informationen zum Gewinderohr

- Zugelassen (approved) sind Rohre aus Stahl zum Schweißen und Gewindeschneiden nach DIN EN 10255 M oder H.
- a) Bei gleicher Nennweite ist die Wanddicke (wall thickness) des Gewinderohres H stets größer als die des Gewinderohres M.
  b) Bei gleicher Nennweite ist die längenbezogene Masse des Gewinderohres H stets größer als die des Gewinderohres M.
  c) Bei gleicher Nennweite ist der Innendurchmesser (inside diameter) (der lichte Querschnitt) des Gewinderohres H stets kleiner als der des Gewinderohres M.
- Gewinderohre nach DIN EN 10255 werden auf Bestellung verzinkt (zinc coated) nach DIN EN 10240 mit festgelegter Überzugsqualität wie z. B. A1 geliefert.
- Wenn GVU aus Festigkeitsgründen z. B. bis zum Zähler (meter) Stahlrohr fordern, dann gilt: In trockenen Kellerräumen können Gewinderohre M mit rohschwarzer und in feuchten Kellerräumen müssen sie mit verzinkter Rohroberfläche z. B. A1 verlegt werden.

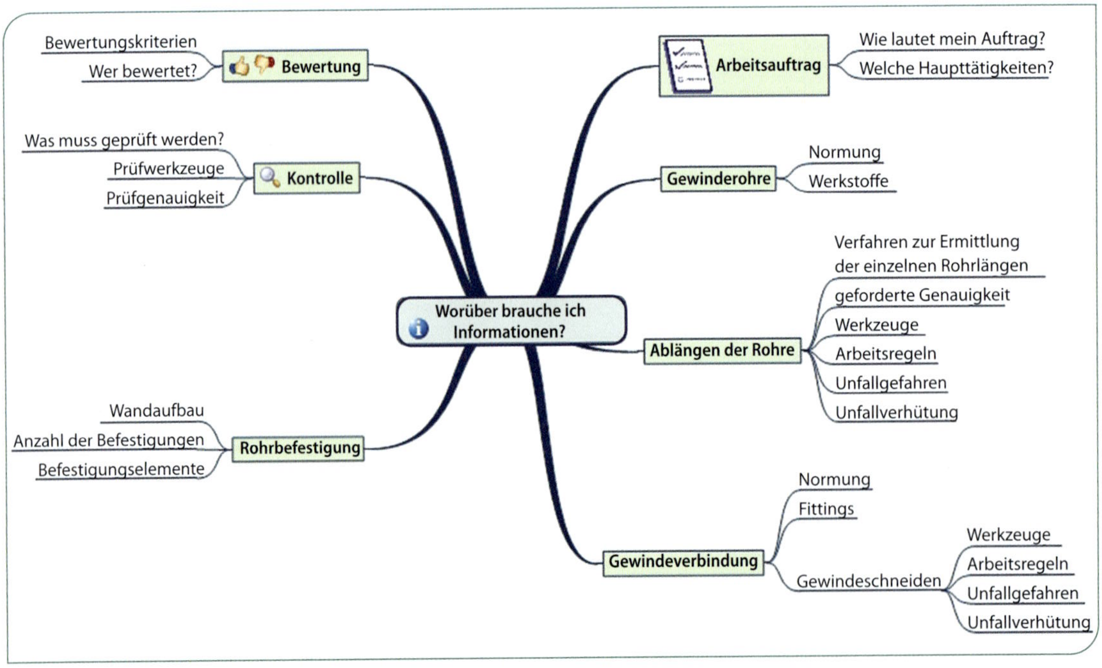

2 Mindmap Arbeitsauftrag

9.1.3 Informationen zum Ablängen der Rohre

- Es müssen 40 Rohrlängen zugeschnitten werden.
- In der Rohrinstallation wird normalerweise von Rohrmitte zu Rohrmitte (Maß M) gemessen.
- Rohrlängen in Verbindung mit Formstücken werden nach der Z- Maß- Methode ermittelt.
- Das Maß z findet man in den Gewindefitting-Tabellen der Hersteller (z. B. in Katalogen, Prospekten) und in den Tabellenbüchern der Installationstechnik.
- Die Formel lautet: $l = M - z - z$
- Wie in anderen Gewerken üblich, sind bestimmte Maßtoleranzen (dimensional tolerances) erlaubt. Es gibt die Toleranzklassen f = fein, m = mittel, c = grob und v = sehr grob.
- Die Rohre können mit einem stationären Trennschleifer (Trennjäger), mit einer Winkelschleifmaschine (Flex), mit einer Elektro-Rohrsäge (Tigersäge), mit Maschinensägen wie Hub-, Band- oder Kreissäge geschnitten werden.
- Bezüglich der zu trennenden Materialien und deren Wanddicken ist die Wahl der richtigen Zahnteilung (spacing) besonders wichtig. Man unterscheidet zwischen grober, mittlerer und feiner Zahnteilung.
- Mit der groben Zahnteilung werden „weiche" Metalle wie Kupfer oder Aluminium, mit der mittleren Zahnteilung werden „normale" Metalle wie unlegierter Stahl, Stahlguss, Grauguss oder Kupfer-Zink-Legierungen und mit der feinen Zahnteilung werden „harte" Metalle wie legierte und hochlegierte Stähle oder Hartguss gesägt. Je nach Wanddicke der Rohre wird meist eine feine oder mittlere Zahnteilung gewählt.
- Nach dem Trennen muss an der Trennstelle am Innen- und Außendurchmesser des Rohres entgratet werden, da sich dort ein Grat (burr) gebildet hat, der Schnittverletzungen verursacht und eine Weiterverarbeitung des Rohrendes erschwert.
- Achtung: Elektrische Betriebsmittel (electrical equipment) mit beschädigten Anschlussleitungen, Steckvorrichtungen oder Schaltern dürfen nicht benutzt werden, schadhafte Leitungen, Stecker oder Schalter dürfen nicht behelfsmäßig geflickt werden. Abdeckungen, Gehäuse oder Schutzisolierungen unter Spannung stehender Teile dürfen erst geöffnet werden, wenn der Strom abgeschaltet und gegen Wiedereinschalten gesichert ist. Bei Störungen müssen die elektrischen Betriebsmittel abgeschaltet und Reparaturen dürfen nur durch eine Elektrofachkraft ausgeführt werden.
- Niemals bei laufender (running) Maschine das Werkstück ein-, aus- oder umspannen.
- Nur standsichere Maschinen und Werkstückauflagen benutzen.
- Die Schutzvorrichtungen oder Abdeckungen der bewegten Teile nicht abnehmen oder deren Wirksamkeit mindern.
- Keine Maschine mit defektem (faulty) Sägeblatt oder defekter Trennschleifscheibe benutzen.
- Bei Arbeiten an oder mit Trennmaschinen muss immer eng anliegende Arbeitskleidung getragen werden.
- Nur mit maschinen- und werkstoffgerechten Schnittgeschwindigkeiten und Vorschüben arbeiten.
- Beim Trennschleifen (abrasive cutting) muss eine bruchsichere Schutzbrille bzw. ein Gesichtsschutzschirm getragen werden.

9.1.4 Informationen zur Gewindeverbindung der Gewinderohre

- Die Rohrenden müssen mit einem Whitworth-Rohraußengewinde und die Gewindefittings mit einem Innengewinde nach DIN EN 10226-1 versehen werden.
- Das Rohraußengewinde ist kegelig und das Innengewinde des Fittings ist zylindrisch. Beide Gewinde bilden beim Zusammenschrauben (screwing together) eine im Gewinde dichtende (sealing) Verbindung. Die Dichtwirkung wird durch die metallische Pressung zwischen den Gewindeflanken im letzten Drittel der Einschraublänge erzielt.
- Das kegelige Rohraußengewinde hat die Kurzbezeichnung *R* und das zylindrische Innengewinde hat die Kurzbezeichnung *R*p.
- Rohrgewinde mit der Kurzbezeichnung G sind nach DIN EN ISO 228 festgelegt. Es handelt sich hierbei um ein zylindrisches Innen- oder Außengewinde für nicht im Gewinde dichtende Verbindungen.
- Ein solches Gewinde wird z. B. verwendet für a) das Innengewinde der Überwurfmutter und das Außengewinde des Verschraubungsfittings bei 3-teiligen Verschraubungen oder b) das Befestigungsgewinde bei Armaturen oder Pumpen.
- Das Gewindeschneiden mit Maschinen kann mit Hand-Gewindeschneidkluppen mit schnell auswechselbaren Schneidköpfen, Elektro-Gewindeschneidkluppen mit schnell auswechselbaren Schneidköpfen oder mit Gewindeschneidmaschinen mit Universal-Automatik-Schneidköpfen ausgeführt werden.
- E-Gewindeschneidkluppen und Schneidmaschinen sind teuer in der Anschaffung, ermöglichen jedoch besonders bei Kleinserienfertigung kürzere Bearbeitungszeiten insbesondere bei Nennweiten ab DN 25.
- Die Gewindeschneidmittel (thread cutting agents) müssen den Anforderungen des DVGW-Arbeitsblattes W 521 genügen. Sie müssen ungiftig, nicht korrodierend und DVGW-geprüft sein.
- Zu beachten sind die a: Einschraublänge von Hand b: Anzugslänge mit Werkzeug c: nutzbare Gewindelänge des Rohr-Außengewindes d: nutzbare Gewindelänge des Fitting-Innengewindes.

9.2 Planen und Entscheiden

9.2.1 Bereitstellung der Rohlänge für die Rohrabschnitte

- Die benötigte Gesamtlänge (total length) wird mithilfe der Z-Maß-Methode und der Maße aus der Montagezeichnung ermittelt. Sie ergibt sich durch Addition der ermittelten Rohrabschnittslängen und der Anzahl der Sägespaltbreiten.
- Bei der Suche nach der benötigten Rohlänge sollten bevorzugt auch vorhandene Restlängen verwendet werden.
- Sichtkontrolle (visual inspection): Überprüfung der Rohroberflächen auf Verschmutzung, Beschädigungen oder Korrosion sowie der Rohrlänge auf Unebenheiten.
- Maßkontrolle (dimensional inspection): Überprüfung des Außendurchmessers und der Wanddicke auf die genormten Vorgaben.

9.2.2 Fertigung der Rohrabschnitte

- Die 5 Rohrabschnitte lassen sich am wirtschaftlichsten mit der handgeführten Schwenkkreissäge trennen. Die Rohre lassen sich hier besonders schnell auf Anriss sägen. Das Ausrichten, Ein- und Ausspannen der Rohre ist durch eine Schnellverstellung (quick adjustment) bzw. einen Schnellspannhebel einfach zu bewerkstelligen.
- Die Bedienung der Maschinensäge muss durch eine gründliche Unterweisung bekannt sein – ebenso die entsprechenden UVV.
- Es muss der ordnungsgemäße Zustand der Maschine, der elektrischen EIN-/AUS- und NOT-AUS-Schalter (emergency switch), des Sägeblatts und der Sägeblattkühlung geprüft werden.
- Sie darf erst eingeschaltet werden, wenn das Rohr fest eingespannt wurde.
- Bei fehlerhaftem/unruhigem Sägeblattlauf, bei fehlender Kühlung (Ausnahme: Trockensägen) sowie beim Ausrichten, Ein- und Ausspannen des Rohres muss die Maschine abgeschaltet werden.
- Die Späne müssen entfernt und die Kühlmittelreste abgewischt werden (Ausnahme: sogenannte Kaltkreissägen oder Trockenkreissägen mit Hochleistungs-Hartmetall-Sägeblatt arbeiten ohne Kühlmittel).
- Das Längenmaß des Rohrabschnitts muss überprüft werden.
- Bei einer gewählten Toleranzklasse m beträgt das Grenzabmaß für Längen zwischen 120 mm und 400 mm +/– 0,5 mm, bei Längen zwischen 400 mm und 1 000 mm +/– 0,8 mm und bei Längen zwischen 1 000 mm und 2 000 mm +/– 1,2 mm (DIN ISO 2786-1).
- Gewählt wird eine stationäre Gewindeschneidmaschine (wenn im Betrieb vorhanden) mit einem sogenannten Kopfdreher. Hier dreht sich nur der Schneidkopf um das Rohrende. Es handelt sich hierbei um Schneidköpfe, die sich nach dem Gewindeschneidvorgang von Hand oder automatisch öffnen. Dadurch muss der Schneidkopf nicht auf der geschnittenen Gewindelänge zurückgedreht werden.
- Es müssen die Funktionsfähigkeit (operability) der Maschine, der Spannvorrichtung und die Nenngröße des Schneidkopfs, in diesem Fall R1, überprüft werden.
- Die Maßhaltigkeit (accuracy to size) des geschnittenen Gewindes muss überprüft werden. Dieses geschieht mit einem Gewindelehrring, behelfsweise mit einer neuen Muffe (oder einem anderen Fitting) mit DVGW-Zulassung. Dabei darf die Muffe sich nur bis etwa vor die letzten drei voll ausgeschnittenen Gewindegänge von Hand drehen lassen.

9.3 Ausführen

9.3.1 Durchführen der Rohlängenermittlung

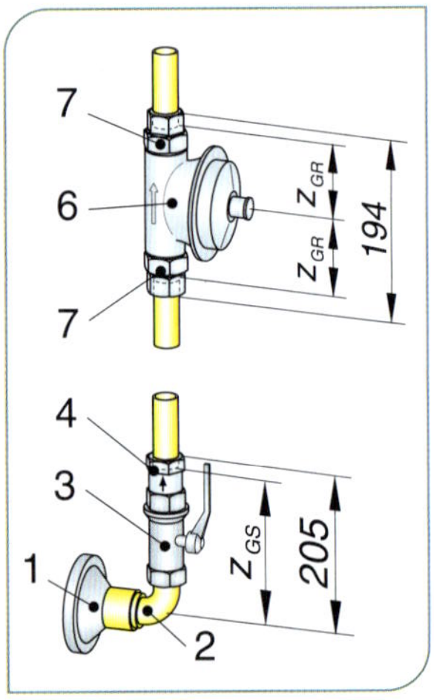

- Rohrabschnittslänge 1: $L_1 = 750\,mm - z_{GR} - z_{GS} = 750\,mm - 80\,mm - 188\,mm = 482\,mm$
- Rohrabschnittslänge 2: $1\,200\,mm - 750\,mm = 450\,mm$
  $L_2 = 450\,mm - z_{GR} - z_{lg.Bg.90°G1} = 450\,mm - 80\,mm - 68\,mm = 302\,mm$
- Rohrabschnittslänge 3: $L_3 = 1\,500\,mm - 2\,z_{lg.g.90°G1} = 1\,500\,mm - 2 \cdot 68\,mm = 1\,364\,mm$
- Rohrabschnittslängen 4 und 5: $L_4 = L_5 = 400\,mm - z_{lg.Bg.90°G1} - z_{T\text{-}B1} = 400\,mm - 68\,mm - 21\,mm = 311\,mm$
- 5 Schnittfugen à 2,5 mm für z. B. ein Kreissägeblatt: $L_{SF} = 5 \cdot 2{,}5\,mm = 12{,}5\,mm$
- $L_{ges} = L_1 + L_2 + L_3 + L_4 + L_5 + L_{SF} = 482\,mm + 302\,mm + 1\,364\,mm + 311\,mm + 12{,}5\,mm = 2\,782{,}5\,mm$.
- Bei 8 baugleichen Gasanlagen ergibt sich eine Gesamtlänge von $8 \cdot 2\,782{,}5\,mm = 22\,260\,mm$. Bei einer handelsüblichen Rohrlänge von 6 000 mm müssen daher 22 260 mm: 6 000 mm/Rohrlänge = 3,7 Rohrlängen ≈4 Rohrlängen bereitgestellt werden.

9.3.2 Herstellung der 5 Rohrabschnitte

- Die ermittelten Rohrabschnittslängen L1…L5 mit der Reißnadel (scriber) bzw. mit einem Faserstift und einem Gliedermaßstab auf der Rohlänge des Gewinderohres (Reihe M) kennzeichnen.
  Hierbei muss an jeder Trennstelle in Abhängigkeit des gewählten Trennverfahrens die Zugabe für den Trennschnitt berücksichtigt werden. Bei einer Kreissäge z. B. 2,5 mm.

- Funktionsfähigkeit der Spannvorrichtung und der Kreissäge bzw. Bandsäge überprüfen.
- Rohlänge des Gewinderohres fachgerecht einspannen und den ersten Rohrabschnitt mit der Kreis- bzw. Bandsäge auf die ermittelte Schnittlänge abtrennen. Kreissägeblatt bei Bedarf schmieren.
- Kreis- bzw. Bandsäge abstellen. Abgetrennten Rohrabschnitt beiseitelegen und nächste Schnittlänge einspannen.
- Einspann- und Trennvorgang für die verbleibenden Rohrabschnitte wiederholen.
- Abgetrennte Rohrabschnitte mit geeigneter Halbrundfeile (half round file) an den Rohrenden entgraten bzw. das Entgraten an der Gewindeschneidmaschine vornehmen (Vorrichtung ist dort vorhanden).
- Abgetrennte Rohrabschnitte mit dem Gliedermaßstab auf Maßhaltigkeit kontrollieren.
- Die Funktionsfähigkeit der Spannvorrichtung und der Gewindeschneidmaschine überprüfen.
- An der Gewindeschneidmaschine den passenden Schnellwechselschneidkopf für das R1-Rohrgewinde einsetzen bzw. beim verstellbaren Schneidkopf die Gewinde-Nenngröße einstellen.
- Die Rohrabschnitte nacheinander fachgerecht in die Gewindeschneidmaschine einspannen und an den Rohrenden das Gewinde schneiden. Hierbei ein geeignetes Gewindeschneidmittel verwenden.
- Nach dem ersten Schneidvorgang (well running) die Gängigkeit des geschnittenen Gewindes mit einem unbenutzten Marken-Fitting, z. B. einer Gewindemuffe, im Bereich der Handeinschraublänge kontrollieren und die verbleibende Anzugslänge überprüfen. (Anm.: Falls diese Kontrolle erst am Ende aller Gewindeschneidvorgänge erfolgt, wären bei einem fehlerhaften Schneidkopf oder bei einer fehlerhaften Einstellung alle Rohrabschnitte Ausschuss.)
- An der Kreissäge/Bandsäge, an der Gewindeschneidmaschine und an den Rohrabschnitten Späne entfernen und Schmier- bzw. Schneidmittelreste abwischen.
- Verölte Putzlappen fachgerecht entsorgen.

9.4 Kontrollieren

9.4.1 Maßkontrollen

- Die Rohrabschnitte mit dem Gliedermaßstab (folding meter rule) unter Beachtung der zulässigen Toleranzen auf Länge kontrollieren.
- Kontrolle des geschnittenen Gewindes siehe Beschreibung unter Abschnitt 9.3.2.

9.4.2 Funktionskontrollen

- Die Funktionsfähigkeit der Spannvorrichtung und der Kreissäge bzw. Bandsäge prüfen.
- Die Funktionsfähigkeit der Spannvorrichtung und der Gewindeschneidmaschine überprüfen.

9.4.3 Abschlußkontrolle

Eine Vollständigkeitskontrolle ist notwendig, um unnötige Folgekosten (follow-up costs) zu vermeiden, z. B. durch zusätzliche Besorgungsfahrten und Verzögerungen im Arbeitsablauf.

- Es sind die 40 Rohrabschnitte auf Vollzähligkeit (completeness) zu überprüfen.
- Es werden alle Rohrabschnitte auf Sauberkeit (z. B. Späne im Gewinde), Grate, Korrosionsspuren (z. B. Roststellen) und Beschädigungen überprüft.
- Die Teile werden in einem geeigneten Transportkasten oder Transportkarton aufbewahrt bzw. die größeren Längen können zusammengebunden zur Abholung (pick-up) bereitgestellt werden.

9.5 Bewertung

- Die Maßhaltigkeit der Rohrabschnitte sowie die Formgenauigkeit und Oberflächengüte (surface condition) der Rohrgewinde können nach einem vorgegebenen Bewertungsraster (siehe z. B. die Bewertung der praktischen Gesellenprüfung) dokumentiert werden.
- Eine angemessene (appropriate) Planungs- und Fertigungszeit, ein wirtschaftlicher Materialverbrauch, ein wirtschaftlicher Maschineneinsatz sowie eine verzögerungsfreie Auftragsabwicklung sollten ebenfalls in die Bewertung einfließen.

9.6 Präsentation

Die protokollierten Ergebnisse sowie eventuell angefertigte Folien, Bilder oder Fotos o. ä. können mittels der aufgeführten Präsentationstechniken (presentation skills) im Kap. 6, „Einführung in den Beruf", gezeigt werden.

ÜBUNG

Dokumentieren (document) Sie mittels des vollständigen Handlungsablaufes das Bereitstellen der Formstücke und der Befestigungselemente des zuvor dargestellten Arbeitsauftrages (work order).

Lernfeld 3:

Baugruppen herstellen und montieren

1 Beispiele einfacher Baugruppen

1.1 Untergliederung von SHK-Anlagen

Der Anlagenmechaniker montiert, demontiert, inspiziert, wartet oder repariert Einrichtungen und Baugruppen von Heizungsanlagen, Trinkwasseranlagen, Entwässerungsanlagen oder Lüftungsanlagen.
Dazu benötigt er Kenntnisse über die Einbindung der Anlage im Gebäude, den Aufbau der Anlage und die Arbeitsweise der Anlage und ihrer Komponenten. In der Technik werden solche Anlagen als **Systeme** bezeichnet.
Die wesentlichen Merkmale eines Systems sind beispielhaft in Bild 2 dargestellt.

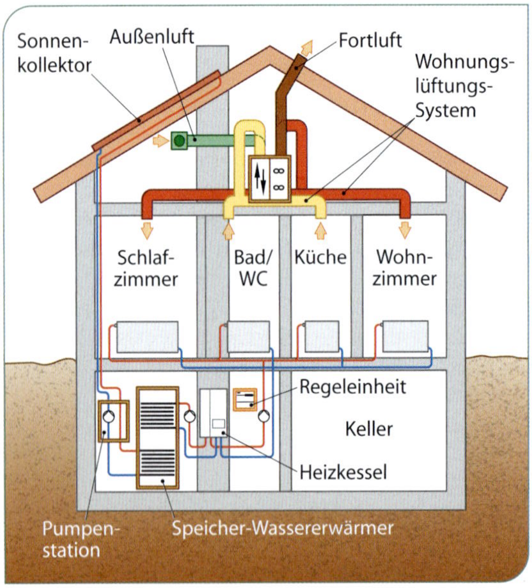

1 Systemtechnik im Niedrigenergiehaus

System TWW-Solaranlage, Heizungsanlage oder Lüfungsanlage		
Umgebung (surrounding) Ausbreitung und Einbindung der Anlage im Gebäude	**Funktion** (functioning) Arbeitsweise der Anlage und ihrer Komponenten	**Struktur** (structure) Konstruktiver Aufbau der Anlage und ihrer Komponenten

2 Merkmale eines Systems

Um eine Anlage besser zu verstehen, ist es hilfreich sie in Teilbereiche aufzuteilen und die Komponenten zu untergliedern. Damit verfeinert sich die Struktur des ganzen Systems. Bild 3 zeigt die Untergliederung eines Systems in **Betrachtungsebenen** (consideration levels).

System (system)	TWW – Solaranlage		
Einrichtungen (appliances)	Sonnenkollektor	Rohrsystem mit Pumpenstation (Bild 1)	TWW – Speicher
Baugruppen (subassemblies)	Kollektorrahmen mit Dachbefestigung	Pumpenstation (Bild 4)	Behälter mit Rohrwendel-Wärmetauscher
Bauelemente (elements, components)	Aluminiumprofile, Befestigungslaschen, Befestigungsschrauben usw.	Umwälzpumpe, Absperrhähne, Vor- und Rücklaufthermometer usw. (Bild 5)	Behälter, Revisionsdeckel, Dichtungen, Rohrverschraubungen usw.

3 Betrachtungsebenen eines Systems

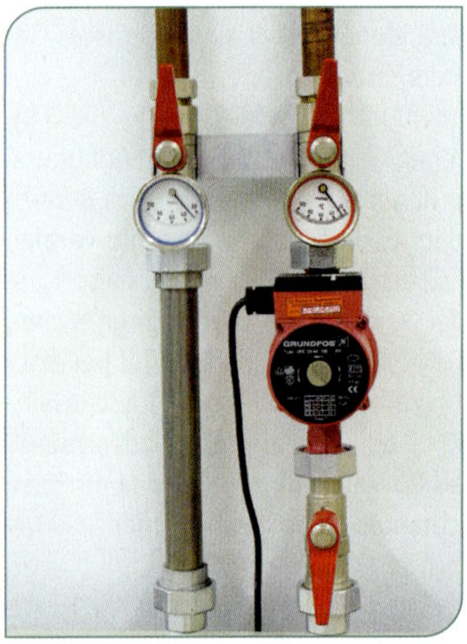

4 Pumpenstation

5 Bauelemente der Pumpstation

Eine Baugruppe ist ein Teil einer Einrichtung und besteht aus mehreren Bauelementen.
Gelegentlich bildet ein Bauelement aus einer Baugruppe für sich betrachtet eine eigene Baugruppe.
So sind z. B. die Absperrhähne oder die Umwälzpumpe aus der Baugruppe „Pumpenstation" (Bild 4, vorherige Seite) ihrerseits aus mehreren Bauelementen zusammengesetzt (Bild 5, vorherige Seite und Bild 1).

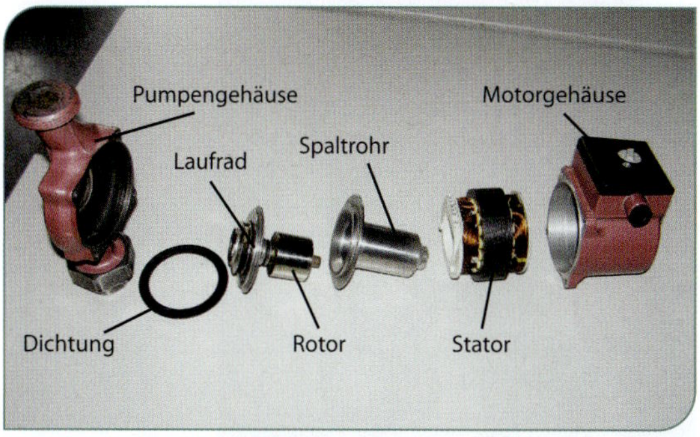

1 *Bauelemente einer Umwälzpumpe*

Die Tabelle Bild 2 zeigt die Betrachtungsebenen an Beispielen von Sanitärausstattungsgegenständen (sanitary equipment parts) einer Entwässerungsanlage (draining plant).

System	Entwässerungsanlage		
Einrichtungen	Waschtisch (Bild 3)	Spülklosett	Badewanne
Baugruppen	Rohrgeruchverschluss (Bild 4)	Spülkasten	Ab- und Überlaufgarnitur
Bauelemente	• Verstellrohr • U-Rohr-Bogen • Wandanschlussbogen • Überwurfverschraubungen • Dichtungen (Bild 5)	• Wasserbehälter • Füllventil • Spültaste • Schwimmerhebel • Schwimmerventil • Dichtungen	• Ablaufventil • Umschaltvorrichtung (öffnen und schließen des Ventils) • Überlaufventil • Überlaufrohr

2 *Betrachtungsebenen von Sanitärausstattungsgegenständen*

3 *Waschtisch*

4 *Rohrgeruchverschluss*

5 *Bauelemente eines Rohrgeruchverschlusses*

2 Funktionsprüfung einer Baugruppe

2.1 Einleitung

Die Prüfung der Baugruppen (components) eines installierten Systems auf ihre Funktion (functionality) ist ein wesentlicher Bestandteil eines Kundenauftrags. Sie wird **nach Fertigstellung** (completion) von Auftragsabschnitten oder aller Arbeiten und **vor der Übergabe** (handing over) an den Kunden durchgeführt.
Um ein einwandfreies Funktionieren der gesamten Anlage beurteilen zu können, müssen alle Anlagenteile **systematisch geprüft** werden.
Im Gegensatz zu Industriebetrieben werden in den handwerklichen SHK-Betrieben die Funktionsprüfungen (performance checks) nach erfolgter Installation der Ver- und Entsorgungssysteme im Allgemeinen nicht protokolliert. Eine Ausnahme bilden die sicherheitsrelevanten Anlagen wie z. B. die Gas- und Wasseranlagen oder das erstmalige Hochfahren von Fußbodenheizungen.
Hier ist der schriftliche Nachweis der Prüfungen besonders wichtig, da Mängel in aller Regel große Schäden anrichten und damit hohe Kosten verursachen können.

2.2 Funktionsprüfung am Beispiel einer Pumpenstation

Die auf Seite 136 Bild 4 gezeigte Pumpenstation ist in diesem Beispiel um einen Dreiwegemischer (three-way mixer) erweitert. Die industriell vorgefertigte Pumpenstation sollte **vor dem Einbau** einer genauen **Sichtkontrolle** unterzogen werden. Sofern die Verschraubungen mit Dichtungen versehen sind, werden diese auf Vorhandensein und richtigen Sitz überprüft.

Anschließend werden die Verschraubungen mit einem Rollgabelschlüssel oder einer Armaturenzange angezogen und die Rohranschlüsse auf freien Durchgang (Verschmutzungen sind zu entfernen) überprüft.

Bei der anschließenden Installation ist darauf zu achten, dass Vor- und Rückläufe nicht verwechselt werden und die Pumpe in die richtige Richtung fördert (auf Pfeilrichtung achten!). Nach erfolgtem Einbau und dem Befüllen (filling) mit Wasser sind sämtliche Verschraubungen und Verbindungen auf Dichtheit zu überprüfen.

Nach erfolgter Verdrahtung der elektrischen Anschlüsse mit der Kesselsteuerung und -regelung werden in einem Testlauf im Verbund mit dem Anheizen des Kessels die Funktionen der Pumpe (Pos. 1) und des Mischers (Pos. 2) überprüft.

1 Pumpenstation

2.2.1 Überprüfung der Umwälzpumpe auf richtige Funktion

- Sofern am Kesselschaltfeld eine Programmsteuerung für die Pumpe vorhanden ist, sind die Schaltpositionen „aus", „ein" und „Auto" mit der entsprechenden Reaktion der Pumpe zu überprüfen.
- Ist eine Trinkwarmwasserbereitung integriert, so muss geprüft werden, ob eine Trinkwarmwasser-Vorrangschaltung vorhanden ist. Diese könnte ein vorübergehendes Ausschalten der Heizungs-Umwälzpumpe veranlassen, obwohl eine Wärmeanforderung vorliegt und damit die Pumpe eigentlich arbeiten sollte.
- Hocheffizienzpumpen (high-efficiency pumps) müssen auf die entsprechenden Anforderungen (Förderdruck, Volumenstrom, Nachtabsenkung usw.) eingestellt werden. Dieses geschieht häufig über ein Display am Kopf der Pumpe (Bild 2).

2 Display einer Heizungs-Umwälzpumpe

- Die entsprechenden Werte sind dem Monteur vom Anlagenplaner mitzuteilen. Es empfiehlt sich, diese Einstellungen auf dem betrieblichen Datenblatt der Kundenanlage zu protokollieren.
- Nach der Einstellung ist zu prüfen, ob das Wasser durch alle Heizkörper zirkuliert bzw. ob alle Heizkörper ausreichend mit Wärmeenergie versorgt werden.

2.2.2 Überprüfung des Dreiwegemischers auf richtige Funktion

Der Dreiwegemischer mischt warmes Vorlaufwasser mit kälterem Rücklaufwasser, meist abhängig von einer Regelung, die u.a. einen Außen-Temperaturfühler beinhalten kann. Der auf dem Mischergehäuse sitzende Motor hat zwei Drehrichtungen (directions of rotation), die überprüft werden müssen:

- Niedrigere Außenlufttemperatur bedeutet, dass der Mischermotor das zugemischte kältere Rücklaufwasser drosseln muss und umgekehrt bedingt,
- eine höhere Außenlufttemperatur eine Erhöhung des zugemischten Rücklaufwasservolumenstromes.

Über z.B. die Kühlung des Außen-Temperaturfühlers mit einem Eisbeutel o.ä. kann die richtige Arbeitsweise des Motors im Verbund mit dem Regler schnell überprüft werden. Ein (zeitsparender) Eingriff über die Verstellung bestimmter Parameter an der Regelung wird in der Fachstufe erläutert.

Hilfreich für derartige Funktionsprüfungen sind z.B. Herstelleranweisungen bzw. mitgelieferte Flussdiagramme (flowcharts) (Bild 3, S. 26). Nützlich sind weiterhin häufig Einzelteil- und Gesamtzeichnungen (single part and general drawings) sowie die z.B. sehr aussagekräftigen Explosionszeichnungen (siehe Bild 2, S. 341 und Bild 1, S. 342) (exploded assembly drawings) von Funktionsteilen und Funktionsbeschreibungen.

Funktionsprüfungen sollten protokolliert werden, weil damit:

- der Zeitpunkt (time) der letzten Überprüfung,
- die mit der Überprüfung befasste Person und damit
- die Verantwortlichkeit (responsibility) bei eventuellen Schadensfällen (claims),
- sowie mögliche Gewährleistungen (warranties) bekannt sind.

ÜBUNGEN

1. Nennen Sie den Zeitpunkt der Funktionsprüfung innerhalb einer Auftragsabwicklung.
2. Nennen Sie den Grund für eine Funktionsprüfung.
3. Nennen Sie Arbeitsmittel, die für eine Funktionsprüfung hilfreich sein können.
4. Warum sollten Funktionsprüfungen protokolliert werden?

3 Füge- und Montagetechniken

Mit dem Begriff Fügen (joining) bezeichnet man das Verbinden von mindestens zwei Bauteilen (parts). Als Montage (assembly) bezeichnet man das planmäßige Verbinden von Bauteilen bzw. Bauelementen zu Baugruppen (subassemblies) wie z.B. die Pumpenstation (Bild 1) und deren Zusammenbau zu größeren Systemen wie z.B. Solaranlagen zur zentralen Trinkwassererwärmung.

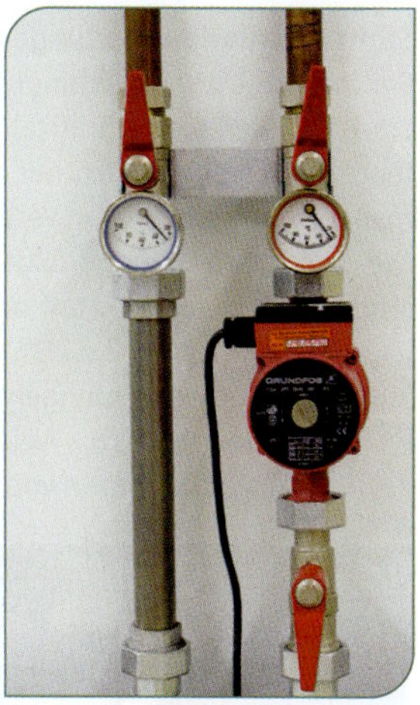

1 Pumpenstation

Montieren erfolgt somit immer unter Anwendung von Fügetechniken. Zusätzlich zum Fügen werden beim Montieren weitere Tätigkeiten ausgeführt wie z.B. Messen, Positionieren, Einstellen, Funktionen prüfen etc.

3.1 Verbindungsarten

Fügen

3.1.1 Lösbare und unlösbare Verbindungen

Lösbare Verbindungen (detachable joinings) (Bild 2) müssen ohne Zerstörung oder Beschädigung der Verbindungselemente oder der verbundenen Bauteile gelöst und wieder zusammengefügt werden können.

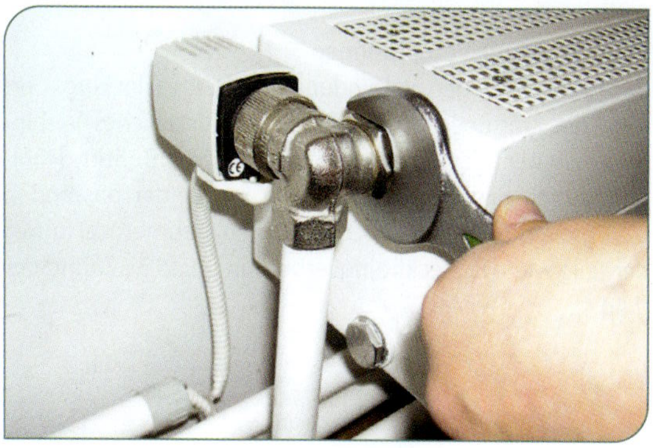

2 Anschlussverschraubung eines Heizkörpers

Lernfeld 3

Lösbare Verbindungen sind erforderlich, um Teile einer Anlage oder Baugruppe bei Wartungs- bzw. Instandsetzungsarbeiten (maintenance and repair works) austauschen zu können wie z. B. Brennerdüse, Zirkulationspumpe der zentralen Trinkwasseerwärmungsanlage (**PWH**[1]**-Anlage)**, Geruchverschluss, oder um neue Teile hinzufügen zu können.
Lösbare Verbindungen sind z. B. Schraubenvebindungen, Rohrverschraubungen, Flanschverbindungen, Rohrkupplungen und Steckmuffenverbindungen.
Unlösbare Verbindungen (non-detachable joinings) (Bild 1) können nur durch Beschädigung bzw. Zerstörung des Verbindungselements, der Fügestelle oder der verbundenen Bauteile gelöst werden.

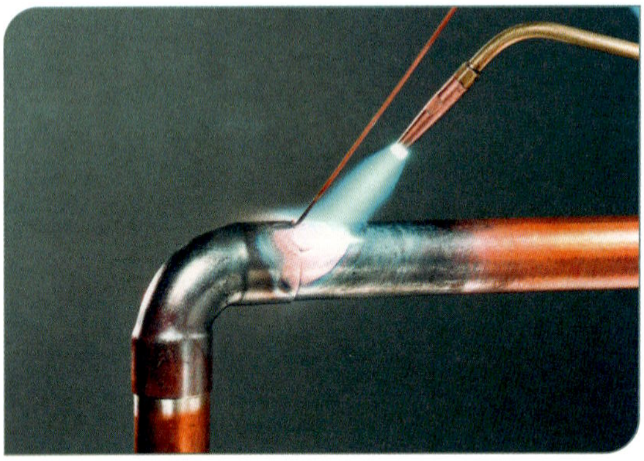
1 Hartlötverbindung

Unlösbar werden Teile verbunden, wenn eine spätere Demontage (dismantling, disassembly) nicht erforderlich ist wie z. B. bei den Rohren einer Heizungsanlage.
Unlösbare Verbindungen sind z. B. Schweißverbindungen, Lötverbindungen, Klebeverbindungen, Pressverbindungen Schiebehülsenverbindungen und Whitworth-Rohrgewindeverbindungen.

3.1.2 Formschlüssige, stoffschlüssige und kraftschlüssige Verbindungen

Betrachtet man die Kraftübertragung von einem Bauteil auf ein anderes an der Fügestelle, lassen sich drei Arten von Verbindungen unterscheiden:

Formschlüssige Verbindungen
Bei formschlüssigen Verbindungen (positive lockings) erfolgt die Kraftübertragung durch ein zusätzliches Verbindungselement (connecting element) wie z. B. Stift, Hohlraumdübel (Bild 2) oder durch die ineinander passenden bzw. greifenden geometrischen Formen (geometrical forms) der Teile wie z. B. Steckfittingverbindung (Bild 3), Zahnräder (Bild 4).

[1] PWH = potable water hot

2 Formschluss zwischen Wand und Hohlraumdübel

3 Formschluss zwischen Muffe und Steckfitting

4 Formschluss zwischen den Zähnen einer Zahnradpumpe (Ölpumpe)

Stoffschlüssige Verbindungen
Bei stoffschlüssigen Verbindungen (material joints) haftet ein Zusatzwerkstoff (additive) an den Fügeflächen der Bauteile oder verbindet sich mit deren Grundwerkstoffen. Bei manchen stoffschlüssigen Verbindungen findet beides statt. Die Kraftübertragung erfolgt durch Bindungskräfte zwischen dem Grundwerkstoff und dem Zusatzwerkstoff (vgl. Kap. 3.2.2.1, 3.2.2.2 u. 3.2.2.3).
Stoffschlüssige Verbindungen entstehen z. B. beim Kunststoffschweißen (Bild 5), Weichlöten von Kupfer (Bild 1, nächste Seite) und Kleben von PVC (Bild 2, nächste Seite).

5 Heizelement-Stumpfschweißen

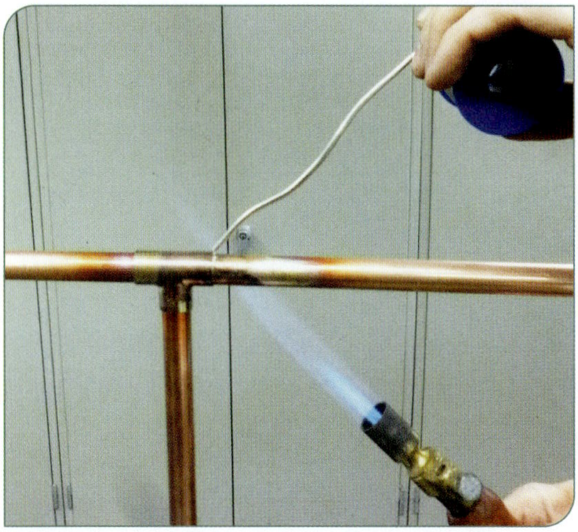

1 Weichlöten

2 Kleben

Kraftschlüssige Verbindungen
Bei kraftschlüssigen Verbindungen (frictional connections; force lockings) erfolgt die Kraftübertragung durch Reibungskräfte (frictional forces) an den Berührungsflächen, die durch das Aufeinanderpressen der Bauteile z. B. mit Hilfe von Sechskantschraube und Mutter zustande kommt (Bild 3).
Kraftschlüssige Verbindungen sind Gewinde-, Schrauben-, Klemm- und Pressverbindungen (Bild 4).

3 Schraubenverbindungen

4 Pressverbindung

3.2 Rohrverbindungen

3.2.1 Anforderungen an Rohrverbindungen

Mit Hilfe von lösbaren oder unlösbaren Rohrverbindungen (detachable and non-detachable pipe joints) werden sowohl Rohre untereinander als auch Rohre mit Rohrformteilen, Armaturen, Pumpen, Sanitärobjekten und Geräten gefügt.

MERKE

Grundsätzlich müssen alle Rohrverbindungen auch unter wechselnden Betriebsbedingungen wie z. B. Temperatur- und Druckschwankungen dauerhaft dicht (permanent leakproof) sein.

Unlösbare, einwandfrei durchgeführte Löt-, Schweiß- oder Klebeverbindungen erfüllen diese Forderung in besonderem Maße. Für die in der SHK-Technik verwendeten Stahl-, Kupfer-, Kunststoff- und Mehrschichtverbundrohre sind verschiedene Rohrverbindungen üblich bzw. zugelassen (Bild 1, nächste Seite). Die Auswahl einer Rohrverbindung hängt von den betrieblichen Anforderungen (operational requirements) sowie von den Verlegesituationen (piping conditions) und Vorschriften ab.

3.2.2 Unlösbare Rohrverbindungen

Rohre werden unlösbar verbunden, wenn im Rohrverlauf und bei den Rohranschlüssen **keine lösbaren Trennstellen** erforderlich sind.
Man unterscheidet **stoffschlüssige** (Löt-, Schweiß-, Klebeverbindungen) und **kraftschlüssige unlösbare** Rohrverbindungen (Press-, Gewindeverbindungen). Gewindeverbindungen lassen sich zwar lösen, dennoch gelten sie als unlösbar **(s. Kap. 3.2.2.6)**.

	Lötverbindung	Schweißverbindung	Kleberverbindung	Gewindeverbindung	Pressfitting/Presshülse	Schiebehülsenverbindung	konische oder flach dichtende Verschrbg.	metallisch dichtende Klemmringverschrbg.	weich dichtende Klemmringverschrbg.	Rohrkupplung	Flanschverbindung	Steckverbindung
Gewinderohre		x		x			x		x	x	x	
Präzisionsstahlrohre	x	x			x		x	x		x	x	x
nicht rost. Edelstahlr.		x			x		x	x		x	x	x
Kupferrohre	x	x			x		x	x	x	x	x	x
PE-X-Rohre					x	x			x			x
PE-, PB-, PP-Rohre		x							x	x*	x	x
PVC-C- Rohre			x				x		x	x	x	x
Verbundrohre		(x)			x	x			x	x*		x

(x) nur Grundrohr; x*: mit Stützhülse

1 Zuordnung von Rohren und geeigneten Verbindungstechniken

3.2.2.1 Lötverbindungen

Lötverbindungen (soldered joints) sind bei Kupferrohrinstallationen immer noch aktuell, obwohl zunehmend auf Pressverbindungen übergegangen wird. Grundsätzlich lassen sich auch Rohre aus Kupfer-Zink-Legierungen (Messing), Stahl- oder Aluminiumrohre durch Löten stoffschlüssig miteinander verbinden.

Beim Löten können **gleiche** oder **verschiedene metallische** Werkstoffe durch ein Lot (solder) verbunden werden, dessen Schmelztemperatur (melting temperature) unterhalb der des Rohr- bzw. Fittingwerkstoffes liegt. Die Rohre oder Rohrformteile bleiben dabei in festem Zustand, während das flüssige Lot in einen Lötspalt eindringt oder eine Lötfuge ausfüllt.

Zwischen dem Lot und der Oberfläche des Werkstücks bildet sich durch Diffusion eine dünne **Legierungsschicht** (alloy junction), die eine höhere Festigkeit besitzt als das reine Lot (Bild 2).

Die Legierungsbildung verläuft aber nur dann optimal, wenn die richtige **Arbeitstemperatur** eingehalten wurde und das Lot die metallisch blanken Fügestellen **vollständig benetzt.**

Bei einem Abstand zwischen den Fügeflächen < 0,5 mm spricht man von **Kapillarlötung** (capillary soldering) (Bild 3), bei einem Abstand > 0,5 mm von **Fugenlötung** (joint soldering). Kapillarlötungen haben eine höhere Festigkeit als Fugenlötungen.

Weich- und Hartlöten

Je nach Arbeitstemperatur unterscheidet man:

- **Weichlöten** (soft soldering) mit Arbeitstemperaturen **≤ 450 °C,**
- **Hartlöten** (hard soldering) mit Arbeitstemperaturen **> 450 °C.**

Weichlöten in der Hausinstallation

Hartlötverbindungen sind temperaturbeständiger als Weichlötverbindungen. Beide Lötverfahren sind bei Kupferrohrinstallationen üblich und zum Teil auch vorgeschrieben (vgl. Anm. 2, 3 und 4, Tab. Bild 1, S. 143). Die für das Kupferrohrlöten in der Gas-, Flüssiggas- sowie Trinkwasserinstallation geltenden Vorschriften, vorgegebenen Lote, Flussmittel und Lötfittings sind in den **DVGW- Arbeitsblättern** GW 2, GW 6, GW 7 und GW 8 aufgeführt. Die darin enthaltenen Festlegungen sind als **anerkannte Regeln der Technik für das Löten von Kupferrohren** anzusehen und gelten deshalb auch für Heizungs-, Heizöl-, oder Kältemittelinstallationen. Allerdings müssen für die einzelnen Installationsbereiche die jeweils geltenden besonderen Festlegungen beachtet werden. Die Auswahl der Weich- und Hartlote (soft solders and hard solders) berücksichtigt die zu erwartende Beanspruchung an der Lötstelle und weitere Aspekte wie z. B. die hygienische und geschmackliche Unbedenklichkeit für Trinkwasserleitungen.

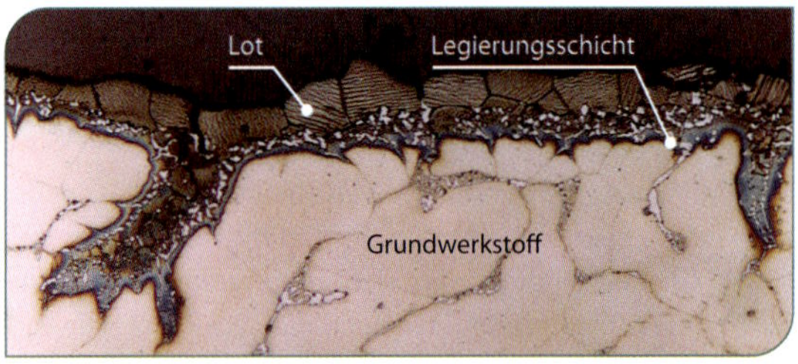

2 Diffusionszonen einer Lötnaht

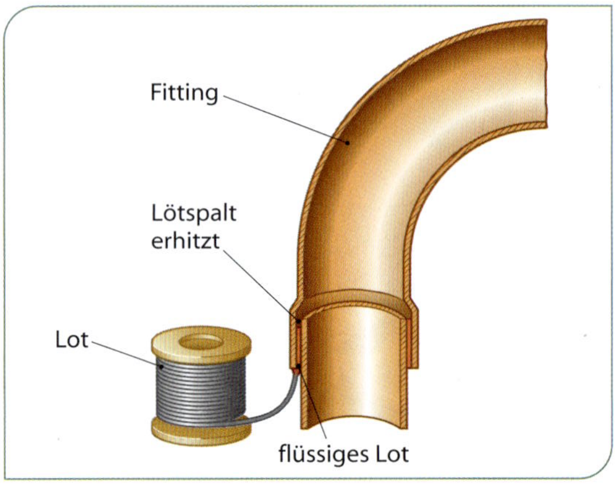

3 Kapillarwirkung

Art des Lotes (Beispiele)	Lotwerkstoff	Schmelzbereich in °C	Flussmittel-Typ	Arbeitstemperatur in °C nach Legierungsgruppe	Trinkwasserinstallation (PWC/PWH/PWH-C)	Solaranlagen	Warmwasserheizung	Gas[4] (Gasfamilien S, N und L)	Flüssiggas[4] [5] (Gasfamilie FS)	Heizöl[4] [5]	Kältemittel[6]
Weichlote nach DIN EN ISO 9453 (Legierungskurzzeichen nach ISO 3677)	S-Sn 97 Ag 3 = (Legierung 702)	221…224	1 Harz 2 organisch (wenig oder kein Harz) 3 anorganisch z. B. ISO 3214	140…380	x	x[3]	x[3]	–	–	–	(x)
	S-Sn 97 Cu 3 = (Legierung 402)	227…310			x	x[3]	x[3]	–	–	–	(x)
Hartlote nach DIN EN ISO 17672 (DIN EN 1044)	CuP 182 (CP 201)	710…770	FH 10[7] FH 20[7] FH 21[7]	FH 10 = 600 °C FH 20 > 750 °C FH 21 > 800 °C	x[2]	x	x	x	x	x	x
	CuP 279[1] (CP 105)	645…825			x[2]	x	x	x	x	x	x
	AG 330 (AG 306)	600…690			x[2]	x	x	x	x	x	x
	AG 145 (AG 104)	640…680			x[2]	x	x	x	x	x	x
	AG 212 (AG 207)	800…830			x[2]	x	x	x	x	–	x

[1] Wenn beide Fügeteile (Rohre, Fittings) aus Kupfer sind, kann bei den Loten CuP 279 (L-Ag2P) und CuP 182 (L-CuP8) aufgrund der desoxidierenden Wirkung des Phosphors auf ein Flussmittel verzichtet werden. Sollte sich während des Lötens die Flamme beim Schmelzen dieser Lote grün färben (Phosphor verbrennt), muss der Brennerabstand sofort vergrößert werden. Beim Löten von Messing oder Rotgussfittings muss immer ein Flussmittel verwendet werden, um das Ausdampfen des Zinks zu verhindern und damit Korrosionsschäden zu vermeiden. Phosphorhaltige Lote dürfen generell nicht für Kupferrohrinstallationen in Räumen mit ständig korrosiven Atmosphären verwendet werden (z. B. bei landwirtschaftlichen oder galvanischen Betrieben).
[2] Zur Minderung der Korrosionsgefahr ist bei Trinkwasserinstallationen bis zur Abmessung 28 × 1,5 Weichlöten vorgeschrieben. Erst ab 35 × 1,5 darf hartgelötet werden. Innenverzinnte Kupferrohre dürfen nur weichgelötet werden.
[3] Für Solaranlagen nur bis max. 110 °C und Warmwasserheizungen nur bis max.105 °C. Kupferrohre für Flächenheizungen (z. B. Fußbodenheizungsrohre, die im Estrich verlegt werden) dürfen nur hartgelötet werden.
[4] Hartlöten vorgeschrieben nach DVGW TRGI 2018, TRF 2021 und DIN 4755 (TRÖ)
[5] Hartlötverbindungen für Kupferleitungen dürfen nach TRF 2021 nur bis DN100 ausgeführt werden. Bei Kupferleitungen zur Versorgung von Ölfeuerungen nur bis DN25. Größere Nennweiten müssen geschweißt werden.
[6] Kupferrohre nach DIN EN 12735-1. Hinweise zur fachgerechten Verlegung siehe DIN EN 378-2 und DKI-Informationsdruck i164.
[7] Vielzweckflussmittel

1 Lote und Flussmittel für die Kupferrohrinstallation

Die im Arbeitsblatt GW 2 zugelassene **Weichlote** nach DIN EN ISO 9453 sind Legierungen aus Zinn (Sn) und Silber (Ag) oder Kupfer (Cu). Die zugelassenen Hartlote nach DIN EN ISO 17672 sind Legierungen aus Kupfer mit geringen Anteilen an Phosphor (P) und Silber oder Legierungen aus Silber, Kupfer und Zink (Zn) mit geringen Anteilen an Zinn. Lote werden in Form von Drähten (wires), Stäben (rods) und Lötpasten (solder pastes) geliefert (Bild 2).

Die für verschiedene Installationsbereiche zu verwendenden Weich- bzw. Hartlote zeigt Tab. Bild 1.

Die unterschiedlich zusammengesetzten **Flussmittel** (flux) für das Weich- bzw. Hartlöten von Kupferrohren haben einen bestimmten Wirktemperaturbereich (effective temperature range), in dem sie vorhandene Oxidschichten (oxide film) auflösen und Neubildungen während des Lötens verhindern (Tab. 1 und 2, nächste Seite). Dieser Temperaturbereich muss auf die jeweilige Arbeitstemperatur des Lotes abgestimmt sein. Zum Weichlöten können auch gebrauchsfertige Flussmittel-Lot-Gemische (**Lötpasten**) verwendet werden. Sie werden wie ein Flussmittel aufgetragen, müssen jedoch zum Ausfüllen des Lötspalts durch ein Massivlot ergänzt werden. Das hinzugefügte Lot muss hierbei die gleiche Zusammensetzung haben wie das Lötpulver der Paste. Die beiden Bestandteile der Lötpaste müssen den jeweiligen Anforderungen an Lot und Flussmittel genügen (DVGW-Arbeitsblätter GW7 und GW2).

Es empfiehlt sich, nur solche Lote und Flussmittel zu verwenden, die zusätzlich zur DIN-Angabe auch das **DVGW-Prüfzeichen** mit Register-Nr. und das **RAL-Gütezeichen** der Gütegemeinschaft Kupferrohr e. V. führen (vgl. Kap. 1.6.4.6.4, S. 303). Um die Schmelztemperaturbereiche der Lote und die Wirktemperaturbereiche der Flussmittel einzuhalten, ist eine sorgfältige Wärmeführung mit geeigneten Wärmequellen erforderlich.

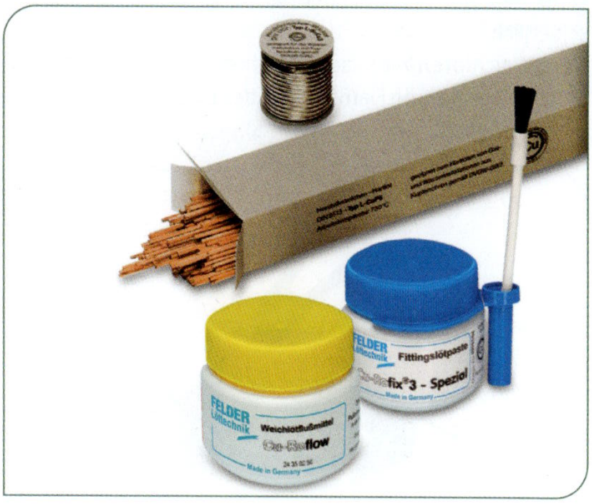

2 Weichlot, Hartlot, Lötpaste und Flussmittel

neue Bezeichnung nach DIN EN ISO 9454	alte Bezeichnung nach DIN 8511	Wirktemperaturbereich in °C
Typ 3.1.1 Typ 3.1.2 Typ 2.1.2	F-SW12 F-SW22 F-SW25	< 450 °C z. B. 310°C für Zinn-Kupfer Legierungen

1 Flussmittel für Weichlote (Auswahl)

neue Bezeichnung nach DIN EN ISO 18496	alte Bezeichnung nach DIN 8511	Wirktemperaturbereich in °C
FH 10	F-SH1	550... 800
FH 20	F-SH2	700...1000
FH 21		750...1000
FH 30	F-SH3	> 1000
FH 40	F-SH4	600...1000

2 Flussmittel für Hartlote (Auswahl)

Lötgeräte zum Weichlöten

- **Propangas-Luft-Brenner** (Ansaugbrenner) (L.P.G[1] blowpipe/ blow torch) mit oder ohne Selbstzündautomatik oder
- **Elektrisches Widerstandslötgerät** (soldering tweezers) mit dem Rohrdurchmesser angepassten Zangenbacken (Bild 3).
- Die elektrischen Heizwiderstände der Lötzange bringen die Lötstelle auf Arbeitstemperatur. Da es keine offene Flamme gibt, wird die Brandgefahr verringert. Die Verwendung solcher Geräte ist besonders bei Altbaurenovierungen oder Erweiterungsarbeiten und bei Reparaturen in brandgefährdeten Räumen zu empfehlen.

Lötgeräte zum Hartlöten

- **Propangas-Luft-Brenner** sowie
- **Acetylen-Sauerstoff-** oder **Propan-Sauerstoff-Brenner** (oxy-acetylene/L.P.G torch) (Bild 4) mit Mehrlochdüse zur besseren Wärmeverteilung. Mit einer „weichen" Flammeneinstellung (geringer Brenngasüberschuss) wird die Überhitzungsgefahr an der Lötstelle verringert.

Da beim **Flammlöten** (open flame soldering) die Fügestelle durch eine Flamme direkt erwärmt wird, ist die **Wärmeführung** (heat guidance) bei der Hart- und Weichlötung unterschiedlich.
Beim **Weichlöten** wird nach Erreichen der erforderlichen Arbeitstemperatur die Flamme von der Lötstelle abgewendet und das Weichlot angesetzt (Bild 5).

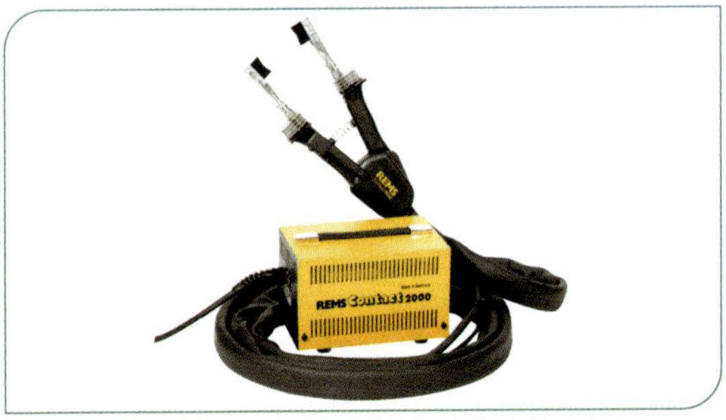

3 Elektrisches Widerstandslötgerät

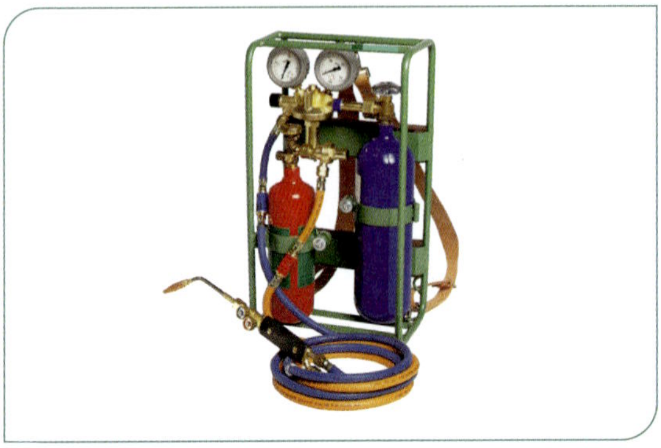

4 Propan-Sauerstoff-Brenner

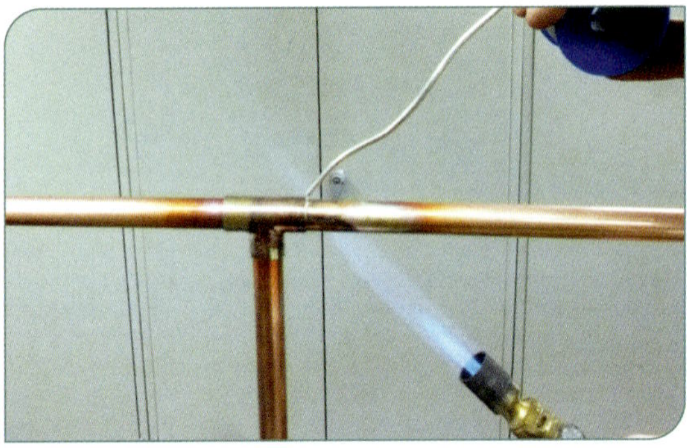

5 Weichlotzugabe bei abgewendeter Flamme

Durch die an der Lötstelle gespeicherte Wärme schmilzt das Lot und fließt in den Kapillarspalt. Bei waagerechten Lötnähten bildet sich bei richtiger Lotzugabe im unteren Scheitelpunkt des Muffenendes bzw. Fittingrandes ein Löttropfen. Bei senkrechten Lötnähten dagegen erscheint an diesen Übergangsstellen ein geschlossener Lötring.
Bei der Verwendung von **Lötpasten** erkennt man den Lotring nicht, weil die Fügestelle rundum glänzt. Daher ist nicht erkennbar, ob der Lötspalt ganz mit Lot gefüllt ist.
Beim **Hartlöten** wird, nachdem man mit einem Abstand von ca. 2-facher Flammenkegellänge die Lötstelle auf Arbeitstemperatur erwärmt hat, das Lot an die Fügestelle geführt und im Abstand 5-facher Flammenkegellänge in der Streuflamme abgeschmolzen, bis der Ringspalt gefüllt ist (Bild 6). Bei richtiger Durchführung bildet sich dort eine **Hohlkehle** (groove).

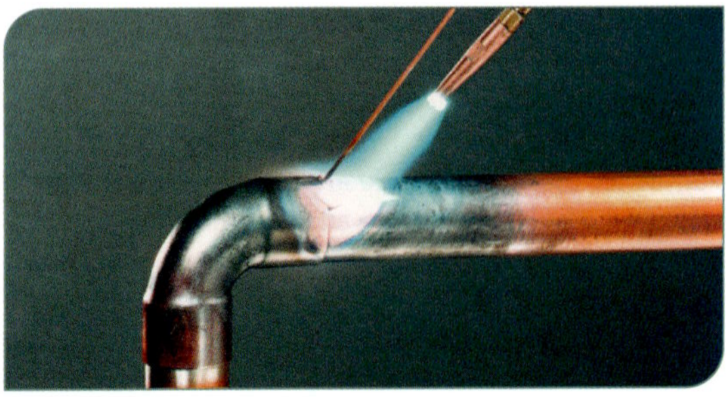

6 Beim Hartlöten Lot in der Brennerflamme abschmelzen

[1] L.P.G. = Liquid Propane Gas

1 Rohrtrennen mit dem Rohrabschneider

2 Entgraten

3 Kalibrieren mit Kalibrierring und -dorn

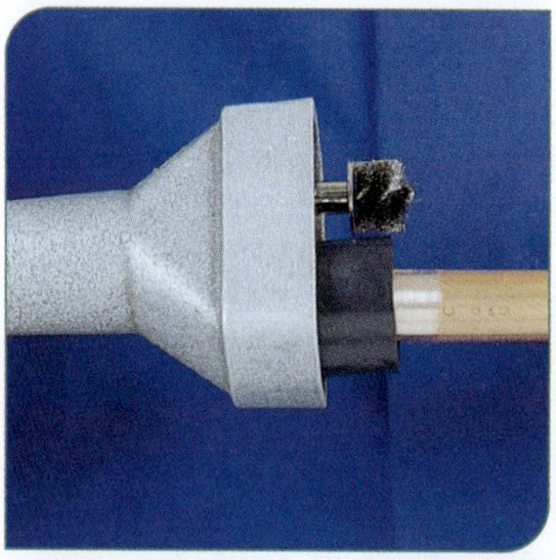
4 Rundbürste und Ringbürste

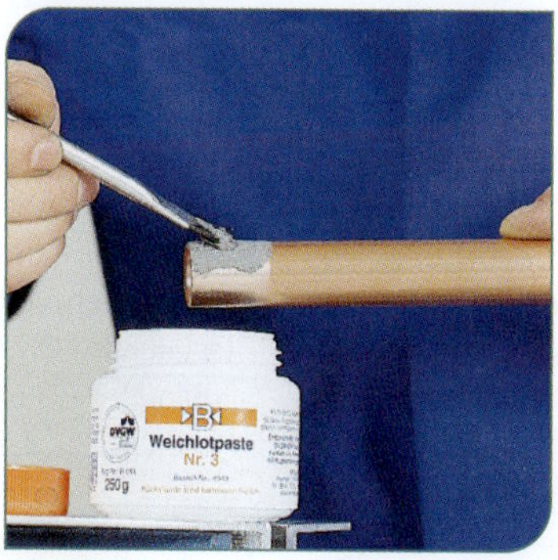

5 Lötpaste auftragen

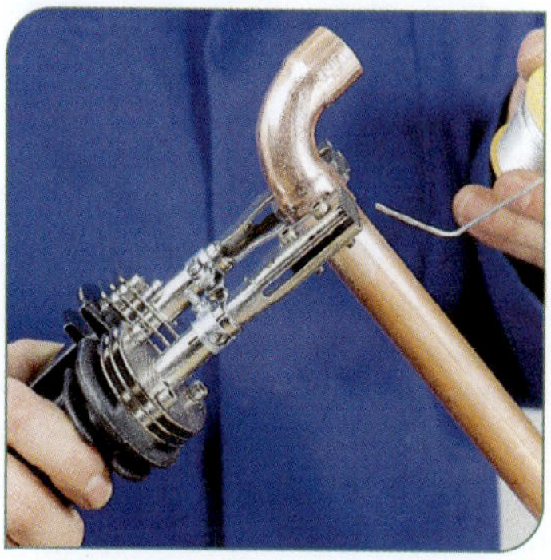
6 Löten

Zu hohe oder zu niedrige Arbeitstemperaturen führen zu schlechten Arbeitsergebnissen:

- Unterhalb der erforderlichen Arbeitstemperatur löst das Flussmittel die Oxidschicht unzureichend auf, das Lot ist nicht dünnflüssig genug und fließt nicht richtig in den Lötspalt. Die Benetzung der Oberfläche und die Legierungsbildung mit dem Grundwerkstoff sind unzureichend.
- Oberhalb der maximalen Arbeitstemperatur verbrennen Lot und Flussmittel.

In beiden Fällen ist die Festigkeit und Dichtheit der Lötverbindung nicht gewährleistet.

Mit der **Vorbereitung** der Fügestelle wird die **Qualität** der Lötnaht beeinflusst:

- Die Rohre müssen rechtwinklig (rectangular) zur Rohrachse getrennt (Bild 1) und die Rohrenden innen und außen sorgfältig entgratet (burred) werden (Bild 2).
- Die Rohrenden verformter Rohre oder weicher Ringrohre müssen zur Einhaltung der Maßtoleranzen für den Kapillarlötspalt mit Kalibrierdorn und Kalibrierring (calibration mandrel/calibration ring) kalibriert werden (Bild 3).
- Die Lötflächen der Lötfittings und Rohrenden müssen metallisch blank (metallic bright) sein. Hierfür eignen sich Ring- und Rundbürsten (Bild 4), Reinigungsvlies oder Schmirgelleinen (coated abrasives) mit feiner Körnung (240 oder feiner), jedoch **keine Stahlwolle** (steel wool). Der Abrieb und etwaige Vlies- oder Schmirgelreste sind sorgfältig zu entfernen.
- Die zugelassene Lötpaste ist dünn auf die metallisch blanken Außenlötflächen der Rohre bzw. Lötfittings aufzutragen (Bild 5). Damit beim Zusammenstecken das Eindringen von Lötpaste in das Rohrinnere vermieden wird, dürfen Fittingöffnungen und Rohrinnenwände nicht mit Lötpaste eingestrichen werden. Gebrauchsfertige Flussmittel sind wie Lötpasten aufzutragen. Wasserlösliche Flussmittel (water soluble fluxes) sind nach dem Löten mit einem feuchten Lappen oder durch Spülen zu entfernen. Nicht ausreagierte Hartlötflussmittel lassen sich mit einer Messingdrahtbürste (brass wire brush) entfernen.

Eine Kapillarlötverbindung durch Hart- oder Weichlöten kann entweder mit Hilfe von Lötfittings nach DIN EN 1254-1 aus Kupfer (Bild 7) bzw. Rotguss oder durch handwerklich gefertigte Muffen, einstufige Reduzierungen oder T- und Schrägabzweige hergestellt werden.

7 Kupferfittings

Die **Anwendungsbeschränkungen** für die einzelnen Installationsbereiche sind strikt einzuhalten (Tab. Bild 1).

In der Flüssiggas- und Heizölinstallation sind alle Hartlötverbindungen von Kupferrohren mit **Kapillarlötfittings** (capillary solder fittings) nach DIN EN 1254-1 auszuführen. Abgestimmte Maßtoleranzen zwischen genormten Lötfittings und Kupferrohren nach DIN EN 1057 gewährleisten – abhängig von den Anschlussdurchmessern – Mindestspaltbreiten von 0,01…0,015 mm und Höchstspaltenbreiten von 0,1…0,2 mm. Kapillarlötfittings sind für Außendurchmesser ≤ 108 mm erhältlich und eigenen sich für Weich- und Hartlötungen. Kupferrohre mit größeren Abmessungen oder Wanddicken ≥ 1,5 mm werden geschweißt. Kapillarlötfittings nach DIN EN 1254-5 mit **kurzen Einstecktiefen** dürfen **nur** zum Hartlöten verwendet werden, da sie die Mindesteinstecktiefen für Weichlötverbindungen (Tab. Bild 2) nicht einhalten.

Für Lötverbindungen mit **handwerklich gefertigten Muffen, einstufigen Reduzierungen** oder **Abzweigen** gelten folgende Vorschriften:

- **Muffenverbindungen** (sleeve joints) sind nur für Rohre gleichen Durchmessers und ohne Richtungsänderung erlaubt. Das Rohrende darf nur mit geeignetem Werkzeug aufgeweitet werden (s. Bilder 3 und 5, S. 74). Die Muffe muss zentrisch, rund und achsparallel sein. Die Mindest- und Maximalspaltbreiten der Lötfittings sind einzuhalten. Die zum Überlappen der Lötflächen erforderlichen Einstecktiefen (insert depths) müssen beim Weichlöten den Tabellenwerten von Bild 2 entsprechen. Beim Hartlöten beträgt die Mindesteinstecktiefe L das 3-fache der Wanddicke s, mindestens aber 5 mm. Empfohlen werden Einstecktiefen von 7 mm für Muffenverbindungen bis einschließlich DN 40 und 10 mm für Nennweiten bis DN 100 (Bild 3).
- **Einstufige Reduzierungen** (single stage reducing joints) (Bild 1, nächste Seite) sind mit geeigneten Werkzeugen unter Beachtung der vorgenannten Spaltbreiten und Einstecktiefen herzustellen.
- Handwerklich gefertigte **T-** und **Schrägabgänge** (tee- and sloped branches) sind grundsätzlich hartzulöten. Der Durchmesser des abzweigenden Rohres muss mindestens eine Nennweite kleiner sein als der Durchmesser des Durchgangsrohres. Die erforderliche **Überlappung** (overlap) an der Fügestelle muss durch fachgerechtes **Aushalsen** des Durchgangsrohres hergestellt werden. Die Überlappungslänge ***L*** muss mindestens das **3-fache** der Wanddicke ***s*** des abzweigenden Rohres betragen (Bild 2, nächste Seite). Bei der Herstellung von Aushalsungen (sleeve branch) müssen geeignete Handwerkzeuge oder Abzweiggeräte verwendet werden.

Installationsbereich	handwerklich hergestellte Muffenverbindungen und einstufige Reduzierungen		handwerklich hergestellte T- und Schrägabgänge	
	Weichlöten	Hartlöten	Weichlöten	Hartlöten
Trinkwasser PWC/PWH	eingeschränkt zugelassen[1]	eingeschränkt zugelassen[1), 3)]	nicht zugelassen	eingeschränkt zugelassen[3]
Heizung/Solar	zugelassen[3]	zugelassen[2]	nicht zugelassen	zugelassen
Gas	nicht zugelassen	nur Muffenverb.	nicht zugelassen	nicht zugelassen
Flüssiggas/Heizöl	nicht zugelassen	nicht zugelassen	nicht zugelassen	nicht zugelassen

[1] Ausglühen zum Aufmuffen oder Reduzieren ist im Abmessungsbereich ≤ 28 x 1,5 nicht zulässig.
[2] Zugelassen bis ≤ 110 °C. Bei Flächenheizungen sind nur Hartlötverbindungen zulässig.
[3] Bis zur Abmessung ≤ 28 x 1,5 sind Hartlötverbindungen nicht zugelassen. Aushalsungen ab 42 x 1,5.

1 Anwendung von handwerklich hergestellten Kupferrohrverbindungen

Rohr-Außendurchmesser in mm	Einstecktiefe in mm
6	5,8
8	6,8
10	7,8
12	8,6
15	10,6
18	12,6
22	15,6
28	18,4
35,0	23,0
42,0	27,0
54,0	32,0
64,0[1]	32,5
76,1[1]	33,5
88,9[1]	37,5
108,0[1]	47,5

[1] Das Weichlöten von Rohren und Fittings mit diesen Durchmessern erfordert besondere Anforderungen hinsichtlich der Erwärmung.

2 Mindesteinstecktiefen für Weichlötverbindungen

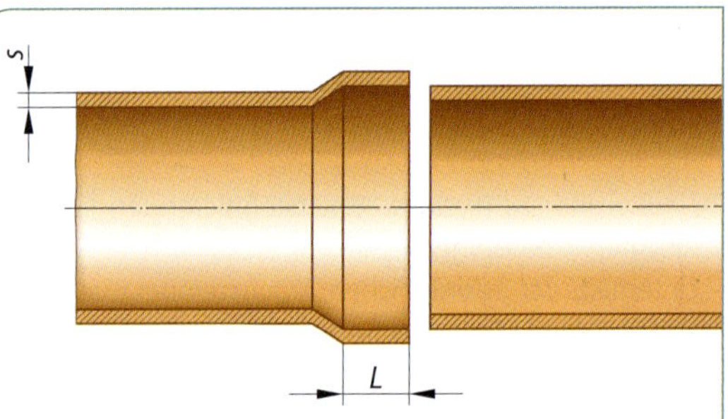

Einstecktiefe $L = 3 \cdot s$, mind. 5 mm
Empfehlung: bis DN 40 → $L = 7$ mm
bis DN 100 → $L = 10$ mm

3 Einstecktiefe bei Hartlöt-Muffenverbindungen

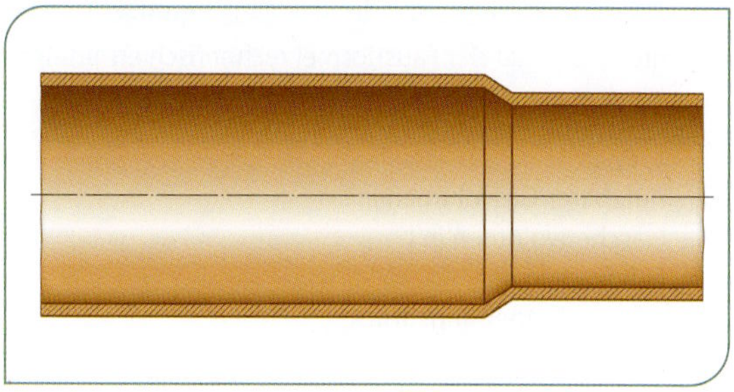

1 *Reduziertes Rohrende*

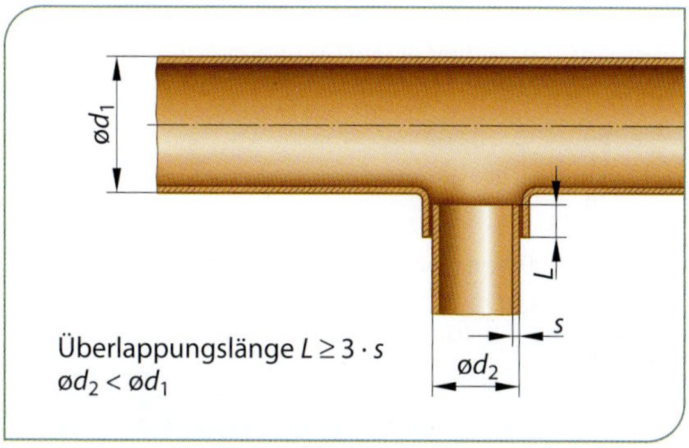

2 *Überlappung an einem Abzweig*

3.2.2.2 Schweißen von Rohren

Rohre und Rohrformteile wie Bögen, Abzweige und Reduzierungen aus gleichartigen Werkstoffen lassen sich durch Schweißen (welding) unlösbar und **dauerhaft dicht** verbinden. Einwandfreie Rohrschweißverbindungen erreichen die gleiche Festigkeit, Temperaturbeständigkeit und Lebensdauer wie das Rohr selbst. Voraussetzung für diese **hohe Betriebssicherheit** ist, dass die Schweißarbeiten von sachkundigen Personen unter Verwendung geeigneter Arbeitsmittel und Zusatzwerkstoffe ausgeführt werden.

Für abnahmepflichtige Anlagen wie z. B. Gasleitungsanlagen sind in den Bauvorschriften und Richtlinien zur Herstellung und Verlegung besondere Grundsätze für Schweißarbeiten aufgeführt. Hierdurch wird sichergestellt, dass die Schweißnähte (welds) den hohen mechanischen, thermischen und chemischen Anforderungen genügen. Vom Hersteller sind nur solche Schweißverfahren (welding processes) anzuwenden, die nachweislich beherrscht werden, und es dürfen nur Schweißer (welder) mit **gültiger Rohrschweißerprüfung nach DIN EN ISO 9606** für die entsprechenden Schweißarbeiten eingesetzt werden.

Die in der SHK-Technik verwendeten Stahl-, Kupfer- und Kunststoffrohre lassen sich durch verschiedene Schweißverfahren stoffschlüssig verbinden (Bild 3).

Die Wahl des geeigneten Schweißverfahrens ist von den Eigenschaften des Rohrwerkstoffes, den Schweißbedingungen, den Baustellenverhältnissen und Wirtschaftlichkeitsfragen abhängig. Die gängigen unlegierten Rohrstähle sind in ihren Gebrauchseigenschaften den unlegierten Stahlbaustählen nach DIN EN 10025-2 ähnlich und somit im Schweißverhalten vergleichbar.

Rohr	Werkstoff	Schweißverfahren
nahtlose oder geschweißte Stahlrohre; Gewinderohre; Präzisionsstahlrohre	unlegierter Stahl	Gasschmelzschweißen; Lichtbogenhandschweißen; MAG-Schweißen
	nicht rostender Stahl	Lichtbogenhandschweißen; MIG-, WIG-Schweißen
Kupferrohr	sauerstofffreies Kupfer	Gasschmelzschweißen; MIG-, WIG-Schweißen
PE-HD-Rohr	Polyethylen hoher Dichte	Heizwendelschweißen (Elektromuffenschweißen); Heizelement-Muffenschweißen; Heizelement-Stumpfschweißen
PP-Rohr	Polypropylen	
PB-Rohr	Polybuten	

3 *Schweißverfahren für Rohre in der Hausinstallation, Heizungs- und Klimatechnik*

3.2.2.2.1 Gasschmelzschweißen von Rohren

Gasschmelzschweißen

Heftschweißen

Damit sich zu verbindende Rohrteile während des Schweißens in ihrer Lage zueinander nicht verändern, wird an einigen Stellen durch eine kurze Heftschweißung (tack welding) ein vorläufiger Stoffschluss hergestellt.

Vor dem „Heften" (tack) und eigentlichen Verbindungschweißen der Rohre müssen die Verbindungsstellen metallisch sauber und trocken sein. Die Rohrenden müssen dann unter Beachtung des erforderlichen Wurzelspaltes (root gap) genau ausgerichtet und gegen seitliches oder winkliges Versetzen gesichert werden. Rohre mit Nennweiten bis DN 32 erhalten 3, größere Rohre 4 oder mehr gleichmäßig am Umfang verteilte Heftnähte (Bild 4). Die Länge der Heftnähte soll ca. das 3-fache der Rohrwanddicke betragen. Heftnähte müssen beim Schweißen der Hauptnaht vollkommen aufgeschmolzen werden, da sonst Bindefehler entstehen können. Mit speziellen Spannvorrichtungen (gripping devices) ist es möglich, auf Heftschweißungen ganz zu verzichten.

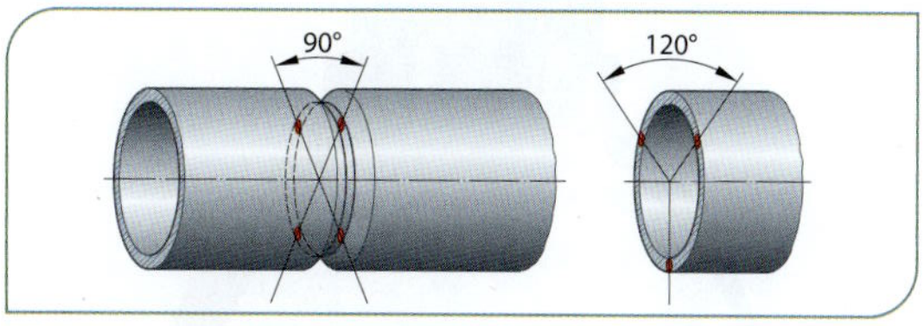

4 *Heftschweißungen am Umfang*

Schweißen von Rohrrundnähten

Im Heizungsbau ist das **Gasschmelzschweißen** (gas welding) zur Herstellung von Rohrverbindungen hauptsächlich bei unlegierten Stahlrohren mit größeren Nennweiten (z. B. ab DN 100) üblich. Da Rohre im erwähnten Nennweitenbereich von innen nicht zugänglich sind, muss die Naht eine gleichmäßige Wurzelausbildung aufweisen ohne Nahtrückfall oder Tropfen (Bild 1, nächste Seite).

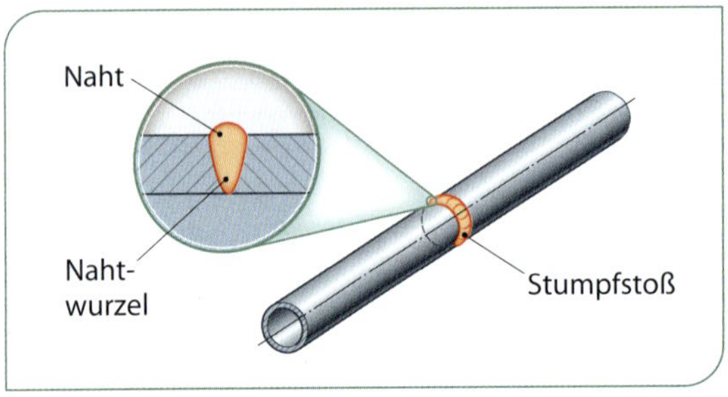

1 Rohrschweißung

Schweißgase und Gasflaschen

Beim Gasschmelzschweißen (Autogenschweißen/oxy-acetylene welding) wird die erforderliche Schmelzwärme (fusion heat) durch eine Flamme erzeugt, die durch Verbrennung eines Brenngases mit Sauerstoff (oxygen) entsteht. Als Brenngas (combustible gas) wird meist **Acetylen** (acetylene) (C_2H_2) wegen der hohen Zündgeschwindigkeit, Flammentemperatur und Flammenleistung verwendet. Dabei ist zu beachten, dass aufgrund der Vorschriften und des Standes der Sicherheitstechnik der Vordruck (vor dem Druckregler, also Flaschendruck) auf max. 25 bar und der Hinterdruck (nach dem Druckregler, also Arbeitsdruck) auf max. 1,50 bar begrenzt ist. Bei höheren Drücken und Temperaturen (> 300°C) zerfällt es explosionsartig in seine Bestandteile (Zerfallsreaktion). Um dennoch größere Mengen Acetylen in Stahlflaschen (steel cylinders) unter höherem Druck gefahrlos speichern zu können, sind die Flaschen mit einer hochporösen, mit flüssigem Aceton (acetone) getränkten Füllmasse versehen (Bild 2). Das flüssige Aceton kann Acetylen in größeren Mengen aufnehmen.

2 Acetylenflasche mit hochporöser Füllmasse

Acetylen wird von Fachfirmen in 10-, 20-, 40- oder 50-Liter-Stahlflaschen mit Flaschendrücken (cylinder pressures) bis 19 bar gefüllt und in Einzelflaschen geliefert. Der zum Schweißen benötigte **Sauerstoff** wird ebenfalls in Stahlflaschen mit Fassungsvermögen von 10, 20, 40 oder 50 Litern und Fülldrücken von 150, 200 oder auf Kundenwunsch 300 bar geliefert.

Das **nutzbare Gasvolumen** V_n der Sauerstoffflasche lässt sich mit Hilfe folgender Faustformel rechnerisch ermitteln:

$$V_n = \frac{V_{Fl} \cdot P_e}{P_{amb}}$$

V_n : nutzbares Gasvolumen in l
V_{Fl} : Flaschenvolumen in l
P_e : Fülldruck in bar
$P_{amb} \approx 1$ bar: Umgebungsdruck

Beispiel:
Welches nutzbare Gasvolumen enthält eine Sauerstoffflasche mit einem Flaschenvolumen von 50 l, einem Fülldruck von 200 bar und einem Umgebungsdruck von 1 bar?

Lösung:

$$V_n = \frac{V_{Fl} \cdot P_e}{P_{amb}}$$

$$V_n = \frac{50\,\text{l} \cdot 200\,\text{bar}}{1\,\text{bar}}$$

$$\underline{V_n = 10\,000\,\text{l}}$$

Gasart	Flaschenvolumen V_n in l (Auswahl)	Fülldruck P_e in bar (Auswahl)	Kennfarbe nach DIN EN 1089-3	Schlauchfarbe DIN EN ISO 3821	Ventilanschluss nach DIN 477
Acetylen	5 10 20 40 50	19 19 19 19 19	N kastanienbraun	rot	Spannbügel
Propan	10 50	8,5 8,5	rot oder grau	orange	W 21.80 x 1/14 LH[1]
Sauerstoff	5/10/20/50 20/50	200 300	N blau oder grau	blau	DIN: G 3/4[2] (200 bar) CEN: W30x2 (300 bar)

[1] W: Withworth-Anschlussgewinde; 21,80: Nenndurchmesser in mm; 1/14: Steigung in inch (Zoll); LH: left hand (Linksgewinde)
[2] Rohrgewinde der Nenngröße 3/4 für nicht im Gewinde dichtende Verbindungen nach DIN EN ISO 228-1

3 Daten von Gasflaschen

Um Verwechslungen zu vermeiden, haben Brenngas- und Sauerstoffflaschen genormte Kennfarben und Ventilanschlüsse (Tab. Bild 3). Hierbei gilt grundsätzlich folgende Regel:

MERKE

Gewindeanschlüsse bei **nicht brennbaren** Gasen haben **Rechtsgewinde** (RH right hand thread).
Gewindeanschlüsse bei **brennbaren** Gasen haben **Linksgewinde** (LH left hand thread).
Im Handel befindliche Sauerstoff- und Acetylenflaschen werden von den Fachbetrieben in regelmäßigen Abständen einer Prüfung unterzogen.

Gefahren beim Umgang mit Acetylen und Sauerstoff:

- Bei Acetylenanlagen bzw. Flaschen dürfen Leitungen, Leitungs- oder Schlauchverbindungen, Armaturen und Dichtungen (hose joints, fittings and gaskets) weder aus Kupfer noch aus Kupferlegierungen mit mehr als 70 % Kupferanteil bestehen. Bei der Verwendung dieser Werkstoffe bildet das Acetylen sprengstoffartige Eigenschaften (explosive properties) und explodiert bei Einwirkung von Hitze oder mechanischer Energie. Wegen Explosionsgefahr in geschlossenen Räumen ist auf unkontrolliertes Ausströmen von Acetylen zu achten. Schon der geringe Anteil von 2,0 % Acetylen in der Raumluft ergibt ein explosionsfähiges Gemisch (explosive mixture).
- Bei Sauerstoffanlagen bzw. -flaschen sind Leitungen, Leitungs- und Schlauchverbindungen, Armaturen und Dichtungen öl- und fettfrei (oil- and fat-free) zu halten. Sauerstoff in Verbindung mit Öl oder Fett setzt die Explosionsgrenze herab.
- Wegen erhöhter Brandgefahr (fire hazard) dürfen weder Räume, Behälter oder Rohre noch Arbeitskleidung mit Sauerstoff belüftet oder ausgeblasen werden.
- Grundsätzlich ist beim Umgang mit unter Druck stehenden Gasflaschen größte Sorgfalt erforderlich. Dauerhafte oder stoßartige äußere Belastungen sind auszuschließen.

Flaschendruckminderer, Sicherheitsvorlagen und Gasschläuche

Die Sauerstoff- und Acetylenflaschen sind über Druckminderer, Sicherheitsvorlage und Schläuche mit dem Schweißbrenner verbunden.

Druckminderer (pressure regulatur) sollen den hohen Flaschendruck (Vordruck) der Gase auf den erforderlichen Arbeitsdruck (Hinterdruck) reduzieren und während des Schweißvorgangs konstant halten. Acetylen-Flaschendruckminderer müssen den Hinterdruck zum Schlauch hin auf ≤ 1,5 bar begrenzen. Die Druckreduzierung erfolgt bei Acetylenflaschen und bei Sauerstoffflaschen einstufig. Flaschendruckminderer für Einzelflaschenanlagen sind nach DIN EN ISO 2503 genormt. Sie sind mit einem **Inhaltsmanometer** und einem Arbeitsmanometer versehen. Das Inhaltsmanometer (cylinder contents gauge) zeigt bei geöffnetem Flaschenventil den jeweiligen **Flaschendruck**, das **Arbeitsmanometer** (outlet pressure gauge) zeigt den über die Stellschraube eingestellten **Arbeitsdruck** an (Bilder 1a/b).

Die Arbeitsdrücke (working pressures) beim Schweißen liegen für Sauerstoff bei 2,5 bar und für Acetylen bei 0,25 … 0,5 bar je nach Schweißeinsatz (s. Tab. Bild 3, nächste Seite).

MERKE

Es dürfen nur einwandfreie, für die Gasart geeignete und Bauart zugelassene Druckminderer verwendet werden.

Nach der Druckminderung sind **Sicherheitseinrichtungen** (safety devices) nach TRAC[1] (Bild 1, nächste Seite) zur Sicherung von Acetylenanlagen vorgeschrieben (Einbaumöglichkeiten Bild 2, nächste Seite).

1 Einstufige Druckminderer

Sicherungsautomaten (flashback arrestor) dienen als **Gebrauchsstellenvorlage** an Einzelflaschen. Sie bestehen aus:

- einem **Schmutzfilter** (dirt filter), um das Eindringen von Verunreinigungen in den Sicherungsautomaten zu verhindern,
- einem **Gasrücktrittsventil** (back pressure valve), um Gasgemischbildung auf der Zuströmseite und schleichenden oder schlagartigen Gasrücktritt zu verhindern,
- einer **Flammensperre** (flame trap), die einlaufende Flammenrückschläge aufhält und löscht und
- einer **temperaturgesteuerten Nachströmsperre**, die bei Überschreiten einer Höchsttemperatur den weiteren Gasdurchfluss unterbricht.

Einige Sicherungsautomaten haben zusätzlich eine **druckgesteuerte Nachströmsperre** (pressure controlled flow catch), die beim Auftreten einer Druckdifferenz, z. B. durch Gasrücktritt oder Flammenrückschlag, die weitere Gaszufuhr unterbricht sowie ein **Explosionsdruck-Entlastungsventil** (blast relief valve), um bei schlagartigem Druckanstieg einen sofortigen Druckabbau sicherzustellen.

PRAXISHINWEIS

Druckgesteuerte Gebrauchsstellenvorlagen, bei denen die Nachströmsperre durch einen Störfall ausgelöst wurde, können nach Behebung der Störung mit Hilfe des Warnhebels wieder entriegelt werden (Bild 1, nächste Seite).

Einzelflaschensicherungen (hose check valves) sind vor oder an Verbrauchsgeräten angebracht (Bild 2, nächste Seite). Sie enthalten einen Schmutzfilter, ein Gasrücktrittsventil und eine Flammensperre.

Gebrauchsstellenvorlagen und Einzelflaschensicherungen sind **jährlich** zu überprüfen. Sicherheitseinrichtungen dürfen nur vom Hersteller geöffnet und instand gesetzt werden.

[1] TRAC: Technische Regeln für Acetylen- und Calciumcarbidanlagen

Gebrauchsstellenvorlage	Einzelflaschensicherung
am Druckminderer	am Druckminderer
	im Brenngasschlauch
	am Schweiß- bzw. Schneidgerät

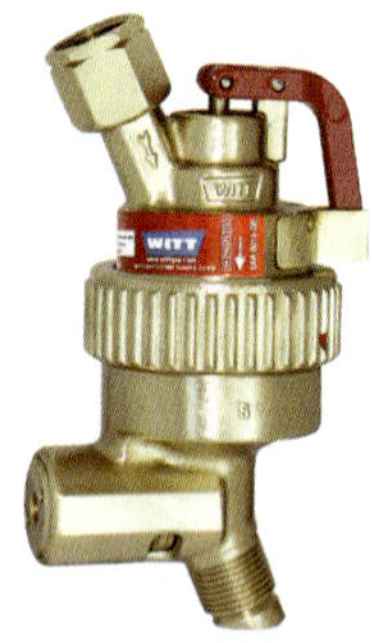

1 *Sicherheitseinrichtungen für Acetylen*

Sicherungseinrichtung am Druckminderer

Farbkennzeichnung nach DIN EN 1089-3

Acetylen
oben: kastanienbraun
unten: kastanienbraun (schwarz, gelb)

Sauerstoff
oben: weiß
unten: blau (grau)

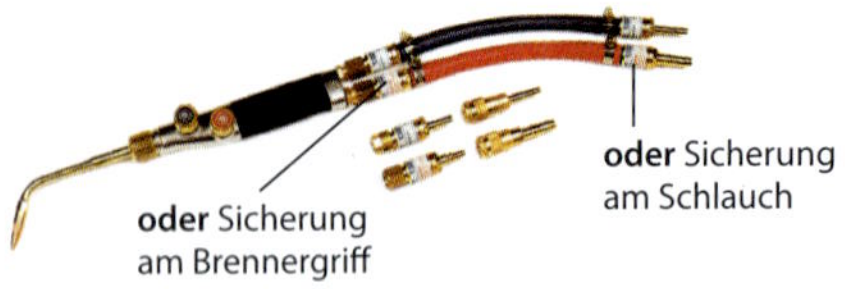

2 *Farbkennzeichnung von Gasflaschen und Einbaumöglichkeiten von Einzelflaschen-Sicherungseinrichtungen*

Von den Gasflaschen werden Brenngas und Sauerstoff über **Gasschläuche** (gas hoses) zum Schweißbrenner geführt. Um Verwechslungen auszuschließen, sind die Schläuche nach DIN EN ISO 3821 unterschiedlich eingefärbt und haben Schlauchtüllen mit unterschiedlichem Anschlussgewinde (vgl. Tab. Bild 3).

	Sauerstoff	Acetylen	Propan
Kennfarbe nach DIN EN ISO 3821	blau	rot	orange
Schlauchanschluss nach DIN EN 1256	G 1/4	G 3/8 LH (Linksgewinde)	G 3/8 LH (Linksgewinde)

3 *Schweißeinsätze (Auswahl)*

Schweißbrenner (DIN EN ISO 5172)

Schweißbrenner (welding torch/blowpipe) sind als Wechselbrenner konstruiert. Das Griffstück kann mit verschiedenen Brennereinsätzen (welding nozzels) versehen werden (Bild 4).

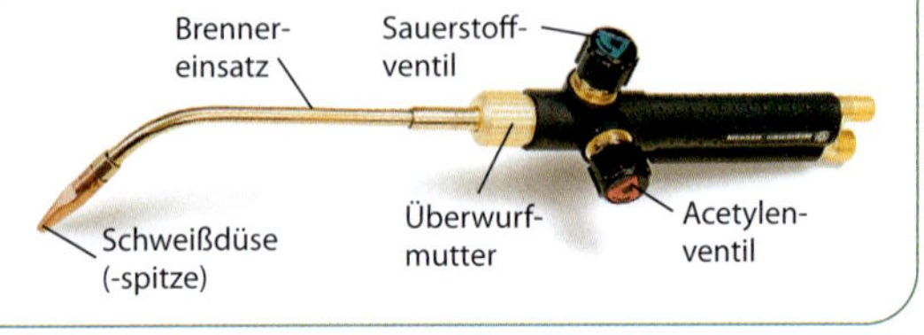

4 *Injektorbrenner (Saugbrenner)*

Hierdurch ist es möglich, für verschiedene Blechdicken die erforderliche Schweißwärme zu erbringen (vgl. Tab. Bild 5).

Schweißeinsatzgröße	Stahlblechdicke *s* in mm
0	0,2 ... 0,5
1	0,5 ... 1
2	1 ... 2
3	2 ... 4
4	4 ... 6
5	6 ... 9

5 *Brennereinsätze (Auswahl)*

Für Rohre mit Wanddicken ab 4 mm ist zusätzlich ein Schweißeinsatz mit dem Nennbereich 3...5 im Handel erhältlich. Griffstück und Brennereinsatz sind durch eine Überwurfmutter (spigot nut) verbunden (Bild 4). Diese Gewindeverbindung muss fest angezogen werden, um sicherzustellen, dass kein Gas austritt und die Injektorwirkung (injector action) einwandfrei ist (Bild 6).

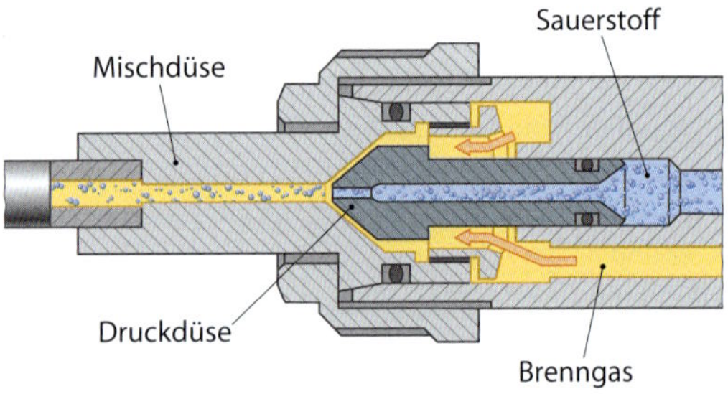

Im Injektor saugt der mit hoher Geschwindigkeit aus der Druckdüse austretende Sauerstoff das über eine Ringdüse zugeführte Brenngas an und reißt es mit. In der Mischdüse bilden beide Gase ein zündfähiges Gasgemisch, das an der Schweißdüse gezündet wird.

6 *Schnittdarstellung eines Injektorbrenners*

Mit dem Brenngas- bzw. Sauerstoffventil am Griffstück des Schweißbrenners lassen sich die ausströmenden Gasmengen einstellen. Vor dem Zünden muss **erst** das **Sauerstoffventil** (oxygen valve) und dann das **Acetylenventil** (acetylene valve) geöffnet werden. Das **Abstellen** der Flamme erfolgt in **umgekehrter Reihenfolge**: zuerst das Acetylenventil, dann das Sauerstoffventil zudrehen.

Flammeneinstellung

Die richtige Einstellung des Acetylen-Sauerstoff-Verhältnisses ist für den Schweißvorgang von großer Bedeutung. Je nach Mischungsverhältnis unterscheidet man:

- die neutrale Flamme (neutral flame),
- die Flamme mit Acetylenüberschuss (carburating flame),
- die Flamme mit Sauerstoffüberschuss (oxidising flame).

Bei der **neutralen Flamme** beträgt das Mischungsverhältnis zwischen Acetylen und Sauerstoff 1:1. Dies ist die normale Einstellung für Schweißarbeiten bei Stahl und Kupfer. Für die vollständige Verbrennung (complete combustion) des Acetylens wäre jedoch die 2,5-fache Sauerstoffmenge erforderlich. Die Verbrennung des Acetylen-Sauerstoff-Gasgemisches erfolgt deshalb in 2 Stufen. In der ersten Stufe kann das Acetylen infolge Sauerstoffmangels nicht vollkommen verbrennen. Es bilden sich Kohlenmonoxid und Wasserstoff. In der sich anschließenden zweiten Verbrennungsstufe verbrennen diese beiden Gase mit dem Sauerstoff aus der Umgebungsluft vollkommen zu Kohlendioxid und Wasserdampf. Bei der neutralen Flammeneinstellung bildet sich an der Schweißdüse ein scharf umrissener heller Flammenkegel (flame cone), umgeben von der farblosen **Schweißzone** der Flamme. Im letzten Drittel dieser Zone wird die höchste Flammentemperatur von ca. 3200 °C erreicht (Bild 1).
Dieser Bereich bildet den Übergang zur Streuflamme und hat eine **reduzierende** Wirkung (reducing effect). Eine chemische Reaktion der Schmelze mit dem Sauerstoff aus der Umgebungsluft findet wegen der einsetzenden zweiten Verbrennungsstufe nicht statt. Die schädliche Oxidbildung, die zu einer Minderung der Schweißnahtgüte führt, wird verhindert. Beim Schweißen soll der Abstand zwischen der Spitze des Flammenkegels und dem Schweißbad ca. 2…5 mm betragen (Bild 1).

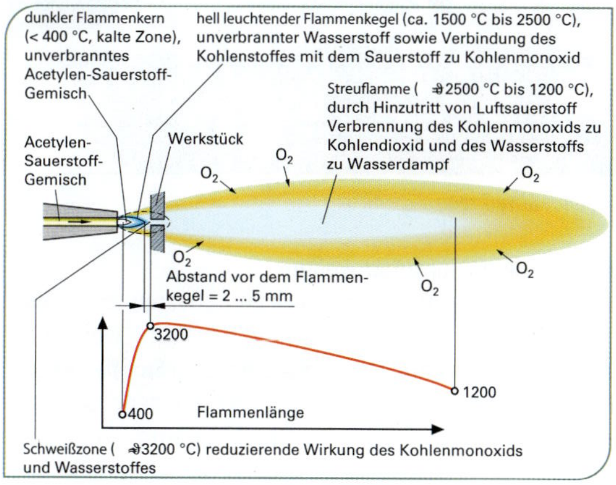

1 Flammenbereiche und Temperaturen der neutralen Flamme

Bei einer Einstellung mit **Acetylenüberschuss** (acetylene excess) ist die Schweißzone zusätzlich mit unverbranntem Kohlenstoff aus der ersten Verbrennungsstufe angereichert. Der Flammenkegel ist länger und am Rand unschärfer (Bild 2a). Beim Schweißen von Stahl wird der freie Kohlenstoff vom Schmelzbad aufgenommen. Diesen Vorgang nennt man **Aufkohlung**. Die Schweißnaht wird dadurch härter und spröder.
Die Einstellung mit **Sauerstoffüberschuss** (oxygen excess) erzeugt eine oxidierende Flamme. Der Flammenkegel ist kurz und leuchtet bläulich (Bild 2b).

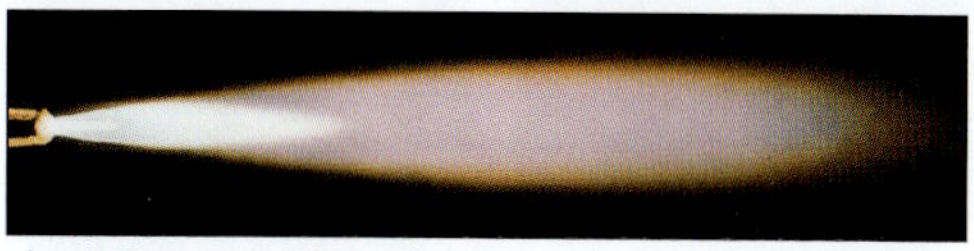

a) mit Brenngasüberschuss

b) mit Sauerstoffüberschuss

2 Schweißflammen

Durch den Sauerstoffüberschuss bilden sich in der Schmelze unerwünschte Metalloxide und beim Stahl wird vorhandener Kohlenstoff verbrannt. Beides führt zu einer Minderung der Schweißnahtgüte.

Brennerführung (Schweißrichtung)

Die Qualität einer Schweißverbindung hängt nicht nur von der richtigen Flammeneinstellung und Geschicklichkeit des Schweißers ab, sondern auch von der richtigen Arbeitstechnik. Man unterscheidet hierbei zwischen dem

- Nachlinksschweißen (NL-Schweißen) und dem
- Nachrechtsschweißen (NR-Schweißen) (Bild 1, nächste Seite).

Das **Nachlinksschweißen** (leftward welding) wird bei Rohren bis 3 mm Wanddicke angewendet. Hierbei wird der Schweißstab der leicht pendelnden Brennerspitze (reciprocating nozzle) vorausgeführt. Der Flammenkern ist – von der Schweißraupe wegzeigend – auf die Schweißfuge (welding groove) gerichtet, der Schweißstab wird tupfend in die Schweißzone gehalten. Dadurch wirkt die Flammenwärme nicht vollständig auf das Schmelzbad, was die Gefahr des Durchbrennens verringert. Bei zu starker Wirkung des Ausströmdruckes an der Schweißdüse auf das Schmelzbad kann das flüssige Schweißgut auf die noch nicht aufgeschmolzene Unterseite der Schweißfuge „vorlaufen" und Wurzelbindefehler verursachen.
Das **Nachrechtsschweißen** (rightward welding) wird bei Rohren mit Wanddicken über 3 mm angewendet. Die Schweißflamme geht dem Schweißstab ohne Pendelbewegung voraus. Der Schweißstab folgt der Flamme mit kreisenden Bewegungen (circular motions). Der Flammenkern ist auf das Schmelzbad und das abschmelzende Ende des Schweißstabs gerichtet. Die Nahtflanken und die Nahtwurzel werden dadurch gut durchgeschweißt. Das Schmelzbad kann nicht „vorlaufen" und die fertige Schweißnaht kühlt nicht so schnell ab.

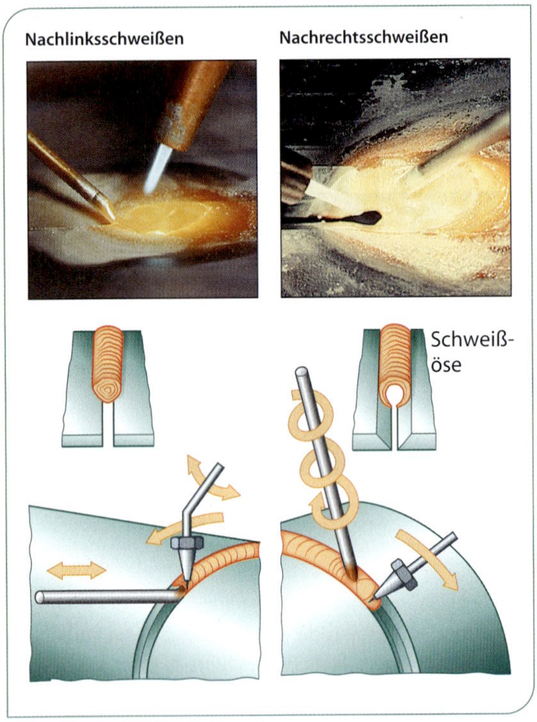

1 Schweißrichtungen

Schweißstäbe

Schweißstäbe (filler rods, welding rods) für das Gasschmelzschweißen unlegierter oder legierter Stahlrohre (unalloyed and alloyed steel pipes) gibt es in verschiedenen Güteklassen (Schweißstabklassen OI…OVI nach DIN EN ISO 20378) und Durchmessern nach DIN EN ISO 544 von Ø 0,6 mm … Ø 8 mm. Die Stäbe haben eine Regellänge von 500 mm bzw. 1 m und sind zum Schutz vor Korrosion verkupfert. Für die im Heizungsbau üblichen unlegierten nahtlosen oder geschweißten Stahlrohre eignen sich Schweißstäbe der Klasse OI…OIV (Bild 2).

2 Schweißstäbe für das Gasschmelzschweißen

3.2.2.2.2 Heizelementschweißen

Beim Heizelementschweißen (fusion welding) werden **PE-**, **PP-** oder **PB** Kunststoffrohre **ohne Zusatzwerkstoff** gefügt und die Erwärmung erfolgt durch den **direkten Kontakt** mit der Wärmequelle. Da Kunststoffe schlechte Wärmeleiter (bad heat conductors) sind, ist bei diesem Verfahren besonders auf die Zersetzungsgefahr durch Überhitzen zu achten. Der Schweißvorgang läuft in zwei aufeinander folgenden Stufen ab: Zunächst wird der Rohrwerkstoff an der Fügestelle erwärmt und anschließend mit einem bestimmten Fügedruck verbunden. Man unterscheidet drei Verfahren:

- Heizelement-Stumpfschweißen,
- Heizelement-Muffenschweißen,
- Heizwendelschweißen.

Um einwandfreie Schweißergebnisse zu erzielen, müssen bei allen Schweißverfahren die für die verschiedenen Kunststoffrohre unterschiedlichen Schweißparameter (welding parameters) wie z. B. Schmelztemperatur, Anwärm- und Fügedruck sowie Anwärm-, Umstell- und Abkühlzeiten beachtet werden. Wie beim Metallschweißen oder Löten müssen auch beim Kunststoffschweißen die Fügeflächen frei von Schmutz, Fett und Oxiden sein. Hierfür sind geeignete (empfohlene) Reinigungslösungen zu verwenden. Zum Abschaben der oxidierten Kunststoffoberflächen gibt es spezielle Schälwerkzeuge (rough-turning tool) (Bild 3). Nicht sorgfältig vorbereitete Schweißfugen führen zu Bindefehlern in der Schweißnaht und zur Minderung der Festigkeit.

3 Abschälwerkzeug

Heizelement-Stumpfschweißen

Beim Heizelement-Stumpfschweißen (heated plate butt welding) – auch **Spiegelschweißen** genannt – werden die gereinigten und entgrateten planparallelen Stoßflächen der Rohrenden gleichzeitig und gegenüberliegend an einer Heizplatte (Heizscheibe) unter Druck erwärmt und plastifiziert (Bild 2a, nächste Seite). Hierbei bilden sich am Umfang der Rohrenden **Wulste**, deren Höhe vom Rohrwerkstoff und von der Temperatur und dem Fügedruck abhängt. Zu hohe Einstellwerte führen zwangsläufig zu unerwünscht hoher Wulstbildung. Nach Ablauf der vorgegebenen Anwärmzeit werden die beiden Rohrenden abgenommen und so lange zusammengedrückt gehalten, bis die Schweißnaht erstarrt und abgekühlt ist (Bild 1, nächste Seite).

Heizelement-Schweißmaschinen sind mit geeigneten Halte- und Anpress-Vorrichtungen (fixing and pressing devices) ausgestattet, die einen kontrollierten und reproduzierbaren Schweißvorgang gewährleisten (Bild 2b). Die benötigten Einstellwerte sind nach Herstellerangaben zu wählen.
Die Anforderungen an Maschinen und Geräte zum Schweißen von thermoplastischen Kunststoffen sind in der DVS-Richtlinie 2208 Teil 1 aufgeführt.

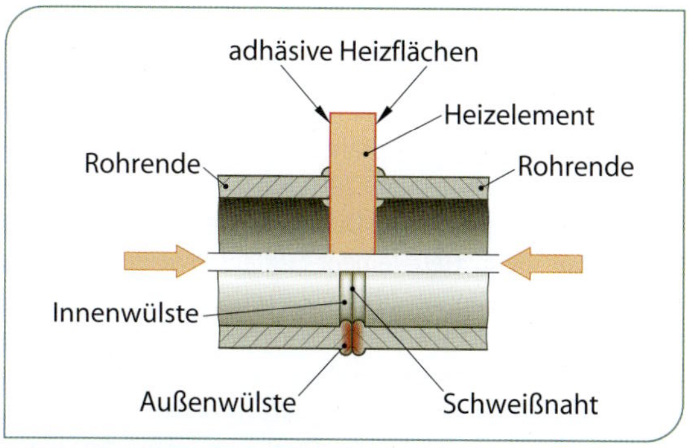

1 Heizelement-Stumpfschweißen

2 Heizelement-Stumpfschweißen a) von Hand b) mit Schweißmaschine

3 Heizelement-Muffenschweißung

Heizelement-Muffenschweißen
Beim Heizelement-Muffenschweißen (heated tool socket welding) werden die Rohrenden überlappend mit der Muffe des Schweißfittings ohne Zusatzwerkstoff verschweißt (Bild 3).

Die sich dabei ergebenden Fügeflächen (äußere Mantelfläche des Rohres und innere Muffenoberfläche) sind um ein Vielfaches größer als beim Heizelementstumpfschweißen. Hierdurch erhält die Schweißverbindung eine höhere Festigkeit. Rohrende und Muffe sind maßlich so aufeinander abgestimmt, dass der benötigte Fügedruck ausschließlich durch die mit der Erwärmung einher gehenden Werkstoffausdehnung aufgebracht wird. Dazu müssen die Rohrenden nach Herstellerangaben angefast und/oder auf einer bestimmten Länge und einem bestimmten Durchmesser mit geeignetem Werkzeug abgeschält werden (Bild 4).
Vor der Erwärmung sind gegebenenfalls die Stellung des gereinigten Schweißfittings (z. B. T-Stück) zum Rohrstück und die Einstecktiefe zu markieren (Bild 4), ferner ist die Oberflächentemperatur (surface temperature) des Heizelements zu kontrollieren.

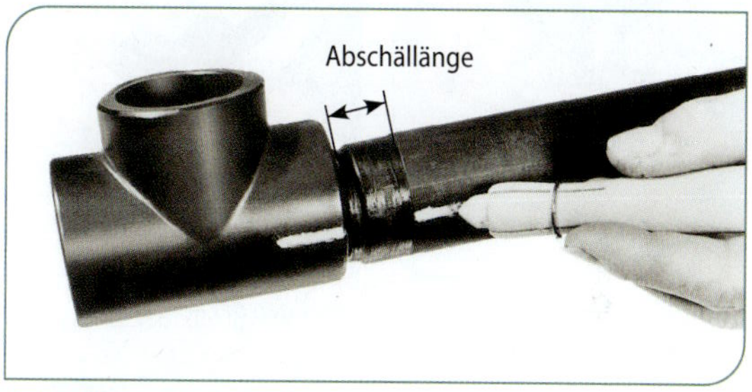

4 Markierung der Rohrteile

Nach dem Einschieben des Rohrendes in die Heizmuffe und des Fittings auf den Heizstutzen (Bild 5), ist die vom Rohrdurchmesser abhängige **Anwärmzeit** (warm-up time) einzuhalten. Danach müssen beide Rohrteile langsam vom Heizelement abgezogen und sofort zusammengefügt werden; anderenfalls kühlen die plastifizierten Fügeflächen zu stark ab und es kommt zu einer fehlerhaften Schweißverbindung.

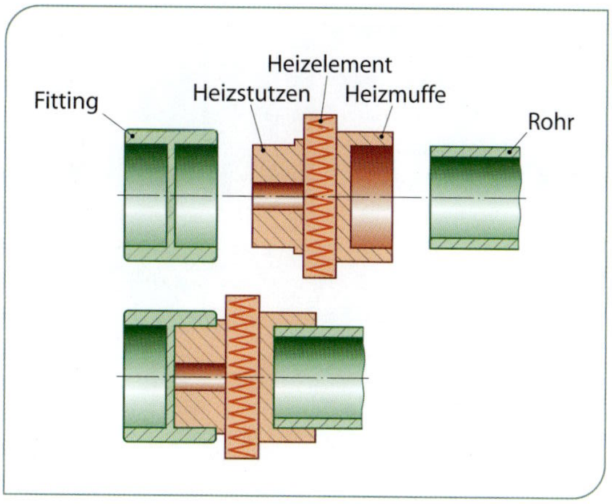

5 Heizstutzen und Heizmuffe

Beide Vorgänge sollen ohne Verdrehen der Rohrteile erfolgen. Während der gesamten **Abkühlzeit** müssen die Rohrteile in der Fügeposition fixiert bleiben. Erst nach Ablauf der Abkühlzeit (cool down time) dürfen die Rohrteile belastet werden.

Das Heizelement-Muffenschweißen kann sowohl von Hand als auch teilmechanisiert mit einer Schweißmaschine erfolgen – was vor allem bei größeren Rohrdurchmessern empfohlen wird. Die Bilder 1a…1d veranschaulichen einige Arbeitsschritte in groben Zügen.

1a Rohr ablängen und entgraten

1b Abgeschältes Rohrende

1c Aufschieben auf Heizmuffe und -dorn

1d Fügen der Rohrteile

Heizwendelschweißen

Heinzwendelschweißen

Hauptanwendungsgebiet für das Heizwendelschweißen (electrofusion welding) sind Verbindungen von Kunststoffrohrleitungen aus PE-HD und PB in der Gas-, Wasser- und Abwasserinstallation. Aufgrund der gerätetechnischen Entwicklung hat dieses Verfahren einen hohen **Automatisierungsgrad** erreicht. Rohr- und werkstoffspezifische Daten werden über Magnetkarten bzw. Strichcodes eingelesen oder über codierte

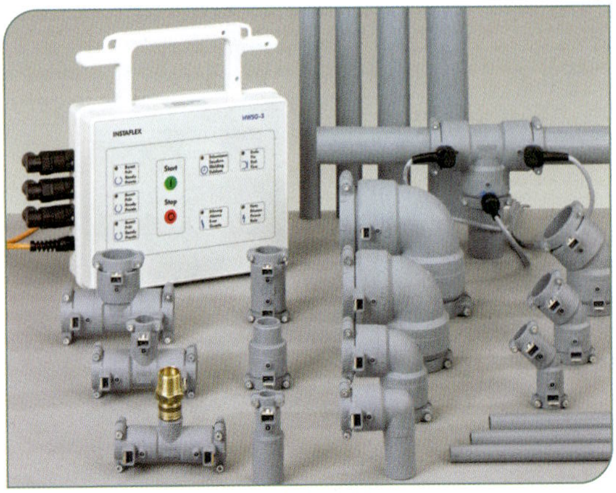

2 Erkennung durch codierte Kabelanschlüsse

Anschlüsse am Heizwendelfitting (electrofusion coupler) durch die Stromkabel auf das Schweißgerät übertragen (Bild 2) und lösen den vom Gerätehersteller vorprogrammierten Schweißablauf aus.

Sowohl die Schweißdateneinstellung als auch der Schweißvorgang mit Schweißüberwachung und Dokumentation werden von der Gerätesteuerung geleitet. Für den Anwender ist dieses Verfahren eine deutliche Erleichterung, jedoch mit entsprechenden Anschaffungskosten verbunden.

Die zur Plastifizierung der Fügestelle in der Muffe und an den Rohrenden erforderliche Wärme liefern die im Schweißfitting eingebetteten Heizdrähte (heating wires). Diese werden bei Stromzufuhr auf 220…280 °C erhitzt, sodass die Fügeflächen aufschmelzen. Der benötigte Fügedruck wird – ähnlich wie beim Heizelement-Muffenschweißen – durch die Wärmeausdehnung (thermal expansion) des erhitzten Kunststoffs erreicht.

Zwischen den Rohrenden und dem Heizwendelfitting darf es deshalb während des Schweißens zu keinen axialen Ausweichbewegungen kommen. Dies wird entweder durch eine spezielle Haltevorrichtung (Bild 3) oder durch eine am Heizwendelfitting befindliche schellenartige Rohrfixierung erreicht (Bild 4).

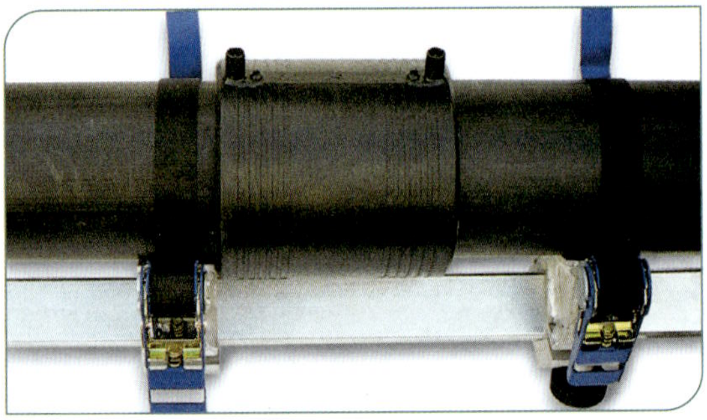

3 Halterung

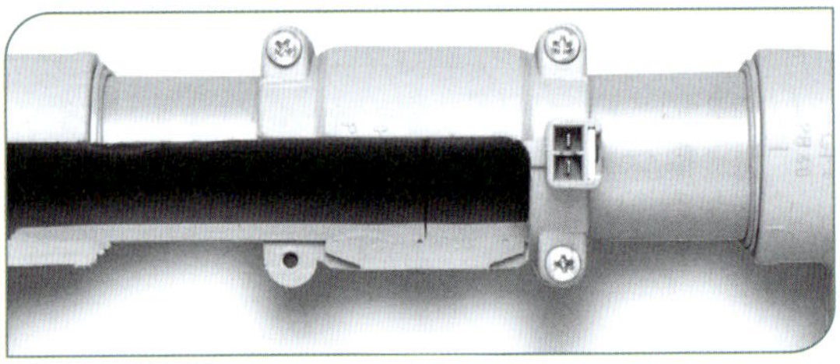

4 Rohrfixierung

Die **Heizwendelfittings** mit den integrierten Anschlussbuchsen sollten erst unmittelbar vor dem Schweißen aus ihrer Verpackung genommen und die inneren Fügeflächen dabei **nicht** berührt werden; sie müssen vollkommen fett- und staubfrei bleiben.

Die Rohrenden müssen ebenfalls staub- und fettfrei gemacht und teilweise mit speziellem Rohrschälwerkzeug am Umfang abgeschält werden. Die Herstellerangaben sind unbedingt einzuhalten, damit Erwärmung und Fügedruck ausreichen (Bilder 1a…1f, nächste Seite).

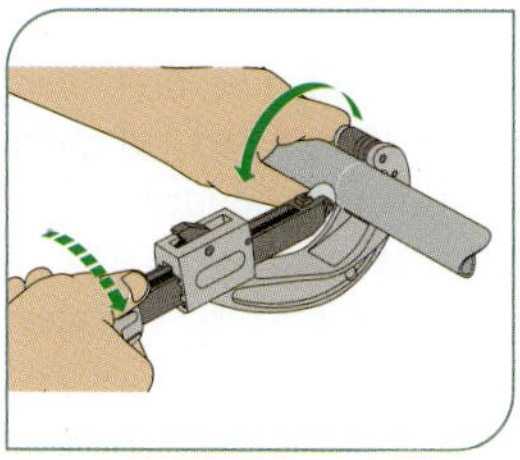
1a Rohr mit Rohrschneider rechtwinklig ablängen, Rohrende nicht anfasen

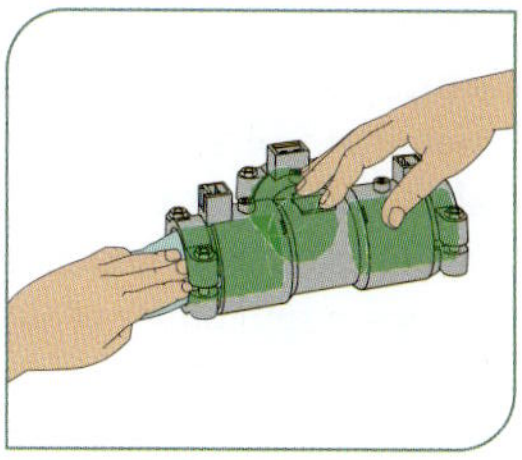
1b Rohrende und Formteilmuffe reinigen

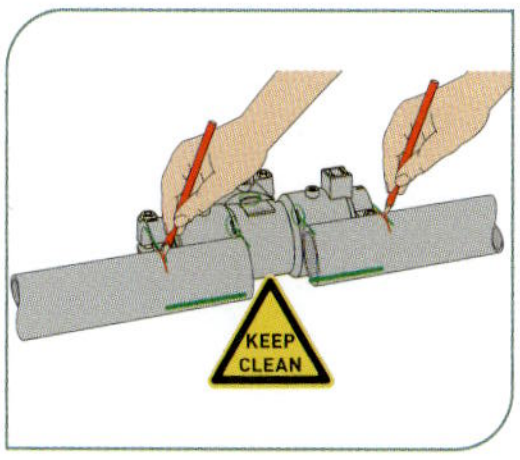

1c Einstecktiefe der Rohre in die Formteilmuffe anzeichnen (kein Fettstift)

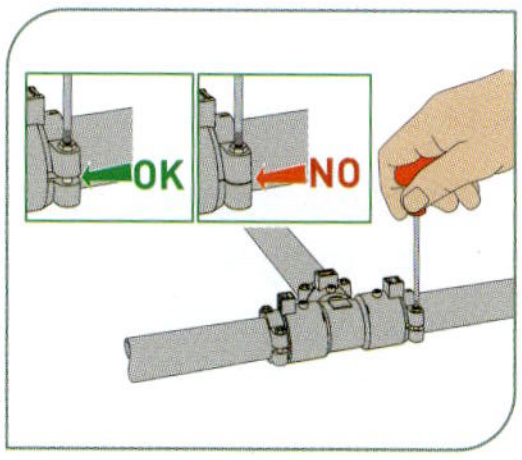

1d Einstecken und Fixieren

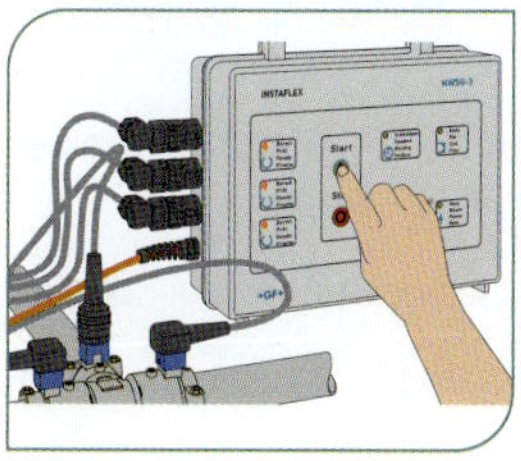
1e Schweißgerät anschließen und starten

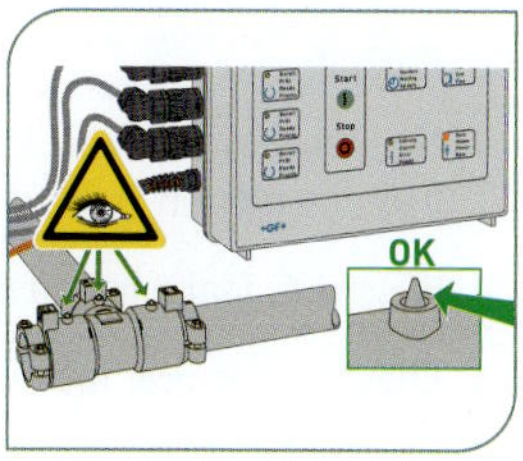

1f Schweißkontrolle: Materialzapfen sichtbar

3.2.2.3 Klebeverbindungen

Verkleben – Fittings und Rohre

In der Hausinstallation werden Klebeverbindungen (solvent welded joints) hauptsächlich für PVC-U und PVC-C-Rohre verwendet.

Der **Stoffschluss** zwischen den Fügeteilen (Rohr und Fitting) erfolgt mit Hilfe eines **Klebstoffs** (solvent cement). Die Innen- und Außendurchmesser der Fügeteile müssen aufeinander abgestimmt sein. PVC-U bzw. -C-Klebfittings sind nach DIN EN ISO 1452-3 bzw. 15877-3 und DIN EN 1566-1 genormt.

Die Haltbarkeit der Klebeverbindung hängt von der einwandfreien Haftung des Klebstoffs an den Fügeflächen (Adhäsion[1]) und der Eigenfestigkeit des Klebstoffs (Kohäsion[2]) ab (Bild 2). Für die Güte der Klebeverbindung sind deshalb eine sorgfältige Vorbereitung der Fügeflächen und die Auswahl des geeigneten Klebstoffs entscheidend.

PVC-Rohre und -Fittings werden mit schwach oder stark lösenden Klebstoffen[3] verklebt:

- **Schwach lösende Klebstoffe** werden für kalibrierte Rohrverbindungen (Passungen ohne Spiel) verwendet.
- **Stark lösende Klebstoffe** werden für Rohrverbindungen mit geringen Passungsgenauigkeiten (0,2 mm Übermaß bis 0,6 mm Spiel verwendet).

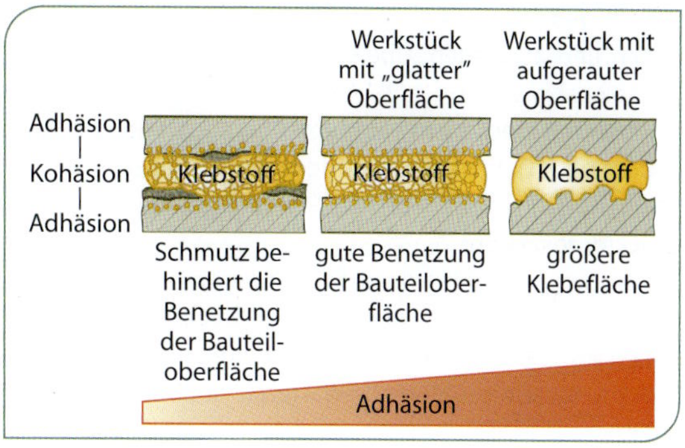

2 Klebeverbindungen

Die Klebstoffe müssen DIN EN 14814 – bei Trinkwasserinstallationen zusätzlich DVGW-Arbeitsblatt GW 335-A1 – entsprechen und werden von den Herstellern gebrauchsfertig geliefert. Vor Gebrauch sind sie gut umzurühren. Nachträgliches Verdünnen, Verdicken oder Einfärben von Klebstoffen ist nicht zulässig.

Bei der **Herstellung von Klebeverbindungen** (siehe auch Bild 3) ist folgendes zu beachten:

- Das Anfasen des Rohrendes verhindert beim Zusammenschieben von Rohr und Formstück, dass die Klebstoffschicht weggedrückt wird.
- Das Anzeichnen der Position des Formstücks sowie der Einstecklänge beim zu verklebenden Rohr macht ein nachträgliches Korrigieren überflüssig und verhindert dadurch eine Qualitätsminderung der Klebung.
- Vor dem Verwenden des Klebers diesen auf Gebrauchsfähigkeit überprüfen; er muss noch eine flüssige Konsistenz haben und darf nicht unter +5°C verarbeitet werden.
- Vor dem Auftragen des Klebers das Rohrende und die Klebefläche des Fittings mit Reiniger gründlich säubern.
- Nach dem Abtrocknen der gereinigten Flächen die Formstückmuffe normal und das Rohrende dicker unter kräftigem Pinseldruck mit Klebstoff bestreichen.

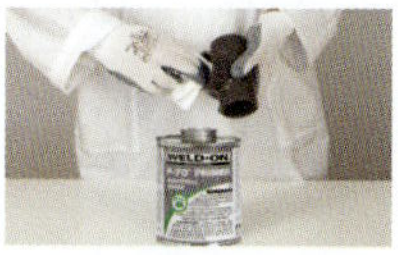
a) Klebeflächen mit Reiniger säubern

b) Rohrende dick mit Klebstoff bestreichen

c) Formstückmuffe normal mit Klebstoff bestreichen

d) Rohr und Fitting ohne Verdrehen sofort zusammenschieben und ausrichten

3 Herstellen einer Klebeverbindung

1) **Adhäsion:** molekulare Bindungskräfte zwischen Klebstoff und Werkstückoberfläche
2) **Kohäsion:** molekulare Bindungskräfte im Klebstoff
3) **Lösemittelklebstoffe:** In Lösemittel gelöster Klebstoff, der durch Verdunstung des Lösemittels abbindet und aushärtet – auch Nasskleber genannt.

- Rohr und Fitting ohne Verdrehen sofort zusammenschieben und ausrichten. Überschüssigen Klebstoff mit Vliespapier abwischen.
- Pinsel mit trockenem Vliespapier reinigen und Klebstoffdose nach Gebrauch sofort wieder verschließen.

Trocknungszeiten:
Die Trocknungszeit (hardening time) der Klebung bis zur Belastung mit dem Prüf- oder Betriebsdruck ist im Wesentlichen von der Trocknungstemperatur abhängig. Die aus der Trocknungszeit resultierende Wartezeit ist Bild 1 zu entnehmen.

Prüfdruck	Wartezeit
bei PN 10: 15 bar bei PN 16: 21 bar	15 Std. 24 Std.

1 Wartezeit für eine Klebeverbindung

Schutzmaßnahmen:
Klebstoff und Reiniger enthalten leicht flüchtige, brennbare Lösemittel (solvents), die überdies schwerer als Luft sind. Daher sind Arbeitsplätze innerhalb von Gebäuden gut zu durchlüften bzw. in Bodennähe abzusaugen.
Außerdem sind offenes Feuer und die Benutzung von elektrischen Heizgeräten unbedingt zu vermeiden!

Vorteile von Klebeverbindungen:
- Die Fügeteile werden keinen hohen Temperaturen ausgesetzt.
- Die Verbindungsherstellung ist kostengünstig, da keine Spezialwerkzeuge benötigt werden.
- Es ist keine Fremdenergie erforderlich.

Nachteile von Klebeverbindungen:
- Die Klebung ist nicht hitzebeständig.
- Lange Aushärt- (Warte-) zeiten.
- Abnahme der Festigung durch Alterung.

ÜBUNGEN

1) Nennen Sie je eine lösbare und unlösbare Verbindungsart für Gewinde-, Kupfer- und PE-X-Rohre.
2) Nennen Sie vier metallische Rohre, die sich durch Hart- und Weichlöten unlösbar verbinden lassen.
3) Beschreiben Sie, wie beim Löten der Stoffschluss zwischen Lot und Rohrwerkstoff erfolgt.
4) Wodurch unterscheiden sich Kapillar- und Fugenlötung?
5) In welchen Fällen kann bei einer Lötverbindung zwischen Kupferrohr und Kupferfitting auf ein Flussmittel verzichtet werden?
6) Bei welchen Rohrinstallationen ist – sofern gelötet werden soll – das Weichlöten bis zur Abmessung 28 x 1,5 vorgeschrieben?
7) Nennen Sie je eine Vorschrift, die bei Lötverbindungen von Heizöl- bzw. Flüssiggasleitungen aus Kupfer beachtet werden muss.
8) Nennen Sie je zwei geeignete Lötgeräte für das Weich- bzw. Hartlöten.
9) Beschreiben Sie die unterschiedliche Wärmeführung beim Weich- bzw. Hartlöten von Kupferrohren.
10) Beschreiben Sie, wie sich beim Löten eine zu hohe bzw. zu niedrige Arbeitstemperatur auf die Güte der Lötnaht auswirkt.
11) Zählen Sie die Anwendungsbeschränkungen für handwerklich hergestellte Kupferrohrverbindungen in der Heizungs-, Flüssiggas- und Heizölinstallation auf.
12) Nennen Sie je zwei Vorschriften, die bei der handwerklichen Herstellung von Muffen bzw. T-Abzweigen für Lötverbindungen von Kupferrohren beachtet werden müssen.
13) Nennen Sie je zwei geeignete Verfahren zum Schweißen von unlegierten Stahl- und PE-HD-Rohren.
14) Welche Aufgabe haben Heftschweißungen bei Rohren?
15) Erläutern Sie drei Arbeitsregeln für das Heftschweißen bei Rohren.
16) Weshalb enthalten Acetylen-Gasflaschen eine poröse Füllmasse?
17) Geben Sie die genormten Kennfarben und Ventilanschlüsse für Acetylen- und Sauerstoffflaschen an.
18) Erläutern Sie die vier Vorschriften zur Gefahrenabwendung beim Umgang mit Acetylen und Sauerstoff.
19) Erklären Sie die Aufgabe eines Flaschendruckminderers.
20) Wozu dienen die Manometer beim Flaschendruckminderer?
21) Wozu dienen Gebrauchsstellenvorlagen und Einzelflaschensicherungen und an welchen Stellen werden sie angebracht?
22) Erklären Sie die reduzierende Wirkung der neutralen Flammeneinstellung beim Schweißen von Stahlrohren.
23) Erläutern Sie die unerwünschten Auswirkungen der Flammeneinstellungen mit Acetylen- bzw. Sauerstoffüberschuss beim Schweißen von Stahlrohren.
24) Beschreiben Sie das Nachlinks- und Nachrechtsschweißen.
25) Welche Heizelementschweißverfahren gibt es?

ÜBUNGEN

26 Beschreiben Sie die prinzipiellen Vorgänge beim Heizelementschweißen.

27 Wie verändert sich der freie Rohrquerschnitt an der Fügestelle beim Heizelementstumpfschweißen und welche Folgen hat diese Veränderung auf das Strömungsverhalten des durchfließenden Mediums?

28 Wie müssen beim Heizelementschweißen die Fügeflächen für das Schweißen vorbereitet werden?

29 Beschreiben Sie die Arbeitsschritte beim Heizelement-Muffenschweißen.

30 Wovon hängt die Haltbarkeit einer Klebeverbindung ab?

31 Wie sind die Fügeflächen bei einer Klebeverbindung vorzubereiten?

32 Welche Klebstoffe werden für Klebeverbindungen bei PVC-Rohren und -Fittings verwendet?

33 Beschreiben Sie die wesentlichen Arbeitsschritte zur Herstellung einer PVC-Rohr Klebeverbindung.

34 Wovon ist die Wartezeit bei einer PVC-Klebeverbindung abhängig?

3.2.2.4 Pressverbindungen

Seit den 1990er Jahren hat sich die unter der Bezeichnung „Pressfitting-Verbindung" (pressfitting joints) bekannte unlösbare Rohrverbindung zunehmend in der Gas-, Wasser-, Solar- und Heizungsinstallationstechnik durchgesetzt. Je nach Installationsbereich werden dünnwandige, unlegierte oder korrosionsbeständige Präzisionsstahlrohre, Kupferrohre, Mehrschichtverbundrohre oder PE-X-Rohre unter Verwendung besonderer Pressformteile und evtl. Stützhülsen (liners) kraftschlüssig, verdrehfest und zugsicher gefügt (vgl. Tab. Bild 1).

Das **Pressformteil** (**Pressfitting** oder **Presshülse**) wird bei dieser **radialen Presstechnik** mit Hilfe eines besonderen Presswerkzeuges (pressing tool) am Umfang zur Rohrmitte hin verpresst und durch einen Dichtring (sealing ring) abgedichtet (Bild 2 und Bild 1, nächste Seite).

Eine andere Art der Presstechnik wird bei der **Schiebehülsen-** oder **Druckhülsenverbindung** angewandt (vgl. Kap. 3.2.2.5).

Bei der Verbindung von Metallrohren mit aufgestecktem Pressfitting ist der Dichtring (O-Ring) in einer umlaufenden Sicke (wraparound bead) eingelegt (Bild 3).

Beim Verpressen kommt es zu einer definierten Kaltverformung (cold forming) im Verpressungsbereich des Fittings und des Rohres (Bild 2). Dagegen werden beim Verpressen der Mehrschichtverbund- und PE-X-Rohre nur der Rohrwerkstoff und die Presshülse verformt – nicht aber der mit 1…3 Dichtringen versehene Anschlussnippel (Stützhülse) des Einsteckfittings (Bild 1, nächste Seite).

Die durch das Verpressen entstehende geometrische Form an der Fügestelle zwischen Rohr und Pressformteil wird **Presskontur** genannt. Für die unterschiedlichen Pressverbindungen sind die spezifischen Presskonturen vom Hersteller festgelegt (Bild 2, nächste Seite).

Sie können nur mit hierfür geeigneten Pressmaschinen und -zangen zuverlässig hergestellt werden.

Rohrart	Pressformteil(e)	Werkstoff
unlegiertes Präzisionsstahlrohr	Aufsteck-Pressfitting	unlegierter Stahl
korrosionsbeständiges Präzisionsstahlrohr (Edelstahlrohr)	Aufsteck-Pressfitting	legierter Stahl, Rotguss, Rotguss verzinnt, Kupfer verzinnt
Kupferrohr	Aufsteck-Pressfitting	Kupfer, Rotguss
Mehrschichtverbundrohr	Einsteckfitting mit/ohne Presshülse	Rotguss, Messing, legierter Stahl
PE-X-Rohr	Einsteckfitting mit Presshülse	Rotguss, Messing (z.T. vernickelt), legierter Stahl
Für die Gas- und Wasserinstallation dürfen nur Rohre und Pressfittings mit DVGW-Zulassung verwendet werden.		

1 Pressformteile für verschiedene Rohrarten

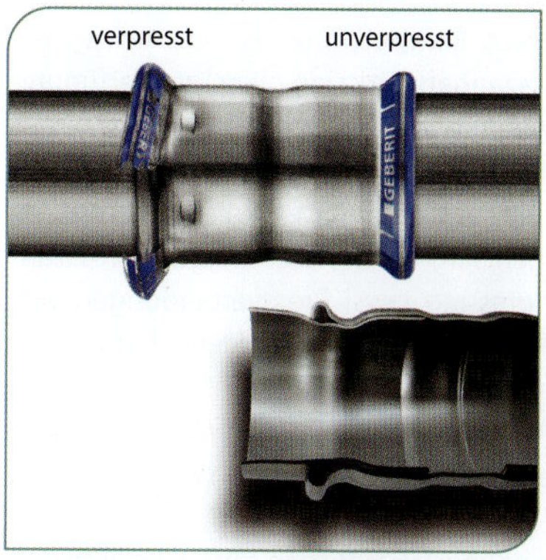

Kupfer-Wasserleitung reparieren

Kupfer-Verbundrohr-Verbindung

2 Pressfitting-verbindung

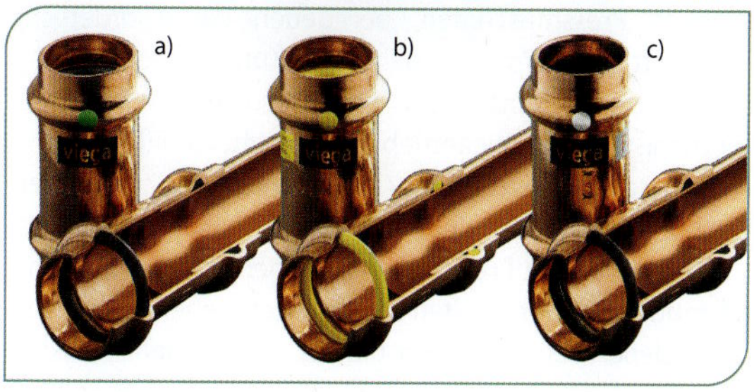

3 Pressfittings für a) Sanitär-/Heizungsrohre, b) Gasrohre, c) Solarrohre

1 Presshülsenverbindung

2 Presskonturen

Für die verschiedenen Rohrdurchmesser müssen jeweils entsprechende **Presszangen** (pressing pliers) zur Verfügung stehen. Mit systemgebundenen[1]) Pressmaschinen und -zangen können deshalb nur Pressverbindungen des jeweiligen Herstellers hergestellt werden. Bei den universellen Presswerkzeugen hingegen sind durch Austausch der Presszangen (Pressbacken: pressing jaws) Pressverbindungen verschiedener Hersteller möglich. Hier sollten jedoch mögliche Gewährleistungseinschränkungen der Pressfittinghersteller beachtet werden. Handbetriebene Presswerkzeuge eignen sich nur für kleine Rohrdurchmesser und „weiche" Presswerkstoffe (z. B. PE-X).
Üblicher und anwendungsfreundlicher sind elektrisch betriebene **Pressmaschinen**, bei denen die erforderliche Presskraft zum Verpressen der Stahl-, Kupfer- oder Rotgussfittings von DN10 bis DN 50 über einen hydraulischen oder mechanischen Zangenantrieb aufgebracht wird (Bild 3).
Pressmaschinen sind z.T. auch mit einer Press- und Überwachungsautomatik, einem um 360° drehbaren Presskopf sowie einer in die Pressbacken integrierten Kodierung zur Erkennung der Nennweiten ausgestattet. Neben stromnetzgebundenen Pressmaschinen gibt es auch handliche akkubetriebene Geräte (cordless pressing power tools), die die Bewegungsfreiheit erhöhen (Bild 3).
Bei größeren Rohrnennweiten (maximal DN 100) werden die Edelstahl- bzw. Kupferfittings mit **Pressschlingen**, **Pressketten** (pressing chains) oder Gelenkpressringen verpresst. Sie bestehen aus mehreren zusammenhängenden beweglichen Pressgliedern, die durch ihre geometrische Form eine bessere Anpassung an den Pressfittingdurchmesser und damit eine gleichmäßige radiale Kraftübertragung ermöglichen (Bild 1, nächste Seite).
Um eine einwandfreie Pressfittingverbindung zu gewährleisten, müssen vorbereitende Arbeitsschritte wie Rohrentgratung, Dichtringüberprüfung und Einhaltung der Einstecktiefe sorgfältig ausgeführt werden.

3 Akku-Pressmaschine und Presszange

Eine zusätzliche Sicherheit bieten Pressfittings mit SC-Kontur (SC: safety connection). Sollten bei der Verlegung Verbindungsstellen unverpresst bleiben, so werden diese beim Befüllen der Anlage durch eine beabsichtigte Undichtheit erkennbar gemacht. Bei der Sichtkontrolle kann die Leckstelle (leak) leicht entdeckt und der Fehler schnell behoben werden (Bild 4).

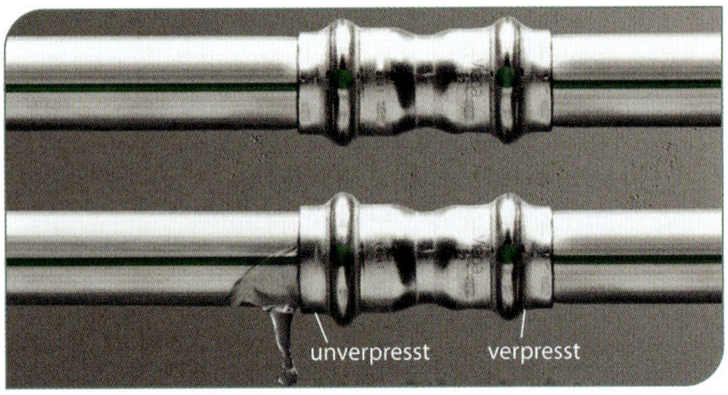

4 Pressfitting mit SC-Kontur

Die **Vorteile der Pressformteilverbindungen** sind:
- Keine Werkstoffveränderungen durch Wärmeeinbringung wie beim Löten und Schweißen.
- Gefahrlose Installation in brandgefährdeten Räumen.
- Keine Zusatzwerkstoffe (z. B. Lot, Schweißdraht), Hilfsstoffe (z. B. Schneidöl, Dichtmittel, Flussmittel) oder Betriebsstoffe (z. B. Acetylen, Sauerstoff, Schutzgas) erforderlich.
- Kurze Vorbereitungs- und Fügezeiten, keine Nachbearbeitung.

[1]) Systemgebunden: Der Hersteller bietet alles „aus einer Hand" an: Rohr, Pressfitting, Presswerkzeug und Zubehörteile.

1 Pressen mit Gelenkpressring und Gelenkbacken

Andererseits gibt es auch Anwendungseinschränkungen (verboten z. B. bei erdverlegten Gasleitungen) sowie die Notwendigkeit, sich für einen Systemanbieter zu entscheiden, da die Press- und Zubehörteile nicht kompatibel und die Pressgeräte nur teilweise untereinander austauschbar sind.

3.2.2.5 Schiebehülsenverbindungen

Schiebehülsen- oder **Druckhülsenverbindungen** (sliding/clamping sleeve joints) werden für PE-X- oder Mehrschichtverbundrohre bis DN 32 in der Trinkwasserinstallation (Kalt- und Warmwasser), bei Fußbodenheizungen sowie Heizkörperanbindungssystemen verwendet.

Bei entsprechender Eignung (DVGW-Zulassung nach Arbeitsblatt W534) dürfen sie sowohl bei der Rohrverlegung unter Putz als auch im Estrich eingesetzt werden. Die kraft- und formschlüssige Verbindung des Rohrendes erfolgt durch das Einspannen (Klemmen) der Rohrwand zwischen Hülse und Einschiebestutzen des Fittings (Bild 2).

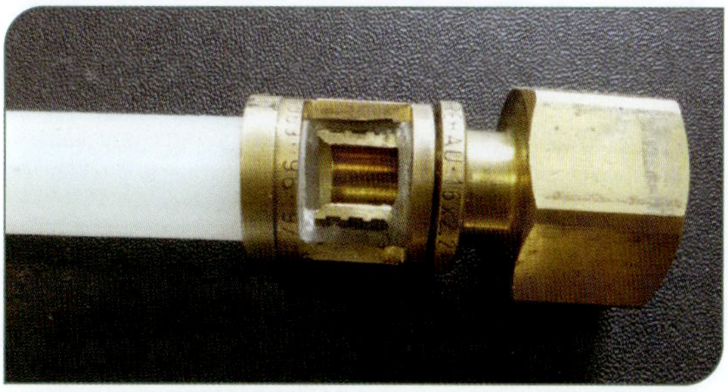

2 Schiebehülsenverbindung

Hierzu muss zunächst die Hülse weit genug auf das Rohr geschoben und das Rohrende mit einem Spezialwerkzeug (Expander) aufgeweitet werden (Bild 3a).

Das aufgeweitete Rohrende wird dann auf den Fittingstutzen (fitting nipple) bis zum Anschlag aufgesteckt und die Schiebehülse durch die axiale Presstechnik des Presswerkzeuges bis zum Anschlag (limit stop) aufgeschoben (Bilder 3b und 3c).

a) Rohr weiten

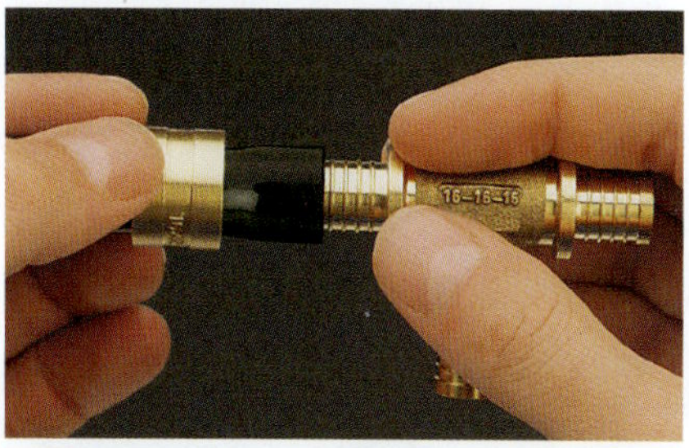

b) Fitting einstecken

c) Hülse über das Rohr schieben

3 Herstellen einer Schiebehülsenverbindung

Die Fittings, Schiebehülsen und Werkzeuge sind systemgebunden. Bei den Schiebehülsen ist je nach Hersteller darauf zu achten, ob die Hülsen für verschiedene Installationsbereiche (z. B. Trinkwasser und Fußbodenheizung) verwendet werden können oder ob die Komponenten jeweils nur für einen Installationsbereich zugelassen sind.

In solchen Fällen sind die Hülsen und Fittings entsprechend gekennzeichnet oder unterschiedlich dimensioniert (Bild 1, nächste Seite).

Die für Schiebehülsenverbindungen erforderlichen Werkzeuge können entweder durch Handkraft (manual force) oder elektromechanisch (electromechanic) betrieben werden (Bilder 2 und 3, nächste Seite).

Bei größeren Nennweiten (bis 110 mm) werden auch mechanisch-hydraulische (hydro-mechanical) oder elektrohydraulische (electrohydraulic) Werkzeuge verwendet.

Bei PE-X Rohren lassen sich die Schiebehülsenverbindungen durch Erwärmung auf max. 130 °C lösen und wie in Bild 3 dargestellt mit neuen Rohrenden und Schiebehülsen neu verbinden.

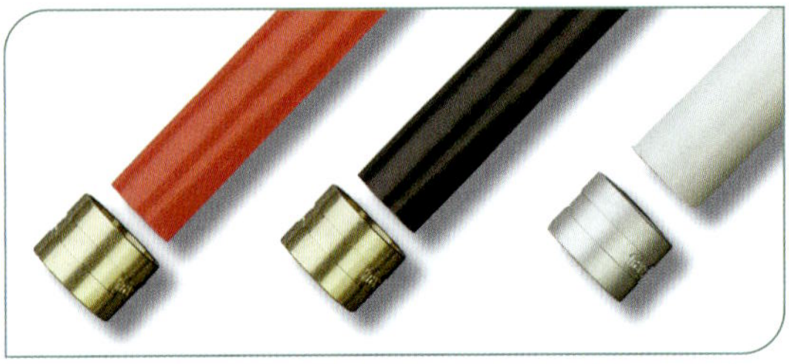

1 *Schiebehülsenverbindung für unterschiedliche Anwendungsbereiche*

2 *Manuelle Aufweit- und Schiebewerkzeuge*

3 *Akkubetriebene Aufweit- und Schiebewerkzeuge*

3.2.2.6 Gewinderohrverbindungen

Herstellen einer Gewindeverbindung

Dauerhaft flüssigkeits- und gasdichte Verbindungen (liquid- and gasproof joints) zwischen unlegierten Stahlrohren mit Eignung zum Gewindeschneiden nach DIN EN 10255 (bisher mittelschwere oder schwere Gewinderohre) und Fittings, Armaturen und sonstigen Rohrleitungsteilen werden durch ein besonderes Rohrgewinde ermöglicht (vgl. Tab. Bild 5).

Gewinderohrverbindungen nach DIN EN 10226-1 gelten als **unlösbar** (non-detachable), wenn sich das installierte Rohr mit beidseitigem Rechtsgewinde nicht mehr aus den beiden Anschlussgewinden herausdrehen lässt und deshalb eine Lösung (disconnection) nur durch eine Rohrtrennung möglich ist.

Durch die Gewindepaarung eines kegeligen Außengewindes (tapered male thread) am Rohr mit einem zylindrischen Innengewinde (parallel female thread) am Fitting bzw. in der Armatur kommt es im letzten Abschnitt der nutzbaren Gewindelänge durch Kraftverschraubung mit Werkzeug zu einer hohen metallischen Pressung (metallic pressing) zwischen den Gewindeflanken (thread flanks) (Bild 1, nächste Seite).

Die erwünschte Pressdichtung ist verständlicherweise nur dann möglich, wenn das Außengewinde sorgfältig und maßhaltig hergestellt wird.

Rohre	Rohrgewinde für im Gewinde dichtende Verbindungen DIN EN 10226-1		Gewindefittings aus[3]
Rohre aus unlegiertem Stahl mit Eignung zum Schweißen und Gewindeschneiden nach DIN EN 10255 („Gewinderohre")	Kegeliges[1] Außengewinde (Rechtsgewinde[2]) Kurzzeichen **R** mit Gewindeangabe z. B. R 1½	Zylindrisches Innengewinde (Rechtsgewinde[2]) Kurzzeichen **Rp** mit Gewindeangabe, z. B. Rp 1½	**Temperguss** nach DIN EN 10242 **Stahl** nach DIN EN 10241 **Rotguss** Werkstoff nach DIN EN 1254-4 und DVGW W 534 Abmessungen nach DIN EN 10242

[1] Kegel 1:16. Bei einer Gewindelänge von 16 mm verändert sich der Gewindedurchmesser um 1 mm

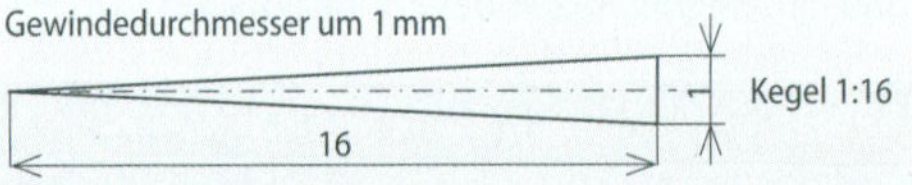

[2] Bei Linksgewinde muss das Kurzzeichen LH (**left hand**) angefügt werden.
[3] In der Gasinstallation sind nur Stahl- und Tempergussfittings zugelassen. Bei Tempergussfittings nur das Design-Symbol A (weißer bzw. schwarzer Temperguss W 400-05 bzw. B350-10).

5 *Rohrgewinde*

Verschraubung von Rohrgewinde

In der Praxis sind jedoch geringe Maßabweichungen sowie Flächenunebenheiten im Gewinde unvermeidbar, sodass mit Hilfe geeigneter Dichtmittel diese Unregelmäßigkeiten ausgeglichen werden können. Es dürfen nur **nicht aushärtende Dichtmittel** (non-hardening sealing agents) nach DIN 30660 bzw. DIN EN 751 verwendet werden. Die für Gas- und Trinkwasserinstallation tauglichen Dichtmittel müssen nach DVGW VP 402 geprüft und mit dem DVGW-Prüfzeichen versehen sein. Übliche Dichtmittel sind:

- Hanf (hemp) in Verbindung mit einer Dichtpaste (sealing compound),

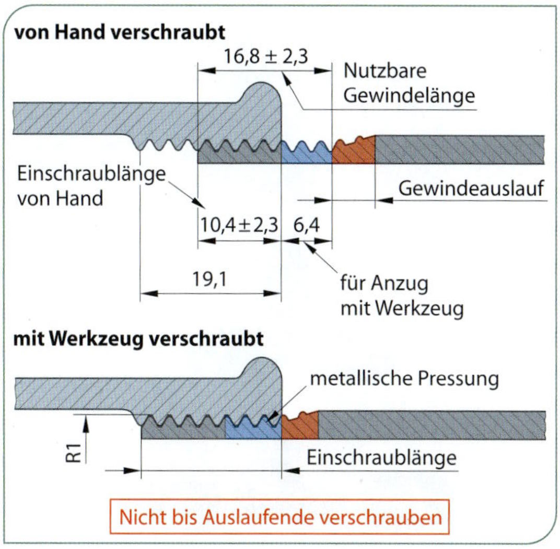

1 Zylindrisch-kegelige Gewinderohrverbindung nach DIN EN 10226-1 mit metallischer Pressdichtung, Maße für R1

- Gewindedichtband aus Kunststoffvlies (sealing fleece), das mit einem Dichtmittel präpariert wurde,
- PTFE-Band (Teflonband: PTFE tape),
- Dichtpasten oder elastischer Flüssigkunststoff (elastic sealant).

Gewindedichtmittel sind nach Herstellerangaben auf das gesäuberte Gewinde aufzutragen. Da sie nur geringe Unregelmäßigkeiten ausgleichen sollen, dürfen sie nur dünn aufgetragen werden. Anderenfalls können durch Überdehnung (Verformung) der Verbindungsteile die Pressdichtung aufgehoben werden oder sogar Risse im Werkstoff entstehen (Bild 2).

2 Überdehnter Gewindefitting

Das Schneiden des kegeligen Außengewindes am Rohr erfolgt mit:

- Hand-Gewindeschneidkluppen (hand dies) und schnell auswechselbaren Schneidköpfen (drop die heads) für die verschiedenen Rohrnennweiten (different pipe sizes),
- Elektroschneidkluppen (electric dies), ebenfalls mit Schnellwechselschneidköpfen (quick change die heads),
- Gewindeschneidmaschinen (pipe threading machines) mit Universal-Automatik-Schneidkopf für mehrere Rohrnennweiten (vgl. LF 1, 1.2.4.3.2).

Die zum Kühlen und Schmieren verwendeten Gewindeschneidmittel (coolants and lubricants) müssen ungiftig und wasserlöslich sein (non-toxic and water soluble). Für Gewinderohre in der Trinkwasserinstallation müssen sie gesundheitlich unbedenklich (safe), nicht korrodierend (non-corrosive), vollkommen wasserlöslich und nach DVGW W 521 geprüft sein.

Bei der Gewindeherstellung ist die vorgegebene nutzbare Gewindelänge (length of thread) (vgl. Tab. Bild 3) einzuhalten. Beim Zusammenschrauben darf die Einschraublänge nicht überschritten werden, da es sonst zu einer Überdehnung (overstretching) des Außengewindes kommt. Nach dem Zusammenschrauben muss der Gewindeauslauf sichtbar sein (thread runout). Bei Gewindefittings, deren Anschlüsse die gleichen Nennweiten haben, wird die Nennweite (nominal width) nur einmal angegeben. Liegen verschiedene Anschlussnennweiten vor, werden sie entgegen dem Uhrzeigersinn (anti-clockwise) angegeben (Bild 4).

Nennweite DN Gewindegröße R	10 3/8	15 ½	20 ¾	25 1	32 1¼	40 1½	50 2
nutzbare Gewindelänge in mm	10,1	13,2	14,5	16,8	19,1	19,1	23,4
Handanzugslänge in mm	6,4	8,2	9,5	10,4	12,7	12,7	15,9
Anzug mit Werkzeug in mm	3,7	5,0	5,0	6,4	6,4	6,4	7,5
Anzug mit Werkzeug (Umdrehungen) ca.	2¾	2¾	2¾	2¾	2¾	2¾	2¼
Gangzahl auf 25,4 mm Gewindelänge	19	14	14	11	11	11	11

3 Maße von Rohrgewinden nach DIN EN 10226-1

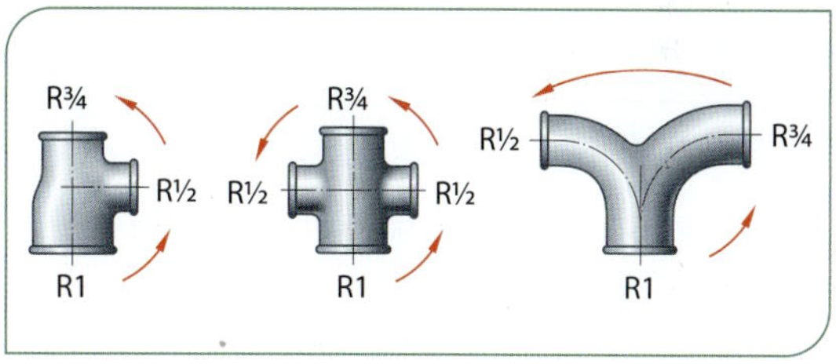

4 Reihenfolge der Gewindebezeichnungen bei Fittings mit mehreren Abgängen

3.2.2.7 Steckfittingverbindungen

Steckfitting-Verbindungen (push fit joints) sind zeitsparend und für Kupfer-, Edelstahl-, Mehrschicht-Verbundrohre sowie für PE-X- und PB-Rohre in den gängigen Nennweiten von DN 10...DN 25 lieferbar. Die Steckfittingverbindungen sind je nach Hersteller **unlösbar** (Bilder 1 und 3, nächste Seite) oder nur mit speziellem Kleinwerkzeug **lösbar und wieder verwendbar**, aber gegen ungewollte Demontage (unintentional disassembly) gesichert (Bild 2, nächste Seite).

Steckfitting

Steckverbinder

Die Steckfittings aus Rotguss oder Kunststoff haben trotz äußerlicher Unterschiede den gleichen prinzipiellen Aufbau: Die Dichtheit (tightness) in der Steckmuffe wird durch ein oder zwei Dichtringe, die Formschlüssigkeit durch einen Krall- oder einen Sprengring (grab ring) aus Edelstahl gewährleistet (Bild 1, nächste Seite).

Wird das Rohrende nach sorgfältigem Entgraten (careful burring) bis zum Anschlag in die Steckmuffe hineingesteckt, lässt es sich in dieser zugfesten Verbindung ohne Übertragung von Torsionsspannungen noch drehen (turnable without torsional stress).

1 Unlösbare Steckfittingverbindung

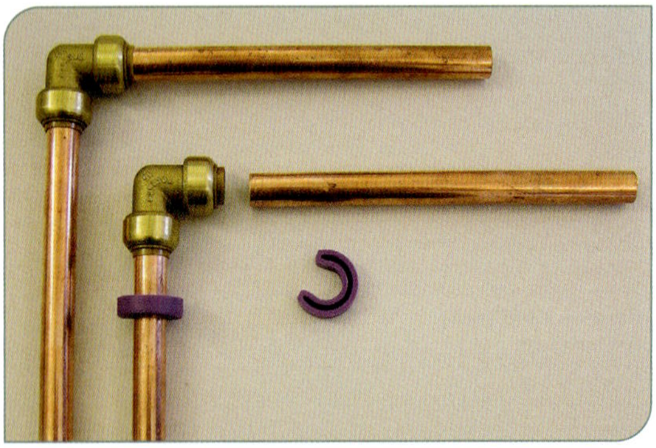

2 Lösbare Steckfittingverbindung

Verwendet wird die Steckfittingverbindung in der TW- und TWW-Installation (nur mit DVGW Zulassung nach DVGW-Arbeitsblatt W 543), bei Regenwasseranlagen und bei Warmwasserheizungen.

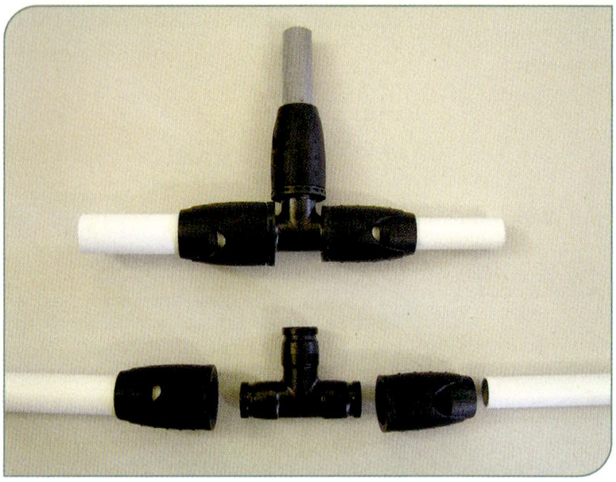

3 Unlösbare Steckfittingverbindung

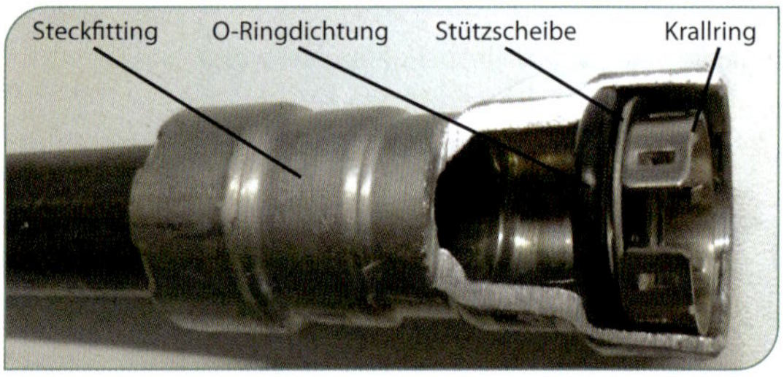

4 Lösbare Steckverbindung

ÜBUNGEN

1. Welche Installationsrohre lassen sich durch Rohrpressverbindungen unlösbar fügen?
2. In welchen SHK-Installationsbereichen sind Pressverbindungen zugelassen?
3. Erklären Sie, weshalb nicht alle Pressfittings mit der gleichen Presszange gepresst werden können.
4. Geben Sie drei Arbeitsschritte an, die zu Herstellung einer einwandfreien Pressfittingverbindung erforderlich sind.
5. Nennen Sie drei Vorteile von Pressfittingverbindungen.
6. Erläutern Sie die wesentlichen Unterschiede zwischen einer Pressfitting- und einer Schiebehülsenverbindung.
7. Nennen Sie drei unterschiedliche Presswerkzeuge.
8. Welche Sicherheit bieten Pressfittings mit einer SC-Kontur?
9. Nennen Sie die Merkmale der Whitworth-Rohrgewinde *R* und *Rp* nach DIN EN 10226-1.
10. Beschreiben Sie, wie bei einer Gewinderohrverbindung die erwünschte Dichtheit der Verbindung zustande kommt.
11. Welche Eigenschaften müssen Dichtmittel für Gewindeverbindungen haben?
12. Mit welchen Werkzeugen lässt sich das kegelige Außengewinde am Rohr schneiden?
13. In welche Bereiche ist die Einschraublänge bei einer Whitworth-Gewindeverbindung aufgeteilt?
14. Weshalb dürfen Gewindedichtmittel nur dünn auf das kegelige Rohraußengewinde aufgetragen werden?
15. Welche grundsätzliche Unterscheidung gibt es bei den Steckfittingverbindungen?
16. Welche Rohrbewegung ist nach der Verbindung mit dem Steckfitting noch möglich?

3.2.3 Lösbare Rohrverbindungen

In Rohrleitungssystemen werden lösbare Verbindungen (detachable joinings) benötigt, z. B. wenn:
- wegen Erweiterungs- oder Verkleinerungsarbeiten einzelne Rohrteile, Armaturen oder sonstige Anlagenteile jederzeit problemlos hinzugefügt oder abgebaut werden sollen,
- bei Reinigungs-, Wartungs- oder Inspektionsarbeiten einzelne Rohrteile, Armaturen oder Anlagenteile vorübergehend ausgebaut werden sollen,
- bei Modernisierungs- oder Reparaturarbeiten Einzelteile des Rohrsystems oder der Anlage ausgetauscht werden sollen,
- unlösbare Rohrverbindungen konstruktions- oder werkstoffbedingt nicht möglich oder unvorteilhaft sind.

MERKE

Lösbare Rohrverbindungen müssen ohne Zerstörung oder Qualitätsminderung (without destruction or quality reduction) der einzelnen Verbindungselemente gelöst und wieder zusammengefügt werden können.

Grundsätzlich sollten lösbare Rohrverbindungen an leicht zugänglichen Stellen platziert werden. Bei einer Leitungsverlegung unter Putz (cast) oder in engen Schächten (narrow shafts) müssen eventuell Wartungsöffnungen (maintenance accesses) vorgesehen werden.

3.2.3.1 Rohrverschraubungen

Übergangsverschraubungen

Eine Rohrverschraubung (union connector) besteht im Wesentlichen aus drei Teilen: Den beiden **Verschraubungskörpern** mit der Rohranschlussseite und einer Befestigungsseite mit einem nicht im Gewinde dichtenden Außengewinde sowie der **Überwurfmutter** (sleeve/union nut), mit der die lösbare Verbindung zwischen den beiden Verschraubungskörpern hergestellt wird. Die Abdichtung erfolgt entweder durch metallische Pressung (metallic pressing) zwischen den konisch oder kugelförmig ausgeformten Dichtflächen (conical or spherical sealing surface) der Verschraubungskörper oder über eine Dichtung (washer), die zwischen den flachen, kreisringförmigen Dichtflächen der Verschraubungskörper eingesetzt wird (Bild 1).

1 Verschraubungen für Gewinderohre

2 Rohrverschraubung mit Heizelement-Schweißanschluss für PE- und PP-Rohre

Für die Dichtheit der Verbindung sind drei Faktoren entscheidend:
- Die geometrische Unversehrtheit der Dichtflächen.
- Die Verwendung der richtigen, wirkfähigen Dichtung.
- Das richtige Anziehen der Überwurfmutter.

Die beiden Verschraubungskörper werden mit einer der Rohrart entsprechenden Fügetechnik – z. B. Löt-, Schweiß- oder Presshülsenverbindung – unlösbar mit den Rohrenden verbunden (Bild 2). Dadurch können nicht nur gleichartige Rohre lösbar miteinander verbunden werden, sondern es kann auch der Übergang von einem Rohrwerkstoff zum anderen Rohr- oder Armaturenwerkstoff erfolgen (**Übergangsverschraubung:** transition joints; Bild 3).

Geeignete Rohrverschraubungen für die Gas-, Flüssiggas- und Trinkwasserinstallation (Kalt- und Warmwasser) sind nach DVGW-Richtlinien (DVGW-guidelines) geprüft und zugelassen.

3 Übergangsverschraubungen

3.2.3.2 Klemmringverschraubungen

Klemmringverschraubungen

Klemmringverschraubungen eignen sich für die in der Installationstechnik üblichen Gewinderohre, Präzisionsstahlrohre, Kupferrohre, Verbund- und Kunststoffrohre.

Es gibt metallisch dichtende und weich dichtende Klemmringverschraubungen (metallic/soft sealing compression joints). Bei den **metallisch dichtenden** Klemmringverschraubungen wird der konische oder zylindrische Klemmring (compression olive/ring) beim Anziehen der Überwurfmutter auf den Rohrumfang und gegen den Verschraubungskörper gedrückt und gestaucht.

Hierbei wird nicht nur das Rohr längskraftschlüssig fixiert (longitudinal force-locked), sondern auch die Abdichtung durch metallische Pressung an den Berührungsflächen erzielt. Bei dünnwandigen, harten Präzisionsstahl- und Kupferrohren kommt es in diesem Bereich zu einer leichten Einschnürung (slight contraction) des Rohrs durch plastische Verformung. Der Klemmring lässt sich dann nicht mehr vom Rohr ziehen (Bild 1).

Für weiche Rohrwerkstoffe wie z. B. Kupfer R220, PE, PP, PB sind zur Sicherstellung der metallischen Pressung sowie zur Vermeidung von Rohreinschnürungen **Stützhülsen** (support inserts/liners) erforderlich.

Entscheidend bei den metallisch dichtenden Klemmringverschraubungen ist, dass die durch das Anziehen der Mutter erzeugte Drehbewegung in eine reine axiale Bewegung umgesetzt wird und dadurch kein Drehmoment (torque) auf das Rohr übertragen wird, d. h., das Rohrende darf sich nicht mitdrehen (Torsion). Einige Hersteller verwenden deshalb zwei Klemmringe (Bild 1).

Metallisch dichtende Klemmringverschraubungen dürfen bei entsprechender DVGW-Zulassung (DVGW-authorisation) z. B. für Heizöl- und Gasleitungen (aus Kupfer- und Präzisionsstahlrohren bis DN 25) bei Trinkwasserleitungen (aus Kupfer- und Edelstahlrohren) und Solarinstallationen verwendet werden.

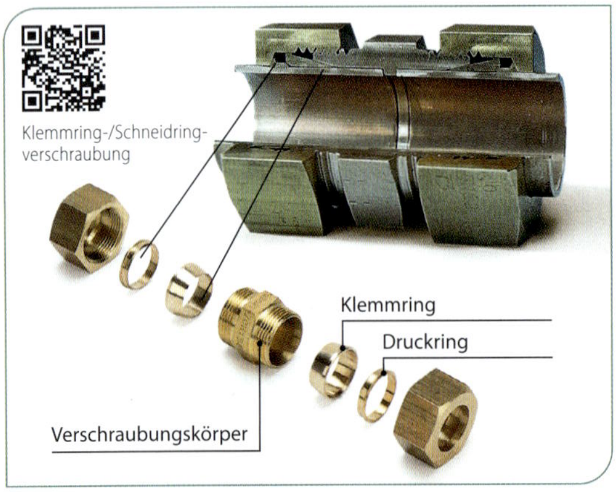

1 *Metallisch dichtende Klemmringverschraubung*

Bei den **weich dichtenden** Klemmringverschraubungen erfolgt beim Anziehen der Überwurfmutter eine Aufgabenteilung: Der (meist) geschlitzte Klemmring (split grip ring) sichert das Rohr gegen Herausziehen und die elastische Dichtung (flexible seal) wird über einen Druckring (backing washer) auf den Rohrumfang und gegen den Verschraubungskörper gedrückt und dichtet ab (Bild 2).

Beim Zusammenbau solcher Verschraubungen ist deshalb besonders auf die richtige Reihenfolge (right order) der Klemm-, Druck-, Distanz- und Dichtringe zu achten. Auch bei den weich dichtenden Klemmringverschraubungen werden teilweise Stützhülsen zur Vermeidung von Rohreinschnürungen verwendet.

Die in der Gasinstallation zugelassenen weich dichtenden Klemmringverschraubungen nach DIN 3387-1/-2 sollen **nicht** als fortlaufende Verbindung eingesetzt werden und müssen

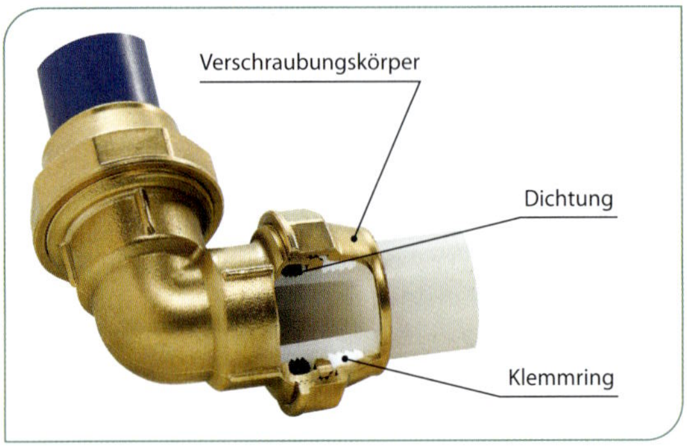

2 *Weich dichtende Klemmringverschraubung*

bei Gasinnenleitungen **h**och**t**emperatur**b**eständig (HTB) sein (high temperature stability).

Mit Klemmringverschraubungen können sowohl Verbindungen gleicher Werkstoffe als auch **Übergangsverbindungen** hergestellt werden (z. B. Stahlrohr – Kunststoffrohr). Sie werden nicht nur als lösbare Verbindung zwischen Rohren, sondern auch als Anschlussverschraubung (linking joints) für Heizkörper, Verteiler und Armaturen verwendet. Bei der Auswahl, dem Zusammenbau und beim Anziehen der Klemmringverschraubungen sind die Herstellerangaben zu beachten (z. B. Zulassung für Installationsbereiche, Rohrart, Anzugsdrehmoment, mit/ohne Stützhülsen).

Im Gegensatz zu den konischen oder flach dichtenden Verschraubungen entfällt bei den Klemmringverbindern die Notwendigkeit, vorab Komponenten der Verschraubung unlösbar mit den Rohrenden zu verbinden (z. B. durch Löten, Kleben oder Pressen). Das spart Zeit und man benötigt keine zusätzliche Ausrüstung (Werkzeuge, Hilfsmittel, Zusatzwerkstoffe). Universell gestaltete Verschraubungskörper der Klemmverbinder sind unter Verwendung entsprechender Klemm-, Dicht- und Stützelemente für verschiedene Rohrwerkstoffe einsetzbar.

3.2.3.3 Schneidringverschraubungen

Schneidring- bzw. **Keilringverschraubungen** (compression joints) haben einen ähnlichen Aufbau wie metallisch dichtende Klemmringverschraubungen: Sie bestehen aus einem Verschraubungsstutzen mit zwei Innenkonussen zur Aufnahme der Rohrenden und der Schneid- bzw. Keilringe sowie zwei Überwurfmuttern zum Anziehen der Verschraubungen. Im Gegensatz zu den Klemmringen schneidet sich

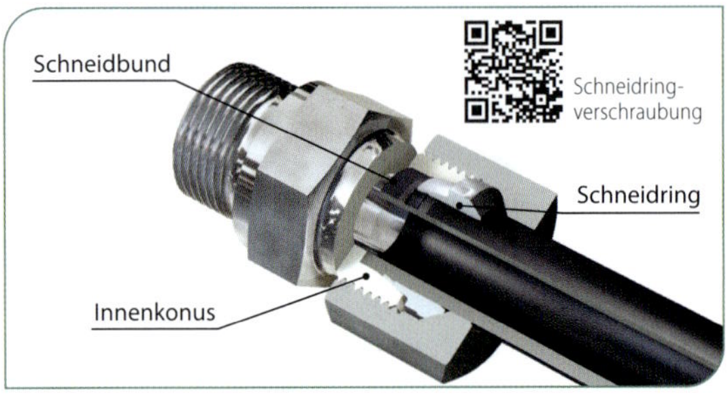

3 *Schneidringverschraubung*

der mit einer oder zwei **Schneidkanten** (cutting edges) versehene Schneid- bzw. Keilring beim Anziehen der Überwurfmutter in die Oberfläche des festsitzenden Rohrendes ein. Aufgrund der speziellen Schneidringgeometrie ist das Einschneiden nur bis zu einer festgelegten Grenze möglich. Nach dem Einschneiden bildet sich ein sichtbarer aufgeworfener Bund (collar) an der Spitze des Schneidrings (Bild 3, vorherige Seite).

Mit dem nun festsitzenden Schneidring und der Überwurfmutter kann das Rohr lösbar verbunden werden. Die Dichtfunktion erfolgt durch metallische Pressung des konischen Rings im Verschraubungsstutzen, die Haltefunktion (Längskraftschlüssigkeit) durch die form- und kraftschlüssige Verbindung zwischen Ring und Rohrende.

Bei Schneidringverschraubungen mit Kunststoffdichtring übernimmt der Schneidring nur die Haltefunktion und die Dichtringe die Dichtfunktion (Bild 1).

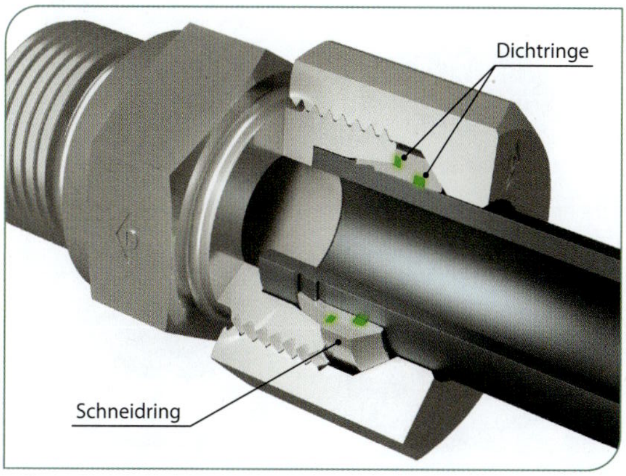

1 Schneidringverschraubung mit Dichtringen

Schneidringverschraubungen sind nach DIN 2353, DIN 3861 sowie DIN EN ISO 8434-1 genormt. Für unlegierte und legierte Präzisionsstahlrohre bestehen die Verschraubungskörper aus Stahl bzw. aus nichtrostendem Stahl, für hartes Kupferrohr (R 290) aus Messing.

Verwendung finden Schneidringverschraubungen hauptsächlich in der Heizölinstallation und Flüssiggasinstallation. Vor der Montage müssen die Rohre rechtwinkelig abgelängt und entgratet (cut square and burred) sowie die Überwurfmutter und der konische Schneidring richtig herum auf das Rohrende aufgeschoben werden. Mit dem bis zum Anschlag in den Verschraubungsstutzen eingefügten Rohrende wird die Verschraubung dann nach Herstellerangaben festgezogen (Überwurfmutter zunächst von Hand, dann mit Werkzeug z. B. 1 ½ Umdrehungen anziehen).

3.2.3.4 Spannverbindungen

Die Spannverbindung (clamping joint) ist eine Rohrverbindung, deren Dichtungswirkung dadurch erzielt wird, dass ein Formteil über die zu verbindenden Rohrenden gespannt wird. Diese Formteile können **Rohrkupplungen** (pipe couplings) (Bild 2 und 3) oder **Rohrmanschetten** (clamping sleeves) (Bild 4 und 5) sein.

2 Rohrkupplung für Stahlrohre

3 Rohrkupplung für Glasrohre

4 Rohrmanschetten für gusseiserne Rohre

5 Rohrmanschette für PE-Rohr

Sie haben ein weiches Dichtungselement und sind für Rohre, Bögen (bows) oder Abzweige (branches) mit **glatten Rohrenden** geeignet.
Es gibt sie mit und ohne mittigen Anschlag (center stop). Im letzteren Fall lässt sich das Dichtungselement vollständig auf eines der zu verbindenden Teile schieben. Das Rohr oder der Abzweig/Bogen wird eingesetzt, das Dichtungselement bis zur Hälfte über die beiden stumpf aneinander liegenden Teile geschoben und die Dichtwirkung durch Verspannen des Elements mit Hilfe eines Werkzeugs (Innensechskantschlüssel, Schraubendreher o.ä.) erreicht. Damit können metallische Rohre, Kunststoff- sowie Steinzeug- oder Glasrohre auch mit geringen Abwinklungen (inclinings) (z.B. ≤ 5°) oder Seitenversatz (misalignment) (z.B. 1…3 mm) schnell, einfach und ohne Spezialwerkzeug verbunden werden (Bilder 2…5, vorherige Seite).
Bei den nicht zugfesten Rohrkupplungen müssen die Rohrbefestigungen ein Herausrutschen bzw. -ziehen der Rohre verhindern. Nicht zugfeste Rohrkupplungen werden auch als **Reparaturschellen** (repair clamps) zur vorübergehenden Abdichtung (temporary packing) verwendet. Bei den zugfesten Rohrkupplungen sorgen zwei (bzw. vier) in das Kupplungsgehäuse integrierte verzahnte Ringe (Verankerungsringe, Gripringe: grip rings) für den Längskraftschluss. Beim Anziehen der Rohrkupplungsschrauben verkrallen sich diese Verzahnungen am Rohrumfang in das Rohr. Bei Zugbelastung verändert schon die kleinste Axialbewegung den Neigungswinkel der verzahnten Ringe und verstärkt somit den Verankerungseffekt (gripping effect) (Bild 1).

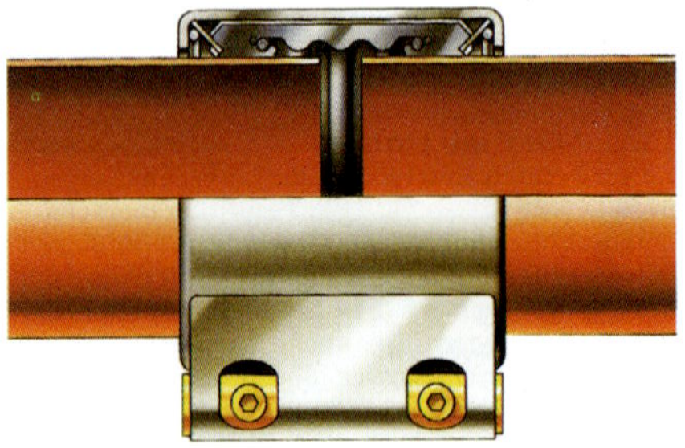

1 Dicht- und Verankerungswirkung bei Rohrkupplungen

Die Abdichtung an den beiden Rohrenden erfolgt durch eine profilierte Dichtmanschette (profiled package) aus Gummi.
Bei Kunststoffrohren werden Stützhülsen aus Stahl eingesetzt, um eine Verformung durch die Spannkräfte zu vermeiden. Rohrkupplungen gibt es für verschiedene Betriebsdrücke und -temperaturen. In der Trinkwasser- und Gasinstallation dürfen sie nur verwendet werden, wenn sie DVGW-geprüft sind.

3.2.3.5 Flanschverbindungen

Anstelle von Rohrverschraubungen können lösbare Verbindungen zwischen Rohren, Armaturen, Behältern, Kesseln und Wärmetauschern auch durch Flanschverbindungen (flange joints) hergestellt werden. Zu einer Flanschverbindung gehören zwei Flansche, eine Flanschdichtung (gasket), mind. 4 Schrauben und 4 Muttern und evtl. Unterlegscheiben. Ferner müssen Flansche ihrerseits erst mit den vorbereiteten Rohrenden unlösbar verbunden werden bzw. bei **Losflanschen** (slip-on flanges) muss das Rohrende mit einem Bördel oder Bund (flared lap or flange collar) als Anschlag versehen werden. Aufgrund des höheren Material- und Fertigungsaufwandes sind Flanschverbindungen häufiger bei mittleren (> DN 50) und großen Nennweiten anzutreffen, eben dort, wo Rohrverschraubungen unwirtschaftlich oder nicht mehr verfügbar sind. Grundsätzlich sind jedoch Flanschverbindungen ab der Nennweite DN 10 möglich. Hinsichtlich ihrer Verbindung mit dem Rohrende unterscheidet man z.B. folgende in Bild 2 abgebildete Flansche.

2 Flanscharten DIN EN 1092-1

Die stets durch **vier teilbaren** Schraubenlöcher sind symmetrisch zum Achsenkreuz (intersection of axes) angeordnet. Flansche werden überwiegend aus Stahl sowie aus Stahlguss, Rotguss und Kunststoff (PVC-C, PE) hergestellt. Teilweise werden Kunststoffflansche zur Erhöhung der Verformungsfestigkeit mit Stahlflanscheinsätzen versehen (siehe Bild 2d). Die benötigten Flach-, Rund- oder profilierten Flanschdichtungen sind genormt und müssen verformbar sein, um Unebenheiten der Dichtflächen auszugleichen. Sie müssen außerdem dem Anpressdruck der Flansche sowie dem Innendruck standhalten und alterungs- und temperaturbeständig (non-ageing and temperature resistant) sein. Bei Trinkwasserinstallationen müssen die Flanschdichtungen trinkwassertauglich sein (KTW-Zulassung; vgl. Kap.1.6.4.7.1 / Lernfeldübergreifende Inhalte).
Vor dem Zusammenschrauben einer Flanschverbindung müssen folgende Punkte beachtet werden:
- Die Flansche müssen planparallel (plane-parallel) ausgerichtet und mit sauberen Dichtflächen versehen sein.
- Die Rohrachsen müssen fluchten (be aligned) und die Rohrleitungen müssen spannungsfrei (stressfree) verlegt worden sein.

- Die Flanschdichtungen müssen unbeschädigt (undamaged) (keine Risse, Knicke, Quetschungen) und für die Betriebsbedingungen (Medium, Druck, Temperatur) geeignet sein.
- Die Dichtungen müssen konzentrisch (concentric) eingesetzt werden und dürfen weder innen noch außen überstehen.
- Es dürfen nur geeignete Schrauben und Muttern (Länge, Festigkeitsklasse) verwendet werden.

Das Anziehen der Flanschschrauben soll gleichmäßig überkreuz (crosswise) und, wenn erforderlich, mit dem Drehmomentschlüssel (torque wrench) erfolgen.

3.2.3.6 Steckmuffenverbindung

Die Steckmuffenverbindung (socket/sleeve joints) ist eine Rohrverbindung, deren Dichtungswirkung dadurch erzielt wird, dass die Dichtungslippe (sealing lip) des Dichtungsrings in der Rohrmuffe (pipe bell) (Bild 1) beim Zusammenstecken von Rohrspitzende und Rohrmuffe leicht nach unten gedrückt wird. Dadurch entsteht ein Anpressdruck (Bild 2). Das Rohrspitzende ist angefast und die Dichtung mit einem Gleitmittel (slip agent) vor dem Zusammenbau leicht eingestrichen. Dadurch sind die Einschubkräfte verhältnismäßig gering und erleichtern somit den Einbau.

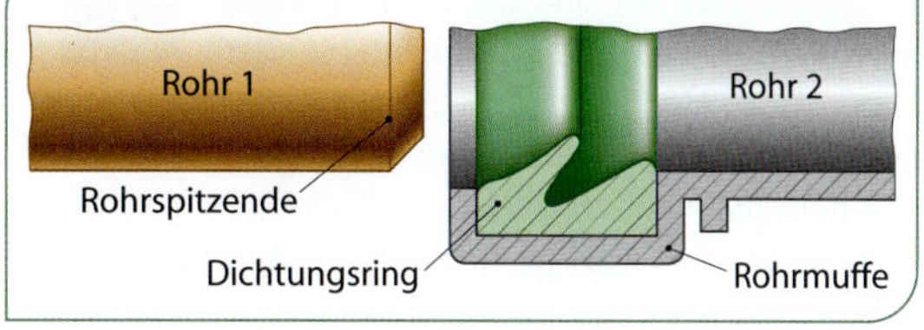

1 Lippendichtung im belastungsfreien Zustand

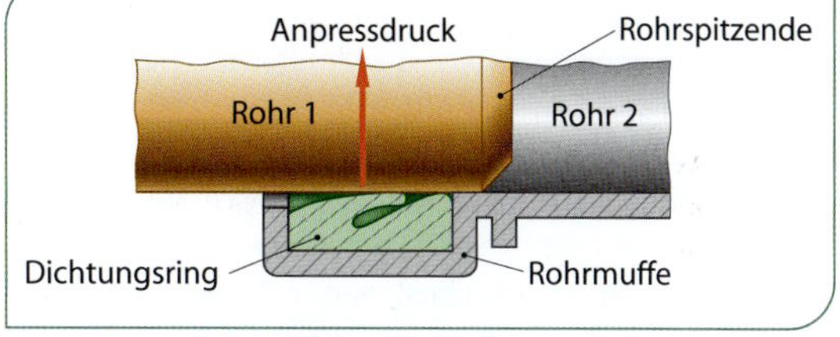

2 Lippendichtung im statischen Belastungszustand

ÜBUNGEN

1. Erläutern Sie anhand von zwei Praxisbeispielen, weshalb lösbare Rohrverbindungen benötigt werden.
2. Welche Bedingungen müssen lösbare Rohrverbindungen erfüllen?
3. Nennen Sie vier unterschiedliche lösbare Rohrverbindungen.
4. Beschreiben Sie den Aufbau einer Rohrverschraubung.
5. Welche Faktoren sind für die Dichtheit einer Rohrverschraubung entscheidend?
6. Welchen Vorteil bieten Übergangsverschraubungen?
7. Beschreiben Sie die Unterschiede in Aufbau und Wirkungsweise zwischen metallisch und weich dichtenden Klemmringverschraubungen.
8. Weshalb müssen bei einigen Rohren Stützhülsen bei der Klemmringverschraubung verwendet werden?
9. Weshalb dürfen die Klemm- und Druckringe der metallisch bzw. weich dichtenden Klemmringverschraubungen nicht wahllos verwendet werden?
10. Welche Vorteile bieten Klemmringverschraubungen im Vergleich zu Rohrverschraubungen?
11. Wodurch unterscheiden sich metallisch dichtende Klemmringverschraubungen von Schneid- bzw. Keilringverschraubungen?
12. Nennen Sie je zwei Anwendungen für Schneidringverschraubungen sowie metallisch bzw. weich dichtende Klemmringverschraubungen.
13. Beschreiben Sie Aufbau und Wirkungsweise einer zugfesten Rohrkupplung.
14. Weshalb müssen bei Rohrverbindungen mit nicht zugfesten Rohrkupplungen Festpunkte vorgesehen werden?
15. Beschreiben Sie die Spannverbindung eines gusseisernen Rohres (SML) mit einem Rohrabzweig.
16. Welchen Vorteil haben Dichtelemente einer Spannverbindung ohne mittigen Anschlag?
17. Wie wird bei zugfesten Rohrkupplungsverbindungen ein Herausrutschen bzw. -ziehen der Rohre verhindert?
18. Zählen Sie die Einzelteile einer kompletten Flanschverbindung auf.
19. Nennen Sie je vier unterschiedliche Flanscharten.
20. Weshalb werden Flanschverbindungen vornehmlich bei Rohrnennweiten > DN 50 verwendet?
21. Nennen Sie drei Anforderungen, die an Flanschdichtungen gestellt werden.
22. Beschreiben Sie vier Voraussetzungen für eine fachgerechte Flanschverbindung.
23. Welche montagetechnischen Aspekte sprechen für die Verwendung von Losflanschen anstelle von Vorschweißflanschen?
24. Wodurch wird bei der Steckmuffenverbindung die Dichtungswirkung erzielt?

3.3 Schraubenverbindungen

3.3.1 Schraubenarten

Schrauben und Verschraubungsarten

Schrauben (screws) sind die am häufigsten verwendeten Verbindungselemente in der Füge- bzw. Montagetechnik. Die meisten Schrauben sind genormt und unterscheiden sich durch folgende Merkmale:

- Schrauben **mit Kopf** (screws with head) wie z.B. Sechskant-, Vierkant, Zylinderschraube mit Innensechskant bzw. Schlitz, Senk- und Linsensenkschraube mit Schlitz, Kreuzschlitz der Form H (Phillips), Kreuzschlitz der Form Z (Pozidriv) und Torx für die Werkzeugaufnahme (Bild 1),
- Schrauben **ohne Kopf** (screws without head) wie z.B. Stiftschrauben und Gewindestifte (Bild 2),
- **Gewindearten** wie z.B. metrisches Gewinde (metric thread), Holzschraubengewinde, Blechschraubengewinde und
- **Abmessungen** (dimensions) wie z.B. Gewinde-Nenndurchmesser, Gewindelänge, Schaftdurchmesser und Schaftlänge,
- **Werkstoff** und **Festigkeit** (vergl. Kap. 3.3.3).

Aus der Vielzahl der Schrauben ist die für den Anwendungsfall passende Schraube auszuwählen. Der folgende Überblick beinhaltet die wichtigsten Schraubenarten.

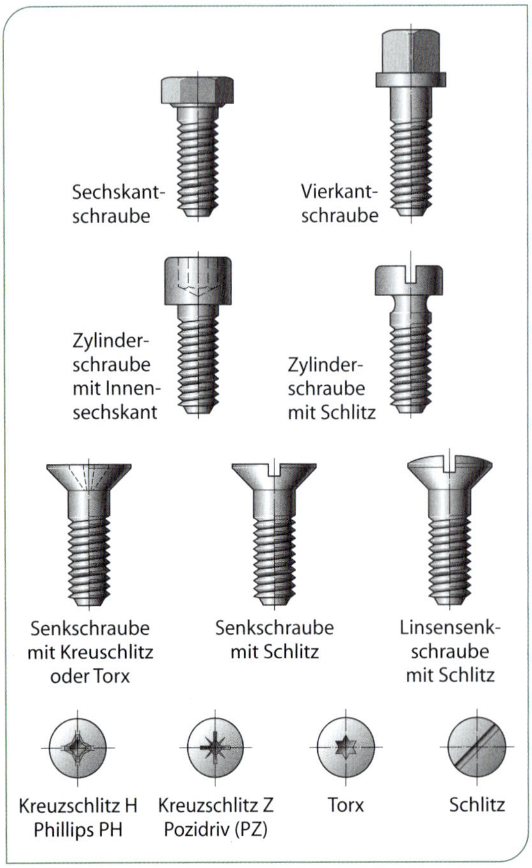

1 *Kopfformen von Schrauben*

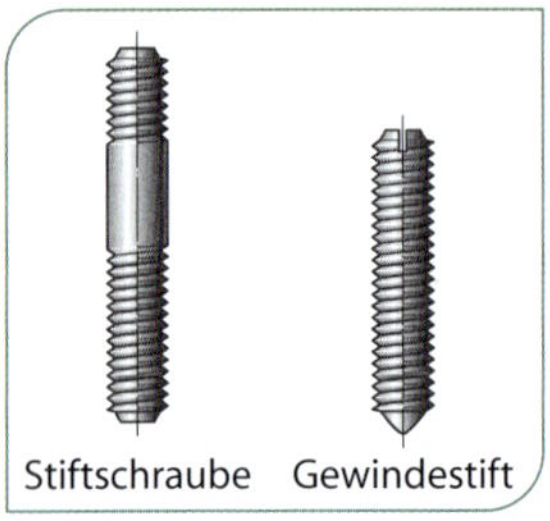

2 *Schraubenformen ohne Kopf*

Sechskantschrauben

Sechskantschrauben (hexagon head bolt) bestehen aus Schraubenkopf und Schraubenschaft (Bild 3) und können aufgrund ihrer Kopfform mit Schrauben- oder Steckschlüsseln angezogen werden. Bei einigen Ausführungen verläuft das Gewinde bis zum Kopf. Mit Sechskantschrauben können Bauteile mit anderen Werkstücken, in denen sich ein Innengewinde (internal thread, female thread) befindet, verschraubt werden (Bild 4). Weisen die zu verbindenden Bauteile eine Durchgangsbohrung (through hole) auf, kann die Sechskantschraube mit einer Mutter verschraubt werden (Bild 1, nächste Seite). Durch das Anziehen der Mutter werden die zu verbindenden Teile zusammengepresst.

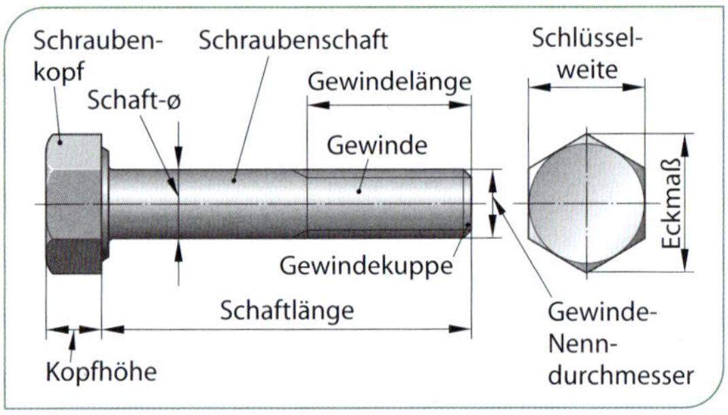

3 *Bezeichnungen an einer Sechskantschraube*

Beispiel für eine Schraubenbezeichnung:
Sechskantschraube ISO 4014 – M12 × 65 – 8.8
M12: Metrisches Regelgewinde
Gewinde-Nenndurchmesser 12 mm
65: Schaftlänge in mm
8.8: Festigkeitsklasse (vgl. Kap. 3.3.3)

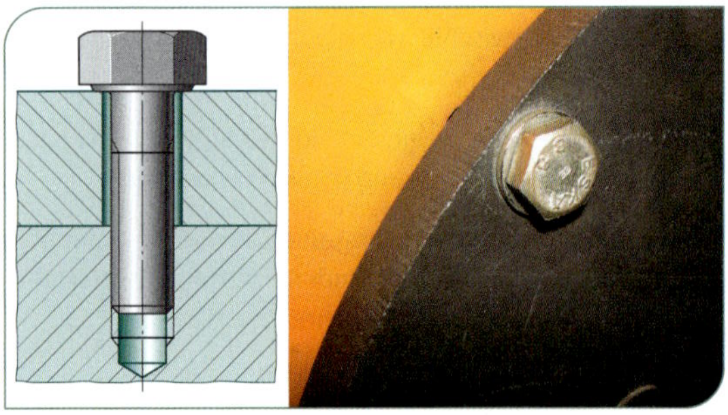

4 *Sechskantschraube als Einziehschraube zur Befestigung der Kesseltür*

Je nach Anwendungsfall ist eine Scheibe (washer) und/oder eine Schraubensicherung (screw o. nut locking device) gegen unbeabsichtigtes Lösen zu verwenden (vgl. S. 172).

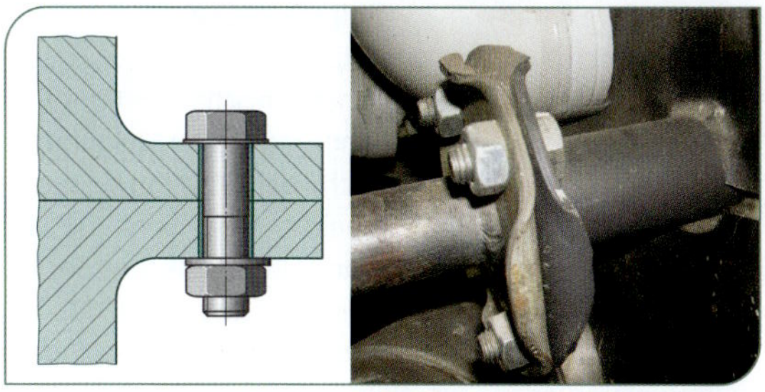

1 *Sechskantschraube als Durchsteckschraube (Flanschenschraube) zum Anschluss von Heizkesselvor- und -rücklauf*

Zylinderschrauben mit Innensechskant

Bei Zylinderschrauben mit Innensechskant (hexagonal socket-head bolts) (Bild 2) kann der Schraubenkopf im Werkstück versenkt werden, weil die Formflächen für die Werkzeugaufnahme als Innensechskant ausgeführt sind. Diese Schrauben werden verwendet, wenn:

- aus Sicherheitsgründen der Schraubenkopf nicht aus dem Bauteil herausragen darf,
- der Schraubenkopf versenkt werden muss, um die Funktion der Bauteile zu gewährleisten,
- für den Schraubenkopf zu wenig Platz ist, weil z. B. die Schraubenabstände zu gering sind.

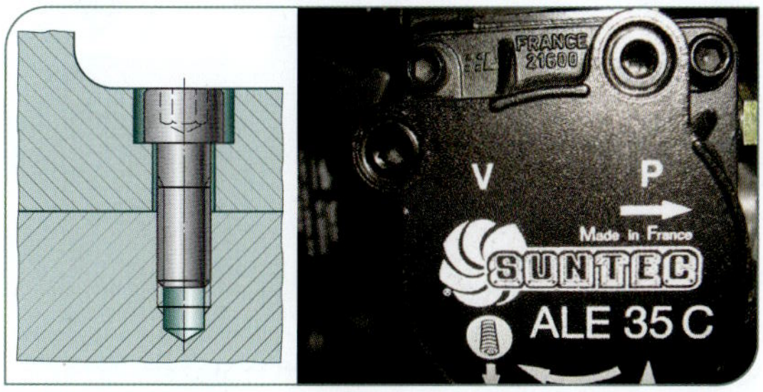

2 *Zylinderschraube mit Innensechskant zur Befestigung des Deckels der Ölbrennerpumpe*

Zylinder-, Senk- und Linsensenkschrauben mit Schlitz und Kreuzschlitz

Zylinder-, Senkschrauben (countersunk screws) und Linsensenkschrauben (pan-head countersunk screws) mit Schlitz und Kreuzschlitz gibt es nur mit kleineren Gewindeabmessungen (Bild 3). Ausführungen mit Schlitz (slot) werden mit Schlitzschraubendreher angezogen, weshalb nur relativ geringe Klemmkräfte erzielt werden können. Schrauben mit Kreuzschlitz (cross recess) können aufgrund der größeren Werkzeugaufnahmefläche und der präziseren Werkzeugführung fester angezogen werden.

Größere Drehmomente können mit Torx-Schraubenköpfen übertragen werden.

Neuartige Schraubenköpfe erschweren Unbefugten das Öffnen bzw. Entfernen von Bauteilen, weil dazu besondere Werkzeuge erforderlich sind (Bild 4).

3 *Zylinderschraube mit Schlitz als Spann- bzw. Verschlussschraube für Schellen*

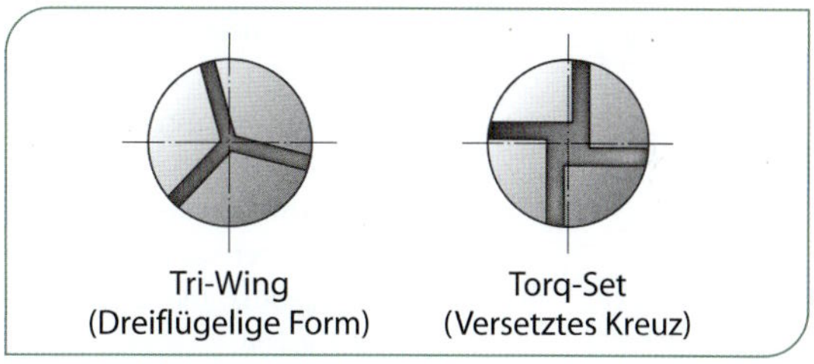

4 *Sicherheits-Schraubenköpfe*

Stiftschrauben

Stiftschrauben (stud bolts, locking screws) (Bild 5) haben keinen Kopf und weisen an beiden Enden unterschiedlich lange Gewindezapfen auf. Der kurze Gewindezapfen wird in das Werkstück geschraubt und evtl. gesichert. Das Lösen und Festziehen der Verbindung erfolgt durch die Mutter. Dadurch wird das Gewinde im Bauteil geschont. Stiftschrauben werden verwendet, wenn eine Verbindung häufig gelöst werden muss.

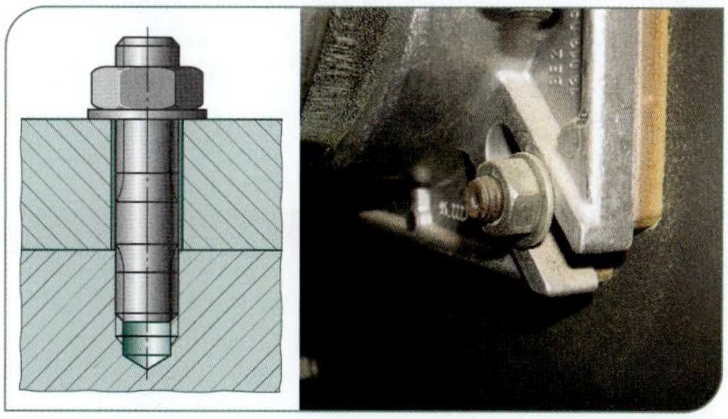

5 *Stiftschraube zur Befestigung des Schiebeflansches an der Kesseltür*

Gewindestifte

Gewindestifte (threaded studs) (Bild 1, nächste Seite) haben ebenfalls keinen Kopf und sind über ihre ganze Länge mit einem Gewinde versehen. Zur Werkzeugaufnahme dient ein Schlitz oder ein Innensechskant. Gewindestifte werden zur Positionierung von Bauteilen und zur Sicherung gegen Verdrehen eingesetzt.

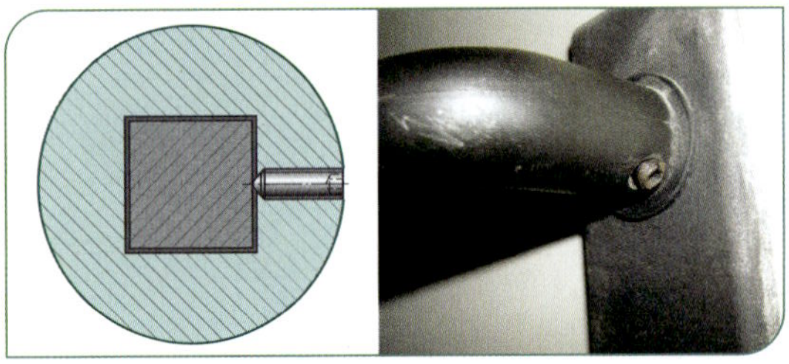

1 Gewindestift zur Positionierung des Türgriffes der feuerhemmenden Tür zum Öllagerraum

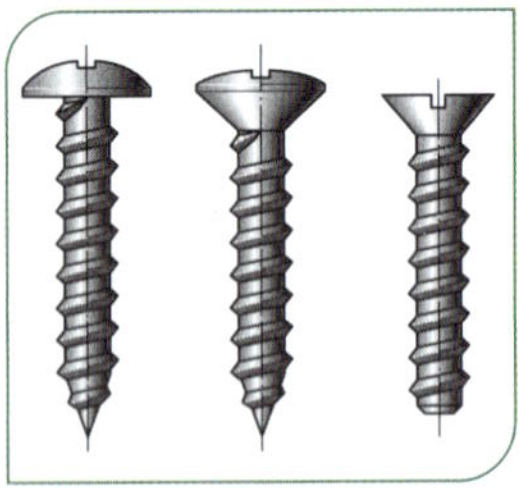

2 Blechschrauben

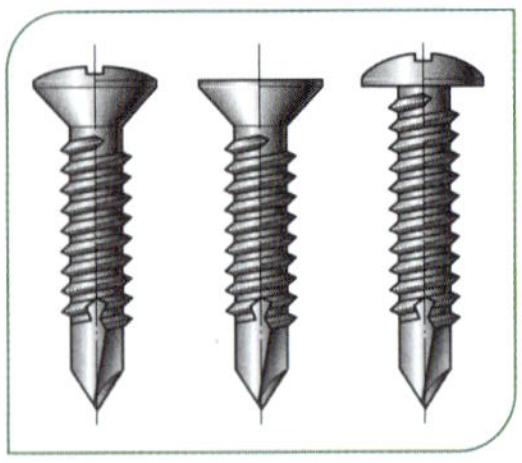

3 Bohrschrauben

Schrauben für die Blechmontage

Für die Blechmontage (sheet metal mounting) gibt es eine Vielzahl von Schrauben. Sie unterscheiden sich durch ihre Gewindeform, Gewindesteigung, Schraubenkopfform, Werkzeugaufnahme und ihren Werkstoff.

Blechschrauben (Bild 2) (sheet metal screw) formen ihr Muttergewinde selbst. Die Bohrung im Blech muss dem Kerndurchmesser der Schraube entsprechen. Bei Blechschrauben ohne Vorbohransatz muss vorgebohrt werden.

Bohrschrauben (drilling screw) mit Blechschraubengewinde weisen einen Vorbohransatz auf (Bild 3), sodass mit diesen Schrauben gleichzeitig vorgebohrt und geschraubt wird.

Die Steigung (gradient, incline) des Gewindes einer Blechschraube ist in Abhängigkeit von der Blechdicke zu wählen (Bild 4a/b).

MERKE

Je dünner das Blech ist, umso kleiner muss die Steigung des Gewindes sein.

4a Blechschraube zur Befestigung von Blechteilen der kontrollierten Wohnraumlüftung

Falls die Blechdicke zu gering ist (≤ 1 mm) können Blechschrauben nicht mehr verwendet werden, da ein sicherer Halt nicht gewährleistet ist.

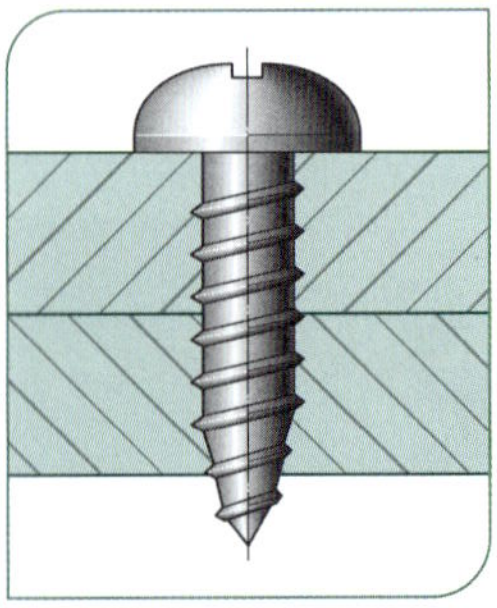

4b Schnittdarstellung der Befestigung

Schrauben – Unterschiede

Holzschrauben

Holzschrauben (wood screws) haben ein scharfkantiges Gewinde mit großer Steigung. Nach der Kopfform unterscheidet man Senk-, Halbrund-, Linsensenk- und Sechskant-Holzschrauben (Bild 5).

Neben dem Einsatz bei Befestigungsuntergründen aus Holzwerkstoffen werden Holzschrauben im SHK-Bereich vor allem bei Dübelbefestigungen verwendet (vergl. Bild 1, S. 194).

Bei Verwendung von dickeren Schrauben (ab ca. 3 mm) sollte bei Befestigungsuntergründen aus Holz vorgebohrt werden, um ein Spalten des Werkstoffs zu vermeiden.

Der Durchmesser einer Vorbohrung in Holz muss dem Kerndurchmesser der Holzschraube angepasst sein.

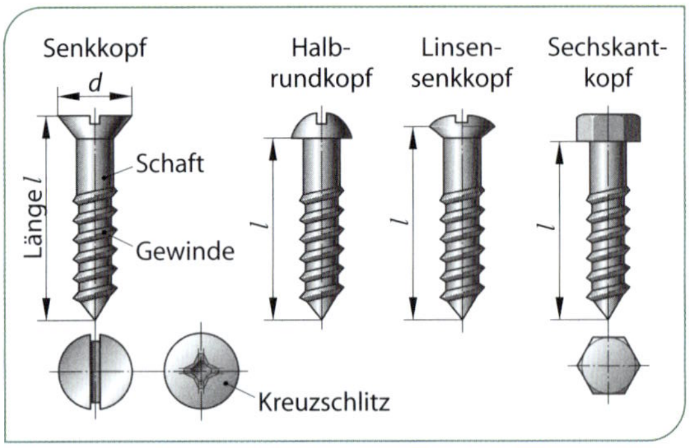

5 Holzschrauben

Spanplattenschrauben

Spanplattenschrauben (chip board screws), häufig als „Spaxschrauben“ bezeichnet, besitzen ebenfalls ein scharfes, selbstschneidendes Gewinde, haben aber einen dünneren Schraubenkern als Holzschrauben, sodass ein Vorbohren bei Befestigungsuntergründen aus Holz nicht erforderlich ist.

Daneben können solche Schrauben nach Herstellerangaben auch für Dübelbefestigungen in unterschiedlichen Baustoffen verwendet werden (Bild 1, Seite 194).

Stockschrauben

Stockschrauben (dowel screws) weisen an einem Ende ein Holzgewinde und am anderen Ende ein metrisches Gewinde auf (Bild 6).

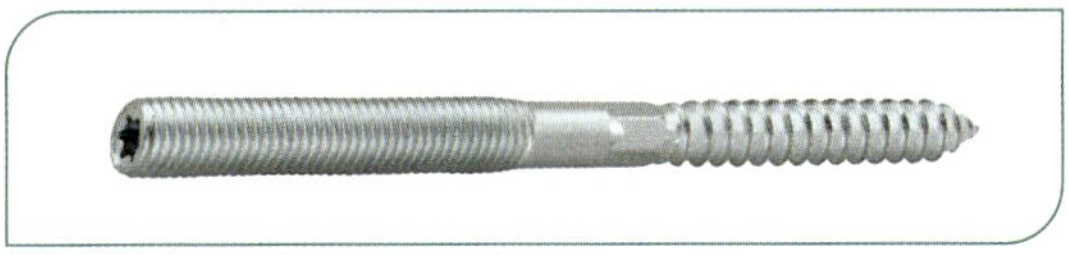

6 Stockschraube

Sie dienen z. B. zur Befestigung von Sanitäreinrichtungsgegenständen wie Waschtisch oder Klosettbecken an der Wand (Bild 1).

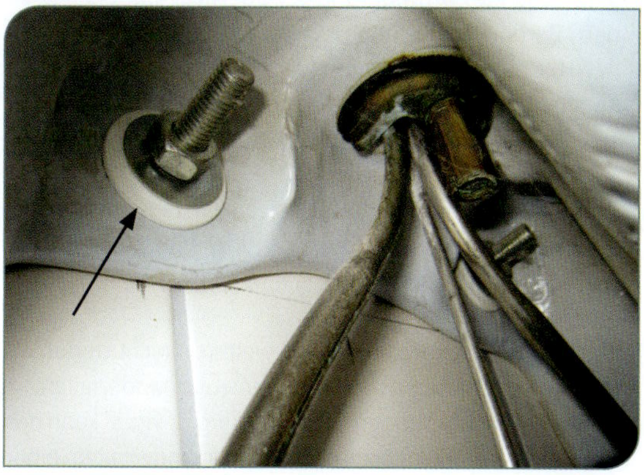

1 Waschtischbefestigung

3.3.2 Muttern, Scheiben und Schraubensicherungen

Muttern (nuts) werden entsprechend dem Verwendungszweck in verschiedenen Formen angeboten. Im SHK-Bereich werden folgende Formen eingesetzt:

Sechskantmuttern
Sechskantmuttern (hexagonal nuts) (Bild 2a) werden z. B. bei Durchgangsbohrungen in Verbindung mit Sechskantschrauben sowie zum Lösen und Festziehen von Stiftschraubenverbindungen verwendet.

Hutmuttern
Hutmuttern (cup nuts) (Bild 2b) sind einseitig geschlossen und schützen das Schrauben- bzw. Gewindeende vor mechanischer Beschädigung, Verschmutzung und Korrosion. Außerdem wird durch das verdeckte Gewindeende das Verletzungsrisiko verringert.

Flügelmuttern
Flügelmuttern (wing nuts) (Bild 2c) besitzen zwei seitliche Flügel, mit denen sie von Hand angezogen und gelöst werden können. Sie werden eingesetzt, wenn die Verbindung häufig ohne Werkzeug gelöst werden soll.

Rändelmuttern
Zum Anziehen bzw. Lösen einer Rändelmutter (knurled o. milled nuts) (Bild 2d) ist ebenfalls kein Werkzeug erforderlich. Dies ist auch nicht beabsichtigt, da sie hauptsächlich zum Einstellen verwendet wird. Um mit den Fingern nicht abzurutschen, sind diese Muttern gerändelt.

Scheiben (Unterlegscheiben)
Scheiben (washers) (Bild 1, nächste Seite) werden eingesetzt, wenn die Oberfläche des Montagebauteils beim Anziehen der Schraube nicht beschädigt werden soll.

a Umwälzpumpe mit Flanschanschluss (Sechskantmutter)

b Antriebsmotor Luftklappe bei Ölzerstäubungsbrenner (Hutmutter)

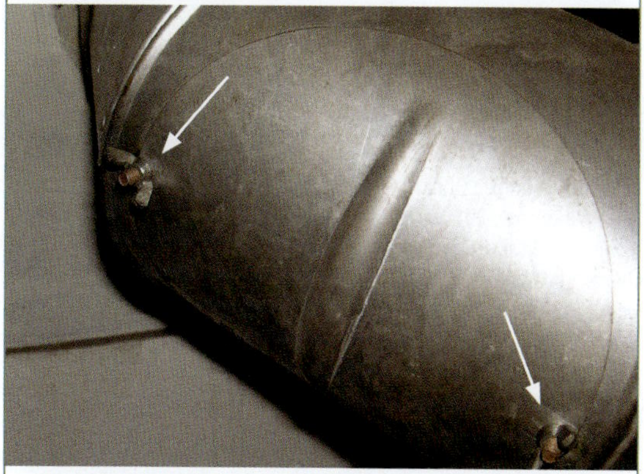

c Verschlussdeckel Reinigungsöffnung am Abgasrohr (Flügelmutter)

d Luftmengeneinstellung beim Ölgebläsebrenner (Rändelmutter)

2 Mutterarten – Anwendungsbeispiele

Dies ist besonders bei weichen Werkstoffen von Bedeutung. Außerdem vergrößern Scheiben die Auflagefläche der Mutter bzw. des Schraubenkopfs, sodass sich die Schraubenkraft auf eine größere Fläche verteilt und der Anpressdruck verringert wird. Darüber hinaus gleichen Scheiben Unebenheiten der Bauteiloberfläche aus.
Die zur Verfügung stehenden Scheiben unterscheiden sich im Werkstoff, in der Durchmesserkombination d_1 und d_2 sowie in der Dicke s.

MERKE

Der Durchmesser der Scheibe ist stets größer als das Eckmaß des Schraubenkopfes bzw. der Mutter.

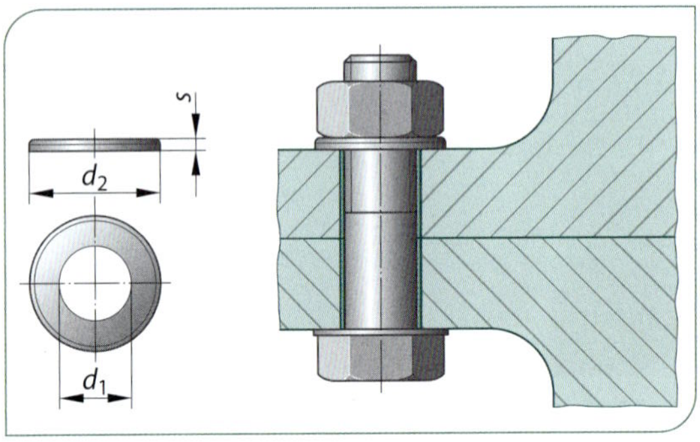

1 Scheiben

Schraubensicherungen

Schraubenverbindungen (bolt connections) lockern sich durch:

- Setzvorgänge (Verringerung der Oberflächenrauheiten an den Berührungsflächen z. B. zwischen Schraubenkopf bzw. Mutter und Bauteilen)
- Kriechvorgänge (plastische Verformung der verspannten Teile bei Überschreiten der Elastizitätsgrenze, vgl. Kap. III, 1.2.1.9)

Schraubenverbindungen drehen sich selbständig los, wenn durch dauerhafte Erschütterungen oder Vibrationen Gleitbewegungen in den Gewindegängen der Schraubverbindung stattfinden.
Setzt sich dieser Vorgang durch weitere Erschütterungen fort, können Schraubenverbindungen auseinanderfallen.
Mit Schraubensicherungen (screw locking devices) kann das Lockern, Losdrehen (Lösen) und Auseinanderfallen einer Schraubenverbindung verhindert werden.
Nach dem Anwendungszweck unterteilt man Schraubensicherungen in Setz-, Losdreh- und Verliersicherungen. Bezüglich der Wirkung unterscheidet man zwischen kraft-, form- und stoffschlüssigen Sicherungen.

Einteilung der Schraubensicherungen

Setzsicherungen (Seite 173, Bild a)	Losdrehsicherungen (Seite 173, Bild b)	Verliersicherungen (Seite 173, Bild c)
Setzsicherungen (lock washers) gleichen die Wirkungen von Setz- und Kriechvorgängen aus. Dadurch wird eine unzulässige Verringerung der Vorspannkräfte und damit ein Lockern der Schraubenverbindung verhindert. Das selbständige Losdrehen der Schraubenverbindung durch Erschütterungen oder Vibrationen können Setzsicherungen in der Regel nicht verhindern. Setzsicherungen sind z. B. • Spannscheiben (curved lock washers) • Federringe (spring lock washers) • Federscheiben (wave lock washers) • Zahnscheiben (tooth lock washers) • Fächerscheiben (serrated lock washers). Die genannten Setzsicherungen sind **kraftschlüssige Sicherungen**. Hiervon sind die Spannscheiben am wirksamsten.	Losdrehsicherungen verhindern ein selbsttätiges Losdrehen (Lösen) der Schraubenverbindung. Wirksame Losdrehsicherungen sind z. B. Sperrzahnschrauben (self-locking screws with serrated bearing surface), Sperrzahnmuttern (self-locking nuts with serrated bearing) und Klebstoffe (adhesives). Bei **stoffschlüssigen Klebstoffsicherungen** wird ein Losdrehen (Lösen) der Schraubenverbindung durch Verkleben (glueing) der Gewinde verhindert. Der Klebstoff wird entweder vor dem Einschrauben auf das Schraubengewinde aufgetragen oder es werden Schrauben mit vorbeschichtetem (mikroverkapseltem) Gewinde verwendet. Sperrzahnschrauben und Sperrzahnmuttern weisen an der Auflagefläche eine Sperrverzahnung auf und wirken **kraft- und formschlüssig**. Die Sperrzähne dringen beim Anziehen geringfügig in die Werkstückoberfläche ein und verhindern dadurch ein Losdrehen.	Verliersicherungen verhindern das Auseinanderfallen der Schraubenverbindung. Als Verliersicherungen werden z. B. Kronenmuttern mit Splint, Sicherungsbleche und selbstsichernde Muttern eingesetzt. **Formschlüssige Sicherungen** wie z. B. Kronenmuttern mit Splint (castle nut with splint pin) oder Sicherungsbleche mit Lappen (tab washer) lassen ein teilweises Lockern und beschränktes Losdrehen zu, verhindern aber ein vollständiges Auseinanderfallen der Verbindung. Die Verbindung kann erst demontiert werden, nachdem die Sicherung entfernt ist. Selbstsichernde Muttern wirken durch einen Kunststoffeinsatz, der sich beim Anziehen verformt, **kraft- und formschlüssig**. Die entstehenden Reibungskräfte (frictional forces) verhindern zumindest das Auseinanderfallen der Verbindung. Selbstsichernde Muttern dürfen nur einmal verwendet werden. Ihr Einsatz ist temperaturbegrenzt, da bei Temperaturen über 120 °C der Kunststoffeinsatz seine sichernde Wirkung verliert.

Setzsicherungen	Losdrehsicherungen	Verliersicherungen

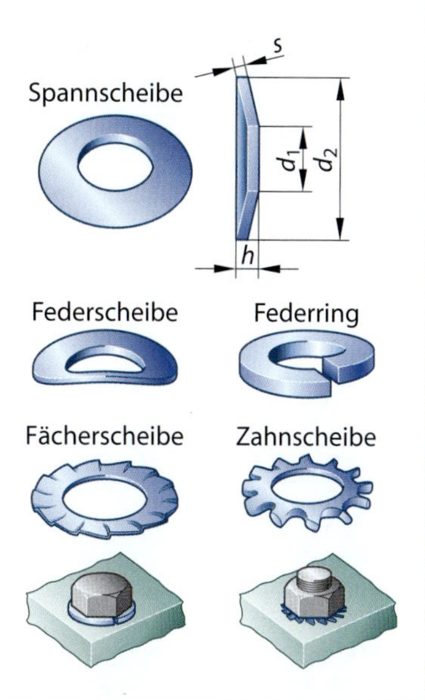

a) Kraftschlüssige Sicherungen gegen Lockern – Setzsicherungen

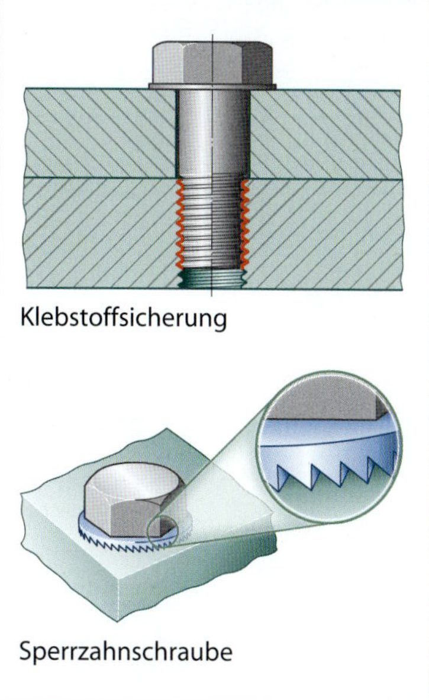

b) Stoffschlüssig bzw. kraft- und formschlüssig wirkende Losdrehsicherungen

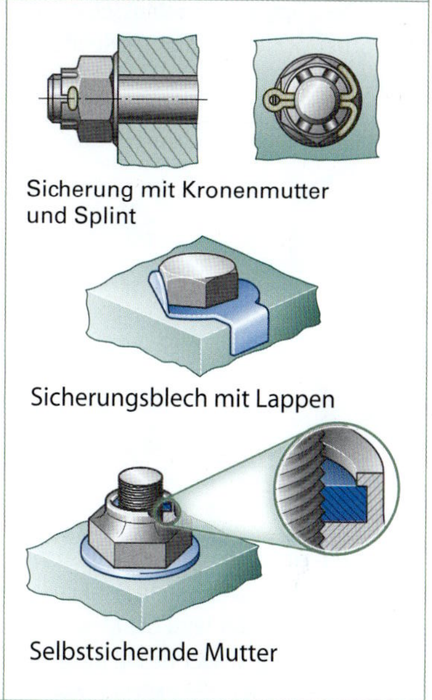

c) Formschlüssig bzw. kraft- und formschlüssig wirkende Verliersicherungen

3.3.3 Festigkeit der Schrauben und Muttern

Schrauben und Muttern ab Gewindenenndurchmesser M5 werden in genormte Festigkeitsklassen (property classes) eingeteilt (Bild 1). Diese geben Auskunft über ihre Festigkeitswerte.

Festigkeitsklassen von Schrauben DIN EN ISO 898-1

Festigkeitsklasse	3.6	4.6	4.8	5.6	5.8	6.8	8.8	9.8	10.9	12.9
Zugfestigkeit in N/mm²	300	400		500		600	800	900	1000	1200
Streckgrenze in N/mm²	180	240	320	300	400	480	–	–	–	–

Festigkeitsklassen von Muttern und zugehörige Schrauben aus Stahl DIN EN 20 898-2

Mutterhöhe		$m \geq 0{,}8 \cdot d$							
Festigkeitsklasse		4	5		6	8	9	10	12
Prüfspannung in N/mm²		510	520…630		600…720	800…920	900…950	1040…1060	1140…1200
Gewindebereich		> M16	≤ M39				≤ M16	≤ M39	≤ M16
Zugehörige Schraube	Festigkeitsklasse	3,6 4,6 4,8	3,6 4,6 4,8	5,6 5,8	6,8	8,8	9,8	10,9	12,9
	Gewindebereich	> M16	≤ M16	≤ M39	≤ M39		≤ M16	≤ M39	

1 Festigkeitsklassen der Schrauben und Muttern

Schraubenkennzeichnung

Die Kennzahl der Festigkeitsklasse wird bei Schrauben am Schraubenkopf, an der Schlüssel- oder Zylinderfläche angegeben; bei Muttern erfolgt die Kennzeichnung auf der Auflagefläche (Bild 1).

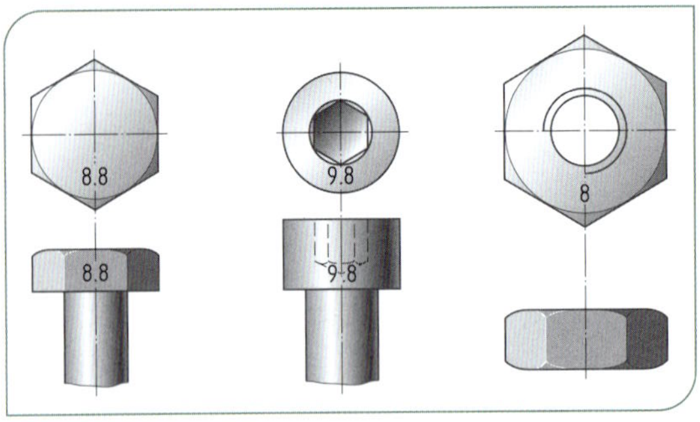

1 *Festigkeitskennzahlen auf Schrauben und Muttern*

Die Festigkeitsklasse der Schrauben wird durch zwei Ziffern angegeben, die durch einen Punkt getrennt sind.
Mit der ersten Ziffer wird die Mindestzugfestigkeit R_m (Zugbeanspruchung, ab der das Material reißt) ermittelt. Sie ergibt sich durch Multiplikation dieser Ziffer mit dem Faktor 100.
Mit der zweiten Ziffer wird die Streckgrenze R_e (Zugbeanspruchung, ab der eine bleibende Verformung eintritt) ermittelt. Sie wird bestimmt, indem man die erste und zweite Ziffer und den Faktor 10 miteinander multipliziert. Beispiel:

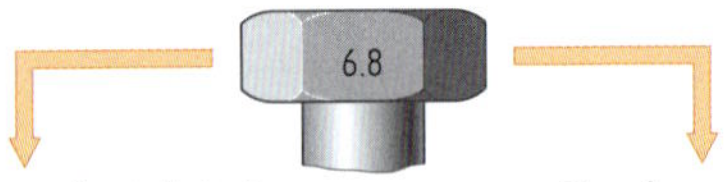

Mindestzugfestigkeit R_m:
$= 6 \cdot 100\ N/mm^2$
$= 600\ N/mm^2$

Streckgrenze R_e:
$= 6 \cdot 8 \cdot 10\ N/mm^2$
$= 480\ N/mm^2$

Die Festigkeitsklasse der Mutter besteht aus einer Ziffer. Sie entspricht der 1. Ziffer der Festigkeitsklasse der dazu passenden Schraube.
Bei Schraubenverbindungen müssen Muttern die gleiche oder eine größere Festigkeitsklasse besitzen als die Schrauben.

Beispiel:
Bei einer Schraube der Festigkeitsklasse 6.8 ist deshalb eine Mutter mit einer Festigkeitsklasse von 6 oder höher zu wählen.

3.3.4 Kräfte- und Drehmomentberechnungen

Zum Anziehen einer Schraube oder Mutter mit einem geeigneten Werkzeug (tool) wie z. B. einem Ringschlüssel (ring spanner), ist ein Drehmoment (torque, turning moment) notwendig. Die Größe dieses Drehmoments hängt von der Muskelkraft F und von der Hebellänge l ab. (Bild 2)

$$M_A = F \cdot l$$

M_A: Anziehdrehmoment in Nm
F: Muskelkraft in N
l: Hebellänge in m

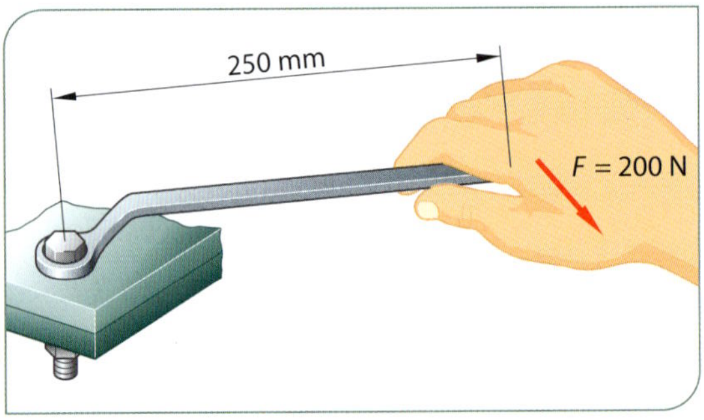

2 *Drehmoment beim Festziehen einer Schraube*

BEISPIELRECHNUNGEN

Ein Anlagenmechaniker SHK zieht mit einem Ringschlüssel eine Sechskantschraube fest. Bestimmen Sie das Anziehdrehmoment, mit welchem die Schraube angezogen wird, wenn sein Kraftaufwand dabei $F = 200\ N$ und die Hebellänge $l = 250\ mm$ betragen

geg.: $F = 200\ N$; $= 250\ mm$
ges.: M_A

Lösung: $M_A = F \cdot l$
$M_A = 200\ N \cdot 0{,}250\ m$
$\underline{\underline{M_A = 50\ Nm}}$

3.4 Montagewerkzeuge

Montagewerkzeug

Werkzeug

Die Werkzeuge für die Montage der Schraubenverbindungen (Bild 3) bilden mit dem Schraubenkopf oder der Mutter eine formschlüssige Verbindung. Das Werkzeug muss deshalb die passende Form und Größe haben. Nur so können

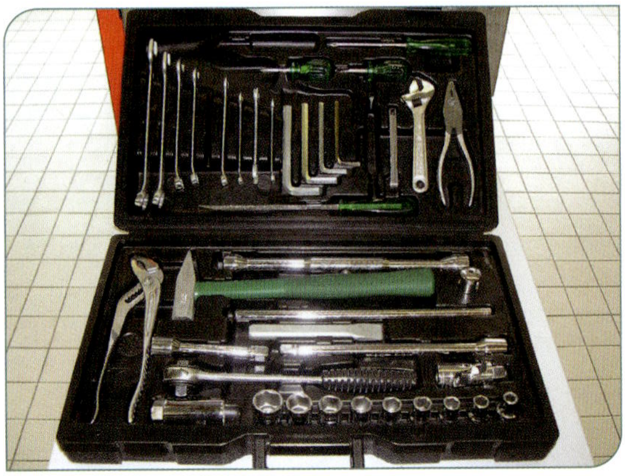

3 *Werkzeugkoffer mit Montagewerkzeugen*

Beschädigungen des Schraubenkopfes und des Werkzeuges sowie Unfälle (accidents) durch Abrutschen (side-slipping) des Werkzeugs verhindert werden.
Zum Befestigen und Lösen von Schrauben mit Schlitz-, Kreuzschlitz- und Torx-Schraubenköpfen werden **Schraubendreher** (screw drivers) (Bild 1) verwendet.

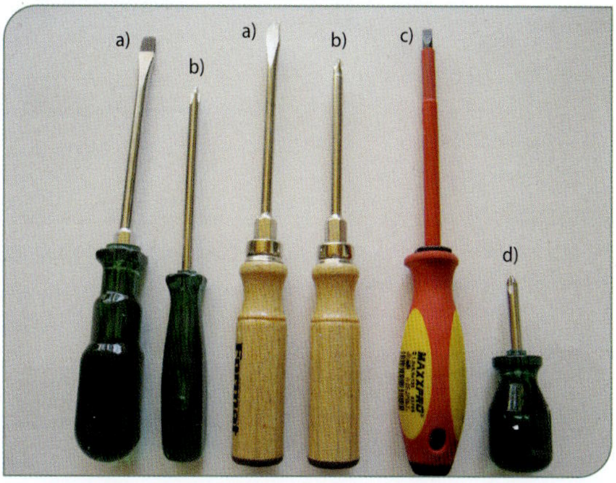

1 *Schraubendreher: a) Schlitz- und b) Kreuzschlitzschraubendreher mit Kunststoff- oder Holzgriff, c) schutzisolierter Schraubendreher, d) Schraubendreher in kurzer Ausführung*

Für die maschinelle Montage bzw. Demontage stehen entsprechende **Schraubendrehereinsätze** (screw driver bits), (Bits) (Bild 2), zur Verfügung.

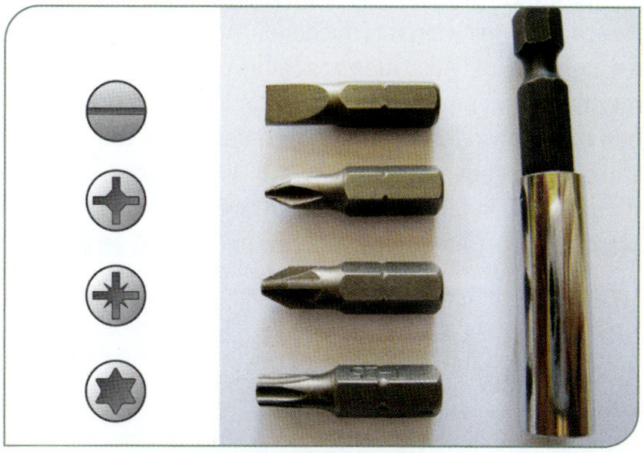

2 *Schraubendrehereinsätze (Bits)*

Die Klingenspitze des Schraubendrehers bzw. Schraubendrehereinsatzes muss in Größe und Form der Aussparung im Schraubenkopf entsprechen. Schraubenköpfe mit Kreuzschlitzen (recessed head screws) und Torx haben gegenüber solchen mit Schlitz den Vorteil, dass der Schraubendreher bzw. Schraubendrehereinsatz von selbst zentriert wird und größere Drehmomente übertragen werden können. Schraubendreher bzw. Schraubendrehereinsätze mit magnetischen (magnetic) Klingenspitzen erleichtern besonders an schwer zugänglichen Stellen die Montagearbeiten.
Schutzisolierte (protective coated) Schraubendreher verringern bei Arbeiten an elektrischen Anlagen die Gefahr eines Stromschlags (electric shock). Sie müssen bei Elektroarbeiten verwendet werden.

MERKE

- Schraubendreher sind kein Stemmwerkzeug (chisel) und dürfen deshalb nicht zum Stemmen verwendet werden.
- Zangen (pliers) sollten nicht zur Erhöhung des Drehmoments eingesetzt werden.
- Ein umsichtiger und fachgerechter Umgang mit Schraubendrehern schützt vor Stichverletzungen.

Sechskantschrauben können mit Schraubenschlüsseln (spanners) (Bild 3), Rollgabelschlüsseln (adjustable spanners) (Bild 1, nächste Seite) und Steckschlüsseln (socket wrenches) (Bild 3, nächste Seite) angezogen bzw. gelöst werden.
Schraubenschlüssel werden in verschiedenen Ausführungsformen angeboten. Maul- und Ringschlüssel haben meist zwei unterschiedliche Schlüsselweiten (openings of the spanner) (SW), d. h. ein Werkzeug kann für zwei Schlüsselweiten eingesetzt werden. Ein Ringmaulschlüssel (combination spanner) hingegen hat jeweils nur eine Schlüsselweite.
Die Schlüsselweite ist auf der jeweiligen Seite des Schraubenschlüssels angegeben. Maulschlüssel haben zwei parallel angeordnete Schlüsselflächen und ihre Öffnung ist um 15° zur Achse versetzt. Mit Maulschlüsseln (open-jawed spanners) können sowohl Sechs- als auch Vierkantschrauben und -muttern montiert bzw. demontiert werden. Ringschlüssel weisen ein ringförmiges Sechskant-, Zwölfkant- oder Vielzahninnenprofil auf. Doppelringschlüssel (double-ended ring spanner) werden in gerader und gekröpfter Ausführung angeboten.

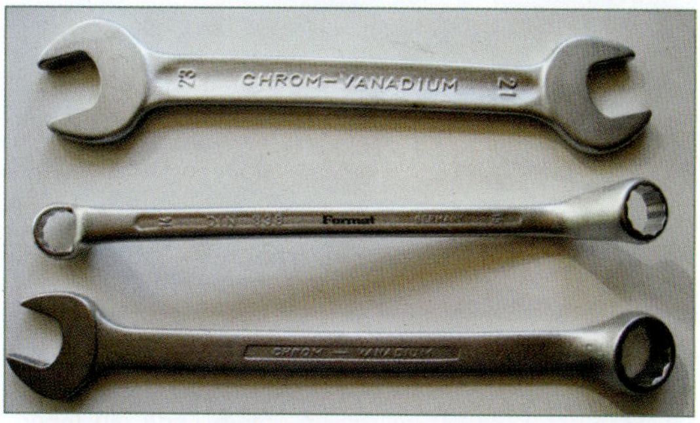

3 *Doppelmaul-, Doppelring-, Ringmaulschlüssel*

MERKE

- Schraubenschlüssel sollen nur mit der passenden Schlüsselweite benutzt werden, um ein Abrutschen des Schlüssels bzw. eine Verformung des Schraubenkopfs oder der Mutter zu vermeiden.
- Eine Verlängerung des Hebelarms (lever arm), z. B. durch aufgesteckte Rohre kann zu einer Überlastung der Schraubenverbindung und zu einer Verformung oder zum Bruch des Schraubenkopfs führen. Bei minderwertigem Werkzeug kann auch der Schraubenschlüssel beschädigt werden.

Rollgabelschlüssel (Bild 1) sind Schraubenschlüssel mit verstellbarer Schlüsselweite. Die Verstellung der Schlüsselweite erfolgt bei den heute verwendeten Rollgabelschlüsseln in der Regel über einen Schneckenantrieb (worm drive) mit dessen Hilfe eine Spannbacke bewegt wird.

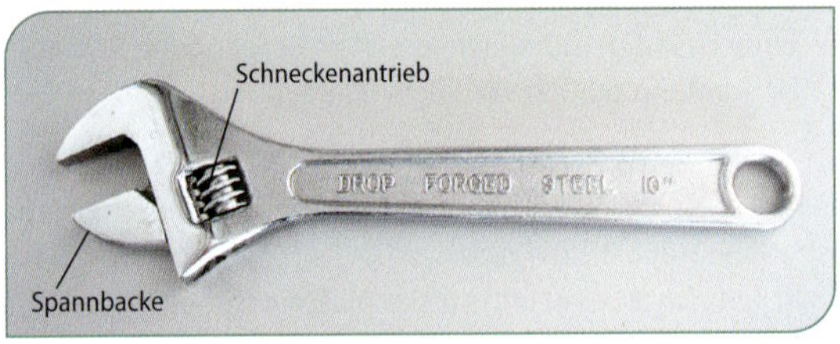

1 Rollgabelschlüssel / Verstellbarer Einmaulschlüssel

MERKE

- Um ein Abrutschen oder Verformen des Schraubenkopfs bzw. der Mutter zu vermeiden, sollte die Schlüsselweite so eng wie möglich eingestellt werden.
- Um erhöhten Verschleiß bzw. Beschädigung (damage) des Rollgabelschlüssels zu verhindern, sollte die bewegliche Spannbacke stets in Richtung (direction) der Drehbewegung zeigen (Bild 2).

2 Drehrichtung des Rollgabelschlüssels

Steckschlüssel (Bild 3) weisen an einem Ende ein Innensechskantprofil und am anderen Ende zur Aufnahme der verschiedenen Antriebs- und Verbindungsteile wie z. B. Ratsche (ratchet), Kurbel (crank), Griff mit Gleitstück (sliding Tee-bar), Verlängerung (extension) Kardangelenk (universal joint), ein Innenvierkantprofil auf. Die verschiedenen Verbindungsteile ermöglichen eine vielseitige Verwendung auch an schwer zugänglichen Stellen.

Stufenschlüssel (radiator spud wrench) (Bild 4) mit Antriebsvierkant, passend für entsprechende Ratschen, werden zur Montage bzw. Demontage von Heizkörperventilen, Rücklaufverschraubungen, kurzen Hahnverlängerungen und der Verschraubungen von Gasarmaturen eingesetzt.

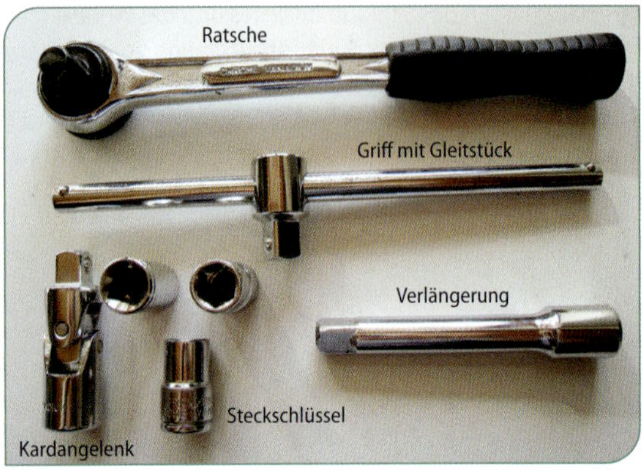

3 Steckschlüsselgarnitur: Ratsche, Griff mit Gleitstück, Verlängerung, Kardangelenk, Steckschlüssel

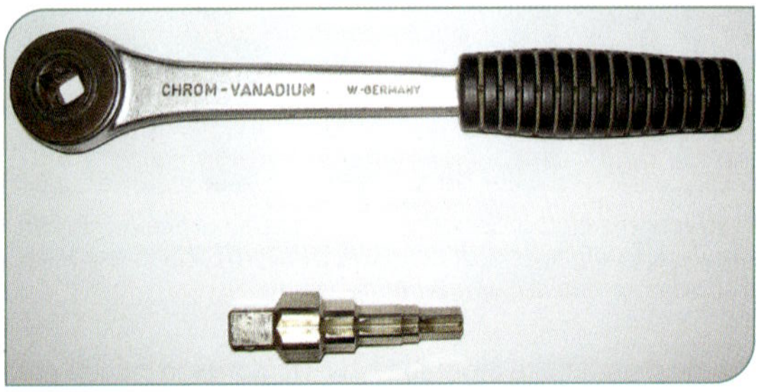

4 Stufenschlüssel passend für entsprechende Ratsche

Sanitärkreuzschlüssel (four-way wrench) (Bild 5) sind Spezialschlüssel mit vier verschiedenen Außensechskantprofilen zum Ein- und Ausbauen von Hahnverlängerungen sowie meist zwei Innengewinden zum Eindrehen von Stockschrauben bzw. Gewindestangen für die Befestigung von Sanitäreinrichtungsgegenständen wie z. B. Waschtische. Ausführungen mit Innenvierkantprofilen werden auch für die Montage bzw. Demontage von Gewindestopfen verwendet.

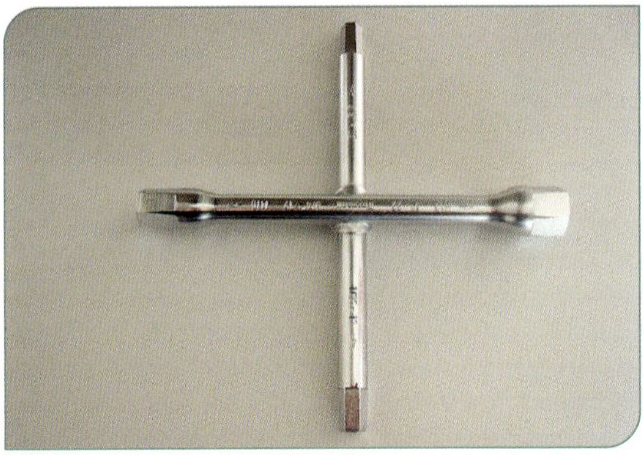

5 Sanitärkreuzschlüssel

Müssen Schraubenverbindungen mit einem vorgegebenen Drehmoment angezogen werden (vergl. 3.3.4), ist ein **Drehmomentschlüssel** (torque wrench) (Bild 1, nächste Seite) erforderlich. Das gewünschte Drehmoment kann am Drehmomentschlüssel eingestellt und abgelesen werden.

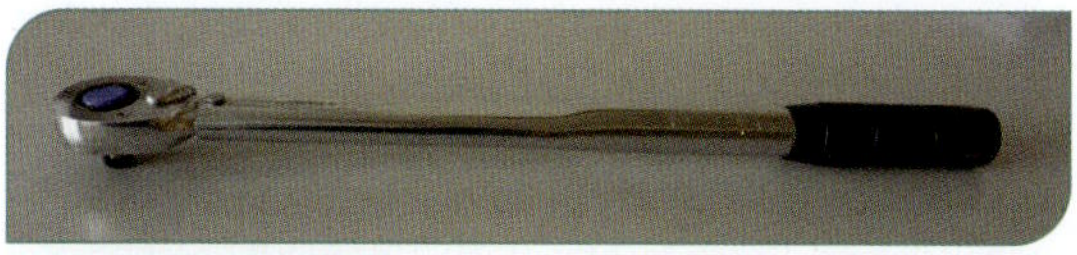

1 Drehmomentenschlüssel

Mit netz- und akkubetriebenen **Schraubern** und **Bohrschraubern** (electric and cordless/rechargeable screwdrivers and drills) (Bild 2) können Schrauben wirtschaftlich montiert bzw. demontiert werden. Einfache Schrauber haben anstelle der Spannvorrichtung eine spezielle Aufnahme für die Schraubendrehereinsätze. Im Gegensatz zu den einfachen Schraubern kann mit Bohrschraubern auch gebohrt werden. Bohrschrauber erreichen zwar nicht die Leistung einer Bohr- oder gar Schlagbohrmaschine (impact drilling machine) (vgl. S. 47 f.), sie sind aber erheblich leichter und handlicher. Je nach Einsatz können verschiedene Drehzahlstufen eingestellt werden. Akkuschrauber bzw. Akkubohrschrauber kommen vor allem dann zum Einsatz, wenn kein Netzstrom vorhanden ist.

Ihre Belastungsfähigkeit und die Einsatzdauer hängen von der Kapazität des Akkus (accumulator, storage battery) ab. Geräte, die regelmäßig zum Einsatz kommen und starker Belastung ausgesetzt sind, sollten mindestens mit einem 12-Volt-Akku ausgestattet sein. Hochwertige Geräte verfügen meist über zwei Akkus, so dass einer genutzt und der andere geladen werden kann.

Schrauber mit Tiefenanschlag (bit stop) ermöglichen eine exakte Einschraubtiefe. Bei richtiger Positionierung des Tiefenanschlags wird erreicht, dass sich z. B. Senkschrauben genau bündig zur Werkstückoberfläche einschrauben lassen.

Schrauber mit Drehmomentbegrenzung sind erforderlich, wenn der Schraubenkopf auf hartem Untergrund aufliegt und sich nicht in das Werkstück einarbeiten soll.

2 Akku-Bohrschrauber

Rohrzangen (gas or pipe wrenches) (Bild 1a–b, nächste Seite) werden im SHK-Bereich bei Gewinderohrverbindungen zum Verschrauben der Gewinderohre mit den Formstücken (Fittings), z. B. Bögen, Winkeln, Muffen und Armaturen, z. B. Ventilen, Schiebern, Hähnen sowie bei Verschraubungen, z. B. Rohrverschraubungen oder Übergangsverschraubungen eingesetzt.

Rohrzangen sind rutschfest (non-skid) durch gegen die Drehrichtung zeigende Verzahnung. Sie müssen deshalb am Werkstück entsprechend angesetzt werden (Bild 3).

Nach Einstellung der Maulweite mit Hilfe der Rändelschraube am unteren Zangenarm drückt man zum Drehen der Überwurfmutter auf den oberen Zangenarm. Zur Änderung der Drehrichtung muss die Rohrzange umgesetzt werden.

3 Ansetzen der Rohrzange

Nach der Maulstellung unterscheidet man:

- Eckrohrzangen 45° (= Maul um 45° abgewinkelt),
- Rohrzangen 90° (= Maul um 90° abgewinkelt).

Nach der Maul- bzw. Backenform unterscheidet man Rohrzangen mit:

- geraden Greifbacken (gerades Maul) für Bauteile mit parallelen Flächen wie z. B. Verschraubungen größerer Nennweiten,
- S-förmigen Greifbacken (S-förmiges Maul) für runde Bauteile wie z. B. Rohre und Gewindefittings,
- einer geraden und einer gewölbte Greifbacke für den Einsatz bei geraden und runden Bauteilen.

Wasserpumpenzangen (slip-joint or water pump pliers) (Bild 1c, nächste Seite) weisen ein verstellbares Gleitgelenk auf, wodurch sich verschieden große Maulweiten einstellen lassen. Ihre Greifflächen sind verzahnt oder glatt. Letztere können bei Bedarf mit einem Kunststoffschutz versehen werden. Wasserpumpenzangen werden hauptsächlich zum Festziehen bzw. Lösen von Verschraubungen und Fittings kleinerer Nennweiten verwendet.

Kombizangen (engineers/universal pliers) (Bild 1d, nächste Seite) erfüllen die Funktion einer Zange und eines Seitenschneiders (side cutting pliers). Sie können zum Festhalten von flachen Bauteilen und kleinen Schrauben bzw. Muttern sowie zum Trennen von Drähten eingesetzt werden. Für Elektroarbeiten müssen besonders isolierte Zangen verwendet werden (VDE zugelassen).

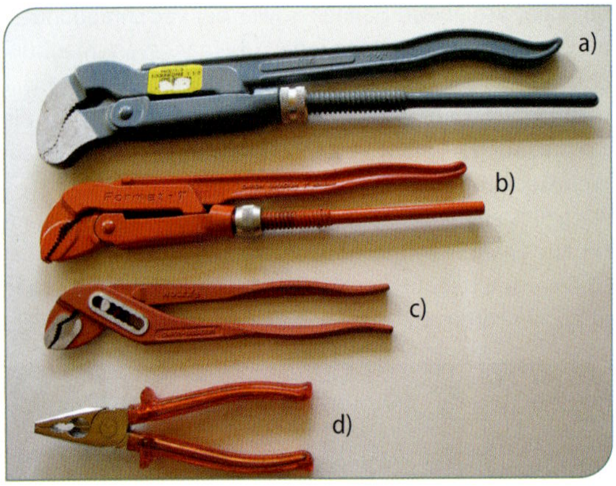

1 Zangen
a) Eckohrzange 45° mit s-förmigen Backen, b) Eckrohrzange 45° mit geraden Backen, c) Wasserpumpenzange, d) Kombizange

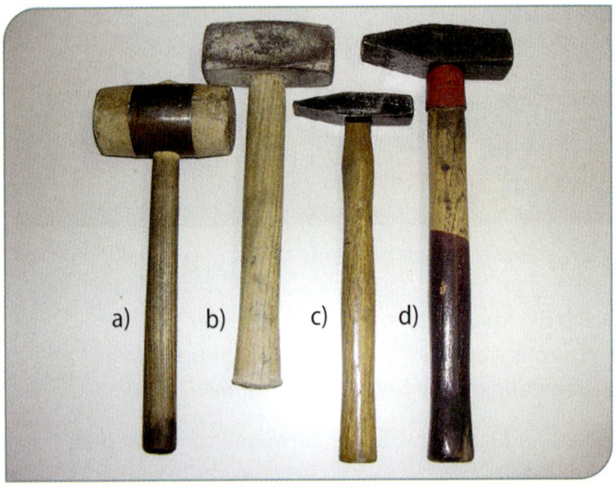

2 Hämmer
a) Holzhammer, b) Fäustel, c) Schlosserhammer ohne Schutzhülse, d) Schlosserhammer mit Schutzhülse

Hämmer (hammers) werden im SHK-Handwerk z. B. bei der Dübelmontage, bei Stemmarbeiten, zum Ausrichten, Lockern von Bauteilen und bei der Blechbearbeitung verwendet. Neben den speziellen Hammerarten für die Blechbearbeitung, auf die hier nicht eingegangen wird, kommen hauptsächlich Schlosser- und Kunststoff- bzw. Holzhämmer sowie Fäustel zum Einsatz.

Schlosserhämmer (locksmith's hammers) (Bild 2c–d) haben meist einen Holzstiel (wooden handle). Bei manchen Ausführungen schützt diesen eine gehärtete Stielhülse gegen Beschädigung durch Fehlschläge. Der stählerne Hammerkopf hat eine quadratische Bahn und eine keilförmig zusammenlaufende abgerundete Finne. Bei Verwendung eines Schlosserhammers ist darauf zu achten, dass die zu bearbeitenden Bauteile durch den Stahlkopf nicht beschädigt werden. Um Unfälle zu vermeiden, muss der Kopf gegen Lösen gesichert und gratfrei, der Stiel muss glatt und darf nicht gespalten sein. Durch rechtzeitigen Austausch beschädigter Stiele und Einschlagen von besonders geformten Sicherheitskeilen (safety wedges), die sich im Holz verkrallen, wird ein Lösen des Kopfes verhindert.

Kunststoff- und Holzhämmer (plastic/wooden hammers) (Bild 2a) werden bei weichen Metallen sowie bei oberflächenbeschichteten, z. B. verzinkten Bauteilen verwendet. Kunststoffhämmer besitzen einen schlagfesten zylinderförmigen Kunststoffkopf, der wie der Holzhammerkopf in der Mitte meist von einem Metallmantel umhüllt ist. Bei Holzhämmern verringert sich allerdings der Durchmesser zu den Schlagflächen hin geringfügig.

Fäustel (club hammer) (Bild 2b) haben einen quadratischen Stahlkopf (zwei quadratische Bahnen) und werden immer dann eingesetzt, wenn eine höhere Schlagwirkung erforderlich ist wie z. B. bei Stemmarbeiten (Bild 2).

Meißel (chisels) werden z. B. für Abbruch- und Ausbesserungsarbeiten verwendet. Sie bestehen aus Stahl, weisen eine gehärtete (hardened) keilförmige Schneide (cutting edge) sowie einen ungehärteten (unhardened) Kopf auf und werden in verschiedenen Größen und Ausführungen angeboten. Üblicherweise werden Flach- und Spitzmeißel verwendet (Bild 3).

Da der Kopf des Meißels weicher ist als der Kopf des Hammers, bildet sich mit der Zeit ein Grat (Bart). Durch Tragen einer Schutzbrille (safety goggles) und Abschleifen des Grates (burr) können gefährliche Augenverletzungen durch abspringende Splitter verhindert werden. Der Kunststoffhandgriff mit Teller schützt die Hand vor Verletzungen.

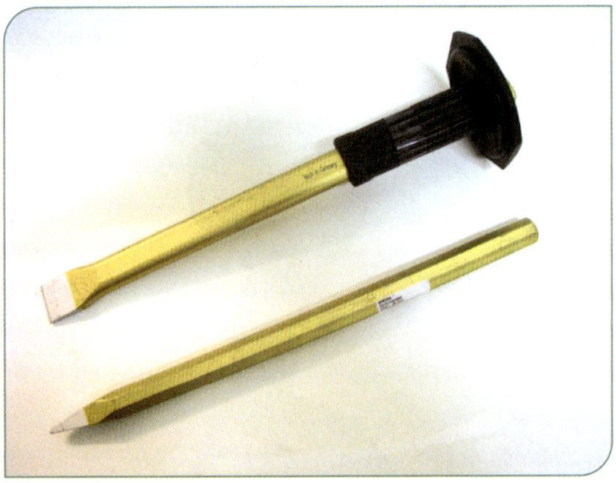

3 *Flachmeißel mit Handschutz, Spitzmeißel*

ÜBUNGEN

1 Nennen Sie vier Unterscheidungsmerkmale von Schrauben.

2 Bezeichnen Sie die nummerierten Teile einer Schraube.

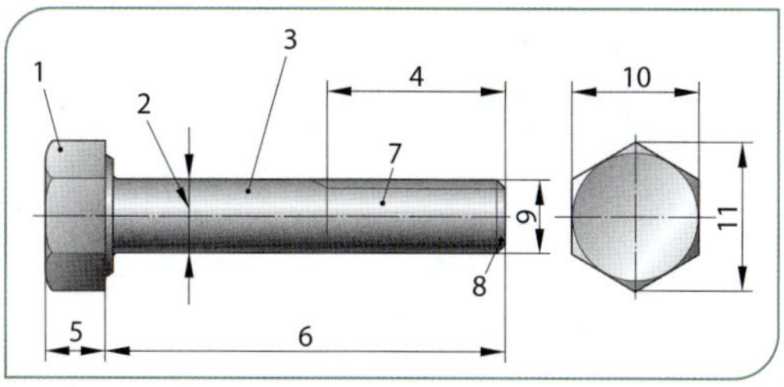

3 Erklären Sie die Schraubenbezeichnung ISO 4014 – M10×45 – 6.8.

4 Bezeichnen Sie die abgebildeten Schrauben bzw. Kopfformen von Schrauben.

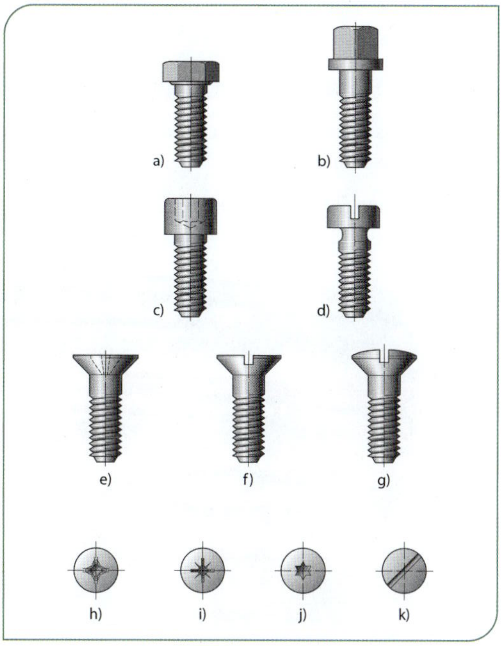

5 Welchen Vorteil haben Zylinderschrauben mit Innensechskant gegenüber Sechskantschrauben?

6 Nennen Sie drei Anwendungsbeispiele für Zylinderschrauben mit Innensechskant.

7 Welchen Nachteil haben Zylinderschrauben mit Schlitz?

8 Welchen Vorteil haben Torx-Schraubenköpfe?

9 Erläutern Sie die Unterschiede zwischen Stiftschrauben und Gewindestiften.

10 Nennen Sie drei Anwendungsbeispiele für Stiftschrauben.

11 Welchen Vorteil weisen Bohrschrauben auf.

12 Wofür werden a) Holzschrauben b) Spanplattenschrauben im SHK-Bereich hauptsächlich verwendet?

13 Wodurch unterscheiden sich Holz- und Spanplattenschrauben?

14 Wozu dienen Stockschrauben?

15 Welche Gewindearten weisen die beiden Enden einer Stockschraube auf?

16 Zählen Sie vier Mutternarten auf und geben Sie jeweils mindestens einen Verwendungszweck an.

17 Erläutern Sie den Einsatz von Scheiben (Unterlegscheiben).

18 Welche Aufgaben haben Schraubensicherungen?

19 Nennen Sie jeweils zwei Beispiele für a) Setzsicherungen b) Losdrehsicherungen c) Verliersicherung.

20 Wie wirken Klebstoffsicherungen?

21 Nennen Sie jeweils zwei Beispiele für a) kraftschlüssige b) formschlüssige Schraubensicherungen.

22 Erklären Sie die Festigkeitsklasse 8.8 einer Schraube.

23 Erklären Sie die Festigkeitsklasse 5 einer Mutter.

24 Eine Schraube der Festigkeitsklasse 10.9 soll mit einer Mutter verschraubt werden. Geben Sie die erforderliche Festigkeitsklasse der Mutter an.

25 Für eine Flanschverbindung werden Schrauben der Festigkeitsklasse 5.6. verwendet. Welche Mindestzugfestigkeit in N/mm^2 müssen die Muttern besitzen?

26 An einem Drehmomentenschlüssel wirkt die Kraft $F = 120\,N$. Bestimmen Sie das Anziehdrehmoment, wenn die wirksame Hebellänge $s = 0{,}4\,m$ beträgt.

27 Ein Anlagenmechaniker zieht mit einem Schraubenschlüssel eine Sechskantschraube an. Welche Kraft muss er bei einer wirksamen Hebellänge von 140 mm aufwenden, um ein Anziehdrehmoment von 52 Nm zu erreichen.

28 Bezeichnen Sie die abgebildeten Schraubendreher.

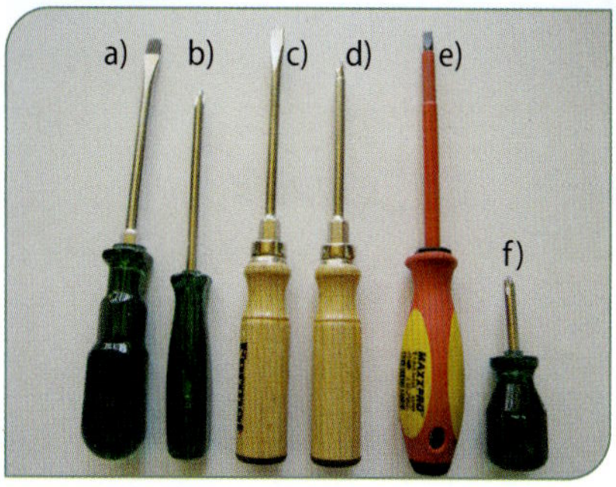

ÜBUNGEN

(29) Welchen Vorteil haben Schraubenköpfe mit Kreuzschlitzen und Torxprofil gegenüber Schraubenköpfen mit Schlitz?

(30) Nennen Sie drei Maßnahmen zur Verhütung von Unfällen beim Umgang mit Schraubendrehern.

(31) Beschreiben Sie die unterschiedlichen Ausführungsformen von Schraubenschlüsseln.

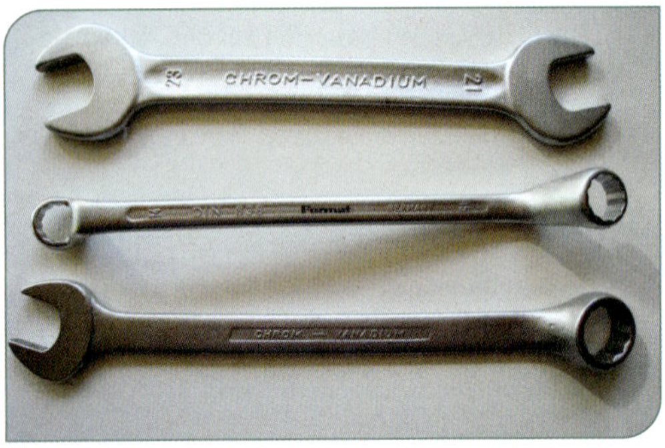

(32) Nennen Sie zwei Unfallverhütungsmaßnahmen bei Arbeiten mit Schraubenschlüsseln.

(33) Bezeichnen Sie die nummerierten Teile des Rollgabelschlüssels.

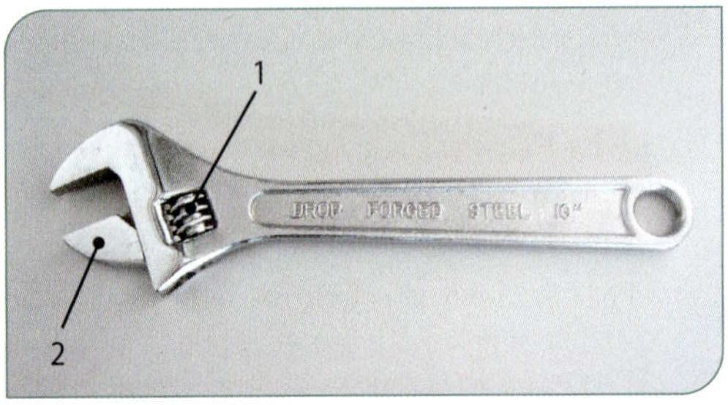

(34) Erläutern Sie die fachgerechte Handhabung eines Rollgabelschlüssels.

(35) Bezeichnen Sie das abgebildete Montagewerkzeug.

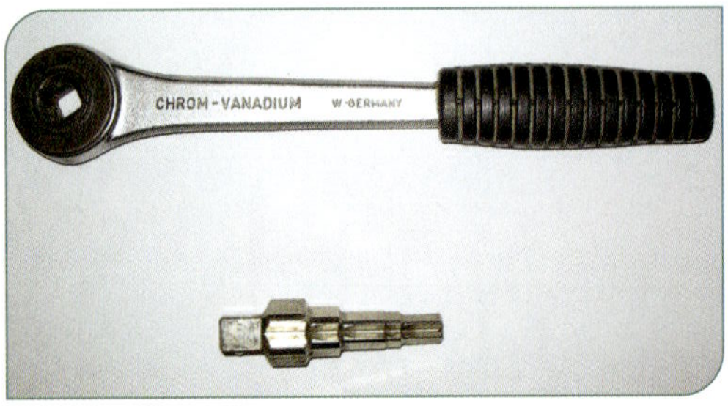

(36) Bezeichnen Sie das abgebildete Montagewerkzeug.

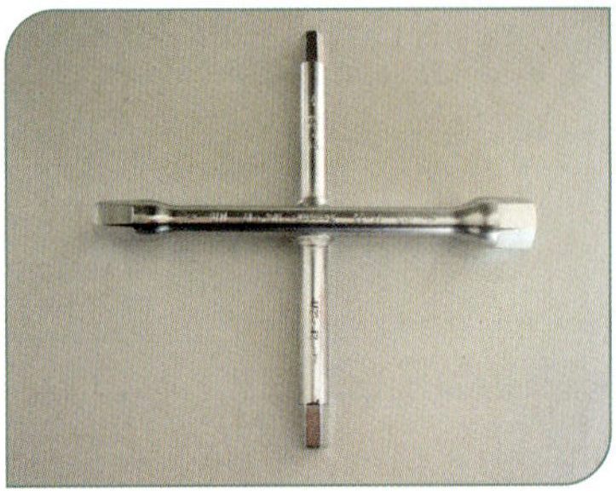

(37) Geben Sie jeweils zwei Anwendungsbeispiele für a) Stufenschlüssel b) Sanitärkreuzschlüssel an.

(38) Welchen Vorteil haben Akkubohrschrauber gegenüber Akkuschraubern?

(39) Welche Vorteile haben a) Elektroschrauber mit Tiefenanschlag b) Elektroschrauber mit Drehmomentbegrenzung c) Akkuschrauber.

(40) Nennen Sie drei Verwendungsbeispiele für Rohrzangen.

(41) Wie müssen Rohrzangen fachgerecht am Werkstück angesetzt werden?

(42) Bezeichnen Sie die abgebildeten Zangen.

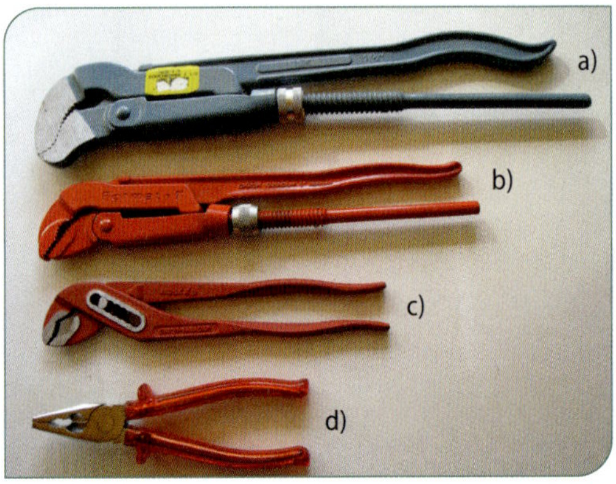

(43) Welche Rohrzangen unterscheidet man a) nach der Maulstellung b) nach der Maul- bzw. Backenform?

(44) Bei welchen Mängeln dürfen Hämmer nicht verwendet werden?

(45) Nennen Sie jeweils eine Maßnahme, um beim Meißeln a) Verletzungen der Augen, b) Verletzungen der Hand zu vermeiden.

3.5 Montagevorbereitung

3.5.1 Planung der Montage

Vor Ausführung des Arbeitsauftrags muss der Anlagenmechaniker SHK die erforderlichen Tätigkeiten (activities) erfassen und die einzelnen Arbeitsschritte (stages) unter Beachtung der entsprechenden Sicherheitsvorschriften in einer sinnvollen Reihenfolge planen sowie notwendige Materialien, Werkzeuge und Maschinen nach wirtschaftlichen, sicherheits- und umweltschutztechnischen Gesichtspunkten auswählen. Darüber hinaus muss er Art und Zeitpunkt notwendiger Kontrollen (inspections) planen und die entsprechenden Prüfwerkzeuge auswählen. Außerdem sollte er bereits in der Planungsphase mögliche Bewertungskriterien berücksichtigen.

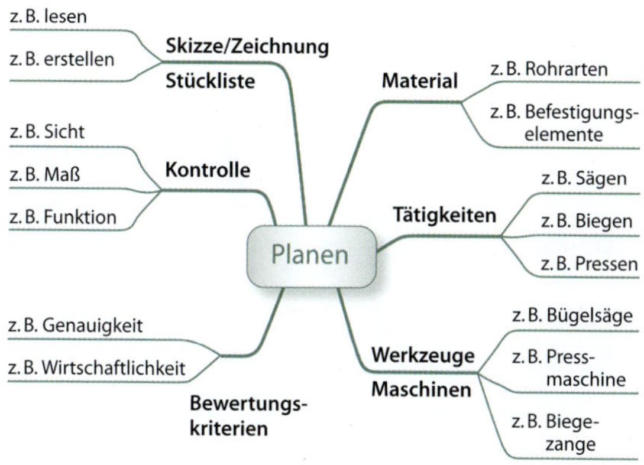

3.5.2 Vorfertigung von Rohrleitungen

Bei Installationsarbeiten für z. B. Reihen- und Fertighäuser werden gleiche Rohrleitungsteile in hohen Stückzahlen (number of pieces) häufig im Betrieb vorgefertigt.
Dort sind die Bedingungen besser, um z. B. Rohre abzulängen, zu biegen und miteinander zu verbinden. Bei diesen Arbeiten lassen sich die Rohrleitungsteile in der Werkstatt (workshop) oft besser ausrichten und fixieren.
Die wichtigsten **Vorteile** der Vorfertigung (prefabrication) liegen in der Nutzung

- **der günstigen räumlichen Gegebenheiten:** witterungsunabhängig, weniger Belästigung durch Staub (dust) und Lärm (noise), keine Behinderung durch andere Gewerke, bessere Lichtverhältnisse.
- **des vorhandenen Maschinenparks:** Mit **einer** Maschine können gleichzeitig Rohrleitungsteile für mehrere Baustellen hergestellt werden. Der Wartungs- und Pflegeaufwand ist geringer, da Werkzeuge und Maschinen keinem Baustellenschmutz ausgesetzt sind.
- **der guten Kommunikationswege:** Auftretende Probleme bei der Fertigung bzw. Auftragsabwicklung können sofort mit dem Planungsbüro besprochen werden.

3.5.2.1 Die z-Maß-Methode

Ausgangslänge zur Berechnung der Längen der Rohrleitungsstücke mit Hilfe der z-Maß-Methode ist stets das zugehörige **Mitte-Mitte-Maß *M*** (Bild 1). Es bezeichnet den Abstand (distance) von Mitte Rohr bis Mitte Rohr und/oder von Mitte Fitting (pipe fitting) bis Mitte Fitting. Da es in der Installationstechnik vorgeschrieben ist, Rohrleitungen (pipes) von Mitte bis Mitte zu bemaßen, lässt sich dieses Maß unmittelbar der Zeichnung entnehmen.

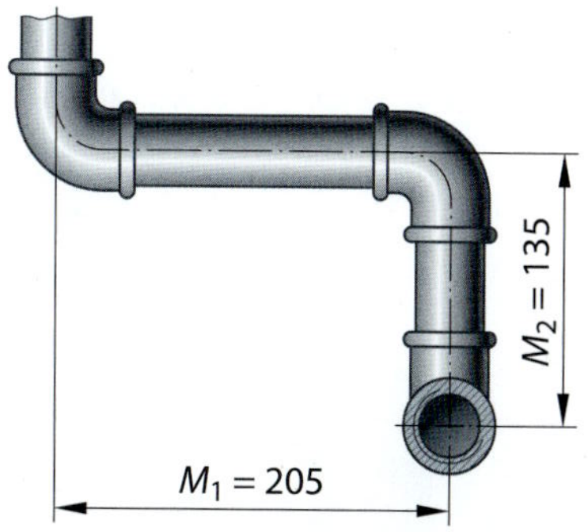

1 Messen „Mitte-Mitte"

Um die geraden Rohleitungsstücke bestimmen zu können, benötigt man zusätzlich die einzelnen z-Maße der einzubauenden Fittings (Bild 2) bzw. die verschiedenen Baulängen z. B. von Armaturen (mountings, fittings) oder der Heizungspumpe.

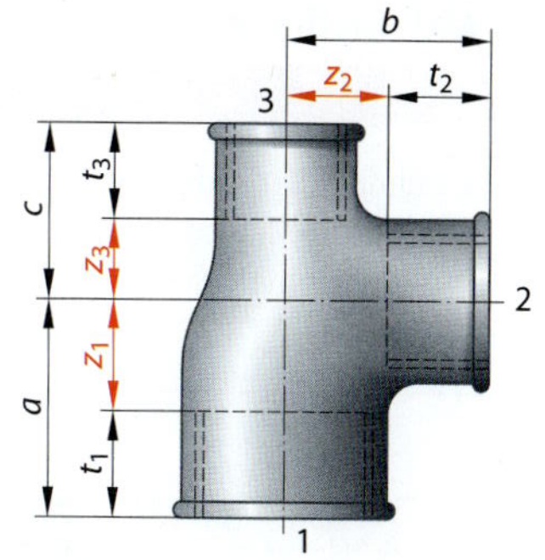

2 z-Maße eines zweimal reduzierten T-Stücks

Die einzelnen **z-Maße** können aus Tabellenbüchern (table books) und Herstellerunterlagen (product specifications, work documents) entnommen werden (Bilder 1 und 2, nächste Seite).
DIN EN 10242 enthält z. B. die z-Maße von Tempergussfittings oder DIN EN 1254 die von Kupferlötfittings.

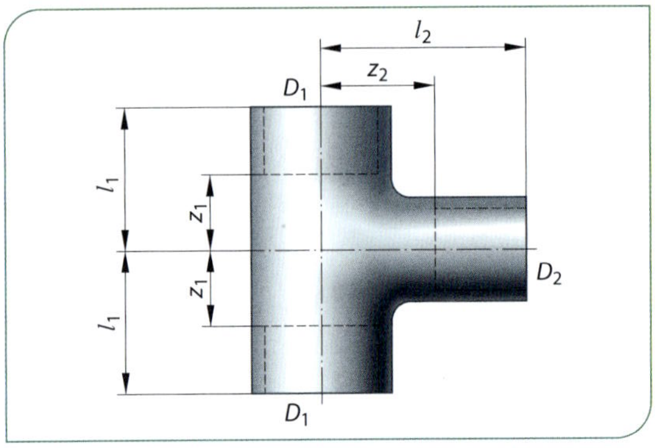

1 z-Maße eines Kupfer-T-Stücks mit reduziertem Abgang

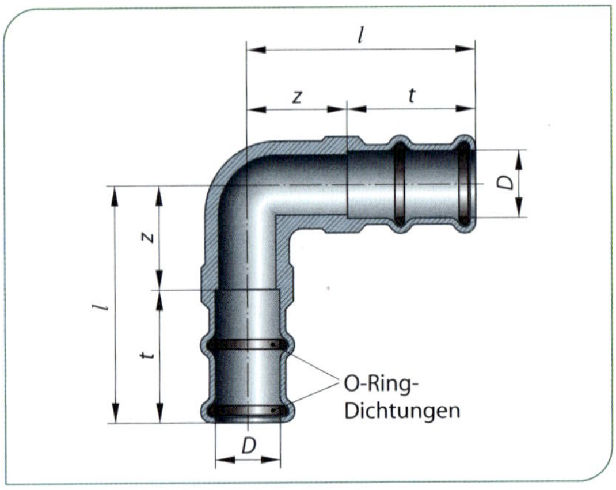

2 z-Maß eines Pressfitting-Bogens 90°

3.5.2.2 Rohrlängenberechnung mit Hilfe der z-Maß-Methode

MERKE

Das Maß für den Zuschnitt (blank) der benötigten Rohrlänge erhält man, indem das z-Maß bzw. die beiden z-Maße vom Mitte-Mitte-Maß subtrahiert werden (Bild 3).

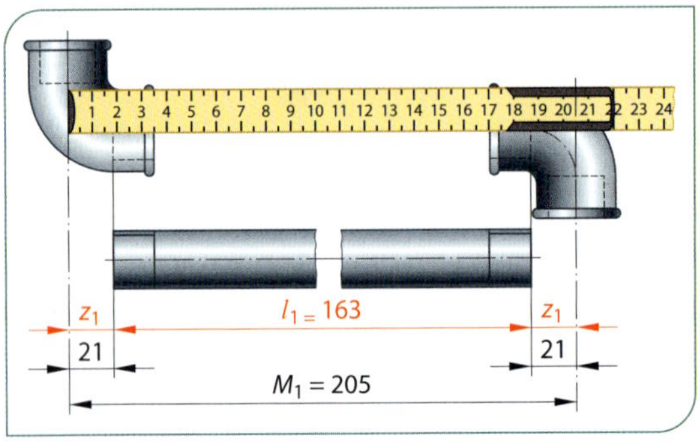

3 Mitte-Mitte-Maß

$l = M - z \cdot n$

l: Zuschnittlänge in mm
M: Mitte-Mitte-Maß in mm
z: z-Maß in mm (meist aus Tabellen)
n: Anzahl der Fittings

BEISPIELRECHNUNGEN

Berechnen Sie die Zuschnittlängen l_1, l_2 und l_3.

Geg.: $M_1 = 205$ mm; $M_2 = 180$ mm, $M_3 = 190$ mm
Aus Tab. Bild 1, nächste Seite
$z = 21$ mm (Winkel 90° DN 25 und T-Stück DN 25)
$z_1 = 18$ mm (T-Stück Abzweig reduziert DN 20)

Ges.: l_1, l_2, l_3 in mm

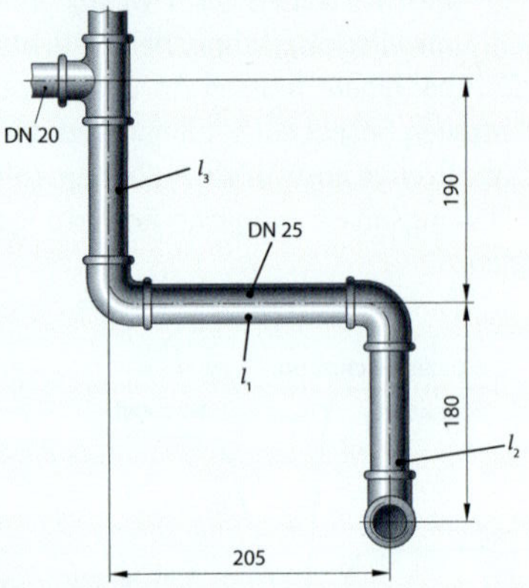

Lösung:

$l_1 = M_1 - 2 \cdot z$
$l_1 = 205\,\text{mm} - 2 \cdot 21\,\text{mm}$
$l_1 = 163\,\text{mm}$

$l_2 = M_2 - 2 \cdot z$
$l_2 = 180\,\text{mm} - 2 \cdot 21\,\text{mm}$
$l_2 = 138\,\text{mm}$

$l_3 = M_3 - (z + z_1)$
$l_3 = 190\,\text{mm} - (21\,\text{mm} + 18\,\text{mm})$
$l_3 = 151\,\text{mm}$

Die normgerechte Bezeichnung der abgebildeten Gewindefittings aus Temperguss lautet:

1. Egaler Winkel (Winkel mit gleichen Abgängen) mit Innengewinde der Größe 1, Ausführung schwarz, Design-Symbol A:
   Winkel DIN EN 10242/A2 – A1 – 1 – Fe – A
2. Reduziertes T-Stück mit Durchgang der Größe 1 und Abzweig der Größe 3/4, Ausführung schwarz, Design-Symbol A:
   T-Stück DIN EN 10242/A2 – B1 – 1 – 3/4 – Fe – A

Mit Hilfe der z-Maß-Methode lassen sich die erforderlichen Zuschnittlängen auch für folgende Fügetechniken und Rohrarten bestimmen:

- Kupferrohre mit Löt- oder Pressverbindungen,
- Präzisionsstahlrohre mit Pressverbindungen,
- Kunststoffrohre mit Schweiß-, Kleb- oder Steckverbindungen,
- Mehrschichtverbundrohre mit Press- oder Schweißverbindungen.

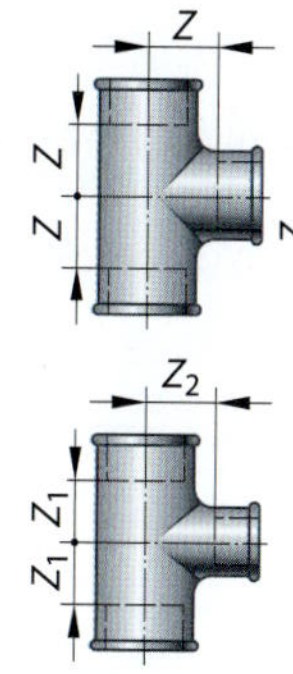

Gewindegröße	½	¾	1	1 ¼
DN	15	20	25	32
z in mm	15	18	21	26

Gewindegröße	1 × ½	1 × ¾
DN	25 × 15	25 × 20
z_1	15	18
z_2	21	21

1 Winkel und T-Stück mit Innengewinde

Längenberechnung bei geschweißten Rohrteilen
Die Längen geschweißter (welded) Rohrleitungsabschnitte werden mit einer ähnlichen Methode berechnet wie auf Seite 82 beschrieben. Ausgangswert ist auch hier das der Zeichnung (drawing) zu entnehmende Mitte-Mitte-Maß von z. B. 250 mm. Zur Ermittlung der Zuschnittslängen werden von diesem Maß die beiden ***R*-Maße** der Einschweißbögen (bends for welding) subtrahiert.
Für die Schweißnähte (welds) muss je nach Rohrwandstärke, Nahtform und Schweißverfahren (welding process) der **Schweißspalt** berücksichtigt werden (in der nachfolgenden Beispielaufgabe wird zusätzlich je 3 mm abgezogen).

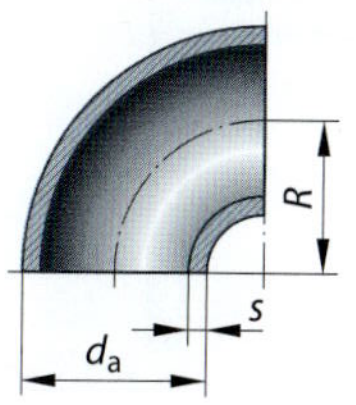

DN	$d_a \times s$	R
32	42,4 × 2,6	48
40	48,3 × 2,6	57
50	60,3 × 2,9	76

Bauart 3D

2 Rohrbogen zum Einschweißen nach DIN EN 10253

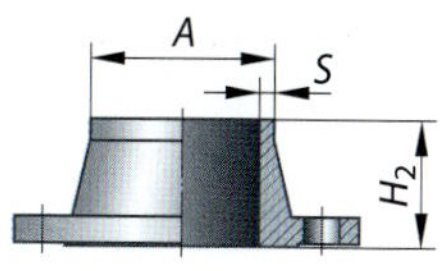

DN	A	S	H_2
32	42,2	2,6	35
40	48,3	2,6	38
50	60,3	2,9	38

3 Vorschweißflansch nach DIN EN 1092-1/11 B1/PN6

BEISPIELRECHNUNGEN

Berechnen Sie die beiden Zuschnittlängen l_1 und l_2 des Rohrleitungsabschnittes aus nahtlosem Stahlrohr DIN EN 10220 – 60,3 × 2,9.

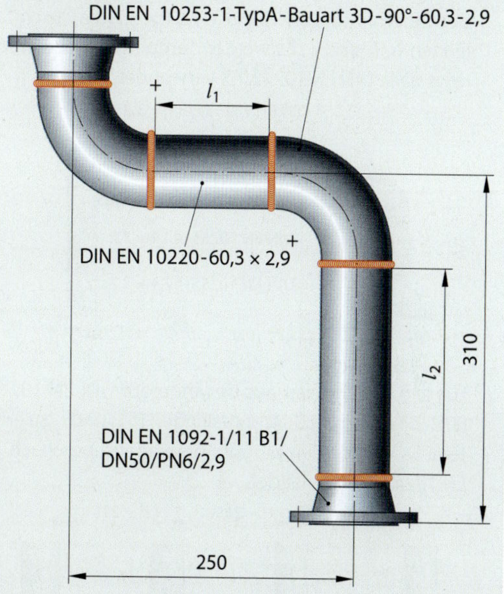

geg.: $M_1 = 250$ mm; $M_2 = 310$ mm
Aus Tabelle (Bilder 2 und 3):
$R = 76$ mm (Rohrbogen DIN EN 10253-1 – Typ A – Bauart 3D – 90° – 60,3 – 2,9);
$H_2 = 38$ mm
(Vorschweißflansch nach DIN EN 1092-1/11B1/ DN50/ PN6/2,9;
je Schweißnaht 3 mm

ges.: l_1, l_2 in mm

Lösung:
$l_1 = M_1 - (2 \cdot R + 2 \cdot 3\text{ mm})$
$l_1 = 250\text{ mm} - (2 \cdot 76\text{ mm} + 2 \cdot 3\text{ mm})$
$l_1 = 250\text{ mm} - 158\text{ mm}$
$\underline{\underline{l_1 = 92\text{ mm}}}$

$l_2 = M_2 - (R + H_2 + 2 \cdot 3\text{ mm})$
$l_2 = 310\text{ mm} - (76\text{ mm} + 38\text{ mm} + 2 \cdot 3\text{ mm})$
$l_2 = 310\text{ mm} - 120\text{ mm}$
$\underline{\underline{l_2 = 190\text{ mm}}}$

ÜBUNGEN

Benutzen Sie zum Lösen der folgenden Übungen Ihr **Tabellenbuch**.

1) Ermitteln Sie für den waagerechten Rohrabzweig aus Gewinderohr DIN EN 10255 – 42,4 × 3,2 die Zuschnittslängen l_1, l_2 und l_3. Es werden Temperguss-Gewindefittings nach DIN EN 10242/A2 verwendet.

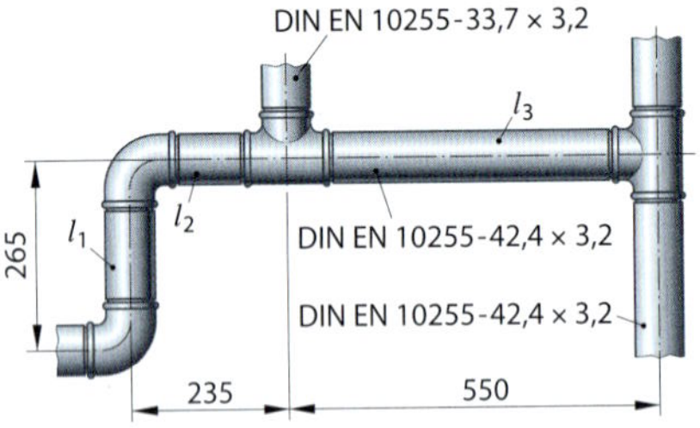

2) Für den TW-Verteiler aus Gewinderohr DIN EN 10255 – 60,3 × 3,6 sind die Zuschnittslängen l_1, l_2 und l_3 zu ermitteln. Es werden Temperguss-Gewindefittings nach DIN EN 10242/A2 verwendet.

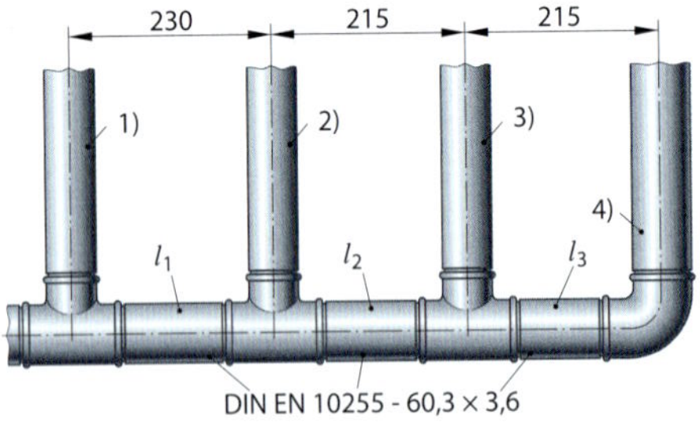

1) DIN EN 10255 – 60,3 x 3,6 2) DIN EN 10255 – 48,3 x 3,2
3) DIN EN 10255 – 33,7 x 3,2 4) DIN EN 10255 – 48,3 x 3,2

3) Für die Entlüftungsleitung aus Kupferrohr DIN EN 1057: 2010-06 – 22 × 1,0 sind die Zuschnittslängen l_1, l_2 und l_3 zu ermitteln. Es werden Kapillarlötfittings aus Kupfer nach DIN EN 1254-1 verwendet.

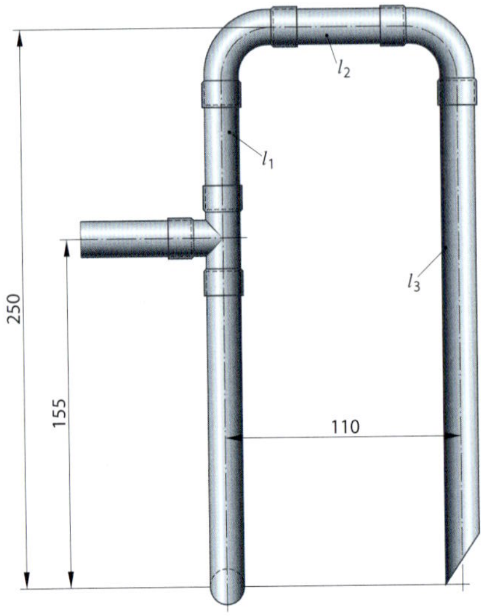

4) Berechnen Sie für den Rohrzug mit Flansch die Längen der Rohrstücke Pos. 1 … 4, wenn für die Schweißnähte jeweils ein Luftspalt von 3 mm Abstand genommen wird.

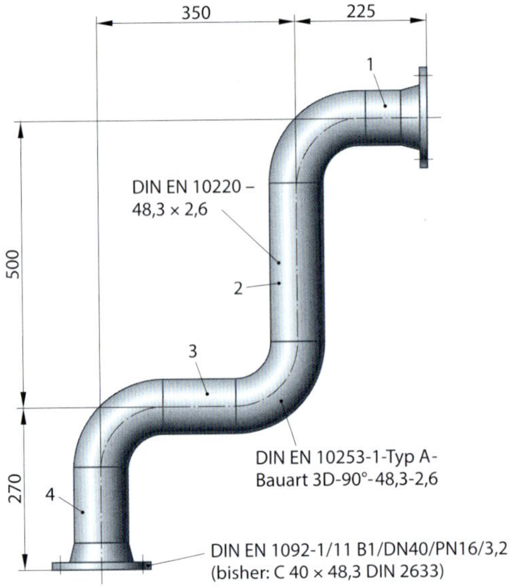

5) Für den Rohrabzweig aus rostfreiem Präzisionsstahlrohr DIN EN ISO 1127 – 22 × 1,2 müssen die Zuschnittslängen l_1 und l_2 ermittelt werden. Alle Maße für die verwendeten Pressfittings aus Pressmessing entsprechend Herstellerangaben bzw. Tabellenbuch.

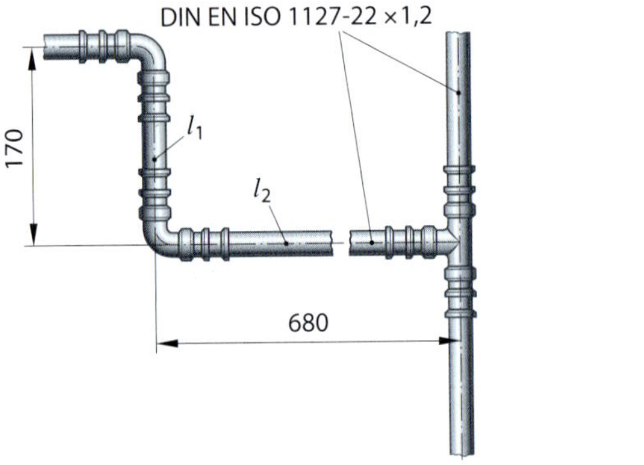

3.5.3 Befestigung von SHK Anlagenteilen und Einrichtungen

Schienensystem

3.5.3.1 Wand-, Decken- und Bodenbefestigung von Rohrleitungen

Rohrleitungen werden in Gebäuden an Wänden, Decken und Fußböden befestigt (Bild 1).
Die Befestigung (fastenings) waagrecht verlaufender Rohre kann als Aufhängung (Bild 2) oder Unterstützung (Bild 3) ausgeführt werden.
Eine weitere Möglichkeit ist, die Rohre im Fußbodenaufbau zu verlegen und zu befestigen (Bild 4).

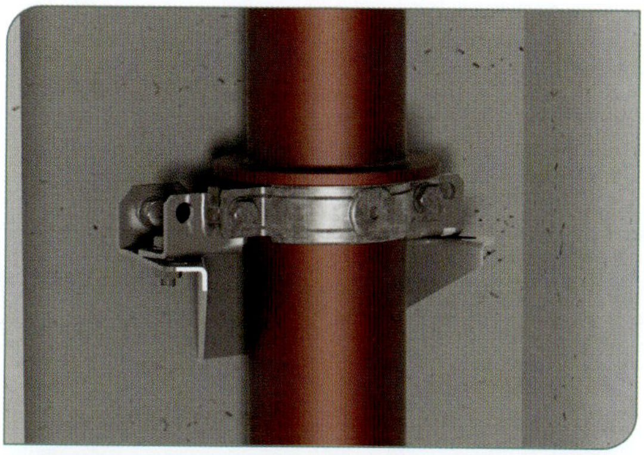

1 Rohrbefestigung einer Steigleitung an der Wand

2 Rohrbefestigung als Aufhängung

3 Rohrbefestigung als Unterstützung

4 Rohrbefestigung auf dem Fußboden

Grundsätzlich müssen die Rohrleitungen so befestigt werden, dass sie:
- einen ausreichenden Abstand zu Wänden, Decken und anderen Leitungen haben, um eine spätere Dämmung und die Montage von Bauteilen zu ermöglichen sowie eventuell anfallende Nacharbeiten zu erleichtern (Tabelle Bild 5),
- durch die Befestigung nicht beschädigt werden,
- möglichst wenig Wärme und Schall übertragen und die Brandschutzvorschriften erfüllen.

Abstand in mm	vom tatsächlichen Außenmantel einer Rohrleitung
30 … 50	zu Wänden
50 … 80	zu anderen Rohren (Außenmantel)
60 … 120	zu Decken (Mindestdurchgangshöhe 1,90 m)

5 Rohrleitungsabstände

MERKE

Rohre dürfen weder an anderen Leitungen befestigt noch als Halterung für andere Gegenstände benutzt werden.

Der **Abstand** (distance) **zwischen zwei Befestigungsstellen** einer Rohrleitung (Stützweite) hängt hauptsächlich von der Nennweite und dem Werkstoff (Masse) des Rohres ab.
Je höher die Festigkeit des Rohrwerkstoffs und je größer die Nennweite des Rohres ist, desto größer können die Abstände zwischen zwei Befestigungen sein.

Die erforderlichen Befestigungsabstände sind für die verschiedenen Rohrarten sehr unterschiedlich und sollten den Herstellerunterlagen entnommen werden.
Richtwerte (standards) für Befestigungsabstände wasserführender Rohrleitungen unterschiedlicher Werkstoffe enthalten die Tabellen1a und 1b, nächste Seite.

DIN	Kupferrohre DIN EN 1057 (d_a x s)	Nichtrostende Stahlrohre DIN EN ISO 1127 (d_a x s)	Befestigungsabstand für waagerechte Rohrleitungen in m
10	12 x 1	12 x 1	1,000
12	15 x 1	15 x 1	1,200
15	18 x 1	18 x 1	1,200
20	22 x 1	22 x 1,2	1,800
25	28 x 1,5	28 x 1,2	1,800
32	35 x 1,5	35 x 1,5	2,400
40	42 x 1,5	42 x 1,5	2,400
50	54 x 2	54 x 1,5	2,700

1a Empfohlene maximale Befestigungsabstände für Trinkwasserleitungen aus Metallrohren

Rohraußendurchmesser in mm	Kaltwasser in mm	Warmwasser in mm
≤ 16	750	400
> 16 bis ≤ 20	800	500
> 20 bis ≤ 25	850	600
> 25 bis ≤ 32	1000	650
> 32 bis ≤ 40	1100	800
> 40 bis ≤ 50	1250	1000
> 50 bis ≤ 63	1400	1200

1b Maximale Befestigungsabstände für Trinkwasserleitungen aus Kunststoffrohren mit Gleitbefestigung (Näherungswerte für PE-X, PB, PP und PE)

Art und Ausführung der Befestigungen sind abhängig von:
- der Anzahl der Rohre,
- dem Rohrwerkstoff (pipe material) und dem Rohrdurchmesser,
- der Art und Temperatur des Durchflussmediums,
- dem Baustoff (construction material), der Dimensionierung und der Ausführung der Decken und Wände,
- der Nutzungsart der Räume.

3.5.3.2 Befestigungsuntergründe

Die Art und Beschaffenheit des als Befestigungsuntergrund (fastening substrate) dienenden Baustoffs bestimmen die Wahl des Dübelsystems. Grundsätzlich unterscheidet man zwischen Beton, Mauerwerk und Plattenbaustoffen.

3.5.3.2.1 Beton

Beton (concrete) besteht aus Zement, Gesteinskörnungen wie z.B. Kies und aus Wasser. Je nach Festigkeitsklasse des verwendeten Zements, Beschaffenheit der Gesteinskörnung und des Zugabewassers sowie des Mischungsverhältnisses von Zement, Gesteinskörnung und Wasser ergeben sich unterschiedliche Betoneigenschaften.

Betonarten

Nach der Trockenrohdichte unterscheidet man **Leichtbeton, Normalbeton und Schwerbeton** (Bild 2). In Leichtbeton ist als Zusatz z.B. Blähton, Bims oder Styropor enthalten. Für Normalbeton wird eine Gesteinskörnung aus Sand, Kies oder Splitt verwendet. Bei Schwerbeton kommen Zusätze wie z.B. Stahlsand oder Stahlschrott zum Einsatz.

Nach der Bewehrung unterteilt man Beton in **Stahlbeton** (mit Betonstahl) und **unbewehrten Beton**.

Nach dem Ort der Herstellung unterscheidet man **Baustellenbeton** und **Transportbeton**. Aus Wirtschaftlichkeitsgründen und Aspekten der Qualitätssicherung wird heute überwiegend Transportbeton eingesetzt.

Betonart	Trockenrohdichte in kg/m³	Gesteinskörnungen
Leichtbeton	≥ 800 und ≤ 2000	Blähton, Blähschiefer, Natur-, Hüttenbims, Ziegelsplitt
Normalbeton	> 2000 und ≤ 2600	Sand, Kies, Splitt, Hochofenschlacke
Schwerbeton	> 2600	Schwerspat, Eisenerz, Eisengranulat

2 Betonarten nach Rohdichte

3.5.3.2.2 Mauerwerk

Ein Mauerwerk (brickwork) (Bild 3) ist ein Bauteil, das vorwiegend aus künstlichen, in seltenen Fällen auch aus natürlichen Steinen hergestellt wird. Die Steine (bricks) werden im Verband in einem ca. 10 bis 12 mm dicken Mörtelbett verlegt, wodurch die Unebenheiten der Steine ausgeglichen werden und eine vollflächige Druckübertragung gewährleistet wird. Maß- und formgenaue Steine können auch verklebt werden.

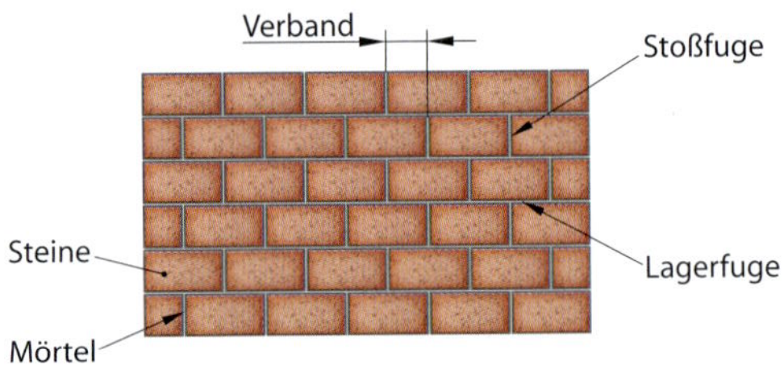

3 Mauerwerk

1 Vollziegel

2 Lochziegel

Natursteine

Natursteine (natural stones) haben uneinheitliche Gefüge und Festigkeiten. Deshalb gibt es für den Einsatz von Dübeln in Mauern mit natürlichen Steinen keine bauaufsichtlichen Zulassungen. Besonders harte Natursteine wie z. B. Granit erhalten durch Polieren eine sehr glatte Oberfläche und werden häufig z. B. für Fliesen verwendet.

Künstliche Steine

Künstliche Steine (artificial stones) sind in der Festigkeit, dem Gefüge, den Abmessungen und der Farbe wesentlich gleichmäßiger als Natursteine. Nach der Herstellung unterscheidet man gebrannte und ungebrannte Steine.
Gebrannte Mauersteine sind z. B. Mauerziegel und Schamottesteine. Zu den ungebrannten Mauersteinen gehören z. B. Kalksandsteine, Mauersteine aus Normalbeton und Leichtbeton sowie Porenbetonsteine. Nach dem Gefüge und dem Lochflächenanteil unterteilt man die künstlichen Mauersteine in Vollsteine mit dichtem Gefüge, Vollsteine mit porigem Gefüge, Lochsteine mit dichtem Gefüge und Lochsteine mit porigem Gefüge.

Mauerziegel

Mauerziegel (building bricks) werden aus Ton (Verwitterungsprodukt zahlreicher Gesteine, z. B. Granit) oder Lehm (Mischung aus Ton und Sand) geformt und anschließend bei Temperaturen zwischen 800 °C und 1200 °C gebrannt. Durch Zugabe von Poren bildenden Stoffen wie z. B. Sägemehl oder Polystyrolkörner zum Ziegelrohstoff wird die Wärmedämmfähigkeit wesentlich verbessert. Mauerziegel werden als Vollziegel und Lochziegel hergestellt.

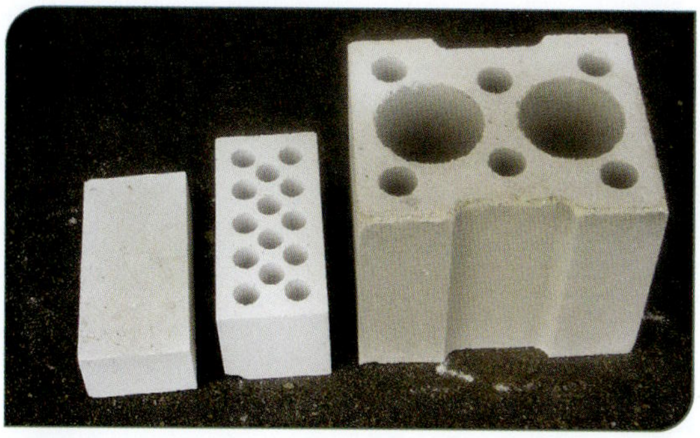

3 Kalksandsteine

4 Mauerstein aus Normalbeton

5 Porenbetonstein

Vollziegel (solid bricks) (Bild 1) sind Mauersteine ohne Hohlräume oder mit einem Lochflächenanteil bezogen auf die Lagerfläche von höchstens 15 %. **Lochziegel** (cellular, perforated bricks) (Bild 2) dagegen weisen einen Lochflächenanteil von mehr als 15 % auf. **Leichtziegel (Porenziegel)** besitzen eine sehr gute Wärmedämmfähigkeit, weshalb sie als **Hochlochblockziegel** häufig für Außenwände verwendet werden. **Klinker** (hard-burnt bricks, clinker) sind besonders druckfeste Ziegel mit hoher Frostbeständigkeit. Daher werden sie als Vormauersteine z. B. für Fassaden verwendet.

Kalksandsteine

Kalksandsteine (sand-lime bricks) (Bild 3) werden aus Kalk und Sand durch Pressen und Dampfhärten hergestellt. Sie sind widerstandsfähig gegen mechanische Beanspruchungen, eignen sich durch hohe Druckfestigkeit für hoch

1 Gipsplatten

2 Gipsplatten für Feuchträume

3 Faserverstärkte Gipsplatte

4 Spanplatte

belastbares Mauerwerk, weisen eine hohe Maß- und Formgenauigkeit auf und besitzen scharfkantige und planebene Oberflächen. Im Kantenbereich sind sie jedoch bruchgefährdet. Bei **Kalksandvollsteinen** darf der Querschnitt durch Lochungen und Grifföffnungen bis max. 15 % gemindert sein. **Kalksandlochsteine** gibt es mit unterschiedlichen Lochflächenanteilen.

Mauersteine aus Beton

Mauersteine aus Normalbeton (Bild 4, vorherige Seite) werden aus Zement, Wasser und Zuschlagstoffen wie z. B. Kies, Splitt, Schotter meist als Hohlblöcke hergestellt. Sie sind frostbeständig, besitzen ein hohes Gewicht und eine hohe Druckfestigkeit und Härte. Eingesetzt werden Mauersteine aus Normalbeton z. B. für Kellergeschosse.

Mauersteine aus Leichbeton werden aus Zement, Wasser und Zuschlägen mit porigem Gefüge wie z. B. Naturbims, Blähton, Ziegelsplitt, als Vollsteine und Hohlblocksteine hergestellt. Durch das porige Gefüge wird die Rohdichte vermindert und die Wärmedämmfähigkeit dieser Steine erhöht. Aufgrund der rauen Oberfläche haftet der Putz wesentlich besser als bei Mauersteinen aus Normalbeton.

Porenbetonsteine (cellular, aerated concrete stones) (Bild 5, vorherige Seite) werden aus Zement, Kalk, Sand, Wasser und Poren bildenden Zusätzen als Block- und Plansteine hergestellt. Aufgrund der geringen Rohdichte haben Porenbetonsteine eine gute Wärmedämmfähigkeit, sind aber nicht frostbeständig und besitzen nur eine mäßige Festigkeit. Porenbetonsteine sind z. B. durch Sägen leicht zu bearbeiten und werden deshalb für Vor- und Ausmauerungen von Sanitäreinrichtungen häufig eingesetzt.

3.5.3.2.3 Plattenbaustoffe

Plattenbaustoffe (slab (panel) materials) sind dünnwandige Baustoffe mit meist geringer Festigkeit wie z. B. Gipsplatten (Rigipsplatten), faserverstärkte Gipsplatten (Fermacell) oder Spanplatten.

Gipsplatten (gypsum plaster-boards) (Bild 1) sind aus Gips (gypsum) bestehende Platten, deren Flächen und Längskanten mit einem festhaftenden Spezialkarton ummantelt sind. Sie werden z. B. für Wand- und Deckenverkleidungen auf Unterkonstruktionen und Trennwände verwendet. Bei Gipsplatten für Feuchträume wie z. B. Bäder ist der Gipskern gegen Feuchtigkeit spezialimprägniert (Bild 2). Bei Feuerschutz-Gipsplatten ist der Gipskern zusätzlich verfestigt und zur Verbesserung des Gefügezusammenhalts mit Glasfasern versehen.

Faserverstärkte Gipsplatten (gypsum fibre-boards) (Bild 3) bestehen aus einem Gemisch aus Gips und Papierfasern, die in Recyclingverfahren gewonnen werden. Diese beiden Stoffe werden unter hohem Druck zu Platten gepresst, getrocknet, mit einem Wasser abweisenden Mittel imprägniert und auf die benötigten Formate zugeschnitten. Faserverstärkte Gipsplatten sind Bau-, Feuerschutz- und Feuchtraumplatten zugleich. Es gibt sie in den unterschiedlichsten Größen und Formaten. Sie werden z. B. bei nicht tragenden Trennwänden mit Stahl- oder Holz-Unterkonstruktion und bei tragenden Trennwänden mit einer Holz-Unterkonstruktion eingesetzt. Auch tragende und nicht tragende Wohnungstrennwände und Brandwände können mit faserverstärkten Gipsplatten errichtet werden.

Spanplatten (chip boards) (Bild 4) werden hergestellt, indem man Holzspäne verschiedener Größe mit Kunstharzklebstoff unter Zuführung von Wärme presst. Spanplatten werden im Innenausbau für Fußböden, Decken, Wände und Verkleidungen verwendet.

3.5.3.3 Befestigungselemente

Dübel

3.5.3.3.1 Dübel und Anker

Mit Dübeln (wall plugs, dowels, anchors) und Ankern (anchors) werden Rohrleitungen und Sanitäreinrichtungsgegenstände form-, kraft- oder stoffschlüssig mit dem Baukörper (Wände, Decken, Fußboden) verbunden. Um im Anwendungsfall die richtige Wahl des Dübels bzw. Ankers zu treffen und eine dauerhaft sichere Befestigung zu erzielen, ist es erforderlich, sich mit der vorhandenen Vielfalt von Systemen vertraut zu machen.

Wirkungsweise von Dübeln und Ankern

Der Dübel bzw. Anker überträgt die auftretenden Kräfte in den Befestigungsuntergrund (Baukörper). Man unterscheidet dabei drei verschiedene Wirkprinzipien:

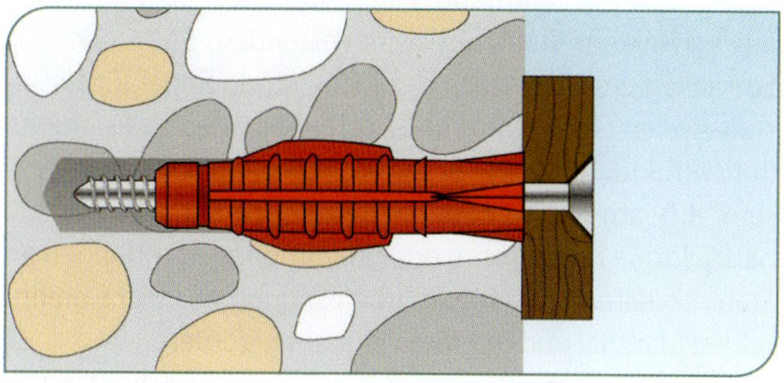

1 Kraftschluss

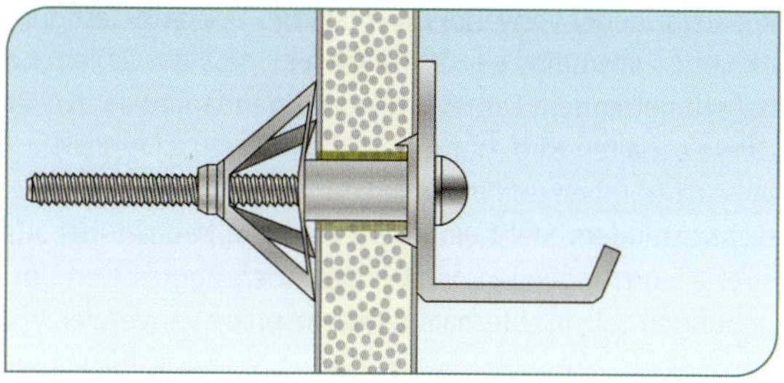

2 Formschluss

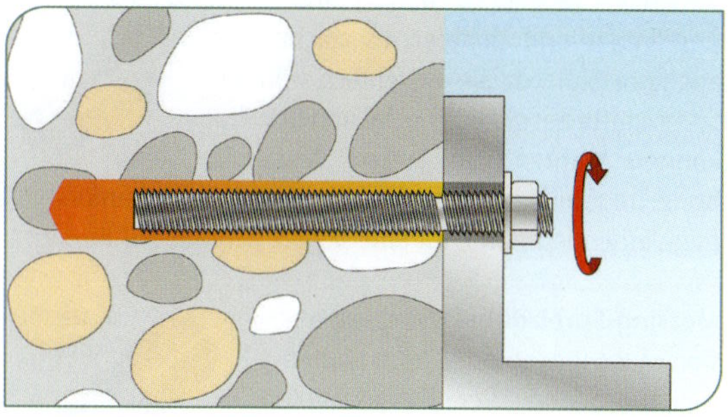

3 Stoffschluss

Beim **Kraftschluss** (non-positive locking) wird der gespreizte Dübel bzw. Anker an die Bohrlochwand gepresst und durch Reibungskräfte gehalten (Bild 1).

Beim **Formschluss** (positive locking) hält der Dübel bzw. Anker durch Veränderung seiner Form und eventuell durch Verformung des Befestigungsuntergrunds bzw. des Dübellochs (Bild 2).

Beim **Stoffschluss** (resin anchoring, firmly bonded locking) verbindet sich der Dübel bzw. Anker stofflich z. B. mittels Mörtel oder Kleber mit dem Befestigungsuntergrund (Bild 3).

Dübelarten

Bei den Dübelarten (types of wall plug (dowel)) unterscheidet man hinsichtlich des Werkstoffes Kunststoff- und Metalldübel. Nach der Kraftübertragung in den Befestigungsuntergrund unterscheidet man Spreiz-, Hohlraum und Allzweck- bzw. Universaldübel.

Spreizdübel (expansion plugs (anchors)) werden beim Eindrehen der Schraube entlang des längsgeschlitzten Spreizteils auseinander gedrückt und gegen die Bohrlochwand gepresst. Ihre Wirkungsweise beruht auf Kraftschluss. Spreizdübel eignen sich optimal für Beton, Vollziegel, Kalksand-Vollsteine und Vollsteine aus Leichtbeton.

Hohlraumdübel (cavity plugs (anchors)) erzeugen in einem Hohlraum durch Verformung einen sogenannten Formschluss. Der Dübel vergrößert im Hohlraum seinen Querschnitt und verhindert dadurch das Herausziehen aus dem Bohrloch. Hohlraumdübel sind bevorzugt anzuwenden bei Hohl- bzw. Lochsteinen wie z. B. Hochlochziegel, Kalksandlochsteinen, Leichtbetonhohlblocksteinen sowie bei Bauplatten wie z. B. Gipsplatten und Spanplatten.

Allzweck- bzw. Universaldübel (general purpose plugs (dowels)) übertragen die Kräfte in Abhängigkeit vom Baustoff durch Kraft- oder Formschluss.

Kunststoffdübel

Kunststoffdübel (plastic plugs (dowels)) bestehen aus Polyamid (Nylon) und werden als Spreiz-, Hohlraum- und Universaldübel angeboten. Der ausgeprägte Dübelrand (Kragen am Hülsenende) bei manchen Ausführungen verhindert ein Tieferrutschen des Dübels in das Bohrloch.

4 Kunststoff-Spreizdübel

Kunststoff-Spreizdübel (Bild 4) eignen sich für Beton, Natursteine, Vollziegel, Kalksand-Vollsteine, Vollsteine aus Leichtbeton, manche Ausführungen können aber auch bei Loch- und Hohlsteinen eingesetzt werden. Die Schraube schneidet beim Eindrehen ein Gewinde in die Dübelhülse und drückt den Spreizteil des Dübels gegen die Bohrlochwand. Die äußeren Zugkräfte werden von der Schraube durch Form- und Kraftschluss in die Dübelhülse und über Kraftschluss zwischen Dübelhülse und Bohrlochwand in den Befestigungsuntergrund übertragen. Der Spreizteil dieser Kunststoffdübel ist geschlitzt und besitzt Sperrzungen, die ein Mitdrehen des Dübels im Bohrloch bei der Montage und Demontage verhindern.

Der spreizdruckfreie Dübelhals verhindert, dass Fliesen und Putz beschädigt werden.

Kunststoff-Spreizdübel können mit allen gängigen Holz-, Spanplatten- und Abstandsschrauben kombiniert werden.

Kunststoff-Nageldübel (plastic long-shaft plugs (dowels)) (Bild 1) werden beim Einschlagen der Nagelschraube gespreizt und gegen die Bohrlochwand gepresst. Eine integrierte Einschlagsperre verhindert das vorzeitige Aufspreizen (Verklemmen) des Dübels. Die Werkzeugaufnahme im Schraubenkopf ermöglicht das Lösen und Justieren der Nagelschraube. Kunststoff-Nageldübel werden häufig eingesetzt, wenn Rohre am Fußboden mit Lochbändern befestigt werden. In Lochsteinen muss die vordere Spreizzonenhälfte des Dübels mindestens einen Steinsteg erfassen.

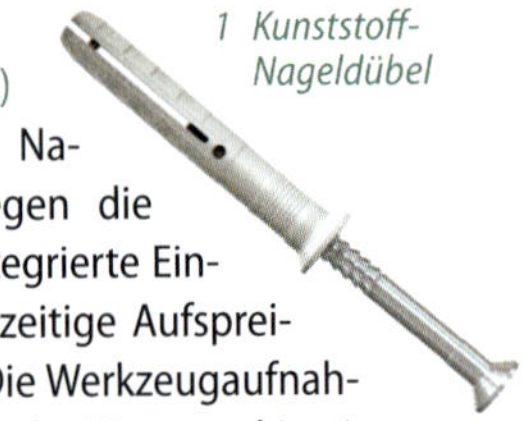
1 Kunststoff-Nageldübel

Kunststoff-Gasbetondübel (plastic aerated concrete plugs (dowels)) (Bild 2) sind Spezialdübel für Porenbeton (Gasbeton). Ihre wendelförmigen Außenrippen schneiden sich formschlüssig in den Baustoff. Bei Verwendung von Sicherheitsschrauben mit verstärktem Kern werden die Spreizkräfte erhöht und damit die Tragfähigkeit des Dübels verbessert. In Verbindung mit der Sicherheitsschraube ist der Dübel bauaufsichtlich zugelassen. Zur Befestigung in Feuchträumen sind Sicherheitsschrauben aus nicht rostendem Stahl vorgeschrieben.

2 Kunststoff-Gasbetondübel

Kunststoffdübel für Gipsplatten (plastic gypsum board plugs (dowels)) mit Bohrspitze (Bild 3) können mit einem Akku-Schrauber oder Schraubendreher oberflächenbündig in die Gipsplatten eingedreht werden. Beim Schraubvorgang drückt die Schraube auf die Bohrspitze, so dass diese abfällt. Das scharfe, selbstschneidende Gewinde ermöglicht eine sichere formschlüssige Befestigung. Mitdrehsicherungen verhindern bei Montage und Demontage ein Mitdrehen des Dübels.

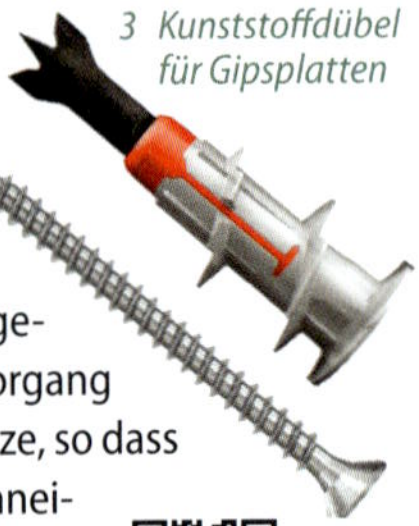
3 Kunststoffdübel für Gipsplatten

Selbstbohrender Gipskartondübel

Kunststoffhohlraumdübel (Bild 4) werden für Plattenbaustoffe, Hohl- und Lochsteine verwendet. Durch das Eindrehen der Schraube wird die Dübelspitze herangezogen. Die Dübelschenkel falten sich im Hohlraum oder an der Plattenrückwand auf und verhindern dadurch das Herausziehen des Dübels aus dem Bohrloch; der Dübel verankert sich formschlüssig. In Vollbaustoffen spreizt der Dübel durch das Eindrehen der Schraube und hält durch den Anpressdruck an der Bohrlochwand. Der abgebildete Kunststoff-Hohlraumdübeltyp muss zusammengedrückt (zusammengefaltet) in das Bohrloch eingebracht werden.

4 Kunststoff-Hohlraumdübel

Allzweck- bzw. Universaldübel aus Kunststoff (Bild 5) übertragen die Kräfte in Abhängigkeit vom Befestigungsuntergrund durch Kraft- und/oder Formschluss. In Beton und Vollsteinen verspreizen sie sich, in Hohl- bzw. Lochsteinen oder hinter Plattenbaustoffen verknoten sie beim Eindrehen der Schraube (Bild 6). Allzweck- bzw. Universaldübel können deshalb für Beton, Mauerwerk aus Voll- und Loch- bzw. Hohlsteinen sowie Bauplatten verwendet werden.

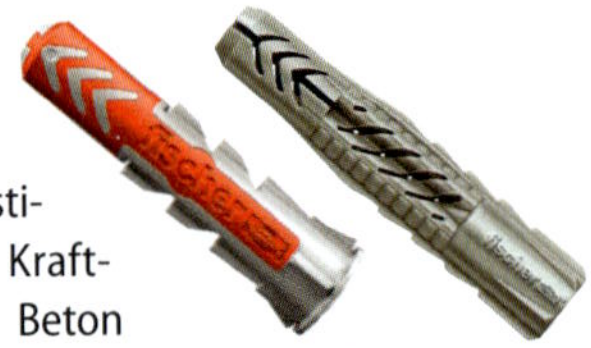
5 Kunststoffallzweck- bzw. -universaldübel

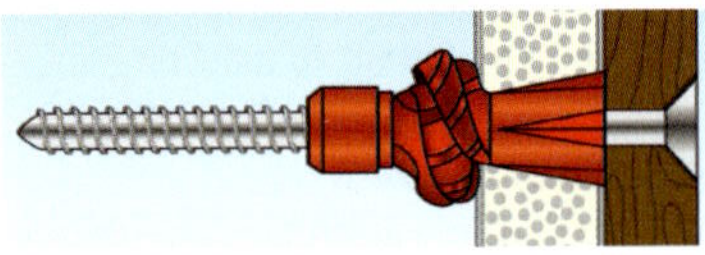
6 Verknotung bei Plattenbaustoff

Hohlraumdübel

Metalldübel

Spreiz- und Hohlraumdübel aus Metall bestehen entweder aus verzinktem Stahl, aus nicht rostendem Stahl oder aus Speziallegierungen. Nach der Technischen Regel für Gasinstallationen (TRGI) wird für Gasleitungen (gas pipes), deren Rohrverbindungen im Brandfall nicht längskraftschlüssig sind, d.h. am Fitting auseinander gleiten können, wie z.B. hartgelötete Kupferrohre oder Klemmringverbindungen an Stahlrohrleitungen, eine Rohrbefestigung aus nicht brennbarem Material und mit Metalldübeln gefordert.
Bleiben die Rohrverbindungen einer Gasleitung im Brandfall bis mindestens 650 °C längskraftschlüssig, können auch Kunststoffdübel verwendet werden. Bei Deckenbefestigungen muss allerdings gewährleistet sein, dass die Gasleitung bei schmelzendem Dübel, z.B. durch Wandauflagen, an der Decke gehalten wird.
In Feuchträumen und im Freien dürfen nur Metalldübel aus nichtrostendem Stahl eingesetzt werden. Metalldübel aus Speziallegierungen werden bei besonders aggressiven Umgebungen, z.B. in chlorhaltiger Atmosphäre verwendet.

Metall-Spreizdübel (metal expansion plugs (anchors)) (Bild 7) sind tragfähiger und sicherer als solche aus Kunststoff, da sie wesentlich höhere Spreizkräfte auf die Bohrlochwand übertragen können. Während die äußere Verzahnung eine hohe Tragfähigkeit gewährleistet, sorgt die rippenförmige Innengeometrie für eine sichere Schraubenführung.

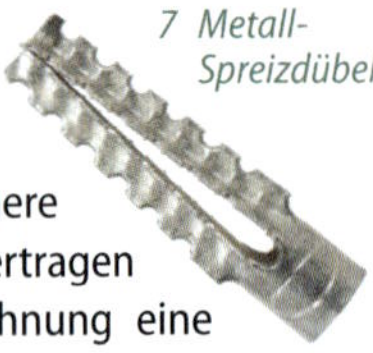
7 Metall-Spreizdübel

Messing-Spreizdübel (brass expansion plugs (anchors)) (Bild 8) eignen sich für geringe Verankerungstiefen sowie geringe Rand- und Achsabstände. Sie werden für Plattenbaustoffe, Beton, Natursteine mit dichtem Gefüge, Vollziegel und Kalksand-Vollsteine verwendet.

8 Messingdübel

1 Metall-Porenbetondübel

Metall-Porenbetondübel (metal aerated concrete plugs (anchors)) (Bild 1) schneiden sich formschlüssig in den Porenbeton (Gasbeton) ein. Sie werden zur Befestigung von leichten Rohrarten und Anlagenteilen verwendet. Die spreizdruckfreie Verankerung ermöglicht kleine Randabstände.

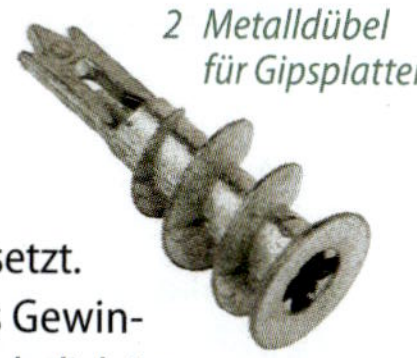

2 Metalldübel für Gipsplatten

Metalldübel für Gipsplatten (metal gypsum board plugs (anchors)) (Bild 2) werden bei Gipsplatten, faserverstärkten Gipsplatten und Holzbauplatten eingesetzt. Sie besitzen ein selbstschneidendes Gewinde, sodass ein Vorbohren nicht erforderlich ist.

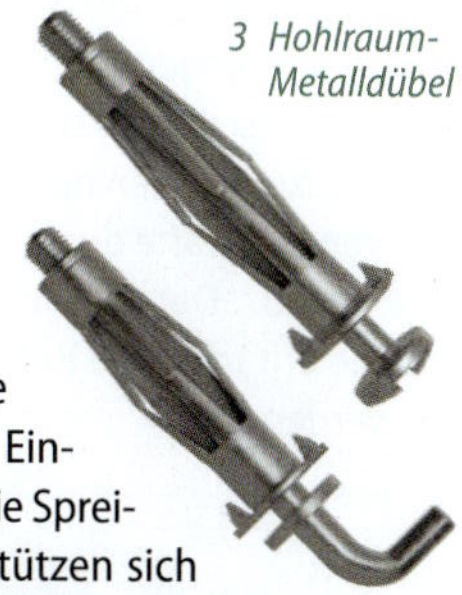

3 Hohlraum-Metalldübel

Hohlraum-Metalldübel (metal cavity plugs (anchors)) (Bild 3) bestehen aus einer Blechhülse, die in mehrere Spreizarme unterteilt ist. In der kompakten Dübelspitze befindet sich ein metrisches Gewinde zur Aufnahme der Befestigungsschraube. Beim Eindrehen der Schraube legen sich die Spreizarme hinter der Platte um und stützen sich großflächig ab. Der große Anpressradius erhöht die Tragfähigkeit und Sicherheit. Die ausgeprägten Krallen verhindern ein Mitdrehen während der Montage und dienen somit als Verdrehsicherung. Hohlraum-Metalldübel eignen sich z. B. für Gipsplatten, faserverstärkte Gipsplatten, Span- und Sperrholzplatten sowie für Hohldecken.

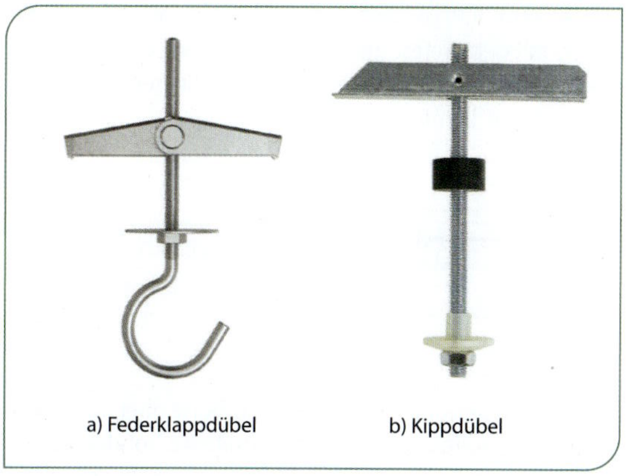

4 Kippdübel und Federklappdübel

Metallkippdübel (metal gravity toggle fixings) (Bild 4 a) besitzen einen Kippbalken, der in Hohlräumen verriegelt. **Metallfederklappdübel** (metal spring toggle fixings) (Bild 4 b) spreizen durch die Federkraft selbständig in jeder Lage auf. Beide Dübeltypen werden als Komplett-Elemente, d. h. mit Schraube oder Haken angeboten. Federklappdübel benötigen konstruktionsbedingt geringere Hohlraumtiefen als Kippdübel.

Ankerarten

Dübel aus galvanisch verzinktem oder korrosionbeständigem Stahl für die Befestigung schwererer Lasten (loads) werden üblicherweise als Anker bezeichnet.

Injektionsanker (grout anchors) **(Injektionssysteme)** (Bild 5) bestehen aus einem Verankerungselement (anchor element) wie z. B. einer Gewindestange oder einem Innengewindeanker sowie dem Injektionsmörtel (intrusion mortar), der bei Beton und Vollsteinen vor dem Setzen des Verankerungselements in das Bohrloch eingebracht wird (vgl. Lernfeld 3, Kap. 3.6.3). Der Injektionsmörtel füllt den Hohlraum zwischen Verankerungselement und Bohrlochwand, härtet zeit- und temperaturabhängig aus und verklebt das Verankerungselement mit der Bohrlochwand. Die Kraftübertragung erfolgt durch Stoffschluss.

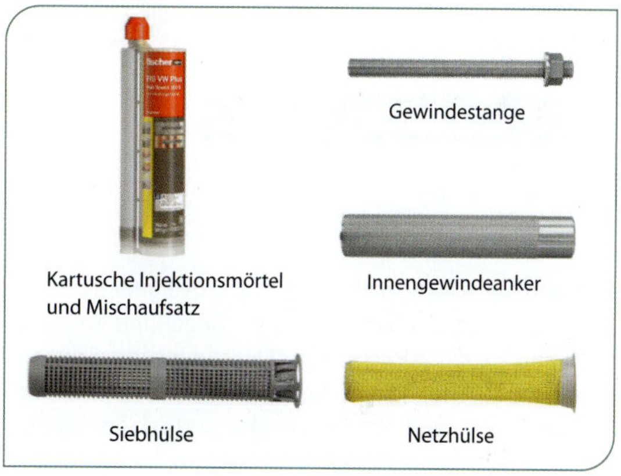

5 Injektionsanker (Injektionssysteme)

Bei Hohl- bzw. Lochsteinen ist vor dem Einbringen des Injektionsmörtels eine Sieb- oder Netzhülse (sieve- or net sleeve) in das Bohrloch einzuführen, um die Mörtelmenge zu begrenzen (vgl. Lernfeld 3, Kap. 3.6.3). Der eingepresste Injektionsmörtel bildet in den Kammern einen Formschluss mit den Stegen (Bild 6).

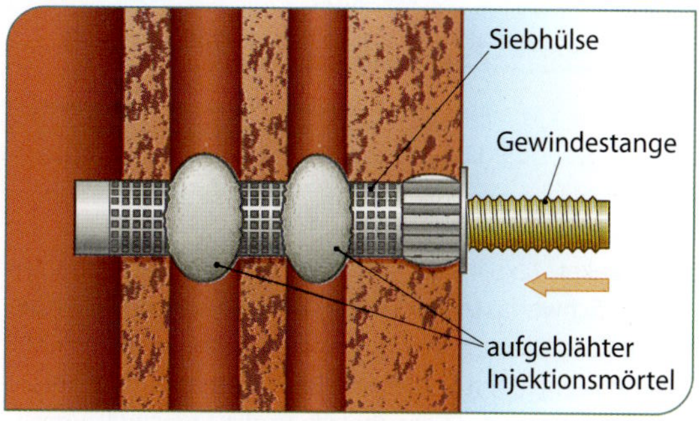

6 Injektionsanker in Lochbaustoffen

Da bei Befestigungen mit Injektionsankern keine Spreizkräfte auftreten, sind geringe Achs- und Randabstände möglich (vgl. Lernfeld 3, Kap. 3.6.3).

Injektionsanker sind geeignet für Beton, Porenbeton (Gasbeton), Vollsteine (z. B. Vollziegel, Vollklinker, Kalksandvollsteine) sowie Hohl- und Lochsteine (z. B. Hochlochziegel, Kalksandlochsteine, Hohlblocksteine aus Leichtbeton).

Reaktionsanker (resin anchors) **(Verbundanker)** (Bild 1) bestehen aus einem Verankerungselement wie z.B. einer Gewindestange und einer Glaspatrone (resin capsule), die den Verbundmörtel (Verbundharz und Härter) enthält. Beim Setzvorgang wird die Patrone zerstört und der Verbundmörtel verklebt das Verankerungselement mit der Bohrlochwand und dichtet das Bohrloch ab. Eine Belastung der Verankerung darf allerdings erst nach Einhaltung der vorgeschriebenen Aushärtezeit (curing time) erfolgen. Da Anker dieser Art ohne Spreizung bzw. Vorspannung funktionieren, ermöglichen sie geringe Achs- und Randabstände. Reaktionsanker sind einsetzbar in Beton und in Natursteinen mit dichtem Gefüge.

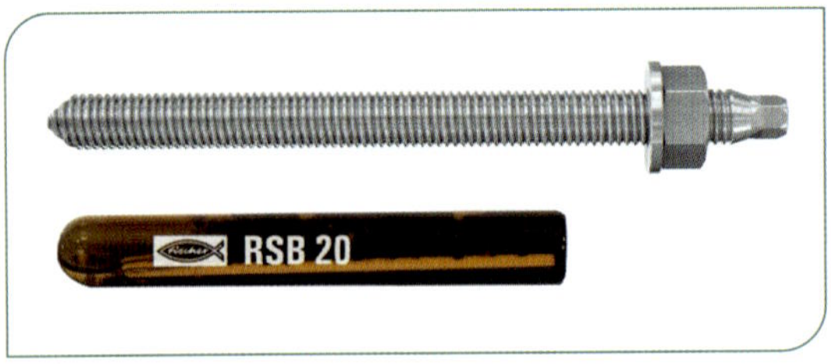

1 Reaktionsanker

Deckennägel (ceiling nails) (Bild 2) sind geeignet für Beton, Natursteine mit dichtem Gefüge, Vollziegel und Kalksand-Vollsteine. Häufig werden sie zur Befestigung von Schienen und Lochbändern an Betondecken eingesetzt. Beim Einsetzen des Deckennagels in das Bohrloch sind Schläge auf den Spreizkeil (Stift) zu vermeiden ❶. Beim Eintreiben des Spreizkeils ❷ wird der Deckennagel gespreizt und verspannt sich gegen die Bohrlochwand. Vorteile des Deckennagels sind, dass durch die Schlagmontage die Montagezeit (assembling time) reduziert wird und kein spezielles Setzwerkzeug (setting tool) erforderlich ist.

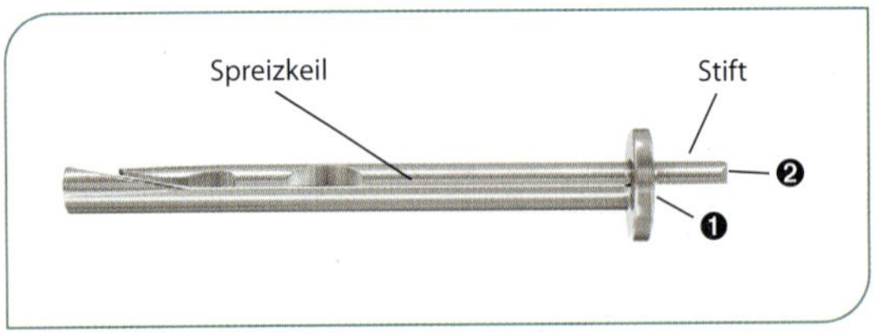

2 Deckennagel

Spreizanker (expansion anchors) wie z.B. **Ankerbolzen** (Bild 3), **Schwerlastanker** (Bild 4) u.a., werden durch Anziehen der Sechskantmutter mit einem Drehmomentschlüssel (torque wrench) mit vorgeschriebenen Drehmoment verankert. Dabei wird der Konusbolzen in die Spreizhülse gezogen. Diese wird dadurch gespreizt und gegen die Bohrlochwand gepresst. Übersteigen die auf den Anker wirkenden Kräfte die vorhandene Vorspannkraft oder erweitert sich das Bohrloch durch Rissbildung, wird der Konusbolzen weiter in die Spreizhülse hineingezogen und dadurch die Haltekraft des Ankers aufrechterhalten. Dieser Vorgang wird als Nachspreizen bezeichnet. Spreizanker sind einsetzbar in Beton und in Natursteinen mit dichtem Gefüge.

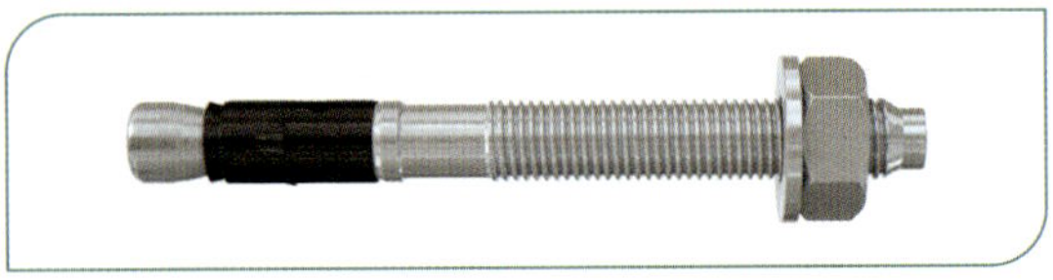
3 Ankerbolzen

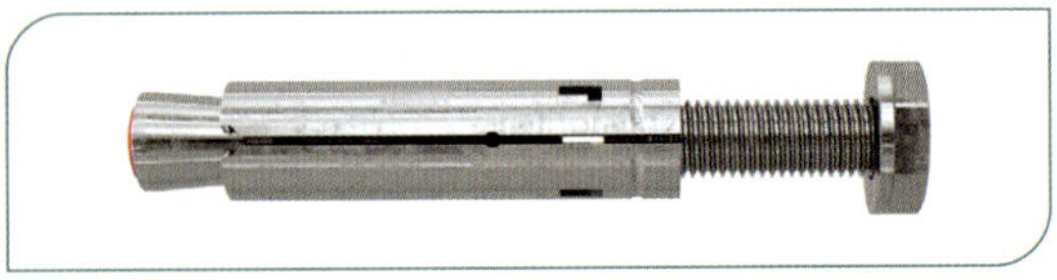
4 Schwerlastanker

Einschlaganker (hammerset anchors) (Bild 5) sind Innengewindeanker, die in Beton und Natursteinen mit dichtem Gefüge einsetzbar sind. Beim Eintreiben des Spreizkonus mit einem speziellen Setzwerkzeug wird die Ankerhülse aufgespreizt und gegen die Bohrlochwand gepresst. Die Spreizwirkung beschränkt sich auf den Bereich des Konus. Einschlaganker können nicht nachspreizen und übertragen die äußeren Zugkräfte durch Kraftschluss auf den Befestigungsuntergrund. Der vorgeschriebene Bohrlochdurchmesser und die erforderliche Bohrlochtiefe müssen exakt eingehalten werden.

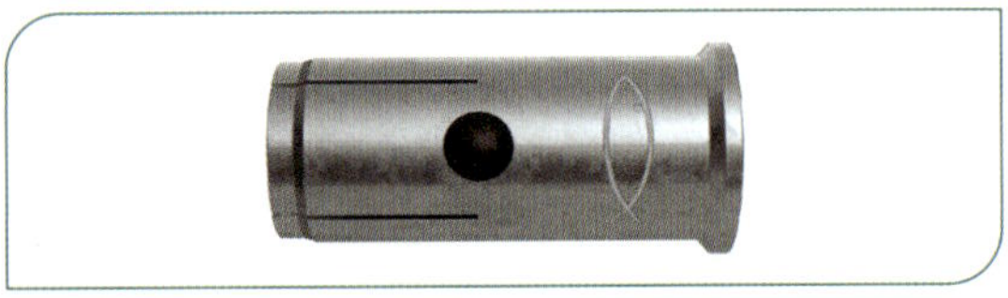
5 Einschlaganker

Bei **Hinterschnittankern** (undercut anchors) wie z.B. **Zykon-Ankern** (Bild 6), wird eine Verkeilung (Formschluss) des Ankers mit dem Befestigungsuntergrund erzeugt. Dazu wird das Bohrloch mit einem Spezialbohrer an seinem Grund aufgeweitet (vgl. Lernfeld 3, Kap. 3.6.3).

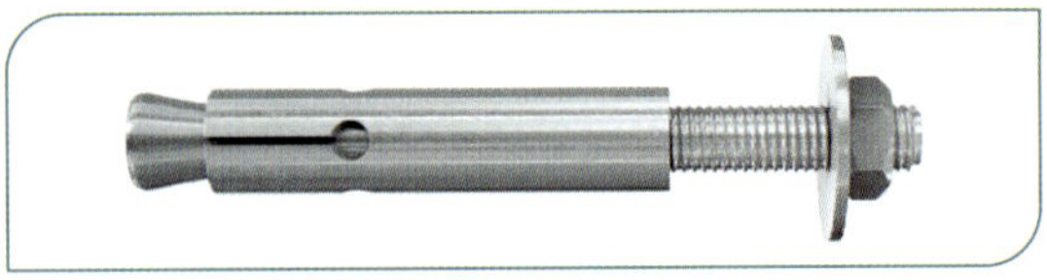
6 Zykonanker

Beim Setzen des Ankers wird die Ankerhülse über den Konus geschlagen, sodass sie das hinterschnittene Bohrloch formschlüssig ausfüllt (Bild 7). Mit Hinterschnittankern können große Lasten mit sehr geringen Rand- und Achsabständen befestigt werden, da die äußeren Kräfte durch Formschluss in der Aufweitung am Ende des Bohrlochs übertragen werden. Hinterschnittanker sind für Beton, Natursteine mit dichtem Gefüge, Vollziegel und Kalksand-Vollsteine geeignet.

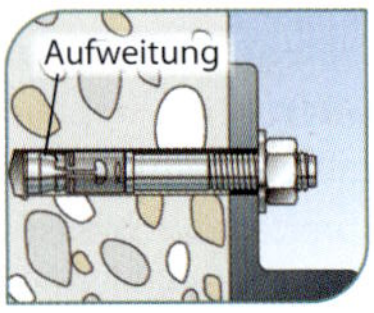

7 Formschluss durch hinterschnittenes Bohrloch

Auswahl der Dübel und Anker
Die Auswahl der Dübel und Anker hängt von verschiedenen Faktoren ab. Die Übersicht unten auf dieser Seite zeigt die wesentlichen Aspekte.

Befestigungsuntergrund
Die Auswahl eines geeigneten Dübels oder Ankers wird im Wesentlichen durch den Befestigungsuntergrund und dessen Tragfähigkeit bestimmt. Bei Verankerungen im Beton ist fast immer davon auszugehen, dass Risse (fissures) vorhanden sind, da z. B. äußere Belastungen, Spannungen durch Temperaturunterschiede oder Verformungen die geringe Zugfestigkeit des Betons schnell überschreiten können. Risse im Verankerungsbereich beeinflussen die Tragfähigkeit (load-carrying capacity) der Dübel bzw. Anker. Die Auswahl geeigneter Dübel und Anker für ein Mauerwerk muss in Abhängigkeit vom Material, Gefüge, Festigkeit und Lochflächenanteil der verwendeten Steine erfolgen.
Die Verankerung der Dübel und Anker sollte möglichst in den Steinen erfolgen, da deren Festigkeit insbesondere in Altbauten meist höher ist als die des Mörtels. Da die Steine in den Stoßfugen (vertical joints) häufig nicht vermörtelt werden, darf in diesen im Allgemeinen nicht mit Dübeln und Ankern befestigt werden. Plattenbaustoffe wie z. B. Gipsplatten erfordern Verankerungen, die stark in den Baustoff eingreifen oder sich großflächig hinter der Platte anlegen können.

Beanspruchung
Dübelbefestigungen können durch **Zug** (tension load) (in Achsrichtung wirkende Kräfte), durch **Querzug** (shear load) (vertikal wirkende Kräfte) oder durch **Schrägzug** (combined tension and shear load) (Kombination aus Zug und Querzug) beansprucht werden (Bild 1). Liegt das Montagebauteil nicht vollflächig an der Wand an wie z. B. bei Abstandsmontage von Rohrleitungen wegen der angebrachten Wärmedämmung oder besteht ein zu großes Spiel zwischen Dübel und dem Durchgangsloch des Montagebauteils, tritt eine Biegebeanspruchung (flexural load, bending stress) auf, die eine deutliche Verminderung der Traglast der Befestigung zur Folge hat. Deshalb sollten beim zuletzt erwähnten Fall die maximal zulässigen Durchgangslochdurchmesser im Montagebauteil (Bild 2) eingehalten werden.

PRAXISHINWEIS
Der verwendete Baustoff kann beim Bohren des Dübellochs und durch Analyse des Bohrmehls bestimmt werden. Lässt sich beim Bohren ohne Schlag leicht Material abtragen, ist von einem weichen Baustoff auszugehen. Rutscht der Bohrer plötzlich ins Leere und trifft dann wieder auf Widerstand, handelt es sich um einen Hohl- oder Lochstein. Ist das Bohrmehl rot, hat man es mit einer Ziegelwand zu tun. Weißes Bohrmehl deutet auf Kalksandstein hin, graues Bohrmehl lässt auf Beton schließen.

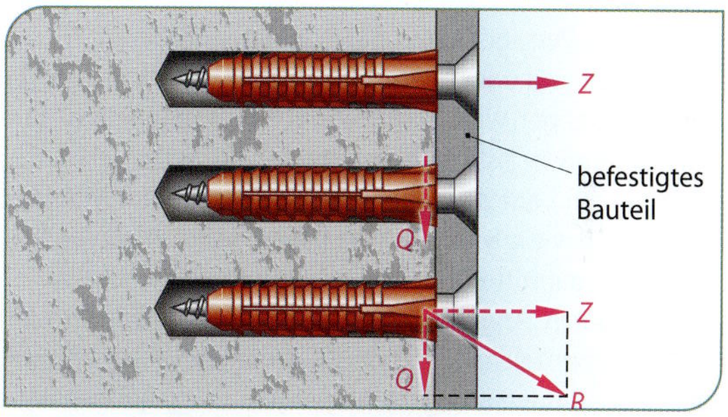

1 Dübelbeanspruchung

Dübeldurchmesser im Bereich des Montagebauteils											
6	8	10	12	14	16	18	20	22	24	27	30
7	9	12	14	16	18	20	22	24	26	30	33
Max. zulässiger Durchmesser des Durchgangslochs im Montagebauteil											

2 Durchgangslöcher im Montageteil

Aspekte bei der Dübel- und Ankerauswahl					
Befestigungsuntergrund	Beanspruchung	Umgebungsbedingungen	Sicherheit	Wirtschaftlichkeit	Montage
• Beton • Mauerwerk • Leichtbau	• Zug • Querzug • Schrägzug • Biegung	• Temperatur • Feuchtigkeit • Korrosion	• Brandschutz • Funktionssicherheit	• Produktpreis • Montageaufwand	• Montageort (z. B. Wand, Decke, Fußboden) • Einzel- oder Mehrfachbefestigung • Montageart (z. B. Vorsteckmontage, Durchsteckmontage, Abstandsmontage) • Abmessungen, Maßvorgaben (z. B. Bohrlochtiefe, Bohrlochdurchmesser, Bohrlochabstände)

Umgebungsbedingungen
Während bei Metalldübeln bzw. -ankern keine Einschränkungen hinsichtlich der **Temperatur** (temperature) gelten, dürfen Kunststoffdübel und Verbundanker meist nur bei Temperaturen zwischen −40 °C und +50 °C eingesetzt werden. **Feuchtigkeit** (humidity, moisture) im Befestigungsgrund kann zu einer deutlichen Verringerung der Traglast führen. In feuchten Innenräumen und im Außenbereich tritt eine erhöhte Beanspruchung durch **Korrosion** (corrosion) auf. In solchen Anwendungsfällen sind Dübel- bzw. Anker aus korrosionsbeständigen Werkstoffen zu verwenden.

Sicherheit
Besteht bei Versagen einer Befestigung eine Gefahr für die Gesundheit und das Leben von Personen oder kann daraus ein gravierender wirtschaftlicher Schaden entstehen, sind **Zulassungen** (registration, licence) für die Dübel- bzw. Ankerart, deren Bemessung und die Ausführung der Montage erforderlich wie z. B. Allgemeine bauaufsichtliche Zulassung oder brandgeprüfte Dübel. Brandgeprüfte Dübel und Anker werden durch Angabe ihrer Feuerwiderstandsdauer, z. B. F 90 [1], gekennzeichnet. Für deutlich von der Zulassung abweichende Anwendungsbedingungen ist gegebenenfalls eine Zustimmung im Einzelfall auf der Grundlage eines Sachverständigengutachtens erforderlich.
Befestigungen, von denen bei Versagen keine Gefährdung von Personen und kein wesentlicher wirtschaftlicher Schaden ausgeht, gelten als nicht sicherheitsrelevant und können nach Herstellerempfehlungen und handwerklichen Regeln ausgeführt werden.

Wirtschaftlichkeit
Bei der Auswahl der Dübel und Anker sind wirtschaftliche Gesichtspunkte (economic points of view) mit zu beachten. Dabei sind aber nicht nur die Preise der Produkte zu vergleichen, vielmehr sind auch alle vor- und nachgelagerten Arbeiten zu berücksichtigen.
Die Dübel- bzw. Ankermontagekosten werden beeinflusst durch:
- Preis der Dübel bzw. Anker,
- Verfügbarkeit bzw. Lieferzeit der Dübel und Anker,
- Anschaffungskosten und Abnutzung von Bohrmaschine und Bohrwerkzeug,
- Bohrzeit,
- Wartezeit bis zur Belastbarkeit,
- Lagerhaltung, z. B. Injektionsmörtel,
- Rüstzeiten, z. B. Bedarf an Gerüsten, Leitern.

Montage
Einfluss auf die Dübel- bzw. Ankerwahl hat dabei neben dem Montageort (mounting site) wie z. B. Wand, Decke oder Fußboden auch die Montageart (type of installation) wie z. B. Vorsteck-, Durchsteck- und Abstandsmontage. In Abhängigkeit von der Montageart sind Dübel und Anker (Durchmesser und Länge) auf das Montagebauteil (Bauteildicke, Länge des Durchgangsloches) abzustimmen.
Neben dem Befestigungsuntergrund hängt die Wahl der Dübel und Anker auch noch von den Rand- und Achsabständen (edge distance and centre distance) ab. Verankerungssysteme mit geringen Spreizkräften wie z. B. Injektionsanker, Reaktionsanker und Hinterschnittanker eignen sich für geringe Rand- und Achsabstände (vgl. Montage der Dübel- und Verankerungssysteme, S. 202).
Eine Übersicht von in verschiedenen Befestigungsuntergründen einsetzbaren bzw. empfohlenen Dübeln und Ankern zeigt die Tabelle (Bild 1, nächste Seite).

Auswahl der Schrauben für Dübel und Anker
Für Dübel ohne Innengewinde sind Holzschrauben (wood screws) (Bild 1a), Spanplattenschrauben (chip board screws) (Bild 1b) oder Stockschrauben (hanger bolts) (Bild 1c) verwendbar (vgl. Lernfeld 3, Kap. 3.3.1) Manche Dübel erlauben bei einer Abmessung den Einsatz unterschiedlicher Schraubendurchmesser (screw diameter). Zum Beispiel sind bei Kunststoff-Spreizdübeln für den Dübeldurchmesser 8 mm die Schraubendurchmesser 4,5 mm, 5 mm und 6 mm möglich. Allerdings wird der höchste Haltewert eines Dübels nur mit dem größtmöglichen Schraubendurchmesser erreicht. Bei Verwendung kleinerer Schraubendurchmesser sind die Haltewerte und damit die möglichen Traglasten entsprechend geringer.

1 Schrauben

Vielfach ist auch die Gewindeform (thread shape) der Schraube von Bedeutung. So haben Spanplattenschrauben einen dünneren Schraubenkern als z. B. Holzschrauben und Stockschrauben bei gleichem Durchmesser. Dies wiederum kann Auswirkungen auf die Spreizkraft haben, mit der die Dübel gegen die Bohrlochwand gedrückt werden. Bei Dübeln und Ankern mit Innengewinde wie z. B. Messingdübeln, müssen Schrauben mit metrischem Gewinde (screws with metric thread) (Bild 1d) verwendet werden.

[1] F 90: Das Bauteil muss im Brandfall dem Feuer mindestens 90 Minuten lang stand halten

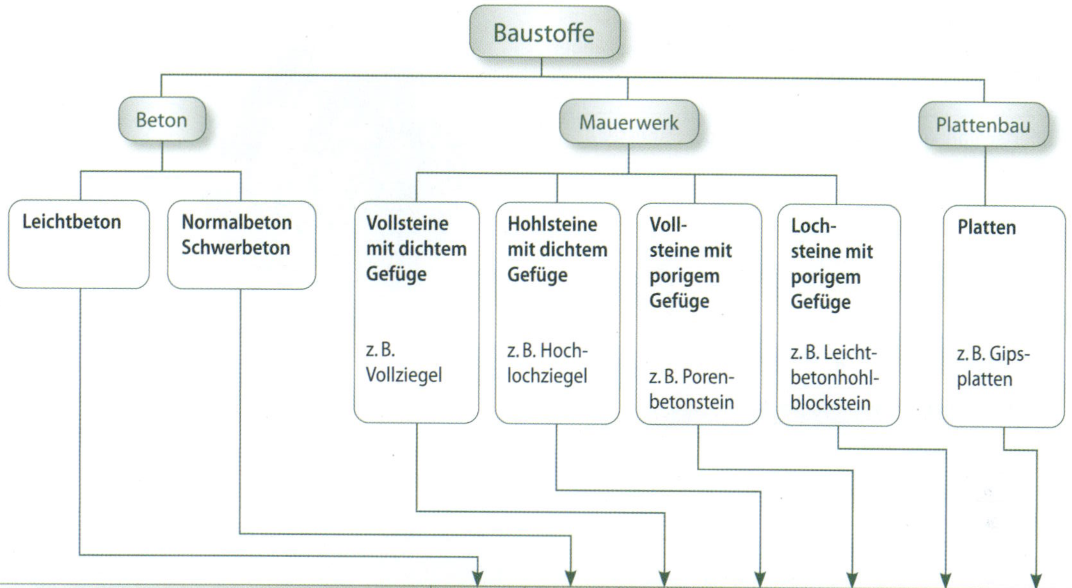

	Leichtbeton	Normalbeton Schwerbeton	Vollsteine mit dichtem Gefüge	Hohlsteine mit dichtem Gefüge	Vollsteine mit porigem Gefüge	Lochsteine mit porigem Gefüge	Platten
Kunststoffdübel							
Spreizdübel	●	●	●	○	●	○	
Nageldübel	●	●	●	○	●	○	
Gasbetondübel					●		
Dübel für Gipsplatten							●
Hohlraumdübel			○	●	○	●	●
Universaldübel	●	●	●	●	●	●	●
Metalldübel							
Spreizdübel	●	●	●	●	●	●	
Messingdübel	●	●	●				
Porenbetondübel					●		
Dübel für Gipsplatten							●
Hohlraumdübel							●
Kippdübel							●
Federklappdübel							●
Anker							
Injektionsanker	●	●	●	●	●	●	
Verbundanker		●					
Deckennagel		●	●				
Spreizanker		●					
Einschlaganker		●					
Hinterschnittanker		●	●				

Dübel fürs Mauerwerk

1 Dübel und Anker bei verschiedenen Befestigungsuntergründen

● geeignet ○ bedingt geeignet

Viele Dübel erfordern eine Mindestlänge der Schraube, damit sie ihre Funktion wie z. B. Verknoten in Hohl- und Lochbausteinen erfüllen können. Die Mindestschraubenlänge kann wie folgt bestimmt werden:

> Mindestschraubenlänge (E) = Schraubendurchmesser A + Länge des Dübels B + Dicke des Montagebauteils C (Bild 1)

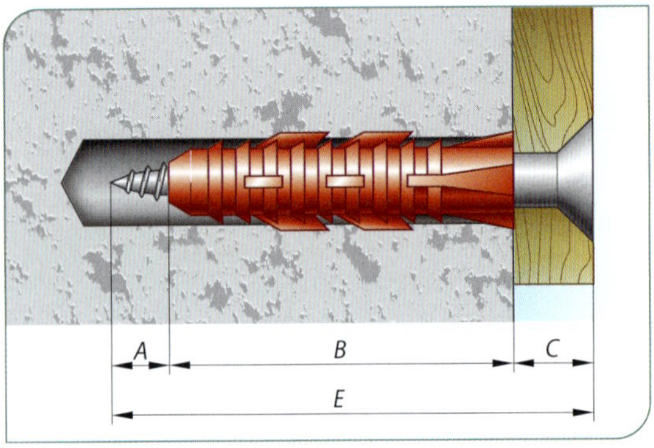

1 *Schraubenlänge*

3.5.3.3.2 Schellen und Schelleneinlagen

Universal-Rohrschellen

Für die Befestigung von Rohrleitungen werden Schellen (clamps) verwendet. Heute kommen fast ausschließlich Stahlschellen mit Schallschutz-Dämmeinlage (z. B. Gummieinlage) zum Einsatz, um den direkten Kontakt von Rohrleitung und Schelle zu vermeiden. Gummieinlagen sind weich und können die Schallschwingungen „abfedern", d. h. absorbieren. Ansonsten würde der Schall ungehindert von den Rohrleitungen an die Wände und Decken übertragen und sich von dort weiter ausbreiten. Verbindungsstellen, an denen der Schall von einem Körper zu einem anderen übertragen wird, (z. B. Metallrohr/Stahlschelle) bezeichnet man als **Schallbrücken.**

MERKE

Rohrbefestigungen in Wohngebäuden dürfen keine Schallbrücken aufweisen.

Mit Hilfe der Dämmeinlagen (insulating material) werden Rohrleitungen schalltechnisch vom Baukörper entkoppelt und damit Schallbrücken vermieden. Wichtig ist hierbei, dass alle Befestigungsstellen schalldämmend ausgeführt werden, da bereits eine Rohrschelle ohne Dämmeinlage den Schallschutz stark vermindert. Die Schalldämmeinlage verhindert außerdem Kontaktkorrosion (vgl. Kap. 2.2.2.1 auf S. 232) zwischen Rohrschelle und Rohrleitung, Oberflächenbeschädigungen am Rohr durch die Rohrschelle und die Übertragung von elektrischen Strömen. Des Weiteren reduziert sie die Wärmeübertragung zwischen Rohrleitung und Baukörper.

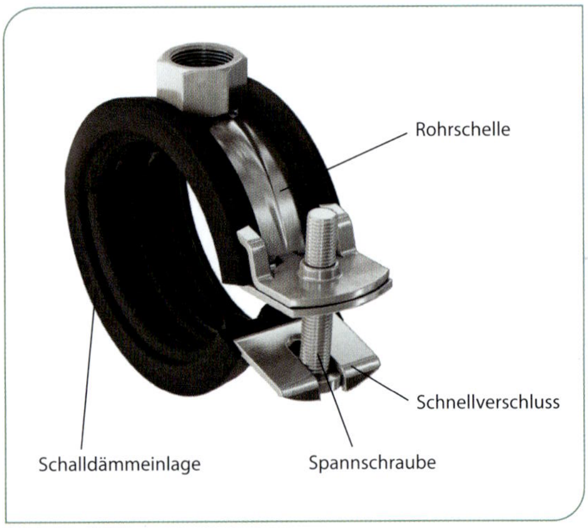

2 *Einteilige Gelenkrohrschelle*

Die **einteiligen Gelenkrohrschellen** (one-piece articulated pipe clamps) mit Schalldämmeinlage (Bild 2) sind zum Einlegen des Rohres aufklappbar und ermöglichen durch den Schnellverschluss (quick-seal coupling) eine einfache und schnelle Einhandmontage. Das Rohr kann durch Einrasten der Spannschraube fixiert und anschließend ausgerichtet werden. Der Schnellverschluss schützt nach dem Einklicken vor einem unkontrollierten Öffnen der Rohrschelle und ermöglicht ein zeit- und kraftsparendes Einlegen der Rohre bei Überkopfmontage. Die kompakte Bauweise der Rohrschelle, ohne große Überstände im Gelenk- und Verschlussbereich, ermöglicht außerdem ein einfaches und sauberes Dämmen der Rohre. Die Spann- bzw. Verschlussschraube ist gegen Verlust gesichert.
Neben der beschriebenen Ausführung gibt es auch einteilige Gelenkrohrschellen, die ohne Werkzeug durch Drücken auf die Verschlussschraube (screw plug; locking bolt) geschlossen werden können (Bild 3). Ein Metallplättchen im Kunststoffteil des Verschlusses sichert die Schelle im Brandfall.

3 *Rohrschelle mit Druckverschluss*

Stütz- und Fixierschellen (Bild 1) für die Befestigung von Abwasser-Fallleitungen lassen sich durch einen Bügelverschluss einfach und schnell schließen. Der Bügelverschluss und ein Abstandhalter am Verschluss der Stützschelle gewährleisten außerdem das richtige Anzugsmoment.

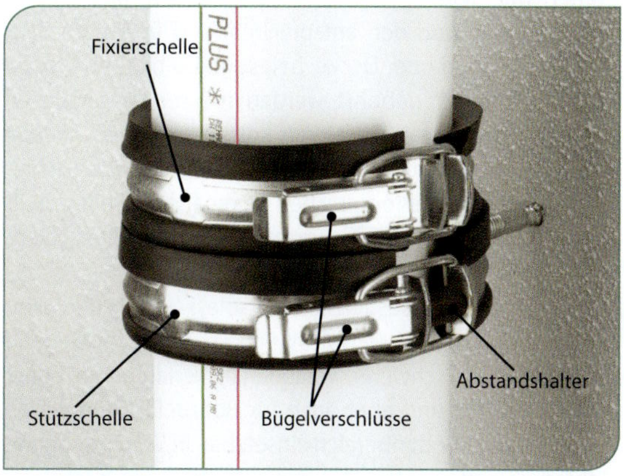

1 Stütz- und Fixierschelle mit Bügelverschluss

Einteilige Gelenkrohrschellen mit spezieller Gummieinlage zur Befestigung von Kunststoffrohren (Bild 2) ermöglichen in Verbindung mit einer Distanzhülse (distance bush, spacer sleeve, spacer tube) ein Gleiten des Rohres in der Schelle. Durch Entfernen der Distanzhülse kann die Rohrschelle von Gleitfunktion (sliding function) auf Klemmfunktion (clamping function) umgestellt werden.

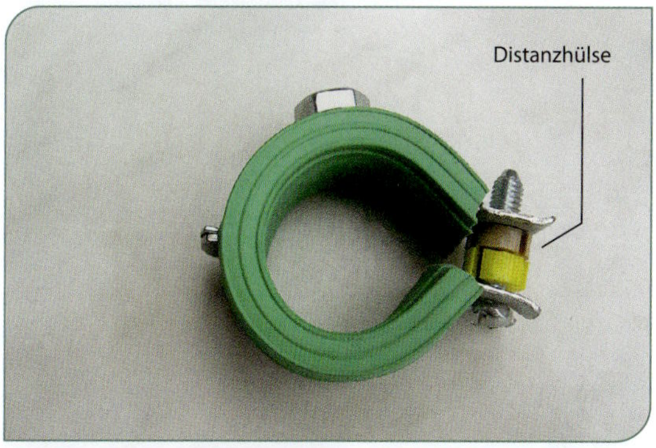

2 Schelle für Kunststoffrohre mit Distanzhülse

Kunststoffschellen (plastic clamps) mit spezieller Schallschutzeinlage (Bild 3) können sowohl für Kunststoffrohre als auch für metallische Rohre eingesetzt werden. Durch Wegkippen des Abstandshalters ist bei dieser Schelle ebenfalls ein Umstellen von Gleit- auf Klemmfunktion möglich. Neben der üblichen Montage an Wand und Decke mittels Stockschrauben bzw. Gewindestangen kann diese Rohrschelle auch direkt auf die passende Montageschiene geschoben werden.

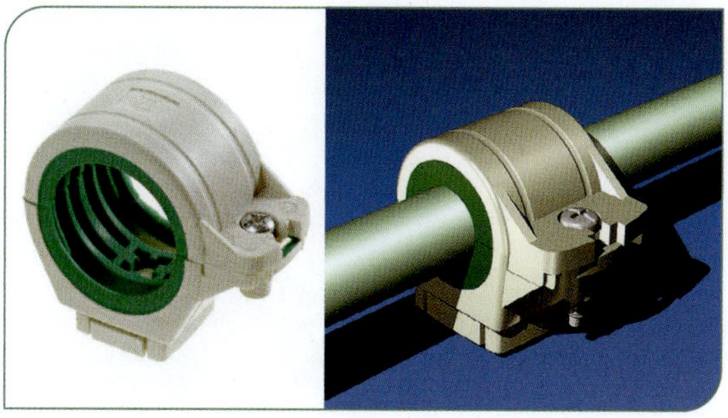

3 Kunststoffschelle

Außerdem werden Rohrschellen aus Kunststoff angeboten, die keine Verschlussschrauben aufweisen (Bild 4). Durch leichtes Drücken der beiden Schellenhälften wird das Rohr umschlossen und die Schelle rastet ein. Diese Schelle kann:

- mit einem Einschlagdübel verankert,
- durch Einbringen einer Gewindemutter auf metrischen Gewinden befestigt oder
- mit Hilfe eines Adapters an einer speziellen Montageschiene montiert werden.

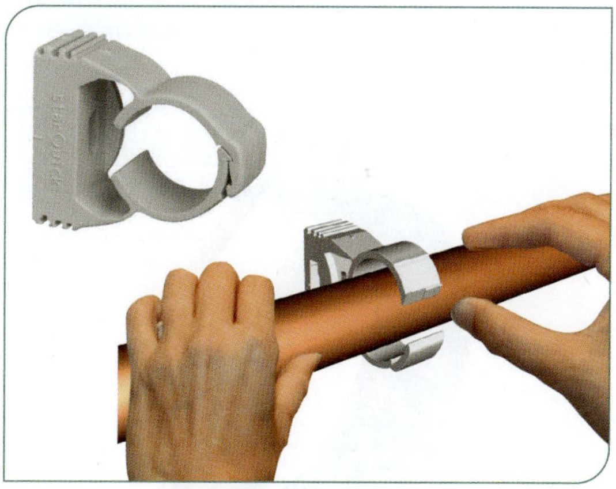

4 Rohrschelle ohne Verschlussschrauben

Die **zweiteiligen Rohrschellen** (two-piece pipe clamps) mit Schalldämmeinlage und zwei Verschlussschrauben (Bild 1, nächste Seite) sind ebenfalls mit einem Schnellverschluss und den damit verbundenen Vorteilen (vgl. einteilige Rohrschellen) sowie einer Anschlussmutter (connection nut) mit einem Kombigewinde (combined thread, double thread) wie z. B. M8/ M10 erhältlich. Daneben gibt es auch Ausführungen mit M8-, M10-Innengewinde und R 1/2-Außengewinde. Dreht man die Hülse ab, kann das Außengewinde genutzt werden. Dadurch ist diese Schelle vielseitig verwendbar.

Zweiteilige Rohrschelle

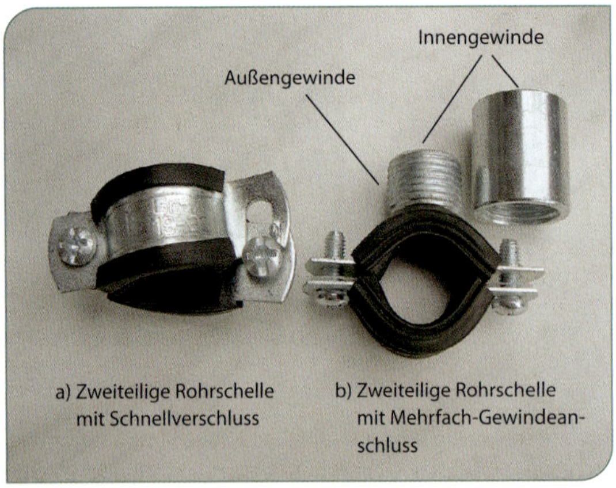

1 Zweiteilige Rohrschellen

Massivrohrschellen (Bild 2) kommen zur Befestigung von schweren Rohren zum Einsatz. In Verbindung mit einem Rohrdoppelnippel (pipe double nipple) und einer entsprechenden Grundplatte kann eine Befestigung direkt an der Wand oder Decke oder an einer Schiene erfolgen. Durch Entfernen der Verschlussschrauben können Rohrschellen dieser Art zusätzlich oder alternativ links und rechts mit Gewindestäben befestigt werden.

2 Massivrohrschelle

3 Montageschienen

3.5.3.3.3 Montageschienen, Konsolen, Zubehör

Schienen-installation

Montageschienen (mounting rails) (Bild 3) werden eingesetzt, wenn mehrere Rohrleitungen nebeneinander verlegt werden müssen. Sie werden mit Befestigungsschrauben wie z. B. Innensechskantschrauben und den entsprechenden Dübeln am Baukörper, z. B. Wand oder Decke, befestigt. Da hierbei nicht so viele Dübellöcher gebohrt werden müssen, ermöglichen Montageschienen eine zeit- und kostensparende Montage der Rohre. Vorteilhaft ist ferner, dass die Rohre in den Schienen leicht auf den erforderlichen Seitenabstand eingestellt werden können. Montageschienen gibt es mit unterschiedlichen Profilen und Lochbildern.

Auslegerkonsolen (suspension consoles) (Bild 4) und **Winkelkonsolen** (angular consoles) (Bild 5) dienen vorwiegend zur Befestigung schwerer, waagerecht verlaufender Rohre an Wänden. Sie sind aber auch für Rohrbefestigungen an Decken und im Bodenbereich einsetzbar. In Verbindung mit Montageschienen geben die Winkelkonsolen einer Tragkonstruktion eine hohe Stabilität und Sicherheit.

Abdeckkappen (cover caps) (Bild 4) an den Enden von Montageschienen und Auslegerkonsolen verhindern Verletzungen und verbessern ihr optisches Erscheinungsbild.

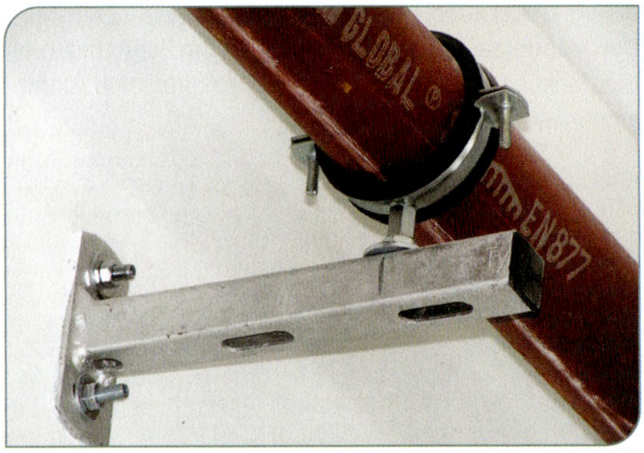

4 Auslegerkonsole mit Abdeckkappe

5 Tragkonstruktion aus Winkelkonsole und Montageschienen

Hammerkopfschrauben (hammer-head bolts) (Bild 1a) dienen als Verbindungselement zwischen Montageschiene/Konsole und Rohrschelle. Sie bestehen aus einer Gewindeplatte, in die Gewindestifte bzw. Gewindestangen eingedreht werden, einer Unterlegscheibe und einer Sechskantmutter. Die Hammerkopfschrauben werden seitlich in die Montageschienen oder Konsolen eingeschoben und nach Ausrichtung mit Unterlegscheibe und Mutter festgezogen. Im Handel werden auch vormontierte Ausführungen angeboten (Bild 1b), die an beliebiger Stelle in die Schiene oder Konsole eingesetzt werden können. Dreht man diese Hammerkopfschrauben nach dem Einsetzen um 90° können sie beliebig verschoben und ausgerichtet werden, ohne dass sie herausfallen.

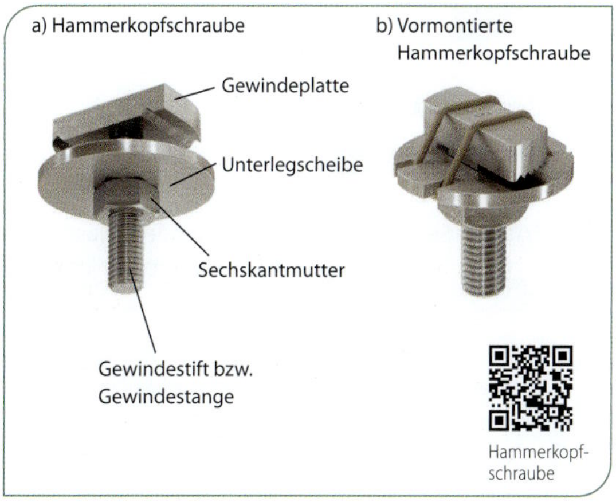

1 *Hammerkopfschrauben*

Stockschrauben (universal spacing screws) dienen z. B. als Verbindungselement zwischen Dübel und Rohrschelle (Bild 2). Sie werden mit und ohne Sechskantschlüsselfläche angeboten. Erstere werden mit einem Gabelschlüssel, letztere mit einem speziellen Handeindrehwerkzeug in den Dübel eingedreht. Ausführungen mit Torx-Werkzeugaufnahme (vgl. Lernfeld 3, Kap. 3.3.1) ermöglichen das Ein- und Ausdrehen der Schrauben auch mittels Bohrmaschine oder Akkuschrauber, wodurch eine enorme Verringerung der Montagezeit erreicht werden kann.
Bei Verwendung von Ankern mit Innengewinde, z. B. Einschlaganker, oder bei Einsatz von **Grundplatten** (mounting plates) werden zur Befestigung der Rohrschellen **Gewindestangen** (threaded rods) (Bild 3) verwendet.

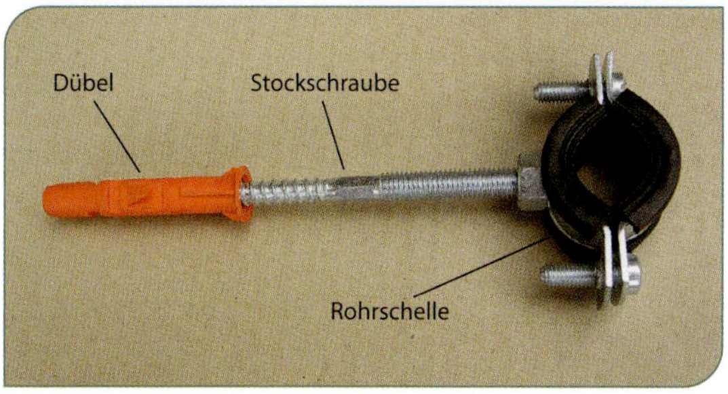

2 *Rohrschelle mit Stockschraube und Dübel*

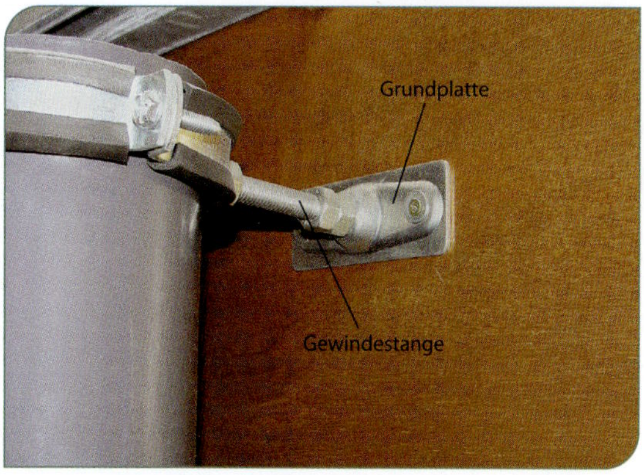

3 *Befestigung der Rohrschelle mit Grundplatte und Gewindestange*

Mit **Lochbändern** (perforated metal stripes) werden häufig wärmegedämmte Rohre auf dem Rohfußboden befestigt (Bild 4). Die Verankerung im Beton kann mit Nageldübeln oder **Einschlagnägeln** (Bild 5) erfolgen. Letztere können mit einem Setzeisen ohne vorausgegangene Bohrarbeiten direkt in den Betonfußboden eingeschlagen werden. (vgl. Lernfeld 3, Kap. 3.6.4) **Lochbänder** kommen neben Gewindestangen auch bei Rohraufhängungen zum Einsatz (Bild 6).

4 *Befestigung von Rohren am Fußboden mit Lochband*

5 *Einschlagnagel*

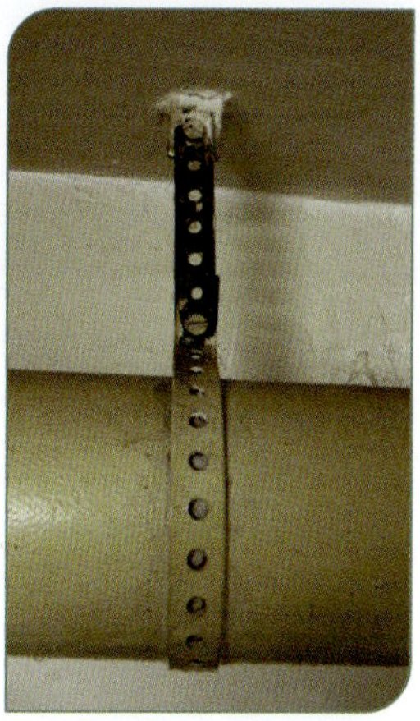

6 *Aufhängung mit Lochband*

ÜBUNGEN

1) Wie müssen Rohrleitungen grundsätzlich befestigt werden?

2) Wovon hängt der Abstand zwischen zwei Befestigungsstellen ab?

3) Wie groß sollte der Befestigungsabstand bei folgenden Rohren sein:
a) Stahlrohr DN 20?
b) Kupferrohr DN 15?
c) Mehrschichtverbundrohr DN 25?
d) PE-X-Rohr DN 15 ?

4) Welche Betonarten unterscheidet man nach der Rohdichte?

5) Nach der Herstellung unterscheidet man gebrannte und ungebrannte Mauersteine. Nennen Sie für beide Steinarten jeweils zwei Beispiele.

6) Wodurch wird bei Mauerziegeln die Wärmedämmfähigkeit verbessert?

7) In welchen Ausführungen werden Mauerziegel angeboten?

8) Nennen Sie Vor- und Nachteile von Kalksandsteinen.

9) Wofür werden Mauersteine aus Normalbeton hauptsächlich eingesetzt?

10) Nennen Sie zwei Beispiele für Plattenbaustoffe.

11) Dübel und Anker übertragen die auftretenden äußeren Kräfte durch Kraft-, Form- oder Stoffschluss in den Befestigungsuntergrund (Baukörper). Erläutern Sie diese drei Wirkprinzipien bei Dübeln und Ankern.

12) Beschreiben Sie die Wirkungsweise a) der Spreizdübel b) der Hohlraumdübel.

13) Für welche Baustoffe eignen sich a) Spreizdübel und b) Hohlraumdübel?

14) Wofür werden Kunststoff-Nageldübel vorwiegend verwendet?

15) Erläutern Sie die Vorteile der Allzweck- bzw. Universaldübel aus Kunststoff.

16) Welche Vorteile haben Metallspreizdübel im Vergleich mit Kunststoffspreizdübeln?

17) Wofür eignen sich Messing-Spreizdübel besonders?

18) Benennen Sie die abgebildeten Dübel und Anker und geben Sie jeweils zwei Befestigungsuntergründe an, für die sie bevorzugt eingesetzt werden.

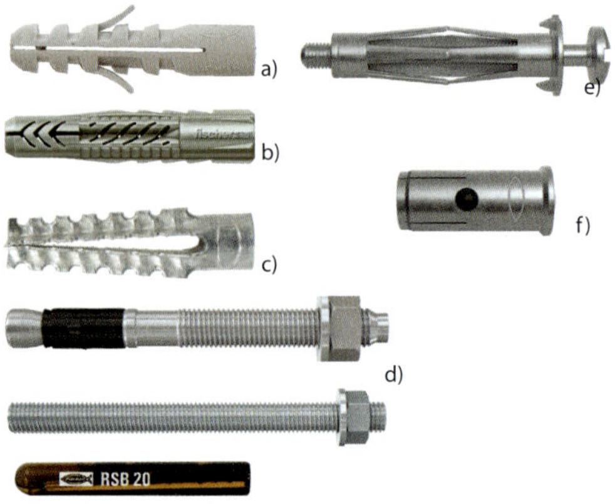

19) a) Erstellen Sie eine Tabelle nach folgendem Muster.

Stoffschluss	Formschluss	Kraftschluss

b) Ordnen Sie die genannten Dübel und Anker den entsprechenden Wirkprinzipien zu:
Spreizdübel, Gasbetondübel, Dübel für Gipsplatten, Porenbetondübel, Hohlraumdübel, Kippdübel, Federklappdübel, Injektionsanker, Deckennägel, Reaktionsanker, Einschlaganker, Hinterschnittanker

20) a) Nennen Sie die Einzelteile eines Injektionsankers.
b) Erläutern Sie die Aufgaben des Injektionsmörtels.

21) Warum ermöglichen Injektions- und Reaktionsanker geringe Achs- und Randabstände.

22) Welche Vorteile haben Deckennägel?

23) Erläutern Sie mindestens fünf Faktoren, die bei der Auswahl der Dübel bzw. Anker zu berücksichtigen sind.

24) Viele Dübel erfordern eine Mindestlänge der Schraube, damit sie ihre Funktion erfüllen können. Geben Sie für diese Anwendungsfälle eine Formel zur Bestimmung der Mindest-Schraubenlänge an.

25) Erläutern Sie die Bedeutung a) des Schraubendurchmessers b) der Gewindeform der Schraube bei Befestigungen mit Dübeln.

26) Welche Schrauben sind für Dübel ohne Innengewinde verwendbar?

ÜBUNGEN

27) Bezeichnen Sie die vier abgebildeten Schrauben.

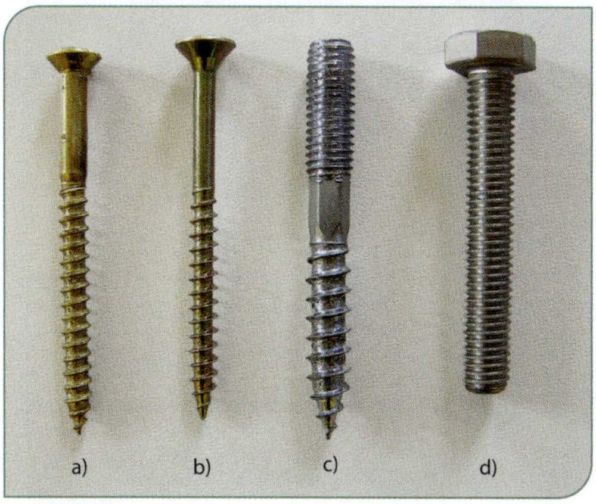

28) Nennen Sie vier Aufgaben der Dämmeinlage einer Rohrschelle.

29) Erläutern Sie vier Vorteile der einteiligen Gelenkrohrschellen.

30) Bezeichnen Sie die Teile a – d der abgebildeten einteiligen Gelenkrohrschelle.

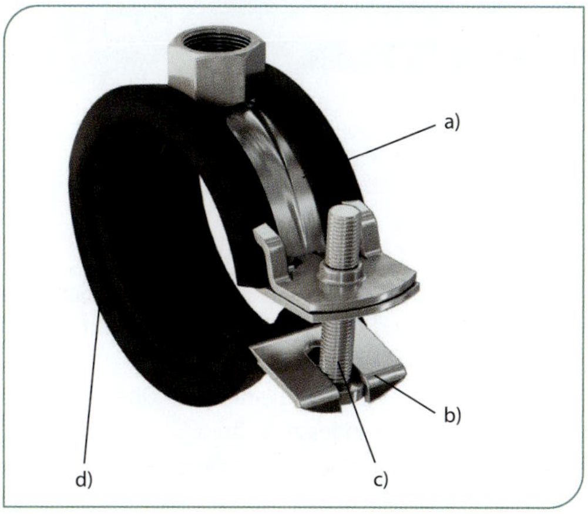

31) Wie kann die einteilige Gelenkrohrschelle zur Befestigung von Kunststoffrohren von Gleit- auf Klemmfunktion umgestellt werden?

32) Nennen Sie drei Ausführungen von zweiteiligen Rohrschellen.

33) Im Handel werden Rohrschellen aus Kunststoff angeboten, die keine Verschlussschrauben aufweisen. Nennen Sie mindestens zwei Vorteile.

34) Wofür werden Massivrohrschellen eingesetzt.

35) Nennen Sie zwei Vorteile von Befestigungen mit Montageschienen.

36) In welchen Fällen werden bei der Befestigung von Rohren Auslegerkonsolen und Winkelkonsolen verwendet?

37) Welche zwei Aufgaben erfüllen Abdeckkappen an den Enden von Montageschienen und Auslegerkonsolen.

38) Wozu dienen Hammerkopfschrauben?

39) Nennen Sie die Einzelteile einer Hammerkopfschraube.

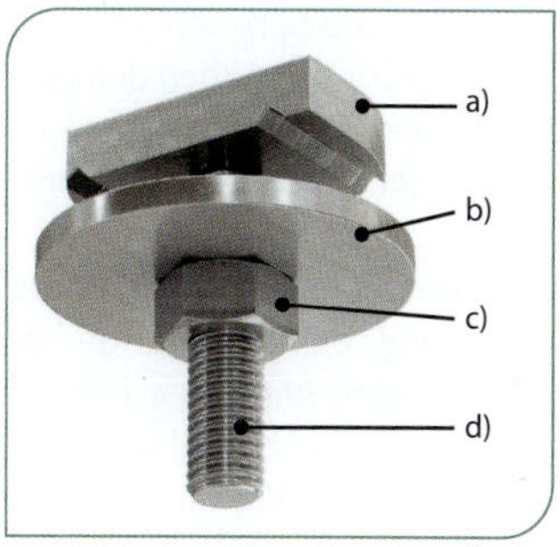

40) Eine Rohrleitung soll an einer gemauerten Wand befestigt werden. Nennen Sie die drei grundlegenden Befestigungselemente.

41) Welchen Vorteil haben Stockschrauben mit Torx – Werkzeugaufnahme?

42) Eine Rohrschelle soll an einer Grundplatte befestigt werden. Welches weitere Befestigungselement ist erforderlich?

43) Nennen Sie zwei Anwendungsbeispiele der Lochbänder.

3.6 Montage der Dübel- und Verankerungssysteme

3.6.1 Montagearten

Dübel und Schrauben

Grundsätzlich unterscheidet man bei der Montage zwischen Vorsteck-, Durchsteck- und Abstandsmontage.

Bei der **Vorsteckmontage** (pre-positioned fixing) (Bild 1) müssen vor dem Bohren der Dübellöcher die Löcher des Montagebauteils exakt auf den Befestigungsuntergrund übertragen werden. Der Dübel schließt meist bündig mit der Oberfläche des Befestigungsuntergrunds (Baustoffoberfläche) ab. Der Bohrlochdurchmesser ist dabei größer als der Lochdurchmesser des Montagegegenstands. Dadurch kann der Dübel beim Anziehen der Schrauben nicht nach außen gezogen werden und das Montagebauteil wird durch die Schraube fixiert.

Bei der **Durchsteckmontage** (through fixing) (Bild 2) wird das Dübelloch durch das Loch des Montagebauteils gebohrt und der Dübel anschließend in das Bohrloch gesteckt. Dübelloch und Loch des Montagebauteils haben den gleichen Durchmesser. Bei Montagegegenständen mit zwei und mehr Befestigungspunkten kann durch diese Methode eine hohe Passgenauigkeit der Dübellöcher erzielt werden.

Die **Abstandsmontage** (stand-off fixing) (Bild 3) findet z. B. bei Rohrleitungen Anwendung, die aufgrund der dazwischen liegenden Wärmedämmung und des erforderlichen Arbeitsraumes in einem bestimmten Abstand vor der Verankerungsfläche fixiert werden müssen. Verwendet wird diese Montageart auch, wenn z. B. Bauteile auf unebenen Untergründen verlegt werden müssen.

PRAXISHINWEIS

Bei Bauteilen mit Mehrfachbefestigungen führen grobe Ungenauigkeiten beim Ansetzen des Bohrers auf den Befestigungsuntergrund zu Montageproblemen. Deshalb sollte in diesen Fällen die Durchsteckmontage bevorzugt werden (Bild 2).

3.6.2 Bohrlochherstellung

Dübelmontage

- Grundsätzlich sind das für den Befestigungsuntergrund geeignete Bohrwerkzeug und Bohrverfahren zu verwenden (vgl. LF1, Kap. 1.2.2).
- Bei Lochstein- und Vollbaustoffen mit geringer Festigkeit (z.B. Porenbeton) darf nur **Bohren ohne Schlag** (drilling without impact) zum Einsatz kommen, damit das Bohrloch nicht zu groß wird bzw. die Stege in Lochsteinen nicht ausbrechen.
- Bei Vollbaustoffen mit höherer Festigkeit (z. B. Vollsteinen) ist das **Schlagbohren** (impact drilling) anzuwenden. Zur Erstellung von Bohrlöchern in Beton und Granit sollte allerdings das **Hammerbohren** (hammer drilling) eingesetzt werden, da hierbei die Schlagenergie bzw. Schlagstärke viel höher ist und der Arbeitsfortschritt nicht vom Kraftaufwand des Bedieners abhängt.
- Das Bohrloch ist stets rechtwinklig zur Oberfläche des Befestigungsuntergrundes zu bohren.
- Beim Bohren in Stahlbeton darf die Bewehrung weder beschädigt noch durchtrennt werden, um die Tragfähigkeit nicht zu verringern. Die Lage der Bewehrung kann mit Hilfe eines Bewehrungssuchgeräts ermittelt werden.
- Vor dem Bohren in Fliesen (tiles) sollte der Anbohrpunkt entweder angekörnt (be centrepunched) und/oder mit einem Kreppband (crepe tape) abgeklebt werden, damit der Bohrer nicht abrutscht und die Oberfläche der Fliesen nicht beschädigt wird.
- Nach dem Bohren ist das Bohrloch z. B. durch Ausblasen (blowing out) oder Aussaugen (sucking out) zu reinigen.

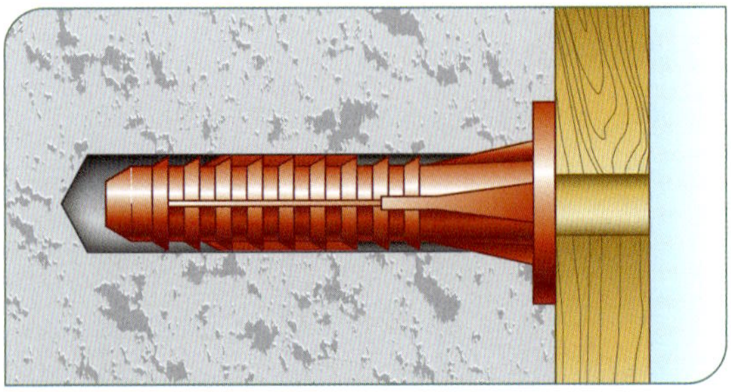
1 Vorsteckmontage

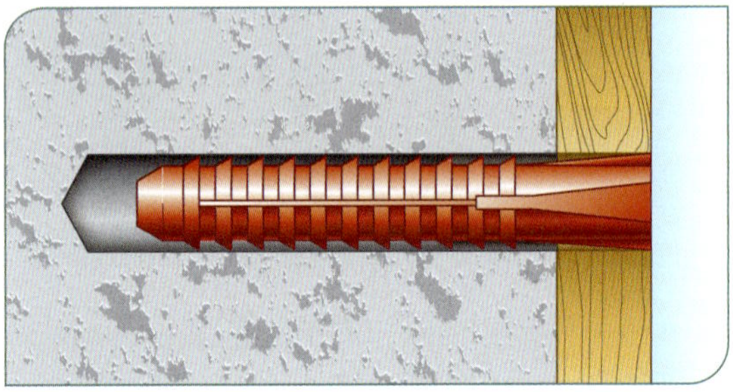
2 Durchsteckmontage

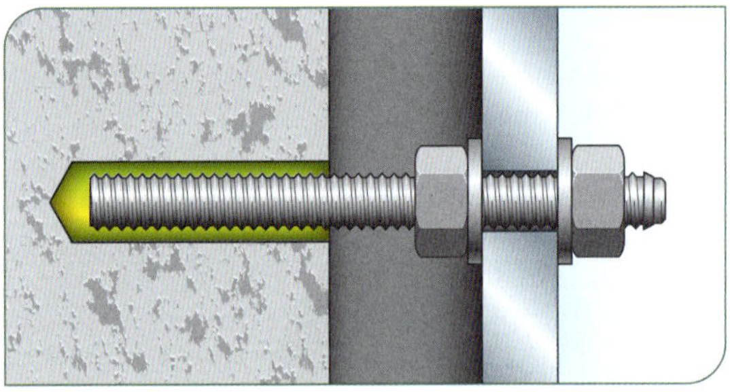
3 Abstandsmontage

MERKE

Nicht entferntes Bohrmehl (bore dust) beeinträchtigt die Haftung des Dübels bzw. Ankers im Bohrloch.

- Bei Fehlbohrungen (Bohrungen, die an der falschen Stelle positioniert wurden oder wegen vorhandener Bewehrungsstäbe nicht die notwendige Tiefe aufweisen) sind in einem angemessenen bzw. in der Zulassung angegebenen Abstand neue Bohrungen anzubringen.
- Die Bohrlochtiefe (drill hole depth) muss mindestens gleich der Verankerungstiefe bzw. Dübellänge sein (Bild 1). Zum Beispiel soll bei den meisten Spreizdübeln die Schraube aus der Dübelspitze austreten, um den Dübel maximal zu spreizen.

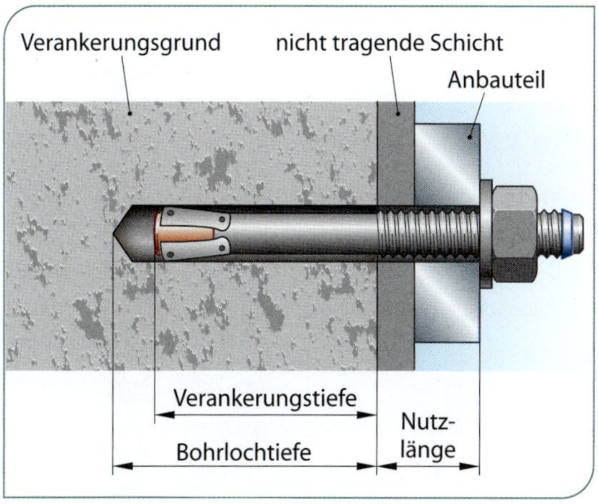

1 Montierter Ankerbolzen

- Der Bohrlochdurchmesser muss auf den Dübel bzw. Anker abgestimmt sein.
- Rand- und Achsabstand müssen eingehalten werden, um Rissbildung oder ein Herausbrechen des Baustoffs zu vermeiden. Bei Kunststoffdübeln sollen ein Randabstand (edge spacing) von 2x Verankerungstiefe (Dübellänge) und ein Achsabstand (centre distance) von 4x Verankerungstiefe eingehalten werden. Der Randabstand kann auf 1x Verankerungstiefe verringert werden, wenn die Spreizrichtung des Dübels parallel zur Wandkante verläuft (Bild 2). Verankerungssysteme mit geringen Spreizkräften erfordern geringere Rand- und Achsabstände (vgl. Auswahl der Dübel und Anker).

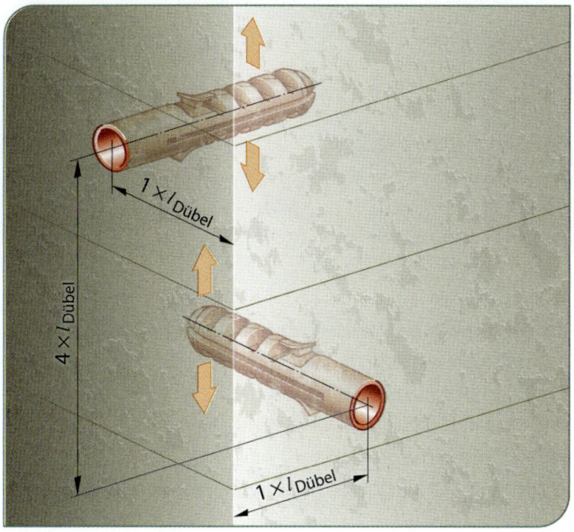

2 Spreizdübel an Wandkanten

Montage von Hohlraumdübeln

3.6.3 Setzen der Dübel und Anker

Ein Dübel bzw. Anker kann nur dann seine Aufgabe erfüllen, wenn er fachgerecht montiert (mounted) ist. Bei der Montage von Dübeln und Ankern sind grundsätzlich die Vorschriften des Zulassungsbescheids zu beachten. Diese Vorschriften sind den Herstellerangaben auf der Verpackung oder den Unterlagen zu entnehmen. Liegt für einen Dübel bzw. Anker keine Zulassung vor, ist die Montageanleitung oder die Produktinformation des Herstellers zu befolgen.
Falsch gesetzte sowie ausgebaute Dübel und Anker dürfen nicht wieder verwendet werden. Eben so wenig dürfen einzelne Teile ausgetauscht werden, da die Funktionstauglichkeit (functionality) dadurch verloren geht.
Das Setzen gewöhnlicher **Dübel wie z. B. Kunststoffspreizdübel, Universaldübel, Metallspreizdübel** erfordert meist folgende Arbeitsschritte (Bild 3):
- Dübelloch (dowel hole) bohren,
- Bohrloch reinigen (z. B. mit Bürste oder Blasebalg),
- Dübel bündig einschlagen,
- Bauteil ansetzen und Schraube eindrehen bzw. Stockschraube eindrehen und Bauteil ansetzen,
- Mutter aufschrauben und anziehen.

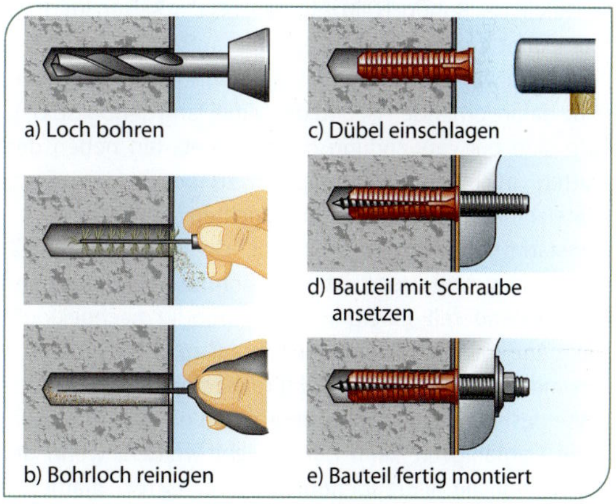

3 Erstellung einer Dübelbefestigung

Porenbetondübel (aerated-concrete dowels) aus Metall und Kunststoff dürfen nicht in den Befestigungsuntergrund geschlagen, sondern müssen eingedreht werden. Dazu können spezielle Setzwerkzeuge verwendet werden. Zur Befestigung von Bauteilen können bei Porenbetondübeln aus Kunststoff, Holzschrauben oder Schrauben mit metrischem Gewinde eingesetzt werden. Bei Porenbetondübeln aus Metall müssen metrische Schrauben verwendet werden.
Bei **Metalldübeln für Gipsplatten und Kunststoffdübeln für Gipsplatten mit Bohrspitze** ist kein Vorbohren erforderlich (Bild 1, linke Reihe, nächste Seite). Die Dübelspitze wird zunächst in den Befestigungsuntergrund gedrückt und der

Dübel anschließend durch den Kreuzschlitz im Dübelkopf wie eine Schraube mit einem Schraubendreher oder einem Akku- bzw. Elektroschrauber (cordless or electric drill-driver) bündig eingedreht.

Rigips-Dübel

Kunststoffdübel für Gipsplatten ohne Bohrspitze werden ab 15 mm Plattenstärke mit einem speziellen Setzwerkzeug eingedreht (Bild 1, rechte Bildreihe). Für die Befestigung der Bauteile kommen Spanplattenschrauben zum Einsatz.

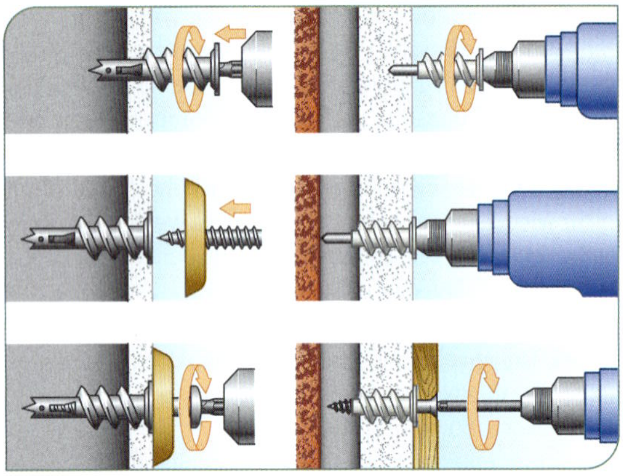

1 Setzen eines Metalldübels für Gipsplatten (linke Bildreihe) und eines Kunststoffdübels für Gipsplatten (rechte Bildreihe)

Metallkippdübel (metal gravity toggle fixings) und **Metallfederklappdübel** (metal spring toggle fixings) (Bild 2) sind so weit in das Bohrloch einzuführen, bis der Balken im Hohlraum kippt bzw. die Federklappe dort aufspreizt. Voraussetzung dafür ist, dass im Hohlraum (hollow space) genügend Platz dafür vorhanden ist und der Dübel lang genug ist. Deshalb sind bei Verwendung dieser Dübelarten neben den Platten- auch die Hohlraumtiefen zu beachten und die Dübelabmessungen danach auszurichten.

Kunststoffhohlraumdübel (plastic cavity plugs) (Bild 3) werden zusammengedrückt in das Bohrloch eingeführt und anschließend mit einem Hammer bündig nachgeklopft. Beim Anziehen der Schraube ist darauf zu achten, dass das Gewinde nicht überdreht wird (Bruchgefahr). Die Schraube sollte deshalb nur mit Hand angezogen werden. Die maximale Tragfähigkeit kann nur erreicht werden, wenn der größtmögliche Schraubendurchmesser (screw diameter) verwendet wird und die Schraube die Dübelspitze um mindestens 1 x Schraubendurchmesser überragt.

Metallhohlraumdübel spreizen sich ähnlich wie Kunststoffhohlraumdübel (vergl. Bild 3) durch Eindrehen der Schraube. Sie können aber auch mit einer Montagezange (circlip pliers) vollständig verspreizt werden (Bild 4). Nach der Spreizung kann die zum Dübel gehörende Schraube z. B. durch eine Gewindestange ausgetauscht werden.

Bei **Injektionsankern (Injektionssystemen)** wird der Injektionsmörtel in der Regel mit einem Presskolben (plunger) aus der Kartusche (cartridge) in das Bohrloch gepresst. Die erforderliche Füllmenge hängt von den Bohrlochabmessungen sowie den Abmessungen der Verankerungselemente bzw. der Sieb- oder Netzhülsen ab und kann Herstellertabellen entnommen werden.

Dübel für Lochziegel

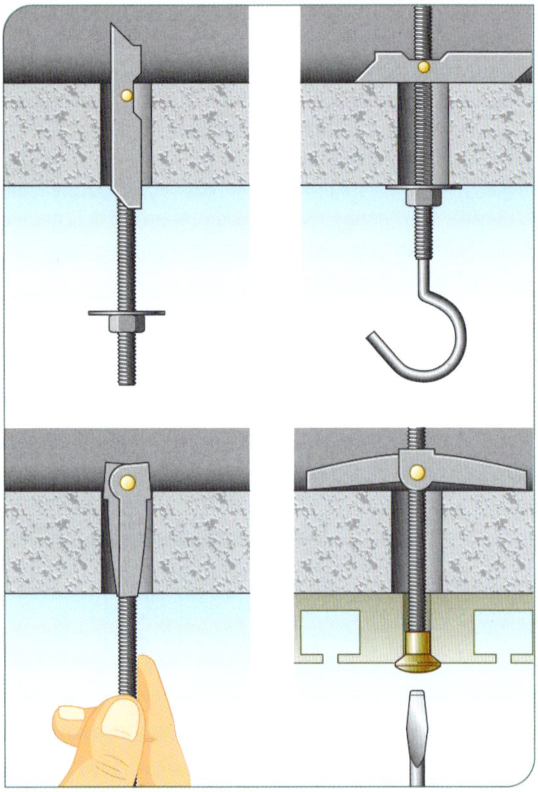

2 Setzanweisung für Metallkippdübel (oben) und Metallfederklappdübel (unten)

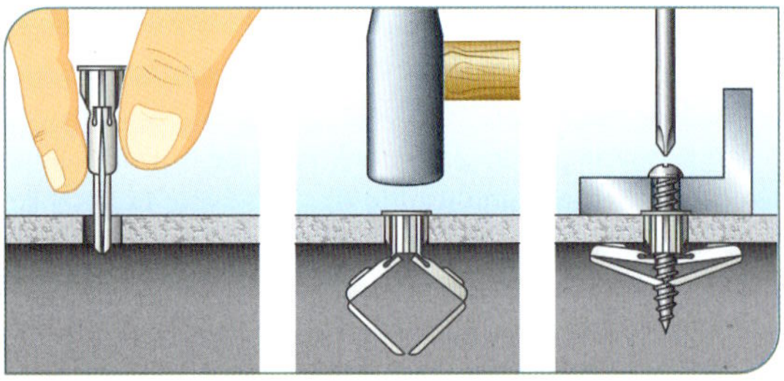

3 Setzanweisung für Kunststoffhohlraumdübel

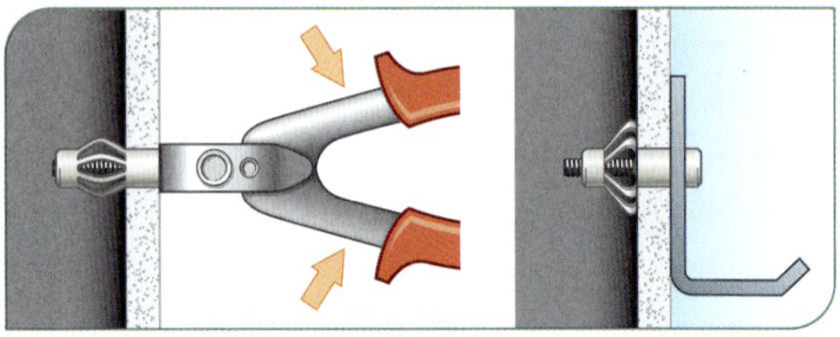

4 Spreizen des Metallhohlraumdübels mit Montagezange

Die Vorgehensweise hängt von der Beschaffenheit des Untergrunds ab. Bei Beton und Vollsteinen sind folgende Arbeitsschritte erforderlich:

- Bohrloch für die gewünschte Setztiefe bohren und gründlich reinigen.
- Bohrloch vorschriftsmäßig mit Injektionsmörtel füllen.

Lernfeld 3

- Verankerungselement innerhalb der vorgeschriebenen Verarbeitungszeit von Hand unter leichter Drehbewegung (rotation) in das gefüllte Bohrloch eindrücken.
- Bauteil (z. B. Waschtisch) nach Ablauf der vorgeschriebenen Aushärtezeit des Injektionsmörtels mit Drehmomentenschlüssel montieren.

MERKE

Vor dem Verarbeiten des Injektionsmörtels ist die Montageanleitung (installation instructions) zu lesen. Die vom Hersteller vorgeschriebenen Verarbeitungs- und Aushärtungszeiten sowie Verarbeitungstemperaturen sind stets einzuhalten.

Bei Hohl- und Lochsteinen als Untergrund (Bild 1) wird vor dem Einbringen des Injektionsmörtels eine Netz- bzw. Siebhülse (net case) bündig mit der Oberfläche des Befestigungsuntergrunds eingesetzt. Die Gewindestange wird bis zum Hülsengrund bzw. der Innengewindeanker oberflächenbündig in die vollständig mit Injektionsmörtel gefüllte Hülse gedrückt. Dabei wird der Injektionsmörtel durch die Maschen der Hülse in die Kammern der Steine gepresst. Ansonsten entspricht die Vorgehensweise der bei Beton und Vollsteinen.

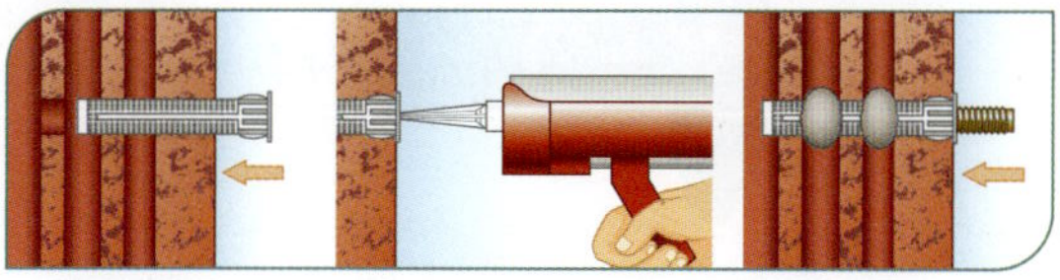

1 Setzanweisung für Injektionssystem bei Hohl- und Lochsteinen

Bei Porenbeton als Untergrund (Bild 2) wird das Bohrloch mit einem speziellen Konusbohrer (cone drill) konisch erweitert, sodass der eingebrachte Injektionsmörtel durch Formschluss verankert. Die weiteren Arbeitsschritte entsprechen denen bei Beton und Vollsteinen. Durch den Einsatz einer Zentriertülle wird das Verankerungselement fixiert und eine Überkopfmontage ermöglicht bzw. erleichtert.

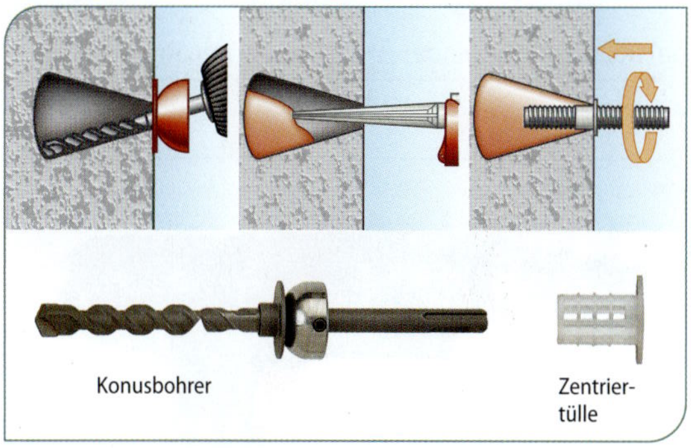

2 Setzanweisung für Injektionssystem bei Porenbeton

Bei **Verbund- bzw. Reaktionsankern** (Bild 3) wird eine Glaspatrone (vgl. S. 192), die in Abhängigkeit von den Abmessungen des Bohrlochs und des Verankerungselements auszuwählen ist, in das gereinigte Bohrloch eingeschoben (Bild 3a). Anschließend wird das Verankerungselement (Gewindestange, Innengewindehülse) je nach Patronenart entweder mit einer Schlagbohrmaschine oder einem Bohrhammer drehend / schlagend bis zur notwendigen Setztiefe (Setztiefenmarkierung) eingetrieben oder mit einem Hammer bis zu dieser Tiefe eingeschlagen (Bild 3b). Dabei wird die Patrone zerstört und der Verbundmörtel füllt den Ringspalt zwischen Verankerungselement und Bohrlochwand. Die Verbundmörtelmenge ist so dosiert, dass bei Erreichen der notwendigen Setztiefe überschüssiger Verbundmörtel an der Oberfläche austritt (Setzkontrolle, Bild 3c). Nach Einhaltung der vorgeschriebenen Aushärtungszeit (cure time) kann das Bauteil montiert werden (Bild 3d).

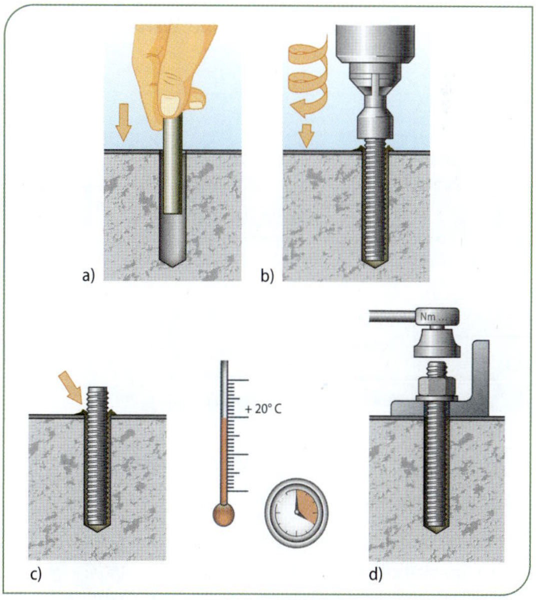

3 Setzanweisung für Reaktionsanker / Verbundanker

Spreizanker (vgl. Seite 192) werden mit leichten Hammerschlägen in das gereinigte Bohrloch eingeführt und durch Anziehen der Schraube oder Mutter mit Hilfe eines Drehmomentenschlüssels mit vorgeschriebenem Drehmoment (torque) verankert (Bild 4).

Montage von Schwerlastanker

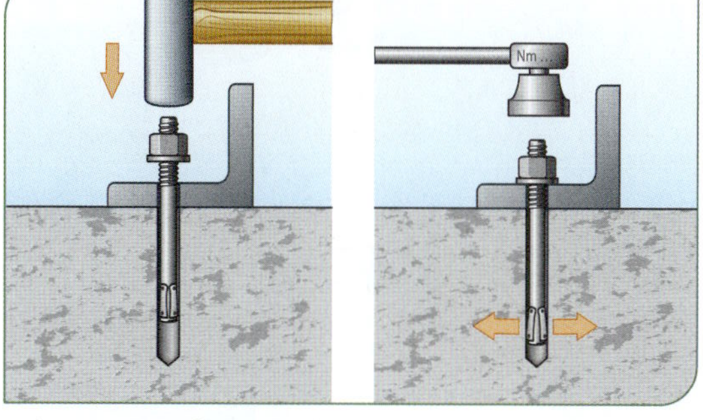

4 Setzanweisung für Spreizanker

Einschlaganker (Bild 1) erreichen ihre maximale Spreizkraft (expansion force) nur dann, wenn der vorgeschriebene Bohrlochdurchmesser genau eingehalten wird. Deshalb sind für die Bohrlochherstellung Bohrer zu verwenden, welche die vorgeschriebenen Fertigungstoleranzen (work tolerance) einhalten. Außerdem muss die Bohrlochtiefe genau eingehalten werden, damit die Ankerhülse bündig mit der Oberfläche des Befestigungsuntergrunds ist. Der Einschlaganker wird zunächst mit einem Hammer in das gründlich gereinigte Bohrloch eingeschlagen. Anschließend wird der Spreizkonus (expanding cone) mit einem passenden Setzwerkzeug und leichten Hammerschlägen eingetrieben und dadurch die Ankerhülse aufgespreizt und gegen die Bohrlochwand gedrückt. Der Einschlaganker ist dann richtig gesetzt, wenn der Bund des Setzwerkzeugs auf der Ankerhülse aufsitzt. Das Bauteil kann ohne Wartezeit montiert werden.

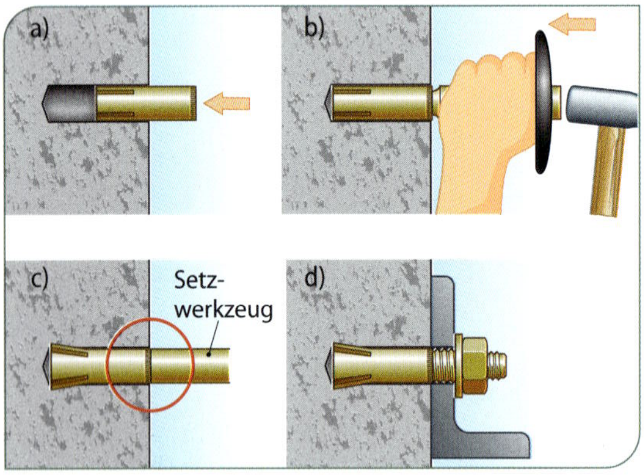

1 Setzanweisung für Einschlaganker

Bei **Hinterschnittankern** (Bild 2) wird mit einem Spezialbohrer das zylindrische Bohrloch an seinem Grund konisch aufgeweitet. Beim Setzen des Ankers wird die Ankerhülse mit einem Hammer und Setzwerkzeug über den Konus geschlagen. Die Hülse wird dadurch aufgeweitet

Setzen der Hinterschnittanker

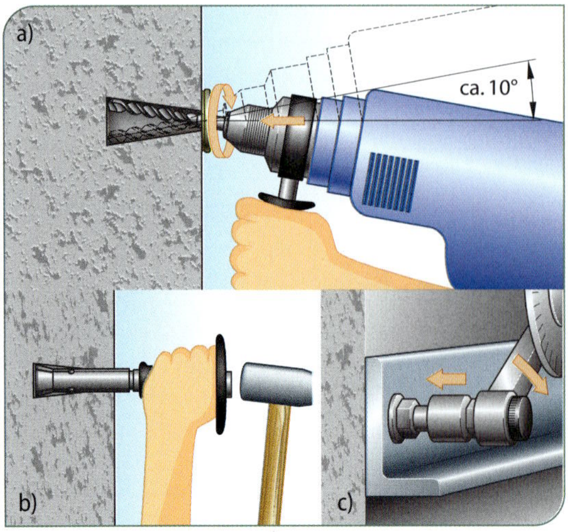

2 Setzanweisung für Hinterschnittanker

und füllt das hinterschnittene Bohrloch (undercut hole) formschlüssig aus.
Das Bauteil ist dann richtig befestigt, wenn die Mutter bzw. Schraube mittels eines Drehmomentenschlüssels mit dem vorgeschriebenen Drehmoment angezogen wird.

3.6.4 Montage der Einschlagnägel und Setzbolzen

Einschlagnägel (Bild 3) zur Befestigung von Schellen und Lochbändern werden mit einem Setzeisen (setting tool) ohne Vorbohren in den Beton geschlagen. Dadurch vereinfacht und verkürzt sich die Montage. Setzeisen besitzen eine spezielle Klemmbacke, die den Einschlagnagel bei der Montage festhält und dadurch verhindert, dass er aus dem Setzeisen fällt.

3 Setzanweisung für Einschlagnägel

Setzbolzen (power actuated fasteners) (Bild 4) werden mit Hilfe eines Bolzensetzgeräts (Bild 5) und einer Schubladung ohne weitere Vorarbeiten wie z. B. Bohren direkt in den Befestigungsuntergrund eingetrieben.

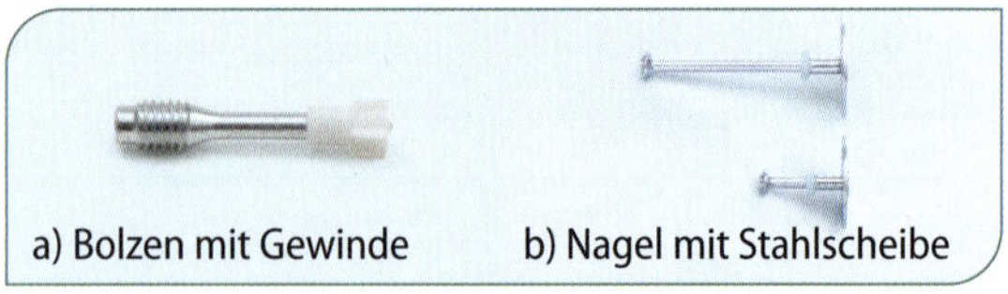

4 Setzbolzen

5 Bolzensetzgerät

Diese zeitsparende Montageart kommt dann in Frage, wenn eine große Anzahl von Befestigungen erforderlich ist. Allerdings ist ihr Einsatz nicht bei allen Befestigungsuntergründen zulässig. Geeignet sind z. B. Beton und Mauerwerk aus Vollziegeln und Kalksandvollsteinen. In Mauersteine wie z. B. Lochziegel, Hohlblocksteine und Leichtbaustoffe dürfen keine Bolzen und Nägel mit Bolzensetzwerkzeugen (bolt set tools) eingetrieben werden. Darüber hinaus müssen bestimmte Mindestabmessungen (minimum dimensions) berücksichtigt werden (Tabelle Bild 1).

	Befestigungsuntergrund	
	Beton, Stahlbeton	Vollsteinmauerwerk
Mindestbauteildicke in mm	100	100
Mindestverankerungstiefe in mm	25 (25…40)	25 (25…40)
Mindestachsabstände der Setzbolzen in mm	10facher Bolzenschaftdurchmesser	10facher Bolzenschaftdurchmesser
Mindestrandabstände in mm	50	50

1 Mindestabmessungen von Befestigungen mit Setzbolzen

Bolzensetzwerkzeuge müssen alle zwei Jahre (gemäß Prüfzeichen) oder bei Funktionsmängeln dem Hersteller oder einer Fachfirma zur Prüfung vorgelegt werden. Es darf nur die Schubladung (ammunition) verwendet werden, die auf dem Typenschild (nameplate) oder in der Betriebsanleitung (operation manual) angegeben und mit dem Stärkegrad der Ladung gekennzeichnet ist. Der Stärkegrad der Ladung ist nach dem Verwendungszweck auszuwählen.
Personen, die Bolzensetzwerkzeuge verwenden, müssen:
- über 18 Jahre alt sein (Ausnahme: Jugendliche über 16 Jahre unter Aufsicht eines Fachkundigen, wenn diese Arbeiten zur Erreichung des Ausbildungsziels erforderlich sind),
- mit der Handhabung und dem Einsatz des Gerätes vertraut sein,
- die bei Arbeiten mit dem Gerät auftretenden Gefahren kennen,
- Schutzhelm, Schutzbrille und Gehörschutz tragen.

3.6.5 Ausführungsmängel / Schäden

Herausziehen des Dübels bzw. Ankers (Bild 2) durch Versagen des Kraft-, Form- oder Stoffschlusses aufgrund zu hoher Belastung (high stress) oder infolge von Montagefehlern (assembling faults) wie z. B.:
- falsche Wahl der Verankerung (Typ, Dimensionierung),
- zu geringe Verankerungstiefe,
- falsches Bohrverfahren (z. B. Hammerbohren bei Lochziegeln),
- Abweichung vom vorgeschriebenen Bohrlochdurchmesser,
- ungenügende Bohrlochreinigung,
- ungenügende Verspreizung (z. B. bei Einschlagankern, wenn der Konus nicht vorschriftsmäßig in die Hülse geschlagen wird),
- Abweichung vom vorgeschriebenen Montagedrehmoment,
- Nichteinhaltung der vorgeschrieben Aushärtungszeit bei Injektions- und Reaktionsankern,
- unzureichende Füllung und Luftblasenbildung beim Einbringen des Injektionsmörtels,
- falsches Setzen des Verankerungselements (z. B. bei Reaktionsankern, wenn die Gewindestange eingeschlagen statt schlagend/drehend eingetrieben wird).

Formschlüssig wirkende Hinterschnittanker werden herausgezogen, wenn der Hinterschnitt und damit die Spreizung des Hülsenendes zu gering ist.

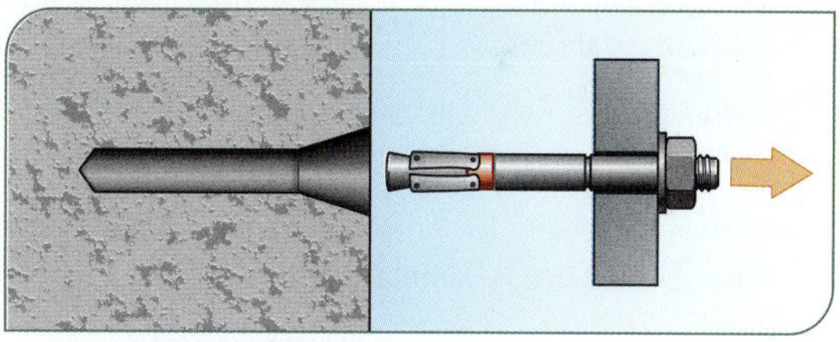

2 Herausziehen des Verankerungselements

Ausbruch des Befestigungsuntergrunds (Bild 3) entsteht bei zu geringer Verankerungstiefe (anchorage depth), wenn die durch Kraft-, Stoff- oder Formschluss vom Verankerungselement auf den Befestigungsuntergrund übertragenen Kräfte größer sind als die Zugfestigkeit des Befestigungsuntergrundes.

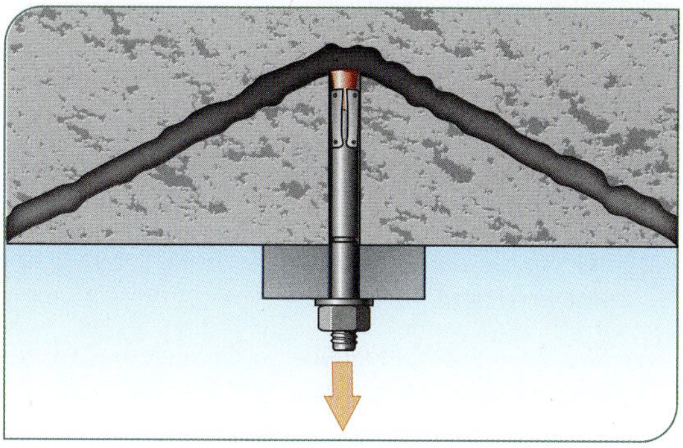

3 Ausbruch des Befestigungselements

Spaltung des Befestigungsuntergrunds (Bild 1) wird verursacht durch:

- zu geringe Bauteilabmessungen (building component dimensions);
- zu geringe Achs- und Randabstände der Dübel bzw. Anker,
- zu große Spreizkräfte des Verankerungselements.

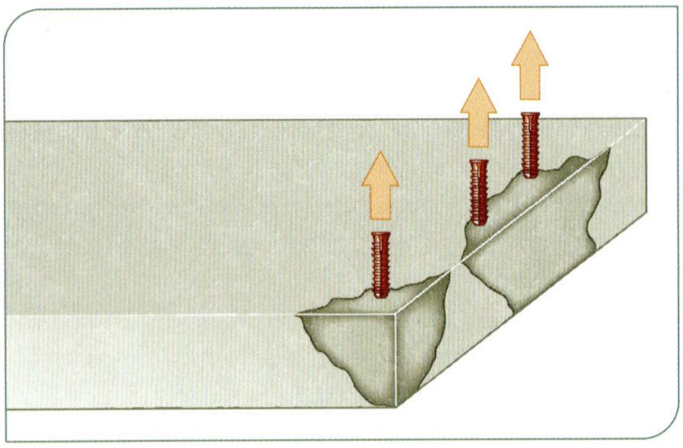
1 *Spaltung des Befestigungselements*

Bruch des Dübels bzw. Ankers (Bild 2) kann durch zu geringe Festigkeit (too low stability) bzw. unzureichende Dimensionierung vor allem bei großen Verankerungstiefen und Verankerungen in hochfesten Baustoffen auftreten.

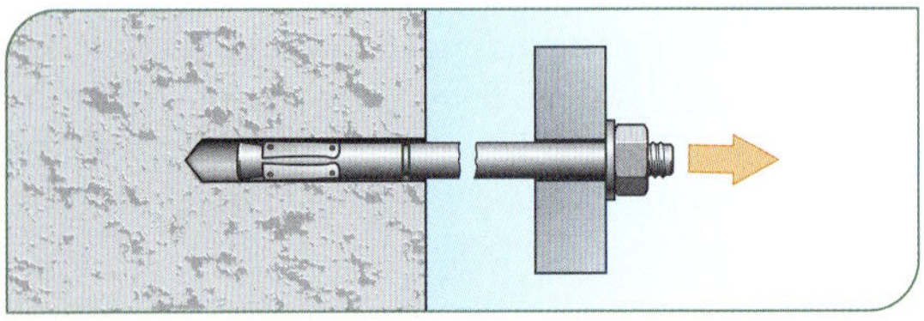
2 *Bruch des Verankerungselements*

ÜBUNGEN

1. Nennen und erläutern Sie drei grundsätzliche Montagearten für Dübel- bzw. Verankerungssysteme.
2. Wonach richtet sich die Wahl des Bohrwerkzeugs und des Bohrverfahrens?
3. Begründen Sie, weshalb bei Lochsteinen nur Bohren ohne Schlag zum Einsatz kommen darf.
4. Nennen Sie jeweils ein Anwendungsbeispiel für a) das Schlagbohren b) das Hammerbohren.
5. Nennen Sie zwei Vorteile des Hammerbohrens.
6. Was ist beim Bohren in Stahlbeton zu beachten?
7. Welche Vorkehrungen sind beim Bohren in Fliesen zu treffen?
8. Warum sollte nach dem Bohren das Bohrloch gereinigt werden?
9. Warum muss insbesondere bei den meisten Spreizdübeln die Bohrlochtiefe größer sein als die Dübellänge?
10. Welche Rand- und Achsabstände sind bei Kunststoffdübeln üblich?
11. Welche drei Vorschriften sind bei der Dübelmontage zu beachten?
12. Schildern Sie die Vorgehensweise beim Setzen eines Kunststoffspreizdübels.
13. Wie müssen Porenbetondübel in den Befestigungsuntergrund eingebracht werden.
14. Erläutern Sie die fachgerechte Vorgehensweise beim Setzen von a) Metallkippdübeln b) Kunststoffhohlraumdübeln c) Metallhohlraumdübeln
15. Schildern Sie die erforderlichen Arbeitsschritte bei der Injektionsbefestigung einer Gewindestange bzw. eines Innengewindeankers a) in Beton und Vollsteinen b) in Hohl- und Lochsteinen c) in Porenbeton.
16. Wovon hängt die Aushärtungszeit des Injektionsmörtels ab?
17. Beschreiben Sie die fachgerechte Vorgehensweise beim Setzen eines Reaktionsankers.
18. Wie müssen Spreizanker ordnungsgemäß im Befestigungsuntergrund verankert werden?
19. Warum müssen der Bohrlochdurchmesser und die Bohrlochtiefe bei Einschlagankern genau eingehalten werden?
20. Schildern Sie die fachgerechte Vorgehensweise beim Setzen a) eines Einschlagankers b) eines Hinterschnittankers.
21. Nennen Sie zwei Vorteile, die sich durch die Verwendung von Einschlagnägeln zur Befestigung von Lochbändern in Beton ergeben.
22. Nennen Sie drei Befestigungsuntergründe, in die Bolzen und Nägel mit Bolzensetzwerkzeugen eingetrieben werden dürfen.
23. Nennen Sie drei Bedingungen, die Benutzer erfüllen müssen, um Bolzensetzwerkzeuge einsetzen zu können.
24. Erläutern Sie fünf Montagefehler, die ein Herausziehen des Dübels bzw. Ankers zur Folge haben können.
25. Nennen Sie drei mögliche Ursachen für die Spaltung eines Befestigungsuntergrunds bei Belastung durch eine Dübelbefestigung.

4 Mounting and connecting

4.1 Assembly parts

A centrifugal pump is the main part of the pumping set in a domestic central heating or solar heating system. The pump is delivered as a complete unit and fitted to the main flow pipework of the heating system.
The location of the pump should be such that it gives a positive pressure within the heating circuit and be easily accessible for maintenance. Other assembly parts are for example the service ball valves, the anti-gravity valve, the thermometers, the union connectors and the flat packings.
The main flow pipe should at least have the same nominal diameter as the corresponding suction and delivery connections of the pump. All parts should be mounted without strain and with sufficient room for service or dismounting works.

EXERCISES

1. Name the marked parts shown in the picture.
2. Translate the text into German.
   Use your reference book, the internet or a dictionary. Before you look up a word try to guess the word first,then check it.
3. Complete the listed statements with the following sentence parts:

   A) The central heating pump should …
   B) The anti-gravity valve will …
   C) The central heating pump is …
   D) The thermometers indicate the temperatures of …
   E) You first have to close the service valves …
   F) Make sure that every union connector …

   a) … driven by an electric motor.
   b) … before you loosen the union connectors of the pump.
   c) … is provided with a new and suitable flat packing.
   d) … only open with a sufficient flow pressure.
   e) … be mounted without strain.
   f) … the heating water in the flow and back-flow pipes.
4. Translate the completed statements of exercise 3 into German.

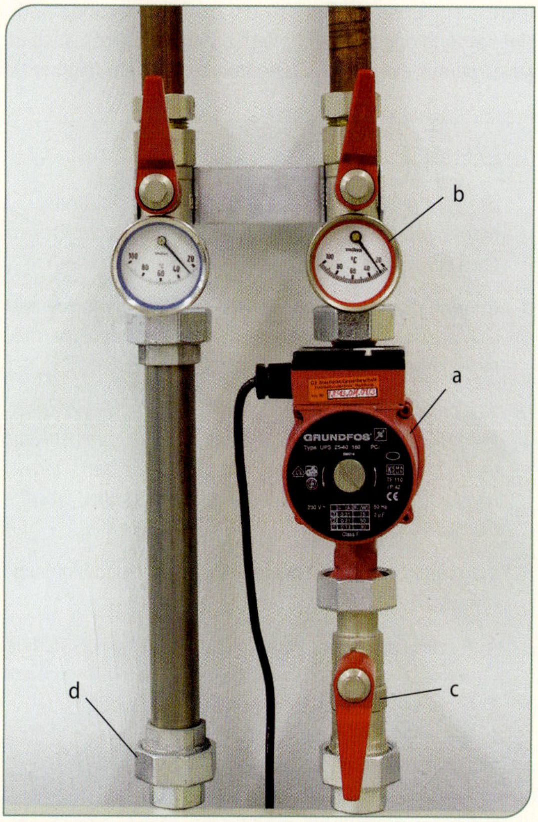

1 Pumping set

Lernfeld 3

4.2 Detachable and permanent joints

Joining or connecting processes consist basically in merging two or more parts in order to set up subassemblies and multicomponent constructions.
The selection of an appropriate joining process depends upon whether the joint has to be **detachable** or **non-detachable** (permanent).
Detachable joints are produced with parts such as screws, bolts and nuts, pins, clamps or couplings.
Parts which are permanently joined can only be separated by destroying the joining component (e.g. the pressfitting) or the joint (e.g. the bonding seam).
There are different methods to join steel, copper and plastic pipes among one another or with other appliances, such as valves, pumps, expansion vessels, storage tanks etc. (picture 1).

1 Different pipe joints

EXERCISES

Use your reference book, the internet or a dictionary. Before you look up a word try to guess the word first, then check it.

1. Arrange the mentioned pipe joints in a list with the two classifications : detachable and non-detachable (permanent) joints.

   Soft soldered joints, flanged joints, clamping sleeve joints, fusion welded joints, pipe couplings, push fit joints, solvent welded joints, screwed pipe joints, threaded joints, transition joints, gas welded joints, hard soldered joints, pressfitting joints.

2. Complete the listed statements with the following sentence parts :

   A) A soldered copper pipe joint is one in which solders with …
   B) There are several types of screwed pipe joints …
   C) Gas welding is one method to join ….
   D) Threads are cut into medium gauge steel pipes …
   E) Fusion welded joints can be achieved by the use of a …
   F) Pressfitting connections are made by pushing the pipe into the pressfitting, …

   a) … by using hand dies or powered threading machines.
   b) … then pressing the assembly with the matching jaws of the pressing tool.
   c) … specially heated tool which melts the pipe and the fitting.
   d) … a lower melting temperature than copper are used to join the pipes.
   e) … designed for use on hot and cold water supply systems.
   f) … low carbon steel pipes.

3. Translate the completed statements of exercise 2 into German.

4. Explain the difference between detachable and non-detachable pipe joints.

4.3 Plastic pipe joints

Plastic pipes can be joined by compression fittings, push fit joints, fusion welded joints or solvent welded joints. The method chosen will depend on the type of plastic pipe and its use.
There are several designs of compression fittings, made of malleable cast iron, brass, bronze or plastic. These incorporate a sealing rubber ring and a compression ring which prevents the pipe from pulling out. Some compression fittings used for PE, PB or PP have a liner, which is inserted into the pipe to prevent the wall collapsing when the union nut is tightened.
Push fit joints for PVC pipes have bodies made of the same material and incorporate rubber lip seals, which allow a limited expansion or contraction of the pipe. Fusion and solvent welded joints are permanent joints, in which the pastic is partially melted by heat or dissolved by a solvent cement.
PE, PP and PB pipes can be joined by different fusion welding methods.
The joint can be achieved by the use of a specially heated plate or muff which melts the pipe and the fitting, or by electrofusion sleeve couplings. The latter are heated by an electric charge applied to the embedded copper wire windings. Butt welding is the easiest fusion welding method. It takes up little space and the prefabricated plastic pipes need no other components in order to be welded.

PVC pipes and fittings are joined by means of a solvent cement. In this chemical process (called solvent welding, or more simply cementing) a liquid solvent cement applied to the pipe and fitting will temporarily dissolve the surfaces.
After connecting pipe and fitting the joint will set in about 10 minutes, but will require at least 12 ... 24 hours to become fully hardened.

a)
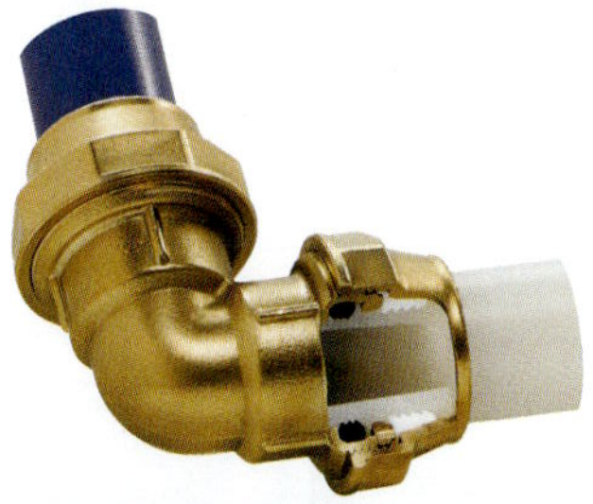

b)

c)
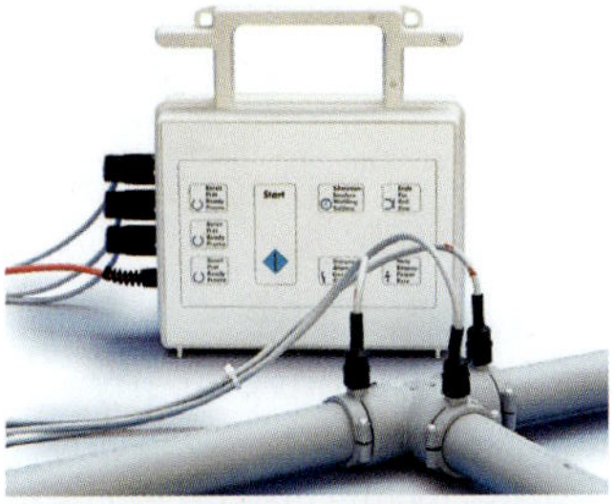

d)

e)

EXERCISES

Use your reference book, the internet or a dictionary. Before you look up a word try to guess the word first,then check it.

1. Translate the names of the different plastic pipe joints mentioned in the passage above into German.
2. Arrange the mentioned pipe joints in a list with the two classifications : detachable and non-detachable (permanent) joints.
3. Match the pictures a ... e with the corresponding pipe joints.

4.4 Fixing devices

As a plumber you will have to fix **sanitary appliances, pipework** and **radiators**, for example, to various surfaces. It is always essential to choose the right fixing devices that are suitable for the load and provide sufficient support so that the **appliances**, the **pipework** and the **radiators** are kept in their proper position. They should also prevent them from accidental damages from people pulling at it, for example.

Fixing devices include:

4.4.1 Screws

such as:
- screws with metric thread
- wood screws
- chipboard screws
- hanger bolts (all picture 1)

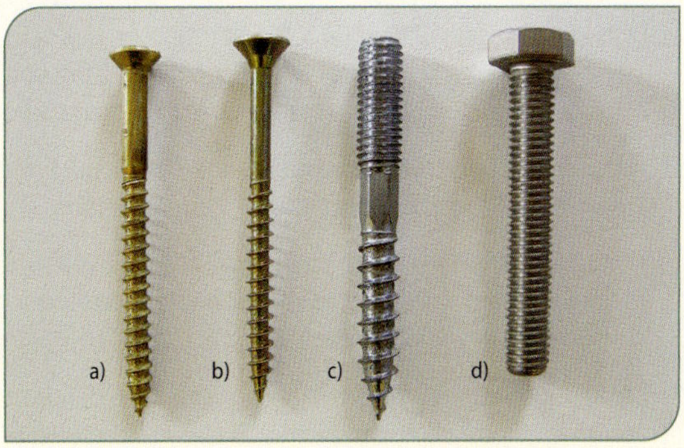

1 Screws

Screws are specified by their length and gauge (picture 1, next page). Traditionally, screws had slotted heads and they were driven with a flat-tip screwdriver. Today, many screws are driven with a power screwdriver and their heads are specially shaped to grip the screwdriver tip more securely than a slotted head (picture 2, next page).

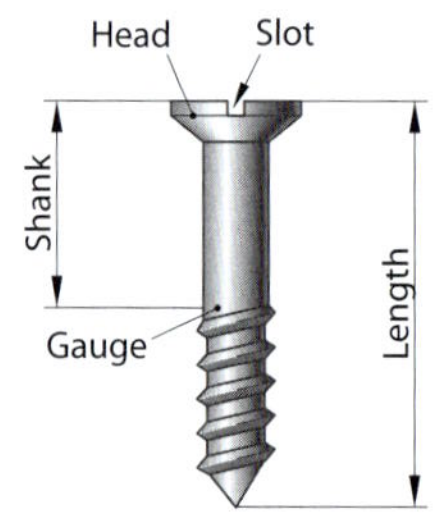

1 Screw specification

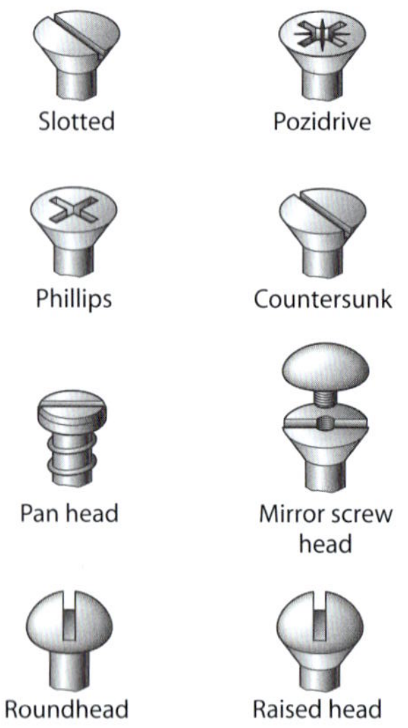

2 Commonly used screws

EXERCISES

1) Translate the text of chapter 4.4 Fixing devices. Use your reference book, the internet or a dictionary. Before you look up a word try to guess the word first, then check it.

2) Have a look at picture 1, previous page. Match the English terms of the screws with the appropriate letters.

3) Translate the names of the screw specification in picture 1 into German. Use your reference book, a catalogue, the internet or a visual dictionary.

4) Find out the German expressions for at least 6 different screws that are shown in picture 2. Use your reference book, a catalogue, the internet or a visual dictionary.

5) With which of the above mentioned screws have you ever worked and what have you used them for?

Start with: I have worked with .... and used them, **for example**, for fixing pipes.

4.4.2 Fixings

such as:

- plastic plugs
- anchors
- bolts
- cavity metal fixings
- spring toggles (all picture 3)

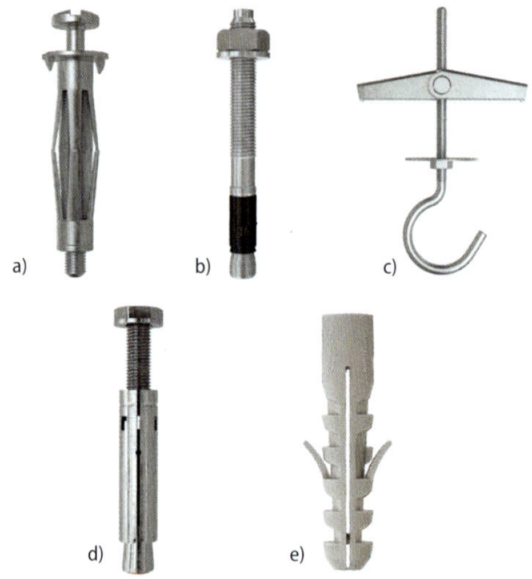

3 Fixings

4.4.2.1 How to use fixings properly

- The building material must be suitable for the intended load-bearing capacity (the material can be recognized by its drilling dust (picture 1, next page)
- drill always right-angled to the surface
- use **rotary drilling** without impact for building materials such as perforated brick, gypsum plasterboard or chipboard (picture 2, next page)
- use **impact drilling** for denser building materials, e.g. clay brick (picture 2, next page)
- use **hammer drilling** for harder solid building materials , e.g. concrete (picture 2, next page)
- the plug diameter should be the same as the hole diameter
- the hole diameter in softer materials such as gypsum plasterboard should be 1 mm smaller than the plug diameter

Brick can be recognised by its red drilling dust.

Drilling in concrete produces a fine light grey to white dust that can still trickle.

Lime-Sand brick produces white drilling dust with a sandy feel to it.

Gypsum fibre-board produces a white fibrous drilling dust and plaster-board a fine white drilling dust that stick to the drill bit.

1 Building materials

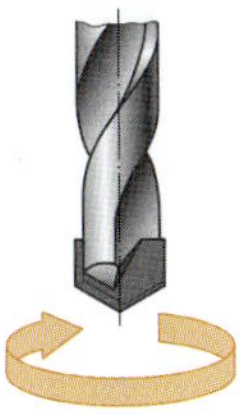
Rotary drilling
- Fast rotation
- Acts by scraping

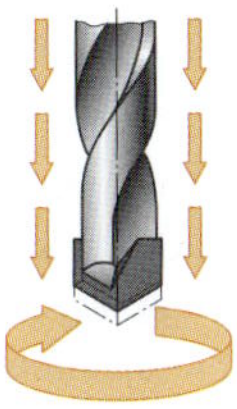
Impact drilling
- Fast rotation and high impact rate
- Low energy per individual impact
- Acts by shattering

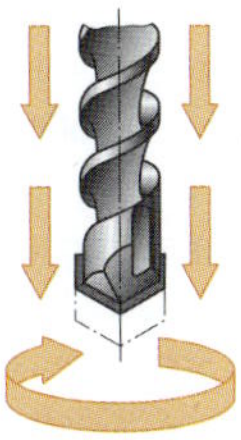
Hammer drilling
- Slow rotation
- High energy per individual impact
- Acts by shattering

2 Drilling

EXERCISES

1) Have a look at picture 3, previous page. Match the letters a–e with the appropriate English terms of the fixings.

2) Find the appropriate German translation of the building materials in picture 1. Use your reference book, a catalogue, the internet or a visual dictionary.

3) Translate the text in „How to use fixings properly" into German. Use your reference book, the internet or a dictionary. Before you look up a word try to guess the word first, then check it.

4) With which of the above mentioned fixings have you ever worked and what have you used them for?

Start with: I have worked with …
and used them, *for example* for fixing a bidet.

5) Say whether the following statements are true or false. Correct the false statements.

1) The substrate can be recognized by its drilling dust.
2) Drill evenly and always change the drill angle.
3) Use rotary drilling for harder solid building materials.
4) The hole diameter should always be bigger than the plug diameter.
5) You should drill the hole 1mm smaller than the plug diameter in soft building materials.
6) Hammer drilling acts by scraping.

Lernfeld 3

5 Lernsituationen – Projektaufgaben

5.1 Herstellen von einfachen Baugruppen

■ **Kundenauftrag**

Im Hausanschlussraum eines Einfamilienhauses soll ein Trinkwasserverteiler mit drei Abgängen installiert werden. Er soll nach rechts erweiterbar sein und dort mit einer Kappe verschlossen werden. Zur Anbindung an die Hausanschlussleitung ist im senkrechten Rohr eine Übergangsmuffe anzubringen. Die Stränge sollen im Abstand von jeweils 200 mm angeordnet und jeweils durch ein Schrägsitzventil mit Entleerung absperrbar sein. Aus optischen Gründen sollen die Spindeln der Absperrarmaturen auf gleicher Höhe liegen. An den linken Strang soll die Gartenwasserleitung angeschlossen werden; der Übergangswinkel ist zunächst mit einem Stopfen zu verschließen. Der mittlere Strang versorgt die Entnahmestellen im Erdgeschoss (Küche, Gäste-WC, Bad), der rechte Strang den Speicher -Trinkwassererwärmer. Der Verteiler soll aus halbhartem Kupferrohr gefertigt und an der Ziegelwand (Hohlziegel) mithilfe von Rohrschellen befestigt werden. Als Fügetechnik wird Löten gewählt.

Der Meister beauftragt Sie mit der Fertigung und Befestigung des Verteilers. Dazu sollen Sie vorab von der handgezeichneten Montageskizze eine isometrische Zeichnung mit symbolhaften Darstellungen im Maßstab 1:5 mit allen für die Fertigung erforderlichen Maßen und den Positionsnummern der Bauteile erstellen. Das gebogene Kupferrohr soll im Maßstab 1:1 in Ansicht A (Vorderansicht) gezeichnet werden, um es nach der Fertigung kontrollieren zu können. Ferner beauftragt Sie der Meister, eine Stückliste zu erstellen.

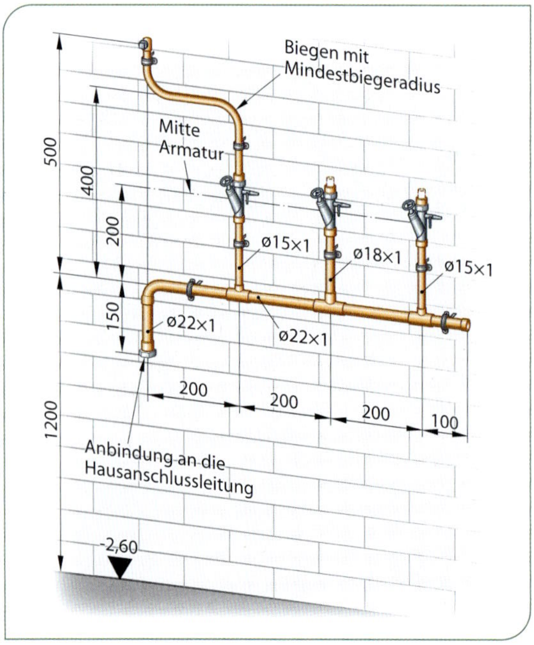

Informieren

1. Beschreiben Sie die wesentlichen Merkmale der isometrischen Darstellung.
2. Welche besonderen Zeichenblätter erleichtern das Anfertigen von isometrischen Zeichnungen?
3. Wozu dient die Verfahrensrose auf den Rasterblättern?
4. Beschreiben Sie den Aufbau einer Stückliste.
5. DIN EN 1057 schreibt für Kupferrohre den Werkstoff CU-DHP vor. Erklären Sie diese Werkstoffbezeichnung.
6. a) Welches Prüfzeichen müssen Kupferrohre für Gas- und Wasserinstallationen aufweisen?
   b) Was bedeutet die Abkürzung DVGW?
7. Nennen Sie mögliche Auswirkungen, wenn am Rohrende a) der Innengrat b) der Außengrat nicht entfernt werden.
8. Beim Trennen des Kupferrohres DIN EN 1057 – 18 × 1,0 ist ein Schneidgrat von 1,2 mm entstanden.
   a) Berechnen Sie die Querschnittsverminderung in mm², wenn der Schneidgrat nicht entfernt wird
   b) Um wie viel Prozent wird die freie Querschnittsfläche vermindert?
9. Beschreiben Sie die Beanspruchung des Rohrwerkstoffes an der Biegestelle.
10. Nennen Sie mögliche Folgen eines zu kleinen Biegeradius?
11. Erläutern Sie die Bedeutung des Stichmaßes beim Biegen von Rohren.
12. Welche Kupferrohre können kalt gebogen werden?
13. Je nach Art des Wirkprinzips der Fügetechnik lassen sich die Fügeverfahren in drei Gruppen einteilen.
   a) Erstellen Sie eine Tabelle nach folgendem Muster.
   b) Beschreiben Sie die drei unterschiedlichen Wirkprinzipien.
   c) Ordnen Sie die bei der Fertigung des Verteilers zur Anwendung kommenden Fügetechniken den entsprechenden Wirkprinzipien zu.
   d) Nennen Sie Fügeverfahren, die bei der Verteilerfertigung mit anderen Werkstoffen verwendet werden können und ordnen sie diese den Wirkprinzipien zu.
   e) Unterscheiden Sie die Verbindungstechniken nach lösbaren und unlösbaren Verbindungen.

	Wirkprinzip			Lösbarkeit	
	formschlüssig	stoffschlüssig	kraftschlüssig	lösbar	unlösbar
Beschreibung					
Fügetechniken zur Fertigung des Verteilers					
Weitere Fügetechniken					

14. Was versteht man unter der Kapillarwirkung beim Löten?
15. Für welche Kupferrohr-Installationen ist a) das Hartlöten b) das Weichlöten vorgeschrieben?
16. Welche besonderen Anforderungen müssen Weichlötflussmittel für die Trinkwasserinstallation erfüllen?
17. Aus welchen Hauptbestandteilen bestehen Weichlote für Trinkwasserleitungen?
18. Welche Folgen hat eine a) zu hohe b) zu niedrige Arbeitstemperatur?
19. Nennen Sie grundlegende Anforderungen an die Befestigungselemente von Rohrleitungen.
20. Wovon hängt der Befestigungsabstand ab?
21. Welche Arten von Rohrschellen werden im Handel angeboten?
22. Wovon hängt die Auswahl eines geeigneten Dübels ab?
23. a) Erstellen Sie eine Tabelle nach folgendem Muster.
    b) Ordnen Sie die genannten Dübel und Anker den entsprechenden Wirkprinzipien zu:
    Hohlraumdübel, Spreizdübel, Reaktionsanker, Spreizanker

Stoffschluss	Formschluss	Kraftschluss (Reibschluss)

24. Für welche Baustoffe eignen sich
    a) Spreizdübel
    b) Hohlraumdübel
    c) Universaldübel?
25. Wie kann Rissbildung im Mauerwerk durch die Dübelmontage verhindert werden?
26. Worauf ist beim Bohren der Dübellöcher grundsätzlich zu achten?

Planen und Entscheiden

1. Bestimmen Sie die Zuschnittlängen der geraden Rohrstücke:
   a) für das Kupferrohr DIN EN 1057 – 22 × 1,0
   b) für das Kupferrohr DIN EN 1057 – 18 × 1,0
   c) für das Kupferrohr DIN EN 1057 – 15 × 1,0
2. Ermitteln Sie den Mindestbiegeradius für das halbharte Kupferrohr DIN EN 1057, 15 × 1,0 in mm.
3. Berechnen Sie die notwendige Ausgangslänge (gestreckte Länge) des zu biegenden Kupferrohres, DIN EN 1057, 15 × 1,0 in mm.
4. Welchen Wandabstand wählen Sie für den Verteiler?
5. Wählen Sie geeignete Rohrschellen aus und begründen Sie Ihre Entscheidung.
6. Wählen Sie geeignete Stockschrauben aus und begründen Sie Ihre Entscheidung.
7. Wählen Sie geeignete Dübel aus und begründen Sie Ihre Entscheidung.
8. Geben Sie für die ausgewählten Dübel
   a) den Bohrungsdurchmesser
   b) die ausreichende Bohrungstiefe an.
9. Wählen Sie für den Arbeitsauftrag eine geeignete Bohrmaschine und einen geeigneten Bohrer aus und begründen Sie Ihre Wahl.
10. Welche Nachbearbeitung ist nach dem Bohren der Dübellöcher noch erforderlich?
11. Welche Unfallverhütungsvorschriften sind beim Bohren (Umgang mit einer Handbohrmaschine) zu beachten?

Ausführen

1. Erstellen Sie vom abgebildeten Verteiler eine isometrische Montageskizze im Maßstab M 1:5 Tragen Sie die für die Fertigung erforderlichen Maße ein und ordnen Sie den einzelnen Bauteilen die entsprechenden Positionsnummern zu.
2. Zeichnen Sie das gebogene Kupferrohr im Maßstab 1:1 in Ansicht A.
3. Erstellen Sie eine Stückliste für den Arbeitsauftrag.
4. Bestimmen Sie mittels Herstellerunterlagen oder Internet die Materialkosten für den Arbeitsauftrag.
5. Beschreiben Sie alle Arbeitsschritte zur Herstellung des Trinkwasserverteilers in fachlich und wirtschaftlich sinnvoller Reihenfolge und geben Sie die hierfür notwendigen Werkzeuge, Prüf- und Hilfsmittel an.

Lernfeld 4:

Technische Systeme instand halten

1 Instandhaltung

1.1 Allgemeines zum Begriff „Wartung“

Der üblicherweise benutzte Begriff „Wartung“ bzw. „Wartungsarbeiten“ (maintenance, maintenance works) umfasst alle Tätigkeiten, die dazu dienen, die Betriebsbereitschaft (service readiness) einer Anlage sicherzustellen oder wiederherzustellen. Im Folgenden soll jedoch dargestellt werden, dass die Normung und die damit einhergehende Fachsprache eine so weit gefasste Gültigkeit nicht zulassen.

Während Wartungsarbeiten an Kraftfahrzeugen heute zu den selbstverständlichen Pflichten eines Fahrzeughalters gehören, trifft das für den Betreiber von versorgungstechnischen Anlagen noch lange nicht zu. Häufig reagiert der Kunde erstaunt bis fassungslos, wenn er durch den Ausfall (failure) von Anlagenteilen oder der Gesamtanlage von dem herbeigerufenen Kundendienstunternehmen (service company) erfährt, dass diese Anlage einer kontinuierlichen Wartung bedarf. Ursache dieser Unwissenheit sind oft mangelnde Kenntnis über die Anlagenbelastung oder unzureichende Unterweisung bzw. Beratung durch das installierende Unternehmen. Umfragen von Fachverbänden in den1990er Jahren haben z. B. ergeben, dass der weitaus größte Teil der Anlagenbetreiber keine Wartungsverträge (maintenance contracts) abgeschlossen hat (siehe nachfolgende Grafik).

Frage:
Haben Sie einen oder mehrere Wartungsverträge abgeschlossen, d. h. eine Vereinbarung darüber, dass Ihre Anlage in regelmäßigen Abständen von einem Fachmann überprüft wird?

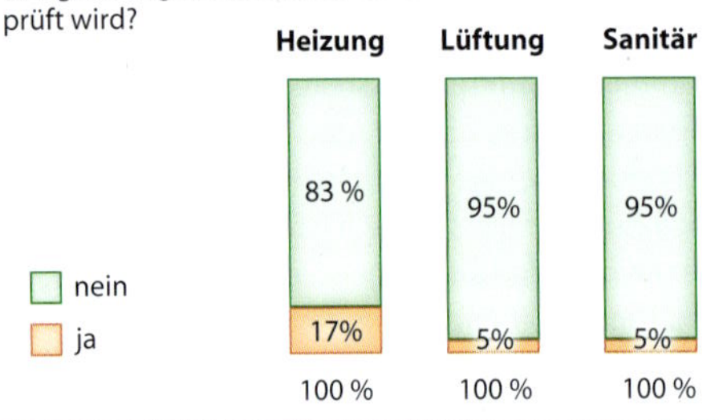

Es ist zu befürchten, dass sich diese Situation nicht nennenswert verbessert hat. Neben dem beachtlichen Imageschaden, den besonders Klimaanlagen wegen unzureichender oder gar keiner Wartung z. B. an ihren Filter- und Befeuchtungssystemen (filtering and moistening systems) genommen haben, werden durch diese Unterlassungen an versorgungstechnischen Anlagen enorme gesundheitliche, ökologische und ökonomische Schäden an Personen, Volkswirtschaft und Umwelt angerichtet. Um diese Problematik ins Bewusstsein des Kunden zu rücken, muss mit Hilfe der unterschiedlichsten Medien gezielt Aufklärung durch die Versorgungsunternehmen und deren Verbände betrieben werden.

Unterlassene oder zu selten durchgeführte Wartungsarbeiten an haustechnischen Anlagen sind die häufigste Ursache für auftretende Schäden an diesen Anlagen, wobei es dann auch noch zu gravierenden Folgeschäden (consequential damages) am Baukörper (construction body) kommen kann. In Bauschadensberichten der Bundesregierung wird u. a. darauf hingewiesen, dass haustechnische Anlagen nur dann über längere Zeit funktionstüchtig bleiben, wenn sie regelmäßig gewartet werden. Dabei sind auch Verschleißteile (wearing parts) auszuwechseln, bevor Störungen (disturbances) auftreten können, die zudem hohe Kosten verursachen würden.

MERKE

Konsequenterweise sind in den einschlägigen DIN-Normen diese Erkenntnisse umgesetzt worden, indem generell die Forderung nach einer regelmäßigen Wartung mit z. T. sehr präzisen Angaben über Wartungsintervalle für die unterschiedlichen Anlagenteile erhoben wird (siehe z. B. DIN 1986-30, DIN 4755, DIN EN 806-5, VDI 6023 und VDMA-Blätter).

Da Normen und Richtlinien (standards and directives) im Gegensatz zu Verordnungen (statutory regulations) jedoch keine Gesetze sind, können sie gegenüber dem Betreiber im Allgemeinen nicht eingeklagt werden. Eine Besonderheit bilden dabei z. B. gasbetriebene Anlagen (gas operated facilities), bei denen das Gasversorgungsunternehmen (gas supply company) mit weiteren überwachenden Instanzen wie dem Bezirks-Schornsteinfegermeister (district chimney sweep) per Vertrag und Gesetz über die regelmäßige Pflege und Aufsicht (regular attendance and supervision) wachen. Das Installationsunternehmen muss dem Betreiber der installierten Anlage deutlich machen, dass im Falle einer nicht regelmäßig oder gar nicht gewarteten Anlage Gewährleistungsansprüche (guarantee claims) und Schadensregulierungen, z. B. auch durch Versicherungen, entfallen können.

1.2 Grundbegriffe

Der Oberbegriff der zu unterscheidenden Einzelmaßnahmen ist die **Instandhaltung** (DIN EN 13306 und DIN 31051). Sie gliedert sich in die folgenden vier „Grundmaßnahmen“ auf:

- Wartung (maintenance),
- Inspektion (inspection),
- Instandsetzung (repair),
- Verbesserung (improvement).

MERKE

Definition Instandhaltung: Die Instandhaltung umfasst alle Maßnahmen (measures), die dazu dienen, die Funktionsfähigkeit (operability) z. B. einer Anlage oder eines Gerätes zu erhalten oder wiederherzustellen oder in Ausnahmefällen ihre Funktionssicherheit (operational safety) sogar zu verbessern.

Instandhaltung

Wartung	Inspektion	Instandsetzung	Verbesserung
Maßnahmen, die die Abnutzung (wear) eines Gerätes verzögern.	Maßnahmen, die den Istzustand (actual condition) einer Maschine und die Ursachen der Abnutzung feststellen lassen. Außerdem sollen daraus die nötigen Konsequenzen für eine spätere Nutzung abgeleitet werden.	Maßnahmen, die die Maschine in einen funktionsfähigen Zustand zurückführt. Verbesserungen sind nicht inbegriffen.	Alle Maßnahmen, die die Funktionssicherheit einer Maschine steigern, ohne die von ihr geforderte Funktion zu ändern.

1.2.1 Wartung am Beispiel eines Rückstausicherungsautomaten

Wartungsarbeiten sind von der Art und dem Umfang der Anlagen bzw. Anlagenteile abhängig. **Wartungspläne** (maintenance schedules) müssen daher je nach Art und Einsatzdauer des belasteten Anlagenteils speziell auf die Gegebenheiten zugeschnitten werden. Die einzuleitenden Maßnahmen können beinhalten:

- die Analyse des Auftragsinhaltes und die Dokumentation des Auftrags,
- das Erstellen eines detaillierten Wartungsplanes mit Angabe sämtlicher Tätigkeiten und der Wartungsintervalle (maintenance intervals) sowie der Ortsangaben,
- die Vorbereitung der Durchführung unter Angabe der Arbeitsplatzausrüstung sowie der Schutz- und Sicherheitseinrichtungen,
- die Durchführung und die Funktionsprüfung,
- die Fertigmeldung und Übergabe an den Betreiber bzw. die Abnahme durch den Betreiber.

Am Beispiel eines elektrisch betriebenen Rückstauverschlusses (antifloading valves, Bild 3, nächste Seite) sollen mögliche Wartungsarbeiten deutlich gemacht werden.

MERKE

Rückstauverschlüsse sind überall dort vorzufinden, wo Ablaufstellen tiefer liegen als die Rückstauebene (RSTE / back pressure level) und ein natürliches Gefälle (self-cleansing gradient) zum öffentlichen Abwasserkanal (main drain) vorhanden ist, sodass es bei einem Kanalrückstau zu Überschwemmungen kommen kann.

Ablaufstellen, die oberhalb der Rückstauebene liegen sind nicht rückstaugefährdet.
Dies liegt daran, dass sich der Kanalrückstau nach dem Prinzip der kommunizierenden Röhren maximal bis zu den Ventilationslöchern der Einsteigschächte bzw. zu den Straßenabläufen aufbauen kann (Bild 1). Hier tritt dann das rückgestaute Abwasser zuerst aus. Verläuft der Kanal im Gelände, wäre ersatzweise die Geländeoberkante an der Anschlussstelle heranzuziehen.

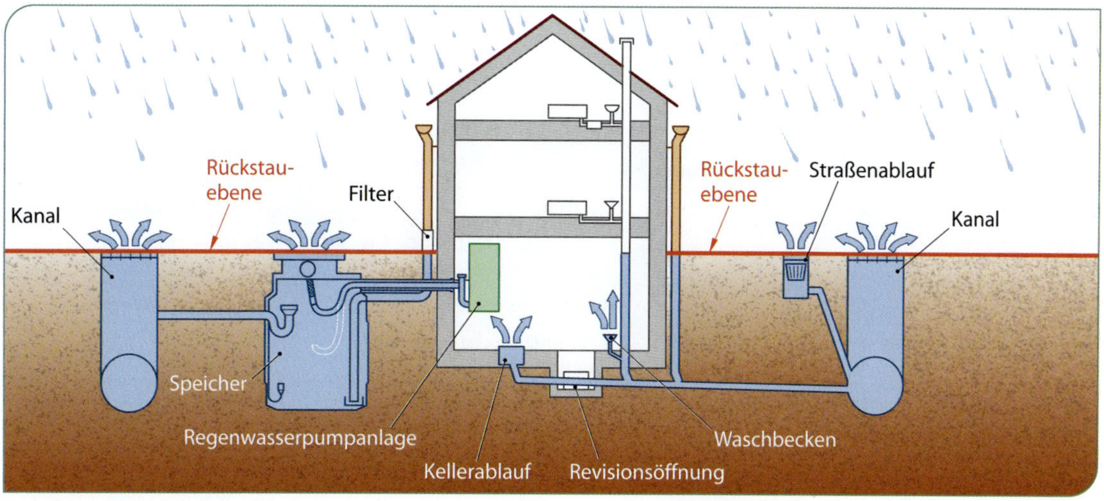

1 Darstellung der Rückstauebene

Damit der Betreiber vor Überschwemmungen (Bild 1) geschützt ist, müssen solche Geräte regelmäßig gewartet werden.

1 Kellerüberschwemmung

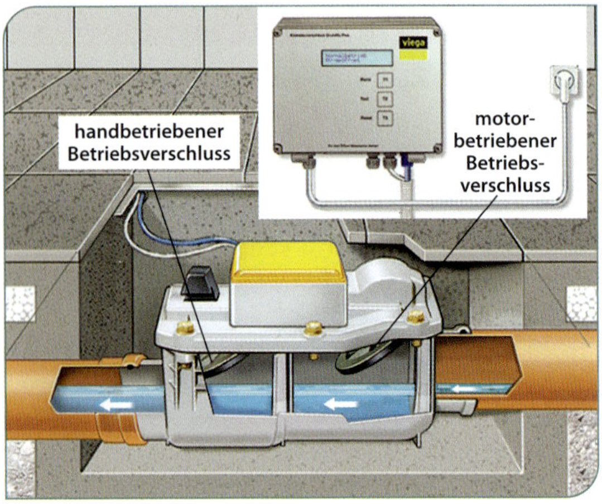

3 Rückstausicherung mit einem motorbetriebenen und einem manuellen Betriebsverschluss sowie akustischem und optischem Signal bei Rückstau

Das nachfolgende Bild 2 zeigt die Einbausituation eines elektrisch betriebenen Rückstauverschlusses (Bild 3):

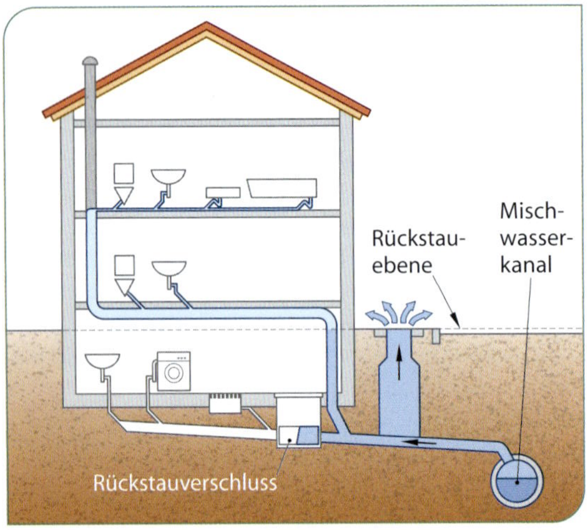

2 Einbausituation Rückstauverschluss

1.2.1.1 Bedienungsanleitung

In seiner Bedienungsanleitung (operating manual) gibt der Hersteller u.a. die Leuchtdiodenanzeige (light emitting diode = LED-display) über den jeweiligen Betriebszustand und mögliche Störungen (faults) in tabellarischer Form an (Bild 4). Aus diesen Angaben können sowohl der Betreiber (runner) als auch der Wartungsmonteur (serviceman) Rückschlüsse hinsichtlich der einwandfreien Funktion oder einer notwendigen Störungsbehebung (fault remedy) ziehen.

Weitere Angaben in der Bedienungsanleitung beziehen sich auf elektrische Einbaukomponenten **(A)**, auf die Reinigung der Rückstausicherung **(B)** sowie auf die sich anschließende Funktionskontrolle **(C)** (siehe S. 219 f.):

Diode (1) grün	Diode (2) gelb	Diode (3) rot	Diode (4) rot	akust. Signal	Steuerungszustand	Maßnahmen
–	–	–	–	–	Steuerung aus; keine Rückstauüberwachung	Steuerung mit Netz verbinden
an	–	–	–	–	Automatikbetrieb (Netzbetrieb)	–
blinkt	–	–	–	–	Automatikbetrieb (Akkubetrieb)	Steuerung mit Netz verbinden
an	an	an	–	an	Netzbetrieb; Rückstau; Betriebsverschluss geschlossen	Rückstauende abwarten
an	an	blinkt	an	an	Netzbetrieb; Rückstau; gleichzeitig liegt eine Motorstörung vor	Handverschluss bis Rückstauende schließen
an	–	an	–	an	Betriebstest im Netzbetrieb; Betriebsverschluss geschlossen	Betriebstest durch Druck des Tasters (6) beenden
blinkt	–	–	blinkt	an	Akkustörung	siehe unten (Punkt 1)
an	–	blinkt	blinkt	an	Motorstörung im Netz-/Akkubetrieb	siehe unten (Punkt 2)

4 Anzeigenmatrix (-tabelle) der Steuerung

A) Angaben zu elektrischen Einbaukomponenten der Rückstausicherung

Akku (accumulator)
Die Steuerung verfügt über einen Akku, der bei Stromausfall den Weiterbetrieb für wenigstens 24 Stunden sicherstellt. Nach 24 Stunden hat ein leerer Akku 90 % seiner Kapazität wieder erreicht.

Achtung: Akkus unterliegen einer natürlichen Alterung. In diesem Fall ist der Akku (Originaltyp vom Hersteller) auszuwechseln. Der Hersteller empfiehlt, den Akku nach 5 Jahren vorbeugend auszuwechseln.

MERKE

Ein Akkutausch darf nur von einem Elektrofachmann durchgeführt werden. Vor dem Öffnen des Gehäuses muss der Netzstecker gezogen werden.

Sicherungen (safety fuses)
Damit die Mikroelektronik der Steuerung wirksam gegen Anschlussfehler und auftretende Störungen geschützt ist, sind zwei Feinsicherungen auf der Platine eingebaut
Akkusicherung:
Sicherung 1 schützt die Steuerung vor Verpolung des Akkus. Spricht die Sicherung an, ist die Verkabelung zu überprüfen und eine neue Sicherung einzusetzen.
Motorsicherung:
Sicherung 2 schützt die Steuerung vor Kurzschluss, der durch Motordefekt oder fehlerhaftes Verkabeln entstehen kann. Vor Einsetzen einer neuen Sicherung müssen Verkabelung und Motor überprüft werden.

MERKE

Vor Öffnen des Gehäuses muss der Netzstecker gezogen werden. Die Sicherungen dürfen nur von einem Elektrofachmann ausgewechselt werden!

Sicherungswerte (fuse values)
Der Rückstauverschluss besitzt keine Netzsicherung in Form einer Schmelzsicherung. Eine Sicherung ist in Form eines thermischen Schalters im Primärkreis des Netztransformators integriert. Bei einem Defekt der Elektronik öffnet dieser Schalter bei Erreichen einer Temperatur von 120 °C nach kurzer Zeit. Tritt dieser Zustand auf, liegt ein schwerwiegender Defekt der Steuerung vor. Sie muss an die Einbaufirma/Fachfirma zur Reparatur gegeben werden.

Sicherung	Wert	Verhalten
Akkusicherung	4 A	träge
Motorsicherung	4 A	träge

Verhalten bei einer Akkustörung
Netzverbindung herstellen und abwarten. Akkustörungen treten immer bei unzureichendem Ladezustand des Akkus bzw. bei einer beschädigten Akkusicherung auf.

Motorstörung im Netz / Akkubetrieb
Motorsicherung und Zuleitung bzw. Anschlusskabel auf Beschädigung prüfen. Gegebenenfalls Initialisierung durch Doppeldruck Taster einleiten. Motorspindel durch Demontage des Gehäusedeckels kontrollieren (Spindelbruch). In diesem Fall Kontakt zur Einbaufirma / Fachfirma aufnehmen.

B) Angaben zur Reinigung der Rückstausicherung

Die Rückstausicherung für durchgehende Leitungen, einem automatisch motorbetriebenen Betriebsverschluss und einem Notverschluss durch Handbetätigung muss nach Vorschriften der DIN 1986-3 regelmäßig 2 x jährlich gewartet werden.
Vor der Funktionskontrolle muss die Rückstausicherung gründlich gereinigt werden. Hierzu müssen die Rückstauklappen in Schließrichtung gebracht werden (Bild 1 und Bild 2).

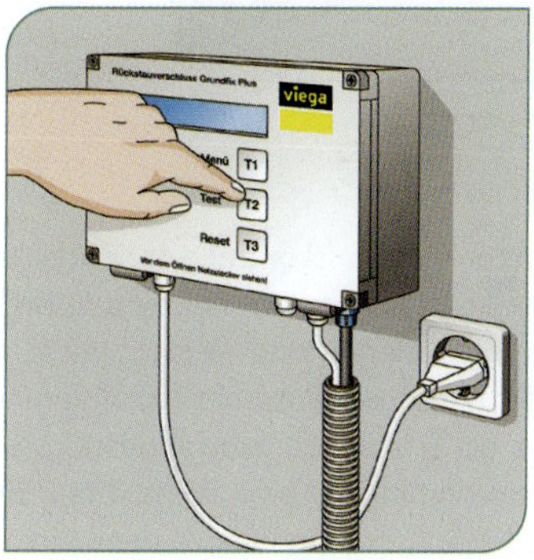

1 Motorbetriebenen Betriebsverschluss durch einmaliges Betätigen der Test-Taste schließen.

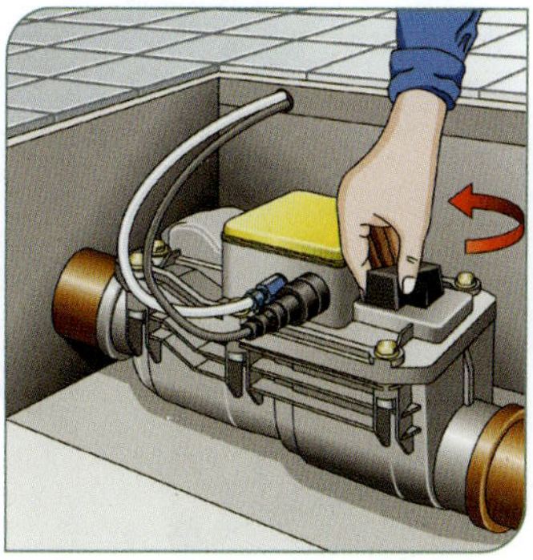

2 Handbetriebenen Betriebsverschluss durch Handbetätigung schließen.

Die **Reinigung** erfolgt danach in der Bilderfolge 3 bis 8 auf der nächsten Seite.

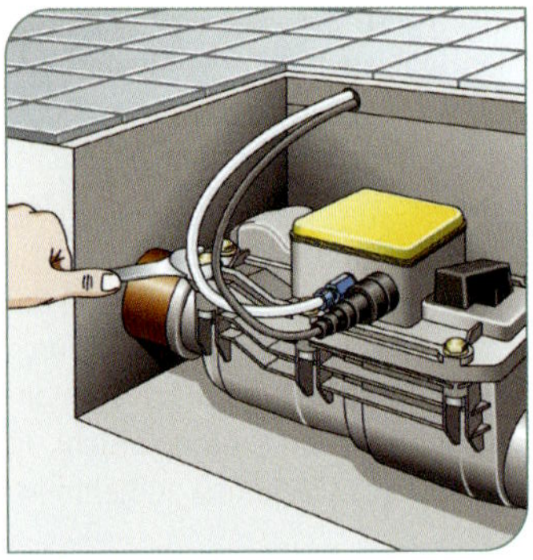

3 Sechs Schrauben lösen

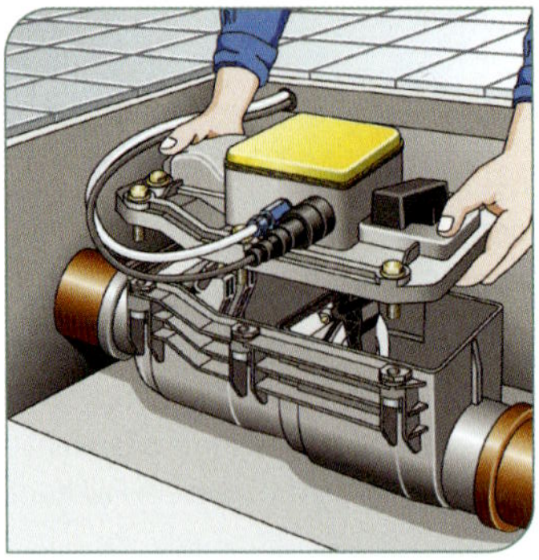

4 Deckel vorsichtig abnehmen

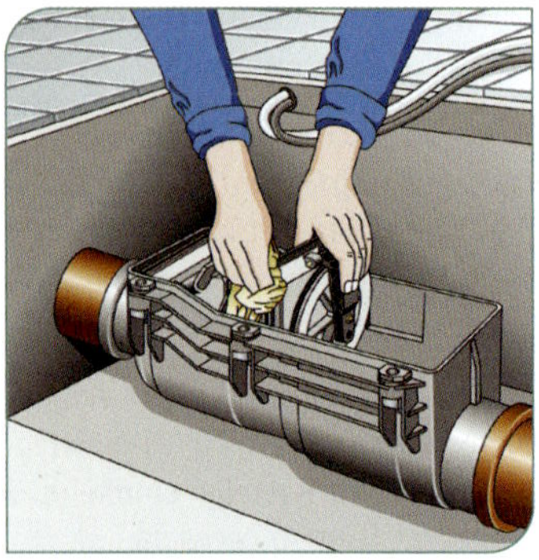

5 Rückstauklappen herausnehmen und gut säubern (evtl. Dichtungen säubern)

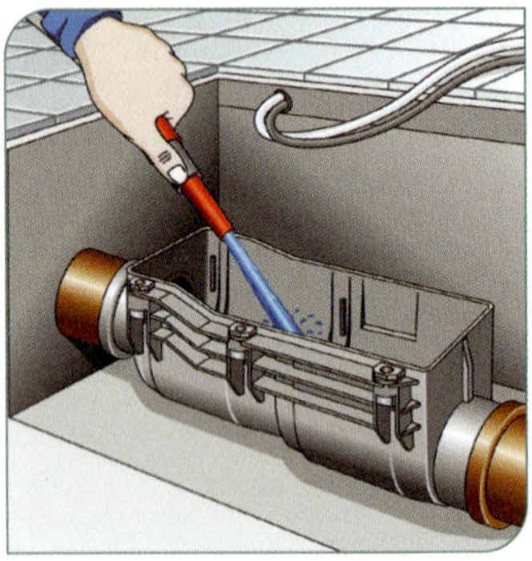

6 Kasten reinigen

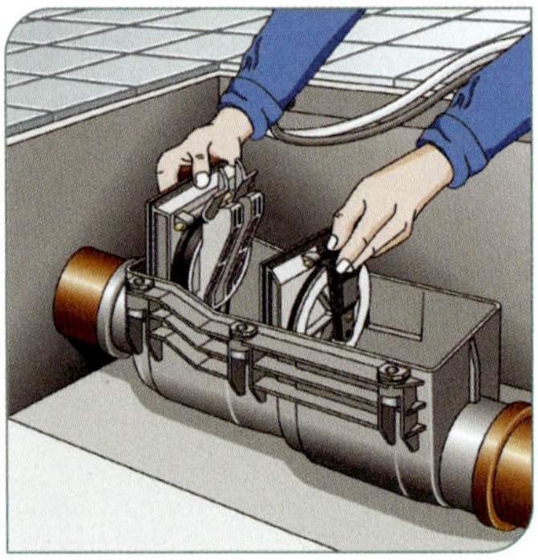

7 Rückstauklappen wieder funktionsgerecht einbauen

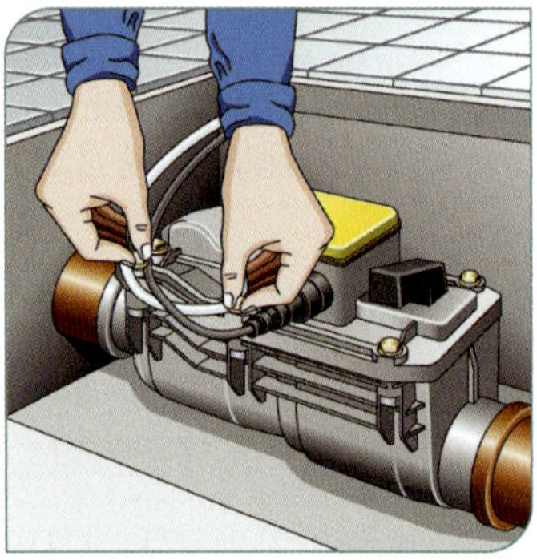

8 Deckel aufsetzen und fest montieren

C) Angaben zur Funktionskontrolle der Rückstausicherung

Die Funktionskontrolle beginnt mit dem Einschaltvorgang (Akkusicherung einlegen und Netzanschluss herstellen). Leuchtet nach der abgeschlossenen Initialisierung die grüne Diode auf, ist der Einschaltvorgang abgeschlossen.

Danach ist eine **Funktions- bzw. Dichtheitsprüfung** durchzuführen. Die Einzelvorgänge sind in der Bilderfolge 1 bis 7 dargestellt.

Die angegebenen Diodennummern beziehen sich auf Tabelle Bild 4, Seite 218.

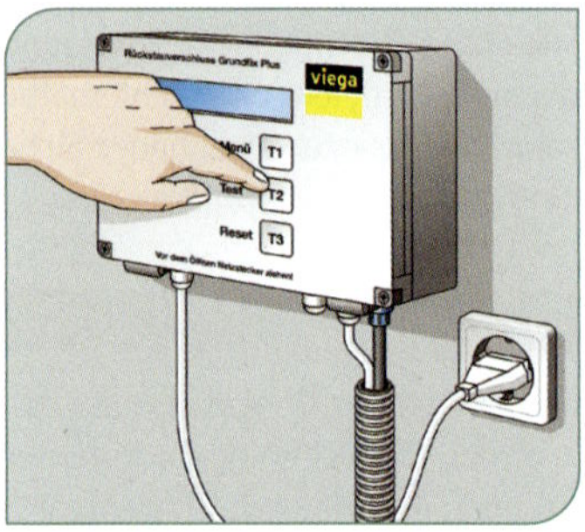

1 Kontrolle der Mechanik: Durch Betätigen der Test-Taste Betriebsverschluss auf- und wieder zufahren lassen.

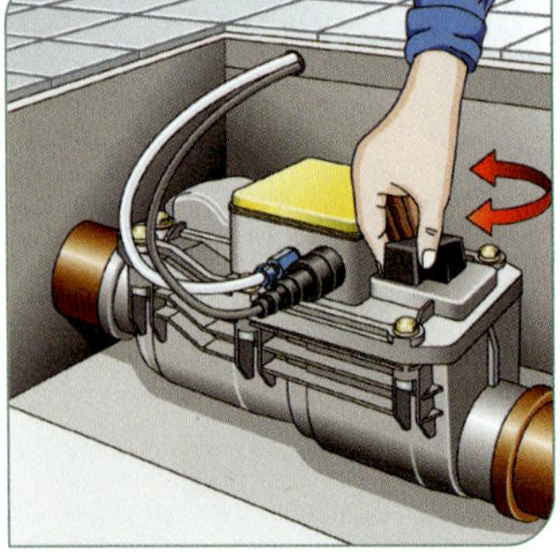

2 Kontrolle der Mechanik: Durch Öffnen und Schließen des Notverschlusses.

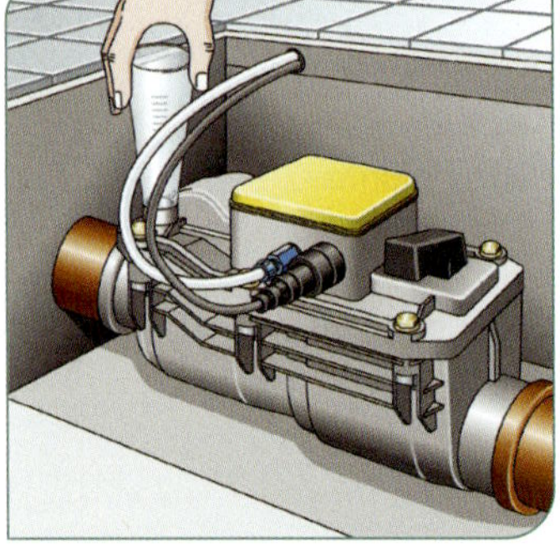

3 Not- und Betriebsverschluss sind geschlossen (grüne (1) und rote (3) Kontroll-Lampen leuchten, ein akustisches Signal ertönt). Prüfvorrichtung an Stelle des Stopfens einschrauben und solange füllen, bis sie voll Wasser steht.

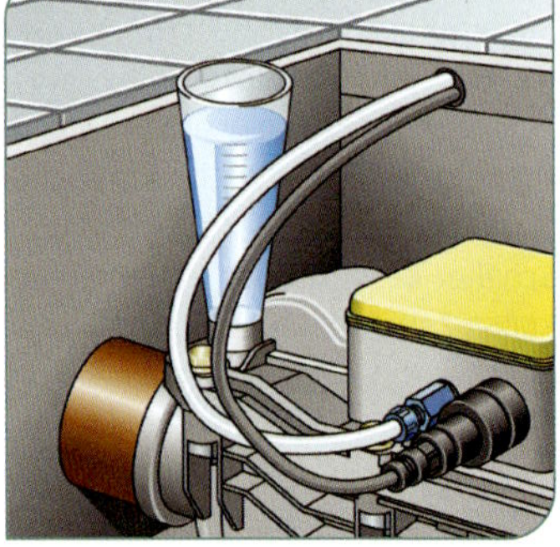

4 Bei gefülltem Trichter muss die Rückstaumeldung (2) gelb aufleuchten. Den Wasserstand beobachten und nachsehen, ob nicht mehr als 500 ml/10 min nachzufüllen sind.

Rückstauverschluss

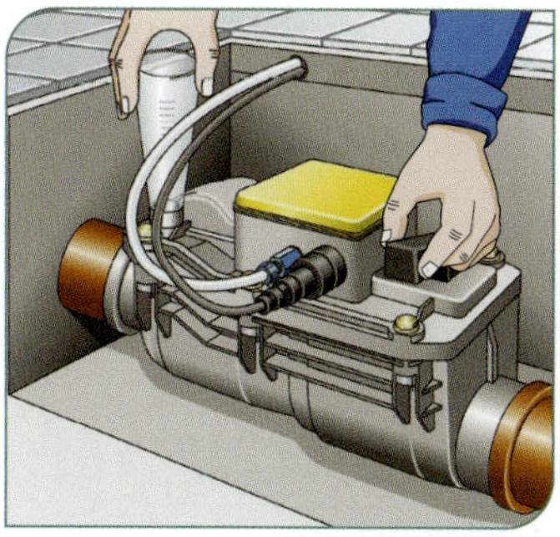

5 *Notverschluss durch Handbetätigung öffnen. Wasser fließt weg. Rückstaumeldung (2) gelb erlischt.*

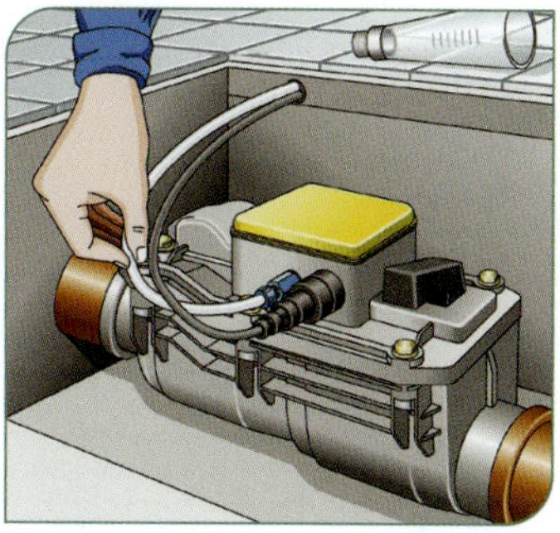

6 *Prüfvorrichtung herausschrauben und Stopfen eindrehen.*

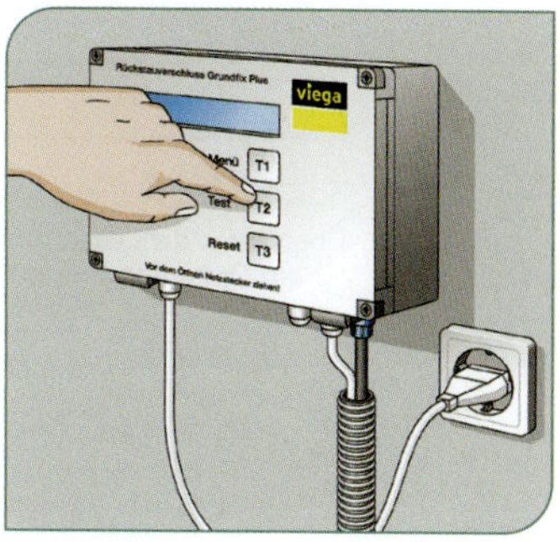

7 *Betriebsverschluss durch einmaliges Betätigen der Test-Taste öffnen. Die grüne Kontroll-Lampe (1) leuchtet auf. Rot (3) erlischt und Signalton verstummt.*

1.2.1.2 Allgemeine Wartungsmaßnahmen

Wartungsarbeiten können generell in die Maßnahmen Reinigen, Schmieren, Konservieren, Nachstellen, Ergänzen und Auswechseln unterteilt werden. Die in A, B und C dargestellten speziellen Wartungsarbeiten können diesen Maßnahmen zugeordnet werden (siehe folgende Tabelle).

Reinigen (clean)	Schmieren (lubricate)	Konservieren (preserve)	Nachstellen (adjust)	Ergänzen (complete)	Auswechseln (change, replace)
Gehäuseschrauben lösen, Rückstauklappen und Kasten reinigen, Deckel montieren	Dichtungen und Schrauben evtl. fetten	Hier nicht notwendig	Hier nur Betätigen der Rückstauklappen zwecks Funktionskontrolle	Wasser in Fülltrichter zwecks Dichtheitskontrolle	Dichtungen, Sicherungen, Akku (vom Hersteller empfohlen): ca. alle 5 Jahre

1.2.2 Inspektion

Die Inspektion besteht:

- sowohl aus der eher subjektiven, direkten Wahrnehmung des Istzustandes des Anlagenteils (des Geräts) mit den Sinnesorganen,
- als auch aus der eher objektiven Bestimmung des Istzustandes mit Hilfe der verwendeten Mess- und Prüfzeuge.

Die Inspektion gilt dem frühzeitigen Erkennen möglicher Fehler oder Abnutzungen und beugt so größeren Schäden vor. Inspektionsmaßnahmen (inspection measures) können beinhalten:

- die Analyse des Auftragsinhaltes und die Dokumentation des Auftrags,
- das Erstellen eines Planes zur Feststellung des Istzustandes mit folgenden Angaben: Sämtliche Tätigkeiten, auch die gewählten Methoden, die verwendeten Geräte, sowie die Angabe der Prüfintervalle und -orte,
- die Vorbereitung der Durchführung unter Angabe der Arbeitsplatzausrüstung sowie der Schutz- und Sicherheitseinrichtungen,
- die Durchführung, Auswertung und Beurteilung der Ergebnisse,
- ggf. die Fehleranalyse (fault analysis),
- ggf. das Aufzeigen und Bewerten von alternativen Lösungen (alternative solutions),
- Die Entscheidung für eine Lösung,
- die Rückmeldung.

Die aufgelisteten Inspektionsmaßnahmen sollen wieder am Beispiel des elektrisch betriebenen Rückstauverschlusses erläutert werden:

Die erste und sicherlich einfachste Stufe (first step) der Inspektion kann vom Betreiber selbst vorgenommen werden. Sie besteht aus der Beobachtung der Anzeigen des Steuergerätes. Die zweite und aufwändigere Stufe der Inspektion kann im Allgemeinen nur von Fachpersonal (experts) durchgeführt werden, weil sie eine Funktionskontrolle mit der Prüfung auf Dichtheit (leak test) einschließt (siehe 1.2.1.1 C).

Es ist zweckmäßig, für diese Arbeiten einen Inspektionsplan zu erstellen (Bild 1, nächste Seite) und das Abarbeiten der Positionen schriftlich zu vermerken.

Die Notizen beziehen sich auch auf die gewählte Prüfmethode (testing method) und die dabei verwendeten Mess- und Prüfmittel (measuring and testing tools). Die Ergebnisse der Überprüfung werden ausgewertet und beurteilt. Eine Fehleranalyse kann z. B. zu dem Ergebnis führen, dass der Rückstauverschluss durch unzulässiges Ableiten von Hygieneartikeln zu hoch belastet wurde und damit im Laufe der Zeit undicht geworden ist.

Eine Rückmeldung an die Nutzer (user) und der Hinweis auf ein verändertes Bedienerverhalten (change of behaviour) wären die Folgen dieser Inspektion.

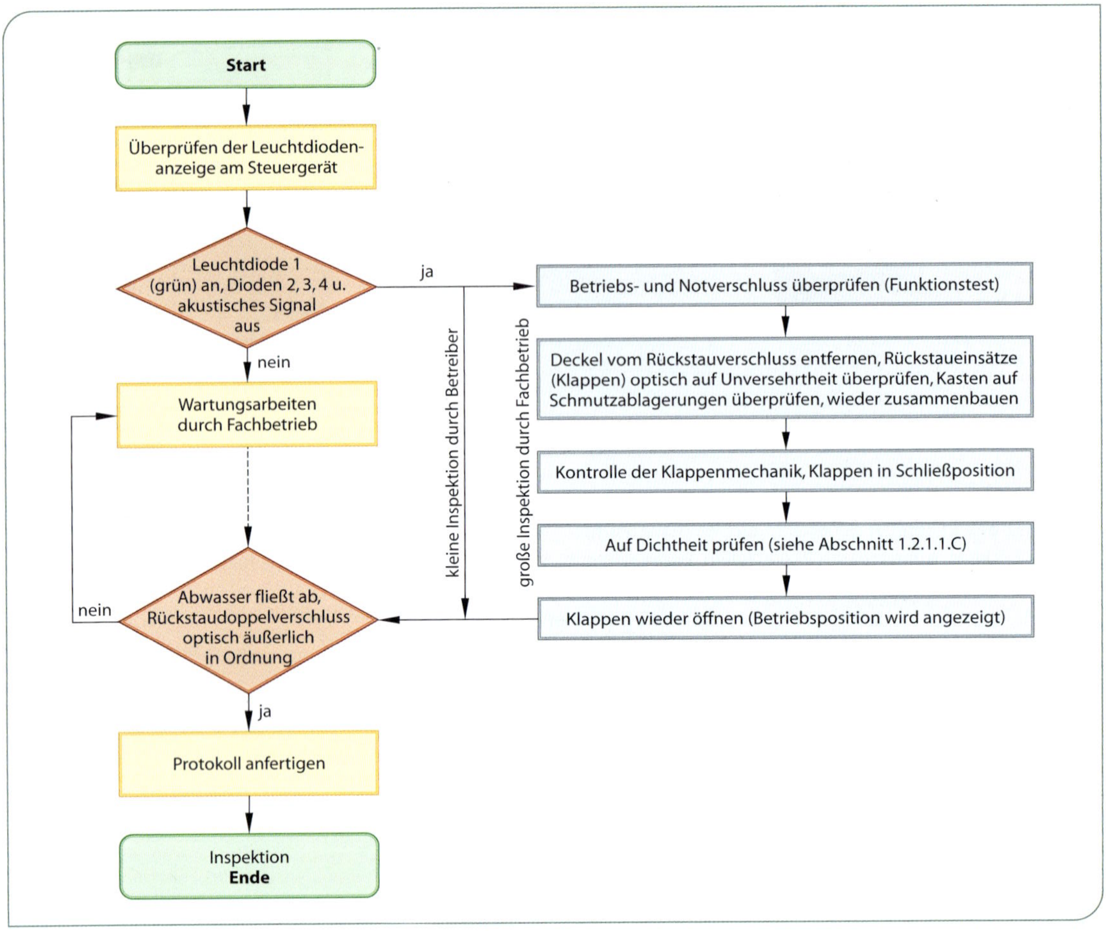

1 Flussdiagramm eines Inspektionsplanes zum Rückstauverschluss

1.2.3 Instandsetzung

Instandsetzungsarbeiten (repair works) werden:

- Bei vorzeitigem Verschleiß (keine oder unzureichende Wartung) meist **schadensbedingt** (damage caused), d. h. nach einem Ausfall von Anlagen (-teilen), **sofort** fällig, damit die Anlage weiterlaufen kann.
- **Vorbeugend** (preventive), d. h. in bestimmten Zeitintervallen oder nach festgelegten Abnutzungserscheinungen durchgeführt; diese Art der Instandsetzung wird z. B. **innerhalb einer Wartung** vorgenommen.

Instandsetzungsmaßnahmen können bei größeren Objekten beinhalten:

- die Analyse des Auftragsinhaltes und die Dokumentation des Auftrags,
- vorbereitende Arbeiten hinsichtlich der Kalkulation, der Termine und deren Abstimmung, der Bereitstellung von Personal, des Materialaufwandes, das Erstellen von Arbeitsplänen,
- die Vorbereitung zur Durchführung unter Angabe der Arbeitsplatzausrüstung sowie der Schutz- und Sicherheitseinrichtungen,
- die Durchführung,
- die Funktionsprüfung sowie die Abnahme,
- die Fertigmeldung und die Auswertung der Arbeiten unter Angabe möglicher Verbesserungen,
- die Rückmeldung.

Am Beispiel des Rückstauverschlusses betreffen Instandsetzungsarbeiten elektrische Bauteile wie Kabel, Stecker, Motor, Steuerung, Sicherungen, Druckschalter, Akku, mechanische Bauteile wie Motorspindel, Rückstauklappen, Verschraubungen usw.

Da schadensbedingte Ausfälle von Rückstausicherungen sofort schwerwiegende Folgen haben, sollten im Rahmen einer turnusmäßigen Wartung „vorbeugende Instandsetzungsmaßnahmen" getroffen werden. Hierbei werden Verschleißteile vorbeugend ausgetauscht.

1.2.4 Verbesserung

Sollten an bestimmten Schwachstellen (weak points), die gerade bei neu entwickelten Produkten auftreten können, Verbesserungen die Lebensdauer (service life) erhöhen, so sollten diese dem Hersteller mitgeteilt werden. In bestimmten Fällen können solche Verbesserungen auch von

dem Wartungsunternehmen selbst vorgenommen werden. Zu beachten ist, dass dabei die vorgesehene Funktion des Geräteteils oder des Gerätes nicht verändert wird.
Im Falle des Rückstauverschlusses könnten dieses häufig vorkommende und wiederkehrende Fehler wie z. B. defekte Dichtungen (gaskets, washers), Steuerungsplatinen (printed circuit boards), zu schwache Motoren und Spindeln (spindles) usw. sein. Auch ein verändertes Bedienerverhalten gehört zu den möglichen Verbesserungen, z. B. keine Entsorgung von Essensresten, Babywindeln u. ä. über die Toilette.

1.3 Instandhaltungs- und Ausfallkosten, Störungsfolgen

Anders als in Produktionsbetrieben haben schadensbedingte Ausfälle von versorgungstechnischen Anlagen in Wohnhäusern keine unmittelbaren Ausfallkosten (outage losses) zur Folge. Der Kunde muss einen Anlagenausfall oder die vorübergehende Anlagenstörung, die sich in Form einer Qualitätseinschränkung (reduction of quality) seines „Wohngefühls" bemerkbar macht, zunächst hinnehmen. Hier kommt es auf den Grad der Einschränkung an, den der Kunde gerade noch akzeptiert. Ein angeforderter Nachteinsatz des Wartungsdienstes könnte teurer werden als die Schadensbehebung am nachfolgenden Tag. Diese Frage stellt sich bei Mietshäusern oder bei über einen Haus- und Grundstücksservice versorgten Gebäuden aber häufig gar nicht erst, da dort viele Menschen von Anlagenausfällen betroffen sein können und eine sofortige Wiederherstellung der Anlagenfunktion unerlässlich ist.
Es ist daher schwierig, eine Kostengegenüberstellung vorzunehmen, die evtl. eine Kostenersparnis (cost savings) im Vergleich von nicht oder wenig gewarteten zu vorschriftsmäßig gewarteten Anlagen aufzeigen könnte. Dieses gilt umso mehr, als Folgeschäden (secondary damages) mit z. T. sehr hohen Kosten vorab nicht kalkulierbar sind. Gesondert berechnet werden Teile, die einem normalen Verschleiß bzw. einer Abnutzung unterliegen wie Dichtungen, bewegliche Teile von z. B. Pumpen sowie Öl- und Gasbrennern, Laufräder, Kugellager, Filter, Schalter usw.
Bild 1 verdeutlicht, dass es ein Optimum (optimum) zwischen dem Instandhaltungsaufwand und den daraus bedingten Ausfallkosten gibt. Das Diagramm gibt Aufschluss darüber, dass weder eine zu häufig noch eine zu selten durchgeführte Instandhaltung die Gesamtkosten minimiert.

MERKE

Anzustreben ist daher ein Instandhaltungsintervall, das auf den Erfahrungen des Herstellers oder des Betreibers der Anlage oder des Gerätes basiert.

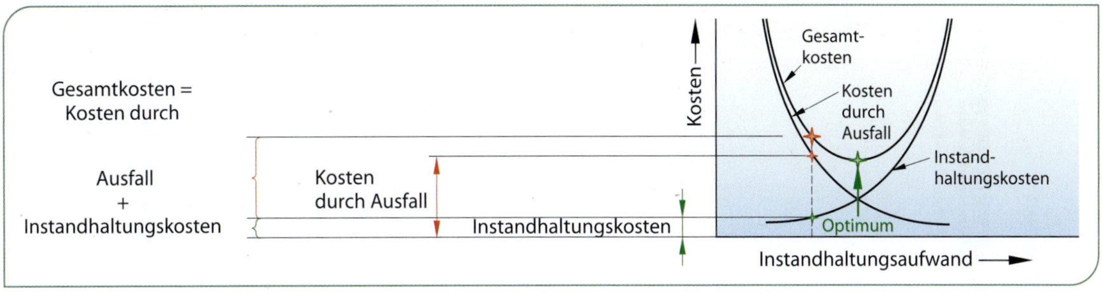

1 Instandhaltungskosten in Abhängigkeit vom Instandhaltungsaufwand

1.4 Aufbau eines Wartungsvertrages

Ein mit einem Kunden abgeschlossener Wartungsvertrag (Bild 1, nächste Seite) (maintenance contract) sollte sehr sorgfältig ausformuliert sein, um spätere Unstimmigkeiten (disagreements) zu vermeiden. Hierbei kann häufig auf Musterverträge zurückgegriffen werden, die z. B. von den Berufsverbänden ausgearbeitet worden sind. Dabei kann der Vertrag in drei Blöcke gegliedert werden:
Es sind festzulegen,

- der Vertragstext (wording of a contract) mit der Angabe der Vertragsparteien und dem Gegenstand der Wartung, die Häufigkeit der Wartungsarbeiten, die Kosten der Personaleinsätze, der Materialien, und der Ersatzteile und Hilfsstoffe, sowie die Regelung der Nebenkosten, z. B. Fahrtkosten, Überstunden-, Sonn- und Feiertagszuschläge, Schmutz- und Erschwerniszulagen.
- Werden Verträge langfristig abgeschlossen, ist eine Lohn- und Materialpreisgleitklausel zu vereinbaren. Außerdem ist die Dauer für die Gewährleistung der Wartungsarbeiten festzulegen.
- der Leistungsumfang (range of activities), der für jede Anlage individuell abgefasst werden muss: z. B. kann in Form einer Checkliste ein detaillierter Arbeitsplan aufgestellt werden, der dem Kunden das Gefühl vermittelt, für die z. T. beträchtlichen Wartungskosten einen reellen Gegenwert zu bekommen.
- eine Bestandsliste (inventory list) über die zu wartende Anlage, die über Art, Baujahr und Zustand, Standort, Zutrittsmöglichkeiten und technische Daten Auskunft gibt.

Wartungsvertrag für Heizungsanlagen

zwischen

Name

Straße

Ort

Telefon

(nachstehend als Auftraggeber bezeichnet)

Waldomack

(nachstehend als Auftragnehmer bezeichnet)

Muensterstr. 9
D-79111 Freiburg im Brsg.

wird nachstehender Wartungsvertrag für

☒ Heizkessel/Therme
☐ Brenner
☐ Regelung/Steuerung
☐ ______
☐ ______
☐ ______

abgeschlossen.

Zu wartende Anlage: Heizkessel/Therme

Fabrikat:
Typ:
Leistungsbereich:
Herstellnummer:
Herstelljahr:

Zu wartende Anlage: Regelung/Steuerung

Fabrikat:
Typ:
Herstellnummer:
Herstelljahr

Zu wartende Anlage: Brenner

Fabrikat:
Typ:
Leistungsbereich:
Herstellnummer:
Herstelljahr:
Standort:

Name

Straße

Ort

Telefon

1.0. Die Überprüfung, Wartung und Reinigung der vertraglich festgelegten Anlagenteile der vorbezeichneten Anlage wird einmal jährlich durchgeführt, sofern keine häufigere Wartung vereinbart wird.

2.0. Die Wartungsarbeiten umfassen den in den beigefügten Wartungs-Checklisten festgelegten Umfang und beziehen sich nur auf die oben aufgeführten Anlagenteile. Um Anlagenausfällen vorzubeugen, erfolgt teilweise eine progressive Wartung unter Austausch von verschleißabhängigen Anlagenteilen gegen Ersatzteile in einem nach Erfahrung festgelegten Rhythmus.

3.0. Der Pauschalpreis für die im einzelnen vereinbarten und nach den Wartungs-Checklisten durchzuführenden Wartungsarbeiten beträgt für:

Heizkessel: Euro ______ zuzügl. MwSt.

Brenner: Euro ______ zuzügl. MwSt.

Alle genannten Leistungen und die damit zusammenhängenden Löhne, Fahrt- und Nebenkosten sind mit der Bezahlung des Pauschalpreises abgegolten, im Pauschalpreis sind nicht enthalten:

3.1 Die Kosten für Ersatzteile.

3.2 Die Kosten für die Arbeiten, die nicht in der Wartungsliste genannt sind oder die über die Geräteanschlüsse Öl, Gas, Rauch, Abgas, Wasser, Elektro- und die genannten Anlagenteile hinausgehen.

3.3 Die Kosten für Aufwendungen zur Beseitigung von Schäden und Störungen sowie sonstiger zusätzlicher Leistungen, wenn der Auftragnehmer die Ursache nicht zu vertreten hat und die entstehen können, z. B. durch fehlerhafte Bedienung der Anlage infolge Nichtbeachtung der Betriebsanleitung, Beschädigung durch Fahrlässigkeit, Verschleiß, Veränderung der Rauchgas-/Abgasführung und der Be- und Entlüftungseinrichtung, Eingriffe des Auftraggebers oder Dritter in die sicherheitstechnische Ausrüstung der Anlage. Für daraus resultierende Schäden an Gebäuden, Einrichtungen, Schornsteinen, Heizungs- und Feuerungsanlagen, Lüftern, durch Wasser, Feuer, Bruch, Explosion oder durch Einfrieren von Anlagenteilen und Leitungen sowie Folgeschäden an Personen, haftet der Auftragnehmer nicht.

4.0 Die vorgenannten Preise entsprechen dem bei Vertragsabschluss gültigen Lohnverrechnungssatz und gelten für die Dauer von 12 Monaten nach Vertragsabschluss. Der Auftragnehmer ist berechtigt, eine Neufestsetzung der Vergütung gemäß Pkt. 3 zu verlangen, falls sich nach Abschluss dieses Vertrages die allgemeine Kostenentwicklung für das Wartungspersonal ändert.

5.0 Der Vertrag wird für die Dauer von 1 Jahr(en) abgeschlossen, und zwar erstmalig für die Zeit vom ____ . ____ . ________ bis ____ . ____ . ________ . Der Vertrag verlängert sich jeweils um ein Jahr, wenn er nicht vier Wochen vor Ablauf der Frist schriftlich gekündigt wird. Der Gerichtsstand für beide Teile ist (Sitz des Auftragnehmers):

Im Falle eines Wohnungs- oder Ortswechsels kann der Vertrag vorzeitig gelöst werden. Der Wechsel ist dem Auftragnehmer anzuzeigen. Der unterzeichnende Auftragnehmer verpflichtet sich, die Arbeiten gewissenhaft auszuführen und die Anlagen nach erfolgter Überprüfung und Wartung im funktionsfähigen Zustand zu übergeben und dieses auf dem Wartungsnachweis zu bestätigen. Der vereinbarte Pauschalpreis für Überprüfung, Wartung und Reinigung ist jeweils spätestens 10 Tage nach Rechnungsdatum zahlbar, Nichtbezahlung der vereinbarten Summe entbindet den Auftragnehmer von seinen Pflichten.

6.0 Eine außerordentliche Kündigung bleibt beiden Parteien vorbehalten, soweit ein wichtiger Grund vorliegt. Ein solcher ist für den Auftragnehmer insbesondere dann gegeben, wenn die Parteien nach einer eingetretenen Tariflohnerhöhung keine Einigung über einen neuen Preis erzielen. Die Kündigung bedarf der Schriftform.

Freiburg, den
Ort, Datum

Ort, Datum

(Unterschrift des Auftragnehmers)

(Unterschrift des Auftraggebers)

1.5 Verschleiß- und Störungsursachen

Wenn Bauteile verfrüht verschleißen oder unverhofft Störungen (interferences) auftreten, die zunächst nicht plausibel erscheinen, können die Ursachen vielfältiger Art sein, z. B. werden:

- Wartungsintervalle nicht eingehalten,
- Wartungsarbeiten mangelhaft oder nicht durchgeführt,
- Bedienungsfehler (handling error) begangen,
- Teile bewusst zweckentfremdet,
- Konstruktionsfehler (constructional fault) begangen.

MERKE

Es muss das Ziel des Betreibers einer Anlage oder eines Gerätes sein, diese strikt nach den Richtlinien (codes) des Herstellers instand zu halten und sie gemäß ihren Aufgaben einzusetzen. Nur dann sind eine größtmögliche Betriebssicherheit (foolproofness) und Lebensdauer (durability) gegeben.

1.6 Fehlersuche – Schadensanalyse

Fehlersuche (debugging) und Schadensanalyse (damage analysis) sollen am Beispiel eines Lüftungsgerätes für kontrollierte Wohnungslüftung (Bild 1) dargestellt werden.

Lüftungssysteme für kontrollierte Wohnungslüftung werden zunehmend in Wohnhäusern eingesetzt, um den Wohnkomfort zu erhöhen (z. B. für Pollenallergiker). Die Handwerksunternehmen der Installationsbranche werden aus Gründen der Energieeinsparung (conservation of energy) und der daraus resultierenden Gesetze (siehe GEG) zunehmend mit dem Einbau solcher Geräte und Anlagen konfrontiert. Eine sich anschließende konsequente Wartung ist dabei unerlässlich (siehe Kap. 1.1).

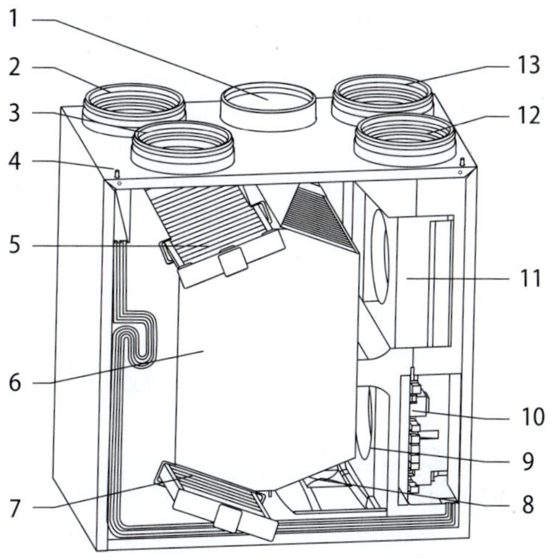

1. Anschluss Bypass
2. Anschluss Außenluft
3. Anschluss Abluft
4. Befestigung Frontabdeckung
5. Abluftfilter
6. Wärmetauscher
7. Außenluftfilter
8. Kondensatablauf
9. Fortluftventilator
10. Elektronik
11. Zuluftventilator
12. Anschluss Zuluft
13. Anschluss Fortluft

1 Wohnungslüftungsgerät

Mittels einer Tabelle können die wichtigsten durch Verschleiß oder mangelhafte Wartung gefährdeten Bauteile aufgelistet und den Verschleißursachen und -folgen gegenübergestellt werden:

Bauteile	Verschleißursachen und -folgen
Filter (filter)	kein Austausch erfolgt, zu lange Wartungsintervalle, Luftleistung sinkt, evtl. erhöhte Anlagengeräusche
Ventilatoren (fans)	keine Reinigung der Laufräder (Schaufeln) erfolgt oder unsachgemäße mechanische Reinigung, dadurch Unwucht und evtl. Lagerschaden
Wärmeaustauscher (heat exchanger)	keine oder falsche Reinigung der Tauschflächen (z. B. mit Chemikalien oder mechanisch mit Bürste etc.), dadurch Wandungen verschmutzt oder durchlässig, der Wirkungsgrad sinkt
Bypassklappe/Stellmotor (bypass flap/actuator)	keine oder unzureichende Pflege der Mechanik, dadurch mangelhafte oder keine Funktion der Klappe; wirtschaftliche Arbeitsweise ist nicht gewährleistet
Steuerung/Regelung (control/regulation)	starke Verschmutzung der Fühler (Sensoren), dadurch falsche Messwerte
Kondenswasserablauf (condensation drainage)	Bei verstopftem Ablauf Schäden am Gerät durch nicht abfließendes Wasser
Kanäle, Luftein- und -auslässe (ducts, air inlet/outlet vents)	Keine turnusmäßige Reinigung der Kanäle, dadurch Bildung von Keim- und Schimmelpilz-„Nestern"

Konstruktionsbedingte Schwachpunkte unter dem Gesichtspunkt der Wartung und Montage können z. B. fehlende Gleitschienen bzw. Anschlusselemente für häufig zu wartende Filtereinschübe sein.

1.7 Schadensdokumentation

Kommt es zu einem größeren Schadensfall, so muss dieser häufig sofort behoben werden. Dabei ist Umsicht geboten, weil die Gewährleistungsfrage meist noch nicht eindeutig geklärt ist. Hilfreich kann z.B. eine Checkliste sein, die eine voreilige Behebung der Mängel mit gleichzeitiger Spurenbeseitigung möglicher Ursachen verhindern hilft. Schadhafte Bauteile, die hohe Folgekosten verursacht haben (wie z.B. Wasserschäden mit gleichzeitiger Zerstörung von Dämmschichten und dem Baukörper) sollten erst ausgebaut und Instand gesetzt werden, wenn vorher Lage, Aussehen und Abmessungen dokumentiert worden sind. Angefertigte Skizzen und Fotos von der Schadensstelle sind dabei sinnvolle Beweismittel (evidences). Das schadhafte Stück ist möglichst unversehrt, als ganzes Bauteil und möglichst mit erkennbarer Bauteil- und Herstellerkennzeichnung zu sichern.

PRAXISHINWEIS

Vor einer Schadensbehebung ist der Schaden zu dokumentieren.

1 Aufbewahrung und Sammlung

1.8 Sachgemäße Lagerung und Entsorgung von Problemstoffen

1.8.1 Sachgemäße Lagerung und Entsorgung von Problemstoffen aus der Fertigung von Anlagenteilen

Umweltbelastende Stoffe (polluting substances) wie Kühlschmierstoffe (coolants), Schneidöle (cutting oils) und die mit ihnen behafteten Späne müssen besonders gelagert (Bild 1), gesammelt und entsorgt werden. Brennbare Stoffe sind gesondert zu lagern und die **Vorschriften des Brandschutzes** (fire protection rules) sind zu beachten. Hierbei muss verhindert werden, dass diese Stoffe bzw. Abfälle ins Freie, in den Boden sowie in die Kanalisation gelangen.

Wie aus Bild 1 zu entnehmen ist, werden bei einer vorschriftsmäßigen Aufbewahrung eventuell auslaufende Flüssigkeiten in einer Auffangwanne (safe keeping tray) gesammelt bzw. aufgefangen. Die einzelnen Stoffe dürfen nur in **unterschiedlichen Behältern** (containers) gelagert werden. Da es beispielsweise bei einer Mischung von Kühlschmierstoffen zu gefährlichen chemischen Reaktionen kommen kann, dürfen diese Stoffe nicht miteinander vermischt werden. Auch ölhaltige Putzlappen (oily cleaning rags) oder ölverschmierte Papiertücher werden in öldichten Behältern getrennt gesammelt. Da überalterte Öle (waste oils) und Kühlschmierstoffe Hauterkrankungen (skin-diseases) und juckende Ekzeme verursachen können, wenn sie mit der Haut in Berührung kommen, sind bei der Sammlung (collection) und Entsorgung (disposal) dieser Stoffe die vorgeschriebenen Schutzmaßnahmen (protective measures) wie z.B. das Tragen von Handschuhen und/oder Schutzbrille einzuhalten (Bild 2 u. vgl. Seite 11/12). Die schädigende Wirkung von chemischen Substanzen kann auch über Nahrungsmittel transportiert werden. Deshalb sind in Werkstätten, in denen mit diesen Stoffen gearbeitet wird, der Verzehr von Lebensmitteln und die Einnahme von Getränken verboten. Im Abfallbeseitungsgesetz (AbfG) (waste disposal law) werden die besonders überwachungsbedürftigen Stoffe genannt und hier ist geregelt, wie diese entsorgt werden müssen. Folgende Abfälle gelten als Sonderabfall (special waste) und müssen an Spezialbetriebe abgegeben werden:

- schmierstoffverunreinigte Putzlappen, Papiertücher und Pinsel,
- überalterte Kühlschmierstoffe aus mineralischen Ölen,
- Öle und ölverunreinigte Teile wie z.B. Filter aus Heizungsanlagen,
- Kühlschmierstoffbehaftete Späne,
- überalterte Kühlschmierstoffe aus synthetischen Ölen.

2 Schutzhinweise

Schmier- und Kühlschmierstoffe werden in der Installationstechnik allenfalls beim Gewindeschneiden von Stahlrohren, beim Maschinensägen und beim Bohren verwendet.

Die Anforderungen hinsichtlich der Zusammensetzung sind z. B. im DVGW-Arbeitsblatt W 521 geregelt (vgl. auch S. 55 Praxishinweis).

1.8.2 Sachgemäße Lagerung und Entsorgung von Problemstoffen aus der Instandhaltung

In vielen Fällen werden verschmutzte Anlagen oder Anlagenteile mit Wasser gereinigt. Hartnäckige Schmutzschichten können mit chemischen Reinigungsmitteln (chemical detergents) (Bild 1) entfernt werden.
Sicherheitshinweise auf den Reinigungsmittelbehältern geben Aufschluss über Zusammensetzung (composite), Gefährdung (danger) und Entsorgung (disposal). Gesammelt und entsorgt werden Abfallstoffe und Reinigungsmittel getrennt nach dem Grad des Gefahrenpotentials und der Entsorgungsmöglichkeit.

1 Chemische Reinigungsmittel

Eine Auswahl der in einem Installationsbetrieb anfallenden Abfall- und Entsorgungsstoffe zeigt die Tabelle Bild 2.
Wenn Abfälle (clippings) gesammelt werden, von denen eine Gefährdung für den Menschen ausgehen kann, ist das Tragen von Schutzkleidung unerlässlich.
Diese Schutzkleidung kann z. B. aus einem speziellen Schutzanzug (protective clothing), einer Atemschutzmaske (respirator), einer Schutzbrille (protective goggles) und Schutzhandschuhen (protective gloves) bestehen (siehe Seite 11). Wie gefährlich der Gesetzgeber inzwischen den Umgang mit z. B. asbesthaltigen Materialien einstuft, zeigt Bild 3.

Sowohl bei der Erstinbetriebnahme als auch bei Instandsetzungsarbeiten von Solaranlagen werden Solarflüssigkeiten verwendet, die Frostschutzmittel und Inhibitoren[1] enthalten. Diese Solarflüssigkeiten werden mit Wasser gemischt und daher mit Frostschutzmittel angereichert.
Dadurch erhöht sich die Gefahr von Korrosion in der Anlage, vor allem bei einer Mischinstallation verschiedener Metalle (z. B. Kupfer und Al-Legierungen o. ä.), was den Zusatz von Inhibitoren nötig macht.
Solarflüssigkeiten sind keine gefährlichen Medien im Sinne von EU-Kriterien. Sie sind meist biologisch abbaubar und nicht gewässerschädigend.
Wegen der meist nur leicht toxischen Wirkung ist jedoch im Umgang mit ihnen Vorsicht geboten, die Berührung mit Haut und Augen ist zu vermeiden. Die ausgetauschten, verbrauchten Solarflüssigkeiten sind z. B. den speziellen Sammelstellen der Kommunen zuzuführen.

Abfall	Entsorgungsstelle
Verpackungsmaterial: Pappe, Papier Kunststoffe	Papierkontainer Wertstoffbehälter, evtl. Rücknahme durch Hersteller
Öle aus Heizungs- und Lüftungsanlagen	Spezialbetrieb
Kühlschmierstoffhaltige Schneidspäne Schneidspäne weitestgehend von Öl befreit	Spezialbetrieb „Schrotthändler"
Filter aus RLT- Anlagen (normal-)staubbehaftet kontaminiert, z. B. AKW, Krankenhaus, chem. Betriebe	Hausmüll Spezialbetrieb
Metallische Rohr- und Blechabschnitte sortenrein gelagert Kunststoffrohre, -formteile und -folien	Spezialbetrieb, „Schrotthändler" Spezialbetrieb

2 Entsorgungsstoffe und -orte

3 Schutzausrüstung bei der Asbestsanierung

[1] Chemikalien, die den Sauerstoff binden

ÜBUNGEN

1) Erläutern Sie den Begriff der „Instandhaltung"

2) In welche Einzelmaßnahmen gliedert sich die Instandhaltung auf?

3) Erläutern Sie die Begriffe „Wartung", „Inspektion", „Instandsetzung", „Verbesserung".

4) Listen Sie mindestens 4 einzuleitende Maßnahmen auf, die zum Ablauf eines Wartungsauftrages gehören können.

5) Erklären Sie, zu welchem Zweck Rückstauverschlüsse in häusliche Abwasseranlagen eingebaut werden.

6) Was ist unter dem Begriff „Rückstauebene" zu verstehen?

9) Beschreiben Sie die zwei Hauptmaßnahmen, in die sich eine Inspektion unterteilen lässt.

8) Erläutern Sie, warum der ausführliche Weg der Inspektion (siehe auch Ablaufschema Bild 1, S. 222) dem Fachbetrieb vorbehalten sein muss.

9) In welche zwei Fälle werden Instandsetzungsmaßnahmen grundsätzlich eingeteilt?

10) Listen Sie jeweils drei Instandsetzungsarbeiten auf, die Sie möglicherweise schon in Ihrem Betrieb in den drei Bereichen SHK ausgeführt haben, und legen Sie fest, ob Sie diese schadensbedingt oder vorbeugend erledigt haben.

11) Unterscheiden Sie zwei grundsätzliche Arten von Verbesserungen.

12) Erläutern Sie, aus welchen Teilen sinnvoller Weise ein Wartungsvertrag bestehen sollte.

13) a) Listen Sie Ursachen für Verschleiß und Störungen von Anlagen(-teilen) auf.
b) Leiten Sie daraus eine generelle Forderung an den Betreiber ab.

14) Zeigen Sie anhand eines von Ihnen gewählten Bauteils bzw. Anlagenteils Verschleißursachen und die daraus resultierenden Folgen auf.

15) Wie müssen Schneidstoffbehälter gekennzeichnet sein?

16) Nennen Sie drei umweltbelastende Stoffe.

17) Was muss bei der Lagerung, Sammlung und Entsorgung von umweltbelastenden Stoffen verhindert werden?

18) Nennen Sie drei Schutzmaßnahmen beim Umgang mit überalterten Ölen und Kühlschmierstoffen.

19) Nennen Sie vier Abfälle, die als Sonderabfall gelten und die an Spezialfirmen abgegeben werden müssen.

20) Beschreiben Sie anhand einiger ausgewählter Beispiele aus den Gewerken SHK die sachgemäße Lagerung von Problemabfallstoffen und deren sachgemäße Entsorgung. Machen Sie sich dazu auch in Ihrem Ausbildungsbetrieb sachkundig.

2 Korrosion, Korrosionsformen und Korrosionsschutzmaßnahmen

2.1 Korrosion

2.1.1 Definition der Korrosion nach DIN EN ISO 8044

Der in dieser Norm definierte Begriff der Korrosion (corrosion) umfasst lediglich den Korrosionsvorgang, die „Reaktion" (reaction), nicht aber das Ergebnis (result) oder den Schaden (damage). Aus dieser Sicht bedeutet Korrosion die physikochemische Wechselwirkung (interaction) zwischen einem Metall und seiner Umgebung, die zu einer Veränderung des Metalls führt. Dieses kann zu wesentlichen Beeinträchtigungen:

- der Funktion des Metalls,
- seiner Umgebung oder
- des technischen Systems führen.

In den meisten Fällen ist dieser Vorgang elektrochemischer Natur (electrochemical). Da auch Kunststoffe durch Fremdeinwirkungen zerstört werden können, wird auch bei ihnen zunehmend der Begriff der „Kunststoffkorrosion" verwendet, obwohl sich die **Korrosion in der Normung** bisher **auf** die **Metalle beschränkt**.

2.1.2 Ursachen und Einflussgrößen der Korrosion bei metallischen Werkstoffen

Viele in der Natur vorkommenden Metalle (metals) sind nicht rein, sondern sie werden als chemische Verbindungen (chemical compounds) mit anderen Elementen wie Schwefel (z.B. Kupfersulfide) und Sauerstoff (z.B. Eisenoxide) vorgefunden und abgebaut.

Aus diesen Verbindungen werden die Metalle durch Zufuhr von Energie (supply of energy) gewonnen; hierbei entsteht ein energiereicherer, aber auch chemisch instabilerer Zustand der Metalle. Bei bestimmten äußeren Bedingungen sind diese Metalle – jetzt als Werkstoffe vorliegend – bestrebt, wieder zu ihrer chemisch stabileren und damit energieärmeren Form zurückzukehren (Bild 1).

MERKE

Bei der Korrosion reagiert der metallische Werkstoff mit chemischen Stoffen aus seiner Umgebung. Dabei treten messbare Veränderungen (measurable changes) des Metalls auf, die zu seiner Zerstörung führen können.

Den Volkswirtschaften entstehen durch Korrosionsschäden (corrosion damages) jährlich Verluste in Milliardenhöhe. Die aufgewendeten Kosten für erforderliche Korrosionsschutzmaßnahmen (corrosion protection) verhindern dabei weitaus größere Schäden. Weiterhin ist zu beachten, dass durch korrosionsbedingte Schäden, z.B. an Öl- oder Gasanlagen, Menschen und Umwelt gefährdet werden können. Geeignete Maßnahmen zum Korrosionsschutz sind daher unerlässlich.

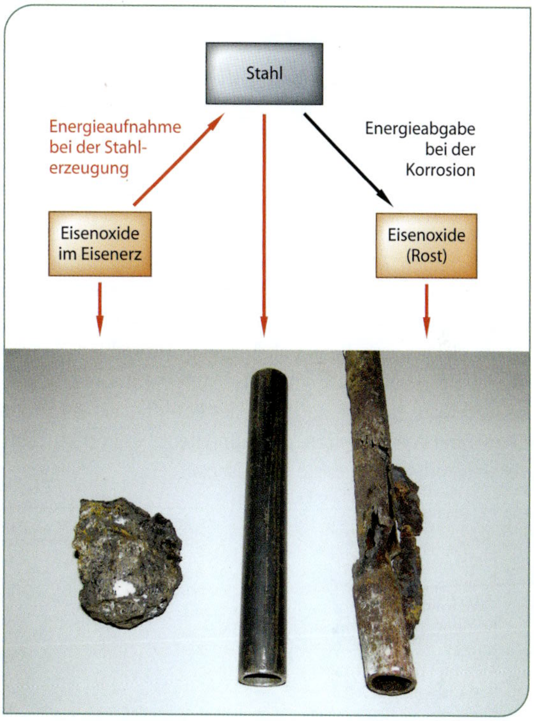

1 Energiebilanz der Korrosion

2.1.3 Korrosionsarten

2.1.3.1 Elektrochemische Korrosion

Elektrochemische Korrosion (electrochemical corrosion) ist die am häufigsten anzutreffende Korrosionsform. Ursache ist die elektrochemische Reaktion **zweier unterschiedlicher Metalle** bzw. Metallverbindungen mit einer elektrisch leitenden Flüssigkeit, dem **Elektrolyten** (electrolyte) (z.B. Kupfer und Zink mit Trinkwasser). Durch eine solche Anordnung entsteht eine elektrochemische Spannungsquelle (supply point), auch **„galvanisches Element"** (voltaic cell) genannt. Bei einer elektrisch leitenden Verbindung zwischen den beiden Metallen entsteht ein geschlossener elektrischer Stromkreis (closed electric circuit). Die Atome des unedleren Metalls, z.B. Zink, geben Elektronen ab und gehen als positiv geladene Ionen in Lösung. Das unedlere Metall wird dabei zersetzt. Der entstandene Elektronenüberschuss (surplus of electrons) fließt über den Leiter zum edleren Metall, z.B. Kupfer (Bild 1, nächste Seite).

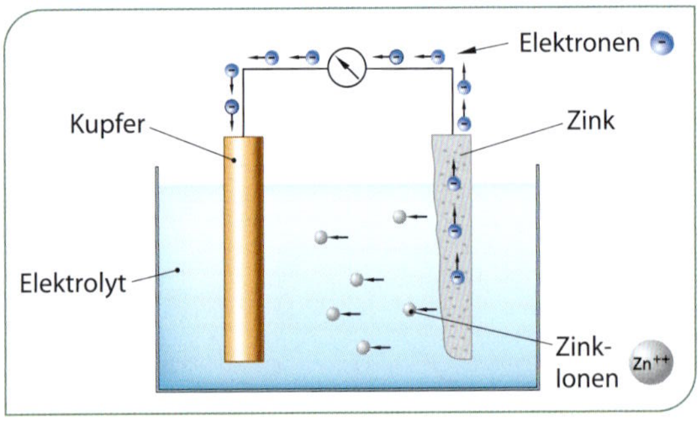

1 Galvanisches Element

Der Potentialunterschied (potential difference) zwischen den einzelnen Metallen kann in der **elektrochemischen Spannungsreihe** (electromotive (electrochemical) series) (Bild 2) abgelesen werden. In dieser sind die Metalle nach ihrem elektrischen Potential (Ladungsunterschied gegenüber Wasserstoff) geordnet. Wasserstoff (hydrogen) hat dabei den Wert „Null". Je negativer das Potential eines Metalls gegenüber Wasserstoff ist, desto unedler ist es und je positiver sein Potential ist, desto edler ist es.

Gold	+ 1,42 V
Platin	+ 1,20 V
Silber	+ 0,80 V
Quecksilber	+ 0,79 V
Kohlenstoff	+ 0,74 V
Kupfer	+ 0,34 V
Antimon	+ 0,14 V
Wasserstoff	± 0,0 V
Blei	– 0,12 V
Zinn	– 0,14 V
Nickel	– 0,25 V
Cadmium	– 0,40 V
Eisen	– 0,44 V
Chrom	– 0,71 V
Zink	– 0,76 V
Mangan	– 1,05 V
Aluminium	– 1,67 V
Magnesium	– 2,34 V

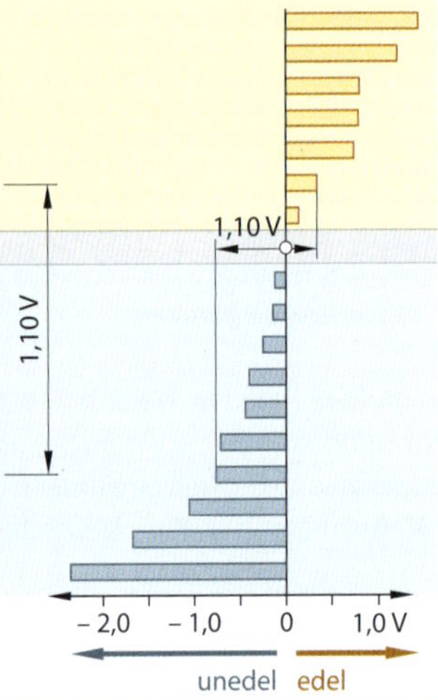

2 Elektrochemische Spannungsreihe der Metalle

Elektrochemische Korrosion tritt z. B. auf, wenn Kupferrohre mit verzinkten Stahlschellen ohne isolierende Gummieinlagen verlegt werden (Bild 3) und z. B. Kondenswasser (condensation water) als Elektrolyt wirkt. In diesem Fall werden im Laufe der Zeit die verzinkten Stahlschellen zerstört.

3 Korrosionsgefahr

Beispiel für einen Unterrichtsversuch:
Löcher in einer Aluminiumfolie, die bei einem Kontakt mit z. B. einer Fünf-Cent-Münze und der Benetzung mit Zitronensaft innerhalb von 30 Minuten durch Kontaktkorrosion (contact corrosion) entstanden sind (Bild 4).

4 Korrosion

2.1.3.2 Chemische Korrosion

Bei der chemischen Korrosion (chemical corrosion) reagiert der Werkstoff mit gasförmigen (gaseous) oder flüssigen Stoffen aus der Umgebung (z.B. Sauerstoff, Säuren, Laugen) und verändert seine Eigenschaften. Diese Vorgänge laufen bereits bei Raumtemperatur ab und werden durch hohe Temperaturen beschleunigt.

5 Oxidschichtbildung bei Erwärmung eines Kupferrohres

So entsteht bei Umgebungstemperatur z. B. auf der Oberfläche (surface) eines Kupferrohres eine Oxidschicht, die vor dem Löten (soldering) entfernt werden muss. Auch die Anlauffarben (temper colours), die beim Warmbiegen (hot bending) von Stahlrohren oder bei Erwärmung von Cu-Rohren (Bild 5) entstehen, sind auf Oxidationsvorgänge zurückzuführen. Da auch PVC-Rohre in ähnlicher Weise chemisch oxidieren, muss vor dem Kleben dieser Rohre ebenfalls die Oxidschicht durch Abschälen oder durch Auftragen von Lösemitteln entfernt werden (vergl. S. 155).
Bei **Aluminium** und **Kupfer** führt die Oxidation der Metalloberfläche zur Ausbildung einer dichten und festen **Schutzschicht** (protective layer), die eine Form der **erwünschten** (desired) **Korrosion** darstellt. (vergl. 2.2.1.3)

Wird diese Schutzschicht jedoch durch äußere Einflüsse zerstört oder tritt sie offenporig (open-pored) wie bei Stahl auf, so wiederholt sich in den darunter liegenden Schichten fortlaufend der Korrosionsprozess und es kommt zur totalen Zerstörung (destruction) des Werkstückes (Bild 1).

1 Oberflächenkorrosion durch Zerstörung der Zinkschutzschicht

2.1.3.3 Korrosionswirkung des Wassers und seiner Verunreinigungen

Anlagenteile, z. B. Heizkessel, Warmwasserbereiter und Armaturen, werden durch die im Wasser enthaltenen Stoffe chemisch angegriffen und korrodieren (corrode). Diese Korrosion schädigt z. B. Kessel- und Rohrwandungen und kann zusätzlich die Qualität des Trinkwassers beeinträchtigen.
Der Korrosionsvorgang wird besonders beeinflusst durch:

- den Sauerstoffgehalt,
- den Säuregehalt (freie Kohlensäure),
- den Salzgehalt (Erhöhung der elektrischen Leitfähigkeit; Bild 2),
- Fremdstoffe (**Belüftungselemente** (aeration cells) in Form von Gasblasen, Hanfresten, Sandablagerungen und ausgefälltem Kalk) des Wassers.

Um eine Korrosion in metallischen Leitungsanlagen zu vermeiden, muss der pH-Wert[1)] (pH-value) des Wassers möglichst neutral sein. PH-Werte im Bereich von ca. 6,5…8 können toleriert werden.
Eine Schutzschichtbildung ist bei pH-Werten unter 5,5 nicht mehr möglich und so werden ständig, z. B. während der Standzeiten, Metallionen (metal ions) aus den Rohren herausgelöst, die in starker Konzentration besonders bei Kindern gesundheitsgefährdend (unhealthy) wirken können.

MERKE

In Trinkwasseranlagen dürfen bei pH-Werten des Wassers unter 5,5 keine Kupferrohre ohne Innenbeschichtung (z. B. mit Zinn) oder verzinkte Stahlrohre verlegt werden.

2.1.3.4 Korrosionswirkung durch äußere Einflüsse

Überall dort, wo in der Umgebungsluft zusätzlich aggressive Bestandteile enthalten sind, werden die Werkstoffe stärker durch Korrosion geschädigt (Bild 2).
Aggressive Bestandteile der Luft können sein:

- Lösemittel (solvents) z. B. in Lackierereien,
- Bleichmittel (bleaching agents), z. B. in Frisörläden und Reinigungsbetrieben,
- Ammoniakdämpfe (ammonia vapours) z. B. in Stallungen und Kälteanlagen.

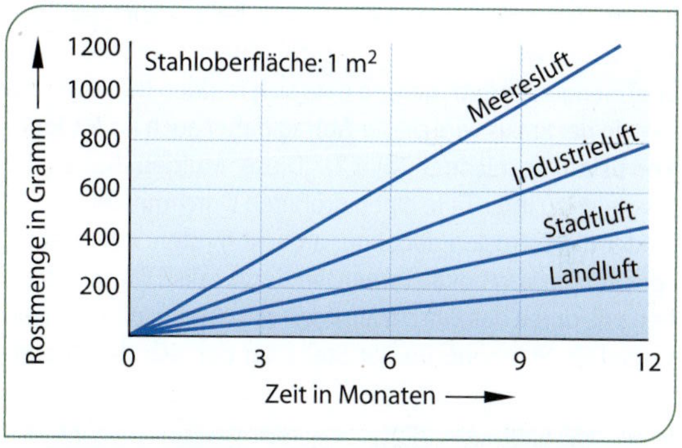

2 Einfluss der Luftverschmutzung und des Salzgehaltes auf die Korrosion von Stahl

2.2 Korrosionsformen

Korrosionsformen (types of corrosion) kommen in vielfältiger Weise vor. Die in der Installationstechnik am häufigsten auftretenden Formen können wie folgt gegliedert und anhand ihres charakteristischen Aussehens beschrieben werden:

Korrosionsformen

- 2.2.1 flächige Korrosion
  - 2.2.1.1 gleichmäßiger Abtrag
  - 2.2.1.2 ungleichmäßiger Abtrag
  - 2.2.1.3 gleichmäßige Schutzschichtbildung
- 2.2.2 lokal begrenzte Korrosion
  - 2.2.2.1 Kontaktkorrosion
  - 2.2.2.2 Spaltkorrosion
  - 2.2.2.3 Lochkorrosion
- 2.2.3 Korrosion mit mechanischer Belastung
  - 2.2.3.1 Spannungsrisskorrosion
  - 2.2.3.2 Erosionskorrosion
  - 2.2.3.3 Kavitationskorrosion
  - 2.2.3.4 Wasserstoffkrankheit

1) pH-Wert 0…< 7: sauer; pH-Wert 7: neutral; pH-Wert > 7…14: basisch

2.2.1 Flächige Korrosion

2.2.1.1 Gleichmäßiger Abtrag

Der gleichmäßige Flächenabtrag (even corrosion) (Bild 1) ist die am häufigsten auftretende Korrosionsform, die speziell bei der Lagerung und der Verwendung von korrosionsanfälligen Bauteilen im Freien anzutreffen ist, z. B. Rosten von Stahlblechen und Rohren. Bei der flächigen Korrosion findet eine gleichmäßige Veränderung der Metalloberflächen statt (Bild 1).

1 *Entstehung von Flächenkorrosion bei Stahlblech*

2.2.1.2 Ungleichmäßiger Abtrag

Beim ungleichmäßigen Abtrag (uneven corrosion) läuft der Korrosionsprozess prinzipiell ab wie beim gleichmäßigen Abtrag. Es werden jedoch örtlich unterschiedliche Werkstoffmengen abgetragen, so dass sich Mulden (hollows) bilden. In der Praxis wird dieser Abtrag daher auch als **Muldenkorrosion** bezeichnet (Bild 2). Diese Mulden haben im Vergleich zu ihrer Tiefe einen größeren Durchmesser.

Findet die Korrosion dabei nur an bestimmten Stellen statt, spricht man von **Lokalelementen** (local cells). Diese entstehen z. B. durch das Einschwemmen von Kupferspänen in ein verzinktes Stahlrohr. An der Stelle, an der sich der Kupferspan im Rohr festsetzt, entsteht ein kleines galvanisches Element mit z. B. Wasser oder Heizöl als Elektrolyten. Der Kupferspan wird zur Kathode (cathode), das Zink des Stahlrohres zur Anode (anode) und damit beginnt der Zersetzungsprozess an der Zinkschicht (Bild 3).

2 *Muldenkorrosion beim Stahlrohr*

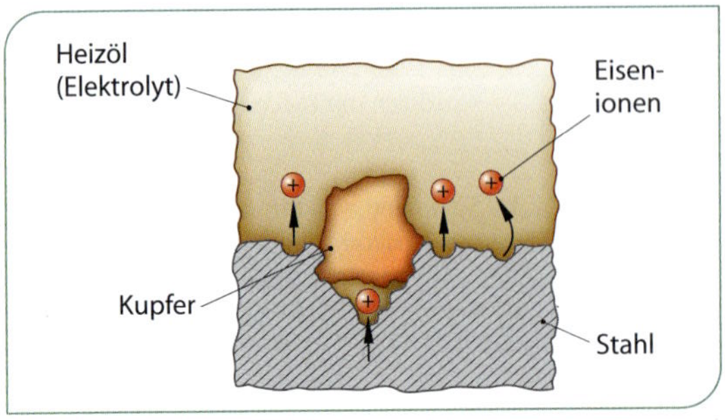

3 *Entstehung von Muldenkorrosion*

2.2.1.3 Gleichmäßige Schutzschichtbildung

Einige Metalle wie z. B. Kupfer, Aluminium und Zink bilden durch Oxidation dichte und zusammenhängende Schutzschichten (protective layers), die weitere Korrosionsangriffe erschweren (Bild 4).

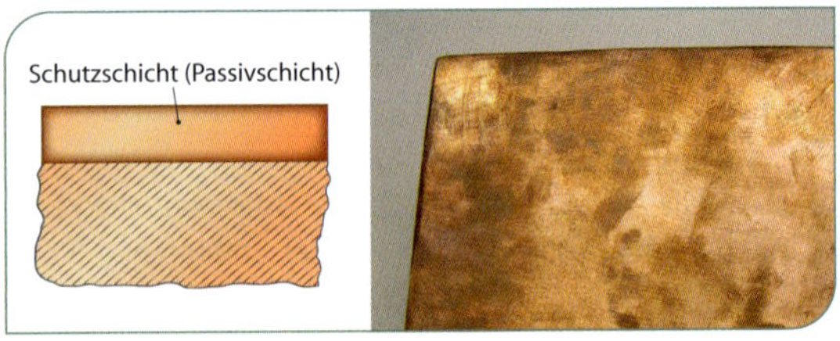

4 *Entstehung einer Schutzschicht bei Kupfer*

2.2.2 Lokal begrenzte Korrosion

2.2.2.1 Kontaktkorrosion

Wenn sich zwei unterschiedliche Metalle berühren und ein Elektrolyt, z. B. Wasser, vorhanden ist, entsteht ein **galvanisches Element** und dies führt zur Bildung von Kontaktkorrosion (contact corrosion). Man bezeichnet sie auch als **Berührungskorrosion** (Bild 5).

Kontaktkorrosion kann z. B. auch entstehen, wenn zur Befestigung einer blanken Kupferleitung für Kaltwasser Stahlschellen ohne Kunststoffeinlage verwendet werden und sich durch Schwitzwasser (perspiration water) ein Elektrolyt bildet.

5 *Kontaktkorrosion zwischen Messing und Stahl*

2.2.2.2 Spaltkorrosion

Wird z. B. bei einer Gewindeverbindung zwischen dem konischen Außengewinde und dem zylindrischen Innengewinde der konstruktionsbedingt vorliegende Spalt unzureichend mit Dichtmittel aufgefüllt, so entsteht ein Hohlraum.

Das sich dort ansammelnde Wasser hat deshalb im Vergleich zum vorbeiströmenden Trinkwasser eine geringere Sauerstoffkonzentration.

Dies führt im Bereich des Spaltes zur Bildung eines **Belüftungselementes**, auch **Konzentrationselement** genannt (Bild 1). Spaltkorrosion (crevice corrosion) tritt z. B. auch auf, wenn sich Schlammablagerungen in Spalten von Rohren und Behältern sammeln, da der Sauerstoffgehalt des Wassers unter diesen Ablagerungen geringer ist als die des umgebenden Wassers. Ebenso besteht im Bereich von Dichtungsflächen bei Rohrverschraubungen oder Flanschverbindungen und von Schweißnähten die Gefahr von Spaltkorrosion.

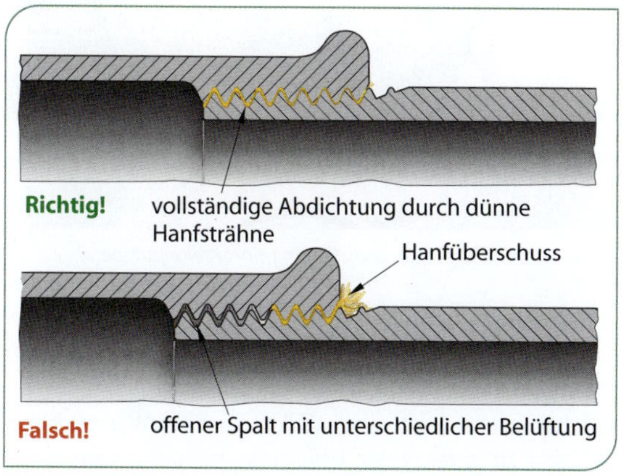

1 Spaltkorrosion in engen Spalten durch zu dickes Einhanfen

2.2.2.3 Lochkorrosion

Bei der Lochkorrosion (pitting corrosion) (Bild 2) entstehen kraterförmige, nadelstichartige, örtlich begrenzte Vertiefungen. Im Gegensatz zur Muldenkorrosion ist die Tiefe dieser Lochfraßstellen größer als ihr Durchmesser. Eine genaue Abgrenzung (exact delimitation) zwischen Loch- und Muldenkorrosion ist oft auch wegen ihrer ähnlichen Ursachen nicht möglich. Lochkorrosion entsteht durch örtliche Zerstörung des Werkstoffes bzw. der Schutzschicht durch Lokal- oder Belüftungselemente.

2 Lochkorrosion und Muldenkorrosion

2.2.3 Korrosion mit mechanischer Belastung

2.2.3.1 Spannungsrisskorrosion

Treten in einem Werkstoff Zugspannungen auf und ist ein Elektrolyt vorhanden, kann Spannungsrisskorrosion (stress corrosion cracking) entstehen (Bild 3).

Zugspannungen können z. B. auftreten:

- beim Kaltbiegen von Rohren,
- durch Schrumpfspannungen beim Schweißen,
- durch zu starkes Festziehen von Verschraubungen,
- durch fehlerhafte Befestigung von Rohren (z. B. keine Gleitbefestigung),
- durch Werkstoffausdehnung bei Heizkesseln oder Warmwasserbereitern infolge Temperaturänderungen.

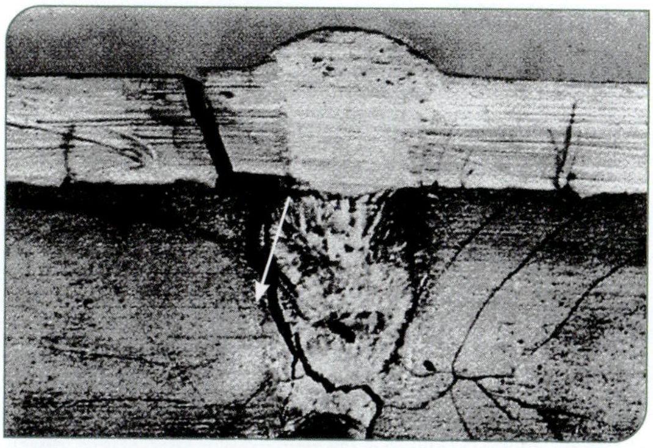

3 Spannungsrisskorrosion an einer Rohrschweißnaht

2.2.3.2 Erosionskorrosion

Erosionskorrosion (corrosion-erosion) (Bild 4) entsteht durch zu hohe Fließgeschwindigkeiten und Turbulenzen in der Leitungsanlage. Hierbei kommt es zu mechanischen Abtragungen (abrasions) an der Rohr- oder Armatureninnenwand. Schwebstoffe können dabei eine verstärkende Wirkung haben.

Diese Abtragungen sind meist ungleichmäßig. In Trinkwarmwasserleitungen mit Dauerzirkulation ist diese Korrosionsart oft anzutreffen.

Begünstigt wird sie durch:

- konstruktive Gegebenheiten (z. B. Richtungsänderungen und Abzweige),
- Installationsmängel (z. B. Querschnittseinschnürungen durch nicht kalibrierte oder nicht entgratete Rohrenden), die die Fließgeschwindigkeit zusätzlich erhöhen.

4 Erosionskorrosion

2.2.3.3 Kavitationskorrosion

Kavitation[1] tritt bevorzugt in Pumpen, Armaturen und an Verengungen von Rohrleitungen auf. Bei sehr hohen Strömungsgeschwindigkeiten an Verwirbelungsstellen kann es durch Abheben der Flüssigkeit zu Hohlraumbildung (Vakuumbildung) und anschließendem schlagartigen Flüssigkeitsaufprall kommen. Hierdurch werden örtlich begrenzte hohe Energien wirksam, die eine nahezu punktförmige Verformung und Zerstörung des Werkstoffes oder der Schutzschicht verursachen (Bild 1). Diese werden dann durch Erosionskorrosion verstärkt.

2.2.3.4 Wasserstoffkrankheit

In der Gas- und Wasserinstallation ist die Verwendung sauerstofffreier Kupferrohre nach DIN EN 1057 vorgeschrieben, in der Heizungsinstallation ist sie üblich. Nur die Verwendung dieser Rohre verhindert die sog. „Wasserstoffkrankheit". Kupfer enthält nach seiner Herstellung noch ca. 0,02 % Sauerstoff. Beim Hartlöten und Schweißen von Kupferrohren enthält die Flamme relativ viel atomaren Wasserstoff, der sich mit dem Sauerstoffrestgehalt des Kupfers verbindet. Hierbei entstehen z. B. in der Schweißnaht Wasserdampfmoleküle, die bei ihrer Ausdehnung einen hohen Druck erzeugen. Das Gefüge des Kupfers wird an den Korngrenzen aufgebrochen und der Werkstoff wird brüchig, rissig und porös. Durch Nachbehandlungsverfahren bei der Kupferherstellung kann sauerstofffreies Kupfer (Cu-DHP) produziert werden, das somit vor der Wasserstoffkrankheit geschützt ist.

1 *Kavitationsschaden am Lamellenring einer Kreiselpumpe*

2.3 Korrosionsschutz

Aus den Kapiteln 2.1.3.1 und 2.1.3.2 (elektrochemische und chemische Korrosion) ist bekannt, dass sowohl metallische als auch nichtmetallische Oberflächen und Gefüge durch Gase und Flüssigkeiten einem elektrochemischen oder chemischen Einfluss ausgesetzt sein können. Dieser Einfluss hat sehr häufig eine zerstörende Wirkung auf den Werkstoff und ist daher zu unterbinden bzw. zu vermindern. Korrosionsschutz (corrosion protection) kann auf unterschiedlichen Wegen betrieben werden:

Korrosionsschutzmaßnahmen

Konstruktiver Korrosionsschutz: Korrosionsschutz durch geeignete Konstruktionsmaßnahmen (constructive protection against corrosion)	**Passiver Korrosionsschutz** (passive protection against corrosion):	**Aktiver Korrosionsschutz** (active protection against corrosion):
• geneigte Flächen, auf denen sich kein Wasser ansammeln kann • fachgerechte Verlegung, z. B. Gasleitungen über Wasserleitungen wegen möglicher Schwitzwasseransammlung usw. • geeignete Werkstoffauswahl, z. B. Edelstahlrohre, Kupferrohre, Kunststoffrohre • bei der Verwendung unterschiedlicher Werkstoffe in einer Anlage die Beachtung der **Fließregel**: in Fließrichtung des Wassers immer erst das unedlere Metall, dann das edlere einsetzen.	• Schützen durch vorübergehende (temporäre) Beschichtungen wie z. B. Fette, Öle • Schützen durch dauerhafte (permanente) Beschichtungen wie z.B. Lacke, Emaillierungen, Plattierungen, Galvanisierungen, Feuerverzinkungen usw.	• Physik./chemische Wasserbehandlung • Einsatz von Filtern • Einbau von Opferanoden • Fremdstromeinspeisung z. B. in ein metallisches Rohrnetz (im Erdreich verlegt)

2 *Äußere Flächenkorrosion an einem Stahlrohr*

a) falsch: Korrosionsgefahr! b) richtig: Korrosionsvermeidung

3 *Unsachgemäße und sachgemäße Befestigung eines Kupferrohres mit einer verz. Stahlschelle*

[1] lat.: Hohlraumbildung

Aus **Sicht der Anlageninstandhaltung** werden Korrosionsschäden vermieden, vermindert oder beseitigt durch:

- regelmäßige **Inspektion** (inspection) von Anlagenteilen bzw. der Gesamtanlage,
- im Rahmen der jährlich durchzuführenden **Wartungs**arbeiten (maintenance work) festgestellte Mängel und deren Behebung (**Instandsetzung** (repair)) an Anlagenbauteilen wie tropfende Stopfbuchsen an Armaturen, verschmutzte Verbrennungsräume und Verbrennungsluft-/Abgasleitungen von Kesseln (z. B. Schwefelablagerungen),
- Eingriffe in Anlagenteile, die zu einer **Verbesserung** (improvement) der Haltbarkeitsdauer führen, wie z. B. Verwendung stopfbuchsenloser Armaturen oder Aufbringen einer höherwertigeren Beschichtung bei einer Rohrleitung.

Einige Beispiele aus der Rohrinstallation sollen die Korrosionsprobleme und deren Behebung bzw. Vermeidung aufzeigen:

- Metallische Oberflächen von Rohren und Verbindungselementen sind z. B. gegen direkten Kontakt mit Zement (cement), Gips (gypsum), Kalkmörtel (lime mortar) und weiteren aggressiven Umgebungsstoffen wie z. B. Ammoniakgas im Viehstall zu schützen. Anderenfalls kann es in Verbindung mit Feuchtigkeit zu irreparablen Schäden kommen (Bild 2, Seite 234).
- Rohre und deren Befestigungen müssen, sofern sie aus unterschiedlichen Metallen bestehen, durch chemisch neutrale und elektrisch nicht leitende (non-conductive) Einlagen (inserts) voneinander getrennt sein. Die häufig verwendeten verzinkten Stahlschellen bei der Befestigung von Kupferrohren müssen stets eine Kunststoff- oder Gummieinlage aufweisen (Bild 3, Seite 234).
- Eine direkte Verbindung (direct connection) von Bauteilen unterschiedlicher Metalle (different metals) ist dann zu vermeiden (avoid), wenn diese in der Spannungsreihe (vergl. 2.1.3.1 Bild 2, S. 230) weit auseinander liegen und mit sauerstoffhaltigem Wasser (z. B. Trink- oder Regenwasser) in Berührung (contact) kommen (Bild 1). Sauerstoffarmes Wasser in Heizungsanlagen stellt in dieser Hinsicht keine Gefahr dar; in solchen Anlagen sind Verbindungen von unbeschichtetem („schwarzem") Stahlrohr und Kupferrohr durchaus üblich.
- Die Gasversorgungsunternehmen (GVU) fordern u. a. hinsichtlich von frei verlegten Gasleitungen (gas pipes) in Gebäuden, dass diese über (above) den Leitungen (pipes) der anderen Gewerke wie z. B. Trinkwasserleitungen angeordnet werden müssen (Bild 2). Der Grund liegt darin, dass sich an den Außenflächen dieser Trinkwasserrohre u. U. Schwitzwasser bilden kann, welches die Gasleitungen auf Dauer beschädigen (damage) könnte.

1 *Korrodierte Verbindung von Formteilen verschiedener Materialien*

2 *Fachgerechte Verlegung einer Gasleitung oberhalb einer Wasserleitung*

ÜBUNGEN

1. Erläutern Sie den Begriff der Korrosion.
2. Nennen Sie Gefahren, die mit der Korrosion von Bauteilen verbunden sind.
3. Nennen Sie die zwei grundsätzlich zu unterscheidenden Korrosionsarten und beschreiben Sie stichwortartig deren Zustandekommen (nennen Sie Beispiele).
4. Was verbirgt sich hinter dem Begriff „elektrochemische Spannungsreihe"?
5. Nennen Sie Problembereiche im Tätigkeitsfeld des Anlagenmechanikers SHK, die bei der Korrosion in Verbindung mit Wasser und anderen äußeren Einflüssen eine bedeutende Rolle spielen können.
6. Listen Sie die unterschiedlichen Korrosionsformen tabellarisch auf und ordnen Sie ihnen sowohl die möglichen Entstehungsursachen als auch die Erscheinungsbilder zu.
7. Unterscheiden Sie drei generelle Verfahrensweisen des Korrosionsschutzes und ordnen Sie die möglichen technischen Maßnahmen zur Verhinderung der Korrosion zu.

3 Elektrotechnik

3.1 Einleitung

Die Energieform „Elektrizität" (electricity) ist heute in vielen Bereichen unseres täglichen Lebens anzutreffen und nimmt auch im Berufsbild und damit in der Ausbildung des Anlagenmechanikers SHK einen immer größeren Raum ein. Dieser Entwicklung wird Rechnung getragen mit zusätzlichen Ausbildungsinhalten innerhalb der beruflichen Erstausbildung und der darin enthaltenen überbetrieblichen Ausbildung, die von den Handwerkskammern bzw. den Innungen durchgeführt wird. Diese auf der Grundlage der geänderten Handwerksordnung überarbeiteten Durchführungsanweisungen (DA) zu § 2 der UVV – VBG[1] 4 ermöglichen es dem Anlagenmechaniker SHK, Elektroarbeiten in festgelegtem Umfang zu erledigen. Mit dem Erwerb der zusätzlichen Qualifikation ist er autorisiert, als **„Elektrofachkraft für festgelegte Tätigkeiten im SHK-Bereich"** an elektrischen Betriebsmitteln der Versorgungsanlagen z. B. entsprechende elektrische Anschlüsse herzustellen und den Austausch von Bauteilen vorzunehmen. **Die Benennung erfolgt durch den Betrieb.**

Das folgende Bild 1 zeigt den Weg des elektrischen Stromes von der Erzeugung (generation) im Kraftwerk (power station) bis zum Endverbraucher (final consumer) (z. B. Wohnhaus/Haushalt) über die verschiedenen Umspannstationen (transformer stations). In diesen wird die für den Transport benötigte hohe Spannung (voltage) (Erläuterung des Begriffes siehe Abschn. 3.2.1) kontinuierlich auf die für die elektrischen Verbraucher benötigte Spannung reduziert.

Die Zuständigkeit des Anlagenmechanikers SHK kann – je nach Unterweisungsgrad und Ausbildungsstand – z. B. am Sicherungsautomaten (automatic circuit breaker) des Stromkreisverteilerfeldes in der Hausabnehmeranlage, dem Zählerschrank (meter cubicle), beginnen (Bild 2). Über eine einzelne Sicherung (fuse) wird nach dem heutigen Stand der Technik z. B. ein einzelner Raum bzw. Wohnungsbereich oder aber ein einzelnes Gerät abgesichert.

[1] UVV – VBG: Unfallverhütungsvorschrift

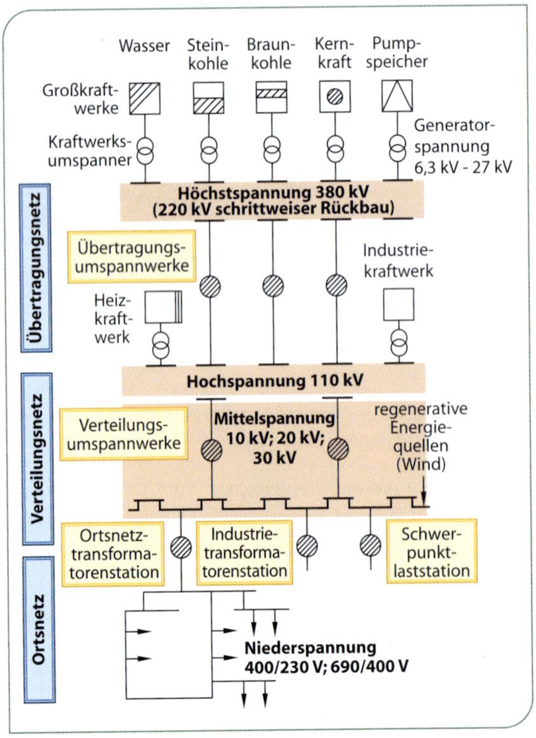

1 Umspannanlagen im Elektro-Energiesystem

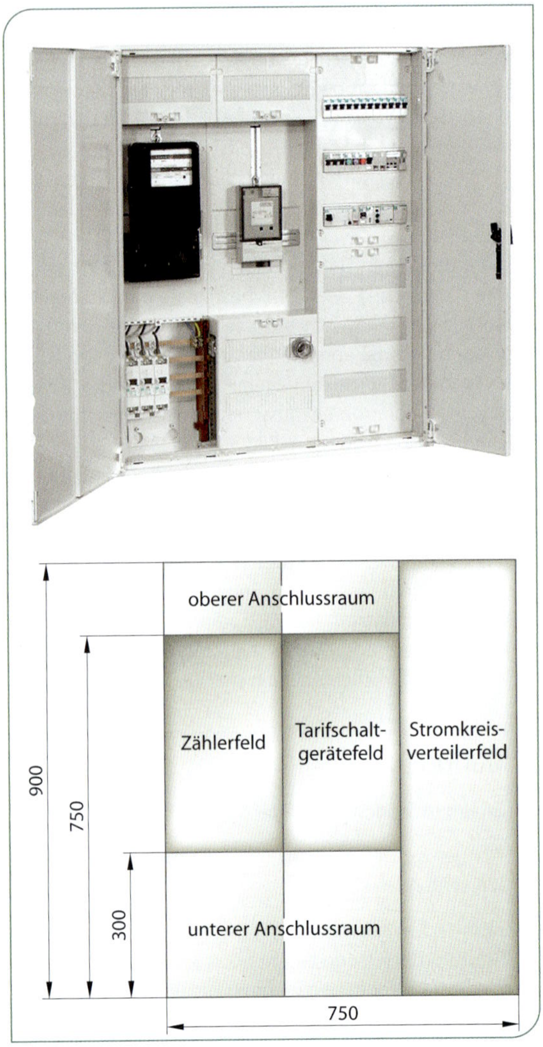

2 Hausabnehmeranlage

Das folgende Bild 1 zeigt eine typische Sicherungsbelegung eines Privathaushaltes.

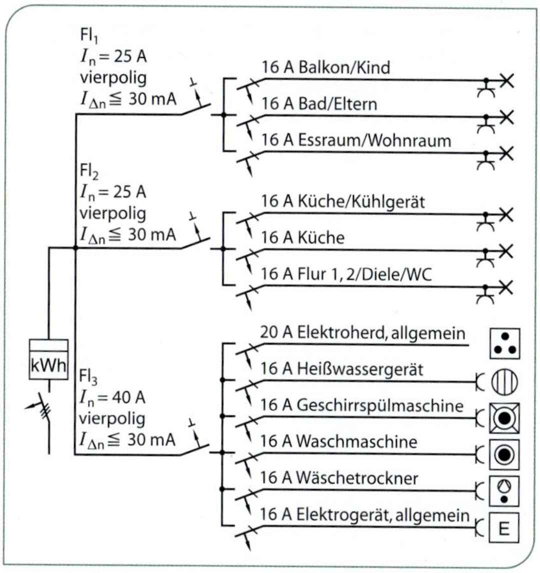

1 *Stromkreisverteilung*

An einem praktischen Fallbeispiel werden zunächst die physikalischen Größen des elektrischen Stromes und im Anschluss daran die in der Praxis bedeutsamen technischen Begriffe / Bauteile erklärt.

In einer Einliegerwohnung eines bestehenden Wohngebäudes soll in einer Küchenzeile ein Kochendwassergerät (water heater for boiling water) installiert werden (Bild 2). Der elektrische Anschluss soll auf Wunsch des Betreibers über ein separates Kabel (cable) von der Hausabnehmeranlage erfolgen, das beim Bau des Hauses schon vorsorglich bis in die Küche verlegt wurde. Das Kabel endet in einer Verteilerdose (distribution, junction box).

Die technischen Daten des Kochendwassergerätes sind Bild 4 zu entnehmen.

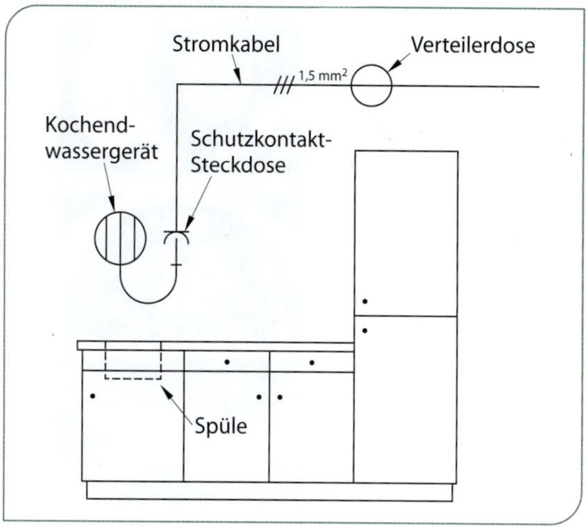

2 *Montagesituation des Kochendwassergerätes*

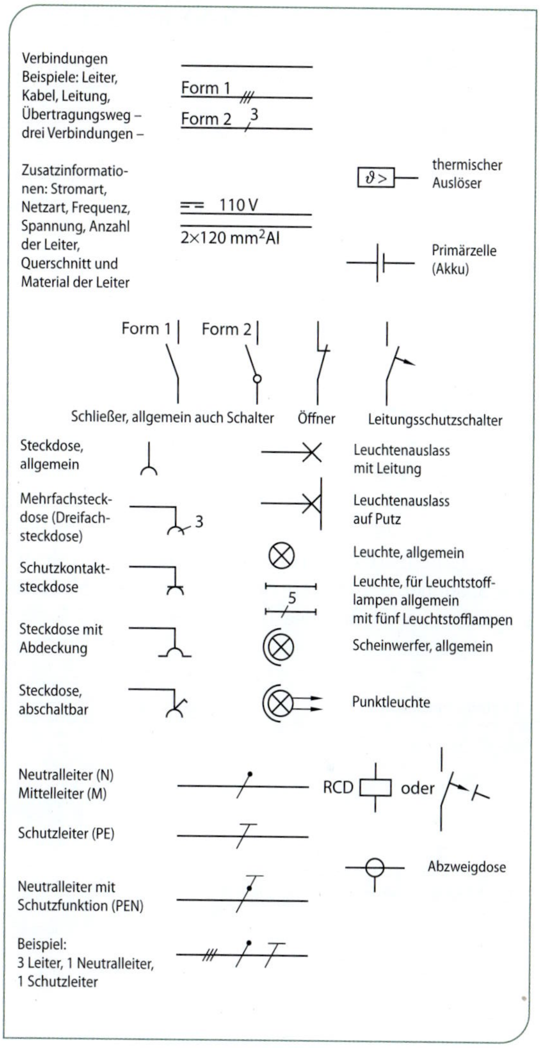

3 *Tabelle Symbole*

Typ	EBK 5 G automatic
Best.-Nr.	07 42 86
Farbe	weiß
Behälter (Werkstoff)	Glas
Inhalt	max. 5 l
Bauart	offen
Wasseranschluss	G ½
Armaturenkörper (Werkstoff)	Messing
Armaturengehäuse (Werkstoff)	Kunststoff
Farbe Armaturengehäuse	weiß
Schwenkarm (Länge)	150 mm
Gewicht	3,5 kg
Schutzart	IP 24 D (spritzwassergeschützt)
Elektrischer Anschluss	2,0 kW, 1/N/PE ~ 230 V

4 *Technische Daten Kochendwassergerät*

3.2 Grundgrößen und abgeleitete Größen

3.2.1 Spannung

Die Fachkraft prüft zunächst an der geöffneten Verteilerdose, ob Spannung an den Klemmen (binding posts, binders) anliegt oder, wie es im Baujargon häufig heißt, ob „Saft" vorliegt. Das macht der Geselle meist entweder mit dem einpoligen (single-pole) Spannungsprüfer (voltmeter) oder aus Sicherheitsgründen besser mit dem zweipoligen (two-pole) Spannungsprüfer (siehe Kap. 3.9.2).

Für den Transport von Ladungen (electric charges) sind im elektrischen Leiter (conductor) vorhandene freie Elektronen (free electrons) zuständig, die zum Fließen gebracht werden müssen. Dieses geschieht dadurch, dass man die positiven und negativen Ladungsträger künstlich voneinander trennt und so einen „Ladungsunterschied" oder eine „Potentialdifferenz" (potential difference) produziert. Diese auch „elektrische Spannung U" genannte Größe kann auf verschiedenen Wegen erzeugt werden (Bild 1).

Ein einfacher Stromkreislauf (electric circuit) kann folgendermaßen dargestellt werden:

Ein Stromkreis (Bild 2) besteht mindestens aus einer Spannungsquelle (power supply unit, power source), dem Hin- und Rückleiter sowie aus dem Betriebsmittel (electrical equipment) und zweckmäßigerweise aus einem Schalter (switch). Die technische Stromrichtung (technical sense of current) wurde vom Plus- zum Minuspol festgelegt.

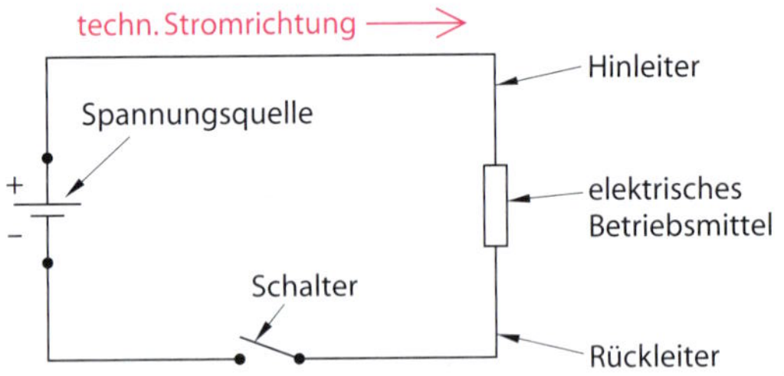

2 Der elektrische Stromkreis

Ladungstrennung	Aktive Zweipole	
durch chemische Reaktion		
durch Wärmewirkung	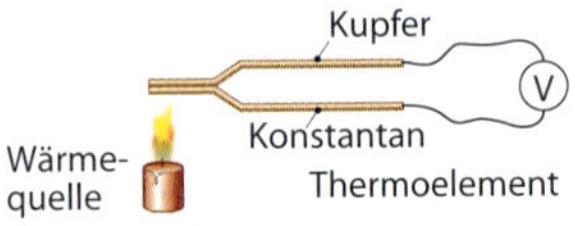	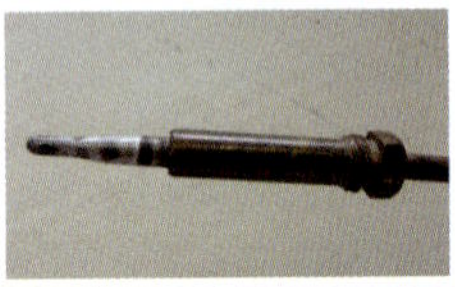
durch Lichteinwirkung	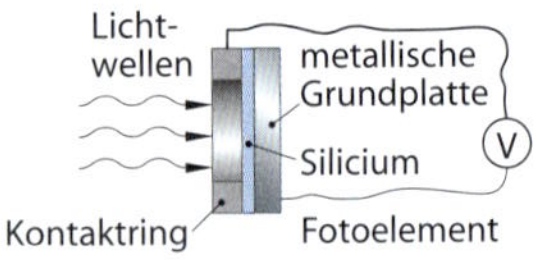	
durch Kristallverformung	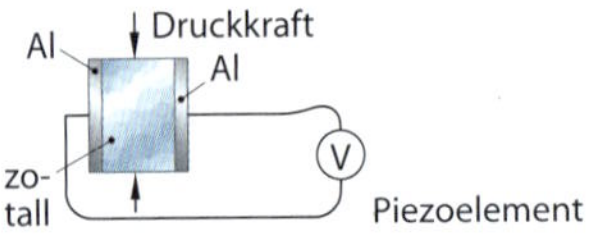	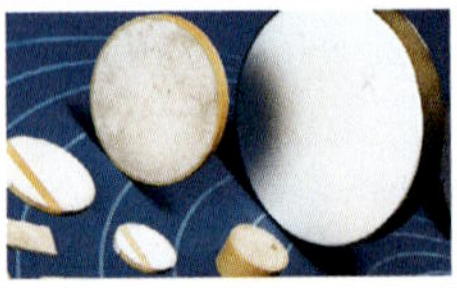
durch Induktion	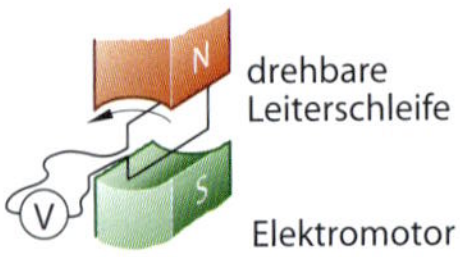	
durch Reibung	Elektrostatische Aufladung durch Reiben: z. B. Gewitter, Stromschläge an der Kfz-Karosserie	

1 Spannungserzeugung

Die elektrische Spannung U tritt immer zwischen zwei Punkten eines elektrischen Systems mit einem Ladungsunterschied (Potentialdifferenz) auf. Für die Messung (measurement) der Spannung muss das Messgerät (measuring instrument) parallel (parallel) zum Netz geschaltet werden (Bild 1).

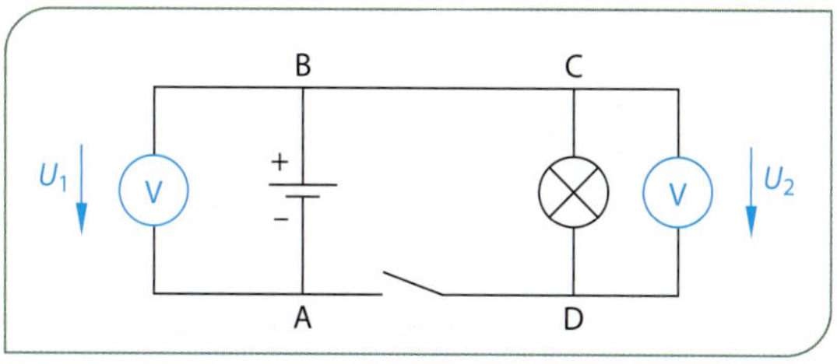

1 Messen von Spannungen

U_1 ist die Quellenspannung
U_2 ist die Spannung am Verbraucher

Ursache von Spannungsabfällen (voltage drops) sind Widerstände (resistance) in den Leitungen und anderen „Verbrauchern".

MERKE

Die elektrische Spannung hat das Formelzeichen *U* und wird in der Einheit Volt[1] (V) gemessen.

PRAXISHINWEIS

Die Spannungsmessung erfolgt immer **parallel** (parallel) zu den elektrischen Betriebsmitteln! Eine Trennung (disconnection) des Stromkreises ist daher nicht erforderlich.

Man spricht von einer Gleichspannung (direct voltage), wenn ein Pol stets negative Ladung, der andere stets positive Ladung hat. Wechselt die Polarität ständig innerhalb einer bestimmten zeitlichen Abfolge, so liefert der Erzeuger eine Wechselspannung.

Kurzzeichen für Gleichstrom:	**DC** (direct current), Symbol: ⎓
Kurzzeichen für Wechselstrom:	**AC** (alternating current), Symbol: ~

Einige Beispiele von Spannungen bei technischen Anwendungen:

Höchstspannungsnetz:	z. B. 400000 V
Hochspannungsnetz:	z. B. 30000 V
Piezoelement:	z. B. 20000 V
Hochspannungszündung an einem Gas- oder Ölbrenner:	z. B. 10000 V
Drehstromnetze (3-Phasen-Wechselstrom:	400 V / 230 V
Einphasen-Wechselstromnetz:	230 V
Auto-Akku (Batterie):	12 V oder 24 V
Monozelle:	z. B. 1,5 V
Thermoelementspannung (Kupfer-Konstantan bei $\Delta\vartheta = 100$ K):	0,005 V

3.2.2 Stromstärke

Werden die Pole eines Spannungserzeugers leitend miteinander verbunden, indem man einen Stromkreis herstellt, so kommt es zu einem Elektronenfluss (electron flow). Ursache dafür ist der Überschuss an freien Elektronen am negativen Pol. Die Ladungsmenge der Elektronen, die innerhalb einer bestimmten Zeiteinheit durch einen Leiter fließt, nennt man die Stromstärke *I* (amperage). Sie wird in Ampere[2] (A) gemessen. Messbar wird diese Größe, wenn man den Stromkreislauf auftrennt und ein entsprechendes Messgerät in Reihe zwischenschaltet, damit die Teilchen dort „hindurchwandern" und gemessen werden können (Bild 2).

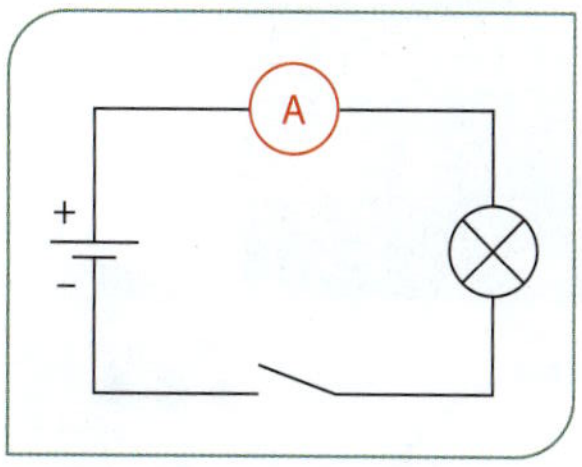

2 Messen des elektrischen Stromes

MERKE

Die Stromstärke hat das Formelzeichen *I* und wird in der Einheit Ampere (A) gemessen.

Einige Beispiele von Strömen in technischen Anwendungen (Ca.-Werte):

Schmelzöfen für die Stahlerzeugung	100 000 A
Aluminium-Erzeugung	10 000 A
E-Schweißen	≤ 500 A
E-Durchlauferhitzer	≤ 30 A
Thermoelement	≤ 1 A
Leuchtmittel (Mittelw.)	0,3 A
Ionisationsflammenüberwachung	≤ 40 µA

PRAXISHINWEIS

Die Messung der Stromstärke erfolgt immer **in Reihe** (in series) zu den Betriebsmitteln! Dafür ist eine Auftrennung des Stromkreises erforderlich (Ausnahme: bei Verwendung von Messzangen, mit denen man berührungslos (non-contacting, contactless) messen kann (vergl. S. 251, Bild 2).

[1] Volta, Alessandro, ital. Physiker 1745–1827
[2] Ampére, André-Marie, franz. Physiker 1775–1836

Die Strommessung am Kochendwassergerät ist sehr einfach durchführbar, weil das Gerät mit einem Steckeranschlusskabel ausgestattet ist. Ein handelsübliches Energieverbrauchsmessgerät, das man u.a. bei den zuständigen Stromversorgungsunternehmen ausleihen kann, wird zwischen Steckdose (socket) und Stecker (plug) in den Stromkreis „zwischengeschaltet" und zeigt nach Wahl außer Spannung, Leistung (power) / Verbrauch und el. Arbeit (electric work) auch die Stromstärke an (Bild 1).

1 *Strommessung mit einem Energieverbrauchsmessgerät*

Diese Messung kann auch etwas umständlicher mit einem Vielfachmessgerät (multitester, multimeter), z.B. an der Klemmenleiste (terminal block, strip) des zu messenden Gerätes, durchgeführt werden (weitere Erläuterungen siehe Kap. 3.9).

3.2.3 Widerstand und Ohmsches Gesetz

Die Eigenschaft der Stoffe, dem Elektronenfluss ein Hindernis (obstruction) entgegenzusetzen, bezeichnet man als **elektrischen Widerstand** (electric resistance). Das Zustandekommen dieses Widerstandes kann man sich modellhaft folgendermaßen vorstellen: Atome und Moleküle eines Stoffes schwingen (oscillate, vibrate) je nach ihrer Temperatur mehr oder weniger stark um ihre Ruhelage. Eine höhere Temperatur veranlasst die Teilchen zu stärkeren Schwingungen; ihr Energiezustand hat sich erhöht. Bewegen sich nun freie Elektronen infolge eines Spannungsunterschiedes (difference of potential) in einem Leiterwerkstoff, so stoßen sie auf die sich an ihrem Platz hin und her bewegenden Atome des Leiters (Bild 2). Ein Teil der Bewegungsenergie der Elektronen geht dabei auf die Atome über, deren thermische Energie wird dadurch angehoben und die Temperatur des Leiters steigt.

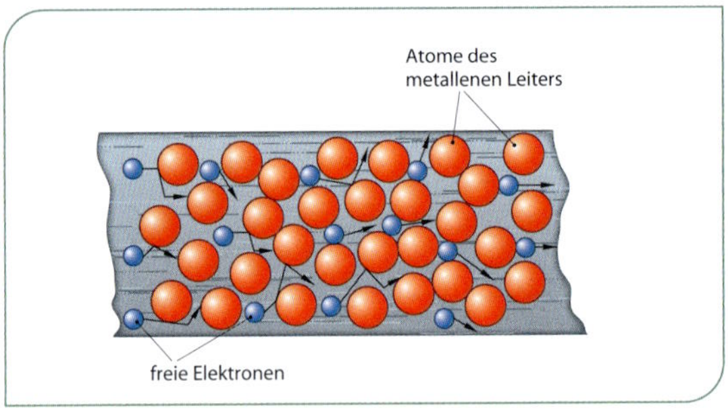

2 *Widerstand im Leiter*

Dabei zeigen Versuche an festen Widerständen ohne den Einfluss der Temperatur folgende Gesetzmäßigkeit (regularity):

$R = \frac{U}{I}$ Einheit von R in $\frac{\text{V}}{\text{A}} = \Omega$ (Ohm[1])

Diese Gesetzmäßigkeit wird auch als **Ohmsches Gesetz** bezeichnet!

MERKE

Das Verhältnis von Spannung und Stromstärke bleibt stets konstant oder anders formuliert:
Die physikalische Größe Widerstand wird durch den Quotienten aus Spannung U und Stromstärke I bestimmt und mit dem Formelzeichen $\boldsymbol{R}$ bezeichnet.

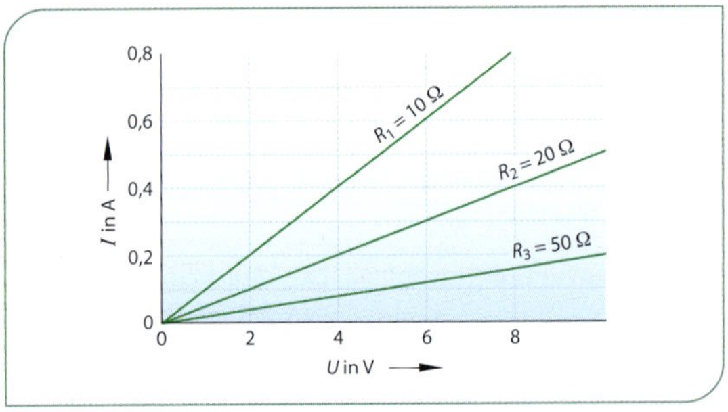

3 *Kennlinien von verschiedenen Festwiderständen*

Wird ein Widerstand **als Bauelement** (unit) bemessen, so gelten folgende Zusammenhänge (connections, correlations):

- Der Widerstand sinkt proportional mit zunehmendem Querschnitt,
- Der Widerstand nimmt proportional mit der Leiterlänge zu.

[1] Ohm, Georg Simon, deutscher Physiker 1787–1854

Daraus leitet sich der **spezifische Widerstand** (specific resistivity, resistance) eines Leiters ab, der mit dem griechischen Buchstaben ρ (Rho) bezeichnet wird:

$$\rho = \frac{R \cdot A}{l} \qquad \text{Einheit von } \rho \text{ in } \frac{\Omega \cdot mm^2}{m}$$

mit
dem elektrischen Widerstand R in Ω
der Querschnittsfläche A des Leiters in mm^2
der Leiterlänge l in m

Der Kehrwert des spezifischen Widerstandes (reciprocal resistivity) wird als **elektrische Leitfähigkeit** κ (Kappa) (electric conductivity) bezeichnet:

$$\kappa = \frac{1}{\rho} \qquad \text{Einheit von } \kappa \text{ in } \frac{m}{\Omega \cdot mm^2}$$

Daraus ergibt sich der **ohmsche Widerstand** R mit

$$R = \frac{\rho \cdot l}{A} = \frac{l}{\kappa \cdot A}$$

Einheit von R in $\frac{\Omega \cdot mm^2 \cdot m}{m \cdot mm^2} = \Omega$

Da auch Festwiderstände temperaturabhängig sind, werden ihre Werte meist auf eine Basistemperatur von 20 °C bezogen.

BEISPIELRECHNUNGEN

Zu berechnen ist der Gesamtwiderstand einer zweiadrigen Leitung aus Kupfer mit dem Querschnitt 1,5 mm^2 und einer Länge $l = 20$ m.

Geg.: $A = 1{,}5\ mm^2$; $l = 2 \cdot 20$ m; spez. Widerstand
$\rho_{Cu} = 0{,}0179\ \Omega \cdot mm^2 \cdot m^{-1}$ (aus Tabellenbuch)

Lösung:

$$R = \frac{\rho \cdot l}{A} = \frac{0{,}0179\ \Omega \cdot mm^2 \cdot 40\ m}{m \cdot 1{,}5\ mm^2} = 0{,}477\ \Omega$$

Am Beispiel des Kochendwassergerätes (Bild 1) soll ein möglicher Defekt mittels einer Widerstandsmessung lokalisiert werden:

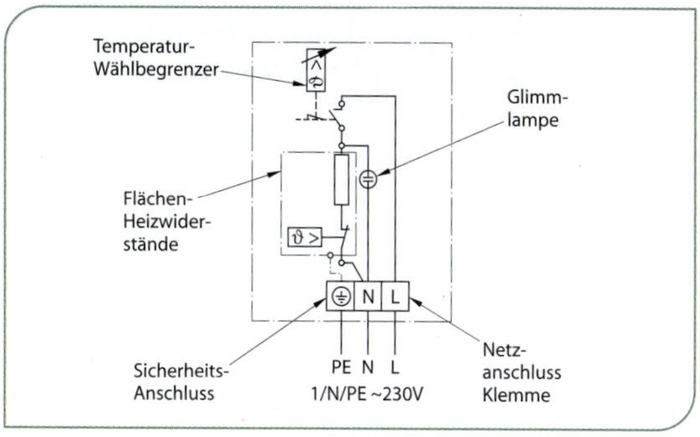

1 Schaltplan Kochendwassergerät

Bei geöffnetem Gerät werden die internen Anschlüsse an der Netzanschlussklemme gelöst, sodass folgende Zugriffsmöglichkeit für den Anschluss eines Vielfachmessgerätes gegeben ist (Bild 2):

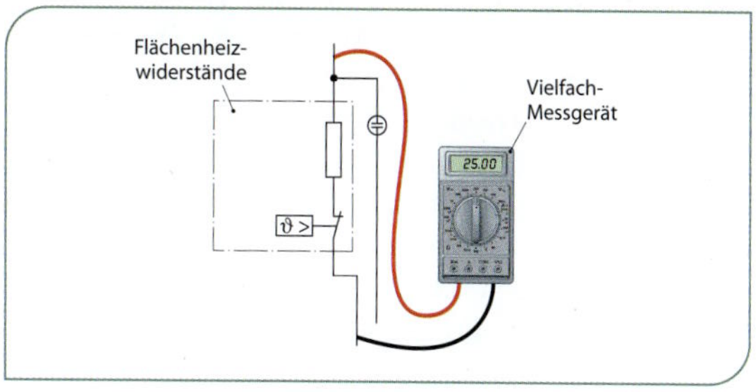

2 Widerstandsmessung am Kochendwassergerät (Einzelheit aus Bild 1)

Als Ergebnis der Messung und Überprüfung wird bei einem intakten Gerät ein „endlicher" (finite) Widerstandswert von z. B. **25 Ω** abgelesen.
Liegt ein Defekt z. B. in Form eines Leitungsbruches vor (der Heizwiderstand ist z. B. durchgebrannt), ergibt eine Widerstandsmessung den Wert ∞ (unendlich (infinite)).
Die folgende, von der ersten Messung leicht abgewandelte Anschlussform (Bild 3) macht eine Aussage über einen möglichen Körperschluss (body contact) zwischen dem Heizwiderstand und der Gehäusemasse.

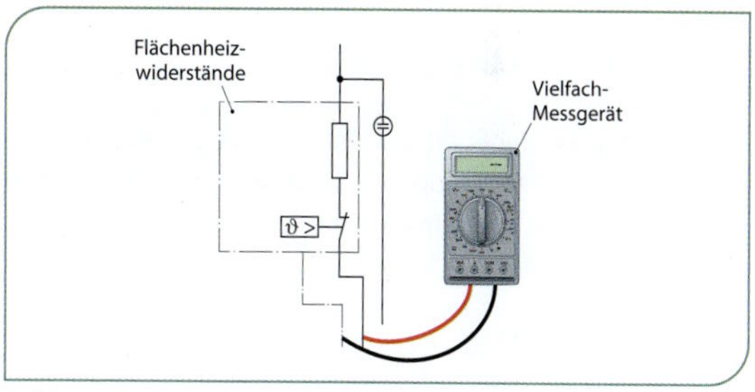

3 Überprüfung des Gerätes auf Kurzschluss (Einzelheit aus Bild 1)

Das Ergebnis der Messung bei einem defekten Gerät wäre ein unendlich großer Widerstand (infinite resistance), bei einem intakten Gerät aber möglicherweise auch. In diesem Fall ließe eine derartige Messung bei einem Defekt wegen der konstruktionsbedingten Isolationsschichten zwischen den Heizelementen und dem Gehäuse keine eindeutige Aussage zu. Nur wenn ein endlicher Wert angezeigt wird, kann von einem internen (internal) Leitungsschluss (line contact) ausgegangen werden.
Bei den Messungen muss darauf geachtet werden, dass der Schalter des Schutz-Temperaturreglers geschlossen ist.

Ohm'sches Gesetz

3.3 Elektrische Arbeit

Aus der Mechanik ist bekannt, dass Energie die Fähigkeit ist, Arbeit zu verrichten. Diese Formulierung trifft auch für die elektrische Energie und elektrische Arbeit zu.
Daraus folgt, dass elektrische Arbeit aus der Energieänderung elektrischer Ladungen resultiert.
Da der Unterschied beider Größen lediglich darin liegt, dass „Energie" den **Zustand** eines Körpers und „Arbeit" den **Prozess** oder Vorgang des Körpers beschreiben, sind Maßzahl und Einheit gleich. Für die elektrische Arbeit und die elektrische Energie werden die gleiche Formel- (equation) und Kurzbezeichnung (code designation) gewählt:

$W = U \cdot I \cdot t$ mit
W = elektrische Arbeit, elektrische Energie in **Ws**
U = elektrische Spannung in **V**,
I = elektrische Stromstärke in **A**,
t = Zeit in **s**

Anmerkung:
Das Produkt der Einheiten V und A wird Watt[1] genannt:
1 **V** · 1 **A** = 1 **W** (siehe 3.4)
Dann ist: 1 **V** · 1 **A** · 1 **s** = 1 **Ws**

Wie in der Mechanik kann die Einheit auch umgewandelt werden: 1 **Nm** = 1 **J** = 1 **Ws**

3.4 Elektrische Leistung

Unabhängig von der Energieart ist auch die elektrische Leistung P der Quotient (ratio, quotient) aus der elektrischen Arbeit W und der Zeit (time) t, die für die Verrichtung der Arbeit benötigt wird:

$$P = \frac{W}{t} = \frac{U \cdot I \cdot t}{t} = U \cdot I$$

Einheit von P: V · A = W (vergl. 3.3)

BEISPIELRECHNUNG 1

Gesucht wird die Stromstärke, mit der die stromführende Leitung zum Kochendwassergerät belastet wird (siehe Beispiel S. 237).

Geg.: U = 230 V AC, P = 2,0 kW (S. 237, Bild 4)
Ges.: I

Lösung: $I = \frac{P}{U} = \frac{2000\,\text{W}}{230\,\text{V}} = \underline{\underline{8{,}7\,\text{A}}}$

[1] Watt, James: engl. Erfinder 1736–1819
[2] Aus Gründen der Vereinfachung wird hier auf die Berücksichtigung des Leistungsfaktors φ verzichtet, der z. B. bei Elektromotoren auftritt und das rechnerische Ergebnis der Leistung bei diesen Pumpentypen nur geringfügig beeinflusst.

1 *Ausschnitt aus einem Leistungsschild einer dreistufigen Heizungsumwälzpumpe*

BEISPIELRECHNUNG 2

Die auf dem Leistungsschild (name plate, rating plate) einer dreistufigen Heizungsumwälzpumpe (circulation pump) (Bild 1) u. a. abgebildeten elektrischen Größen P_1 = 30 W, 45 W und 60 W sind zu überprüfen.

Geg.: U = 230 V AC;
für die Drehzahl 1: I_1 = 0,13 A; P_1 = 30 W;
für die Drehzahl 2: I_2 = 0,20 A, P_2 = 45 W;
für die Drehzahl 3: I_3 = 0,26 A, P_3 = 60 W.

Ges.: Überprüfung der Leistung P_1

Lösung für die Stufe 1:
P_1: $U \cdot I_1 = 230\,\text{V} \cdot 0{,}13\,\text{A} = \underline{\underline{29{,}9\,\text{W}}}$

Lösung für die Stufe 2:
P_2: $U \cdot I_2 = 230\,\text{V} \cdot 0{,}20\,\text{A} = \underline{\underline{46{,}0\,\text{W}}}$

Lösung für die Stufe 3:
P_3: $U \cdot I_3 = 230\,\text{V} \cdot 0{,}26\,\text{A} = \underline{\underline{59{,}8\,\text{W}}}$

Ein Vergleich der Ergebnisse mit den Angaben des Leistungsschildes zeigt eine ausreichende Übereinstimmung.[2]

3.5 Das Leistungsschild

Leistungsschilder von Geräten bzw. Maschinen (Bild 1, nächste Seite) können folgende Angaben enthalten:
- Hersteller (maker, producer),
- Produktionscode (z. B. alphanumerisch),
- Herstellungsdatum,
- Herstellungsartikel (namentlich) oder Typbezeichnung,
- Verwendungszweck (intended use) / Einsatzbereich (bzw. Einsatzbeschränkung),
- Prüfzeichen (mark of conformity), EU-Konformitätszeichen,
- Schutzklasse (system of protection) (IP),
- Leistungsgröße, Wirkungsgrad (efficiency).

Beispiel:

1 Leistungsschild eines Kochendwassergerätes

Erklärung:

Hersteller:	Stiebel Eltron
Typ:	EBK 5G automatik
Drucklos:	(0 MPa)
Zapfleistung max.:	10 l/min
Inhalt:	5 Liter
Best. Nr:	07 42 87-7875-331788
El. Anschlussleistung:	2,0 kW, einphasig, 8,7 A
Spannungsversorgung:	230 V AC
Netzfrequenz:	50 Hz
Schutzart:	IP 24 D (siehe Seite 245)
Prüfzeichen:	VDE, GS, CE etc.

3.6 Ausgewählte Leitungstypen

In elektrischen Anlagen werden als Strom führende Leiter Kabel (cables) und Leitungen (wires) verwendet. Während Kabel wegen ihres robusten Aufbaues auch im Erdreich (ground) verlegt werden dürfen, trifft das für Leitungen nicht zu. In der Hausinstallation überwiegt die Verwendung der kostengünstiger herzustellenden Leitungen.

Die in elektrischen Anlagen verlegten isolierten (insulated) Leitungen und Kabel müssen den **VDE- Richtlinien**[1] entsprechen. Leitungen sind wichtige Betriebsmittel in haustechnischen elektrischen Anlagen und müssen mechanischen Belastungen standhalten. Auch sollen sie sich im Betriebszustand nicht über ein bestimmtes Maß erwärmen (z. B. 70 °C).

Die richtige Auswahl und Bemessung der Leitungen (und Kabel) ist daher für die Sicherheit und Zuverlässigkeit einer elektrischen Anlage sehr wichtig.

Folgende Tabelle Bild 2 zeigt die nach mechanischen Beanspruchungen festgelegten Mindestquerschnitte von Leitungen. Sie stellen Erfahrungswerte dar:

Einsatzzweck	Mindestquerschnitt in mm²	
	bei Cu	bei Al
Feste, geschützte Verlegung	1,5	2,5
Leitungen in Schaltanlagen und Verteilern bei Stromstärken bis 2,5 A – über 2,5 A bis 16 A – über 16 A	0,5 0,75 1,0	–
Offene Verlegung (auf Isolatoren) – Abstand der Befestigungspunkte bis 20 m – über 20 m bis 45 m	4 6	16 16 (mehrdrähtig)
Bewegliche Leitungen für den Anschluss von – leichten Handgeräten bis 1 A Stromaufnahme und einer größten Länge der Anschlussleitung von 2 m, wenn dies in den entsprechenden Gerätebestimmungen festgelegt ist – Geräten bis 2,5 A Stromaufnahme und einer größten Länge der Anschlussleitung von 2 m, wenn dies in den entsprechenden Gerätebestimmungen festgelegt ist – Geräten bis 10 A Stromaufnahme, für Gerätesteck- und Kupplungsdosen bis 10 A Nennstrom – Geräten über 10 A Stromaufnahme, Mehrfach-, Gerätesteckdosen und Kupplungsdosen mit mehr als 10 A bis 16 A Nennstrom	0,1 0,5 0,75 1,0	–

2 Mindestleiterquerschnitte für Strom führende Leitungen

Bild 3 zeigt typische Leitungen für die Hausinstallation:

Kurzzeichen	Bezeichnung/Nennspannung U_0 / U	Muster	Aufbau	Verwendung
NYIF	Stegleitung 300/500		eindrähtiger Kupferleiter, Isolierhülle aus PVC, 2, 3, 4 oder 5 Adern mit Abstand in einer Ebene angeordnet, mit einer Hülle aus hellem, vulkanisiertem Gummi umgeben	in trockenen Räumen für feste Verlegung im und unter Putz; ohne Putzabdeckung in Hohlräumen von Decken und Wänden aus Beton, Stein oder ähnlichen nicht brennbaren Baustoffen

3 Elektrische Leitungen für die Hausinstallation *(Fortsetzung siehe nächste Seite)*

[1] VDE: Verband deutscher Elektrotechniker e.V. (eingetragener Verein)

Kurzzeichen	Bezeichnung/Nennspannung U_0 / U	Muster	Aufbau	Verwendung
NYM	Mantelleitung 300 / 500		ein- oder mehrdrähtiger Kupferleiter, Isolierhülle aus PVC	in trockenen, feuchten oder nassen Räumen, feuer- und explosionsgefährdeten Betriebsstätten und Lagerräumen, landwirtschaftlichen Betriebsstätten sowie im Freien (jedoch nicht im Erdboden) für feste Verlegung über und auf Putz sowie im und unter Putz
			bei mehradrigen Leitungen Adern verseilt und mit plastischer Füllmischung umpresst, darüber Mantel aus PVC	
NYMT	PVC-Mantelleitung mit Tragseil 300 / 500		Installationsleitung mit selbsttragender Aufhängung	für den Anschluss von Straßenbeleuchtung; Hausanschlussleitung über Dachständer (Zugbeanspruchung bei Mindestdurchhang je nach Spannweite, auf Herstellerangaben achten)

Fortsetzung Bild 3 aus vorheriger Seite

N: genormte Leitung, I: Stegleitung (Imputzleitung, T: Tragseil, Y: Kunststoffisolierung (Kunststoffmantel), F: Flachleitung (Stegleitung), M: Mantelleitung, J: mit Schutzleiter

Die folgenden Tabellen Bilder 1 und 2 zeigen die genormten Farben der Adern:

Anzahl der Adern	Farben der Adern					
	Schutzleiter		Neutralleiter	weitere Leiter		
3	Grün	Gelb	Blau	Braun		
4	Grün	Gelb		Braun	Schwarz	Grau
4[1)]	Grün	Gelb	Blau	Braun	Schwarz	
5	Grün	Gelb	Blau	Braun	Schwarz	Grau

1 Farben der Adern bei Kabeln und Leitungen mit grün-gelber Ader

Anzahl der Adern	Farben der Adern				
	Neutralleiter	weitere Leiter			
2	Blau	Braun			
3		Braun	Schwarz	Grau	
3[1)]	Blau	Braun	Schwarz		
4	Blau	Braun	Schwarz	Grau	
5	Blau	Braun	Schwarz	Grau	Schwarz

2 Farben der Adern bei Kabeln und Leitungen ohne grün-gelbe Ader

Je nach Unterbringung der Leitungen in oder an den Baukörper unterscheidet man unterschiedliche Verlegearten:

Verlegeart	A1	A2		B1	B2	C		
Darstellung	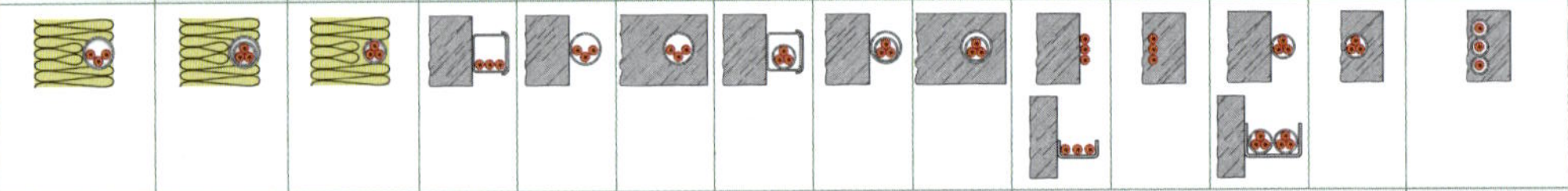							
Verlegebedingung	Verlegung in wärmegedämmten Wänden			Verlegung in Elektro-Installationsrohren oder geschlossenen Elektro-Installationskanälen auf oder in Wänden oder in Kanälen für Unterflurverlegung		direkte Verlegung auf oder in Wänden/Decken oder in Kabelwannen		Stegleitungen in Wänden/Decken oder Hohlräumen
	Aderleitungen oder einadrige Kabel/ Mantelleitungen im Elektroinstallationsrohr oder -kanal	mehradrige Kabel oder Mantelleitungen: im Elektroinstallationsrohr oder -kanal	mehradrige Kabel oder Mantelleitungen: direkt verlegt	Aderleitungen oder einadrige Kabel/ Mantelleitungen	mehradrige Kabel oder Mantelleitungen	einadrige Kabel oder Mantelleitungen	mehradrige Kabel oder Mantelleitungen	

3 Verlegearten von Strom führenden Leitungen

1) Nur für bestimmte Anwendungen

Schutzart/IP-Codes

Der Umgang mit elektrischen Betriebsmitteln muss für den Anwender so gefahrlos wie möglich sein. Daher wird je nach Einsatz und Anwendung für das Gehäuse des jeweiligen Betriebsmittels ein Mindestschutz gefordert, der durch den IP-Code und die Schutzklasse festgelegt ist.

1. Anordnung des IP-Codes

Der IP-Code zeigt die Schutzart des Gehäuses eines Elektrogerätes in folgender Weise an: **IP 2 3 C H**

- Code Buchstaben (International Protection) — IP
- Erste Kennziffer (Ziffern von 0 bis 6 oder der Buchstabe X) — 2
- Zweite Kennziffer (Ziffern von 0 bis 8 oder der Buchstabe X) — 3
- Zusätzlicher Buchstabe (wahlweise) (Buchstaben A, B, C, D) — C
- Ergänzender Buchstabe (wahlweise) (Buchstaben H, M, S, W) — H

Wo eine Kennziffer nicht angegeben werden muss oder soll, muss sie durch den Buchstaben „X" als Platzhalter ersetzt werden. Werden beide Ziffern weggelassen, muss „XX" angegeben werden.

2. Bestandteile des IP-Codes und deren Bedeutungen

Eine kurze Beschreibung der IP-Code-Bestandteile enthält nachfolgende Tabelle.

Bestandteil	Ziffern oder Buchstaben	Bedeutung für den Schutz des Betriebsmittels	Bedeutung für den Schutz von Personen
Codebuchstabe	IP	–	–
Erste Kennziffer		Gegen Eindringen fester Fremdkörper	Gegen Berühren gefährlicher Teile mit
	0	nicht festgelegt	nicht festgelegt
	1	≥ Ø 50,0	Handrücken
	2	≥ Ø 12,5	Finger
	3	≥ Ø 2,5	Werkzeug
	4	≥ Ø 1,0	Draht
	5	staubgeschützt	Draht
	6	staubdicht	Draht
Zweite Kennziffer		Gegen Eindringen von Wasser mit schädlichen Wirkungen	–
	0	nicht festgelegt	
	1	senkrechtes Tropfen	
	2	Tropfen (15° Neigung)	
	3	Sprühwasser	
	4	Spritzwasser	
	5	Strahlwasser	
	6	starkes Strahlwasser	
	7	zeitweiliges Eintauchen	
	8	dauerndes Untertauchen	

Bestandteil	Ziffern oder Buchstaben	Bedeutung für den Schutz des Betriebsmittels	Bedeutung für den Schutz von Personen
Zusätzlicher Buchstabe	wahlweise	–	Gegen Berühren gefährlicher Teile mit
	A		Handrücken
	B		Finger
	C		Werkzeug
	D		Draht
Codebuchstabe	IP	–	–
Ergänzender Buchstabe	wahlweise	Ergänzende Information speziell für	–
	H	Hochspannungsgeräte	
	M	Wasserprüfung bei Bewegung	
	S	Wasserprüfung bei Stillstand	
	W	Wetterbedingungen	

Schutzklassen elektrischer Betriebsmittel

Schutzklasse I	Schutzklasse II	Schutzklasse III
Schutzmaßnahme mit Schutzleiter Kennzeichen:	Schutzisolierung Kennzeichen:	Schutzkleinspannung Kennzeichen:

Prüfzeichen an elektrischen Betriebsmitteln und Geräten

VDE-Zeichen VDE Verband der Elektrotechnik Elektronik Informationstechnik e.V.	**CE-Kennzeichnung** Pflichtkennzeichnung (statutory marking) des Herstellers bzw. Importeurs, dass die wesentlichen Schutzanforderungen der EU-Richtlinien erfüllt sind (Konformitätszeichen) (conformity mark)
GS-Zeichen Geprüfte Sicherheit (tested safety) Sicherheitszeichen zum Produktionssicherheitsgesetz	
VDE-EMV-Zeichen (VDE-EMC-Zeichen) Gesetz über die elektromagnetische Verträglichkeit (electromagnetic compatibility-EMC) von Betriebsmitteln	

3.7 Sicherungen, LS-Schalter, RCD

Werden elektrische Leiter von Strom durchflossen, so erwärmen sie sich (vergl. Seite 240, Kap. 3.2.3). Kommt es infolge einer zu hohen Belastung zu einer unzulässigen (unacceptable) Erwärmung (heating of conductor), können die Leiter oder Betriebsmittel zerstört werden oder es kommt sogar zu Bränden (fires) und damit zu Folgeschäden (consequential damages). Ursache zu hoher Ströme sind **Überlastungen** (overloads, overstressings) **des Netzes** durch zu hohe Stromabnahme (es sind zu viele elektrische Betriebsmittel angeschlossen) oder **durch Kurzschlüsse** (short circuits) zwischen Strom führenden Leitungen.
Zur Vermeidung größerer Schäden werden gezielt „Schwachstellen" wie Schmelzsicherungen (fuse) und Sicherungsautomaten (LS-Schalter, RCD) in die Strompfade integriert.

3.7.1 Schmelzsicherungen

3.7.1.1 Schmelzsicherungen für den Leitungsschutz

Schmelzsicherungen bestehen aus einem Porzellankörper (porcelain), der von einem dünnen Draht oder Metallstreifen durchzogen ist. Damit beim Schmelzen kein Lichtbogen (arc) entstehen kann, ist der Draht von Quarzsand (silica sand) umgeben. Wird die Nennstromstärke – z. B. 16 A – um einen bestimmten Betrag überschritten, dann schmilzt der Sicherungsdraht in einer gewissen Zeit und der Stromfluss ist unterbrochen.
Verwendung finden Sicherungssysteme des D- Systems, die DIAZED[1]-Sicherungen, und des DO-Systems, die NEOZED[2]-Sicherungen (Bild 1a/b).

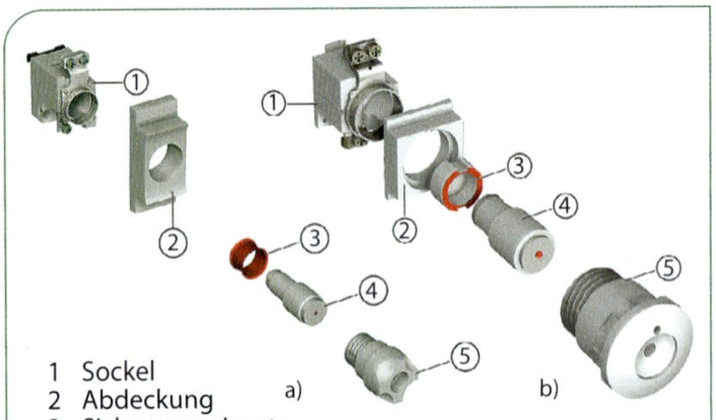

1 Sicherungen a) NEOZED-Sicherung b) DIAZED-Sicherung

Bemessungsstromstärke in A	Kennfarbe
2	rosa
4	braun
6	grün
10	rot
13	schwarz
16	grau
20	blau
25	gelb

[1] **DI:** diametral
A: abgestufter
Z: zweiteiliger
ED: Edison-Schraubstöpsel

[2] **NEO (lat):** neu
Z: zweiteiliger
ED: Edison-Schraubstöpsel

3.7.1.2 Schmelzsicherungen für Geräte

Geräte- und Feinsicherungen des Typs G (Bild 2) bestehen aus einem Glas-, Kunststoff- oder Porzellan- Röhrchen mit einem innen liegenden Schmelzdraht (fusible wire). Sie werden nach ihrem Zeit- Strom- Verhalten mit bestimmten Attributen versehen, z. B. FF (Tabelle Bild 3).

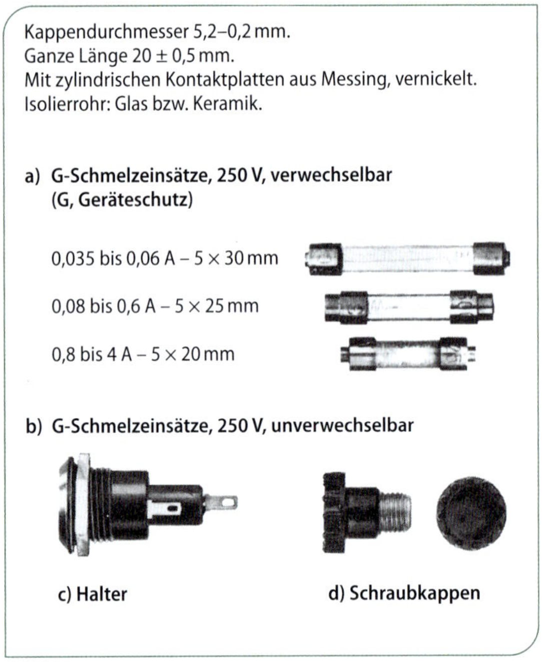

2 Gerätesicherungen (Typ G)

Bezeichnung nach VDE 0820	Charakteristische Arbeitsweise
FF	superflink
F	flink
M	mittelträge
T	träge
TT	superträge

3 Bezeichnungen der G-Sicherungen nach dem Zeit-Strom-Verhalten

MERKE

Aus Sicherheitsgründen dürfen Sicherungen niemals überbrückt oder „geflickt" werden!

3.7.2 Leitungsschutzschalter

Leitungsschutzschalter (= LS-Schalter, Bild 1, nächste Seite, (automatic cutout, line safety switch)) lösen sowohl thermisch (thermally) als auch magnetisch (magnetically) aus. Die magnetische Auslösung (disengaging) erfolgt schnell, z. B. wenn bei dem in der Hausinstallation gebräuchlichen Typ B das Fünffache des Nennstromes überschritten wird. Bei geringfügiger Überschreitung (Faktor 1,45) unterbricht die thermische Auslösung spätestens nach 60 Minuten den Stromfluss.

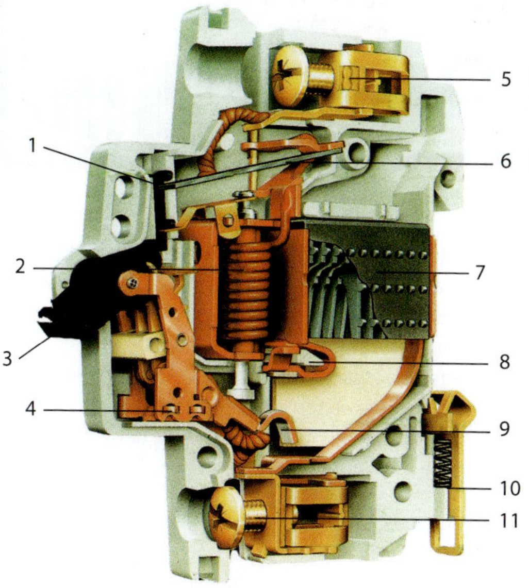

1 Entklinkungsschieber
2 Elektromagnetauslöser
3 Schaltgriff
4 Schaltwerk mit Federkraftspeicher zum Ausschalten
5 Obere Anschlussklemme
6 Verzögerter Thermobimetallauslöser
7 Lichtbogenlöschkammer
8 Festes Schaltstück
9 Bewegliches Schaltstück
10 Schnellbefestigungseinrichtung
11 Untere Anschlussklemme

Leitungsschutzschalter / LS

1 Aufbau eines Leitungsschutzschalters

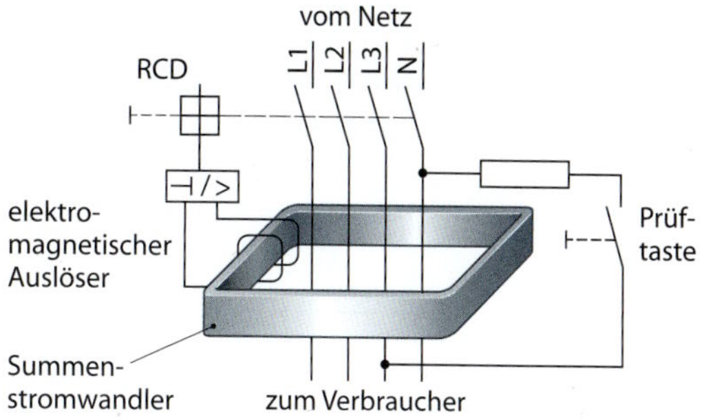

2 Prinzip einer RCD (FI-Schutzschalter)

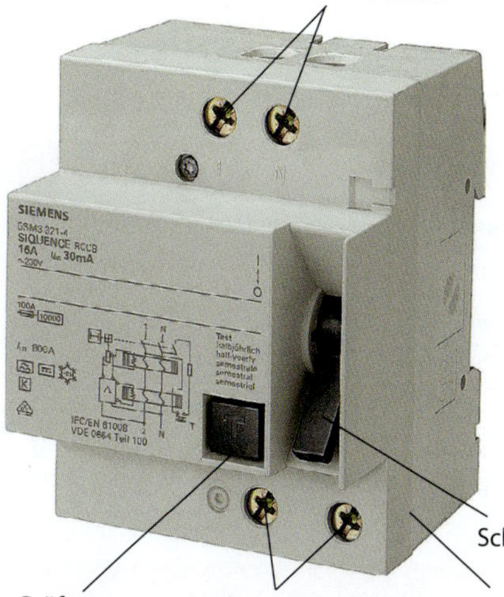

3 RCD mit zweipoligem LS-Schalter

3.7.3 RCD

RCDs (**R**esidual **C**urrent Protective **D**evice = Fehlerstrom-Schutzeinrichtung, bisher FI-Schutzschalter) haben die Aufgabe, bei gefährlichen Berührungsspannungen (contact voltages) den Stromkreis innerhalb von Sekundenbruchteilen allpolig zu unterbrechen (Bilder 2 u. 3). Sämtliche Strom führende Leiter, die vom Versorgungsnetz zu den Betriebsmitteln führen, durchlaufen im RCD einen Summenstromwandler (current transformer). Im fehlerfreien Betrieb ist die Summe der zufließenden Ströme gleich der Summe der abfließenden. Kommt es durch Erd- oder Körperschluss eines Betriebsmittels zu einem Fehlerstrom (residual current), so fließt dieser über den Erdleiter (earth wire) zum Spannungserzeuger zurück und es tritt eine Stromdifferenz im Summenstromwandler auf. Dadurch wird ein elektromagnetischer Auslöser im RCD betätigt, der die Hausanlage allpolig vom Netz trennt (Bild 2). Eine Gefährdung des Menschen durch Berührungsspannungen auch geringer Größe ist bei der Verwendung eines RCD praktisch nicht möglich.

3.8 Schaltung mehrerer Betriebsmittel im Stromkreis

Auf Baustellen ist es üblich, mehrere Betriebsmittel in einem Stromkreis gleichzeitig zu betreiben. Dieses geschieht z.B. durch Aneinanderreihen von Kabeln oder durch Abnahme des Stromes für mehrere Geräte von einer Kabeltrommel (cable drum).

In technischen Geräten, wie z.B. Durchlauferhitzer (flow heater) oder Speicher (storage tank), die Wasser mithilfe des elektrischen Stromes beheizen, wird durch paralleles Schalten oder Schalten in Reihe von Heizwiderständen die elektrische Leistung dieser Geräte beeinflusst.

3.8.1 Parallelschaltung

Beispiel einer Parallelschaltung (parallel connection):
Die Kabeltrommel.

Wie aus Bild 1 ersichtlich, stellen die Widerstände R_1, R_2 und R_3 die an der Kabeltrommel angeschlossenen, parallel zueinander liegenden Betriebsmittel dar. Annahme: Der Widerstand R_1 symbolisiert eine Mauerfräse, der Widerstand R_2 zeigt einen Bohrhammer und der Widerstand R_3 steht für einen Baustrahler.

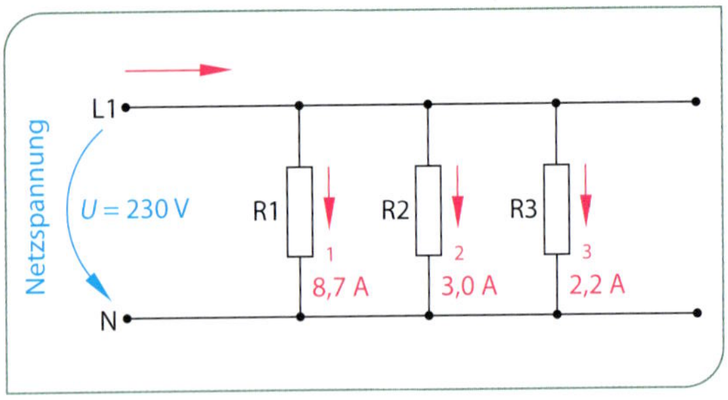

1 Parallelschaltung von Widerständen

Für die Spannungen in dieser Schaltung gilt:

MERKE

Die Spannung ist an allen Widerständen (Betriebsmitteln) gleich!

$U = U_1 = U_2 = U_3$

Wegen der aus Bild 1 ersichtlichen Verzweigung des Gesamtstromes I in die Teilströme I_1, I_2 und I_3 der Betriebsmittel gilt:

MERKE

Die Summe der Teilströme in den Einzelwiderständen ist gleich dem Gesamtstrom in der Hin- bzw. Rückleitung (oder auch L1 und N im Wechselstromnetz).

$I = I_1 + I_2 + I_3$

Im Beispiel sind das 8,7A + 3,0A + 2,2 A = 13,9 A.
Mit jedem weiteren Anschluss eines Betriebsmittels nimmt der Gesamtstrom in einer Parallelschaltung zu.
Ein weiterer Anschluss von z. B. einem Industriestaubsauger von 1400 W Leistung würde dann eine Stromstärke von

$$I = \frac{P}{U} = \frac{1400\,\text{W}}{230\,\text{V}} = \underline{6{,}1\,\text{A}} \text{ ergeben}$$

Die Summe der Teilströme wäre damit:
$I_1 + I_2 + I_3 + I_4 = 8{,}7\,\text{A} + 3{,}0\,\text{A} + 2{,}2\,\text{A} + 6{,}1\,\text{A} = \underline{\underline{20{,}0\,\text{A}}}$

Das Typenschild (nameplate) der Kabeltrommel weist im abgewickelten Zustand bei einer Spannung von 230 V eine maximale Belastung von $P = 3600$ Watt aus (siehe folgendes Bild 2):

$$I = \frac{P}{U} = \frac{3600\,\text{W}}{230\,\text{V}} = \underline{15{,}6\,\text{A}} \textbf{ (maximale Belastung)}$$

2 Typenschild einer Kabeltrommel

Der Anschluss des Staubsaugers als vierter parallel betriebener „Verbraucher" würde die Anschlussleitung der Kabeltrommel damit überlasten und der thermische Überlastungsschutz der Trommel würde auslösen.
Mit der Anschlussspannung $U = 230$ V und der Stromstärke in der Zuleitung der ersten drei Betriebsmittel von $I = 13{,}9$ A ergibt sich nach dem Ohmschen Gesetz der **Ersatzwiderstand** für die drei Widerstände dieser Schaltung:

$$R = \frac{U}{I} = \frac{230\,\text{V}}{13{,}9\,\text{A}} = \underline{\underline{16{,}5\,\Omega}}$$

Die Einzelwiderstände ergeben sich aus:

$$R_1 = \frac{U}{I_1} = \frac{230\,\text{V}}{8{,}7\,\text{A}} = \underline{26{,}4\,\Omega} \text{ für die Mauerfräse}$$

$$R_2 = \frac{U}{I_2} = \frac{230\,\text{V}}{3{,}0\,\text{A}} = \underline{76{,}7\,\Omega} \text{ für den Bohrhammer}$$

$$R_3 = \frac{U}{I_3} = \frac{230\,\text{V}}{2{,}2\,\text{A}} = \underline{104{,}5\,\Omega} \text{ für den Baustrahler}$$

Aus den Ergebnissen wird deutlich, dass bei einer Parallelschaltung der Ersatzwiderstand kleiner ist als jeder Einzelwiderstand.
Für die Berechnung eines Ersatzwiderstandes bei der Parallelschaltung gilt:

$$\frac{1}{R} = \frac{1}{R_1} + \frac{1}{R_2} + \frac{1}{R_3} + \ldots \frac{1}{R_n}$$

MERKE

Bei einer Parallelschaltung ist der Kehrwert des Gesamtwiderstandes gleich der Summe der Kehrwerte der Einzelwiderstände!

Mit den oben errechneten Werten für die Einzelwiderstände wird:

$$\frac{1}{R} = \frac{1}{26{,}4\,\Omega} + \frac{1}{76{,}7\,\Omega} + \frac{1}{104{,}5\,\Omega} = 0{,}06\,\frac{1}{\Omega}$$

Damit wird $R = \underline{\underline{16{,}5\,\Omega}}$

Dieses Ergebnis stimmt mit dem zuvor ermittelten überein.

3.8.2 Reihenschaltung

Die Reihenschaltung (series connection) von Widerständen soll ebenfalls am Beispiel einer Kabeltrommel erklärt werden:

Zur Überbrückung von häufig größeren Entfernungen von der Steckdose bis zum Arbeitsplatz werden Verlängerungskabel (extension leads, cords) eingesetzt. Bei einem z. B. 100 m langen Kabel (2 Kabeltrommeln à 50 m) liegt pro Ader ein ohmscher Widerstand von ca. 1,2 Ω vor (im vorliegenden Beispiel). Ein angeschlossener Bohrhammer mit seinem Zuleitungskabel hat einen Innenwiderstand von 76,7 Ω (s. Beispiel, vorherige Seite). Die Anordnung der Widerstände ist im nachfolgenden Bild 1 gezeigt.

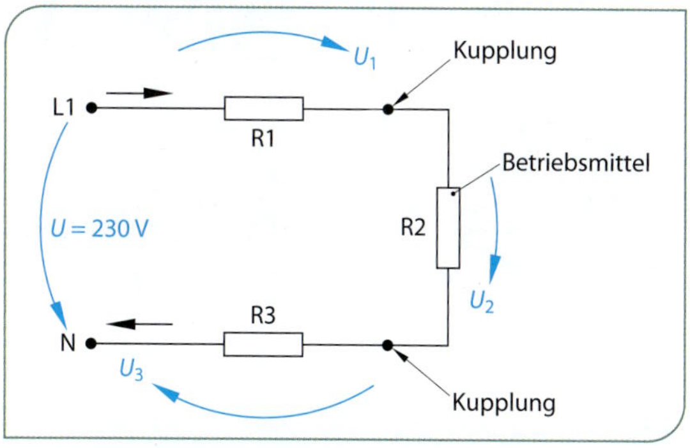

1 *Reihenschaltung von Widerständen*

Da die Stromstärke im Leiter L1 und im Neutralleiter N (neutral conductor) gleich ist, gilt:

Alle Widerstände der Reihenschaltung werden vom gleichen Strom I durchflossen.

$I = I_1 = I_2 = I_3 = \ldots I_n$

Da die Widerstände bei der Reihenschaltung hintereinander geschaltet sind, addieren sich die Einzelwiderstände zum Gesamtwiderstand (Ersatzwiderstand):

$R = R_1 + R_2 + R_3$

MERKE

Bei einer Reihenschaltung ist der Gesamtwiderstand gleich der Summe der Einzelwiderstände!

Im vorliegenden Beispiel beträgt der Gesamtwiderstand (Ersatzwiderstand) der Betriebsmittel Kabeltrommel und Bohrhammer: $R = 1{,}2\,\Omega + 76{,}7\,\Omega + 1{,}2\,\Omega = 79{,}1\,\Omega$.

Messungen bzw. Berechnungen zeigen, dass an jedem der drei Teilwiderstände eine entsprechende Teilspannung auftritt. Für $R = R_1 + R_2 + R_3$ gilt:

$$\frac{U}{I} = \frac{U_1}{I} = \frac{U_2}{I} = \frac{U_3}{I}$$

$$\text{mit } I = \frac{U}{R} = \frac{230\,\text{V}}{79{,}1\,\Omega} = \underline{2{,}908\,\text{A}} \text{ wird}$$

Da $R_1 = R_3$ beträgt, wird $U_3 = U_1 = 3{,}49\,\text{V}$

Der Spannungsverlust (loss of potential) in den beiden Adern L und N führt im Kabel also zu einem Spannungsabfall (fall of potential) von 6,98 V. Damit steht am Bohrhammer nur noch eine Spannung von 223 V zur Verfügung.

Dieses beweist auch die Rechnung:

$U_2 = I \cdot R_2 = 2{,}908\,\text{A} \cdot 76{,}7\,\Omega = \underline{\underline{223\,\text{V}}}$

Dieser Spannungsverlust hat in der Praxis jedoch meist keine Auswirkungen auf die Funktion des verwendeten Betriebsmittels.

3.9 Messen elektrischer Größen

Durch den beständig steigenden Einsatz elektrischer Betriebsmittel auch im Bereich des SHK-Handwerks und der von diesem installierten Ver- und Entsorgungsanlagen hat das Messen elektrischer Größen (measuring of electrical quantities) eine stetig wachsende Bedeutung. Das trifft vor allem für die **Funktionskontrolle** (function control) und **Fehleranalyse** (failure analysis) der elektrischen Bauteile zu. Messgeräte zeigen die Messwerte analog und/oder digital an. Analog anzeigende Messgeräte geben Ihre Werte mittels Zeiger (hand, pointer) und Skala (scale) oder über eine Balkenanzeige an (Bild 2). Digital anzeigende Messgeräte haben eine Ziffernanzeige (numerical display) (z. B. Rollenzählwerk oder LCD-Display).

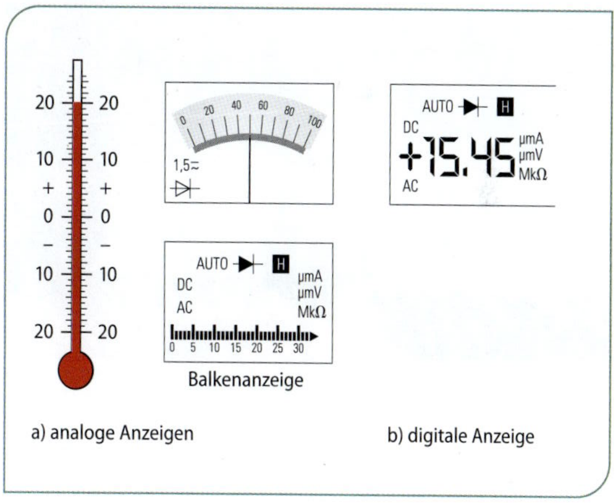

2 *Anzeigearten von Messzeugen*

3.9.1 Messfehler

Messfehler (errors of measurement) werden in zufällige (accidental, casual) und systematische (systematic) Fehler eingeteilt.

Zufällige Fehler kommen unregelmäßig vor. So können z. B. durch verschmutzte oder korrodierte Kontakte falsche elektrische Messwerte entstehen. Sie sind manchmal schwer auszuschließen. Systematische Fehler treten häufiger auf und resultieren z. B. aus einer falschen Ablesung (wrong reading) durch Parallaxe (parallax) bei Zeigerinstrumenten oder einer typischen falschen Messanordnung (vergl. S. 86).

Für Messgeräte gibt es Genauigkeitsklassen, auf die hier nicht näher eingegangen wird. Beispielhaft wird ab der nächsten Seite der Gebrauch einiger wichtiger im SHK-Handwerk verwendeter elektrischer Messzeuge erklärt.

3.9.2 Messen der elektrischen Spannung

Das Messen der elektrischen Spannung kann im einfachsten Fall mit dem **einpoligen Spannungsprüfer** (Phasenprüfer, Bild 1) erfolgen. Diese Art der Messung ist bei „Heimwerkern" sehr verbreitet, stellt jedoch aus Sicht des Unfallschutzes ein Sicherheitsrisiko (security risk) dar. Die Anzeige der Glimmlampe durch Berühren des Spannungsprüfers mit dem Finger hängt wesentlich von der Leitfähigkeit der Schuhe mit dem Untergrund (meist Fußboden) ab und ist daher für ein eindeutiges Messergebnis nicht geeignet. So könnte es sein, dass der Spannungsprüfer (main tester) keine Spannung anzeigt, obwohl sie tatsächlich anliegt.

1 Messen mit dem einpoligen Spannungsprüfer

Besser geeignet für die Spannungsprüfung ist das Messen mit dem **zweipoligen Spannungsprüfer** (siehe Bild 2).

2 Messen mit dem zweipoligen Spannungsprüfer

Eine Spannungsmessung kann auch mit dem als **Multimeter** bekannten **Vielfachmessgerät** (multimeter) vorgenommen werden. Mit diesem Messgerät können Stromstärke, Spannung und Widerstand entweder digital (Bild 3a) oder analog (Bild 3b) angezeigt werden.

3a Digital anzeigendes Vielfachmessgerät

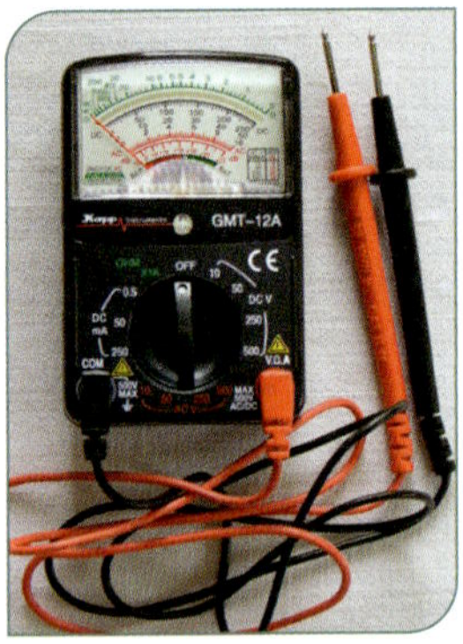

3b Analog anzeigendes Vielfachmessgerät

PRAXISHINWEIS

Beim Messen eines unbekannten Messwertes muss aus Sicherheitsgründen zunächst der größte Messbereich (measuring range) der zu messenden Größe eingestellt werden (gilt für alle elektrischen Größen)!
Anschließend ist stufenweise auf den Messbereich zu schalten, bei dem die Anzeige etwa im letzten Skalendrittel liegt.
Vor einer Messung ist zu prüfen:

- Ist das Messgerät für die Art und Größe des zu messenden Wertes geeignet?
- Ist die Funktionssicherheit des Messgerätes und der Hilfsmittel (Kabel etc.) gewährleistet?
- Liegt Spannungsfreiheit (wenn notwendig) beim Anschließen der Messmittel an das zu messende Objekt vor?
- Sind Gefährdungen durch Berühren ausgeschlossen?

3.9.3 Messen des elektrischen Stromes

Der elektrische Strom kann ebenfalls mit dem Vielfachmessgerät gemessen werden (Bild 1, nächste Seite). Auch hier gelten die schon im Abschnitt 3.9.2 erwähnten Sicherheitsanweisungen.

Eine weitere Messung ohne das (häufig zeitaufwändige) Auftrennen des Strompfades lässt sich mit dem **Zangenstrommessgerät** (clamp-on ammeter) realisieren. Bei dieser berührungslosen Messung wird der Messkopf (Zange) um die Leitung gelegt und über Induktivität (inductivity) (Fremderregung), d.h. durch das Magnetfeld (magnetic field) des Leiters, der Messwert produziert (Bild 2, nächste Seite).

Spannung und Strom

1 Messen des Stromes an einem Elektro-Durchflusserwärmer

2 Messen des Stromes mit dem Zangenstrommessgerät

3.9.4 Messen der elektrischen Leistung

Eine Leistungsmessung kann bei der entsprechend eingestellten Messgröße auch mit dem auf S. 240 beschriebenen Energieverbrauchsmessgerät vorgenommen werden. Wenn sichergestellt ist, dass während der Messung nur ein elektrisches Betriebsmittel aktiv ist, kann die dem Gerät zugeführte Leistung auch über den in einem bestimmten Zeitraum abgelesenen Stromdurchsatz am Zähler (Bild 3) ermittelt werden. Bei kurzen Zeiträumen (Kleinverbrauch) wird über das Ablesen der Zählscheibendrehzahl) eine Leistungsermittlung ermöglicht.

Beispiel: Die rote Markierung an der Zählscheibe erscheint im Fenster innerhalb einer Minute 20 mal. Auf dem Leistungsschild des Zählers kann die sog. „Zählerkonstante“ CZ mit z. B. 75 U/kWh abgelesen werden.

Rechnung:

$$\boxed{P = \frac{n}{CZ}} \qquad n = 20\ \text{U/min} \qquad CZ = 75\ \text{U/kWh}$$

$$P = \frac{20\ \text{U} \cdot \text{kWh} \cdot 60\ \text{min}}{\text{min} \cdot 75\ \text{U} \cdot 1\ \text{h}} = 16\ \text{kW} = \underline{\underline{16\,000\ \text{W}}}$$

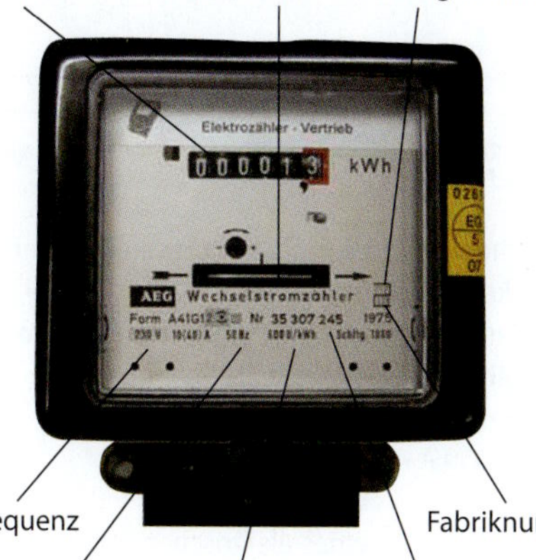

3 Wechselstromzähler

4 Smarter Drehstromzähler

Smarte Zähler ermöglichen u. a. das Erfassen der aus dem Versorgungsnetz entnommenen Energiemengen außerhalb der Wohneinheit.

3.9.5 Messen von Ohmschen Widerständen

Das Messen von Widerständen wird ebenfalls mit Vielfachmessgeräten durchgeführt. Hierbei gilt es zu unterscheiden:

- Qualitative Aussage: Die Messung soll Aufschluss darüber geben, ob eine Leitfähigkeit (conductivity) vorhanden ist, d. h. der Strompfad ist leitend (z. B. R = 3 Ω oder der Strompfad ist unterbrochen ($R \rightarrow \infty$).
- Quantitative Aussage: Die Messung soll einen bestimmten Wert reproduzieren; in diesem Fall werden Widerstände auf Herstellerangaben überprüft (vergl. auch S. 241, Kochendwassergerät).

3.10 Unfallgefahren und Schutzmaßnahmen

Bei Arbeiten an elektrischen Anlagen ist wegen der Unfallgefahren (risks of accident) durch Berührungsspannung äußerste Vorsicht geboten!
Um den Arbeitsplatz möglichst sicher und gefahrlos zu machen, müssen bei Arbeiten an Strom führenden Anlagenteilen folgende **fünf Schutzmaßnahmen** (protective, safety measures) in der genannten Reihenfolge unbedingt durchgeführt werden:

- **Freischalten** (disconnecting, cutting off), d. h. es müssen alle Leitungen z. B. durch Betätigen von Schaltern, durch Ziehen von Steckverbindungen, durch Herausnehmen von Sicherungen usw. abgeschaltet werden.
- **Gegen Wiedereinschalten** (restoring power) **sichern;** für die Dauer der Arbeiten muss das sichere Abschalten z. B. durch Mitnahme der Sicherungen, durch Abschließen des

Schalters und die Bekanntgabe der Maßnahme z. B. mittels eines Warnschildes gewährleistet sein (Bild 1).

- **Spannungsfreiheit** (dead, idle) feststellen; diese ist mit geeigneten Messmitteln allpolig nachzuweisen.
- **Erden** (earth, connect to ground) und kurzschließen (short circuit); d. h. die Teile, an denen gearbeitet werden soll, müssen zunächst geerdet und dann kurzgeschlossen werden. Diese Maßnahmen müssen von der Arbeitsstelle aus beobachtbar sein.
- **Ausnahmeregelung** (exemption):
- Handelt es sich nicht um Freileitungen, kann bei Nennspannungen bis 1000 V auf das Erden und
- Kurzschließen verzichtet werden.

1 *Warnschild zur Verhinderung von Unfällen durch elektrischen Strom*

- **Benachbarte, unter Spannung stehende Teile abdecken** (cover) **oder anderweitig absichern**
- z. B. mit gelbschwarzem Trassenband kennzeichnen,
- das Berühren mit metallischem Werkzeug zuverlässig vermeiden,
- bei Benutzung von Leitern, wenn möglich, Holzleitern verwenden.

Vom elektrischen Strom ausgehende Wirkungen und seine Gefahren:

- **Wärmewirkung** (thermal effect); Brandgefahr bei überlasteten Leitungen, Kurzschlüsse, überhitzte Geräte,
- **Chemische Wirkung** (chemical effect); Zersetzung von Flüssigkeiten, Korrosion, Bildung von giftigen Gasen etc.,
- **Lichtwirkung** (action of light); zu grelles Licht z. B. durch Halogenstrahler, Sonnenbank, Augen „verblitzen" beim E-Schweißen,
- **Magnetische Wirkung** (magnetic effect); wenn Ströme fließen, werden Magnetfelder aufgebaut; Schlafstörungen durch Hochspannungsleitungen (Elektrosmog),
- **Physiologische Wirkungen (Wirkungen auf den Körper)** (physiological effects); Muskelverkrampfungen, Herzrhythmusstörungen, Verbrennungen (Brandmale durch Stromschlag).

Der Gesamtkörperwiderstand:

Da der menschliche (und tierische) Körper zum größten Teil aus Flüssigkeit besteht, ist er sehr leitfähig. Seine Widerstände werden wie folgt beschrieben:

- Die Größe des **Körperwiderstandes** ist unterschiedlich und liegt zwischen 200 Ω und 3000 Ω.
- Sie hängt ab von Körperbau und Konstitution, d. h. also auch vom momentanen körperlichen und seelischen Zustand.
- Dieser Widerstand erhöht sich durch **Übergangswiderstände**, z. B. zwischen elektrischem Leiter und Hand sowie zwischen Füßen und Boden (Erde).
- Weitere Einflussgrößen dieser Übergangswiderstände sind z. B. die Feuchte der Haut oder deren Beschaffenheit (z. B. Schwielen).
- Beim Übergangswiderstand von den Füßen zum Boden (Erde) spielt besonders die Art des Schuhwerkes eine Rolle.

Für den Gesamtkörperwiderstand (Körperwiderstand und Übergangswiderstände) wird ein Mindestwert von 1000 Ω angenommen (Bild 2 und 3):

$R_{Kg} = R_{ü1} + R_K + R_{ü2} = 1000\ \Omega$

R_{Kg} = Gesamtkörperwiderstand (cumulative body resistance)

$R_{ü1}, R_{ü2}$ = Übergangswiderstände

R_K = Körperwiderstand

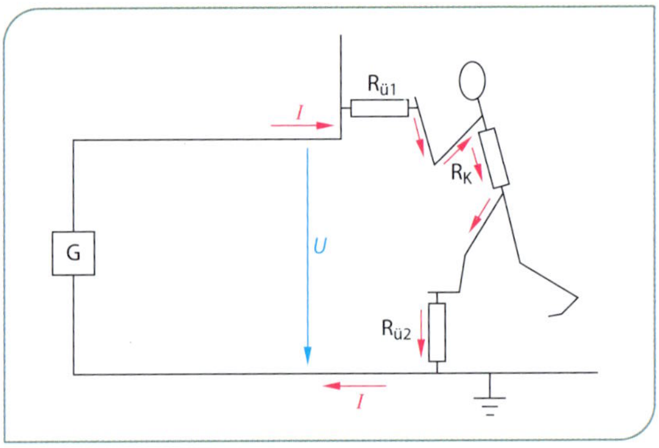

2 *Der menschliche Körper im Stromkreis*

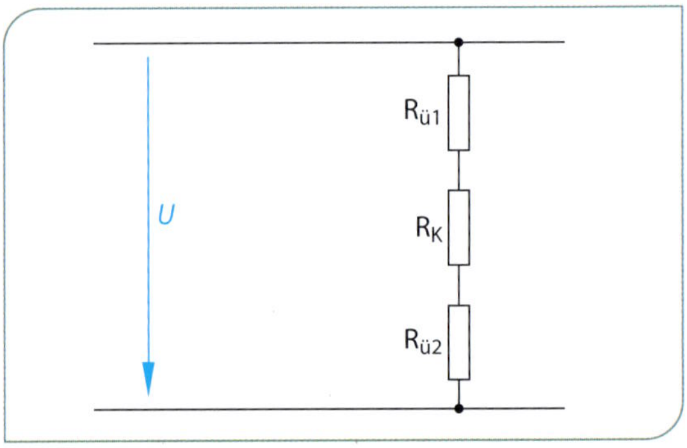

3 *Reihenschaltung von Übergangswiderständen und Körperwiderstand*

Die vom menschlichen Körper **kurzzeitig zu ertragende Stromstärke** beträgt ca. **50 mA**.

Bei einem angenommenen Gesamtwiderstand von 1000 Ω ergibt sich eine maximale Spannung von

$U = I \cdot R = 0{,}050\ \text{A} \cdot 1000\ \Omega = \underline{\underline{50\ \text{V}}}$

Besteht das Gehäuse eines elektrischen Betriebsmittels aus Metall, so ist daran ein Schutzleiter angeschlossen (Bild 1a, nächste Seite). Kommt es bei unterbrochenem Schutzleiter

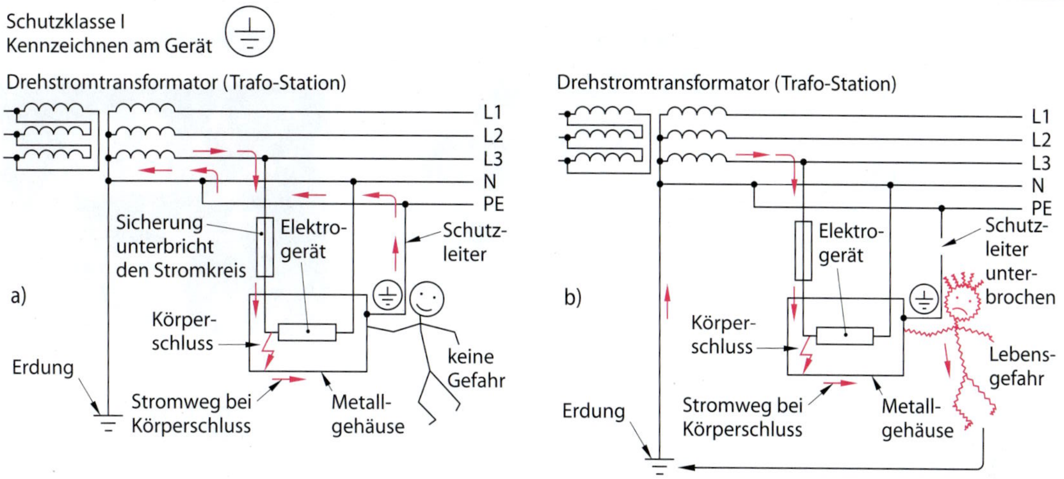

Bei **intaktem** Schutzleiter besteht im Fehlerfall (Körperschluss) keine Gefahr für den Benutzer des Elektrogerätes. Durch ihn kann kein Strom durch leitenden Boden zur Erdungsleitung der Stromquelle (Drehstromtransformator) fließen. Der Fehlerstrom fließt über den Schutzleiter zurück.

Bei **unterbrochenem** Schutzleiter besteht im Fehlerfall (Körperschluss) **Lebensgefahr** für den Benutzer des Elektrogerätes. Durch ihn hindurch fließt ein Fehlerstrom durch leitenden Boden zur Erdungsleitung der Stromquelle (Drehstromtransformator). Die Sicherung unterbricht den fehlerhaften Stromkreis **nicht**.

1 Schutzmaßnahmen mit Schutzleiter

im Innern des Gerätes zu einem Körperschluss, so entsteht bei Berühren des Gerätes über den Körper ein Fehlerstromkreis zum Stromerzeuger (Bild 1b). Damit es zu einer schnellen Abschaltung kommt, werden automatische Abschaltungseinrichtungen installiert. Diese Schutzmassnahmen werden in den Kap. 3.7.2 und 3.7.3 beschrieben.

MERKE

Wechselspannungen, die größer sind als 50 V (120 V Gleichspannung) gelten als gefährlich.

Genaue Untersuchungen haben ergeben, dass auch Spannungen unter 50 V gefährlich sein können, wenn der von ihnen hervorgerufene Strom längere Zeit durch den menschlichen Körper fließt.

Erst Spannungen von 25 V Wechselspannung (60 V Gleichspannung) und darunter gelten als ungefährlich.

Weitere Schutzmaßnahmen:

<table>
<tr><th>Schutzisolierung
(protective insulation)</th><th>Schutzkleinspannung
(protective extra-low voltage PELV)</th><th>Schutztrennung
(protective disconnection)</th></tr>
<tr>
<td>Schutzklasse II;
Kennzeichen am Gerät: 
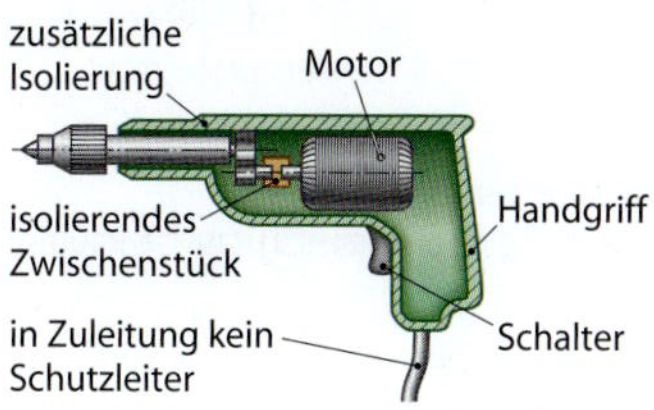

a) Beispiel der Realisierung bei einer Handbohrmaschine</td>
<td>Schutzklasse III;
Kennzeichen am Gerät: 
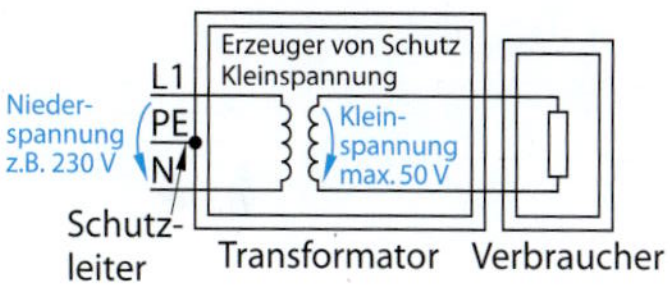

a) Beispiel für die Erzeugung (PELV)</td>
<td>Kennzeichen am Gerät: 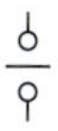
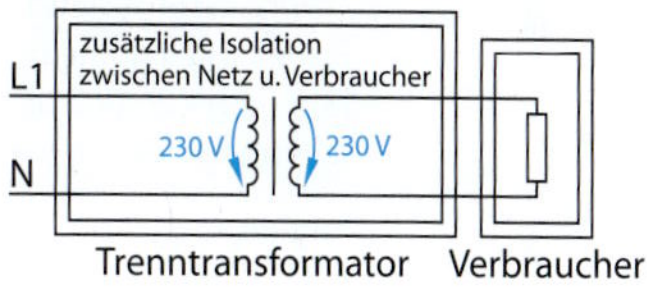

a) Funktionsprinzip</td>
</tr>
</table>

Schutzisolierung (protective insulation)	Schutzkleinspannung (protective extra-low voltage PELV)	Schutztrennung (protective disconnection)
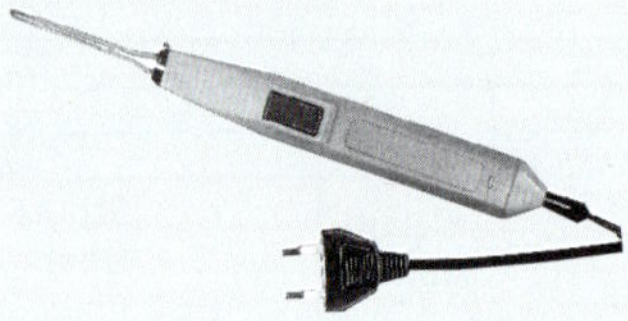 b) Kleinlötkolben mit Stecker **ohne** Schutzkontakt (hier Flachstecker)	 b) Trenntransformator für Schutzkleinspannung	 b) Anwendungsbeispiel
Alle Geräteteile, die im Fehlerfall Spannung gegen Erde führen können, sind zusätzlich mit Isolierstoff abgedeckt. Die Zuleitung darf **keinen Schutzleiter** enthalten und muss bei ortsveränderlichen Geräten mit einem **Profilstecker** (Form eines Schukosteckers, aber ohne Schutzkontakt) oder mit einem **Flachstecker** versehen sein.	Die Betriebsspannung für solche Geräte darf höchstens 50 V Wechselspannung bzw. 120 V Gleichspannung betragen. (Diese Spannungen gelten als Schutzkleinspannung aber nur, wenn sie von vorschriftsmäßigen speziellen Erzeugern bereitgestellt werden.) Bei Geräten für Schutzkleinspannung sind nur Steckvorrichtungen zugelassen, die mit solchen für Niederspannung (50 V bis 1000 V) nicht zusammenpassen. **Anwendungsbeispiele:** Arbeiten mit Elektrowerkzeugen in Behältern, Elektrospielzeug	Ein **Trenntransformator** bewirkt, dass zwischen dem Niederspannungsnetz und dem Elektrogerät keine elektrisch leitende Verbindung besteht. (Die Energie überträgt der Transformator mit Hilfe magnetischer Wirkung.) Deshalb kann im Fehlerfall am Gehäuse des Verbrauchers keine Spannung gegen Erde auftreten. Mobile Trenntransformatoren müssen schutzisoliert sein. Im Allgemeinen darf nur ein einziges Gerät mit maximal 16 A Nennstrom betrieben werden; gegebenenfalls mit Steckdose ohne Schutzkontakt. **Anwendungsbeispiel:** Arbeiten in beengter, elektrisch leitender Umgebung (z. B. in Metallbehältern), vor allem wenn Verbraucher (z. B. eine Trennschleifmaschine) wegen ihres großen Nennstromes nicht mit Kleinspannung betrieben werden können.

1 Unterschiedliche Schutzklassen

Abhängig von Verwendung und Einsatzort müssen elektrische Geräte und Maschinen unterschiedlich geschützt und gekennzeichnet sein (Bild 2).

kein Zeichen	**Abgedeckt:** Nur für trockene Räume, z. B. Wohnräume, Büros, Flure, Dachböden usw.
	**Tropfwassergeschützt:** Für feuchte Räume und im Freien unter Dach, z. B. Großküchen, Backstuben, Kühlräume, Gewächshäuser.
	**Regengeschützt:** Für Leuchten und Geräte in feuchten Räumen und im Freien ohne Dach. Z. B. wie bei Tropfwassergeschützt.
	**Schwallwassergeschützt:** Schutz gegen Wassertropfen aus allen Richtungen. Für Motoren und Geräte in feuchten Räumen und im Freien. Z. B. Landwirtschaft und Baustellen.
	**Strahlwassergeschützt:** Schutz gegen Wasserstrahlen aus allen Richtungen. Für Leuchten in Wasch- und Badeanstalten, Färbereien, Käsereien, Molkereien, Brauereien usw.
 3 bar	**Druckwassergeschützt:** Mit Angabe des Druckes. Für nasse Räume wie Schwimmbäder.
	**Staubgeschützt:** Leuchten in Räumen mit Staub aber ohne Explosionsgefahr. Z. B. Landwirtschaft, Holzbearbeitungswerkstätten.
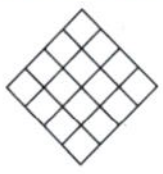	**Staubdicht:** Schutz gegen Eindringen von Staub unter Druck. Für Leuchten in Räumen mit brennbaren Stäuben.

2 Kennzeichnung der Schutzart elektrischer Betriebsmittel

4 Grundlagen der Steuerungstechnik

4.1 Einleitung

Steuerungs- und Regelungsabläufe in ver- und entsorgungstechnischen Anlagen von Wohnhäusern werden zunehmend komplexer. So können heute auch in Einfamilienhäusern auf Wunsch des Kunden vielfältige Funktionen gebäudetechnischer Anlagen wie z. B. Beleuchtung (lighting), Alarmanlage (alarm system), Jalousien (blinds), Heizungs- und Sanitäranlage usw. zentral geschaltet werden. Marktstudien belegen, dass der Anteil dieser Anlagenkomponenten im Verhältnis zu den übrigen haustechnischen Anlagen wie z. B. Rohrleitungssysteme, Warmwasser- und Wärmeerzeuger usw. stetig zugenommen hat. Kenntnisse über deren Aufgaben und Funktionsabläufe werden daher für den Anlagenmechaniker SHK zunehmend wichtiger.

4.2 Unterschied zwischen Steuern und Regeln

Am Beispiel eines von Hand zu bedienenden Einhebelmischers und einer Thermostat-Mischbatterie für eine Dusche sollen die Begriffe **„Steuern"** (open loop control) und **„Regeln"** (closed loop control) voneinander abgegrenzt und mit den Definitionen aus DIN IEC 60050-351 erläutert werden.
Einhebelmischer (single-lever mixer) werden häufig als Auslaufarmaturen für Waschtische oder für Duschen verwendet. Sie haben im Vergleich zu Thermostatbatterien (thermostatic mixer) einen entscheidenden Nachteil:
Einhebelmischer müssen **mit der Hand durch Betätigen des Hebels** auf eine gewünschte Warmwassertemperatur eingestellt werden. Jede Veränderung im Wassernetz wie z. B. Öffnen weiterer Zapfstellen (tapping points) oder das allmähliche Abkühlen des Speicherwassers bewirkt auch eine Veränderung der Wassertemperatur am Auslauf des Mischers (mixer). In diesem Fall kann nur der Mensch über den Sensor[1] (sensor) „Hautoberfläche" die Veränderung wahrnehmen und durch Nachjustieren mit dem Hebel die Temperatur des auslaufenden Wassers korrigieren (Bild 1).
Im Gegensatz dazu kann der Nutzer den Temperaturwahlgriff (Bild 2) an der Thermostatbatterie auf seine gewünschte Duschwassertemperatur einstellen. Diese von ihm eingestellte Temperatur (temperature) wird nun unabhängig von der anschließend am Auslaufventil (tap) einzustellenden Wassermenge von der internen Regeleinrichtung (control system) (Dehnstoff-Regelelement o. ä.) eingehalten.
Druck- oder/und Temperaturunterschiede (mehrere Entnahmestellen usw.) in der Warm- und Kaltwasserleitung können anders als bei einem Einhebelmischer keine bleibende Temperaturänderung des Mischwassers (mixed water) bei der Thermostatbatterie bewirken.

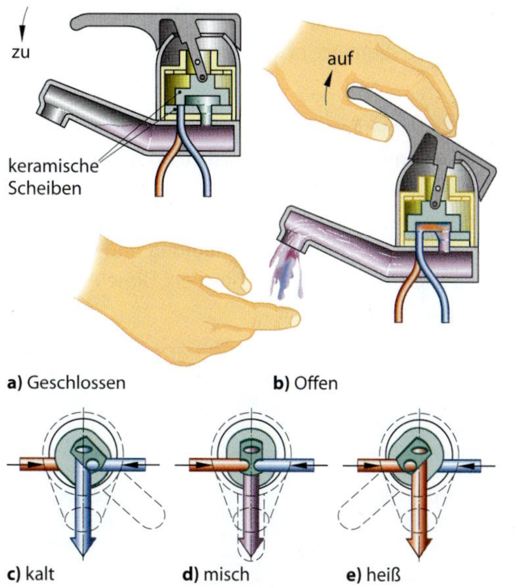

Wasserdurchfluss und Mischtemperatur können stufenlos mit einer Hand reguliert werden. Die untere Scheibe mit den Zu- und Ablauföffnungen für Kalt-, Warm- und Mischwasser liegt fest, die obere mit der Mischkammer ist dagegen verschiebbar.

1 Einhebelmischer

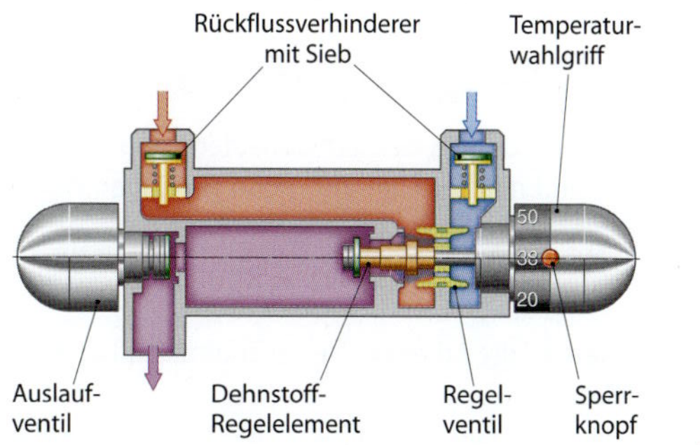

2 Aufputz- Thermostat mit Dehnstoffregelelement)

Die Zuordnung der Begriffe „Steuern" und „Regeln" ergeben sich aus den Definitionen nach DIN IEC 60050-351:

MERKE

Steuern ist ein Vorgang in einem System, bei dem Eingangsgrößen aufgrund der Gesetzmäßigkeiten des Systems die Ausgangsgrößen beeinflussen.

[1] Sensor: Messgrößenaufnehmer, der z. B. eine physikalische Größe in ein elektrisches Signal umwandelt

Übertragen auf die Arbeitsweise des Einhebelmischers bedeutet das:
Die **Eingangsgröße** (input variable) **„Stellung des Hebels“** beeinflusst aufgrund der Gesetzmäßigkeiten z. B. „Wassertemperatur/-druck im Leitungsnetz“ die **Ausgangsgröße** (output variable) **„Mischwassertemperatur“**.

MERKE

Kennzeichen einer Steuerung ist der **offene** Wirkungsablauf (open sequence of action).

Dieser Zusammenhang kann anhand eines einfachen Wirkungsplanes mittels eines Blockschaltbildes (block diagram) dargestellt werden (Bild 1):
Hierbei stellen **Blöcke** die Einrichtungen bzw. Bauteile dar und die Pfeile geben deren Verknüpfung und die Richtung des Signalflusses (information flow) an. Diese Abfolge wird auch **Steuerkette** genannt.

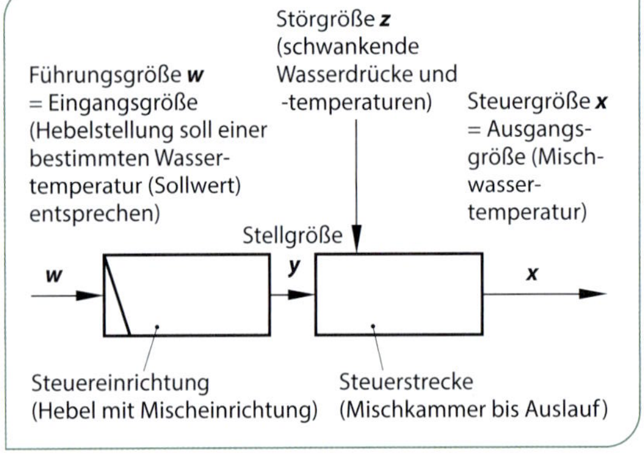

1 Wirkungsplan einer Steuerung im Blockschaltbild am Beispiel eines Einhebelmischers

MERKE

Regeln ist ein Vorgang, bei dem fortlaufend die Regelgröße *x* erfasst und mit der Führungsgröße *w* (Eingangsgröße) verglichen und an diese angepasst wird.

Übertragen auf die Arbeitsweise der Thermostatbatterie bedeutet das:
Der Sollwert der Führungsgröße *w*, die gewünschte Mischwassertemperatur, wird am Temperaturwahlgriff eingestellt. Das Dehnstoff-Regelelement vergleicht ständig diesen Sollwert mit dem Istwert der Regelgröße „Mischwassertemperatur“. Der Regler kann bei einer Störung der Regelstrecke durch z. B. schwankenden Wasserdruck (Störgröße *z*), über einen Stellhub die Abweichung zwischen Soll- und Istwert ausgleichen. So wird die Mischwassertemperatur (Regelgröße *x*) konstant gehalten (Bild 2).
Diese Abfolge wird auch **Regelkreis** (control loop) genannt, bei dem die Eingangsgröße die Ausgangsgröße beeinflusst und diese wiederum auf die Eingangsgröße zurückwirkt.

MERKE

Kennzeichen einer Regelung ist der **geschlossene** Wirkungsablauf (closed sequence of action)!

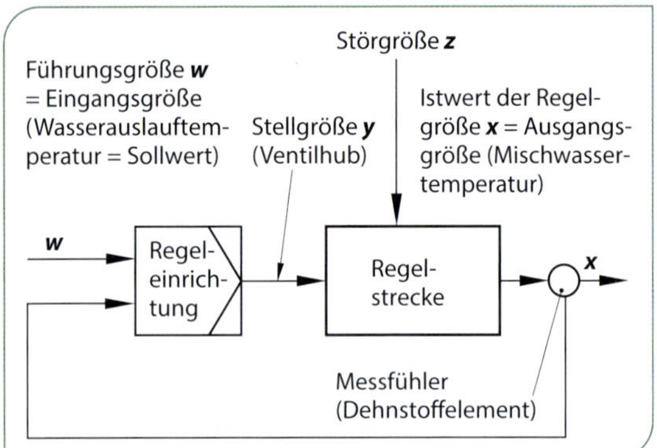

2 Wirkungsplan einer Regelung (vereinfacht) am Beispiel einer Thermostatbatterie

Begriffe	Symbol	Beispiel	Werte
Regelstrecke (controlled system)		hier: Wasserkammern ab Ventil bis Dehnstoffelement	
Führungsgröße (reference variable)	*w*	Eingestellte Mischwassertemperatur des Wassers (am Temperaturwahlgriff)	Sollwert (desired value)
Regelgröße (controlled variable)	*x*	Die tatsächliche vorliegende Mischwassertemperatur	Istwert (actual value)
Stellgröße (manipulated variable)	*y*	hier: Stellhub des Dehnstoff-Regelelementes für das Ventil	
Störgröße (disturbance variable)	*z*	hier: z. B. schwankender Wasserdruck, Entladung des PWH-Speichers	

3 Begriffe der Regelungstechnik

4.3 EVA-Prinzip

Steuer- und Regeleinrichtungen enthalten eine:
- **E**ingabe (input), hier können z. B. Messfühler (Sensoren) Werte übergeben oder die Eingabe erfolgt von Hand,
- **V**erarbeitung (processing), hier werden in Steuerungs- und Regeleinrichtungen die eingegebenen Signale infolge logischer Verdrahtung von elektromechanischen Kontakten oder mittels elektronischer Logikbausteine oder auch mechanischer Verknüpfung verarbeitet,
- **A**usgabe (output), hier werden über Ausgabebefehle aktive Bauteile (Aktoren[1]) angesteuert, die diese Befehle ausführen.

[1] Aktor: Wandler, der z. B. elektrische Signale in mechanische Bewegung oder andere physikalische Größen umwandelt.

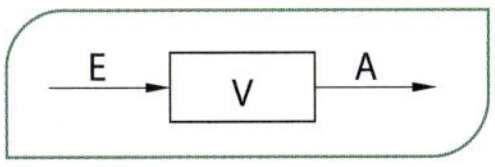

Aufgrund der Ablaufstruktur wird dieses Schema auch das **E-V-A**-Prinzip genannt.

Übertragen auf das Beispiel der Thermostatbatterie besteht die:

- **E**ingabe aus dem Temperaturwahlgriff,
- **V**erarbeitung aus dem Dehnstoff- Regelelement,
- **A**usgabe aus dem Regelventil (control valve).

4.4 Steuerungs- und Regelungsvorgänge einer Toilettenspülung

Je nachdem, welche Funktion der hier vorgestellten Toilettenspülung (toilet flush) betrachtet wird (Bild 1), kann es sich um Steuern oder Regeln handeln. Betrachtet man die Funktion **Spülen der Toilette**, ergibt sich die Frage: Wird der Spülvorgang unter Einbeziehung von Sauberkeitskriterien (criteria of cleanness) überwacht? Die Antwort ist klar: Nein, es gibt kein Überwachungsorgan (control), das dieses überprüft. Der Mensch mit den Sensoren „Augen" und dem Aktor „Hand" entscheidet, ob ein zweites Mal gespült wird oder nicht. **Aus dieser Sicht ist der Prozess „Spülen" eine Steuerung** (Betrachtung des ganzen Systems Spülen = roter Rahmen, Bild 2).

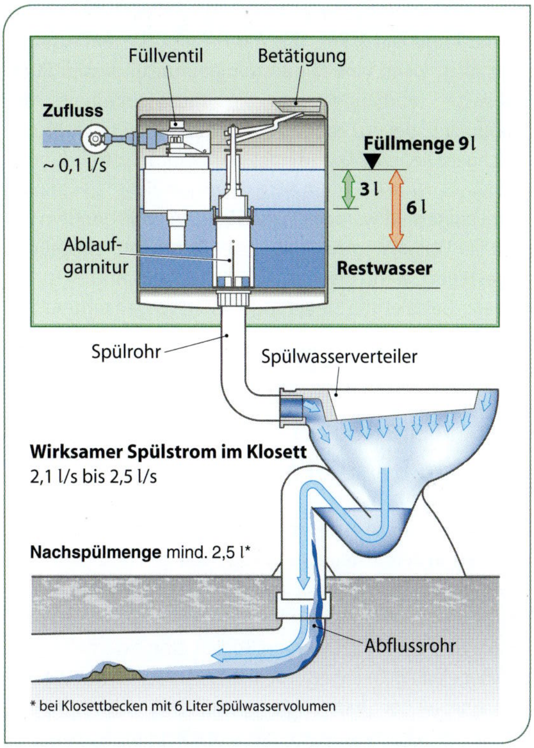

1 WC-Spülung

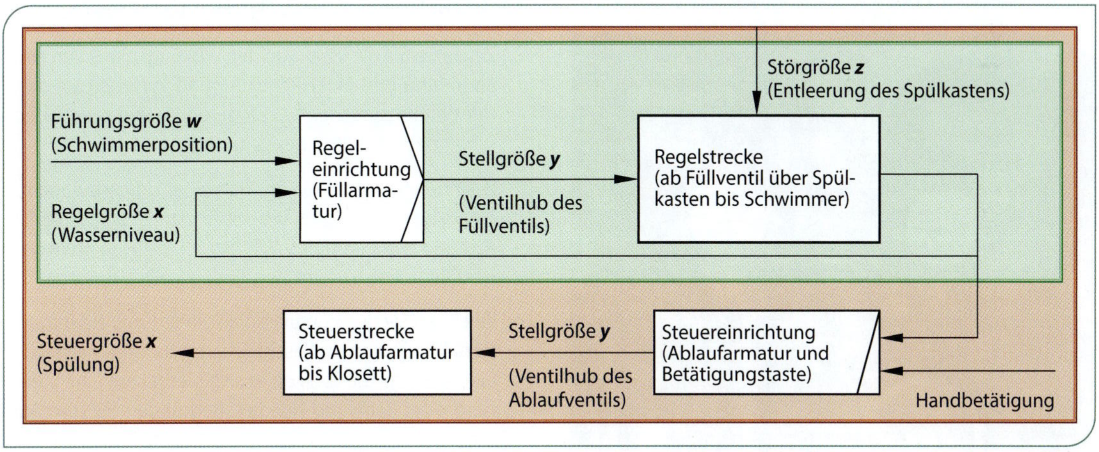

2 Wirkungsplan einer WC- Spülung als Blockschaltbild

Wenn man nur den Spülkasten (grüner Rahmen, Bild 2) betrachtet, erhält man ein anderes Ergebnis: Die Füllarmatur besteht im Wesentlichen aus dem Füllventil (charging (float) valve) und dem Schwimmer (float). Beide Bauteile sorgen im Verbund dafür, dass ein gewünschter, eingestellter Wasserstand für die Spülung bereitsteht. Der **Sollwert** der Regelgröße „Wasserstand" wird durch Einstellen der **Schwimmerposition** (floater position) auf einen gewünschten Wert festgelegt. Die **Regelstrecke** beginnt am **Füllventil** und erstreckt sich über den **Spülkasten** (cistern) bis hin zum Schwimmer (sensor). Eine Störgröße wie das Entleeren des Spülkastens (cistern) wird von der Regelung ausgeglichen.

4.5 Steuerung des Wasserweges mittels einer Mindesttemperatur im Hauptwasserweg eines Heizkamins

Heizkamine übertragen einen Teil ihrer über Festbrennstoffe erzeugten Energie in das Zentralheizungssystem. Aufgrund von anfallendem Schwitzwasser während der Anheizphase des Heizkamins muss dieser weitestgehend vor Korrosion geschützt werden.

Daher wird der Wasserweg über ein spezielles Dreiwegeventil (Bild 1 und Bild 2, Pos. 1) in das Heizungssystem erst freigeschaltet, wenn eine Mindesttemperatur in dessen Rücklaufwasser vorhanden ist. Sie muss oberhalb des Taupunktes[1] der im Feuerraum des Heizkamins befindlichen Rauchgase liegen. Diese Mindesttemperatur ist frei wählbar und kann manuell an dem auch „Thermoweiche" genannten Ventil eingestellt werden (meist 55 °C). In vorliegendem Fall wird ein Wasserweg mit Hilfe einer Temperatureinstellung **angesteuert**, wenn diese erreicht bzw. überschritten ist. Ein weiteres Beispiel von Steuerungen ist in vorgenanntem System integriert.

4.6 Steuerung einer Umwälzpumpe am Beispiel eines Heizkamins

In modernen Heizkesselsystemen ist meist die Möglichkeit gegeben, in deren Steuer- und Regelanlagen Heizkamine zu integrieren. So kann häufig über die Kesselsteuerung (Bild 2, Pos. 3) die Umwälzpumpe eines Festbrennstoffkessels bzw. Heizkamins geschaltet werden, sodass eine externe Steuer- und Regelanlage nicht erforderlich ist. Dabei wird erst oberhalb einer an der Steuerung eingestellten Mindesttemperatur des Heizkaminwassers die Umwälzpumpe (Bild 1 u. Bild 2, Pos. 2) zugeschaltet, um einen nicht erforderlichen und kostspieligen Dauerbetrieb zu unterbinden.

1 Speicherladestation

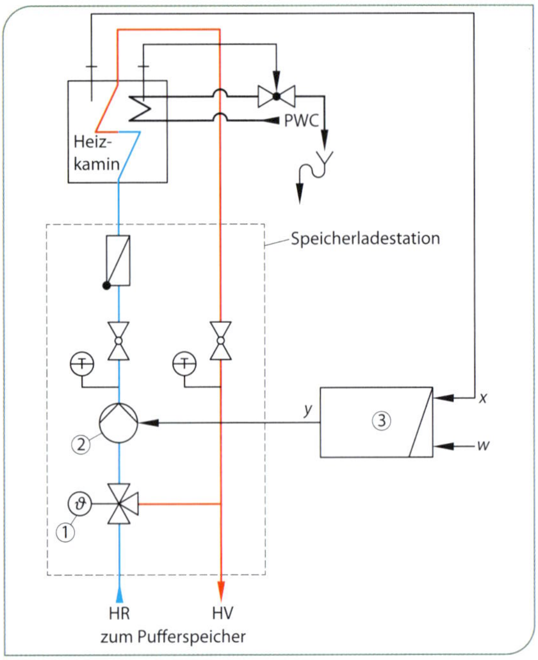

2 Schaltschema Heizkamin

ÜBUNGEN

1) Erläutern Sie die Begriffe „Steuern" und „Regeln".
2) Zeichnen Sie die vereinfachten Wirkungspläne von einer Steuerung und einer Regelung und versehen Sie diese mit den entsprechenden steuerungs- und regeltechnischen Begriffen (Kurzbezeichnungen).
3) Zeichnen Sie den Wirkungsplan einer Urinalspülung mit einem Hand betätigten Druckspüler und machen Sie eine Aussage darüber, ob es sich hierbei um eine Steuerung oder Regelung handelt. Begründen Sie Ihre Aussage.
4) Zeichnen Sie den Wirkungsplan einer durch ein Infrarotsignal auslösenden Waschtischarmatur und machen Sie eine Aussage darüber, ob es sich hierbei um eine Steuerung oder Regelung handelt. Begründen Sie Ihre Aussage.
5) Zeichnen Sie den Wirkungsplan einer temperaturabhängig arbeitenden Zirkulationspumpe und machen Sie eine Aussage darüber, ob es sich hierbei um eine Steuerung oder Regelung handelt. Begründen Sie Ihre Aussage.
6) Was bedeutet das E-V-A-Prinzip?
7) Verschaffen Sie sich weitere Informationen über die Arbeitsweise der Speicherladestation mit Hilfe von Firmenunterlagen und erläutern Sie die Einstellung der Temperatur an der Thermoweiche.
8) Legen Sie die Position des Temperaturfühlers für die Pumpenschaltung des Heizkamins fest und begründen Sie dieses.

[1] Temperatur, bei der Wasserdampf kondensiert, der in der feuchten Luft enthalten ist.

5 Servicing sanitary and heating systems

5.1 Maintenance

As maintenance ensures that, e. g. machine tools operate as they were designed to, maintenance is very important. It also guarantees long life and exact work. The following text of an original operating manual contains information about maintenance.

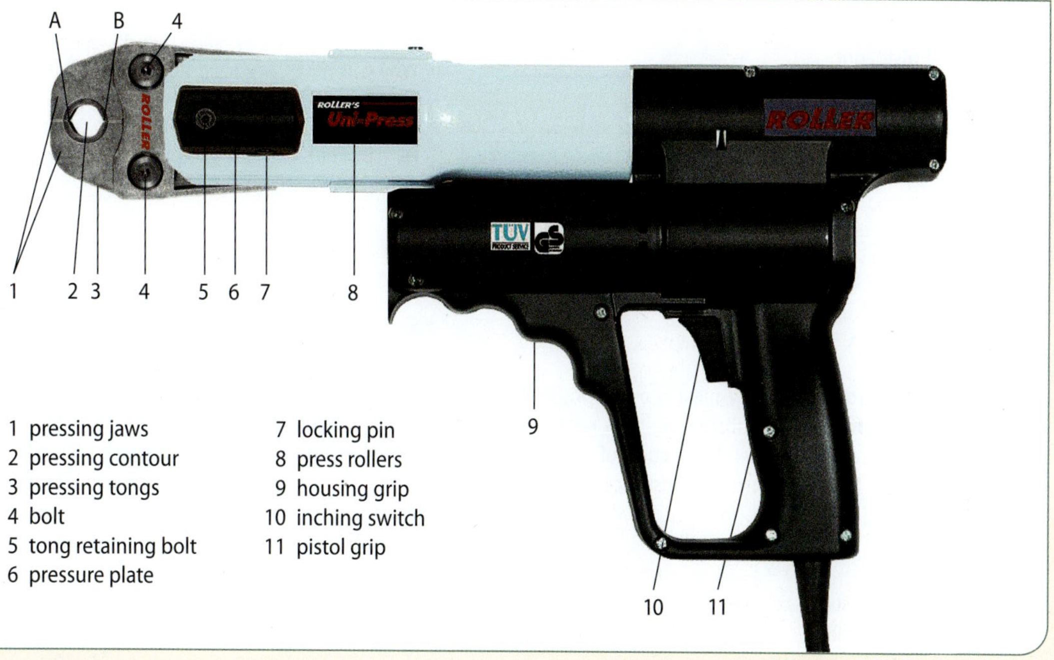

1 pressing jaws
2 pressing contour
3 pressing tongs
4 bolt
5 tong retaining bolt
6 pressure plate
7 locking pin
8 press rollers
9 housing grip
10 inching switch
11 pistol grip

1 Pressing machine tool

Important! Irrespective of the maintenance work, the ROLLER'S drive units should be returned together with all tools (pressing tongs, pressing heads, expanding heads) at least once a year to an authorized ROLLER after-sales service facility for inspection.

Maintenance
Before maintenance work, pull the mains plug or remove the battery. Keep the pressing tongs, pressing heads and expanding heads, and particularly their receptacles, clean. Clean heavily soiled metal parts with turpentine oil, for example, and then rustproof them. Clean plastic parts (housing, batteries) only with a mild soap and a damp cloth. Do not use domestic cleaning agents. These frequently contain chemicals that can attack plastic parts. On no account use petrol, turpentine oil, thinners or similar products to clean plastic parts. Ensure that liquids never get inside the electrical equipment. Never immerse the electrical equipment in liquid.

Pressing tongs
Check the pressing tongs for easy action at regular intervals. If necessary clean the pressing tongs and lubricate the bolts (4) of the pressing jaws with machine oil, however do not dismantle the pressing jaw! Remove any deposits in the pressing contour (2). Check that all pressing tongs are functional at regular intervals by a trial pressing operation with the press fitting inserted. The pressing jaws (1) must close both at their tips (Fig. 1, at "A") and at the level of the connecting link (Fig. 1, at "B"') after completion of pressing. Do not use damaged or worn pressing tongs again. If in doubt, return the drive unit together with all pressing tongs to an authorized ROLLER after-sales service facility for inspection.

2 Original operating instructions

EXERCISES

1) Translate chapter 5.1 Maintenance into German. Use your reference book, the internet or a dictionary. Before you look up a word try to guess the word first, then check it.

2) Match the descriptions of the part numbers in picture 1 with the German terms and write the results into your exercise book.

1 pressing jaws 2 pressing contour 3 pressing tongs 4 bolts 5 tong retaining bolt 6 pressure plate 7 locking pin 8 press rollers 9 housing grip 10 inching switch 11 pistol grip

Presszange, Zangenhaltebolzen, Druckleiste, Verriegelungsstift, Gehäusegriff, Pressrollen, Tippschalter, Schaltergriff, Pressbacken, Presskontur, Bolzen

3) Answer the following questions on the original operating manual:

a) How many times should the drive units be returned?
b) What is to do before maintenance work?
c) Explain the expression rust proof.
d) Which parts should only be cleaned with a mild soap?
e) What are domestic cleaning agents?
f) Never put the electrical equipment into liquid. Why not?
g) What are regular intervals? Give an example.
h) Why is it necessary to remove deposits in the pressing contour?
i) What part number does the pressing contour have?
j) Damaged or worn pressing tongs shouldn't be used again. Why not?

5.2 Corrosion

Corrosion is the electrochemical, chemical or metal physical reaction of metal surfaces with substances in its environment. This reaction can cause total destruction of metallic materials (picture 1). The main corrosive substances are:

- moist air,
- water,
- earth (soil),
- industrial pollutants such as carbon dioxide, sulphur dioxide and sulphurous acid,
- aggressive fluids.

1 Total loss by destruction of the protective zinc layer

5.2.1 Electrochemical corrosion

Many corrosion damages are due to **electrochemical** reaction. It is caused by **electrolytic** action (electrolysis). Electrolysis describes the flow of electrically charged ions from an anode to a cathode through an electrolyte (often water) (picture 2). If electrolysis leads to the destruction of the anode, electrolytic corrosion takes place. The more inert (noble, passive) a metal is, the more resistant it is to corrosion.

The following **electromotive series** (picture 3, next page) shows common elements used in the plumbing industry. Elements higher up in the list will dissolve elements lower down the list through electrolytic corrosion. The speed of corrosion is the faster, the further apart the elements appear in the list. Silver, e. g. will dissolve zinc faster than copper will dissolve iron.

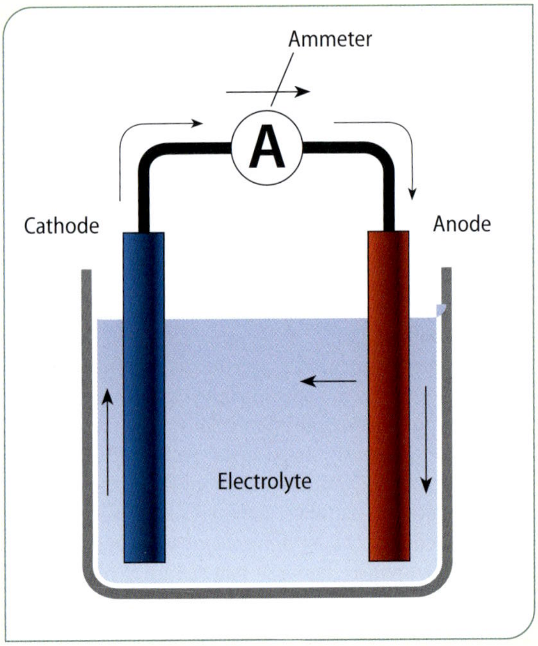

2 Electrolysis

EXERCISES

1. Translate chapter 5.2 Corrosion into German. Use your reference book, the internet or a dictionary. Before you look up a word try to guess the word first, then check it.
2. What are the potential differences between:
   a) silver – copper (e.g. copper-zinc = 0,91 V)
   b) lead – iron
   c) zinc – magnesium?
3. What does electrolysis describe?
4. Name six common elements used in the plumbing industry.
5. What does the speed of corrosion depend on?

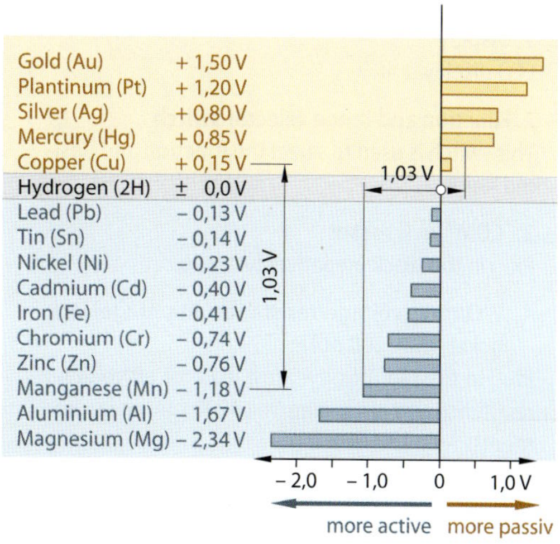

3 Electromotive series with hydrogen representing zero potential

5.3 Electricity

As a plumber you will have to carry out work on electrical systems that are supplied with mains electricity, e.g. boilers, burners, pumps. For some appliances the voltage is reduced to low voltage, e.g. clocks, valves and thermostats.

Electricity can kill.

The higher the current and the longer the contact the greater the risk. A current of 50 mA for one second can be fatal. Even non-fatal shocks can cause severe and permanent injury. Accidents can be avoided by careful planning and straightforward precautions. So make sure when working on any electrical device or supply that it is dead and that it cannot be switched on without your knowledge. Test the circuit by using a **multimeter** (picture 1).

1 Voltage testing

5.3.1 Multimeter

Multimeters carry out different functions, e.g. measuring AC/DC voltage, AC/DC current, resistance, capacitance and continuity. There are traditional analogue types which display the readings by a needle across a scale (picture 2) and digital types which display the readings as numbers (picture 1). Always select the right scale so that the multimeter will not be damaged.

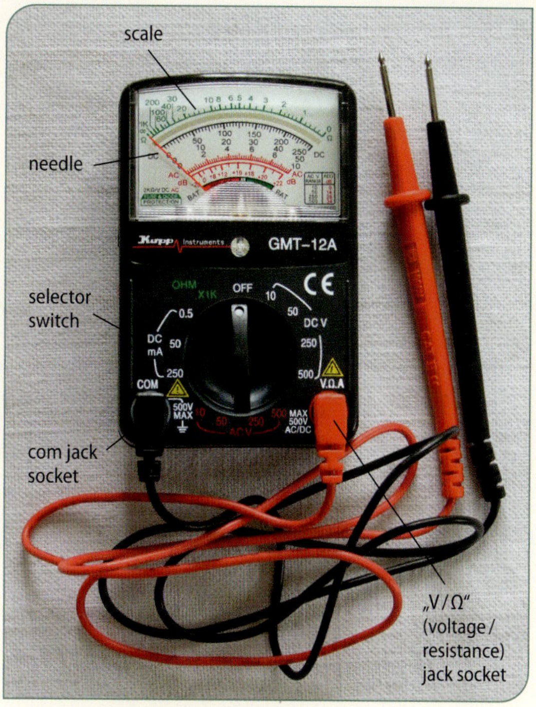

2 Analogue multimeter

1. Display
LCD display unit.

2. Function and range selector switch
This switch is used to select the function and desired range.

3. „COM" jack socket
Plug in the black (negative) test lead.

4. „V/Ω/mA" (voltage/resistance/amperage) jack socket (max 200 mA)
Plug in the red (positive) test lead for all voltage, resistance and amperage (max 200 mA) measurements.

5. 10 A jack socket (max 10 A)
Plug in the red (positive) test lead for measuring amperage from a minimum of 200 mA to a maximum of 10A.

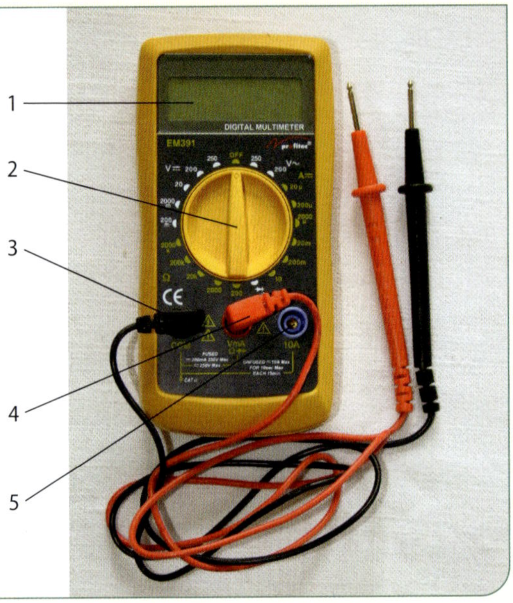

1 Digital multimeter

WARNINGS:
Before you use a multimeter, inspect the test leads, connectors and sensors for damage, e.g. breaks in the insulation. Replace any defective parts before use. If the voltage to be measured is not known, set the selector switch to the highest range and reduce the voltage until a satisfactory reading is possible.

EXERCISES

1) Find as many words as possible in the following word puzzle.

2) Match the English words in the word puzzle with the following German terms and write the results into your exercise book.

Installateur, Vorsichtsmaßnahmen, Unfälle, Wissen, geschaltet, immer, nicht tödlich, elektrisch, Geräte, Thermostate, Vielfachmessgerät, ohne, arbeiten, Planen, versorgt sein, direkt, Elektrizität

3) Translate the warnings paragraph into German. Use your reference book, the internet or a dictionary. Before you look up a word try to guess the word first, then check it.

4) Find the appropriate German translations for the English terms of the numbers 1–5 in picture 1.

	A	B	C	D	E	F	G	H	I	J	K	L	M	N	O
1	w	o	r	k	i	n	g	p	s	s	t	p	k	e	z
2	b	r	e	e	p	o	n	l	t	u	h	l	n	a	p
3	v	q	q	l	r	n	p	a	r	p	e	u	o	c	e
4	e	l	e	e	e	-	n	n	a	p	r	m	w	c	r
5	l	j	l	c	c	f	s	n	i	l	m	b	l	i	m
6	e	m	e	t	a	a	w	i	g	i	o	e	e	d	a
7	c	u	c	r	u	t	i	n	h	e	s	r	d	e	n
8	t	l	t	i	t	a	t	g	t	d	t	s	g	n	e
9	r	t	r	c	i	l	c	c	f	j	a	o	e	t	n
10	i	i	i	a	o	c	h	m	o	m	t	q	f	s	t
11	c	m	c	l	n	p	e	j	r	t	s	r	f	i	v
12	i	e	a	q	s	m	d	d	w	i	t	h	o	u	t
13	t	t	l	a	p	p	l	i	a	n	c	e	s	y	p
14	y	e	x	e	l	e	c	t	r	i	c	i	t	y	s
15	z	r	a	v	o	i	d	e	d	b	h	c	d	l	f

6 Lernsituationen – Projektaufgaben

■ **Kundenauftrag 1**

Warten eines Membran-Sicherheitsventils

Die Firma Waldomack hat 1995 bei Herrn Fritz Becker eine Zentralheizungsanlage installiert und dafür auch einen Wartungsvertrag abgeschlossen. Im Rahmen dieses Wartungsvertrages muss die Firma Waldomack mindestens einmal jährlich eine **Instandhaltungsmaßnahme** an der Heizungsanlage durchführen.

Gerade hat Herr Becker im Büro der Firma Waldomack angerufen, weil das am Heizkessel installierte Sicherheitsventil (Bild 1) tropft und daher ständig neues Wasser in die Heizungsanlage nachgefüllt werden muss. Herr Becker bittet darum, den Schaden möglichst umgehend zu beheben.

■ Ihr Meister schildert Ihnen den Fall und erteilt Ihnen den Auftrag, sich Gedanken darüber zu machen, wie Sie diesen Schaden beheben würden und zwar so, dass der Kunde keinerlei Grund für eine Beanstandung hat.

Um Ihnen das Vorgehen zu erleichtern, sollen Sie zunächst einen Plan erstellen, der die verschiedenen Stationen des Arbeitsauftrags zeigt (Bild 2).

Ordnen Sie hierzu die nachfolgend in beliebiger Reihenfolge genannten Begriffe im Uhrzeigersinn – beginnend mit Feld 1 – so an, dass der Prozess einen logischen Ablauf ergibt: **Verhalten beim Kunden – Durchführen der Arbeit – Ersatzteile, Werkzeuge und Fahrzeug organisieren – technische Unterlagen heraussuchen – Analyse der Fehler vor Ort – Abstimmung mit dem/Übergabe an den Kunden – Kontrolle der Arbeit**

1 Sicherheitsventil

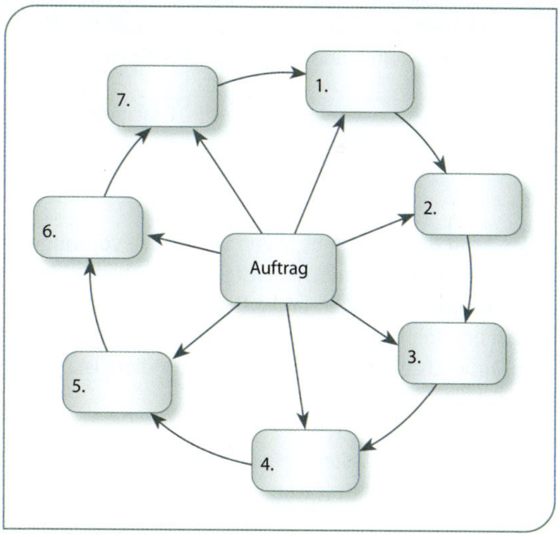

2 Handlungsplan

Informieren

Sie gehen ins Büro, um sich über die bei Herrn Becker installierte Heizungsanlage zu informieren und finden in der entsprechenden Datenbank u. a. folgende Daten:

Bodenstehender Kessel in einem separaten Aufstellraum im Erdgeschoss mit einem Ölgebläsebrenner und nebenstehendem indirekt beheizten Warmwasser-Speicher, Nennwärmeleistung $\Phi_{NL} = 24$ kW. Das Rohrnetz ist aus Kupfer gefertigt.

Damit Sie sich einen Überblick über die defekte Armatur und deren fachgerechten Einbau verschaffen können, entnehmen Sie z. B. Fach-oder Tabellenbüchern oder Firmenunterlagen (bzw. den entsprechenden Internetseiten der Hersteller) die entsprechenden Informationen.

1. a) Welche Maßnahmen unterscheidet die Instandhaltung nach DIN 31051?
   b) Erläutern Sie die wesentlichen Merkmale dieser Maßnahmen.
2. Erklären Sie die Aufgabe eines Sicherheitsventils.
3. Wovon hängt die Größe des Sicherheitsventils ab?
4. Worin unterscheiden sich die Dimensionen von Eingang und Ausgang des Ventils?
5. Wie lang darf die Sicherheitsleitung (Zuleitung) zum Sicherheitsventil maximal sein?
6. Wie viele Bögen darf die Sicherheitsleitung maximal haben?

Planen

Damit die Schadensbehebung erfolgreich und vor Ort reibungslos ablaufen kann, müssen Sie Überlegungen anstellen.

1. Welche organisatorischen Aufgaben müssen vorab im Betrieb erledigt werden? Nennen Sie fünf Beispiele.
2. Was müssen Sie hinsichtlich Ihres Verhaltens beim Kunden beachten, bevor Sie mit der eigentlichen Arbeit beginnen?

Entscheiden

Sie müssen sich entscheiden, wie Sie auf die unterschiedlichen Situationen, die Sie beim Kunden antreffen können, reagieren wollen. Sie gelangen zu dem Schluss, dass der größte anzunehmende Schaden das Auswechseln des alten Sicherheitsventils gegen ein neues zur Folge hat.

Ausführen

1. Beschreiben Sie stichwortartig und **folgerichtig**, wie Ihr möglicher Arbeitsablauf beginnend bei der Vorbereitung in der Werkstatt bis zum Gang in den Aufstellraum beim Kunden aussehen könnte.
2. Zunächst **inspizieren** Sie das Sicherheitsventil. Nennen Sie zwei mögliche Ursachen für das Tropfen des Sicherheitsventils.
3. Nennen Sie zwei Maßnahmen, die zur **Wiederherstellung des Sollzustandes** bei diesem Kundenauftrag erforderlich sind.
4. Nennen Sie den Fachbegriff für die beiden Maßnahmen von Frage 3.
5. Listen Sie in Form einer Tabelle nach folgendem Muster auf, welche Arbeitsschritte Sie bei der Schadensbehebung (Auswechseln des Sicherheitsventils) mit welchen Werkzeugen, Hilfsstoffen und Ersatzteilen erledigen.

Arbeitsschritt	Werkzeug, Hilfsstoff	Ersatzteile

6. Wie heißt die Maßnahme, wenn Sie jährlich **vorbeugend** (also nicht erst beim Schadensfall) das Sicherheitsventil auseinander schrauben und z.B. die Ventildichtung säubern und mit Wasserfett behandeln oder das Ventiloberteil auswechseln, **ohne** dass das Ventil **undicht** ist.

Kontrollieren

1. Welche Kontrollarbeiten müssen Sie durchführen, um die Funktionsfähigkeit des Sicherheitsventils zu überprüfen?
2. Worüber müssen Sie den Kunden bei der Abnahme informieren?

Bewerten

Nach der erfolgreich abgeschlossenen Reparatur und Rückkehr in den Betrieb bittet Sie Ihr Meister, nachdem ihm der Arbeitsablauf geschildert wurde, das ausgewechselte Ventil auseinander zu schrauben. Sie sehen sich gemeinsam das Ventiloberteil an. Zu welcher Bewertung kommen Sie in den folgenden möglichen Fällen:

a) Die Ventildichtung zeigt Alterungsrisse.

b) An der Ventildichtung sind leichte Schmutzablagerungen zu erkennen.

Präsentieren

1. Fertigen Sie entsprechendes Präsentationsmaterial wie z.B. Folien oder Plakate an, um Ihren Mitschülern Ihre Arbeitsergebnisse zu präsentieren. Zeigen Sie, wenn möglich, Ihren Mitschülern die Situation an einem Heizkessel im Fachraum.
2. Vergleichen Sie Ihre Arbeitsergebnisse mit denen Ihrer Mitschüler.

■ Kundenauftrag 2

Prüfen eines Vorlauftemperaturfühlers auf Funktion

Bei einem Kunden sind bei der Vorlauftemperatur-Regelung der Heizungsanlage Probleme aufgetreten. Ein Geselle der Firma Waldomack war beim Kunden, um den Schaden zu beheben. Vor Ort kam er zu der Vermutung, dass ein Defekt des Vorlauftemperaturfühlers (Bild 1) die Ursache sein könnte. Um Ihn in der Werkstatt auf seine Funktionsfähigkeit prüfen zu können, hatte er den Messfühler ausgebaut.

■ Sie erhalten nun den Auftrag, diesen Messfühler auf seine Funktionsfähigkeit zu prüfen.

Informieren

Sie erhalten von dem Gesellen den Vorlauftemperaturfühler mit einem Datenblatt, das seine Kennlinie (Bild 1, nächste Seite) enthält.

1. Erläutern Sie den Unterschied zwischen einem Temperaturfühler und einem Thermometer.
2. Welche physikalischen Größen sind im Diagramm dargestellt?
3. Welche physikalische Größe hängt von der anderen ab?
4. Beschreiben Sie das Arbeitsverhalten des Temperaturfühlers anhand der Kennlinie.

1 Vorlauftemperaturfühler

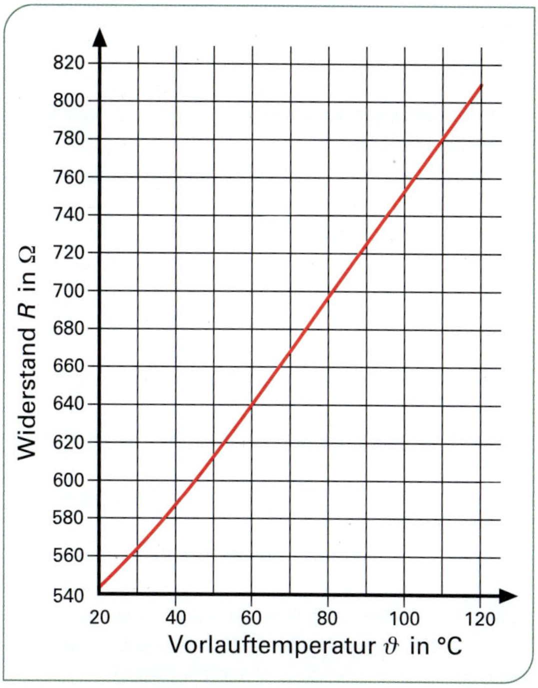

1 Kennlinie eines Vorlauftemperautrfühlers

Planen und Entscheiden

1. Nennen Sie zwei Möglichkeiten, mit denen man mit Hilfe einfacher Mittel Temperaturen im Bereich zwischen 20°C und 100°C erzeugen kann.
2. Planen Sie für die unter Punkt 1 genannten Möglichkeiten die Versuchsanordnungen, mit denen Sie
   a) Temperaturen innerhalb des Arbeitstemperaturbereichs erzeugen und
   b) die dabei auftretenden elektrischen Widerstände messen können.

   Fertigen Sie dazu eine Handskizze an und listen Sie die nötigen Hilfsmittel und Messzeuge auf. Beachten Sie dabei auch die nötigen Sicherheitsvorkehrungen im Umgang mit elektrischem Strom.

   Entscheiden Sie sich für eine der von Ihnen vorgeschlagenen Möglichkeiten. Legen Sie dazu drei innerhalb des Arbeitstemperaturbereichs zweckmäßige Temperaturen fest, die sich versuchstechnisch leicht realisieren lassen.

Ausführen

1. Nennen Sie die zur Durchführung des Versuchs nötigen Arbeitsschritte.
2. In der Praxis werden Widerstände üblicherweise mit Vielfach-Messinstrumenten gemessen.
   a) Geben Sie die richtige Buchsenbelegung für die Messkabel an.
   b) Nennen Sie den Messbereich, auf den Sie das Messgerät einstellen müssen.
3. Erstellen Sie eine Wertetabelle nach folgendem Muster und übertragen Sie die zugehörigen Wertepaare in das Diagramm des Fühlerherstellers.

Messung Nr.	Temperatur in °C	Elektrischer Widerstand in Ω

4. Welchen Schluss ziehen Sie, wenn Sie bei der Durchführung des Versuchs keine Widerstandsmesswerte erhalten?
5. Beschreiben Sie die fachgerechte Entsorgung defekter Elektronik-Bauteile.

Kontrollieren und Bewerten

1. Erstellen Sie aus den eingetragenen Wertepaaren eine Messkurve.
2. Vergleichen Sie Ihre erstellte Messkurve mit der Kennlinie des Herstellers.
3. Welche Folgerungen ziehen Sie aus einer unzulässig großen Kurvenabweichung?
4. Überlegen Sie, ob hinsichtlich des großen Aufwandes der angewendeten Fehlersuche eine andere Vorgehensweise kostengünstiger gewesen wäre.

Präsentieren

1. Fassen Sie die Untersuchungsergebnisse zusammen und werten Sie diese aus.
2. Fertigen Sie entsprechendes Präsentationsmaterial wie z. B. Folien, Plakate, Herstellerunterlagen usw. dazu an.
3. Stellen Sie Ihren Mitschülern die Ergebnisse vor und vergleichen Sie diese mit deren Lösungen.

1 Werkstofftechnik und Halbzeuge

1.1 Einteilung der Werk- und Hilfsstoffe

Bei der Bearbeitung, Installation, Einrichtung und Instandhaltung von Bauelementen, Komponenten und Anlagen der Sanitär-, Heizungs- und Klimatechnik wird der Anlagenmechaniker in der Werkstatt, auf der Baustelle und beim Kunden mit einer Vielzahl von Werk- und Hilfsstoffen konfrontiert.
Aus **Werkstoffen** (working materials) werden z. B. Halbzeuge (semi-finished products) wie Bleche, Rohre und Profile, Montageelemente wie Schrauben, Muttern, Dübel und Rohrschellen sowie Hand- und Elektrowerkzeuge, Armaturen und Pumpen, Heizkessel und Trinkwassererwärmer, Sanitärobjekte und Abgasanlagen hergestellt.
Hilfsstoffe (auxiliary/process materials) werden z. B. bei der Fertigung, Installation, Wartung oder Kontrolle benötigt und sind oft nicht Teil des fertigen Bauteils oder der Baugruppe.

Die folgenden Beispiele sollen das breite Spektrum der verwendeten Werk- und Hilfsstoffe in der Sanitär-, Heizungs- und Klimatechnik aufzeigen:

- Trinkwasser- und Gasleitungen aus Kupfer
- Heizungsleitungen aus unlegiertem Stahl
- Lüftungsleitungen aus verzinktem Stahlblech oder flexiblem Aluminiumrohr
- Schornsteinrohre aus nichtrostendem Stahl
- Abwasserleitungen aus Gusseisen
- Wärmedämmstoffmatten aus Mineralwolle oder Wärmedämmschläuche aus weichem oder hartem Kunststoffschaum
- Heizkörperventile oder Sicherheitsventile aus Kupfer-Zinn-Zink-Guss (Rotguss)
- Waschtische, Klosett- und Urinalbecken aus Sanitärkeramik
- Heizöltanks aus Glasfaser verstärktem Kunststoff (GFK)
- Flussmittel zum Hart- und Weichlöten
- Reinigungsmittel zur Vorbereitung einer PVC-Klebeverbindung
- Kühlschmierstoffe zum Bohren in Metall

Werkstoffe werden nach ihrer Zusammensetzung, Entstehung und ihren Eigenschaften in Haupt- und Untergruppen (main groups and subgroups) eingeteilt (Bild 1).
Die Hilfsstoffe werden nach ihrer Verwendung voneinander abgegrenzt (Bild 2).

Werkstoffe (working materials)				
Metalle (metals)		**Verbundstoffe** (composite materials)	**Nichtmetalle** (non-metals)	
Eisenmetalle (ferrous metals) ↓ **Gusseisen** (cast iron) z. B. Gusseisen mit Lamellengraphit, Gusseisen mit Kugelgraphit, Temperguss ↓	**Nichteisenmetalle** (non ferrous metals) ↓ **Leichtmetalle** (light metals) z. B. Aluminium, Magnesium, Titan ↓	z. B. Sintermetalle, Bimetalle, Glasfaserverstärkter Kunststoff, Kohlenstofffaserverstärkter Kunststoff	**natürliche Werkstoffe** (natural materials) z. B. Holz, Leder, Naturkautschuk, Granit, Marmor, Gips	**künstlich hergestellte Werkstoffe** (artificial materials) z. B. Thermoplaste, Duroplaste, Elaste, Borosilikatglas, Keramik, Emaille, Steinzeug
Stahlwerkstoffe (steel materials) z. B. unlegierte Qualitätsstähle, legierte Qualitätsstähle, Nichtrostende Stähle, Stahlguss	**Schwermetalle** (heavy metals) z. B. Kupfer, Zinn, Zink, Blei			

1 Werkstoffgruppen

Hilfsstoffe (auxiliary/process materials)				
Kühlschmierstoffe (cooling lubricants)	**Schmierstoffe** (lubricants)	**Schleifmittel** (grinding agents)	**Reinigungsmittel** (cleaning agents)	**Brennstoffe** (fuels)
z. B. nicht mit Wasser gemischter Kühlschmierstoff, Kühlemulsion aus Wasser und Schmieröl	z. B. Schmieröl, Schmierfett, Graphit	z. B. Schmirgel, Diamant	z. B. Seifenemulsion, Reinigungsbenzin	z. B. Propan, Acetylen

2 Verschiedene Hilfsstoffe

Gusseisen- und Stahlwerkstoffe (cast iron and steel materials) sind Werkstoffe, bei denen der Massenanteil des Eisens immer größer ist als jedes der anderen Elemente.
Eisen mit geringen Anteilen an Kohlenstoff wird als **Eisen-Kohlenstoff-Legierung** (iron-carbon alloy) bezeichnet.
Eisen-Kohlenstoff-Legierungen mit bis zu **2 %** Kohlenstoff und sehr geringen Massenanteilen anderer Elemente bezeichnet man als **Stahl** (steel).
Wird bei der Herstellung eines Bauteils ein solcher Stahl in flüssiger Form zur Herstellung eines Gusskörpers verwendet, so wird der Werkstoff als **Stahlguss** (cast steel) bezeichnet.
Gusseisenwerkstoffe haben einen Kohlenstoffgehalt von **2,4 … 4 %** und werden nach der Art, wie sich der Kohlenstoff im Eisengefüge anordnet (Graphitstruktur) unterschieden. Gusseisenwerkstoffe sind gut gießbar (castable) und werden besonders für die Herstellung von Bauteilen mit komplizierten Formen verwendet.
Werden den Gusseisen- und Stahlwerkstoffen weitere Elemente (elements) wie z. B. Chrom, Vanadium oder Nickel beigefügt und hierbei bestimmte Grenzwerte erreicht, dann entstehen **Gusseisen-** bzw. **Stahllegierungen** (cast iron/steel alloys) mit besonderen Eigenschaften wie z. B. einer hohen Zugfestigkeit oder Korrosionsbeständigkeit (siehe S. 281).

Alle anderen Metalle und Metalllegierungen (metal alloys), die kein oder nur geringe Mengen Eisen enthalten, werden als **Nichteisenmetalle** (**NE-Metalle** – non ferrous metals) bezeichnet.
Die NE-Metalle werden nach ihrer Dichte (density) in Schwermetalle und Leichtmetalle unterteilt. Die Dichte der **Schwermetalle** (heavy metals) ist größer als **5 kg/dm³**, die Dichte der **Leichtmetalle** (light metals) liegt unter **5 kg/dm³**.

Verbundwerkstoffe (composite materials) setzen sich aus zwei oder mehreren Werkstoffen zusammen und vereinen die Eigenschaften der Einzelwerkstoffe in dem neuen Werkstoff. Dadurch können die vorteilhaften Eigenschaften (advantageous properties) der metallischen und nichtmetallischen Einzelwerkstoffe gezielt genutzt und die unvorteilhaften Eigenschaften gemindert oder aufgehoben werden wie z. B. bei den Verbundrohren (siehe S. 308).

Natürliche Werkstoffe (natural materials) werden aus nachwachsenden Naturstoffen wie Holz ,Hanf, Naturkautschuk (Latex) und Leder oder aus Naturmineralien wie Marmor und Granit hergestellt.
Hierbei werden diese Rohstoffe (raw materials) in ihrer Zusammensetzung und in ihrem Stoffaufbau (ihrer Struktur) nicht verändert, sondern nur formgebend bearbeitet und teilweise auch veredelt (z. B. durch Imprägnieren).

Künstlich hergestellte Werkstoffe (artificial materials) werden aus verschiedenen Rohstoffen durch chemische und thermische Prozesse gewonnen.
Die **Kunststoffe** (Plaste = plastics) mit den Hauptgruppen Duroplaste, Thermoplaste und Elaste werden hauptsächlich aus den Rohstoffen Erdöl, Erdgas oder Kohle hergestellt.

Künstliche Mineralien (artificial minerals) wie Keramik, Steingut und Steinzeug bestehen im Wesentlichen aus Ton. Glas besteht hauptsächlich aus Quarzsand. Emaille (enamel) ist eine besondere Glasart.

Schmierstoffe (lubricants) sollen die Reibung und den Verschleiß aufeinander gleitender Flächen mindern. Es gibt mineralische und synthetische Schmieröle und Schmierfette (mineral and synthetic lubricating oils and greases) (Bild 1). Die mineralischen Schmierstoffe werden aus Rohöl gewonnen, die synthetischen Schmierstoffe werden chemisch hergestellt.

1 Schmieröl und Schmierfett

Kühlschmierstoffe (cooling lubricants) sollen die Reibung (friction) zwischen Spanwerkzeug und Werkstück mindern und gleichzeitig die beim Zerspanungsvorgang auftretende Wärme abführen.
Dadurch wird der Verschleiß der Spanwerkzeuge verringert und die Standzeit (siehe S. 40) erhöht. **Kühlschmieremulsionen** (oil-in-water emulsions) sind Mischungen (mixtures) aus Wasser und einer geringen Menge Mineralöl.
Schneidöle (cutting oils), z. B. zum Gewindeschneiden, sind Mineralöle mit speziellen Zusätzen zur Erhöhung der Schmierfähigkeit (lubricity).

Schleifmittel (grinding agents) sind kleine, sehr harte, scharfkantige Quarz-, Korund- und Siliziumkarbidkörner oder winzige Diamantsplitter. Sie bilden den Grundstoff für Schleifkörper wie Schleifpapier, Schleifscheiben und Trennscheiben (emery paper, grinding wheels and cutting-off wheels).

Mit **Reinigungsmitteln** (cleaning agents) wie z. B. Seifenlösungen und Reinigungsbenzin oder Kaltreiniger können Schmutz, Fette, Öle, z. T. auch Farben und Klebstoffe aufgelöst und entfernt werden. Seifen werden aus Fettsäuren und Laugen, Reinigungsbenzin aus Rohöl hergestellt.

Feste, flüssige oder gasförmige **Brennstoffe** (solid, liquid and gaseous fuels) bestehen hauptsächlich aus Kohlen-Wasserstoff-Verbindungen und werden zur Energiegewinnung verbrannt, z. B. Propan (propane) beim Weichlöten oder Heizöl (fuel oil) zum Beheizen von Gebäuden. Beide werden aus Erdgas bzw. Erdöl (crude oil) gewonnen.

1.2 Eigenschaften der Werkstoffe

Bauteile werden durch Kräfte, hohe oder niedrige Temperaturen und chemische Substanzen beansprucht. Folgende und weitere Fragen lassen sich nur beantworten, wenn die Eigenschaften des Werkstoffes (material properties) bekannt sind.

- Welcher Werkstoff ist in der Lage, den unterschiedlichen Beanspruchungen möglichst gut und lange zu widerstehen?
- Lässt sich der Werkstoff, aus dem das Bauteil gefertigt werden soll, gut bearbeiten?
- Entstehen bei der Verarbeitung oder später bei der Entsorgung des Werkstoffes Schadstoffe?
- Lässt sich der Werkstoff des Bauteils wiederverwerten (recycle)?

Die Vielzahl möglicher Eigenschaften lassen sich in Gruppen zusammenfassen (Bild 1).

1.2.1 Physikalische Eigenschaften

1.2.1.1 Dichte

Die Dichte (density) ist ein stoffspezifischer Wert. Sie gibt die Masse (mass) eines Stoffes pro Volumeneinheit (volume unit) an. Die Masse wird in Gramm (g), in Kilogramm (kg) oder in Tonne (t), das Volumen in Kubikzentimeter (cm^3), Kubikdezimeter (dm^3) oder Kubikmeter (m^3) angegeben.

$$\rho = \frac{m}{V}$$

Dichte = ρ (Rho)
Masse = m
Volumen = V

Bei **Gasen** (gases) wird die Dichte in **kg/m³**, bei Flüssigkeiten (liquids) in **kg/dm³** oder **kg/l** und bei **festen Stoffen** (solids) in **g/cm³**, **kg/dm³** oder **t/m³** angegeben. Die Dichten von Gasen, Flüssigkeiten und festen Stoffen sind in Tabellenbüchern zu finden.
Bei gegebener Dichte lässt sich mit Hilfe der Formel $m = V \cdot \rho$ die Masse eines Werkstücks oder Bauteils ermitteln (Bild 2).

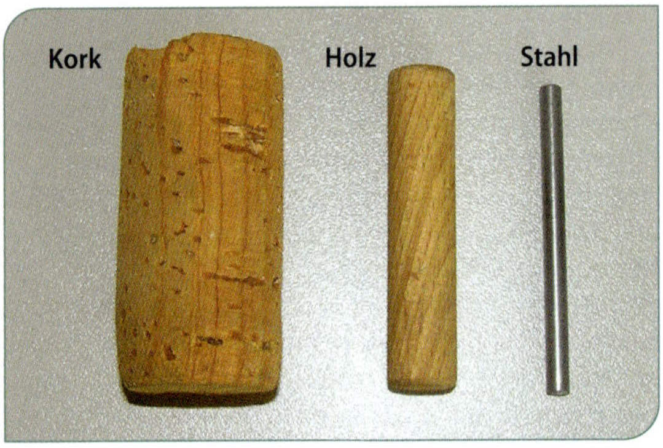

2 Körper mit gleicher Masse aber unterschiedlicher Dichte

Die Masse ist eine der 7 genormten **SI-Basisgrößen** (siehe S. 350). In der Umgangssprache wird jedoch oft statt Masse der Begriff „Gewicht" verwendet.
Die Einteilung der Nichteisenmetalle in Leichtmetalle und Schwermetalle erfolgt in Abhängigkeit ihrer Dichte (siehe S. 271).

1.2.1.2 Schmelzpunkt

Der Schmelzpunkt (melting point) ist die Temperatur, bei dem ein fester Stoff schmilzt. Der feste Stoff verändert beim Schmelzen seinen Aggregatzustand (state of aggregation) und wird flüssig. Verändert ein flüssiger Stoff seinen Aggregatzustand und wird fest, so wird dieser Vorgang „erstarren" genannt. Die Temperatur, bei der die Erstarrung einsetzt, ist der **Erstarrungspunkt** (freezing point).
Bei reinen Stoffen sind Schmelzpunkt und Erstarrungspunkt identisch. Schmelzpunkte werden üblicherweise in Grad Celsius (°C) angegeben.
Stoffgemische wie z. B. eine Legierung aus Kupfer und Zink (Messing) haben einen Schmelz- bzw. Erstarrungsbereich (melting/solidification range), d. h. der Schmelz- oder Erstarrungsvorgang findet nicht bei einer definierten Temperatur, sondern innerhalb eines Temperaturbereiches (temperature range) statt. Schmelztemperaturen sind beim Schweißen und Löten von Werkstoffen ein nützlicher Anhaltspunkt.

Physikalische Eigenschaften (physical properties)	Chemische Eigenschaften (chemical properties)	Technologische Eigenschaften (technological properties)
Dichte	Korrosionsbeständigkeit	Gießbarkeit
Schmelzpunkt	Wärmebeständigkeit	Umformbarkeit
Wärmeleitfähigkeit	Brennbarkeit	Zerspanbarkeit
Wärmeausdehnung	Giftigkeit	Schweißbarkeit
Wärmekapazität	Legierbarkeit	Lötbarkeit
Elektrische Leitfähigkeit		Klebbarkeit
Festigkeit		
Härte		
Elastizität/Plastizität		
Zähigkeit/Sprödigkeit		

1 Einteilung der Eigenschaften

1.2.1.3 Wärmeleitfähigkeit

Die Wärmeleitfähigkeit (thermal conductivity) ist die Fähigkeit eines festen, flüssigen oder gasförmigen Stoffes, Wärme in sich, d. h. von Atom zu Atom oder Molekül zu Molekül weiterzuleiten. Diesen Vorgang bezeichnet man als **Wärmeleitung** (thermal conduction). Stoffe, bei denen sich die Wärme durch Wärmeleitung schnell ausbreitet, sind gute Wärmeleiter (heat conductor) (z. B. Metalle wie Aluminium, Kupfer, Stahl).

Erfolgt die Ausbreitung der Wärme jedoch sehr langsam, dann ist der Stoff ein schlechter Wärmeleiter (z. B. Luft, Holz, Kunststoffe). Wärmedämmstoffe (heat insulators) sind ausgesprochen schlechte Wärmeleiter. Die Wärmeleitfähigkeit fester, flüssiger und gasförmiger Stoffe sind in Tabellenbüchern zu finden. Das Formelzeichen für die Wärmeleitfähigkeit ist λ (Lambda).

1.2.1.4 Volumenänderung durch Temperaturwechsel

Feste, flüssige und gasförmige Stoffe dehnen sich bei Erwärmung in alle Richtungen gleichmäßig aus (thermal expansion) und vergrößern somit ihr Volumen. Bei festen Stoffen ist jedoch in vielen Fällen nur die **Längenänderung** (change of length) technisch bedeutsam (z. B. die Längendehnung oder Schrumpfung bei Rohrleitungen).

1.2.1.5 Wärmekapazität

Durch Wärmeaufnahme (heat absorption) oder Wärmeabgabe (heat emission) verändert sich der Wärmezustand (thermal condition) eines Stoffes. Die Fähigkeit eines festen, flüssigen oder gasförmigen Stoffes Wärme aufzunehmen, hängt von seiner **spezifischen Wärmekapazität c** (specific heat capacity) ab. Sie gibt an, wie viel Wärme 1 kg des Stoffes aufnimmt, wenn die Temperatur sich um 1 K bzw. 1 °C erhöht. Dieser Wert ist jedoch nicht konstant, sondern verändert sich je nach Temperatur und Umgebungsdruck mehr oder weniger stark.

1.2.1.6 Elektrische Leitfähigkeit

Die Fähigkeit eines Stoffes den elektrischen Strom zu leiten hängt von seinem **spezifischen elektrischen Widerstand** ρ_{20} (Rho) (specific electrical resistivity) ab.

Da dieser Widerstand temperaturabhängig ist (vergl. LF 4, Kap. 3.2.3, S. 240), bezieht sich dieser Stoffwert auf eine Temperatur von 20 °C. Zur Beurteilung dieser Stoffeigenschaft kann auch der Kehrwert des spezifischen elektrischen Widerstandes, die **spezifische elektrische Leitfähigkeit κ** (Kappa) (specific electrical conductivity), herangezogen werden.

Im Allgemeinen sind Metalle gute **elektrische Leiter** (electrical conductors), vor allem Silber, Kupfer und Aluminium. Andere Werkstoffe wie z. B. Kunststoffe, Glas und Keramik leiten den Strom nicht und werden **Isolierstoffe** (insulating materials) genannt.

Werkstoffe mit diesen beiden gegensätzlichen Eigenschaften werden z. B. für Leitungen und Kabel in der Elektroinstallation verwendet wie die Kupferdrähte zur Leitung des elektrischen Stroms und isolierende Kunststoffummantelungen zum Schutz vor Stromschlägen oder Kurzschlüssen (Bild 1).

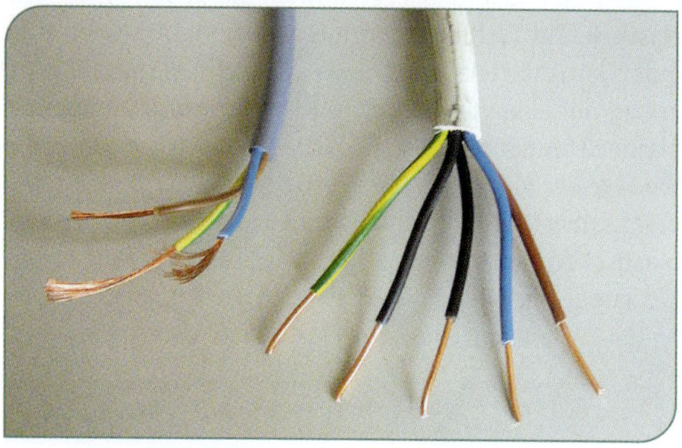

1 Isolierte Stromkabel

1.2.1.7 Festigkeit

Wenn ein Werkstück oder ein Bauteil bei **mechanischer Belastung** (mechanical load) durch äußere Kräfte (external forces) sich nicht unzulässig verformen oder nicht getrennt werden soll, muss der Werkstoff hierfür eine ausreichende Festigkeit (strength) besitzen.

Die Festigkeit kann allgemein als **Widerstand** (resistance) eines Werkstoffes gegen jede Form der unerwünschten Veränderung durch mechanische Belastungen bezeichnet werden (siehe nächste Seite). Im allgemeinen Sprachgebrauch sind Umschreibungen wie „fester", „starker" oder „stabiler" Werkstoff üblich.

1.2.1.8 Härte

Die Härte (hardness) ist der Widerstand, den der Werkstoff eines Bauteils dem Eindringen eines anderen Bauteils oder Werkzeugs entgegensetzt (resistance to penetration). Zum Beispiel dringt beim Ankörnen des Mittelpunkts für eine Bohrung die gehärtete Körnerspitze in den weicheren Werkstoff des Werkstückes ein (Bild 2).

2 Eindruck einer gehärteten Körnerspitze

1.2.1.9 Elastizität – Plastizität

Verformt sich ein Werkstück oder ein Bauteil durch mechanische Belastung und nimmt es beim Wegfall dieser Belastung wieder seine ursprüngliche Form an, dann verhält es sich elastisch. Ein Dichtungsring aus z. B. Gummi besitzt eine gute Elastizität (elasticity). Eine elastische Verformung ist immer nur eine **vorübergehende Verformung** (temporary elastic deformation) (Bild 1).
Wird bei der Verformung die **Elastizitätsgrenze** bzw. Streckgrenze überschritten, dann kommt es zu einer **bleibenden plastischen Verformung** (lasting plastic deformation). Werkstoffe mit einer großen Dehnung wie z. B. weiches Kupfer (Bild 2) besitzen eine hohe Plastizität (plasticity).

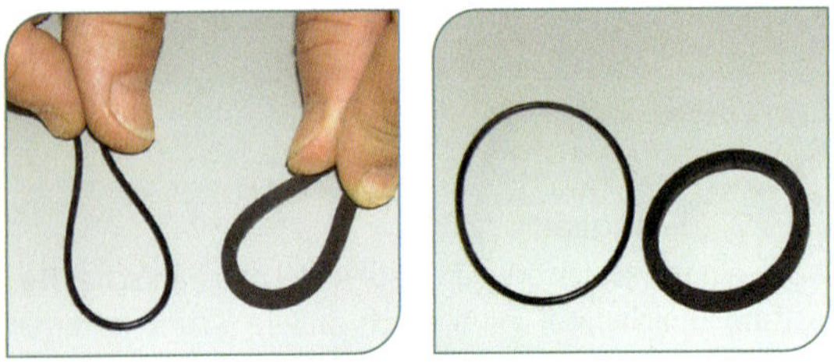
1 Elastische Dichtungsringe

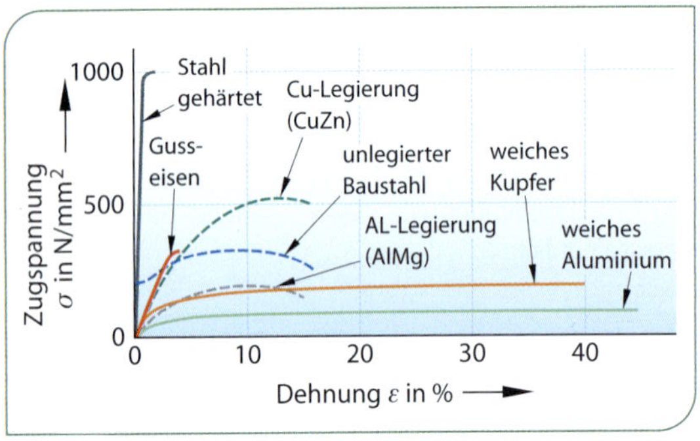

2 Werkstoffe im Vergleich

1.2.1.10 Zähigkeit – Sprödigkeit

Mit den Begriffen „Zähigkeit" und „Sprödigkeit" (toughness and brittleness) werden zwei gegensätzliche Verhaltensweisen bei mechanisch belasteten Werkstoffen gekennzeichnet.
Zähe Werkstoffe (tough materials) lassen sich z. B. durch Zugkräfte oder Biegemomente plastisch verformen, allerdings sind die hierfür erforderlichen Kräfte je nach Werkstoff unterschiedlich groß. Ein zäher Werkstoff mit einer großen Dehnbarkeit (stretching ability) wie z. B. weiches Kupfer setzt der plastischen Verformung einen kleineren Widerstand entgegen als ein Werkstoff mit geringerer Dehnbarkeit wie z. B. unlegierter Baustahl (Bild 2).
Spröde Werkstoffe (brittle materials) wie z. B. gehärteter Stahl, Glas oder Steinzeug lassen sich kaum oder gar nicht plastisch verformen und brechen bei entsprechender Beanspruchung. Sie sind empfindlich gegenüber schlag- und stoßartigen Belastungen (susceptible to impact or shock loads).

Mechanische Eigenschaften der Metalle

Alle Werkstücke und Bauteile werden im Einsatz mechanischen Belastungen ausgesetzt. Die mechanischen Belastungen unterscheiden sich nach der Art, wie die Kräfte auf den Werkstoff wirken und nach ihrem zeitlichen Verlauf.
Bei den **axialen Belastungen** (axial load) wird der Werkstoff durch Zug- oder Druckkräfte, bei der **Biegebelastung** (bending load) durch Biegemomente, bei der **Torsionsbelastung bzw. Verdrehbelastung** (torsional load) durch Torsionsmomente und bei der **Scherbelastung** (shearing load) durch Scherkräfte beansprucht.

Bei einer Rohraufhängung treten solche Belastungen an verschiedenen Stellen auf (Bild 3). Der Werkstoff der einzelnen Teile wird entsprechend beansprucht:

a) Die Gewindestange wird durch die Rohrleitung auf **Zug** beansprucht (tensile strain/stress)
b) Die Rohrschelleneinlage wird beim festziehen der Rohrschelle zwischen Rohrschelle und Rohr auf **Druck** beansprucht (compressing strain/stress)
c) Der Montagewinkel wird durch die Rohrleitung auf **Biegung** beansprucht (bending strain/stress)

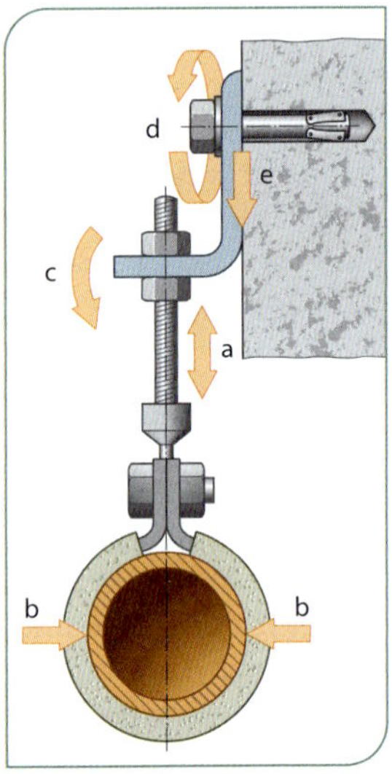

3 Beanspruchungsarten bei einer Rohrbefestigung

d) Der Schraubenkopf der Sechskantschraube wird beim festdrehen durch das Werkzeug auf **Torsion** (Verdrehung) beansprucht (torsional strain/stress)
e) Der Schraubenschaft der Sechskantschraube wird durch die Rohrleitung auf **Scherung** beansprucht (shearing strain/stress)

Die am Beispiel der Rohraufhängung dargestellten Beanspruchungen können auch bei anderen Bauteilen auftreten und sind die Ursache für entsprechende Werkstoffveränderungen (Bild 1, nächste Seite).

Der zeitliche Verlauf einer Werkstoffbelastung kann:
- bis zu einem Höchstwert gleichmäßig ansteigen und anschließend ruhend (statisch) wirken, z. B. beim Festdrehen einer Schraube
- schlag- oder stoßartig auftreten, z. B. durch Druckstöße bei schnellschließenden Absperrarmaturen in Trinkwasserleitungen

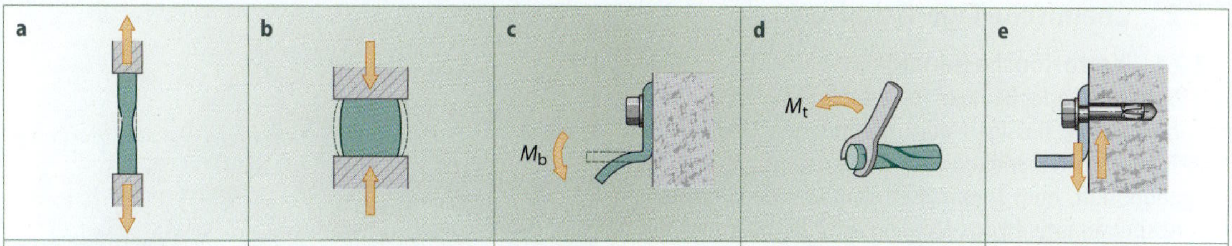

a	b	c	d	e
Durch **Zugkräfte** wird der Werkstoff gestreckt.	Durch **Druckkräfte** wird der Werkstoff gestaucht.	Durch Biegemomente wird der Werkstoff gebogen	Durch Torsions-momente wird der Werkstoff verdreht	Durch Scherkräfte wird der Werkstoff abgeschert.

1 Werkstoffveränderungen durch Kräfte und Momente

- mit schwingender Intensität zwischen unterschiedlichen Belastungswerten auftreten, z. B. durch Druckschwankungen im Speicher einer Trinkwassererwärmungsanlage
- mit wechselnden Richtungen auftreten, z. B. bei Schwenkhebeln von Drei- oder Vierwegemischern in Heizungsanlagen.

Wenn der Werkstoff keine ausreichende Festigkeit besitzt, wird er je nach Beanspruchung „nachgeben" und sich verformen, bis er zu Bruch geht. Um die Widerstandsfähigkeit eines Werkstoffes zu beurteilen, werden **Festigkeitskennwerte** (mechanical strength values) wie die Zugfestigkeit, Druckfestigkeit, Biegefestigkeit, Torsionsfestigkeit, Scherfestigkeit und die Härte herangezogen. Diese Kennwerte werden mit Hilfe genormter Prüfverfahren ermittelt.

Der **Zugversuch** (tensile strength test) liefert wichtige Werkstoffkennwerte wie z. B. Streckgrenze und Zugfestigkeit. Bei diesem Versuch wird eine Werkstoffprobe in Form eines Stabes mit festgelegten Abmessungen in eine Zugprüfmaschine eingespannt und gleichmäßig bis zum Bruch in die Länge gezogen (Bild 2a). Während des Vorgangs werden die Zugkraft und die Verlängerung (Dehnung) des Probestabes mit Hilfe einer Messeinrichtung erfasst. Aus diesen Messwerten werden die allgemein gültigen Festigkeitswerte für den geprüften Werkstoff ermittelt. Der Prüfverlauf lässt sich graphisch durch ein **Spannungs-Dehnungs-Diagramm** (tension-extension diagram) mit den wichtigsten Werkstoffkennwerten veranschaulichen (Bild 2b).

Der erste Kennwert im Spannungs-Dehnungs-Verlauf ist die **Elastizitätsgrenze**[1)] (elastic limit). Bis dahin verhält sich der Werkstoff **elastisch**, danach geht die Dehnung nicht mehr vollständig zurück und der Probestab verformt sich **plastisch**[1)] (siehe 1.2.1.9).

Beim unlegierten Baustahl ist dieser Übergang im Spannungs-Dehnungs-Diagramm deutlich zu erkennen und wird als Streckgrenze bezeichnet.

Die **Steckgrenze (R_e)** (upper elastic limit) beschreibt zahlenmäßig den Widerstand eines Werkstoffes gegen plastische Verformung durch Zugbelastung. Sie darf nicht überschritten werden, wenn sich ein Werkstück oder Bauteil **nicht plastisch** verformen soll.

Die **Zugfestigkeit (R_m)** (tensile strength) beschreibt zahlenmäßig den höchsten Widerstand eines Werkstoffes gegen Trennung. Wird bei einem unter Belastung stehenden Werkstück oder Bauteil dieser Festigkeitswert erreicht oder überschritten, setzt der Werkstoff der Dehnung einen immer geringeren Widerstand entgegen und es kommt schließlich zu einem **Werkstoffbruch** (material fracture).

Die **Bruchdehnung (*A*)** (breaking elongation) ist die auf die Anfangslänge (L_0) bezogene bleibende Längenänderung (**ΔL**= elongation) des Prüfstabes bis zum Bruch. Sie wird in % angegeben. Festigkeitskennwerte wie Streckgrenze, Zugfestigkeit und Bruchdehnung für gängige Metalle und Kunststoffe sind in Tabellenbüchern zu finden.

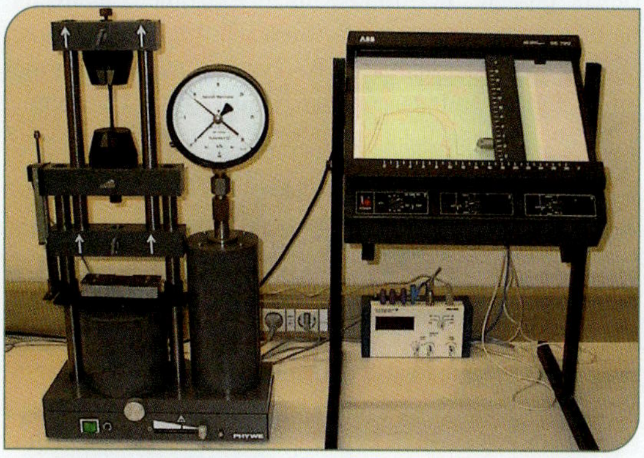

2a Zugprüfeinrichtung

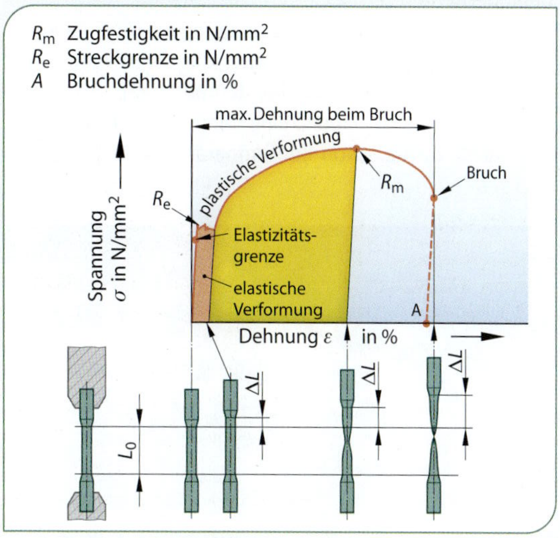

2b Spannungs-Dehnungs-Diagramm

1) Bei mehreren Metallen lässt sich diese Grenze messtechnisch kaum feststellen. Hier wird der Anfang der nichtproportionalen Dehnung als Grenze festgelegt und als Dehngrenze (R_p) (yield strength) bezeichnet.

1.2.2 Chemische Eigenschaften

1.2.2.1 Korrosionsbeständigkeit

Alle Werkstücke oder Bauteile stehen ständig in Verbindung mit ihrer festen, flüssigen oder gasförmigen Umgebung. Eine Trinkwarmwasserleitung aus Kupfer steht z.B. mit der Umgebungsluft, dem Trinkwasser, dem Wärmedämmstoff, den Absperrarmaturen aus Messing oder Rotguss und mit der Rohrschelleneinlage aus Kunststoff in Kontakt. Chemische Reaktionen mit den Umgebungsstoffen (chemical reactions with environmental substances) sind deshalb nicht zu verhindern und führen oft zu einer Zersetzung (decomposition) des Werkstoffes und damit zu einer Beschädigung oder Zerstörung (damage or destruction) des Werkstückes oder Bauteils.

Die Korrosionsbeständigkeit (corrosion resistance) ist der Widerstand eines Werkstoffes gegen Veränderungen durch chemische oder elektrochemische Vorgänge (chemical or electrochemical processes), die von der Oberfläche ausgehen.

Viele Werkstoffe, die oft als korrosionsbeständig bezeichnet werden (z.B. Kupfer oder Kunststoffe), sind nicht vollkommen unempfindlich gegenüber chemischen Stoffen und werden von bestimmten Säuren oder Gasen angegriffen.

Durch gezielte Korrosionsschutzmaßnahmen (corrosion proofing measures) wie z.B. einen Schutzanstrich, können chemische Reaktionen des Werkstoffes mit den Umgebungsstoffen verhindert werden (siehe S. 234).

1.2.2.2 Wärmebeständigkeit

Viele chemische Reaktionen werden durch Wärme beschleunigt. Wird ein Kupferrohr z.B. mit der Flamme eines Schweißbrenners erwärmt, reagiert es an der Oberfläche heftig mit dem Sauerstoff (oxygen) aus der Luft und oxidiert (Bild1).

Diese **Oxidation** (oxidation) findet auch bei Raumtemperatur statt, allerdings wesentlich langsamer. Bei Stählen wird die Oxidation des Eisens bei Temperaturen ab 550 °C als **Verzundern** (scaling) bezeichnet. Durch Zunderbildung werden Stahloberflächen zerstört.

Wärmebeständigkeit (heat resistance) ist der Widerstand des Werkstoffes gegen Veränderungen der Oberfläche durch chemische Reaktionen bei hohen Temperaturen.

Fast alle Kunststoffe haben keine nennenswerte Wärmebeständigkeit, da sie schon bei Temperaturen ab 100 °C zersetzt werden (Bild 2).

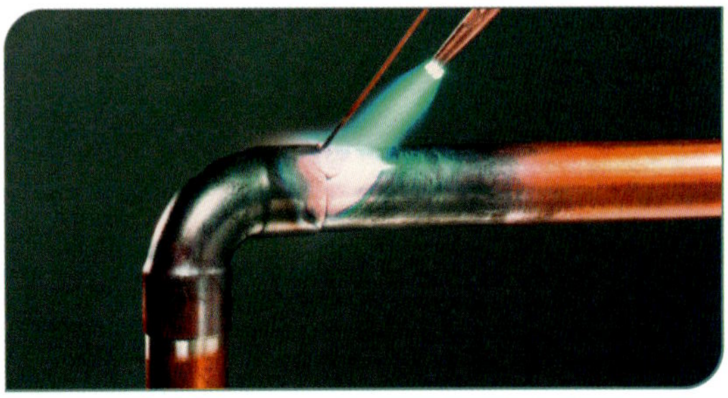

1 Oxidation des Kupferrohres beim Hartlöten

2 Zersetzte Kunststoffrohre

1.2.2.3 Brennbarkeit

Bei jeder Verbrennung (combustion) wird der brennbare Stoff (combustible substance) durch die einwirkende Wärme so zersetzt, dass die Elemente beim Erreichen der Entzündungstemperatur (inflammation temperature) mit dem Sauerstoff aus der Umgebungsluft heftig reagieren und Wärme freigesetzt wird.

Viele Kunststoffe sind brennbar, da ihre Molekülketten aus den brennbaren Elementen Kohlenstoff und Wasserstoff bestehen. Das Metall Magnesium ist in Streifen-, Span- oder Pulverform in der Umgebungsluft brennbar.

Auch Stahl ist unter bestimmten Bedingungen brennbar, da die Elemente Eisen und Kohlenstoff mit Sauerstoff chemisch reagieren. Beim Brennschneiden (flame cutting) wird die Brennbarkeit (inflammability) des Stahls fertigungstechnisch zum Trennen genutzt.

1.2.2.4 Giftigkeit

Gesundheitliche Gefährdungen (health endangerings) durch einen Werkstoff können entweder

- bei der Bearbeitung des Werkstoffes
- oder durch den Kontakt des Werkstoffes mit Lebensmitteln entstehen.

Werden verzinkte Stahlrohre, Stahlbleche oder Stahlprofile geschweißt oder durch Brennschneiden getrennt, entstehen giftige Zinkdämpfe (poisonous/toxic zinc fumes). Auch beim Schweißen von Kunststoffrohren können bei deutlicher Überschreitung der vorgesehenen Arbeitstemperaturen schädliche Dämpfe (noxious fumes) durch Werkstoffzersetzung entstehen.

Blei und Bleilegierungen (z.B. Bleilote) (lead and lead alloys) sind giftig und dürfen deshalb bei Trinkwasserleitungen nicht verwendet werden. Bei bestimmten Arbeiten, wie z.B. der Einfassung von Schornsteinen oder Lüftungsrohren im Dach, wird Walzblei (milled lead) verwendet. Bei der Bearbeitung des Walzbleis werden die Hände erkennbar durch Bleiabrieb (rubbed-off lead) verschmutzt. Eine gründliche Reinigung der Hände, besonders vor den Frühstücks- oder Mittagspausen, ist dringend zu empfehlen. Asbesthaltige (containing asbestos) Dichtungen, Dämmstoffe oder Baustoffe dürfen wegen der krebserregenden Gefahr der Asbestfasern (carcinogenic danger of asbestos fibres) nicht mehr verwendet werden (siehe S. 227). Die Giftigkeit eines Werkstoffes ist ein wichtiges Kriterium für seine Umweltverträglichkeit (environmental compatibility).

1.2.2.5 Legierbarkeit

Legierungen (alloys) bestehen aus einem Grundmetall (base metal) und mindestens einem metallischen oder nichtmetallischen Legierungselement (alloying element). Die Fähigkeit eines Grundmetalls mit anderen Legierungselementen in unterschiedlicher Zusammensetzung (different composition) eine Legierung zu bilden, bezeichnet man als Legierbarkeit (alloyability). Sie ist Voraussetzung für die Herstellung vieler „neuer" Werkstoffe mit besonderen Eigenschaften wie z. B. nichtrostende Stähle oder Kupferlegierungen wie Messing und Rotguss (siehe S. 281 und 283).

1.2.3 Technologische Eigenschaften

Bei der Verarbeitung von Werkstoffen zu technischen Produkten werden verschiedene Fertigungsverfahren und -methoden eingesetzt. Ob ein Werkstoff für ein bestimmtes Fertigungsverfahren geeignet ist, hängt von seinen technologischen bzw. **fertigungstechnischen Eigenschaften** (technological/processing properties) ab, die im Folgenden beschrieben werden.

1.2.3.1 Gießbarkeit

Die Eignung eines Werkstoffes, im geschmolzenen Zustand (molten state) eine Form ausfüllen zu können, ist unterschiedlich ausgeprägt.
Werkstoffe mit guter Gießbarkeit (castability) lassen sich im geschmolzenen Zustand leicht in eine Gussform (casting mould) gießen, füllen diese vollständig aus und bilden beim Erstarren (during solidification) ein gleichmäßiges Gefüge ohne Poren (pores) oder sonstige Hohlräume (z. B. Lunker = shrinkholes).

1.2.3.2 Umformbarkeit

Die Umformbarkeit (formability) gibt an, ob und unter welchen Bedingungen ein Werkstoff sich ein- oder mehrmalig verformen lässt.
Werkstoffe, die sich aufgrund ihrer Dehnbarkeit (malleability) gut plastisch verformen lassen sind für verschiedene Umformverfahren geeignet (siehe S. 65).
Findet die Verformung bei Raumtemperatur statt, dann sind sie kaltumformbar (cold reformable). Viele nicht kaltumformbare Werkstoffe lassen sich im vorgewärmten Zustand (preheated state) gut verformen (siehe S. 68).

1.2.3.3 Zerspanbarkeit

Sehr viele Werkstücke werden bei ihrer Fertigung durch ein spanendes Trennverfahren (chipping process) wie z. B. Sägen, Bohren oder Gewindeschneiden bearbeitet.
Grundsätzlich sind weiche Werkstoffe wie Gummi oder Blei und sehr harte und spröde Werkstoffe wie gehärteter Stahl, Glas oder Granit sehr schlecht zerspanbar. Die Hauptkriterien für die Zerspanbarkeit (machinability) eines Werkstoffes sind eine gute Spanbildung (chip formation) beim Trennvorgang (cutting action) und eine dem Verwendungszweck angemessene Oberflächengüte (adequate surface quality/finish).

1.2.3.4 Schweißbarkeit

Die Schweißbarkeit (weldability) beschreibt die Eignung eines Werkstoffs, für ein stoffschlüssiges Fügeverfahren (material bonding process) (siehe Lernfeld 3, Kap. 3.2.2.2).
Beim Schweißen werden die Einzelteile eines Werkstückes oder Bauteils mit oder ohne Schweißzusatz (weld filler) zu einer Einheit zusammengefügt. Hierbei werden an der Fügestelle (joint) die gleichen Werkstoffeigenschaften (z. B. Festigkeitswerte oder Korrosionsbeständigkeit) wie beim Grundwerkstoff angestrebt.

1.2.3.5 Lötbarkeit

Bei der Lötbarkeit (solderability) geht es um die Eignung (suitability) eines Werkstoffes im festen Zustand eine stoffschlüssige Verbindung mit dem erstarrenden Lot (solder) zu bilden.
Da sich bei diesem Vorgang an der Verbindungsfläche zwischen Grundwerkstoff und Lot eine Grenzschichtlegierung (interface alloy) bildet (siehe Lernfeld 3, Kap. 3.2.2.1), spielt die Legierbarkeit des Grundwerkstoffes mit dem Lötwerkstoff eine entscheidende Rolle.

1.2.3.6 Klebbarkeit

Maßgebend für die Klebewirkung an der Verbindungsfläche zwischen dem festen Werkstoff und dem zunehmend aushärtenden Klebstoff (adhesive) sind physikalische und chemische Bindungskräfte (bonding forces) sowie von der Oberflächenrauheit (surface roughness) abhängige Formschlusskräfte (siehe Lernfeld 3, Kap. 3.2.2.3).
Dementsprechend ist die Klebbarkeit (adhesive ability) eines Werkstoffs sowohl von einer geeigneten Vorbehandlung der Fügeflächen (joining surfaces) als auch von den chemischen Reaktionsmechanismen mit dem Klebstoff abhängig. Begünstigt wird die Klebbarkeit durch eine Erhöhung der chemischen Bindung, da diese größere Haftkräfte erzeugt.

1.3 Metallische Werkstoffe

Die Einteilung (classification) der Gusseisen, der Stähle und der Nichteisenmetalle erfolgt auf der Grundlage der EN-Normung (EN-standardization) für Metalle und ihrer Legierungen. In diesen Normen werden z. B. die chemischen Zusammensetzungen, die mechanischen Eigenschaften, die unterschiedlichen Anforderungen und die Bezeichnungen festgelegt.

Die Bezeichnung der metallischen Werkstoffe (designation of metallic materials) kann auf zwei Arten erfolgen: mit Kurznamen bzw. Kurzzeichen (code names/abbreviated terms) aus Buchstaben und Zahlen oder nach Werkstoffnummern (material numbers).

Für die in den einzelnen Kapiteln aufgeführten Werkstoffbezeichnungen werden nur die Kurznamen verwendet und erklärt. Sie enthalten Hinweise für die Verwendung und die mechanischen Eigenschaften oder die chemische Zusammensetzung dieser Werkstoffe. Die Zuordnung der mit Kurznamen bezeichneten Werkstoffe zu den entsprechenden Bezeichnungen nach den Nummernsystemen für Gusseisen, Stähle und Nichteisenmetalle kann mit Hilfe von Tabellenbüchern erfolgen.

1.3.1 Gusseisen

Gusseisen (cast iron) wird schon seit über 2500 Jahren als Werkstoff zur Herstellung von Bauteilen eingesetzt. Die heutzutage verwendeten und genormten Gusseisenwerkstoffe sind Eisen-Kohlenstoff-Legierungen mit ca. 2,4 bis 4 % Kohlenstoff. Sie eignen sich aufgrund ihrer guten Gießbarkeit, Formfüllung[1] und ihres geringen Schwindmaßes[2] (measure of shrinkage) besonders zur Herstellung komplizierter Werkstücke und größerer Bauteile aus einem „Guss". So können z. B. bei einem Gussheizkessel die Räume für das Heizungswasser, die Brennkammer und die Abgaskanäle in einem Gusskörper (casting) vereinigt werden (Bild 1).

1 Gusskörper für einen Heizkessel

Die Eigenschaften der Gusseisenwerkstoffe werden vom Kohlenstoffgehalt und von der Form, wie der Kohlenstoff im Gefüge eingebunden ist bestimmt.

Die wichtigsten Gusseisenwerkstoffe sind
- **Gusseisen mit Lamellengraphit** (cast iron with lamellar graphite)
- **Gusseisen mit Kugelgraphit** (cast iron with nodular graphite)
- **Temperguss** (malleable cast iron).

Gusseisenwerkstoffe werden auch nach ihrer Zähigkeit unterschieden (Bild 2).

Die verformbaren Tempergusssorten werden auch als duktile[3] Gusseisen (ductile cast iron) bezeichnet.

duktil	← →	**nicht duktil**
Temperguss	Gusseisen mit Kugelgraphit	Gusseisen mit Lamellengraphit

2 Zuordnung der Gusseisenwerkstoffe nach ihrer Duktilität

1.3.1.1 Gusseisen mit Lamellengraphit

Dieser Gusswerkstoff wird in der Praxis und in Unterlagen oft noch als **Grauguss** (grey cast iron) bezeichnet. Auch die alte, einprägsame aber heute nicht mehr gültige Normbezeichnung **GG** wurde durch die neue Kurzbezeichnung **GJL** ersetzt.

Neben der sehr guten Gießbarkeit (castability) und hohen Formgenauigkeit sind :
- die gute Bearbeitbarkeit,
- die Druckfestigkeit (compressive strength),
- die Unempfindlichkeit gegen höhere und tiefe Temperaturen
- und das Vermögen Schwingungen zu dämpfen, weitere Gründe für seine vielseitige Verwendung (Bild 3).

3 Gussrohr und Pumpengehäuse aus Gusseisen

Betrachtet man das Schliffbild einer Werkstoffprobe unter einem Mikroskop, erkennt man im Gefüge (grain structure) viele schwarze, unregelmäßig gekrümmte Streifen (Bild 1, nächste Seite).

Diese **„Lamellen"** sind aus Kohlenstoff, der in dieser Form als **Graphit** bezeichnet wird. Die Graphitlamellen haben eine sehr geringe Festigkeit und bewirken, dass der Werkstoff **spröde** (brittle) sowie stoßempfindlich ist.

---

[1] Fähigkeit des flüssigen Werkstoffes Hohlräume in einer Gießform vollständig auszufüllen.

[2] Das Schwindmaß ist die prozentuale Schrumpfung des Gießwerkstoffes bei der Abkühlung (z. B. Gusseisen mit Lamellengraphit = 1%, Stahlguss = 2%).

[3] Duktil (Lateinisch): verformbar, dehn- und streckbar.

Dennoch wird er aufgrund der günstigen Herstellungskosten und der anfangs genannten vorteilhaften Eigenschaften sehr häufig eingesetzt. Die Jahresproduktion von Gusseisen mit Lamellengraphit ist größer als alle anderen Gusseisenwerkstoffe zusammen.

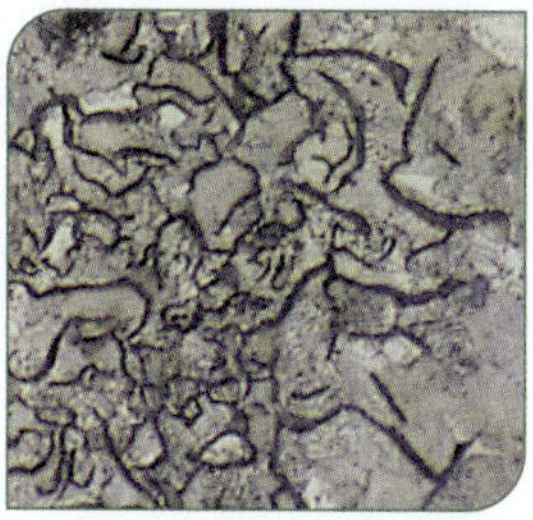

1 Gusseisen mit Lamellengraphit

Bezeichnungsbeispiel nach DIN EN 1561: **EN – GJL – 250**

EN = Europäische Norm
GJ = Gusseisen
L = Lamellengraphit
250 = Zugfestigkeit Rm = 250 N/mm²

1.3.1.2 Gusseisen mit Kugelgraphit

Gusseisen mit Kugelgraphit wird auch Kugelgraphitguss oder Sphäroguss (spheroidal graphite iron) genannt. Der Kohlenstoff ist hier kugelförmig im Gefüge verteilt (Bild 2).

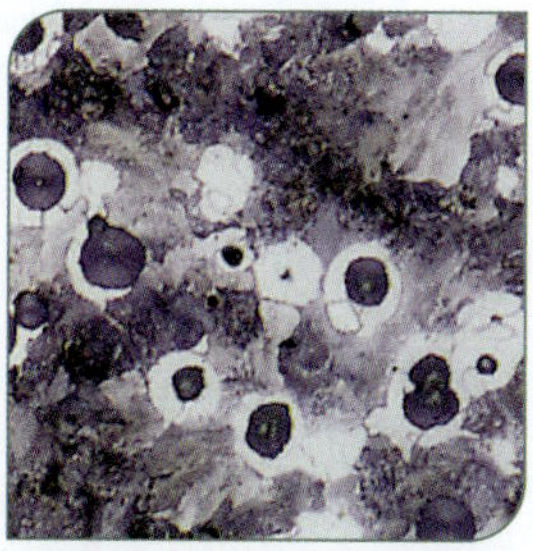

2 Gusseisen mit Kugelgraphit

Diese Graphitform erzeugt die geringste Schwächung im Gefüge und ist der Grund für die höheren Festigkeits- und besseren Zähigkeitswerte. Gusseisen mit Kugelgraphit lässt sich genauso gut gießen wie lamellares Gusseisen, ist jedoch belastbarer, verschleißfester sowie schlag- und stoßfest.

3 Gussgehäuse einer Ölpumpe

Verwendet wird der Werkstoff für Bauteile mit höheren mechanischen Belastungen wie z.B. das Gehäuse einer Ölpumpe (Bild 3) oder duktile Gussrohre und Formstücke mit DVGW-Prüfzeichen für die Gas- und Wasserversorgung.

Bezeichnungsbeispiel nach DIN EN 1563: **EN – GJS – 500 – 7**

EN = Europäische Norm
GJ = Gusseisen
S = Kugelgraphit (S = sphere)
500 = Zugfestigkeit Rm = 500 N/mm²
7 = Bruchdehnung A = 7 %

1.3.1.3 Temperguss

Der Ausgangswerkstoff für Temperguss ist das spröde weiße Gusseisen (unannealed malleable iron) mit 2,4…3,4 % Kohlenstoff. Durch das langzeitige Glühen in einem Glühofen bei Temperaturen zwischen 950 °C und 1050 °C, „Tempern" genannt, wird dieses Gusseisen weicher, zäher und verformbar (Bild 5).

Je nach Glühverfahren unterscheidet man:

- Temperguss, nicht entkohlend geglüht, bisherige Bezeichnung: schwarzer Temperguss (non-decarburising annealed malleable cast iron) und
- Temperguss, entkohlend geglüht, bisherige Bezeichnung: weißer Temperguss (decarburising annealed malleable cast iron).

Beide Tempergussarten lassen sich leicht vergießen und ergeben schlag- und stoßunempfindliche Gussteile mit glatten Oberflächen. Beide haben stahlähnliche (steel-like) Zugfestigkeiten, lassen sich gut zerspanen und sind schweißbar. Aus Temperguss werden z.B. Rohrzangen, Armaturengehäuse, Brenner- und Heizkesselbauteile sowie DVGW geprüfte Rohre, Rohrformteile, Gewindefittings und Verbindungselemente hergestellt (Bilder 4 und 6).

4 Gewindefittings

5 Plastisch verformte Tempergussfittings

6 Tempergussformteil für einen Gaszähleranschluss

Bezeichnungsbeispiel für DVGW/TRGI zugelassene Tempergussfittings nach DIN EN 1562:
EN – GJMW – 400 – 5 oder **EN – GJMB – 350 – 10**

EN = Europäische Norm
GJ = Gusseisen
MW = Temperkohle, entkohlend geglüht (W = white, alte DIN-Bezeichnung: GTW)
MB = Temperkohle, nicht entkohlend geglüht (B = black, alte DIN-Bezeichnung: GTS)
400/350 = Zugfestigkeit R_m = 400 N/mm² bzw. 350 N/mm²
5/10 = Bruchdehnung A = 7 % bzw. 10 %

1.3.2 Stahlwerkstoffe

Stahlwerkstoffe sind die technisch und wirtschaftlich bedeutendsten metallischen Werkstoffe, da ihre Eigenschaften den Anforderungen (requirements) der vielen verschiedenen Verwendungen entsprechen oder angepasst werden können.

Der im Stahl enthaltene Kohlenstoff, dessen Anteil in der Regel bis zu 2 % betragen kann, beeinflusst mehrere wichtige Grundeigenschaften, wie z. B. die Festigkeit oder Verformbarkeit (Bild 1).

Durch Legierungsbildung (alloying) mit anderen Metallen und nichtmetallischen Elementen lassen sich die Stahleigenschaften gezielt verändern.

abnehmend – **Kohlenstoffanteil** – **zunehmend**

Veränderungen

abnehmend	zunehmend
Verbesserung der Schweißbarkeit Verbesserung der Verformbarkeit Verbesserung der Wärmeleitfähigkeit Verbesserung der Zerspanbarkeit	Erhöhung der Härtbarkeit Erhöhung der Festigkeit und Streckgrenze Verringerung der Schmelztemperatur Erhöhung des Verschleißwiderstandes

1 Einfluss des Kohlenstoffs auf einige Stahleigenschaften

Die Einteilung der Stähle nach DIN EN 10020 erfolgt in 3 Klassen:

Unlegierte Stähle (unalloyed steels): Stähle, bei denen der Anteil an anderen Metallen wie z. B. Al, Cu, Cr, Ni oder Ti festgelegte niedrige Grenzwerte nicht überschreiten darf.

Nichtrostende Stähle (stainless/non-rusting steels): Stähle mit einem Kohlenstoffanteil < **1,2 %** und einen Chromanteil > **10,5 %**.

Legierte Stähle (alloyed steels): Stähle, bei denen der Anteil an mindestens einem Legierungsmetall den vorgeschriebenen Grenzwert erreicht oder überschreitet und die **nicht** zu der Klasse der nichtrostenden Stähle gehören.

Diese drei Klassen werden weiter in **Hauptgüteklassen** (main quality classes) unterteilt (Bild 2).

Unlegierte Stähle	Nichtrostende Stähle	Legierte Stähle
Unlegierte Qualitätsstähle (unalloyed quality steels)	**mit bestimmten Nickelgehalt** (with fixed nickel content)	**Legierte Qualitätsstähle** (alloyed quality steels)
Unlegierte Edelstähle (unalloyed quality steels)	**mit bestimmten Haupteigenschaften** (with fixed main properties)	**Legierte Edelstähle** (alloyed special steels)

2 Einteilung der Stahlwerkstoffe

Bei der Bezeichnung der Stähle innerhalb dieser Hauptgüteklassen mit Kurznamen nach DIN EN 10027-1 werden als Hauptsymbole verschiedene Kennbuchstaben (letter codes) für die Verwendung oder für die chemische Zusammensetzung der Stahlwerkstoffe eingesetzt. Als Kennzeichen für **Stahlguss** (cast steel, siehe S. 271) wird der Buchstabe **G** vorangesetzt (Bild 3).

Hauptsymbol-Kennbuchstaben für die Verwendung (Auswahl)

- **S (GS):** Stahl (Stahlguss) für den Stahlbau
- **P (GP):** Stahl (Stahlguss) für Druckbehälter
- **L (GL):** Stahl (Stahlguss) für den Rohrleitungsbau
- **E (GE):** Stahl (Stahlguss) für den Maschinenbau

Hauptsymbol-Kennbuchstaben für die chemische Zusammensetzung (Auswahl)

- **C (GC):** unlegierter Stahl (Stahlguss) mit Mn-Gehalt < 1%
- **X (GX):** hoch legierter Stahl (Stahlguss)
- **HS:** Schnellarbeitsstahl

3 Hauptsymbol-Kennbuchstaben für Stahlbezeichnungen mit Kurznamen

1.3.2.1 Unlegierte Qualitätsstähle

Für unlegierte Qualitätsstähle (unalloyed quality steels) gelten im Allgemeinen festgelegte Anforderungen z. B. hinsichtlich des Kohlenstoffgehalts, der Zugfestigkeit, der Zähigkeit oder der Umformbarkeit. Sie sind nicht für das Härten (hardening) bestimmt.

Aus diesen Stählen (allgemeine Baustähle: ordinary structural steels, oder sonstige Baustähle) werden Stahlprofile wie Winkel, Fach- und Vierkantstäbe, quadratische Hohlprofile oder nahtlose und geschweißte Rohre hergestellt, die bei normalen Umgebungstemperaturen verwendet werden (Bild 4).

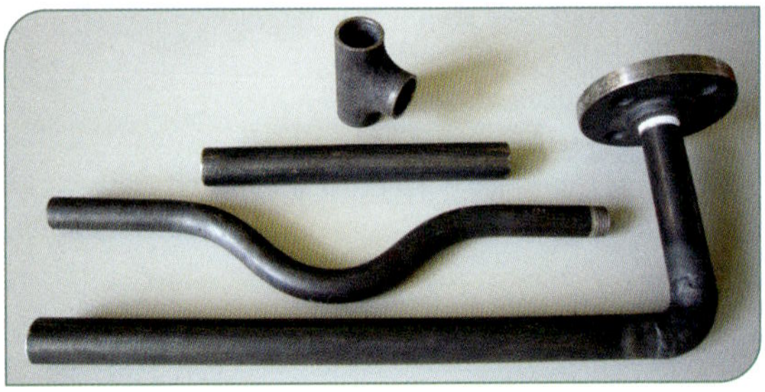

4 Rohre und Rohrformteile aus unlegiertem Baustahl

Bezeichnungsbeispiele nach DIN EN 10027-1:

S235JR für L-Profile nach DIN EN 10056-1

S = Stahl für den allgemeinen Stahlbau
235 = Streckgrenze R_e = 235 N/mm²
JR = Kerbschlagarbeit von 27 J bei 20 °C

L290GA für nahtlose und geschweiste Stahlrohre nach DIN EN 10220.

L = Stahl für den Rohrleitungsbau
290 = Streckgrenze R_e = 290 N/mm²

G = andere Güten
A = Anforderungsklasse: für brennbare Gase / Flüssigkeiten

DX52D+Z für feuerverzinktes Stahlblech nach DIN EN 10346.
D = Stahlband / -blech
X = Art des Walzens (warm oder kalt)
52 = Ziehgüte
D = Für Schmelztauchüberzüge
+Z = Feuerverzinkt

1.3.2.2 Unlegierte Edelstähle

Für unlegierte Edelstähle (unalloyed special steels) werden höhere Ansprüche an den Reinheitsgrad[1] (percentage purity) gestellt. Dadurch werden die erhöhten Anforderungen an z.B. die Streckgrenze, Zähigkeit, Härtbarkeit (hardenability) oder Schweißeignung (weldability) der Stähle sichergestellt. Aus diesen Stählen werden z.B. einfache Werkzeuge (Hämmer, Körner, Zangen, Sägen) oder Maschinenteile (Schrauben, Wellen, Zahnräder) hergestellt.

Bezeichnungsbeispiel nach DIN EN 10027-1: **C 35 E**
C = Kohlenstoff
35 = Kohlenstoffkennzahl (35:100 = 0,35 % Kohlenstoffgehalt)
E = Vorgeschriebener maximaler Schwefelgehalt

1.3.2.3 Legierte Qualitätsstähle

Die legierten Qualitätsstähle (alloyed quality steels) sind Stahlsorten, für die festgelegte Anforderungen z.B. hinsichtlich der Legierungsgehalte, der Mindeststreckgrenze, der Zähigkeit oder der Umformbarkeit bestehen. Sie sind im Allgemeinen nicht zum Vergüten oder Oberflächenhärten (refinement or surface hardening) vorgesehen. Verwendet werden diese Stähle z.B. für schweißgeeignete Baustähle, Rohre, warm- oder kaltgewalzte Bleche für Druckbehälter (warm or cold rolled sheets for pressure tanks) oder für schwierige Kaltumformarbeiten.

Bezeichnungsbeispiel nach DIN EN 10027-1:
DC06+ZE für ein kaltgewalztes verzinktes Feinblech nach DIN EN 10152
D = Flacherzeugnisse zum Kaltumformen
C = Kaltgewalzt
06 = Kennzahl zur Unterscheidung der Stahlsorte
+ZE = Elektrolytisch verzinkt

1.3.2.4 Legierte Edelstähle

Hier sind alle legierten Stahlsorten erfasst, die nicht der Hauptgüteklasse der nichtrostenden Stähle oder der legierten Qualitätsstähle zugeordnet sind.
Durch die genaue Einhaltung der chemischen Zusammensetzung und durch besondere Herstell- und Prüfbedingungen (producing and testing conditions) erlangen diese Stähle verbesserte Eigenschaften. Zu dieser Stahlsorte gehören z.B. die legierten Werkzeugstähle (alloyed tool steels), Schnellarbeitsstähle (high speed steels) (Bild 1), Druckbehälterstähle oder Maschinenbaustähle (engineering steels).

1 Metallsägeblätter und Metallbohrer aus Schnellarbeitsstahl

Bezeichnungsbeispiele nach DIN EN 10027-1:
90MnCrV8 für Gewindescheidringe aus Werkzeugstahl nach DIN EN ISO 4957
90 = Kohlenstoffkennzahl (90 : 100 = 0,9 % Kohlenstoffgehalt)
Mn = 1. Legierungselement Mangan
Cr = 2. Legierungselement Chrom
V = 3. Legierungselement Vanadium
8 = Kennzahl für1. Legierungselement (8 : 4[2] = 2 % Mangangehalt)

HS3-3-2 für Metallsägen oder Spiralbohrer aus Schnellarbeitsstahl nach DIN EN ISO 4957
HS = Schnellarbeitsstahl
3 = Gehalt in % für 2.[3] Legierungselement (Wolfram)
3 = Gehalt in % für 3. Legierungselement (Molybdän)
2 = Gehalt in % für 2. Legierungselement (Vanadium)

1.3.2.5 Nichtrostende Stähle

Die nichtrostenden Stähle sind **hochlegierte Stähle** (high alloyed steels) mit einem Chromgehalt von mindestens 10,5 % und einem Kohlenstoffgehalt von höchstens 1,2 %. Sie werden weiterhin nach ihrem Nickelgehalt und nach Haupteigenschaften unterteilt (Bild 2).

Unterscheidung nach dem Nickelgehalt	Unterscheidung nach Haupteigenschaften
• nichtrostende Stähle mit < 2,5 % Nickel • nichtrostende Stähle mit > 2,5 % Nickel	• Korrosionsbeständigkeit (corrosion resistance) • Hitzebeständigkeit (heat resistance) • Warmfestigkeit (thermal stability)

2 Einteilung der nichtrostenden Stähle

[1] Durch die genaue Einhaltung der erwünschten chemischen Zusammensetzung bei der Stahlherstellung werden verbesserte Eigenschaften gewährleistet.
[2] Für die Legierungsmetalle gibt es verschiedene Teiler, z.B. für Chrom, Mangan, Nickel, Wolfram u.a. = 4; für Kupfer, Molybdän, Titan u.a. = 10. Weitere Elemente und ihre Teiler sind in Metalltabellenbüchern zu finden.
[3] Das 1. Legierungselement ist immer Chrom mit 4 %. Der Kohlenstoffgehalt beträgt bei HS – Stählen ca. 0,9 %.

Durch den höheren Nickelgehalt werden die Korrosionsbeständigkeit und die Zähigkeit verbessert. Die korrosionsbeständigen nichtrostenden Stähle sind nicht nur gegen Rost (rust) sondern je nach Legierung auch gegen eine Vielzahl von chemischen und elektrochemischen Angriffen durch feste, flüssige oder gasformige Stoffe beständig. Die **hitzebeständigen Stähle** sind gegen Korrosionsangriffe durch heiße Gase (z.B. Abgase) beständig und auch bei hohen Temperaturen (> 1000 °C) mechanisch belastbar. Die **warmfesten Stähle** sind auch korrosionsbeständig, aber nur bis max. 800 °C mechanisch belastbar.

Im SHK-Bereich werden nichtrostende Stähle (oft als **Edelstahl** bezeichnet) verwendet für Trinkwasserrohre und Pressfittings (Bild 1), Regenfallrohre, Rohrkupplungen und Rohrmanschetten, Wellrohrkompensatoren, Kunststoffschläuche mit Stahlumflechtung, Stahlschläuche, Speicher-Trinkwassererwärmer, Plattenwärmetauscher, Brennwertkessel, Abgasrohre, Stahlschornsteine, Brennrohre, Brennerstauscheiben u.s.w.

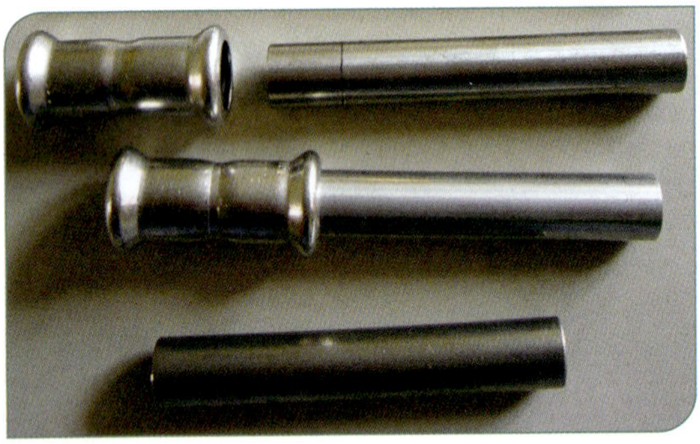

1 Nichtrostende Stahlrohre und Pressfittings

Bezeichnungsbeispiel nach DIN EN 10027-1:
X5CrNiMo17-12-2 für Präzisionsstahlrohe nach DIN EN ISO 1127 für die Trinkwasserinstallation.

X = Der Gehalt mindestens eines Legierungselementes muss > **5 %** sein.
5 = Kohlenstoffkennzahl (5 : 100 = 0,05 % Kohlenstoffgehalt)
Cr = 1. Legierungselement Chrom
Ni = 2. Legierungselement Nickel
Mo = 3. Legierungselement Molybdän
17 = Kennzahl für 1. Legierungselement (= ca. 17 % Chromgehalt)
12 = Kennzahl für 2. Legierungselement (= ca. 12 % Nickelgehalt)
2 = Kennzahl für 3. Legierungselement 2 (= ca. 2 % Molybdängehalt)

1.3.3 Nichteisenmetalle

In vielen Bereichen der Sanitär-, Heizungs- und Klimatechnik werden einige Nichteisenmetalle (**NE**-Metalle, non ferrous metals):

a) alternativ zu Stahl und Gusseisen verwendet (z.B. Kupfer für Rohre und Bleche oder Messing für Fittings und Armaturen) oder
b) ausschließlich für besondere Verwendungen (z.B. Zinn als Lot, Zink als Beschichtungsmetall) sowie als Legierungsmetalle eingesetzt.

Entscheidend für den Einsatz der NE-Metalle sind die Vorteile in der Herstellung, Verarbeitung und Anwendung (producing, working and application advantages), die sich aus ihren besonderen Eigenschaften, wie z.B. der Korrosionsbeständigkeit oder der Wärmeleitfähigkeit, ergeben.

1.3.3.1 Kupfer

Kupfer (copper) wird schon seit ca. 6000 Jahren hergestellt und verarbeitet. Damit ist dieser Werkstoff das älteste Gebrauchsmetall (utility metall). Während früher hauptsächlich Schmuck, Haushaltsgeräte und Waffen aus Kupfer hergestellt wurden, hat sich in der modernen industrialisierten Welt der Schwerpunkt auf die Bereiche Elektrotechnik, Kommunikationstechnik, Behälter- und Apparatetechnik und Gebäudetechnik verlagert.

In der SHK-Technik ist Kupfer nach wie vor mit einem hohen Marktanteil ein bevorzugter Werkstoff. In diesem Bereich wird ausschließlich die **sauerstofffreie** Kupfersorte **CU-DHP**[1)] verwendet, die sich durch folgende wichtigen Eigenschaften auszeichnet:

- gute Kalt- und Warmumformbarkeit und Trennbarkeit
- sehr gute Lötbarkeit und gute Schweißbarkeit
- sehr hohe Wärmeleitfähigkeit
- Gasdichtheit (gas-proof)
- lange Haltbarkeit aufgrund guter Korrosionsbeständigkeit gegenüber vielen Stoffen
- gesundheitliche Unbedenklichkeit (healthiness) bei Trinkwasser.

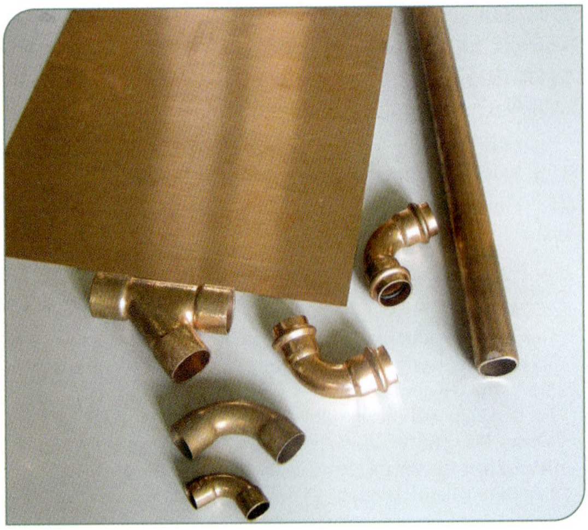

2 Blech, Rohr und Fittings aus Kupfer

1) **DHP** bedeutet desoxidiertes Kupfer mit begrenzt hohem Restphosphorgehalt (**d**eoxidized **h**igh residual **p**hosphor). Der Kupferanteil beträgt mindestens 99.9 %.

Für Halbzeuge wie Rohre und Bleche sind außerdem glatte Oberflächen und gute Festigkeitseigenschaften bei geringen Wanddicken wichtig (Bild 2, vorherige Seite).
Durch Kaltumformen – z. B. das Ziehen (drawing) von nahtlosen Rohren – können Festigkeitssteigerungen und hohe Oberflächengüten (surface quality/finish) erzielt werden.
In der normalen Umgebungsluft bildet sich auf der Kupferoberfläche zunächst eine braune und nach längerer Zeit eine grünliche Schutzschicht (protective coating), die **„Patina“** (patina).

Auch bei neutralem Wasser (pH 7) entsteht im Laufe der Zeit auf der Oberfläche eine dichte, korrosionsbeständige Deckschicht (layer).
Bei einem Kontakt mit fruchtsäurehaltigen Substanzen (fruit acidic substances) bildet sich das giftige Kupferacetat, das in der Umgangssprache „Grünspan“ genannt wird und nicht mit der grünen Patina verwechselt werden darf.
Der Kurzname für sauerstofffreies Kupfer mit der Zugfestigkeitsangabe (tensile strength data) in N/mm² lautet:
Cu-DHP – R220 (oder R250 bzw. R290).

1.3.3.2 Kupferlegierungen

Kupferlegierungen (copper alloys) lassen sich:
- nach der Art ihrer Herstellung und Verarbeitung in Guss- und Knetlegierungen.
- und nach den Legierungselementen unterscheiden.

Kupfer-Gusslegierungen
Bei der Herstellung einer Kupfer-Gusslegierung (cast alloy) stehen das Schmelzen, Legieren und Gießen (smelting, alloying and casting) am Beginn des kurzen Fertigungsweges des Rohwerkstoffes zum Formteil.
Das gefertigte Gussteil (z. B. ein Armaturengehäuse oder ein Fitting) kann aufgrund des Gießverfahrens schon endformnahe Konturen, Abmessungen und Oberflächen haben, sodass nur noch wenige Fertigungsschritte erforderlich sind.
Alle Kupferlegierungen sind besser gießbar als reines Kupfer und haben höhere Festigkeiten.

Kupfer-Knetlegierungen
Bei Produkten aus Kupfer-Knetlegierungen (wrought alloy) stehen das Schmelzen der Legierung und das Stranggießen (continuous casting) am Anfang der Fertigung. Anschließend werden aus dem Stranggussrohling durch verschiedene Warm- und Kaltumformverfahren (Walzen, Pressen, Ziehen) Halbfabrikate (z. B. Drähte, Stangen oder Profile) hergestellt, aus denen dann Fertigteile wie z. B. Schrauben, Bleche, Rohre, Fittings und Armaturenteile gefertigt werden (Bild 1). Kaltverformte Kupfer-Knetlegierungen erhalten durch die Kaltverfestigung eine wesentlich höhere Festigkeit. Durch eine nachträgliche Glühbehandlung (annealing) lassen sich fertigungsbedingte Werkstoffverspannungen und Kaltverfestigungen (material distortions and cold strengthenings) gezielt abbauen und somit spezifische Werkstoffanforderungen erfüllen.

1 Vom Stranggussrohling zum Armaturengehäuse

Kupfer-Zink-Legierungen
Legierungen aus Kupfer und Zink werden auch als **Messing** (brass) bezeichnet. Diese Bezeichnung ist jedoch nicht normgerecht. Der Zinkanteil variiert zwischen 5 % und 45 %. Mit einem Zinkgehalt bis 35 % erhöht sich die Verformbarkeit, Festigkeit und Korrosionsbeständigkeit. Ein höherer Zinkgehalt führt zu einer Verhärtung und Versprödung (hardening and embrittlement) des Werkstoffes, die Zerspanbarkeit verbessert sich, aber die Kaltverformbarkeit und Korrosionsbeständigkeit nehmen ab.

Je nach Herstellungsart werden diese Legierungen als **Pressmessing** (Bild 1) oder **Gussmessing** bezeichnet.

Teile aus Kupfer-Zink-Legierungen (copper-zinc alloys) lassen sich sehr gut hart- und weichlöten, die bleifreien Legierungen auch gut gasschmelzschweißen oder mit Schutzgas schweißen (shielded arc welding).
Im SHK-Bereich werden Kupfer-Zink-Legierungen überwiegend für Armaturen (Bild 2), Fittings, Rohrverbinder und als Hartlote verwendet.

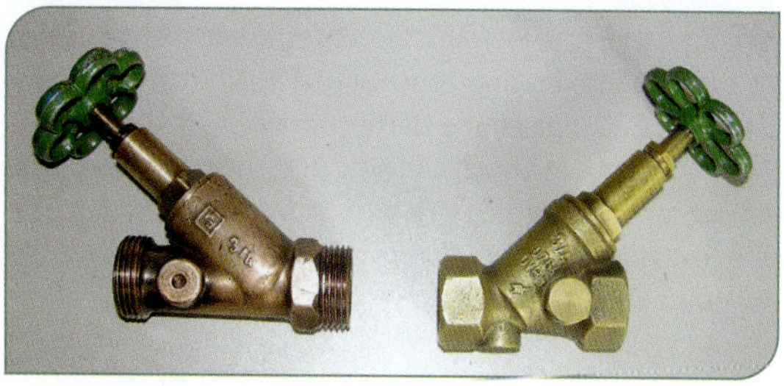

2 Schrägsitzventile aus Rotguss und Messing

Für den Einsatz in der Trinkwasserinstallation erfüllen die marktrelevanten Legierungen CuZn40Pb2 und CuZ36Pb2As (Bild 1) die hohen Anforderungen der Trinkwasserverordnung (TrinkwV 2023).

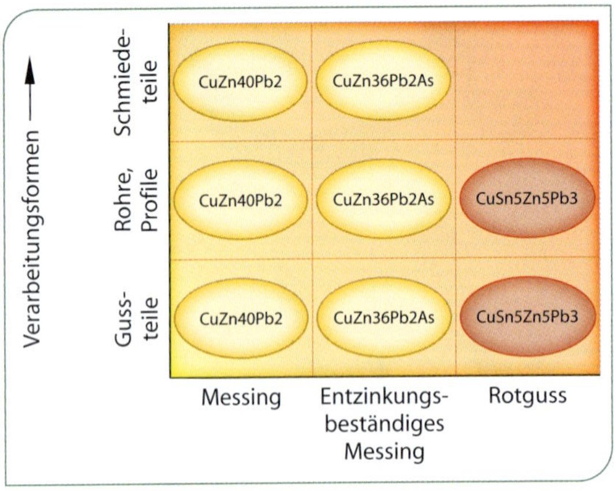

1 Kupfer-Zink und Kupfer-Zinn-Zink Legierungen

Die zweite Legierung ist **„entzinkungsbeständig"** (resistant to dezincification), d. h., ein Herauslösen von Zink aus dem Legierungsgefüge aufgrund des Zusammenwirkens von aggressivem[1] Wasser und hohen mechanischen Beanspruchungen beim Bauteil wird verhindert. Dadurch bleibt die hohe Korrosionsbeständigkeit der Legierung erhalten und die Qualität des Trinkwassers wird nicht beeinträchtigt.

Bezeichnungsbeispiel: **CuZn36Pb2As (DIN EN 12165)**
Cu = Basismetall Kupfer
Zn36 = Zink, Massenanteil 36 %
Pb2 = Blei, Massenanteil 2 %
As = Arsen in sehr geringer Menge als Hemmstoff (Inhibitor) gegen Entzinkung

Kupfer-Zinn-Legierungen

Kupfer-Zinn-Legierungen (copper-tin alloys) bezeichnet man auch als (Zinn-)**Bronzen** (bronze). Der Zinnanteil bei Gusslegierungen liegt zwischen 9 % und 12 %, bei Knetlegierungen bis 8,5 %.
Während reines, nicht kaltverfestigtes Kupfer relativ weich ist, erhalten Kupfer-Zinn-Legierungen durch den Zinnanteil eine höhere Festigkeit und Härte.
Sie sind außerdem verschleißfester und korrosionsbeständiger (more resistant to wear and corrosion) und besitzen bessere Gleiteigenschaften (sliding properties) als Kupfer-Zink-Legierungen.

Wenige Bronzen sind reine Zweistofflegierungen (two-component alloys). Oft werden neben Zinn noch weitere Legierungsmetalle wie Zink und Blei hinzugefügt, um die Werkstoffeigenschaften gezielt zu beeinflussen. Solche Legierungen bezeichnet man als **Mehrstoffbronzen** (multi-alloy bronzes). Eine dieser Mehrstofflegierungen ist **Rotguss – RG** (red bronze/gunmetal) (Bild 1). Es handelt sich hierbei um eine Kupfer-Zinn-Zink-Gusslegierung mit einem Zinkanteil zwischen 2 % und 9 %. Zur Verbesserung der Gieß- und Gleiteigenschaften wird Blei (lead) zulegiert.
Kupfer-Zinn-Legierungen und Kupfer-Zinn-Zink-Legierungen werden im SHK-Bereich für hochwertige Armaturengehäuse (Bild 2, vorherige Seite), Spindeln, Gleitlager, Löt- und Pressfittings sowie andere Rohrverbinder verwendet.
In der Trinkwasserinstallation können Legierungen mit sehr geringem Anteil an Blei eingesetzt werden (Rg+).

Bezeichnungsbeispiel: **CuSn4Zn2PS**:
Cu = Kupfer (Basismetall)
Sn4 = Zinn, Massenanteil 4 %
Zn2 = Zink, Massenanteil 2 %
PS = Blei, Massenanteil <0,1 %

1.3.3.3 Zinn

Zinn (tin) gehört genauso wie Blei und Zink zu den niedrigschmelzenden (low melting) Schwermetallen. Es ist sehr weich, sehr dehnbar, hat eine sehr geringe Festigkeit und wird deshalb als reines Metall nicht zur Herstellung von mechanisch belastbaren Halbzeugen oder Werkstücken eingesetzt.
Zinn ist witterungsbeständig, ungiftig sowie gut gießbar und wird hauptsächlich als:

- Beschichtungsmetall (coating metal) für dünnes Stahlblech (Weißblech)
- Beschichtungsmetall für innenverzinnte Kupferrohre (siehe S. 304)
- Basis- oder Legierungsmetall für Weich- bzw. Hartlote (Bild 2 und Bild 1, S. 143)
- Legierungselement (alloying element) für Kupferlegierungen verwendet.

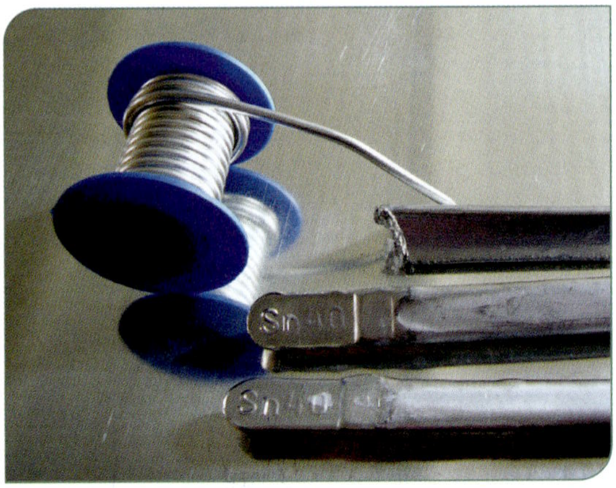

2 Zinnlote und Weißblech

[1] „Aggressives" bzw. „weiches" Wasser hat einen pH-Wert < 7, d. h. das Kalk-Kohlensäure-Gleichgewicht ist gestört. Der Gehalt an freier Kohlensäure (H2CO3) ist zu hoch und greift den Rohr- oder Armaturenwerkstoff an. Ist das Wasser auch chlorhaltig, wird die Korrosionswirkung verstärkt.

Die für das Weichlöten in der Trinkwasserinstallation zugelassenen Weichlote sich nach DIN EN ISO 9453 genormt (siehe Bild 1, S. 143).

Bezeichnungsbeispiel: **S-Sn97Cu3 (DIN EN 2945)**
S = Kurzzeichen für Lot (solder)
Sn 97 = Zinn, Massenanteil 97 %
Cu 3 = Kupfer, Massenanteil 3 %

1.3.3.4 Zink

Zink (zinc) hat eine geringe Festigkeit und ist bei Raumtemperatur schlecht vaerformbar und spröde. Es ist jedoch sehr witterungsbeständig und gut gießbar und wird deshalb hauptsächlich als Beschichtungsmetall für den Oberflächenschutz von Stahlbauteilen, als Basismetall für Zinklegierungen und als Legierungsmetall bei Kupfer- und Aluminiumlegierungen eingesetzt.
Bei der Verzinkung[1] (galvanizing) von Stahlbauteilen (z. B. Rohre, Profile, Bleche) entsteht eine festhaftende Deckschicht, die im Laufe der Zeit durch chemische Reaktionen mit dem Sauerstoff aus der Umgebungsluft eine dichte und gegen normale Umwelteinwirkungen korrosionsbeständige Oxidschicht (impervious oxide layer) bildet (siehe Kap. 2.2.1.3, S. 232).
Beim Schweißen und Brennschneiden von verzinkten Stahlbauteilen entstehen durch das Verdampfen des Zinks (ab 900 °C) giftige Dämpfe.
Titanzink ist eine Zinklegierung mit 0,06 %…0,2 % Titan (titanium), 0,08...0,1 % Kupfer und bis zu 0,015 % Aluminium. Durch diese Legierungsmetalle wird die Festigkeit, Verformbarkeit und Lötbarkeit des Basiswerkstoffes Zink verbessert. Verwendet wird diese Legierung hauptsächlich zur Herstellung von 0,6 mm … 1,0 mm dicken Blechen (Bild 1) für Dachverkleidungen, Fassadenverkleidungen, Einfassungen, Regenrinnen und Regenfallrohren.

1.3.3.5 Aluminium

Aluminium ist das am meisten verwendete Leichtmetall (light metal). Es ist gegen normale atmosphärische Einflüsse korrosionsbeständig, ungiftig und ein guter Wärme- und Stromleiter. Im Vergleich zu Stahl und Kupfer hat es eine geringere Festigkeit, die jedoch durch Zulegieren von Silizium, Magnesium, Zink und Kupfer gesteigert werden kann. Man kann Aluminium gut umformen und spanend bearbeiten.
Aluminiumlegierungen (aluminium alloys) werden auch in Guss- und Knetlegierungen aufgeteilt (siehe 1.3.3.2, S. 283).
Aluminiumprofile (Bild 2) werden z. B. für den Bau von Rahmen bei Duschkabinen oder Solarkollektoren verwendet. Im Lüftungsbau werden gerade oder flexible Luftleitungen aus Aluminium hergestellt.

Aluminium-Silizium Gusslegierungen (aluminium-silicon casting alloys) lassen sich gut vergießen und sind besonders korrosionsbeständig. Sie werden z. B. für Abgaswärmetauscher (combustion gas heat exchanger) bei wandhängenden Gas-Brennwertkesseln (Bild 3) eingesetzt, wegen:
- der komplizierten/verwinkelten Gussform,
- der geringen Masse,
- der guten Wärmeübertragung und
- der guten Korrosionsbeständigkeit gegenüber dem mit schwacher Kohlensäure (weak carbonic acid) versetzten Kondensat (condensate).

Bezeichnungsbeispiel: **EN AC-AlSi7Mg (DIN EN 1706)**
EN = Europäische Norm
AC[2] = Aluminium-Guss
Al = Aluminium
Si 7 = Silizium, Massenanteil 7 %
Mg = Magnesium

1 Verzinktes Stahlblech und Titanzink-Blech

2 Profile und Mantelrohr aus Aluminium

3 Abgaswärmetauscher eines Brennwertkessels

[1] Galvanische Verzinkung: Beschichtung durch elektrochemische Vorgänge im galvanischen Bad.
Feuerverzinkung: Beschichtung durch Eintauchen in ein Zinkbad (Schmelztauchbad)
Verzinkung durch Metallspritzen: Beschichtung durch Aufspritzen von flüssigem Zink

[2] C = cast

1.3.3.6 Magnesium

Magnesium (magnesium) ist das leichteste Gebrauchsmetall. Es ist sehr weich, hat eine geringe Festigkeit und Korrosionsbeständigkeit und ist im pulver- oder spanförmigen Zustand brennbar. In reiner Form wird Magnesium in Stabform als **Opferanode** (sacrificial anode) für den Korrosionsschutz von z. B. Warmwasserspeichern verwendet (Bild 1 und siehe S. 234). Magnesiumlegierungen enthalten hauptsächlich Aluminium und Zink um die Festigkeit zu erhöhen. Diese Legierungen lassen sich gut gießen und spanend bearbeiten. Verwendet werden sie z. B. für Armaturengehäuse (Bild 2), Elektro-Motorengehäuse oder für Gebläsegehäuse bei Brennern.

Bezeichnungsbeispiel: **EN-MCMgAl9Zn1 (DIN EN 1753)**
EN = Europäische Norm
MC = Magnesium-Guss
Mg = Magnesium
Al 9 = Aluminium, Massenanteil 9 %
Zn 1 = Zink, Massenanteil 1 %

1 Opferanode

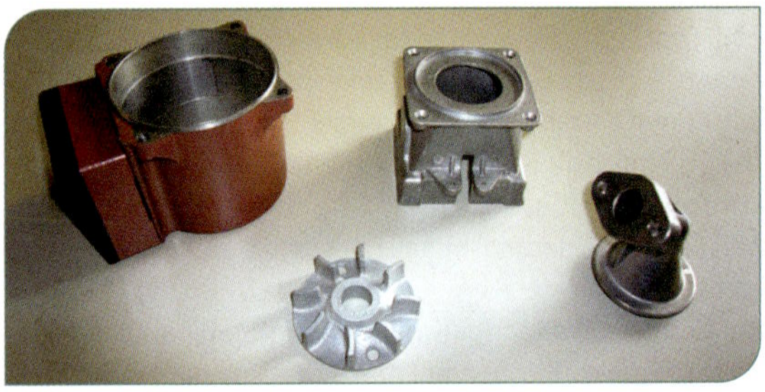
2 Druckgussteile aus Magnesiumlegierungen

1.4 Künstlich hergestellte Werkstoffe

1.4.1 Kunststoffe

Kunststoffe (plastics) sind Werkstoffe, die entweder synthetisch aus Erdöl, Kohle und Erdgas oder durch Veränderung und Abwandlung (modification) von Naturstoffen (natural materials) wie Cellulose und Latex (cellulose and latex) hergestellt werden. Aufgrund ihrer geringen Dichte haben sie eine geringe Masse. Kunststoffe finden auch im SHK-Bereich wegen ihrer besonderen Eigenschaften, (particular properties) sowie der Möglichkeit, sie bei der Herstellung gezielt den Erfordernissen anzupassen, eine immer breitere Verwendung (Bild 3 und Bild 1, nächste Seite). Außerdem sind Bauteile aus diesem Werkstoff häufig preisgünstiger (cheaper) als solche aus Stahl und Nichteisenmetallen. Daneben weisen Kunststoffe auch Eigenschaften auf, die ihre Verwendbarkeit (usability) einschränken.

Beispiele hierfür sind ihre im Vergleich zu Metallen wesentlich größere thermische Längenausdehnung, zunehmende Versprödung bei Temperaturen unter 0 °C, geringere Festigkeit und Temperaturbeständigkeit.

Kunststoffe werden nach ihrem inneren Aufbau und ihrem Verhalten bei Erwärmung eingeteilt in:
Thermoplaste (thermosetting plastics),
Duroplaste (duroplastics),
Elastomere (elastomers).

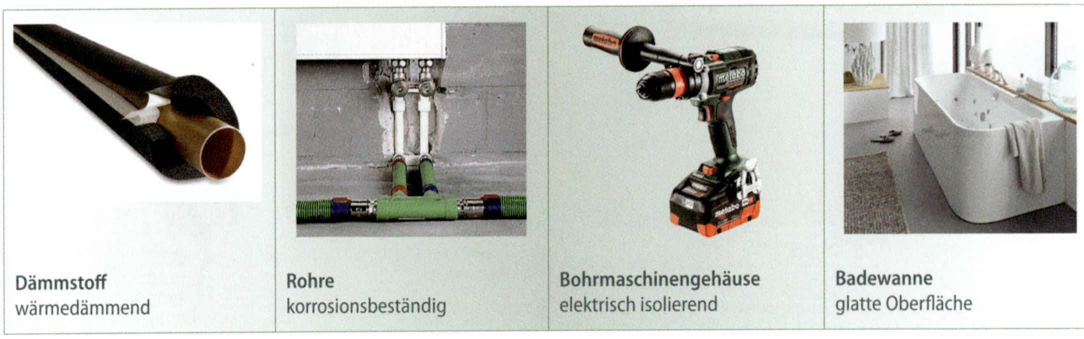

Dämmstoff wärmedämmend	**Rohre** korrosionsbeständig	**Bohrmaschinengehäuse** elektrisch isolierend	**Badewanne** glatte Oberfläche

3 Verwendung der Kunststoffe und wichtige Eigenschaften

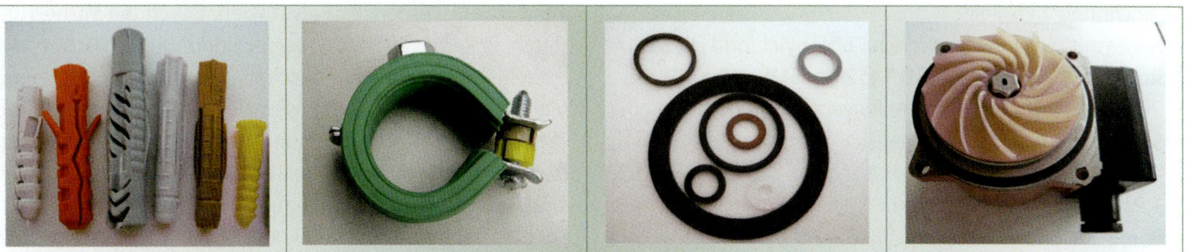

1 Verwendung der Kunststoffe und wichtige Eigenschaften

1.4.1.1 Thermoplaste

Thermoplaste bestehen aus unvernetzten (not interlaced) fadenförmigen Molekülketten (filamentary molecular chains), die aufgrund der fehlenden Vernetzung nicht durch chemische Bindungen (chemical bondings) sondern durch molekulare Kräfte (intermolecular forces) zusammengehalten werden (Bild 2). Thermoplaste sind bei Raumtemperatur fest. Bei Zufuhr von Wärme können sich die Molekülfäden leicht gegeneinander verschieben, sodass diese Kunststoffe leichter verformbar (deformable) werden.

Bei weiterer Wärmezufuhr werden sie teigig (pasty) und schweißbar (weldable). Nach Abkühlung erreichen sie wieder ihre ursprüngliche Festigkeit. Bei Temperaturen oberhalb des Schmelzpunktes zersetzen (decompose) sich thermoplastische Werkstoffe.

Thermoplaste sind sowohl warm umformbar als auch schweißbar.

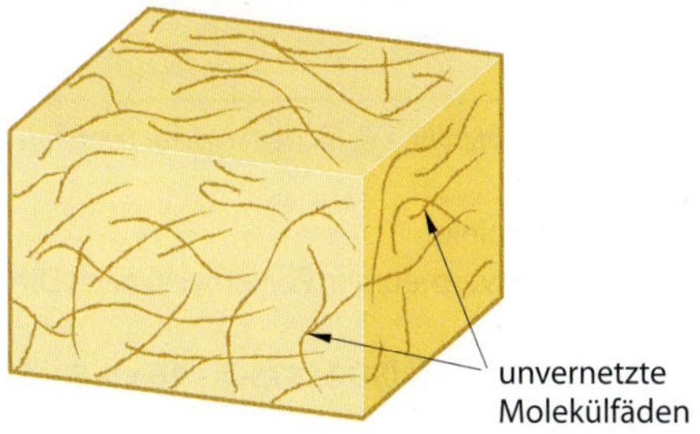

2 Schematische Struktur der Thermoplaste

Polyvinylchlorid

Polyvinylchlorid (Kurzzeichen **PVC**) wurde vermutlich erstmals 1838 vom französischen Chemiker Henry Victor Regnault hergestellt. Die technische Nutzung dieses thermoplastischen Kunststoffes erfolgte aber erst ab 1935. Heute ist PVC einer der am meisten verwendeten Kunststoffe. PVC ist farblos (colourless), durchsichtig, wie alle anderen Kunststoffe ein guter elektrischer Isolator (insulator), lässt sich schweißen, kleben (glue) und gut einfärben (colour). PVC ist zwar schwer entflammbar, brennt aber unter Freisetzung von giftigen Chlorwasserstoffdämpfen. Ein schwerwiegender Nachteil (disadvantage) ist seine geringe Wärmebeständigkeit (low heat-proofness). Das an sich spröde und harte PVC wird durch Zugabe von Additiven wie z. B. Stabilisatoren (stabilizers) und Weichmachern (softeners) den Anforderungen angepasst. Stabilisatoren verbessern z. B. die Temperatur-, Licht oder Witterungsbeständigkeit. Durch Zusatz von Weichmachern lässt sich die Härte und Zähigkeit variieren. Man unterscheidet grundsätzlich zwischen weichmacherfreiem Polyvinylchlorid (**PVC-U**[1]) und weichmacherhaltigem Polyvinylchlorid (**PVC-P**[2]). PVC-U ist hart, fest (firm) und zäh (tenacious), gut warm formbar sowie gut spanabhebend bearbeitbar. Außerdem zeichnet sich dieser Kunststoff durch eine hohe Witterungsbeständigkeit (weathering resistance) und eine sehr gute Beständigkeit gegen Säuren, Laugen, Alkohol, Benzin und Öle aus. PVC-U wird deshalb vor allem z. B. für Abwasserrohre (Bild 3), Kondensatleitungen, Armaturen, Rohrformteile und Dachrinnen verwendet. PVC-P ist gummielastisch (gummy) und abriebfest (abrasionproof), allerdings gegen Chemikalien nicht so beständig wie PVC-U. Dieser Kunststoff wird z. B. zur Isolierung und Ummantelung von Drähten und Kabeln sowie zur Herstellung von Dichtungen, Schläuchen, Schutzhandschuhen verwendet. Nachchloriertes PVC (**PVC-C**) ist temperaturbeständiger und wird zur Herstellung von Rohren für Trink- und Trinkwarmwasser sowie HT-Abwasserrohren verwendet (vgl. Kap. 1.6.4.7.2, S. 305).

3 PVC-U-Rohr

[1] U = unplasticized,
[2] P = plasticized

Bezeichnungsbeispiele:

- Rohre aus weichmacherfreiem Polyvinylchlorid DN 32:
  Rohr – PVC-U – DIN EN ISO 1452-2 – S10 – 40 x 1,9
  PVC – U: Weichmacherfreies Polyvinylchlorid
  S10: Rohrserie[1] (Rohrreihe)
  40: Außendurchmesser d_a in mm
  1,9 : Wandstärke s in mm
- Rohre aus chloriertem Polyvinylchlorid DN 40:
  Rohr – PVC-C 250 – DIN EN ISO 15877-1 – SDR 21 – 50 x 2,4
  PVC-C: Chloriertes Polyvinylchlorid
  250: Index für die Druckbeständigkeit [2]
  SDR 21: Rohrserie[3]
  50: Außendurchmesser d_a in mm
  2,4: Wandstärke s in mm

Polyethylen

Polyethylen (Kurzzeichen **PE**) wurde1898 von dem Chemiker Hans von Pechmann entdeckt und 1933 erstmals in England industriell gefertigt. Heute ist Polyethylen mit einem Marktanteil von ca. 30 % der weltweit am häufigsten hergestellte Kunststoff.

Polyethylen hat eine niedrigere Dichte als Wasser, kann einfach recycelt (recycable) werden, sieht in reinem Zustand milchigweiß aus und fühlt sich wachsartig an. Bei einer Dichte unterhalb 0,9 g/cm³ ist Polyethylen durchsichtig. Es ist sehr gut spanabhebend zu bearbeiten (machinable) und wie alle Thermoplaste im erwärmten Zustand formbar. Außerdem ist es schweißbar sowie gegen Säuren, Laugen, Alkohole, Öle, Benzin und gegen die meisten Lösungsmittel beständig. Polyethylen hat eine geringere Wasserdampfdurchlässigkeit als die meisten Kunststoffe, ist aber nicht sauerstoffdicht (oxygen tight). Die obere Grenze der Temperaturbeständigkeit (temperature stability) beträgt 95 °C, viele PE-Typen erweichen aber bereits deutlich unter diesem Wert. Die UV-Empfindlichkeit kann durch Zugabe von Ruß (Einschwärzung = inking) reduziert werden.

Je nach Herstellungs- bzw. Verarbeitungsverfahren unterscheidet man:

PE-LD (Polyethylen niederer Dichte, LD = low density) und PE-LLD (lineares Polyethylen niederer Dichte, LLD = linear low density) sind weich, elastisch und werden z. B. zur Herstellung von Folien und Kabelisolierungen verwendet.

PE-HD (Polyethylen hoher Dichte, HD = high density) (Bild 1) ist hart, steif und wird z. B. für Haushaltsartikel, Fettabscheider, Behälter (Öltanks, Regenwasserspeicher) und Rohre (Erdverlegte Gasleitungen, Trinkwasser-, Abwasserleitungen) verwendet.

PE-UHMW (ultrahochmolekulares Polyethylen, UHMW = ultra high molecular weight) zeichnet sich durch gutes Gleitverhalten sowie geringem Verschleiß (low wear/attrition) aus und wird deshalb z. B. für Pumpenteile, Zahnräder und Gleitbuchsen eingesetzt.

[1] Kennzahl für die Wanddicke nach ISO 4065: $S = \frac{(d_a - s)}{2S}$

[2] Die Zahl 250 ist eine Angabe zur Mindestdruckfestigkeit = 25 N/mm² bzw. 25 MPa

[3] Durchmesser/Wanddickenverhältnis $SDR = 2S + 1 \approx \frac{d_a}{s}$

PE-X ist ein vernetztes Polyethylen. Durch die Vernetzung (cross linkage) werden Querverbindungen zwischen den einzelnen Molekülfäden geschaffen und dadurch zu einem weitmaschigen, dreidimensionalen Netzwerk (tridimensional network) untereinander verbunden. Da durch diese Vernetzung die Molekülfäden quasi miteinander „verknotet" sind, wird ihnen die „Bewegungsfreiheit" genommen und so die Temperaturbeständigkeit, Schlagzähigkeit (impact strenght) und die Spannungsrissbeständigkeit (stress cracking resistance) verbessert.

Je nach Vernetzungsverfahren unterscheidet man PE-Xa (Bild 2), PE-Xb, PE-Xc und PE-Xd.

In der Versorgungstechnik werden PE-X-Rohre z. B. für Trinkwarmwasser- und Fußbodenheizungsrohre eingesetzt.

1 *Hausabflussrohr aus PE-HD*

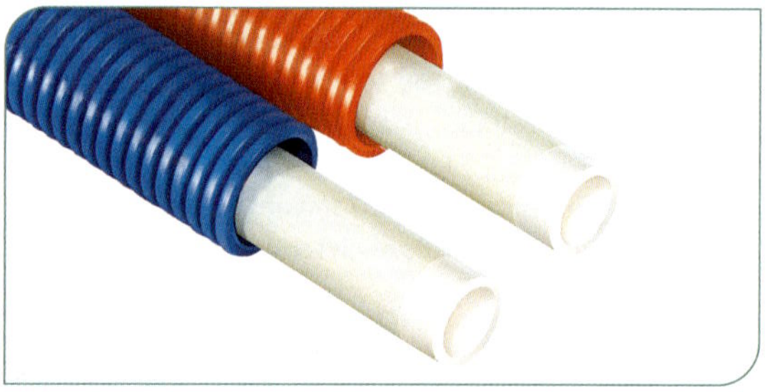

2 *PE-Xa-Rohr im Schutzrohr, z. B. für Heizkörperanbindungen*

Bezeichnungsbeispiele:

- Rohr aus peroxidvernetztem Polyethylen nach DIN EN ISO 15875-2:
  Rohr – PE-Xa – DIN EN ISO 15875-2 – 16 x 1,5 – S5 (SDR 11)
  PE-Xa: Peroxidvernetztes Polyethylen
  16: Außendurchmesser d_a in mm
  1,5: Wandstärke s in mm
  S5: Rohrserie[1] (Rohrreihe) (oder SDR 11) [3]

Polypropylen

Polypropylen (Kurzzeichen **PP**) wurde erstmals 1954 von Giulio Natta in Italien industriell hergestellt. Es hat eine höhere Festigkeit, Härte und Temperaturbeständigkeit (bis 110 °C) als Polyethylen. Polypropylen ist geruchs- und geschmacksfrei (odourless and tasteless) sowie gesundheitlich unbedenklich und damit für den Einsatz im Lebensmittelbereich (foodstuff field) geeignet. Außerdem ist es beständig gegenüber fast allen Lösungsmitteln (solvents) sowie den meisten Säuren und Laugen (acids and alkaline solutions).

Teile aus Polypropylen können gut durch Schweißen wie z. B. Heizelementschweißen (heated tool welding) (vgl. S. 152), verbunden werden. Polypropylen wird z. B. für Verpackungsmaterialien, Gehäuse und Bauteile von elektrischen Haushaltgeräten und im SHK-Bereich für Rohre (Bild 1), Rohrformteile und Armaturen verwendet.

1 PP-Abwasserrohr

Bezeichnungsbeispiele:

- Rohr aus Polypropylen nach DIN EN ISO 15874
  Rohr – PP-B 80 – DIN EN ISO 15874-2 – 32 x 2,9 – S5 (SDR 11)

PP:	Polypropylen
B:	Blockpolymer (für Trinkwasser und Fußbodenheizung)
80:	Mindestfestigkeit MSR[1] = 8 MPa = 8 N/mm^2
32:	Außendurchmesser d_a in mm
2,9:	Wandstärke s in mm
S5:	Rohrserie (Rohrreihe) (oder SDR 11)[2]

Polybuten

Polybuten (Kurzzeichen **PB**) ist gegen UV-Strahlen beständig (radiation resistant), flexibel (flexible), schweißbar, besitzt eine hohe chemische Beständigkeit und weist im Vergleich zu Polyethylen eine höhere Temperaturbeständigkeit und eine geringere Längenänderung (change of length) bei Temperaturwechsel auf. Polybuten wird deshalb im SHK-Bereich sowohl für Kaltwasser führende Rohre wie z. B. Trink- und Regenwasserrohe als auch für Warmwasser führende Rohre wie z. B. Trinkwarmwasser- und Heizungsrohre (Bild 2), verwendet.

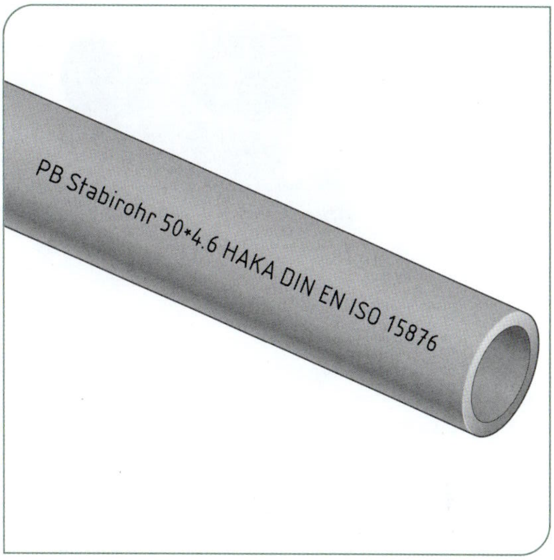

2 PB-Rohr nach DIN EN ISO 15876

Bezeichnungsbeispiel:

- **Rohr – PB 125 – DIN EN ISO 15876 – S4 (SDR9) – 25 x 2,8 – 250408**

PB:	Rohrwerkstoff – Polybutan
125:	Mindestfestigkeit MSR[1] = 12,5 MPa = 12,5 N/mm^2
25:	Außendurchmesser d_a in mm
2,8:	Wandstärke s in mm
S4:	Rohrserie (Rohrreihe) (oder SDR 9)[2]

Acrylnitril-Butadien-Styrol

Acrylnitril-Butadien-Styrol (Kurzzeichen **ABS**) ist hart, bis ca. 100 °C temperaturbeständig und zeichnet sich durch eine hohe Kratzfestigkeit (scratch resistance) und Schlagzähigkeit auch bei tiefen Temperaturen, eine gute Schalldämpfung (sound dissipation) sowie eine hohe Spannungsrissbeständigkeit aus. Allerdings ist dieser Kunststoff nicht UV-Strahlen beständig und vergilbt (turns yellow) bei längerer Lichteinwirkung (light effect). Des weiteren ist er nicht beständig gegen organische Lösungsmittel und Öle (organic solvents and oils). Teile aus ABS können durch Kleben gefügt werden. Im SHK-Bereich wird ABS z. B. für Abwasserrohre und Rohrformstücke (Bild 1, nächste Seite), Armaturen, Anschlussschellen, Rückstauverschlüsse verwendet.

1) MSR: Minimum required strength
2) Durchmesser / Wanddickenverhältnis SDR = 2S + 1 ≈ $\frac{d_a}{s}$

1 ABS-Abwasserrohr und Rohrformteile

Bezeichnungsbeispiel:

- **Rohr – ABS – DIN EN 1455-1 – 40 x 2,4 – 250408**

ABS: Rohrwerkstoff – Acrylnitril-Butadien-Styrol
40: Außendurchmesser d_a in mm
2,4: Wandstärke s in mm
250408: Herstellungsdatum

1.4.1.2 Duroplaste

Die Fadenmoleküle der Duroplaste (thermosetting plastic) bilden ein engmaschiges räumliches Netz (close meshed spatial lattice) und sind an den vielen Vernetzungsstellen (cross linkages) durch chemische Bindung verknüpft (Bild 2).

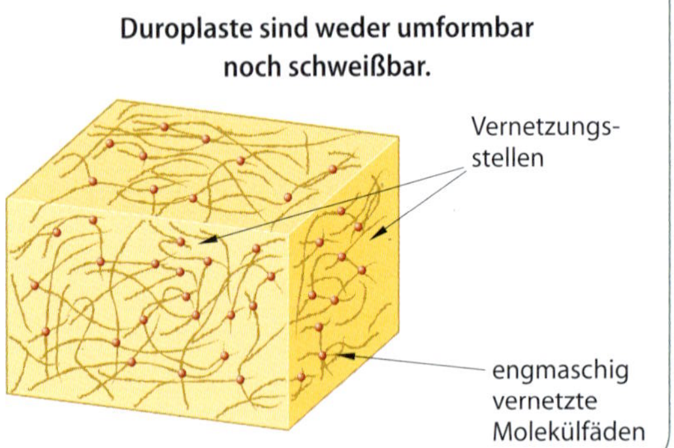

2 Schematische Struktur der Duroplaste

Duroplaste sind deutlich härter und spröder als Thermoplaste und nur mechanisch bearbeitbar (workable). Sie bleiben auch bei Erwärmung fest und formstabil, da die Vernetzungsstellen eine Verschiebung (dislocation) der Molekülfäden verhindern. Eine Erwärmung auf höhere Temperaturen führt nicht zum Schmelzen, sondern zu chemischer Veränderung und Zersetzung des duroplastischen Werkstoffes.

Phenolharz

Der erste duroplastische Kunststoff auf der Basis von Phenolharz wurde 1907 von Leo Hendrik Baekeland hergestellt und unter dem Handelsnamen **Bakelit** bekannt.

Phenolharz (phenolic resin) – die genaue Bezeichnung ist **Phenol-Formaldehydharz (PF)** – ist hart, hitzebeständig, wasserfest (water resistant) und ein guter elektrischer Isolator. Seine gelbbraune Farbe dunkelt unter Lichteinwirkung nach. Verwendung findet der Kunststoff bei der Herstellung von Schichtstoffen (laminated plastics). Diese Schichtstoffe bestehen aus mehreren mit Phenolharz getränkten und miteinander verbundenen Holz-, Papier- oder Gewebelagen (paper, wood or textural layers), die z. B. in der Elektroindustrie als Leiterplatten (printed circuits) (Bild 3) dienen. Mit Füllstoffen (filling materials) wie z. B. Holzmehl, Gesteinsmehl, oder Quarzsand vermischt wird Phenolharz als Pressmasse (moulding compound) für z. B. Gehäuse, Lagerschalen, Zahnräder, Griffe und Elektroteile eingesetzt. Des Weiteren wird Phenolharz zur Herstellung von Hartschaum-Wärmedämmplatten, als Bindemittel (bonding agent) z. B. für Schleifscheiben, Hartfaser- und Spanplatten sowie für wasserfeste Lacke verwendet.

3 Leiterplatte Brennerregelung

Harnstoff- und Melaminharz

Harnstoff- und Melaminharz, die genauen Bezeichnungen sind **Harnstoff-Formaldehydharz** (**UF** = urea formaldehyde resin) und **Melamin-Formaldehydharz** (**MF** = melamine formaldehyde resin) gehören zu den duroplastischen Kunststoffen, da sie chemisch bzw. thermisch ausgehärtet werden. Sie sind farblos, können aber mit geeigneten Farbstoffen in unterschiedlichen, in Gegensatz zu Phenolharzen auch hellen, sonnenlichtbeständigen Farbtönen (sunlight resistant colours) hergestellt werden. Sie besitzen eine glänzende, harte, abriebfeste Oberfläche sowie gute elektrische Isoliereigenschaften, sind geruch- und geschmacklos sowie schwer brennbar (hardly flammable). Des Weiteren sind sie beständig gegen, Öle, Fette, Lösungsmittel, schwache Säuren und Laugen. Melamin-Formaldehydharz ist allerdings feuchte- bzw. wasserfester und hitzebeständiger als Harnstoff-Formaldehydharz. Verwendet werden die beiden Duroplaste u. a. zur Herstellung von Formteilen der Sanitär- und Elektrotechnik wie z. B. Toilettensitze, Schalter, Stecker und Steckdosen (Bild 4). Außerdem werden sie zur Herstellung von Lacken, Klebstoffen und Schaumstoffen (lacquers, adhesives and foamed materials) für die Wärme- und Schalldämmung, sowie als Bindemittel für Holzwerkstoffe (Spanplatten, Sperrholz) eingesetzt. Da Melamin-Formaldehydharz als lebensmitteltauglich (suitable for foodstuffs) eingestuft wird, findet es auch für Ess- und Trinkgeschirr vielfach Anwendung.

4 Steckdose

Polyurethan
Polyurethan (Kurzzeichen **PUR**, polyurethane) kann je nach Wahl und Mischungsverhältnis der Ausgangsstoffe und Zugabe von Additiven unterschiedliche Eigenschaften aufweisen. Polyurethan kann hart und zäh, aber auch weich und elastisch sein. Wegen der guten Haftfähigkeit (adhesive property) und Witterungsbeständigkeit sowie der hohen Beständigkeit gegen Lösungsmittel und Chemikalien ist Polyurethan vielfach in Lacken und Klebstoffen enthalten. Aufgrund ihrer guten elektrisch isolierenden Eigenschaft findet Polyurethan auch als Ummantelung (cable covering) elektrischer Leitungen Anwendung. PUR-Mischungen mit hoher Abriebs- bzw. Verschleißfestigkeit werden z. B. für Schutzschläuche, Förderschläuche zum Transport abriebverursachender Feststoffe (Pulver, Granulate, Pellets) und als Schutzschicht in Rohren und Rohrformstücken eingesetzt. Durch Zusatz von Treibgasen (propellants) – vorwiegend Pentan, aber auch CO_2 – entstehen Schaumstoffe mit sehr niedriger Wärmeleitfähigkeit, die z. B. als Montageschaum zum Ausschäumen von Hohlräumen, als Hartschaumdämmplatten für Dach-, Wand- und Fußbodendämmungen, sowie zur Wärmedämmung von Rohren (Bild 1), Rohrformteilen und Armaturen verwendet werden. Dämmstoffe aus Polyurethan-Hartschaum zeichnen sich durch Alterungsbeständigkeit (ageing stability), gute Formstabilität (dimensional stability) und thermische Beständigkeit aus. Sie können dauerhaft (permanent) in den Temperaturbereichen zwischen –30 °C bis 90 °C eingesetzt und kurzzeitig Temperaturbelastungen von bis zu 250 °C ausgesetzt werden. Polyurethan-Hartschaum ist wasserfest, verrottet nicht (does not rot), ist resistent gegen Schimmel- und Schädlingsbefall, ist geruchsneutral und physiologisch unbedenklich.

1 PUR-Wärmedämmstoff

1.4.1.3 Elastomere

Elastomere (Elaste) bestehen aus weitmaschig (wide-meshed) vernetzten Molekülfäden, die im unbelasteten Zustand verknäuelt (coiled) sind (Bild 2).
Sie verfügen über eine hohe Elastizität (great elasticity). Elastomere lassen sich durch äußere Kräfte stark verformen und nehmen nach Entlastung (load alleviation) die ursprüngliche Form wieder ein. Dieses gummielastische Verhalten der Elastomere ändert sich bei Erwärmung kaum.

Elastomere sind (gummi)elastisch, aber nicht warm umformbar und nicht schweißbar.

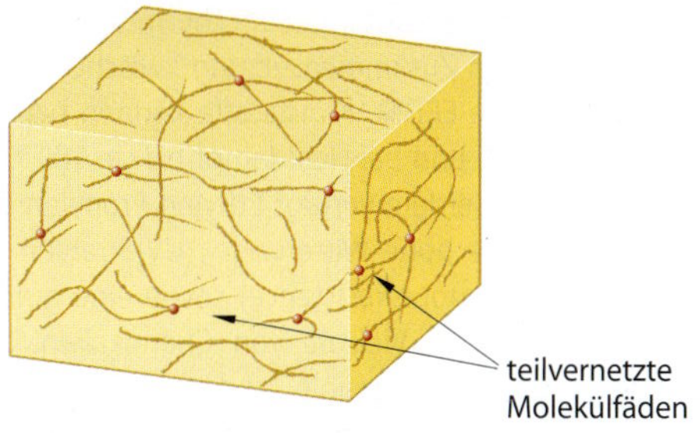

2 Schematische Struktur der Elastomere

Acrylnitril-Butadien-Kautschuk
Acrynitril-Butadien-Kautschuk (Kurzzeichen **NBR** = nitrile butadiene rubber) ist ein abriebfester und alterungsbeständiger (non-ageing) Kunststoff, der bei einem entsprechend hohen Acrylnitrilanteil (maximal 50 %) eine außergewöhnlich hohe Beständigkeit gegen Mineralöle (= aus Erdöl hergestellte Energieträger wie z. B. Heizöl, Dieselkraftstoff, Benzin), Schmierstoffe auf Mineralölbasis, tierische und pflanzliche Öle und Fette sowie eine geringe Gasdurchlässigkeit aufweist. Sein thermischer Einsatzbereich liegt je nach Zusammensetzung zwischen –30 °C und 120 °C.
Acrylnitril-Butadien-Kautschuk wird z. B. zur Herstellung von Dichtungen (Bild 3), Membranen und Schläuchen (gaskets, washers, membranes and hoses) verwendet. **Hydrierter Acrylnitril-Butadien-Kautschuk** (Kurzzeichen **HNBR**) besitzt eine wesentlich höhere Temperaturbeständigkeit und wird z. B. für die O-Ringdichtungen der Pressfittings bei Gasinstallationen eingesetzt (Bild 4). Diese müssen 30 Minuten lang Temperaturen von 650 °C aushalten können.

3 NBR-Dichtungen

4 HNBR-O-Ringdichtung für Gaspressfitting

Ethylen-Propylen-Dien-Kautschuk

Ethylen-Propylen-Dien-Kautschuk (Kurzzeichen **EPDM**) besitzt eine hohe Elastizität, ist sehr alterungsbeständig, abriebfest, elektrisch isolierend sowie kälte- und hitzebeständig (cold-and heat-resistant). Sein thermischer Einsatzbereich liegt je nach Zusammensetzung zwischen – 30 °C und 120 °C. Spezielle EPDM- Kunststoffe können bei Heißwasser bis ca. 150 °C und bei Heißdampf bis ca. 180 °C eingesetzt werden. Außerdem verfügt Ethylen-Propylen-Dien-Kautschuk über eine hohe Witterungs-, UV-Strahlen- und Ozonbeständigkeit (ozone resistance) sowie eine gute Beständigkeit gegen eine Vielzahl von Chemikalien. Seine Beständigkeit gegen Mineralöle und Schmierstoffe auf Mineralölbasis ist allerdings gering. Aus Ethylen-Propylen-Dien-Kautschuk werden z. B. Kabelisolierungen (cable insulations), Schalldämmeinlagen (sound insulation inserts) von Rohrschellen (Bild 1) und Dichtungsbahnen zur Abdichtung von Flachdächern hergestellt. Darüber hinaus wird dieser Kunststoff z. B. zur Herstellung von heißwasserbeständigen O-Ringdichtungen, Flachdichtungen und Schläuchen verwendet.

1 Schalldämmeinlage einer Rohrschelle aus EPDM

1.4.2 Keramische Werkstoffe

Die Bezeichnung Keramik (ceramic) stammt aus dem Altgriechischen. „Keramos" war die Bezeichnung für Ton und die aus ihm durch Brennen (burning) hergestellten formbeständigen Erzeugnisse.
Seit den Anfängen der keramischen Werkstoffe hat sich nur eines nicht geändert: der Hauptbestandteil ist das Naturprodukt Ton (clay).

1.4.2.1 Sanitärkeramik

Sanitärobjekte wie Waschtische, Bidets (Bild 2) und Toilettenspülbecken werden aus Sanitärkeramik (vitreous china) hergestellt. Hierfür werden neben dem Hauptbestandteil Ton, Zusätze wie Kaolin, Feldspat, Quarz und Zuschlagstoffe verwendet. Diese Bestandteile werden gemahlen und zu „Gießschlicker" vermischt. Der „Gießschlicker" wird in Gipsformen gegossen. Durch Wasserentzug entsteht nun ein Rohling (moulded blank), der entgratet und geglättet und

2 Bidet aus Sanitärkeramik

nach einer weiteren Trocknung im Tunnelofen bei etwa 1250°C gebrannt (burned) wird. Statt Gipsformen (plaster moulds) werden auch poröse Kunststoffformen verwendet, wobei dann der „Gießschlicker" in Druckgussmaschinen zu Rohlingen „gedrückt" wird. Solche Maschinen stellen stündlich bis zu 30 Rohlinge her.

1.4.2.2 Steinzeug

Steinzeug (**STZ**) wird aus Ton und Schamotte (chamotte) hergestellt. Schamotte ist vorgebrannter (preburned) Ton, der gemahlen und beigemischt wird. Dadurch wird für den Brand die erforderliche Standfestigkeit und Formstabilität erreicht.
Die äußere Glasurmasse (glaze) wird vor dem Brand aufgebracht und verschmilzt während des Brennens unlösbar mit dem keramischen Rohkörper (Scherben (body)) und kann deshalb auch nicht durch Wasser oder Dampfdruck „absprengen".
Nach einer Brenndauer von 3 Tagen bei einer Temperatur von bis zu 1250 °C entsteht der neue Werkstoff Steinzeug (glazed fireclay), bestehend aus Glas, Quarz und Mullit[1].

Die Eigenschaften, wie:
- chemische Beständigkeit,
- hohe mechanische Festigkeit,
- Formstabilität,
- Temperaturbeständigkeit,
- glatte Oberfläche,
- Härte

machen ihn in der Abwassertechnik zu einem unverzichtbaren Werkstoff für Abwasserrohre und Formteile (Bild 3), vor allem zur Ableitung chemisch belasteter Abwässer (chemical contaminated sewage water) (geeignet für pH-Werte 2 – 12). Die Temperaturbeständigkeit reicht von –10 °C bis + 70 °C. Steinzeugrohre sind der Baustoffklasse A1 zugeordnet und somit nicht brennbar.

3 Steinzeugmuffe mit Rohrspitzende (Schnitt)

[1] Mineral aus der Mineralklasse der Silikate. Erstmals gefunden 1924 auf der schottischen Insel Mull. Entsteht bei ca. 1200 °C.

1.4.3 Borosilikatglas

Das heute als Baumaterial verwendete Glas ist ein Kalk-Natron-Glas. Durch den Zusatz von 7–15 % Boroxid verändern sich die Eigenschaften folgendermaßen:
- der Ausdehnungskoeffizient wird kleiner,
- die Bruchfestigkeit wird größer,
- die Beständigkeit gegenüber Säuren und Laugen sowie plötzlichen großen Temperaturwechseln, z. B. bei chemischen Reaktionen, wird größer.

Anwendung findet Borosilikatglas (borosilicate glass) durch diese verbesserten Eigenschaften (advanced properties) als z. B.:
- Abwasserrohr in chemischen Laboren,
- Abgasrohr von Brennwertgeräten,
- Glaseinsatz in Kamin- und Backofentüren.

Bei Entwässerungsanlagen mit hohem Sicherheitsstandard (z. B. bei Flughäfen) wird Borosilikatglas (Bild 1) aufgrund seiner Transparenz (transparency) eingesetzt, um Störungen (disturbances) schnell und sicher lokalisieren zu können.
Aus optischen Gründen ist gerade diese Durchsichtigkeit auch häufig ein Grund für die Verwendung bei z. B. Abgasanlagen von Feuerstätten.

1 Abwasserformteil und -rohr aus Borosilikatglas

1.5 Verbundwerkstoffe

Verbundwerkstoffe (composite materials) bestehen aus mindestens zwei verschiedenen Werkstoffen, die durch Stoff- oder/und Formschluss (adhesive bond or/and positive locking) fest miteinander verbunden sind. Durch geeignete Auswahl und Kombination von einzelnen Werkstoffen ist es möglich, Werkstoffeigenschaften zu erzielen, welche die vielfältigen technischen Anforderungen erfüllen. Verbundwerkstoffe finden Anwendung, wenn die Eigenschaften eines einzelnen Werkstoffes nicht ausreichen, um die an ein Bauteil gestellten Anforderungen zu erfüllen.

Man unterscheidet dabei grundsätzlich
- Faserverbundwerkstoffe (fibre composites), bei denen Verstärkungsfasern in den Grundwerkstoff, z. B. Kunststoff, eingelagert werden. Ein Beispiel hierfür ist Glasfaser verstärkter Kunststoff **(GFK)**.
- Sinterverbundwerkstoffe (sintered or powdered composites), bei denen Pulverkörner unterschiedlicher Härte miteinander vermischt und zu einem einheitlichen Gefüge verbunden werden.
- Schichtverbundwerkstoffe (stratified composites), die aus aufeinander liegenden Schichten unterschiedlicher Materialien bestehen, z. B. beschichtete Holz- und Spanplatten, Bimetall-Spiralen, Mehrschichtverbundrohre.
- Durchdringungsverbundwerkstoffe (infiltration composites), bei denen der offenporige Grundwerkstoff mit einem flüssigen Stoff getränkt wird, z. B. selbstschmierende, ölgetränkte Gleitlager aus Sintermetall.

1.5.1 Sinterwerkstoffe

Sinterwerkstoffe (sintered materials) werden aus pulverisierten (powdered) Werkstoffen hergestellt.
Die Pulverteilchen werden unter hohem Druck verdichtet (compressed), und anschließend unterhalb der Schmelztemperaturen der Pulverwerkstoffe geglüht (gesintert). Dabei entsteht an den Berührungsstellen der beim Pressen kaltverfestigten Pulverteilchen ein zusammenhängendes

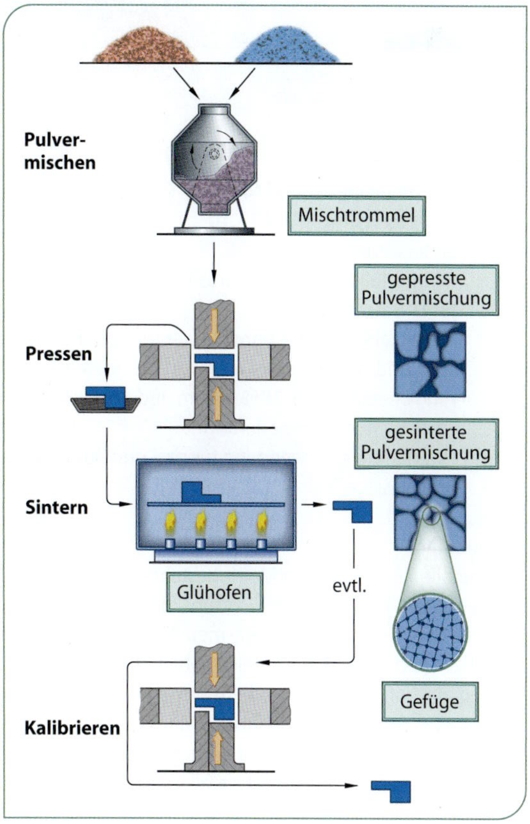

2 Schematische Darstellung der Sinterteilherstellung

Gefüge (Bild 2, vorherige Seite). Die Eigenschaften eines Sinterwerkstoffes werden maßgeblich von der Materialzusammensetzung (Mischungsanteile der einzelnen Pulverwerkstoffe), der Korngröße und der Porengröße bestimmt (determined by material composition, grain and pore size) und können durch den Pressdruck und die Sintertemperatur bei der Herstellung beeinflusst werden. So wird z. B. bei kleiner Korngröße der Pulverwerkstoffe und großem Pressdruck ein feinporiger (fine pored) Sinterwerkstoff entstehen (Bild 1). Durch Sintern lassen sich auch zähe metallische Werkstoffe mit harten keramischen Werkstoffen (ceramic materials) verbinden und daraus ein Verbundwerkstoff mit besonderen Eigenschaften herstellen. Sinterwerkstoffe eignen sich sowohl für komplizierte Formteile, welche mit spanabhebenden Verfahren nicht oder nur mit großem Aufwand gefertigt werden könnten als auch für einfache Massenteile. Poröse (porous) Sinterwerkstoffe werden z. B. für die Filtereinsätze bei Öldüsen (Bild 2) und selbstschmierende Gleitlager (self-greasing slide bearings) verwendet. Dicht gepresste, harte und temperaturbeständige Sinterwerkstoffe werden z. B. bei Steinbohrerschneiden eingesetzt.

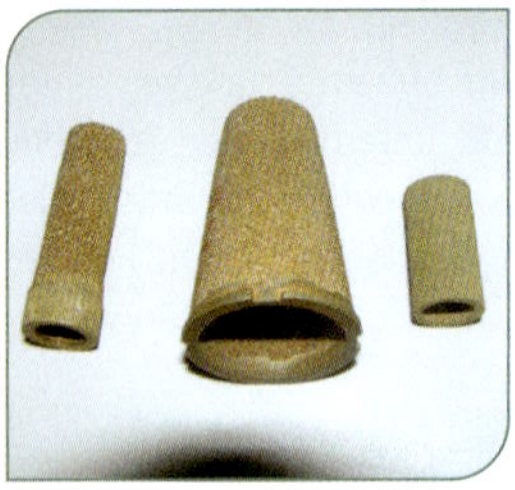

1 Filterformteile mit unterschiedlicher Körnung und Porengröße

2 Filtereinsatz für Öldüsen

Bezeichnungsbeispiel:
Rostfreier Sinterstahl, Cr- und Ni-haltig, Filterfeinheit 10 µm nach DIN 30910-2: **Sint – AF 40 – 10**

- Sint: Sinterwerkstoff
- AF: Raumerfüllung < 73 %, Porosität > 27 %, bevorzugtes Einsatzgebiet Filter
- 4: Sinterstahl mit oder ohne Kupfer und/oder Kohlenstoff und mit mehr als 6 Masse-% anderen Legierungsmetallen, z. B. 18 % Chrom und 8 % Nickel
- 0: Fortlaufende Nummerierung
- 10 µm: Filterfeinheit, Verwendung für gas- und flüssigkeitsdurchlässige Teile

Hartmetalle

Hartmetalle (cemented carbide) bestehen zu etwa 90–94 % aus Hartstoffen wie z. B. Wolfram-, Titan-, Tantalkarbid, und zu etwa 6–10 % aus einem metallischen Bindemittel (metallic bonding material) meist Kobalt oder Nickel und werden auf pulvermetallurgischem Wege hergestellt. Beim Sintern wird das Bindemittel flüssig, füllt die Zwischenräume der zusammengepressten Hartstoff-Pulverkörner und verbindet sich mit ihnen. Hartmetalle besitzen eine sehr hohe Härte, sind äußerst druck- und verschleißfest aber spröde, d. h., stoß- und schlagempfindlich (impact sensitive). Man verwendet sie meist in Form von Schneidplättchen (carbide tips) für z. B. Stein- und Betonbohrer (Bild 3), oder in Form von Schneidzähnen für z. B. Kreissägeblätter (Bild 4). Da die Hartmetalle sehr spröde sind, lötet man Hartmetallschneiden auf einen elastischen Trägerwerkstoff. Wegen ihrer Härte können Hartmetalle nur mit Diamantwerkzeugen (diamond tools) geschliffen werden. Hartmetallschneiden haben eine wesentlich längere Standzeit (endurance) als solche aus Stahl.

Bezeichnungsbeispiel für ein Feinstkornhartmetall:
HF-P10

- HF: Unbeschichtetes Hartmetall, Hauptbestandteil Wolframkarbid, Korngröße < 1 µm
- P10: Zerspanungsanwendungsbereich: Alle Stahlarten und Stahlguss, ausgenommen nichtrostender Stahl.

3 Bohrer Hartmetallschneiden

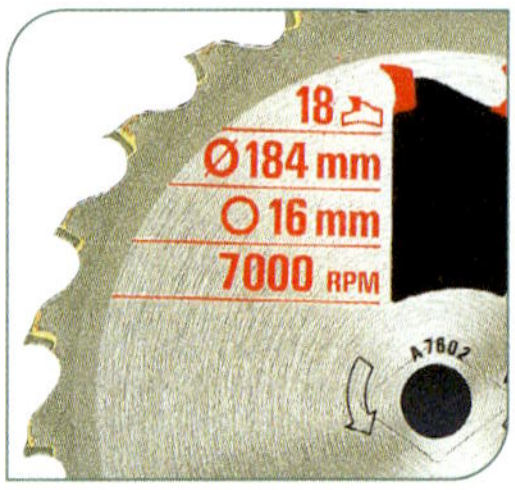

4 Kreissägeblatt mit Hartmetallschneiden

1.5.2 Glasfaserverstärkter Kunststoff

Glasfaserverstärkter Kunststoff (Kurzzeichen **GFK**) (fibreglass reinforced plastic) ist ein Faserverbundwerkstoff, bei dem Glasfasern (glass fibres) in den Kunststoff, (z. B. Polyesterharz oder Epoxidharz) eingelagert sind. GFK ist klebbar und spanend mit Hartmetallwerkzeugen bearbeitbar. Die Eigenschaften werden durch den verwendeten Kunststoff, die Glasfaserart und -menge sowie ihrer Anordnung bestimmt. Je größer der Anteil der Glasfasern am Gesamtvolumen ist und je einheitlicher ihre Ausrichtung ist, desto höher ist seine Festigkeit. Glasfaserverstärkter Kunststoff zeigt eine hohe Bruchdehnung (breaking elongation) sowie ein hervorragendes Korrosionsverhalten auch in aggressiver Umgebung (aggressive environment) und wird deshalb z. B. zur Herstellung von Öllagerbehältern (oil storage tanks) (Bild 5), Rohren und Wellplatten (Bild 6) verwendet. Wegen der guten elektrischen Isolationswirkung wird GFK auch in der Elektrotechnik z. B. für die Fertigung von Isolatoren und Schaltschränken eingesetzt.

5 GFK-Batterie-Tanks

6 Rohr und Wellplatte aus GFK

ÜBUNGEN

1. Geben Sie für drei Eisenmetalle, drei Nichteisenmetalle und drei Kunststoffe je ein Verwendungsbeispiel aus dem SHK-Bereich an.
2. Nennen Sie fünf unterschiedliche Hilfsstoffe und geben Sie jeweils an, wofür sie verwendet werden.
3. Nach welchem Kriterium werden Nichteisenmetalle unterteilt?
4. Welche Vorteile haben Verbundwerkstoffe gegenüber Einzelwerkstoffen?
5. Nennen Sie vier nachwachsende natürliche Werkstoffe und geben Sie jeweils ein Verwendungsbeispiel an.
6. Erläutern Sie die Aufgabe von Kühlschmierstoffen.
7. Erläutern Sie die Bedeutung von je zwei physikalischen, chemischen und technologischen Werkstoffeigenschaften für den SHK-Bereich.
8. Für welche Berechnung ist die Dichte eines Werkstoffes erforderlich?
9. Welche Vorgänge werden mit den Begriffen Schmelzpunkt und Erstarrungspunkt gekennzeichnet?
10. Nennen Sie je einen Werkstoff mit guter bzw. schlechter Wärmeleitfähigkeit und geben Sie hierfür jeweils zwei Praxisbeispiele aus dem SHK-Bereich an.
11. Beschreiben Sie das elastisch-plastische Verformungsverhalten am Beispiel eines im Schraubstock eingespannten und durch Handkraft auf Biegung beanspruchten Stahlblechstreifens.
12. Erklären Sie die Werkstoffeigenschaften Festigkeit und Härte.
13. Beschreiben Sie das Verformungsverhalten eines zähen und eines spröden Werkstoffes bei einem Biegevorgang.
14. Welche Werkstoffveränderungen treten bei Zug-, Druck-, Biege-, Torsions- und Scherbeanspruchung auf, wenn jeweils die Streckgrenze des Werkstoffes überschritten wird?
15. Welcher Vorgang wird mit dem Begriff „Verzundern" gekennzeichnet?
16. Erläutern Sie drei gesundheitliche Gefährdungen beim Umgang mit Werkstoffen.
17. Welche technologischen Werkstoffeigenschaften sind für die Herstellung von unlösbaren Rohrverbindungen erforderlich?
18. Worauf beruht die Unterscheidung der Werkstoffe Gusseisen und Stahl?
19. Welchen Vorteil hat Temperguss gegenüber Gusseisen mit Lamellengraphit?
20. Nennen Sie 6 Bauteile aus dem SHK-Bereich, die aus verschiedenen Gusseisenwerkstoffen hergestellt werden.
21. Nennen Sie 6 Beispiele, wie sich durch einen höheren bzw. niedrigeren Kohlenstoffgehalt die Eigenschaften des Stahls verändern.
22. Aus welchen Stählen werden
    a) einfache Handwerkzeuge wie Hämmer, Zangen u.s.w.
    b) Schnellarbeitsstähle hergestellt?
23. Welche Legierungselemente sind für nichtrostende Stähle wichtig?
24. Nennen Sie vier wichtige Eigenschaften von Kupfer.
25. Erklären Sie die Begriffe Patina und Grünspan.
26. Worauf beruht die Unterscheidung zwischen Gusslegierungen und Knetlegierungen?
27. Welche Werkstofflegierungen werden als a) Messing, b) Rotguss und c)Titanzink bezeichnet?
28. Nennen Sie je zwei Verwendungsbeispiele für Zinn, Zink, Aluminium und Magnesium aus dem SHK-Bereich.
29. Kunststoffe finden im SHK-Bereich wegen ihrer besonderen Eigenschaften vielfach Verwendung. Nennen Sie sechs für den SHK-Bereich wichtige Kunststoffeigenschaften und geben Sie jeweils ein Anwendungsbeispiel dazu an.
30. Beschreiben Sie die unterschiedliche Struktur der Molekülfäden bei den Thermoplasten, Duroplasten und Elastomeren.
31. Beschreiben Sie das Verhalten der Thermoplaste, Duroplaste und Elaste bei Erwärmung.
32. Welchen schwerwiegenden Nachteil hat PVC?
33. Erklären Sie folgende Rohrbezeichnung:
    Rohr – PVC-U – DIN EN ISO 1452–2 – S 6,3 – 50 x 3,7.
34. Erklären Sie die Abkürzungen PE-LD und PE-HD.
35. Geben Sie jeweils zwei Anwendungsbeispiele im SHK-Bereich für folgende Werkstoffe: PE-HD, PE-UHMW, PE-X
36. Erklären Sie folgende Formstück-Bezeichnung:
    90° Winkel – DIN EN 12201-3 – 50 x 40 – S5 – PE 80
37. a) Nennen Sie mindestens fünf Eigenschaften von PP.
    b) Geben Sie für diesen Kunststoff drei Verwendungsbeispiele im SHK-Bereich an.
38. Erklären Sie folgende Rohrbezeichnung:
    Rohr – PP-R 80 – 15874-2 – 20 x 3,4 – S2,5 (SDR 6)
39. Nennen Sie zwei Vorteile des Kunststoffs PB gegenüber PE.

→ *weitere Übungen auf der nächsten Seite*

ÜBUNGEN

40) Nennen Sie drei Vor- und zwei Nachteile von ABS.

41) Nennen Sie mindestens drei Anwendungsbeispiele von ABS im SHK-Bereich.

42) Geben Sie vier vorteilhafte Eigenschaften von Phenolharz an.

43) Erläutern Sie drei Beispiele für die Verwendung von Phenolharz.

44) Erläutern Sie drei Beispiele für die Verwendung von PUR.

45) Erläutern Sie drei Beispiele für die Verwendung von NBR.

46) Zählen Sie mindestens fünf Vorteile von EPDM auf.

47) Nennen Sie vier Anwendungsbeispiele von EPDM.

48) Nennen Sie den Hauptbestandteil keramischer Werkstoffe.

49) Nennen Sie drei Beispiele für Sanitärkeramiken.

50) Nennen Sie vier positive Eigenschaften von Steinzeug (STZ).

51) Durch den Zusatz von 7 % – 15 % Boroxid verbessern sich bestimmte Eigenschaften des normalen Bauglases (Kalk-Natron-Glas). Nennen Sie drei dieser verbesserten Eigenschaften.

52) Nennen Sie drei Beispiele für den Einsatz von Borosilikatglas.

53) Was versteht man unter einem Verbundwerkstoff?

54) Beschreiben Sie vier verschiedene Arten von Verbundwerkstoffen.

55) Erläutern Sie kurz die Herstellung eines Sinterwerkstoffes.

56) Wovon werden die Eigenschaften eines Sinterwerkstoffes hauptsächlich bestimmt?

57) Wofür eignen sich Sinterwerkstoffe besonders?

58) Nennen Sie Anwendungsbeispiele von Sinterwerkstoffen.

59) Nennen Sie Vor- und Nachteile der Hartmetalle und geben Sie zwei Anwendungsbeispiele an.

60) Was versteht man unter einem glasfaserverstärkten Kunststoff?

61) Wovon werden die Eigenschaften von glasfaserverstärktem Kunststoff (GFK) bestimmt?

62) Nennen Sie zwei Anwendungsbeispiele von glasfaserverstärktem Kunststoff.

1.6 Halbzeuge

1.6.1 Allgemein

Halbzeug (semi-finished product) ist der Oberbegriff für vorgefertigte Ausgangsmaterialformen (meist Walzerzeugnisse) wie beispielsweise Bleche (metal sheets), Flachstähle (flat steel), Rohre (tubes), Winkel (angles) und Drähte (wires) (Bilder 1 bis 3).

1 Werkstofflager mit Feinblechen

2 und 3 Werkstofflager mit Profilen und Rohren

In der Metallverarbeitung stellen Halbzeuge die mit Abstand verbreitetste Lieferform für Ausgangsmaterialien aus Metall und Kunststoff dar. Man unterscheidet über 1000 Halbzeugarten, die jeweils in Werkstoff- und Oberflächenqualität, Form und Abmessungen genormt sind.
Sie stellen als „halb fertig gestelltes Produkt" ein wichtiges Element für eine rationelle und kostengünstige Fertigung dar. Halbzeuge werden in der Regel so ausgewählt, dass sie in Art und Abmessung dem herzustellenden Produkt bestmöglich entsprechen. Oftmals werden sie nur abgelängt und zusammen gefügt.

Die Beschaffenheit (condition) von Halbzeugen (insbesondere deren Material- und Oberflächenqualität) ist für bestimmte Fertigungsverfahren (production process) und Einsatzzwecke optimiert. Stahlhalbzeuge beispielsweise eignen sich besonders für die Herstellung von Vorwandelementen, die allerdings meist von Herstellern sanitärer Montageteile verarbeitet werden (Bild 1).

1 Vorwandinstallation aus verarbeiteten Stahlhalbzeugen

Die Arbeit des Anlagenmechanikers SHK beschränkt sich hierbei auf das Zusammenfügen der einzelnen Bauteile mit oftmals vom Hersteller speziell für diesen Vorwandtyp entwickelten Verbindungselementen. Auch die Befestigung am Baukörper erfolgt in der Regel mit vom Hersteller vorgefertigten Laschen oder Winkeln (Bild 2).

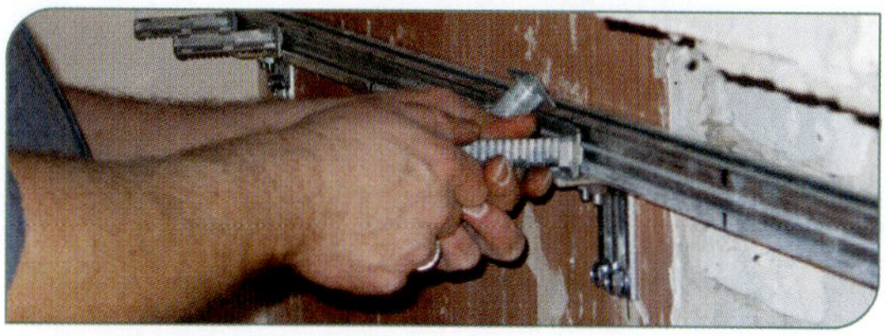

2 Montage der Vorwandbauteile

Die notwendigen Rohrformstücke wie Abzweige (branches) oder Bögen (bends) werden positioniert und mittels entsprechender Verbindungselemente wie z. B. Steckmuffe, Spannverbinder oder Pressfittings mit den abgelängten Rohrstücken verbunden und an der Wand befestigt (Bild 3). Die nötigen Angaben für diese Bauteile oder ein bestimmtes Halbzeug lassen sich aus Normblättern (standard sheets), Tabellenbüchern oder Herstellerkatalogen entnehmen.

3 Vorwandrahmen mit Leitungsinstallation

1.6.2 Bleche

Bleche bis 3 mm Dicke sind **Feinbleche** (thin sheets), darüber werden sie als **Grobbleche** (thick sheets/plates) bezeichnet.

Angabe in der Stückliste	Erläuterung	Beispiel	Verwendung
Stahlblech (verzinkt) DIN EN 10346 1 x 1000 x 2000	Feuerverzinkter Stahl zum Kaltumformen. Tafeln in der Liefergröße 1000 mm x 2000 mm; 1 mm dick. Korrosionsbeständig durch Bildung einer nicht sichtbaren Oxidschicht (Oberfläche wird matt).		Behälter (case/box) Abdeckung (cover sheet) Lüftungskanal (air duct)
Titanzinkblech DIN EN 988 DIN EN 501 0,7 x 1000 x 2000	Der geringe Legierungsbestandteil von 0,2 % Titan bewirkt eine bessere Umformbarkeit, vor allem bei niedrigen Temperaturen. Korrosionsbeständig durch Bildung einer nicht sichtbaren Oxidschicht (Oberfläche wird matt).		Dachrinne (gutter) Regenfallrohr (rain water pipe) Metalldach (roof covering) Fassadenverkleidung (wall cladding) Einfassung (abutment flashing)
Kupferblech DIN EN 1172 (allgemein) DIN EN 504 (Bauklempner) 1,0 x 1000 x 2000	Kupferbleche kalt gewalzt, z. B. 1000 mm x 2000 mm; 1 mm dick, gut formbar, korrosionsbeständig. Die Oxidationsschutzschicht (Patina) verändert im Laufe der Jahre ihr Aussehen (erst mattbraun, dann grün).		
Aluminiumblech DIN EN 485-1 1,0 x 1000 x 2000	Bleche aus Aluminium oder Aluminiumlegierungen, gut formbar. Korrosionsbeständig durch Bildung einer nicht sichtbaren Oxidschicht (Oberfläche wird matt)		Behälter (tank) Fassade; Verkleidung (casing); Abdeckung Lüftungsgitter (ventilation grid)/-kanal

1.6.3 Profile

Angabe in der Stückliste	Erläuterung	Beispiel	Verwendung
Winkel DIN EN 10056-1 100 x 50 x 8-3400	Winkelstahl rundkantig, ungleichschenklig, z. B. mit Schenkelbreiten von 100 mm und 50 mm, 8 mm dick, 3400 mm lang		Rahmen (frame) Gestell (rack) Halterung (holder) Konsole (console)
Flach DIN EN 10058 40 x 10-1000	Flachstahl, z. B. mit 40 mm Breite, 10 mm dick, 1000 mm lang		Lasche (butt strap) Halterung Konsole

1.6.4 Rohre

1.6.4.1 Allgemeine Kenngrößen

In Rohren werden sowohl gasförmige als auch flüssige Medien weitergeleitet. Hierbei kann es sich z. B. um:

- Wärmeträger (heat transfer medium) (Wasser oder Dampf),
- Energieträger (energy transfer medium) (Erdgas oder Heizöl),
- Trinkwasser kalt (PWC[1]) und warm (PWH[1]),
- Nichttrinkwasser (Brauchwasser),
- Abwasser,
- Luft handeln.

Rohre werden nach **Herstellungsverfahren** (manufacturing method) und **Werkstoff** unterschieden.
Als Werkstoffe verwendet man im SHK-Bereich hauptsächlich:

- Eisenwerkstoffe,
- Kupfer,
- Kunststoffe,
- Verbundwerkstoffe,
- mineralische Werkstoffe, wie z. B. Steinzeug.

Rohrleitungen und Rohrleitungsteile werden nach Ausführung und Anschlussgröße durch die Kenngrößen (parameter) DN[2] und PN[3] geordnet.
Die Kenngröße DN (Nennweite) gibt an, welche Rohre, Fittings und Armaturen innerhalb eines Rohrleitungssystems zueinander passen (Bild 1).
Als Kenngröße hat **DN** keine Einheit. Sie ist ein nicht messbarer Zahlenwert und darf in Berechnungen nicht verwendet werden. Die bevorzugten DN-Stufen sind in DIN EN ISO 6708 festgelegt (Bild 2).
Mit Hilfe der genormten **Außendurchmesser** (external diameter) und der unterschiedlichen **Wanddicken** lassen sich die genauen Innendurchmesser (inner diameter) der meisten Rohre bestimmen (siehe S. 311).

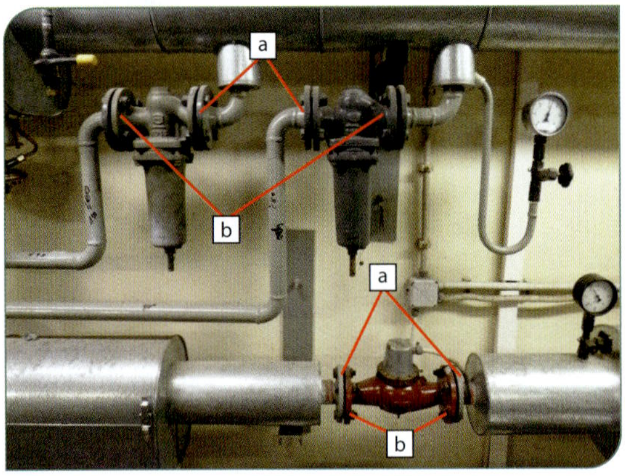

1 Gemeinsame Kenngrößen: a) Flanschen-DN und b) Armaturen-DN

DN	DN	DN	DN	DN	DN	DN	DN
10	18	20	25	32	40	50	60
65	80	90	100	125	150	200	250

2 DN-Stufen nach DIN EN ISO 6708 (Auswahl)

PN	PN	PN	PN	PN	PN	PN	PN
2,5	6	10	16	25	40	63	100

3 PN-Stufen nach DIN EN 1333

Die Kenngröße **PN** wird ebenfalls mit einer dimensionslosen Zahl angegeben, die in Berechnungen nicht verwendet werden sollte.
Nach DIN EN 1333 besteht kein Bezug zu einem bestimmten Druck[4]. Die PN-Stufen müssen nach den in Bild 3 angegebenen Größen ausgewählt werden.
Der zulässige Druck von Rohrleitungen bzw. Rohrleitungsteilen hängt neben der PN-Stufe vom Werkstoff, von der Bauteilauslegung und vor allem von der zulässigen Temperatur ab. Bei steigender Betriebstemperatur (operating temperatur) darf der Rohrwerkstoff nicht mehr so stark belastet werden und der zulässige Betriebsdruck (operating pressure) nimmt ab. Es müssen dann z. B. Teile aus der nächst höheren PN-Stufe ausgewählt werden.
Näheres zu der Druck-Temperatur-Abhängigkeit von Rohrleitungen ist sowohl aus den jeweiligen Rohrnormen und/oder aus den Herstellerangaben zu entnehmen.

---
1) PWC = potable water cold (früher TW)
PWH = potable water hot (früher TWW)
2) DN – franz.: Diamètres nominaux (Nenn-Durchmesser/nominal diameter)
3) PN – franz.: Pressions nominales (Nenndruck/nominal pressure)
4) Auch die Bezeichnung „Nenndruck“ wurde aus der Definition entfernt, da sie nur ungefähr mit den zulässigen Drücken in Verbindung steht.

1.6.4.2 Rohrarten

Gewinderohre *siehe Kap. 1.6.4.3.1*

Stahlrohre *siehe Kap. 1.6.4.3.2*

Präzisionsstahlrohre *siehe Kap. 1.6.4.3.3*

Nichtrostende Stahlrohre *siehe Kap. 1.6.4.3.4*

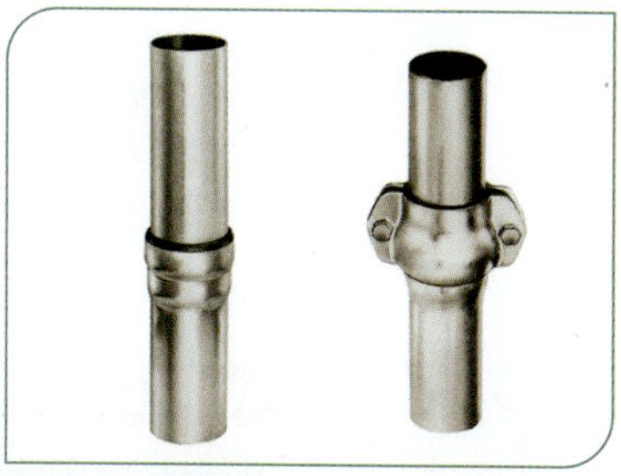
LORO-X-Rohre *siehe Kap. 1.6.4.3.5*

Gussrohre *siehe Kap. 1.6.4.4*

Blechrohre *siehe Kap. 1.6.4.5*

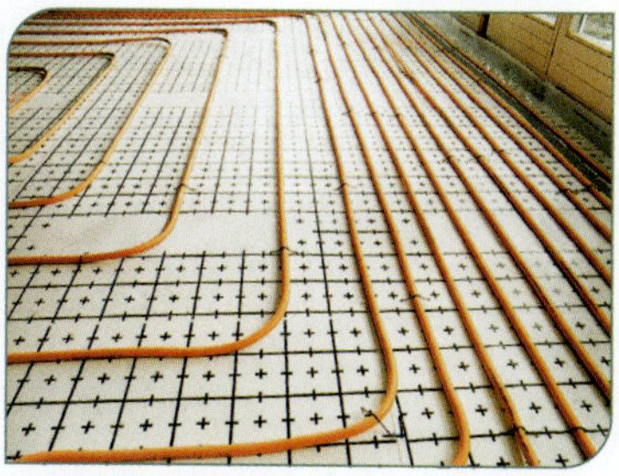
Kupferrohre *siehe Kap. 1.6.4.6*

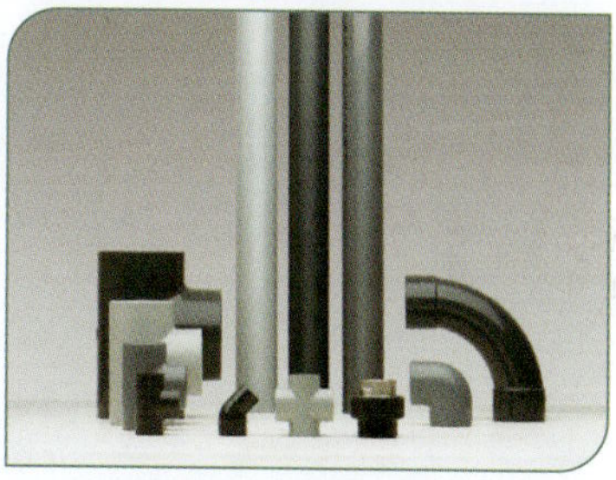
PVC-Rohre *siehe Kap. 1.6.4.7.2*

PE-Rohre *siehe Kap. 1.6.4.7.3*

PE-X-Rohre *siehe Kap. 1.6.4.7.3*

PB-Rohre *siehe Kap. 1.6.4.7.4*

PP-Rohre *siehe Kap. 1.6.4.7.5*

Verbundrohre *siehe Kap. 1.6.4.8*

Steinzeugrohre *siehe Kap. 1.6.4.9*

1.6.4.3 Stahlrohre

1.6.4.3.1 Rohre aus unlegiertem Stahl mit Eignung zum Schweißen und Gewindeschneiden

Die nahtlosen (seamless) **S-Rohre** und geschweißten (welded) **W-Rohre** werden nach DIN EN 10255[1] mit einem Nennaußendurchmesser von 10,2 mm ... 165,1 mm hergestellt. Ihr Außendurchmesser ist festgelegt, sodass ein Whitworth-Rohrgewinde nach DIN EN 10226-1 von R1/8...R6 aufgeschnitten werden kann. Diese Rohre werden in der Praxis weiterhin als **„Gewinderohr"** (threaded pipe) bezeichnet (Bild 1).

Nennweite DN	Außendurchmesser d in mm	Anschlussgröße der Fittings	Wanddicke mittlere (M) Reihe s in mm	Wanddicke schwere (H) Reihe s in mm
6	10,2	1/8	2,0	2,6
8	13,5	1/4	2,3	2,9
10	17,2	3/8	2,3	2,9
15	21,3	1/2	2,6	3,2
20	26,9	3/4	2,6	3,2
25	33,7	1	3,2	4,0
32	42,4	1 1/4	3,2	4,0
40	48,3	1 1/2	3,2	4,0
50	60,3	2	3,6	4,5
65	76,1	2 1/2	3,6	4,5
80	88,9	3	4,0	5,0
100	114,3	4	4,5	5,4
125	139	5	5,0	5,4
150	165,1	6	5,0	5,4

1 Normung von Gewinderohren

Nach den unterschiedlichen Wanddicken (wall thickness) unterscheidet man eine **mittlere (M)** und eine **schwere (H)** Reihe (Bild 2). Die Rohre sind aus dem Werkstoff **S195T** (ein unlegierter Qualitätsstahl) hergestellt, der auch zum Gasschmelzschweißen gut geeignet ist. Die Oberfläche dieser Rohre kann z. B. **rohschwarz** oder **verzinkt** sein.

Darüber hinaus können diese Rohre mit einem Außengewinde an beiden Enden oder mit einer aufgeschraubten Gewindemuffe (threaded socket) bestellt werden. Die übliche Herstellungslänge beträgt 6 m oder 6,4 m. Bezeichnet werden diese Rohre mit Außendurchmesser und Wanddicke oder mit Gewindegröße (thread size) und Reihe.

Beispiele: **S-Rohr – 33,7 × 3,2 – DIN EN 10255**
W-Rohr – 1 – M – DIN EN 10255

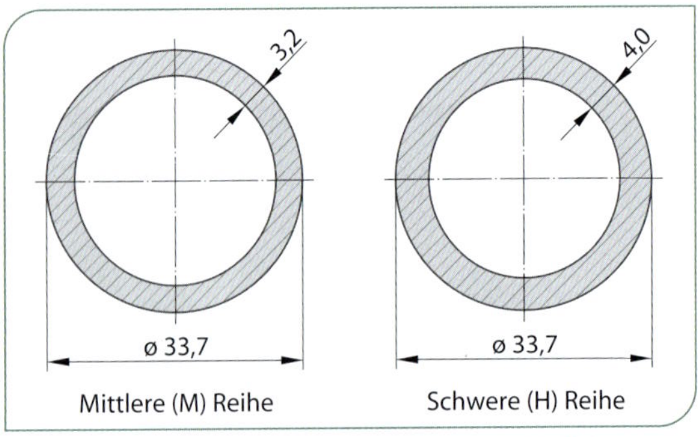

2 Gewinderohre mit gleicher Nennweite und unterschiedlicher Wanddicke

1.6.4.3.2 Nahtlose und geschweißte Stahlrohre

Nach DIN EN 10220 werden die Außendurchmesser dieser Rohre in zwei Reihen eingeteilt und die verschiedenen Vorzugswanddicken angegeben. Nur für die Rohre der Reihe 1 ist das gesamte Zubehör genormt. Die Norm empfiehlt deshalb, diese Reihe zu verwenden.

MERKE

Wegen der geringen Wanddicken darf auf diesen nahtlosen und geschweißten Stahlrohren kein Gewinde aufgeschnitten werden.

Die nahtlosen Stahlrohre S sind nach DIN EN 10216 und die geschweißten Stahlrohre W nach DIN EN 10217 genormt. Sie haben unterschiedliche Wanddicken und Innendurchmesser. Verbunden werden diese Rohre vor allem durch Schweißen oder durch geeignete Verschraubungen oder Kupplungen. Richtungsänderungen werden entweder durch Umformen (forming) oder ab DN 32 aufwärts mit Hilfe von Schweißbögen bzw. anderen Stahlfittings nach DIN EN 10253-1[2] zum Einschweißen hergestellt.

Nahtlose Stahlrohre werden in Heizungs- und Lüftungsanlagen vor allem ab DN 32 sowohl für Steig- und Verteilleitungen als auch mit kleineren Nennweiten zum Heizkörperanschluss verwendet.

1.6.4.3.3 Präzisionsstahlrohre

Alle Präzisionsstahlrohre (precision steel pipes) nach DIN EN 10305-1 bis 3 (Tabelle Bild 3) zeichnen sich durch eine besondere Form- und Maßgenauigkeit sowie gute Oberflächenbeschaffenheit aus. Die Rohre müssen eine glatte äußere und innere Oberfläche mit einer geringen Rauheit aufweisen. Die glatte Oberfläche (smooth surface) im Inneren des Rohres sorgt für eine geringe Reibung (friction) des durchströmenden Mediums und somit für niedrige Druckverluste.

Norm	Außen-Ø d in mm	Wanddicke s in mm
DIN EN 10305-1[3]	4...380	0,5...25
DIN EN 10305-2[3]	4...150	0,5...10
DIN EN 10305-3[3]	6...193,7	0,6...6

3 Normung von Präzisionsstahlrohren

[1] Früher DIN 2440 und DIN 2441 (Mittelschwere und schwere Gewinderohre)
[2] für legierte Stahlsorten **-2** / **-3**)
[3] nahtlos, kaltgezogen **-1**, geschweißt, kaltgezogen **-2**, geschweißt, maßgewalzt **-3**

Die maßgewalzten Rohre können in vier unterschiedlichen Güten der Oberflächenbeschaffenheit (surface finish/quality) geliefert werden, z. B. rohschwarz oder mit PVC-Mantel (Bild 1).

1 Kunststoffummanteltes Präzisionsstahlrohr

Für die Gas-, Heizöl-, Flüssiggas- und Heizungsinstallation dürfen nur Präzisionsstahlrohre in den Lieferzuständen geglüht (+A) oder normalgeglüht (+N) verwendet werden.
Wegen ihrer leichten Handhabung werden sie häufig bei Heizungsanlagen-Sanierungen oder zur Schnellmontage (fast assemblage) in Neubauten eingesetzt.
Präzisionsstahlrohre können durch Schweißen (vornehmlich bei größeren Wanddicken), Hartlöten, Pressfittings, Schneidringverschraubungen und Klemmringverschraubungen verbunden werden.

Bezeichnungsbeispiel für ein Rohr:
DIN **EN 10305-1 – 35 × 2 – C35E – +C**

Norm:	Präzisionsstahlrohr, nahtlos, kaltgezogen
Abmessungen:	$d_a = 35$ mm / $s = 2$ mm
C35E:	unlegierter Stahl mit 0,35 % Kohlenstoff und max. Schwefelgehalt
+C:	zugblank/hart

1.6.4.3.4 Nichtrostende Stahlrohre

Nichtrostende Stahlrohre (stainless steel pipes) nach DIN EN ISO 1127 werden aus legierten Stählen sowohl nahtlos als auch geschweißt hergestellt. Diese Rohre sind für sehr unterschiedliche Bereiche (different fields) einsetzbar, so z. B. für Leitungen mit Trinkwasser kalt – TW (PWC[1]) – und Trinkwasser warm – TWW (PWH[1]), Zirkulationsleitungen (PWH-C[1]) und für Nichttrinkwasser (NPW[1]) zugelassen. Weiterhin werden sie für Leitungen verwendet, in denen korrodierende Medien transportiert werden, z. B. zur Kondensatableitung (condensate drainage). Da diese Rohre keinerlei Nachbehandlung benötigen und trotzdem ein gefälliges Aussehen (pleasant look) besitzen, werden sie manchmal auch als Heizkörperanschlussleitung eingesetzt. Nichtrostende Stahlrohre werden in Herstellungslängen von 2 ... 7 m geliefert und hauptsächlich mit Hilfe von Pressfittings verbunden (Bild 2).

[1] Bezeichnung nach DIN EN 806-1

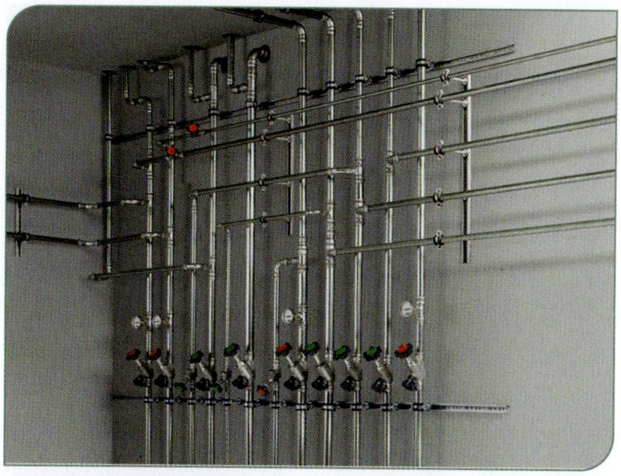

2 Nichtrostende Stahlrohre

PRAXISHINWEIS

Zur Vermeidung von Kontaktkorrosion sollten Edelstahlrohre so verlegt werden, dass sie nicht unmittelbar mit anderen metallischen Werkstoffen in Kontakt kommen.

1.6.4.3.5 LORO-X-Rohre

LORO-X-Rohre sind Stahlrohre mit einer geringen Wandstärke. Sie sind entweder aus nichtrostendem Stahl (Bild 3) oder aus unlegiertem Stahl, innen und außen feuerverzinkt, sowie mit einer zusätzlichen Innenbeschichtung (inside coating) versehen.

3 Nichtrostendes LORO-X-Rohr

4 Verzinktes LORO-X-Rohr

Im Sanitärbereich dienen sie als Stahlabflussrohre, insbesondere zur Ableitung von Regenwasser (rainwater), in den Nennweiten DN 40 ... DN 300 und Lieferlängen von 250 mm bis 6000 mm (Bild 4).
Bekannt sind sie aber vor allem als Standrohre (standpipe) bei der Dachentwässerung am Ende einer Regenfallleitung, da sie stoßfest (shock-proof) und formstabil (dimensionally stable) sind und somit anstelle von Blechrohren besser vor äußerer Beschädigung (damage) schützen (Bild 1, nächste Seite). Hier kommen sie auch in Kupferausführung zum Einsatz (Bild 2, nächste Seite).

1 Standrohr – verzinkt

2 Standrohr – Kupfer

1.6.4.4 Gussrohre

Muffenlose Abwasserrohre (sewage pipes) aus Gusseisen sind unter der Kurzbezeichnung SML (Super Metallit Lieferprogramm) zum Klassiker in der deutschen Sanitärbranche geworden (EN 877 und DIN 19522).

Da die Gusseisenrohre zu 95 % aus Alteisen (Schrott) hergestellt sind und Restabschnitte weiter verwendet werden können, sind sie sehr ressourcenschonend.

Äußerlich sind sie durch ihre typische rote Beschichtung erkennbar und werden hauptsächlich für die Ableitung von Schmutzwasser (foul and waste water) aus Wohngebäuden und Regenwasser verwendet (Bild 3).

3 Muffenloses Gusseisenrohr mit Beschichtung

In der Haustechnik (building service) werden üblicherweise Nennweiten von DN 50 … DN 150 verwendet. Die Lieferlängen betragen wegen der großen Masse maximal 3 m.

Aufgrund ihrer großen längenbezogenen Masse und der dämpfenden Materialeigenschaften absorbieren diese Gussrohre Luftschallwellen (airborne sound waves) weitgehend. Verbunden werden solche Rohre mit Spannverbindern, deren Dichtungseinlage die Ausbreitung von Körperschallwellen vermindern (siehe S. 165).

1.6.4.5 Blechrohre

Für die außen liegende Dachentwässerung (Bild 4) werden in der Praxis hauptsächlich Blechrohre (sheet metal pipes) verwendet.

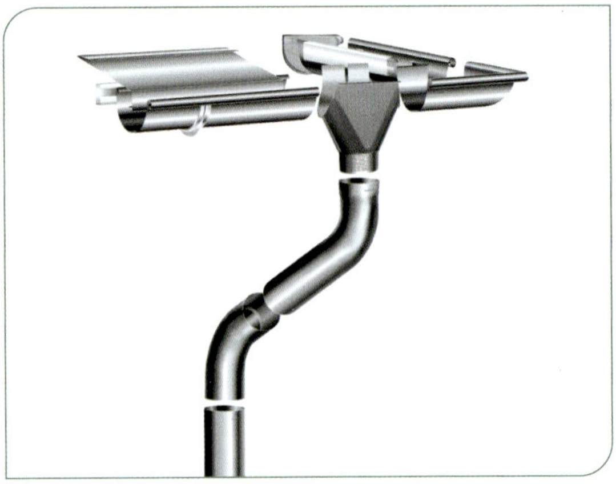

4 Regenfallleitung (Titanzink, Kupfer) DIN EN 612

Regenfallrohre werden meist aus Titanzink oder Kupfer gefertigt. Durch die Zugabe des Legierungsbestandteils Titan werden die Werkstoffeigenschaften verbessert (siehe Bleche, S. 297). Weniger verwendet werden Blechrohre aus nichtrostendem Stahl.

Die Rohre werden durch Steckmuffen (plug-in sockets) verbunden (Bild 5), die Blechdicke beträgt 0,7 mm oder 0,8 mm. Geliefert werden sie in Längen von 3 m mit Nennweiten von DN 40 … DN 150.

Neben der runden Form kann aus optischen Gründen auch eine kastenförmige Fallleitung verwendet werden (Bild 6), wenn z. B. in der Gebäudefassade eine entsprechende Nische (niche) vorgesehen ist.

5 Rundes Regenfallrohr aus Titanzink mit Muffe

6 Regenfallrohre – runde und kastenförmige Form

1.6.4.6 Kupferrohre

1.6.4.6.1 Verwendung von Kupferrohren

Im Verlauf der letzten 70 Jahre haben Kupferrohre (copper pipes) einen bedeutenden Anteil an den Rohrinstallationen in der Haustechnik errungen.

So werden Kupferrohrleitungen z.B. für die Trinkwasserinstallation, für Trinkwassererwärmungs- und Heizungsanlagen, für Solaranlagen, in der Heizöl-, Gas- und Flüssiggasinstallation, in Kühlsystemen und dergleichen mehr verwendet.

1.6.4.6.2 Eigenschaften der Kupferrohre

- Kupferrohre haben eine gute Kalt- und Warmverformbarkeit.
- Kupferrohre lassen sich gut weich- und hartlöten oder schweißen.
- Kupferrohre haben eine hohe Korrosionsbeständigkeit gegenüber Öl, Wasser, schwachen Säuren, Flüssiggas, Erdgas und Luft.
- Kupferrohre haben eine gute Wärmeleitfähigkeit.
- Kupferrohre haben eine geringe Rohrrauigkeit und Inkrustationsneigung, sind daher strömungsgünstig.
- Kupferrohre haben ein gefälliges, dekoratives Aussehen
- Kupferrohre sind hygienisch unbedenklich und besitzen antibakterielle Eigenschaften.

1.6.4.6.3 Lieferformen von Kupferrohren

Herstellungsformen sind:

- Rohre in gestreckten Festlängen (Stangenrohr) von 3 m oder 5 m Länge und
- Rohre in Ringen (coils) von 25 m oder 50 m Länge (Bild 1).

In den verschiedensten Anwendungen der Hausinstallation wird als Rohrwerkstoff sauerstofffreies (oxygen-free) Kupfer mit einem Kupfergehalt von mindestens 99,9 % vorgeschrieben (CU-DHP, siehe S. 282).

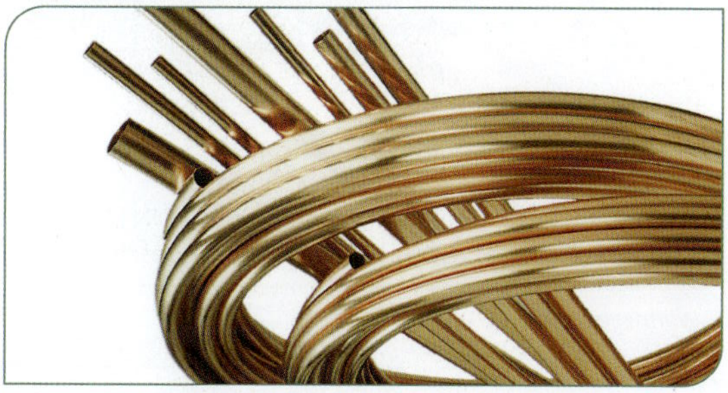

1 Kupferrohre im Ring und in gestreckter Länge

1.6.4.6.4 Kupferrohre nach DIN EN 1057

Die weitaus meisten Kupferrohre werden nach der Produktnorm DIN EN 1057 „Nahtlose Rundrohre aus Kupfer für Wasser- und Gasleitungen für Sanitärinstallationen und Heizungsanlagen" hergestellt. Dort sind u.a. Außendurchmesser, Wanddicken, empfohlene Lieferlängen, der Werkstoff, die Festigkeitszustände und die Kennzeichnungspflicht festgelegt (Bild 2).

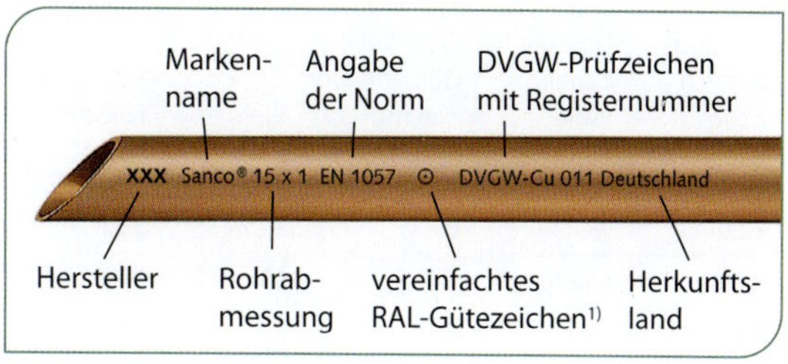

2 Beispiel zur Bezeichnung eines blanken Kupferrohres (Rohre aus der EU werden nur mit EN gekennzeichnet)

RAL
GÜTEZEICHEN
Cu
SYSTEM KUPFERROHR

3 RAL-Gütezeichen

Diese Rohre werden in den Zuständen **weich, halbhart** und **hart** geliefert (Bild 1, nächste Seite). Als Anwendungsbereich werden ausdrücklich:

- Kalt- und Warmwasser-Verteilungsnetze,
- Warmwasser-Heizungssysteme (einschließlich Fußboden-, Wand- oder Deckenheizungssysteme),
- Rohrsysteme für gasförmige und flüssige Hausbrennstoffe
- sowie Abwasserentsorgungssysteme angegeben.

Darüber hinaus eignen sich diese Rohre auch für solarthermische Anlagen, Regenwassernutzungsanlagen und Druckluftanlagen.

Seit dem 1. April 2000 werden allerdings im Abmessungsbereich 12×1 bis 28×1,5 keine Kupferrohre „hart" mehr für den Sanitärbereich vertrieben. Grund ist das seit 1996 geltende Hartlöt- und Warmbiegeverbot für diese Rohre in der Trinkwasserinstallation.

Auch aus diesem Grund hat sich als Verbindungstechnik das „Pressen" durchgesetzt. Die „halbharten" Kupferrohre weisen außerdem Verarbeitungsvorteile (machining advantages) wie das Kaltbiegen mit geringerem Kraftaufwand oder das Aufmuffen und Aushalsen ohne Wärmebehandlung auf und sind wegen der geringeren Starrheit (rigidness) problemloser auszurichten. Sie müssen jedoch beim Transport und auf der Baustelle wegen möglicher Oberflächen- oder Verformungsschäden mit mehr Vorsicht (carefulness) behandelt werden.

1) RAL- Gütezeichen, vergeben vom Deutschen Institut für Gütesicherung und Kennzeichnung e.V.

Zustandsbezeichnung	Übliche Benennung	Nennaußendurchmesser *d* in mm		Zugfestigkeit R_m in N/mm² min.
		von	bis	
R220	weich	6	54	220
R250	halbhart	6	159	250
R290	hart	6	267	290

1 Mechanische Eigenschaften von Kupferrohren nach DIN EN 1057

In einigen Trinkwasserversorgungsgebieten (PWC service areas) und bei Regenwassernutzungsanlagen sind Kupferrohre aufgrund der aggressiven Beschaffenheit nicht empfehlenswert. Für diese Fälle gibt es DVGW-geprüfte **innen verzinnte** (inside tin coated) Kupferrohre und Pressfittings, bei denen eine unzulässige Beeinträchtigung (impairment) der Trinkwasserqualität und eine Korrosionsanfälligkeit vermieden wird (Bild 2).

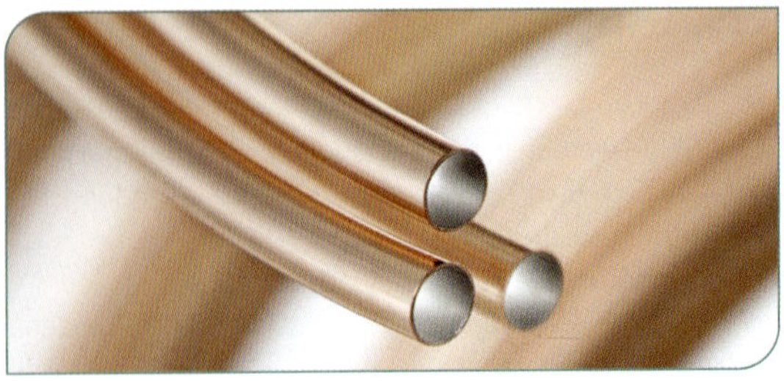

2 Innen verzinntes Kupferrohr

Kupferrohre werden nach DIN EN 13349 (DVGW-GW 392) auch mit einem **PVC-Stegmantel** geliefert (Bild 3). Dieser Kunststoffmantel (plastic coat) ist entweder lichtgrau oder weiß und dient nicht der Wärmedämmung, (heat insulation) sondern dem Schutz vor Korrosion und mechanischer Beschädigung (mechanic damage) (z. B. Verlegung im Erdreich oder Aufputz-Installation) und der Vermeidung von Schwitzwasserbildung (condensate formation) (z. B. bei Kaltwasserleitungen).

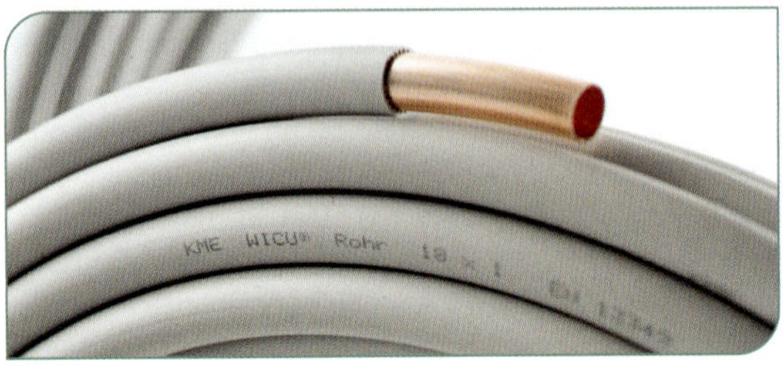

3 Cu-Rohre mit PVC-Stegmantel

Die **gewichtsreduzierten Kupferrohre** mit fest haftender Ummantelung haben aufgrund der geringeren Wanddicken eine um fast 50 % geringere Masse als die oben erwähnten Kupferrohre. Diese dünnwandigen nahtlosen Rohre in Ringform lassen sich mit einer Schere einfach trennen, leichter verlegen und mit geeigneten Pressverbindern unlösbar miteinander verbinden (Bild 4).

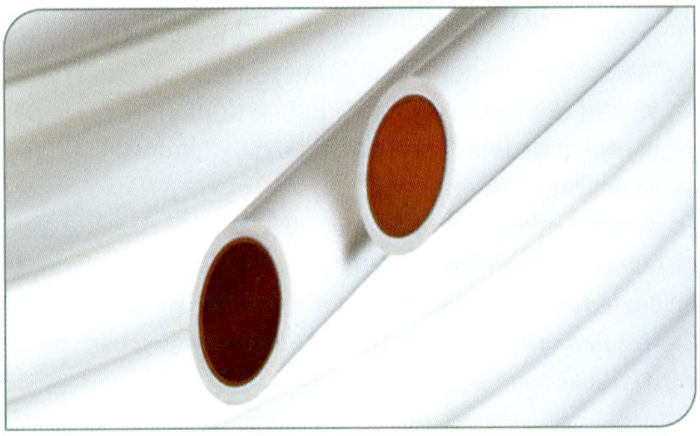

4 Gewichtsreduziertes Kupferrohr

Mit DVGW-Zulassung können sie z. B. in der Trinkwasserinstallation, bei Heizkörperanbindungen, Flächenheizungen, Kühldecken oder Regenwassernutzungsanlagen eingesetzt werden.

Kupferrohre mit **werkseitiger Wärmedämmung** (Bilder 5 und 6) gibt es in verschiedenen Ausführungen, die unter Beachtung der einschlägigen Vorschriften (regulations) für Heizungs- bzw. Trinkwasserinstallationen verwendet werden können:

- **WICU-extra Stangen**, 5 m Länge, mit PUR[1] Schaum-Dämmmantel (100 % Wärmedämmung),
- **WICU-extra Ringe**, 25 m Länge, mit PUR[1] Schaum-Dämmmantel (50 % Wärmedämmung),
- **WICU-flex Ringe**, 25 m Länge, mit 9 mm PE[2] Weichschaum-Dämmmantel,
- **Cuprotherm-Heizungsrohr**, wärmegedämmt mit PUR-Schaum in Ringen von 25 m Länge, nur für Heizungsinstallationen (50 % Wärmedämmung).

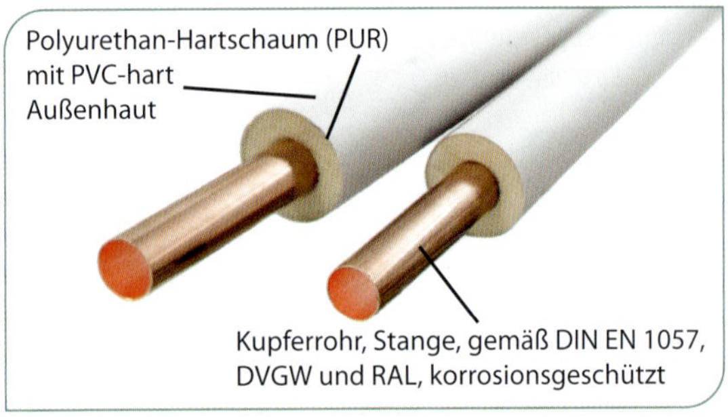

5 Wärmegedämmtes Cu-Rohr

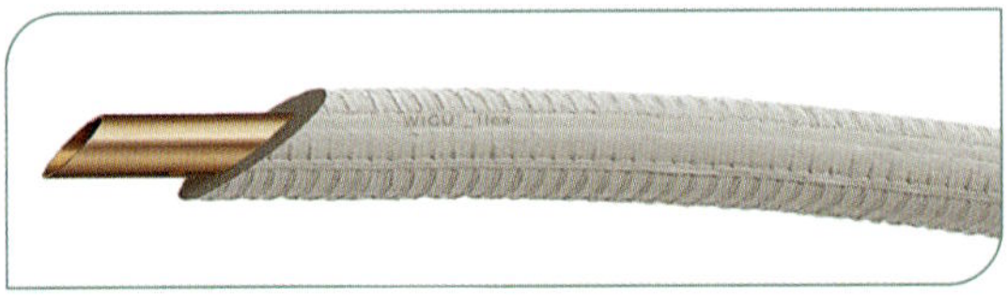

6 WICU-flex-Ringrohr

1) PUR: Polyurethan
2) PE: Polyethylen

1.6.4.7 Kunststoffrohre

1.6.4.7.1 Allgemeine Eigenschaften und Anwendungsbereiche

In der Haus- und Gebäudetechnik haben Kunststoffrohre (plastic pipes) gegenüber Stahl- und Kupferrohren in den letzten Jahrzehnten an Bedeutung (acceptance) gewonnen.

1 Kunststoffrohre

Da bei den verschiedenen Kunststoffarten bestimmte Temperaturen nicht überschritten werden dürfen, ist der Anwendungsbereich unter anderem von den jeweils vorhandenen Temperaturen der Medien abhängig. So werden Kunststoffrohre häufig für Fußbodenheizungen, Trinkwasser- und Abwasserinstallationen eingesetzt. Auch in Heizungsanlagen mit Heizkörpern wird ihr Einsatzbereich ständig vergrößert, da man aus Gründen der Energieeinsparung (energy saving) auf die hohen Vor- und Rücklauftemperaturen immer häufiger verzichtet (Bild 1).

Verwendet werden vor allem:
- Polyvinylchloridrohre (PVC-Rohre),
- Polyethylenrohre (PE-Rohre),
- Polybutenrohre (PB-Rohre),
- Polypropylenrohre (PP-Rohre).

Im Vergleich mit den konventionellen Werkstoffen wie Stahl und Kupfer besitzen Kunststoffrohre neben der schnellen und einfachen Verlegung folgende **allgemeine Vorteile**:
- chemische Widerstandsfähigkeit (chemical resistance) aufgrund der nahezu absoluten Korrosionsbeständigkeit
- kleine Wärmeverluste (heat losses) aufgrund der geringen Wärmeleitfähigkeit (heat conductivity)
- geringe Masse (small mass) aufgrund der niederen Dichte (low density)
- sehr geringe Druckverluste und Inkrustationsneigung aufgrund der glatten Rohrwandungen
- gute Schalldämmung (acoustic insulation) aufgrund der Molekularstruktur
- Lebensmitteltauglichkeit (KTW[1])-Empfehlung)

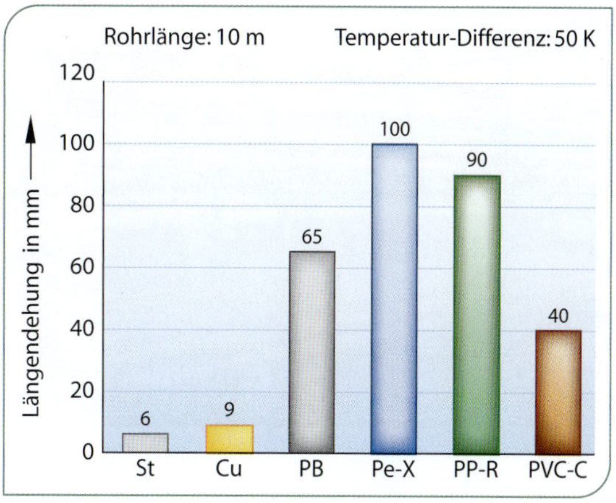

2 Längenausdehnung verschiedener Rohrwerkstoffe

Die Nachteile von Kunststoffrohren sind:
- große Längenausdehnung bei Temperaturwechsel (10–20-mal größer als die von Stahl) (Bild 2),
- Gefahr der Sauerstoffdiffusion (oxygen diffusion),
- für höhere Betriebstemperaturen nur bedingt geeignet,
- temperaturabhängige Festigkeit,
- empfindlich gegenüber UV-Strahlen (UV-rays),
- höhere Brennbarkeit (flammability).

1.6.4.7.2 PVC-Rohre

Schon seit dem Ende der 1930er Jahre gibt es PVC-Rohre. PVC entspricht der Baustoffklasse B1[2] und ist unter 0 °C meist spröde (brittle) und bruchempfindlich (breakable). Unterschieden wird PVC-U (weichmacherfrei) und PVC-C (nachchloriert). Letzteres ist unter anderem temperaturbeständiger und deshalb auch für den Einsatz über 60 °C, z. B. bei Trinkwarmwasserleitungen oder temperaturbeständigen Hausabflussrohren (HT = hot tube) geeignet (Bild 3).

3 PVC-Rohre

Das PVC-U Rohr eignet sich auch gut in der Abwasserinstallation als Grundleitung (Bild 1, nächste Seite), sowie wegen seiner Säurebeständigkeit zur Kondensatableitung bei Brennwertgeräten oder der Leitungsinstallation bei Regenwassernutzungsanlagen (Regenwasser ist saurer als Trinkwasser).

[1] Gesundheitliche Beurteilung von Kunststoffen im Rahmen des Lebensmittelgesetzes für Trinkwasser.

[2] Entsprechend DIN 4102 sind Kunststoffrohre entweder der Baustoffklasse B1 „schwer entflammbar" oder B2 „normal entflammbar" zugeordnet.

1 Kanalgrundrohr (KG) aus PVC

Trotz vieler Vorteile wird im SHK-Bereich immer häufiger PVC durch andere Kunststoffe ersetzt, da PVC-Altrohre und Abfälle als Sondermüll gelten und für den Handwerksbetrieb bei der Entsorgung höhere Kosten verursachen.

1.6.4.7.3 PE-Rohre

Seit ca. 1960 werden PE-Rohre hergestellt und im Installationsbereich eingesetzt. PE-Rohre entsprechen der Baustoffklasse B2. Sie sind empfindlich gegen Fette, Öle und Benzole. Überwiegend werden PE-Rohre z. B. für erdverlegte Kaltwasserleitungen, Erdgas oder Abwasserleitungen und als Luftleitungen (air ducts) verwendet. Diese Rohre können in Ringen bis zu 300 m Länge geliefert werden und erfordern somit bei der Verlegung wenige Verbindungsstellen. Die Rohrverbindungen bei kleinen Nennweiten sind hauptsächlich Schiebehülsenverbindungen und Klemmringverschraubungen.

In der Wasser- und Abwasserinstallation werden bei größeren Nennweiten auch Kunststoffschweißverbindungen, Steckmuffen, Spannverbinder und Flanschverbindungen angewendet.

Mit der Entwicklung der vernetzten Polyethylenrohre **(PE-X-Rohre)** gelang ein wesentlicher Durchbruch der Kunststoffrohre nicht nur, wie bisher, für kalt-, sondern nun vor allem auch für warm gehende Leitungen im Heizungsbau.

Wie alle Polyethylenrohre wird auch dieser Rohrtyp mit steigender Temperatur immer weicher und instabiler. Diese, mit einer Art „Schmelzvorgang" vergleichbare ungünstige Eigenschaft der PE-Rohre, wird durch die **Vernetzung** (cross linking) weitgehend beseitigt. Die Vernetzung verstärkt die schon guten Eigenschaften des Basisrohres wesentlich und bewirkt die geforderte **Zeitstandsfestigkeit**[1] (Bild 2).

Die Anforderung der Sauerstoffdichtheit wird häufig durch eine zusätzliche spezielle Sperrschicht erfüllt. Diese Sperrschicht (blocking layer) ist wasserunlöslich, d. h., die Sperrwirkung wird auch durch Wasserdampf (water vapour) nicht beeinträchtigt. (Bild 3)

Einsetzbar sind diese Rohre für Flächenheizungen, wie z. B. Boden-, Wand- und Deckenheizungen und für alle Heizungsanlagen mit maximalen Vorlauftemperaturen (flow temperature) von 95 °C.

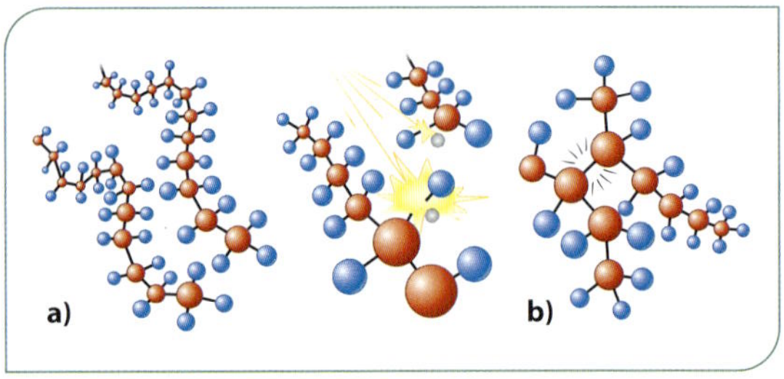

2 Molekularer Aufbau von a) unvernetztem und b) vernetztem PE

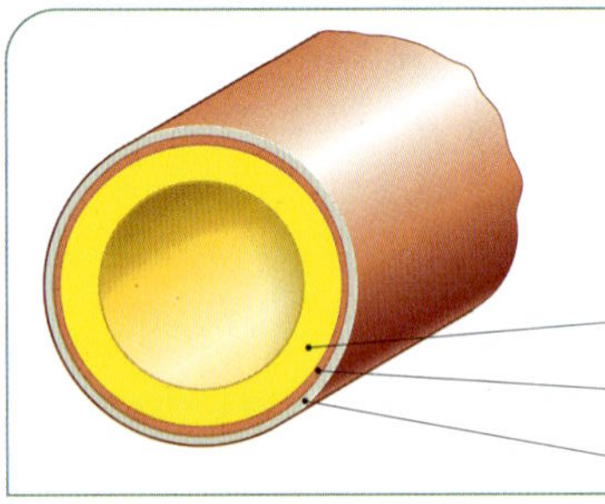

3 Aufbau eines PE- Rohres mit EVAL[2]-Sperrschicht

Kunststoffrohre werden öfter zusätzlich mit einem gewellten Schutzrohr (protective conduit) versehen. Bei diesem **Rohr-im-Rohr-System** (Bild 4) ist das Wasser führende Innenrohr werkseitig in ein Schutzrohr aus PE eingeschoben. Dieses Schutzrohr hat nicht nur die wichtige Aufgabe, im rauen Baustellenbetrieb das Innenrohr vor mechanischer Beschädigung zu schützen, sondern der Luftspalt (air gap) zwischen den beiden Rohren verhindert, dass auch bei einer Vorlauftemperatur bis maximal 70 °C die zulässigen Temperaturen im Estrichboden nicht (sofort) überschritten werden. Zusätzlich wird der Schallschutz verbessert, da das Innenrohr vom Bauwerkskörper entkoppelt ist. Darüber hinaus können bei diesem Rohr-im-Rohr-System etwaige spätere Reparaturen (repairs) ohne teure Stemmarbeiten vorgenommen werden, weil das Innenrohr leicht herausgezogen und durch ein neues ersetzt werden kann.

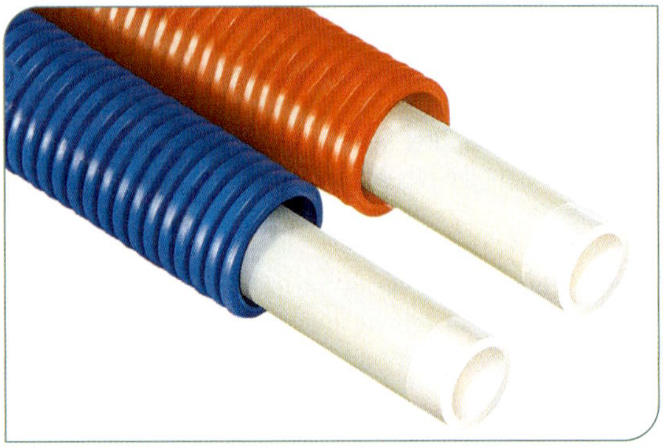

4 Rohr-im Rohr-System

[1] Langzeitfestigkeit bei höheren Temperaturen und Drücken. Betriebszeiten > 50 Jahre bei 70 °C Dauertemperatur

[2] EVAL = Ethylenvinylalkohol

Eine besondere Variante des Rohr-im-Rohr-Systems ist das sogenannte **DUO-Rohr** (Bild 1). Die Stege bzw. Abstandshalter gewährleisten einen exakt gleich bleibenden Luftspalt - auch beim Biegen. Hierdurch kann bei Vorlauftemperaturen von 70 °C die Temperatur auf der Rohroberfläche, die Temperaturverteilung (temperature distribution) im Fußbodenaufbau (floor foundation) und vor allem auf der Fußbodenoberfläche innerhalb der vorgegebenen Grenzen (limits) eingehalten werden.

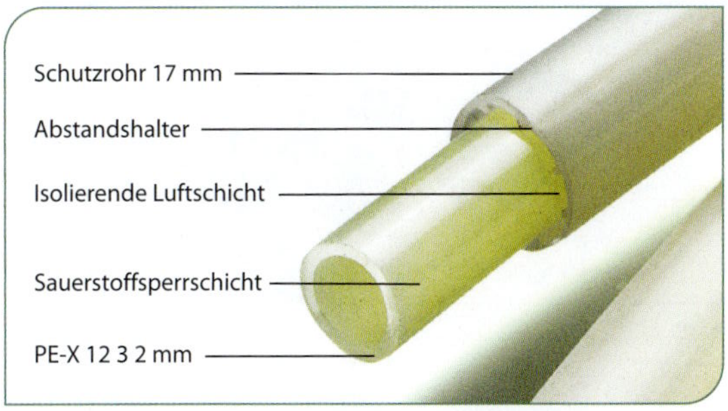

1 PE- Rohr mit Sauerstoffsperrschicht und isolierender Luftschicht (DUO-Rohr: Herstellerbezeichnung)

PE-X-Rohre werden mit Außendurchmessern von 10 mm – 160 mm als Stangenware oder in Ringen mit Längen von 120 m, 240 m und 320 m geliefert. Sie sind mit einer fortlaufenden Meterzahl bedruckt, damit bei der Montage die geplanten Rohrlängen pro Heizkreis (heating circuit) leichter eingehalten werden können.

Da diese Rohre aufgrund der Vernetzung untereinander nicht direkt geschweißt werden können, werden PE-X-Rohre unlösbar (non-detachable), meist durch Schiebehülsenverbindungen, oder lösbar (detachable) mit Hilfe von Klemmverschraubungen verbunden.

Mit der neuen **DVGW-TRGI 2018** sind nun auch **PE-X Rohre bis DN 50 für die Gasinstallation** innerhalb von Gebäuden bei Betriebsdrücken bis 100 mbar zugelassen.

Sie müssen UV-beständig sein und mit einer für Odoriermittel (Duftmittel) undurchlässigen Sperrschicht versehen sein. Für diese Rohre und die dafür vorgesehenen Rohrverbinder muss eine DVGW-Zertifizierung vorliegen. Gekennzeichnet werden die PE-X-Rohre und Rohrverbinder

- mit **G 100**, wenn sie ausschließlich für Gas und
- mit **GW/G 100** bzw. **W/G 100**, wenn sie in der Trinkwasser- und Gasinstallation zugelassen sind.

Der Vorteil gegenüber den bislang zugelassenen Kupfer- und Stahlrohren liegt in der einfachen Verlegung von der Rolle und dem geringen Gewicht.

1.6.4.7.4 PB-Rohre

Polybutenrohre sind für besonders hohe Beanspruchungen (high loading) geeignet und haben deshalb, ähnlich wie PE-X-Rohre, einen sehr großen Anwendungsbereich. So sind sie unter anderem für Kalt- und Warmwasserinstallationen, Fußboden- und Deckenheizungen, Wandheizungen, Deckenkühlungen, Heizungsverteilungen und Radiatorenanbindungen geeignet. Polybutenrohre nach DIN EN ISO 15876 sind oft grau eingefärbt (Bild 2), relativ flexibel und haben im Vergleich zu PE-Rohren ein besseres **Kriechverhalten**[1] und eine geringere Längenänderung (low elongation) bei Temperaturwechsel (temperature change).

Die vom DVGW festgelegten Zulassungsbestimmungen für Rohre in der Trinkwasserinstallation werden von Polybutenrohren eingehalten bzw. übertroffen. So sind sie z. B. bis zu einer Dauerbetriebstemperatur von 95 °C und bei einer kurzzeitigen Belastung (short strain) sogar bis 110 °C einsetzbar. Sie haben die Baustoffklasse B2.

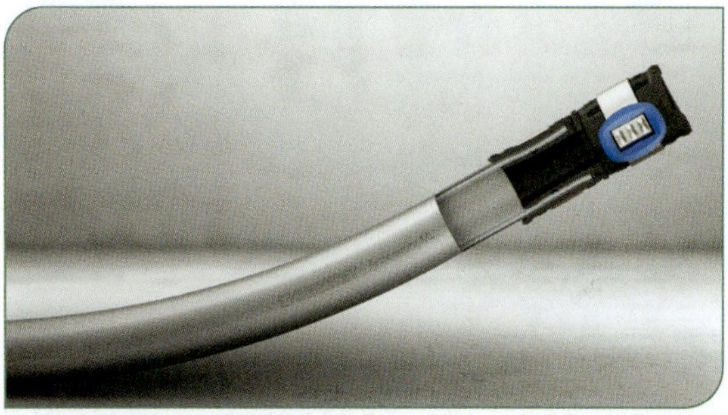

2 Polybutenrohr

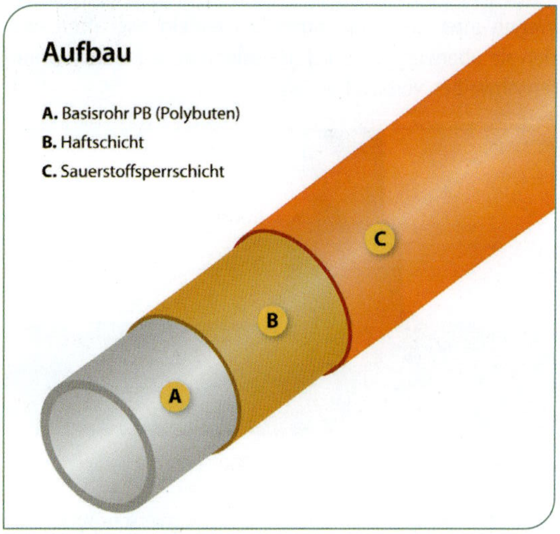

3 PB-Rohr mit Sauerstoffsperrschicht

Als Lieferformen erhält man Ringe oder Stangen in unterschiedlichen Längen. Generell sind PB-Rohre nicht sauerstoffdicht, doch werden verschiedene Rohre mit einer zusätzlichen Sauerstoffdiffusionssperre z. B. für den Einsatz in Heizungsanlagen angeboten (Bild 3). Sie werden überwiegend durch Klemm-, Schweiß-, Steck- und Pressverbindungen verbunden.

1.6.4.7.5 PP-Rohre

Rohre aus Polypropylen sind für Trink-, Entwässerungs- und Heizungsanlagen (Bild 1, nächste Seite) besonders gut ge-

[1] Dehnung des Werkstoffes in Abhängigkeit von der Zeit bei konstanter Belastung und Temperatur

eignet. Geliefert werden diese Rohre nach DIN EN ISO 15874 mit Außendurchmessern von 10 mm…1600 mm bei unterschiedlichen PN-Stufen von PN 2,5…PN 32 sowohl in Ringen als auch in Stangen bis zu 12 m Länge. Polypropylenrohre sind bis zu einer Betriebstemperatur von 95 °C einsetzbar.

1 PP-Rohr in Trinkwasseranlagen

Wegen ihrer hervorragenden Schweißeigenschaften werden sie überwiegend durch Heizelement- oder Elektromuffenschweißen verbunden (Bild 2).

2 Schweißverbindung an einem PP-Rohr

Darüber hinaus sind auch Klemmringverschraubungen (compression joints) möglich.

In der Entwässerungstechnik werden PP-Rohre vorzugsweise als „Hausabflussrohr" (HT-Rohr[1]), Farbe grau) eingesetzt (Bild 3). In der Praxis werden diese Buchstaben als Abkürzung für „**H**och **t**emperaturbeständig" (bis 95 °C) verstanden, da die Rohre in der Hausinstallation verwendet werden, wo warme Abwässer auftreten.

Die Lieferlängen betragen 150 mm…5000 mm und ihre Nennweiten DN 40…DN 150. Zur Verbindung dieser PP-Rohre sind Steckmuffen üblich.

Seit geraumer Zeit wird mineralverstärktes PP auch für Abwassergrundleitungen eingesetzt (Bild 4). Es hat sehr gute mechanische, physikalische und chemische Eigenschaften, ist 100 % recycelbar und vollkommen PVC-frei, was für die spätere Entsorgung (disposal) von großem Vorteil ist. Die Nennweiten betragen DN 100…DN 300.

3 PP-Abflussrohr (HT)

4 PP-Abflussrohr (KG-2000)

1.6.4.8 Mehrschichtverbundrohre

Seit etwa 1982/83 werden Rohre aus einem Verbund **unterschiedlicher Werkstoffe** wie Metall und Kunststoff verstärkt eingesetzt. Sie bestehen aus fünf Schichten (five-ply) (Bild 1, nächste Seite). Ein Wasser führendes Innenrohr aus unterschiedlichen Kunststoffarten wird von einem Aluminiumrohr oder von einer Aluminiumfolie umgeben. Das äußere Rohr besteht entweder aus dem gleichen Kunststoff wie das innere Rohr oder aus einem unvernetzten Polyethylenrohr (Bild 2, nächste Seite). Zwei spezielle Verbundschichten dienen als Haftvermittler zwischen dem Innenrohr bzw. Außenrohr und dem Aluminiumrohr oder der Aluminiumfolie. Technische Vorgaben nach DVGW – W 542 (siehe S. 311)

[1] Die Bezeichnung „HT" kommt ursprünglich aus dem Englischen (Hot Tube), was so viel bedeutet wie: „heißes Rohr"

Dieser Haftvermittler (bonding agent) hat die wichtige Aufgabe, die unterschiedliche Längenausdehnung von Kunststoff und Aluminium auszugleichen. Gleichzeitig soll er das Innen- und Außenrohr fest mit dem Aluminiumrohr verbinden und ein gegenseitiges Verschieben (displacing) der einzelnen Rohrschichten verhindern.
Bei den Mehrschichtverbundrohren (multilayer composite tubes) werden die Vorteile von Metallrohren wie z. B.

- absolute Sauerstoffdichtheit,
- kleine Längenänderung,
- hohe Eigenstabilität (inherent stability) mit den Vorzügen der Kunststoffrohre,
- geringe Masse,
- Korrosionsbeständigkeit (corrosion resistance),
- leichte Umformbarkeit (deformability),
- schnelle Montierbarkeit (installability) kombiniert.

Bei einem zulässigen Betriebsdruck von 10 bar sind sie bei Trinkwasserleitungen und Heizungsanlagen bis 95 °C zugelassen. Mehrschichtverbundrohre werden in den Größen von DN 12 bis DN 40 in Stangen von 5 m Länge oder je nach Fabrikat (fabrication) bis DN 20 in 50-m-Ringen geliefert. Die Verbindung erfolgt überwiegend durch Pressfittings, Klemmringverschraubungen oder durch Heizelementmuffenschweißen (z. B. bei PP- oder PB-Trägerrohren).

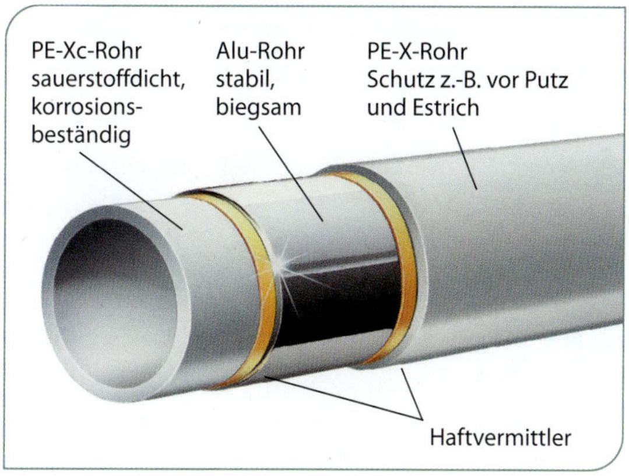

1 Aufbau eines Mehrschichtverbundrohres

PE-X / PB / PP → Al ← PE-X / PB (Verbundrohr) / PP

2 Kombinationsmöglichkeiten bei Mehrschichtverbundrohren

Nach **DVGW-TRGI** 2018 sind Mehrschichtverbundrohre aus Kunststoff/Aluminium/Kunststoff bis zu einem Außendurchmesser von 63 mm und die dazugehörigen Rohrverbinder (Bild 3) auch für die **Gasinstallation** innerhalb von Gebäuden bei Betriebsdrücken bis 100 mbar zugelassen. Die Mindestwanddicke des Metallrohres muss ≥ 0,2 mm betragen. Hierfür gibt es ebenfalls Zertifizierungs- und Kennzeichnungsvorschriften wie bei den PE-X Rohren für Gas (siehe S. 307).

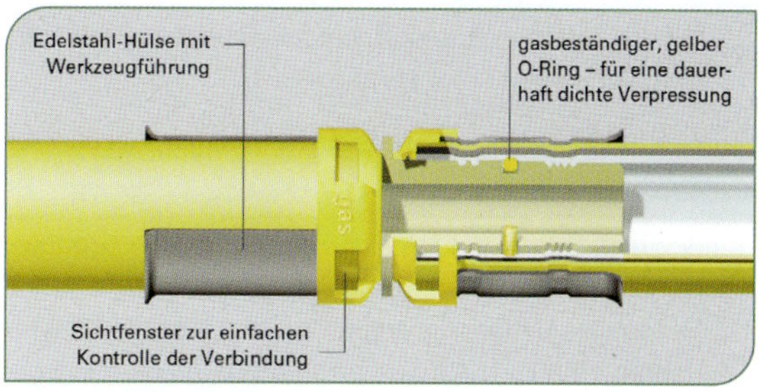

3 Mehrschichtverbundrohr mit Presshülsenverbinder G100 für Gas

1.6.4.9 Steinzeugrohre

Steinzeugrohre (STZ-Rohre) werden in der Abwassertechnik als Grundleitung im Erdreich verlegt und dienen hauptsächlich der Ableitung von Abwasser im gewerblichen und öffentlichen Bereich sowie als Verbindung (Anschlusskanal) der Entwässerungsanlage von Wohngrundstücken mit dem öffentlichen Abwasserstraßenkanal.
Steinzeugrohre werden durch Steckmuffen verbunden. Es sind Nennweiten von DN 100...DN 300 üblich. Die Lieferlängen betragen 150 mm...2000 mm. Im Gegensatz zu Kunststoffrohren zeichnen sich Steinzeugrohre bei der Verlegung aufgrund ihrer Masse durch hohe Lagesicherheit aus (Bild 4).

4 Steinzeugrohr mit Abzweig

ÜBUNGEN

1. Erklären Sie den Begriff „Halbzeug".
2. a) Nennen Sie vier gebräuchliche Halbzeuge.
   b) Nach welchen Kriterien werden Halbzeuge zur Herstellung eines Produkts ausgesucht?
3. Welches Halbzeug verwendet der Anlagenmechaniker SHK am häufigsten?
4. Wodurch unterscheiden sich Feinbleche von Grobblechen?
5. Nennen Sie fünf verschiedene Medien, die mit Hilfe von Rohren weitergeleitet werden können.
6. Erläutern Sie den Begriff „DN".
7. Warum sollte der Zahlenwert hinter „DN" für Berechnungen nicht verwendet werden?
8. a) Nennen Sie die PN-Stufen nach DIN EN 1333.
   b) Welche Abhängigkeit besteht zwischen der Temperatur und dem zulässigen Druck in einer Rohrleitung?
9. Warum müssen die Außendurchmesser von Gewinderohren der mittleren (M) und schweren (H) Reihe unbedingt gleich sein?
10. Bezeichnen Sie anhand der folgenden Angaben das Rohr normgerecht: nahtloses Gewinderohr, mittlere Reihe, DN 20
11. Weshalb sollten nahtlose und geschweißte Stahlrohre nach DIN EN 10220 nur aus der Reihe 1 verwendet werden?
12. Warum darf auf Rohre nach DIN EN 10220 kein Gewinde aufgeschnitten werden?
13. Nennen Sie drei Anwendungsbereiche von nichtrostenden Stahlrohren.
14. Nennen Sie fünf Vorzüge von Kupferrohren.
15. Warum werden in Deutschland seit 1. April 2000 im Abmessungsbereich 12 × 1 bis 28 × 1,5 keine Kupferrohre hart mehr im Sanitärbereich verwendet?
16. Nennen Sie die Vorteile der gewichtsreduzierten Kupferrohre.
17. In welchen beiden Lieferformen werden Kupferrohre angeboten?
18. In welchen Fällen sollten innen verzinnte Kupferrohre verwendet werden?
19. Nennen Sie die vier Kunststoffrohre, die in der Haustechnik hauptsächlich verwendet werden.
20. Nennen Sie drei Anwendungsbereiche für PVC-Rohre.
21. Nennen Sie fünf Vor- und Nachteile von Kunststoffrohren.
22. Warum werden im SHK-Bereich die PVC-Rohre häufig durch andere Kunststoffrohre ersetzt?
23. Welchen wesentlichen Vorteil hat ein PE-X-Rohr gegenüber den anderen PE-Rohren?
24. Wodurch wird die Sauerstoffdichtheit bei PE-X-Rohren erreicht?
25. Was ist ein Rohr-im-Rohr-System?
26. Nennen Sie vier Vorteile des Rohr-im-Rohr-Systems.
27. Nach Berechnung benötigt ein Raum 75 m PE-X-Rohr. Woran erkennen Sie die bereits verlegte Rohrlänge?
28. Nennen Sie zwei Vorteile von PB- Rohre gegenüber PE-X-Rohre.
29. Wie werden PP-Rohre innerhalb der Entwässerungstechnik bezeichnet?
30. Beschreiben Sie den Aufbau eines Mehrschichtverbundrohrs.
31. Welche nichtmetallischen Rohre sind nach DVGW-TRGI 2008 für die Gasinstallation innerhalb von Gebäuden mit welchen Maßgaben zugelassen?

1.7 Berechnungen an Rohren

Um die unterschiedlichen Berechnungen an Rohrleitungen durchführen zu können, müssen verschiedene Kenngrößen bzw. Rohrabmessungen und meist auch der Rohrwerkstoff bekannt sein.

1.7.1 Kenngrößen und Rohrabmessungen

Die drei wichtigsten Kenngrößen sowohl bei der Bezeichnung als auch bei den Berechnungen an Rohren sind:

- die Nennweite DN
- der Außendurchmesser d_a und
- die Wanddicke s.

Die Nennweite DN ist zwar im Rohrleitungsbau eine wichtige Vergleichsgröße, mit der die verschiedenen Rohrarten hinsichtlich ihrer Abmessungen (Dimensionen) verglichen werden können, doch sollte diese Kenngröße in Berechnungen nicht verwendet werden (Bild 1, vergl. hierzu auch Kap. 1.6.4.1, S. 298).

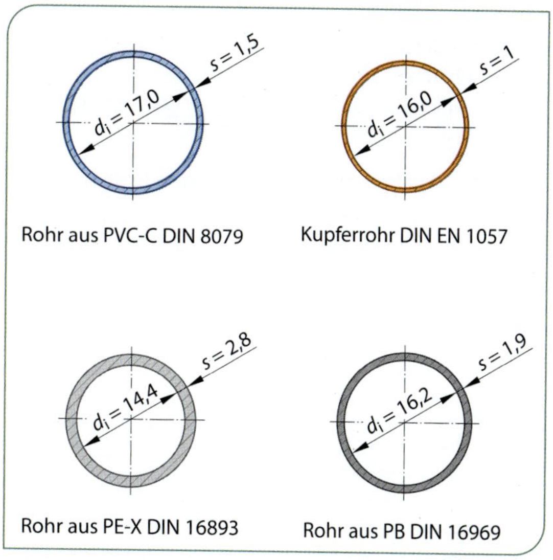

1 Rohre mit gleicher Nennweite DN 15 aber unterschiedlicher Wanddicke und damit unterschiedlichem Innendurchmesser

1.7.2 Innendurchmesser

Die genauen Innendurchmesser (lichte Weiten) für die verschiedenen Rohrarten werden entweder mit dem Außendurchmesser und der Wanddicke berechnet oder meist aus Tabellen bzw. Tabellenbüchern entnommen (Bild 2).
Der Innendurchmesser von Rohren wird wie folgt berechnet:

$$d_i = d_a - 2 \cdot s$$

d_i: Innendurchmesser in mm
d_a: Außendurchmesser in mm
s: Wanddicke in mm

Beispiel 1:

Berechnen Sie den Innendurchmesser eines geschweißten Stahlrohres DIN EN 10220 – 88,9 × 2,9.

Geg.: $d_a = 88{,}9$ mm; s = 2,9 mm

Ges.: d_i in mm

Lösung:

$d_i = d_a - 2 \cdot s$

$d_i = 88{,}9\,\text{mm} - 2 \cdot 2{,}9\,\text{mm}$

$d_i = 88{,}9\,\text{mm} - 5{,}8\,\text{mm}$

$\underline{\underline{d_i = 83{,}1\,\text{mm}}}$

	Gewinderohr M DIN EN 10255					Nahtl. Stahlrohr DIN EN 10220			Kupferrohre DIN EN 1057						Rohre aus vernetztem Polyethylen				Mehrschichtverbundrohr PE-HD/Al/PE-Xb DVGW-W 542				
DN	15	20	25	32	40	32	40	50	10	12	15	20	25	32	15	20	25	32	12	15	20	25	32
Außen-ø d_a in mm	21,3	26,9	33,7	42,4	48,3	42,4	48,3	60,3	12	15	18	22	28	35	20	25	32	40	16	20	26	32	40
Wanddicke s in mm	2,6	2,6	3,2	3,2	3,2	2,6	2,6	2,9	1,0	1,0	1,0	1,0	1,5	1,5	2,8	3,5	4,4	5,5	2,25	2,50	3,0	3,0	3,5
Freier (lichter) Querschn. A in cm²	2,03	3,7	5,85	10,18	13,79	10,87	14,59	23,33	0,79	1,33	2,01	3,14	4,91	8,04	1,63	2,54	4,23	6,61	1,04	1,77	3,14	5,31	8,55
Längenbez. Masse m' in kg/m	1,21	1,56	2,41	3,10	3,56	2,55	2,93	4,11	0,31	0,39	0,48	0,59	1,11	1,41	0,15	0,24	0,38	0,59	0,13	0,19	0,30	0,42	0,60
Längenbez. Inhalt V' in l/m	0,20	0,37	0,58	1,02	1,37	1,09	1,46	2,33	0,08	0,13	0,20	0,31	0,49	0,80	0,16	0,25	0,42	0,66	0,10	0,18	0,31	0,53	0,86

2 Kenngrößen und Abmessungen ausgewählter Rohre (Werte sind auf zwei Stellen nach dem Komma auf- oder abgerundet)

Beispiel 2:
Der Außendurchmesser eines wärmegedämmten Rohres beträgt 120 mm.
Die Dämmdicke beträgt 33 mm bei einer Wärmeleitfähigkeit $\lambda = 0{,}035\ \frac{W}{m \cdot K}$.

Wurde das in unbeheizten Kellerräumen verlegte Heizungsrohr aus Kupfer DIN EN 1057 gemäß GEG richtig gedämmt? (Hinweis: Der Innendurchmesser der Dämmung soll mit dem Außendurchmesser des Rohres gleich sein.)

Geg.: $d_a = 120$ mm; Dämmdicke $s = 33$ mm

Ges.: d_i in mm

Lösung:
$d_i = d_a - 2 \cdot s$
$d_i = 120\text{ mm} - 2 \cdot 33\text{ mm}$
$\underline{\underline{d_i = 54\text{ mm}}}$

Daraus folgt, dass der Außendurchmesser des Kupferrohres 54 mm beträgt. Laut Tabellenbuch handelt es sich dabei um ein Kupferrohr 54 × 2 mit einem Innendurchmesser von 50 mm. Laut GEG muss bei diesem Rohr die Mindestdämmschichtdicke jedoch 50 mm betragen (Bild 1).

Ergebnis:
Das Heizungsrohr wurde **nicht** nach dem geltenden Gesetz gedämmt.

Anforderungen an die Wärmedämmung von Rohrleitungen und Armaturen[1)] Art der Leitungen/Armaturen		Mindestdämmschichtdicke bei $\lambda = 0{,}035\ \frac{W}{m \cdot K}$
Warmeverteilungs- und Warmwasserleitungen sowie Armaturen sind wie folgt zu dämmen		
1	Innendurchmesser ≤ 22 mm	20 mm
2	Innendurchmesser > 22 mm … 35 mm	30 mm
3	Innendurchmesser > 35 mm … 100 mm	gleich Innendurchmesser
4	Innendurchmesser > 100 mm	100 mm
5	Leitungen und Armaturen nach Zeilen 1 bis 4 in Wand- und Deckendurchbrüchen, im Kreuzungsbereich von Leitungen, an Leitungsverbindungsstellen oder bei der zentralen Leitungsnetzverteilern	½ der Anforderungen der Zeilen 1 bis 4
6	Wärmeverteilungsleitungen nach Zeilen 1 bis 4, die nach dem 31. Januar 2002 in Bauteilen zwischen beheizten Räumen verschiedener Nutzer verlegt wurden	½ der Anforderungen der Zeilen 1 bis 4
7	Leitungen nach Zeile 6 im Fußbodenaufbau	6 mm
8	Soweit in den Fällen des § 69 von Wärmeverteilungs- und Warmwasserleitungen an Außenluft grenzen	das Zweifache der Anforderungen der Zeilen 1 bis 4

1 Mindestdämmschichtdicken nach GEG

1.7.3 Rohrquerschnitte

Der freie (lichte) Querschnitt

Die Kreisfläche, die von der Innenwandung umschlossen wird, bezeichnet man als freien (lichten) Querschnitt. Der Durchmesser dieser Fläche ist der Innendurchmesser des Rohres. Für weitere Berechnungen an Rohrleitungen wird die freie Rohrquerschnittsfläche vor allem für die Berechnung des Rohrinhaltes, des Volumenstromes sowie der Rohrnetzberechnung bzw. Rohrdimensionierung benötigt. Der freie Querschnitt wird berechnet:

$$A = \frac{d_i^2 \cdot \pi}{4}$$

A: freier (lichter) Querschnitt
d_i: Innendurchmesser in mm

Beispiel:
Wie groß ist der freie Querschnitt des in Bild 2 abgebildeten Rohres?
geg.: $d_a = 33{,}7$ mm; $s = 4{,}0$ mm   **ges.:** A in mm

Lösung:
$A = \frac{d_i^2 \cdot \pi}{4}$ $d_i = d_a - 2 \cdot s$
$A = \frac{(25{,}7\text{ mm})^2 \cdot \pi}{4}$ $d_i = 33{,}7\text{ mm} - 2 \cdot 4{,}0\text{ mm}$
$\underline{\underline{A = 518{,}7\text{ mm}^2 = 5{,}19\text{ cm}^2}}$ $\underline{d_i = 25{,}7\text{ mm}}$

Der Rohrquerschnitt

Wird eine Rohrleitung rechtwinklig, z. B. durch Sägen, getrennt, so ergibt sich die **kreisringförmige** Querschnittsfläche A_Q des Rohres, die u. a. zur Massenberechnung benötigt wird (Bild 2, Schraffurfläche). Zur Berechnung dieser kreisringförmigen Querschnittsfläche muss die mit d_i berechnete freie (innere) Querschnittsfläche A von der mit d_a berechneten äußeren Querschnittsfläche A_a subtrahiert werden.

$$A_Q = A_a - A$$

$A_a = \frac{d_a^2 \cdot \pi}{4}$ $A = \frac{d_i^2 \cdot \pi}{4}$

$A_Q = \frac{d_a^2 \cdot \pi}{4} - \frac{d_i^2 \cdot \pi}{4}$

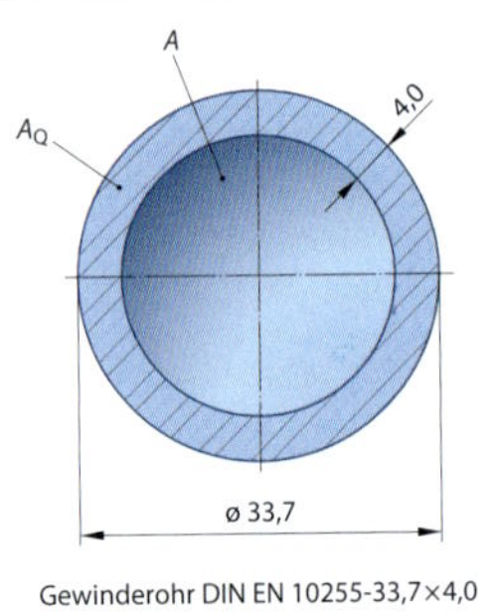

A_Q: Rohrquerschnittsfläche in mm²
A_a: äußere Querschnittsfläche in mm²
A: freie (innere) Querschnittsfläche in mm²
d_a: Außendurchmesser in mm
d_i: Innendurchmesser in mm

2 Querschnittsflächen einer z. B. durch Sägen getrennten Rohrleitung

Daraus ergibt sich, dass die Rohrquerschnittsfläche mit Hilfe der **Kreisringformel** wie folgt berechnet werden kann:

$$A_Q = (d_a^2 - d_i^2) \cdot \frac{\pi}{4}$$

[1)] gemäß Anlage 8 zu § 69, § 70, § 71 Absatz 1 des Gebäudeenergiegesetzes (GEG)

Beispiel:
Wie groß ist die Rohrquerschnittsfläche des Gewinderohres DIN EN 10255 – 33,7 × 4,0?

geg.: $d_a = 33{,}7\,\text{mm}$ $s = 4{,}0\,\text{mm}$

ges.: A_Q in mm^2

Lösung:

$A_Q = (d_a^2 - d_i^2) \cdot \frac{\pi}{4}$

$A_Q = (33{,}7^2\,\text{mm}^2 - 25{,}7^2\,\text{mm}^2) \cdot \frac{\pi}{4}$

$\underline{\underline{A_Q = 373{,}2\,\text{mm}^2}}$

Die Querschnittsverminderung

Wird nach dem Trennen eines Rohres z. B. mit einem Rohrabschneider der entstehende Schneidgrat nicht entfernt, so ergibt sich eine Querschnittsverminderung (Bild 1). Darüber hinaus können sich Querschnittsverminderungen durch Inkrustationen (z. B. Kalkablagerungen), beim Biegen der Rohre usw. ergeben. Die folgende Beispielrechnung soll zeigen, dass schon bei einer kleinen Durchmesserverringerung die Durchflussfläche erheblich vermindert wird. Berechnet wird die Querschnittsverminderung, indem man vom freien (lichten) Querschnitt A den verminderten Querschnitt A_{verm} subtrahiert:

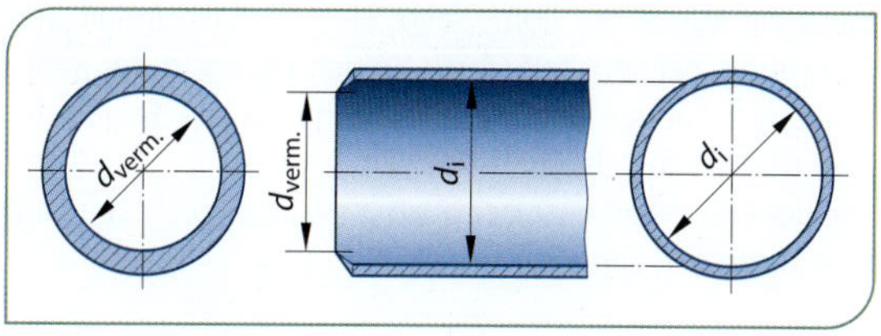

1 Querschnittsverminderung durch Schneidgrat

$A_V = A - A_{verm}$
$A_V = d_i^2 \cdot \frac{\pi}{4} - d_{verm}^2 \cdot \frac{\pi}{4}$

$$\boxed{A_V = (d_i^2 - d_{verm}^2) \cdot \frac{\pi}{4}}$$

A_V: Querschnittsverminderung in mm^2
A: freie (innere) Querschnittsfläche in mm^2
A_{verm}: verminderte Querschnittsfläche in mm^2
d_i: Innendurchmesser in mm
d_{verm}: verminderter Durchmesser in mm

Beispiel:
Beim Trennen eines halbharten Kupferrohres DIN EN 1057 – 22 × 1 ist ein Schneidgrat von 1,5 mm entstanden.
a) Berechnen Sie die Querschnittsverminderung, wenn der Schneidgrat nicht entfernt wird.
b) Um wie viel Prozent wird die freie Querschnittsfläche vermindert?

geg.: $d_a = 22\,\text{mm}$; $s = 1\,\text{mm}$; $s_1 = 1{,}5\,\text{mm}$

ges.: a) A_{verm} in mm
b) Querschnittsverminderung in %

Lösung:

a) $A_V = d_i^2 \cdot \frac{\pi}{4} - d_{verm}^2 \cdot \frac{\pi}{4}$

$d_i = d_a - 2 \cdot s$

$d_i = 22\,\text{mm} - 2 \cdot 1\,\text{mm}$

$d_{verm} = d_i - 2 \cdot s_1$

$d_{verm} = 20\,\text{mm} - 2 \cdot 1{,}5\,\text{mm}$

$d_{verm} = 17\,\text{mm}$

$A_{verm} = 20^2\,\text{mm}^2 \cdot \frac{\pi}{4} - 17^2\,\text{mm}^2 \cdot \frac{\pi}{4}$

$A_{verm} = 314\,\text{mm}^2 - 227\,\text{mm}^2$

$\underline{\underline{A_{verm} = 87\,\text{mm}^2}}$

b) $314\,\text{mm}^2 \mathrel{\hat{=}} 100\,\%$

$1\,\text{mm}^2 \mathrel{\hat{=}} \frac{100\,\%}{314}$

$87\,\text{mm}^2 \mathrel{\hat{=}} \frac{100\,\% \cdot 87}{314}$

$\underline{\underline{87\,\text{mm}^2 \mathrel{\hat{=}} 27{,}7\,\%}}$

Die Querschnittsverminderung beträgt 27,7 %, also mehr als ¼ der ursprünglichen freien Querschnittsfläche.

1.7.4 Rohroberflächen

Wird die Oberfläche eines Rohres abgewickelt, so entsteht ein Rechteck mit der Rohlänge l und einer Breite b, die dem äußeren Umfang U entspricht (Bild 2). Im Heizungsbau wird diese Fläche, die manchmal auch als Mantelfläche bezeichnet wird, vor allem zur Berechnung der Heizfläche von Rohren benötigt. Des weiteren kann mit der Rohroberfläche das benötigte Dämmmaterial in m^2 bestimmt werden und ggf. die Menge der für einen Anstrich der Rohre benötigten Farbe in l/m^2. Die Rohroberfläche wird wie folgt berechnet:

Rohroberfläche = äußerer Umfang × Rohrlänge

$A_O = U \cdot l$
$A_O = d_a \cdot \pi \cdot l$

A_o: Rohroberfläche (Mantelfäche) in mm^2
U: äußerer Rohrumfang in mm
l: Länge in mm
d_a: Rohraußendurchmesser in mm

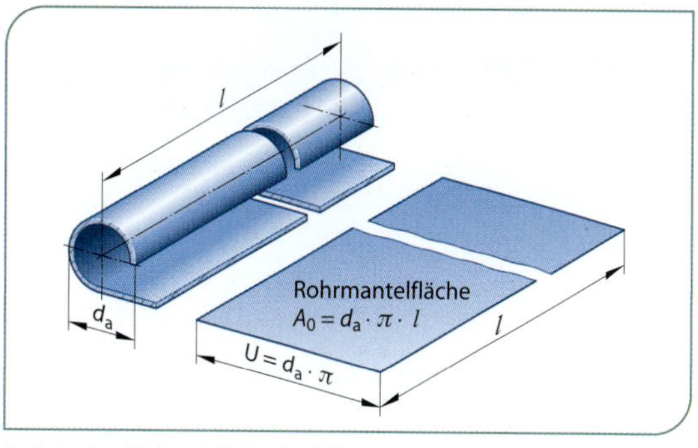

2 Rohroberfläche als Rohrabwicklung

Beispiel:
Ermitteln Sie die Rohroberfläche (Heizfläche) in m² eines 6 m langen Gewinderohres DIN EN 10255 – 48,3 × 3,2.

geg.: $l = 6$ m; $d_a = 48{,}3$ mm

ges.: A_O in m²

Lösung:

$A_O = d_a \cdot \pi \cdot l$

$A_O = \frac{48{,}3\ \text{mm} \cdot 1\ \text{m} \cdot \pi \cdot 6\ \text{m}}{1000\ \text{mm}}$

$A_O = 0{,}0483\ \text{m} \cdot \pi \cdot 6\ \text{m}$

$\underline{\underline{A_O = 0{,}91\ \text{m}^2}}$

1.7.5 Volumen des Rohrinhalts

Der Rohrinhalt wird z. B. benötigt zur Berechnung:

- des Volumenstroms,
- der Füll- und Entleerzeit,
- der Massenberechnung eines gefüllten Rohres.

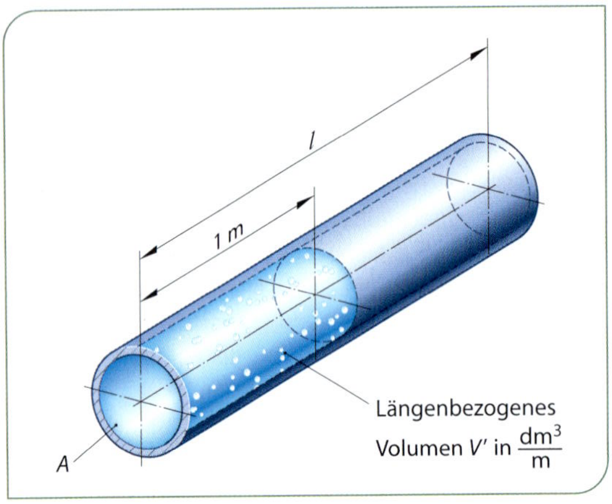

1 Längenbezogener Rohrinhalt

Der Rohrinhalt kann auf <u>zwei Arten</u> berechnet werden:

Die freie Querschnittsfläche A wird mit der Länge l des Rohres multipliziert: $V = A \cdot l$ V: Rohrinhalt in dm³ bzw. l A: freie Querschnittsfläche in dm² l: Rohrlänge in dm	Der Rohrinhalt wird mit Hilfe des **längenbezogenen Inhalts** ***V'*** berechnet (Bild 1), der aus Tabellen entnommen wird (Bild 2, Seite 311). $V = V' \cdot l$ V: Rohrinhalt in dm³ bzw. l V': längenbezogener Inhalt in l/m l: Rohrlänge in m

Beispiel:
Wie viele Liter Heizungswasser befinden sich in einem 75 m langen Heizkreis einer Fußbodenheizung, wenn ein PE-X-Rohr DIN EN ISO 15875-2 – 16 × 2,2 verlegt wurde?

Geg.: $d_a = 16$ mm; $s = 2{,}2$ mm; $l = 75$ m; $V' = 0{,}11\ \frac{l}{\text{m}}$

Ges.: Wassermenge in Liter
a) mit der Formel 1 **b)** mit der Formel 2

Lösung:

$V = A \cdot l$ $\qquad d_i = d_a - 2 \cdot s$

$V = \frac{d_i^2 \cdot \pi}{4} \cdot l$ $\qquad \underline{d_i = 11{,}6\ \text{mm} = 0{,}116\ \text{dm}}$

a) $V = \frac{0{,}116^2\ \text{dm}^2 \cdot \pi}{4} \cdot 750\ \text{dm}$

$\underline{\underline{V = 7{,}93\ \text{dm}^3 = 7{,}93\ l}}$

b) $V = V' \cdot l$

$V = 0{,}11\ \frac{l}{\text{m}} \cdot 75\ \text{m}$

$\underline{\underline{V = 8{,}25\ l}}$[1)]

1.7.6 Rohrmasse

Um die auftretende Belastung bei der Rohrbefestigung bzw. bei der Rohrverlegung (vgl. S. 185 ff.) berechnen zu können, muss die Masse der Rohre, evtl. einschließlich Inhalt und Dämmung, bekannt sein. Auch für den Transport der Rohre (zulässiges Ladegewicht des Fahrzeuges) ist die Ermittlung ihrer Masse von Belang.
Wie der Rohrinhalt lässt sich auch die Masse von Rohren auf zwei Arten berechnen:

Masse = Volumen × Dichte $m = V \cdot \rho$ m: Masse in kg V: Volumen in dm³ ρ: Dichte in kg/dm³	Masse = längenbezogene Masse × Länge (Bild 2) $m = m' \cdot l$ m: Masse in kg m': längenbezogene Masse in kg/m l: Rohrlänge in m

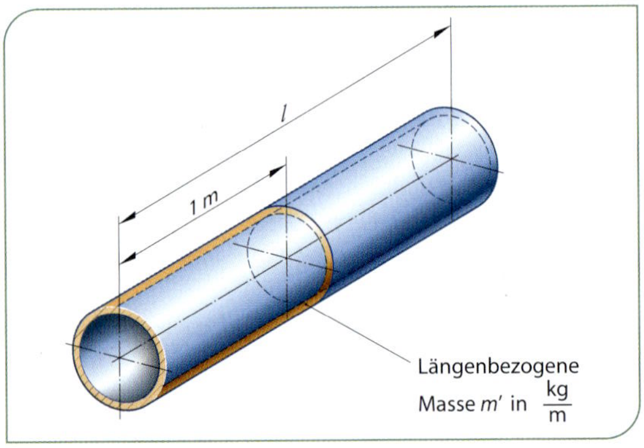

2 Längenbezogene Masse

1) Der Unterschied zwischen Lösung a) und b) ergibt sich durch Aufrunden von V'

Im Folgenden sollen die Massenberechnungen nur mit Hilfe der längenbezogenen Massen erfolgen, die dem Tabellenbuch zu entnehmen sind.

Stoff	ρ in $\frac{kg}{dm^3}$
Stahl, unleg.	7,85
Nichtrostender Stahl	7,9
Grauguss	7,2
Kupfer	8,96

Stoff	ρ in $\frac{kg}{dm^3}$
Zink	7,13
PB	0,92
PE-X	0,93
PP	0,91
PVC-U	1,4

1 Dichte fester Stoffe

Beispiel 1:
Berechnen Sie die Masse von 10 Stangen aus nahtlosem Stahlrohr DIN EN 10220 – 48,3 × 2,6 mit einer Länge von je 6 m.

Geg.: $l = 10 \cdot 6\ m = 60\ m$; $m' = 2{,}93\ \frac{kg}{m}$ (Bild 2, S. 311)

Ges.: m in kg

Lösung:

$m = m' \cdot l$

$m = 2{,}93\ \frac{kg}{m} \cdot 60\ m$

$\underline{\underline{m = 175{,}8\ kg}}$

Hinweis für mit Wasser gefüllte Rohre:
Da Wasser bei 4 °C eine Dichte von 1 kg/l bzw. 1 kg/dm³ hat, entspricht der Rohrinhalt in dm³ bzw. l der Masse des Wassers in kg. Für das Beispiel in Kap. 1.7.5 gilt:

$m = V \cdot p$

$m = 8{,}25\ l \cdot 1\ \frac{kg}{l}$

$\underline{\underline{m = 8{,}25\ kg}}$

Beispiel 2:
Berechnen Sie die Masse einer 12 m langen wärmegedämmten und mit Wasser gefüllten Kupferrohrleitung DIN EN 1057 – 28 × 1,5. Das Kupferrohr ist mit einer werkseitig aufgebrachten Wärmedämmung aus FCKW-freiem Polyurethan-Schaum (PUR) und einer Kunststoffaußenhaut versehen. Laut Hersteller hat die Dämmung eine längenbezogene Masse von 0,24 kg/m.

Geg.: $d_a = 28\ mm$; $s = 1{,}5\ mm$; $l = 12\ m$;

$m'_{Cu\text{-}Rohr} = 1{,}11\ \frac{kg}{m}$

$m'_{Dämmung} = 0{,}24\ \frac{kg}{m}$

$V' = 0{,}49\ l \quad m \triangleq 0{,}49\ kg \quad m = m'_{Wasser}$

Ges.: m in kg

Lösung:

$m = (m'_{Cu\text{-}Rohr} + m'_{Wasser} + m'_{Dämmung}) \cdot l$

$m = \left(1{,}11\ \frac{kg}{m} + 0{,}49\ \frac{kg}{m} + 0{,}24\ \frac{kg}{m}\right) \cdot 12\ m$

$\underline{\underline{m = 22{,}08\ kg}}$

ÜBUNGEN

1. Berechnen Sie den Innendurchmesser d_i eines nahtlosen Stahlrohres nach DIN EN 10220 mit einem Außendurchmesser d_a = 108 mm und einer Wanddicke s = 3,6 mm.

2. Vergleichen Sie den Innendurchmesser d_{i1} eines Gewinderohres M mit dem Innendurchmesser d_{i2} eines Gewinderohres H. Beide Außendurchmesser betragen jeweils d_a = 88,9 mm. Die Wanddicke beträgt beim Gewinderohr (M) 4,0 mm und beim Gewinderohr (H) 4,85 mm.

3. Berechnen Sie die Wanddicke eines Polybutenrohrs DIN EN ISO 15876-S5 (SDR9), dessen Außendurchmesser d_a = 63 mm und dessen Innendurchmesser d_i = 51,4 mm beträgt.

4. Ermitteln Sie mit Hilfe Tab. Bild 2, S. 311 oder des Tabellenbuches jeweils den Innendurchmesser d_i und die zugehörige Dämmschichtdicke (100 %) nach Tab. Bild 1, S. 312 eines Gewinderohrs (M) DIN EN 10255 – DN 32 und eines Gewinderohrs (H) DIN EN 10255 – DN 32.

5. Ein Gewinderohr (M) DIN EN 10255 – DN 32 nahtlos A1 soll in einem unbeheizten Kellerraum nach GEG gedämmt werden. Ermitteln bzw. berechnen Sie:

   a) den Innendurchmesser d_i und die Wanddicke s.
   b) die erforderliche Mindestdämmschichtdicke s_1.
   c) den Außendurchmesser des gedämmten Rohres.

6. Ein wärmegedämmtes Heizungsrohr soll in einem unbeheizten Keller in einem Schutzrohr aus PVC von einem Raum zum anderen verlegt werden. Berechnen Sie den Innendurchmesser des Schutzrohres, wenn das Heizungsrohr ein Kupferrohr 20 × 1 ist und nach GEG gedämmt werden muss.

ÜBUNGEN

7) Der Außendurchmesser eines wärmegedämmten Rohres beträgt 249 mm. Bei der Warmwasser führenden Leitung handelt es sich um ein Stahlrohr DIN EN 10220 – 88,9 × 3,2. Überprüfen Sie, ob die Rohrleitung nach GEG richtig gedämmt wurde.

8) Wie groß sind die freien Querschnitte zweier Gewinderohre (M) DIN EN 10255, wenn das eine Rohr die Nennweite DN 25 und das andere DN 50 hat?

9) Berechnen Sie den freien Querschnitt folgender Rohre mit der gleichen Nennweite DN 32:

a) nahtloses Stahlrohr DIN EN 10220
b) halbhartes Kupferrohr DIN EN 1057
c) Mehrschichtverbundrohr PE-HD/Al/PE-Xb (DVGW-W542)

10) Die Gewinderohre (M) DIN EN 10255 eines Heizungsverteilers für eine Anlage mit drei Heizkreisen haben die Nennweiten DN 50, DN 32 und DN 25.

a) Wie groß ist die Summe der freien Querschnitte?
b) Ermitteln Sie die Nennweite eines Gewinderohres M mit mindestens dem gleichen freien Querschnitt.

11) Für ein raumluftabhängiges Gasgerät der Art B soll eine Zuluftöffnung ins Freie mit Hilfe eines PVC-Rohres hergestellt werden. Der freie Querschnitt muss dabei mindestens 150 cm^2 betragen. Überprüfen Sie, ob der freie Querschnitt eines PVC-U-Rohrs DIN EN ISO 1452-2 – 140 × 6,7 ausreichend ist.

12) Wie groß ist die Rohrquerschnittsfläche eines Gewinderohres (H) DIN EN 10255 – 33,7 × 4,0?

13) Ein Polypropylenrohr DIN EN ISO 15874-2 hat einen Außendurchmesser d_a = 32 mm und eine Wanddicke s = 6,4 mm. Berechnen Sie die Rohrquerschnittsfläche.

14) Vergleichen Sie die Rohrquerschnittsfläche eines Gewinderohres (M) DIN EN 10255 – DN 50 mit der eines geschweißten Stahlrohres DIN EN 10220 – 57 × 2,3.

15) Beim Ablängen eines nahtlosen Stahlrohres DIN EN 10220 – 42,4 × 2,6 entsteht ein Schneidgrat von 0,5 mm, der allseitig nach innen ragt.

a) Wie groß ist die Verringerung des freien Querschnitts in cm^2?
b) Berechnen Sie die prozentuale Verringerung des freien Rohrquerschnitts.

16) Ein weiches Kupferrohr DIN EN 1057 – R220 – 12 × 1,0 wird mit einem Rohrabschneider abgelängt. Hierbei entsteht ein Innengrat von 1,5 mm.

a) Wie groß ist die Verringerung des freien Querschnitts in cm^2?
b) Berechnen Sie die prozentuale Verringerung des freien Rohrquerschnitts.

17) In einem verzinkten Gewinderohr (M) DIN EN 10255 – 26,9 × 2,6 hat sich eine 2,5 mm dicke Kalkschicht abgelagert.

a) Wie groß ist die Verringerung des freien Querschnitts in cm^2?
b) Berechnen Sie die prozentuale Verringerung des freien Rohrquerschnittes.

18) Berechnen Sie die gesamte Rohroberfläche von 8 Stahlrohren DIN EN 10220 – DN40 mit einer Länge von je 6 m.

19) Für ein Rohrregister, das als Heizkörper für einen Lagerraum dienen soll, werden 5 m^2 Heizfläche benötigt.

Wie viele Meter eines Gewinderohres (M) DIN EN 10255 – 42,4 × 3,2 werden hierfür benötigt?

20) In einem Badezimmer werden 110 m PE-X-Rohr DIN EN ISO 15875-2 – 12 × 1,8 als Fußbodenheizung verlegt. Berechnen sie die Heizfläche.

21) Eine Gasleitung aus Gewinderohr (H) DIN EN 10255 – 60,3 × 4,5 soll mit einem gelben Farbanstrich versehen werden. Für wie viele m^2 muss die Farbe reichen, wenn die Leitung 126 m lang ist?

22) Eine 6 m lange wärmegedämmte Rohrleitung soll mit einem 0,7 mm dicken verzinkten Stahlblech verkleidet werden. Wie viel m^2 Blech werden benötigt, wenn der Außendurchmesser der Dämmung 94 mm beträgt?

23) Beim Entleeren eines Rohrleitungsabschnittes laufen 15 l Heizungswasser aus dem Kupferrohr DIN EN 1057 – 22 × 1. Berechnen Sie die Länge der Kupferrohrleitung.

24) In einem Mehrfamilienhaus sollen vom Keller zu den Sonnenkollektoren auf dem Dach Kupferrohre DIN EN 1057 – 28 × 1,5 verlegt werden. Die Gesamtlänge der Rohrleitung beträgt 32 m. Wie viele Liter Wärmeträgerflüssigkeit muss der Auffangbehälter mindestens aufnehmen können, wenn in den fünf Kollektoren jeweils 1,6 l, im Wärmetauscher 19 l und als „Wasservorlage“ im MAG 1,7 l enthalten sind?

2 Technische Kommunikation

Unter Technischer Kommunikation (technical communication) ist alles zu verstehen, was z. B. Mitarbeitern, Großhandel und Kunden eines SHK-Betriebes hilft, die Installation und die komplexe Funktion einer haustechnischen Anlage besser zu verstehen. Dazu gehört wesentlich mehr als nur eine Bedienungsanweisung (operating instructions), z. B. auch:

- Produktbeschreibungen,
- Terminpläne,
- Montageanweisungen,
- Wartungsanweisungen und
- Technische Zeichnungen.

2.1 Produktbeschreibungen

Produktbeschreibungen (product descriptions) (Bild 1 und Text) sind notwendig, um sich zu informieren. Sie enthalten Informationen wie z. B. Aussehen, Gestaltung, Aufbau, Funktion und Eignung, die einem Kunden die Kaufentscheidung (buying decision) und dem Monteur die Beratung (advisory service) erleichtern.

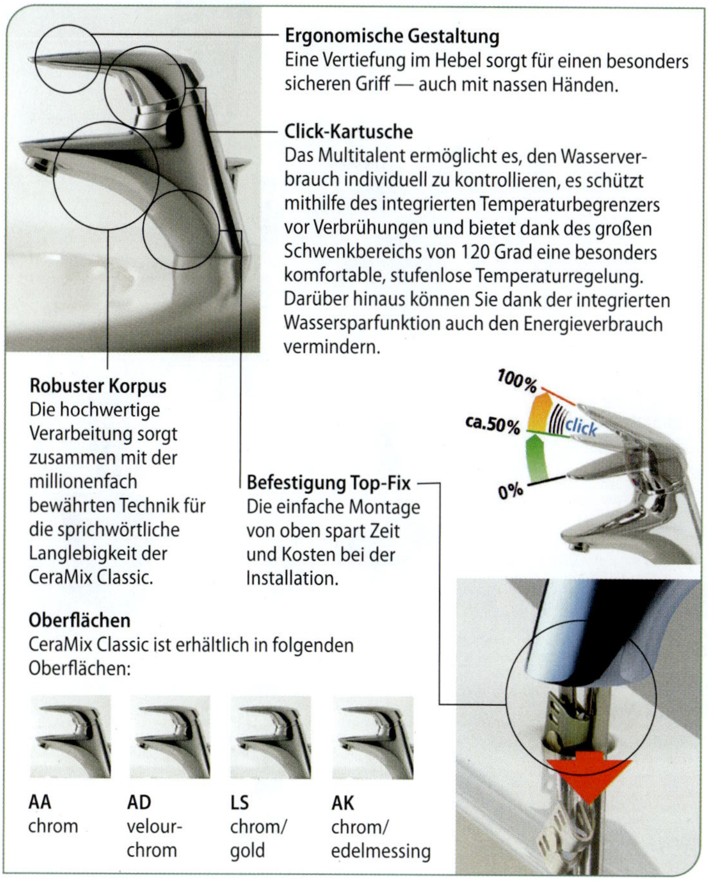

1 Produktbeschreibung Waschtischarmatur

2.2 Terminpläne

Damit sich die einzelnen Gewerke (crafts), die z. B. an einem Neubau beteiligt sind (Maurer, Estrichleger, Zimmerer, Tischler, Anlagenelektriker, Anlagenmechaniker-SHK usw.) nicht in die Quere kommen, sind eine bestimmte Abfolge und Terminabsprachen (agreeing on a date) unerlässlich. In einem Terminplan (time schedule) (Bild 1, nächste Seite) wird genau festgelegt, wann, wo und von wem die anstehenden Montagearbeiten durchzuführen sind. Der Handwerksmeister (Unternehmer) kann aus dem Terminplan entnehmen, bis zu welchem Zeitpunkt benötigte Materialien und auch das entsprechende Personal zur Verfügung stehen müssen, um rechtzeitig mit den Montagearbeiten beginnen zu können. Da die Ausführung der Arbeiten oft vertraglich an bestimmte Termine (Endzeiten) gebunden sind, kann es bei Verzug (default) der Arbeiten zu empfindlichen Geldstrafen (fines) kommen.

2.3 Montage- und Wartungsanweisungen

Mit Hilfe von **Montage- und Wartungsanweisungen** (assembly and servicing instructions) liefern die Hersteller von z. B. Sanitärgeräten oder Lüftungsanlagen detaillierte Anweisungen, wie die **Fachkraft** (skilled personnel) das Gerät, die Anlage bzw. Anlagenteile fachgerecht installiert und in Betrieb nimmt und welche regelmäßigen Wartungsarbeiten wann und wie durchzuführen sind.

Die **Montage- und Wartungsanweisungen** bestehen meist aus einer Zeichnung (drawing) mit zielgerichteten Anweisungstexten für z. B. Einbau, Verwendung, Wartung und Sicherheit (Bild 2, nächste Seite und Kap. 2.3.1 bis 2.3.5). Durch diese enge Verbindung (connection) von Bild und Text wird der Monteur dabei unterstützt, vor Ort beim Kunden oder auf der Baustelle (building site) planmäßig, schnell und fehlerfrei zu montieren und zu warten.

2.3.1 Einbau

Beim Einbau sind die örtlichen Vorschriften sowie allgemeine Richtlinien und die Einbau-Anleitung zu beachten. Der Ein-

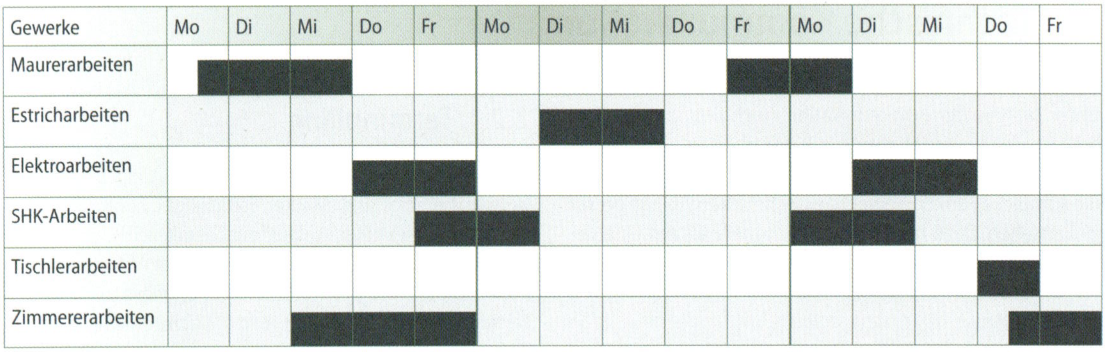

1 Terminplan

bauort muss frostsicher und gut zugänglich sein. Vor und hinter dem Hauswasser-Feinfilter sind Absperrventile vorzusehen.

2.3.1.1 Montage

1. Rohrleitung gut durchspülen.
2. Hauswasser-Feinfilter anbauen
   - Durchfluss in Pfeilrichtung
   - Einbaulage in waagerechter Rohrleitung mit Filtertasse nach unten.
   - spannungs- und biegemomentfrei einbauen.
3. Manometer eindichten.
4. Hauswasser-Feinfilter ist betriebsbereit.

2.3.1.2 Rückspülwasserabführung

Das Rückspülwasser muss so zum Ablaufkanal geführt werden, dass kein Rückstau entstehen kann.
Dazu gibt es drei Möglichkeiten:
1. Direkter Anschluss:
Übergangsstück DN 50/70 sowie erforderliche Rohre und Siphon (3 Bögen 90°) in DN 70.
2. Ablauf frei in vorhandenen Bodenablauf.
3. Ablauf in offenen Behälter.

Filter-Größe	Rückspülmenge*
R ½ und R ¾	12 Liter
R 1 und R 1 ¼	15 Liter
R 1 ½ und R 2	18 Liter

* bei 4 bar Eingangsdruck und 15 s Rückspüldauer

2.3.2 Rückspülen

Zum Rückspülen ist ein Eingangsdruck von mindestens 1,5 bar erforderlich. Das Rückspülintervall ist abhängig vom Verschmutzungsgrad des Wassers. Spätestens alle 2 Monate muss entsprechend DIN EN 806-5 eine Rückspülung durch-

MERKE

Auch während des Rückspülens kann gefiltertes Wasser entnommen werden.

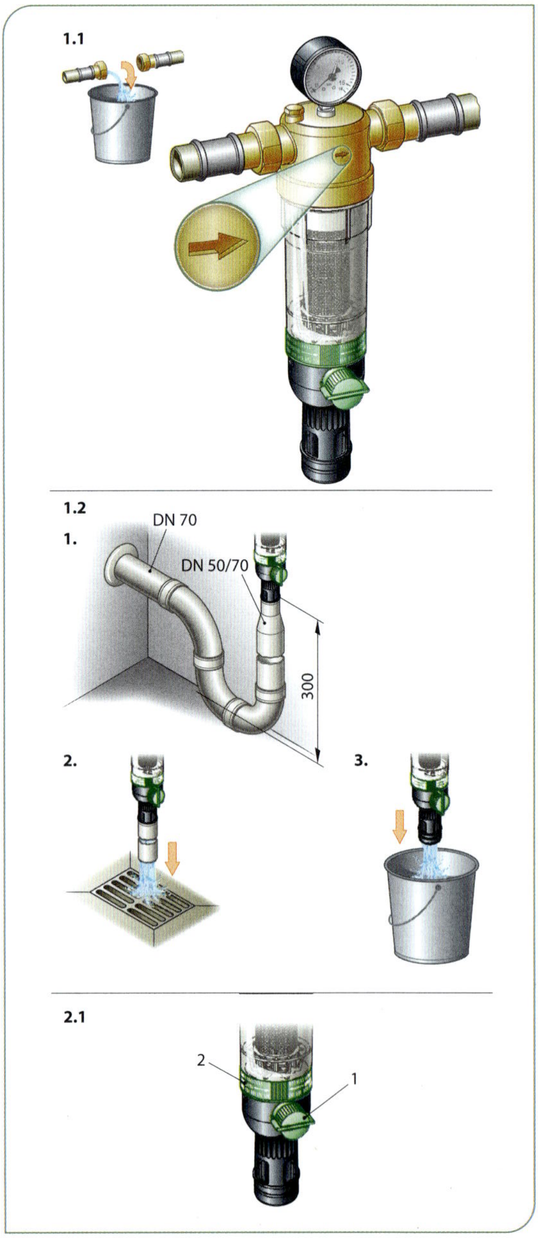

2 Einbauanleitung Hauswasserfeinfilter

geführt werden. Zur bequemen und regelmäßigen Einhaltung des Rückspülintervalls empfehlen wir den Einbau einer Rückspülautomatik.

2.3.2.1 Manuelles Rückspülen

Erfolgt die Rückspülwasserabführung nicht durch einen direkten Anschluss, so muss vor dem Rückspülen ein Auffanggefäß untergestellt werden.

1. Ventil durch Drehen des Rückspülknopfs 1 (Bild 2, vorherige Seite) bis Anschlag öffnen:
   - Markierungsbalken muss senkrecht stehen.
   - Das patentierte Rückspülsystem wird in Gang gesetzt.
2. Kugelventil nach ca. 15 s wieder schließen:
   - Bei stark verschmutztem Filter kann eine längere Rückspüldauer erforderlich sein.

Mit Hilfe des Memory-Ringes **2** (Bild 2, vorherige Seite) kann der nächste Termin für die manuelle Rückspülung vorgemerkt werden.

2.3.2.2 Automatisches Rückspülen

Die Rückspülautomatik ist als Zubehör erhältlich. Die Automatik übernimmt zuverlässig das Rückspülen des Filters in einstellbaren Zeiträumen zwischen 4 Minuten und 3 Monaten.

2.3.3 Instandhaltung

Wir empfehlen dem Betreiber, einen Wartungsvertrag mit einem Installationsunternehmen abzuschließen.
Entsprechend der DIN EN 806-5 sind folgende Maßnahmen regelmäßig durchzuführen:

- Der Filter muss regelmäßig, spätestens alle 2 Monate, durch Rückspülen gereinigt werden.
- Dieser Vorgang darf vom Betreiber vorgenommen werden.
- Eine Nichtbeachtung kann zu Filterverstopfung führen. Druckabfall und sinkende Wasserdurchlässigkeit sind die Folge.
- Die Siebe des Filters sind aus nichtrostendem Stahl. Roter Belag infolge von Rost aus den Rohrleitungen hat keinen Einfluss auf Funktion und Filterwirkung.

2.3.4 Verwendungsbereich

Anschlussgrößen R ½ – R 2

Mit Klarsicht-Filtertasse
Medium Wasser bis max. 40 °C
Betriebsdruck max. 16 bar
Zum Reinigen der Kunststoffteile keine lösungsmittelhaltigen Pflegemittel benutzen.
In Bereichen mit UV-Bestrahlung oder Lösungsmitteldämpfen eine Rotguss- Filtertasse verwenden.

Mit Rotguss-Filtertasse
Medium Wasser bis max. 70 °C
Betriebsdruck max. 25 bar [1)]

2.3.5 Sicherheitshinweise

1. Benutzen Sie das Gerät:
   - in einwandfreiem Zustand,
   - bestimmungsgemäß,
   - sicherheits- und gefahrenbewusst.
2. Beachten Sie die Einbau-Anleitung.
3. Lassen Sie Störungen, welche die Sicherheit beeinträchtigen können, umgehend beseitigen.
4. Der Hauswasser-Feinfilter ist ausschließlich für die in dieser Einbau- Anleitung genannten Einsatzgebiete bestimmt. Eine andere oder darüber hinausgehende Benutzung gilt als nicht bestimmungsgemäß.

2.4 Bedienungsanweisungen

Die Bedienungsanweisung (operation instructions) ist vorrangig für das **Bedienungspersonal** (service personnel) und/oder für den **Betreiber** bzw. **Besitzer** (owner) einer Anlage bestimmt. Wie bei der Wartungsanweisung werden auch in der Bedienungsanweisung mit Hilfe von Bildern und Anweisungstexten z. B. die Änderungen bestimmter Einstellwerte wie z. B. die Raumtemperatur, Warmwassertemperatur (Bild 1, nächste Seite) usw. erklärt.

MERKE

Bei der Übergabe einer Anlage ist es die Aufgabe der Fachkraft, dem Kunden oder Betreiber die Bedienungsanweisung auszuhändigen und die wesentlichen Einstellungen angemessen zu erläutern.

Fehlbedienungen (operating errors) durch den Betreiber der Anlage, die nachweislich durch falsche oder mangelhafte Einweisung zu Schäden (damages) führen, können aufgrund des **Produkthaftungsgesetzes** zu **Schadenersatzansprüchen** (claims for compensation) führen.

ÜBUNGEN

1. Nennen Sie min. 4 Teilbereiche, die zur Technischen Kommunikation gehören.
2. Wofür sind Produktbeschreibungen notwendig?
3. Warum sollten alle an einem Neubau beteiligten Gewerke Termine absprechen?
4. Nennen Sie 3 Anweisungen, die eine Fachkraft aus einer Montage- und Wartungsanweisung entnehmen kann.
5. Wodurch unterscheidet sich eine Bedienungsanweisung von einer Montage- und Wartungsanweisung?

1) Ist der Wasserdruck höher als 16 bar, muss ein Manometer mit höherem Anzeigebereich verwendet werden

Einstellung der Unterputz-Thermostatbatterie

Führen Sie diese Einstellung nur dann durch, wenn die Wassertemperatur im Auslauf nicht der an der Thermostat-Batterie eingestellten Temperatur entspricht.

1. Den Griff (1) mit einem Inbusschlüssel ausbauen. Die Schraube (2) abdrehen und die Blende (3) abziehen.

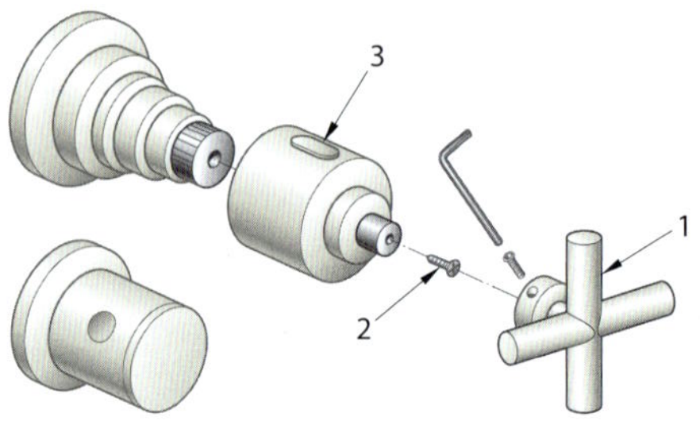

2. Öffnen Sie den Absperrhahn (4) und messen Sie die Wassertemperatur mit einem Thermometer. Drehen Sie die Rändelmutter (B) nach rechts bzw. links, bis die Wassertemperatur 38 °C beträgt.

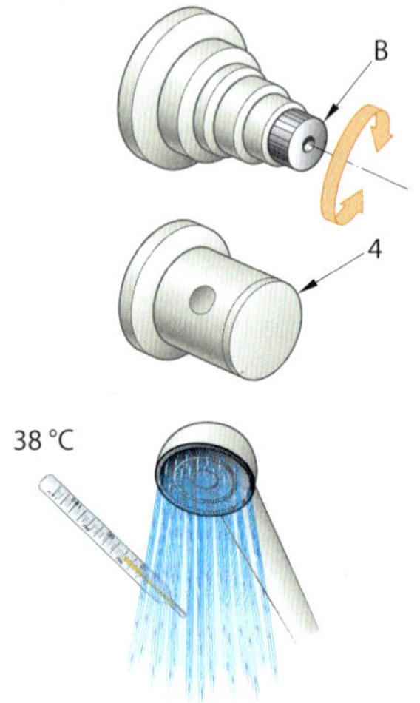

3. Die Blende (3) mit der Sicherheitssperre nach oben anbringen.

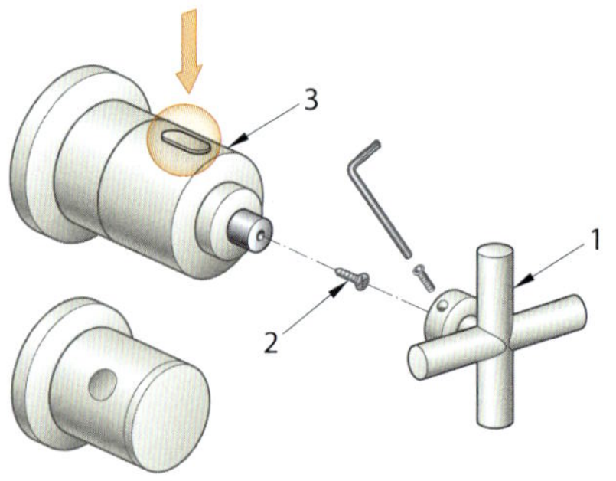

1 Bedienungsanweisung Unterputz-Thermostatbatterie

2.5 Technische Zeichnungen

2.5.1 Blattgröße

Die Blattgröße (size of sheet) wird in Abhängigkeit vom Maßstab (scale) (vgl. 2.5.5) und von der erforderlichen Genauigkeit der Darstellung gewählt. Ausgangsformat aller Zeichenblätter der A-Reihe ist das Format (format) A0 (Bild 1, nächste Seite)[1]. Der Flächeninhalt dieses Formates beträgt genau **1 m²** (841 mm · 1189 mm). Durch Halbierung (bisectioning) entlang der längeren Seite eines Formates ergibt sich jeweils die nächst kleinere Blattgröße (z. B. A3/2 = A4).

[1] DIN EN ISO 5457 – Formate und Gestaltung von Zeichnungsvordrucken

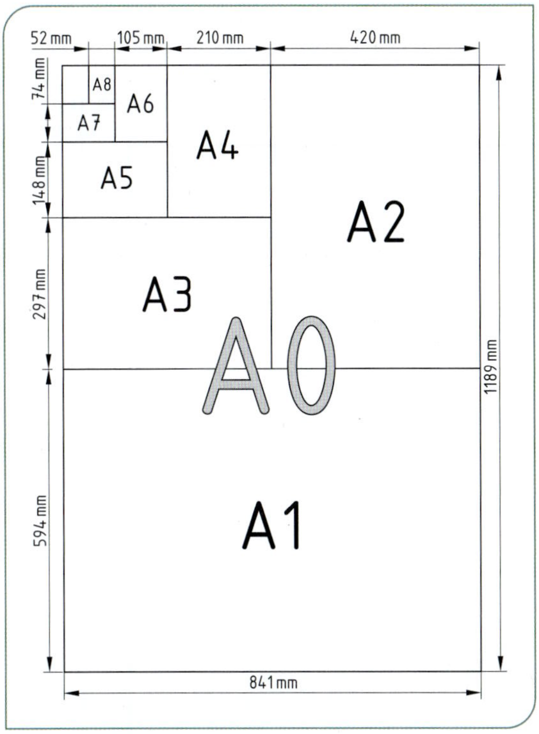

1 Aufteilung eines A0- Zeichenblattes

2.5.2 Schriftfeld

Jede Zeichnung erhält ein **Schriftfeld**[1)] (title block) (Bild 1, nächste Seite). Darin sind allgemeine Angaben enthalten, die für die gesamte Zeichnung gelten wie z.B. der gesetzliche Eigentümer, Benennung (Titel) des Einzelteils (description, title), Name des Zeichners, Herstellungsdatum, Zeichnungsnummer (drawing number), Dokumentenart, Dokumentenstatus, usw. Weitere Angaben, wie z.B. der Maßstab (scale) werden, wenn erforderlich, außerhalb des Schriftfelds eingetragen (Bild 2, nächste Seite). Die Lage des Schriftfelds bestimmt die Leserichtung auf der Zeichnung. Es wird immer in der rechten unteren Ecke angeordnet. Das Format A4 darf nur im Hochformat und die Formate A3 bis A0 dürfen nur im Querformat ausgeführt werden.

2.5.3 Linienarten und Linienbreiten

Linien (lines) in technischen Zeichnungen[2)] und in Bauzeichnungen[3)] haben eine bestimmte Bedeutung. Die folgenden Übersichten (tables) (Bilder 2 und 3) zeigt in einer Auswahl, welchen Anwendungen sie zugeordnet sind. Die Breite (line width) aller Linienarten auf einer Zeichnung wird durch die Breite der Körperkanten (visible outlines) festgelegt.

1) DIN EN ISO 7200 – Technische Produktdokumentation – Datenfelder in Schriftfeldern und Dokumentenstammdaten
2) Linienarten und Linienbreiten in technischen Zeichnungen sind in DIN EN ISO 128 genormt.
3) Linienarten und Linienbreiten in Bauzeichnungen sind in DIN EN ISO 7519 genormt.

Linienart (type of lines)	Linienbreite der Körperkanten			Benennung (description)	Anwendung
	0,35	0,5	0,7	Volllinie, breit	Sichtbare Kanten und Umrisse, Gewindeabschlusslinien
	0,18	0,25	0,35	Volllinie, schmal	Maßlinien, Maßhilfslinien, Schraffuren, Lichtkanten, Bezugslinien, Umrisse von in die geeignete Ansicht gedrehten Schnitten, Gewindegrund, kurze Mittellinien, Biegelinien, Diagonalkreuze
	0,18	0,25	0,35	Strich-Punktlinie, schmal	Mittellinien, Symmetrielinien
	0,35	0,5	0,7	Strich-Punktlinie, breit	Kennzeichnung von Schnitten und Behandlungszuständen
	0,18	0,25	0,35	Strichlinie	Verdeckte Kanten und Umrisse
	0,18	0,25	0,35	Freihandlinie	Bruchlinien an Werkstücken und Ausbrüchen

2 Linienarten und Linienbreiten in technischen Zeichnungen

Linienart (type of lines)	Linienbreite in mm			Benennung (description)	Anwendung
	0,5	1	1	Volllinie, breit	Begrenzung von Schnittflächen
	0,35	0,5	0,7	Volllinie, schmal	Sichtbare Kanten und Umrisse von Bauteilen, Begrenzung von Schnittflächen kleinerer Bauteile
	0,25	0,35	0,5	Volllinie, fein	Maßlinien, Maßhilfslinien, Hinweislinien, vereinfachte Darstellungen
	0,35	0,5	0,7	Strichlinie	Verdeckte Kanten und Umrisse von Bauteilen
	0,5	1,0	1,0	Strichpunktlinie	Kennzeichnung von Schnittflächen
	0,35	0,5	0,7	Punktlinie	Bauteile vor bzw. über der Schnittebene

3 Linienarten und Linienbreiten in Bauzeichnungen

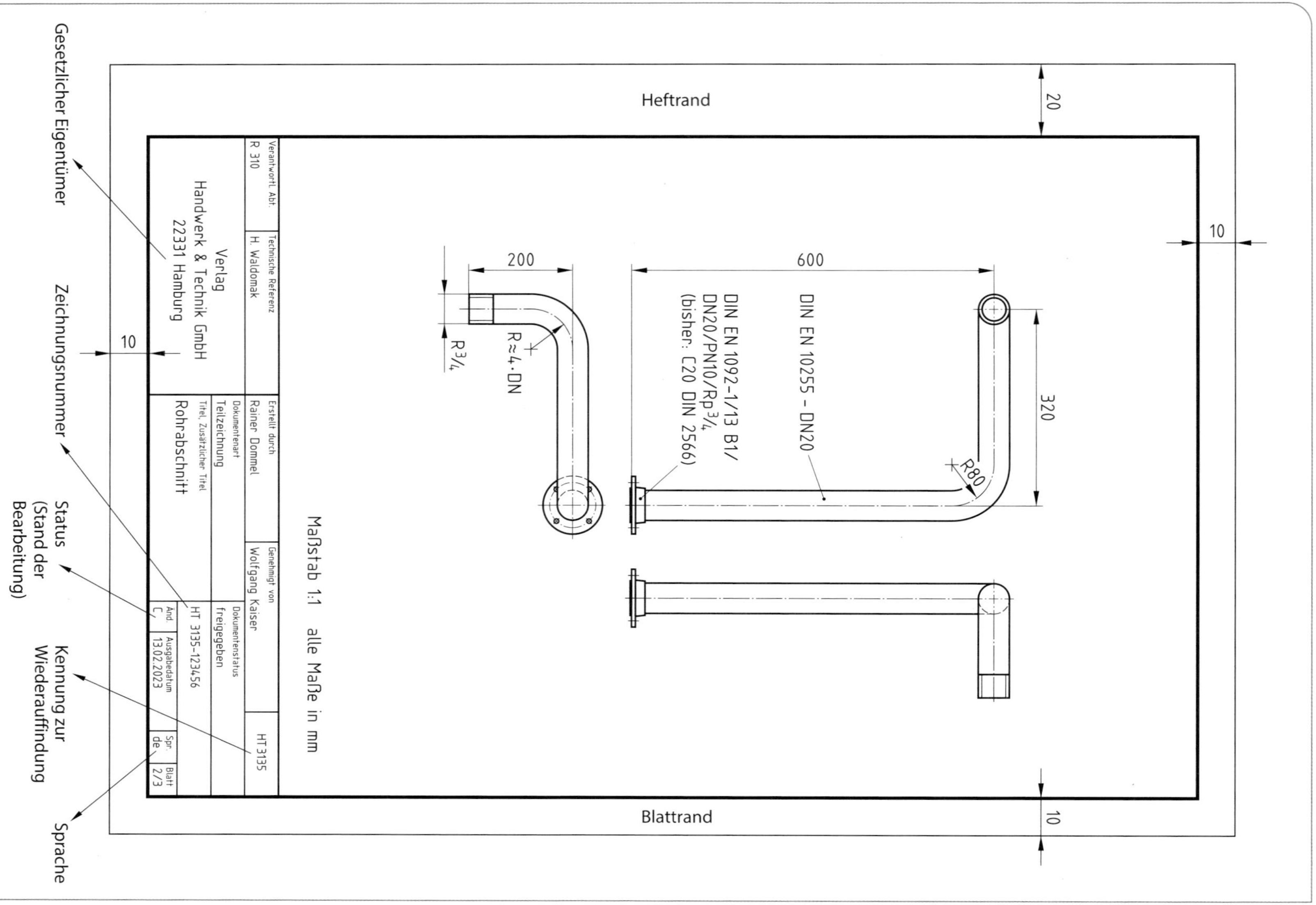

1 Beispiel Blattaufteilung DIN A4

2.5.4 Normschrift

Die Beschriftung auf einer Zeichnung muss in Normschrift[1] (standard lettering) (Bild 1) so ausgeführt werden, dass sie einwandfrei zu lesen ist. Dies gilt für Zahlen und Buchstaben. Fehler oder Verzögerungen in der Fertigung aufgrund unleserlicher (illegible) Angaben dürfen nicht vorkommen. Auch müssen alle Schriftzeichen (letters) bei einer Vervielfältigung einwandfrei abgebildet werden. Von Hand wird mit einer Mine des Härtegrads (degree of hardness) F oder HB beschriftet. Zahlen und Wortangaben werden z. B. bei der Linienbreite 0,5 mm in einer Höhe von 3,5 mm geschrieben.

2.5.5 Maßstäbe

Werkstücke in Zeichnungen sollten immer so dargestellt werden, dass alle Einzelheiten gut zu erkennen sind. Jede Zeichnung ist in einem bestimmten Maßstab[2] (scale) erstellt. Wenn möglich, sind Darstellungen in Zeichnungen im Maßstab 1:1 (die Darstellung entspricht der natürlichen Größe) anzufertigen. Die Maßstabsangabe wird entweder über das Schriftfeld (Bild 1, vorherige Seite) oder unter die Positionsnummer (piece number) geschrieben. Folgende Maßstäbe sind anzuwenden, wenn eine Zeichnung zeichnerisch vergrößert oder verkleinert werden muss (Bild 5):

Verkleinerungsmaßstäbe	Natürlicher Maßstab	Vergrößerungsmaßstäbe
1:2	1:1	2:1
1:5		5:1
1:10		10:1
1:20		20:1
1:50		50:1 usw.
1:100		
1:200 usw.		

5 Maßstäbe

MERKE

Die Maße 225 mm und 155 mm werden in der Zeichnung (Bild 2) auf 225 mm : 5 = 45 mm und 155 mm : 5 = 31 mm **gekürzt** dargestellt (M 1:5). In der Zeichnung (Bild 4) wird das Maß 0,5 mm auf 0,5 mm · 5 = 2,5 mm **verlängert** dargestellt (M 5:1). Die Maße der Zeichnung (Bild 3) entsprechen dem natürlichen Maßstab (M 1:1).

[1] Die Form und Größe der Schriftzeichen sind in DIN EN ISO 3098 genormt.
[2] Zeichnungsmaßstäbe sind in DIN ISO 5455 genormt.

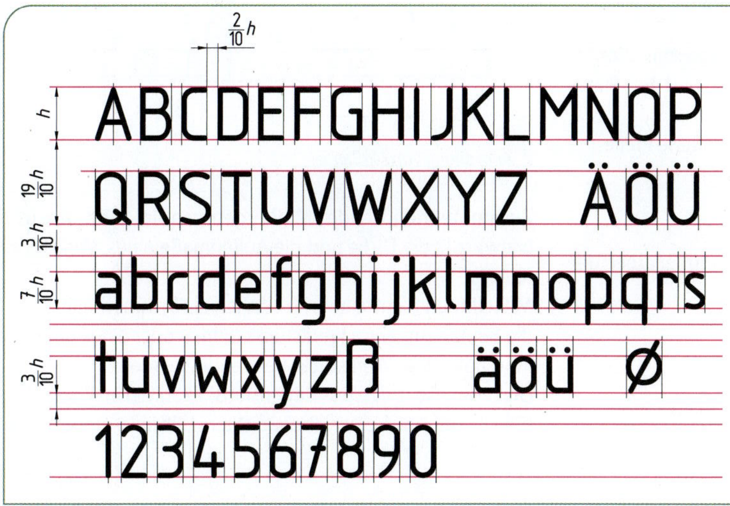

Größenverhältnisse Schriftform B

Große Buchstaben	$\frac{10}{10}h$
Kleine Buchstaben	$\frac{7}{10}h$
Buchstabenabstand	$\frac{2}{10}h$
Linienbreite	$\frac{1}{10}h$
Wortabstand	$\frac{6}{10}h$
Grundlinienabstand	$\frac{13}{10}h \ldots \frac{19}{10}h$

Schrifthöhen und Strichbreiten

Schrifthöhe h	2,5	3,5	5	7
Strichbreite	0,25	0,35	0,5	0,7
Breite Volllinie	0,35	0,5	0,7	1

Indizes und Hochzahlen werden eine Liniengruppe kleiner geschrieben

1 Normschrift

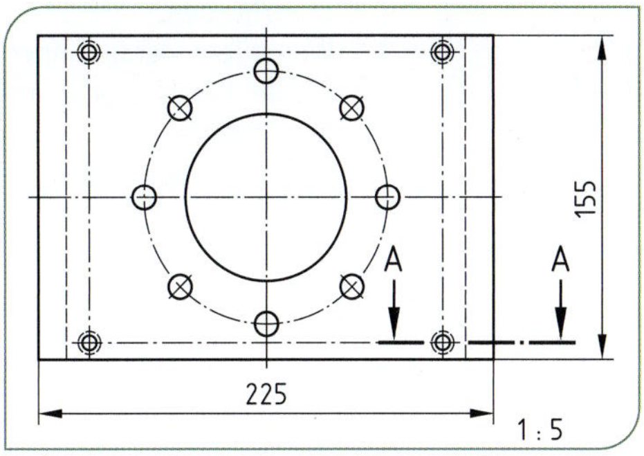

2 Zeichnung im Maßstab 1:5

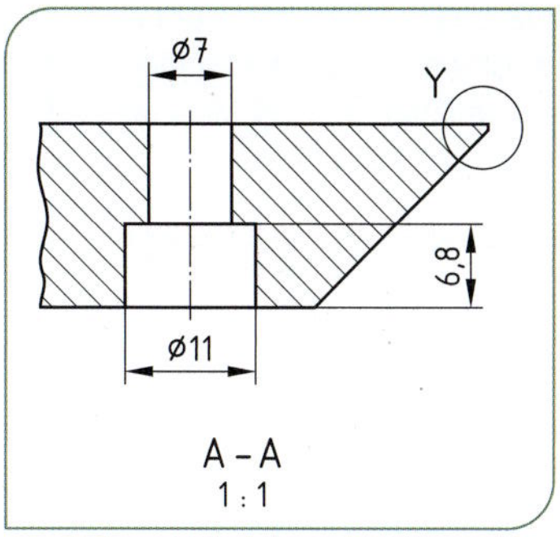

3 Zeichnung im Maßstab 1:1

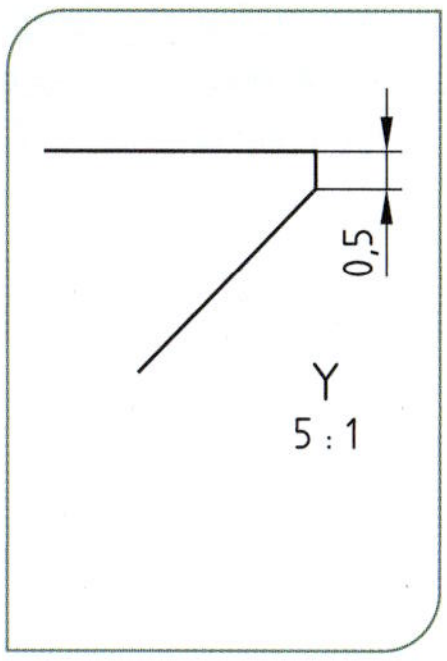

4 Zeichnung im Maßstab 5:1

2.5.6 Bemaßungsregeln

Bemaßung – Grundlagen

Maße in technischen Zeichnungen werden nach DIN EN ISO 129-1[1)] eingetragen. Die Regeln gelten im Allgemeinen sowohl für manuelle als auch für rechnergestützte Zeichnungen. Sichtbare Kanten werden als breite Volllinien gezeichnet. Maßlinien und Maßhilfslinien als schmale Volllinien.

Maßlinien (dimension lines) a (Bild 1)
- werden parallel zur zu bemaßenden Länge gezeichnet
- sollen etwa 10 mm von der Körperkante entfernt sein
- und untereinander gleiche Abstände von (z. B. 7 mm) haben
- sollten sich nicht mit anderen Maßlinien und auch nicht untereinander schneiden
- wenn das nicht vermeidbar ist, werden die Maßlinien **nicht** unterbrochen
- Mittellinien dürfen nicht als Maßlinien verwendet werden

Maßhilfslinien (extension lines, projection lines) b
- beginnen (Bild 1) direkt an der Körperkante (außen)
- werden rechtwinklig zur bemaßenden Länge herausgezogen
- können bei Unübersichtlichkeit schräg und parallel zueinander herausgezogen werden
- ragen 1 bis 2 mm über die Maßlinie hinaus

Maßlinienbegrenzungen (dimension line determination) c
- sind im Regelfall (Bild 1) schwarze Pfeile und bei Platzmangel auch Punkte
- bei Computerzeichnungen vorzugsweise offene Pfeile
- sind in Skizzen häufig Schrägstriche

Maßzahlen (dimensions) d
- werden in Normschrift (vgl. Kap. 2.5.4) immer über der Maßlinie geschrieben (Bild 1)
- dürfen nicht durch Linien getrennt werden

Maßeinheiten (units of measurement) e (Bilder 1 und 2)
- In technischen Zeichnungen werden alle Maße in mm angegeben. Es dürfen deshalb keine Einheiten (z. B. mm) eingetragen werden.

2.5.6.1 Anordnung der Maße

Die Maße sind bevorzugt so einzutragen, dass sie von **unten** und von **rechts** zu lesen sind. Ist wenig Platz vorhanden, werden die Maßzahlen über der Verlängerung der Maßlinie a oder über einer Hinweislinie g eingetragen (Bild 2).

MERKE

Jedes Maß wird nur einmal eingetragen. Bei mehreren Ansichten in der Ansicht, die die Zuordnung des Maßes zur Zeichnung am deutlichsten wiedergibt.

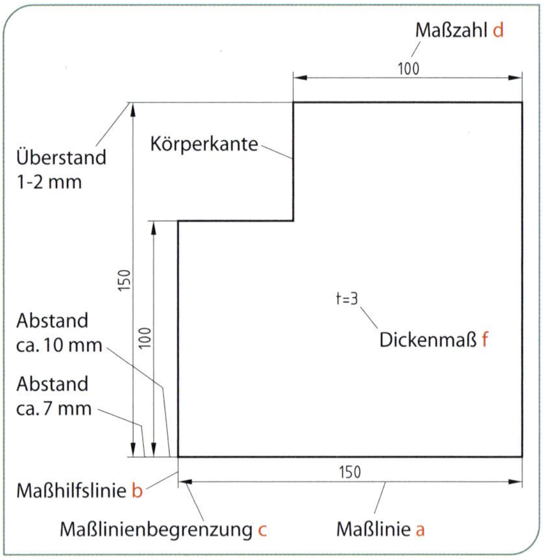

1 Bemaßungsregeln in technischen Zeichnungen

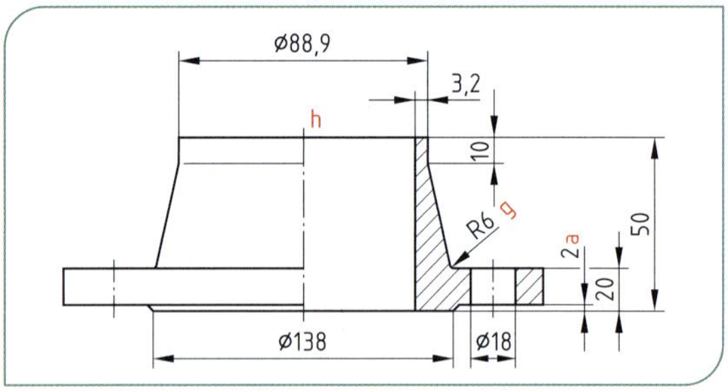

2 Anordnung von Maßen

Zusammengehörende Maße gehören in **eine Ansicht** (view), z. B. die Dicke und die Außenmaße eines Werkstücks (Bild 1).

Mittellinien (centre lines) h können als Symmetrielinien für die Bemaßung eines Werkstücks (Bild 2) oder eines Bereichs innerhalb eines Werkstücks verwendet werden.

Dickenmaße (thickness dimensions) f können im Werkstück (Bild 1) oder auf einer abgeknickten Hilfslinie eingetragen werden.

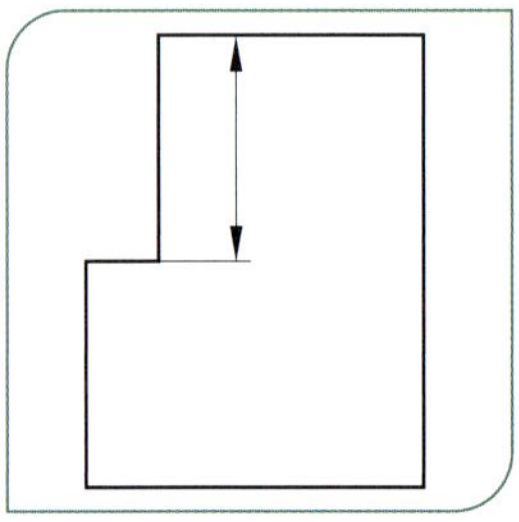

3 Innenbemaßung

Die Bemaßung **verdeckter Kanten** (hidden lines) ist zu vermeiden.

Werkstücke werden **innen** (inside) bemaßt, wenn außen (outside) nicht genügend Platz (space) vorhanden ist (Bild 3).

1) Angabe von Maßen und Toleranzen, Grundlagen

2.5.6.2 Maßbezugskanten

Die Bemaßung von unsymmetrischen (nicht spiegelbildlichen) Werkstücken erfolgt von zwei rechtwinklig aufeinander stehenden Maßbezugskanten aus (Bild 1). Bei symmetrischen Werkstücken wird die Mittellinie (centre line) als Maßbezugslinie (dimension reference line) für die **Breitenmaße** (width dimensions) verwendet, für die **Höhenmaße** (height dimensions) dienen Maßbezugskanten (Bild 2).
Wenn eine **Mittellinie** Maßbezugslinie ist, werden symmetrische Konturen nur einmal bemaßt.

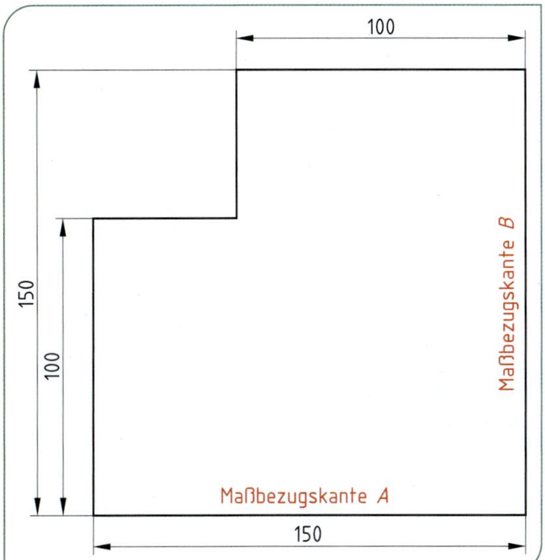

1 Maßbezugskanten unsymmetrisches Werkstück

Lochkreis

Bei im Schnitt dargestellten Flanschen klappt man den Lochkreis um 90° in die Zeichenebene (Bild 2). Ein Loch wird vollständig eingezeichnet, die übrigen durch schmale Volllinien gekennzeichnet. Die Anzahl der Löcher und der Durchmesser werden mittels einer Hinweislinie angegeben.

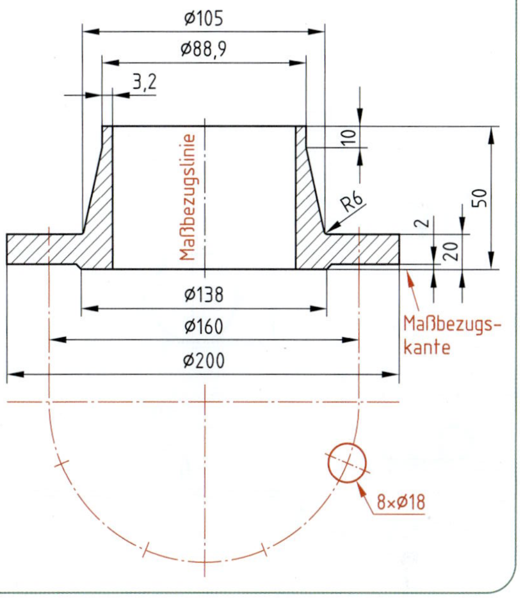

2 Maßbezugslinie und Maßbezugskante eines symmetrischen Werkstücks

2.5.6.3 Kennzeichnung von Werkstückformen

Kennzeichen	Beispiel	Erläuterung
Ø	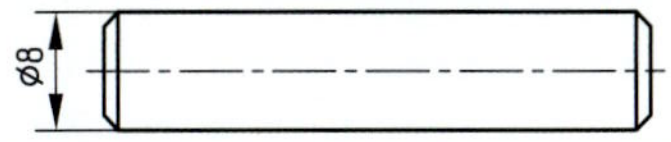	Das **Durchmesserzeichen** (diameter symbol) kennzeichnet Bohrungen und Zylinder. Es muss in jedem Fall vor die Maßzahl gesetzt werden.
R	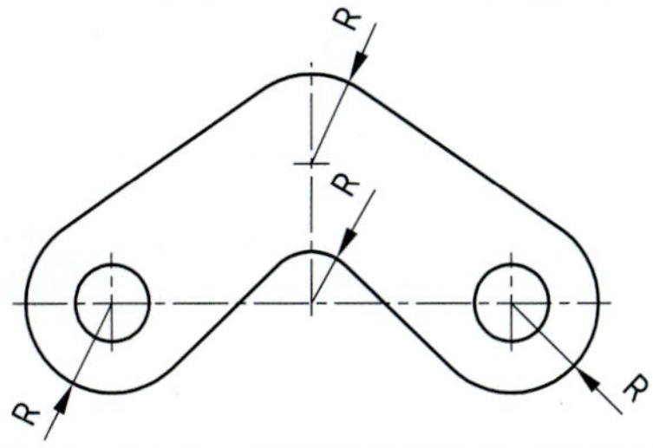	Das R kennzeichnet eine Rundung, einen **Radius** (radius). Das R muss **in jedem Fall** vor die Maßzahl gesetzt werden. Die Maßlinie verläuft durch den Mittelpunkt oder zeigt auf ihn. Maßzahl und R werden gleich groß geschrieben.

3 Kennzeichnung von Werkstückformen

Kennzeichen	Beispiel	Erläuterung
SØ SR	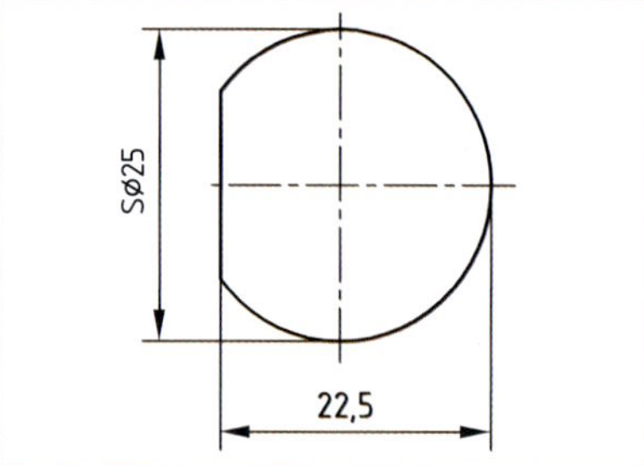	Das S kennzeichnet die **Kugelform** (spherical shape). Das S muss **in jedem Fall** vor die Maßzahl gesetzt werden.
□	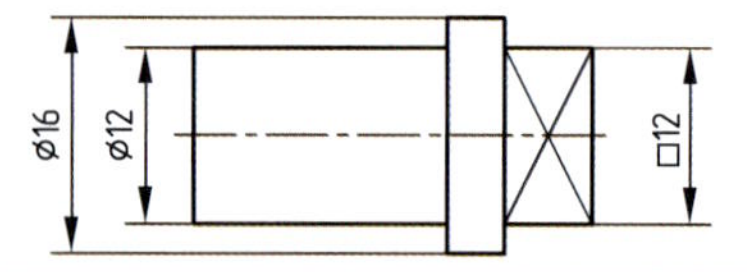	Das **Quadratzeichen** (square symbol) kennzeichnet einen **quadratischen Werkstückquerschnitt**. Kennzeichen und Maßzahl werden nur einmal eingetragen.
SW	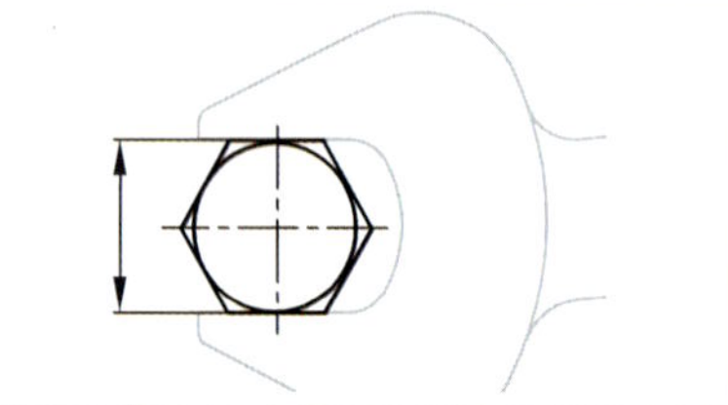	Die Großbuchstaben SW kennzeichnen die **Schlüsselweite** (wrench size).
	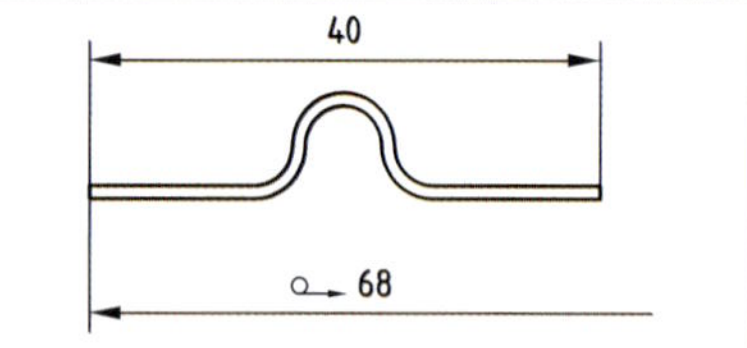	Der Kreis mit einem waagerechten Pfeil kennzeichnet eine **gestreckte Länge** (stretched length, true length).
	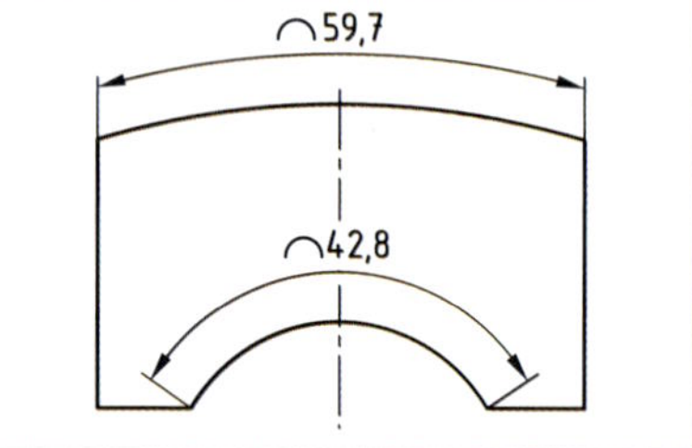	Der Halbkreis vor einer Maßzahl kennzeichnet ein **Bogenmaß** (circular measure). Bei **Handzeichnungen** darf das Bogensymbol auch **über die Maßzahl** geschrieben werden (Beispiel: $\overset{\frown}{130}$).

1 Kennzeichnung von Werkstückformen

2.5.7 Schnittdarstellungen – Vollschnitt, Halbschnitt, Teilschnitt

Bei der Reparatur oder Wartung von Armaturen, Bauteilen oder Geräten ist ein **Vollschnitt** (full section) oft eine wichtige Grundlage, mit deren Hilfe der innere Aufbau erkannt, eine Fehleranalyse bzw. Fehlereingrenzung durchgeführt und Arbeitsschritte zur Demontage und Montage geplant werden können. Im Schnitt wird das Werkstück gedanklich „durchgeschnitten". Nimmt man den abgeschnittenen Teil weg, so werden die inneren Konturen sichtbar (Bild 2 und Bild 2, nächste Seite). Bei symmetrischen Bauteilen reicht oft schon eine Teilansicht (**Halbschnitt** (semi section)) für das Verständnis des Bauteils (Bild 2, nächste Seite). **Teilschnitte** (local sections) zeigen nur bestimmte Teilbereiche, die zum Verständnis notwendig sind (Bild 1, nächste Seite).

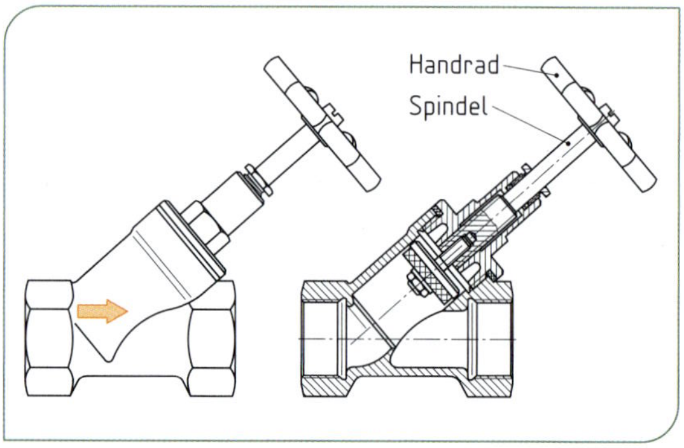

2 Freistromventil im Vollschnitt

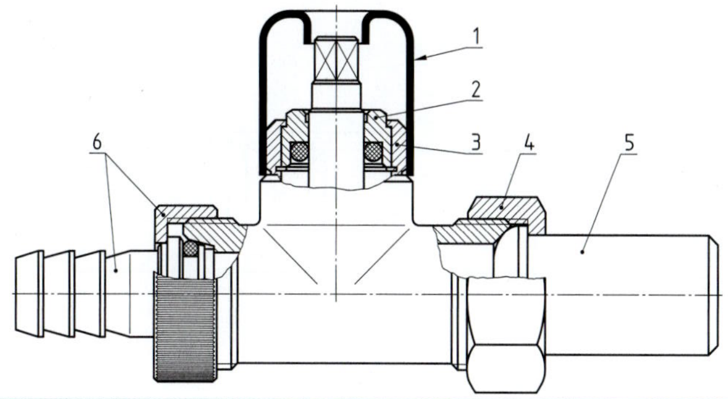

1 Behördenmodellkappe
2 Spindelabdichtung
3 Oberteil für Mod. 5306
4 Tüllenmutter
5 Einschweißtülle
6 Schlauchverschraubung komplett

1 Teilschnitt Füll- und Entleerungshahn

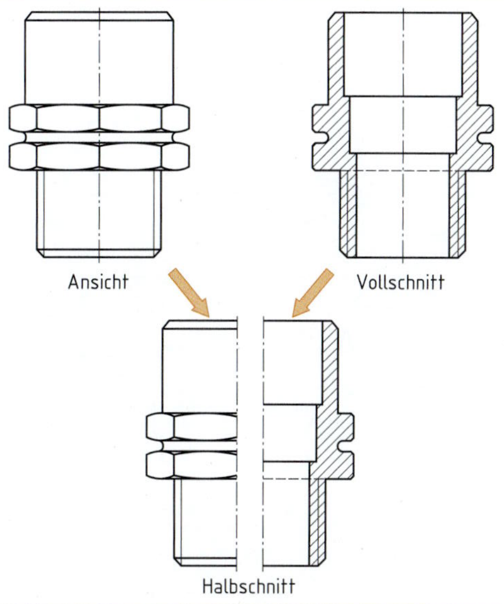

2 Übergangsmuffe im Voll- und Halbschnitt

2.5.7.1 Darstellungsregeln (Bild 3)

- Die durch den Schnitt sichtbar gemachten Kanten (edges) werden als breite Volllinien (full lines) gezeichnet.
- Die Schnittfläche wird durch eine Schraffur (hatching) gekennzeichnet.
- Die Schraffur verläuft unter einem Winkel von 45°.
- Die Schraffur ist nach rechts oder links geneigt.
- Die Schraffurlinien werden als dünne Volllinien gezeichnet.
- Schraffuren enden grundsätzlich an breiten Volllinien.
- Die Schraffur wird nur für Maßzahlen unterbrochen und nicht für die Maßlinien.
- Ein Einzelteil muss immer die gleiche Schraffur erhalten, egal, wie oft es in verschiedenen Ansichten in einer Fertigungszeichnung (production drawing) oder einer Gesamtzeichnung (assembly drawing) im Schnitt zu sehen ist.
- Große Schnittflächen erhalten einen breiten Abstand der Schraffurlinien.
- Kleine Schnittflächen erhalten einen schmalen Abstand der Schraffurlinien.

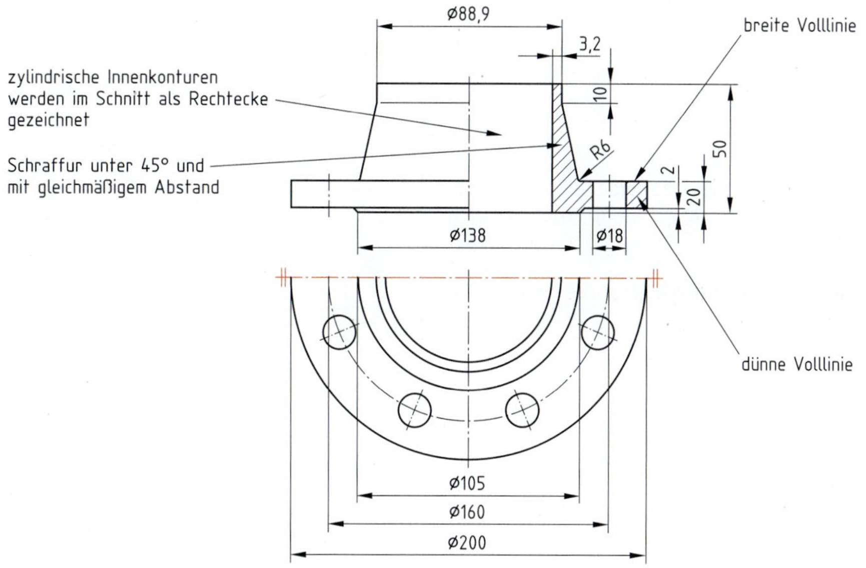

3 Darstellungsregeln

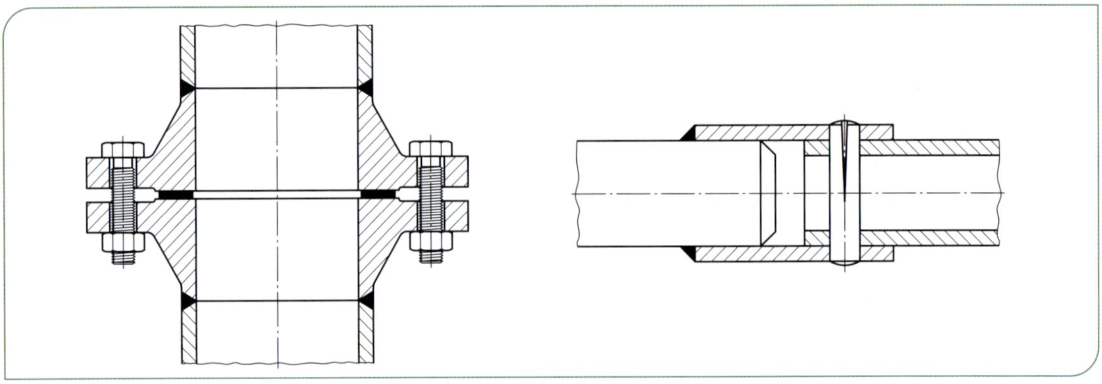

1 Runde Vollkörper

- Sehr schmale Flächen können geschwärzt werden.
- Normteile wie z.B. Schrauben (screws), Stifte (pins) und Scheiben (washers) werden in Richtung ihrer Achse (in Längsrichtung) nicht geschnitten. Ihre Form ist in der Ansicht leichter zu erkennen. Ebenso werden Vollkörper, wie Rund- und Flachprofile in Längsrichtung nicht geschnitten, wenn sie keine Bohrungen oder verdeckte Einschnitte enthalten (Bild 1).
- Jedes Einzelteil erhält eine besondere Schraffur. In Baugruppen (subassemblies) können die Teile aufgrund ihrer unterschiedlichen Schraffuren unterschieden werden. Die Schraffuren haben unterschiedliche Richtungen und Abstände (Bild 1, vorherige Seite).
- Rippen (Bild 2) (ribs) werden in Längsrichtung nicht geschnitten, damit sie von der Grundform leichter unterschieden werden können.

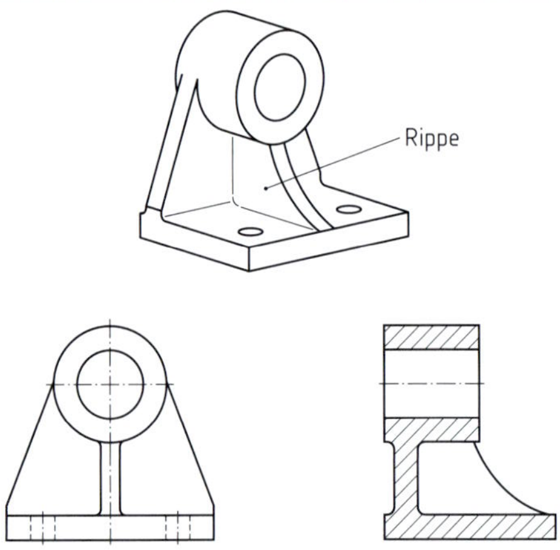

2 Rippe

ÜBUNGEN

1) Wie groß ist der Flächeninhalt des Zeichenblattformates A0?
2) Wie viele Zeichenblätter A4 passen in das Format A0?
3) Nennen Sie fünf allgemeine Angaben, die das Schriftfeld einer Zeichnung enthält.
4) Welche Nachteile haben papierbasierende Systeme (z.B. Tuschezeichnungen) gegenüber computerbasierenden Systemen?
5) Fehleranalyse: Suchen und beschreiben Sie die Fehler in den folgenden Abbildungen.

1a

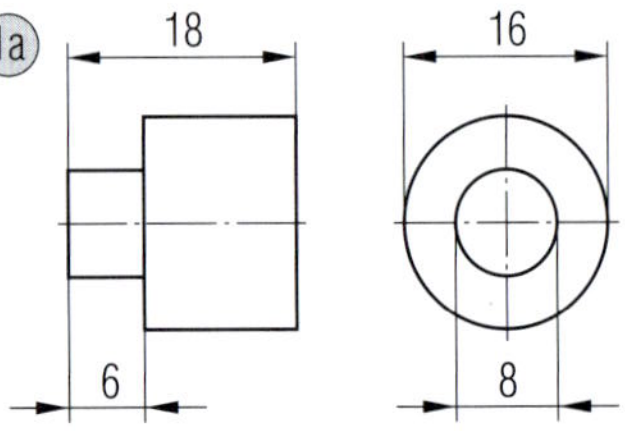

1b

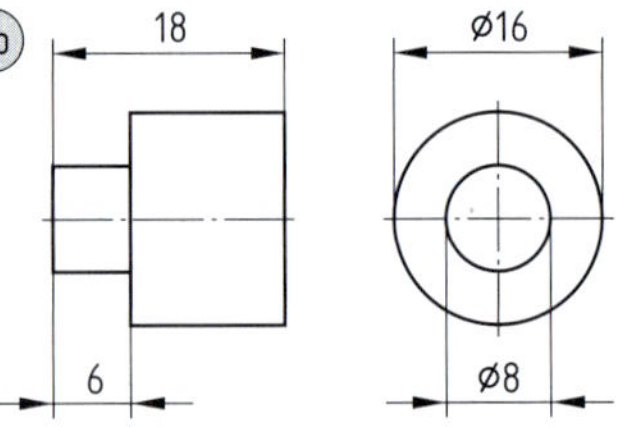

2a

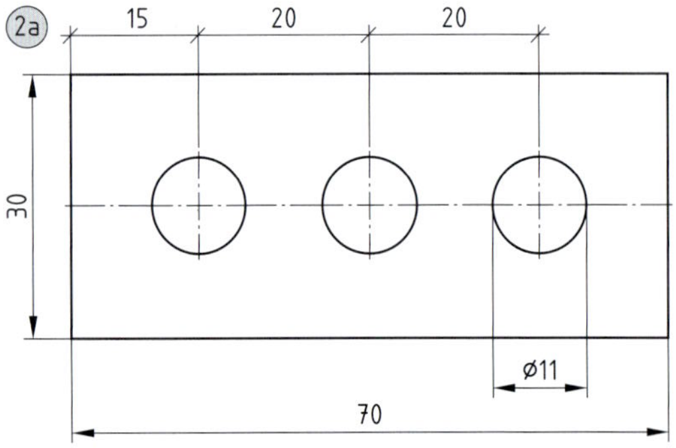

ÜBUNGEN

2b

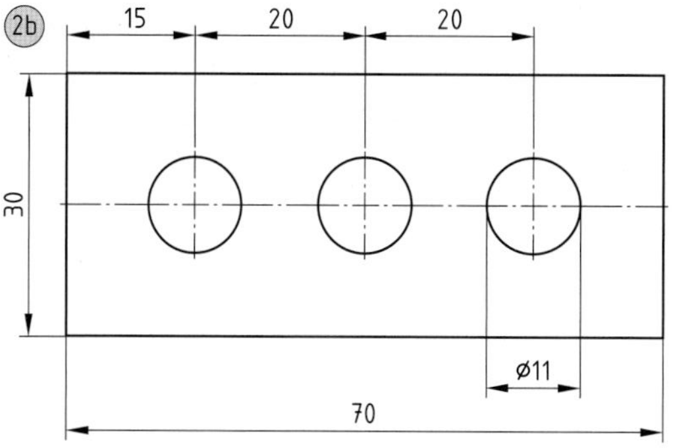

3a

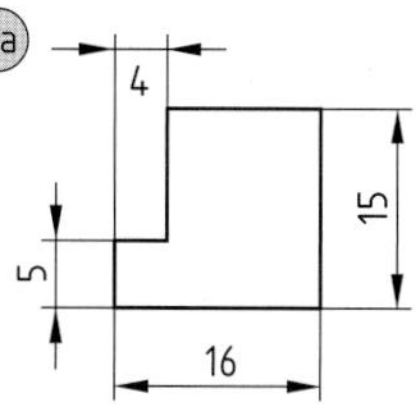

3b

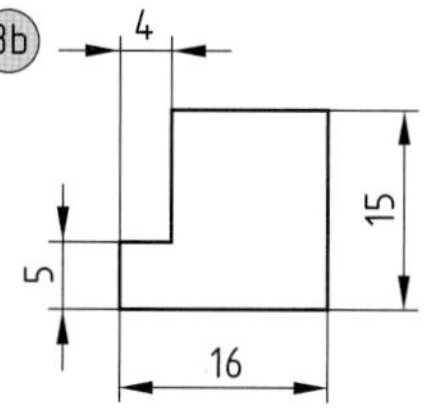

4a

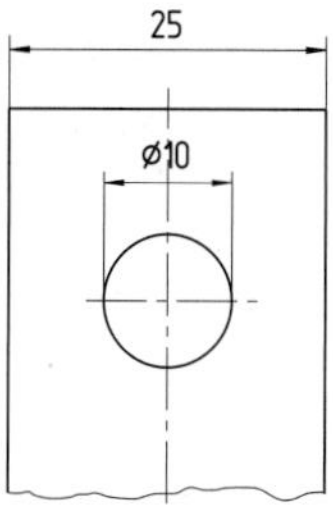

4b

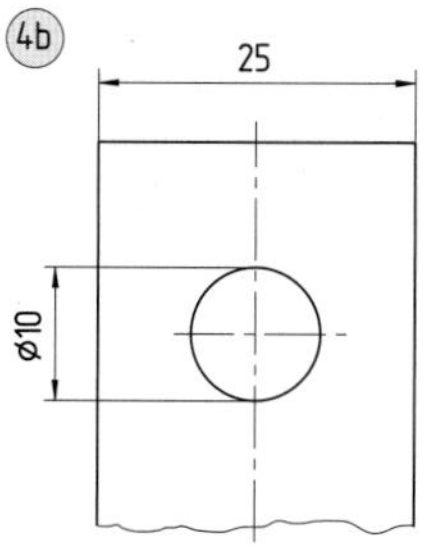

5a

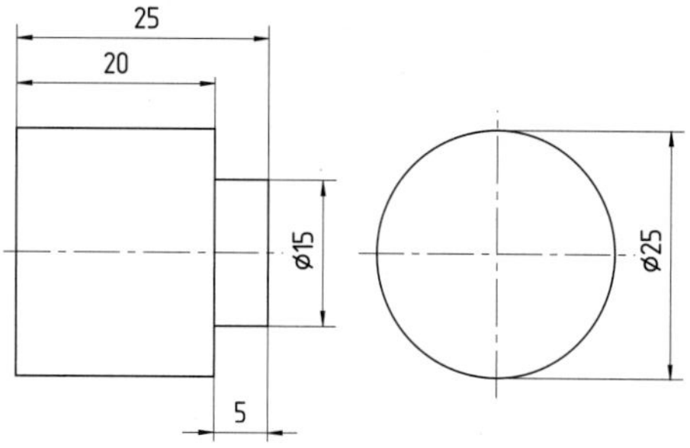

5b

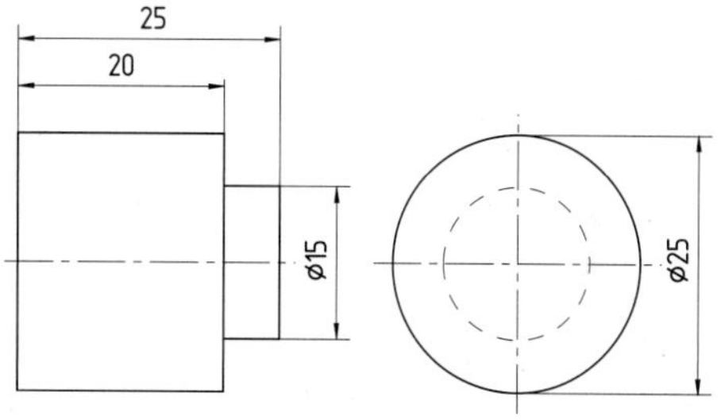

6) Beurteilen Sie die Anordnung der Bemaßungen. Welche ist übersichtlich? Begründen Sie Ihre Aussage.

a)

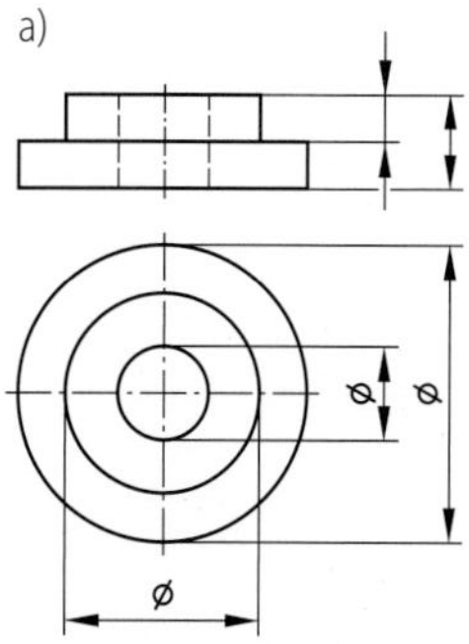

b)

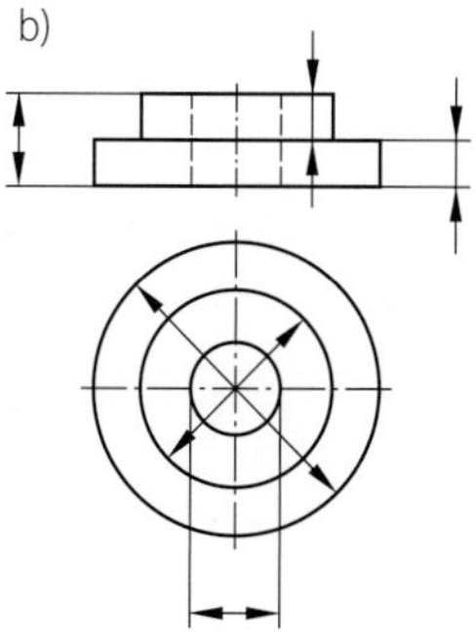

7) Wofür sind Vollschnitte eine wichtige Grundlage?

8) Wie werden durch den Schnitt sichtbar gemachte Kanten gezeichnet?

9) Warum erhalten Schnittflächen eine Schraffur?

10) Warum erhält ein Teil immer die gleiche Kennzeichnung?

11) Fehleranalyse: Suchen und beschreiben Sie die Fehler in den Abbildungen 1 bis 10.

1 A B

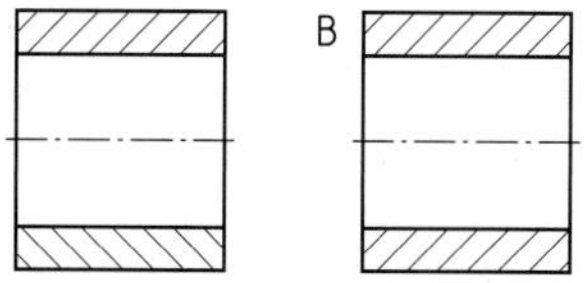

2 A B

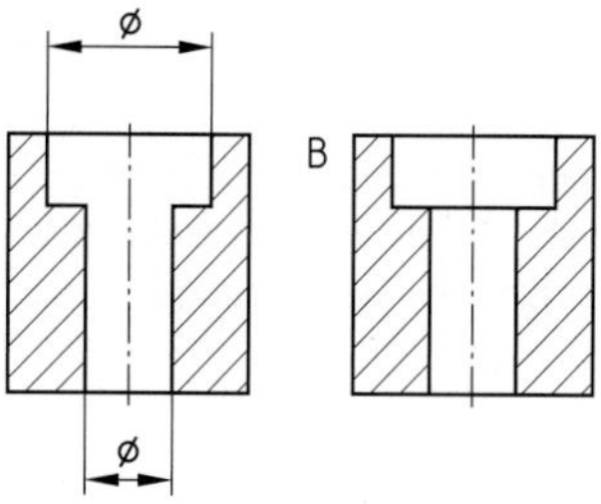

3 A B

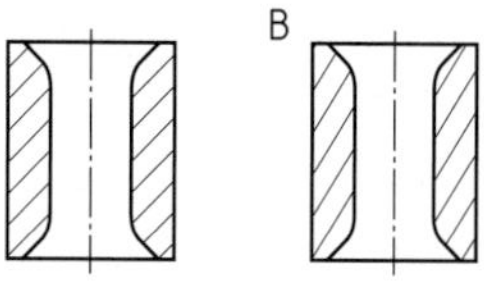

ÜBUNGEN

4 A B

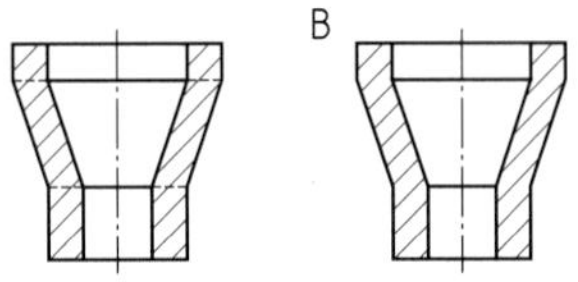

5 A B

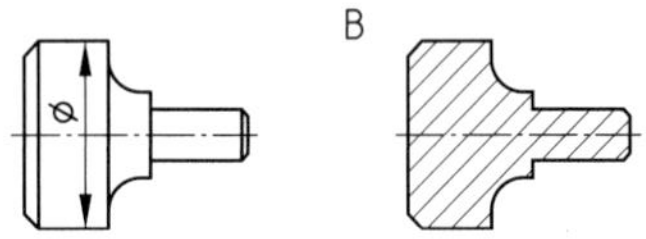

6 A B

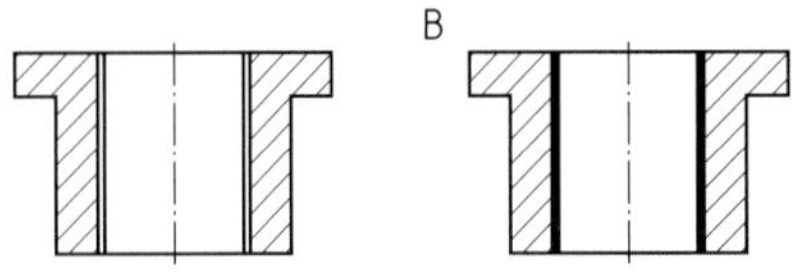

7 A B

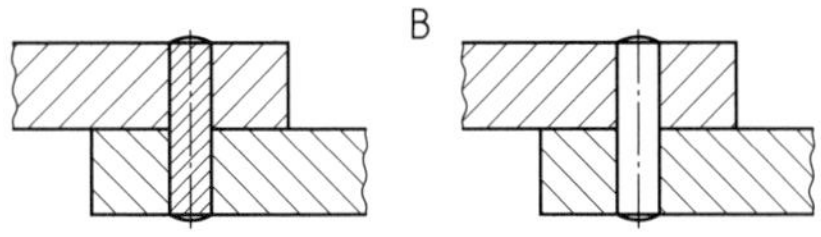

8 A B

9 A B

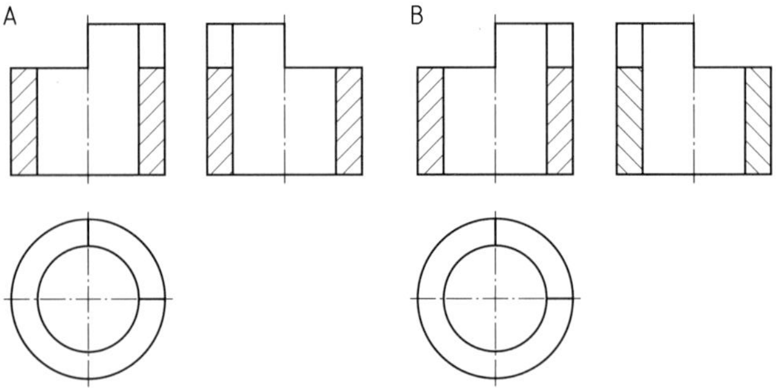

10 A B

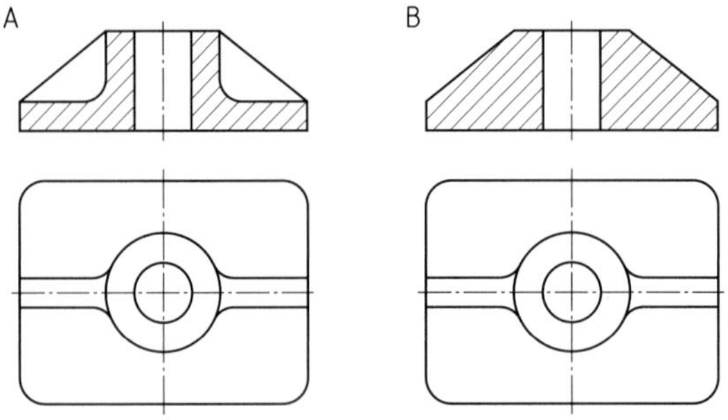

(12) Die Zeichnungen A und B zeigen das gleiche Reduzierstück. Welche Darstellung bietet Vorteile? Nennen Sie die Gründe für Ihre Entscheidung.

A

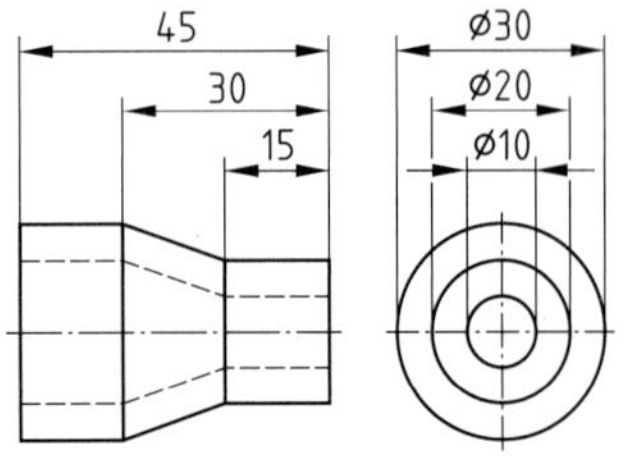

B

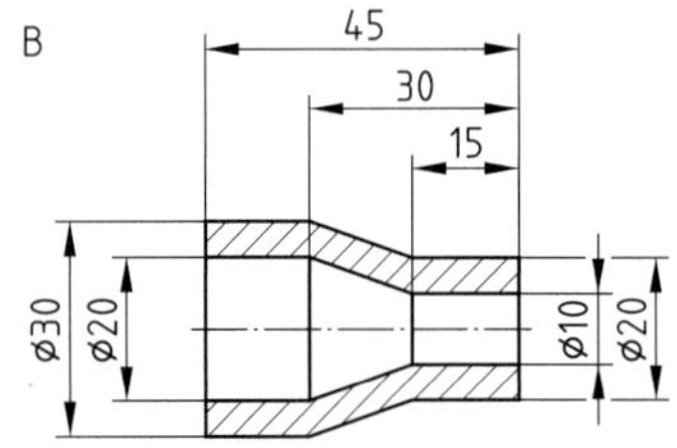

2.5.8 Darstellung von Gewinden

Die genaue Darstellung von Gewinden (threads) ist zeichnerisch viel zu aufwendig, deshalb werden sie meist vereinfacht als breite und schmale Volllinien dargestellt (Bild 1).

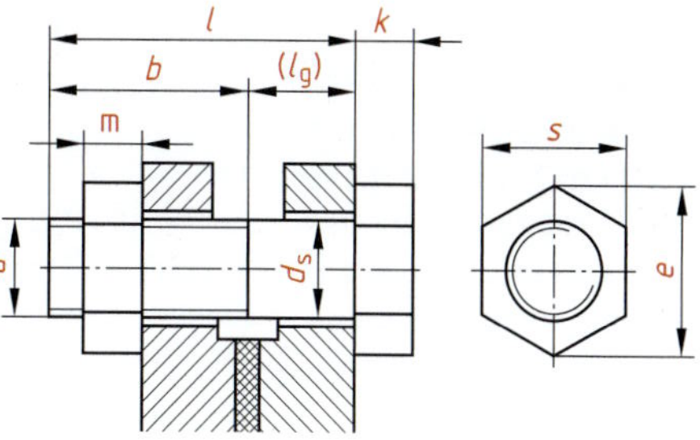

d: Gewindenenndurchmesser
d_s: Schaftdurchmesser
e: Eckmaß
s: Schlüsselweite
k: Kopfhöhe der Schraube
l: Schaftlänge
l_g: Mindestklemmlänge ($l_g = l - b$)
b: Gewindelänge
m: Höhe der Mutter

1 *Vereinfachte Darstellung einer Schraubenverbindung*

ÜBUNGEN

1) Fehleranalyse: Suchen und beschreiben Sie die Fehler in den Abbildungen 1 bis 9.

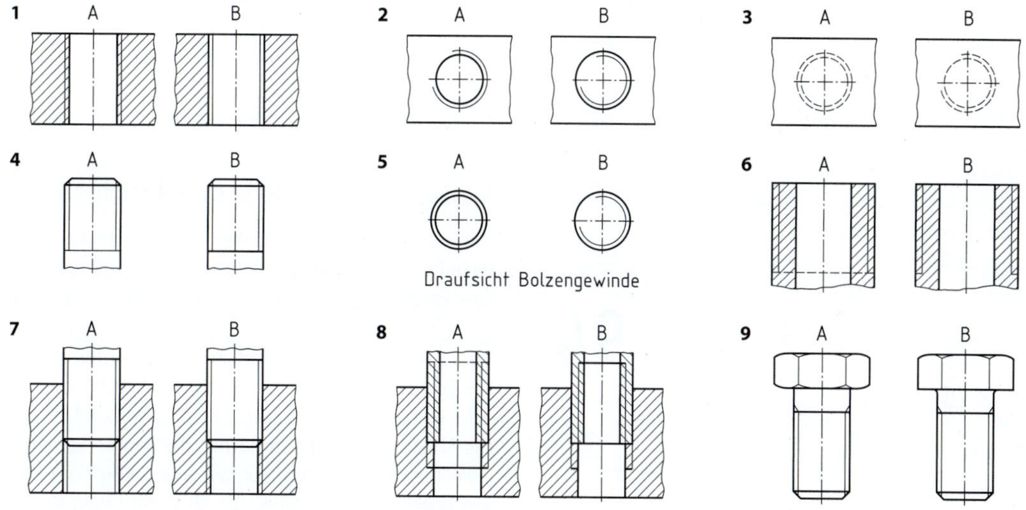

2.5.9 Darstellung von Löt- und Schweißnähten

Darstellung von Schweißverbindungen

In technischen Zeichnungen können Schweiß- und Lötverbindungen bildlich oder symbolhaft (symbolic) dargestellt werden (Bild 2a und 2b).
Die bildliche Darstellung wählt man, wenn die Naht (seam) mit detaillierten Angaben versehen werden soll wie z.B. bei Nahtsonderformen. Die **symbolische Darstellung** von Schweiß- und Lötverbindungen in Zeichnungen ist nach DIN EN ISO 2553 genormt (Bild 5, nächste Seite).
Die vollständige Kennzeichnung einer Naht umfasst folgende Komponenten:
- Bezugszeichen der Naht,
- Nahtsymbol, Zusatzsymbol,
- Nahtbemaßung und ergänzende Angaben,
- Schweiß- oder Lötverfahren,
- Bewertungsgruppe (Nahtqualität),
- Schweiß- oder Lötposition,
- Zusatzwerkstoffe.

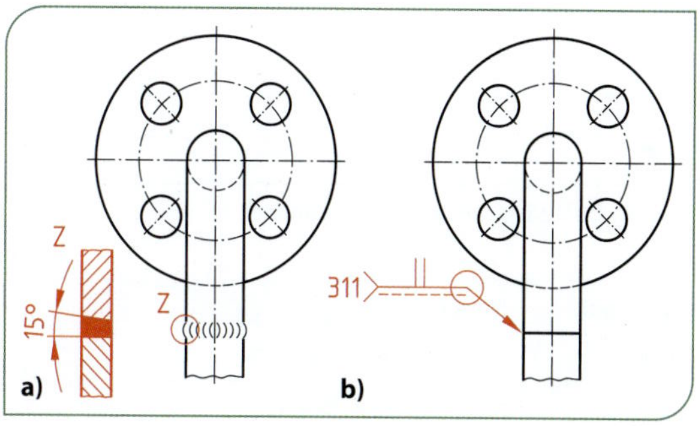

2 *Darstellung von Schweißnähten*

Es müssen jedoch **nicht immer alle Angaben** aufgeführt werden, vor allem, wenn dem Schweißer bzw. Monteur ein Entscheidungsspielraum (scope) zugestanden wird.
Das **Bezugszeichen** besteht aus der Pfeillinie mit einer Pfeilspitze, der Bezugs-Volllinie und der Bezugsstrichlinie. Die Bezugsvolllinie wird an ihrem Ende durch eine Gabel ergänzt, wenn Angaben über das Schweiß- oder Lötverfahren

(welding or soldering process), die Bewertungsgruppe, die Schweißposition usw. gemacht werden (Bild 1).
Die Pfeillinie, die Bezugs-Volllinie, die Gabel und die Symbole werden mit **schmaler Volllinie**, die Bezugs-Strichlinie mit **schmaler Strichlinie** nach DIN EN ISO 128-2 ausgeführt. Die Beschriftung erfolgt nach DIN EN ISO 3098. Um nur die Anordnung der Naht und das Schweiß- oder Lötverfahren anzugeben, genügt eine **vereinfachte Kennzeichnung** (Bilder 2 und 3). Die Kennzahl für das Schweiß- oder Lötverfahren ist nach ISO 4063 auszuwählen (Bild 4).

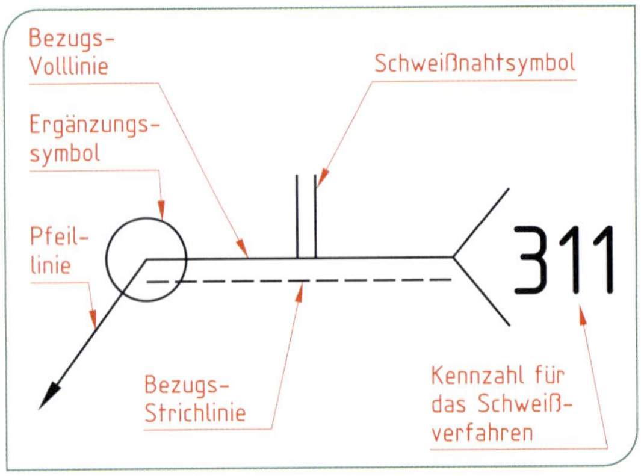

1 Schweißnahtkennzeichnung

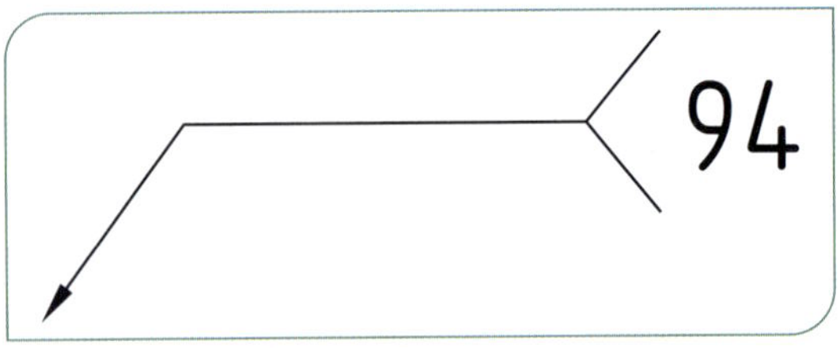

2 Vereinfachte Lötnahtkennzeichnung

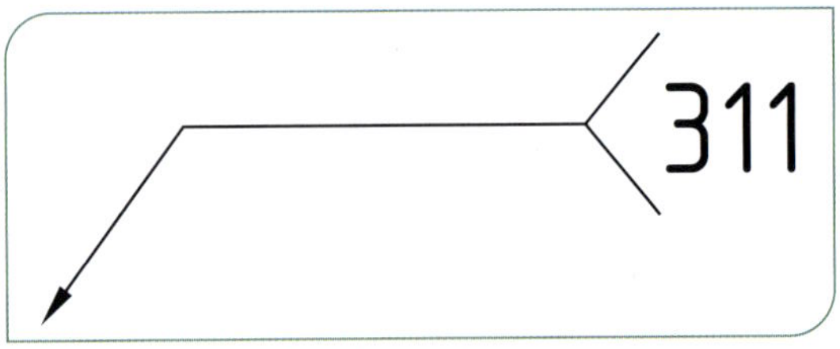

3 Vereinfachte Schweißnahtkennzeichnung

Kennzahl	Benennung
111	Lichtbogenhandschweißen
131	Metall-Inertgasschweißen
135	Metall-Aktivgasschweißen
141	Wolfram-Inertgasschweißen
15	Wolfram-Plasmaschweißen
311	Gasschweißen mit Sauerstoff-Acetylen-Flamme
91	Hartlöten
94	Weichlöten

4 Kennzahlen für Schweiß- und Lötverfahren

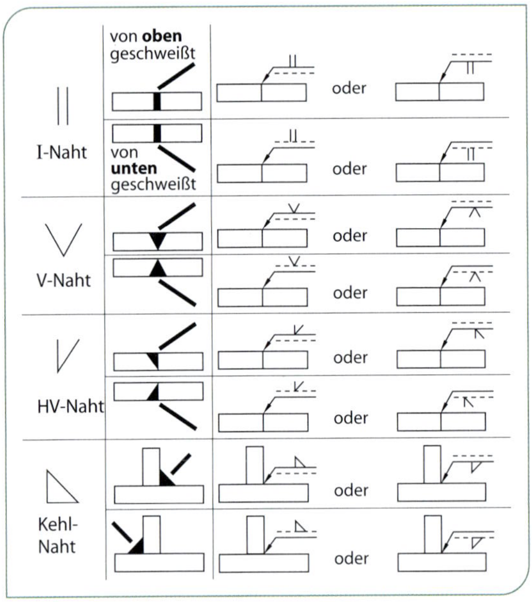

5 Grundsymbole und Nahtdarstellungen nach DIN EN ISO 2553

2.5.10 Darstellung in drei Ansichten

Die Ansichten (views) dreidimensionaler Bauteile werden in technischen Zeichnungen (technical drawings) in rechtwinkliger Parallelprojektion (Bild 2, nächste Seite) dargestellt.

Vom Bauteil zur Darstellung in drei Ansichten

Die Perspektive des Heizkessels (Bild 6) ist in einer **Raumecke** (corner) (Bild 1, nächste Seite) schwebend dargestellt. Die Abbildungen auf den Flächen der Raumecke zeigen die jeweiligen Umrisslinien (contours) und Körperkanten (object lines) der Perspektive. Die Blickrichtungen sind durch Pfeile und die Buchstaben a, b, und c gekennzeichnet.
Die Abbildungen sind mit den entsprechenden Buchstaben A, B und C benannt.

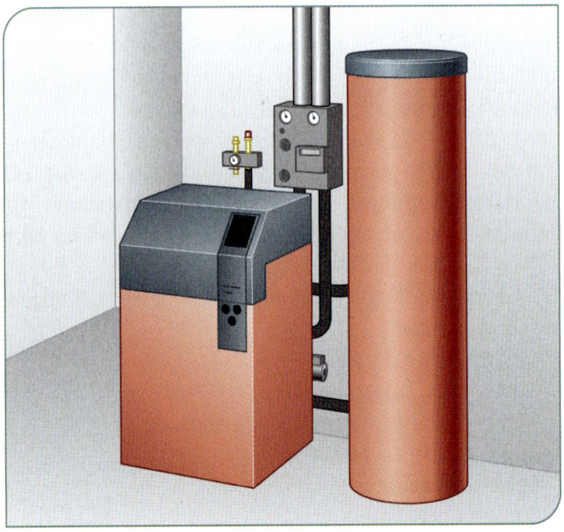
6 Bauteil in perspektivischer Darstellung

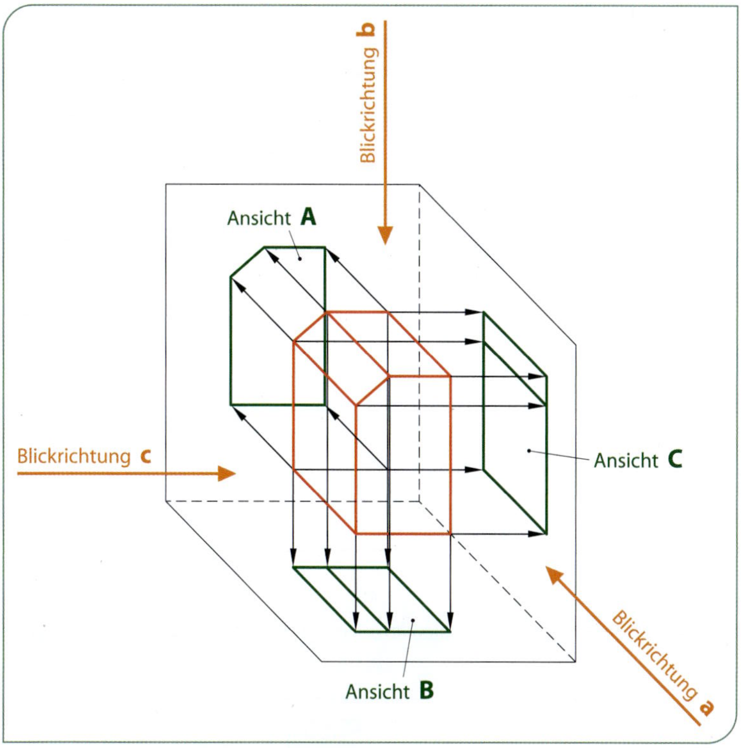

1 Umrisslinien und Blickrichtungen in Raumecke

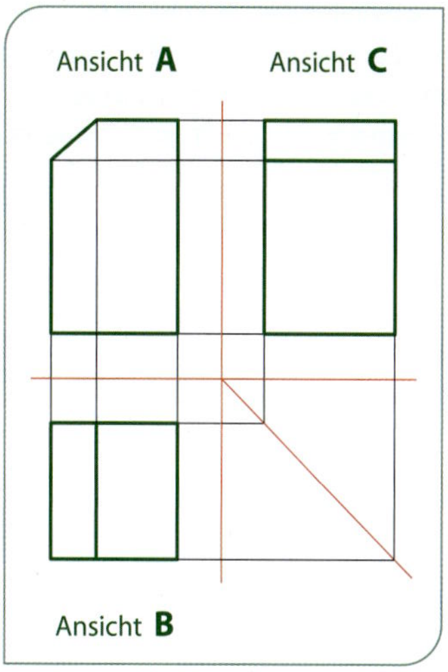

2 aufgeklappte Raumecke in Parallelprojektion

Technisches Zeichnen Dreitafelprojektion

Wird die Raumecke aufgeklappt, so liegen die Abbildungen A, B und C in einer Ebene, der Zeichenebene (plane) (Bild 2).

- Die **Ansicht A** ist die **Hauptebene** (main view), die auch **Vorderansicht** (front view, view from the front) genannt wird.
- Die **Ansicht B**, die **Draufsicht** (top view, view from above), liegt unterhalb der Ansicht A.
- Die **Ansicht C**, die **Seitenansicht von links** (left-side view, view from the left), liegt rechts neben der Ansicht A.

Die Konstruktionslinien (construction lines) zeigen den geometrischen Zusammenhang der Ansichten zueinander.

- Ansicht A und Ansicht C sind gleich hoch
- Ansicht A und Ansicht B sind gleich breit
- Ansicht B und Ansicht C sind gleich tief

Ansicht in Richtung	Ansicht von	Bezeichnung der Ansicht
a	vorn	A Vorderansicht, Hauptansicht
b	oben	B Draufsicht
c	links	C Seitenansicht von links
d	rechts	D Seitenansicht von rechts
e	unten	E Untersicht
f	hinten	F Rückansicht

3 Betrachtungsrichtungen

Insgesamt gibt es sechs Ansichten. Die Hauptansicht (Vorderansicht) bestimmt dabei die Anordnung der weiteren Ansichten. Als Hauptansicht wird diejenige ausgewählt, die die Form eines Einzelteils oder einer Baugruppe am besten erkennen lässt.

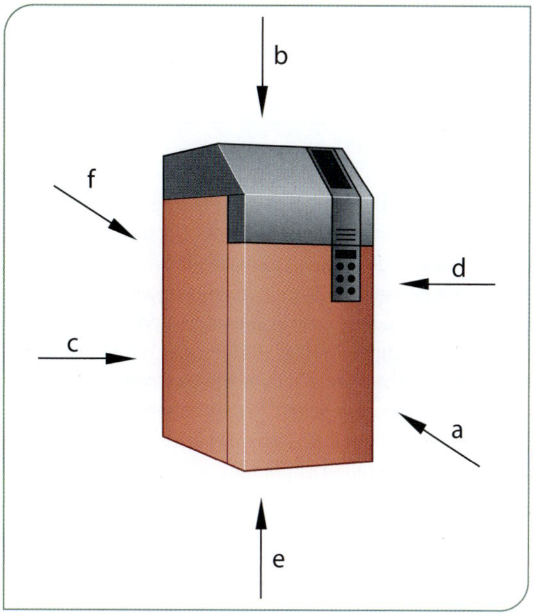

4 Betrachtungsrichtungen Heizkessel

Darstellung des Heizkessels in der **Projektionsmethode 1** (first angle projection). Diese Art der Anordnung der Ansichten wird in Deutschland und in den meisten anderen europäischen Ländern angewendet (Bild 1). In der Norm sind Projektionsmethoden (methods of projection) standardisiert worden. Sie heißen Projektionsmethode 1, Projektionsmethode 3 und Pfeilmethode. Eine Projektionsmethode 2 gibt es nicht.

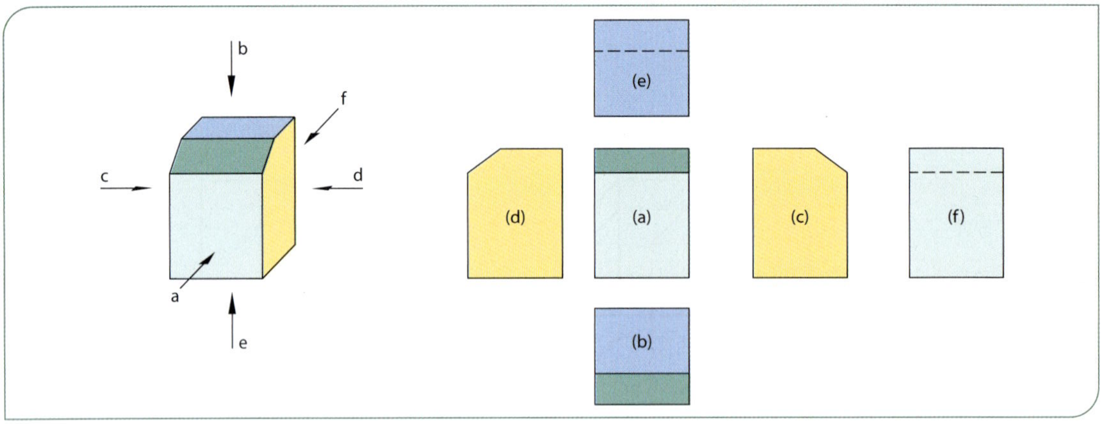

1 Projektionsmethode 1

Darstellung des Heizkessels in der **Projektionsmethode 3** (third angle projection). Diese Form der Anordnung wird in englischsprachigen Ländern bevorzugt (Bild 2).

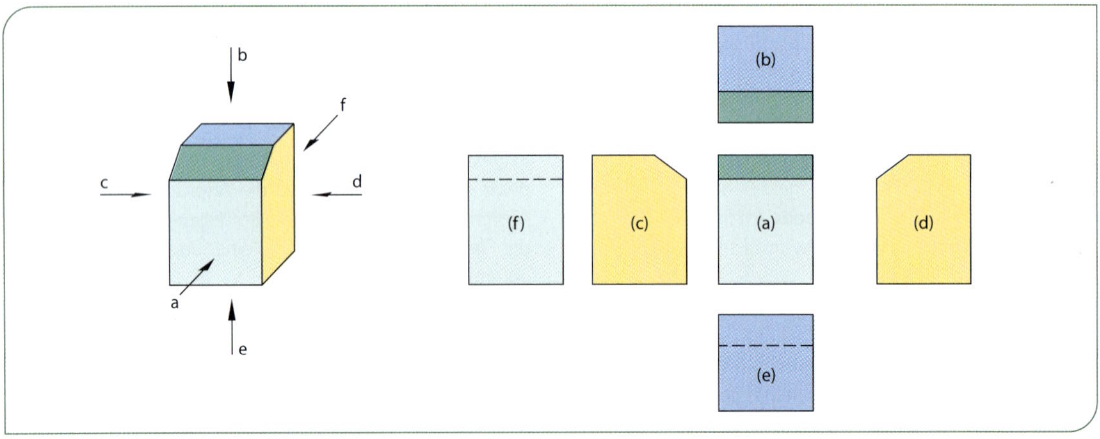

2 Projektionsmethode 3

Darstellung des Heizkessels in der **Pfeilmethode** (view using reference arrows). Diese Form der Darstellung von Ansichten ergänzt die Projektionsmethoden 1 und 3. Die Ansichten können in CAD-Systemen beliebig verschoben und platziert werden. Jede Ansicht wird mit einem Großbuchstaben gekennzeichnet, nur die Vorder- oder Hauptansicht erhält keinen Buchstaben. Mit einem Bezugspfeil wird die Betrachtungsebene angegeben. Rechts neben oder über dem Bezugspfeil steht der Buchstabe, der auch über der jeweiligen Ansicht angegeben ist (Bild 3).

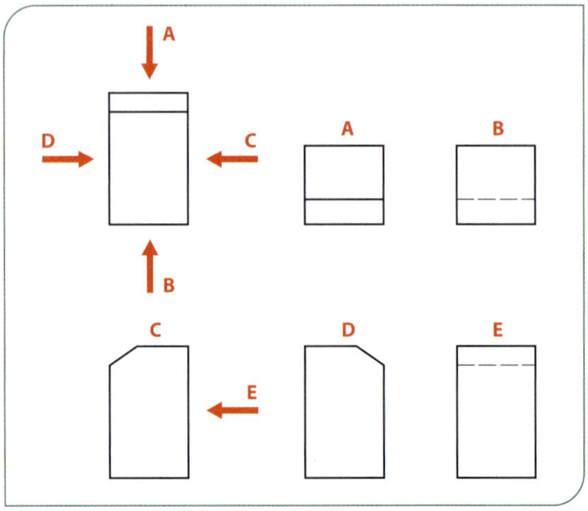

3 Pfeilmethode

ÜBUNGEN

1) Ordnen Sie den Perspektiven 1 bis 8 die jeweiligen Ansichten zu.

Perspektive	1	2	3	4	5	6	7	8
Ansicht A								
Ansicht C								
Ansicht B								

Perspektive

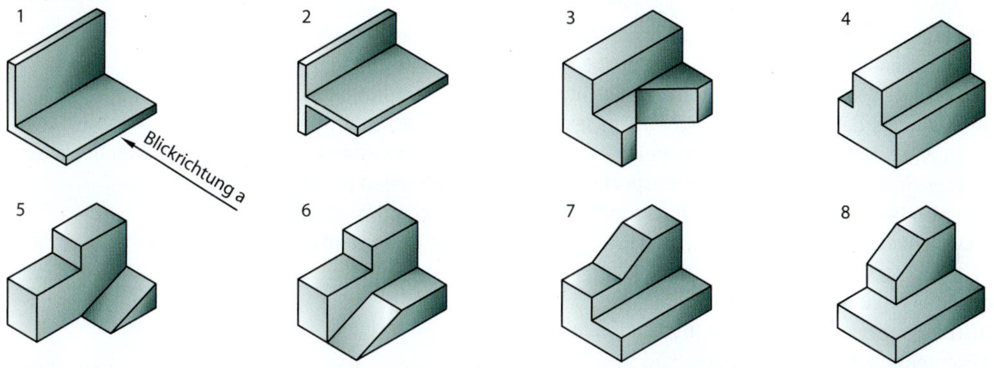

Ansicht A

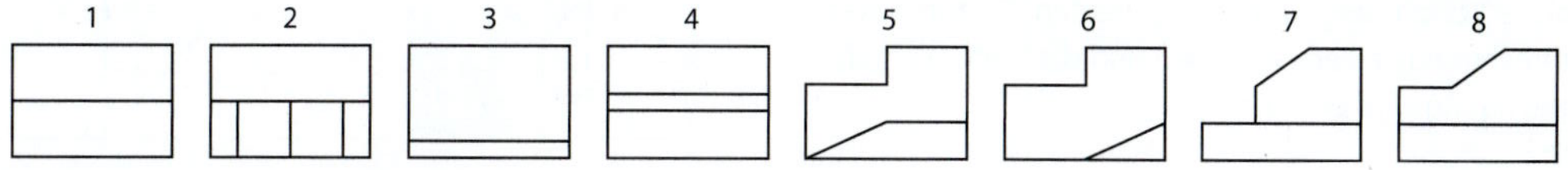

Ansicht C

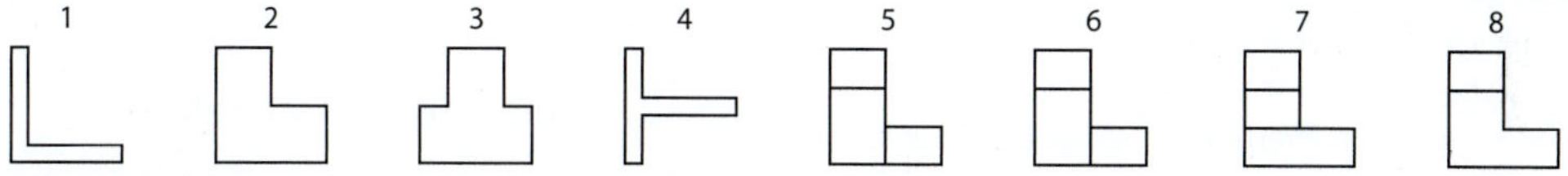

Ansicht B

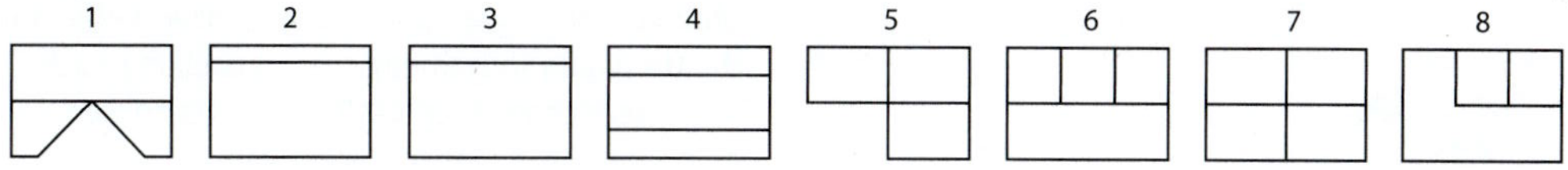

Verdeckte Kanten und Flächen

Beim Zeichnen in Ansichten (Bild 1) können nur die Flächen dargestellt werden, die in Blickrichtung (Bild 2) vorn liegen. Sie werden von sichtbaren Kanten (visible edge lines) begrenzt. Dahinter liegende Flächen werden mit Hilfe von verdeckten Kanten (hidden lines) dargestellt. Diese werden nur dann in eine Zeichnung eingetragen, wenn dies zum Verständnis der Zeichnung erforderlich ist. Verdeckte Kanten werden als **Strichlinie** (dotted line) (vgl. Kap. 2.5.3 „Linienarten und Linienbreiten") halb so breit wie sichtbare Kanten gezeichnet.

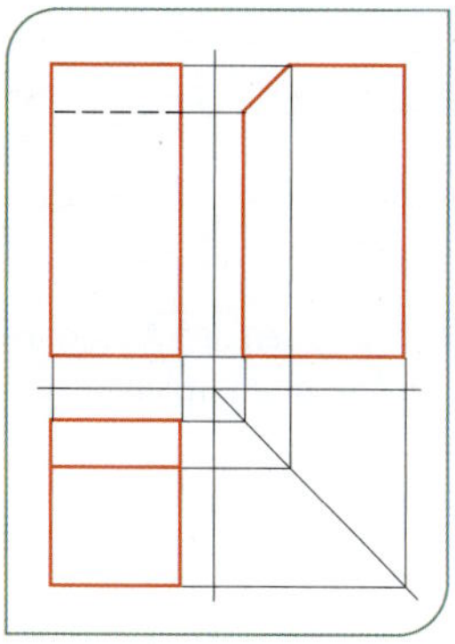

1 Drei Ansichten

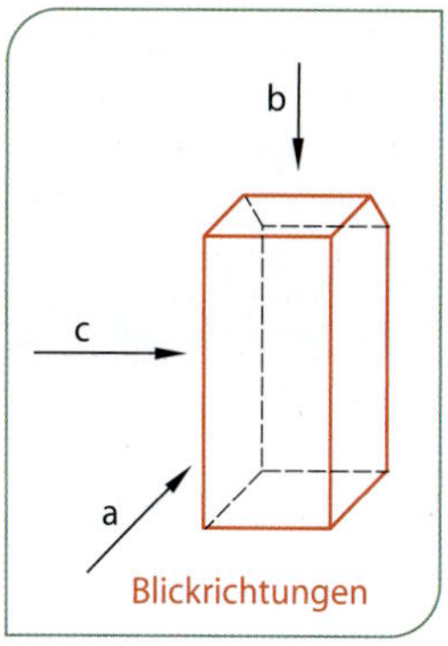

2 Blickrichtungen

2.5.11 Perspektivische Darstellungen

Die unterschiedlichen Perspektiven (perspectives) sind als axonometrische Darstellungen[1] (axonometric representations) genormt. Sie werden in Montageanweisungen (assembly instructions), in Beschreibungen für Wartungsarbeiten (maintenance) und Reparaturen (repairs) und in Anwenderinformationen wie z. B. Sicherheitsvorschriften (safety instructions) verwendet. Mit ihrer Hilfe werden Aufbau und Funktion von Geräten und Baugruppen anschaulich erläutert (siehe z. B. Kap. 2.5.19 „Explosionszeichnungen). Für das menschliche Auge wie auch auf einem Foto laufen nach hinten führende Linien in einem Fluchtpunkt zusammen. Anders dagegen in technischen Perspektiven. Dort verlaufen nach hinten führende Linien parallel zueinander. Dies erleichtert das Anfertigen der Perspektiven. Zum Anfertigen von Perspektiven gibt es Vordrucke mit entsprechenden Liniennetzen.

Isometrische Projektion

Isometrische Perspektiven sind in der **Installationstechnik** und im **Rohrleitungsbau** weit verbreitet (Bild 1).
Ihre Besonderheit ist, dass alle Maße für Breite, Höhe und Tiefe **ohne Verkürzung** abgebildet werden. Dadurch werden Umrechnungsfehler vermieden und die Darstellung für die Vorfertigung wird erleichtert.

- Die Achsen verlaufen unter den Winkeln 30° bzw. 90° zur Waagerechten.
- Rechtwinklige Ecken kommen nicht vor.
- Breiten : Höhen : Tiefen = 1:1:1
- Alle Kanten werden in ihrer wahren Länge gezeichnet.

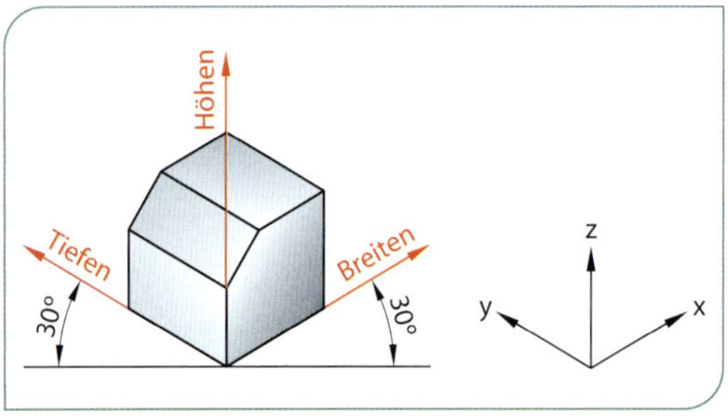

1 *Isometrische Projektion*

Dimetrische Projektion

Diese Darstellungsart entspricht am ehesten den Abbildungen auf einem Foto. Sie wird in Anordnungsplänen und Montageplänen verwendet (Bild 2).

- Die Achsen verlaufen unter den Winkeln 7°, 42° und 90° zur Waagerechten.
- Breiten : Höhen = 1 : 1
- Die Tiefen werden verkürzt im Verhältnis 1 : 2 dargestellt.

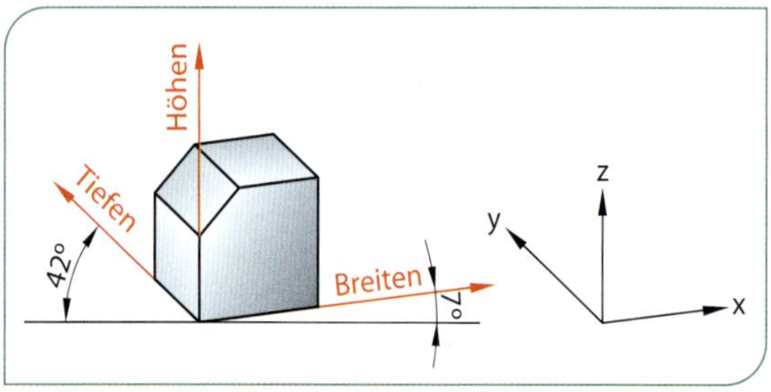

2 *Dimetrische Projektion*

Kabinett-Projektion

Diese Perspektive eignet sich für Freihandskizzen, da die Achsen waagerecht, senkrecht bzw. unter einem Winkel von 45° verlaufen (Bild 3).

- Breiten : Höhen = 1 : 1
- Die Tiefen werden verkürzt im Verhältnis 1 : 2 dargestellt.

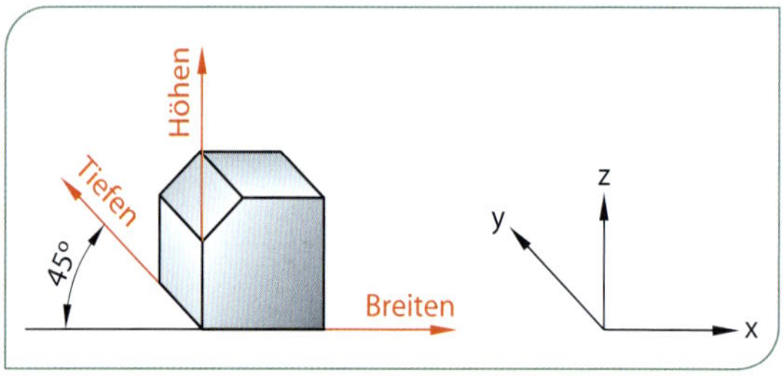

3 *Kabinett-Projektion*

2.5.12 Isometrische Darstellung

Um den Verlauf von Rohrleitungen besonders anschaulich darzustellen, werden in der Installationstechnik und im Rohrleitungsbau die Rohrleitungen bzw. Rohrleitungsabschnitte häufig in isometrischer Darstellung nach DIN ISO 5456-3 gezeichnet. Hierbei bilden die X- und die Y-Achse mit der Waagerechten einen Winkel von 30° und die Z-Achse steht senkrecht (90°) dazu (Bild 1, nächste Seite). Eine Besonderheit dieser Projektionsmethode ist, dass alle Maße (Höhe, Breite und Tiefe) ohne Verkürzung (shortening), also im Verhältnis 1:1:1 gezeichnet werden. Hierdurch werden Umrechnungsfehler vermieden und der Leitungsverlauf ist leichter zu verstehen. Rasterblätter (grid sheets) mit aufgedrucktem 30°-Raster und senkrechten Linien erleichtern das Zeichnen der einzelnen Rohrleitungsteile, da der Leitungsverlauf immer parallel zu oder direkt auf diesen Linien gezeichnet wird (Bild 4, nächste Seite).
Mit diesen Blättern ist es leicht möglich, auf der Baustelle eine Freihandskizze (freehand sketch) mit den notwendigen Maßen für die Vorfertigung in der Werkstatt anzufertigen.
Die auf den Rasterblättern abgebildete oder vom Zeichner anzufertigende **Verfahrensrose** legt die Richtungen der zu zeichnenden Rohrabschnitte fest.
Die Buchstaben an der Verfahrensrose geben dabei folgende Richtungen an:

[1] Axonometrische Projektionen nach DIN ISO 5456-3

o – u: Linien für **senkrecht** nach oben oder unten verlaufende Rohre
v – h: Linien für **waagerecht** nach vorne oder hinten verlaufende Rohre
r – l: Linien für **waagerecht** nach rechts oder links verlaufende Rohre

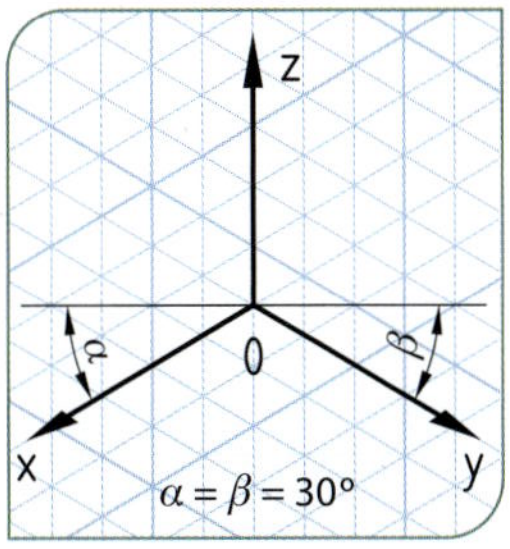

1 Koordinatenverlauf

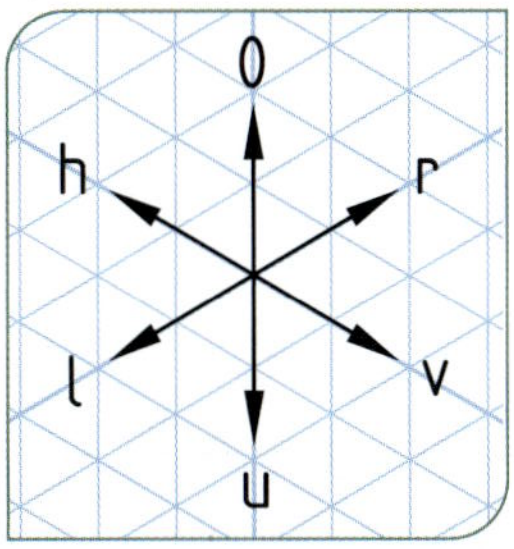

2 Verfahrensrose

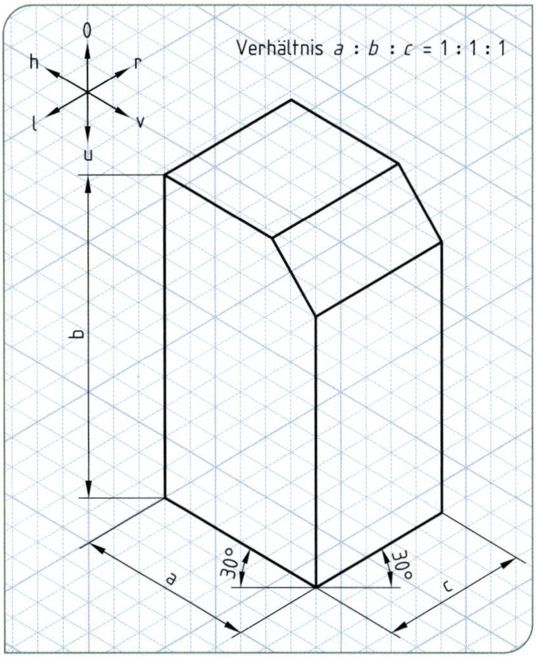

3 Isometrische Projektion nach DIN ISO 5456-3

MERKE

Damit man den Leitungsverlauf leichter verstehen kann, sollte zum Anfertigen bzw. Lesen einer isometrischen Zeichnung die Verfahrensrose als Orientierungshilfe genutzt werden.

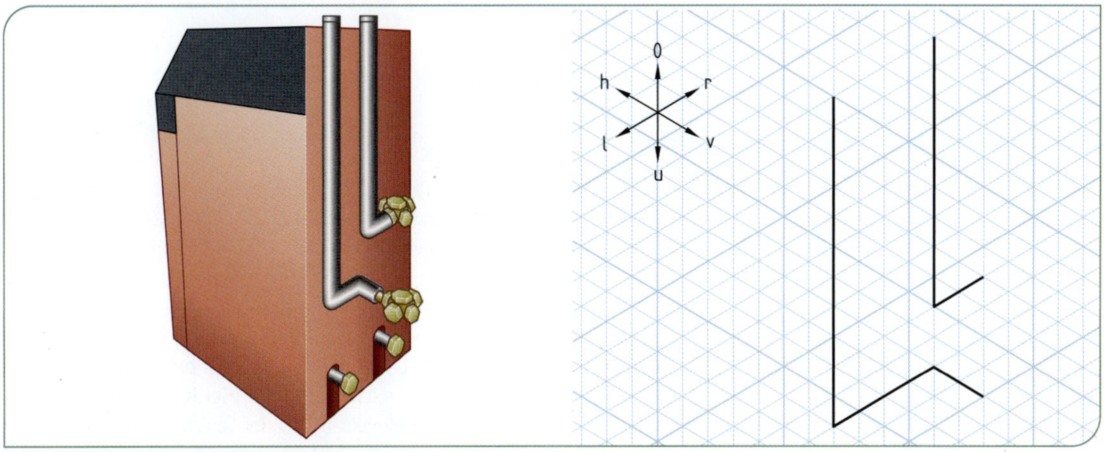

4 Verlauf eines Kesselanschlusses und dessen isometrische Darstellung

2.5.13 Abwicklungen

Abwicklungen (developed views) werden immer dann benötigt, wenn z. B. Bauteile aus Blech (z. B. eckige oder runde Blechkanäle) anzufertigen sind und eine Vorlage für den Blechzuschnitt (sheet metal cutting) konstruiert werden muss. Sie sind die in einer Ebene aufgezeichneten Oberflächen (surfaces) der zu konstruierenden Bauteile.

2.5.13.1 Abwicklungen prismatischer Körper

Die Abwicklung des Vierkantprismas wird mit der Breite, Höhe und Tiefe des Prismas aus Hauptansicht (front view) und Draufsicht (top view) gezeichnet (Bild 1). Die Abwicklung enthält keine Zugaben für eventuell notwendige Zugaben für z. B. Lötnähte.

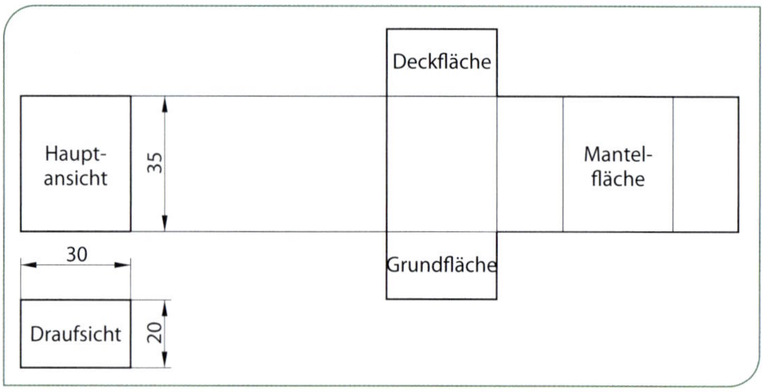

1 Vierkantprisma

2.5.13.2 Abwicklungen schräg geschnittener prismatischer Körper

Die Abwicklung des schräg geschnittenen Vierkantprismas wird mit der Breite, Höhe und Tiefe des Prismas aus Hauptansicht, Draufsicht und Seitenansicht gezeichnet (Bild 2). Die Abwicklung enthält keine Zugaben für eventuell notwendige Überlappungen für z. B. Lötnähte.

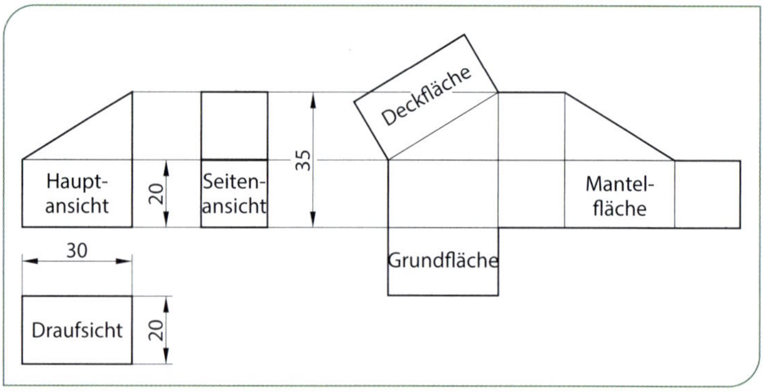

2 Schräg geschnittenes Vierkantprisma

Beispiel:
Ein Rechteckkanal aus Schwarzblech (Bild 3) mit den Abmessungen $a \cdot b \cdot l = 250\,\text{mm} \cdot 200\,\text{mm} \cdot 1000\,\text{mm}$ ist abzuwickeln.

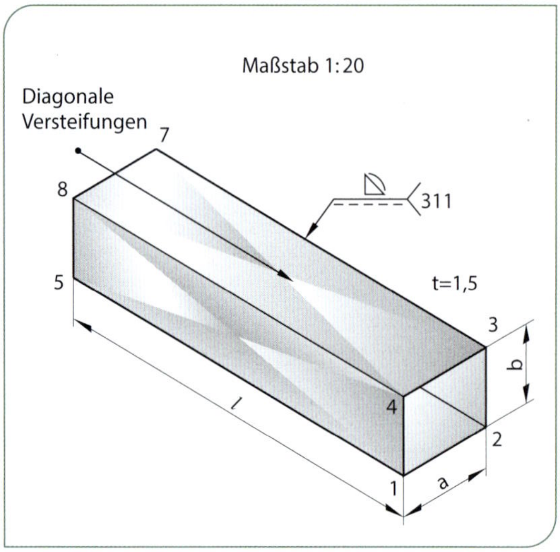

3 Rechteckkanal

Lösung:

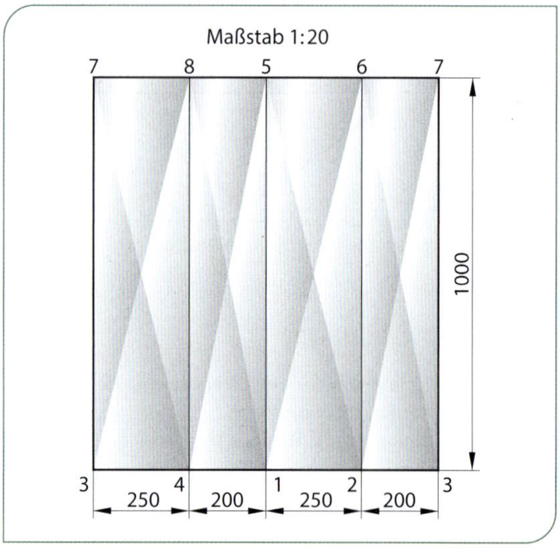

ÜBUNGEN

1. Zeichnen Sie die Abwicklung des schräg geschnittenen Vierkantprismas ohne Deck- und Grundfläche im Maßstab 1:10.

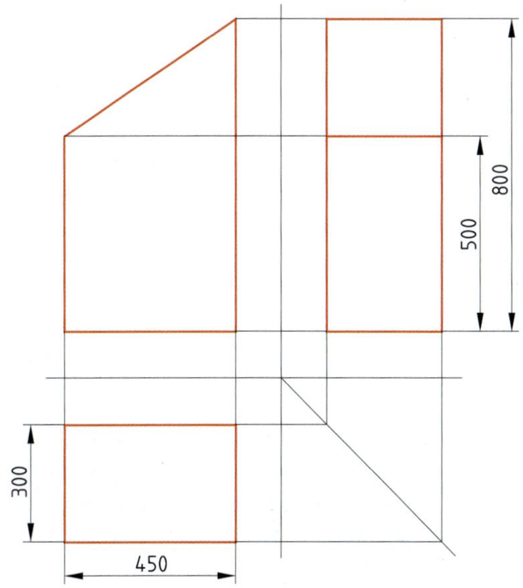

2.5.13.3 Abwicklungen gerade geschnittener zylindrischer Körper

Die Abwicklung eines senkrecht zur Rohrachse geschnittenen Zylinders ist ein Rechteck (Bild 1). Bedingung: Die Naht verläuft senkrecht auf der Mantellinie.

Ohne Nahtzugabe und ohne Berücksichtigung der Wanddicke (gilt für Feinbleche) ergibt sich folgende **Länge der Mantelfläche**:

$$l = d \cdot \pi$$

l: Länge der Mantelfläche in mm
d: Durchmesser des Zylinders in mm

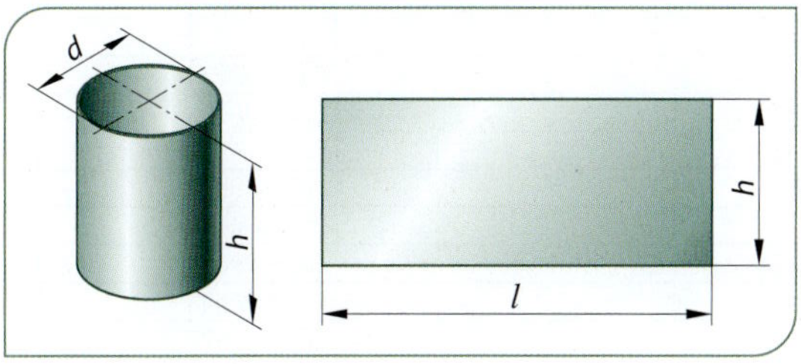

1 Zylnidrischer Körper mit Abwicklung

2.5.14 Skizzen

Auf der Baustelle werden keine fertigen Zeichnungen erstellt, sondern Skizzen (sketches). Sie werden meist **unmaßstäblich** (not to scale) und **freihändig** (freehanded) gezeichnet. Sie dienen z. B. zur schnellen Momentaufnahme einer bestimmten Gegebenheit oder erklären als Prinzipskizze Wirkzusammenhänge und Funktionen. Häufig werden Skizzen auch direkt für die Montage verwendet (Bild 2), dabei ist darauf zu achten, dass die tatsächlichen Proportionen in etwa eingehalten werden.

Auf Detailskizzen werden einzelne Änderungen festgehalten und gegebenenfalls vom Monteur an die Werkstatt weitergegeben. Skizzen enthalten Informationen, die in Worten nur umständlich beschrieben werden können.

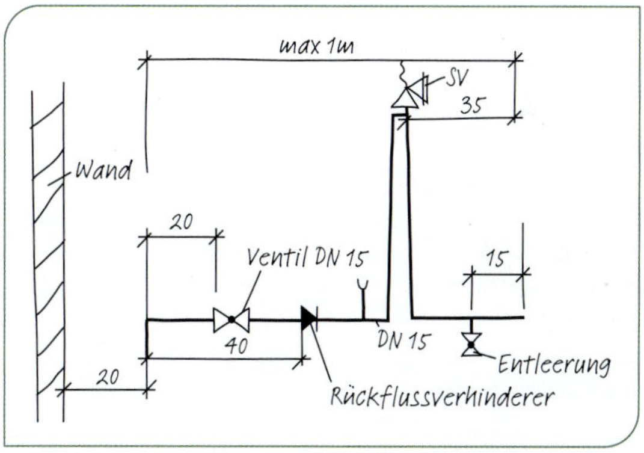

2 Freihandskizze

2.5.15 Einzelteilzeichnungen

Eine Einzelteilzeichnung (component drawing) enthält ein einzelnes Teil, das keine räumliche Zuordnung zu anderen Teilen hat. Zur Herstellung sollte sie alle Angaben enthalten, die notwendig sind (z. B. Flansch Bild 3, S. 327).

2.5.16 Baugruppen

Eine Baugruppe (subassembly) ist ein Teil einer Einrichtung und besteht aus mehreren Bauelementen. Gelegentlich bildet ein Bauelement (element) aus einer Baugruppe für sich betrachtet eine eigene Baugruppe. So ist z. B. die Hauptabsperreinrichtung HAE aus der Baugruppe „Gaszähleranschluss" ihrerseits aus mehreren Bauelementen zusammengesetzt (Bild 1, nächste Seite).

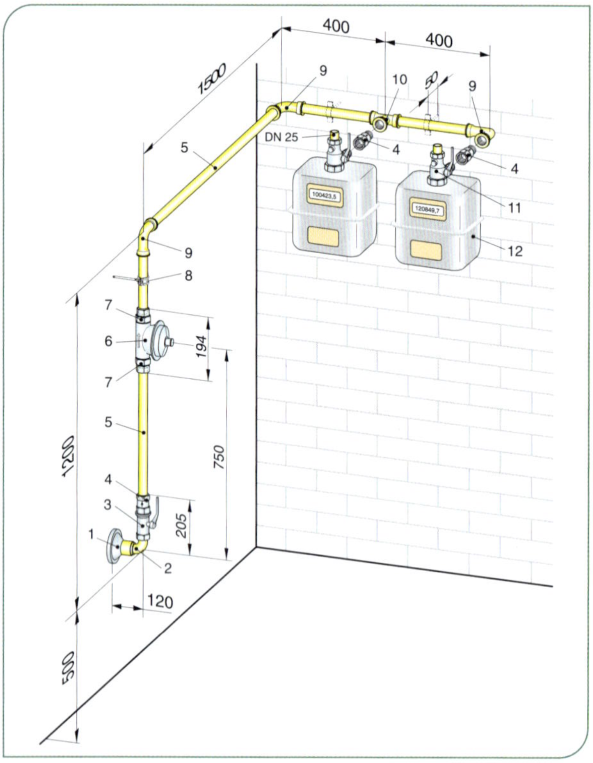

1 Gaszähleranschluss

2.5.17 Gesamtzeichnungen und Stückliste

Gesamtzeichnungen (assembly drawings) zeigen Bauwerke, Anlagen, Maschinen, Baugruppen, Geräte oder Armaturen (Bild 2) vollständig dargestellt. Sie dienen, wie auch Explosionszeichnungen (vgl. Kap. 2.5.19) als zeichnerische Grundlage für die Montage, Wartungsarbeiten und Reparaturen.

Die Stückliste (parts, piece list) ist ein Teil der Gesamtzeichnung. Aus Stückliste und Zeichnung können alle Angaben entnommen werden, die für die Anfertigung notwendig sind. In der Stückliste werden alle Teile fortlaufend nummeriert (numbered) und der Größe nach mit den Positionsnummern 1...n versehen eingetragen. Bei den einzelnen Teilen werden Normteile (standard parts), Fertigungsteile (production parts) und nicht genormte Zukaufteile (additional bought-in parts) unterschieden. Die Fertigungsteile werden meist in eigenen Werkstätten oder auf der Baustelle hergestellt, die Normteile gekauft. Bei den Angaben zu den Rohren sollten neben der DIN-Nummer auch die Rohrabmessungen (z. B. 22 × 1) eingetragen werden.

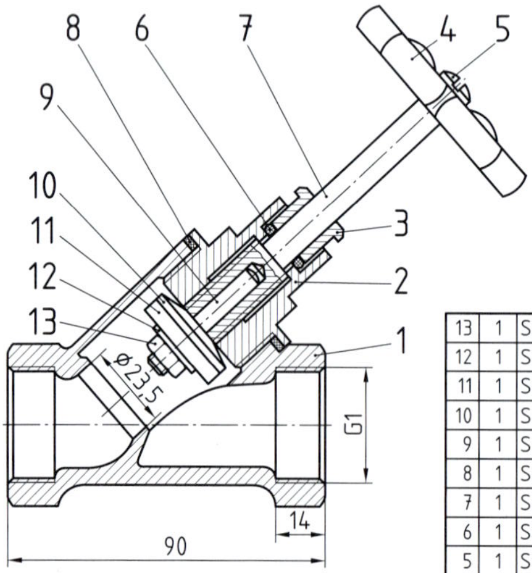

13	1	Stck.	Sechskantmutter	ISO 4032-M6	CuZn40Pb2
12	1	Stck.	Unterlegscheibe		CuZn40Pb2
11	1	Stck.	Dichtung		Gummi
10	1	Stck.	Kegelteller		CuZn40Pb2
9	1	Stck.	Kegelbolzen		CuZn40Pb2
8	1	Stck.	Dichtung		Fiber
7	1	Stck.	Spindel		CuZn40Pb2
6	1	Stck.	Packung		Baumwolle
5	1	Stck.	Linsen-Senkschr.	ISO 2010-M4×5	CuZn40Pb2
4	1	Stck.	Handrad		CuZn40Pb2
3	1	Stck.	Stopfbuchse		CuZn40Pb2
2	1	Stck.	Kopfstück		CuZn40Pb2
1	1	Stck.	Gehäuse		CuZn40Pb2
Pos.	Men.	Einh.	Benennung	Sachnummer/Norm-Kurzbezeichnung	Werkstoff

Verantwortl. Abt.	Technische Referenz	Erstellt durch	Genehmigt von	
		Dokumentenart	Dokumentenstatus	
		Titel, Zusätzlicher Titel Schrägsitzventil DN25	Änd. Ausgabedatum	Spr. Blatt

2 Beispiel einer Zeichnung mit Stückliste

2.5.18 Montagezeichnungen

Montagezeichnungen (assembly drawings) (Bild 1) zeigen dem Monteur auf der Baustelle, wie z. B. ein Trinkwasserverteiler zu installieren ist. Aus der Zeichnung können alle erforderlichen Informationen (z. B. Anbindung, Maße und Biegeradien) entnommen werden.

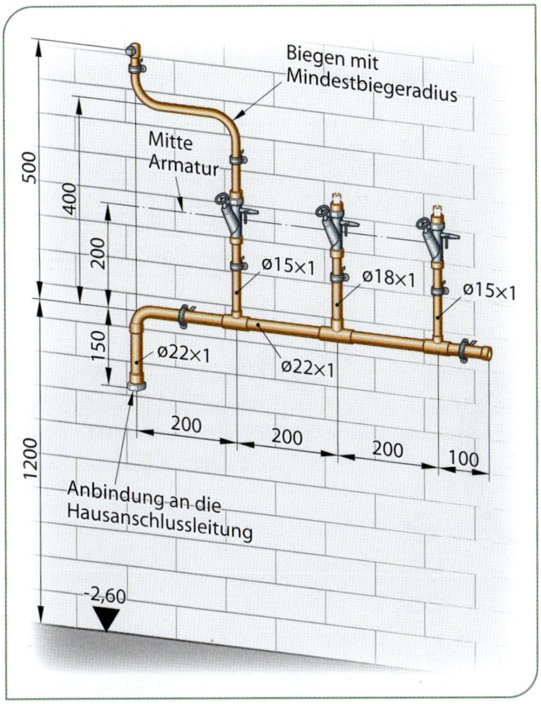

1 Trinkwasserverteiler

2.5.19 Explosionszeichnungen

In **Explosionsdarstellungen** (exploded view) werden alle Einzelteile z. B. einer Baugruppe, senkrecht oder waagerecht angeordnet, in der Reihenfolge ihres Zusammenbaus dargestellt (Bild 2). Die Einzelteile werden meist perspektivisch im selben Maßstab gezeichnet, sodass ihre Form gut zu erkennen und mit Originalteilen verglichen werden kann. Häufig wird die Explosionsdarstellung durch eine **Gesamtzeichnung (Zusammenbauzeichnung)** im Voll- oder Halbschnitt und eine **Stückliste** (piece list) ergänzt. Gerade das Zusammenwirken dieser Darstellungsformen erleichtert es bei der gegebenen Produktvielfalt, auch unbekannte Bauteile in kurzer Zeit in der richtigen Abfolge zu montieren (assemble) oder zu demontieren (disassemble), die Ursachen von Funktionsstörungen zu ermitteln und zu beheben.

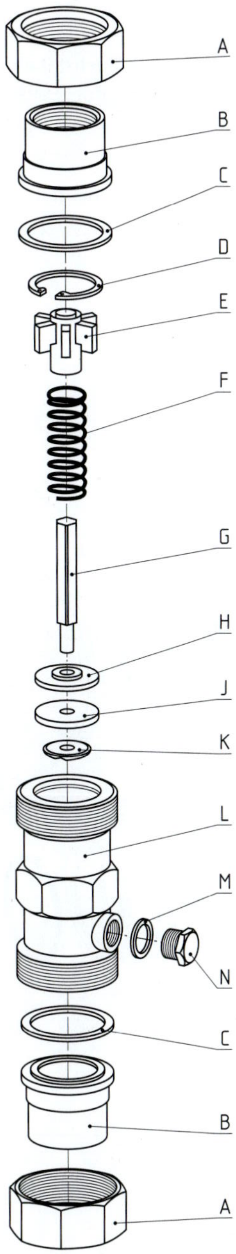

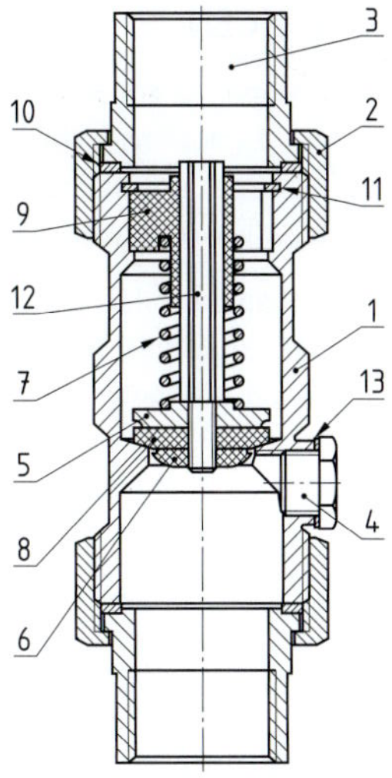

Pos.	Benennung
1	Gehäuse
2	Überwurfmutter
3	Auslass
4	Prüfschraube
5	Ventilteller
6	Kontermutter
7	Druckfeder
8	Dichtscheibe
9	Führungskreuz
10	Dichtringe
11	Sicherungsring DIN 472
12	Ventilstange
13	Dichtring

2 Explosions- und Zusammenbauzeichnung mit Stückliste eines Rückflussverhinderers

ÜBUNGEN

1) a) Ordnen Sie auf einem Extrablatt den Buchstaben in der Explosionszeichnung Bild 2, vorherige Seite je eine Positionsnummer aus der Schnittdarstellung des Rückflussverhinderers zu.

b) Geben Sie in fachgerechter Reihenfolge die Teile aus der Explosionszeichnung an, die beim Auswechseln der Dichtung demontiert werden müssen.

2) Erläutern Sie die unterschiedlichen Aufgaben der Teile Pos. 7 und Pos. 10 aus der Explosionszeichnung Bild 1.

3) Nennen Sie die Pos.-Nummern der Teile, die sich beim Öffnen bzw. Schließen des Kugelhahns (Bild 1) bewegen.

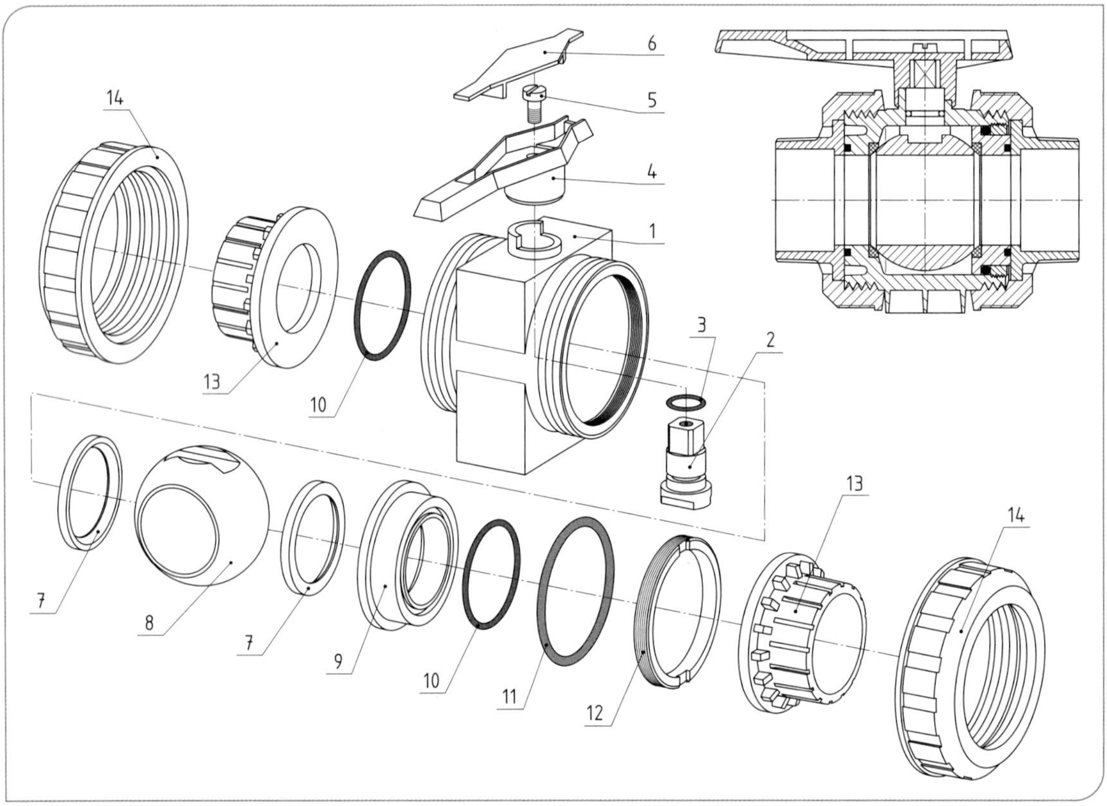

1 Kugelhahn (zu Übungen 2 und 3)

2.5.20 Sinnbilder

In technischen Zeichnungen werden z. B. Armaturen, Leitungen, Geräte und Schalter meist symbolisch durch entsprechende Sinnbilder dargestellt (Bild 1). Die Sinnbilder sind den entsprechenden Normen und Technischen Regeln zu entnehmen.

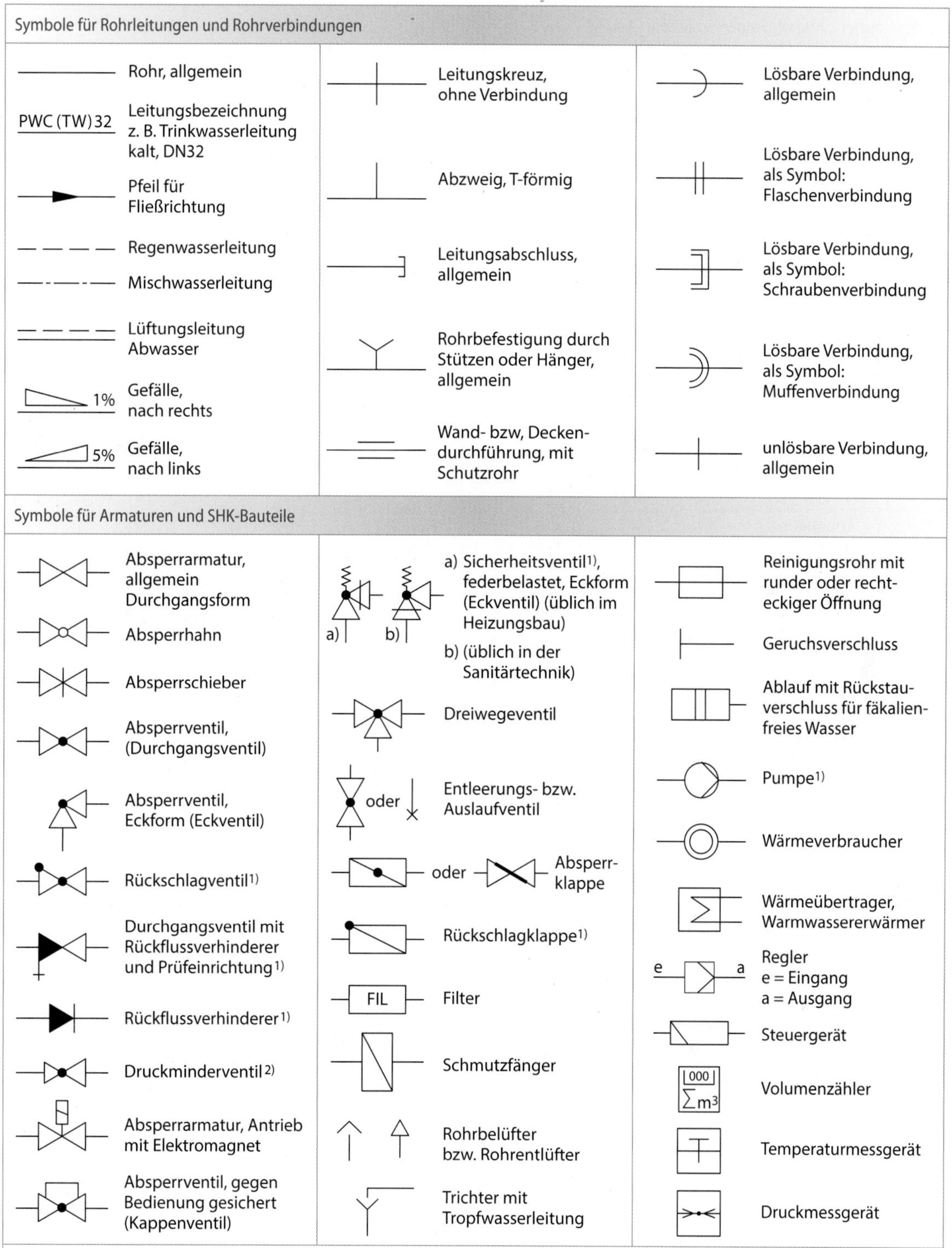

1) Fließrichtung von links nach rechts
2) Kleineres Dreieck an der Seite mit dem höheren Druck

1 Sinnbilder

2.5.21 Schaltschemata

Schaltschemata (diagrams of connections) (Bild 1) zeigen z.B. die Funktion einer Anlage, eines Anlagenteils oder eines Stromkreises (Bild 2) mit allen notwendigen Bauteilen. Sie werden immer ohne Maßstab (scale) dargestellt.

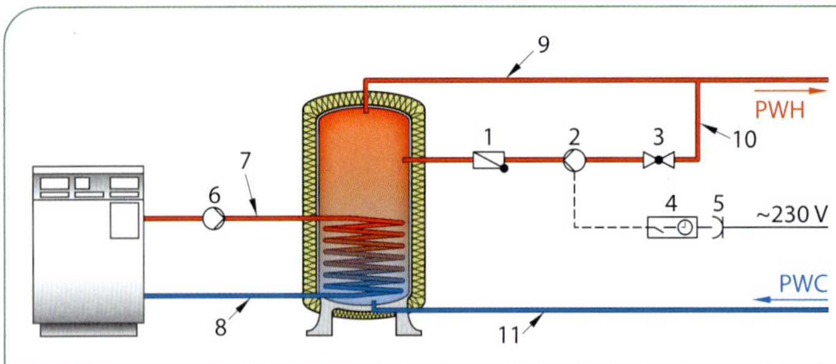

1 Rückschlagklappe
2 Zirkulationspumpe
3 Absperrventil
4 Zeitschaltuhr
5 Netzsteckdose 230 V
6 Speicherladepumpe
7 Heizungsvorlauf zum Speicher
8 Heizungsrücklauf zum Speicher
9 PWH-Leitung (TWW)
10 PWH-Zirkulationsleitung (TWZ)
11 PWC-Leitung (TW)

1 Schematische Darstellung

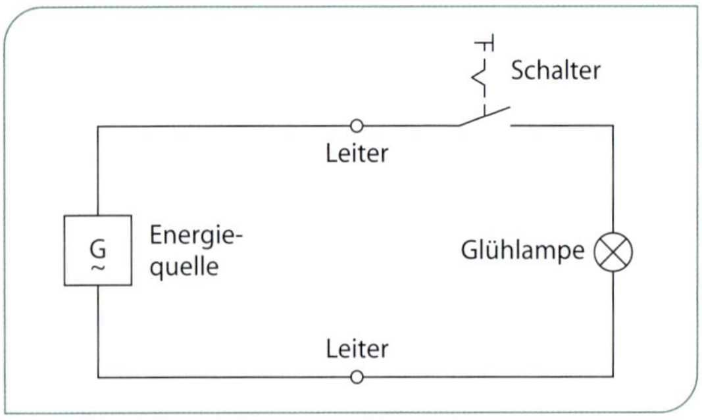

2 Schaltplan des einfachen Stromkreises

2.5.22 Rohrschemata

Bei der Darstellung von einfachen Rohrleitungssystemen werden die **waagerecht** (horizontal) verlegten Rohrleitungen maßstäblich in die **Gebäudegrundrisse** eingezeichnet (Bild 3). Die **senkrecht** (vertical) verlegten Rohrleitungen (die Stränge (lines)) werden zur Veranschaulichung in flächenhaften **Strangschemas** (Bild 3) dargestellt, wobei nur die Höhen der Geschosse, Heizkörper und Kessel maßstäblich sein müssen. Die waagerechte Ausdehnung ist frei wählbar und sollte der Blattgröße angepasst werden. Für besonders komplizierte Details (z.B. Heizkörperanbindungen oder beim Aufeinandertreffen von Rohrleitungen verschiedener Gewerke) werden **isometrische Strangschemas** gezeichnet (Bild 3). Bei der isometrischen Darstellung müssen alle Details, also auch die waagerechte Ausdehnung, maßstäblich gezeichnet werden.

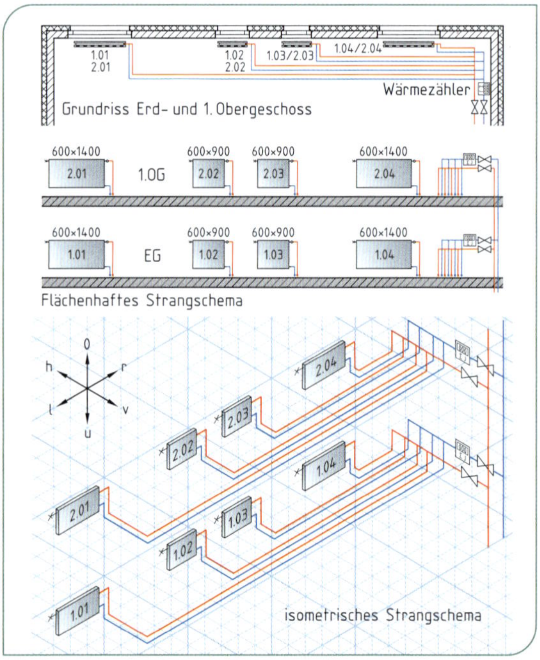

3 Rohrverteilung über dem Fußboden – Strangschema und Grundriss

2.5.23 Bauzeichnen

Bautechnisches Zeichnen

Zu den Aufgaben eines Anlagenmechanikers SHK gehört das Lesen von Bauzeichnungen (construction drawings) und die Erstellung von Montageskizzen (assembly sketches) und kleineren Bauzeichnungen.

Bauzeichnungen sind technische Zeichnungen von Gebäuden und Gebäudeteilen. Sie enthalten wichtige Angaben, die für die Erstellung des Gebäudes notwendig sind. Damit alle an der Erstellung eines schlüsselfertigen Gebäudes (building) beteiligten Gewerke von gleichen Voraussetzungen und Bedingungen ausgehen können, sind Bauzeichnungen nach DIN EN ISO 7519 genormt.

2.5.23.1 Darstellung von Bauzeichnungen

In Bauzeichnungen werden vor allem Ansichten (views), Grundrisse (ground plans) und Schnitte (sections, profiles) verwendet.

2.5.23.1.1 Ansichten

Ansichten geben Auskunft über die **äußere** Form (einschließlich Schornstein, Fenster und Türöffnungen) und die Einbindung eines Gebäudes in das Gelände (Bild 1). Die Darstellung der Außenansichten (exterior views) schließt alle Seiten (Himmelsrichtungen) ein und vermittelt dem Betrachter einen guten **Gesamteindruck** (general impression) des Gebäudes.

1 Ansicht des Gebäudes

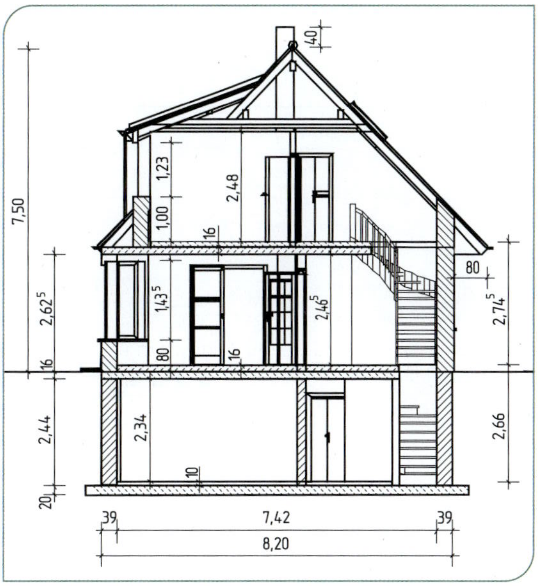

2 Hausquerschnitt

Die flächenhafte Darstellung von Bauwerken ist jedoch nicht ausreichend, da alle wichtigen Angaben über das Innere des Gebäudes wie Größe und Anordnung der Räume, Lage und Abmessungen von Wandöffnungen, Schächten und Schornsteinen hieraus **nicht** hervorgehen. Hierzu sind **weitere** Darstellungen wie Grundrisse und Gebäudeschnitte als Gesamt- und Teilzeichnungen erforderlich.

2.5.23.1.2 Schnitte

Schnitte sind Bauzeichnungen, die sich aus **senkrechten** (vertical) Gebäudeschnitten ergeben (Bild 2). Sie sind notwendig, da aus den Grundrissen nur unzureichende **Höhenangaben** (heights) zu entnehmen sind. Schnittebenen sind möglichst so anzuordnen, dass wesentliche Teile wie z.B. Fenster und Türöffnungen, Treppen und der Deckenaufbau gut zu erkennen sind.

2.5.23.1.3 Grundrisse

Grundrisse sind **horizontal** durch ein Gebäude verlaufende Schnitte. Sie sollten so ausgeführt werden, dass möglichst viele Türen, Fenster und andere Öffnungen im Mauerwerk

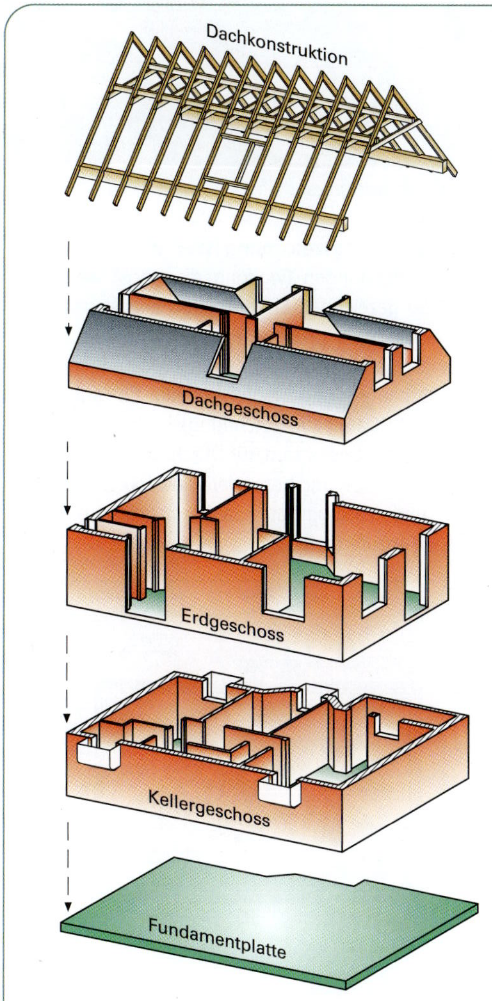

3 Grundrisse

geschnitten werden (ca. 1,25 m oberhalb des Fußbodens). Ein Grundriss entspricht der **Draufsicht** (top view) des unterhalb des Schnittes liegenden Bauteils (Bild 3, vorherige Seite). Grundrisse werden von jedem Geschoss eines Gebäudes gezeichnet.

Es werden unterschieden:

- Kellergeschoss (underground floor, basement (US)),
- Erdgeschoss (ground-floor, first floor (US)),
- Obergeschoss(e) (upper floor),
- Dachgeschoss (attic, garret storey).

Die 3D-Darstellung (Bild 1) dient zur besseren Vorstellung der räumlichen Gegebenheiten.

1 3D-Darstellung Erdgeschoss

2.5.23.2 Ausführungszeichnung (Werkplan)

Ausführungszeichnungen (working drawings) werden im Maßstab 1:50 gezeichnet. Sie enthalten alle Angaben der Entwurfszeichnungen (preliminary assembly drawings). Wegen des größeren Maßstabes können z. B. Materialangaben, Fußbodenaufbauten und Maße detaillierter angegeben werden (Bild 2). Damit die Zeichnungen nicht zu unübersichtlich werden, ist es ratsam, für Durchbrüche (openings), Schlitze (slots, chases) und besondere Gewerke (z. B. Zentralheizungs- und Lüftungsbau, Sanitärinstallation) eigene Zeichnungen anzufertigen.

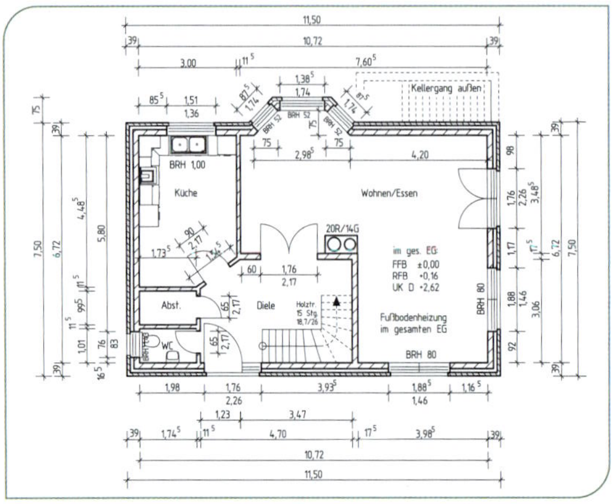

2 Ausführungszeichnung Erdgeschoss

2.5.23.3 Bemaßungen von Bauzeichnungen

In der Regel werden in Bauzeichnungen die **Rohbaumaße** (dimensions in unfinished state) (unverputztes Mauerwerk) verwendet. Es sind immer alle für den ausführenden Handwerker notwendigen Maße einzutragen. Bauzeichnungen werden ähnlich bemaßt wie Maschinenbauteile. Es gibt jedoch einige Unterschiede, die zu beachten sind (Bild 3):

- Maße < **1,0 m** werden in cm angegeben, Maße ≥ **1,0 m** in **m**.
- **Bruchteile** von cm (mm) werden als Hochzahl geschrieben.
- Kettenmaße (incremental dimensions) sind üblich.
- Maßhilfslinien (projection lines) beginnen nicht direkt am Bauwerk.
- Maßlinien (dimension lines) ragen über die Maßhilfslinien hinaus.
- Zur Maßlinienbegrenzung (dimension line determination) werden keine Pfeile (nur bei Winkelangaben oder Bogenlängen) sondern Schrägstriche und Kreise (Bild 4) verwendet.
- Bei Fenstern und Türen wird die Breite **über**, die Höhe **unter** der Maßlinie eingetragen (Bild 1, nächste Seite).
- Rechteckige Querschnitte werden als **Verhältnis** Breite/Höhe (z. B. Deckendurchbruch DD 25/15) angegeben.
- **Höhen** in Grundrissen und Schnitten können auch ohne Maßlinie durch gleichseitige Dreiecke (triangles) dargestellt werden, wobei schwarze Dreiecke Rohbauhöhen und leere **Dreiecke** fertige Höhen (z. B. Oberkante Fertigfußboden, FFB) bezeichnen (Bild 2, nächste Seite).

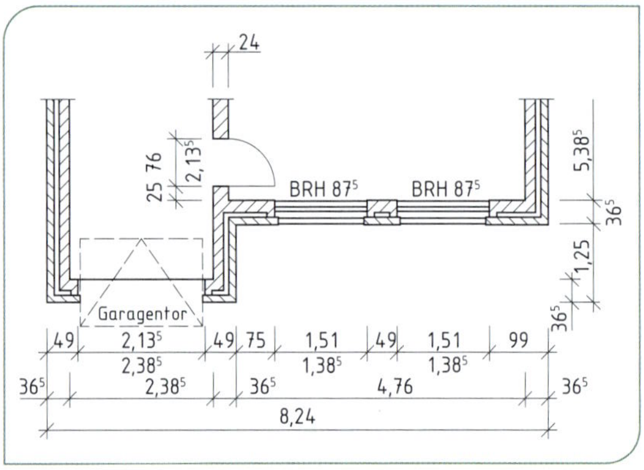

3 Bemaßung von Grundrissen

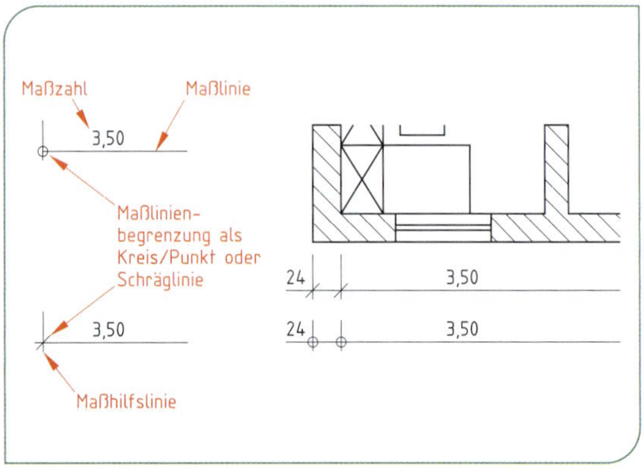

4 Bemaßungsregeln

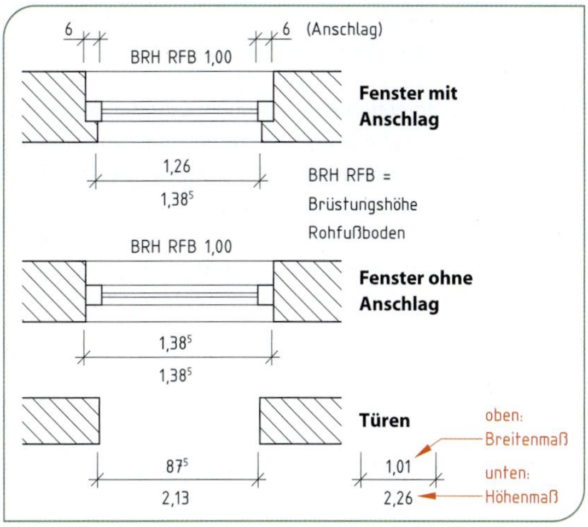

1 Bemaßung von Fenstern und Türen

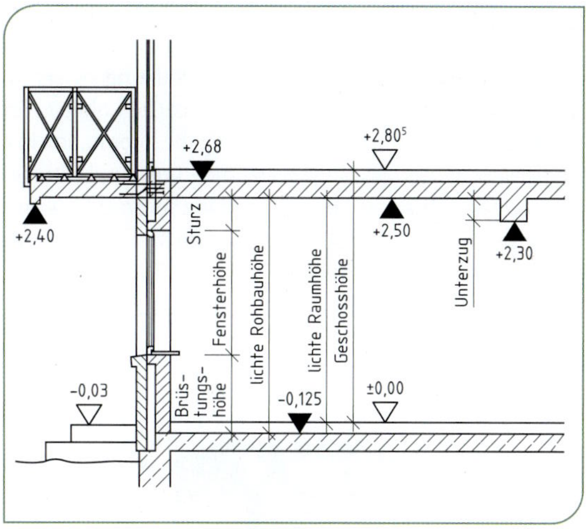

2 Höhenangaben in Schnittdarstellungen

ÜBUNGEN

1) Welche Darstellungsarten werden in Bauzeichnungen hauptsächlich verwendet?

2) Erläutern Sie den Begriff „Grundriss".

3) Warum sind Gebäudeschnitte notwendig?

4) Wie wird die Öffnungsrichtung einer Tür gekennzeichnet?

5) Wozu dienen Durchbrüche in Wänden und Decken?

6) Welche Maße werden in der Regel in Bauzeichnungen verwendet?

7) Wie werden Maße > 1,0 m in Bauzeichnungen angegeben?

8) Was wird anstelle von Pfeilen zur Maßlinienbegrenzung in Bauzeichnungen verwendet?

9) Wie wird die Breite und Höhe bei Türen und Fenstern angegeben?

10) Was wird durch gleichseitige Dreiecke gekennzeichnet?

11) Beantworten Sie die folgenden Fragen zu Bild 1:

a) Welche Innenmaße hat die Garage?

b) Welche Innenmaße hat der Abstellraum?

c) Welche Rohbauhöhe hat die Toröffnung?

d) Welche Dicke hat das Mauerwerk?

e) Wie breit ist das Fenster?

f) Wie breit ist die Türöffnung zum Abstellraum?

g) Wie groß ist die Nutzfläche der Garage?

h) Was bedeutet die Abkürzung „FH" an der Garage?

i) Welche Außenlänge hat der Abstellraum?

j) Welche Abmessungen hat der Stützpfeiler?

k) Ist die Tür zum Abstellraum eine Links- oder eine Rechtstür?

l) Wie breit ist die Garagentoröffnung?

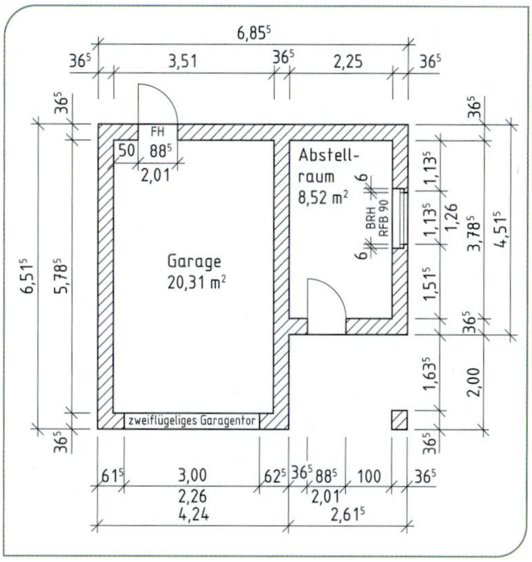

3 Garage mit Abstellraum

2.6 Technical drawings

Technical drawings are used to convey all the necessary information you need to manufacture a certain object. For most objects it is not possible to convey the information in a single view. Instead of using several sheets of paper with different views of the part, you can combine several views on a single drawing using first angle (picture 3) or third angle projection (picture 1, next page).

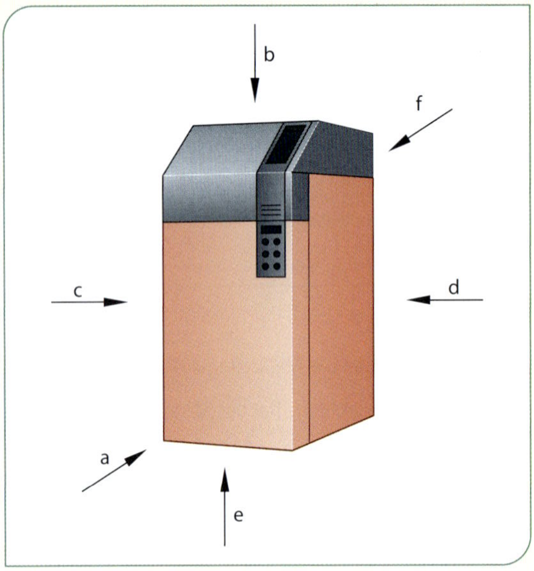

1 Views of a heating boiler

2.6.1 Principles of first and third angle orthographic projection

Orthographic projection is a common method of representing three-dimensional objects by three sometimes by four two-dimensional drawings. An orthographic projection ,for example of a boiler usually consists of a top view, and a front view and one or two side views (picture 1, 2). First angle projection is often called European projection as it is widely used throughout Europe including Germany. Third angle projection is used in North America and other English-speaking countries. Both projections should never be mixed on the same drawing. To indicate which system has been used the appropriate projection symbol (picture 2, next page) must be added to the completed drawing.

view in direction	view from	names of projections
a	front	**A** front view
b	above	**B** top view
c	left	**C** side view from the left
d	right	**D** side view from the right
e	below	**E** bottom view from underneath
f	behind	**F** back view

2 Directions of view

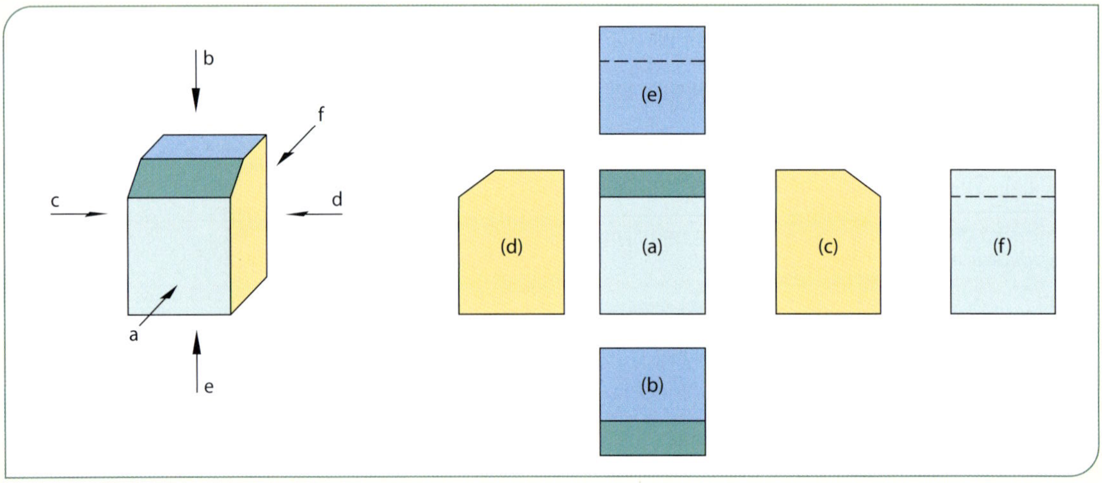

3 First angle projection of a heating boiler

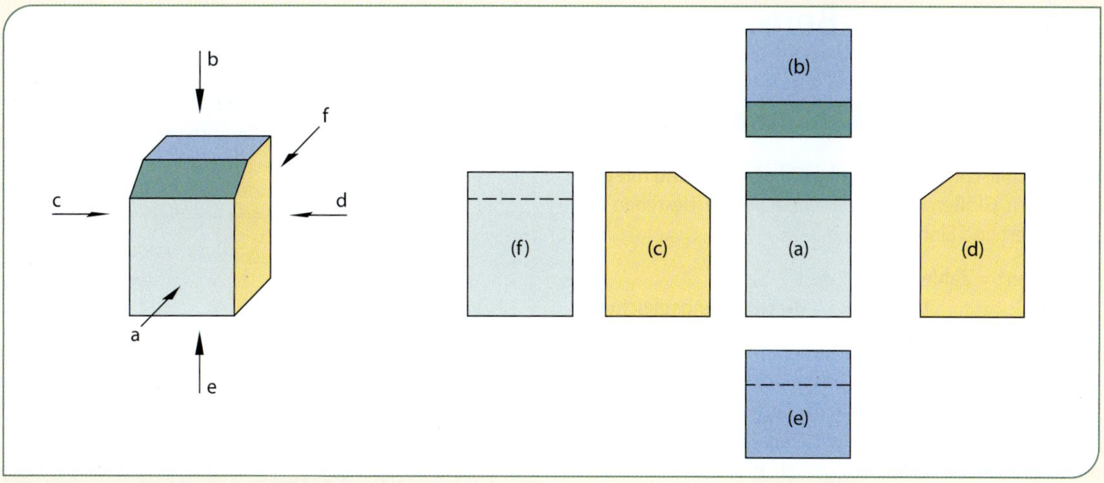

1 Third angle projection of a heating boiler

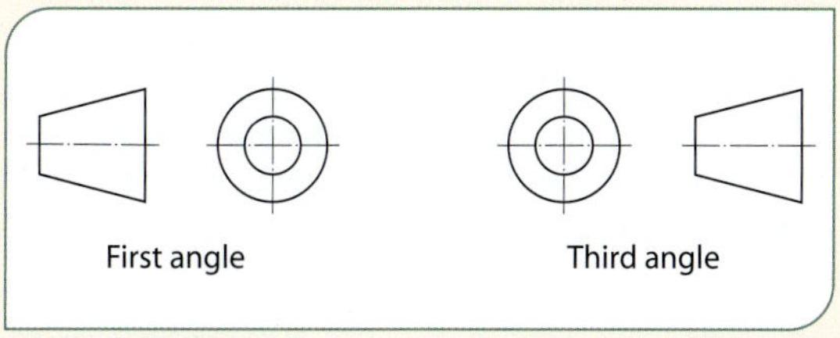

2 Projection symbols

EXERCISES

1. Translate chapter 2.6 Technical drawings into German. Use your reference book, the internet or a dictionary. Before you look up a word try to guess the word first, then check it.
2. What are the differences between first and third angle projections?
3. Find the appropriate German translations for the English terms (names of projections)in picture 2, previous page.
4. Draw six views (a–f) in first angle projection for the object in the following picture.

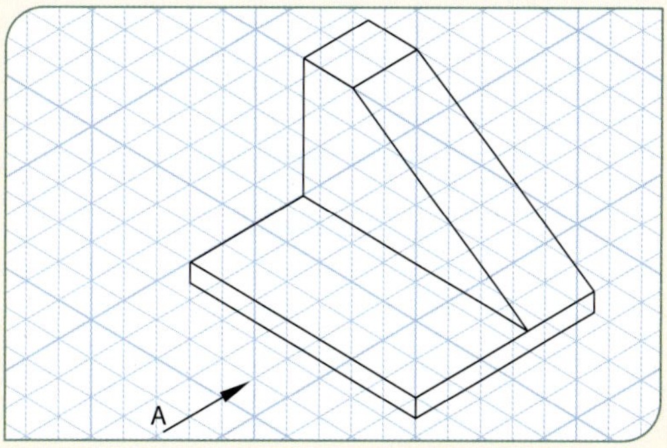

3 Technische Berechnungen

3.1 Größenwert, Zahlenwert, Einheit

In der Technischen Mathematik wird überwiegend mit physikalischen Größenwerten gerechnet. Diese bestehen aus Zahlenwert und Einheit wie z. B.

Größenwert = Zahlenwert · Einheit
A = 10 m^2 **(Bestimmungsgleichung)**

Eine Bestimmungsgleichung besteht mindestens aus drei Gliedern, wobei eines dieser Glieder unbekannt ist. Um diese Unbekannte unter Anwendung der Rechenregeln z. B. für das Addieren, Subtrahieren, Multiplizieren, Dividieren, Potenzieren oder Wurzelziehen zu bestimmen, muss sie immer allein auf einer Seite der Gleichung stehen. Auf welcher Seite, ist im Prinzip gleichgültig, da diese gewechselt werden kann, ohne dass sich die Zahlenwerte ändern.
Anhand einer Wippe lässt sich der Zusammenhang gut darstellen. Das Gleichheitszeichen ist dabei das Auflager, die Größenwerte sind die Massen (Beispiel 1).

Beispiel 1:

Geg.: l (Länge)
b (Breite

Ges: A (Fläche)

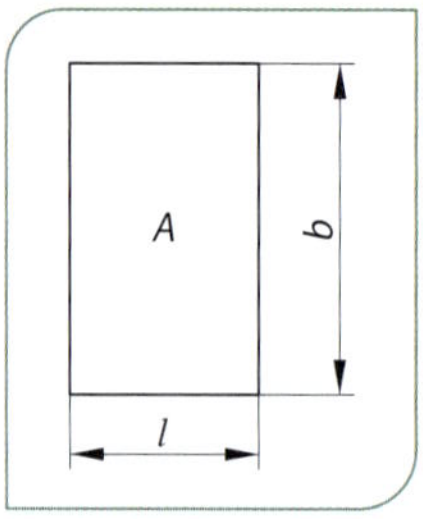

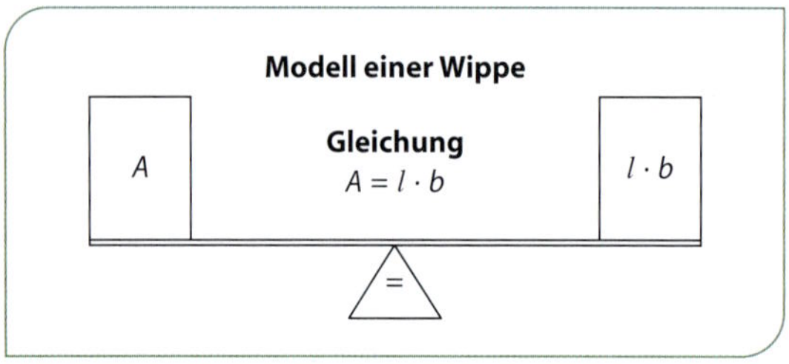

Beispiel 2:

Geg.: A (Fläche)
b (Breite)

Ges.: l (Länge)

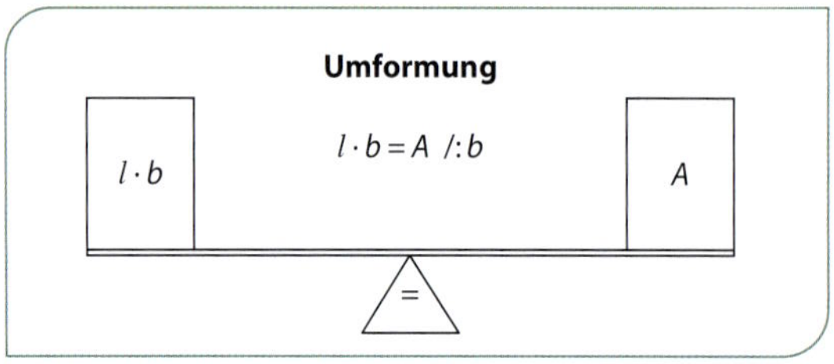

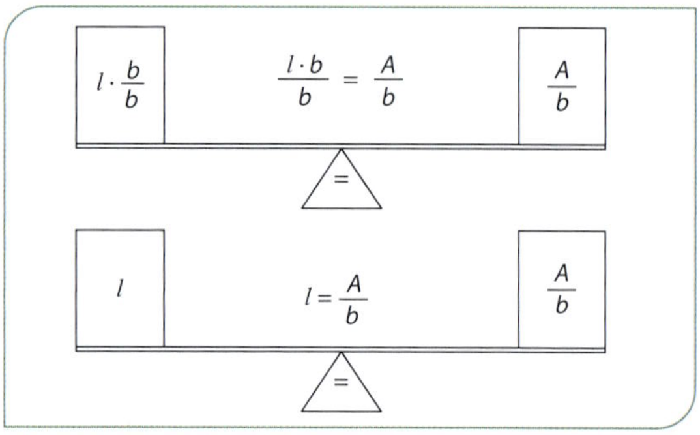

MERKE

Bei einer Gleichung müssen die Größenwerte und Einheiten vor und hinter dem Gleichheitszeichen – ähnlich wie bei einer Wippe – immer gleich sein.
Somit muss bei einer Umformung **immer auf beiden Seiten** die gleiche Rechenoperation durchgeführt werden, damit das Gleichgewicht erhalten bleibt.

Um einfache Gleichungen schnell und sicher umzuformen, gibt es ein bewährtes Hilfsmittel. Die Grundform der Gleichung wird in ein Dreieck geschrieben.
Der gesuchte Größenwert und der Bruchstrich bzw. das Multiplikationszeichen werden abgedeckt (linke Gleichungsseite), die sichtbaren Größenwerte ergeben die rechte Gleichungsseite (Bilder 1...3).

Bild 1 ($A = l \cdot b$) Bild 2 ($l = \frac{A}{b}$) Bild 3 ($b = \frac{A}{l}$)

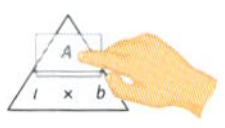

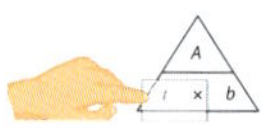

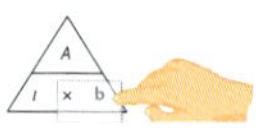

Das 1970 eingeführte, international verbindliche Einheitensystem (SI-System) nennt 7 Basiseinheiten. Fast alle übrigen Einheiten lassen sich daraus ableiten. Darüber hinaus gibt es weitere in der Technik zugelassene Einheiten die nicht Bestandteil des SI-Systems sind wie z. B. bar oder mWS.

Basisgrößen	Formelzeichen	Einheitenname	Einheitenzeichen
Länge	l	Meter	m
Masse	m	Kilogramm	kg
Zeit	t	Sekunde	s
Stromstärke	I	Ampere	A
Thermodynamische Temperatur	T, θ	Kelvin	K
Stoffmenge	n	Mol	mol
Lichtstärke	J	Candela	cd

Für die Technik wichtige Größen und Einheiten

Größen	Formelzeichen	Einheitenzeichen	Einheitenname	Umrechnungen
Fläche	A	mm^2; cm^2; dm^2; m^2	z. B. Quadratmeter	z. B. $1\ m^2 = 100\ dm^2$
Volumen	V	mm^3; cm^3; dm^3; m^3	z. B. Kubikmeter	z. B. $1\ m^3 = 1\,000\ dm^3$ $1\ dm^3 = 1\ l$
Winkel	z. B. α	1° 1' 1"	Winkelgrad Winkelminute Winkelsekunde	1 Vollkreis = 360° 1° = 60' 1' = 60"
Kraft	F	N	Newton	$1\ N = 1\ \frac{kg \cdot m}{s^2}$
Druck	p	bar, Pa	Bar, Pascal	$1\ bar = 10\ \frac{N}{cm^2}$; $1\ Pa = 1\ \frac{N}{m^2}$
Arbeit	W	J	Joule	1 Ws = 1 J = 1 Nm
Leistung	P	W	Watt	$1\ \frac{J}{s} = 1\ N\ \frac{m}{s} = 1\ W$
Drehmoment	M	Nm	Newtonmeter	1 Nm = 1 J = 1 Ws
Geschwindigkeit	v	m/s	Meter/Sekunde	$1\ \frac{m}{s} = 60\ \frac{m}{min} = 3{,}6\ \frac{km}{h}$
Drehzahl	n	$\frac{1^*}{min}$	1/Minute	$\frac{1}{min} = \frac{1}{60\ s}$
Elektrische Spannung	U	V	Volt	$1\ V = 1\ \frac{W}{A}$
Elektrischer Widerstand	R	Ω	Ohm	$1\ \Omega = 1\ \frac{V}{A}$
Celsius-Temperatur	$\vartheta\ (\theta)$	°C	Grad Celsius	0 °C = 273 K 0 K = −273 °C
Temperaturdifferenz	$\Delta T = \Delta\theta = \Delta\vartheta$	K, °C	Kelvin, Grad Celsius	1 °C = 1 K

Um die Schreibweise zu vereinfachen, werden Teile oder Vielfache von Einheiten durch Vorsätze abgekürzt. Die Zahlenwerte erhalten einen entsprechenden Faktor.

Teile und Vielfache der Einheiten	Vorsatz	Vorsatzzeichen	Faktor	Beispiel
Millionstel	Mikro-	µ	$0{,}000001 = 10^{-6}$	1 µm = 0,000001 m
Tausendstel	Milli-	m	$0{,}001 = 10^{-3}$	1 mm = 0,001 m
Hunderstel	Zenti-	c	$0{,}01 = 10^{-2}$	1 cm = 0,01 m
Zehntel	Dezi-	d	$0{,}1 = 10^{-1}$	1 dm = 0,1 m
Einfache	Eins	1	1	1 m = 1 m
Zehnfache	Deka-	da	$10 = 10^1$	1 dag = 10 g
Hundertfache	Hekto-	h	$100 = 10^2$	1 hl = 100 l
Tausendfache	Kilo-	k	$1\,000 = 10^3$	1 km = 1 000 m
Millionenfache	Mega-	M	$1\,000\,000 = 10^6$	1 MW = 1 000 000 W

3.1.1 Umrechnen von Einheiten

Der Anlagenmechaniker SHK wird im Rahmen seiner beruflichen Tätigkeiten hauptsächlich mit der Umrechnung von Längen-, Flächen- und Volumeneinheiten zu tun haben. Gelegentlich ist auch die Umrechnung von Zeit- und Winkeleinheiten erforderlich, die jedoch nicht im Dezimalsystem erfolgt.

Die Umrechnungstabellen helfen ihm dabei, nachfolgende Beispielaufgaben zu lösen.

Umrechnung von Längeneinheiten

gegeben	gesucht m	gesucht dm	gesucht cm	gesucht mm
1 m	1	10	100	1 000
1 dm	0,1	1	10	100
1 cm	0,01	0,1	1	10
1 mm	0,001	0,01	0,1	1

* $\frac{1}{min} = min^{-1}$ Um eine Einheit im Nenner zu vermeiden, wird diese mit negativem Exponenten (Hochzahl) im Zähler geschrieben.

Umrechnung von Flächeneinheiten

gegeben	gesucht m^2	gesucht dm^2	gesucht cm^2	gesucht mm^2
1 m^2	1	100	10 000	1 000 000
1 dm^2	0,01	1	100	10 000
1 cm^2	0,0001	0,01	1	100
1 mm^2	0,000001	0,0001	0,01	1

Umrechnung von Volumeneinheiten

gegeben	gesucht m^3	gesucht dm^3	gesucht cm^3	gesucht mm^3
1 m^3	1	1 000	1 000 000	1 000 000 000
1 dm^3	0,001	1	1 000	1 000 000
1 cm^3	0,000001	0,001	1	1 000
1 mm^3	0,000000001	0,000001	0,001	1

Umrechnung von Zeiteinheiten

gegeben	gesucht s	gesucht min	gesucht h
1 s	1	0,01666667	0,00027778
1 min	60	1	0,01666667
1 h	3 600	60	1

Zeit- und Winkeleinheiten werden bis auf Jahr und Tag in einem Zahlensystem angegeben, das auf der Grundzahl 60 aufgebaut ist.

1 Jahr = 1 a = 365 d
1 Tag = 1 d = 24 h
1 Stunde = 1 h = 60 min
1 Minute = 1 min = 60 s

1 Vollkreis = 360°
1 Grad = 1° = 60' (min)
1 Minute = 1' = 60'' (s)

a = anno
d = day
h = hour
min = minute
s = second

3.1.2 Rechnen mit Größen und deren Einheiten

Zum Umrechnen von Größen in ihren Einheiten sollten die Umrechnungstabellen benutzt werden.

Beispielaufgaben:

Berechne in cm:

$$215\text{ dm} = \frac{215\text{ dm} \cdot 10\text{ cm}}{1\text{ dm}}$$

$$\underline{\underline{215\text{ dm} = 2\,150\text{ cm}}}$$

Berechne in m:

$$4\,326\text{ mm} = \frac{4\,326\text{ mm} \cdot 1\text{ m}}{1\,000\text{ mm}}$$

$$\underline{\underline{4\,326\text{ mm} = 4{,}326\text{ m}}}$$

Berechne in dm:

$$256\text{ cm} = \frac{256\text{ cm} \cdot 1\text{ dm}}{10\text{ cm}}$$

$$\underline{\underline{256\text{ cm} = 25{,}6\text{ dm}}}$$

ÜBUNGEN

Berechnen Sie unter lückenloser Darstellung der einzelnen Arbeitsschritte.

1. a) 3 452 mm = ? m
   b) 0,653 km = ? m
   c) 32 cm = ? m
2. a) 345,2 cm = ? mm
   b) 6530 dm = ? mm
   c) 0,320 km = ? mm

Beispielaufgaben:

Berechne in cm^2:

$$0{,}03\text{ m}^2 = \frac{0{,}03\text{ m}^2 \cdot 10\,000\text{ cm}^2}{1\text{ m}^2}$$

$$\underline{\underline{0{,}03\text{ m}^2 = 300\text{ cm}^2}}$$

Berechne in m^2:

$$458\text{ dm}^2 = \frac{458\text{ dm}^2 \cdot 1\text{ m}^2}{100\text{ dm}^2}$$

$$\underline{\underline{458\text{ dm}^2 = 4{,}58\text{ m}^2}}$$

Berechne in dm^2:

$$2\,300\text{ mm}^2 = \frac{2\,300\text{ mm}^2 \cdot 1\text{ dm}^2}{10\,000\text{ mm}^2}$$

$$\underline{\underline{2\,300\text{ mm}^2 = 0{,}23\text{ dm}^2}}$$

ÜBUNGEN

Berechnen Sie unter lückenloser Darstellung der einzelnen Arbeitsschritte.

3. a) 234 mm^2 = ? cm^2
   b) 0,0039 m^2 = ? cm^2
   c) 0,03 dm^2 = ? cm^2
4. a) 9,42 m^2 = ? dm^2
   b) 45,3 cm^2 = ? dm^2
   c) 148569 mm^2 = ? dm^2

Beispielaufgaben:

Berechne in cm^3:

$$1\,234\text{ mm}^3 = \frac{1\,234\text{ mm}^3 \cdot 1\text{ cm}^3}{1\,000\text{ mm}^3}$$

$$\underline{\underline{1\,234\text{ mm}^3 = 1{,}234\text{ cm}^3}}$$

Berechne in m^3:

$$456\,000\text{ cm}^3 = \frac{456\,000\text{ cm}^3 \cdot 1\text{ m}^3}{1\,000\,000\text{ cm}^3}$$

$$\underline{\underline{456\,000\text{ cm}^3 = 0{,}456\text{ m}^3}}$$

ÜBUNGEN

Berechnen Sie unter lückenloser Darstellung der einzelnen Arbeitsschritte.

5. a) $340000\ mm^3 = ?\ dm^3$ c) $0{,}0002\ m^3 = ?\ dm^3$
   b) $58\ cm^3 = ?\ dm^3$ d) $0{,}1\ cm^3 = ?\ dm^3$

Beispielaufgaben:

Berechne in s:

$5\ min = \frac{5\ min \cdot 60\ s}{1\ min}$

$\underline{\underline{5\ min = 300\ s}}$

Berechne in min:

$240\ s = \frac{240\ s \cdot 1\ min}{60\ s}$

$\underline{\underline{240\ s = 3{,}99984\ min \approx 4\ min}}$

Berechne in h:

$7\,260\ s = 7\,260\ s \cdot \frac{1\ h}{3\,600\ s}$

$\underline{\underline{7\,260\ s = 1{,}99944\ h \approx 2\ h}}$

ÜBUNGEN

Berechnen Sie unter lückenloser Darstellung der einzelnen Arbeitsschritte.

6. a) 2,75 h = ? min
   b) 0,8 h = ? min
   c) 7260 s = ? min
   d) 4 h 54 s = ? min

7. a) 4,5 min = ? s
   b) 3,4 h = ? s
   c) 0,1 h 48 min = ? s
   d) 0,01 h 30 min = ? s

8. a) 30 min 7320 s = ? h
   b) 0,3 h 48 min 60 s = ? h
   c) 4 h 0,7 min 42 s = ? h
   d) 300 min = ? h

3.2 Teilungen

Bei der Installation von z. B. Rohrleitungsbefestigungen, Leitungsverteilern und Reihenwaschtischanlagen (Bilder 1 bis 4, nächste Seite) werden gleiche Abstände gewählt, um z. B. die Belastungen gleichmäßig zu verteilen. Oft werden gleiche Abstände auch aus optischen Gründen gewünscht. Mit Hilfe der folgenden Berechnungsformeln lassen sich diese Abstände ermitteln.

Je nach Anforderungen stehen zwei Varianten der Aufteilung zur Auswahl:

- Teilung und Randabstand gleich (Bild 1),
- Teilung und Randabstand ungleich, wobei es bei dieser Variante 2 unterschiedliche Möglichkeiten gibt (Bild 2a und 2b).

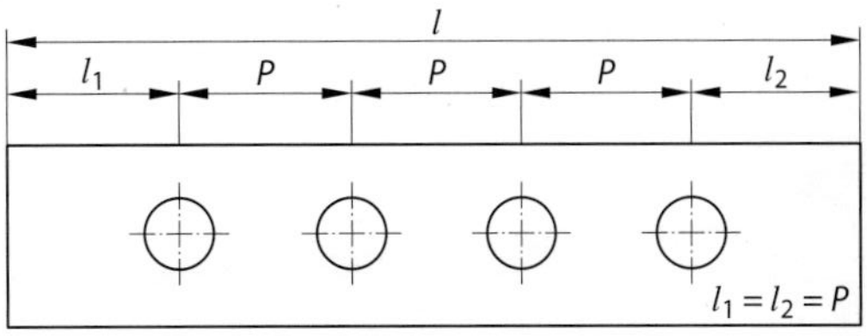

1 *Gleiche Abstände* $l_1 = l_2 = P$

$\boxed{l = P \cdot (n+1)}$

$P = \frac{l}{n+1}$

$n = \frac{l}{P} - 1$

$z = n + 1$

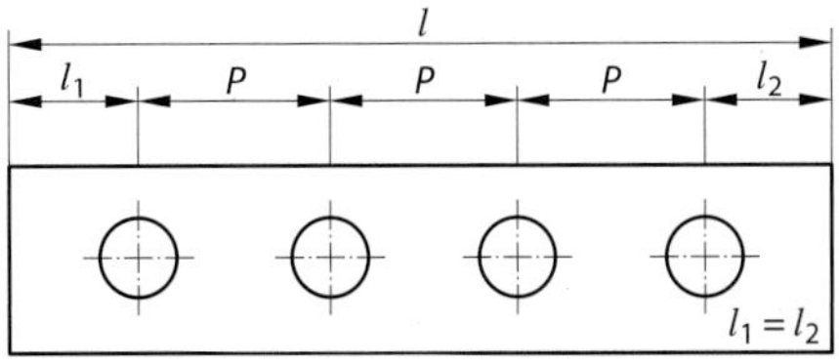

2a *Ungleiche Abstände* $l_1 = l_2 \neq P$

$\boxed{l = P \cdot (n-1) + 2 \cdot l_1}$

$P = \frac{l - 2 \cdot l_1}{n-1}$

$n = \frac{l - 2 \cdot l_1}{P} + 1$

$l_1 = \frac{l - p \cdot (n-1)}{2}$

$z = n - 1$

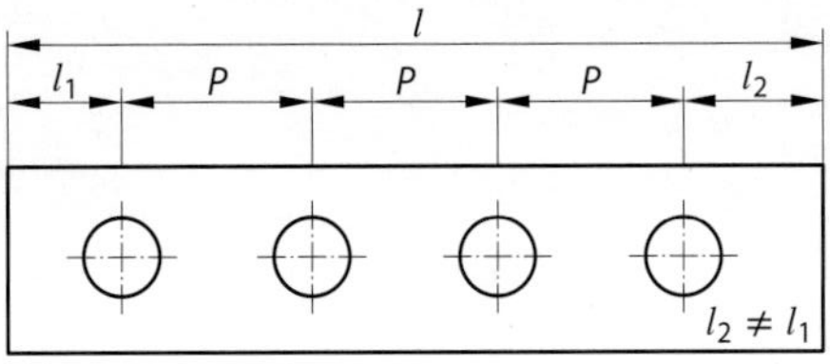

2b *Ungleiche Abstände* $l_1 \neq l_2 \neq P$

$\boxed{l = P \cdot (n-1) + l_1 + l_2}$

$P = \frac{l - l_1 - l_2}{n-1}$

$n = \frac{l - l_1 - l_2}{P} + 1$

$l_1 = l - P \cdot (n-1) - l_2$

$l_2 = l - P \cdot (n-1) - l_1$

$z = n - 1$

Bezeichnungen:

l = Gesamtlänge in m, dm, cm, mm
l_1 = Randabstand in m, dm, cm, mm
l_2 = Randabstand in m, dm, cm, mm
P = Teilungsmaß in m, dm, cm, mm
z = Teilungen
n = Anzahl z. B. der Bohrungen, Sägeschnitte, Anreißlinien

Beispielaufgabe 1
(Teilungs- und Randabstand ungleich: $l_1 \neq l_2 \neq P$):

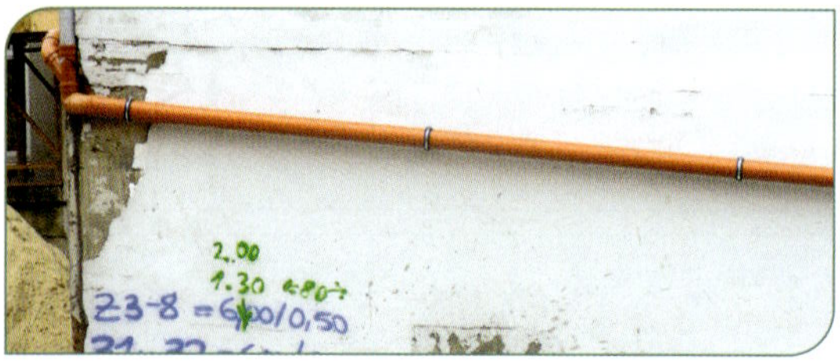

1 Regenwasserumgehungsleitung

Im Zuge einer Baumaßnahme muss das Wasser einer Regenwasserfallleitung umgeleitet werden. Diese Umgehungsleitung (Bild 1) soll auf einer Länge von 8,70 m mit 5 Rohrschellen befestigt werden. Die Randabstände betragen 0,40 m und 0,60 m.
Berechnen Sie die Teilungsabstände P in m.

Geg.: $l = 8{,}70$ m
$l_1 = 0{,}40$ m
$l_2 = 0{,}60$ m
$n = 5$

Ges.: P in m

Lösung:

$$P = \frac{l - l_1 - l_2}{n - 1}$$

$$P = \frac{8{,}70\,\text{m} - 0{,}40\,\text{m} - 0{,}60\,\text{m}}{5 - 1}$$

$$\underline{\underline{P = 1{,}925\,\text{m}}}$$

Beispielaufgabe 2
(Teilungs- und Randabstand gleich: $l_1 = l_2 = P$):

2 Trinkwasserverteilung

Es soll ein Trinkwasserverteiler mit 6 Anschlüssen hergestellt werden (Bild 2). Die Länge des Verteilers beträgt 1,85 m. Wie groß sind die Teilungsabstände P zwischen den Anschlussstutzen in cm?

Geg.: $l = 1{,}85$ m
$n = 6$

Ges.: P in cm

Lösung:

$$P = \frac{l}{n + 1}$$

$$P = \frac{1{,}85\,\text{m} \cdot 100\,\text{cm}}{1\,\text{m} \cdot (4 + 1)}$$

$$\underline{\underline{P = 37\,\text{cm}}}$$

ÜBUNGEN

1 a) In einem Waschraum sollen die in Bild 3 und Bild 4 dargestellten 55 cm breiten Waschtische installiert werden. Berechnen Sie die Abstände zwischen den Waschtischen in cm.

b) Wie groß wäre der Abstand der beiden äußeren Waschtische zur Wand, bei gleichem Teilungs- und Randabstand?

2 Für die Befestigung von 6 Rohrschellen (Bild 1, nächste Seite) sind Löcher mit $d = 9$ mm in eine Profilstange zu bohren. Die Randabstände l_1 und l_2 betragen jeweils das 1,5-fache der Breite der Rohrschelle (Bild 2, nächste Seite). Berechnen Sie die Länge l der Profilstange, wenn der Abstand zwischen den Rohrschellen 50 mm betragen soll.

3 Ein Rücklaufsammler soll nach Zeichnung (Bild 3, nächste Seite) hergestellt werden.
Berechnen Sie die Randabstände l_1 und l_2, bei vorgegebener Länge l und Teilungsabstand P.

3 Reihenwaschtischanlage

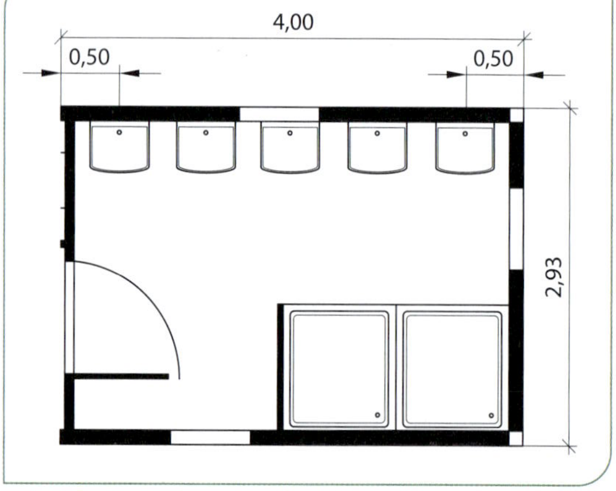

4 Zeichnung der Waschtischanlage

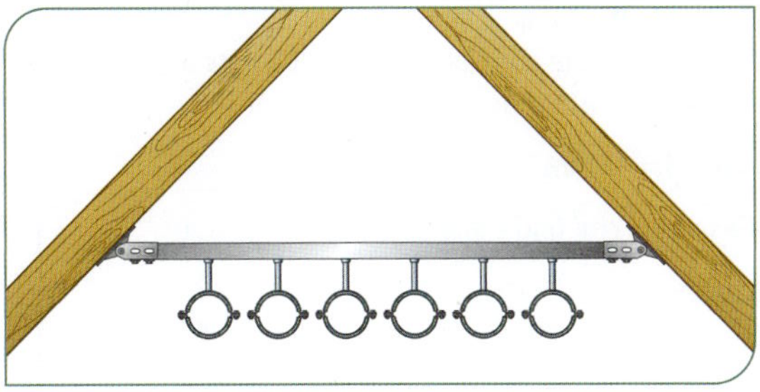

1 Rohrtrasse an einem geneigten Dachbinder

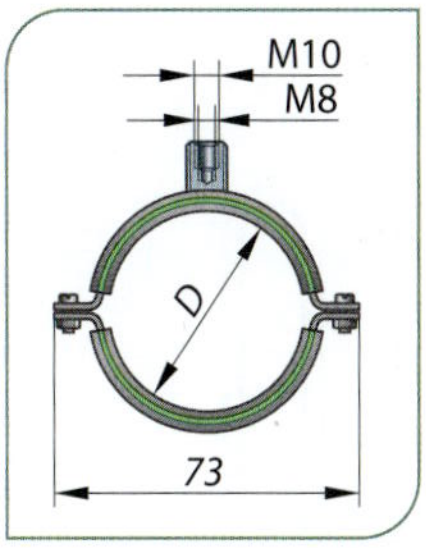

2 Detailzeichnung der Schelle

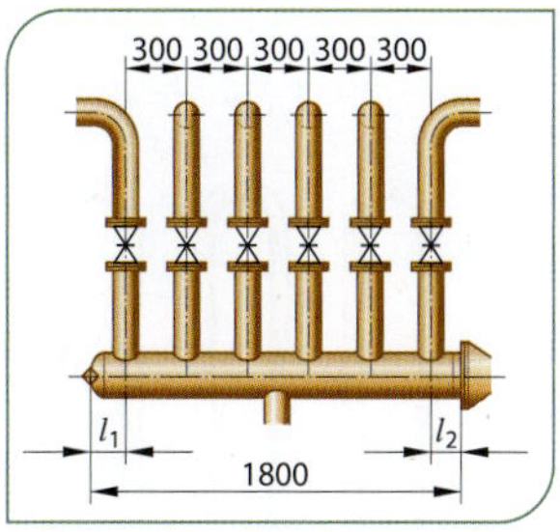

3 Rücklaufsammler

3.3 Längen- und Umfangsberechnungen

Die Länge des Umfanges für ein Quadrat, Rechteck oder Vieleck errechnet sich aus der Summe aller Teillängen, z.B. beim Rechteck (Bild 4):

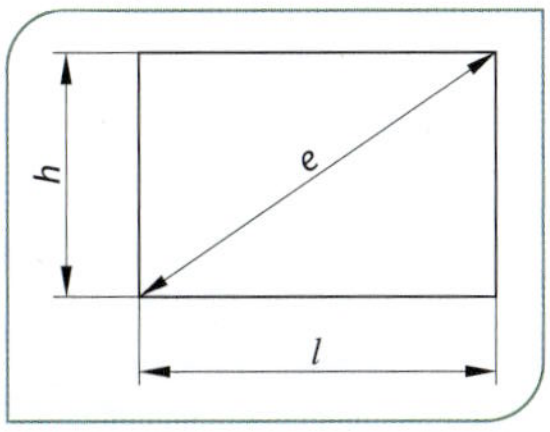

4 Rechteck

$U = l + h + l + h$

oder

$U = 2 \cdot l + 2 \cdot h$ oder $U = 2 \cdot (h + l)$

Für den Kreis (Bild 5) gilt die Formel:

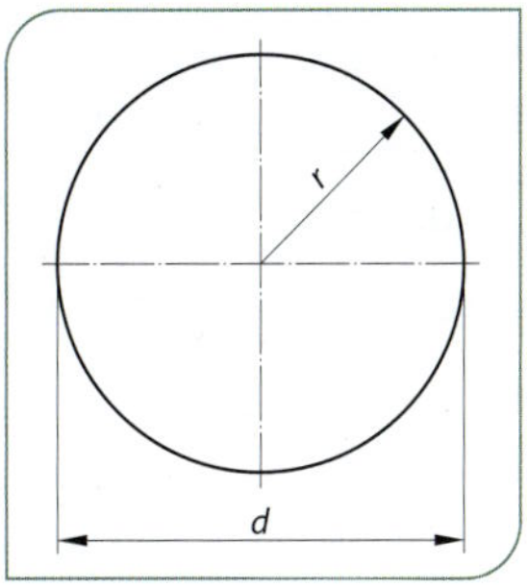

5 Kreis

$U = d \cdot \pi$

oder

$U = 2 \cdot r \cdot \pi$

Ist die Umfangslänge bekannt, kann der Kreisdurchmesser mit der Formel $d = \frac{U}{\pi}$ oder $r = \frac{U}{2 \cdot \pi}$ ermittelt werden.

Beispielaufgabe:
Die äußere Dämmung um zwei Rohre soll überall $t = 30$ mm dick sein. Berechnen Sie die Umfangslänge des benötigten Blechmantels.

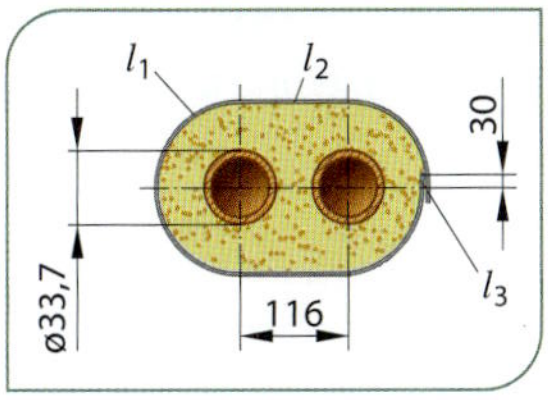

Geg.: $l_2 = 70$ mm
$l_3 = 20$ mm
$d_a = 33{,}7$ mm
$t = 30$ mm

Ges.: Blechlänge

Lösung:

$U = 2 \cdot l_1 + 2 \cdot l_2 + l_3$

$U = D \cdot \pi + 2 \cdot l_2 + l_3$

$U = 93{,}7\ \text{mm} \cdot \pi + 2 \cdot 70\ \text{mm} + 20\ \text{mm}$

$\underline{\underline{U = 454{,}22\ \text{mm}}}$

$l_1 = \frac{D \cdot \pi}{2}$

$D = 2 \cdot t + d_a$

$D = 2 \cdot 30\ \text{mm} + 33{,}7\ \text{mm}$

$\underline{D = 93{,}7\ \text{mm}}$

ÜBUNGEN

1 Eine Vorwandkonstruktion (Bild 6) von 2,40 m Breite, 1,15 m Höhe und 20 cm Tiefe für Waschtisch, Bidet und Klosett soll installiert werden. Für die Bestellung der erforderlichen Profilstangen muss die Gesamtlänge aller **waagerechten** und **senkrechten** Profile ermittelt werden. Die Lieferlänge der Profilstangen beträgt 5 m.
a) Berechnen Sie die Gesamtlänge l der benötigten Profilstangen.
b) Wie viele Stangen müssen bestellt werden?

Um die Rechnung zu vereinfachen werden die Profilmaße vernachlässigt.

2 a) Für 15 Wohneinheiten soll in den Badezimmern nach Zeichnungsangaben (Bild 1, nächste Seite) eine Fußbodenheizung mäanderförmig verlegt werden. Stellen Sie fest, ob zehn Rohrbündel von 50 m Länge ausreichen.
b) Berechnen Sie die benötigte Länge der Rohrleitung, wenn für kleine Abweichungen eine Zugabe von 5 % (s. S. 373 Kap. 3.8 Prozentrechnung) berücksichtigt werden muss.

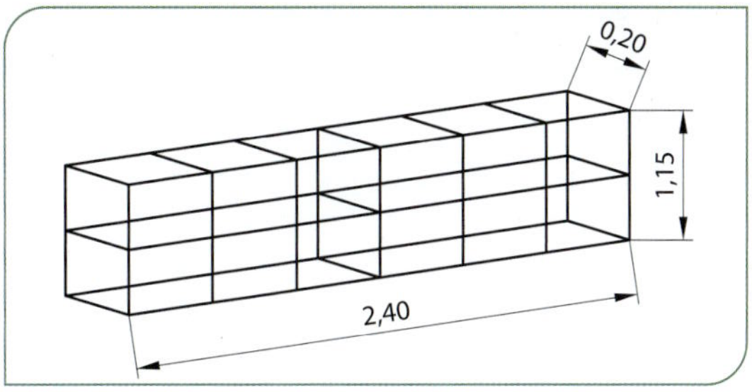

6 Vorwandkonstruktion

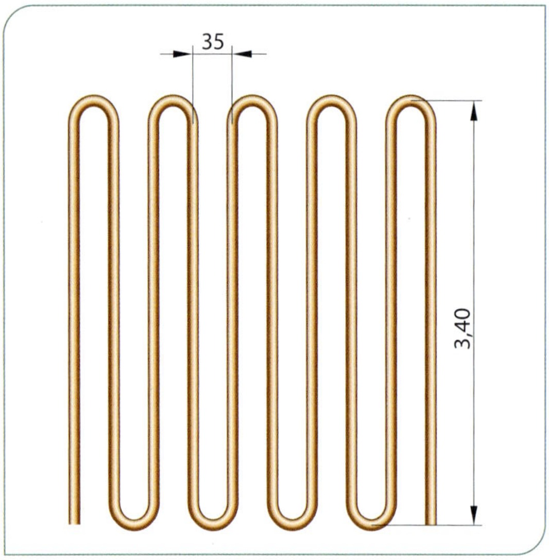

1 Fußbodenheizung (mäanderförmig)

3.4 Flächenberechnungen

Die Berechnung von Flächen hat im SHK-Handwerk eine große Bedeutung z. B. für:

- die Berechnung der Dach- und Hofflächen zur Ermittlung der erforderlichen Rohrnennweiten von Fall- und Grundleitungen für Regenwasser,
- die Berechnung der Querschnittsflächen von Lüftungsleitungen für die kontrollierte Wohnungslüftung,
- die Berechnung der zulässigen Rohrquerschnitte von Heizungsleitungen,
- die Berechnung von Stand- und Freiflächen in Sanitärräumen.

3.4.1 Geradlinig begrenzte Flächen

3.4.1.1 Quadrat, Rhombus

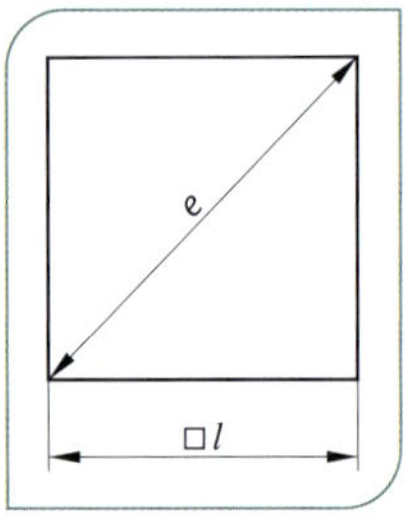

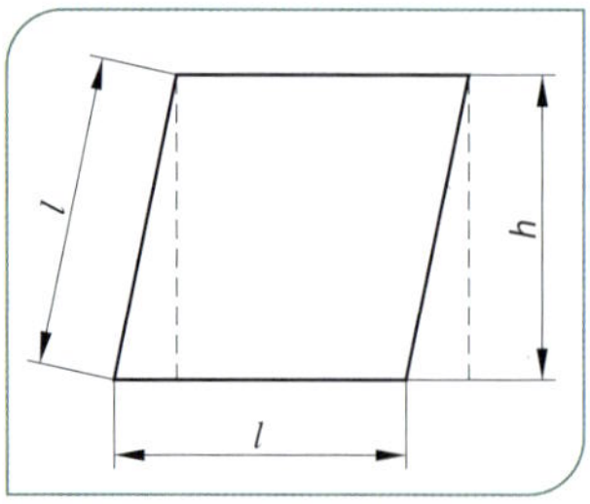

$A = l \cdot l = l^2$

$l = \sqrt{A}$

$e = l \cdot \sqrt{2}$

$A = l \cdot h$

$l = \frac{A}{h}$

$h = \frac{A}{l}$

A = Fläche
l = Länge
h = Höhe
e = Diagonale

Beispielaufgaben:

1. Berechnen Sie die Fläche A des Quadrats in cm^2 und die Diagonale e in mm.

Geg.: $l = 42$ mm

Ges.: A in cm^2 und e in mm

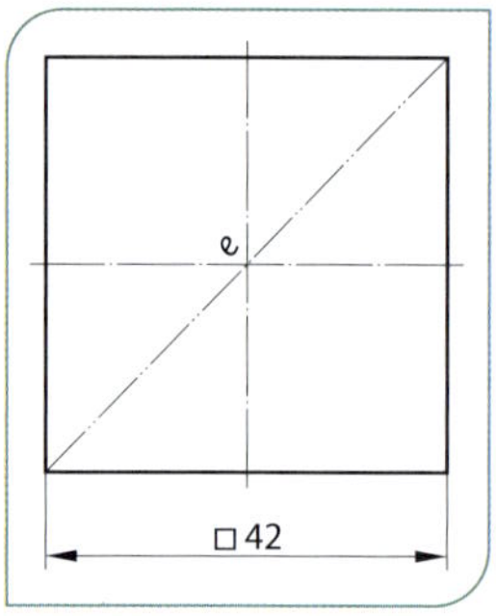

Lösung:

$A = l^2$
$A = (4{,}2\ cm)^2$
$\underline{\underline{A = 17{,}64\ cm^2}}$

$e = \sqrt{l^2 + l^2}$
$e = \sqrt{2 \cdot l^2}$
$e = l \cdot \sqrt{2}$
$e = 42\ mm \cdot \sqrt{2}$
$\underline{\underline{e = 59{,}4\ mm}}$

2. Berechnen Sie die Fläche A in m^2.

Geg.: $l = 420$ cm
$h = 380$ cm

Ges.: A in m^2

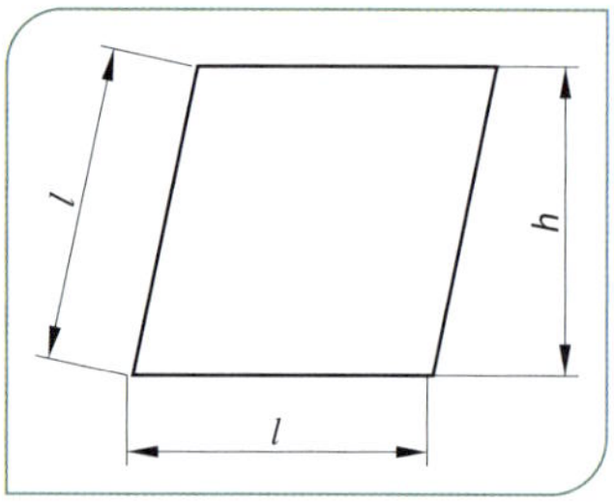

Lösung:

$A = l \cdot h$
$A = 420\ cm \cdot 380\ cm$
$A = 159\,600\ cm^2$
$A = \frac{159\,600\ cm^2 \cdot 1\ m^2}{10\,000\ cm^2}$
$\underline{\underline{A = 15{,}96\ m^2}}$

ÜBUNGEN

1 a) Eine Autobahntankstelle soll eine quadratische Freifläche mit Servicestationen erhalten.

Um auftretendes Regenwasser sicher abzuleiten, soll eine Ablaufrinne diagonal installiert und die beidseitigen Flächen mit leichtem Gefälle versehen werden.

Berechnen Sie die Entwässerungsfläche A und die Länge e der Diagonalen für die Dimensionierung der Ablaufrinne. Die Seitenlänge der Fläche beträgt $l = 15{,}85$ m.

b) Eine zweite Freifläche zum Abstellen von PKWs hat die geometrische Form eines Rhombus mit einer Seitenlänge $l = 23{,}70$ m und der Höhe $h = 20{,}17$ m.

Berechnen Sie die Entwässerungsfläche A zur Dimensionierung der Ablaufrinne.

3.4.1.2 Rechteck, Rhomboid (Parallelogramm)

$A = l \cdot h$

$l = \frac{A}{h}$

$h = \frac{A}{l}$

$e = \sqrt{l^2 + h^2}$

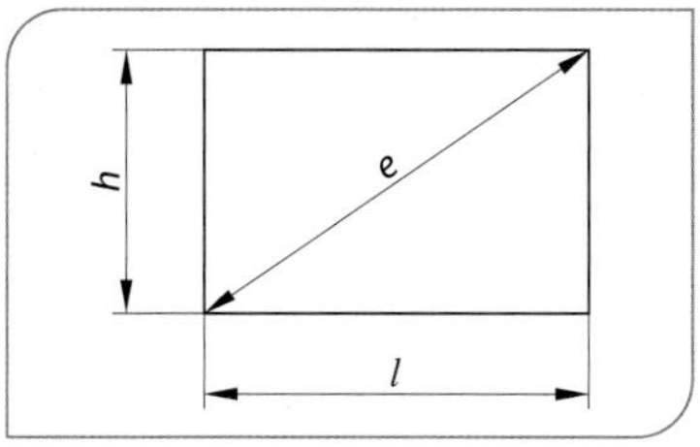

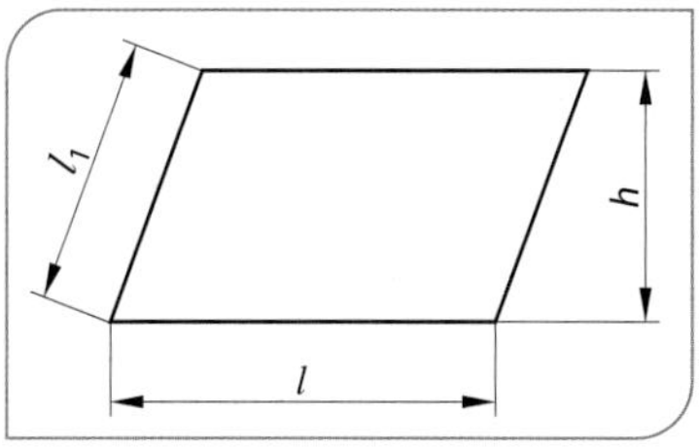

Beispielaufgaben:

1. Berechnen Sie die Fläche A in cm^2 und die Diagonale e in cm.

Geg.: $l = 580$ mm
$h = 410$ mm

Ges.: A in cm^2
e in cm

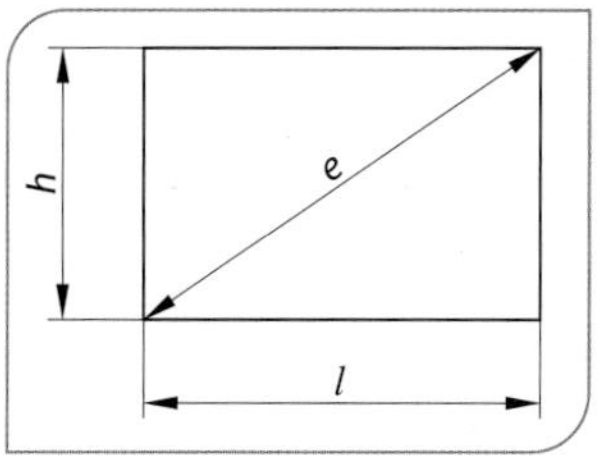

Lösung:

$A = l \cdot h$

$A = 580\text{ mm} \cdot 410\text{ mm}$

$A = 237\,800\text{ mm}^2$

$A = \frac{237\,800\text{ mm}^2 \cdot 1\text{ cm}^2}{100\text{ mm}^2}$

$\underline{\underline{A = 2\,378\text{ cm}^2}}$

$e = \sqrt{l^2 + h^2}$

$e = \sqrt{(580\text{ mm})^2 + (410\text{ mm})^2}$

$e = \sqrt{336\,440\text{ mm}^2 + 168\,100\text{ mm}^2}$

$e = \sqrt{504\,500\text{ mm}^2}$

$e = 710{,}28\text{ mm}$

$e = \frac{710{,}28\text{ mm} \cdot 1\text{ cm}}{10\text{ mm}}$

$\underline{\underline{e = 71{,}028\text{ cm}}}$

2. Berechnen Sie die Fläche A in m^2.

Geg.: $h = 150$ mm
$l = 350$ mm

Ges.: A in m^2

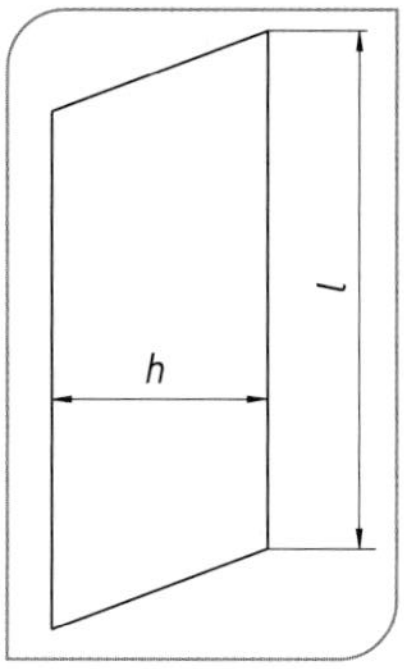

Lösung:

$A = l \cdot h$

$A = 350\text{ mm} \cdot 150\text{ mm}$

$A = 52\,500\text{ mm}^2$

$A = \frac{52\,500\text{ mm}^2 \cdot 1\text{ m}^2}{1\,000\,000\text{ mm}^2}$

$A = 0{,}0525\text{ m}^2$

ÜBUNGEN

1. Die vordere und die obere Fläche der Vorwandkonstruktion aus Übung 1, Seite 355 sollen mit Gipsplatten verkleidet werden.

   Wie viele Platten werden benötigt, wenn die Plattenmaße 1,50 m × 1,00 m betragen und die Plattendicke unberücksichtigt bleibt?

2. Eine Abdeckplatte aus verzinktem Stahlblech für eine Montageöffnung mit der Form eines Rhomboids hat die Fläche $A = 646\text{ cm}^2$ und die Länge $l = 170$ mm.

   Berechnen Sie ihre Höhe h in mm.

3.4.1.3 Trapez

$A = \frac{l_1 + l_2}{2} \cdot h$

$l_1 = \frac{2 \cdot A}{h} - l_2$

$l_2 = \frac{2 \cdot A}{h} - l_1$

$h = \frac{2 \cdot A}{l_1 + l_2}$

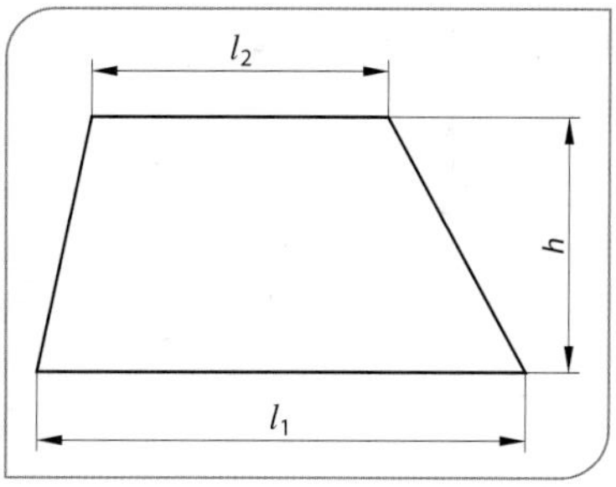

Beispielaufgaben:
Berechnen Sie die Fläche A der Zeichnung in dm^2.

Geg.: $l_1 = 480$ mm
$l_2 = 100$ mm
$h = 150$ mm

Ges.: A in dm^2

Lösung:

$A = \frac{l_1 + l_2}{2} \cdot h$

$A = \frac{480\text{ mm} + 100\text{ mm}}{2} \cdot 150\text{ mm}$

$A = 43\,500\text{ mm}^2$

$A = \frac{43\,500\text{ mm}^2 \cdot 1\text{ dm}^2}{10\,000\text{ mm}^2}$

$\underline{\underline{A = 4{,}35\text{ dm}^2}}$

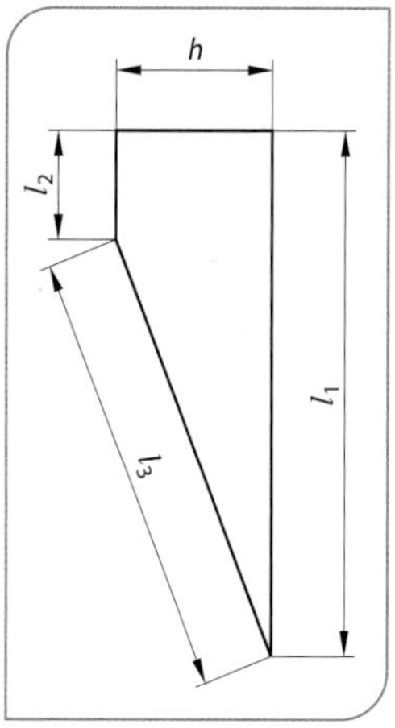

ÜBUNGEN

1) a) Die unbebaute Hinterhoffläche eines Wohngrundstückes soll neu gepflastert werden.
Berechnen Sie die Fläche A des Hofes mit Hilfe der Zeichnungsmaße.

b) Ermitteln Sie die Stückzahl n der benötigten Pflastersteine (20 cm × 20 cm).
Die Fugen bleiben unberücksichtigt.

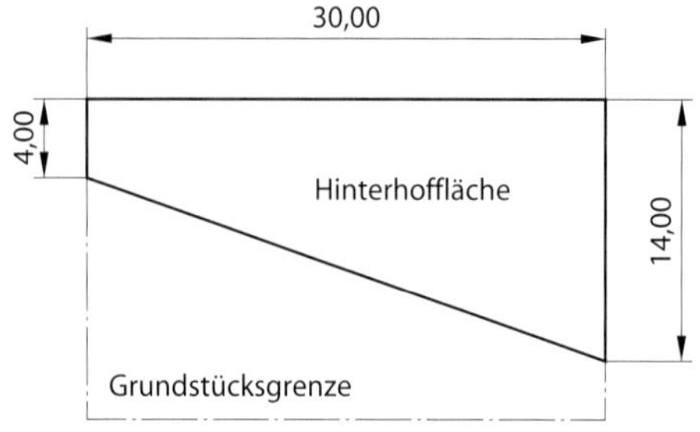

Maße in m

2) Eine trapezförmige Verbrennungsluftöffnung in der Außenwand hat folgende Abmessungen:

$l_1 = 220$ mm; $l_2 = 180$ mm; $h = 150$ mm

Berechnen Sie den freien Querschnitt A in cm².

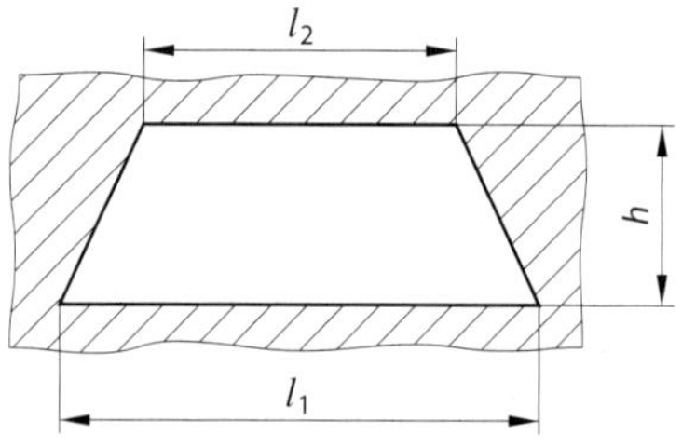

3.4.1.4 Beliebiges und gleichseitiges Dreieck

Beliebiges Dreieck

$$A = \frac{l \cdot h}{2}$$

$$h = \frac{2 \cdot A}{l}$$

$$l = \frac{2 \cdot A}{h}$$

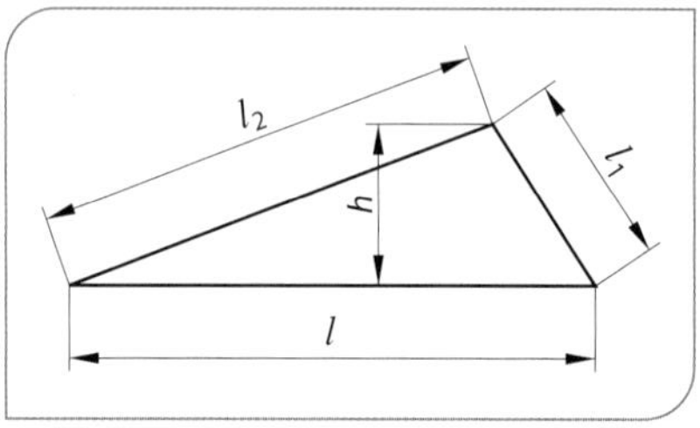

Gleichseitiges Dreieck

$$A = \frac{l \cdot h}{2} \text{ oder}$$

$$A = \frac{l^2}{4} \cdot \sqrt{3}$$

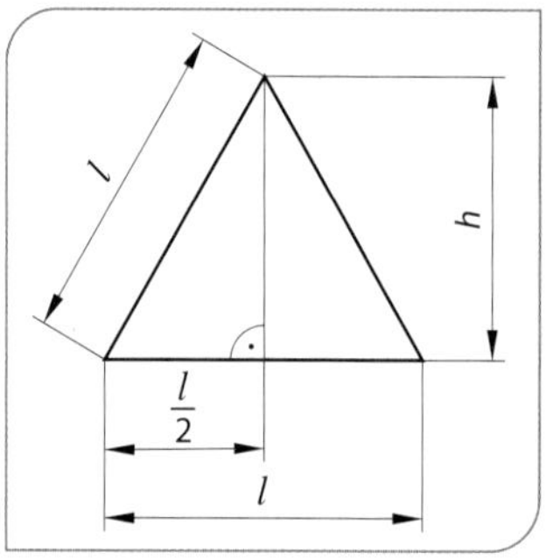

da $h = \frac{l}{2} \cdot \sqrt{3}$

$$l = \sqrt{\frac{4 \cdot A}{\sqrt{3}}}$$

Beispielaufgabe:
1. a) Berechnen Sie die Fläche A des abgebildeten Dreiecks in cm².

Geg.: $l = 46$ cm
$h = 12$ cm

Ges.: A in cm²

Lösung:

$$A = \frac{l}{2} \cdot h$$

$$A = \frac{12\text{ cm} \cdot 46\text{ cm}}{2}$$

$$\underline{\underline{A = 276\text{ cm}^2}}$$

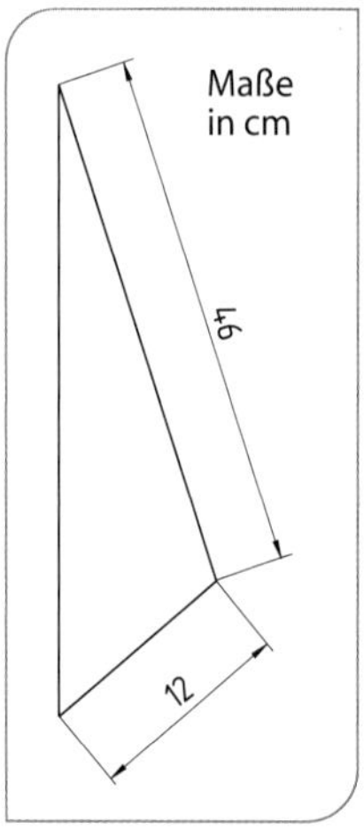

Beispielaufgabe:
b) Berechnen Sie die Fläche A des gleichseitigen Dreiecks in dm².

Geg.: $l = 38$ cm

Ges.: A in dm²

Lösung:

$$A = \frac{l^2}{4} \cdot \sqrt{3}$$

$$A = \frac{(38\text{ cm})^2}{4} \cdot \sqrt{3}$$

$$A = 625{,}27\text{ cm}^2$$

$$A = \frac{625{,}27\text{ cm}^2 \cdot 1\text{ dm}^2}{100\text{ cm}^2}$$

$$\underline{\underline{A = 6{,}2527\text{ dm}^2}}$$

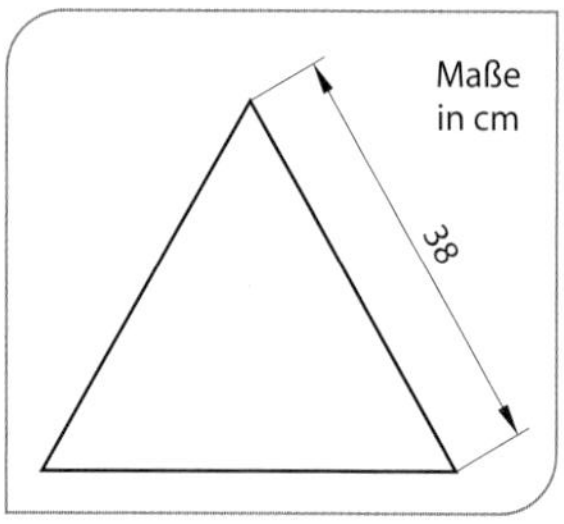

ÜBUNGEN

1 a) Berechnen Sie den Materialbedarf für das abgebildete Abdeckblech in cm^2.

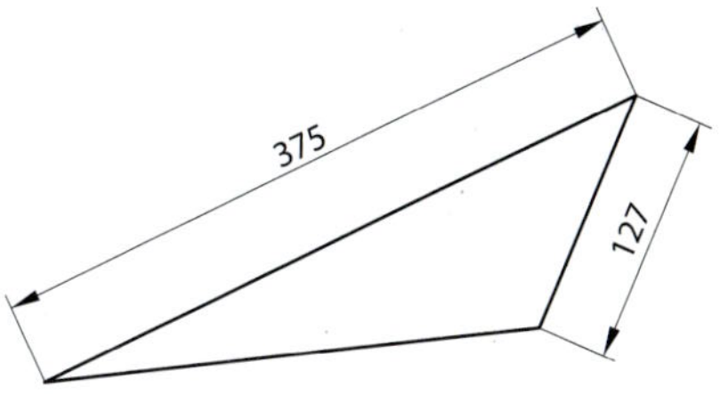

b) Die gleichseitige Giebelfläche eines Hauses soll mit Zinkblech verkleidet werden. Berücksichtigen Sie einen Zuschlag von 7 % (s. S. 373, Kap. 3.8 Prozentrechnung) für Falze und Umkantungen. Wie groß ist der Blechbedarf in m^2?

Maß in m

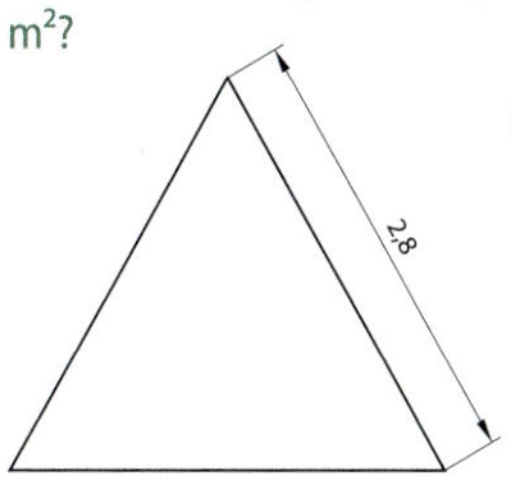

3.4.1.5 Rechtwinkliges Dreieck / Lehrsatz des Pythagoras

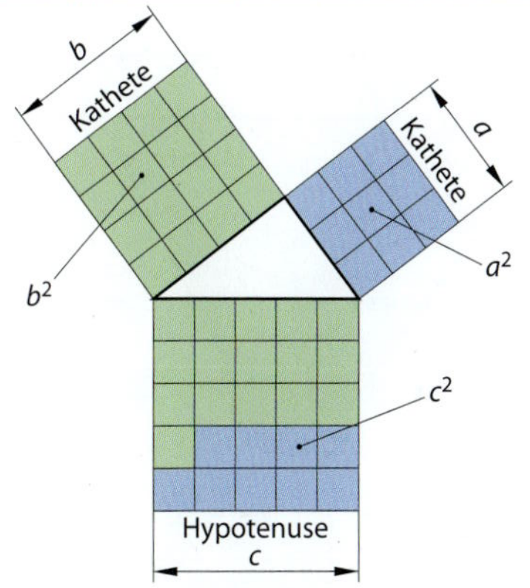

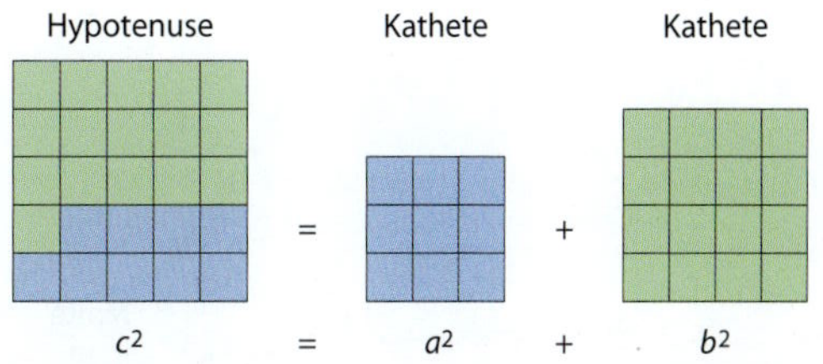

MERKE

Das Quadrat über der Hypotenuse ist gleich der Summe der Quadrate über den Katheten.
Der Lehrsatz des Pythagoras gilt nur für rechtwinklige Dreiecke.

$c^2 = a^2 + b^2$	$a^2 = c^2 - b^2$	$b^2 = c^2 - a^2$
$\mathbf{c} = \sqrt{a^2 + b^2}$	$\mathbf{a} = \sqrt{c^2 - b^2}$	$\mathbf{b} = \sqrt{c^2 - a^2}$

Beispielaufgabe:

1. Die Dreiecksflächen A_1, A_2 und die Gesamtfläche $A_{ges.}$ des Turmdaches sind zu berechnen.

Geg.: $l_1 = 5$ m
$l_2 = 4$ m
$h = 3,5$ m

Ges.: A_1, A_2 und $A_{ges.}$ in m^2

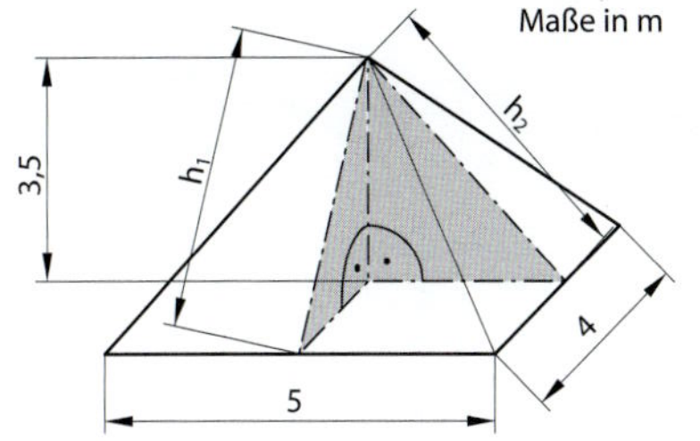

Erläuterungen:

Die Dreiecksflächen A_1 und A_2 sind jeweils zweimal gegenüberliegend vorhanden.

Lösung:

$A_1 = \frac{l_1 \cdot h_1}{2}$

$h_1 = \sqrt{\left(\frac{l_2}{2}\right)^2 + h^2}$ $\qquad$ $h_2 = \sqrt{\left(\frac{l_1}{2}\right)^2 + h^2}$

$h_1 = \sqrt{\left(\frac{4\text{ m}}{2}\right)^2 + (3,5\text{ m})^2}$ $\qquad$ $h_2 = \sqrt{\left(\frac{5\text{ m}}{2}\right)^2 + (3,5\text{ m})^2}$

$h_1 = \sqrt{4\text{ m}^2 + 12,25\text{ m}^2}$ $\qquad$ $h_2 = \sqrt{6,25\text{ m}^2 + 12,25\text{ m}^2}$

$h_1 = \sqrt{16,25\text{ m}^2}$ $\qquad$ $h_2 = \sqrt{18,5\text{ m}^2}$

$\underline{\underline{h_1 = 4,03\text{ m}}}$ $\qquad$ $\underline{\underline{h_2 = 4,30\text{ m}}}$

$A_1 = \frac{5\text{ m} \cdot 4,03\text{ m}}{2}$ $\qquad$ $A_2 = \frac{5\text{ m} \cdot 4,30\text{ m}}{2}$

$\underline{\underline{A_1 = 10,075\text{ m}^2}}$ $\qquad$ $\underline{\underline{A_2 = 10,75\text{ m}^2}}$

$A_{ges.} = 2\,(A_1 + A_2)$ $\qquad$ $A_{ges.} = 2 \cdot 20,825\text{ m}^2$

$A_{ges.} = 2\,(10,075\text{ m}^2 + 10,75\text{ m}^2)$ $\qquad$ $\underline{\underline{A_{ges.} = 41,65\text{ m}^2}}$

ÜBUNGEN

1) Für eine Entlüftungsleitung muss eine Haube aus Titanzinkblech gefertigt werden.

Berechnen Sie die Gesamtfläche $A_{ges.}$ in m².

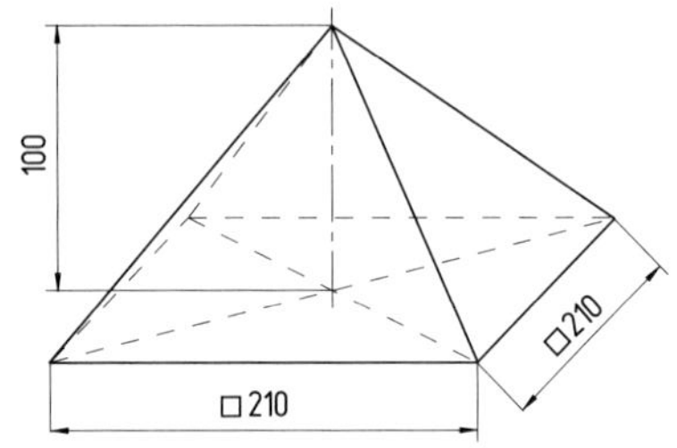

2) Berechnen Sie die Gesamtfläche A des Turmdaches in m².

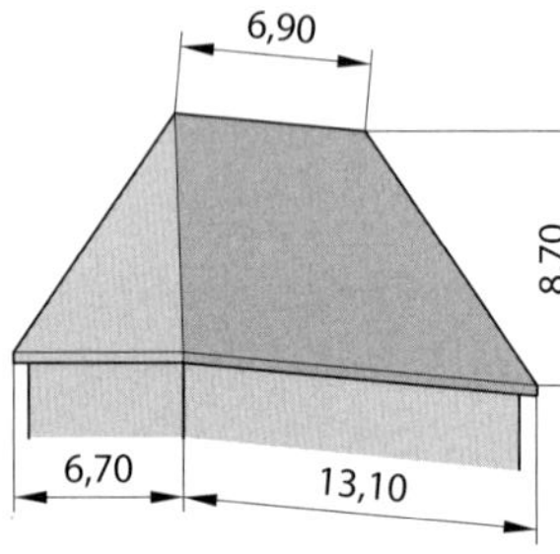

3) Das abgebildete Dach soll eine Metalldeckung erhalten. Wie groß ist die Gesamtfläche A des Daches in m²?

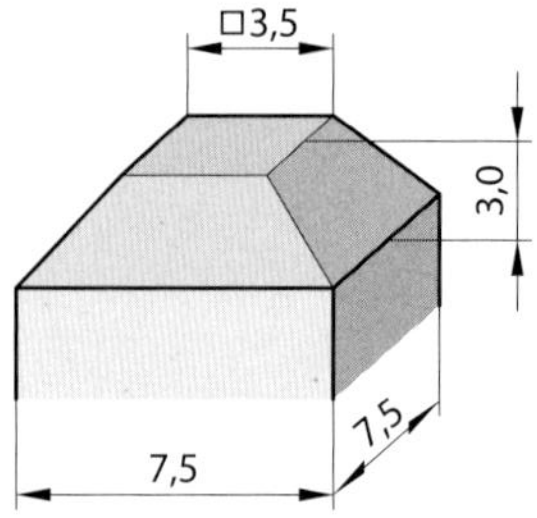

4) Berechnen Sie die Gesamtfläche A des abgebildeten Abluftformteils in dm² wenn für Umkantungen und Falze ein Zuschlag von 10 % berücksichtigt werden muss.

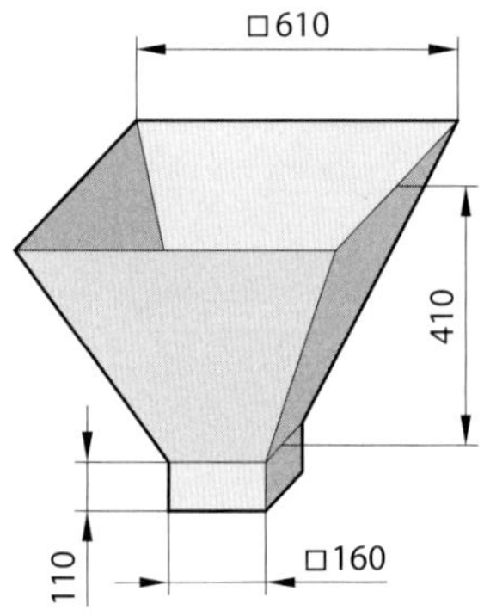

3.4.1.6 Sechseck

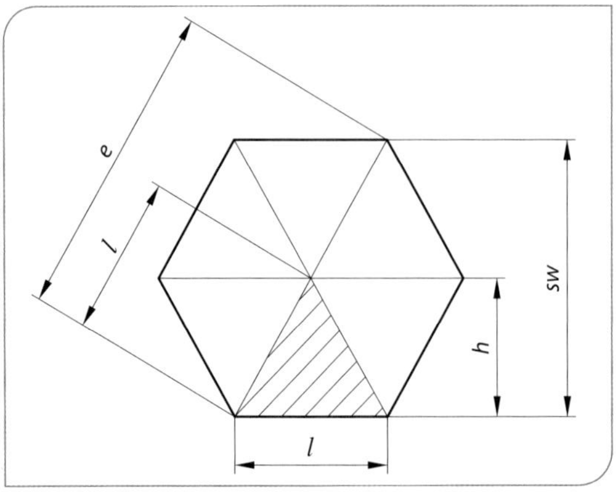

$$A = 6 \cdot \frac{l \cdot h}{2}$$

$A = 3 \cdot l \cdot h$ oder $A = 0{,}649 \cdot e^2$

$A = 0{,}866 \cdot SW^2$ oder $A = 0{,}433 \cdot l^2$

$e = 1{,}155 \cdot SW$ oder $SW = 0{,}866 \cdot e$

SW = Schlüsselweite
e = Eckmaß
l = Seitenlänge
h = Höhe

Beispielaufgabe:
Berechnen Sie die Fläche A in cm² und die Schlüsselweite SW in mm.

Geg.: $e = 44$ mm

Ges.: A in cm²
SW in mm

Lösung:

$A = 0{,}649 \cdot e^2$
$A = 0{,}649 \cdot (4{,}4\ \text{cm})^2$
$A = 12{,}56\ \text{cm}^2$

$SW = 0{,}866 \cdot e$
$SW = 0{,}866 \cdot 44\ \text{mm}$
$\underline{\underline{SW = 38{,}1\ \text{mm}}}$

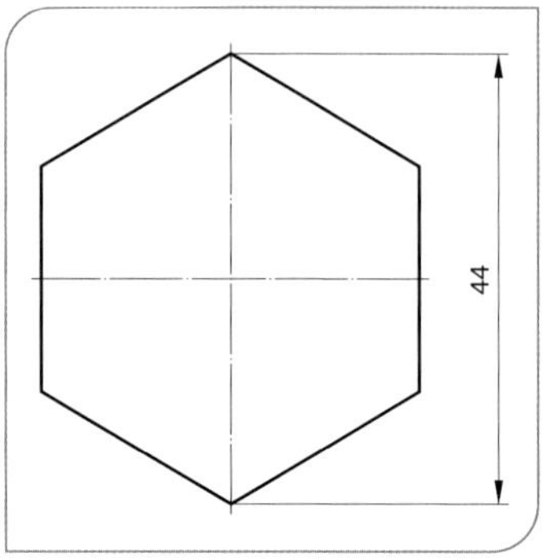

ÜBUNGEN

1) Berechnen Sie die Sechseckfläche A in cm^2 und das Eckmaß e in mm.

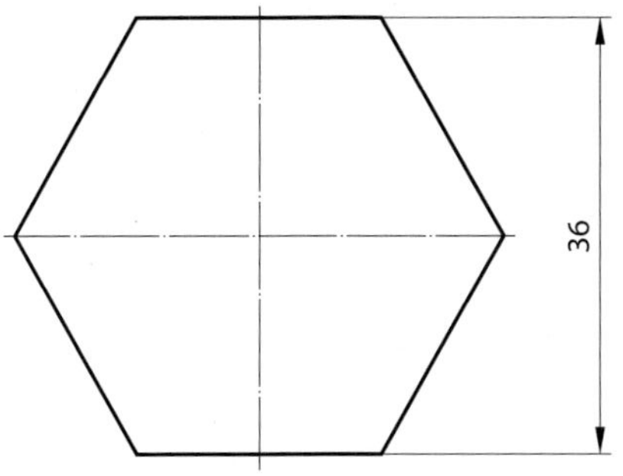

ÜBUNGEN

1) Berechnen Sie die Fläche A der Anreißschablone in mm^2.

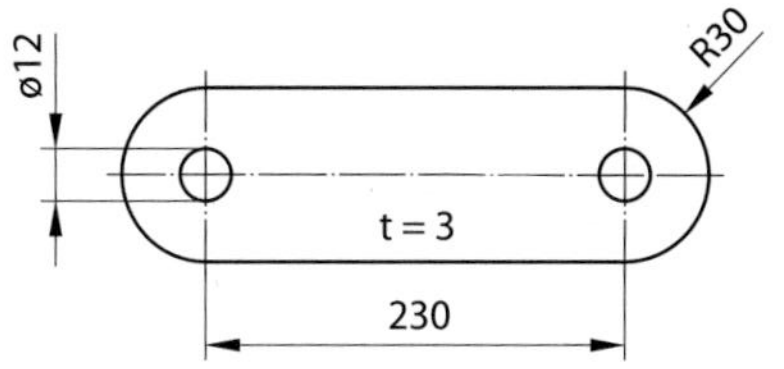

2) Bestimmen Sie den Flächeninhalt A des Lagerblechs in dm^2.

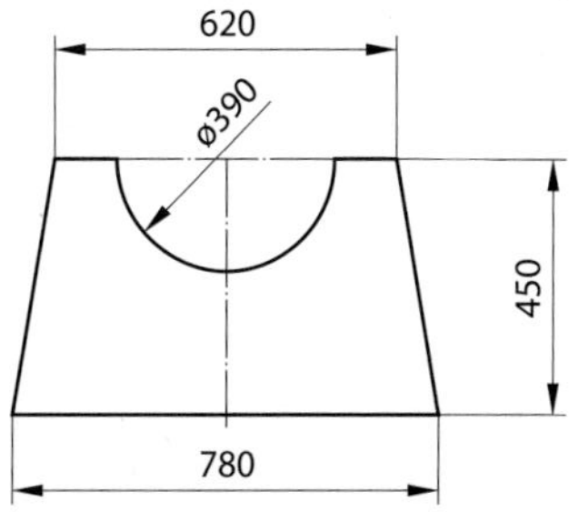

3.4.2 Kreisflächen

3.4.2.1 Kreis

$$A = \frac{d^2 \cdot \pi}{4} \text{ oder } A = r^2 \cdot \pi$$

$$d = \sqrt{\frac{4 \cdot A}{\pi}} \text{ oder } r = \sqrt{\frac{A}{\pi}}$$

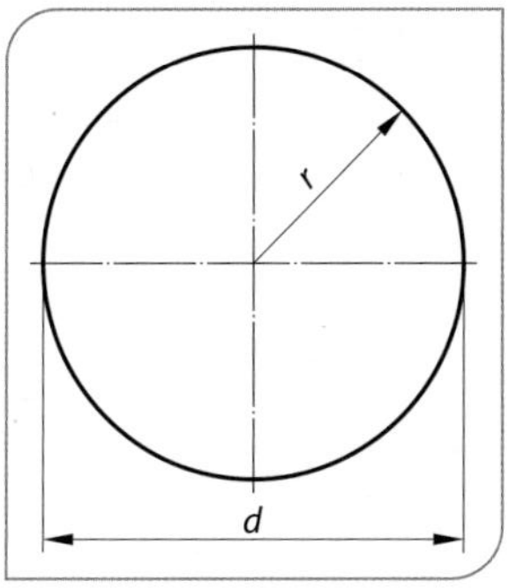

Beispielaufgabe:
Wie groß ist die Fläche A des abgebildeten Bauteils in cm^2?

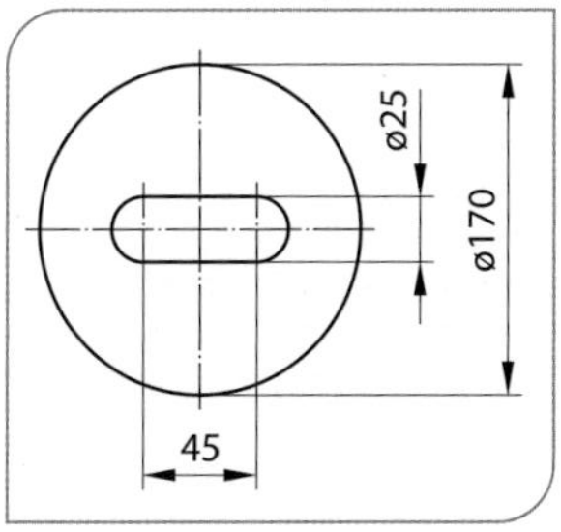

Geg.: $d_1 = 170$ mm
$d_2 = 25$ mm
$l = 45$ mm
$h = 25$ mm

Ges.: A in cm^2

Lösung:

$$A = A_{Kreis1} - A_{Kreis2} - A_{Rechteck}$$

$$A = \frac{d_1^2 \cdot \pi}{4} - \frac{d_2^2 \cdot \pi}{4} - l \cdot h$$

$$A = \frac{(17\text{ cm})^2 \cdot \pi}{4} - \frac{(2{,}5\text{ cm})^2 \cdot \pi}{4} - 4{,}5\text{ cm} \cdot 2{,}5\text{ cm}$$

$$A = 226{,}98\text{ cm}^2 - 4{,}91\text{ cm}^2 - 11{,}25\text{ cm}^2$$

$$\underline{\underline{A = 210{,}82\text{ cm}^2}}$$

3.4.2.2 Kreisring

$$A = \frac{(d_a^2 - d_i^2) \cdot \pi}{4}$$

oder

$$A = (r_a^2 - r_i^2) \cdot \pi$$

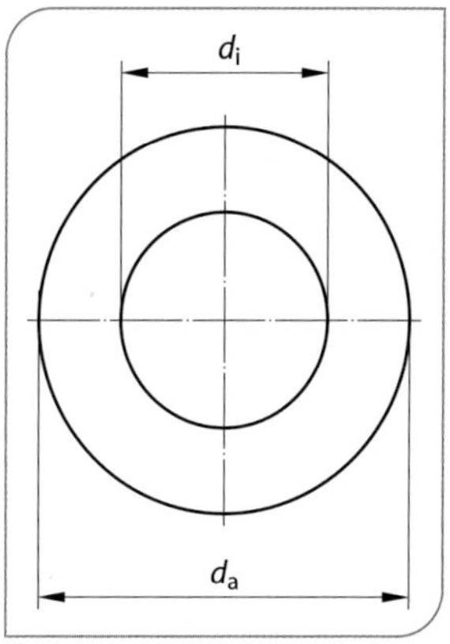

$$d_a = \sqrt{d_i^2 + \frac{A}{\pi}}$$

oder

$$r_a = \sqrt{r_i^2 + \frac{A}{\pi}}$$

$$d_i = \sqrt{d_a^2 - \frac{4 \cdot A}{\pi}}$$

oder

$$r_i = \sqrt{r_a^2 - \frac{A}{\pi}}$$

Beispielaufgabe:
Für den abgebildeten Flansch soll eine Dichtung hergestellt werden.
Berechnen Sie die Dichtungsfläche A in cm².

Geg.: dm = 120 mm
s = 25 mm
d = 11 mm

Ges.: A in cm²

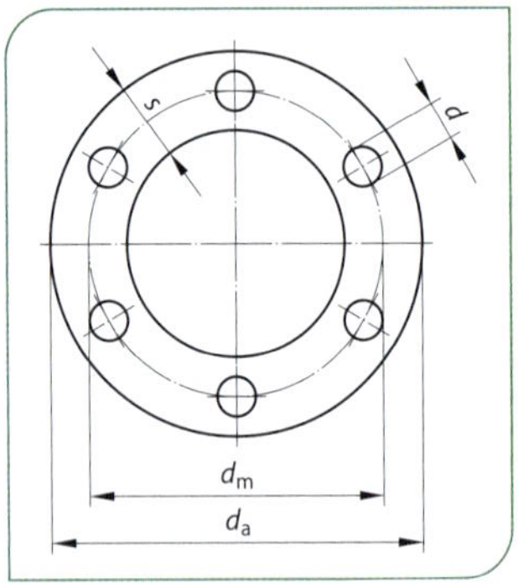

Lösung:

$A = A_{Kreisring} - 6 \cdot A_{Kreis}$

$A = \frac{(d_a^2 - d_i^2) \cdot \pi}{4} - 6 \cdot \frac{d^2 \cdot \pi}{4}$

$A = \frac{[(14{,}5\ cm)^2 - (9{,}5\ cm)^2] \cdot \pi}{4} - \frac{6 \cdot (1{,}1\ cm)^2 \cdot \pi}{4}$

$A = 94{,}25\ cm^2 - 5{,}70\ cm^2$

$\underline{\underline{A = 88{,}55\ cm^2}}$

$d_a = d_m + \frac{s}{2} + \frac{s}{2}$

$d_a = 120\ mm + \frac{25\ mm}{2} + \frac{25\ mm}{2}$

$\underline{\underline{d_a = 145\ mm}}$

$d_i = d_m - \frac{s}{2} - \frac{s}{2}$

$d_i = 120\ mm - \frac{25\ mm}{2} - \frac{25\ mm}{2}$

$\underline{\underline{d_i = 95\ mm}}$

ÜBUNGEN

1) Der abgebildete Lötflansch ist für ein Cu-Rohr DN 25 vorgesehen. Der äußere Durchmesser d_a des Flansches beträgt 80 mm. Für den Flansch soll eine 20 mm breite Dichtung hergestellt werden. Berechnen Sie die Dichtungsfläche A in cm², wenn der Durchmesser der 4 Schraubenlöcher 10,5 mm beträgt.

ÜBUNGEN

2) Für den Hohlzylinder muss ein Abdeckblech aus Titanzink angefertigt werden. Berechnen sie die Kreisringfläche in dm².

Geg.: d_a = 380 mm
d_i = 250 mm
h = 680 mm

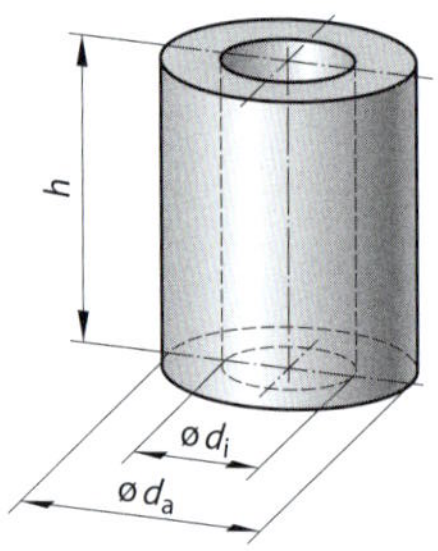

3.4.2.3 Kreisausschnitt

$A = \frac{d^2 \cdot \pi}{4} \cdot \frac{\alpha}{360°}$ $\quad d = \sqrt{\frac{4 \cdot A \cdot 360°}{\pi \cdot \alpha}}$

$l_b = \frac{d \cdot \pi \cdot \alpha}{360°}$ $\quad d = \frac{l_b \cdot 360°}{\pi \cdot \alpha}$

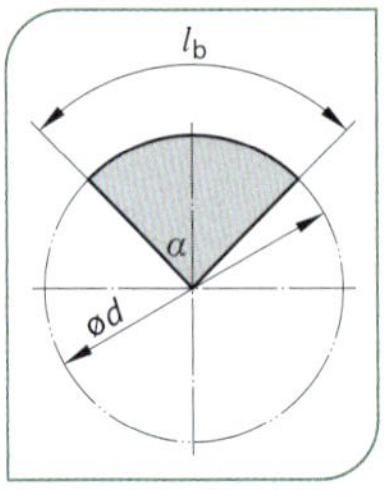

Beispielaufgabe:
1. Berechnen Sie die ausgeschnittene Sektorfläche A in m² und die dazu gehörige Bogenlänge l_b in m.

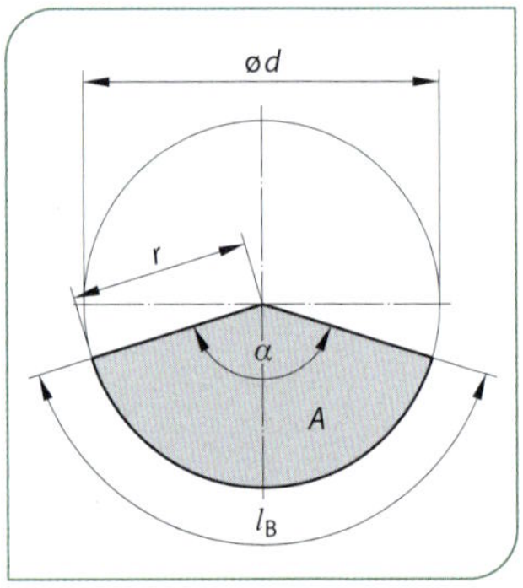

Geg.: $d = 1{,}80$ m
$\alpha = 160°$

Ges.: A in m²
l_b in m

Lösung:

$A = \frac{d^2 \cdot \pi}{4} \cdot \frac{\alpha}{360°}$

$A = \frac{1{,}80\ m \cdot 1{,}80\ m \cdot \pi \cdot 160°}{4 \cdot 360°}$

$\underline{\underline{A = 1{,}13\ m^2}}$

$l_b = \frac{d \cdot \pi \cdot \alpha}{360°}$

$l_b = \frac{1{,}80\ m \cdot \pi \cdot 160°}{360°}$

$\underline{\underline{l_b = 2{,}512\ m}}$

ÜBUNGEN

1) Für die Abdeckung eines Behälters muss der abgebildete Deckel angefertigt werden. Zusätzlich muss eine Umkantung von 2 cm am Umfang berücksichtigt werden. Berechnen Sie den Materialbedarf in dm².

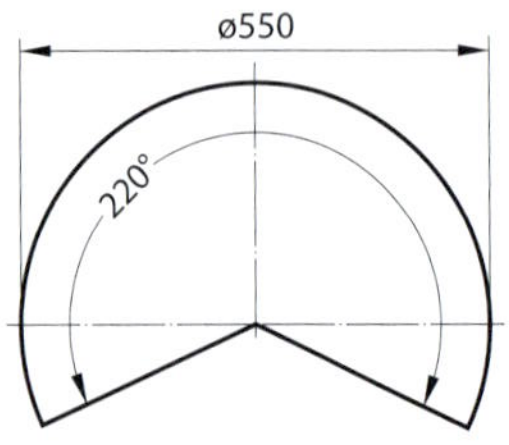

ÜBUNGEN

(2) Aus einem Rundblech wird ein Keil mit der Bogenlänge $l_b = 94{,}0$ mm und $\alpha = 18°$ ausgeschnitten. Berechnen Sie vom Kreisausschnitt den Durchmesser d in mm und die Fläche A in cm².

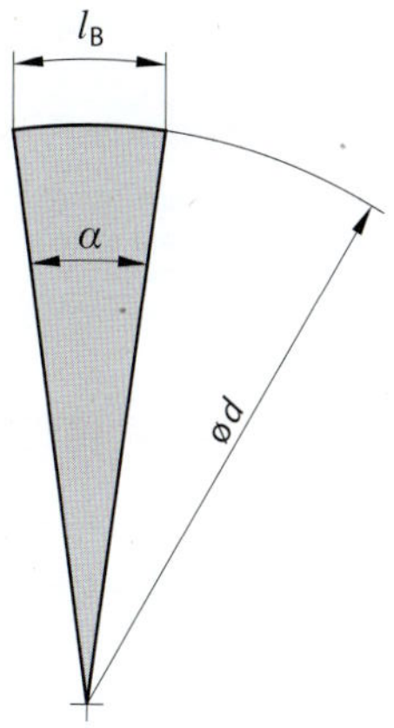

3.4.3 Zusammengesetzte Flächen

Um die Größe zusammengesetzter Flächen (Berechnungsflächen) zu bestimmen, bieten sich zwei Lösungswege an:

a) die geometrisch bestimmbaren Teilflächen der Endfläche werden einzeln berechnet. Durch Addition dieser Teilflächen ergibt sich die Zuschnittsfläche.

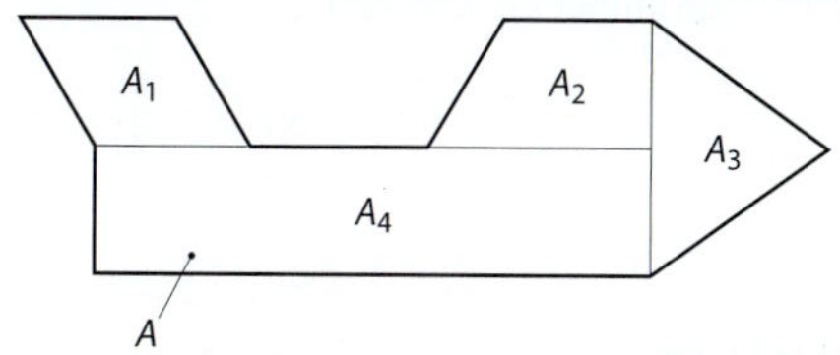

$A = A_1 + A_2 + A_3 + A_4$

A = Zuschnittsfläche (Endfläche)
$A_{1...}$ = Teilflächen

b) die Ausgangsfläche (Rohfläche – rot) und die nicht benötigten Teilflächen (schraffiert) werden berechnet. Durch Subtraktion dieser Teilflächen von der Ausgangsfläche ergibt sich die gesuchte Zuschnittsfläche.

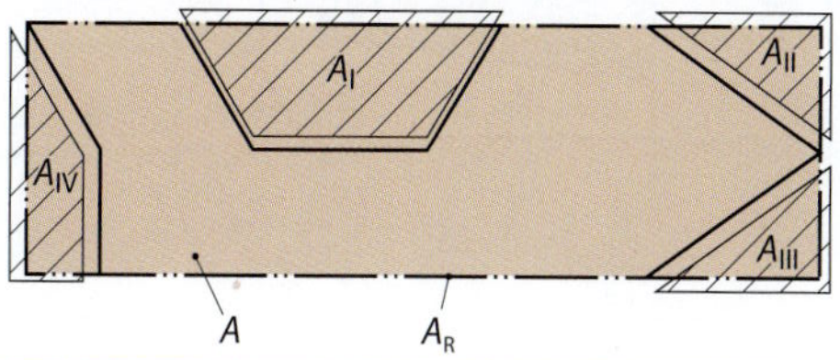

$A = A_R - (A_I + A_{II} + A_{III} + A_{IV})$

A = Zuschnittsfläche (Endfläche)
A_R = Ausgangsfläche (Rohfläche – rosa)
$A_{I...}$ = Teilflächen

Beispielaufgabe nach Lösungsweg a):

1. Berechnen Sie die Fläche A des symmetrischen Bleches in dm².

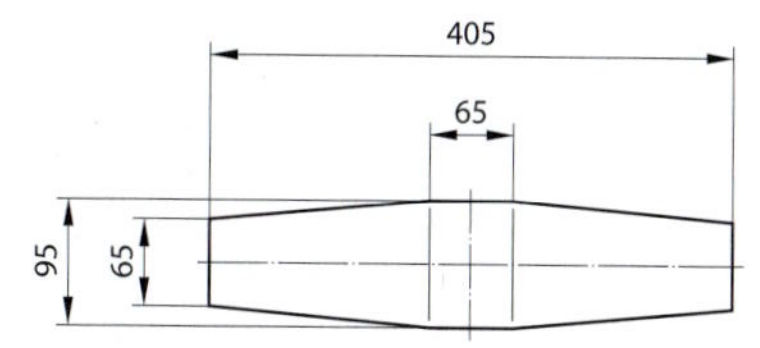

Geg.: $l_1 = 405$ mm
$l_2 = 65$ mm
$l_3 = 95$ mm
$l_4 = 65$ mm

Ges.: A in dm²

Lösung:

$A = 2 \cdot A_{Trapez} + A_{Rechteck}$

$A = 2 \cdot \frac{l_3 + l_2}{2} \cdot h + l_3 \cdot l_4$

$A = 2 \cdot \frac{0{,}95\ \text{dm} + 0{,}65\ \text{dm}}{2} \cdot 1{,}7\ \text{dm} + 0{,}95\ \text{dm} \cdot 0{,}65\ \text{dm}$

$A = 2{,}72\ \text{dm}^2 + 0{,}6175\ \text{dm}^2$

$\underline{\underline{A = 3{,}3375\ \text{dm}^2}}$

Beispielaufgabe nach Lösungsweg b):

2. Berechnen Sie die Fläche A des Bleches in cm².

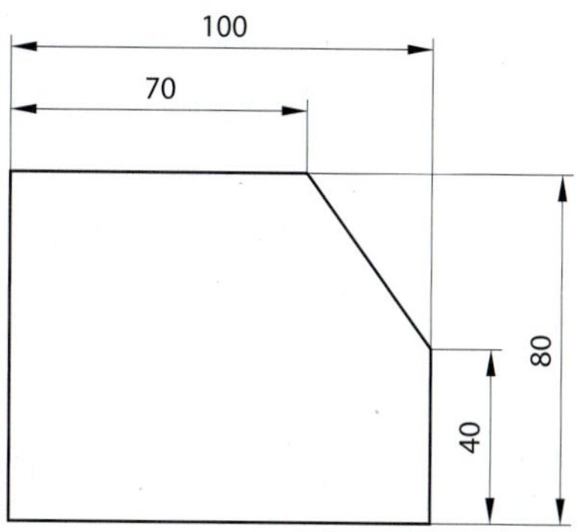

Geg.: $l_R = 100$ mm
$l_1 = 70$ mm
$h_R = 80$ mm
$l_2 = 40$ mm

Ges.: A in cm²

Lösung:

$A = A_{Rechteck} - A_{Dreieck}$

$A = l_R \cdot h_R - \frac{l_\Delta \cdot h_\Delta}{2}$

$A = 10\ \text{cm} \cdot 8\ \text{cm} - \frac{4\ \text{cm} \cdot 3\ \text{cm}}{2}$

$A = 80\ \text{cm}^2 - 6\ \text{cm}^2$

$\underline{\underline{A = 74\ \text{cm}^2}}$

ÜBUNGEN

1) Berechnen Sie für die folgenden drei Bleche die Fläche A_1, A_2 und A_3 in cm².

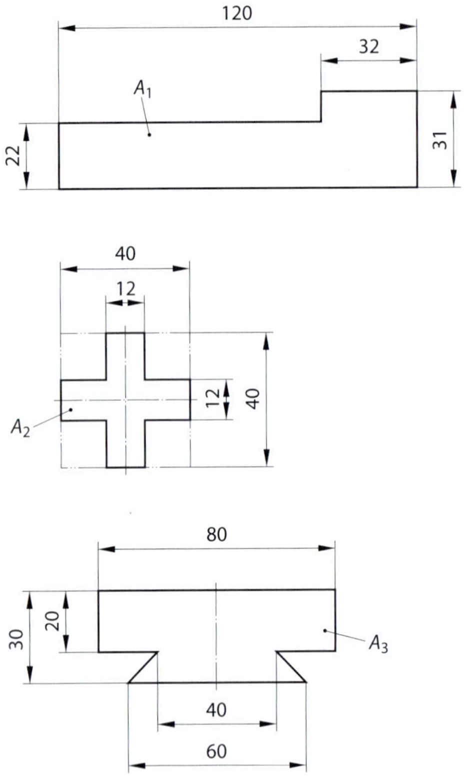

2) Ermitteln Sie nach den Maßen der Zeichnung die Zuschnittsfläche A der Anreißschablone in cm².

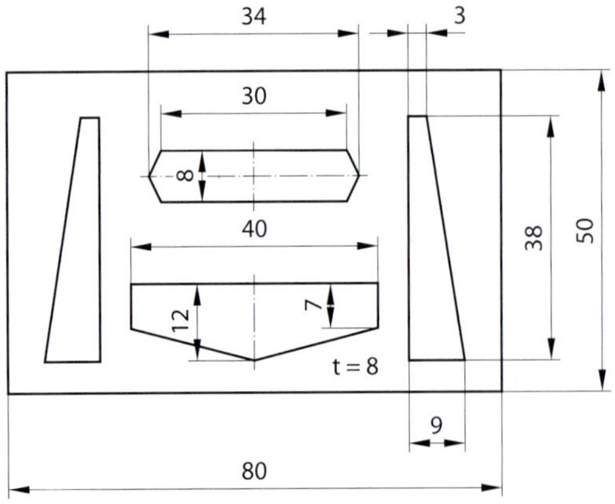

Die Zeichnungsbemaßung ist nicht vollständig, aber für die Lösung der Aufgabe ausreichend.

3.4.4 Verschnittberechnung

Größe	Fz	Einheit
Verschnitt in %	$A_{V\%}$	%
Verschnitt als Fläche	A_V	z. B. m²
Endfläche oder Zuschnitt (die Fläche des zugeschnittenen Werkstückes)	A_Z	z. B. m²
Ausgangsfläche (Rohfläche)	A_R	z. B. m²

MERKE

Je nach Festlegung der Bezugsfläche (= 100 %) kann die prozentuale Verschnittmenge unterschiedlich sein.

a) **Die Bezugsfläche ist das zugeschnittene Werkstück (Endfläche oder Zuschnitt).**
In diesem Berechnungsfall **kann** die prozentuale Verschnittfläche auch > 100 % sein.

$A_Z \triangleq 100\,\%$ $\quad \boxed{A_{V\%} = \frac{100\,\% \cdot A_V}{A_Z}}$ $\quad A_V = \frac{A_{V\%} \cdot A_Z}{100\,\%}$ $\quad A_Z = \frac{100\,\% \cdot A_V}{A_{V\%}}$

b) **Die Bezugsfläche ist die Ausgangsfläche (Rohfläche).**
In diesem Berechnungsfall **muss** die prozentuale Verschnittmenge immer < 100 % sein.

$A_R \triangleq 100\,\%$ $\quad \boxed{A_{V\%} = \frac{100\,\% \cdot A_V}{A_R}}$ $\quad A_V = \frac{A_{V\%} \cdot A_R}{100\,\%}$ $\quad A_R = \frac{100\,\% \cdot A_V}{A_{V\%}}$

Beispielaufgabe:

1. a) Berechnen Sie die Fläche A des Bleches in dm².

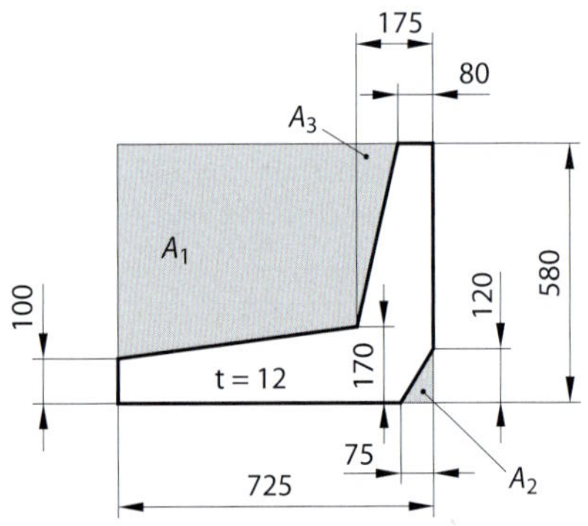

b) Berechnen Sie den Verschnitt in dm². Die Verschnittmenge $A_{V\%}$ muss nach den beiden Berechnungsfällen a) und b) berechnet werden.
Das Blech wird aus einem rechteckigen Rohblech mit den Abmessungen 725 mm × 580 mm herausgeschnitten.

Blechzuschnitt:

$A_{Z(ges.)} = A_R - A_1 - A_2 - A_3$

$A_R = 725 \text{ mm} \cdot 580 \text{ mm} = 420\,500 \text{ mm}^2 = 42{,}05 \text{ dm}^2$

$A_1 = \frac{480 \text{ mm} + 410 \text{ mm}}{2} \cdot 550 \text{ mm} = 244\,750 \text{ mm}^2 = 24{,}475 \text{ dm}^2$

$A_2 = \frac{75 \text{ mm} \cdot 120 \text{ mm}}{2} = 4\,500 \text{ mm}^2 = 0{,}45 \text{ dm}^2$

$A_3 = \frac{95 \text{ mm} \cdot 410 \text{ mm}}{2} = 19\,475 \text{ mm}^2 = 1{,}9475 \text{ dm}^2$

$A_{Z(ges.)} = 42{,}05 \text{ dm}^2 - 24{,}475 \text{ dm}^2 - 0{,}45 \text{ dm}^2 - 1{,}9475 \text{ dm}^2$

$\underline{\underline{A_{Z(ges.)} = 15{,}1775 \text{ dm}^2}}$

Verschnitt als Fläche in dm²:

$A_V = A_R - A_{Z(ges.)}$

$A_V = 42{,}05 \text{ dm}^2 - 14{,}7275 \text{ dm}^2$

$\underline{\underline{A_V = 27{,}3225 \text{ dm}^2}}$

Verschnitt in % (Berechnungsfall a):

$A_{V\%} = \frac{100\,\% \cdot A_V}{A_Z}$

$A_{V\%} = \frac{100\,\% \cdot 27{,}3225 \text{ dm}^2}{14{,}7275 \text{ dm}^2}$

$\underline{\underline{A_{V\%} = 185{,}52\,\%}}$

Verschnitt in % (Berechnungsfall b):

$A_{V\%} = \frac{100\,\% \cdot A_V}{A_R}$

$A_{V\%} = \frac{100\,\% \cdot 27{,}3225 \text{ dm}^2}{42{,}05 \text{ dm}^2}$

$\underline{\underline{A_{V\%} = 64{,}98\,\%}}$

ÜBUNGEN

1) a) Berechnen Sie die Fläche *A* des abgebildeten Bleches in dm².

b) Wie groß ist der Verschnitt in dm² und Prozent, wenn das Rohblech 630 mm × 310 mm groß ist?

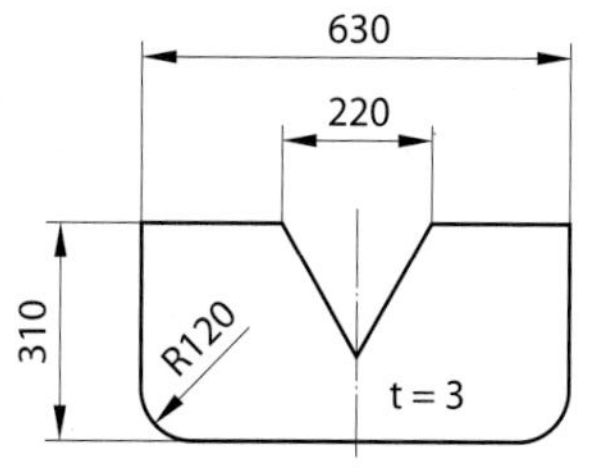

2) a) Berechnen Sie die Fläche *A* in cm².

b) Wie groß ist der Verschnitt in cm² und Prozent, wenn die Fläche aus einem Rohblech von 550 mm × 800 mm herausgeschnitten wurde?

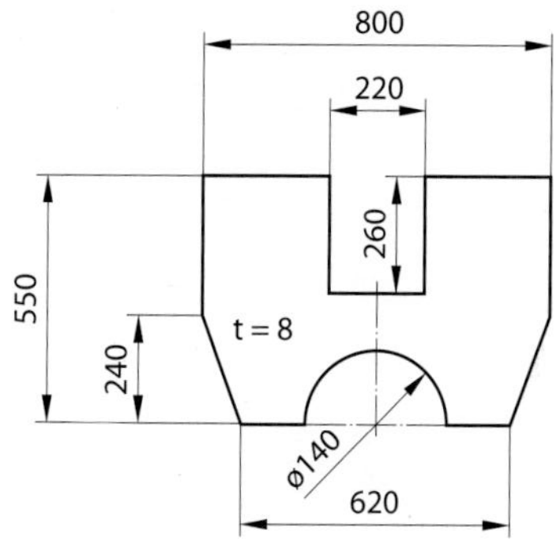

3) Es sind fünf Scheiben mit einem Durchmesser von 240 mm aus Stahlblech 1 220 mm × 250 mm zu schneiden. Berechnen Sie den Verschnitt in cm².

4) Aus einem rechteckigen Blech wird ein Trapez herausgeschnitten.
a) Berechnen Sie die Fläche *A* des Verschnittes in cm².
b) Berechnen Sie den Verschnitt in Prozent.

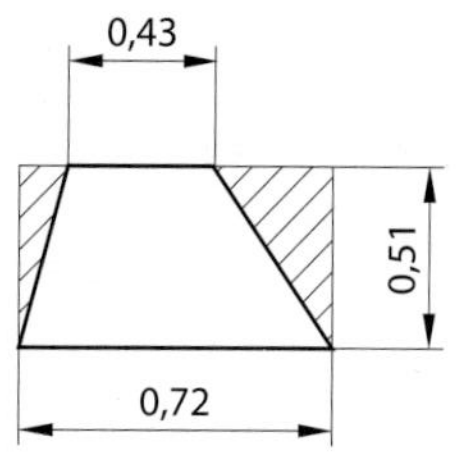

Zeichnungsmaße in dm.

3.5 Volumenberechnung

Der Anlagenmechaniker-SHK muss in vielen Teilbereichen seiner Ausbildung Volumen berechnen können.

- In der Abwassertechnik z. B. zur Berechnung der zulässigen Wassernachfüllmenge bei der Dichtheitsprüfung von Grundleitungen.
- In der Heizungstechnik z. B. zur Bestimmung des Fassungsvermögens eines Heizöltanks.

3.5.1 Würfel, Quader

Größe	Fz	Einheit
Volumen (Rauminhalt)	V	z. B. dm^3
Seiten	l_1, l_2, h	z. B. mm
Oberfläche	A_0	z. B. m^2

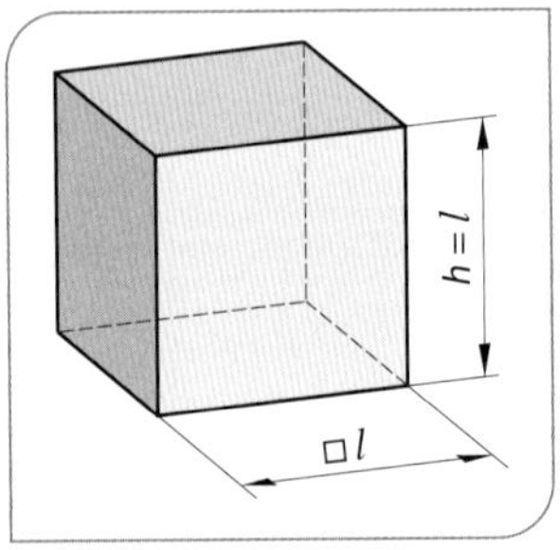

$V = l \cdot l \cdot l$

$V = l^3$

$l = \sqrt[3]{V}$ oder $l = \sqrt{\frac{A_0}{6}}$

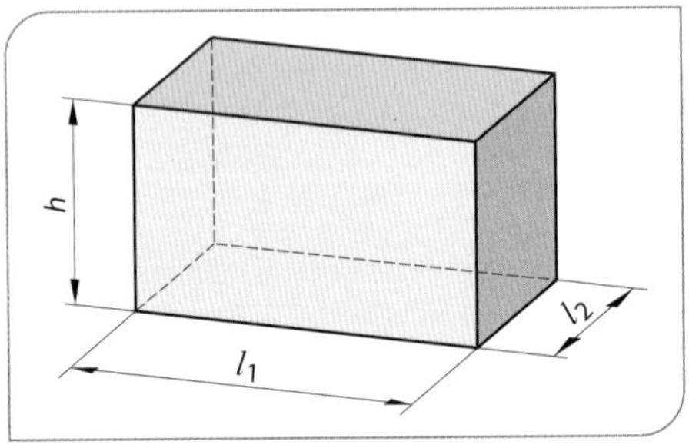

$V = l_1 \cdot l_2 \cdot h$ $\quad l_1 = \frac{V}{h_l \cdot h}$ $\quad l_2 = \frac{V}{l_1 \cdot h}$ $\quad h = \frac{V}{l_1 \cdot l_2}$

Beispielaufgaben:

1. Berechnen Sie das Volumen V beider Körper in dm^3.

Geg.: $l = 793{,}7$ mm

Ges.: V in dm^3

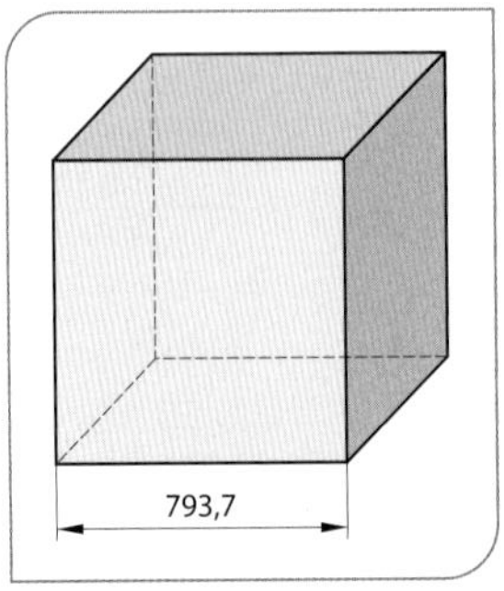

Lösung:

$V = l \cdot l \cdot l$

$V = l^3$

$V = (7{,}937\ dm)^3$

$\underline{\underline{V = 500\ dm^3}}$

2. **Geg.:** $l_1 = 100$ mm
$l_2 = 40$ mm
$h = 50$ mm

Ges.: V in dm^3

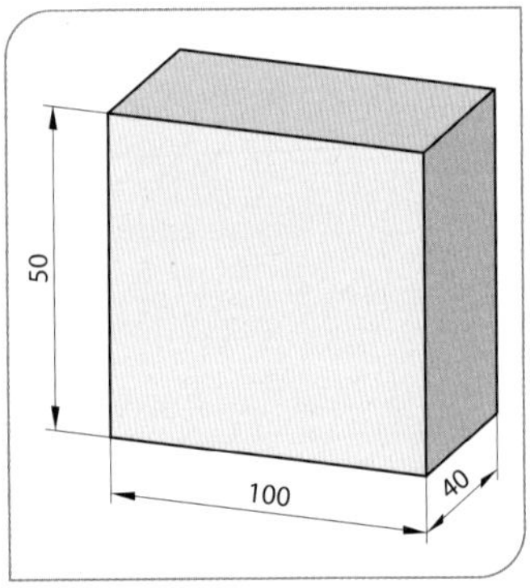

Lösung:

$V = l_1 \cdot l_2 \cdot h$

$V = 1\ dm \cdot 0{,}4\ dm \cdot 0{,}5\ dm$

$\underline{\underline{V = 0{,}2\ dm^3}}$

ÜBUNGEN

1) Bestimmen Sie die Volumen V der abgebildeten Körper:

a) in dm^3

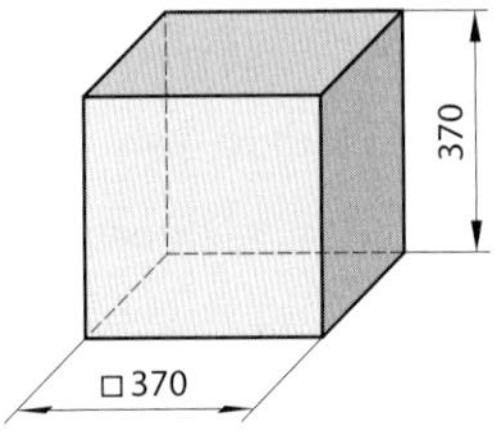

b) in m^3

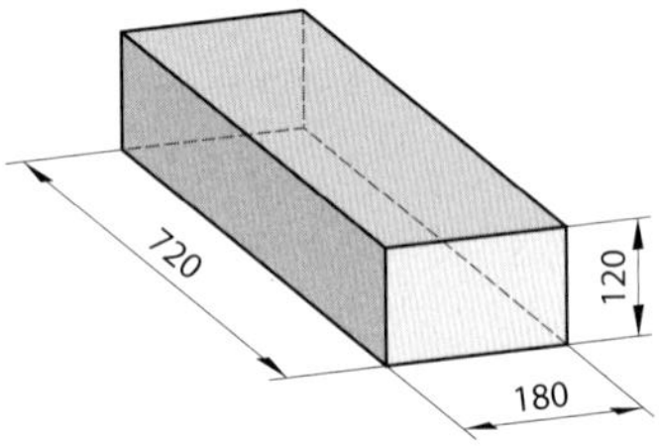

c) in Liter

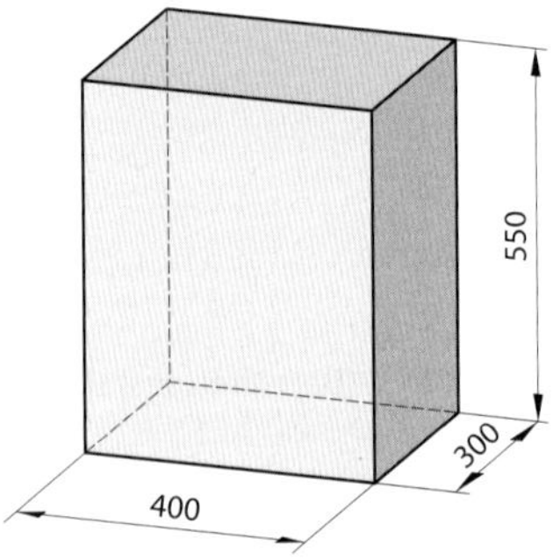

3.5.2 Pyramidenstumpf

Größe	Fz	Einheit
Volumen	V	z. B. dm³
Grundfläche	A_G	z. B. m²
Deckfläche	A_D	z. B. m²
Körperhöhe	h	z. B. mm
Grundflächenlänge	$l_{G1}; l_{G2}$	z. B. mm
Deckflächenlänge	$l_{D1}; l_{D2}$	z. B. mm

Genaue Formel: $V = \frac{h}{3} \cdot (A_G + A_D + \sqrt{A_G \cdot A_D})$

Näherungsformel:

$$V = \frac{A_G + A_D}{2} \cdot h$$

$$h = \frac{2 \cdot V}{A_G + A_D}$$

$$A_G = \frac{2 \cdot V}{h} - A_D$$

$$A_D = \frac{2 \cdot V}{h} - A_G$$

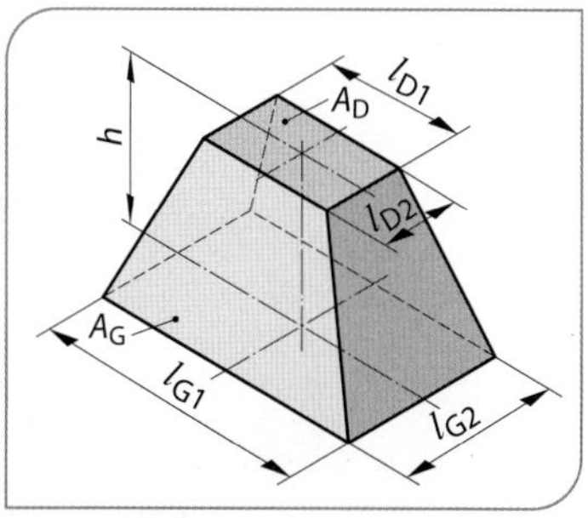

Beispielaufgaben:

1. a) Berechnen Sie das Volumen V des abgebildeten Pyramidenstumpfes in dm³.

Geg.: $l_G = 1\,700$ mm
$l_D = 800$ mm
$h = 2\,000$ mm

Ges.: V in dm³

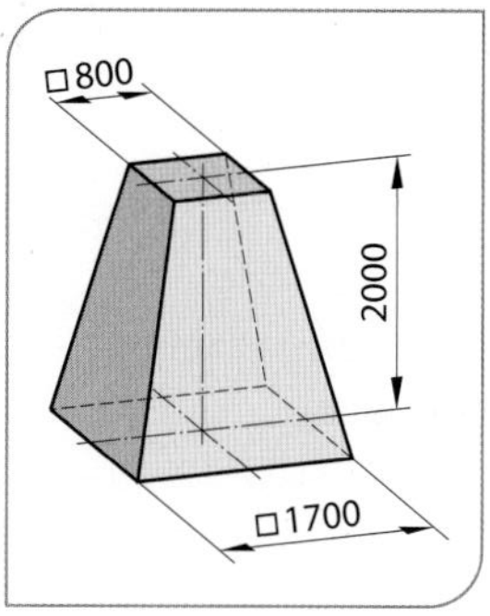

Lösung:

$$V = \frac{A_G + A_D}{2} \cdot h$$

$$V = \frac{l_G^2 + l_D^2}{2} \cdot h$$

$$V = \frac{(17\text{ dm})^2 + (8\text{ dm})^2}{2} \cdot 2\text{ dm}$$

$$\underline{\underline{V = 353\text{ dm}^3}}$$

b) Berechnen Sie das Volumen V des abgebildeten Pyramidenstumpfes in dm³.

Geg.:
$l_{G1} = 1\,000$ mm
$l_{G2} = 500$ mm
$h = 500$ mm
$l_{D1} = 400$ mm
$l_{D2} = 200$ mm

Ges.: V in dm³

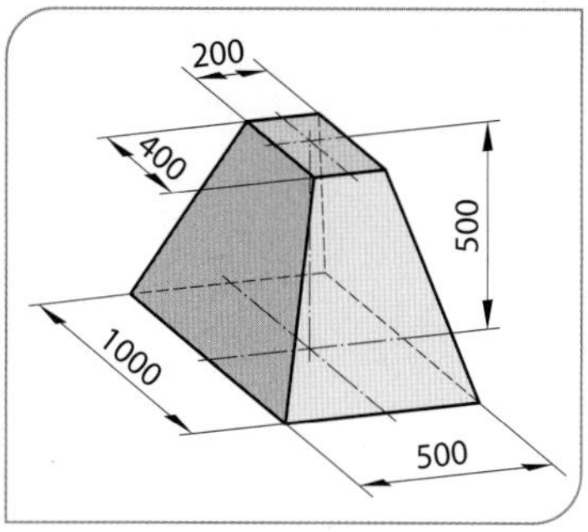

Lösung:

$$V = \frac{A_G + A_D}{2} \cdot h$$

$$V = \frac{l_{g1} \cdot l_{g2} + l_{d1} \cdot l_{d2}}{2} \cdot h$$

$$V = \frac{10\text{ dm} \cdot 5\text{ dm} + 4\text{ dm} \cdot 2\text{ dm}}{2} \cdot 5\text{ dm} \qquad \underline{\underline{V = 145\text{ dm}^3}}$$

ÜBUNGEN

1. Ein pyramidenstumpfförmiger Spänekasten hat eine Höhe h = 285 mm, eine Grundflächenkantenlänge l_1 = 425 mm und eine Öffnungskantenlänge $l_2 = 625$ mm.

   Berechnen Sie das Fassungsvolumen V in dm³.

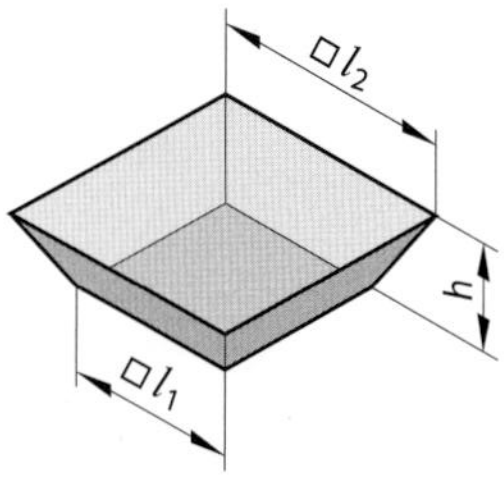

2. Ein Fundamentsockel in Form eines Pyramidenstumpfes hat ein Volumen von V = 143 dm³. Die quadratische Grundflächenkantenlänge l_1 beträgt 650 mm, die quadratische Deckfläche hat einen Gesamtumfang von $U_D = 450$ mm.

   Berechnen Sie die Fundamenthöhe h in mm.

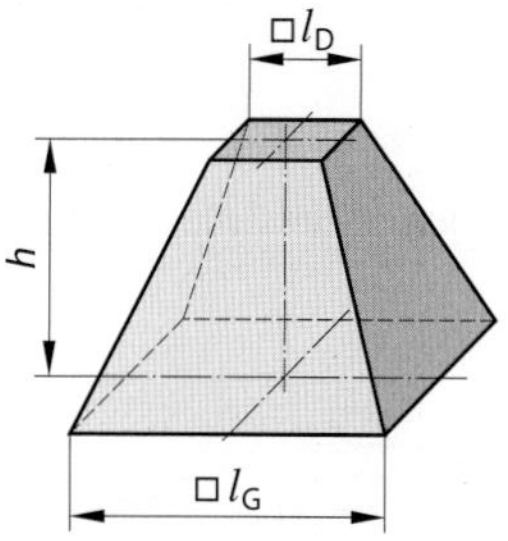

3. Ein Fundamentsockel hat ein Volumen von $V = 0{,}612$ m³, eine Höhe h = 1250 mm und eine Deckflächenkantenlänge $l_D = 585$ mm.

   Berechnen Sie die Kantenlänge l_G in dm.

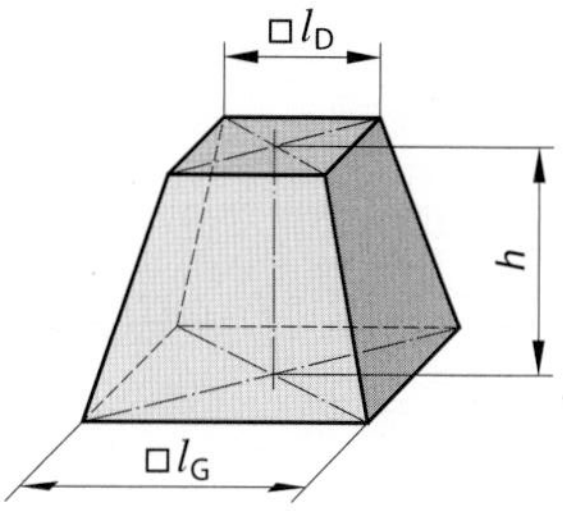

3.5.3 Zylinder und Hohlzylinder

Zylinder

Größe	Fz	Einheit
Volumen	V	z. B. dm^3
Grundfläche	A_G	z. B. m^2
Körperhöhe	h	z. B. mm
Durchmesser	d	z. B. mm
Mantelfläche	A_M	z. B. m^2
Oberfläche	A_O	z. B. m^2

$$V = A_G \cdot h$$

$$A_G = \frac{d^2 \cdot \pi}{4}$$

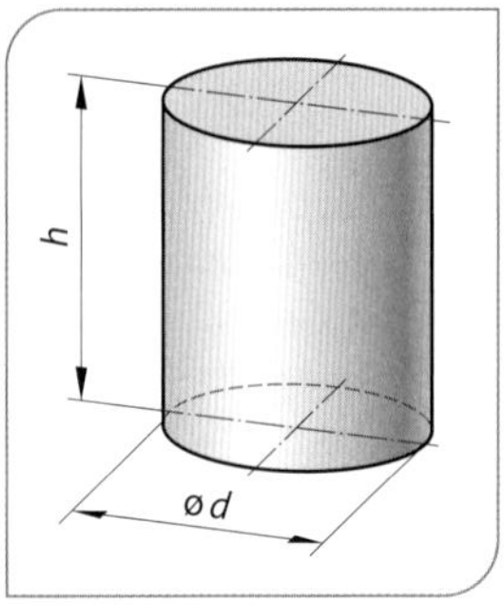

Daraus folgt:

$$V = \frac{d^2 \cdot \pi}{4} \cdot h$$

$$d = \sqrt{\frac{4 \cdot V}{\pi \cdot h}} \qquad h = \frac{4 \cdot V}{d \cdot d \cdot \pi}$$

Beispielaufgabe:
Berechnen Sie das Volumen des Zylinders in dm^3.

Geg.: $d = 22$ mm
$h = 1\,250$ mm

Ges.: V in dm^3

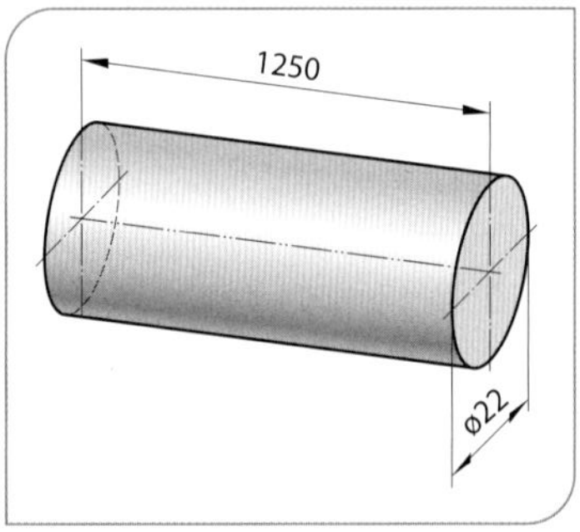

Lösung:

$$V = \frac{d^2 \cdot \pi}{4} \cdot h$$

$$V = \frac{(0{,}22\ dm)^2 \cdot \pi}{4} \cdot 12{,}5\ dm$$

$$V = 0{,}038\ dm^2 \cdot 12{,}5\ dm \qquad \underline{\underline{V = 0{,}475\ dm^3}}$$

ÜBUNGEN

1) Berechnen Sie das Volumen V der beiden Zylinder in dm^3.

Geg.:
$d = 280$ mm / 450 mm
$h = 900$ mm / 720 mm

Ges.:
V in dm^3

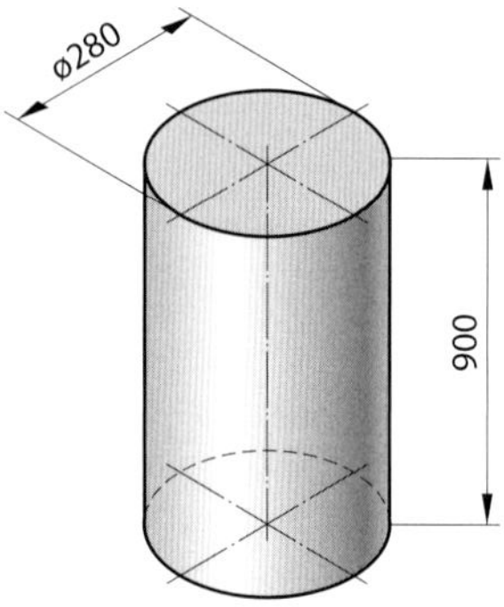

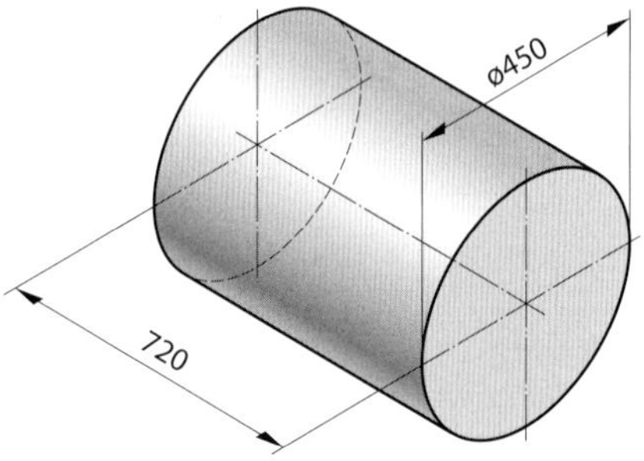

Hohlzylinder

Größe	Fz	Einheit
Werkstoffvolumen	V	z. B. dm^3
Werkstoffgrundfläche	A_G	z. B. m^2
Körperhöhe	h	z. B. m
Außendurchmesser	d_a	z. B. mm
Innendurchmesser	d_i	z. B. mm

$$V = A_G \cdot h$$

$$A_G = \frac{(d_a^2 - d_i^2) \cdot \pi}{4}$$

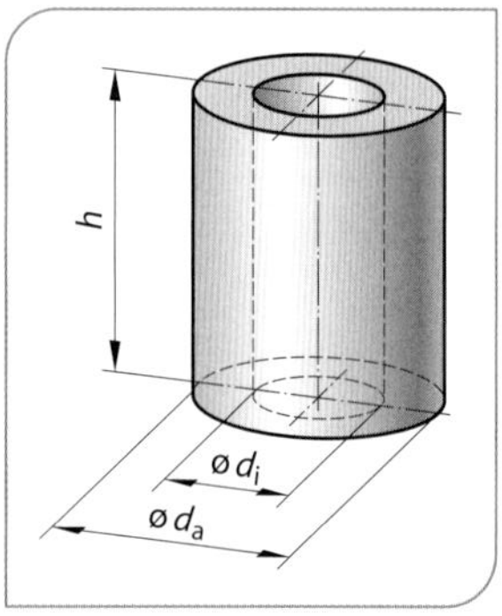

Daraus folgt:

$$V = \frac{(d_a^2 - d_i^2) \cdot \pi}{4} \cdot h$$

$$d_a = \sqrt{\frac{4 \cdot V}{\pi \cdot h} + d_i^2}$$

$$d_i = \sqrt{d_a^2 - \frac{4 \cdot V}{\pi \cdot h}}$$

$$h = \frac{4 \cdot V}{(d_a^2 - d_i^2) \cdot \pi}$$

Beispielaufgaben:

1. Berechnen Sie das Werkstoffvolumen des Hohlzylinders in cm³.

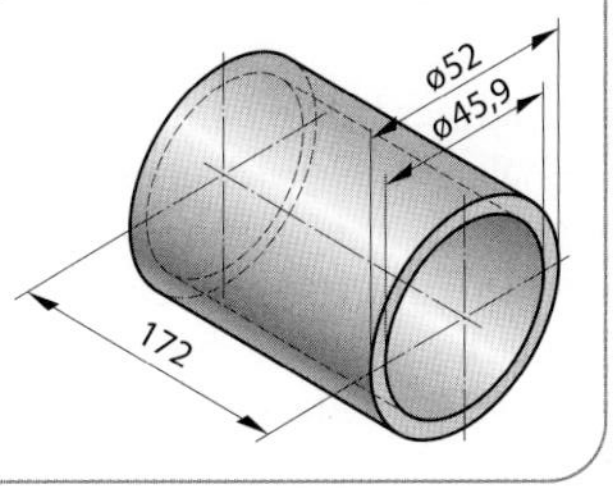

$V = A_G \cdot h$

$V = \frac{(d_a^2 - d_i^2) \cdot \pi}{4} \cdot h$

$V = \frac{[(5{,}2\ \text{cm})^2 - (4{,}56\ \text{cm})^2] \cdot \pi}{4} \cdot 17{,}2\ \text{cm}$

$V = \frac{6{,}2464\ \text{cm}^2}{4} \cdot 17{,}2\ \text{cm}$

$\underline{\underline{V = 84{,}3816\ \text{cm}^3}}$

2. Berechnen Sie das Werkstoffvolumen des Hohlzylinders in dm³.

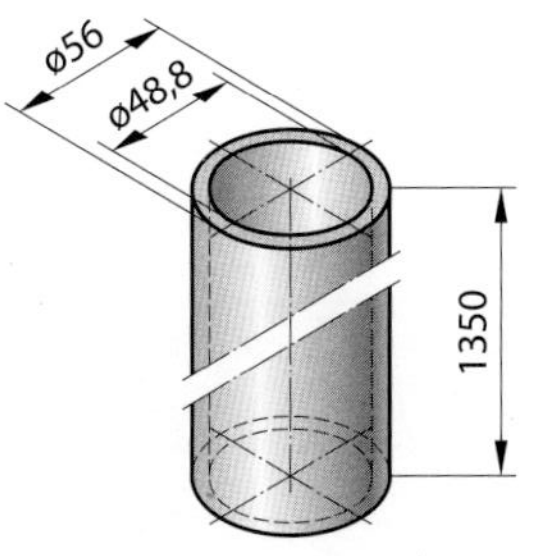

$V = \frac{(d_a^2 - d_i^2) \cdot \pi}{4} \cdot h$

$V = \frac{[(0{,}56\ \text{dm})^2 - (0{,}488\ \text{dm})^2] \cdot \pi}{4} \cdot 13{,}50\ \text{dm}$

$\underline{\underline{V = 0{,}8\ \text{dm}^3}}$

ÜBUNGEN

1) Die Druckleitung einer Abwasserhebeanlage hat eine Länge $l = 1{,}85$ m, einen Außendurchmesser $d_a = 28$ mm und eine Wanddicke $s = 1{,}5$ mm.

Berechnen Sie das Füllvolumen V der Druckleitung in Litern.

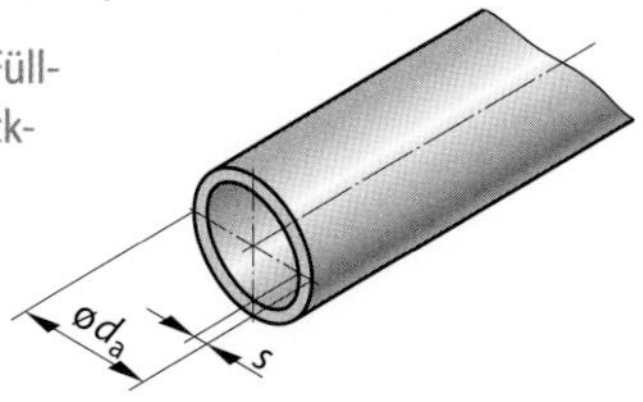

3.5.4 Kegelstumpf

Größe	Fz	Einheit
Volumen	V	z. B. dm³
Grundfläche	A_G	z. B. m²
Deckfläche	A_D	z. B. m²
Körperhöhe	H	z. B. mm
Durchmesser der Grundfläche	d_G	z. B. mm
Durchmesser der Deckfläche	d_D	z. B. mm

Genaue Formel: $V = \frac{h \cdot \pi}{12} \cdot (d_G^2 + d_D^2 + d_G \cdot d_D)$

Meistens wird jedoch mit der Näherungsformel gerechnet:

$V = \frac{A_G + A_D}{2} \cdot h$

$A_G = \frac{2 \cdot V}{h} - A_D$

$A_D = \frac{2 \cdot V}{h} - A_G$

$h = \frac{2 \cdot V}{A_G + A_D}$

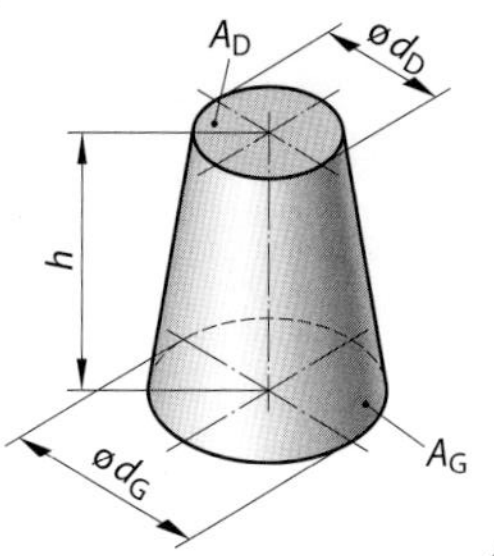

Beispielaufgabe:
Wie groß ist das Volumen V des abgebildeten Kegelstumpfes in dm³?

Geg.: $d_G = 170$ mm
$d_D = 85$ mm
$h = 200$ mm

Ges.: V in dm³

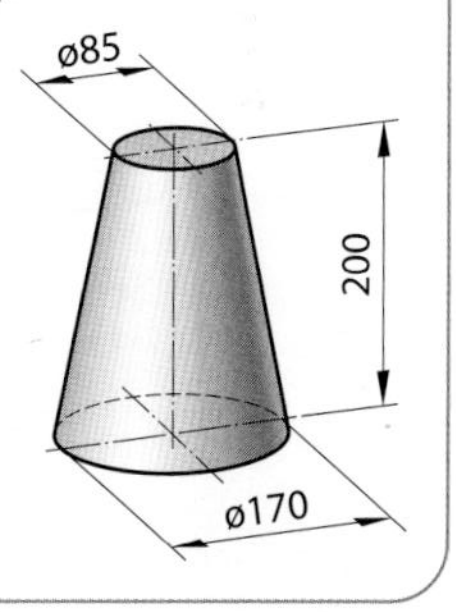

Lösung:

$V = \frac{A_G + A_D}{2} \cdot h$

$V = \frac{\frac{d_G^2 \cdot \pi}{4} + \frac{d_D^2 \cdot \pi}{4}}{2} \cdot h$

$V = \frac{\frac{(1{,}7\ \text{dm})^2 \cdot \pi}{4} + \frac{(0{,}85\ \text{dm})^2 \cdot \pi}{4}}{2} \cdot 2\ \text{dm}$

$\underline{\underline{V = 2{,}837\ \text{dm}^3}}$

ÜBUNGEN

1) Berechnen Sie das Volumen V des abgebildeten Kegelstumpfes in dm³ a) näherungsweise und b) genau.

Geg.: $d_G = 390$ mm
$d_D = 200$ mm
$h = 430$ mm

Ges.: V in dm³

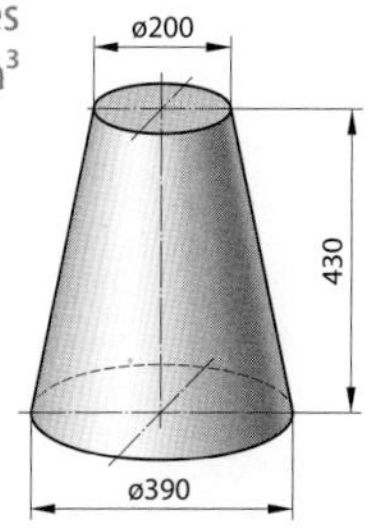

2) Wie groß ist das Fassungsvermögen des abgebildeten Wassereimers in Liter?

Geg.: $d_G = 220$ mm
$d_D = 330$ mm
$h = 340$ mm

Ges.: V in l

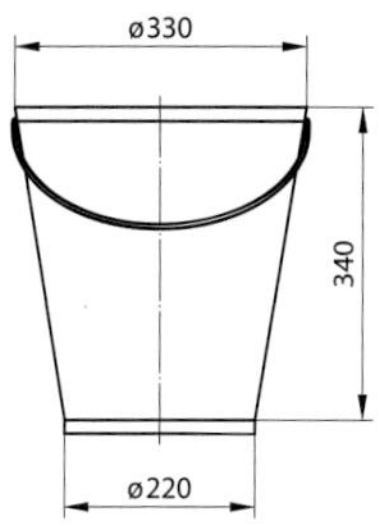

3.5.5 Zusammengesetzte Volumen

Im SHK-Bereich müssen auch Volumen von zusammengesetzten Körpern berechnet werden, z. B. Heizöltanks oder Auffangwannen.

ÜBUNGEN

1) Berechnen Sie das Volumen des abgebildeten Heizöltanks in m^3.

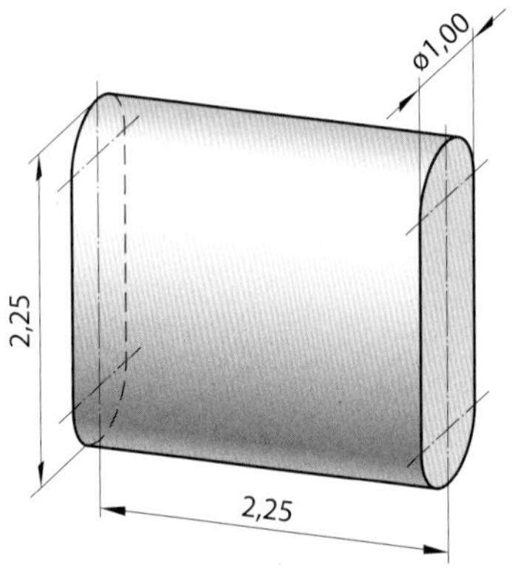

Alle Zeichnungsmaße in m.

2) Berechnen Sie das Volumen V des Altölbehälters in Litern.

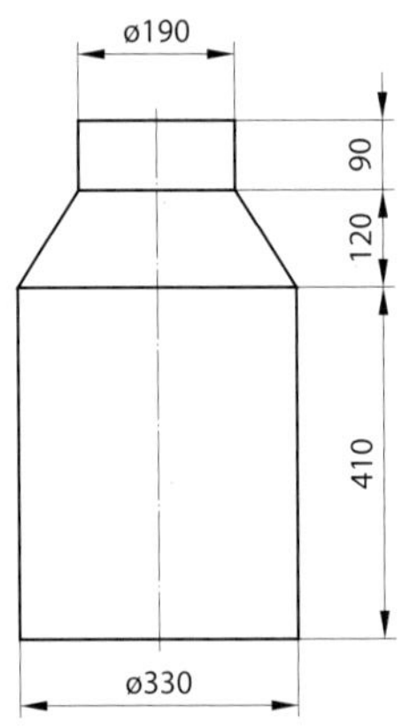

3) Das Volumen V der Auffangwanne ist in m^3 zu berechnen.

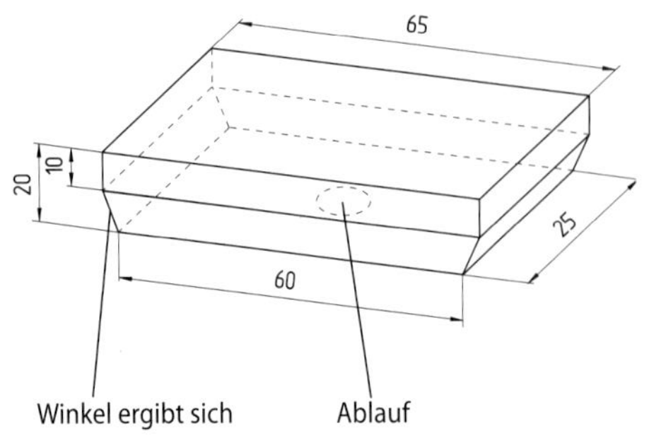

Alle Zeichnungsmaße in cm

3.6 Massenberechnung

Alle Körper haben eine Masse. Sie ist ortsunabhängig und deshalb überall gleich groß.
Die Masse ist eine Basisgröße, ihre SI-Einheit ist das Kilogramm (kg). Der besondere Name für 1 000 kg ist Tonne (t).
Die Dichte ρ (sprich: rho) ist eine volumenbezogene Masse, mit der abgeleiteten SI-Einheit Kilogramm pro Kubikmeter (kg/m^3).
Üblicherweise wird die Dichte für feste und flüssige Stoffe in kg/dm^3, bzw. in kg/l und für gasförmige Stoffe in kg/m^3 angegeben, um anschauliche Zahlenwerte zu erhalten.
Um die Masse eines bestimmten Körpers zu ermitteln, müssen das Volumen und die Dichte des Stoffs bekannt sein.
Die Dichte ausgewählter Stoffe kann der unten stehenden Tabelle entnommen werden.

Größe	Fz	Einheit
Masse	m	kg
Volumen	V	m^3 oder dm^3
Dichte	ρ	$\frac{kg}{m^3}$ oder $\frac{kg}{dm^3} = \frac{kg}{l}$

$m = V \cdot \rho$ $V = \frac{m}{\rho}$ $\rho = \frac{m}{V}$

Die Dichte ausgewählter Stoffe:

Feste Stoffe	$\frac{kg}{dm^3}$
Aluminium	2,7
Blei	11,34
Kupfer	8,9
Stahl	7,85
Zink	7,2
Zinn	7,28
PVC	1,4
PE	0,92 bis 0,95

Flüssige Stoffe	$\frac{kg}{dm^3}$
Wasser (bei 4 °C)	1,0
Benzin	0,72
Heizöl EL	0,84

Gasförmige Stoffe	$\frac{kg}{m^3}$
Luft (bei 0 °C; 1013 mbar)	1,293
Sauerstoff	1,429
Erdgas L – H	0,7 – 0,84
Kohlendioxid	1,977
Kohlenmonoxid	1,250

Beispielaufgabe:
Berechnen Sie für den zylindrischen Warmwasserspeicher aus Stahl die Masse m in kg.

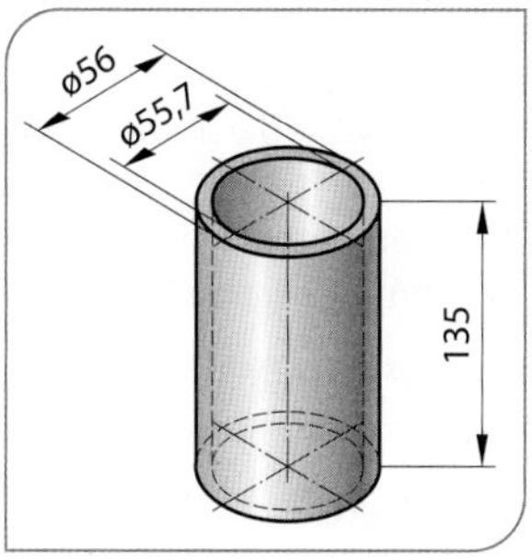

Zeichnungsmaße in cm.

$m = V \cdot \rho$

$m = \frac{(d_a^2 - d_i^2) \cdot \pi}{4} \cdot h \cdot \rho$

$m = \frac{[(5{,}6\ \text{dm})^2 - (5{,}57\ \text{dm})^2] \cdot \pi}{4} \cdot 135{,}0\ \text{dm} \cdot 7{,}85\ \frac{\text{kg}}{\text{dm}^3}$

$\underline{\underline{m = 278{,}77\ \text{kg}}}$

ÜBUNGEN

1) Ein Fass mit $d_i = 660$ mm soll 200 l Regenwasser aufnehmen können.

Berechnen Sie die erforderliche Höhe h in mm.

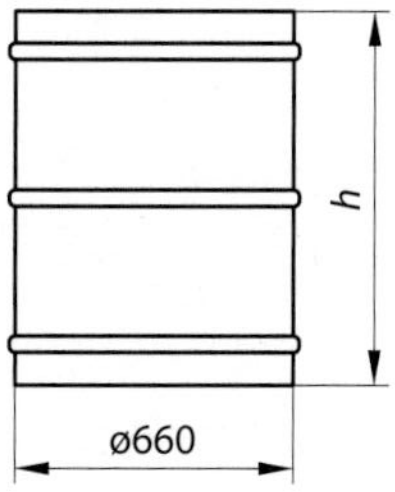

2) Ein quaderförmiger Heizöltank misst innen $l_1 = 2{,}25$ m und $l_2 = 2{,}5$ m. Er ist 1 m hoch und zu 93 % (s. S. 373, Kap. 3.8, Prozentrechnung) mit Heizöl EL gefüllt.

Berechnen Sie die Masse m des Heizöls in kg.

3) Berechnen Sie die Masse m des Heizöls in kg für eine Länge Kupferrohr 22 × 1,5 ($l = 5$ m).

4) Berechnen Sie die Masse m in kg für eine Tafel Zinkblech (2 000 mm × 1 500 mm × 0,63 mm).

DN	m' (kg/m)	DN	m' (kg/m)
10	0,85	25	2,44
15	1,22	32	3,14
20	1,58	40	3,61

1 Längenbezogene Massen für Gewinderohr-M DIN EN 10255 (Auszug)

Beispielaufgabe:
Ein Gewinderohr-M EN 10255 DN 20 hat eine Länge l von 2,38 m.
Berechnen Sie die Masse m in kg.
Fehlende Angaben sind der Tabelle Bild 1 zu entnehmen.

Geg.: $l = 2{,}38$ m

$m' = 1{,}58\ \frac{\text{kg}}{\text{m}}$

Ges.: die Masse m in kg

Lösung:

$m = m' \cdot l$

$m = 1{,}58\ \frac{\text{kg}}{\text{m}} \cdot 2{,}38\ \text{m}$

$\underline{\underline{m = 3{,}76\ \text{kg}}}$

ÜBUNGEN

1) Ein 50 × 50 × 5 warm gewalzter gleichschenkliger rundkantiger Winkelstahl EN 10056 mit einer Länge von 4,5 m hat eine längenbezogene Masse $m' = 3{,}77$ kg/m.

Berechnen Sie seine Masse m in kg.

2) Eine gusseiserne Abwasserfallleitung (SML) DN 100, DIN 19522, hat eine Länge $l = 15{,}87$ m und eine längenbezogene Masse $m' = 8{,}4$ kg/m.

Berechnen Sie Masse m in kg.

3.6.1 Längenbezogene Massenberechnung

In einschlägigen Tabellenbüchern wird für z. B. Rohre und Profile die längenbezogene Masse m', d. h. die Masse m pro Einheitslänge l angegeben (Bild 1), z. B. in g/cm; g/m; kg/m. Dadurch entfällt die aufwändige Berechnung über das Volumen und die Dichte.

$\boxed{m = m' \cdot l}$ $\quad l = \frac{m}{m'} \quad m' = \frac{m}{l}$

Masse = längenbezogene Masse · Länge

3.6.2 Flächenbezogene Massenberechnung

Die flächenbezogene Masse m'' (Bild 1) gibt die Masse m eines Bleches oder einer Platte für eine Einheitsfläche A an, z. B. in g/cm²; g/m²; kg/m². Auch diese Angaben können Tabellenbüchern entnommen werden.

$\boxed{m = m'' \cdot A}$ $\quad A = \frac{m}{m''} \quad m'' = \frac{m}{A}$

Masse = flächenbezogene Masse · Fläche

Dicke s	$m''\left(\frac{kg}{m^2}\right)$	Dicke s	$m''\left(\frac{kg}{m^2}\right)$
0,5	4,5	0,7	6,2
0,6	5,3	0,8	7,1
0,65	5,8	1,0	8,9

1 Flächenbezogene Massen für Kupfer DIN EN 1172 (Auszug)

Beispielaufgabe:
Eine gelieferte Kupferblechtafel DIN EN 1172 hat die Abmessungen 2 000 mm × 1 000 mm × 1,0 mm. Berechnen Sie die Masse m in kg.
Fehlende Angaben sind der Tabelle Bild 1 zu entnehmen.

Geg.: $l_1 = 2{,}0$ m
$l_2 = 1{,}0$ m
$s = 1{,}0$ mm
$m'' = 8{,}9$ kg

Ges.: die Masse m in kg

Lösung:

$m = m'' \cdot A$
$m = m'' \cdot l_1 \cdot l_2$
$\underline{\underline{m = 17{,}8 \text{ kg}}}$

ÜBUNGEN

1) Eine Blechtafel aus Titanzink EN 988 hat die Abmessungen 2 000 mm × 1 000 mm × 0,7 mm.
Sie hat eine flächenbezogene Masse $m'' = 5{,}0$ kg/m^2.
Berechnen Sie die Masse m der Titanzinkblechtafel in kg.

2) Der Dachgepäckträger eines Firmenwagens ist für eine Masse $m = 200$ kg zugelassen. Es sollen von der Werkstatt zum Arbeitsplatz 4 Kupferblechtafeln DIN EN 1172 mit den Maßen 2 000 mm × 1 000 mm × 1,0 mm und einer flächenbezogenen Masse $m'' = 8{,}9$ kg/m^2 sowie 6 gusseiserne Abwasserrohre (SML-Rohre) DIN 19522 der Nennweite DN 100 und $l = 3$ m Länge und einer längenbezogenen Masse $m' = 8{,}4$ kg/m transportiert werden.
Berechnen Sie die Gesamtmasse der Materialien und entscheiden Sie, ob Sie alle Materialien mit einer Fahrt transportieren dürfen.

3.7 Dreisatzrechnung

Der einfache Dreisatz ist ein mathematisches Verfahren, um aus drei gegebenen Werten den unbekannten vierten Wert zu berechnen. Diese Werte stehen in einem bestimmten Verhältnis (Proportion) zueinander.
Die Verhältnisse (Proportionen) können **direkt** wie z. B. „je weniger Rohre, desto kleiner die Masse" (Beispiel a)) oder **indirekt** wie z. B. „je weniger LKW, desto mehr Tage" (Beispiel b)) vorliegen.

Beispielaufgabe a), **direktes** Verhältnis:
19 Rohre haben eine Masse m von 170 kg.
Berechnen Sie die Masse m von 8 Rohren in kg.

Behauptungssatz:
19 Rohre haben eine Masse von 170 kg

Zwischensatz (Mittelsatz):
1 Rohr hat eine Masse von $\frac{170 \text{ kg}}{19}$

Schlusssatz:
8 Rohre haben eine Masse von $\underline{\underline{\frac{170 \text{ kg} \cdot 8}{19} = 71{,}58 \text{ kg}}}$

Beispielaufgabe b), **indirektes** Verhältnis:
18 LKW benötigen 30 Tage für den Transport einer bestimmten Menge Abraum.
Wie viel Zeit benötigen 11 LKW?

Behauptungssatz:
18 LKW benötigen 30 Tage

Zwischensatz (Mittelsatz):
1 LKW benötigt $18 \cdot 30$ Tage

Schlusssatz:
11 LKW benötigen $\underline{\underline{\frac{18 \cdot 30 \text{ Tage}}{11} = 49{,}1 \text{ Tage}}}$

ÜBUNGEN

1) 4 Waschtische haben eine Masse m von 62 kg.
Berechnen Sie die Masse m von 14 Waschtischen in kg.

2) Zwei Anlagenmechaniker SHK würden für die Montage dieser 14 Waschtische einschließlich der Installation der Wasser- und Abwasseranschlüsse 21 Arbeitsstunden benötigen.
Auf Wunsch des Kunden soll die Montage früher fertig gestellt werden. Deshalb kommt ein Kollege zu Hilfe.
Berechnen Sie den Zeitbedarf für die Installation aller Waschtische in Stunden (Stunden auf eine Kommastelle runden).

Der **zusammengesetzte** Dreisatz ist ein mathematisches Verfahren, um aus mehr als drei gegebenen Werten einen unbekannten Wert zu berechnen. Die Werte stehen in einem Verhältnis (Proportion) zueinander. Zur Lösung braucht man wenigstens zwei Schlusssätze.

Beispielaufgabe:
Vier Anlagenmechaniker-SHK benötigen 19 Tage für 276 m Grundleitungsverlegung. Anschließend sollen auf einem Nachbargrundstück unter gleichen Bedingungen 192 m verlegt werden.
Wie viele Arbeitstage werden dort benötigt, wenn krankheitsbedingt die Arbeit von drei Anlagenmechanikern ausgeführt werden muss?

Lösung:

Behauptungssatz:
4 Arbeiter benötigen für 276 m 19 Tage

1. Zwischensatz (Mittelsatz):
4 Arbeiter benötigen für 1 m $\frac{19\,\text{Tage}}{276}$

2. Zwischensatz (Mittelsatz):
1 Arbeiter benötigt für 1 m $\frac{19\,\text{Tage} \cdot 4}{276}$

1. Schlusssatz:
3 Arbeiter benötigen für 1 m $\frac{19\,\text{Tage} \cdot 4}{276 \cdot 3}$

2. Schlusssatz:
3 Arbeiter benötigen für 192 m $\frac{19\,\text{Tage} \cdot 4 \cdot 192}{276 \cdot 3} = \underline{\underline{17{,}6\,\text{Tage}}}$

ÜBUNGEN

1) Für einen erneuten Auftrag für die Installation von 20 Waschtischen benötigen 2 Anlagenmechaniker-SHK 27 Arbeitsstunden. Nach 8 Arbeitsstunden des ersten Tages meldet sich ein Kollege krank und es kommt auch kein weiterer zur Hilfe. Ein Anlagenmechaniker muss nun die restlichen Waschtische allein installieren.
Berechnen Sie den Gesamtzeitbedarf für die Installation aller Waschtische in Stunden und Minuten (Minuten auf eine Kommastelle runden).

3.8 Prozentrechnung

Im SHK-Handwerk werden in vielen Bereichen Prozentangaben zur Darstellung fachlicher Zusammenhänge verwendet, wie z. B.:

- Wirkungsgrad des Heizkessels 87%
- Gefälle der Abwasserleitung 2%
- relative Luftfeuchtigkeit 65%
- Verschnitt eines Blechzuschnittes 27%

Prozentangaben können Formulierungen wie z. B. „drei Viertel", „ein Halb" oder „ein Viertel" zahlenmäßig ausdrücken (75%; 50%; 25%). Die Grundlage hierfür ist, dass das **Ganze – 100 %** – immer aus 100 gleichen Teilen besteht.

Was bedeuten die Begriffe Grundwert, Prozentwert und Prozentsatz?

Der **Grundwert** (*g*) ist das Ganze bzw. die Ausgangsgröße.

Der **Prozentsatz** (*p*) ist die Prozentzahl, wie viel von dem Grundwert (*g*) ermittelt wurde.

Der **Prozentwert** (*w*) ist das Ergebnis dieser Rechnung (gleiche Einheit wie der Grundwert).

Daraus ergibt sich:

$$\text{Grundwert } (g) = \frac{\text{Prozentwert } (w) \cdot 100\,\%}{\text{Prozentsatz } (p)}$$

$$\text{Prozentsatz } (p) = \frac{\text{Prozentwert } (w) \cdot 100\,\%}{\text{Grundwert } (g)}$$

$$\text{Prozentwert } (w) = \text{Prozentsatz } (p) \cdot \text{Grundwert } (g)$$

Beispielaufgabe mit reinem Grundwert (*g* entspricht 100 %):
Sollen 10 % von 300 *l* ermittelt werden, so ist der Grundwert (*g*) 300 *l*, der Prozentsatz (*p*) 10 % und der Prozentwert (*w*) 30 *l*:

$$\text{Prozentwert } (w) = \frac{\text{Grundwert } (g) \cdot \text{Prozentsatz } (p)}{100\,\%}$$

$$\text{Prozentwert } (w) = \frac{300\,l \cdot 10\,\%}{100\,\%} = \underline{\underline{30\,l}}$$

Zwar werden die meisten Prozentrechnungen mit dem reinen Grundwert (*g*) – entspricht 100 % – durchgeführt (s. Beispiel oben), daneben können aber auch Rechnungen mit dem verminderten bzw. vermehrten Grundwert notwendig sein (s. Beispiele unten):

Beispiel mit vermindertem Grundwert:

$$\text{Grundwert } (g) = \frac{g_{\text{vermindert}} \cdot 100\,\%}{100\,\% - \text{Prozentsatz } (p)}$$

Ein Anlagenmechaniker SHK erhält nach Abzug von 24 % ein Nettogehalt von 1 208,00 €.
Berechnen Sie seinen Bruttoverdienst *g* in €.

Geg.: $p = 24\,\%$
$g_{\text{verm.}} = 1\,208{,}00$ €

Ges.: *g* in €

Lösung:

$$\text{Grundwert } (g) = \frac{g_{\text{vermindert}} \cdot 100\,\%}{100\,\% - \text{Prozentsatz } (p)}$$

$$\text{Grundwert } (g) = \frac{1\,208{,}00\,€ \cdot 100\,\%}{100\,\% - 24\,\%}$$

$$\text{Grundwert } (g) = \frac{1\,208{,}00\,€ \cdot 100\,\%}{76\,\%}$$

$$\underline{\underline{\text{Grundwert } (g) = 1\,589{,}47\,€}}$$

Beispiel mit vermehrtem Grundwert:

$$\text{Grundwert } (g) = \frac{g_{\text{vermehrt}} \cdot 100\,\%}{100\,\% + \text{Prozentsatz } (p)}$$

Ein Anlagenmechaniker SHK wechselt von Deutschland nach Dänemark und verdient dort 20 % brutto mehr pro Stunde, und zwar 24 €.
Berechnen Sie den alten Stundenlohn *g* in €.

Geg.: $p = 20\,\%$
$g_{vermehrt} = 24\,€$

Ges.: g in €

Lösung:

$$\text{Grundwert } (g) = \frac{g_{vermehrt} \cdot 100\,\%}{100\,\% + \text{Prozentsatz } (p)}$$

$$\text{Grundwert } (g) = \frac{24{,}00\,€ \cdot 100\,\%}{100\,\% + 20\,\%}$$

$$\text{Grundwert } (g) = \frac{2400\,€}{120{,}0\,\%}$$

$$\underline{\underline{\text{Grundwert } (g) = 20{,}00\,€}}$$

Übungsaufgaben mit reinem Grundwert:

ÜBUNGEN

1. Auf eine Rechnung von 1 857,00 € wird bei Sofortzahlung 3% Skonto (Nachlass) gewährt.
Welcher Betrag muss bezahlt werden?

2. Durch die Umstellung auf das Fügeverfahren Pressen verkürzt sich die Verrohrung eines Heizkessels von bisher 118 Minuten auf jetzt 82 Minuten.
Berechnen Sie die Zeitersparnis in Prozent.

3. Ein Firmenwagen hatte einen Wert von 26 316,00 €. Nach 4 Jahren bietet ein Händler bei Kauf eines neuen Fahrzeugs 16 780,00 € für den gebrauchten Wagen.
Berechnen Sie den Wertverlust pro Jahr in Prozent.

4. Für die Nettomiete (ohne Nebenkosten) einer Wohnung muss 21 % des Monatseinkommens von 1 847,00 € aufgewendet werden.
Berechnen Sie die Miete für diese Wohnung in €.

Übungsaufgaben mit vermindertem und vermehrtem Grundwert:

ÜBUNGEN

1. Ein Anlagenmechaniker SHK verdient in seiner neuen Firma 16,87 € brutto in der Stunde. Das ist 7,8 % mehr als vorher.
Berechnen Sie den Mehrverdienst in €.

2. Die Masse m eines fertigen Werkstückes beträgt 8 kg. Vom Ausgangswerkstück (Rohmaterial) wurde eine Masse von 32 % verschnitten.
Berechnen Sie die Masse m des Ausgangswerkstückes in kg.

copper – Kupfer 282
copper alloy – Kupferlegierung 283
copper pipe – Kupferrohr 303
copper-tin alloy – Kupfer-Zinn-Legierung 284
copper-zinc alloy – Kupfer-Zink-Legierung 283
cordless drill – akkubetriebener Bohrschrauber 177
cordless drill – Akkubohrmaschine 49
cordless drill-driver – Akkuschrauber 204
cordless pressing power tool – akkubetriebenes Pressgerät 158
cordless screwdriver – akkubetriebener Schrauber 177
core – Kern 49
core drilling – Kernbohren 45
core drilling machine – Kernbohrmaschine 49
core hole – Kernlochbohrung 53
corner – Raumecke 332
correlation – Zusammenhang 122, 240
corrode – korrodieren 231
corrosion – Korrosion 194, 229
corrosion damage – Korrosionsschaden 229
corrosion-erosion – Erosionskorrosion 233
corrosion proofing measure – Korrosionsschutzmaßnahme 276
corrosion protection – Korrosionsschutz 234
corrosion protection – Korrosionsschutzmaßnahme 229
corrosion resistance – Korrosionsbeständigkeit 72, 276, 281, 309
cost accounting – Kostenrechnung 31
cost accounting – Zuschlagskalkulation 34
cost-covering – kostendeckend 122
cost-effective – kostengünstig 103
cost savings – Kostenersparnis 223
counter bore – Senker 51
countersinking – Senken 51, 94
counter sinks – Senker 51
countersunk screw – Senkschraube 169
coupling sleeve – Muffe 129
cover – abdecken 252
cover cap – Abdeckkappe 198
cover sheet – Abdeckung 297
crack – Riss 67
craft – Gewerk 317
craftsman – Handwerker 6
crank – Kurbel 176
crank disk – Kurbelscheibe 97
crank drive – Kurbeltrieb 99
crank handle – Handkurbel 105
creativity – Kreativität 21
crepe tape – Kreppband 202
crevice corrosion – Spaltkorrosion 233
criteria of cleanness – Sauberkeitskriterien 261
criticism – Kritik 20
cross linkage – Vernetzung 288
cross linkage – Vernetzungsstelle 290
cross linking – Vernetzung 306
cross recess – Kreuzschlitz 169
cross section – Querschnitt 83
cross section changing – Querschnittsveränderung 67
crosswise – überkreuz 167
crude oil – Erdöl 271
cumulative body resistance – Gesamtkörperwiderstand 252
cup nut – Hutmutter 171
cure time – Aushärtungszeit 205
curing time – Aushärtezeit 192
current transformer – Summenstromwandler 247
curriculum – Lehrpläne 4
curved cut – Kurvenschnitt 62
curved lock washer – Spannscheibe 172
customer – Kunden 3
custom order – Kundenauftrag 5
cut square – rechtwinkelig abgelängt 165
cutting – Schneiden 59
cutting action – Trennvorgang 277
cutting chain – Schneidkette 64
cutting edge – Schneide 39, 59, 178
cutting edge – Schneidkante 165
cutting edge clearance – Schneidenspiel 60
cutting method – spanendes Trennverfahren 39
cutting motion – Schnittbewegung 45
cutting off – Freischalten 251
cutting-off wheel – Trennscheibe 271
cutting-off wheel – Trennschleifscheibe 56
cutting oil – Schneidöl 226, 271
cutting performance – Schnittleistung 104
cutting ring – Schneidring 63
cutting speed – Schnittgeschwindigkeit 50, 98
cutting wheel – Schneidrad 63
cylinder contents gauge – Inhaltsmanometer 149
cylinder pressure – Flaschendruck 148
cylindrical steel sheet work – zylindrische Blechkonstruktion 79

D

damage – beschädigen 235
damage – Beschädigung 176, 276, 301
damage – Schaden 229, 319
damage analysis – Schadensanalyse 225
damage caused – schadensbedingt 222
damage to one's health – gesundheitlicher Schaden 9
danger – Gefahr 10
danger – Gefährdung 227
dead – Spannungsfreiheit 252
debugging – Fehlersuche 225
decarburising annealed malleable cast iron – weißer Temperguss 279
deciding – entscheidend 122
decision – Entscheidung 131
decompose – zersetzen 287
decomposition – Zersetzung 276
decree – Verordnung 3
default – Verzug 317
deformability – Umformbarkeit 309
deformable – verformbar 287
deformation resistance – Verformungswiderstand 65
degree of hardness – Härtegrad 323
delivery – Lieferung 33
density – Dichte 84, 271, 272
department – Betriebsteile 32
description – Benennung 321
design – Form 123
designation of metallic material – Bezeichnung des metallischen Werkstoffs 278
desired – erwünscht 230
desired value – Sollwert 260
destruction – Zerstörung 231, 276
detachable – lösbar 307
detachable joining – lösbare Verbindung 139, 163
detachable pipe joint – lösbare Rohrverbindung 141
determined by material composition – bestimmt durch Materialzusammensetzung 294
developed view – Abwicklung 337
device – Vorrichtung 65
diagram of connections – Schaltschema 344
dialect – Dialekt 21
diameter – Durchmesser 83

diameter symbol – Durchmesserzeichen 325
diamond tool – Diamantwerkzeug 294
die – Schneideisen 54
die head – Gewindeschneidkopf 112
die head – Schneidkopf 129
die holder – Schneideisenhalter 54
difference of potential – Spannungsunterschied 240
different – verschieden 23
different composition – Zusammensetzung 277
different fields – unterschiedliche Bereiche 301
different metal – unterschiedliches Metall 235
different pipe sizes – verschiedene Rohrnennweiten 161
different sized drop die head – Gewindegröße 55
dimension – Abmessung 168
dimension – Maßzahl 324
dimensional accuracy – Maßgenauigkeit 122
dimensional accuracy – Maßhaltigkeit 129
dimensional inspection – Maßkontrolle 134
dimensionally stable – formstabil 301
dimensional stability – Formstabilität 291
dimensional tolerance – Maßtoleranz 133
dimension in unfinished state – Rohbaumaß 346
dimension line – Maßlinie 324, 346
dimension line determination – Maßlinienbegrenzung 324, 346
dimension reference line – Maßbezugslinie 325
direct connection – direkte Verbindung 235
direct current – Gleichstrom 239
direction – Richtung 84, 176
direction of rotation – Drehrichtung 139
directive – Richtlinie 216
direct voltage – Gleichspannung 239
dirt filter – Schmutzfilter 149
dirt particle – Schmutzpartikel 99
disadvantage – Nachteil 68, 287
disagreement – Unstimmigkeit 223
disassemble – demontieren 341
disassembly – Demontage 140
disconnecting – Freischalten 251
disconnection – Lösung 160
disconnection – Trennung 239
disengaging – Auslösung 246
disk grinder – Doppelschleifmaschine 94, 113
dislocation – Verschiebung 290
dismantling – Demontage 140
displacing – Verschieben 309
disposal – Entsorgung 226, 227, 308
distance – Abstand 123, 181, 185
distance – Distanz 83
distance – Entfernung 84
distance bush – Distanzhülse 197
distribution box – Verteilerdose 237
district chimney sweep – Bezirks-Schornsteinfegermeister 216
disturbance – Störung 216, 293
disturbance variable – Störgröße 260
dividing method – zerteilendes Trennverfahren 39
document – dokumentieren 135
does not rot – verrottet nicht 291
dotted line – Strichlinie 335
double-ended ring spanner – Doppelringschlüssel 175
double thread – Kombigewinde 197
dowel – Dübel 189
dowel hole – Dübelloch 203
dowel screw – Stockschraube 170
draining plant – Entwässerungsanlage 137
draw bending – Ziehbiegen 73
drawing – Zeichnung 27, 183, 317
drawing – Ziehen 283
drawing number – Zeichnungsnummer 321
drill – Bohrer 29
drill flutes – Spannuten 45
drill hole depth – Bohrlochtiefe 203
drilling – Bohren 45
drilling capacity – Bohrleistung 105
drilling depth – Bohrtiefe 49
drilling fluid – Bohrmilch 126
drilling machine – Säulenbohrmaschine 94
drilling screw – Bohrschraube 170
drilling without impact – Bohren ohne Schlag 202
drill live – Bohrerstandzeit 109
drill spindle – Bohrspindel (Pinole) 108
drinking water installation – Trinkwasserinstallation 55
drinking water quality – Trinkwasserqualität 121
drive motor – Antriebsmotor 94
drive shaft – Antriebswelle 104
drive unit – Antriebseinrichtung 94
drive wheel – Antriebsrad 101
driving – treibend 107
drop die head – Gewindeschneidkopf 161
dual education – duale Ausbildung 4
duct – Kanal 3, 225
ductile cast iron – duktiles Gusseisen 278
ductility – Verformbarkeit 65
durability – Lebensdauer 225
during solidification – Erstarren 277
duroplastic – Duroplaste 286
dust – Staub 181
DVGW-authorisation – DVGW-Zulassung 164
DVGW-guidelines – DVGW-Richtlinien 163
dynamometric key – Drehmomentschlüssel 102

E

ear protection – Gehörschutz 13
earth – Erden 252
earth wire – Erdleiter 247
eccentric bolt – Exzenterbolzen 99
ecological compatibility – Umweltverträglichkeit 125
economic point of view – wirtschaftlicher Gesichtspunkt 194
edge – Kante 327
edge distance – Randabstand 194
edge life – Standzeit 40
edge spacing – Randabstand 203
edging – Kanten 78
effective temperature range – Wirktemperaturbereich 143
efficiency – Leistungsfähigkeit 126
efficiency – Wirkungsgrad 242
elasticity – Elastizität 274
elastic limit – Elastizitätsgrenze 275
elastic sealant – elastischer Flüssigkunststoff 161
elastomer – Elastomere 286
electrical conductor – elektrischer Leiter 273
electrical equipment – elektrische Betriebsmittel 133, 238
electric charge – elektrische Ladung 238
electric circuit – Stromkreislauf 238
electric conductivity – elektrische Leitfähigkeit 241
electric current – elektrischer Strom 17
electric die – Elektroschneidkluppe 161
electric die – Gewindeschneidmaschine 55

electric drill – netzbetriebener Bohrschrauber 177
electric drill-driver – Elektroschrauber 204
electric driven – Elektroantrieb 79
electric driven saw – elektrische Handsäge 43
electricity – Elektrizität 236
electric resistance – elektrischer Widerstand 240
electric saw – elektrische Säge 42
electric screwdriver – netzbetriebener Schrauber 177
electric shock – Stromschlag 175
electric tube saw – Elektro-Rohrsäge 43
electric work – elektrische Arbeit 240
electrochemical – elektrochemisch 229
electrochemical corrosion – elektrochemische Korrosion 229
electrochemical process – elektrochemischer Vorgang 276
electrochemical series – elektrochemische Spannungsreihe 230
electrofusion coupler – Heizwendelfitting 154
electrofusion welding – Heizwendelschweißen 154
electrohydraulic – elektrohydraulisch 159
electrolyte – Elektrolyte 229
electromagnetic compatibility-EMC – elektromagnetische Verträglichkeit 245
electromechanic – elektromechanisch 159
electromotive series – elektrochemische Spannungsreihe 230
electron flow – Elektronenfluss 239
element – Bauelement 136, 339
element – Element 271
elongation – Längenänderung 275
embrittlement – Versprödung 283
emergency button – Not-Ausschalter 123
emergency exit – Notausgang 11
emergency switch – NOT-AUS-Schalter 134
emery paper – Schleifpapier 271
employee – Beschäftigter 10
employer's liability insurance association – Berufsgenossenschaft 19
enamel – Emaille 271
endurance – Standzeit 47, 294
energy saving – Energieeinsparung 305
energy transfer medium – Energieträger 298
engineering steel – Maschinenbaustahl 281
engineers pliers – Kombizange 177
EN-standardization – EN-Normung 277
environmental compatibility – Umweltverträglichkeit 277
equation – Gleichung 242
ergonomic – ergonomisch 111
error – Fehler 86
error of measurement – Messfehler 249
escape route – Fluchtweg 17
European Union – EU 6
evaluation criteria – Bewertungskriterium 128
even corrosion – gleichmäßiger Flächenabtrag 232
evenness – Ebenheit 83
evidence – Beweismittel 226
exact delimitation – genaue Abgrenzung 233
exchangeable bending rail – auswechselbare Biegeschiene 78
exemption – Ausnahmeregelung 252
exhibition – Ausstellung 24
expanding cone – Spreizkonus 206
expansion anchor – Spreizanker 192
expansion anchor – Spreizdübel 189
expansion force – Spreizkraft 206
expansion plug – Spreizdübel 189
expenditure of force – Kraftaufwand 68
expenditure of forces – Kraftaufwand 39
experience – Erfahrung 25, 94
experimental value – Erfahrungswert 67
experts – Expertengruppe 23
Fachpersonal 221
exploded assembly drawing – Explosionszeichnung 139
exploded view – Explosionsdarstellung 341
explosive mixture – explosionsfähiges Gemisch 149
explosive property – sprengstoffartige Eigenschaft 149
extension – Verlängerung 176
extension cord – Verlängerungskabel 249
extension lead – Verlängerungskabel 249
extension line – Maßhilfslinie 324
exterior view – Außenansicht 345
external bending spring – Außenbiegefeder 72
external contour – Außenkontur 44
external diameter – Außendurchmesser 298
external force – äußere Kraft 273
external thread – Außengewinde 52
external thread – Rohraußengewinde 111
extra itemized costs – Sondereinzelkosten 122
extraneous rust formation – Fremdrostbildung 56
eyelet – Öse 64

F

fabrication – Fabrikat 309
face – Stirnseite 128
face mask – Mundschutz 13
failure – Ausfall 216
failure analysis – Fehleranalyse 249
fall of potential – Spannungsabfall 249
fall – Absturz 16
fan – Ventilator 225
fast assemblage – Schnellmontage 301
fastening – Befestigung 185
fastening substrate – Befestigungsuntergrund 186
fastening thread – Befestigungsgewinde 52
fatal – tödlich 9
fat free – fettfrei 149
fault – Störung 13, 218
fault analysis – Fehleranalyse 221
faultless – einwandfrei 13
fault remedy – Störungsbehebung 218
faulty – defekt 133
feed drive – Vorschubantrieb 94
feed force – Vorschubkraft 46
feed motion – Vorschub 98
feed motion – Vorschubbewegung 45
feed motion – Zustellung 116
feed rate – Vorschub 98
female thread – Innengewinde 53, 168
ferrous metal – Eisenmetall 270
fibre composite – Faserverbundwerkstoff 293
fibreglass reinforced plastic – Glasfaserverstärkter Kunststoff (GFK) 294
field of activity – Aufgabengebiet 2
figures based on experience – Erfahrungswerte 34

Englisch-deutsche Vokabelliste

filamentary molecular chain – fadenförmige Molekülkette 287
filler rod – Schweißstab 152
filling – Befüllen 138
filling material – Füllstoff 290
filter – Filter 225
filtering system – Filtersystem 216
final apprenticeship exam – Abschluss- oder Gesellenprüfung 5
final consumer – Endverbraucher 236
final mark – Endnote 5
fine – Geldstrafe 317
fine pored – feinporig 294
finite – endlich 241
fire – Brand 246
fire brigade – Feuerwehr 18
fire extinguisher – Feuerlöscher 18
fire hazard – Brandgefahr 149
fire prevention measure – Brandschutzmaßnahme 18
fire protection rules – Brandschutzvorschriften 226
fire protection sign – Brandschutzzeichen 11
firm – fest 287
firmly bonded locking – Stoffschluss 189
first aid – Erste-Hilfe-Maßnahmen 18
first aid box – Verbandskasten 18
first angle projection – Projektionsmethode 1 334
first floor (US) – Erdgeschoss 346
first step – erste Stufe/erster Schritt 221
fissure – Riss 193
fitting – Armatur 149, 181
fitting – Formteil 69
fitting nipple – Fittingstutzen 159
five-ply – fünf Schichten 308
fixed – stationär 93
fixing – befestigen 121
fixing – Befestigung 85
fixing device – Halte-Vorrichtung 153
flame – Flamme 17
flame cone – Flammenkegel 151
flame cutting – Brennschneiden 276
flame-resistant – schwer entflammbar 17
flame trap – Flammensperre 149
flammability – Brennbarkeit 305
flange collar – Bund 166
flange joint – Flanschverbindung 166
flank – Freifläche 46
flanke of thread – Gewindeflanke 129
flared lap – Bördel 166

flashback arrestor – Sicherungsautomat 149
flat chisel – Flachmeißel 39
flat steel – Flachstahl 296
flattening – Einschnürung 72
flawy – fehlerhaft 27
flexible – flexibel 289
flexible seal – elastische Dichtung 164
flexible tube – Schlauch 84
flexural load – Biegebeanspruchung 193
float – Schwimmer 261
floater position – Schwimmerposition 261
float valve – Füllventil 261
floor – Fußboden 15
floor foundation – Fußbodenaufbau 307
flow chart – Flussdiagramm 25, 139
flow heater – Durchlauferhitzer 247
flushing – Spülen 125
flux – Flussmittel 143
foamed material – Schaumstoff 290
folded up – zusammengeklappt 14
folding meter rule – Gliedermaßstab 135
folding rule – Gliedermaßstab 82
follow-up costs – Folgekosten 135
food – Lebensmittel 16
foodstuff field – Lebensmittelbereich 288
foolproofness – Betriebssicherheit 225
foot actuated throw-over switch – Fußumschalter 117
force locking – kraftschlüssige Verbindung 141
forging – Schmieden 68
formability – Umformbarkeit 277
format – Format 320
forming – Umformen 65, 300
forming force – Umformkraft 66
forming method – Umformverfahren 65
foul water – Schmutzwasser 302
foundation – Unterbau 103
foundation plate – Grundplatte 94
four-way wrench – Sanitärkreuzschlüssel 176
frame – Rahmen 298
free electrons – freie Elektronen 238
freehanded – freihändig 339
freehand sketch – Freihandskizze 336
freezing point – Erstarrungspunkt 272
friction – Reibung 125, 271, 300
frictional connection – kraftschlüssige Verbindung 141

frictional force – Reibungskraft 141, 172
front view – Hauptansicht 338
front view – Vorderansicht 333
fruit acidic substance – fruchtsäurehaltige Substanz 283
fuel – Brennstoff 270, 271
fuel oil – Heizöl 271
Führungsstange – motion rod 112
fulcrum – Drehpunkt 61
full line – Volllinie 327
full section – Vollschnitt 326
function – Funktion 121
functionality – Funktion 138
functionality – Funktionstauglichkeit 203
function control – Funktionskontrolle 249
functioning – Funktion 136
fundamental – grundsätzlich 94
fuse – Schmelzsicherung 246
fuse – Sicherung 236
fuse value – Sicherungswert 219
fusible wire – Schmelzdraht 246
fusion heat – Schmelzwärme 148
fusion welding – Heizelementschweißen 152

G

galvanizing – Verzinkung 285
garret storey – Dachgeschoss 346
gas – Gas 272
gas cylinder – Gasflasche 18
gaseous – gasförmig 230
gaseous fuel – gasförmiger Brennstoff 271
gas fitting – Gasanlage 131
gas hose – Gasschlauch 150
gasket – Dichtung 149, 223, 291
gasket – Flanschdichtung 166
gas operated facility – gasbetriebene Anlage 216
gas pipe – Gasleitung 190, 235
gas pressure regulator – Gasdruckregler 131
gas-proof – Gasdichtheit 282
gasproof joint – gasdichte Verbindung 160
gas supply company – Gasversorgungsunternehmen 216
gas welding – Gasschmelzschweißen 147
gas wrench – Rohrzange 177
gate shears – Schlagschere 97
gate shears – Tafelschere 60
gauntlets – Schutzhandschuhe 17
gear case – Getriebekasten 117

H

Englisch-deutsche Vokabelliste

helix – Wendel 114
hemp – Hanf 160
hexagonal nut – Sechskantmutter 171
hexagonal socket-head bolt – Zylinderschraube mit Innensechskant 169
hexagon head bolt – Sechskantschraube 168
hidden line – verdeckte Kante 324, 335
high alloyed steel – hochlegierter Stahl 281
high density – hoher Dichte (HD) 288
high-efficiency pump – Hocheffizienzpumpe 138
high-grade steel – Qualitätsstahl 117
high loading – hohe Beanspruchung 307
high speed steel – Schnellarbeitsstahl 281
high speed steel – Hochleistungs-Schnellarbeitsstahl 46
high stress – hohe Belastung 207
high temperature stability – hochtemperaturbeständig 164
hip formation – Spanbildung 277
holder – Halterung 298
hollow – Mulde 232
hollow part – Hohlkörper 116
hollow shaft – Hohlwelle 111
hollow space – Hohlraum 204
horizontal – waagerecht 112, 344
horizontal position – waagerechte Lage 81
hose – Schlauch 291
hose check valve – Einzelflaschensicherung 149
hose joint – Schlauchverbindung 149
hospital – Krankenhaus 19
hot air fan – Heißluftgerät 73
hot bending – Warmbiegen 230
hot forming – Warmverformung 68
hot tube – heißes Rohr 305
hourly wage – Stundenlohn 35
hourly wage – Stundenverrechnungssatz 36
house connection combination – Hauseinführungskombination 131
humidity – Feuchtigkeit 194
hydraulic tube bender – hydraulische Rohrbiegemaschine 74
hydrogen – Wasserstoff 230
hydro-mechanical – mechanisch-hydraulisch 159
hygiene measure – Hygienemaßnahme 3, 104, 126

I

idle – Spannungsfreiheit 252
illegible – unleserlich 323
impact drilling – Schlagbohren 202
impact drilling machine – Schlagbohrmaschine 47, 177
impact frequency – Schlagfrequenz 47
impact sensitive – schlagempfindlich 294
impact sensitive – stoßempfindlich 294
impact strenght – Schlagzähigkeit 288
impairment – Beeinträchtigung 304
imperfect – fehlerhaft 129
impervious oxide layer – korrosionsbeständige Oxidschicht 285
improvement – Verbesserung 216, 234
incline – Gefälle 81, 112
incline – Steigung 170
inclining – Abwinklung 166
incombustible – nicht brennbar 121
incremental dimension – Kettenmaß 346
indicating measuring device – anzeigendes Messmittel 82
indirect factory production costs – Fertigungsgemeinkosten 35
indirect material costs – Materialgemeinkosten 34
inductivity – Induktivität 250
industrial accident – Arbeitsunfall 9, 11
infiltration composites – Durchdringungsverbundwerkstoff 293
infinite – unendlich 241
infinite resistance – unendlicher Widerstand 241
inflammability – Brennbarkeit 276
inflammable – brennbar 18
inflammation temperature – Entzündungstemperatur 276
information – Information 20
information board – Informationstafel 108
information flow – Signalfluss 260
inherent stability – Eigenstabilität 309
injector action – Injektorwirkung 150
inking – Einschwärzung 288
inner diameter – Innendurchmesser 298
input – Eingabe 260
input variable – Eingangsgröße 260
in series – in Reihe 239
insert – Einlage 234
insert depth – Einstecktiefe 146
inside – innen 324
inside coating – Innenbeschichtung 301
inside diameter – Innendurchmesser 132
inside tin coated – innen verzinnt 304
inspection – Inspektion 216, 234
inspection – Kontrolle 181
inspection measure – Inspektionsmaßnahme 221
installability – Montierbarkeit 309
installation – Montage 33
installation instruction – Montageanleitung 205
insulated – isoliert 243
insulating – isolierend 17
insulating material – Dämmeinlage 196
insulating material –Isolierstoff 273
insulator – Isolator 287
intended use – Verwendungszweck 242
interaction – Wechselwirkung 229
interface alloy – Grenzschichtlegierung 277
interference – Störung 225
intermolecular force – molekulare Kraft 287
internal – intern 241
internal bending spring – Innenbiegefeder 72
internal thread – Innengewinde 52, 168
intersection of axes – Achsenkreuz 166
intrusion mortar – Injektionsmörtel 191
inventory list – Bestandsliste 223
iron-carbon alloy – Kohlenstoff-Legierung 271
irregularity – Unregelmäßigkeit 130
itemized costs – Einzelkosten 32

J

joining – Fügen 93, 139
joining surface – Fügefläche 277
joint – Fügestelle 277
joint soldering – Fugenlötung 142
judgement – Beurteilung 129
junction box – Verteilerdose 237
junior hacksaw – Puksäge 42

K

keyhole saw – Stichsäge 43
key type drill chuck – Zahnkranzbohrfutter 49
keyword – Schlüsselwort 22
knowledge – Wissen 23

multimeter – Vielfachmessgerät 85, 240, 250
multi-spindle drilling machine – Mehrspindelbohrmaschine 105
multitester – Vielfachmessgerät 240

N

name plate – Leistungsschild 242
nameplate – Typenschild 207, 248
narrow – eng 17
narrow shaft – enger Schaft 163
natural material – natürlicher Werkstoff 270, 271
natural material – Naturstoff 286
natural stone – Naturstein 187
net case – Netzhülse 205
net case – Siebhülse 205
net sleeve – Netzhülse 191
network – Netzwerk 28
neutral conductor – Neutralleiter 249
neutral flame – neutrale Flamme 151
niche – Nische 302
nitrile butadiene rubber – Acrynitril-Butadien-Kautschuk (NBR) 291
noise – Lärm 181
nominal condition – Sollzustand 80
nominal size – Rohrnennweite 129
nominal width – Nennweite 161
non-ageing – alterungsbeständig 166, 291
non-binding offer – Angebotspreis 34
non-conductive – nicht leitend 234
non-contacting – berührungslos 239
non-corrosive – nicht korrodierend 161
non-decarburising annealed malleable cast iron – schwarzer Temperguss 279
non-detachable – unlösbar 160, 307
non-detachable joining – unlösbare Verbindung 140
non-detachable pipe joint – unlösbare Rohrverbindung 141
non ferrous metal – Nichteisenmetall (NE-Metall) 170, 271, 282
non-hardening sealing agent – nicht aushärtendes Dichtmittel 160
non-metal – Nichtmetall 270
non-positive locking – Kraftschluss 189
non-rusting steel – nichtrostender Stahl 280
non-skid – rutschfest 177
non-toxic – ungiftig 161
notches – Aussparungen 44
not interlaced – unvernetzt 287
not to scale – unmaßstäblich 339
noxious – gesundheitsschädigend 13
noxious fume – schädlicher Dampf 276
nucleation – Keimbildung 126
numbered – nummeriert 340
number of pieces – Stückzahl 181
numerical display – Ziffernanzeige 249
nut – Mutter 171
nut locking device – Schraubenmuttersicherung 169

O

objective testing – objektives Prüfen 80
object line – Körperkante 332
obstruction – Hindernis 240
occupational diseases – Berufskrankheiten 9
odourless – geruchsfrei 288
offer prices – Angebotspreise 33
oil – Öl 289
oil free – ölfrei 149
oil-in-water emulsion – Kühlschmieremulsion 271
oil mist – Ölnebel 126
oil storage tank – Öllagerbehälter 294
oily cleaning rag – ölhaltiger Putzlappen 226
one-piece articulated pipe clamp – einteilige Gelenkrohrschelle 196
open flame soldering – Flammlöten 144
opening – Durchbruch 346
opening of the spanner – Schlüsselweite 175
open-jawed spanner – Maulschlüssel 175
open loop control – Steuern 259
open-pored – offenporig 231
open sequence of action – offener Wirkungsablauf 260
operability – Funktionsfähigkeit 134, 217
operating error – Fehlbedienung 319
operating handle – Handgriff 60
operating instruction – Bedienungsanweisung 317
operating lever – Bedienungshebel 44
operating lever – Betätigungshebel 62
operating manual – Bedienungsanleitung 218
operating pressure – Betriebsdruck 298
operating speed – Bearbeitungsgeschwindigkeit 40
operating speed – Zerspanungsgeschwindigkeit 40
operating temperatur – Betriebstemperatur 298
operational check – Funktionskontrolle 123
operational requirement – betriebliche Anforderung 141
operational safety – Funktionssicherheit 217
operation instruction – Bedienungsanweisung 319
operation manual – Betriebsanleitung 207
optimum – Optimum 223
oral examination – mündliche Prüfung 5
order – Auftrag 20
ordinary structural steel – allgemeiner Baustahl 280
organic solvent – organisches Lösungsmittel 289
organization chart – Organigramm 25
oscillate – schwingen 240
outage losses – Ausfallkosten 223
outlet pressure gauge – Arbeitsmanometer 149
output – Ausgabe 260
output variable – Ausgangsgröße 260
outside – außen 324
overhead projector – Tageslichtprojektor 27
overheads – Gemeinkosten 32
overhead transparency – transparente Folie 27
overheating – Überhitzung 56
overlap – Überlappung 146
overload – Überlastung 246
overstressing – Überlastung 246
overstretching – Überdehnung 161
overview – Übersicht 96
owner – Besitzer 319
oxidation – Oxidation 56, 276
oxide film – Oxidschicht 143
oxidising flame – Flamme mit Sauerstoffüberschuss 151
oxy-acetylene torch – Acetylen-Sauerstoff-Brenner 144
oxy-acetylene welding – Autogenschweißen 148
oxygen – Sauerstoff 148, 276
oxygen diffusion – Sauerstoffdiffusion 305

oxygen excess – Sauerstoffüberschuss 151
oxygen-free – sauerstofffrei 303
oxygen tight – sauerstoffdicht 288
oxygen valve – Sauerstoffventil 150
ozone resistance – Ozonbeständigkeit 292

P

panel material – Plattenbaustoff 188
pan-head countersunk screw – Linsensenkschraube 169
paper layer – Papierlage 290
parallax – Parallaxe 86, 249
parallel – parallel 239
parallel connection – Parallelschaltung 247
parallel female thread – zylindrisches Innengewinde 160
parameter – Kenngröße 298
part – Bauteil 139
participant – Teilnehmer 22
particular property – besondere Eigenschaft 286
parting-off tool – Trennwerkzeug 122
parts – Stückliste 340
passing – Bestehen 5
passive protection against corrosion – passiver Korrosionsschutz 234
pasty – teigig 287
patina – Patina 283
percentage purity – Reinheitsgrad 281
percussion drill – Bohrhammer 48
percussion drill – Schlagbohrmaschine 13
perforated brick – Lochziegel 187
perforated metal stripe – Lochband 199
performance check – Funktionsprüfung 138
period of training – Ausbildungszeit 4
permanent leakproof – dauerhaft dicht 141
perpendicularity – Rechtwinkligkeit 83, 128
personal – persönlich 11
personnel expenses – Personalkosten 32
perspective – Perspektive 336
perspiration water – Schwitzwasser 232
phenolic resin – Phenolharz 290
pH-value – pH-Wert 231
physical property – physikalische Eigenschaft 272
physiological effect – physiologische Wirkung 252
pick-up – Abholung 135
piece list – Stückliste 340, 341
piece number – Positionsnummer 323
pie chart – Kreisdiagramm 25
pillar drilling machine – Säulenbohrmaschine 95
pilot-drilling – Vorbohren 45
pin – Stift 328
pipe – Leitung 235
pipe – Rohr 18
pipe – Rohrleitung 181
pipe bell – Rohrmuffe 167
pipe bending – Rohrbiegen 69
pipe clip – Rohrschelle 85
pipe coupling – Rohrkupplunge 165
pipe cutter – Rohrabschneider 63
pipe cutting and chamfering gear – Rohrtrenn- und Rohranfasgerät 57
pipe cutting and chamfering tool – Rohrtrenn- und Rohranfasgerät 57
pipe die – Schneidbacke 112, 129
pipe double nipple – Rohrdoppelnippel 198
pipe fitting – Fitting 181
pipe material – Rohrwerkstoff 186
pipe shears – Rohrschere 63
pipe threading machine – Gewindeschneidmaschine 161
pipe wrench – Rohrzange 177
piping condition – Verlegesituation 141
pitting corrosion – Lochkorrosion 233
plane – Zeichenebene 333
plane-parallel – planparallel 166
planning – Planung 20
plant mechanic for sanitation, heating and air conditioning systems – Anlagenmechaniker SHK 2
plaster mould – Gipsform 292
plastic – Kunststoff 271, 286
plastic aerated concrete dowel – Kunststoff-Gasbetondübel 190
plastic aerated concrete plug – Kunststoff-Gasbetondübel 190
plastic cavity plug – Kunststoffhohlraumdübel 204
plastic clamp – Kunststoffschelle 197
plastic coat – Kunststoffmantel 304
plastic coated tube – kunststoffummanteltes Rohr 72
plastic container – Kunststoffbehälter 103
plastic dowel – Kunststoffdübel 189
plastic gypsum board dowel – Kunststoffdübel für Gipsplatten 190
plastic gypsum board plug – Kunststoffdübel für Gipsplatten 190
plastic hammer – Kunststoffhammer 78, 178
plasticity – Plastizität 274
plastic long-shaft dowel – Kunststoff-Nageldübel 190
plastic long-shaft plug – Kunststoff-Nageldübel 190
plastic pipe – Kunststoffrohr 63, 305
plastic plug – Kunststoffdübel 189
plate – Tafel 19
plate shears – Tafelblechschere 97
pleasant look – gefälliges Aussehen 301
pliers – Zange 175
plug – Stecker 240
plug-in sockets – Steckmuffen 302
plumb bob – Lot 85
plunger – Presskolben 204
pneumatic hammer – Presslufthammer 13
pocket hole – Sackloch 45
pointer – Zeiger 249
point of view – Gesichtpunkt 20
poisonous zinc fume – giftiger Zinkdampf 276
polluting substance – umweltbelastender Stoff 226
polyurethane – Polyurethan (PUR) 291
porcelain – Porzellankörper 246
pore – Pore 277
pore size – Korngröße 294
porous – porös 294
portable drilling machine – Standardbohrmaschine 47
positive locking – Formschluss 140, 189, 293
post calculation – Nachkalkulation 34
potential difference – Potentialdifferenz 238
potential difference – Potentialunterschied 230
powdered – pulverisiert 293
powdered composite – Sinterverbundwerkstoff 293
power – Kraft 104
power – Leistung 240
power actuated fastener – Setzbolzen 206
powered off – ausgeschaltet 13
power hacksaw – Hubsägemaschine 94
power source – Spannungsquelle 238

Englisch-deutsche Vokabelliste

S

susceptible to shock load – empfindlich gegenüber Schlagbelastung 274
suspension console – Auslegerkonsole 198
svivel bending machine – Schwenkbiegemaschine 78
swarf – Schleifstaub 113
swarf suction – Schleifstaubabsaugung 113
symbolic – symbolhaft 331
synthetic grease – synthetisches Schmierfett 271
synthetic lubricating oil – synthetisches Schmieröl 271
system – System 136
systematic – systematisch 249
system of protection – Schutzklasse 242

T

table – Übersicht 321
table book – Tabellenbuch 181
tab washer – Sicherungsblech 172
tack – Heften 147
tack welding – Heftschweißung 147
tailstock – Gegenhalter 115
tank – Behälter 297
tap – Auslaufventil 259
tap drill – Gewindebohrer 53
tapered male thread – kegeliges Außengewinde 160
tapping jig – Gewindeschneidapparat 109
tapping point – Zapfstelle 259
tap wrench – Windeisen 53
target – Ziel 23
task – Auftrag 20
tasteless – geschmacksfrei 288
teacher – Lehrer 23
technical communication – technische Kommunikation 317
technical drawing – technische Zeichnung 332
technical sense of current – technische Stromrichtung 238
technical term – Fachausdruck 3
technological property – fertigungstechnische Eigenschaft 277
technological property – Technologische Eigenschaft 272
tee branch – T-Abgang 146
temperature – Temperatur 81, 194, 259
temperature change – Temperaturwechsel 307
temperature distribution – Temperaturverteilung 307
temperature range – Temperaturbereich 272
temperature resistant – temperaturbeständig 166
temperature stability – Temperaturbeständigkeit 288
temper colour – Anlauffarbe 230
temporary elastic deformation – vorübergehende Verformung 274
temporary packing – vorübergehende Abdichtung 166
tenacious – zäh 287
tenacity – Festigkeit 40
tensile strain – Zugbeanspruchung 274
tensile strength – Zugfestigkeit 275
tensile strength data – Zugfestigkeitsangabe 283
tensile strength test – Zugversuch 275
tensile stress – Zugbeanspruchung 274
tension – Spannung 102
tension-extension diagram – Spannungs-Dehnungs-Diagramm 275
tension force – Spannkraft 98
tension load – Zug 193
term – Begriff 21
terminal block – Klemmenleiste 240
terminal strip – Klemmenleiste 240
termination – Beendigung 93
terraced house – Reihenhaus 131
tested safety – geprüfte Sicherheit 245
testing – prüfen 80
testing condition – Prüfbedingung 281
testing instrument – Prüfmittel 80
testing method – Prüfmethode 221
testing tool – Prüfmittel 221
test object – Prüfgegenstand 80
test run – Probelauf 123
textural layer – Gewebelage 290
thermal condition – Wärmezustand 273
thermal conduction – Wärmeleitung 273
thermal conductivity – Wärmeleitfähigkeit 273
thermal effect – Wärmewirkung 252
thermal expansion – Wärmeausdehnung 154, 273
thermally – thermisch 246
thermal stability – Warmfestigkeit 281
thermosetting plastic – Duroplaste 290
thermosetting plastic – Thermoplaste 286
thermostatic mixer – Thermostatbatterie 259
thickening agent – Dickungsmittel 125
thicker walled steel tube – dickwandiges Stahlrohr 74
thickness dimension – Dickenmaß 324
thick plate – Grobblech 297
thick sheet – Grobblech 297
thin sheet – Feinblech 297
third angle projection – Projektionsmethode 3 334
thought – Gedanke 20
thread – Gewinde 52, 331
thread – Gewindegang 112
thread cutting agent – Gewindeschneidmittel 133
threaded pipe – Gewinderohr 129, 300
threaded pipe section – Gewinderohrabschnitt 132
threaded rod – Gewindestange 199
threaded socket – Gewindemuffe 300
threaded stud – Gewindestift 169
thread flank – Gewindeflanke 160
threading – Gewindeschneiden 54
threading agent – Gewindeschneidmittel 55
threading machine – Gewindeschneidmaschine 94, 111, 129
thread pitch – Gewindesteigung 53
thread runout – Gewindeauslauf 161
thread shape – Gewindeform 194
thread size – Gewindegröße 54, 300
three-way mixer – Dreiwegemischer 138
through fixing – Durchsteckmontage 202
through hole – Durchgangsbohrung 168
tightness – Dichtheit 129, 161
tile – Fliese 202
tilting – schrägstellbar 117
time – Zeit 242
time – Zeitpunkt 33, 139
time frame – Zeitrahmen 20
time schedule – Terminplan 317
timetable – Zeitplan 20
tin – Zinn 284
titanium – Titan 285
title – Titel 321
title block – Schriftfeld 321
toilet flush – Toilettenspülung 261
to notch – ausklinken 77
tool – Werkzeug 20, 39, 174
tool holding fixture – Werkzeugaufnahme 94

too low stability – zu geringe Festigkeit 208
tool steel – Werkzeugstahl 46
tooth lock washer – Zahnscheibe 172
topic – Thema 23
top roll – Oberwalze 116
top view – Draufsicht 333, 338, 346
torque – Drehmoment 164, 174, 205
torque wrench – Drehmomentschlüssel 167, 176, 192
torsional load – Torsionsbelastung 274
torsional load – Verdrehbelastung 274
torsional strain – Torsionsbeanspruchung 274
torsional stress – Torsionsbeanspruchung 274
total length – Gesamtlänge 134
tough material – zäher Werkstoff 274
toughness – Zähigkeit 274
toxic zinc fume – giftiger Zinkdampf 276
trainee – Auszubildende 4, 20
training centre – Ausbildungsbetrieb 4
training goal – Ausbildungsziel 4
transcription error – Übertragungsfehler 81
transfer – Übertragung 84
transformer station – Umspannstation 236
transition joint – Übergangsverschraubung 163
transparency – Transparenz 293
treatment – Bearbeitung 93
triangle – Dreieck 346
tridimensional network – dreidimensionales Netzwerk 288
true length – gestreckte Länge 326
try square – Anschlagwinkel 83
tub – Auffangwanne 97
tube – Rohr 296
tube bending – Rohrbiegen 69
tube bending kit – Rohrbiegegerät 73
tube burr – Rohrfräser 63
tube wall – Rohrwand 63
tubular axle – Rohrachse 63
turnable without torsional stress – drehbar ohne Torsionsspannung 162
turning moment – Drehmoment 174
turns in the pipe run – Richtungsänderung im Rohrleitungsverlauf 69
turns yellow – vergilbt 289
twist drill – Spiralbohrer 45
twist drill heel – Führungsfase 45
twisting or tilting effect – Kippwirkung 60
two-component alloy – Zweistofflegierung 284
two-piece pipe clamp – zweiteilige Rohrschelle 197
two-pole – zweipolig 238
type of corrosion – Korrosionsform 231
type of installation – Montageart 194
type of line – Linienart 321
type of twist drills – Spiralbohrertyp 46
type of wall dowel – Dübelart 189
type of wall plug – Dübelart 189

U

ultra high molecular weight – ultrahochmolekulares Gewicht 288
unacceptable – unzulässig 246
unalloyed quality steel – unlegierter Edelstahl 280
unalloyed quality steel – unlegierter Qualitätsstahl 280
unalloyed special steel – unlegierter Edelstahl 281
unalloyed steel pipe – unlegiertes Stahlrohr 152
unalloyed steels – unlegierter Stahl 280
unannealed malleable iron – Temperguss 279
undamaged – unbeschädigt 167
undercut anchor – Hinterschnittanker 192
undercut hole – hinterschnittenes Bohrloch 206
underground floor – Kellergeschoss 346
uneven corrosion – ungleichmäßiger Flächenabtrag 232
unhardened – ungehärtet 178
unhealthy – gesundheitsgefährdend 231
unintentional disassembly – ungewollte Demontage 161
union connector – Rohrverschraubung 163
union nut – Überwurfmutter 163
unit – Bauelement 240
unit of measurement – Maßeinheit 324
universal deburrer – Universalentgrater 57
universal joint – Kardangelenk 176
universal pliers – Kombizange 177
universal spacing screw – Stockschraube 199
upper blade – Obermesser 62
upper elastic limit – Steckgrenze 275
upper floor – Obergeschoss 346
upsetted – gestaucht 66
upsetting – Stauchen 59
upsetting – Stauchung 115
urea formaldehyde resin – Harnstoff-Formaldehydharz (UF) 290
usability – Verwendbarkeit 286
useful width – Arbeitsbreite 116
user – Nutzer 221
utility metall – Gebrauchsmetall 282
UV-ray – UV-Strahl 305

V

value – Wert 81
vegetable – pflanzlich 125
vehicle – Fahrzeug 18
ventilation grid – Abdeckung Lüftungsgitter 297
verifiability – Nachprüfbarkeit 128
vernier – Messschenkel (Nonius) 82
vertical – senkrecht 344, 345
vertical joint – Stoßfuge 193
vertical position – senkrechte Lage 81
vibrate – schwingen 240
vibration – Erschütterung 94
vibration isolator – Schwingungsisolator 97
vice – Schraubstock 62
view – Ansicht 324, 332, 344
view from above – Draufsicht 333
view from the front – Vorderansicht 333
view from the left – Seitenansicht von links 333
view using reference arrows – Pfeilmethode 334
visible – sichtbar 13, 22
visible edge line – sichtbare Kante 335
visible outline – Körperkante 321
visual check – Sichtkontrolle 85
visual inspection – Sichtkontrolle 134
vitreous china – Sanitärkeramik 292
vocational school – Berufsschule 4
voltage – Spannung 81, 236
voltage drop – Spannungsabfall 239
voltaic cell – galvanisches Element 229
voltmeter – Spannungsprüfer 238
volume unit – Volumeneinheit 272

W

wage – Lohn 36

walkway – Laufsteg 16
wall – Wand 85
wall cladding – Fassadenverkleidung 297
wall plug – Dübel 189
wall thickness – Wanddicke 132, 300
warm rolled sheet for pressure tanks – warmgewalztes Blech für Druckbehälter 281
warm-up time – Anwärmzeit 153
warning sign – Warnzeichen 10
warranty – Gewährleistung 139
washer – Dichtung 163, 223, 291
washer – Scheibe 169, 171, 328
waste disposal law – Abfallbeseitungsgesetz (AbfG) 226
waste oil – überaltertes Öl (Altöl) 226
waste water – Schmutzwasser 302
water heater for boiling water – Kochendwassergerät 237
water miscible – wassermischbar 126
water mix working fluid – wassergemischt 126
waterproof – wasserfest 27
water pump pliers – Wasserpumpenzange 177
water resistant – wasserfest 290
water soluble – wasserlöslich 27, 161
water soluble flux – wasserlösliches Flussmittel 145
water vapour – Wasserdampf 306
wave lock washer – Federscheibe 172
weak carbonic acid – schwache Kohlensäure 285
weak point – Schwachstelle 222
wear – Abnutzung 217
wear down – Abnutzung 57
wearing part – Verschleißteil 216
wearout – Verschleiß 14
weathering resistance – Witterungsbeständigkeit 287

wedge – Schneidkeil 59
wedge angle – Keilwinkel 39, 41, 46
weld – Schweißnaht 147, 183
weldability – Schweißbarkeit 277
weldability – Schweißeignung 281
weldable – schweißbar 287
welded – geschweißt 183, 300
welder – Schweißer 147
weld filler – Schweißzusatz 277
welding – Schweißen 12, 147
welding groove – Schweißfuge 151
welding nozzel – Brennereinsatz 150
welding parameter – Schweißparameter 152
welding process – Schweißverfahren 147, 183, 332
welding rod – Schweißstab 152
welding torch – Schweißbrenner 150
well running – Schneidvorgang 135
wheel – Rad 101
whiteboard – Whiteboard 27
whithworth pipe thread – Whitworth-Rohrgewinde 53
whithworth thread – Whitworth-Gewinde 52
wide-meshed – weitmaschig 291
wider – breiter 104
width dimension – Breitenmaß 325
willingness – Bereitschaft 20
wing nut – Flügelmutter 171
wiper die – Faltenglätter 115
wire – Draht 143, 296
wire – Leitung 243
with fixed main property – mit bestimmter Haupteigenschaft 280
with fixed nickel content – mit bestimmten Nickelgehalt 280
without destruction – ohne Zerstörung 163
wooden hammer – Holzhammer 178
wooden handle – Holzstiel 178

wood layer – Holzlage 290
wood screw – Holzschraube 170, 194
wording of a contract – Vertragstext 223
workable – bearbeitbar 290
workbench – Werkbank 44, 73, 105
work document – Herstellerunterlage 181
working – Verarbeitung 282
working drawing – Ausführungszeichnung 346
working hours – Arbeitsdauer 14
working material – Werkstoff 270
working pressure – Arbeitsdruck 149
work order – Arbeitsauftrag 135
workpiece – Werkstück 111
workplace – Arbeitsplatz 9
work schedule – Arbeitsplan 20
workshop – Werkstatt 181
workshop floor – Werkstattboden 97
work tolerance – Fertigungstoleranz 206
worm drive – Schneckenantrieb 176
worm gear – Schneckenrad 101
worm gear pair – Schneckengetriebe 101
worm shaft – Schneckenwelle 101
wraparound bead – umlaufende Sicke 157
wrench size – Schlüsselweite 326
written – schriftlich 20
wrong reading – falsche Ablesung 249
wrought alloy – Knetlegierung 283

Y

yield strength – Dehngrenze 275

Z

zinc – Zink 285
zinc coated – verzinkt 132

Sachwortverzeichnis